KB030575

지체·중복장애 및 건강장애 학생 교육

Sherwood J. Best · Kathryn Wolff Heller · June L. Bigge 공저

박재국 · 박순길 · 이미숙 · 임혜경 · 한경임 · 노선옥 공역

학지사

Teaching Individuals with Physical or Multiple Disabilities (6th ed.)
by Sherwood J. Best, Kathryn Wolff Heller, and June L. Bigge

Authorized translation from the English language edition,
entitled TEACHING INDIVIDUALS WITH PHYSICAL OR MULTIPLE DISABILITIES, 6th Edition, ISBN: 013159012X by BEST, SHERWOOD J.; HELLER, KATHRYN WOLFF; BIGGE, JUNE L., published by Pearson Education, Inc, publishing as Merrill,
Copyright © 2010 Pearson Education, Inc.

All rights reserved. No part of this book may be reproduced or transmitted in any form or by any means, electronic or mechanical, including photocopying, recording or by any information storage retrieval system, without permission from Pearson Education, Inc.

KOREAN language edition published by HAKJISA PUBLISHER,
Copyright © **2018** Hakjisa Publisher, Inc.
The Korean translation rights published by arrangement with Pearson Education, Inc.

본 저작물의 한국어판 저작권은
Pearson Education, Inc.와의 독점계약으로 (주)학지사가 소유합니다.
저작권법에 의해 한국 내에서 보호를 받는 저작물이므로
무단 전재와 무단 복제를 금합니다.

역자 서문

『Teaching Individuals with Physical or Multiple Disabilities』 6판의 저자들은 이 책을 지체·중복장애 및 건강장애 학생을 지원하는 사람과 예비교사를 위한 입문서라고 하였다. 그러나 이 책은 지체·중복장애 및 건강장애를 가진 한 사람이 장애의 발생에서부터 성년이 되기까지 필요한 신체적·심리적·교육적 지원에 관한 구체적인 사례를 들어 가며 섬세하고 깊이 있게 다루고 있다. 이런 내용은 교사는 물론 학부모, 물리치료사, 작업치료사, 사회복지사 등 모든 관계자가 알아야 할 내용이다.

물론 지체·중복장애 및 건강장애 학생을 위한 다양한 교재가 있다. 그러나 이 책처럼 장애인의 삶을 입체적인 관점에서 지원하는 방법을 다루는 자료는 많지 않다. 역자들은 이 책의 섬세하고 통합적인 지원 방법에 매료되어 번역을 시작하였다. 특히, 이 책은 과제분석과 교육과정 개발, 교과별 교수학습 방법 등 실제 학교에서 필요한 교수학습에 관해서도 많은 장을 할애하고 있다.

역자들은 2010년에 발간된 원서를 번역하기에는 시기적으로 다소 늦은 것이 아닐지에 대해 많은 고민을 하였다. 장애학생을 지원하는 새로운 지식과 방법들이 지속해서 발표되는 현실에서 행여 이 책에 포함된 내용이 실망감을 줄 수도 있다는 우려 때문이었다. 그러나 검토 결과, ICT와 관련한 일부 정보를 제외하고는 이 책이 현재는 물론 앞으로도 교사를 비롯한 특수교육 관련자들에게 많은 도움을 줄 수 있음을 확인하였다.

모쪼록 이 책이 지체·중복장애 및 건강장애 학생을 지도하는 교사와 예비교사인 학생들에게 도움이 되기를 바란다. 또한 이 책을 통해 장애학생의 현재와 미래에 관한 영감을 얻는 보호자가 있다면 더없이 기쁠 것이다.

이 책의 번역 과정은 많은 분의 도움과 격려로 이루어졌다. 먼저, 책의 선정과 계약까지 노력해 주신 학지사의 소민지 님, 편집을 책임지고 도와주신 박지영 님께 진심으로 감사를 드린다. 가족으로서 의무를 소홀히 하였던 시간을 참고 격려해 준 공동 번역자들의 가족께도 감사를 드린다. 무엇보다 스스로 소진되는 줄 알면서도 장애학생을 위해 모든 열정을 쏟고 있는 선생님들께 깊은 감사를 드린다. 이 책이 그들과 어깨를 기대며 걸어갈 수 있는 동지가 되기를, 지치면 쉬어 갈 수 있는 그루터기가 되기를 희망한다.

2018년 3월

역자 일동

저자 서문

『Teaching Individuals with Physical or Multiple Disabilities』는 지체 · 중복장애 및 건강장애 학생들을 지도하는 교사를 위한 입문서이다. Sherwood J. Best와 Kathryn Wolff Heller는 4판부터 June L. Bigge와 함께하였으며, 지금까지 그녀의 지혜와 지도로부터 많은 영감을 받고 있다. 6판은 우리들의 지난 작업을 토대로 가족 구성원들과 교육전문가, 관련 서비스전문가들을 위해 기획되었다. 이 책에서는 서비스 제공자들의 요구를 네 가지 방법으로 반영하였다. 첫째, 구체적인 지체 · 중복장애 및 건강장애별 교육 및 심리사회적 시사점을 강조하여 기술하였다. 둘째, 교육과정 선택방법을 보여 주고, 수행력 향상을 위한 방법을 제시하였다. 셋째, 자립을 위한 기초지식 및 기술 영역을 소개하였다. 넷째, 핵심 교과교육과정이 교육적 편의와 조정을 통해 맞춤형으로 수정될 수 있음을 설명하였다. 이 책은 교사에게 지체 · 중복장애 및 건강장애에 관한 정보를 제공하고 학교나 병원과 같은 교육배치에서 수준 높은 교육경험을 제공하도록 구체적 전략을 준비할 수 있게 하였다.

6판에서는 이전 판의 구조와 개념요소들을 일부 남겨 두었다. 그러나 남겨 둔 개별 장들의 경우에도 평가와 교육과정 선정과 조정 등에 관한 최근의 법률 규정을 반영하여 대폭 수정하였다. 보조공학은 이 교재의 핵심적인 부분으로 남아 있다. 교과와 독자들의 상호작용을 확대할 수 있도록 지식, 기술, 계획, 토의 문제, 유용한 사이트 등도 제시해 두었다.

6판은 모두 16개 장으로 구성되어 있으며 이 장들은 주요 내용에 따라 크게 4영역으로 구분된다. 제1부 '지체 · 중복장애 및 건강장애의 영향과 지원'에서는 해당 장애에 대한 기초적인 지식을 제공하고, 여러 가지 장애의 종류도 설명해 두었다. 제1장은 장애인에 대한 처치의 역사를 살펴보고, 기능, 장애, 건강에 관한 개념의 변화를 제시하였다. 또한 지체 · 중복장애 및 건강장애 학생의 삶과 관련된 이슈들을 탐색하였다. 제2장과 제3장, 제4장에서는 각 장애 유형별 정의, 수반된 증상의 설명, 그들의 교육 및 심리사회적 시사점을 통하여 구체적인 지체 · 중복장애들을 소개하였다. 제3장에서는 뇌성마비 관련 주제에 집중하였다. 독자들은 인터넷을 통하여 이들 장애뿐만 아니라 다른 장애에 대해서도 탐색해 볼 수 있을 것이다.

제2부 '교육과정 편성 및 실행방법'은 지체 · 중복장애 학생의 차별화된 수업을 지원한다. 제5장은 일반교육과정 접근과 향상을 위한 편의 제공과 조정을 사용한 교육과정

선택방법을 제시하였다. 또한 일반교육과정에 직접적이고 집중적으로 대처하기 어려운 자조를 위한 기초 지식과 기술 영역을 네 번째 편성으로 포함시켰다. 제6장에서는 개별화된 교육과정과 교수를 분석하기 위한 과제분석과 상황분석의 개발 전략을 제공하였다. 의사소통과 사회적 네트워크는 사회적 · 생태학적 상황에 기반을 두고 있으며, 학생의 자립을 촉진한다. 제7장은 보조공학 평가와 광범위한 보조공학 적용 방법을 현행화하였다. 제8장은 보조공학의 한 형태인 보완대체의사소통에 대해 조명하였다.

제3부 '자조를 위한 기초지식 및 기술영역'은 지체 · 중복장애 및 건강장애 학생들의 독특한 교육적 요구에 초점을 두었다. 제9장에서는 섭식과 삼키기를 소개하였다. 섭식, 삼키기와 말하기의 발달 간 연계에 대한 토의는 교육자들에게 특별한 가치가 있다. 따라서 이 장에서는 섭식에 관한 적절한 중재 방법을 제공한다. 제10장은 학생의 자기관리 및 참여를 강조하여 자기관리 영역의 독립적 수행을 위한 맞춤형 수정에 관해 기술하였다. 제11장은 지체 · 중복장애 및 건강장애 학생을 위한 특수체육 및 여가교육, 레크리에이션을 기술하였다. 이 장에서는 장애학생들의 신체 강화에 필요한 다양한 활동도 제시하였다. 제12장은 전환교육 모델 프로그램을 간단히 안내하고, 특별히 AAC 사용자들을 위해 고안된 기기들을 사용한 역동적인 자기결정과 전환교육 계획 수립을 안내하였다. 또한 이 장에서는 진로교육과 학교에서 지역사회 기반 경쟁고용으로의 전환에 관해 소개하였다.

제4부 '핵심 교육과정'은 일반교육의 핵심 교육과정과 학습자의 요구 간 연계를 지원한다. 제13장은 말운동장애 학생의 의미 있는 문식경험을 기술하였다. 학생의 단어 해호화 및 그들의 지식 평가를 돕는 비구어 읽기 접근에 대해 설명하였다. 제14장은 로우테크 맞춤형부터 컴퓨터 보조 접근을 사용한 쓰기 기술 향상 교수 전략, 조정, 철자와 기능적 쓰기 기술들을 포함하였다. 제15장은 과학과와 사회과 학습에서 탐구기반 접근을 강조한 교수 전략 및 교수적합화를 제시하였다. 제16장은 기초적인 수학 원리의 교수 방법을 소개하고, 기능적 기술의 교수 전략 및 교수적합화도 포함하였다. 또한 이 책의 전반에 걸쳐 학생의 학습 촉진을 위한 소프트웨어를 제시하였다.

우리는『Teaching Individuals with Physical or Multiple Disabilities』6판을 지체 · 중복장애 및 건강장애 학생을 지원하고 계시는 모든 선생님께 바친다. 교수, 교육과정 수정, 협력, 권리 옹호를 비롯하여 그 외 모든 지원 방법에 대해 그분들이 보여 준 한없는 열정은 우리 저자들에게 큰 영감을 주고, 전문가적 입장에서 감탄을 자아내게 한다.

Sherwood J. Best
Kathryn Wolff Heller
June L. Bigge

차례

PART 2 교육과정 편성 및 실행방법

PART 3 자조를 위한 기초지식 및 기술영역

PART 1

지체 · 중복장애 및 건강장애의 영향과 지원

CHAPTER

01 지체 · 중복장애 및 건강장애의 이해

Sherwood J. Best

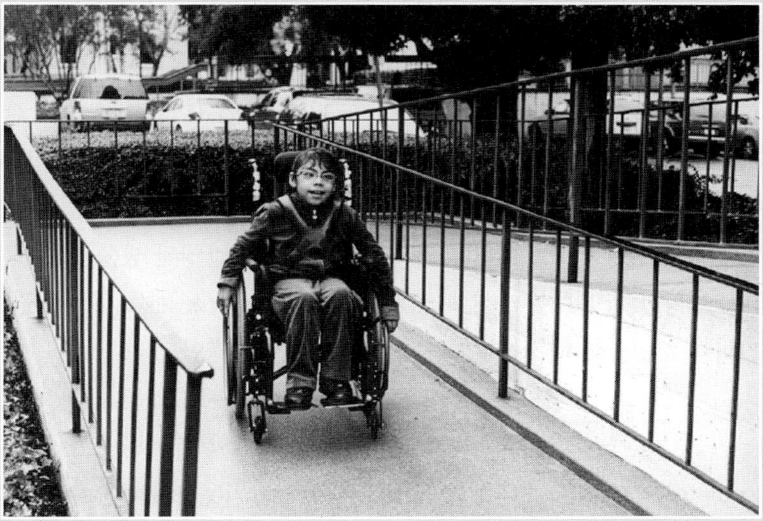

이 장을 읽고 나면 여러분은

1. 지체 · 중복장애 및 건강장애를 지닌 개인에 대한 과거의 관점과 진보된 관점을 이해할 수 있다.
2. 장애의 정의, 분류방식 및 모델에 대한 전통적인 방식과 현대적인 방식을 비교할 수 있다.
3. 특수교육과 관련 서비스 제공을 위한 연방정부의 장애 범주를 확인할 수 있다.
4. 객관적이며 적절하고 존엄성을 지닌 장애 분류와 명칭을 사용할 수 있다.
5. 장애 분류와 명칭 사용의 유용성과 제한점을 기술할 수 있다.
6. 지체 · 중복장애 및 건강장애를 지닌 개인의 삶과 연관된 중요한 문제들에 대해 탐구할 수 있다.
7. 지체 · 중복장애 학생들을 위한 교육서비스 전달 체제 및 효과적인 통합교육 그리고 이와 관련된 문제점에 대해 평가할 수 있다.
8. 지체 · 중복장애 및 건강장애 학생을 위해 필요한 교사의 역량을 확인하고 특수교사의 역할과 연결시킬 수 있다.

장애는 사람이 살아가는 세계의 한 부분이다. 지체 · 중복장애 및 건강장애를 지닌 개인들은 여러분과 함께 학교에 다니고, 교회나 시나고그(synagogues, 유태인의 예배당) 또는 이슬람 사원 등에서 신을 숭배하며, 지역사회 내 조직과 활동에 봉사하며, 세금을 내고, 장을 보며, 공공 오락시설을 이용하고, 가능한 모든 방식으로 사회에 참여하는 등 지역사회 내에서 생활하고 있다. 그들은 변호사일 수도 있으며, 정원사, 주부, 학생, 회계사, 식료품점 직원, 의사, 판매원, 또는 교사일 수도 있다. 눈으로 확인할 수 있을 정도의 장애를 가진 사람이 있는 반면 장애를 지녔다고 생각되지 않는 사람들도 있다. 지체 · 중복장애 및 건강장애를 지닌 사람들은 각계각층의 이웃이며, 다양한 방식으로 사회에 공헌하고 그들의 역할과 기회를 끊임없이 확장시켜 나가는 사람들이다.

이 장의 첫 문단에서는 의도적으로 '여러분'이라는 용어를 사용하고 있는데 이는 이 글을 읽는 독자와 장애를 지닌 사람들의 인식 간에 차이가 존재함을 느낄 수 있도록 하기 위함이다. 현실적으로 '그들 대 우리' 또는 '그들 대 여러분'이라는 개념은 잘못된 것이다. 장애는 정상적인 삶의 불가피한 부분이다. 노화는 신체의 민첩성과 이동성, 시력, 청력, 기억력과 같은 인지능력의 손실을 초래한다. Kudlick(2005)이 언급했듯이 "장애는 모든 인간이 오랜 시간 동안 살면서 경험하게 되는 사소한 일들 중 하나이다"(p. 61). 또한 "어떤 면에서는 현대 의학에 있어 가장 큰 성공은 심각한 사인(死因)을 만성질환으로 바꾸어 놓은 것이다"(p. S14)라고 언급한 Lynn(2005)을 통해서도 이미 장애를 경험하는 것이 만연한 일상으로 변화하고 있음을 확인할 수 있다. 이러한 의료적 관리(care)의 혁신은 건강, 장애, 장수 그리고 삶의 질이라는 개념에 한 가지 과제를 남겨 준다.

지체 · 중복장애 및 건강장애를 지닌 사람들이 모든 지역사회 내에서 생활하고 삶을 즐기며, 누구나 사고나 질병으로 인해 장애를 가질 수 있음을 인식함으로써 장애는 인간의 다양성 중 하나라는 논리적인 결론을 내릴 수 있다. 미국 연방법은 장애에 대한 입장을 다음과 같이 나타내고 있다. "장애는 인간이 겪는 자연적인 경험의 한 부분이며, 그로 인해 사회에 참여하고 공헌하고자 하는 개인의 권리가 축소되지 않는다"(IDEA, §14009[c][1]).

때때로 장애는 다른 어떤 것보다 개인의 삶에 많은 변화를 초래한다. 장애는 교육, 활동, 삶에 심각한 기능적 영향을 미칠 수 있으며, 적절한 지식과 조정이 없을 경우 그 영향은 더욱 심각해진다.

장애에 대한 의료적 모델 관점에서는 장애를 재활 또는 치료가 필요한 결핍상태로 간주한다. 장애 개념화의 진보는 질병과 심리사회적 스트레스 요인, 환경적 요인과의 관계를 포함한다. 이는 WHO의 기능, 장애 및 건강 분류체계에 반영된 생물심리사회적 모델을 대표하는 것이다(Peterson & Elliot, 2008, p. 261; WHO, 2001). 그리고 상호작용적인 성격을 지닌 장애 모델들에 대해서 '보편적 설계(universal design)'와 같은 적용법이 장애로 인한 제한점을 줄여 준다.

장애의 기능적 영향을 줄이기 위해 교사뿐만 아니라 지체 · 중복장애 및 건강장애인들과 함께 활동하는 이들은 반드시 일반적인 교수법을 뛰어넘는 지식과 기술, 능력을 개발해야 한다. 우선 그들은 운동, 감각/인식, 인지, 의사소통/언어, 사회적/정서적 그리고 자기관리 영역의 전형적인 발달과정을 폭넓게 알고 있어야 한다. 그들의 지식과 기술에는 일반교육과정을 수용하고 수정하는 능력이 포함되어야 한다. 또한 개인의 자립을 위한 필수적 지식과 기술을 교육 프로그램 및 ① 기능적 생활기술, ② 신체적 과업 수행, ③ 기초적이며 보조적인 의사소통 그리고 ④ 전환을 위한 개별화된 준비 등을 포함하는 영역과 포함될 수 있어야 한다(제5장 참조).

지체 · 중복장애 및 건강장애를 지닌 학생을 가르치는 교사가 유능한 교육자가 되기 위해서는 교육과정에 대한 지식과 교수 전략 그 이상을 지니고 있어야 한다. 그들은 장애 조건의 다양성과 그 기능에 대한 지식을 알고 있어야 할 뿐만 아니라 교육, 보상적 지원 그리고 서비스 제공을 위한 법적 조항에도 익숙해야 한다. 지체 · 중복장애 및 건강장애를 지닌 학생을 가르치는 교사는 만성적인 질병, 잦은 입원, 희귀난치성 질환 등과 같은 문제로 정서적 어려움에 처한 가족과 협력할 수 있는 지식과 공감능력을 가지고 있어야 한다. 이러한 과정에서 그들은 학생의 성공을 위해 공유된 목표를 성취하기 위하여 가족과 협력하고 일반교사의 자료 및 정보제공자로서 기능을 하는 동시에 치료사, 의사, 간호사, 말-언어 전문가와 같은 많은 인적자원과도 성공적으로 협력해야 한다. 마지막으로 교사들은 그들의 학생을 항상 옹호해야 하며, 학생과 그들의 가족을 위해 자기옹호라는 목표를 항상 염두에 두어야 한다.

이 장에서는 지체 · 중복장애 및 건강장애를 지닌 개인들의 독특성과 공통점에 대해 개관한다. 우선 장애를 정의하고 분류함에 있어 역사적 및 현재의 관점이 소개될 것이다. 이러한 관점들은 장애와 관련된 용어 및 교육과 관련된 법적 조항, 시민권 확장에 대한 논의의 배경을 제공해 준다. 또한 장애인이 일상생활에서 겪게 되는 주된 문제와 어려움들을 검토하며, 다양한 교육서비스 전달 체계와 지체 · 중복장애 및 건강장애 학생을 가르치는 교사가 지녀야 할 구체적인 역량에 대해서도 알 수 있을 것이다. 마지막으로, 교육서비스 전달과 관련된 교사의 역할이 무엇인지 탐구해 볼 뿐만 아니라 포괄적 교육팀 구성을 돕는 지원 인력의 필수조건을 살펴볼 것이다.

이 장에서는 지체 · 중복장애 및 건강장애를 지닌 개인들에 대한 기초적이며 기본적인 정보를 제공한다. 이러한 광범위한 접근법은 철학, 역사, 인류학, 심리학 그리고 사회학을 통해서 장애에 대해 좀 더 심도 깊은 이해를 제공한다.

1. 역사적 관점

지금까지 장애를 지닌 개인들은 과학, 미술, 문학, 스포츠 등 여러 분야에서 많은 공헌을 해 왔다. 그럼에도 불구하고 앞으로 제시되는 다양한 관점을 통해 알 수 있듯이 장애를 지닌 개인들에게는 충분한 기회나 지원이 제공되지 않았다.

1) 과거와 현재의 관점

장애를 지닌 개인들은 그들이 사회로부터 버려지는 경우부터 교육이나 서비스를 제공받는 경우까지 개인적 반응이나 사회적 정책과 함께 모든 시대와 문화 속에서 인식을 일깨워왔다(Covey, 1997, 2005). 장애에 대한 이러한 반응들은 환경적 상황, 개인 또는 단체의 신념, 사회적 · 경제적 조건, 종교적 영향력, 법적 관례 그리고 의학적 지식에 따라 다양했다(Covey, 1997, 2005). 지체 · 중복장애 및 건강장애를 지닌 개인에 대한 역사적 반응과 또한 그들과의 상호작용에 대해 살펴봄으로써 현재의 관점과 문제들을 알 수 있다.

고대 문명에서는 물리적 환경의 엄격함에 의해 장애인에 대한 공적 또는 사적 반응이 이루어졌다. 신체적 강인함 또는 출산 능력을 통해 집단의 생존에 기여하지 못하는 개인은 인적자원으로 여겨지지 않았다. 따라서 중도장애를 지닌 개인을 위한 의료적 관리는 거의 제한되었거나 불가능했다. 이러한 혹독한 조건 속에서 장애를 지닌 많은 개인은 신생아기 또는 유아기에 죽음을 맞이할 수밖에 없었다. 성인이 된 이후에 질병이나 상해로 인해 고통을 받는 사람들도 거의 다를 바가 없었다. 그러나 고대에도 이러한 질병을 고치려 하거나 그 영향력을 줄이고자 하는 시도가 있었다(Lubkin, 1995).

중세시대 서유럽의 종교적 권위는 인간의 흥미와 관리라는 개념을 불러일으켰다(Covey, 2005). 발달장애 또는 정신적 질병을 가진 사람들은 '신의 자식'으로 여겨져 교회의 보호를 받았다. 그러나 이와는 대조적으로 때때로 그들은 사악한 영혼을 지닌 것으로 인식되거나(Scheerenberger, 1982), 죄에 대한 형벌을 받는다고 여겨지기도 하고, 요정, 난쟁이 또는 악마와 결부되기도 했다(Covey, 1997, 2005). 발달장애를 가진 '신의 자식'은 축복을 받은 것처럼 사람들로부터 존경을 받은(또는 적어도 사회로부터 수용된) 반면, 사악한 영혼의 영향을 받은 행동을 하는 사람들은 고의적으로 이러한 길을 선택했다고 믿었다. 장애의 원인으로서 내재적(신에 의해 부여된, 의료적으로 결정된 등) 대 외재적(환경적, 사회적 등) 요인이라는 개념은 장애를 정의하는 것에 대한 의학적 기반 대 사회문화적 기반이라는 관점으로 귀결된다.

서유럽에서의 의학적 연구와 탐구는 장애에 대해 보다 과학적인 반응을 불러 일으켰다. 비록 어떤 장애들(예를 들면, 뇌전증)은 전염성이 있는 것으로 주장되었지만 전염병과 다른 질병과의 관계를 이해함으로써 병원치료를 재정비하는 계기가 마련되었다(Covey, 1997). 정치적 사건으로 인한 사회적 개혁도 장애에 대한 사회의 반응에 영향을 끼쳤다. 예를 들어, 프랑스혁명은 공동체적 책임감을 주입시켜 사회개혁과 교육의 계기가 되었다. Louis Braille, Thomas Hopkins Gallaudet, Jean Marc Gaspard Itard, Edouard Seguin과 같은 특수교육 선구자들의 노력은 장애를 지닌 사람들을 위한 특별한 교수 및 행동수정을 제안하였다(MacMillan & Hendrick, 1993). 이러한 개인들의 노력과 함께 훈련과 보호를 제공하는 대형 주거 시설들이 설립되었다. 그러나 장애를 지닌 사람들을 치료하는 특별한 훈련을 위한 주거 시설들은 설립의 취지를 살리지 못하여 단지 관찰 보호를 하는 장소로 전락하고 말았다.

장애를 지닌 사람들의 생활환경은 격리된 시설에서부터 지역사회 기반의 소규모 주거 시설에서 독립적으로 또는 짝을 이루어 생활하거나 또는 지원을 받는 형태의 생활로 점차 변화하게 되었다. 일반학급으로의 통합은 이러한 변화와 함께 이루어졌으며, 지체 · 중복장애 및 건강장애를 가진 사람들도 그들의 가족과 사회에 긍정적으로 기여할 수 있다는 사실을 인정받게 되었다. 또한 치료를 받아야 하는 결핍의 상태로서 장애를 인식하는 경향은 장애는 단지 개인의 한 단면을 나타내는 것이라는 개념으로 변화하게 되었다. 또한 장애인 권리 운동으로 인해 자기결정력은 장애를 지닌 개인의 삶에 중요한 위치를 차지하게 되었다.

2) 장애인 권리 운동

Roosevelt 대통령은 뉴딜정책을 통해 장애 문제를 연방정치 문제로 상정하는 데 일조하였다. 1935년 사회보장법(Social Security Act)은 장애인의 직업재활뿐만 아니라 퇴직과 보험혜택을 위한 자금을 제공하게 되었다(Treanor, 1993). Roosevelt 대통령은 장애인의 권리와 서비스를 지지하는 입장을 취하고는 있었지만 그가 가진 장애(소아마비)가 자신의 공적인 이미지와 결부되는 것은 꺼려했다. 따라서 현재 학자들은 그의 행동을 정치적 · 사회적 수단을 통해 장애의 영향력에 직면하기보다는 '장애 극복'이라는 개념을 강화시키는 노력의 일환이었다고 비판한다(Treanor, 1993).

제2차 세계대전 이후, 장애를 지닌 권위자들은 직업재활, 직장, 서비스 및 기타 일상생활 활동 속의 물리적 접근에 대한 시민권을 주장하는 목소리에 힘을 실었다. 또한 장애를 가진 사람들은 1954년 교육 현장에서 장애학생에 대한 차별을 금지하고 비장애 또래와 함께 통합된 환경에서 교육을 받을 수 있는 기초를 제공하게 해 준 브라운 대 교육위원회(Brown vs. Board of Education) 판결을 받게 되었다. 이 판결은 1960년대의 유명한 사건인 1964년 미국 시민권리법(Civil Rights Act)의 수립에 기여하였으며, 1990년 미국 장애인법(ADA)에 대한 하나의 모델이 되기도 하였다. 법률 제정에 있어 중요한 또 다른 한 가지는 1968년의 미국 건축장벽법(Architectural Barriers Act)으로, 이는 물리적 접근성에 대한 최소한의 지침을 설정한 건축 및 교통 장벽 규정준수 위원회(Architectural and Transportation Barriers Compliance Board)의 창설을 이끌었다. 이 시기에는 독립생활 센터(Independent living centers)가 설립되었으며 권리 옹호 프로그램, 직업 훈련, 간병인 등록 등의 서비스도 제공되기 시작하였다.

Treanor(1993)는 장애인의 관심은 주로 'March of Dimes'나 'United Cerebral Palsy'와 같은 특정한 단체와 긴밀하게 연관되어 있기 때문에 1960년대의 시민권 저항운동은 장애인과 큰 연관성을 가지고 있지 않다고 말한다. 비록 시민권 저항운동이 특정 장애 영역에 대한 필요한 관심을 제공해 주기는 하였지만, 이 단체 역시 장애인의 목소리나 정치적 영향력을 분산시켰다. 미국 장애인법(ADA, 1990)과 같은 다른 장애 권리법을 이끈

1973년의 미국 재활법(Rehabilitation Act)은 장애인의 시민권을 통합하고 명확히 하였다. 자립생활 옹호자들의 지지를 받은 장애인 권리 운동(Disability Rights Movement)은 1970년대에 가속도가 붙기 시작했다(Hurst, 2003). 몇몇의 옹호자는 장애를 가진 사람들을 분리시키고 장애가 단지 사회적 장벽과 태도의 결과라는 인식을 강화하는 서비스에 대해 의문을 품기 시작했다(Hurst, 2003, p. 573). 미국의 장애인 권리 운동에 대한 좀 더 상세한 정보를 얻고 싶다면 Treanor(1993)와 Shapiro(1994)를 참조하기 바란다.

2. 용어 정의

1) 장애에 대한 정의

장애라는 용어는 사회적 · 문화적 · 법적인 변수의 영향을 받기 때문에 용어를 정의하고 장애에 대해 기술하고 분류하는 것은 우리가 생각하는 것만큼 단순하지 않다. Leonardi, Bickenbach, Üstün, Kostanjsek과 Chatterji(2006)는 UN 장애인 권리협약(United Nations Convention on the Rights of Persons with Disabilities)의 현재 정의와 세계보건기구(WHO)의 국제기능 · 장애 · 건강 분류(International Classification of Functioning, Disability, and Health: ICF)를 기반으로 한 정의를 다음과 같이 비교하였다.

> UN 장애인 권리 협약의 장애인에 대한 정의
>
> 장애를 지닌 사람이란 다양한 장벽으로 인하여 다른 사람들과 동일하게 사회에 온전히 그리고 효과적으로 참여하는 것을 방해하는 장기간의 신체적 · 정신적 · 지적 또는 감각 장애를 가진 사람들이다 (Leonardi et al., 2006, p. 1220).

> 세계보건기구 국제기능 · 장애 · 건강분류의 장애에 대한 정의
>
> 장애란 상황적 요인과 상호작용하는 어떤 건강상의 조건을 가진 한 개인이 신체적 · 개인적 · 사회적 수준 그리고 더 많은 삶의 영역에서 경험하게 되는 기능상의 어려움이다.

Leonardi 등(2006)은 UN의 정의는 의료적 모델을 반영하고 오직 '장기간'의 손상에만 초점을 두고 있기 때문에 제한적이라고 지적했다. 반면 ICF에 기초한 정의는 엄격히 말해 의료적이지도 사회적이지도 않다. ICF의 장애 모델과 그 논의에 대한 검토를 통해 장애를 개념화하기 위한 국제적인 통합적 개념틀을 형성하는 과정을 알 수 있다.

2) 장애의 모델

의료적 모델(medical model)은 장애와 건강에 대해 기술하기 위한 초기의 노력이 무엇인지 보여 준다(Bickenbach, Chatterji, Badely, & Üstün, 1999; Peterson & Elliott, 2008). 이 모델에서는 장애를 개인의 성격 또는 속성이며, 질병, 정신적 외상 또는 질환에 의해 야기되는 것으로 개념화하였다. 따라서 장애의 영향력을 수정하고 보충하기 위한 교육, 재활, 다른 중재들로 의료적 모델 접근법을 구성하게 되었다(Jette, 2006, p. 727).

의료적 모델은 급성 질환에 대한 사전 대응에 도움이 될 뿐만 아니라 재활과 교육 서비스, 법적 보호, 재정적 지원에 대한 적격성을 설정하는 데 한몫을 함에도 불구하고(Chan & Leahy, 1999; Simeonsson, Leonardi, Lollars, Bjorck-Akesson, Hollenweger, & Martinuzzi, 2003), 의료적 진단과 치료를 강조함으로써 질병의 사회적, 심리적, 행동적 측면은 간과했다는 비난을 받아왔다(Allan, Champbell, Guptill, Stephenson, & Campell, 2006; Alonso, 2004; Hurst, 2003; Peterson & Elliott, 2008). 반면 사회적 모델은 장애를 개인과 환경과의 상호작용 결과로 개념화하였다(WHO, 2001). 사회적 모델에서는 개

인 내에 존재하는 결함으로서 장애를 강조하기보다는, 기능을 방해하거나 촉진하는 태도와 장벽을 강조한다. 장애 대신 생활 조건과 관련하여 개인을 사정함으로써, 사회적 모델은 의료적 모델 접근방법에 의해 증가할 수 있는 선입견을 줄여야 한다고 제안한다(Hurst, 2003). Imrie(2004)에 의하면 두 가지 모델은 "개인의 삶의 측면을 다루면서, 변증법적 관계에서 생물학과 사회가 얽혀있음을 인식하지 못하는 문제를 가지고 있다" (pp. 287-288)라고 하였다. 두 모델은 제각기 장애에 대해 불완전하게 기술하고 있다.

생물심리사회적 모델은 "질병(장애 변수)의 상호작용적 효과, 심리사회적 스트레스 요인 그리고 적응 정도의 다양함을 설명할 수 있는 개인적, 환경적 요소들을 고려함으로써 의료적 모델과 사회적 모델의 측면들을 통합하려 한다" (Peterson & Elliott, 2008, p. 216). 이 모델은 조정(adjustment)이 특정한 의료적 조건과 처치와 관련있을 뿐만 아니라 장애에 대한 개인적 수용, 장애에 대처하고 반응하는 능력, 장애 효과를 중재하거나 악화시키는 사회적 지원 또는 스트레스 요인과 관련 있음을 인정한다. 비록 30년 전에 제안되었지만(Engel, 1977), 생물심리사회적 모델은 현재까지도 분류, 기능, 장애 그리고 건강을 위한 틀로 활용되고 있다. 장애에 대한 의료적, 사회적, 생물심리사회적 모델에 대해 좀 더 깊이 있는 논의를 위해서 Bickenbach 등(1999)과 Peterson, Elliott (2008)을 참조할 수 있다.

3) 세계보건기구의 국제기능 · 장애 · 건강분류

세계보건기구(WHO)는 "세계보건연합(World Health Assembly)의 192개 회원국의 영향을 받으며 보건에 대한 국제적 권위"를 지닌다(Allan et al., 2006, p. 236). 1980년에 WHO는 손상, 장애 그리고 핸디캡에 대한 국제분류(International Classification of Impairments, Disabilities, and Handicaps: ICIDH)라는 체계를 사용하기 시작했으며, 이 분류체계는 2001년 WHO가 질병 및 관련 건강문제의 국제분류 제10차 개정판(International Statistical Classification of Diseases and Related Health Problems, Tenth Revision: ICD-10)을 보충하기 위한 현재의 국제기능 · 장애 · 건강분류(ICF)를 제안하면서 대체되었다(Peterson & Rosenthal, 2005; WHO, 2001). ICF는 의료적 모델의 신체지향적인 요소를 개인적, 사회적 상황과 통합함으로써 생물심리사회적 모델의 요소를 반영하고 있다. 또한 ICF 모델은 "질병 분류에 대한 결과에서 보건 분류의 구성요소"로 인식의 변화를 보여 준다 (WHO, 2001, p. 2).

ICF 모델에서 기능은 두 부분으로 구성된다. 첫 번째 부분은 기능과 장애의 요소를 기술하고 있는데, 이는 신체, 활동과 참여로 다시 분류된다. 신체적 요소는 신체 기능과 신체 구조로 나뉜다. 해부학과 생리학(인지, 발화 등)에서의 변화가 신체 구조와 기능의 특징을 나타낸다. 활동과 참여는 개인 능력과 수행 수준(이동성, 자기관리, 의사소통 등)을 특징으로 한다. 기능과 장애를 구성하는 모든 요소가 서로 상호작용하며 영향을 준다는 점을 기억해야 한다([그림 1-1] 참조).

ICF 모델의 두 번째 부분은 환경적 요인과 개인적 요인이라는 두 가지 구성요소로 이루어진 맥락적 요인들을 보여 준다([그림 1-1] 참조). 환경적 요인은 첫 번째 부분의 신체 기능, 신체 구조 또는 활동과 참여를 촉진시키기도 하고 제한하기도 한다. 개인적 요인은 연령, 생활 습관, 대처 능력, 교육 등과 같은 개인적 특성을 말한다 (Peterson & Elliott, 2008, pp. 219-220; WHO, 2001). ICF의 개념적 틀에 대한 상세한 정보는 www.who.int/classifications/ICF/en/에서 얻을 수 있다.

손상(impairment), 장애(disability), 핸디캡(handicap)과 같은 용어는 ICF 모델의 어느 부분과 일치하는가? 1980년 WHO의 손상, 장애 그리고 핸디캡에 대한 국제분류(ICIDH)에서는 손상을 심리적, 생리적 또는 해부학적 구조나 기능에 대한 개인의 손실 또는 비정상적인 상태라고 정의했다(Badley, 1993, p. 27). 장애는 인간에게 있어 정상적이라고 여겨지는 범위 내에서의 (손상으로 인한) 수행상의 제한 또는 부족이라고 정의하였으며 (Badley, 1993, p. 28), 핸디캡은 손상이나 장애로 인해 한

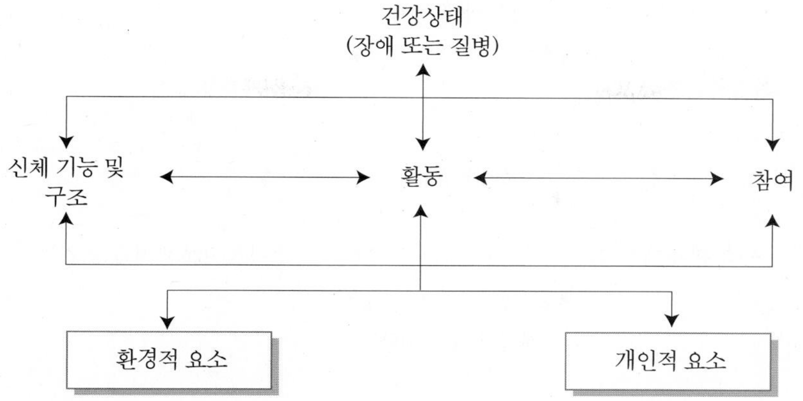

[그림 1-1] ICF 개념적 틀의 구성요소 간 상호작용

출처: *The International Classification of Functioning, Disability and Health* (p. 18), by the World Health Organization, 2001, Geneva, Switzerland: Author. Copyright 2001 by the World Health Organization. Reprinted with permission.

개인이 정상적으로 역할을 수행하는 것을 제한하거나 방해하는 불리(disadvantage)라고 정의하였다(Badley, 1993, p. 29). 이러한 정의와 의미는 계속 변화해 오고 있다. 현재의 ICF 모델은 손상(impairment)이라는 용어를 사용하며 신체 구조와 기능에서의 생리적 또는 심리적 장애를 나타내기 위하여 핸디캡 대신에 참여의 제한이라는 용어를 사용하고 있다. 장애에는 손상, 활동 제약, 참여 제한이 포함되며, "개인의 건강상의 조건(손상)을 비롯한 개인적 요소들과 개인이 생활하고 있는 환경을 말하는 외적 요소들 간의 복잡한 관계로 인한 결과"까지 내포한다(WHO, 2001, p. 17). Leonardi 등(2006)은 이러한 용어들의 관계를 다음과 같이 서술한다. "손상은 신체에 영향을 주는 요인이며, 활동 제약(장애)은 개인의 활동 또는 행동에 영향을 주는 요인이며, 참여 제한(핸디캡)은 한 개인의 삶의 경험에 영향을 주는 요인이다" (p. 1220).

4) 신경-발달 치료 모델

1998년 신경-발달 치료(Neuro-Develpmental Treatment: NDT) 협회에서는 기능, 장애 및 건강에 대한 ICF 모델의 일부분을 수정하고, ICF 모델에 운동기능(motor functions)을 추가하였다. 운동기능 영역은 장애를 네 가지 차원으로 분류한다. ① 체계 통합/손상, ② 효과적/비효과적 자세와 이동, ③ 개인적인 기능적 활동/제한점 그리고 ④ 참여/참여의 제한이다(Howle, 2001, p. 82). NDT 협회는 신경-발달 치료 모델이 중재 결정에 도움을 주며, NDT 접근방식과도 일치하고, 또한 개인 기능에 환경적 상황을 통합하기 때문에 이 모델을 지지한다. [그림 1-2]는 NDT 모델을 보여 준다.

5) 장애(Disability)

이 책의 전반에서 손상과 장애라는 용어가 사용되고 있다. 또한 '지체 또는 중복장애를 지닌 사람(individuals with physical or multiple disabilities)'이라는 표현도 볼 수 있는데, 이는 사람이 우선임을 반영하고 동시에 장애는 단지 인간의 한 가지 측면일 뿐이라는 신념을 강조하기 위해서다. 1976년 초반, Bigge는 이러한 개념의 재인식에서 본 책의 1판에서 사람이 우선인 용어를 사용했다.

의사소통, 대중 인식, 재정적 지원 그리고 서비스 전달에 대한 유용성에도 불구하고 명칭 사용은 장애가 나타내고 있는 의도와는 다른 별개의 의미를 갖는 문제가 있다. 즉, 명칭 사용은 편견적 태도, 능력에 대한 잘못된 가정 그리고 부정적 이미지를 형성하는 본질적인 위험이 따를 수 있다. 그러나 공식적인 명칭 사용이 없을 경

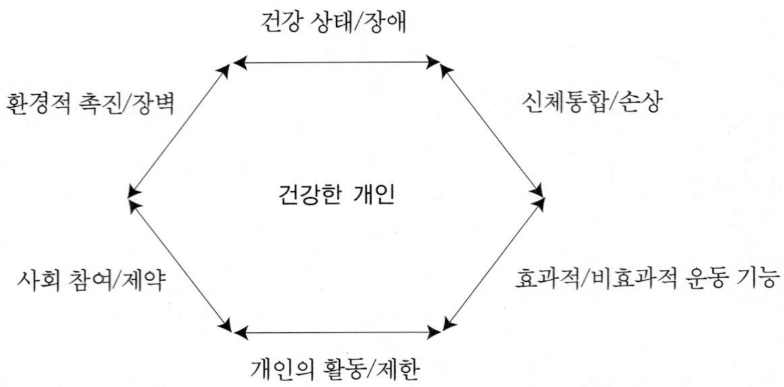

[그림 1-2] NDT 모델의 차원 간 상호작용

출처: "Interactions Among the Dimensions of the NDT Enablement Model." In J. M. Howle, (2001), *Neuro-Developmental Treatment Approach: Theoretical Foundations and Principles of Clinical Practice,* p. 83. Laguna Beach, CA: NDT Association.

우 전문가 간의 의사소통 오류, 국가적 인식과 지원의 곤란 그리고 비형식적인(심지어 부정적인) 명칭 사용(예를 들어, '멍청이' '등신') 등을 야기할 수 있다. '장애인(the disabled)'과 같은 어구가 사용될 때 발생하는 집단 편견은 반드시 피해야 한다. '휠체어를 탄' '뇌성마비 환자'와 같은 표현은 그들을 무기력한 희생자처럼 묘사하기 때문에 사용해서는 안 된다. 따라서 그 대신에 '휠체어 사용자' '뇌성마비가 있는 사람'과 같은 표현으로 대체되는 것이 적절하다.

한때 중립적인 표현으로 여겨졌던 불구, 경련과 같은 용어들도 현재는 개인에게 낙인을 찍을 수 있는 것으로 판단하여 일반적으로 사용하지 않는다. 사람은 물건이 아니기 때문에 교사는 "우리 반에 뇌성마비(CP)가 있어"라든지 "나는 두 개의 휠체어와 하나의 워커(보행 보조기)가 있어"라고 말해서는 절대 안 된다. 장애인을 나타내기 위한 명칭 사용이나 범주의 사용은 매우 민감하게 접근해야 한다. 즉, 사람이 우선되어야 한다는 점을 인식하고 사용하는 것이 가장 중요하다.

특정한 범주에 따른 장애의 정의는 미국 연방법에도 나타나 있어 교육서비스를 이해하기 위한 틀을 제공하고 있다. 그러나 의사소통의 목적을 위해 서비스 제공자들이 장애 범주를 사용하는 것이 필수적이지만 개인의 능력과 잠재력을 평가절하하지 않기 위해서는 과거의 범주들 또한 반드시 고려해야 한다.

6) 연방정부의 범주와 정의

2004년 미국 장애인교육진흥법(Individuals with Disabilities Education Improvement Act: IDEIA)은 1975년 제정된 공법(PL) 94-142의 가장 최근의 개정안이다. PL 94-142는 교육과 관련 서비스를 제공하기 위하여 열한 가지 장애 범주를 설정하였으며, 1990년 PL 101-476에 외상성 뇌손상과 자폐성장애를 추가하였다. 이 책에서는 정형외과적 손상, 기타 건강장애, 중복장애 그리고 외상성 뇌손상이라는 네 가지 연방정부의 범주에 포함되는 장애를 다룰 것이다. 물론 이 범주들에 대해 특정한 정의가 내려져 있고, 제2, 3, 4장에 정형외과적 그리고 건강장애 범주내의 다양한 조건에 대해 기술되어 있지만, 한 개인이 이러한 범주들에 두루 걸쳐 있을 수 있다는 점을 기억해야 한다.

(1) 정형외과적 결함

정형외과적 결함이라는 용어는 "선천적 이상(예를 들어, 내반족, 일부 신체부위의 결손 등)에 의해 야기되는 손상, 질병(예를 들어, 소아마비, 골결핵 등)에 의해 야기되는 손상 그리고 기타 원인(예를 들어, 소아마비, 절단수술, 구축을 야기하는 골절 또는 화상 등)에 의해 야기되는 손상"을 나타내기 위해 사용된다(34 C.F.R. § 300.7[c][8], 1999).

정형외과적 손상은 교육 수행에 부정적인 영향을 미칠 정도로 충분히 심각해야 한다. 이러한 정의는 다양한 정형외과적 손상으로 분류되는 데 도움이 된다. 정형외과적 손상을 가진 개인들은 이동 및 지각에 기능적 제한을 가지며 건강장애를 가질 수도 있다. 대부분의 정형외과적 손상은 안정형이나 진행형일 수 있으며 때로는 말기형일 수도 있다.

이 책에서는 다음의 몇 가지 이유로 정형외과적이라는 용어 대신에 신체적이라는 용어를 사용한다. 첫째, 신체적이라는 용어가 신경운동적 손상, 퇴행성 질병 그리고 정형외과적 및 근골격계 장애를 포함하면서 보다 넓고 많은 범주를 포괄하고 있기 때문이다(Heller, Alberto, Forney, & Schwartzman, 1996, p. 36). 이러한 범주들은 특정한 신체체계(예를 들어, 중추신경계, 신경운동)나 과정(예를 들어, 질병)을 나타낸다. 둘째, '정형외과적 손상'에 대한 미국 연방정부의 정의는 '기타'라고 붙여진 하위범주를 포함하고 있는데, 이는 뇌성마비, 화상 그리고 절단수술처럼 서로 상이하며 비연관적인 여러 가지 예를 포함하고 있다. 또한 미국 연방정부의 정의에는 '어떤 신체부위의 손실(예를 들어, 다리 손실)'은 선천적으로 발생하는 장애로 분류되는 반면 '절단수술'은 특별히 '기타' 범주로 분류되고 있다. 이러한 중복은 질병의 시기(선천적인) 대 다양한 범주(기타)에 기초한 비교 불가능한 범주를 사용하기 때문에 발생한다. [그림 1-3]에서 아동은 정형외과적 장애로 분류되는 뇌성마비를 가지고 있다.

[그림 1-3] 정형외과적 손상을 지닌 소녀는 좀 더 독립적이 되기 위하여 휠체어와 보조견을 사용한다.

(2) 기타 건강장애

기타 건강장애는 다음과 같이 정의된다.

> 환경 자극에 대한 과도한 주의력 및 활력, 지구력과 주의력이 부족하여 교육 환경에 적응하는 데 문제가 있는 상태이다. ① 천식, 주의력결핍 또는 주의력결핍 과잉행동장애, 당뇨, 뇌전증, 심장병, 혈우병, 납중독, 백혈병, 신우염, 류머티스성 열 그리고 겸상적혈구증과 같은 만성적 또는 급성적인 건강 문제로 인한 것이며, ② 아동의 교육적 수행에 부정적인 영향을 미친다(34 C.F.R. § 300.7[c][9][i][ii], 1999).

정형외과적 손상처럼 안정형, 진행형, 말기형이 될 수 있는 다양한 건강장애가 있다. 과도한 주의력을 특징으로 하는 손상은 이 책에서 다루지 않은 주의력결핍 장애와 주의력결핍 과잉행동장애라고 할 수 있다. [그림 1-4]의 소년은 당뇨로 인해 인슐린을 투여받을 준비를 하고 있다.

(3) 중복장애

중복장애를 가진 사람은 두 가지 이상의 장애를 갖는다. "중복장애가 있는 사람은 하나의 특수교육 프로그램만으로는 적합하지 않은 심각한 교육적 요구를 야기하는 장애를 가지며, 농-맹은 포함되지 않는다"(34 C.F.R. § 300.7[c][7], 1999). 이 정의에 있어 중요한 점은 중복장애의 영향은 상호작용하며, 하나의 장애에 다른 장애가 추가되는 것, 다시 말해 각각의 분리된 장애의 총합은 아니라는 것이다. [그림 1-5]의 소년은 중복장애를 지니고 있다.

중복장애의 상호영향은 여러 가지 예를 통해 알 수 있다. 뇌성마비와 지적장애를 지닌 사람은 정형외과적 손상과 결합된 운동장애를 지니고 있으며, 이러한 장애는

[그림 1-4] 당뇨검사 키트를 보여 주는 소년

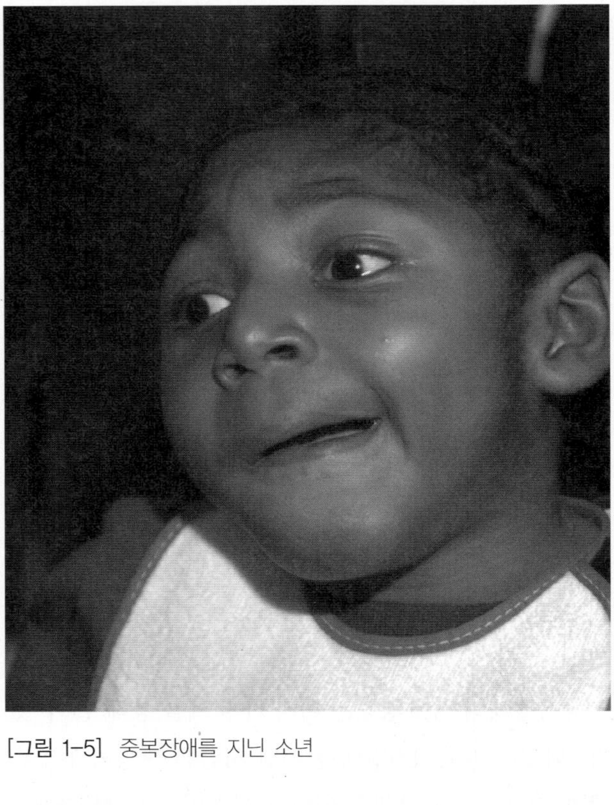

[그림 1-5] 중복장애를 지닌 소년

식사 준비와 같은 신체적으로 수행하는 일상생활 활동에 대한 그들의 능력을 떨어뜨린다. 지체장애인이 적응하기 위한 수정의 예에는 구입할 식료품 목록을 만들기 위해 컴퓨터를 사용하거나 식사 준비를 위하여 다른 사람들에게 지시를 내리는 것 등이 포함된다. 그러나 지적장애로 인한 기억과 순차적 일 처리에서의 결함으로 인해 식사 준비에 필요한 단계들을 개념화하는 것이 어려울 수 있다. 이러한 상황에서 개인들은 준비된 음식 목록에서 선택하는 것을 훈련받을 수 있으며 또한 식사 준비 과정에 부분적으로 참여할 수도 있다. 운동적(신체적) 어려움과 지각(인지적)상의 어려움 간의 차이를 이해하는 것은 중복장애를 지닌 개인에게 적절한 교육적 반응을 계획하는 데 매우 중요한 일이다.

(4) 외상성 뇌손상

외상성 뇌손상(traumatic brain injury: TBI)은 다음과 같이 정의된다.

> 외부의 물리적 힘에 의해 뇌에 생기는 상해로, 아동의 교육 수행에 부정적인 영향을 미치는 전반적이거나 부분적인 기능장애 또는 심리사회적 손상 또는 두 가지 모두를 의미한다. 이 용어는 인지, 언어, 기억, 주의집중, 논리, 추상적 사고, 판단, 문제해결, 감각 및 지각, 운동능력, 심리사회적 행동, 신체기능, 정보처리 그리고 구어와 같은 인지적 영역 중 하나 또는 그 이상에 손상을 초래하는 개방성 또는 폐쇄성 두부 손상 모두에 적용될 수 있다. 또한 TBI는 선천적이며 퇴행성의 뇌손상이나 분만 외상에 의한 뇌손상에는 적용되지 않는다(34 C.F.R. § 300.7[c][12], 1999).

이 정의는 외상성 뇌손상을 지속적으로 지니고 있는 개인별 손상의 본질이나 정도의 다양성을 명확히 나타내지 않는다. 1990년대 TBI는 PL 101-476에서 하나의 장애 범주로 포함되었으며, 외상성 뇌손상을 지닌 개인을 위한 적절한 서비스가 필요함을 강조하였다.

정형외과적 손상, 기타 건강장애, 중복장애 그리고 외상성 뇌손상에 대한 연방정부의 정의들을 살펴보면 이들 정의가 각각에 대하여 배타적인 성격을 지니는 것은 아니라는 것을 알 수 있다. TBI의 경우 장애가 복합적인 상태로 발생할 수 있는 역동적 형태의 한 예가 될 수 있다. 외상성 뇌손상을 겪고 있는 사람은 신경학적 손상 또는 근골격계 손상으로 인한 정형외과적 손상을 가지고 있을 수 있다. 또한 지적장애나 학습장애를 가질 수도 있고 시각 또는 청각손상과 같은 감각 손상도 가질 수 있다. 적절한 교육 서비스와 지원이 이러한 문제들을 다루기 위하여 반드시 필요하다. 이들 정의를 살펴 봄으로써 정형외과적 손상, 기타 건강장애, 중복장애 그리고 외상성 뇌손상을 지닌 학생들이 이질적이기도 하면서 공통된 요구를 가지고 있다는 사실이 분명해진다.

3. 법적 지원과 권한

1970년대 초 이후 미국 국회는 장애인의 시민권과 교육권을 보호하기 위하여 수많은 법령을 통과시켰다. 이러한 연방정부의 법령을 공법(public laws: PL)이라 하는데 이는 '일반 대중', 즉 미국 국민에게 적용되기 때문이다. 공법은 항상 PL이라는 문자를 사용하며, 그 뒤에 법령이 통과된 국회의 회기가 표시되고, 이어 법률이 통과된 시간상의 순서를 가리키는 숫자로 이루어져 있다. 예를 들어, PL 94-142는 94번째 국회 회기에서 142번째로 통과된 법률을 뜻한다. 이렇듯 공법은 기호와 그것을 해석할 수 있는 규칙으로 되어 있다. 주의 법(state laws)은 연방정부 법률을 따르기 위해 발효되며, 지역 교육청에서는 교육정책을 개발하기 위하여 주와 연방 법률 두 가지 모두를 사용한다.

법률에 대한 장황한 논의는 이 장에서 다루는 범위를 넘어선다. 따라서 이 장의 마지막 부분에 제시되어 있는 유용한 사이트를 참조하거나 공공도서관 또는 대학 도서관에 있는 정부 문서를 참조함으로써 연방정부의 법률에 관해 좀 더 깊은 이해를 할 수 있을 것이다.

특수교육과 보상적 지원 및 서비스와 관련된 연방정부의 법률이 시사하는 점은 매우 많으며 복잡하다. 최소제한환경에서 특별한 요구를 지닌 학생을 지원해 주는 특수교사의 역할은 지속적으로 상담영역에까지 확장되어야 하며 일반교사와도 협력해야 한다. 나아가 특수교사는 교육환경과는 상관없이 개별적 요구에 기초한 직접 교수를 제공해야 한다. 모든 학교 프로그램에 대한 장애 학생의 학습, 행동, 언어, 의사소통 그리고 장비 또는 기술에 대한 요구는 전문성을 지닌 전문가의 필요성을 증가시킨다. 다음 절에서는 주(state)의 기준 및 평가와 관련된 특수교육와 일반교육의 권한상의 공통 영역에 대해 알아본다.

4. 주의 기준과 일반 교육과정

지체 · 중복장애 및 건강장애를 지닌 학생들을 위한 교육 목표는 일반 교육과정 목표에 부합되기 위하여 주의 기준에 상응해야 한다. 아동낙오방지법(No Child Left Behind: NCLB)에 따라 각 주에서는 학생의 학습을 위해 기대되는 성취 수준 및 학년 말 기준 또는 결과물을 점검하고 있다. 이러한 주의 기준들은 학생이 교육의 결과로서 무엇을 알아야 하고, 할 수 있어야 하는지에 대해 언급하고 있으며 평가 내용에 대한 정의도 내리고 있다 (Nolet & McLaughlin, 2005, p. 5). 각 주의 교육과정을 통해 교사들은 학생을 위한 교수와 학습 목표를 선택하는 데 도움을 줄 수 있는 학생의 학습 결과물과 기준을 확인하고 기술할 수 있다. 이러한 기준들은 내용과 요소(예를 들어, 독서와 문학) 그리고 하위요소(예를 들어, 글자인식, 분석과 유창성, 이해력 등)에 대한 주요 범주로 조직될 수 있다.

1) 내용 기준

"(주의 학업적) 내용 기준은 학습해야 하는 것, 과목, 기술과 지식 그리고 적용을 나타낸다" (Nolet & McLaughlin,

2005, p. 5). 모든 학생은 연령에 적절한 학업 수준에 대한 주와 지역구의 학업 내용 기준과 관련하여 무엇을 알고 있는지 그리고 무엇을 할 수 있는지를 보여 주어야 한다. 4학년의 내용 기준에 대한 예는 다음과 같다. "학생은 미국 헌법(U.S. Constitution)에서 기술하고 있는 것처럼 미국과 각 주, 연방정부의 구조, 기능 그리고 권력에 대해서 이해한다"(California Grade-Level History/Social Science Content Standard 4.5, www.cde.ca.gov/be/st/ss/hstgrade4.asp). 각 주는 교육자가 교과의 단원 또는 소단원에 이러한 기준들을 '분석하도록' 돕기 위하여 체계(또한 요소라고 불림)나 하위요소를 제공한다.

2) 성취 수준

성취 수준(또한 수행 기준이라고 불림)은 내용 기준과 유사하며, '얼마나 잘하는 것이 충분히 잘하는 것인가?' 라는 질문에 대한 답을 명확하게 해 준다(Marzano & Kendall, 1996, p. 64). 주의 성취 수준은 학생이 내용 기준에서 반드시 성취해야 하는 수행의 수준이나 목표로 이루어진다. 역사나 사회와 연관된 4학년 수준의 내용 기준의 예를 이용한 관련 수행 수준은 다음과 같다. "주 정부의 구조와 기능을 설명하고 또한 자신이 선출한 공무원의 역할과 책임감에 대해서도 이해한다"(California Grade-Level History/Social Science Content Standard 4.5, achivement standard 4, www.ced.ca.gov/be/st/ss/hstgrade4.asp).

주의 성취 수준은 학년 수준의 성취 수준, 수정된 학업적 성취 수준 또는 대안적 학업 기준이 될 수 있다. 수정된 학업적 성취 수준은 학생이 등록하여 주가 정해 놓은 해당 학년의 학업적 내용 기준을 조정해야 하는 학년 수준의 내용을 기초로 한다. 대안적 성취 수준은 가장 심각한 인지장애를 지닌 학생들에게 제공된다.

3) 주의 기준 충족을 위한 기준점

기준점은 교사가 다양한 학년의 학생들이 알아야 하는 것을 결정하는 일과 학생의 학년 수준에 맞는 프로그램이 진행되는 동안 특정한 시점에서 어떤 것을 할 수 있어야 하는지를 결정하고, 마지막에 학생의 진보를 측정할 수 있는 중요한 단계를 결정하는 데 도움을 준다. 몇몇 주에서는 학년 말에 학생이 설정된 기준을 충족하기 위하여 획득하여야만 하는 특정한 지식과 기술을 확인하기 위하여 기준점이 사용된다. 다른 주에서는 특정한 시기에 학생이 알아야 하고 할 수 있어야 하는 것에 대한 중요 단계를 확인하기 위하여 기준점을 사용하기도 한다.

4) 지표

지표(indicators)란 학생이 숙달하도록 기대되는 다양한 기술과 지식의 하위 구성요소로 정의된다. 다양한 지표는 일반적으로 각각의 기준들에 제공되며 분리된 기준과 지표는 일반적으로 각각의 학년 수준으로 개발된다.

5) 사정

주의 수준에서 사정은 두 개의 그룹으로 나뉜다. ① 대부분의 학생이 참여할 수 있는 일반적인 주 수준의 사정과 ② 일반적인 사정에 참여하지 못하는 학생들을 위한 대안적 사정이다. 연방정부의 규정(IDEA, NCLB)에서 각각의 주는 대안적 사정에 참여해야 하는 학생들을 위한 지침을 결정해야 한다. 개별화교육 프로그램(Individual Education Program: IEP) 팀은 교수 실행을 위해 그들이 사용하는 성취 수준에 바탕을 두고 어떤 학생이 주 수준의 사정에 포함되어야 하는지 확인한다. 주 수준의 사정틀은 IEP 팀에게 사정과 관련된 문제에 대한 정보와 안내를 제공한다. 제5장에서는 지체 또는 중복장애를 지닌 학생들을 위한 프로그램 계획을 안내하기 위하여 교육과정에서의 선택 방법들을 제시하고 있다.

비록 법률을 통해 장애를 지닌 개인들의 교육적 경험을 위한 시민권 보호와 권한들이 제공되고 있지만 장애로 인한 모든 문제를 다룰 수는 없다. 다음의 문제들은 특히 지체 · 건강 · 중복장애를 지닌 개인들에게 중요한 것들이다.

5. 지체 · 중복장애 및 건강장애 학생에 대한 중요한 쟁점

유사성과 차이성, 가시성과 비가시성, 급성과 만성, 서비스 강도 그리고 교육 목표와 기대되는 성취 결과에 대한 문제는 특히 지체 · 중복장애 및 건강장애를 가진 개인에게 중요하다. 교사에게 시사하는 점과 함께 이러한 논쟁거리들 각각에 대하여 간단히 살펴볼 것이다. 하지만 모든 개인에게 적용되는 논쟁거리에 대한 모든 측면을 이 장에서 다룰 수는 없으며, 중요한 모든 문제점들이 다루어지지도 않는다는 점을 명심해야 한다.

1) 유사성과 차이성

대부분의 경우 장애를 가진 사람들도 장애가 없는 사람들과 동일한 흥미와 삶의 목표를 가지고 있다. 이러한 목표들에는 교육, 개인적 친분, 만족스러운 직업, 지역사회에의 기여 등이 포함된다. 그러나 장애로 인해 이러한 목표들이 영향을 받게 되며, 성공적인 성취를 위해서는 필수적으로 수정과 조정이 이루어져야만 한다. Smith (2001)에 따르면 "장애를 가진 개인의 교육적 · 사회적 요구에 대해 '동일성'이 너무 과하게 강조되면 그들이 최상의 결과물을 성취하는 데 필요한 지원이 오히려 불분명해질 수 있다"(p. 7). 지체 또는 중복장애를 지닌 학생들을 가르치는 교사는 유사점과 차이점을 인식하고 인정할 필요가 있으며, 장애인들이 편견을 받거나 개인의 필수적 요구를 무시당하지 않고 한 인간으로서 가질 수 있는 경험을 할 수 있도록 해야 한다.

2) 가시성과 비가시성

장애는 상대방에게 불분명하거나 비가시적일 수 있다. 장애가 신체적 조건이나 다른 장비에 의해서 다른 사람에게 분명하게 드러날 때, 장애인은 자신의 장애에 다른 의미가 부여되는 것을 경험하게 된다. 신체적 장애의 가시성은 타인의 인정을 필요로 할 뿐만 아니라 차이점을 인정하기 위해 사회적 상호작용 패턴을 변화시키는 조정도 필요하다. Goffman(1963)의 장애와 사회적 정체성에 대한 연구에서 그는 장애의 가시성이 사회적 만남에 상당한 영향을 준다고 하였다. 눈에 띄는 장애를 가진 개인들은 그것을 감출 수 있는 선택권이 없으며 장애에 대한 상대방의 반응에 대하여 즉각적인 결정을 해야만 한다.

가시적 장애는 다른 사람들의 부적절한 인식과 반응을 가져올 수 있다. 예를 들어, 걷지 못하거나 의사소통에 필요한 발화를 하지 못하는 뇌성마비를 지닌 개인의 경우, 자신을 잘 알지 못하는 사람들에게 만성적으로 어리거나 지적인 능력이 떨어지는 것으로 여겨질 수 있다. 우리가 생각해 보아야 할 또 다른 한 가지는 장애 관련성(disability relevance)이다. 비록 장애 자체는 특정한 사회적 만남과는 관계가 없지만 단순히 장애가 가시적이기 때문에 장애에 모든 초점이 맞춰질 수 있다. 따라서 가시적 장애를 가진 개인은 종종 사회적 상황에서 상대방의 반응에 대처해야 할 때가 있다.

Goffman(1963)은 장애가 비가시적일 때 여러 개인적 결정과 사회적 만남이 발생할 수 있다고 한다. 예를 들어, 뇌전증을 가지고 있는 사람은 일상적인 대화 상황에서는 자신의 상태를 밝히지 않을 수 있다. 그 이유는 두 가지이다. 장애를 공개하는 것이 상호작용과 관계없기 때문일 수 있으며, 장애를 설명함으로써 타인으로부터 거절받을 수 있는 가능성을 피하고 싶어서일 수도 있다. 그러나 발작이 일어날 경우, 개인은 미처 준비를 하지 못한 채로 즉각적 상황에 직면하게 된다. 다른 사람이 장애를 알게 된다면 적정수준에서 기대를 낮춘다는 점은 사실이다(예를 들어, 천식 환자를 위해 신체 활동을 제한함). 그러나 이러한 장애의 상태가 비가시적이라면(예를 들어, 심장병을 앓고 있는 사람은 자신의 상태가 밝혀지는 것을 원하지 않을 수 있음), 그 사람은 자신의 건강에는 도움이 되지 않는 기대를 받거나("너는 한 바퀴를 다 돌아야해. 그렇지 않으면 벌점을 받게 될 거야"), 동료들로부터 거부를 당할 수도 있다("너는 게으름뱅이야"). 비가시적 장애를 지닌 사람은 다른 사람들로부터 비난받을 수도 있고 부적절한 기대를 받을 수도 있는 자신의 장애에 대한 정보를 밝혀야 할 것인지에 대한 결정을 해야 하는 어려움을 가진다.

지체 또는 중복장애 학생을 가르치는 교사는 가시성과 비가시성의 역동성에 민감해야 한다. 또한 그들은 학생들이 효과적인 사회적 상호작용 전략을 개발할 수 있도록 조력해야 한다. 스트레스를 관리하고 부정적인 사회적 상호작용에 대처하기 위한 효과적인 전략들이 지체 또는 중복장애 학생을 위해 특별히 계획된 교육과정의 한 부분이 되어야 한다.

3) 급성과 만성

대부분의 사람은 질병에 대해 구토, 식욕부진, 위장장애, 발진 그리고 고열과 같은 어떤 증상이나 불편한 기간으로 개념화시킨다. 이러한 상태들은 급성적이다. 어느 정도의 시간이 지나면(때로는 약을 복용하거나 병원 치료를 받은 이후에) 이러한 질병들은 사라지면서 회복된다. 비록 어떤 급성적 질병들은 심각할 수도 있지만 그러한 것들은 어떤 형태로든 해결방안이 존재한다. 하지만 어떤 상태들은 해결방법이 없으며, 이러한 상태는 만성적이라고 할 수 있다.

정의에서 보듯이 만성적 질병은 치료가 불가능하다. Toombs, Barnard와 Carson(1995)에 의하면 만성적 질병은 "자서전적 글쓰기 과정에서 분리된 각각의 에피소드가 아니라 영구적인 특성을 지닌 것이다. 만성적 질병과 장애를 안고 산다는 것은 삶에서 또 다른 종류의 삶을 살아가는 일이다" (p. xi). Perrin, Bloom과 Gortmaker (2007)는 만성적 건강 상태를 다음과 같이 정의한다. "만성적 상태란 진단받은 시기에 그 상태가 12개월 이상 지속되고 있으며 또한 12개월 이상의 지속기간을 갖는 것이다" (p. 2755). 만성적 질병은 가족, 교육적 경험, 사회 적응, 직업 기능 그리고 전반적인 삶의 질에 지속적이고 심각한 영향을 미친다. 또한 만성적 질병을 앓는 사람들은 성장과 발달의 변화 등을 야기하는 질병의 영향력과 관련된 여러 가지 문제를 처리해야 하며 동시에 질병의 단계 및 역할, 낙인, 이동성에서의 변화, 고통, 사회적 고립, 신체상, 치료를 위한 식이요법 이행, 두려움과 슬픔에 대한 대처, 치료, 성생활 등을 관리해야 한다(Lubkin, 1995).

만성적 질병에는 천식, 당뇨, 선천적 심장병, 뇌전증, 낭포성 섬유증, 겸상적혈구 빈혈, 암, HIV 감염, 류머티스성 관절염, 신장병 등과 같은 상태들이 포함된다. 미국 아동의 약 7%(아동과 청년 5백만 명 이상)가 만성적 상태인 것으로 알려져 있다(National Center for Health Statistics, 2006). 소아 만성질환의 증가는 HIV와 같은 새로운 만성적 조건의 출현, 낭포성 섬유증이나 백혈병과 같은 질병을 가진 개인의 생존율의 향상, 그리고 소아 천식(Perrin et al., 2007)이나 소아 당뇨(Lipton, 2007)의 급격한 증가에 기인한다. 분명히 만성적 질환은 개인과 지역사회 그리고 국가적 수준의 새로운 주요 관심사가 된다.

교사들은 지체 · 중복장애 및 건강장애를 가진 개인들이 경험하게 되는 만성적 질병에 대한 어려움과 맞닥뜨리게 된다. 그들은 의료적 처치가 필요하다는 것에 대한 단서일 수도 있는 신체적 상태의 변화에 반드시 민감해야 한다. 또한 만성적 조건, 약물 또는 의료적 식이요법에 의해 야기되는 피로를 줄이기 위하여 수업의 강도와 양을 조절해야 한다. 부모와의 친밀한 의사소통 또한 필수적이다. 학생들은 병이 심각해 집이나 학교에서 사망할 수도 있다. 교사들은 학생의 죽음으로 인한 슬픔을 이겨 내기 위하여 반드시 다른 학생들, 학교 직원 그리고 자기 자신을 관리할 수 있어야 한다. 만성적 질병으로 인한 신체적, 심리적 그리고 사회적 변화들과 함께 교사는 전형적이고 예측 가능한 학습 환경을 제공하기 위하여 노력해야 한다.

4) 적절한 편의 제공

연방법에서는 지체 · 중복장애 및 건강장애를 가진 사람들이 장애로 인해 변화될 수도 있는 삶의 여러 측면에 접근할 수 있도록 적합한 편의를 제공해 주어야 한다고 명시하고 있다. 편의는 장기간 또는 영구적으로 제공되어야 한다. 지체 · 중복장애 및 건강장애를 지닌 개인에게 특히 중요한 세 가지 형태의 편의로는 보조공학, 보편적 설계 그리고 질병에 대한 편의 제공(illness accommodation)이 있다.

(1) 보조공학

보조공학은 편의의 중요한 형태이다. 1988년과 1994년 장애인을 위한 공학관련 지원법(Tech Acts)의 보조공학에 대한 정의가 IDEA에 통합되어 "장애를 가진 아동의 기능적 능력을 증가시키거나 유지, 향상시키기 위해 사용되는 모든 품목, 장비 또는 제품 등으로, 상업적으로 만들어진 규격품의 형태로 구입할 수도 있고, 수정하거나 개개인의 요구에 맞출 수도 있다" (20 U.S.C., 1401 602[1]). 보조공학은 자세 관리, 이동성, 보완대체의사소통, 시각 보조자료, 컴퓨터의 사용, 체육, 여가, 놀이, 자기관리, 환경 조절 등의 많은 영역을 포함한다.

비록 보조공학이 지체 또는 중복장애를 지닌 개인에게 중요한 편의 제공이지만, Malouf(2001)는 "교육에 공학을 도입하는 것은 공학 자체가 연관되었다는 것만으로도 혁신적이며 효과적이라는 인상을 줄 수 있다" (p. 1.)라고 말한다. 이는 장애를 가진 개인의 삶을 향상시키기 위해 사용되는 공학은 한 가지 방식으로 두루 적용되는 것이 아니라 개인의 요구에 적절해야만 한다는 것을 의미한다. 그러므로 지체 또는 중복장애 학생에게 서비스를 제공하는 교사는 전통적 교육을 더욱 확장시켜 주는 보조공학에 능숙해져야만 한다.

교사들은 보조공학이 다루는 모든 영역을 조사해 보면, 보조공학이 물리 또는 작업치료사, 재활공학사, 특수체육 전담교사 또는 말-언어 전문가와 같은 관련 서비스 제공자들의 주된 영역은 아니라는 점에 의문이 생길 것이다. 비록 이러한 전문가는 장애를 지닌 개인들의 성공적인 성취를 위해서 매우 중요하지만 교실 적용에 보조공학을 중점적으로 사용하여 보조공학의 교수적 연관성을 높이는 사람은 바로 특별한 전문성을 갖춘 교사이다. 지체 또는 중복장애를 지닌 개인들의 요구를 충족시키는 것이 중요하기 때문에 보조공학에 대한 부분은 이 책의 마지막 장에서 다룰 것이며, 보조공학에 대한 예시들은 모든 장에서 두루 다룰 것이다.

(2) 보편적 학습설계

장애인의 사회로의 동등한 접근과 참여에 대한 핵심에는 보편적 설계(Universal Design: UD)라는 개념이 포함된다. 보편적 설계의 개념은 건축학 분야에서 나온 것으로 소수를 위한 편의가 아닌 모든 사람을 위한 유용성 향상을 통해 생활을 단순화할 수 있는 물리적 특성들을 가미하여 설계하고자 하는 목표를 지니고 있다. 보편적 설계의 개념은 다음의 일곱 가지 기본 원리를 포함한다.

- 원리 1: 공평한 사용
  다양한 능력을 지닌 사람들에게 유용하며 시장성 있는 설계
- 원리 2: 융통성 있는 사용
  모든 개인의 선호도와 능력을 수용하는 설계
- 원리 3: 단순하고 직관적인 사용
  사용자의 경험, 지식, 언어기술, 현재의 집중력에 상관없이 누구나 이해하기 쉬운 설계
- 원리 4: 지각할 수 있는 정보
  사용자의 감각 능력 상태와 상관없이 효과적으로 사용자에게 필요한 정보를 제공해 주는 설계
- 원리 5: 오류에 대한 관용
  우연적 또는 비고의적 결과로 인한 부정적 결과와 위험성을 최소화해 주는 설계
- 원리 6: 신체적 노력의 최소화
  효과적이며 편안하게 사용할 수 있고 피로를 최소화해 주는 설계

- 원리 7: 접근과 사용에 적절한 크기와 공간
  사용자의 신체 크기, 자세 또는 이동성에 상관없이 접근, 조작, 사용에 적절한 크기와 공간 제공(Mace, Principles of Universal Design, version 2.0, Center for Universal Design, North Carolina, 1997)

비록 보편적 설계가 모든 사람에게 적용될 수 있도록 의도되었다고 할지라도, 장애를 가진 사람에게 특히 가치가 있으며, 차별을 금지하고 접근성을 향상시켜주도록 명시된 법적 조항에도 포함되어 있다(Council for Exceptional Children, 2005). 1973년 미국 직업재활법(Vocational Rehabilitation Act)에서도 미국의 장애 시민들의 접근과 참여를 방해하는 물리적 장벽들을 제거하는 내용이 핵심적 구성요소로 되어 있다. 보편적 설계는 장애를 지닌 개인들을 위한 장벽 제거인 동시에 모든 시민을 위한 혜택이라는 점을 다루고 있다. 1990년의 미국 장애인법(ADA)에서는 합리적 편의라는 조항을 통하여 개인적 부분에의 접근이라는 개념을 더욱 확장시켰다.

UD라는 개념은 무상의 적절한 공교육(free, appropriate, and public education: FAPE)과 개별화교육 프로그램(IEP) 절차에 대한 법적 조항에도 포함되어 있다. 무상의 적절한 공교육에서는 아동이 최소제한환경에서 적절한 무상의 공교육이 거부되어서는 안 된다는 점을 확실히 밝히고 있다. 2004년 IDEA에서 적절한 교육이라는 개념은 비장애아동들을 위한 일반교육과정에의 접근을 의미하는 것으로 명시되었다. 특수교육과 일반교육과정 내용 간의 조정을 통해 장애학생이 일반교육에 참여함으로써 성취할 수 있는 독립성, 참여 그리고 생산성이라는 결과로부터의 배제 금지 조항을 강조한다(Jackson, 2005). 개별화 교육 프로그램은 일반교육과정과 이 교육과정에 접근하기 위하여 필요한 특별히 설계된 수업과 기타 지원들을 조정하기 위하여 사용된다. 다음의 보편적 설계의 원리들은 교수와 학습에 적용될 수 있다.

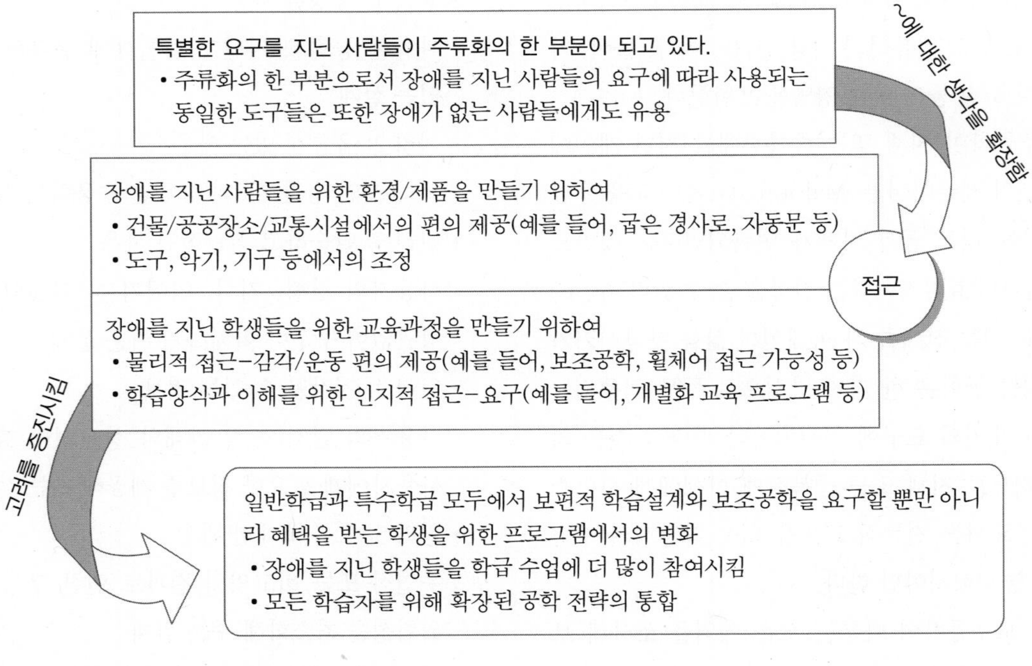

[그림 1-6] 첫 번째 부분: 보편적 학습설계

출처: R. Orkwis (2003). "Part One: Universal Design for Learning and Bringing About Change." In *Universal Design for Learning: A Guide for Teachers and Education Professionals* (2005), p. 16. Council for Exceptional Children. Arlington, VA: Author.

① 장애학생들은 다른 학생들처럼 연속적인 학습자로서의 차이(learner differences)를 보인다.
② 교사는 장애학생만을 위해서가 아닌 모든 학생을 위해서 변화를 줄 수 있으며, 실제로 변화시킨다.
③ 수업자료는 학급의 필요에 따라 다양해져야 한다.
④ 특정한 교육과정을 학습하도록 학습자를 적응시키기보다는 교육과정이 학생의 다양한 개인차를 수용할 수 있도록 융통성을 지녀야 한다.

수업자료 설계에 편의를 제공함으로써 교사는 가르치기에 "융통성이 있으며, 동등하고 접근 가능한 방법을 제공할 수 있다"(Council for Exceptional Children, 2005, p. 2). [그림 1-6]과 [그림 1-7]은 어떻게 UD 원리와 법적 조항의 영향력이 보편적 학습설계(Universal Design for Learning: UDL)를 이끌어 내는지 보여 준다.

(3) 질병에 대한 편의 제공

계획에 따른 민감성을 요구하는 한 영역이 바로 질병에 대한 편의 제공이다. 잦은 결석, 고통 관리, 피로 그리고 학교 일과 중 의료적 식이요법을 따라야 할 필요성 등 여러 가지 상황에 따라 학생이 출석할 가능성이 낮아진다. 비록 많은 학생이 질병이나 진료로 인해 학교를 종종 빠지게 되지만, 지체 · 중복장애 및 건강장애를 지닌 학생들은 여러 차례 또는 장기간 동안 학교를 결석하게 되며, 그 결과 학교에서의 수행을 유지하기 위한 특별한 편의 제공을 필요로 한다. 어떤 조건들은 고통의 증가 또는 피로와 연관이 있다. 만일 그들의 장애가 비가시적인 것이라면, 학생의 몸상태가 좋지 않거나 피로를 느끼고 있을 때 건강하다고 인식될 수 있다. 예를 들어, 중증의 심장병을 앓고 있는 학생은 건강하게 보일지 모르지만 간단한 운동 후에 가슴의 통증이나 탈진을 경험할 수도 있다. 질병, 고통 그리고 피로로 인한 수행의 감소로 인해 교사는 그 학생이 학교 활동에 주의를 기울이지 않는다

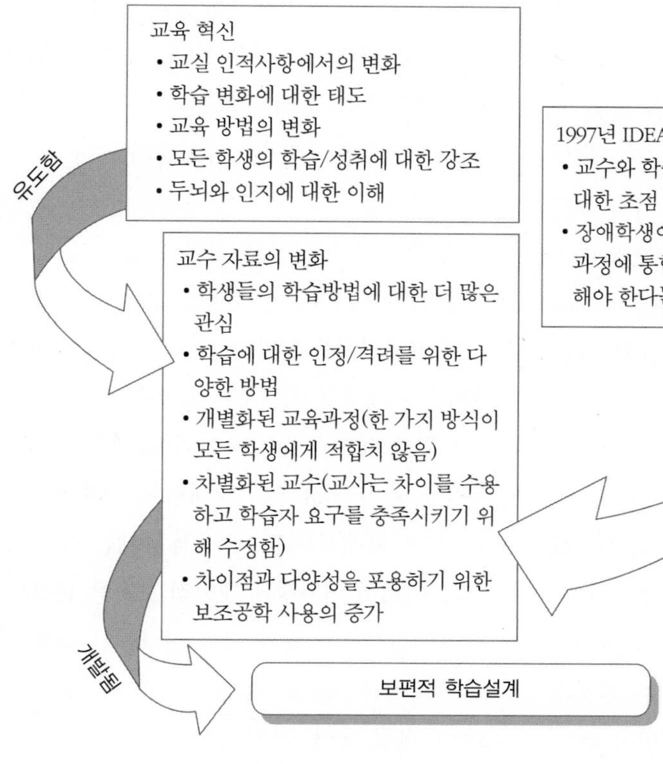

[그림 1-7] 두 번째 부분: 변화된 교육 환경에서의 보편적 학습설계

출처: R. Orkwis (2003). "Part Two: Universal Design for Learning in the Changed Environment." In *Universal Design for Learning: A Guide for Teachers and Education Professionals* (2005), p. 16. Council for Exceptional Children. Arlington, VA: Author

고 인식할 수도 있다. 마지막으로 어떤 학생들은 매우 엄격한 의료적 처지를 따라야만 하는데 이로 인해 수업을 빠지기도 한다. 이러한 예로, 당뇨를 앓고 있어 혈중 포도당 수준을 측정하여 인슐린 투여를 조정해야 하는 학생의 경우가 있다. 또 다른 예로, 마비가 있는 학생이 방광 도뇨를 받기 위해 학급에 양해를 구해야만 하는 경우도 있다.

잦은 결석, 고통, 피로 등의 상황은 수행 감소를 초래한다. 적절한 편의 제공은 숙제의 조정, 출석 및 성적기준 조정, 휴식시간 계획, 학업지도의 재계획, 도우미 학생의 노트 필기, 가정 또는 병원에서의 수업 제공을 포함한다. 모든 학생이 항상 모든 편의 제공을 필요로 하는 것은 아니다. 편의 제공을 통한 지원은 그것이 효과적일 수 있도록 개별화되어야 한다.

5) 서비스 강도와 개인의 독립성 문제

지체 또는 중복장애를 지닌 개인들은 많은 사람에게 교육과 관련 서비스를 제공받는다. 비록 교육자, 치료사, 간호사 그리고 여러 사람의 역할이 겹칠 수도 있지만 관련 서비스는 특별히 임무를 부여받고 훈련을 받은 전문가가 제공하거나 관리해야 한다. 지속적인 도움을 통해 학생은 자신을 도와주는 사람에게 익숙해지며 그들이 해를 끼치지 않는다는 것을 확신하게 된다. 오랜 기간 동안 병원 생활을 경험한 사람이면 누구나 자신이 신뢰하는 사람의 지속적인 도움이 효율적이며 안전하다는 것을 인정하게 될 것이다.

(1) 또래의 도움

장애를 가진 학생에게 도움을 제공해 주기 위하여 때로는 추천을 통해 학급의 또래를 지명할 수 있다. 비록 또래가 특정 영역, 예를 들어 필기, 학습 자료 대신 받아 주기 그리고 기타 학급 활동과 같은 영역에서는 도움을 줄 수 있지만, 밥을 먹여 준다든지, 휠체어를 밀어 주고, 교수를 제공하는 데 또래를 이용하는 것은 특별한 훈련을 필요로 하며 성인의 도움과 함께 일정하게 제한된 시

[그림 1-8] 학생이 학습 상황을 책임질 때 자기옹호가 이루어질 수 있다.

간 동안에만 이루어져야 한다. 매우 신중하게 통제된 환경에서조차 또래의 도움이 항상 권장되는 것은 아니다. 또래가 도움을 제공해 주는 역할을 할 때 그들의 사회적 상호작용은 변하게 되며 장애학생과의 우정도 변화를 겪게 된다. [그림 1-8]에서는 프로젝트를 수행하는 동안 또래의 도움을 받고 있는 장애학생의 모습을 보여 준다. 비록 그녀는 혼자서 풀통을 눌러 풀칠을 할 수는 없지만 어떻게 해 달라는 요청은 할 수 있다. 학습 상황을 책임지는 것은 특히 물리적 도움을 필요로 하는 장애학생에게 있어 중요한 자기옹호의 도구가 된다.

(2) 개인의 독립성을 위한 지원

자기관리(self-care) 영역에 있어 지체 또는 중복장애를 지닌 개인들은 발달적, 사회적 기대 수준보다 더 많은 서비스를 요구할지도 모른다. 예를 들어, 욕실에서 또는 옷을 입을 때 도움을 요구할 수도 있다. 집중적이고 개인적인 도움의 필요성은 장애인이 신체적으로 통제하지 못하는 상황에서 지적, 감정적 통제는 할 수 있음을 의미한다. 이러한 역동성은 개인적 도움을 관리하고, 의료적 처지를 협상하는 등과 같은 전반적인 삶의 관리 영역으로 확대된다(Heller, Forney, Alberto, & Schwartzman, 2000). 예를 들어, 어떤 아동은 자신의 바지를 올리지 못하지만 언제 어떻게 과제를 수행해야 하는지를 보조원에게 말할 수는 있다. 만일 보조원이 통제를 할 필요가

없다면(매우 어린 아동의 경우처럼), 아동이 결정을 내리도록 하는 것이 긍정적인 정서적 성장을 지원해 줄 수 있다.

서비스 강도와 개인적 독립성의 문제는 교사에게 중요한 시사점을 제공해 준다. 우선, 교사는 훈육을 담당하고 있는 사람들과 협력하는 기술을 획득해야 한다. 그들은 종종 서비스와 도움을 제공하는 다른 사람들과 협력하여 교육 계획을 수립해야 한다. 이러한 계획은 학생과 그들의 가족을 최소한으로 방해하고 학급에서의 부끄러운 학습 경험을 가지지 않는 방향으로 이루어져야만 한다. 둘째, 학생이 자기관리를 하는 데 도움을 주는 임무를 부여받은 사람은 학생의 존엄성과 사생활을 존중하여야 한다. 신체적 관리가 매우 어린 아이에게 제공되는 수준에서 이루어져야 할 때면(예를 들어, 코를 닦거나, 화장실에서 뒤처리하는 것을 돕고, 음식을 먹여 주는 일) 개인의 미성숙으로 인해 신체적 수행능력이 감소된 것이라고 생각하지 않아야 한다.

앞에서도 언급했듯이, 반드시 그 목적을 위해 특별히 배정되고 훈련받은 성인으로부터 도움을 받아야 하며, 도움이 필요한 개인의 요청이 있어야 한다. 도움의 지속성과 존엄성 유지에 대한 요구 외에도, 여러 명의 성인으로부터 신체적 도움을 받는 것은 적절한 지원과 부적절한 지원의 경계를 자칫 허물 수도 있으며, 결과적으로 학생은 신체적인 상해나 성적인 착취의 위험에 놓일 수도 있음을 인식해야 한다.

6. 교수학습 환경

지체 또는 중복장애를 지닌 학생들을 가르치는 교사는 다양한 교육 체계에 대한 지원을 제공하고 특정한 지식과 기술을 보유하고 있어야 한다. 또한 교육과 관련된 훈육에 대한 협력과 협의가 강화될 수 있도록 그들의 역할을 끊임없이 개발해야 한다. 마지막으로 가족과 전문가들을 가르치는 것 이상의 인적자원으로서의 기능을 해야 한다. 현대의 교사는 가르치는 것을 넘어 학습자이자 리더이며 옹호자이다.

전통적으로 지체 또는 중복장애 학생을 위한 교육 서비스는 신체적 관리와 특별한 건강상의 요구를 강조하는 의료 모델과 병행되어 왔다. 이러한 입장은 당뇨, 소아마비 또는 폐결핵과 같은 조건을 가진 '허약한' 아동을 위한 병원, 요양원 그리고 주거시설을 포함한 교육 서비스 전달을 위한 장소를 강조함으로써 잘 나타나 있다(Best, Bigge, & Sirvis, 1990). 독립된 학습과 학교에서의 학생의 분리는 집중적인 치료와 관련 서비스, 건축적 접근성 그리고 장애를 가진 또래 집단에 의한 사회적 수용성이라는 기준에서 본다면 타당할 수 있다.

지체 · 중복장애 및 건강장애 학생을 위한 현재의 교육 서비스 전달 경향은 장소에 대해 선택을 할 수 있는 범위가 확장되고 있다. 교육 서비스 전달 결정은 학생의 독특한 요구를 고려한 다음에 이루어져야 하며, 한 번에 하나 이상의 장소를 포함할 수 있다(예를 들어, 일반 학급과 특별한 프로그램 또는 도움을 받는 특정한 지원이 결합될 수 있다). 특수교육은 어떤 그리고 어떻게 교수가 행해지는가와 관련된 것이지 어디에서 교수가 이루어지는가에 대한 것은 아니다. 때로는 병원 또는 가정에서 학습이 이루어지는 것처럼 장애가 교육 배치에 영향을 줄 수 있다. 그러나 교육은 항상 특정한 학생의 독특한 요구와 능력 그리고 학습 목표와 관련하여 최소제한적인 교육 환경에서 이루어져야 한다.

1) 교육 서비스 전달 체계

지체 또는 건강장애를 지닌 대부분의 학생은 충분한 도움과 적절한 서비스를 받으며 일반교육 환경(통합 환경)에서 교육받는다. 일반교사는 다양하고 구체적인 교수 전략을 실행하기 위하여 특수교사로부터 협력과 컨설팅을 지원받을 수 있다. 학생들은 다른 학교에 가서 일반학급에 있는 학생에게 직접 교수를 제공하는 특수교육 순회교사로부터 직접적인 서비스를 받을 수도 있다. 또한 특수교사는 지체 · 중복장애 및 건강장애를 지닌 학생에게 일반학급이나 독립된 장소에서 집중적인 교육

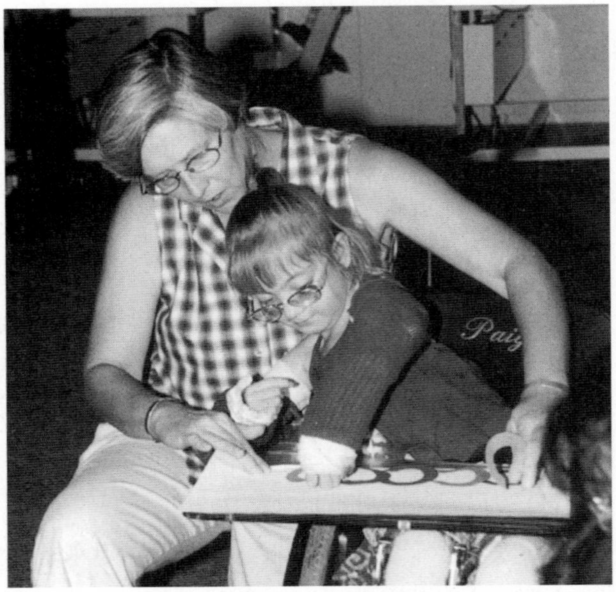

[그림 1-9] 교사는 학생이 좀 더 독립적으로 학습활동을 하기 위하여 학습 자료를 안정감 있게 제공하기 위한 다양한 전략을 시도한다.

적 지원을 제공함으로써 학습도움 서비스를 제공할 수도 있다([그림 1-9] 참조).

어떤 학생들은 일반학급 밖에서의 교육환경을 요구한다. 그들은 동일한 연령대의 또래와 통합을 준비시켜 주는 일반교육 환경에 속한 특별 주간 프로그램(special day program)을 통해 학습할 수도 있다. 어떤 경우 학생들은 일반교육 환경과 분리된 특별한 장소에서 교육을 받는다. 이러한 모든 노력은 비장애 또래들과 상호작용을 할 수 있도록 행해져야 한다.

특별한 장소는 제외하고, 앞서 기술된 모델들은 일반교육 서비스 체계의 한 부분이다. 지체 · 중복장애 및 건강장애 학생을 교육하는 한 가지 독특한 측면은 전형적인 일반교육에서는 볼 수 없는 교수에 대한 선택권이 있다는 점이다. 급성적 또는 만성적 질병을 앓는 학생들은 병원학교 프로그램을 통한 교수를 제공받을 수 있다. 병원 학교 교사들은 병원 내에 설치된 교실에서 직접적인 서비스를 제공해 준다. 교사는 신체적 조건으로 인해 학급에 출석이 불가능한 학생들을 위해 침상 옆에서 학습을 진행한다. 병원학교에서의 교수는 수술 가운이나 장갑 그리고 마스크와 같은 물리적 장벽의 사용을 포함한 전반적인 주의가 요구된다. 만일 아동이 골수이식 중이거나 그들의 면역체계를 진정시키는 과정에 있다면 교사는 서비스를 제공하기 전에 반드시 깨끗이 씻어야 하며, 수업자료도 사용하기 전에 소독해야 한다. [그림 1-10]은 한 교사가 대도시 병원에서 경험한 내용을 보여준다.

최근의 수술에서 회복하고 있는 학생들 또는 그들의 건강 상태로 인해 학교에 가지 못하는 학생들은 가정에서 특별한 순회교육 서비스를 통해 학습할 수 있다. 순회교사는 학생의 성공적인 학업적 진보를 향상시켜 주고 그들의 건강이 안정되면 다시 일반교육 프로그램에 재통합될 수 있도록 하기 위하여 학생과 학급 교사간의 지속적 연락을 유지해 준다.

학급 기반 프로그램에 참여할 수 없는 학생을 위한 교수 체계는 기술과 대안적 학습 환경의 이용가능성이 빠르게 진보함에 따라 변화하고 있다. 그중 원격교육은 가정학습의 한 가지 대안이라고 할 수 있다. 교사는 학교 전화, 메일 또는 인터넷을 통하여 여러 명의 학생과 연락할 수 있다. 이 모델은 이동 시간과 일대일 가정학습의 요구를 줄여 주면서 동시에 여러 학생을 위한 직접적이며 즉각적인 연락이 가능하다는 이점을 가지고 있다. 메일과 인터넷 사용(학교 웹사이트에의 게시를 포함하여)은 시각적 상호작용에 대한 결과물이라는 효과를 더해 줄 수 있다. 학생들은 메일을 주고받으며, 인터넷 정보를 다운로드하고 또한 원격교육 서비스에 링크하기 위해서 그에 상응하는 시스템을 가지고 있어야 한다. 개별 학생을 위한 시스템은 가족이나 학교, 의사소통 회사나 단체 또는 다양한 지원의 연합을 통해 제공될 수 있다.

마지막으로 교육서비스에 대한 어떤 모델들은 교육환경으로서 지역사회를 강조한다. 지체 또는 중복장애를 지닌 많은 학생에게 진로 · 직업 교육과정, 일상생활 기술 그리고 여가 추구는 지역사회 내에서 가장 적절하게 이루어질 수 있다.

교육배치의 결정은 항상 개별 학생의 독특한 요구를 기반으로 해야 한다. 특정한 서비스 전달이 장애 정도와 연관되어 있다는 가정을 하는 것은 적절하지 않다. 예를 병원학교는 많은 관찰자의 이목을 끈다. 나는 학생과 일대일 방식으로 지도하며, 교재와 내가 가르칠 학급을 선택하고, 모든 학생과 긴밀한 관계를 조성하고 그들의 개별적 요구를 충족시키기 위해 노력한다. 또한 가족과 라포 형성을 위한 시간을 가지며, 모든 의료기록을 점검한다. 이러한 것들이 개별화, 과제분석 그리고 인간적 접근이 향상될 수 있는 교수의 질을 높여 준다.

이런 유쾌함 이면에 다른 면도 존재한다. 이 아이들은 아프며 이것이 그들이 병원에 있는 이유이다. 그들은 자주 몸 상태가 좋지 못하며, 적정 시수의 학습에 참여하지 못할 수 있다. 강한 약물을 복용하여 때로는 졸려 할 수도 있다. 종종 여러분이 책과 퍼즐, 컴퓨터를 가지고 도착했지만 병실에 없을 때도 있다. 그들은 어디에 있는 것일까? 골검사나 X-ray 검사를 받고 있을 수도 있으며 또는 새로운 깁스를 하거나 MRI, EGG 검사를 받고 있을 수도 있다. 내가 주로 듣는 말은 "조금 후에 올게요"라는 말이다.

융통성, 공감 그리고 개인적 요구에 대한 민감성이 병원학교 수업의 특징이다. 만일 교사가 '통제를 해야 하는' 것과 관련된 문제를 가지고 있다면 병원학교에서의 교수는 적절하지 않다. 병원에서의 학습에서 교사는 항상 제자리에 있지 않는다. 나는 교재를 들고 걸어 다닌다. 앉을 곳을 찾아야 하며, 혈압측정 도구 반대편에 앉아 IV 튜빙을 지켜봐야 한다. 만일 아동이 격리되어 있다면 마스크, 장갑, 가운을 착용해야 한다. 마지막으로 모든 장비가 갖춰진 침대 옆에 앉아 수업을 시작한다. 갑자기 전화벨이 울리고 간호사가 들어오며, 사회복지사가 들어오고 아동을 휠풀로 이동시킨다. "선생님, 나중에 다시 오세요."

학급을 옮겨 다니는 일은 학생에 따라 다양해진다. 만일 아동이 글을 쓸 수 있다면, 펜, 연필, 마커, 종이, 클립보드가 필요하다. 학생이 퇴원을 하고 집에 가서 결코 회복되지 못하는 경우 때문에 학생에게 교재는 주지 않는다. 좀 더 나이가 어리고 발달적으로 지체된 아동에게는 구체물이 더 낫다. 이러한 구체물은 이동의 문제가 있으며 또한 안전성을 위하여 살균 스프레이를 장난감이나 책에 뿌려야 한다. 나는 아동의 일반학급 교사와 협력하여 모든 수업을 계획하려고 노력한다.

아이가 사망한 경우, 나의 상황은 일반적인 학습 상황과는 굉장히 다르다. 게시판, 봉사활동(yard duty), 부모 간담회 그리고 집단 수업 등은 병원학교 교사에게는 주어지지 않는다. 가르치는 전문가에 대한 핵심적 지식과 가치는 동일하다. 교육적 우수성을 위한 헌신, 개별 학습자의 요구에 대한 민감성 그리고 대인 간 기술이 내가 가르치는 아동에게 최고의 교사가 될 수 있도록 도와준다.

[그림 1-10] 병원학교에 대한 생각: 학습보다 다른 것들이 더욱 중요하게 여겨지는 곳

출처: "Thoughts on Hospital Teaching: Where Everything Else Seems More Important Than Learning," by E. Raikhy, 1998, *DPHD Newsletter,* pp. 2-7. Reprinted with permission.

들어, 중복장애를 지닌 학생은 특수학급이나 특수학교에서 교육을 받아야 한다는 가정을 해서는 안 된다. 또한 건강장애를 지닌 모든 학생이 일반교육 환경에서 최상의 서비스를 제공받는다는 가정을 해서도 안 된다. 일부 학생들은 한 번에 한 가지 이상의 서비스 배치를 통해 교육을 받으며, 이때 배치는 학생의 요구에 따라 변해야 한다. 가족은 교육 배치 결정에 있어 필수적인 역할을 한다.

2) 효과적인 서비스 전달의 과제

교육 서비스 전달과 관련된 문제들을 성공적으로 다룬 이후에도 효과적인 교육을 제공하는 데 있어 많은 장벽이나 난제가 남아 있다. 이러한 것들은 크게 건축적, 유형적, 철학적 그리고 훈련에 기반한 것으로 개념화된다. 이러한 장벽들은 상호 배타적이지 않으며 상호작용한다. 예를 들어, 건축적 편의를 제공하기 위한 욕실 시설의 개조는 물리적 통합을 위한 긍정적 단계이지만 개조된 시설을 사용하는 데 물리적 도움을 제공해 줄 수 있는 적절하게 훈련받은 인력에 대한 요구는 다루고 있지 않다. 게다가 만일 그러한 조정이 이용 가능한 욕실 공간에 대한 침해로 인식된다면(분리된 두 개의 변기 공간을 좀 더 넓게 제공하기 위하여 변기 공간을 하나로 합친다던지 또는 학교 직원의 화장실이 특정한 학생이 접근하기에 더 용이하다는 이유로 사용되는 것처럼), 개조된 욕실 시설과 훈련을 받은 전문 인력만으로는 통합을 시도할 때 발생할 수 있는 불만과 반발을 해결하지 못한다.

(1) 건축적 장벽

건축적 그리고 다른 유형의 장벽이 분명하고 수정 가능하다면 충분히 쉽게 제거할 수 있다. 경사로를 설치하며 식수대 높이를 낮추고, 출입문의 폭을 넓히는 것이 가

장 기본적인 예가 된다. 비록 연방정부와 주의 규정과 지속적인 접근 가능성에 대한 요구를 통해 지침을 받을 수는 있지만, ADA와 같은 법률에 의거한 장벽의 고려가 건축적 편의에 대한 첫 단계가 될 수 있으며, 또한 합법성을 강화시켜 준다.

(2) 유형적 장벽

적절한 장비와 서비스 준비의 부족은 유형적 장벽의 한 예가 된다. 비록 모든 집단이 자료와 서비스에 대해 합의를 한다 하더라도, 자료가 도착하거나 수정이 이루어지는 데에는 상당한 시간이 걸릴 수 있다. 휠체어를 주문했지만 계단이 아주 많은 곳일 수도 있으며, 다른 장비를 주문했지만 사용자가 너무 몸집이 커져 버린 후에 배달이 되거나 고장 난 휠체어 수리를 위한 자금 조달의 어려움으로 인해 1년 동안 사용하지 못할 수도 있다.

서비스가 가장 필요한 시기와 장소에 맞추어 계획되지 못하고 전달되지 못하는 것은 비효과적인 교육이라는 결과를 초래한다. 다음의 상황들을 생각해 보자.

- 일반교사가 야외 수업에 학생을 데리고 가면서 그 시간 동안 학생과 함께 학습하기로 예정되어 있던 특수교육 담당자 또는 관련 서비스 담당자에게 아무런 메시지를 전달하지 않은 경우
- 특수교사가 일반교육 프로그램의 목표를 무시하고 교사의 편의에 따라 학생을 일반학급에서 데리고 와버리는 경우
- 아무도 리프트가 있는 버스를 준비시켜야 한다는 것을 생각하지 못해 완전통합학급에 있으면서 이동 시 휠체어를 사용하는 학생이 학교 야외 수업을 놓치는 경우
- 교사가 부모나 다른 사람과 약속을 한 뒤 그것을 지키지 못하는 경우

이러한 경험들은 시간과 노력의 낭비, 교육을 위해 협력하고자 하는 노력의 포기 그리고 학생에게는 감소된 학습 시간이라는 결과를 초래한다.

학습 자료의 휴대가능성 역시 성공적인 학교생활 경험에서의 유형적 장벽이 된다. 보완적 의사소통 장치, 이동 장치, 치료 장비, 변형된 학급의 기자재들 그리고 기타 장비들은 학급 공간을 상당히 차지한다. 만일 학생이 교실을 이동해야 한다면 이러한 장비가 이동되어야 하거나 때로는 동일한 다른 것이 준비되어야 한다. 어떤 장비는 매일 가정에서 학교로, 다시 학교에서 가정으로 옮겨져야만 한다. 장비는 적절한 작동 순서로 유지되어야 하며, 조심스럽게 옮겨지고, 필요한 장소와 시기에 이용되어야 한다. 수정된 자료들을 성공적으로 사용함에 있어 가장 중요한 점은 미리 계획하는 것과 지속적으로 의사소통하는 것이다.

마지막으로 개인들은 그들의 환경 내에서 이동할 수 있어야만 한다. 휠체어를 사용하는 학생은 다른 학생들처럼 교실의 모든 곳으로 이동할 수 있어야 한다. 만일 그들이 받고 있는 의료적 절차로 인해 자주 교실을 나가야 한다면 교실 수업을 최대한 방해하지 않기 위하여 출입문 가까이에 자리 배치를 할 수도 있다. 그러나 교사의 입장에서 쉬운 방법이며 교실의 기자재 배치에 방해되지 않는다고 해서 학생을 교실의 맨 뒤에 앉히는 것이 기본적인 자리 배치의 형태가 되어서는 안 된다. 이것은 교사의 변명으로만 여겨질 뿐 학생의 흥미를 고려한 편의 제공이라 할 수 없다.

접근가능성은 교실과 학교의 모든 영역에서 이루어져야 한다. 학습 자료는 개인의 독립적 접근과 조작을 촉진시킬 수 있는 높이에 놓여야 한다. 또한 특별한 장비를 위한 여분의 공간이 필요할 수도 있다. 만일 학생이 교실을 이동해야 한다면, 이동이 지체되지 않도록 충분한 이동 시간을 제공해야 한다. 독립적인 이동을 할 수 있는 기회를 제공하지 못한다면 학생은 실패감과 무기력감을 느낄 수 있다.

(3) 철학적 상충

효과적인 교육 서비스 전달과 관련된 철학적 상충은 또 다른 장벽을 초래할 수 있다. 만일 적절한 교육 배치, 교육과정, 훈육 등과 같은 문제에 대해 강력한 누군가의

의견이 존재한다면, 학생의 즉각적인 교육적, 사회적, 직업적 요구가 그러한 이데올로기에 희생될 수도 있다. 열린 의사소통, 경청하고 타협하기 위해 기꺼이 함께하고자 하는 의지 그리고 차이에 대해 상호 인정하고 유지하는 것이 효과적인 변화를 위한 토대가 된다.

장애를 가진 개인들은 가족의 지지와 서비스를 필요로 하며 또한 직업적 임무와 요구가 중첩되는 전문 인력들의 지지와 서비스를 필요로 하지만, 각 개인에 대한 이들의 목표는 상충될 수 있다. 예를 들어, 한 아동은 다양한 재질의 음식을 섭취하는 것과 손을 이용하여 식사하는 것을 목표로 설정한 작업치료사로부터 음식 먹는 교육을 제공받을 수 있다. 부모는 그 아동이 적절하게 영양분을 섭취하고 또한 음식 섭취를 용이하게 하기 위해 퓨레류의 음식을 지속적으로 먹을 것을 원할 수도 있다. 따라서 치료사가 부적절하다고 여기는 식사기술을 부모는 고집할 수도 있다. 학교에서 그 아동은 주로 치료사와 부모의 상충된 의견을 모두 듣게 되는 보조교사의 도움을 받아 식사를 하게 된다.

이러한 의견 다툼의 문제가 여러 사람이 함께 작업하는 체계에서는 어쩔 수 없이 발생할 수밖에 없으며, 따라서 서로를 존중하는 의사소통을 하고 서로의 특별한 전문적 역할과 활동의 이면을 보는 것으로 해결할 수 있다. 종종 교사는 문제해결을 위해 모든 집단을 함께 통합할 수 있는 사례 관리자의 역할을 해야만 한다.

(4) 적절한 훈련

건축적 · 철학적 장벽을 다룬 이후에는 잘 훈련된 교육 인력의 필요성에 대한 문제가 남는다. 비록 이 책에서는 지체 · 중복장애 및 건강장애를 지닌 개인에게 서비스를 제공하는 모든 전문 인력에게 요구되는 훈련에 대해 충분히 다룰 수는 없지만 교사의 역량은 세심하게 다루고자 한다.

7. 교사의 역량과 역할 변화

지체 · 중복장애 및 건강장애를 가진 개인을 가르치는 교사는 교수, 학생의 신체 관리 그리고 교육 환경, 건강 유지, 보조공학과 보완대체의사소통, 교육과정 수정을 포괄하는 특정한 능력을 가지고 있어야 한다(Best, Heller, & Bigge, 2005; Council for Exceptional Children, 1998; Heller, Fredrick, Dykes, Best, & Cohen, 1999; Heller & Swinehart-Jones, 2003). 국가적 역량조사에서 지체 또는 건강장애 분야의 지도를 위한 전공학습이나 장애관련 자격증이 없는 특수교사들은 그들 자신이 훈련을 적절히 잘 받았다고 느끼지 않거나 직접적인 서비스를 제공하는 데 있어 마음이 편하지 않다고 보고하였다(Heller et al., 1999). 훈련과 관련된 이러한 불확실성은 특수교육 책임자와 대학 관계자들도 공감하고 있다. 정형외과적 장애, 건강상의 손상 그리고 중복장애를 지닌 학생들은 점차 더 많이 일반학급에서 수업을 받고 있으며, 이로 인해 그들의 특별한 교육적 요구를 충족시키는 특수교육 관련 자격증이 없는 교사들은 많은 부담감을 느끼고 있다(U.S. Department of Education, 2000).

통합교육 환경으로의 변화, 심각하고 복잡한 건강상의 요구를 지닌 학생의 학교 출석률의 증가 그리고 지체장애 학생 출현율의 증가는 교사에게 지체 · 중복장애 및 건강장애 학생의 요구를 충족시키기 위한 특정한 역량을 가지는 것이 중요하다는 사실을 일깨워 준다(Heller et al., 1999; Heller & Swinehart-Jones, 2003). 이러한 지식과 기술 영역은 많은 특수교육 분야에서 교사들이 그들의 역할을 완수하도록 하는 직접적인 교수 및 역량과 관련이 있다.

1) 지식과 기술

특수교육에 있어 비특정적 장애(less disability-specific) 영역에 대한 교사 자격증의 증가 및 지체 · 중복장애 및 건강장애를 지닌 학생의 일반교실 배치 증가로 인해 전담교사들은 동료의 질문들, 예를 들어 교육과정 수정, 보조공학, 중등교육과정 이후의 지원 및 서비스 그리고 자기결정을 위한 기술의 발달에 대한 질문들에 대답해야만 하는 많은 압력을 받는다고 보고한다. 이러한 질문들에 대한 정보는 www.cec.sped.org의 특수아동협의회(Council for Exceptional Children: CEC)에서 온라인상으로 이용할 수 있는 『모든 특수교사가 알아야 하는 것: 윤리, 기준, 특수교사를 위한 안내(What Every Special Educator Must Know: Ethics, Standards, and Guidelines for Special Educators)』 2003년 개정판에서 확인할 수 있다. 또한 pdf 파일 형태의 문서를 찾기 위해서 전문 기준(Professional Standards)을 찾아볼 수도 있다. CEC의 기준에는 특수교사를 위한 일반적인 핵심적 필수지식, 기술뿐만 아니라 장애범주와 관련된 특별한 지식과 기술도 포함되어 있다.

2003년 Heller와 Swinehart-Jones는 CEC 특수교육 내용 기준(CEC Special Education Content Standards)에 따라 다음의 범주들로 지체 및 건강장애 영역에 대한 특별한 지식과 기술들을 범주화하였다.

- 신체와 건강에 대한 점검과 안전하고 건강한 환경의 유지
- 조정되고 특별한 사정과 평가
- 수정과 보조공학
- 특별한 교수 전략
- 특정장애에 대한 핵심 교육과정
- 정서적 학습 환경 조성

이러한 몇몇의 특별한 지식과 기술은 제5장의 '자립을 위한 기초적인 지식과 기술 영역'에서 다룬다.

2) 전문적인 역할

지체 또는 중복장애를 지닌 학생을 가르치는 교사는 교육적 역할과 서비스 제공 역할을 완수하기 위해 준비를 해야 한다. 그들은 직접 교수를 제공할 뿐만 아니라 사정을 통해 설정된 목표와 목적을 실행하는 데 관련된 서비스 제공 인력들과 자주 협력해야만 한다. 또한 점점 증가하고 있는 중요한 역할로 일반교사에게 상담을 제공해 주어야 하는데, 이는 특수교사들이 특별한 교수, 학습자원 그리고 정보를 위한 특수적인 연결 고리로서 인식됨을 의미한다.

(1) 직접교수와 협력적 및 상담적 역할

이 책은 지체 또는 중복장애 학생들에게 핵심적인 과목과 필수적인 지식 및 기술들을 가르치기 위한 교수 전략과 수정을 여러 장에 걸쳐 다루고 있다. 학생에게 직접교수를 제공하는 것 외에도, 교사는 다른 직접적 또는 간접적인 서비스를 제공하기 위해 준비해야 한다. 예를 들어, 특수교사들은 학생의 학습 환경에 따라 사정을 수정하거나 편의를 제공하는 데 정보를 제공해 줄 것을 요구받을 수도 있다. [그림 1-11]은 지체 또는 중복장애에 대한 특수한 훈련을 받은 교사에게 다른 전문 인력들이 할 수 있는 질문들을 보여 주고 있다.

협력과 초학문적 접근은 효과적인 서비스 준비에 필수적이다. [그림 1-12]의 아동은 물리치료사, 학교 간호사 그리고 체육교육 전담교사로부터 서비스를 제공받고 있다. 이러한 서비스들은 학생들이 서비스를 제공받는 학교에서 근무하는 전문가 또는 여러 학교를 방문하는 전문가로부터 제공된다. 어떤 경우에 학생들은 치료를 받기 위하여 다른 학교로 갈 수도 있다. 만일 학생이 그들의 학교에서 멀리 떨어진 곳에서 치료 서비스를 제공받아야만 된다면, 학교 일과 중에 이동하는 것보다는 등교 전후의 시간에 외래진료로 하는 것이 보다 바람직하다.

Bigge와 Stump(1999)는 교육 상황과 지역사회에서 일반적으로 서비스를 제공하는 전문 인력들에 대하여 광범위하게 기술하였다([그림 1-13] 참조). 이러한 몇몇 전문가(예를 들어, 작업치료사, 물리치료사, 보완대체의사소통 전문가, 통합 전문가)에 대한 기술을 통해 그들의 역할이 보완적 성격을 지니고 있음을 알 수 있다. 그러므로 지체 또는 중복장애를 가진 개인에게 서비스를 제공하

• **지체 및 건강장애 상담사/교사**

상담사/교사는 지체 및 건강장애를 지닌 학생의 교육적 요구를 충족시키기 위한 특별한 지식을 가지고 있다. 이러한 전문성의 영역에는 다음의 것들이 포함된다. 교육과정 수정과 설계, 사정과 평가 조정, 교수 기법과 적합화, 학습 환경 조성과 조정, 보조공학 및 보완적 의사소통 체계의 사용, 신체적 건강관리 절차에 대한 지도, 학생의 개별화건강관리계획 수립과 실행, 의료와 관련 서비스 보고에서 획득한 정보의 해석, 전달, 실행

• **지체 및 건강장애 분야와 관련된 일반적인 질문들**

지체 또는 건강장애 학생에 대한 현재의 교육적 정의는 어떠한가?
지체 또는 건강장애를 가졌다고 여겨지는 학생에 대한 기준은 무엇인가?
지체 또는 건강장애 학생을 위한 서비스 전달상의 선택권들은 무엇인가?
교육 상황에서 특정한 건강 관리 제공과 관련된 법 조항과 정책은 무엇인가?
모든 팀 구성원의 역할과 책임은 무엇인가?
지체 및 건강장애 학생의 요구를 다루기에 사용할 수 있는 부가적인 정보와 자원은 무엇인가?

• **지체 및 건강장애의 특징과 관련된 질문들**

학생의 신체/건강상태에 대하여 알아야 하는 것은 무엇인가?
신체/건강 상태가 진행형인가 또는 말기형인가?
위급상황이 발생할 가능성이 있는가? 그렇다면 무엇을 관찰하고 무엇을 해야 하는가?
활동 또는 식이요법에 있어 제한 사항이 있는가?
학생의 학습에 영향을 미치는 약물의 부작용 또는 처치 효과가 있는가?
학생이 쉽게 피로해지고 쉬는 시간을 필요로 하는가?
학생의 건강 상태로 인해 잦은 결석을 하는가?
어떤 활동을 하기 위해 도움이 필요하거나 보조 기기를 요구하는가?
다른 수반장애(예를 들어, 인지장애, 감각장애 등)를 가지고 있는가?

• **학습에 대한 지체 및 건강장애의 영향력과 관련된 질문들**

신체/건강 상태가 학생의 삶의 경험의 질과 양에 영향을 주는가?
지체 및 건강장애가 개념 발달에 영향을 미치는가?
신체/건강 상태가 학생의 학습에 어떠한 영향을 주는가?
학생의 학습을 어떻게 향상시킬 수 있는가?
학습향상을 위하여 학생은 어떤 종류의 공학과 보조 기기를 요구하는가?

• **학생의 평가와 관련된 질문**

의료적 평가와 관련 서비스 평가로부터 내가 알 필요가 있는 중요한 정보는 무엇인가?
학생의 지체 및 건강장애가 교육과 심리적 평가의 정확성을 방해하는가?
학생이 반응을 함에 있어 대안적 방식을 요구하는가?(예를 들어, AAC 장치, 손으로 가리키기, 눈 응시 등)
다음의 특정한 사정은 무엇이며 교수에 대해 이러한 사정들이 내포하는 것은 무엇인가?
  조정된 공학적 사정?
  보완대체의사소통 사정?
  이동과 운동성 사정?

• **학습 환경과 관련된 질문**

지체 또는 건강장애 학생들의 능력과 요구에 적합한 편의를 제공하기 위해 학습 환경이 어떻게 조정될 필요가 있는가?
지체 및 건강장애 학생을 위한 긍정적 환경을 어떻게 증진시킬 수 있는가?
개별화건강관리계획이 내포하는 것은 무엇이며, 그것을 매일 일상의 프로그램과 어떻게 통합시켜야 하는가?
직접적 교수 시간을 최대화하기 위해 관련 서비스 전문 인력의 활동을 어떻게 조정해야 하는가?
학생과 학습 자료를 위한 최적의 자세는 무엇인가?

자세 관리, 이동성, 의사소통 그리고 학습을 촉진시키기 위해 조정된 장비는 어떻게 사용되는가?
학급에서 전반적인 주의사항을 어떻게 유지하는가?
만성 질병 또는 말기 질병을 앓고 있는 학생의 요구를 어떻게 다루어야 하는가?

• **교육 내용 및 교수 전략과 관련된 질문**
학생에게 어떤 종류의 교육과정(예를 들어, 동일한, 평행적인, 낮은 등급 수준의, 기능적)이 제공되어야 하는가?
일반교육과정에 더하여 확장된 내용 영역이 포함되어야 하는가?
교수, 학습자료 또는 교육과정에 대하여 학생이 수정을 요구하는가?
학생에게 가장 도움이 되는 교수 기법은 무엇인가?
학생에게 필요한 조정과 보조 기기는 무엇이며 학생은 이러한 수업에서 어떠한 혜택을 얻을 수 있는가?
신체적인 노력을 최소화하기 위하여 수업이 어떻게 수정되어야 하는가?
학생이 활동에 참여할 수 있도록 수업이 어떻게 수정되어야 하는가?
학생이 질문을 어떻게 하는가?

• **과제 및 시험과 관련된 질문**
학생을 위해 어떻게 시험을 수정하는가?
학생을 위해 어떻게 과제를 수정하는가?
학생의 결과물을 어떻게 채점할 것인가?

[그림 1-11] 상담사/교사에게 지체 · 중복장애 및 건강장애에 대해 던질 수 있는 특별한 질문
출처: "Questions to Ask the Consultant/Teacher Specializing in Physical and Health Disabilities," by K. W. Heller, in *Including Learners with Special Needs Related to Hearing, Physical/Health, or Vision in All Classrooms,* by M. R. Byrne, S. R. Easterbrooks, A. R. Powers, M. K. Dykes, K.W. Heller, S. J. Best, C. Holbrook, R. C. Davidson, and A. L. Com. Presentation at the conference of the Council for Exceptional Children, Salt Lake City, Utah, April 1997. Reprinted with permission.

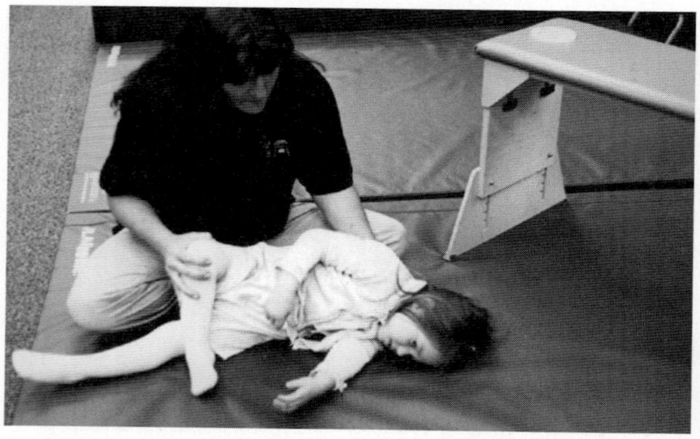
① 치료사

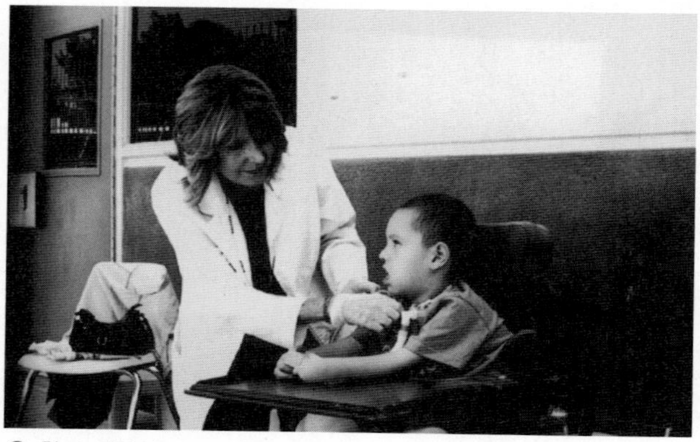
② 학교 간호사

③ 적합한 체육 전담교사

[그림 1-12] 아동은 ① 치료사, ② 학교 간호사, ③ 적합한 체육 전담교사로부터 관련 서비스를 제공받는다.

는 교육자의 역할과 관련 서비스를 제공하는 전문 인력의 역할을 서로 비교해 보는 것이 중요하다.

치료사는 비록 그들이 장비를 수정하고 교육 상황에

- 특수교사: 장애학생을 위한 교수를 설계하고 제공하는 자격을 갖춘 교육자이며 "특수교육을 제공하는 분야에 적용할 수 있는 자격증을 승인받아 소지하고 있다" (34 C.F.R. § 300.15).
- 학습 도움실 교사: 장애학생이 특수교육 학습도움실에서 지원을 받기 위하여 하루 중 몇 시간 이상 일반학급이 아닌 학습 도움실에서 교수를 제공해 주는 교육자로 일반교사와 협력하며, 또한 일반교실에서의 교수적합화가 이루어질 수 있도록 일반교사와 협력하기도 한다.
- 순회교사: "교육을 하거나 교수 자료를 제공해 주기 위해 학교 또는 가정으로 이동하는 교사 또는 상담사" (Esterson & Bluth, 1987, p. 148)
- 언어치료사: "발화 또는 언어 문제를 지닌 개인들을 평가하고 프로그램을 계획하는 전문가" (Anderson, Chitwood, & Hayden, 1990, p. 218)
- 작업치료사: "신체적, 사회적, 심리적 그리고/또는 다른 지적 발달(예를 들어, 공 굴리기, 핑거 페인팅 등)을 향상시키는 소근육 운동기술과 지각 능력에 초점을 둔 활동을 제공하는 전문가" (Anderson, Chitwood, & Hayden, 1990, p. 220)
- 보완대체의사소통 전문가: 의사소통의 어려움을 갖는 개인들의 요구를 충족시켜 주는 자격을 가지며, 말하고 쓰는 데 필요한 보완적인 책과 대체물을 사용할 수 있도록 준비시키는 서비스를 제공하는 언어치료사와 특수교육자로부터 도움을 받을 수 있는 전문가
- 물리치료사: "주로 (운동) 장애를 예방하거나 최소화시키고 고통을 경감시키며, 감각운동 기능을 향상시키며 상해, 질병, 신체 일부의 손실 또는 선천적 장애로 인한 신체적 잠재력을 극대화시키는 것을 돕는 것과 관련된 전문가" (Esterson & Bluth, 1987, p. 79)
- 청각학자: "청력 수준을 측정하며 결함을 평가하는 비의료적 전문가" (Esterson & Bluth, 1987, p. 147)
- 교육 심리학자: 검사 실시와 그에 대한 해석을 전문적으로 하는 전문가, 위기 상황에 놓인 학생을 상담하는 전문가
- 지역 특수학교 행정가 또는 코디네이터: 학교구 내의 특수교육 프로그램을 감독하며 사정을 돕고, IEP/ITP 회의에 참석하며 교사 지원을 제공하는 전문가
- 진단가: 시험의 실시와 그에 대한 해석을 전문으로 하는 전문가. 이 용어는 비록 교육 심리학자의 역할이 일반적으로 평가와 해석 이상의 기술을 요구하지만 교육 심리학자와 상호 교환적으로 사용될 수 있다.
- 통합 전문가/통합 촉진자: 특수교육 분야(예를 들어, 장애에 대한 학습)를 위한 준비된 전문가. 통합 프로그램에의 학생 참여 프로그램을 관리하며, 통합 환경에서 일반교사를 위한 상담에서부터 일반교사와의 팀 계획과 협동적 교수에 이르기까지 모든 책임을 진다.
- 교육치료사: 교육상의 문제를 보이는 개인과 함께 작업하는 전문가. 형식적 또는 비형식적 사정 절차에 대한 기술을 보유하고 있으며, 사정 결과는 통합하고 학습 문제에 대한 사회적, 정서적 측면을 다루기 위한 치료 프로그램과 전략들을 개발하고 실행한다. 교육치료사는 또한 "사례 관리자로서의 역할도 수행하며 개인, 가족, 학교 그리고 다른 전문가들 사이에 의사소통적 연결고리를 형성하고 유지하도록 해 준다" (Association of Education Therapists, 1982).
- 오리엔테이션 및 운동 전문가: 시각적 손상을 가지거나 맹인이 "그들의 환경에 적응하고 독립적으로 움직일 수 있도록 준비시키는 전문가" (Hazekamp & Huebner, 1989, p. 113)
- 적합한 체육교육 전담교사: "장애학생의 특정한 요구를 충족시키기 위해 특수체육 프로그램을 설계하고 수행하는 전문가" (Anderson, Chitwood, & Hayden, 1990, p. 211)
- 사회복지사: "교육 상황에서 개별 학생 평가, 부모 면담 그리고 지역사회 지원 서비스 제공과 같은 활동들을 통해서 학교의 사회복지사는 학교 교직원과 장애를 가진 아동의 가족 간의 연결을 조성해 준다" (Anderson, Chitwood, & Hayden, 1990, p. 220).
- 상담사: "자격을 갖춘 사회복지사, 심리학자, 안내를 제공하는 상담사 또는 다른 자격을 갖춘 전문 인력으로 일반적으로 학생이 좀 더 교육 프로그램에 많이 참여할 수 있도록 하기 위하여 행동 적응을 향상시키며 기술을 통제하는 전문가" (Esterson & Bluth, 1987, p. 27)
- 재활 상담사: 학교에서 직장으로 전환을 함에 있어 장애를 지닌 개인들을 보조하는 공인된 상담사

[그림 1-13] 교육 관련 서비스 전문 인력

출처: *Curriculum, Assessment, and Instruction for Students with Disabilities* (1st ed.), by J. L. Bigge and C. S. Stump, © 1999, Belmont, CA: Wadsworth. Reprinted with permission of Wadsworth Publishing, a division of Thomson Learning. Fax 800 730-2215.

서의 기능적 기술을 증가시키는 훈련에 도움을 제공하기는 하지만 전문적인 교육자들의 역할을 대신할 수는 없다. 반대로 비록 자주 작업치료사와 물리치료사들에 의해 설정한 치료 관리나 식이요법을 따르기는 하지만, 교육자는 직접적인 치료 서비스를 제공할 수 없다. 따라서 이들의 협력은 지체 · 중복장애 및 건강장애를 지닌 개인들의 모든 영역에서의 기능에 대한 지원을 충족시키기 위해 강조될 수밖에 없다.

[그림 1-13]에 나열된 전문 인력에 대한 기술은 그들의 중요성에 따른 순서는 아니며 서비스 요구 강도에 따른 것이다. 어떤 서비스 제공자들은 학생의 요구에 따라서 다른 제공자보다 중요한 역할을 수행할 수 있다. [그림 1-14]에서는 일반교사와 전담교사들이 교육 팀 구성원을 선택하는 과정에서 질문할 수 있는 지체 또는 중복장애를 지닌 개인들의 특정한 요구에 대한 중요 질문들을 제시하고 있다.

(2) 자원

지체 · 중복장애 및 건강장애를 지닌 개인들에게 서비스를 제공하는 교사들은 직접적인 서비스와 다른 전문 인력들과의 상호작용에 대한 중요한 기술을 가지고 있어야 하지만, 그렇다고 교육과 지원의 모든 측면을 숙달할 필요는 없다. 현재의 지식 수준과 필요한 정보 간의 공백을 메우는 것은 지략적인 탐색과 평생학습을 통해 이루어질 수 있다. '지략적(being resourceful)'이라는 것은 학급의 차원을 넘어서서 사고할 필요가 있음을 의미하며, 또한 장애, 부모 자원, 교육, 지역사회 기관 그리고 다른 서비스와 관련된 정보를 통해 자기 자신 및 다른 사람들을 교육할 필요가 있음을 의미한다. 교사들은 확장된 기술이 제공하는 자원들을 통해서 좀 더 부가적인 전문성을 획득할 수 있는 기회를 가지게 된다. 교사가 이용할 수 있는 가장 유용한 자원들 중 하나는 바로 인터넷이다. 이 장 마지막 부분의 '유용한 사이트'에는 특정 기관의 인터넷 주소를 제공하고 있다. 그러나 교사와 다른 전문 인력들은 이러한 웹사이트에서 정보를 수집할 때 특별한 주의를 기울여야 한다. 왜냐하면 모든 웹기반 자료가 정확한 것은 아니기 때문이다. 현재 활동을 하고 있으며, 의료공단이나 정부의 지원을 받는 기관처럼 타당하고 전문적으로 관리를 받는 사이트를 참조하는 것이 바람직하다.

- **지체 및 건강장애 상담사/교사**

상담사/교사는 지체 및 건강장애 학생의 교육적 요구를 충족시키는 데 특별한 지식을 소유하고 있다.

- **물리치료사(PT)**

물리치료사는 교수 활동에서의 최적의 신체적 기능, 특히 대근육 운동 기술 및 이동성과 관련된 필수적 정보를 제공해 준다.

-물리치료사에게 할 수 있는 질문

이 활동을 위해 학생이 적절하게 자세를 취할 수 있는가?
조정된 자세관리 장비가 정확하게 사용되고 있는가?
학생이 안전하게 장소를 이동하기 위해 어떻게 도움을 줄 수 있는가?
올리기와 이동 기법을 정확하게 사용하고 있는가?
부목/정형술이 적절하게 적용되고 있는가?

- **작업치료사(OT)**

작업치료사는 교수 활동에서의 신체적 기능, 특히 소근육 운동기술, 시각-운동 기술 그리고 자기 관리 활동과 관련된 필수적 정보를 제공해 준다.

-작업치료사에게 할 수 있는 질문

학생의 손글씨 쓰기를 어떻게 향상시킬 수 있는가?
자료들의 최상의 배치형태는 무엇인가?

옷 입는 기술을 어떻게 촉진시키는 것이 가장 좋은가?
학생의 식사와 음식 먹기를 권장하기 위한 가장 적절한 식사 기법은 무엇인가?
손 부목이 적절하게 적용되고 있는가?
이러한 활동을 위한 가장 적절한 조정된 기구는 무엇인가?

• 언어병리사(SLP)

SLP는 발화와 언어에 대한 필수적인 정보를 제공한다. SLP의 배경에 따라 SLP는 보완적 의사소통과 음식 먹기 기술에 대한 전문성을 가지고 있을 수 있다.

–언어병리사에게 할 수 있는 질문
학생이 가진 의사소통 형태는 어떤 것인가?
학생의 발화가 향상될 것인가?
학생이 말하는 것이 이해되지 않으면 어떻게 해야 하는가?
대안적 의사소통 형태가 사용되고 있는가?
교수를 위해 어떻게 보완적 의사소통 장치를 프로그램하고 있는가?

• 간호사

간호사는 학생의 신체적 그리고 의료 상황과 관련하여 교육팀에게 중요한 정보를 제공하며 또한 그들이 학생의 교육 프로그램에 어떤 영향을 미치는지도 알려 준다.

–간호사에게 할 수 있는 질문
학생이 어떤 신체/건강 상태에 있는가?
학생의 신체/건강 상태에 대해 나는 무엇을 알아야 하는가?
학생이 받고 있는 치료의 부작용은 무엇인가?
학생을 위한 개별화된 건강 계획은 무엇인가?
학교에서 어떤 건강관리 절차가 이루어지고 있는가?

• 부모와 아동

부모와 아동은 생육사, 목표 그리고 목적과 관련하여 중요한 정보를 제공하는 교육 팀의 중요한 구성원이다.

–부모 또는 아동에게 할 수 있는 질문
당신의 자녀(또는 당신)의 상태에 대해 무엇을 알아야 하는가?
지금까지 당신의 자녀(또는 당신)는 학교에 호감을 가지고 있었는가?
학교에서 당신의 자녀(또는 당신)는 학교생활을 잘해 왔는가?
학교에서 발견된 당신의 자녀(또는 당신)의 문제점은 무엇인가?
이러한 문제점들이 없어질 수 있다고 여기는가?
당신의 자녀(또는 당신)가 학습을 하는 데 있어 가장 중요한 목표는 무엇인가?
지체 또는 건강장애가 숙제를 하는 데 방해를 하는가?
지체 및 건강장애로 인해 학교에 결석을 많이 하는가?

[그림 1-14] 지체 · 중복장애 및 건강장애 학생을 위한 교육 팀 구성원에게 할 수 있는 질문

출처: "Questions to Ask the Consultant/Teacher Specializing in Physical and Health Disabilities," by K. W. Heller, in *Including Learners with Special Needs Related to Hearing, Physical/Health, or Vision in All Classrooms,* by M. R. Byrne, S. R. Easterbrooks, A. R. Powers, M. K. Dykes, K.W. Heller, S. J. Best, C. Holbrook, R. C. Davidson, and A. L. Corn. Presentation at the conference of the Council for Exceptional Children, Salt Lake City, Utah, April 1997. Reprinted with permission.

요약 및 결론

이 장에서 여러분은 지체 · 중복장애 및 건강장애의 개념에 대해서 알아보았으며 또한 중요한 용어, 법적 조항 그리고 주요한 논쟁거리들과 관련된 지식을 획득하였다. 또한 교육 서비스 전달 체계와 지체 · 중복장애 및 건강장애를 지닌 개인들과 함께 일하는 교사의 역량 및 특정한 역할에 대하여 살펴보았다. 이 장의 중요한 목적은 개인의 특성들에 대해 정의를 내리는 것이 아니라 어떻게 장애가 개인의 활동 성취에 영향을 주는지 알려 주는 것이다.

교사가 지체 · 중복장애 및 건강장애를 지닌 개인에게 서비스를 제공하는 방법에 따라 통합교육에 대한 현재의 강조점, 보조공학(보완대체의사소통을 포함하여)에 대한 확장된 지식기반, 특정한 교사 역량의 중요성 및 국가, 주 그리고 지역 수준에서의 특정 장애영역 자격증의 중요성, 일반교육 핵심 교육과정과의 조정 그리고 장애인에 대한 교수 전략과 관련 서비스 제공의 범위 및 복합성이 변화하여 왔다. 이러한 장애학생들과 함께 작업하는 교사들은 교육과정을 수정할 수 있어야 하며 또한 특별한 전략을 사용해야 하고, 교육 결과에 증상을 적용해야 하며, 다양한 전문 인력과 협력해야 하고, 또한 가족과 서비스 제공자들에게 자원을 제공해야 한다.

토의 문제

1. 장애에 대한 생물심리사회적 모델과 의료 및 사회적 모델은 어떠한 차이가 있는가? 장애가 개념화되는 방식의 변화와 ICF 모델은 어떠한 관련이 있는가?
2. 지체 · 중복장애 및 건강장애를 지닌 개인에 대한 이미지가 변화하고 있는 점에 대해 어떻게 생각하는가? 여전히 차별이 존재한다고 생각하는가? '유사성과 차이점' '가시성과 비가시성' '급성과 만성'에 대한 문제와 관련하여 여러분의 입장은 어떠한가?
3. 일반대중에게 명칭 사용의 미묘한 영향력을 설명해 줄 수 있는 텔레비전용 공공 서비스 상업광고를 설계하라.
4. 보편적 설계의 개념을 정의하고 어떻게 그것이 장애학생과 비장애학생의 교수학습 상황의 계획에 적용되는지 설명하라.
5. 지체 · 중복장애 및 건강장애 학생이 이용할 수 있는 다양한 교육 전달 체계에 대해 논의하라. 각 체계의 장단점에 대해 논의해 보고 또한 최소제한환경을 선택해야 하는 필요성에 대해서도 논의하라.
6. 특수교육 서비스에 영향을 주는 철학적 입장의 예를 들어 보고, 어떻게 이러한 문제들을 해결할 수 있는지 그 예를 말해 보자.
7. 지체 및 건강장애 학생을 가르칠 자격을 갖춘 교사가 소유하고 있어야 할 핵심 역량과 기술에 대해 논의하고, 이러한 기술들이 다른 교사나 치료사들과 어떻게 다른지 생각해 보자.

유용한 사이트

• The National Information Center for Children and Youth with Disabilities(NICHCY)
http://www.nichcy.org/index.html

NICHCY는 장애와 특별한 건강 관리를 필요로 하는 아동(출생~22세)의 요구에 관심이 있는 가족, 교육자 그리고 다른 전문가들을 위한 국가적인 정보를 제공하며 의뢰 센터의 역할을 한다. 다양한 서비스와 정보가 온라인 상에서 이용 가능하며, 여기에는 특정한 장애, 조기 중재, 특수교육과 관련 서비스, IEPs, 가족 문제 등이 포함된다. 또한 NICHCY는 다양한 장애 관련 자료들을 출간한다. 많은 자료가 이제는 스페인어로도 이용할 수 있으며 대부분의 자료를 온라인 상에서도 이용할 수 있다. NICHCY의 가장 중요한 역할 중 하나는 아동의 장애와 관련하여 온라인이나 이메일을 통해 개인적으로 질문을 하고 답변을 들을 수 있다는 점이다.

• The Council for Exceptional Children(CEC)
http://www.cec.sepd.org

CEC는 1922년에 설립되었으며, 특별한 요구를 지닌 개인들을 위한 가장 큰 국제적 전문 기구이다. CEC는 지체 및 건강장애 부서(Division for Physical and Health Disabilities: DPHD)를 포함하여 특별한 관심 범주를 다루는 부서를 가지고 있다. CEC는 장애를 지닌 개인을 위한 최신의 교수, 공학, 정책, 다른 서비스를 강조하는 부모, 교사 그리고 관련 서비스 제공자들을 위한 국가적 또는 지역적 차원의 회의와 워크숍을 개최하고 있다. CEC 구성원들은 1년에 몇 차례 세 가지 다른 출판물을 받게 된다. 『CEC Today』라는 월간 뉴스레터, 『Teaching Exceptional Children』이라는 실제 수행을 바탕으로 하는 지침서 그리고 『Exceptional Children』으로 연구를 주로 다루는 출판물이다.

• Educational Resources Information Center(ERIC)
http://www.aspensys.com/eric/

ERIC은 광범위한 교육관련 문헌들을 탐색하고자 하는 사용자들에게 제공하기 위하여 설계된 국가적 정보시스템이다. 1966년에 설립된 ERIC은 미국 교육부, 교육연구진흥국 그리고 국립중앙도서관의 지원을 받는다.

• National Clearinghouse for Professions in Special Education(NCPSE)
http://www.specialedcareers.org

특수아동협의회와 제휴된 NCPSE는 특수교육과 관련 서비스에 관심이 있는 개인들을 위하여 직업 정보, 수요-공급 자료, 대학 프로그램 목록, 재정적 지원 자료, 면허증/자격증 기준, 구직, 그리고 다른 정보를 제공한다. 교사와 행정가들도 교사의 채용 및 유지와 관련된 NCPSE의 자료를 이용한다. 이 기구의 특별한 점은 장애를 지닌 교육자를 위한 자료도 제공한다는 점이다.

• Office of Special Education Program(OSEP)
http://www.ed.gov/offices/OSERS/OSEP/osep.html

OSEP는 아동의 수 또는 인구조사 자료에 근거하여 각 주에 자금을 지원해 주는 '포뮬러 그랜트(formula grant)' 프로그램과 주와 지역의 기관, 대학, 그리고 다른 적당한 단체와 독립단체에게 경쟁적 방식으로 보상적 펀드를 제공하는 프로그램인 '재량(discretionary)' 프로그램을 포함하여 현재 연방법의 허가를 받는 18개의 프로그램에 1,200개 이상의 프로젝트에 대한 자금을 지원하고 있다.

• Office of Special Education and Rehabilitative Services(OSERS)
http://www.ed.gov/offices/OSERS

OSERS는 특별한 요구를 지닌 아동을 교육하고 장애를 지닌 청년과 성인의 재활을 위한 도움을 제공하며 그들의 삶을 향상시키기 위한 연구를 지원한다.

• U.S. Department of Education
http://www.ed.gov/

여러분의 주의 교육부, 그리고 거기에서 다루고 있는 특수교육 관련 문제들에 친숙해져 보자.

참고문헌

Allan, C. M., Champbell, W. N., Guptill, C. A., Stephenson, F. F., & Campbell, K. E. (2006). A conceptual model of professional education: The international classification of functioning, disability, and health (ICF). *Journal of Interprofessional Care, 20*(3), 235-245.

Alonso, Y. (2004). The biopsychosocial model in medical research: The evolution of the health concept over the last two decades. *Patient Education and Counseling, 53*, 239-244.

Americans with Disabilities Act of 1990, PL 101-336, 42 U.S.C.A. § 12101 *et seq.*

Badley, E. M. (1993). An introduction to the concepts and classifications of the international classification of impairments, disabilities, and handicaps. *Disability and Rehabilitation, 15*(4), 161-178.

Best, S. J., Bigge, J. L., & Sirvis, B. (1990). Physical and health impairments. In N. G. Haring & L. McCormick (Eds.), *Exceptional children and youth: An introduction to special education* (pp. 284-324). Upper Saddle River, NJ: Merrill/Pearson Education.

Best, S. J., Heller, K. W., & Bigge, J. L. (2005). *Teaching individuals with physical or multiple disabilities* (5th ed.). Upper Saddle River, NJ: Merrill/Pearson Education.

Bickenbach, J. E., Chatterji, S., Badely, E. M., & Üstün, T. B.(1999). Models of disablement, universalism, and the international classifications of impairments, disabilities, and handicaps. *Social Science and Medicine, 48*, 1173-1187.

Bigge, J. L. (1976). *Teaching individuals with physical and multiple disabilities.* Upper Saddle River, NJ: Merrill/Pearson Education.

Bigge, J. L., Stump, C. S., with Spagna, M. E., & Silberman, R. K. (1999). *Curriculum, assessment, and instruction for students with disabilities.* Belmont, CA: Wadsworth.

California Grade-Level History/Social Science Content

Standard 4.5. Retrieved June 30, 2008, from http://www.cde.ca.gov/be/st/ss/hstgrade4.asp

Chan, F., & Leahy, M. (Eds.). (1999). *Health care and disability management.* Lake Zurich, IL: Vocational Consultants Press.

Council for Exceptional Children. (1998). *What every special educator should know: The international standards for the preparation and licensure of special educators* (3rd ed.). Reston, VA: Author.

Council for Exceptional Children. (2005). *Universal design for learning: A guide for teachers and education professionals.* Arlington, VA: Author.

Covey, H. C. (1997). *Social perception of people with disabilities in history.* Springfield, IL: Charles C. Thomas.

Covey, H. C. (2005). Western Christianity's two historical treatments of people with disabilities or mental illness. *Social Science Journal, 42*(1), 107-114.

Engel, G. L. (1977). The need for a new model: A challenge to biomedicine. *Science, 196*, 129-196.

Goffman, E. (1963). *Stigma: Notes on the management of spoiled identity.* New York: Simon & Schuster.

Heller, K. W., Alberto, P. A., Forney, P. E., & Schwartzman, M. N. (1996). *Understanding physical, sensory, and health impairments.* Pacific Grove, CA: Brooks/Cole.

Heller, K. W., Forney, P. E., Alberto, P. A., & Schwartzman, M. N. (2000). *Meeting physical and health needs of children with disabilities: Teaching student participation and management.* Belmont, CA: Wadsworth.

Heller, K. W., Fredrick, L. D., Dykes, M. K., Best, S. J., & Cohen, E. L. (1999). Competencies in physical/health M01_BEST0120_06_SE_C01.QXD 6/8/09 8:34 PM Page 29 disabilities: A national perspective. *Exceptional Children, 65,* 219-234.

Heller, K. W., & Swinehart-Jones, D. (2003). Supporting the educational needs of students with orthopedic impairments. *Physical Disabilities: Education and Related Services, 22*(1), 3-25.

Howle, J. M. (2001). *Neuro-developmental treatment approach: Theoretical foundations and principles in clinical practice.* Laguna Beach, CA: Neuro-Development Treatment Association.

Hurst, R. (2003). The international disability rights movement and the ICF. *Disability and Rehabilitation, 25*(11/12), 572-576.

Imrie, R. (2004). Demystifying disability: A review of the international classification of functioning, disability, and health. *Sociology of Health and Illness, 26*(3), 287-305.

Individuals with Disabilities Education Act (IDEA) U.S.C. § 1400 *et seq.*, 34 C.F.R. 300 *et seq.*

Individuals with Disabilities Education Act (IDEA) of 1990, PL 101-476, 20, U.S.C.A § 1400 *et seq.*

Individuals with Disabilities Education Act (IDEA) of 1997, PL 105-17, 20 U.S.C.A. § 1400 *et seq.*

Jackson, R. (2005). Curriculum access for students with low incidence disabilities: The promise of universal design for learning. Wakefield, MA: National Center for Accessing the General Curriculum. Retrieved June 30, 2008, from http://www.cast.org/publications/ncac/ncac_ lowinc.html

Jette, A. M. (2006). Toward a common language for function, disability, and health. *Physical Therapy, 86*(5), 726-734.

Kudlick, C. (2005). Comment: Comparative observations on disability in history. *Journal of American Ethnic History, 24*(3), 59-62.

Leonardi, M., Bickenbach, J., Üstün, T. B., Kostanjsek, N., & Chatterji, S. (2006). The definition of disability: What is in a name. *Lancet, 368*(9543), 1219-1221.

Lipton, R. B. (2007). Incidence of diabetes in children and youth: Tracking a moving target. *Journal of the American Medical Association, 297*(24), 2760-2761.

Lubkin, I. M. (1995). *Chronic illness: Impact and interventions* (3rd ed.). Boston: Jones and Bartlett.

Lynn, J. (2005). Living longer in fragile health: The new demographics shape end of life care. *Hastings Center Report, 35,* S14-S18.

Mace, R. (1997). Principles of Universal Design, version 2.0, Center for Universal Design, North Carolina.

Retrieved June 30, 2008, from http://www.cast.org/publications/ ncac/ncac_lowinc.html

MacMillan, D. L., & Hendrick, I. (1993). Evolution and legacy. In J. I. Goodlad & T. C. Lovitt (Eds.), *Integrating general and special education* (pp. 23-48). New York: Merrill.

Male, M. (2003). *Technology for inclusion: Meeting the special needs of all students.* Boston: Allyn & Bacon.

Malouf, D. B. (2001). Special education technology and the field of dreams. In J. Woodward & L. Cuban (Eds.), *Technology, curriculum, and program development: Adapting schools to meet the needs of students with disabilities* (pp. 1-2). Thousand Oaks, CA: Corwin Press.

Marzano, R. J., & Kendall, J. S. (1996). *A comprehensive guide to designing standards-based districts, schools, and classrooms.* Alexandria, VA: Association for Supervision and Curriculum Development; Aurora, CO: McREL (Mid-Continent Regional Educational Laboratory).

National Center for Health Statistics. (2006). *Health United States with chartbook on trends in the health of Americans* (Table 58). Hyattsville, MD: National Center for Health Statistics.

Nikiforuk, A. (1993). *The fourth horseman: A short history of epidemics, plagues, famine and other scourges.* New York: M. Evans.

Nolet, V., & McLaughlin, M. J. (2005). *Accessing the general curriculum: Including students with disabilities in standardsbased reform.* Thousand Oaks, CA: Corwin Press.

Perrin, J. M., Bloom, S. R., & Gortmaker, S. L. (2007). The increases of childhood chronic conditions in the United States. *Journal of the American Medical Association, 297*(24), 2755-2759.

Peterson, D. B., & Elliott, T. R. (2008). Advances in conceptualizing and studying disability. In S. D. Brown, & R. W. Lent (Eds.), *Handbook of counseling psychology* (pp. 212-230). Hoboken, NJ: John Wiley & Sons.

Peterson, D. B., & Rosenthal, D. A. (2005). The International Classification of Functioning, Disability, and Health (ICF) as an historical allegory for history and systems in rehabilitation education. *Rehabilitation Education, 19* (2&3), 23-33.

Rehabilitation Act of 1973, PL 93-112, 29 U.S.C.A. § 701 *et seq.*

Scheerenberger, R. C. (1982). Treatment from ancient times to the present. In P. T. Cegelka & H. J. Prehm (Eds.), *Mental retardation: From categories to people* (pp. 44-75). Upper Saddle River, NJ: Merrill/ Pearson Education.

Shapiro, J. P. (1994). *No pity: People with disabilities forging a new civil rights movement.* Chicago: Times Books.

Simeonsson, R. J., Leonardi, M., Lollars, D., Bjorck-Akesson, E., Hollenweger, J., & Martinuzzi, A. (2003). Applying the international classification of functioning, disability, and health (ICF) to measure childhood disability. *Disability and Rehabilitation, 25*(11/12), 602-610.

Smith, D. D. (2001). *Introduction to special education: Teaching in an age of opportunity* (5th ed.). Boston: Allyn & Bacon.

Technology-Related Assistance for Individuals with Disabilities Act of 1988, PL 100-407, 29 U.S.C.A. § 2201 *et seq.*

Technology-Related Assistance for Individuals with Disabilities Act Amendments of 1994, PL 103-218, 29 U.S.C.A. § 2201 *et seq.* (West, 1999).

Toombs, S. K., Barnard, D., & Carson, R. A. (Eds.). (1995). *Chronic illness: From experience to policy.* Bloomington: Indiana University Press.

Treanor, R. B. (1993). *We overcame: The story of civil rights for disabled people.* Falls Church, VA: Regal Direct.

U.S. Department of Education (2000). To assure the free appropriate public education of all children with disabilities. *21st annual report to Congress on the implementation of the Individuals with Disabilities Education Act.* Washington, DC: U.S. Government

Printing Office.

World Health Organization (WHO). (1980). *International classification of impairment, disability, and handicap (ICIDH)*. Geneva, Switzerland: Author.

World Health Organization (WHO). (2001). *International classification of functioning, disability, and health (ICF)*. Geneva, Switzerland: Author.

CHAPTER

02 지체장애

Sherwood J. Best

이 장을 읽고 나면 여러분은

1. 지체장애의 원인인 신경운동 손상, 퇴행성 질병, 기형 및 근골격 손상에 대하여 설명할 수 있다.
2. 지체장애의 수반장애나 이차 증상에 대하여 설명할 수 있다.
3. 지체장애가 신체 및 심리사회적 발달에 미치는 영향을 설명할 수 있다.
4. 지체장애가 교육, 개인적 자율성, 진로 및 성인기 목표에 주는 시사점을 이해할 수 있다.
5. 지체장애가 교수 활동 및 사회적 상호작용에 미치는 영향을 완화하는 전략을 수립할 수 있다.

이 장에서는 세 가지 지체장애에 대해 간략히 기술하고자 한다. 이 세 가지 지체장애는 학생의 교육성취에 영향을 미친다. 우리는 제1장에서 지체장애에 신경운동 손상, 퇴행성 질환, 기형 및 근골격계 장애가 포함됨을 학습하였다(Heller, Alberto, Forney, & Schwartzman, 1996). 지체장애는 선천성 또는 후천성 원인으로 발생하며 수반장애도 가질 수 있다. 선천성 장애는 원인에 관계없이 출생 시에 나타나는 증상이다. 후천성 장애는 유전성이나 출생 시의 손상이 아닌 질병이나 사고에 의해 발생한다. 우리는 만성 또는 급성 지체장애가 있음도 이미 학습하였다.

이 장에서는 앞과 같이 분류된 지체장애에 대해 특정한 방식으로 기초 정보를 제공한다. 첫째, 지체장애를 정의하고 설명하려고 한다. 둘째, 일차적 장애에 수반한 의학적 증상에 관하여 논의해 보려고 한다. 셋째, 지체장애별 의학적 및 치료적 처치에 관한 최근 정보를 제공하고자 한다. 끝으로 각 장애가 교육과 개인적 자율성, 진로/성인기 기능에 주는 시사점에 관하여 논의해 볼 것이다.

이 장의 정보는 여러분이 특정 지체장애를 이해하는 데 중요하다고 생각되는 가장 기초적인 요소를 안내하기 위하여 선정되었다. 그러나 그보다 더 중요한 점은 장애가 발달, 교육, 삶의 목표 추구에 영향을 미칠 수 있는 방법을 이해하는 것이다. 지체장애의 유형은 다양하다. 그리고 이 모두를 상세하게 기술하는 것은 불가능하다. 그 많은 지체장애에 관하여 지나치게 짧게 기술되거나 부적절하게 개관할 수 있기 때문이다. 이 장에서는 그런 관점에서 세 가지 증상(신경관 손상, 외상성 뇌손상, 근이영양증)을 살펴보고자 한다. 이것들은 신경운동 손상과 진행성 질환을 대표한다. 이 증상들은 일반적으로 많은 교사가 알고 있을 뿐만 아니라 다른 지체장애와도 관련성이 있다. 교사와 관련 서비스 제공자들에게 지체장애를 일으키는 증상에 관한 깊이 있는 연구는 매우 중요한 일이다. 여러분이 특정 지체장애에 대해 보다 상세한 정보를 얻고 싶다면 이 장의 참고문헌을 참조하기 바란다. 여러분은 장애 관련 기관, 재단, 정보 제공처에 연락하여 필요한 정보를 얻을 수도 있다. 끝으로 인터넷 정보가 증가함에 따라 장애에 대한 최신 정보의 탐색이 가능하게 되었다. 여러분이 특정 지체장애에 관한 깊이 있는 정보를 얻고 싶다면 이상의 다양한 자료를 탐색해 보기 바란다.

지체장애를 일으키는 원인으로 가장 널리 알려진 뇌성마비는 제3장에서 상세히 기술하겠다. 뇌성마비는 중복장애의 예로 알려진 수반장애를 갖는 일이 많다. 그러나 제3장에서 기술한 많은 수반증상(발작, 학습장애, 인지장애 등)과 의학적/치료적 처치(팔 보조기, 다리 보조기, 물리치료 및 작업치료의 요구, 신체관리 등)는 이 장에서 기술하는 증상에서도 적용된다. 지체장애와 그 영향에 대해 생각할 때는 제2장과 제3장을 함께 적용하기 바란다.

1. 신경운동 손상

신경운동 손상은 신경과 근육에 영향을 미치는 중추신경계(뇌와 척수)의 손상을 말한다(Heller et al., 1996). 신경운동 손상에는 뇌성마비, 뇌전증, 신경관 손상, 외상성 뇌손상(TBI)이 포함된다. 이장에서는 신경관 손상과 외상성 뇌손상에 대해 살펴보겠다. 뇌성마비와 뇌전증은 제3장에서 자세히 알아보고자 한다.

2. 신경관 손상

1) 정의 및 특성

일부 아기들은 태어나면서 뇌, 척수 그리고 척추가 기형인 상태로 태어난다. 이런 손상을 총칭하여 신경관 손상(neural tube defects: NTDs)이라고 부른다. 신경관 손상을 이분척추(spina bifida; bifid는 둘로 나뉜다는 뜻)로 부르는 사람들도 있다. 신경관 손상은 척추가 닫히지 않아서 발생한다(Detrait, George, Etchevers, Gilbert, Vekemans, & Speer, 2005). 신경관 손상은 출생 시 손상의 가장 일반적인 형태로서 전체 신생아 1,000명당 1명꼴로 발생한다(Detrait et al., 2005). 1998년 미국 식품의약국에서는 신경관 손상을 의미 있게 감소시키기 위해 폴릭산이 풍부한 곡물의 섭취를 권장하였다(Williams, Rasmussen, Flores, Kirby, & Edmonds, 2005). 많은 의사는 곡물 섭취뿐만 아니라 폴릭산이 많이 함유된 간, 녹색 채소, 감귤류의 과일들을 포함한 식단을 권장하고 있다(Lucock, Xiaowei, Veysey, & Zoe, 2005). 폴릭산의 섭취는 임신 이전부터 임신 동안까지 권장된다. 영양뿐만 아니라 나이, 임신 횟수, 당뇨, 항경련제의 사용, 알코올이나 카페인, 담배 등의 사용, 향정신성 약물과 같은 모태 요인들도 신경관 손상의 발생 위험 증가와 관련이 있는 것으로 알려졌다(Frey & Hauser, 2003; Williams et al., 2005). 신경관 손상을 가지고 있는 형제자매가 있을 경우, 신경관 손상의 발생 위험이 증가할 수 있다. 신경관 손상은 염색체 이상이나 유전 증상과도 관계가 있다(Williams et al., 2005). 신경관 손상은 남아보다 여아에게 보다 빈번히 발생한다(Carelli et al., 2007). 환경과 유전 모두 신경관 손상의 발생에 영향을 미친다.

환경적 요인과 유전적 요인의 상호작용이 각 국가별 신경관 손상 발생률의 차이를 가져온다. 미국은 신생아 1,000명당 1명꼴로 발생하는 데 반해 북아일랜드의 경우 1,000명당 7.1명꼴로 발생한다. 인도와 중국을 포함한 다른 지리적 영역에서도 높은 출현율을 나타낸다. 그러나 이 지역에 사는 사람들이 다른 지역으로 이주할 경우 신경관 손상을 가진 신생아의 출현율이 감소하는 것을 알 수 있다(Frey & Hauser, 2003). 이런 현상은 유전적 다양성의 결과일 수 있다. 유전적 다양성은 지리적으로 고립된 지역을 벗어난 사람들이 보다 다양한 유전적 집단의 사람과 결혼할 때 나타난다.

2) 신경관 손상의 분류

흔히 발생하는 신경관 손상의 유형으로 뇌류(encephalocele), 무뇌증(anencephaly), 이분척추(spina bifida)를 들 수 있다. 뇌류는 두개골의 기형으로 인해 뇌의 일부가 외부로 돌출된 상태를 말한다. 뇌류가 있는 아기는 중복장애를 가진다. 무뇌증 아기는 뇌간 위쪽 뇌의 발달이 이루어지지 않아 뇌가 없다. 무뇌로 태어난 아기는 영아기 이후까지 생존하기 어렵다(Liptak, 1997).

신경관 손상의 세 가지 유형 중 가장 흔한 형태는 이분척추이다. 이분척추는 잠재이분척추(spina bifida occulta), 수막탈출증(수막류, meningocele), 척추수막류(myelomeningocele)로 세분할 수 있다(Heller et al., 2009). [그림 2-1]은 정상 척추와 이분척추의 단면과 측면을 그린 것이다.

잠재이분척추는 가장 가벼운 신경관 손상 유형이다. 이 증상은 척추의 일부분이 갈라지고(닫히지 않고) 척수와 그 덮개의 돌출 부위가 없다([그림 2-1]의 ② 참조). 이 손상은 갈라진 척추 부위가 움푹 들어가고 그 위에 털이 나는 경우도 있으나 외부로 드러나지는 않는다.

이분척추 중 수막탈출증(meningocele; mening은 뇌와 척수의 막을, cele은 돌출된 주머니나 탈장을 말함)은 척추의 손상된 틈으로 척수막이 돌출된 경우([그림 2-1]의 ③ 참조)를 말한다. 잠재이분척추와 수막탈출증은 마비를 가져오지 않는다.

척추수막류[수막척수류(meningomyelocele)라고 부르기도 한다]는 가장 일반적인 이분척추 유형으로서 중증장애를 가져온다. 척추수막류는 손상된 척추의 갈라진 틈으로 척수와 그 막이 밖으로 돌출된 상태이다([그림 2-1]의 ④ 참조). 척추수막류는 다양한 정도의 하지마비와 몸통과 사지의 감각 상실, 마비 등을 일으킨다. 척추수막류는 가장 흔하면서도 기능에는 심각한 영향을 미치는 유형이므로 신경관 손상에 관한 논의의 나머지 부분을 할애하여 살펴보고자 한다.

3) 의학적 증상

이분척추의 기능장애 정도는 손상 유형(잠재이분척추, 수막탈출증, 척추수막류)과 손상 위치에 따라 다르게 나타난다. 척추의 손상 위치는 감각 손상과 근마비에 직접 영향을 미친다. 만약 돌출된 부위가 척추의 하단 부분(요추나 천골 영역)이라면 척수신경만 영향을 받지만 손상이

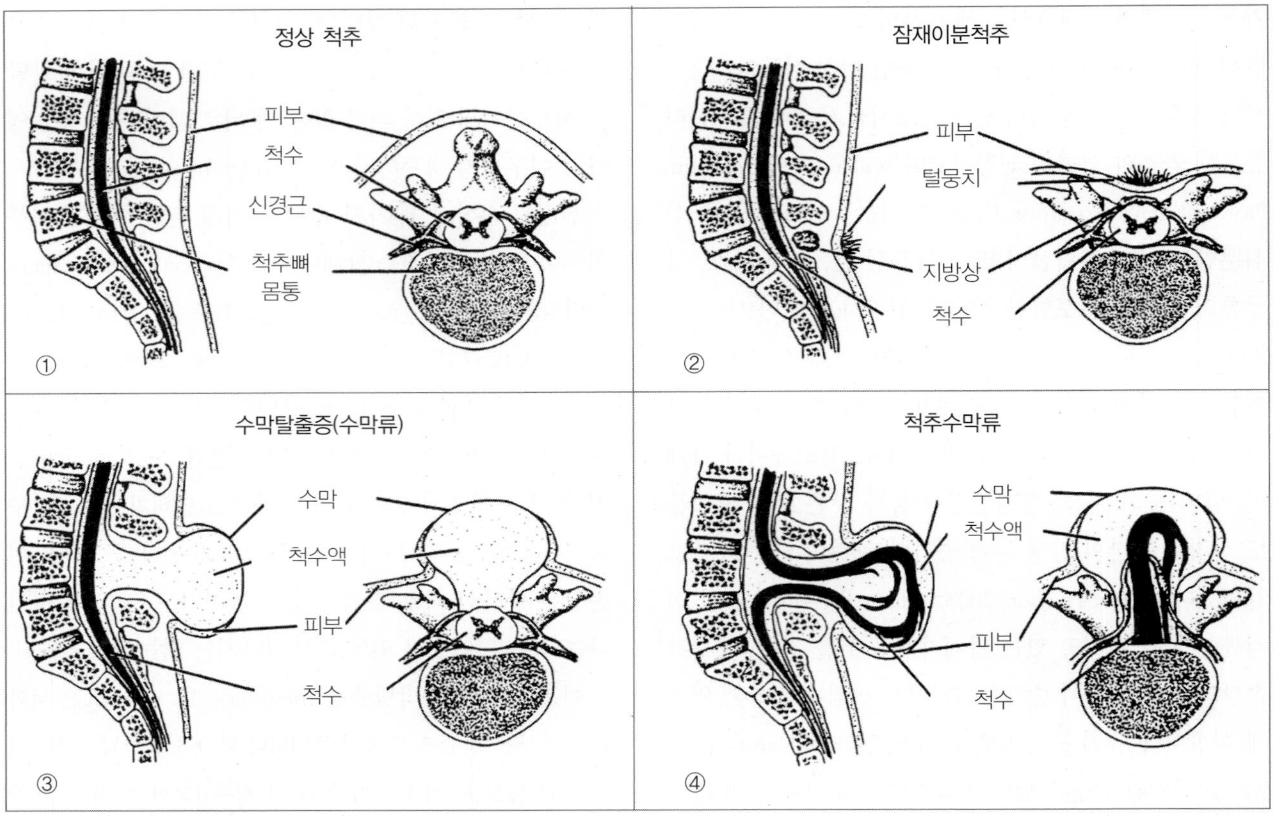

[그림 2-1] 정상 척추와 다양한 신경관 손상

① 정상 척추–측면 및 단면 모습
② 잠재이분척추–지방상과 털은 나타날 수도 있고, 나타나지 않을 수도 있음
③ 수막탈출증–척수의 신경은 제자리에 있음
④ 척추수막류–척추 뒤쪽 파열, 비정상적 척수와 신경

출처: "Spina Bifida" by D. C. Mitchell, E. Fiewell, and P. Davy, in *Physical Disabilities and Health impairments: An Introduction,* ed. J. Umbreit, ©1983 by Person Education, Inc., Upper Saddle River, NJ. Reprinted by permission of the author.

흉부 위쪽으로 올라가면 척수 그 자체도 영향을 입는다. [그림 2-2]는 손상 위치와 그에 따라 영향을 받는 기능 간의 관계를 보여 준다.

척추수막류를 가진 사람은 방광이나 대장의 통제 능력을 상실할 수 있다. 척추수막류가 있는 사람은 보통 방광과 장의 배설과 관련된 충동이 일어나지 않기 때문에 관련된 기술을 게을리하게 된다. 따라서 방광이 가득 차서 소변이 콩팥으로 역류할 수 있다. 소변을 적절히 배설하지 못하면 감염이 일어나거나 지나친 방광의 팽창을 일으킨다. 또한 감염이 되더라도 그것을 깨닫지 못할 수도 있다. 왜냐하면 마비로 인해 감염에 따른 통증을 느끼지 못하기 때문이다. 콩팥의 손상은 반복적인 감염을 불러온다. 그리고 소변의 저장이 어려워 요실금이 발생할 수 있다. 요실금은 성인기까지 계속된다. 요실금은 척추수막류를 가진 사람에게 있어 심각한 의료적, 사회적 관리가 필요한 문제이다(Verhoef et al., 2005).

척추수막류를 가진 사람들 중에는 뇌수막류가 나타나는 사람이 많다. 뇌수막류는 두개(頭蓋)의 확대, 비정상적인 뇌활동, 뇌전증을 특성으로 한다(Liptak, 2007). 뇌수막류는 척수액이 배출되지 못하고 막히기 때문에 발생한다. 뇌수는 척수막을 따라 흐르다 콩팥에 있는 혈관으로 통하여 신체 밖으로 빠져나간다. 그런데 뇌수가 두개강과 뇌실 속에 고이게 되면 뇌수막류가 생긴다. 척추수막류를 가진 사람의 80~90%는 뇌수막류를 갖는다

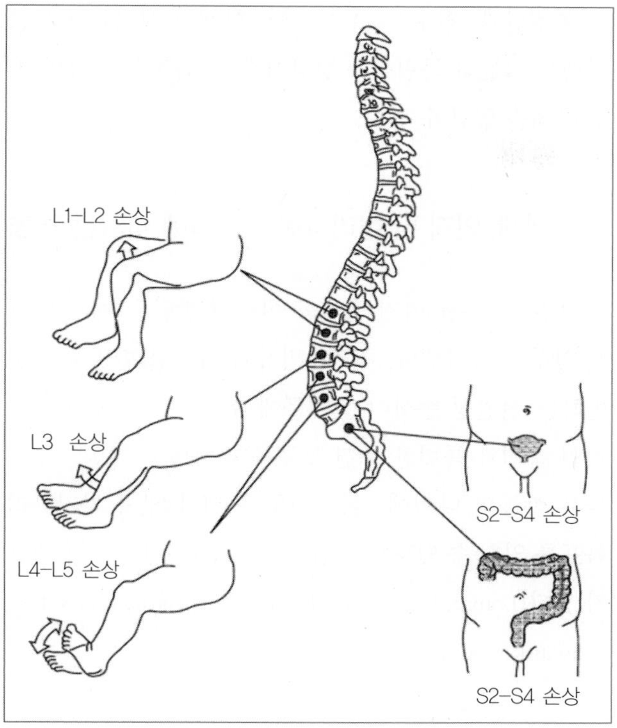

[그림 2-2] 손상 위치와 영향을 받는 기능

출처: Liptak, G. S. (2007). "Neural Tube Defects." In M. L. Batshaw, L. Pellegrino, & N. J. Roizen (Eds.), *Children with Disabilities* (6th ed., pp. 419-438). Baltimore, MD: Paul H. Brookes.

(Tulipan, Sutton, Bruner, Cohen, Johnson, & Adzick, 2003). 척추수막류와 뇌수막류를 가진 사람 중 대부분은 키아리 II 유형이라는 증상을 갖는다. 이 증상이 있으면 두개골의 안쪽에 있는 뇌간과 소뇌의 일부분이 척추강의 윗부분을 향하여 거꾸로 자리 잡는다(Liptak, 2007). 키아리 II 유형은 인지장애는 물론 척수 압착에 따른 신체적 통증도 발생한다(Vinck, Maassen, Mullaat, & Rotteveel, 2006). 따라서 뇌척수액을 적절히 배출할 수 있게 배액관(션트, shunt)의 삽입 수술을 하기도 한다. 그리고 아기가 성장함에 따라 배액관을 교체할 필요가 발생할 수 있다.

척추수막류가 있는 사람들은 접촉, 온도, 압력, 통증 등에 관한 감각 둔화 혹은 감각 상실이 발생하고 하지의 일부 혹은 전부를 사용하기 어려울 수 있다. 통증은 의료적 주의가 필요한 손상에 대해 경고를 하거나 활동을 중지하도록 하는 신호이다. 감각이 상실되면 피부나 조직, 골절 손상의 위험이 발생한다. 왜냐하면 신호가 사라지기 때문이다. 이들은 머리, 등, 복부, 목, 어깨, 다리, 손과 같은 신체의 윗부분에서 통증을 경험한다. 특히 뇌수막류가 있는 학생은 두통의 위험이 크다(Clancy, McGrath, & Oddson, 2005). 이분척추를 가진 사람들에게 척추측만증과 척추후만증 같은 관절의 기형과 척추만곡이 공통적으로 나타난다(Kumar & Singh, 2003; Odent, Arlet, Ouellet, & Bitan, 2004).

척추수막류를 가진 사람들 중에는 결박척수증후군이라고 알려진 증상을 가진 사람들이 있다. 이것은 조기 수술에서 발생한 반흔조직 때문에 척수가 척추 위에 매달려 있거나 절단된 경우를 말한다(Bademci et al., 2006). 끝으로 척추수막류를 가진 사람은 학습장애나 인지손상, 언어 습득 문제를 가질 수도 있다(Burnmeister, Hannay, Copeland, Fletcher, Boudousquie, & Dennis, 2005; Iddon, Morgan, Loveday, Sahakian, & Pickard, 2004; Vachha & Adams, 2003; Vinck et al., 2006).

4) 의학적 및 치료적 처치

(1) 수술

척추수막류의 수술은 태내기에도 실시할 수 있다(Carelli et al., 2007; Tulipan et al., 2003). 수술은 임신 25주 이전에 실시할 수 있으며, 영아의 손상 복구를 위해 자궁 내 수술을 한다. 자궁 내의 수술적 복구는 기형적 척수가 양수에 노출되는 일을 감소시키고, 키아리 II 유형의 영향과 배내강의 필요성도 감소시켜 주는 것으로 나타났다. 손상이 상대적으로 가볍고 덜 심할 경우, 태내 수술의 성공률도 높아진다. 그러나 태내기 수술은 위험하며, 배액관의 삽입 필요성을 제거하지 못할 수도 있다(Tuplin et al., 2003).

만약 영아가 태내 수술을 받지 못했을 경우, 출생 후 빠른 시간내에 돌출된 주머니를 제거하고 척추의 열린 부분을 닫아 주어야 한다. 이 수술의 목적은 감염을 예방하고 드러난 신경이 손상을 받지 않도록 하는 데 있다. 이 수술을 하고 나면 수일 내에 뇌 속에 배액관을 삽입하는 수술이 이루어진다(Carelli et al., 2007). 이 배액관은 플라스틱으로 뇌실부터 비정상적 뇌강까지 CSF(뇌수)를 배출하도록 뇌실 속에 심어 둔다(Charney, 1992; Liptak, 1997). 그러나 배액관은 부작용을 발생시킬 수 있으며, 바꾸거나 조정이 필요할 수 있다.

(2) 정형외과적 처치

이동능력 습득을 방해하는 척추와 엉덩이, 다리의 기형을 예방하기 위해서는 기형의 관리가 필요하다. 직립과 복와위 자세는 엉덩이의 구축(근육 긴장)을 예방한다. 수술이나 보조기, 스프린트 등도 기형을 감소시키고 교정하는 데 도움을 준다.

심한 척추만곡으로 앉거나 걷기가 어려운 경우에도 수술을 할 수 있다(Schoenmakers, Gulmans, Gooskens, Pruijs, & Helders, 2005). 보조기는 몸통, 하지의 지지 및 보행 보조 수단이 될 수 있다. 척추수막류를 가진 아동의 보행 정도는 마비의 정도와 위치, 인지적 기능, 훈련 프로그램의 수행 정도에 따라 결정된다(Liptak, 1997). 어릴 때는 걸을 수 있었던 사람도 나이가 들고 몸이 무거워지면 걷지 못하게 될 수 있다. 또한 수동휠체어를 사용하는 사람의 경우 상지로 근긴장이 이동할 수도 있다(Johnson, Dudgeon, Kuehn, & Walker, 2007). 척추수막류가 있는 사람들의 이동 수준은 ① 지역사회에서 완전한 보행이 가능한 사람, ② 가정 내에서 보행이 가능한 사람, ③ 엉덩이 관절로 무게를 지지하며 걸을 수 있는 비기능적 보행이 가능한 사람, ④ 항상 휠체어를 사용하며 보행이 불가능한 사람으로 구분할 수 있다.

(3) 치료 관계자

물리치료사는 다학문적 팀의 가장 중요한 구성원으로서 서기, 이동 보조 도구의 사용 및 독립기능의 습득을 돕는다. 작업치료사는 자조 영역의 치료를 담당한다. 그들은 교사와 협력하여 독립적인 의생활을 가르치기도 하고, 소근육, 눈-손 협응 기능을 촉진시킬 수 있는 조언을 해 주기도 한다. 그들은 학교 관계자나 가족들과 협력하여 장애학생의 정상적인 장운동 특별 프로그램과 청결 간헐도뇨법(clean intermittent catheterization: CIC)을 지원한다. 척추수막류를 가진 학생의 개인위생 프로그램은 그들의 독립성을 향상시키고, 화장실 사고의 발생 우려를 없앨 수 있다.

5) 신체, 인지 및 심리사회적 발달에 미치는 영향

척추수막류를 가진 유아와 아동의 발달은 매우 다양한 양상을 나타낸다. 척추수막류가 다양한 합병증을 수반하는 선천성 손상이기 때문에 부모들은 양육의 일반적인 측면과 특별한 측면 모두를 나타낼 수 있다. 부모들은 아동의 나이에 맞는 운동과 의사소통, 자기관리 목표를 익힐 수 있도록 지원할 수 있는 훈련을 받을 필요가 있다(Lomax-Bream, Taylor, Landry, Barnes, Fletcher, & Swank, 2007).

(1) 운동 및 인지적 발달

척추수막류를 가진 유아와 아동은 뒤집기와 앉기, 기기 등의 발달이 늦을 수 있다. 손상 정도에 따라서는 서기만 가능할 수도 있고 브레이스나 이동 기구를 이용하여 걸을 수도 있다(Liptak, 1997). 운동 능력의 상실은 척추수막류를 가진 아동이 정상 발달을 하는 아동에 비해 신체적인 보호와 이동에서 타인의 도움을 필요로 함을 의미한다. 일반아동이 착탈의, 목욕하기와 같은 기술에서 독립성을 가질 것이라고 생각되는 기간보다 더 오랜 기간 동안 신체적 보호가 이루어져야 한다. 긴 보호기간은 양육자에게 신체적 스트레스를 준다. 척추수막류를 가진 아동은 양육자에게 동연배의 또래들에 비해 능력이 부족하다고 인식하게끔 한다. 척추수막류가 있는 아동은 성장함에 따라 또래들이 하는 신체활동이나 게임에 참여하는 일이 줄어들 수 있다. 배액관을 막히게 하는 신체적 활동(예를 들면, 다이빙이나 접촉 스포츠)은 가능한 금지한다. 척추수막류가 있는 성인은 운전 등의 활동을 하기 위한 맞춤형 도구가 필요할 수도 있다.

척추수막류는 중추신경 손상이므로 뇌의 여러 부분이 손상을 받는다. 따라서 이들은 기계적 학습에서는 정상이라 하더라도 맥락 속에서 의미를 도출하는 일, 규칙 기반 문제 해결하기와 같은 보다 추상적인 기술에서는 취약하다(Barnes, Faulkner, Wilkinson, & Dennis, 2004). 척추수막류가 있는 아동 중에는 주의집중과 주의이동은 물론 시공간 지각에도 어려움이 있는 경우가 많다(Dennis, Edelstein, & Copeland, Fredrick, Francis, & Hethrington, 2005; Dennis, Fletcher, Rogers, Hethrington, & Francis, 2002). 기형(malformations) 또는 수술 과정에서 발생한 뇌조직의 손상은 기억과 같은 영역의 인지적 발달을 저해할 수 있다(Dennis et al., 2007).

교사와 다른 관계자들은 척추수막류가 있는 학생의 인지 및 운동 영역의 성취를 지원하기 위해 활동을 수정하여야 한다. 유아나 아동이 가능한 한 활동적인 존재가 되도록 격려해 주어야 한다. 이 일은 쉽게 잡고 조작할 수 있도록 놀이 기구를 수정하고, 손에 닿을 수 있는 곳에 놀이 기구를 배치함으로써 촉진될 수 있다. 그룹 활동을 하는 동안 이 아동들이 다른 아동들의 옆 바닥에 앉아서 참여할 수 있도록 앉을 수 있는 도구를 해당 장소에 비치해야 한다. 게임에서도 상체를 보다 많이 활용하도록 하여 아동의 참여를 유도할 수 있는 방향으로 규칙을 수정하여야 한다. 치료사와 지체장애 전문가들은 도구와 자료의 수정에 관하여 적절한 조언을 해 주어야 한다.

(2) 심리사회적 발달

아동의 긍정적인 심리사회적 발달은 지지적이고 예측 가능한 환경과 다양한 경험 속에서 이루어진다. 척추수막류를 가진 아동과 청소년들은 또래들에 비해 다양한 기술을 독립적으로 수행하는 데 있어 25~30% 정도 지체를 보인다(Davis, Shurtleff, Walker, Seidel, & Duguay, 2006). 배변, 보행, 착탈의와 같은 기술의 독립적 성취를 위한 동기부여를 하는 몇 년 동안 척추수막류를 가진 아동은 완전한 숙달이 어려워 좌절을 경험하기도 한다. 미숙달 기간이 청소년 시기까지 지속된 사람들은 신변 처리를 부모에게 의존해야 할 수도 있다. 미숙달로 인한 문제에는 무기력과 수동성, 동기 결여, 사회적 미성숙 등을 포함한다(Holmbeck et al., 2003). 자기 관리 영역에서 나타나는 신체적, 심리사회적 문제로 실금이 있다. 자신들의 배변이나 배뇨 욕구를 관리하는 전략의 사용에 관계없이 척추수막류가 있는 학생은 보통 실금을 경험한다(Verhoef et al., 2005). 요실금과 배변실금에 따른 악취는 또래 관계 형성에 부정적 영향을 미칠 수 있다. 청소년이나 성인의 경우 마비나 감각 상실로 인한 성적 역기능 때문에 심리사회적 수준이 낮은 상태일 수 있다(Goldman, 1991).

과제 숙달은 긍정적인 심리사회적 적응의 핵심 요소다. 척추수막류가 있는 아동이 학교 활동 전반에서 적절한 참여를 할 수 있도록 격려하여야 한다. 자조기능의 숙달 역시 중요하다. 이는 가족과 서비스 제공자들의 헌신적인 노력을 필요로 한다. Prellwitz와 Skar(2006)는 "활동 참여를 통하여 학습기회를 갖는 일은 독립 생활에 필요한 다양한 행동과 기술의 발달에 도움이 된다는 것을 보여 주었다" (p. 202)라고 하였다. 성취감의 제공에 더하여 일상적인 자조기술의 훈련 기회는 신체적 차이와 극복 전략을 논의하기 위한 기회를 제공한다.

6) 교육과 개인적 자율성에 주는 시사점

척추수막류가 있는 학생은 신체적 문제뿐만 아니라 학습에도 문제를 갖는다. 그들은 입원이나 기형의 수술, 관 삽입, 방광/콩팥 감염, 골절, 상처 치료 등으로 장기 결석을 해야 하는 일이 잦다. 교사나 여타 서비스 제공자들은 학교에서 학습성취의 목표 달성과 자조훈련, 치료 활동 시간을 적절하게 배분하여야 한다. 심리사회적 건강도 반드시 지원되어야 한다.

(1) 척추수막류가 학업에 미치는 영향

척추수막류가 있는 학생 중에는 주의, 시공간 지각, 기억 곤란 및 학습장애를 가지는 경우가 많다(Barnes, Wilkinson, Khemani, Boudesquie, Dennis, & Fletcher, 2006; Burnmeister et al., 2005; Dennis et al., 2007; Mayes & Calhoun, 2006). 감각 결핍은 접촉, 운동, 공간위치, 자신의 운동 경험에 관한 자각력(운동 기획)에 관한 정보의 혼란을 가져온다. 이것은 읽기, 쓰기, 수학적 기능에 영향을 미치는 방향감, 거리감, 운동 조직 기능에서 문제를 일으킨다. 교사들은 상세한 정보를 조직하거나 유지하도록 하기 위해 그래픽 조직자나 기억 보조 도구들을 사용한다.

(2) 척추수막류 아동의 언어적 문제

언어습득은 일반적으로 가정에서 시작된다. 가족들은 유아와 아동의 발성에 대응하는 중요한 역할을 한다. 의학적 처치가 필요한 척추수막류를 가진 아동이 있을 경우 부모의 과잉보호와 아동의 학습된 무기력이 발생한다. Vachha와 Adams(2005)는 "척추수막류가 있는 아동은 자신의 일반 형제들만큼 원하는 것을 얻기 위한 구어 사용을 요구받지 않을 수 있다"(p. 590)라고 하였다. 기능적(사회적) 언어가 어려운 척추수막류가 있는 아동에게는 가족의 언어 지원이 특히 중요하다. 연구에 따르면 가족들의 민족적 배경이나 경제적 배경에 관계없이 지적 · 문화적 활동을 강조하는 가족들은 유의미하게 긍정적인 영향을 주는 것으로 나타났다(Vachha & Adams, 2003, p. 593). 이 연구가 교사에게 주는 시사점은 아동이 언어를 개발하고 적용할 수 있는 기회를 많이 제공받을 수 있도록 지식과 어휘가 풍부한 교실 환경을 제공해야 한다는 데 있다.

척추수막류와 뇌수막류가 있는 사람들의 기능적 언어 양식은 과장되고 부적절한 수다로 특징지어진다(Burnmeister et al., 2005). 원래 이런 행동을 '칵테일파티 증후군'이라고 부른다(Stough, Nettlebeck, & Ireland, 1988). 이들은 사회성이 좋고 잡담도 잘하지만 상투적이고 무의미한 대화를 자주 하는 것으로 묘사할 수 있다. 척추수막류를 가진 아동들의 기능적 언어 기술을 강화하고 학업을 유지하기 위한 전략들은 학급 일과의 조직화와 부적절한 대화를 강화할 수 있는 반응 줄이기, 사회적 성숙이 이루어진 급우와 짝 맺어 주기, 과제에 관심을 집중하기 등을 포함한다. 교사는 순서 정하기나 적극적 경청하기와 같은 사회적 대화의 규칙을 실천할 수 있는 기회를 제공해야 한다.

(3) 자율성 촉진 전략

서비스 제공자들은 배액관의 부작용에 대하여 경각심을 가져야 한다. 배액관의 부작용은 두통과 기면, 구역질, 구토와 같은 신체적 증상들로 나타난다. 이런 현상이 나타나면 즉각적인 의료적 처치가 필요하다. 배액관의 부작용에는 아주 작은 표시만 나타나는 경우도 있다. 교사는 척추수막류가 있는 학생이 학업 수행 변화나 필기 곤란, 사회적 위축을 보이는 경우 배액관의 부작용이나 다른 신체적 문제가 있는지 살펴보아야 한다. [그림 2-3]은 배액관의 부작용을 알려 주는 지표들이다.

교사와 보조원들은 마비나 감각장애가 있는 척추수막류 아동의 일상생활을 지원하는 중요한 촉진자이다. 개인적 자율성은 지속적인 관리와 다음과 같은 요구에 대한 전략들을 사용하여 지원할 수 있다.

① 피부 관리

Cusick(1991)[1]은 피부 관리가 중요함을 강조하였다. 촉감, 압박, 통증, 온도 등에 대한 감각 상실은 학생에게 잘 맞지 않는 브레이스 착용이나 장기간 앉아 있는 것으로 인한 피부 손상이라는 문제를 불러일으킨다. 바닥에 자기 몸을 질질 끌고 다니는 어린 아동들은 자기도 모르게 열상이나 화상을 입을 수 있다. 찢어지거나 거친 휠체어 좌석이 피부에 상처를 입힐 수도 있다. 일정한 간격으로 브레이스를 몸에서 벗긴 후 피부의 변화를 체크하는 것이 중요하다. 또한 앉아 있던 압력에서 벗어날 수 있도록 규칙적인 간격으로 팔굽혀펴기를 시켜야 한다. 서기 지지대와 같은 자세 보조기 역시 엉덩이의 압력을 경감시키지만 반드시 몸에 붙여 사용하여야 하며 항상 피부검사를 하여야 한다. 아동이 브레이스 착탈을 포함한 피부 보호, 관리, 관찰 과정을 함께하고, 그와 관련된 일차적인 책임이 있다는 사실을 받아들이도록 할 필요가 있다.

피부 보호를 위해서는 합성고무 알레르기를 가장 주

1) 피부 관리, 골절, 배변 및 배뇨, 독립성 촉진, 정형외과적 치료, 치료적 공헌 중 일부는 Cusick (1991)에서 발췌

- 기면 혹은 잦은 피로, 약해짐
- 잠에서 깨어나기 어려움
- 현기증이나 혼란
- 인성장애
- 침착성의 결여나 쉽게 흥분함
- 자조에 대한 동기 결여 혹은 관심 상실
- 식욕 상실
- 구토감(가끔 구토함)
- 발열
- 배액관의 통로 부분이 붓고 충혈(목 옆 혹은 하복부)
- 잠자리에 누웠을 때 발생하는 뇌수액의 압력에 의한 두통이나 목이 뻣뻣하고 아픔
- (유아나 영아의 경우) 머리가 커짐
- 시각장애(예를 들어, 시력 상실, 사시, 흐릿하고 복시 현상이 나타남, 동공의 변화)
- (영아의 경우) 눈의 하향
- 소음에 관한 민감성의 증가
- 학업 성취의 저하
- 이전에는 정상이었던 근의 경직
- 몸 전체의 강직 반복
- 균형 유지의 곤란
- 불안정한 걸음걸이
- 급격한 하지 운동기능 상실
- 눈꺼풀이나 손의 떨림
- 상지의 근력 상실
- 소근육 기능 약화
- 손상 위쪽 척추의 만곡 심화
- 발작
- 의식 혼미

[그림 2-3] 배액관의 부작용을 알려 주는 지표

출처: *Meeting the Needs of Students with Special Physical and Health Care Needs* (1st ed.), by Jennifer Leigh Hill, 1999, Boston, MA: Allyn & Bacon. Copyright © 1999 by Pearson Education. Reprinted by permission of the publisher.

의하여야 한다. 척추수막류가 있는 사람들 중에는 합성고무에 노출되는 시간이 길어 알레르기가 발생하는 사람들이 많다(Eiwegger et al., 2006; Liptak, 2007; Taylor & Erkek, 2004). 이들이 고무로 된 물건들, 예를 들면 풍선, 고무 장난감, 미술도구, 허리나 다리에 고무 밴드가 들어간 옷, 휠체어 타이어와 쿠션, 밴드 등에 피부를 접촉하지 않도록 한다(Liptak, 1997). 고무로 된 장갑은 알레르기 반응의 가장 중요한 원인으로 밝혀졌다. 왜냐하면 기저귀를 갈 때 가루가 날려(합성고무 속에 들어 있는 단백질이 분해되어) 점막에 들러붙기 때문이다. 따라서 서비스 제공자들은 기저귀를 갈거나 아동을 씻길 때 고무 성분을 포함하지 않은 장갑을 사용하도록 한다.

학생들은 합성고무로 된 제품의 종류와 그것들에 의한 알레르기 반응에 대해서도 알게 해야 한다. 만약 합성고무가 포함되어 있는 물건을 사용할 경우 학교 간호사와 상담하도록 한다.

고무에 민감한 사람들의 경우에는 음식 알레르기도 자주 발생한다. 음식 알레르기가 고무에 대한 민감성을 강화하는지 혹은 그 반대인지는 명확히 밝혀지지 않았다. 아보카도, 바나나, 마름, 키위, 귤 그리고 다른 음식들도 고무 민감성과 상관이 있다(Liptak, 2007; Taylor & Erkek, 2004). 교사들은 학생들이 민감성이 있는 음식을 피하도록 하고, 응급처치를 실행할 준비를 할 수 있게 할 필요가 있다.

② 골절

다리뼈는 근력과 강도가 체중 지지를 할 수 없을 때 쉽게 부러지거나 금이 갈 수 있기 때문에 정형외과적 주의가 필요하다. 학생과 보호자는 부기와 염증과 같은 골절 표시들을 알아 둘 필요가 있다. 왜냐하면 척추수막류와 관련된 마비는 골절과 관계된 통증을 느끼지 못하게 하기 때문이다. 따라서 이동하거나 내려갈 때 다리의 골절이 발생하지 않도록 주의하여야 한다.

③ 배변 및 배뇨

청결 간헐도뇨법(CIC)은 척추수막류인 학생의 방광을 비울 수 있는 가장 적절한 방법이다. 어린 나이에 CIC를 시작하는 아동의 경우, 신장 감염과 최종적인 신장 손상이 감소하는 것으로 나타났다(Dil, Klijn, van Gool, de Jong-de Vos van Steenwijk, & de Jong, 2006). CIC를 사용하는 학생의 규칙적인 배뇨 계획(3~4시간마

다 실시), CIC의 절차를 이해하는 능력, 나이, 소근육 운동 기능은 CIC 기술을 지도하는 최적의 시기를 결정함에 있어 가장 중요하게 고려하여야 할 사항이다. 건강관리팀은 학생에게 CIC 절차를 공식적으로 지도할 수 있는 가장 좋은 시간을 결정하여야 한다. 교사나 다른 서비스 제공자들은 학생이 CIC를 익히는 데 충분한 시간을 주어야 하며, 학생의 프라이버시를 중요하게 생각해야 한다. CIC를 잘 사용하기 어려운 학생의 경우에는 기저귀나 외부 도뇨관, 수술 등의 대체 방법을 사용할 수 있다(Johnson et al., 2007; Verhoef et al., 2005).

배변 관리 프로그램은 보통 가정에서 시작한다. 학교 관계자와 가족이 협력하여 학생의 규칙적인 배변 관리 계획을 수립하는 것이 중요하다. 배변 관리는 대장 운동을 고려한 규칙적인 시간과 분변 연화제, 좌약의 사용을 포함하여야 한다. 배변 관리의 대체 방법으로는 기저귀의 사용, 규칙적인 화장실 가기, 복강 내압의 증가 노력, 글리세린이나 관장제의 사용, 부드러운 변좌 사용, 인공항문 시술 등이 있다. 바람직한 장운동을 촉진시키기 위해서는 변비가 생기지 않도록 통곡물이나 섬유질 식품, 물이 많이 포함된 식단을 구성한다. 탄산음료 및 카페인 음료들은 탈수증을 유발하므로 피해야만 한다.

④ 독립성 촉진

독립적인 이동, 휠체어로부터 다른 지원 체계로의 전환, 화장실 사용, 착탈의, 기구(브레이스를 포함) 관리는 중요한 자조 영역이다. 따라서 학생이 학교에 있는 시간에도 이런 기능을 사용할 수 있는 시간이 부여되어야 한다. 독립기능과 자발성을 촉진하고 강화할 수 있는 방법에는 여러 가지가 있다. 첫째, 학생이 지속적인 연습과 긍정적 반응을 통하여 과제를 완성할 수 있도록 하여야 한다. 말하는 손목시계와 같은 기억 보조도구는 학생이 자조를 위해 정해진 시작을 되새기는 일을 도와준다. 학생의 프라이버시와 존엄성은 반드시 지켜 주어야 한다. 보조기구들은 사람들이 모르게 학생들이 '화장실에 가야 할' 필요가 있다는 것을 알려 준다. 따라서 학생들은 사람들 앞에서 그 사실을 재인식할 필요가 없다.

숙련 동기는 발달의 정상적인 측면이지만 자조기능을 다른 사람에게 의존해야 하는 학생은 자발성을 상실하기 쉽다. 교사와 다른 관계자들은 학생의 시도에 대해서 칭찬과 격려를 제공하면서 보다 구체적으로 구분된 기능 수준을 요구하여야 한다. 과제 효능감은 하나의 기술을 숙달하였을 때 증가한다. 그러나 안전을 담보하지 않은 효능감을 갖게 해서는 안 된다. 자조생활에서 독립심을 개발하고 유지하기 위해서는 가족들의 협력이 있어야 한다.

7) 진로 및 성인기 목표에 주는 시사점

이분척추는 만성적 증상으로서 일생 동안 도전에 직면하게 한다. 척추수막류가 있는 청년은 몸에서 나는 냄새와 피부손상을 피할 수 있는 위생 관리를 할 수 있어야 한다. 상체의 건강을 가꾸고 과체중을 방지하기 위해서는 운동이 필요하다. 다리를 사용할 수는 없지만 차를 운전하고 싶어 하는 사람들에게는 맞춤형 개조가 필요하다. 신체 독립기능 면에서도 맞춤형 개조는 필요하다. 이분척추가 있는 사람은 미국 장애인법에 따라 이동과 접근에 관한 지원을 받는다.

맞춤형 개조와 맞춤형 조정이 신체적 한계나 건축 장애의 극복에 한정되어서는 안 된다. 이분척추와 관련한 학습된 무기력, 낮은 숙련 동기, 사회적 고립, 영구적인 장애의 인식, 성적 기능장애와 같은 문제는 긍정적인 심리사회적 기능의 증진 방법에서 중요하게 다루어야 한다(Holmbeck et al., 2003; Liptak, 2007).

인생 목표의 달성을 위해서는 학령기 동안 세심한 계획을 수립하여야 한다. 교과교육, 직업 탐색은 성인기의 독립과 일차적 연관이 있다. 그렇지만 진로 발달은 성인기의 단지 한 측면에 불과하다. 자기관리 기술(독립적 자조기술 습득, 독립적인 여행, 소비자 의식 및 실천, 활동 보조원의 선택 등)은 장애인만의 고유의 기술이자 장애인의 성인 생활을 위한 핵심적인 준비사항이다. 따라서 지체 · 중복장애인의 자기관리 및 진로 · 전환 과제를 별도의 장으로 구분하여 다루고자 한다.

3. 외상성 뇌손상

1) 정의 및 특성

뇌손상을 기술하는 방법은 다양하다. 두부 손상은 두피나 두개골에 난 손상이나 상처를 포함하는 용어이다. 두피나 두개골의 상처를 제외할 때는 뇌손상이라는 용어를 사용한다. 외상성 뇌손상이라는 용어는 외부의 물리적 힘에 의해 머리의 구조나 기능이 손상된 경우를 포함하는 용어이다(Beers, Porter, Jones, Kaplan, & Berkwits, 2006). 외상성 뇌손상을 보다 자세히 구분하면 개방형(두개와 뇌 조직이 손상된 경우)과 폐쇄형(두개의 손상은 없이 뇌 조직만 손상된 경우)으로 나뉜다. 충격, 혈관사고, 감염 등과 같은 비외상성 손상도 뇌손상으로 이어질 수 있다. 그리고 뇌의 기형 역시 뇌손상의 원인이 된다. 여기서는 외상성 뇌손상(traumatic brain injury: TBI)에 논의의 초점을 두고자 한다. 연방 정의에 의하면 TBI는 다음과 같다.

> TBI란 외부의 물리적 힘에 의해 유발된 후천적 뇌손상을 말한다. 이것은 아동의 학업성취에 불리한 영향을 미치는 신체의 일부 혹은 전부의 기능장애, 심리사회적 손상 중 일부 혹은 전체의 손상을 일으킨다. 이 용어는 인지, 언어, 기억, 주의, 추론, 추상적 사고, 판단, 문제 해결, 감각, 지각, 운동 능력, 심리사회적 행동, 신체 기능, 정보처리 등의 영역에서 하나 혹은 그 이상의 손상을 일으키는 뇌의 폐쇄 손상 혹은 개방 손상을 일컫는다. 이 용어는 선천성 혹은 퇴행성 뇌손상이나 출생 시 외상에 의한 뇌손상에는 사용하지 않는다(34 C.F.R. § 300.7 [c][12]).

신경관 손상과 달리 TBI는 후천적 증상이다. 영유아기에 가장 빈번하게 발생하는 TBI의 원인으로는 사고로 인한 추락, 아동 학대를 포함한 양육자의 잘못된 다루기가 있다(Discala & Savage, 2003). 보다 나이 든 아동은 추락이나 자동차나 자전거와 관련한 사고의 결과로 TBI를 겪는 일이 많다(Discala & Savage, 2003). 스포츠 사고, 폭행, 모험적인 행동에 의한 손상도 주요한 원인이다(Davis, 2000; Kushner, 2001). 자동차 안전벨트 매기나 헬멧 착용, 운전면허증 발급의 연령 제한, 응급 구호 기술의 발달 등은 뇌손상으로 인한 사망률과 심각한 손상을 감소시켰다(Davis, 2000; Michaud, Duhaime, Wade, Rabin, Jones, & Lazar, 2007).

경도 뇌손상(뇌진탕을 포함)에서는 잠깐 동안의 의식불명이나 기억상실이 일어난다. 두통, 신경질, 주의력과 집중력 감소는 뇌진탕 이후 몇 주간 계속될 수 있다(Moffatt, 2004). 예를 들면, 어떤 운동선수가 예전에 일어났던 뇌진탕의 증상을 완전히 치료하였다고 하더라도 운동을 다시 하게 되면 뇌가 붓거나 출혈이 증가하는 이차 영향 증후군(second impact syndrome)이 발생할 수 있다(Kushner, 2001).

손상은 뇌가 물체에 부딪힐 때만 발생하는 것이 아니다. 가령 자동차 사고를 당하여 의자에 앉은 몸이 앞쪽으로 쏠리는 경우, 비록 몸은 움직이지 않더라도 뇌는 두개골 속에서 앞쪽으로 나아가게 된다. 이렇게 되면 뇌는 두개골의 안쪽 딱딱한 부분에 부딪혀 좌상(타박상)을 입게 된다. 몸이 중심을 잡으며 머리가 뒤로 젖혀지면 뇌는 다시 두개골의 뒷부분에 부딪히게 된다. 이런 뇌의 전후 운동 패턴은 작용과 반작용으로 해석할 수 있다. 이때 뇌는 뇌간 위에서 뒤틀리게 된다(Folzer, 2001).

신체적 학대로 인한 뇌손상 역시 보고되지 않을 수 있다. 다른 신체 부분에 심각한 손상을 입을 경우 뇌손상이 중요한 손상으로 보고되지 못할 수도 있다. 뇌손상이 특정 장애의 범주로서 과소 보고되고 있을 수 있음에도 불구하고, 매년 아동 · 청소년 중 약 100만 명 정도로 발생하는 것으로 추정된다(Glang, Tyler, Pearson, Todis, & Morvanta, 2004). TBI를 경험한 사람 중 5%에서는 신체적, 정서적, 행동적, 인지적 손상이 장기간 지속된다(Davis, 2000).

혼수는 뇌손상에서 유발되는 의식불명 상태다. 손상 후의 의식불명이나 기억상실은 손상의 심각성을 판단하는 척도 중의 하나이다. 예를 들면, 일주일 이상 계속되는 혼수는 아동의 인지 감소와 상관이 있다(Burton & Morffatt, 2004). 손상 후 기억상실이 1일에서 7일간 계속된 사람은 중도 손상을 입은 것이며, 7일 이상 기억상실이 계속된 경우 매우 심각한 중도의 손상을 입었다고 볼 수 있다(Dixon, Layton, & Shaw, 2005). 뇌손상으로 인해 혼수가 발생한 아동의 사망률은 성인에 비해 약 10배나 높다. 2세 이하 아동에게서 중도 TBI가 발생한 경우 사망률은 급격히 증가한다.

2) 의학적 증상

TBI는 인지, 감각, 운동, 기타 기능 손상의 원인이 된다. 인지 및 학습 결함은 TBI의 심각한 정도와 관련이 있다(Blosser & DePompei, 2003). TBI는 장기기억 및 단기기억 장애, 조직능력 및 지각능력, 주의집중 능력의 결함, 판단력 저하, 문제해결력, 추론, 학습능력의 저하 등을 일으킨다(Savage, DePompei, Tyler, & Lash, 2005). 자기 조절(동기, 감정 조절), 초인지(사회적 평가), 사회적 인지(다른 사람의 입장에서 처리하기)와 같은 집행기능(executive function)에도 손상이 발생한다(Levin & Hanten, 2005). TBI로 인해 발작이 발생할 수도 있다. 이 발작은 인지 기능에 부정적인 영향을 줄 수 있다(Tucker, 2005).

손상의 정도와 유형에 따라 시각이나 청각 손상을 경험하기도 한다. 눈과 내이의 직접적 손상은 시각장애나 청각장애의 원인이 된다. 충격이나 뇌의 부종으로 일어난 간접 손상은 시각피질 손상(cortical visual impairment: CVI)을 일으킨다. 눈 자체는 손상되지 않았더라도 뇌의 시각피질 손상으로 인하여 더 이상 시각적 메시지를 해석할 수 없게 된다. 또한 뇌손상은 안구진탕증(nystagmus, 눈동자의 불수의 운동)이나 복시를 일으킬 수도 있다(Carman-Merrifield, 2005).

TBI와 관련된 운동 손상은 뇌의 손상 부위와 정도에 따라 결정된다. 사람에 따라서는 경련, 실조, 진전 등을 보일 수 있다. 이 책의 제3장에서 보다 자세한 운동 손상 내용을 살펴볼 수 있다.

TBI를 경험한 사람들에게는 말과 언어의 손상이 진행될 수 있다. 사회적 측면에서 언어의 어려움은 (기능적이라고 불리는) 사회적 경험에 영향을 주고, 사회적 고립을 일으킬 수 있다. TBI를 가진 사람들은 표정 읽기와 같은 사회적 의사소통의 미묘한 차이나 아이러니한 자세와 같은 비구어적 측면에서 어려움을 겪는다(Martin & McDonald, 2005; Watts & Dougls, 2006). 이들은 평소에는 언어능력이 정상적이더라도 스트레스 상황에서는 수행이 어려울 수 있다(Savage et al., 2005).

TBI는 행동 및 정서적 기능을 방해할 수 있다(Ylvisaker et al., 2005). 사람에 따라서는 공격적 행동, 무관심 행동, 사회적 금기 행동을 하는 경우도 있다. 손상은 일시적일 수도 있고 영구적일 수도 있다. 또한 부분적인 기능장애나 전체적인 기능장애를 일으킬 수도 있으며, 심리사회적 부적응을 일으킬 수도 있다. 행동 통제는 손상되지 않는 뇌 조직의 통합된 기능을 필요로 하기 때문에 TBI를 경험한 사람들은 행동이나 정서적인 부적응 위험이 있다(Grandinette, Best, & Heller, 2009).

3) 의학적 및 치료적 처치

(1) 수술 및 약물치료

뇌손상의 일차적 결과는 뇌의 열상이나 좌상, 뇌신경 절단 및 출혈 등이다. 뇌의 이차적 손상은 부적절한 산소 공급에서 발생한다(Wong, 2000). 손상의 일차적 처치는 생명 기능을 유지하도록 계획되어야 하며 신속하고 포괄적으로 이루어져야 한다. 긴급 상황이 끝나면 철저한 신경학적 평가를 실시해야 한다. 이물질의 제거와 두개강 내 압력을 감소시키고 두개강 내에 고인 피를 제거하기 위해서는 신경학적 수술이 필요할 수도 있다(Grandinette et al., 2009).

일차적인 의료적 위기가 지나가면 반드시 호흡 및 신경학적 문제를 검사하고 점검해야 한다. 이때에는 뇌수액의 통제를 강화하고 뇌손상의 진행을 방지하기 위한 약물을 사용할 수 있다. 뇌손상 범위를 알아보기 위한 컴퓨터 단층촬영(CT scan)과 자기공명영상(MRI)도 사용할 수 있다(Anderson, Taber, & Hurley, 2005).

(2) 치료 관계자

뇌손상을 입은 사람이 혼수상태에 있다고 하더라도 환자의 체력을 유지하게 하며 다학문적인 치료를 시작하여야 한다. 의료적 치료는 발작과 합병증 예방 및 치료를 위하여 계속되어야 한다. 신체 압박에 의한 종기 발생은 외부에서 실시하는 운동으로 예방할 수 있다.

혼수 후의 재활훈련은 보상 능력 획득과 손상 후 합병증을 예방하고 잔존 능력의 향상을 도와준다. 적절한 재활훈련을 조기에 실시함으로써 장기적으로 기능 회복을 향상시킬 수 있다(Beaulieu, 2002). TBI 환자가 혼수에서 깨어나면 물리치료, 작업치료, 언어 및 행동치료 등이 필요할 수 있다. 관절의 구축을 예방하기 위한 깁스와 스프린터를 포함한 물리치료가 필요할 수 있다. 또한 감각 자극 프로그램이 필요할 수도 있다. 작업치료는 자조 기능과 소근육 운동 기능을 회복하고 보상 기능을 학습하게 한다. 의사소통을 위해서는 언어치료가 필요할 수 있다. 심리치료는 긍정적 적응과 회복을 위하여 중요하다.

TBI에서 회복된 사람 중 의존성이 남아 있는 경우에는 체계적인 생애 계획을 수립하고 지원할 필요가 있다. 장기적 관리를 제공하기 위해서 치료팀의 지원을 필요로 하는 경우도 있다. 일부는 특별한 건강관리 절차 및 개별화건강관리계획(Individualized Health Care Plan: ICHP)을 필요로 할 수도 있다(Grandinette et al., 2009).

(3) 혼수 회복

치료와 관련된 논의에서 혼수라는 용어를 언급하였다. 혼수란 몇 시간, 며칠, 또는 몇 달 동안 지속되는 의식불명을 말한다. 혼수상태인 사람은 깨우려고 해도 반응이 없다(Heller et al., 1996). 의식의 수준에 기반을 두고 TBI의 심각도를 측정하는 척도의 종류는 다양하다(Grandinette et al., 2009). Glascow 혼수 척도(Glascow Coma Scale: GCS)는 가장 일반적으로 사용되고 있으며, 특정 반응을 점수별로 구분한다(Jennett et al., 1997).

〈표 2-1〉 글라스코우 혼수 척도(Glascow coma scale)

반응	점수
개안반응(eye opening)	
자발적으로 눈을 뜸	4
부르는 소리에 눈을 뜸	3
통증 자극에 의해 눈을 뜸	2
눈을 뜨지 않음	1
운동반응(motor response)	
적절한 반응을 보임	6
부분적인 반응을 보임	5
몸을 움츠림	4
비정상적 굴곡이 나타남	3
신전 반응이 나타남	2
반응이 없음	1
언어반응(verbal response)	
적절하게 대답함	5
대화가 혼란스러움	4
부적절한 단어를 사용함	3
이해할 수 없는 소리를 냄	2
아무 소리를 내지 않음	1

출처: "Severe Head Injuries in Three Countries," by B. Jennett, G. Teasdale, S. Galbraith, J. Pickard, H. Grant, R. Braakman, C. Avezaat, A. Maas, J. Minderhoud, C. J. Vecht, J. Heiden, R. Small, W. Caton, and T. Kurze, 1977, *Journal of Neurology, Neurosurgery, and Psychiatry*, 40, p. 293. Reprinted with permission.

13~15점은 경도, 9~12점은 중등도, 8점 이하이면 중도 뇌손상이다(Jaffe et al., 1992). 7점 이하인 경우는 혼수이다. 〈표 2-1〉은 Glascow 혼수 척도(GCS)의 반응별 점수를 나타낸다.

혼수에서 회복되는 것(깨어난다고 함)에는 일반적이라고 하는 진행은 없다. 어떤 사람들은 잠에서 깨어날 때처럼 깨어나지 못하고, 손상 전에 가졌던 능력의 전부 혹은 일부를 상실한 채 깨어난다. 게다가 그들은 의식이 돌아왔다 말다를 반복한다. 의식수준은 행동 변화와 관련 있다. 개인적 행동은 무목적적이고 혼란, 산만, 불안한 형태를 보이기도 한다. Rancho Los Amigos 의식 척도(Savage & Wolcott, 1995)는 TBI의 초기 회복단계에 대한 개인별 대처와 인식에 효과적인 도구라고 할 수 있다(〈표 2-2〉 참조). 교사들은 이 척도를 사용하여 TBI 학생의 능력에 적합한 교육과정 내용이나 수업 방법을 수정할 수 있다.

〈표 2-2〉 Rancho Los Amigos 의식 척도

영아: 6개월~2세	
수준 I : 환경과 상호작용함 ① 장난감에 능동적 관심을 보임 ② 다른 아이들의 놀이를 지켜봄, 그들에게 목적적으로 다가감 ③ 성인과의 사회적 접촉에 익숙해짐, 사회적 접촉을 즐김 ④ 병에 능동적 관심을 보임 ⑤ 사람이나 사물에 다가가거나 손을 뻗음 수준 II : 환경 인식을 표현함 ① 이름을 부르는 소리에 반응함 ② 가족과 부모를 알아봄 ③ 음성 모방 놀이를 즐김 ④ 말하거나 놀이할 때 소리 없이 웃거나 낄낄거림 ⑤ 부드러운 소리나 접촉을 통하여 불평을 나타냄	수준 III: 감각 자극에 대하여 신체 일부분으로 응답함 ① 강한 빛에 눈을 찡그림 ② 시야의 물체를 추적함 ③ 소리 나는 곳으로 몸을 돌림 ④ 통각 자극에 국소적인 반응을 보임 수준 IV: 감각 자극에 대하여 온몸으로 반응함 ① 큰 소리에 온몸이 깜짝 놀람 ② 반복되는 청각 자극에 활동의 증가 또는 감소로 반응함 ③ 통각에 대한 전신 반사 반응을 보임 수준 V: 자극에 대한 무반응 ① 시각, 청각, 통각에 대하여 관찰 가능한 행동 반응이 없음
학령 이전기: 2~5세	
수준 I : 자신과 주변 환경을 파악함 ① 자신에 대한 정확한 정보를 제공함 ② 자신이 집 밖에 있는 지 집 안에 있는지 알고 있음 ③ 옷, 장난감 등의 물건이 어디에 있는지 알고 있음 ④ 치료 프로그램에 능동적으로 참여함 ⑤ 자기의 방, 목욕탕, 간호사 방 등을 알고 있음 ⑥ 어린이 변기 훈련을 함 ⑦ 성인과의 사회적 접촉에 익숙함, 사회적 접촉을 즐김 수준 II : 환경에 반응함 ① 간단한 지시를 따를 수 있음 ② 간단한 지시에 고개를 젓거나 "아니요" 라고 말하며 거절함 ③ 검사자의 몸짓이나 얼굴 표정을 흉내 냄 ④ 어머니나 가족을 알아봄 ⑤ 음성 모방 놀이를 즐김	수준 III: 감각 자극에 신체 일부로 반응함 ① 시야의 강한 빛에 눈을 깜빡거림 ② 시야에서 지나가는 물체를 추적함 ③ 소리 나는 곳으로 몸을 돌림 ④ 통각 자극에 국소적인 반응을 보임 수준 IV: 감각 자극에 대하여 온몸으로 반응함 ① 큰 소리에 온몸이 깜짝 놀람 ② 반복되는 청각 자극에 활동의 증가 또는 감소로 반응함 ③ 통각에 대한 전신 반사 반응을 보임 수준 V: 자극에 대한 무반응 ① 시각, 청각, 통각에 대하여 관찰 가능한 행동 반응이 없음
학령기: 5세 이후	
수준 I : 시간과 장소를 파악함: 진행되고 있는 사건을 기억하는가? ① 자신과 현재 상황에 대하여 정확하고 상세한 정보를 제공함 ② 일상생활 활동을 하는 방법을 알고 있음 ③ 일상생활의 순서를 알고 있음 ④ 이동 공간을 알고 있음: 자기 방을 알고 있으며, 자기의 침대를 찾을 수 있음, 자기 물건이 있는 장소를 알고 있음 ⑤ 배변 훈련이 이루어짐 수준 II : 환경에 반응함 ① 간단한 언어 및 몸짓으로 된 요구를 따라 함 ② 목적적 활동을 함 ③ 치료 프로그램에 능동적으로 참여함 ④ 고개를 젓거나 "아니요" 라고 말하며 거절함 ⑤ 검사자의 몸짓이나 얼굴 표정을 따라 함	수준 III: 감각 자극에 신체 일부로 반응함 ① 시야의 강한 빛에 눈을 깜빡거림 ② 시야에서 지나가는 물체를 추적함 ③ 소리 나는 곳으로 몸을 돌림 ④ 통각 자극에 국소적인 반응을 보임 수준 IV: 감각 자극에 대하여 온몸으로 반응함 ① 큰 소리에 온몸이 깜짝 놀람 ② 반복되는 청각 자극에 활동의 증가 또는 감소로 반응함 ③ 통각에 대한 전신 반사 반응을 보임 수준 V: 자극에 대한 무반응 ① 시각, 청각, 통각에 대하여 관찰 가능한 행동 반응이 없음

출처: "Rancho Los Amigos Cognitive Scales." Reprinted from *An Educator's Manual: What Educators Need to Know About Students with Brain Injury*, edited by Ronald C. Savage, Ed.D., and Gary F. Wolcott, M.Ed., for the Brain Injury Association. Reprinted by permission of the Brain Injury Association. Copyright © 1995.

예를 들면, Rancho Los Amigos 의식 척도 III 수준의 학령기(만 5세 이상 아동) 학생에게 교육서비스를 제공하는 병원학교 교사는 복잡한 과제를 교수하거나 가장 간단한 자극 이상을 교수하여서는 안 된다. 이 척도는 전문가들이 혼수 회복과 관련된 많은 행동이 시간을 요구하고, 지속적이고 예측할 수 있는 방향으로 전개될 것이라고 부모들을 안심시키는 데 중요한 역할을 한다. 그러나 회복이 어느 정도로 이루어질 수 있는지 절대적인 범위를 말해 주는 일은 불가능하다. 혼수의 여파가 일생 동안 남게 될 수도 있기 때문이다.

4) 신체, 인지 및 심리사회적 발달에 미치는 영향

(1) 신체 및 인지적 발달

TBI를 경험한 사람들의 장기목표 수립 및 운영에 영향을 미치는 요소들은 다양하다. 손상 관련 요인으로는 손상의 심각도, 위치, 범위뿐만 아니라 혼수의 정도와 혼수상태로 경과한 시간 등이 있다. 치료 관련 요인으로는 구조의 즉시성, 손상 치료, 합병증, 재활 치료 등이 있다. 환자 관련 요인에는 생활 연령, 손상 이전의 교육 이력, 가족 문제 등이 관련된다(Beaulieu, 2002). TBI를 가진 학생 중에는 아주 작은 인지적 변화가 나타나고, 그 변화는 연합적으로 일어날 수 있다. 〈표 2-3〉은 두부 손상에 따라 발생할 수 있는 인지적 변화와 그 문제가 학교생활에 어떤 영향을 미치는지에 대해 열거해 둔 것이다.

교사들은 TBI로 인해 인지적 문제가 있는 학생에게 다양한 전략을 사용하여 도움을 줄 수 있다. 첫째, TBI 학생이 수업에 참여하고 반응할 수 있는 능력이 없다고 하더라도 고의적이 아니라는 사실을 기억하는 것이 중요하다. 교사는 자극을 제어할 수 있도록 교실 환경을 수정하여야 할 필요가 있다. 따라서 학생을 시각적 또는 청각적 방해를 감소시키기 위해 입구나 창에서 멀리 떨어진 곳에 배치하여야 함을 의미할 수 있다. 시각적 주의를 분산시키지 않도록 학습지의 문제 수를 줄일 수도 있다. 문장을 찾기 쉽게 밑줄을 그어 줄 수도 있다. 교사는 수업도 수정하여야 한다. 작은 내용 단위로 수업을 전개하는 것은 학생이 다음 수업이 제시되기 전에 각 부분을 이해할 수 있게 한다.

교사는 학생의 기억결함을 보조해 주기 위해 반복하거나 바꾸어 말할 준비가 필요하다. 인쇄물로 단서를 제공하거나 핵심을 짚어 주는 일, 핵심 구절을 알려 주는 일 등은 학생이 과제를 조직하고 과제의 각 단계를 따라갈 수 있게 한다. 광범위한(뇌의 전체적인 범위) 뇌손상은 새로운 기술의 습득에 손상을 주는 반면, 일부 뇌손상은 일부 기능의 습득에만 손상을 준다(Beaulieu, 2002). 따라서 교사는 보상 기술을 가르칠 준비를 해야 한다. 교수의 효과는 얼마나 정교한 접근을 사용하였는가에 따라 평가할 수 있다(Chapman, Ewing, & Mozzoni, 2005). 개인 학습자의 요구 및 직접 관찰가능한 행동, 수행의 빈도, 자료의 기록 등에 기반을 둔 정교한 교수는 특히 증상이 변화하는 학생들을 위해 사용할 수 있는 방법이다. Tyler와 Grandinette(2003)는 인지적 손상을 입은 학생을 돕기 위한 보충적 교수 전략 목록을 제공하였다.

(2) 심리사회적 발달

TBI를 가진 사람이 당면하는 가장 중요한 문제는 그들의 손상에서 비롯되는 변화에 심리적으로 적응하는 것이다. 손상 이전에 훌륭한 삶을 살고 있었던 학생은 부정적인 심리사회적 결과에 대해 상처를 입기 쉽다. 경도 손상을 입은 학생도 낮은 적응을 보일 수 있다. 왜냐하면 그들은 다른 사람이 느끼지 못할 때조차도 손상의 영향을 느끼게 되기 때문이다(Folzer, 2001). 여러분은 TBI가 행동 기능에 직접적인 영향을 미친다는 사실을 기억하여야 할 것이다. TBI 학생에게 서비스를 제공하는 교사나 다른 관계자들은 학생의 적절한 행동을 촉진할 수 있는 특별한 전략이 필요하다.

TBI를 가진 학생은 쉽게 흥분하거나 공격적일 수 있다. 그들은 정서적 변화(흥분하거나 위축됨)를 경험할 수 있다. 학생이 흥분하면 교사는 화를 내는 원인으로부터 학생을 격리하거나 조용히 과제를 변경한다. 교사는 경험이 늘어날수록 학생을 흥분(피로나 좌절감)시키는 원인

〈표 2-3〉 뇌손상의 결과로 나타날 수 있는 인지적 문제

인지 영역	뇌손상의 결과로 나타날 수 있는 문제	학교 장면에서 나타날 수 있는 문제
인지처리 요소		
주의과정	• 각성 감퇴: 졸음, 피로 • 주의집중 곤란, 방해 자극의 여과 곤란 • 주의 유지 곤란 • 주제에서 주제, 교과에서 교과로의 이동 곤란 • 두 가지 이상의 주제나 활동에 대한 주의 배분 곤란	1. 이해력 부족 때문은 아니지만, 교사의 수업을 따라가거나 이해가 어렵다. 그 이유는 의도적이기 보다 환경적 혼란과 내적 감정 또는 느낌을 통제하는 능력의 부족에 있다. 2. 주의 문제는 순서 잊어버리기와 부적절한 주제로 말하기, 부적절한 반응하기 등의 결과를 초래할 수 있다.
지각과정	• 시각적으로 사물 보기 곤란 • 물체의 공간위치 지각 곤란 • 배경자극으로부터의 지각된 물체의 분리 곤란 • 한꺼번에 많은 사물이 제시되거나 빠르게 제시되는 경우 지각 곤란 • 조직적으로 제시된 자료의 지각적 탐색이나 속독 곤란	1. 한 학습지에 여러 문제를 제시하면 쉬운 수학 문제라도 풀기 어렵다. 2. 학생은 교실에서 발생하는 많은 시각적, 청각적 자극 때문에 혼란을 겪을 수 있다. 3. 펜으로 밑줄을 긋지 않으면 독해가 어려울 때가 있다.
기억/학습 과정	• 하루 이전에 일어난 사건 회상 곤란 • 일정표나 활동의 순서 기억 곤란 • 학습하였던 낱말이나 새로운 정보의 등록 곤란(특히 스트레스가 많을 때) • 조직적인 방법으로 기억 탐색 곤란 및 저장된 정보나 낱말의 재생 곤란	1. 태만이나 의지 부족이 아님에도 숙제를 다 하지 못한다. 과제를 적어 주거나 몇 번이나 반복해서 안내해 주지 않으면 숙제가 있다는 사실을 잊어버리기 때문이다. 2. 책임진 일을 기억할 수 없기 때문에 수업에 빠지거나 틀린 숙제를 해 오는 경우가 생길 수 있다. 3. 학생이 단순한 운동순서(예를 들어, 운동화 끈을 묶는 일), 학급의 일상생활과 규칙, 교과서 내용을 학습하기 위하여 수도 없이 반복하여야 할 수 있다. 4. 끊임없이 반복해야 기억이 가능하며, 이전에 학습한 정보를 찾기 위하여 기억을 탐색하여야 할 경우가 있다. 그리고 학생의 기억력을 향상시키기 위한 보충전략이 필요한 경우도 있다.
조직화 과정	• 과제 세부 항목 분석 곤란 • 사물 간의 관계(예를 들어, 유사성/차이) 발견 곤란 • 사물의 적절한 분류 및 사건의 순서 조직 곤란 • 세세한 정보를 큰 단위(주제, 주요 개념)로 통합 곤란	1. 과제나 체육 수업에 참가하는 어린 학생의 경우 과제를 분석하고 그 순서를 결정하기 어렵다. 2. 고등학생은 교재 각 부분은 이해할 수 있음에도 불구하고 주요 개념을 찾거나 짧은 요약문을 쓰는 데 필요한 정보를 통합하지 못한다. 3. 학생은 대화의 주제를 아무 상관이 없는 내용으로 이것저것 바꾼다. 이런 일은 사회적으로 이상하게 보이거나 주제에 대한 지식이 부족한 것으로 보인다.
합리적/ 추상적 사고 과정	• 추상적인 의미(말의 요지, 은유)의 이해 곤란 • 주어진 사실에 근거한 결론 도출 곤란 • 사건의 가설 생성 곤란	1. 수학의 기초 기능이 우수한 학생이지만 문장제의 해결에 그 기능을 활용하는 일과 대수 영역의 추상적 관계는 매우 어려워할 수 있다. 2. 비유적 표현을 사용할 경우 대화의 맥락을 놓쳐 버린다(예를 들어, 그녀는 벽을 타고 오르는 중이다).
문제 해결과정	• 문제의 본질 유추 곤란 • 문제 해결에 적합한 정보 발견 곤란 • 다양한 해결방법 발견 곤란 • 대안적 방법의 상대적 가치 판단 곤란	1. 자물쇠의 번호를 잊어버리거나 생활지도 교사에게 말할 준비가 안 되어 있으면서, 자신을 도와줄 다른 사람이 누구인지 생각하지도 않고 화부터 낸다. 2. 하나나 두 개의 글이 수록된 교재를 이해하는 데 실패한 학생은 독해력을 향상시키기 위한 전략을 사용하지 않았을 수 있다(예를 들어, 교재에 밑줄 긋기, 핵심적인 내용에 줄긋기, 읽은 내용에 대한 자기 질문하기, 교재에 대해 토의하기)

인지처리 체계의 내용		
작업 기억	• 한 번에 여러 가지 낱말이나 생각, 의도 등을 유지하기 곤란	1. 언어 이해력이 충분한 경우에도 2~3단계로 구성된 지시에 따르기 어렵다. 2. 학생은 대안적 전략을 생각할 수 없다(예를 들어, 이것을 기억하기 위해서는 이 정보를 반복해야만 해). 그리고 동시에 제시된 정보를 경청하는 일도 어렵게 생각한다.
배경지식	• 손상 이전에 습득한 정보, 학습기능, 사회적 규칙의 회상에서 큰 차이를 보일 수 있음. 가치 있는 고차원 지식을 회상한 경우 학생의 수준을 과도하게 긍정적으로 보이게 하는 반면 저차원의 지식 차이는 학생의 수준을 지나치게 부정적으로 여기게 한다.	1. 손상 이전에 습득한 기술을 손상이 일어난 후 오랜 시간이 경과한 후에 활용할 수 있게 되는 수가 있다. 이 때 교사는 실제 상황보다 학생의 새로운 학습 과제 습득이 매우 빠른 속도로 일어났다고 여길 수 있다. 이와는 반대로 학습 비율의 불일치는 학생의 노력이 부족한 때문이라고 생각할 수 있다.
집행체계	• 목표 수립 곤란 • 자신의 강점과 약점의 지각 곤란 • 계획적 행동 곤란 • 자발적 행동과 억제 행동 곤란 • 자신의 행동에 관한 감독 곤란 • 자신의 행동에 대한 평가 곤란	1. 현재의 지적 한계에 대한 인식이 부족한 학생들은 보통 과제의 수준이 너무 낮다거나 자신의 활동에 불필요한 제재를 가한다고 불평한다. 2. 조직적인 학습(과제를 나누는 방법에 대한 지식, 자신의 이해 내용을 검토하는 방법, 학습이 쉽게 이루어지도록 정보를 조직하는 방법)은 종종 뇌손상을 입은 사람에게서 찾아보기 어려운 내적 고차원적 기능에 의존한다. 3. 자발성이 부족한 학생은 동기가 낮다. 따라서 교사는 그 학생을 거부적인 행동문제를 가진 학생 또는 게으른 학생으로 쉽게 범주화 해버린다. 4. 자기 행동을 점검하기 어려운 학생과 타인의 피이드백을 받지 못한 학생은 사회적으로 미성숙한 행동을 한다.

출처: Reprinted from *An Educator's Manual: What Educators Need to Know About Students with Brain Injury*, edited by Ronald C. Savage, Ed.D., and Gary F. Wolcott, M.Ed., for the Brain Injury Association. Reprinted by permission of the Brain Injury Association. Copyright © 1995.

이 무엇인지 깨닫게 될 것이다. 그리고 그런 행동을 촉진시키는 선행조건(선행 경험, 활동과 같은 것)들을 변화시키는 방법을 알게 될 것이다. 통제의 회복이 필요한 학생의 주의를 끄는 다른 전략으로는 말이나 촉각 단서를 이용하는 것이다. 촉각 혹은 접촉 단서의 예로서 학생의 어깨 위에 손 얹기를 들 수 있다. 이런 단서들은 학생의 특정 행동이 나타나기 이전에 사용할 수 있다. 마지막으로 교사는 자신의 행동을 관리할 필요가 있다. 모델링은 그들의 행동을 관리할 수 있는 가장 강력한 도구이다. 교사는 학생에게 조용히 잘못된 행동을 시범 보이거나 잘못된 행동이 발생하는 과정을 천천히 보여 준 후, 문제해결을 하는 과정을 보여 준다. 학생은 잘못을 정정하기 위한 교사의 보조를 통하여 강화를 받는다. 이것은 조롱이나 비웃음을 피하기 위해 중요하다. 조롱은 자신의 취지에 비해 실제로는 사용하는 말이 다른 학생을 혼란에 빠지게 한다. 그리고 비웃음은 신뢰를 갖기 어렵게 할 뿐만 아니라 학생이 그들의 실수에 민감하게 만들기도 한다.

TBI를 경험한 학생이 모두 공격적인 것은 아니다. 학생 중에는 자신감을 잃거나, 지나친 우울을 겪는 경우도 있으며 자기 비판적이 되는 경우도 있다. 장애로 인해 학급 활동에 무감각해지거나 거부를 할 수도 있다. 이럴 경우 교사는 학생의 강점을 강화하고, 학생의 가장 강력한 학습 양식에 기초한 활동을 강조하며, 도달 가능한 목표를 제공하여야 한다. 무관심하거나 의지가 부족한 학생에게는 선택의 기회(학생에게 좋은 전략이 될 수 있는 두 가지 기회)를 제공할 필요가 있다. 학생이 덜 선호하는 활동을 강화하기 위한 활동이나 보상 경험도 도움이 될 수 있다. 예를 들면, 학생이 집단 사회 연구 계획에 대한 흥미를 유지하기 어려운 경우 과제를 세분하고 세분된 과제를 하나씩 완성할 때마다 원하는 활동(음악 듣기 등)을 할 수 있는 기회를 준다. 학생은 자신이 집단에서 기여한 바를 벽에 표시할 수도 있다. 집단 활동으로 과제를 제시하면 학생의 입장에서는 구조화된 활동을 통하여 또래들과 상호작용할 수 있게 하며, 교사의 입장에서는 학생의 긍정적인 기여에 대하여 칭찬하고 집단 활동을 통해 제기된 국면에 대하여 논의할 수 있게 해 준다. 교사가 활동을 구조화하고 강점을 강화하는 일에 관심을 갖고 지속하더라도 학생은 학교 심리상담사나 기타 특별한 훈련을 받은 전문가에 의한 중재가 필요한 불안이나 위축을 경험하는 때가 있다.

TBI를 경험한 학생은 충동 억제 능력이 약하거나 연령에 적합한 사회적 기술이 부족할 수 있다. 일상 계획과 수업을 체계적으로 조직하는 일, 학생의 시야에서 보이지 않는 곳에 자료를 두며 자료의 조직화된 상태를 유지하는 일, 조용한 학습 환경을 제공하는 일은 충동적인 학생이 통제력을 획득하고 유지하는 데 도움이 된다. 학생은 인지적 조직화와 더불어 활동 계획 목록이나 일정표를 작성함으로써 자기통제력을 기를 수 있다. 정서적으로 보다 성숙한 급우와 짝을 맺어 주는 일도 학생의 사회적 행동을 촉진시킬 수 있다.

교사는 복잡한 학교환경에 적응하지 못하고 있는 학생에게 과제 조직 점검표나 기억 보조 자료를 활용하여 도울 수 있다. 고학년 학생들을 위한 기억 조직자로 달력, 기록 공간, 소리 나는 알람 또는 연령에 맞는 적절한 특성을 포함하는 전자 장치를 활용할 수도 있다(Gillette & DePompei, 2004). 학생에게 활동 시작 전이나 방문 장소의 랜드마크를 인식하는 것을 하기 전에 언어적 시연을 해 볼 수 있도록 하면 기억의 혼란을 감소시키고 기억을 강화할 수 있다.

5) 교육과 개인적 자율성에 주는 시사점

(1) 학교 복귀

TBI 학생의 교육에서 교사나 다른 서비스 제공자들이 기억할 것은 교실환경의 수정과 특별한 수업 전략의 사용뿐만 아니라 교과 내용의 숙달을 위한 또 다른 도전에 직면할 수 있다는 점이다. 학생은 학교에 복귀하기 전 수개월을 병원이나 재활센터에서 보낼 수 있다. 재활의 최우선 과제는 운동 기능, 말 또는 언어 혹은 기타 기초적인 내용들일 수 있다. 결국 학생이 학교에 복귀하면 학습 기술에서 지체를 보일 수 있다. TBI를 경험한 학생들 중 대부분은 특별한 계획이나 특수교육 서비스가 제공되지 않는 상태에서 학교로 복귀한다(DiScala & Savage, 2003).

순회교육은 계속되는 재활과 휴식을 최대한 지원받는 가운데 학업을 지원함으로써 병원에서 학교로 전환하게 하는 방법이다. 학생은 학교로 복귀하면서 자신들의 교육 목표가 상당히 변화되었다는 사실을 깨닫는다. 변화된 행동과 사회적 기능의 결함은 또래 관계를 방해하는 많은 어려움을 유발할 수 있다. 따라서 이들을 위해 유연하고 실현 가능한 단기 교육 목표 및 학습 목표를 수립하여야 한다. Steensma(1991)는 TBI 학생의 학업 및 사회적 적응을 위한 해법으로서 전환 · 복귀학급(transition or reentry classes)의 출석을 권한다. 전환 · 복귀학급의 교사 일인당 낮은 학생 비율, 주의산만의 통제, 행동 지원 전략, 수업의 세심한 구조화 등은 성공적인 학교 적응에 도움을 준다. 학생의 학교복귀 준비에는 학교 관계자들의 적절한 준비도 포함된다. 〈표 2-4〉는 TBI 학생의 성공적 학교전환을 돕기 위하여 필요한 체크리스트의 예이다.

6) 진로 및 성인기 목표에 주는 시사점

TBI를 경험한 어린 학생이 직면하는 도전은 청소년기나 성인기의 TBI 경험자도 직면하는 문제이다. 문제해결 곤란, 주의 산만, 집중 곤란은 고용 잠재력에도 심각한 영향을 미칠 수 있다. 학생이 성공적인 학교생활을 하였다고 하더라도 장기간 고용되지 못할 수 있다. 직업의 사회적 측면은 직장 동료와의 상호작용과 그 상호작용의 복잡성, 횟수, 속도 등을 포함한다. 사회적 자기인식은 효과적인 고용을 위한 강력한 공헌자이다(Shames, Treger,

〈표 2-4〉 TBI 학생의 입학/재입학 체크리스트

학생명 ____________________

교사명 ____________________ 학교명 ____________________

학년 ____________________ 학년도 ____________________

다음 중 완료된 일에는 ✓를, 완료하지 않은 일에는 ×를 표시하시오.

	날짜	책임자	✓ 또는 ×
관계자 임명			
• 병원 건강관리 코디네이터의 선정	______	______	☐
• 학교 코디네이터의 선정	______	______	☐
• 교육 코디네이터의 선정	______	______	☐
건강 팀의 설치			
• 일차 회의가 개최됨	______	______	☐
• 추가 회의가 계획됨	______	______	☐
평가 및 계획 수립			
• 의료적, 교육적 정보를 포함함	______	______	☐
• 평가자료를 재검토함	______	______	☐
건강관리계획(HCP)의 개발			
• 의사의 진료(약물 및 절차)를 첨부함	______	______	☐
• HCP를 아동의 IEP에 포함시킴	______	______	☐
• 배치 조건을 재검토함	______	______	☐
• 배치를 결정함	______	______	☐
• 관계자 훈련 계획이 수립됨	______	______	☐
• 응급관리계획(대체 방법을 포함한)이 수립됨	______	______	☐
• 이동 계획이 수립됨	______	______	☐
• 장비를 주문하고 확보함	______	______	☐
• 교재 · 교구를 주문하고 확보함	______	______	☐
학생과 관계자 훈련			
• 훈련 계획이 결정됨			
–일반 훈련(학생 및 관계자)	______	______	☐
–아동의 특별 훈련	______	______	☐
–아동 훈련	______	______	☐
• 추수 훈련 계획이 결정됨	______	______	☐
• 예비 인력 훈련이 계획됨	______	______	☐
입학/재입학			
• 지속적 의사소통 절차가 개발됨	______	______	☐
• 최종 허가를 획득함(HCP에 확인함)	______	______	☐
• 선행 절차의 최종 재검토가 이루어짐	______	______	☐
추수 및 평가			
• 회기별 재평가 회의가 계획됨	______	______	☐
• (필요시) 추수훈련이 진행됨	______	______	☐

사례 관리자 ____________________ 작성일 ____________________

출처: *Meeting the Needs of Students with Special Physical and Health Care Needs*, 1st ed. (pp. 593-594), by Jennifer Leigh Hill, 1999, Boston, MA: Allyn & Bacon. Copyright © 1999 by Pearson Education. Reprinted by permission of the publisher.

Ring, & Giaquinto, 2007). 피고용인은 높은 피로도로 인하여 직무 수행 능력이 떨어지는 상황을 피하여야 한다. 고용주에게는 TBI를 가진 성인을 위하여 미국 장애인교육법에서 말하는 '정당한 편의'를 제공하도록 안내해 주어야 한다. TBI를 가진 청년과 성인의 가장 중요한 과제는 그들이 '원래 되고 싶었던 사람이 될 수 있도록' 준비하는 일이다.

4. 퇴행성 질환

퇴행성 질환은 점진적으로 운동 기능이 상실되는 병이다(Heller et al., 2009). 이 장에서 논의하는 다른 질환들과 이 질환을 구분하는 특징은 진행성의 여부이다. 신체 기능이 약화되면 신체활동의 수행 능력이 제한된다. 퇴행성 질환을 가진 사람은 자신의 신체적 통제력 상실, 피로나 불안 증가, 죽음과 같은 난제에 직면함으로써 심리적 위기에 빠질 수 있다. 퇴행성 질환의 종류는 많으나(예를 들어, 척추성 근위축, 다발성 경화증, 파킨슨병 등), 그 중에서도 근이영양증이 가장 많이 알려져 있다. 근이영양증은 학령기 아동에게 영향을 미치며 진행성 근육 질환으로서 신경체계와는 무관하다.

5. 근이영양증

1) 정의 및 특성

근이영양증은 근섬유의 약화(진행성)와 퇴화에 따른 일차적 근질환 종류이다. 근위축과 중추신경계의 변화는 아무런 연관이 없다. 근이영양증의 가장 일반적인 형태는 듀센형 근이영양증(Duchenne Muscular Dystrophy: DMD)이다. 이것은 신경학자인 Guillaume Benjamin Amand Duchenne의 이름을 딴 것이다. 듀센형 근이영양증은 디스트로핀(dystrophin)이라는 단백질의 대체 혹은 결핍 때문에 일어난다. 디스트로핀 생산과 관계된 유전자는 여성의 X염색체에 위치한다. 따라서 듀센형 근이영양증은 남아에게서 더 많이 나타나고, 약 3,500명의 남자아이 중 1명꼴로 태어나며(Foster, Foster, & Dixon, 2006), 인간의 유전자 이상 중 두 번째로 많이 발생하는 질환이다(Webb, 2005). 여성은 본인이 진행성 근이영양증을 앓고 있지 않는 경우라도 남자 자녀 중 절반에게 유전될 수 있다. 이것은 듀센형 근이영양증의 가족 이력과 아동의 혈액 샘플 내 크레틴키나제의 수치 분석을 통해 알 수 있다(Heller et al., 2009e, 1992). 전체 듀센형 근이영양증 중 1/3은 가족력이 없는 돌연변이로 나타난다.

듀센형 근이영양증은 2~6세 아동에게서 관찰할 수 있다. 증상의 진행 양상은 다양하다. 초기에는 아동이 계단을 오르거나 뛰는 일을 어려워한다. 보통 다리와 골반에서 근육이 약화되기 시작한다. 하지에서는 근비대가 나타나는데 사실상 근섬유가 지방과 섬유성 조직(pseudohypertrophy, 가성비대)으로 대체되는 것이다. 엉덩이 근육이 심각한 정도로 약해지면 손으로 땅을 짚고 넓적다리를 밀면서 몸을 일으키는 자세([그림 2-4] 참조)를 취하게 된다. 그리고 약해진 다리 근육 때문에 몸을 뒤로 젖히며 걷게 되며 약해진 등쪽 근육 때문에 척추측만증(척추 만곡)이 생기는 경우도 종종 있다. 나중에는 보행이 불가능하고 휠체어를 사용해야 한다. 근약화가 계속되면 전동휠체어를 사용해야 한다. 근통제는 손가락도 움직이기 어렵게 하며, 머리를 지탱하는 능력도 상실하게 한다.

근위축의 마지막 단계가 되면 호흡기 감염 횟수가 증가한다. 듀센형 근이영양증을 앓는 사람은 보통 청소년기나 청년 전기까지 생존하며, 가슴 근육의 약화로 인한 호흡 곤란이나 심장 근육의 약화로 인한 순환 곤란으로 사망하는 것이 보통이다. 호흡기와 척추측만에 관한 치료의 발달로 이들의 기대 수명은 꾸준히 늘어나고 있다. DMD가 진행성의 말기 질환이기는 하지만 치료, 약물, 수술적 중재 등이 발달함에 따라 이 질환의 예후는 희망적으로 변화하고 있다(NcNally, 2007).

[그림 2-4] 듀센형 근이영양증 소년의 가우어 증후(Gower sign)

출처: Illustration by Maya S. Esteve (2008). Used with permission.

2) 의학적 증상

아동의 복근과 흉부근이 약화됨에 따라 호흡 기능도 약화되어 간다. 근의 약화는 가래를 뱉기 위한 기침을 방해하여 폐렴을 유발시킨다. 교사나 다른 서비스 제공자들은 전염 물질의 전달을 방지하기 위하여 호흡 곤란의 표시와 예방 조치를 알고 있어야 한다.

DMD 청년에게 나타나는 이차적 증상으로는 심장근의 약화를 들 수 있다. 심장근은 청소년 후기부터 비정상이 되기 시작한다. DMD가 있는 청소년의 10~40%는 심장근의 약화로 인해 사망한다(Treatment of the Heart, 2006). 의사의 지시에 따라 조기에 주기적인 심전도검사를 실시하면 DMD가 있는 사람의 심장통증의 진행을 효과적으로 처치할 수 있다.

근약화와 위축은 보행을 어렵게 한다. 앉아 있는 시간의 증가와 불균형적인 근육 강도는 엉덩이, 무릎, 발목, 발의 구축을 유발한다. 이럴 경우 서 있는 자세를 촉진하고 관절의 기형을 예방할 수 있는 브레이스 등의 보조기와 클러치를 필요로 하게 된다. 결국은 척추만곡의 진행을 위한 수술이 필요하게 될 수도 있다. 활동 감소는 체력에 부정적인 영향을 미치므로 DMD가 있는 사람은 나이가 들어 감에 따라 점점 더 약해지게 된다.

DMD가 있는 사람들에게는 근약화와 위축에 더해 골절을 유발하는 골다공증이 발생할 수 있다. 또한 DMD를 가진 75~99%의 사람에게는 척추가 옆으로 굽는 척추측만증이 발생할 수 있다(Karol, 2007; Kinali et al., 2006). 결국에는 척추만곡의 진행을 예방하기 위한 수술이 필요할 수 있다(Kinali et al., 2006).

3) 의학적 및 치료적 처치

(1) 약물

DMD는 글루코코르티코이드 피질 호르몬을 사용하여 근육의 약화 시기를 늦출 수 있다(NcNally, 2007). 피질 호르몬은 DMD를 가진 사람의 심장근과 호흡근에도 효과가 있다. 그러나 피질 호르몬의 장기 사용은 몸무게의 증가, 고혈당증, 백내장, 골다공증을 불러일으킨다(NcNally, 2007).

DMD의 증세가 진행되면서 약화된 근육 기능에 따른 호흡 문제가 증가한다. 이에 대한 한 가지 처치방법은 비침습양압환기(noninvasive posistive-pressure ventilators: NPPVs)의 사용이다(NcNally, 2007; Wagner, Lechtzin, &

Judge, 2007). 이는 기관 삽관을 하지 않고 마우스피스를 통해 공기를 주입한다. 마우스피스를 입 가까이에 두게 될 수 있는데 그럴 경우 먹거나 말하고 싶을 때는 떼어 놓아야 한다. 또 다른 의료적 방법으로는 기침을 할 수 있도록 지원하는 기기의 사용이다. 이 기기는 마스크 또는 마우스피스를 통해 정압을 제공하고 뒤이어 재빨리 부압으로 회귀하면서 폐로부터 공기를 빼낸다. 기침하는 것에 대한 지원은 폐렴 발생을 감소시키는 수단이 될 수 있다.

DMD를 가진 사람은 활동 부족과 피질 호르몬의 사용, 몸무게의 증가 등으로 인해 골다공증에 걸릴 위험이 높다. 그 결과는 골절로 나타난다. 골다공증에 좋은 의료적 처치는 비타민 요법이다. DMD가 있는 사람은 이동, 오르내리기 혹은 다른 형태의 신체적 관리 시에 반드시 주의가 필요하다.

DMD에 대한 마지막 처치는 배변과 배뇨 문제와 관련된다(McNally, 2007). 이동 감소는 변비의 위험을 증가시킨다. 변비는 물과 배변연화제로 해소할 수 있다. 또한 섬유소가 풍부한 균형 잡힌 식단도 중요하다.

(2) 정형외과적 처치

DMD가 있는 학생의 신체 활동 감소는 증상의 진행을 가속화시키기 때문에 보행 기간을 연장해 주어야 한다(Heller et al., 2009). 보행기는 영향을 받지 않은 손과 팔의 힘을 유지하고, 브레이스를 한 채 딱딱한 바닥 위를 걷는 데 유용하게 사용될 수 있다. 근이영양증 학생이 무릎신전 운동을 할 수 있어 보행이 불가능하게 되기 전에는 다리에 브레이스를 한 후 서기 보조 도구의 사용을 시작하여야 한다.

DMD가 있는 학생의 보행은 적절하게 관리되어야 한다. 만약 학생이 앉아 있을 경우(쓰러지게 되면) 겨드랑이를 껴서 일으켜 세우려 해서는 안 되며 반드시 몸통을 잡아 일으켜야 한다. 학생이 안정된 자세로 설 수 있을 때까지는 반드시 잡고 있어 주는 것이 중요하다. 성인은 DMD를 가진 학생을 밀게 되면 쓰러질 수 있다는 가능성에 대해서 경각심을 가져야 한다. 밀치기가 일어날 수 있는 상황(줄을 서야 하는 식당 등)에서는 어른과 동행하여야 한다.

결국에는 전동휠체어가 보행을 대체하는 수단이 될 것이다. 휠체어는 앉기에 편하고 튼튼하며, 건물 밖에서도 사용이 가능할 정도로 두텁고 쉽게 공기를 넣을 수 있는 타이어를 장착하고 있어야 한다. 그러나 보통 전동휠체어를 사용하게 되면 이동에 필요한 자동차(리프트가 달린)의 추가 구입이 필요하다. 가정에서는 이런 체계를 사용할 수 있는가를 검토해 보아야 한다. 만약 가족들이 휠체어를 보관하기 어려운 경우, 그것을 학교에 보관해야 하고 배터리도 학교에서 충전해야 한다. 진행성 근이영양증을 가진 학생은 전동휠체어가 빠르고 조종이 쉽기 때문에 즐겁게 받아들인다. 그러나 교사나 치료사들은 휠체어의 사용이 바로 기능의 상실 신호임을 깨달아야 한다. 그들은 휠체어를 질환의 악화 신호로 받아들이는 가족들이 표현하는 심리적 갈등에도 민감하게 대처하여야 한다.

(3) 치료 관계자

관리팀은 활동의 유지, 직립보행, 적절한 자세 취하기를 유지하도록 노력함으로써 DMD의 빠른 진행을 막아야 한다. 보조기는 걸음을 안정되게 하고 구축을 예방한다. 발목 지지대는 발꿈치 인대를 강화하기 위한 수술적 처치의 대안으로 사용할 수 있다(Main, Mercuri, Haliloglu, Baker, Kinali, & Muntoni, 2007). 서기 도구들은 무릎과 발목의 구축을 예방하고 척추측만의 유발 시기를 늦출 수 있다. 하지 치료의 목적은 근육의 경직을 예방하고 운동 범위를 유지하는 데 있다. 적절한 휠체어의 선택과 좋은 보조기 착용은 "신체 변형을 늦추고, 이동을 유지하며, 삶의 질을 향상시키는 데 중요하다"(McNally, 2007, p. 83). 근육의 지방 변화가 늘어나 물속에서 잘 뜨게 된 사람에게는 수영이나 기타 물로 하는 운동을 권할 수 있다. 물속에서 하는 운동은 중력 감소로 인해 아동들이 보다 자유롭게 움직일 수 있게 해 준다.

DMD를 가진 학생은 증상이 진행됨에 따라 일상생활이나 학교 활동 중 대부분에서 신체적 보조를 필요로 할 수 있다. 그러나 손이나 손가락의 기능 유지는 전동휠체어의 작동, 키보드의 사용, 텔레비전 인터페이스를 사용하는 환경 제어 시스템 사용 등을 가능하게 하는 중요한 치료 목표이다. 치료사들은 팔의 지지기능을 향상시키기 위해 맞춤형 식기를 비롯하여 손의 기능을 향상시킬 수 있는 맞춤형 기구들을 추천할 수 있다. 아동이 섭식이나 필기와 같이 손을 사용하는 활동을 하기 위해서는 공간 속에서 팔을 지지할 수 있게 하는 볼베어링이 있는 기구들도 있다.

(4) 수술

현재 DMD에 대한 완전한 치료법은 없으므로 증상의 진행을 완화하고 기능을 유지시키는 데 치료의 목적이 있다. 보행을 지속시키기 위한 정형외과적 중재로서 구축의 수술적 해제가 있다. DMD를 가진 학생이 휠체어를 사용하게 되면 척추 고정(금속막대에 아동을 밀착시키거나 묶어서 척추를 고정시킴)을 필요로 하는 중도의 척추측만을 유발할 수도 있다. 척추 고정은 호흡기능 증진과 착석의 용이성은 증가시키지만 이동은 어렵게 할 수 있다. 게다가 조기의 척추 고정은 DMD를 가진 모든 아동에게 척추측만이 발생하지 않는다는 관점에서 필요성이 줄어든다(Kinali et al., 2006). 생명 영역의 기능 향상을 위해 이동능력을 감소시킬 것인가를 결정하는 일은 DMD를 가진 사람들의 가족이 직면하는 한 가지 도전이다.

만약 DMD가 있는 사람이 호흡을 위한 NPPV의 사용에 부적합하다면 기관절개술을 선택할 수 있다. 이 방법은 24시간 인공호흡을 지원하지만 삽입 수술이 필요하고, 수술을 하는 동안 마취를 하여야 하며, 수술 후에는 24시간 내내 관리와 보호가 필요하다.

4) 신체, 인지 및 심리사회학적 발달에 미치는 영향

이 장에서 기술하고 있는 모든 지체장애 중에서 DMD는 가장 독특하게 진행된다. DMD와 수반하여 나타나는 운동 기능의 변화는 맞춤형 환경 수정을 요구한다. 또한 맞춤형 환경 수정만큼 중요한 것이 진행성 질환의 심리사회적 영향에 대한 인식이다.

(1) 신체적 발달

DMD를 가진 아동은 일반아동과 다른 신체적 발달이 이루어진다. 처음에는 정상적인 신체적 발달이 이루어진다. 학교에 들어갈 때까지도 진행성 근이영양증으로 진단되지 않는 아동들이 있다. 이들의 일차적인 신체 문제는 느려지는 것과 진행적인 기능 상실이다. 비진행형의 선천성 장애들(예를 들어, 뇌성마비나 척추수막류)과는 달리 DMD 아동은 자신들이 달리고 뛰고, 걸었던 일을 기억한다. 그들의 신체적, 심리사회적 적응을 촉진시키기 위해서는 DMD를 가진 학생이 자신이 할 수 있는 범위에서 최대한 자발성과 자율성을 유지할 수 있도록 격려해 주어야 한다.

DMD를 가진 학생의 신체적 요구를 충족시키는 세 가지 중요한 방법은 ① 증상과 그 일반적인 진행을 이해하게 하고, ② 학생의 상태를 정기적으로 점검하며, ③ 학생의 상태에 알맞은 보조를 해 주는 것이다. 최상의 신체적 보조를 결정하기 위해서 가족들과 치료사, 학교간호사의 의견을 반영하는 일이 중요하다. 진행성 근이영양증을 가진 학생의 신체적 가능성을 지지하기 위하여 인내심을 갖고 최대한의 독립이 가능하도록 보조하는 일은 매우 중요하다. 치료사들과 영양사는 보행을 곤란하게 하는 비만을 방지하도록 가족과 학생을 지원하여야 한다. 학생이 걸을 수 있도록 격려하여야 하지만 이 목표는 피로를 예방할 수 있는 정도로만 균형 있게 이루어져야 한다. 예를 들면, 운동장에서 걷고 난 후 친구들과 보드게임을 하는 일이 어려울 정도로 피곤하다면 걷기로 인해 사회적 이익을 상실하게 된다. 이럴 경우 학생은 일부 구간만 걷고 나머지는 휠체어를 타고 이동하도록 해야 한다.

(2) 인지적 발달

DMD를 가진 남자의 경우 인지적인 손상, 특히 언어적 손상이 있다는 연구 결과가 발표되었다(Cotton,

Voudouris, & Greenwood, 2005; Hinton, DeVivo, Nereo, Goldstein, & Stern, 2000). 그러나 학업 성취에 대한 (교사의) 낮은 기대, 병으로 인한 장기 결석, 심리적 스트레스 때문에 발생할 수 있다. 교사는 학생의 진행 정도에 따라 현실적인 기대에 적합한 학문적 유능성에 초점을 두어야 한다. 또한 현재에 초점을 두는 것은 이런 아동의 삶에 긍정적인 접근을 높이는 방법이다.

(3) 심리사회적 발달

DMD를 가진 사람들은 말기 질환과 같은 심리사회적 현상을 경험한다. 그들은 약해지는 신체적 증상뿐만 아니라 자신들에게 긴 생이라는 것이 결코 좋은 일이 아니라는 사실을 깨닫게 된다. 신변 자립에서의 독립성 상실과 사회적 고립, 신체상의 변화 등은 우울함을 느끼게 한다(McNally, 2007).

말기 질환 아동과 생활하고 일하는 것은 서비스 제공자들, 심지어 그들의 가족들이 갖는 불안함과 좌절 때문에 더욱 어려운 상황이 될 수 있다. 이런 상황은 가족 구성원들이 나이 든 아동이나 청소년에게 증상의 실체를 숨기려 할 때 가중된다. 이런 일은 가족들과 학생의 개방된 의사소통을 어렵게 하며 심각한 심리적 손상을 초래할 수 있다. 교사는 이런 어려움을 중재할 수 있도록 학교 사회복지사나 심리학자들과 같은 전문가들에게 조언을 구할 필요가 있다. 교사는 학생의 질환에 대한 사전 정보의 범위를 알지 못한 경우 관련 정보 제공에 신중하여야 한다. 학생이 교사에게 "제가 뭐가 잘못됐어요?" 라고 묻는 경우 교사는 준비되지 않은 학생에게 설명을 해 주는 대신 의사나 부모님과 먼저 대화를 해 보라고 권할 수 있다.

부모는 아동의 질환을 극복할 수 있는 여러 가지 전략을 발전시킨다. Webb(2005)은 다음의 긍정적 전략들을 제시하였다.

- 현재와 '바로 지금 이 시간'의 철학에 초점을 둔다.
- 가능한 한 정상적인 삶을 살도록 시도한다.
- 아동의 증상에 따른 보호와 지원을 할 경우 적극적인 태도를 취하여 위험을 감소시킨다.
- 개인의 강점에 기반을 둔 긍정적인 극복 자원들을 개발한다(Webb, 2005, p. 386).

부모들은 DMD와 같은 절망적인 진단에 대해 부정과 죄책감, 분노, 두려움을 가질 수 있다. 특히 어머니들은 자신들이 점점 약해지는 아동의 1차 양육자일 뿐만 아니라 자신이 유전자를 전달했다는 책임감으로 인해 강한 스트레스를 받는 것으로 나타났다. 이 질환은 운동 상실과 적응, 진행된 운동 상실과 적응, 보다 더 진행된 운동 상실과 적응이라는 특징이 있어 가족들이 극복에 어려움을 겪는다. Webb(2005)은 DMD가 있는 아동의 교사나 다른 지원 전문가들을 위해 다음과 같이 제안하였다.

- 부모의 진심에 감사하고 그들의 염려에 대해 믿음을 주라.
- 슬픔의 과정을 인식하고, 공감을 갖고 그 진단에 대처하며(특히 유전을 고려하여), 초기 충격을 극복할 수 있는 조언을 하라.
- 장비 마련, 학습의 완수에 필요한 중재 제공, 수업에서 다감각적 접근의 이용, 보편적 접근성의 보장 등을 위해 협력하고 협조하라(Webb, 2005, p. 394).

학생이 진행성 질환을 갖고 있을 때 교사와 주변 사람들이 학생이 가치 있고 유능하며, 생명력이 있는 사람이라는 태도를 견지하는 일이 중요하다. DMD를 가진 학생에게 다른 학생과 다른 기대를 하면(학급 규칙을 다르게 적용하거나 부적절한 행동을 그대로 두는 일 등) 학생이 또래로부터 소외될 위험이 높아지고 다른 사람들만큼 중요하지 않은 사람이라는 부정적인 메시지를 전달하게 된다. 학생의 최고 능력에 따른 성취 기대 체계를 제공하는 일은 학생의 바람직한 정신 건강을 유지하게 한다.

5) 교육과 개인적 자율성에 주는 시사점

DMD를 가진 학생이 교육과정에 적극적으로 참여하

는 일은 매우 중요하다. 학교는 DMD를 가진 학생이 친구와 만나는 장소이자 자신의 삶의 정상적인 일부분이다. 교사와 서비스 제공자들은 질환의 예후에 따라 학습 수행이 이루어지도록 하여야 한다.

(1) 맞춤형 수정 전략

DMD를 가진 학생을 위하여 교육 자료를 간단하고 효과적으로 수정하는 방법은 수없이 많다. 로우테크 공학적 수정으로는 책상의 높이 조절, 연필이나 마커를 제공하여 필기를 쉽게 하는 일이 있다. 또 다른 예로는 숙제를 쓰기 대신 녹음으로 대체하는 일, 계산기를 사용하도록 하는 일(계산 개념에 대한 선수학습이 이루어진 경우), 며칠간 나누어서 숙제를 하게 하는 일 등이 있다. 교사는 평가 시간이나 교실의 과제 해결 시간, 게임 시간 등을 늘려 주거나 시간 제한을 아예 없애 버릴 수도 있다.

컴퓨터는 DMD를 가진 학생에게 매우 중요할 수 있다. 머리와 신체통제력을 상실한 사람은 호흡이나 매우 가벼운 움직임으로 작동하는 스위치를 사용하여 컴퓨터에 접근한 후 학습과제를 완성할 수 있다. 컴퓨터는 예술, 여가활동, 직업, 환경제어를 가능하게 해 줄 수 있다. 타이핑을 요구하지 않거나 근육 사용을 감소시키는 소프트웨어는 능률을 증가시키는 반면 피로는 경감시킬 수 있다.

DMD 학생은 청각적 처리 및 기억 곤란을 가질 수 있기 때문에 교사들은 과제를 소단위로 제시하거나 다감각적 접근법 사용, 수화, 지도, 벽이나 차트를 이용한 제시 등의 시각적 단서와 청각적 정보 제시 등의 방법을 활용하여 정보를 전달할 수 있다. 수업을 반복하는 것도 DMD 학생의 기억을 지원할 수 있다.

(2) 자율성 촉진 전략

교사는 학생의 피로를 감소시키면서도 자율성은 증진시키기 위하여 창의적이어야 한다. 어떤 교사는 학생이 자기 공책이나 책에 서명하는 일을 줄이도록 도장을 새겨 사용하게 하였다. 경사면 테이블에 팔목을 올리고 손목보다 더 낮은 쪽에 키보드를 두어 팔이 편안한 가운데 손만으로 키보드를 칠 수 있도록 하는 일도 어떤 학생에게는 도움이 된다. DMD를 가진 학생에게는 축소 키보드도 도움이 될 수 있다. 교사와 다른 급우들이 DMD를 가진 학생은 허락의 표시로 손을 들지 않아도 되는 규칙에 동의하는 일도 도움이 된다. 오전 중에는 보다 정확한 학습 계획을 지키도록 하는 일이나 휴식시간을 허락해 주는 일은 학생의 성취력 향상에 도움을 준다. 학생의 책상은 이동 노력을 요하지 않는 장소에 두어야 한다. 보편적 접근성은 언제나 강조되어야 한다. 경사로와 엘리베이터, 넓은 출입구, 접근이 가능한 목욕 기구, 여타의 맞춤형 수정은 학생들의 자율성 향상과 성공적인 학교생활을 위해 필요하다.

어떤 수정 방법이든 학습의 수행을 유지하게 하는 일이 중요하다. 교사나 서비스 제공자들이 질환이 진행된다는 이유로 그들에 대한 기대를 낮추는 일은 학생이 다른 학생들과 기본적으로 다르다는 메시지를 보내는 일이다. 학교 경험은 신체적 증상이 변해 가는 한 청년의 인생에서 가장 일상적인 활동이 되어야 한다.

6) 진로 및 성인기 목표에 주는 시사점

앞서 언급한 여러 가지 이유로 DMD를 가진 청년은 자신이 기능적 성인이 될 수 있다는 기대를 갖기 어렵다. 그럼에도 불구하고 DMD를 가진 사람의 기대 수명은 계속 늘어나고 있으며, 진로와 직업 흥미 그리고 기술이 강조되고 있다. DMD 학생이 고등교육을 받지 않아야 할 어떤 이유도 없다.

DMD 성인에 관한 연구에서 Rabbek, Werge, Madsen, Marquardt, Steffensen과 Jeppesen(2005)은 "장애인이 자율적인 삶을 유지하기 위해서는 비장애인이 갖는 것보다 더 강한 인성이 필요하다"(p. 27)라고 말하였다. 즉, DMD가 있는 사람이 긍정적인 삶의 질, 독립적인 삶, 원하는 사회적, 다른 사람들과 더불어 살아가는 사회적이고 사랑이 있는 삶을 경험하도록 하는 일은 유아기와 아동기에 제공하여야 하는 기본 지침이다.

요약 및 결론

지체장애 학생은 신경운동 손상, 퇴행성 질환, 정형외과 및 근골격 이상의 결과로서 발생하며, 발달과 기능적 기술 습득에 많은 도전을 경험한다. 그들은 공간에서 신체를 움직임으로써 얻게 되는 감각 및 운동의 피드백을 받기 어렵다. 이전에는 많은 기술을 습득하였을 수도 있으나 사고의 결과로 뇌손상이나 사지 결손이 발생하여 이런 기술들을 상실하였을 수 있다. 그들은 퇴행성 질환이 자신들의 능력을 천천히 잠식해 들어가 이제는 할 수 없게 되어 버렸지만 과거에는 할 수 있었던 일(걷기, 자전거 타기, 혼자서 목욕탕 사용하기와 같은)을 기억할 수도 있다. 지체장애 학생을 가르치는 교사는 이런 논제들을 기억하여 그들이 즐겁고 도전적이며, 자극적인 학교 경험을 할 수 있도록 하여야만 한다. 교사는 장애의 본질과 그것이 기능에 미치는 영향을 이해해야 하지만 그런 지식을 의욕 저하나 변명의 근거로 삼아서는 안 된다. 자료의 맞춤형 수정, 수업 시간의 양과 강도의 조정, 전문가와의 협력, 가족과의 의사소통은 높은 창의성과 강한 열정을 필요로 한다. 또한 아동을 최우선에 두는 일이란 장비 유지, 숙제 수행, 책상에 앉았을 때의 균형 유지 등, 독립 기능 달성에 관한 지원을 의미한다. 무엇보다 아동이 최대한의 자율성을 확보하기 위해서는 일상 기능에 자신의 장애를 통합할 필요가 있다.

토의 문제

1. 최근 우리 학급(초등학교)에 척추수막류가 있는 학생이 전학을 왔다. 이 학생이 목욕탕에서 신변 자립이 가능하게 되기 위해서는 무엇을 개조해야 할까? 학생이 학교에 적응할 수 있게 하는 방법을 말해 보자.
2. 과장되거나 주제에서 벗어난 대화를 하는 척추수막류가 있는 학생이 교과 학습 과제에 집중할 수 있도록 하는 방법을 세 가지만 말해 보자.
3. 당신이 지도하는 고등학교에 척추수막류가 있어 휠체어를 사용해야 하는 학생이 있다. 이 학생이 자동차를 운전하고 싶어 한다는 이야기를 우연히 듣게 되었다. 그 학생과 가족에게 그와 관련된 더 많은 정보를 주려고 할 때 어디를 알려 주어야 할까?
4. TBI를 경험한 학생은 의식 손상의 정도에 따라 반응하는 방법이 달라진다. Ranco Los Amigos 인지 척도의 기능 II 수준(환경에 반응하는)의 학생을 위해 수학 수업을 수정하는 방법을 기술해 보자.
5. 듀센형 근이영양증은 진행성 질환이다. 우리 학급에 이 질환을 가진 청소년이 입급할 수 있도록 교사로서 필요한 준비가 무엇인지 말해 보자.

유용한 사이트

• 국립희귀장애기구(National Organization of Rare Disorders: NORD)

http://www.rarediseases.org

1983년 문을 연 국립희귀장애기구(NORD)는 희귀장애들, 관련 기구, 희귀질환 약품에 관한 정보를 제공하는 민간 비영리 정보 제공기관이다. 인터넷 사용자들은 NORD 웹사이트를 통하여 다양한 형태로 된 유용한 정보를 얻을 수 있다. 일반인, 환자, 가족 그리고 의료 관계자들도 NORD의 정보로부터 도움을 받을 수 있다.

① 희귀장애 데이터베이스(Rare Disorders Database: RDB): NORD 프로그램의 핵심인 '희귀장애 데이터베이스(RDB)'는 다양한 희귀장애의 증상별 이해를 도울 수 있는 정보를 제공하기 위한 시스템이다. 현재 1,000건의 희귀장애가 이 데이터베이스에 등록되어 있다. '희귀장애'란 미국 내의 장애인이 2,000명 이하인 장애를 말한다. 현재 5,000여 개가 넘는 희귀장애가 조사되었으며, 전체 미국인 중 약 2,800만 명(12분의 일)이 희귀장애를 갖고 있다. 주제에 따라 증상, 원인, 발병 인구, 관련 장애, 일반적인 치료법 및 자료로 기술되어 있다. 모든 자료는 신청을 통해서만 볼 수 있다. 개인이든 기관이든 전문(全文)을 구하려는 경우 돈을 지불해야 하며 각 희귀장애에 관한 요약본은 온라인상에서 무료로 접근할 수 있다.

② 자료 데이터베이스: RDB에 등록된 희귀장애 자료는 온라인을 통하여 무료로 볼 수 있으며, 희귀장애와 관련된 포괄적인 자료 목록이라고 할 수 있다.

③ 희귀질환 약품 데이터베이스: 개별 장애와 증상, 상표 미등록 약품 및 등록 약품의 명칭, 질병의 후원자들에 대한 정보를 제공한다.

각 데이터베이스는 키워드로 검색이 가능하도록 되어 있다.

• 미국신경학회(The American Acamedy of Neurology)

http://www.aan.com/

미국신경학회는 일반인과 의료 전문가들에게 정보를 제공하는 세계적인 전문기구이다. 신경학에 관한 지식은 가족, 교육전문가의 능력을 향상시키고, 다양한 건강증진법과 치료법을 개발하게 한다.

• 이분척추아동: 부모 자료실(Child with Spina Bifida: A Resource Page for Parents)

http://www.waisman.wisc.edu/~rowley/sb-kids/index.htmlx

이 사이트는 1996년 한 이분척추 아동의 어머니가 개설한 사이트이다. 다른 부모와 연계하는 방법, 다른 가족들의 이야기나 사진, 최근의 연구 목록을 제공하며, 다른 이분척추 관련 사이트와 링크되어 있다. 최근에는 이분척추와 관련된 정보와 뉴스 자료, 의학 연구 및 조사에 관한 정보를 올릴 수 있는 블로그가 추가되었다.

• 캐럴린스카 기관도서관/근골격계질환(Karolinska Institute Library/Musculoskeletal Diseases)

http://www.mic.ki.se/Diseases/c05.html

근골격계와 신경계 장애 관련 웹사이트로서 자료들이 매우 철저하게 잘 조직되어 있다. 이 사이트는 의학도서관을 찾거나 의학적인 이미지를 다운로드하며, 임상적 사례 연구에 관한 내용을 읽을 수도 있다. 그리고 책이나 논문을 주문할 수도 있다. 이 사이트는 장애 맞춤형 정보를 찾기에 매우 좋다.

참고문헌

Anderson, K. E., Taber, K. H., & Hurley, R. A. (2005). Functional imaging. In J. M. Silver, T. W. McAllister, & S. C. Yudofsky (Eds.), *Textbook of traumatic brain injury* (pp. 107-129). Washington, DC: American Psychiatric.

Bademci, G., Saygun, M., Batay, F., Cakmak, A., Basar, H., Anbarci, H., et al. (2006). Prevalence of primary tethered cord syndrome associated with occult spinal dysraphism in primary school children in Turkey. *Pediatric Neurosurgery, 42*(1), 4-13.

Barnes, M. A., Faulkner, H., Wilkinson, M., & Dennis, M. (2004). Meaning construction and integration in children with hydrocephalus. *Brain and Language, 89*, 47-56.

Barnes, M. A., Wilkinson, M., Khemani, E., Boudesquie, A., Dennis, M., & Fletcher, J. M. (2006). Arithmetic processing in children with spina bifida: Calculation accuracy, strategy use, and fact retrieval fluency. *Journal of Learning Disabilities, 39*(2), 174-187.

Beaulieu, C. L. (2002). Rehabilitation and outcome following pediatric traumatic brain injury. *Surgical Clinics of North America, 82*, 393-408.

Beers, M. H., Porter, R. S., Jones, T. V., Kaplan, J. L., & Berkwits, M. (2006). *The Merck manual of diagnosis and therapy* (18th ed.). Whitehouse Station, NJ: Merck.

Blosser, J. L., & DePompei, R. (2003). *Pediatric traumatic brain injury: Proactive intervention* (2nd ed.). Clifton Park, NJ: Delmar Thompson Learning.

Burnmeister, R., Hannay, J. H., Copeland, K., Fletcher, J. M., Boudousquie, A., & Dennis, M. (2005). Attention problems and executive functions in children with spina bifida and hydrocephalus. *Child Neuropsychology, 11*(3), 265-283.

Burton, R., & Moffatt, K. (2004). Head injury. In P. J. Allen & J. A. Vessey (Eds.), *Primary care of the child with a chronic condition* (4th ed., pp. 511-525). St. Louis, MO: Mosby.

Carelli, E., Honorato, D., Marba, S., Coelho, G., Carneville, A., Iscaife, A., et al. (2007). Assessment of neurosurgical outcome in children prenatally diagnosed with myelomeningocele and development of a protocol for fetal surgery to prevent hydrocephalus. *Child's Nervous System, 23*(4), 421-425.

Carman-Merrifield, C. (2005). Vision rehabilitation strategies following traumatic brain injury and stroke. *International Congress Series, 1282*, 55-59.

Chapman, S. S., Ewing, C. B., & Mozzoni, M. (2005). Precision teaching and fluency training cross cognitive, physical, and academic tasks in children with traumatic brain injury: A multiple baseline study. *Behavioral Interventions, 20*(1), 37-49.

Clancy, C. A., McGrath, P. J., & Oddson, B. E. (2005). Pain in children and adolescents with spina bifida. *Developmental Medicine and Child Neurology, 47*(1), 27-34.

Cotton, S. M., Voudouris, N. J., & Greenwood, K. M. (2005). Association between intellectual functioning and age in children and young adults with Duchenne muscular dystrophy: Further results from a meta-analysis. *Developmental Medicine and Child Neurology, 47*(4), 257-265.

Cusick, B. (1991). Therapeutic management of sensorimotor and physical disabilities. In J. L. Bigge (Ed.), *Teaching individuals with physical and multiple disabilities* (3rd ed., pp. 16-50). New York: Macmillan.

Davis, A. (2000). Cognitive impairments following traumatic brain injury. *Critical Care Nursing Clinics of North America, 12*(4), 447-455.

Davis, B. E., Shurtleff, D. B., Walker, W. O., Seidel, K. D., & Duguay, S. (2006). Acquisition of autonomy skills in adolescents with myelomeningocele. *Developmental Medicine and Child Neurology, 48*(4), 253-258.

Dennis, M., Edelstein, K., Copeland, K., Fredrick, J., Francis, D. J., & Hetherington, R. (2005). Space-based inhibition of return in children with spina bifida. *Neuropsychology, 19*(4), 456-465.

Dennis, M., Fletcher, J. M., Rogers, S., Hethrington, R., & Francis, D. J. (2002). Object-based and action-based visual perception in children with spina bifida and hydrocephalus. *Journal of the International Neuropsychological Society, 8*, 95-106.

Dennis, M., Jewell, D., Drake, J., Misakyan, T., Spiegler, B., Hetherington, R., et al. (2007). Prospective, declarative, and nondeclarative memory in young adults with spina bifida. *Journal of International Neuropsychological Society, 13*(2), 312-323.

Detrait, E. R., George, T. M., Etchevers, H. C., Gilbert, J. R., Vekemans, M., & Speer, M. C. (2005). Human neural tube defects: Developmental biology, epidemiology, and genetics. *Neurotoxocology & Teratology, 27*(3), 515-524.

Dik, P., Klijn, A. J., van Gool, J. D., de Jong-de Vos van Steenwijk, C. C. E., & de Jong, T. P. V. M. (2006). Early start to therapy preserves kidney function in spina bifida patients. *European Urology, 49*(5), 908-913.

DiScala, C., & Savage, R. C. (2003). Epidemiology of children with TBI requiring hospitalization. *Brain Injury Source, 6*(3), 8-13.

Dixon, T. M., Layton, B. S., & Shaw, R. M. (2005). Traumatic brain injury. In H. H. Zaretsky, E. F. Richter, & M. G. Eisenberg (Eds.), *Medical aspects of disability* (pp. 119-149). New York: Springer.

Eiwegger, T., Dehlink, E., Schwindt, J., Pomberger, G., Reider, N., Frigo, E., et al. (2006). Early exposure to latex products mediates latex sensitization in spina bifida but not in other diseases with comparable latex exposure rates. *Clinical and Experimental Allergy, 36*(10), 1242-1246.

Folzer, S. M. (2001). Psychotherapy with "mild" brain-injured patients. *American Journal of Orthopsychiatry, 71*(2), 245-251.

Foster, K., Foster, H., & Dickson, J. G. (2006). Gene therapy progress and prospects: Duchenne muscular dystrophy. *Gene Therapy, 13*(24), 1677-1685.

Frey, L., & Hauser, W. A. (2003). Epidemiology of neural tube defects. *Epilepsia, 44*, 4-13.

Gillette, Y., & DePompei, R. (2004). The potential of electronic organizers as a tool in the cognitive rehabilitation of young people. *NeuroRehabilitation, 19*, 233-243.

Glang, A., Tyler, J., Pearson, S., Todis, B., & Morvanta, M. (2004). Improving educational services for students with TBI through statewide consulting teams. *NeuroRehabilitation, 19*, 219-231.

Goldman, E. H. (2007). Adult spina bifida patients less sexually active. *Urology Times, 35*(2), 20.

Grandinette, S., Best, S. J., & Heller, K. W. (2009). Traumatic brain injury. In K. W. Heller, P. A. Alberto, P. E. Forney, S. J. Best, & M. N. Schwartzman (Eds.), *Understanding physical, health and multiple disabilities* (2nd ed., pp. 118-138). Upper

Saddle River, NJ: Merrill/Pearson Education.

Heller, K. W., Alberto, P. A., Forney, P. E., Best, S. J., & Schwartzman, M. N. (2009). *Understanding physical, health and multiple disabilities* (2nd ed.). Upper Saddle River, NJ: Merrill/Pearson Education.

Hill, J. L. (1999). Meeting the needs of students with special physical and health care needs. Upper Saddle River, NJ: Merrill/Pearson Education.

Hinton, V., DeVivo, D., Nereo, N., Goldstein, E., & Stern, Y. (2000). Poor verbal working memory across intellectual levels in boys with Duchenne dystrophy. *Neurology, 54*, 2127-2132.

Holmbeck, G. N., Westhoven, V. C., Phillips, W. S., Bowers, R., Gruse, C., Nikolopoulos, T., et al. (2003). A multimethod, multi-informant, and multi-dimensional perspective on psychosocial adjustment in preadolescents with spina bifida. *Journal of Counseling and Clinical Psychology, 71*(4), 782-797.

Iddon, J. L., Morgan, D. J. R., Loveday, C., Sahakian, B. J., & Pickard, J. D. (2004). Neuropsychological profile of young adults with spina bifida with or without shunted hydrocephalus. *Journal of Neurology, Neurosurgery, and Psychiatry, 75*(8), 1112-1118.

Jennett, B., Teasdale, G., Galbraith, S., Pickard, J., Grant, H., Braakman, R., et al. (1977). Severe head injuries in three countries. *Journal of Neurology, Neurosurgery, and Psychiatry, 40*, 291-298.

Johnson, K. L., Dudgeon, B., Kuehn, C., & Walker, W. (2007). Assistive technology use among adolescents and young adults with spina bifida. *American Journal of Public Health, 97*(2), 330-336.

Karol, L. A. (2007). Scoliosis in patients with Duchenne muscular dystrophy. *Journal of Bone and Joint Surgery, American Volume, 89*, 155-162.

Kinali, M., Messina, S., Mercuri, E., Lehovsky, J., Edge, G., Manzur, A. Y., et al. (2006). Management of scoliosis in Duchenne muscular dystrophy: A large 10-year retrospective study. *Developmental Medicine and Child Neurology, 48*(60), 513-518.

Kumar, R., & Singh, S. N. (2003). Spinal dysraphism: Trends in Northern India. *Pediatric Neurosurgery, 38*(3), 133-146.

Kushner, D. S. (2001). Concussion in sports: Minimizing the risk for complication. *American Family Physician, 64*, 1007-1015.

Levin, H. S., & Hanten, G. (2005). Executive functions after traumatic brain injury in children. *Pediatric Neurology, 33*(2), 79-93.

Liptak, G. S. (2007). Neural tube defects. In M. L. Batshaw, L. Pellegrino, & N. J. Roizen (Eds.), *Children with disabilities* (6th ed., pp. 419-438). Baltimore, MD: Paul H. Brookes.

Lomax-Bream, L. E., Taylor, H. B., Landry, S. H., Barnes, M. A., Fletcher, J. M., & Swank, P. (2007). Role of early parenting and motor skills on development in children with spina bifida. *Journal of Applied Developmental Psychology, 28*(3), 250-263.

Lucock, M., Xiaowei, N., Veysey, M., & Zoe, Y. (2005). Folic acid: An essential nutrient with added health benefits. *Biologist, 52*(1), 21-27.

Main, M., Mercuri, E., Haliloglu, G., Baker, R., Kinali, M., & Muntoni, F. (2007). Serial casting of the ankles in Duchenne muscular dystrophy: Can it be an alternative to surgery? *Neuromuscular Disorders, 17*(3), 227-230.

Martin, I., & McDonald, S. (2005). Evaluating the causes of impaired irony comprehension following traumatic brain injury. *Aphasiology, 19*(8), 712-730.

Mayes, S. D., & Calhoun, S. L. (2006). Frequency of reading, math, and writing disabilities in children with clinical disorders. *Learning and Individual Differences, 16*(20), 145-157.

McNally, E. M. (2007). New approaches in the therapy of cardiomyopathy in muscular dystrophy. *Annual Review of Medicine, 58*(1), 75-88.

Michaud, L. J., Duhaime, A. C., Wade, S. L., Rabin, J. P., Jones, D. O., & Lazar, M. F. (2007). Traumatic brain injury. In M. L. Batshaw, L. Pellegrino, & N. J. Roizen (Eds.), *Children with disabilities* (6th ed., pp. 461-476). Baltimore, MD: Paul H. Brookes.

Mitchell, C. C., Fiewell, E., & Davy, P. (1983). Spina bifida. In J. Umbreit (Ed.), *Physical disabilities and health impairments: An introduction* (pp. 117-131). Upper Saddle River, NJ: Merrill/Pearson Education.

Odent, T., Arlet, V., Ouellet, J., & Bitan, F. (2004). Kyphectomy in myelomeningocele with a modified Dunn-McCarthy technique followed by an anterior inlayed strut graft. *European Spine Journal, 13*(3), 206-212.

Prellwitz, M., & Skar, L. (2006). How children with restricted mobility perceive the accessibility and usability of their home environment. *Occupational Therapy International, 13*(4), 193-206.

Rahbek, J., Werge, B., Madsen, A., Marquardt, J., Steffensen, B. F., & Jeppesen, J. (2005). Adult life with Duchenne muscular dystrophy: Observations among an emerging and unseen patient population. *Pediatric Rehabilitation, 8*(1), 17-28.

Savage, R. C., DePompei, R., Tyler, J., & Lash, M. (2005). Pediatric traumatic brain injury: A review of pertinent issues. *Pediatric Rehabilitation, 8*(20), 92-103.

Savage, R. C., & Wolcott, G. (Eds.). (1994). *Educational dimensions of acquired brain injury*. Austin, TX: Pro-Ed.

Savage, R. C., & Wolcott, G. (Eds.). (1995). *An educator's manual: What educators need to know about students with traumatic brain injury.* Washington, DC: Brain Injury Association.

Schoenmakers, M. A. G. C., Gulmans, V., Gooskens, R., Pruijs, J., & Helders, P. (2005). Spinal fusion in children with spina bifida: Influence on ambulation level and functional abilities. *European Spine Journal, 14*(4), 415-422.

Shames, J., Treger, L, Ring, H., & Giaquinto, S. (2007). Return to work following traumatic brain injury: Trends and challenges. *Disability and Rehabilitation, 29*(17), 1387-1395.

Steensma, M. (1991). Getting the student with head injuries back to school: Strategies for the classroom. *Intervention in School and Clinic, 27,* 207-210.

Stough, C., Nettlebeck, T., & Ireland, G. (1988). Objectively identifying the cocktail party syndrome among children with spina bifida. *Exceptional Child, 35,* 23-30.

Taylor, J. S. & Erkek, E. (2004). Latex allergy: Diagnosis and management. *Dermatologic Therapy, 17*(4), 289-301.

Treatment of the heart in Duchenne muscular dystrophy. (2006). *Developmental Medicine and Child Neurology 48*(3), 163.

Tucker, G. J. (2005). Seizures. In J. M. Silver, T. W. McAllister, & S. C. Yudofsky (Eds.), *Textbook of traumatic brain injury* (pp. 309-316). Washington, DC: American Psychiatric.

Tulipan, N., Sutton, L. N., Bruner, J. P., Cohen, B. M., Johnson, M., & Adzick, N. S. (2003). The effect of intrauterine myelomeningocele repair on the incidence of shunt-dependent hydrocephalus. *Pediatric Neurosurgery, 38*(1), 27-33.

Tyler, J., & Grandinette, S. (2003). Effective teaching strategies. *Brain Injury Source, 6*(3) 38-41.

Vachha, B., & Adams, R. (2003). Language differences in young children with myelomeningocele and shunted hydrocephalus. *Pediatric Neurosurgery, 39*(4), 184-189.

Verhoef, M., Lurvink, M., Barf, H. A., Post, M. W. M., van Asbeck, F. W. A., Gooskens, R. H., et al. (2005). High prevalence of incontinence among young adults with spina bifida: Description, prediction, and problem perception. *Spinal Cord, 43*(6), 331-340.

Vinck, A., Maassen, B., Mullaart, R., & Rotteveel, J. (2006). Arnold-Chiari malformation and cognitive functioning in spina bifida. *Journal of Neurology, Neurosurgery, and Psychiatry, 77*(9), 1083-1086.

Wagner, K. R., Lechtzin, N., & Judge, D. P. (2007). Current treatment of adult Duchenne muscular dystrophy. *BBA-Molecular Basis of Disease, 1772*(2), 229-237.

Watts, A., & Douglas, J. (2006). Interpreting facial expression and communication competence following severe traumatic brain injury. *Aphasiology, 20*(8), 707-722.

Webb, C. L. (2005). Parents' perspectives on coping with Duchenne muscular dystrophy. *Child: Care, Health, and Development, 31*(4), 385-396.

Williams, L. J., Rasmussen, S. A., Flores, A., Kirby, R. S., & Edmonds, L. D. (2005). Decline in the prevalence of spina bifida and anencephaly by race/ethnicity: 1995-2002. *Pediatrics, 116*(3), 580-586.

Wong, F. W. H. (2000). Prevention of secondary brain injury. *Critical Care Nurse, 20*(5), 18-27.

Ylvisaker, M., Adetson, D., Wittandino-Braga, L., Burnet, S., Glang, A., Feeny, T., et al. (2005). Rehabilitation and ongoing support after pediatric TBI: Twenty years of progress. *Journal of Head Trauma Rehabilitation, 20*(1), 95-109.

CHAPTER

03 뇌성마비

Sherwood J. Best
June L. Bigge

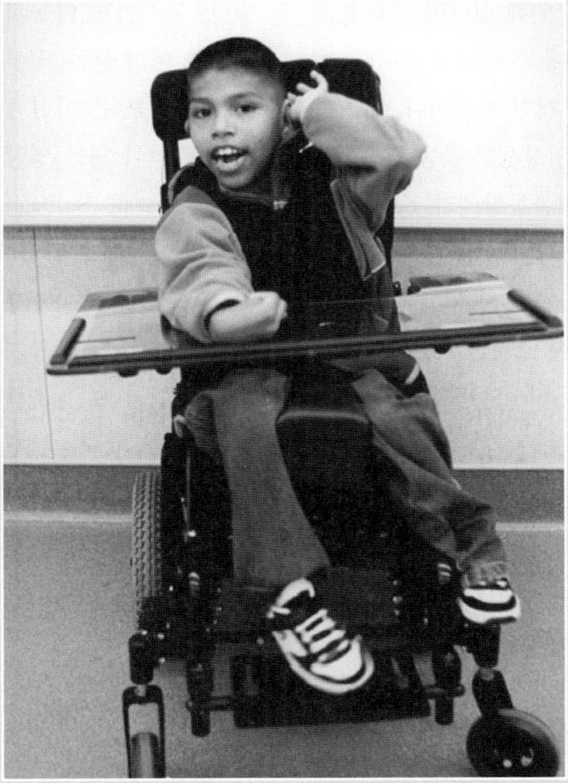

이 장을 읽고 나면 여러분은

1. 뇌성마비를 정의하고 설명할 수 있다.
2. 뇌성마비 아동의 발달에서 건강 및 중복장애가 미치는 영향을 기술할 수 있다.
3. 뇌성마비의 뇌손상 부위, 운동 장애의 종류, 관절 관련 위치, 기능별로 분류할 수 있다.
4. 뇌성마비의 공통된 수반 증상을 파악할 수 있다.
5. 뇌성마비 아동의 신체 관리를 위한 물리치료사와 작업치료사의 역할을 알 수 있다.
6. 뇌성마비 아동을 위한 최신 약물 치료 및 치료적 처지를 설명할 수 있다.
7. 뇌성마비 아동의 적절한 신체 발달, 사회 · 정서 발달, 의사소통 발달을 지원하기 위한 전략을 알 수 있다.
8. 뇌성마비가 교육, 개인적 자율성 그리고 진로와 성인기 기능에 주는 시사점에 대해 이해할 수 있다.

여러분은 제2장에서 다양한 지체장애의 유형에 대해 학습하였다. 지체장애인이 건강장애나 기타 장애가 있을 수 있다고 가정하는 것은 합리적일 수 있으며, 그런 관점에서 볼 때 지체장애인이 중복장애를 가지고 있는 경우도 많다고 예상할 수 있다.

여러분은 두 가지 또는 그 이상의 장애가 있는 사람들의 경우 그 장애의 상호작용으로 인해 심각한 교육 문제가 발생할 수 있다는 제1장의 내용을 기억할 것이다. 예를 들면, 중도 뇌성마비 아동은 개인 위생이나 식사 준비, 운전과 같은 활동을 포함한 일상생활 활동을 수행하기 위한 신체 능력을 손상시키는 운동장애가 있다. 그러한 장애로 인한 문제를 보상하는 활동으로는 다른 사람의 도움을 받아 개인위생 문제를 해결하거나, 컴퓨터를 이용해 식료품 목록을 만들고, 손 조작만으로 자동차를 운전하는 것을 포함한다. 뇌성마비 아동들은 일상생활의 일부분에서는 독립적이지 못할지라도 상당한 독립성과 통제력을 갖고 있다. 그럼에도 불구하고 지체장애에 감각장애, 인지장애, 건강장애가 수반될 때는 장애의 영향이 매우 복잡해진다. 예를 들면, 기억과 추론에 관한 인지장애가 있을 경우, 개인위생 과제의 수행이나 컴퓨터의 작동, 자동차를 운전하는 절차를 기억하기 어렵다. 인지와 운동 기능 두 가지가 손상된 사람은 위생 과제를 완전히 수행하거나 준비된 음식 목록에서 선택하기, 대중교통 이용하기 등에 관한 훈련이 필요할 수 있다. 지체장애, 건강장애, 중복장애 간의 연관성을 이해하기 위해서는 다양한 증상 간의 역동성과 그것들이 상호작용하는 방법에 관해 명확하게 이해하는 일이 중요하다.

'중복장애'라고 진단할 수 있는 많은 증상과 그 증상들의 조합을 일일이 기술하는 것은 이 장에서 다루고자 하는 범위를 넘어 선다. 이 장에서는 중복장애의 복잡성을 설명하기 위하여 뇌성마비를 선택하였다. 왜냐하면 뇌성마비는 아동들에게 있어 중도장애의 가장 보편적인 발생 원인일 뿐만 아니라 수반장애가 발생하는 빈도도 높기 때문이다. 뇌성마비는 "운동과 자세의 이상" (Koman, Smith, & Shilt, 2004, p. 1619)이기는 하지만 뇌전증, 지적장애, 감각 및 인지 손상 그리고 정형외과적 문제를 포함하는 이차적인 뇌손상의 결과를 수반하기도 한다(Arnoldi, & Jackson, 2005; Krigger, 2006; Odding, Roebroeck, & Stam, 2006). 뇌성마비는 조음장애(근육의 경직, 약화 혹은 불협응으로 인해 불분명한 말)나 실어증(말이나 쓰기를 통한 의사소통 능력의 손상)을 수반할 수도 있다. 뇌성마비 아동의 대부분은 연하능력의 약화, 부적절한 혀의 운동, 구역질과 목 메임, 토하기 등의 섭식 문제를 갖는다. 이런 섭식 문제는 성장 저하와 건강 문제의 원인이 되는 영양상의 문제를 발생시키기도 한다(Krigger, 2006; Sullivan, Zuszczak, & Bachlet, 2005). 뇌성마비 아동은 다양한 원인에 따른 학습문제를 가질 수 있다. 그러나 뇌성마비 아동에게 이 증상 중의 하나 혹은 모두가 있다고 할지라도 인지, 잠재력 혹은 성취에 문제가 있거나 중복장애가 있을 것으로 가정해서는 안 된다.

이 장에서는 뇌성마비가 있을 때 많이 발생하는 증상을 통해 뇌성마비를 정의하고 기술할 것이다. 여러분은 물리치료사와 작업치료사가 뇌성마비 아동을 지원하는 방법에 관해서도 알게 될 것이다. 그리고 신체와 건강 기능의 유지 및 개선을 위해 고안된 의료적 처치에 대해서도 검토할 것이다. 우리는 뇌성마비가 신체, 사회 · 정서, 의사소통 발달에 미치는 영향에 대해서 살펴볼 것이다. 그리고 뇌성마비가 교육, 개인적 자율성, 진로와 성인기 기능에 미치는 영향에 대해서도 논의할 것이다.

1. 뇌성마비

많은 사람이 '뇌성마비'라는 용어를 들어왔지만, 이 이질적이고 복잡한 장애를 기술할 수 있는 사람은 얼마 되지 않는다. 뇌성마비를 최초로 기술한 사람은 William Little(1810~1894)이다. 그는 출생 시 뇌손상으로 고통받는 한 집단의 아동을 "경련성 강직"이라고 기술하였다. 따라서 뇌성마비는 수십 년 동안 "Little씨 병"으로 불리다 1937년 최초로 뇌성마비라는 용어를 사용하게 되었다. 뇌성마비에 대해 어떤 사람은 경도, 또 다른 사람은 중도의 의미로 기술한다. 뇌성마비와 관련하여 전형적이라고 할 수 있는 뇌성마비 아동도, 이런 증상을 수반하는 전형적인 손상 형태를 보이지 않기도 한다.

1) 정의 및 특성

뇌성마비는 "뇌의 발달이 완성되기 전에 발생한 뇌 손상으로 인한 비진행성 신경 증상" 이다(Krigger, 2006, p. 91). 이러한 정의에 의하면 뇌성마비는 시간이 경과해도 뇌의 상태가 악화되거나 기능에 영향을 주지 않는 비진행성 고정이라는 의미이다. 둘째, 뇌성마비는 뇌손상 때문에 발생하므로 개인의 이동, 근육의 긴장이나 강도, 공간 속에서 신체를 움직일 수 있는 통제력에 영향을 미친다. 셋째, 뇌성마비는 '발달장애' 이다. 왜냐하면 뇌성마비라는 용어는 출생 전이나 영아기의 뇌가 미성숙된 상태에서 발생한 손상에 대해 사용하는 용어이기 때문이다.

세계의 뇌성마비 출현율에 관해 보고된 바에 따르면 비록 정확한 수를 확인하기는 어렵지만 3~10세의 아동 1,000명당 2~4명이 뇌성마비이다(Koman et al., 2004). 미국은 신생아 1,000명당 1.5~2.5명이 뇌성마비일 것으로 추정된다(Anordi & Jackson, 2005). 매년 1,200~1,500명의 영아가 사고나 상해, 그 외 출생 후 외상으로 인하여 뇌성마비를 갖게 된다(Heller, Alberto, Forney, & Schwartzman, 2009; Krigger, 2006). 이러한 숫자들은 뇌성마비의 발생률(새로운 발생 사례)과 출현율(전체 발생 사례)이 증가하고 있음을 보여 준다. 뇌성마비가 증가하는 이유는 태아 검사 기술의 향상 및 산부인과학의 발달 그리고 중추신경계에 손상을 입은 아동과 영아의 생존율 향상을 위한 의학적 중재의 발달 등에 따른 것이다. 뇌성마비의 원인 중 대부분은 자궁 내 발달 문제와 원인불명이다(Krigger, 2006). 최근 신경영상술이 발달함에 따라 태내에서 발생하는 뇌성마비의 원인에 대한 이해가 높아졌다(Hoon, 2005). 뇌의 기형을 포함한 태내 혹은 출생 전 손상은 거대세포바이러스(CMV)와 같은 후천성 감염, 유전적 증상 그리고 돌연변이, 산소 부족(질식) 등에서 비롯된다. 미숙 또는 저체중 역시 뇌성마비의 위험 요인이다(Hoon, 2005; Sutcliffe & Derom, 2006). 최근에는 인공수정에 의한 쌍둥이 출산이 증가함에 따라 뇌성마비도 증가하고 있는 현상이 나타나고 있다(Blickstein, 2002, 2003; Sutcliffe & Derom, 2006). Blickstein(2002)은 1970년대 이후 다둥이 출산(삼둥이 혹은 그 이상)이 800%나 증가하였으며, 그에 따른 뇌성마비 위험도 3~6배 이상 증가하였다고 보고하였다.

뇌성마비는 출산기(태어나는 동안) 중 발생하는 비정상적인 출산 증후, 산모의 감염, 태반 이상과 신생아 뇌에 산소 공급을 막거나 방해하는 상황들에 의해 발생할 수 있다(Heller et al., 2009; Jones, Morgan, Shelton, & Thorogood, 2007; Odding et al., 2006). 마지막으로 뇌성마비는 출생 후 뇌의 외상, 중독, 중추신경계의 손상(뇌염 같은)이나 뇌의 산소 부족을 야기하는 어떤 상황(익사, 질식, 감전) 때문에도 발생한다. 출생 후의 경우, 뇌는 직접적인 외상이나 산소 부족에 의한 기능 약화에 따라 손상을 입는다. 불행하게도 흔들기와 같은 학대로 인한 뇌손상도 뇌성마비의 유발 요인이다(Karandikar, Coles, Jayawant, & Kemp, 2004).

뇌성마비가 하나의 상황이나 위험 요인에 의해 발생하지 않는 것은 분명하다. 왜냐하면 뇌성마비를 일으킬 가능성이 있는 상황이 너무나도 많고, 뇌손상의 정도도 매우 다양하기 때문이다. 뇌손상 부위도 개인별로 매우 다양한데 그것은 다양한 뇌 기능에 영향을 받을 수 있음을 의미한다. 이러한 이유 때문에 뇌성마비의 진단은 개인이 어떻게 영향을 받게 되었는가에 관한 부분적인 기술을 하지 않는다. 그보다는 보다 세분화된 분류체계를 사용한다.

2. 뇌성마비의 분류

뇌성마비는 일반적으로 ① 뇌의 손상부위(신경해부학

적), ② 운동장애의 형태(경직형, 저긴장형, 운동실조형, 혼합형), ③ 사지의 손상위치(해부학적), ④ 심각한 정도(기능) 등의 여러 가지 방법 중 하나로 분류한다. 즉, 사지가 어느 정도 영향을 받았는지(사지의 부위나 형태 해부학적 측면), 뇌의 어느 부위가 손상을 받았는지(신경해부학적 측면), 운동 패턴이 어떠한지(활동적 측면), 장애 정도의 수준이 어떠한지(기능적인 측면)에 따라 분류한다. 뇌성마비 아동에게 적용할 수 있는 이 모델은 제1장에서 기술한 ICF 모델의 각 부분들과 연계할 수 있다.

1) 뇌의 손상부위: 신경해부학적

뇌성마비의 신경해부학적 분류는 뇌의 손상부위에 따라 기술된다. 그리고 이는 운동장애의 형태와 관련된다. 손상은 대뇌 피질과 추체로(대뇌 피질의 신경세포에서 시작되어 수의적 근육을 통제하는 사지로 내려오는 신경섬유), 추체외로(뇌 저층부의 세포들로 기저핵으로 불림) 또는 뇌간(평행과 협응을 담당하는 뇌의 저층 조직)에서 발생할 수 있다. 이 같은 손상 영역은 경직형, 저긴장형 그리고 운동실조형 뇌성마비 유형으로 나타날 수 있다.

2) 운동장애 유형: 경직형, 운동이상형, 운동실조형, 혼합형

(1) 경직형 뇌성마비

경직형 뇌성마비(spastic cerebral palsy)는 추체로 및 대뇌 피질 손상과 관련이 있다. 이 유형은 높은 근긴장과 과잉 반사가 특징이다. 경직형 뇌성마비의 경우 비정상적인 사지 구축으로 인해 뻣뻣하고 경련을 나타내는 특성을 보인다. 구축된 근육은 다리를 서로 잡아당겨 '가위' 모양의 자세로 엇갈리게 한다. 시간이 경과할수록 경직된 근육은 점점 더 짧아지고, 관절을 다른 방향으로 끌어당긴다. 그 결과 사지, 골반의 골격에 이상이 오고, 척추는 구부러져 보행 능력을 방해한다. 뇌성마비 아동은 수의운동과 협응운동에 어려움을 나타내며 비정상적인 자세와 운동을 갖는다. 경직형은 뇌성마비의 가장 보편적인 형태로서 전체의 약 80%를 차지한다(Krigger, 2006).

(2) 운동이상형 뇌성마비

운동이상형 뇌성마비(dyskinetic cerebral palsy)는 불수의운동형, 강직형, 진전형을 포함하는 일련의 장애이다. 불수의운동형(athetosis)은 뇌의 추체외로 손상과 관련이 있으며, 전체 뇌성마비의 약 10~20%가 이에 해당된다(Krigger, 2006). 불수의운동형은 비의도적인 움직임이 나타나는 특징이 있으며, 특히 팔, 손, 얼굴 근육에서 두드러지게 나타난다. 운동을 시작하려고 하면 다른 근육군으로의 '과잉 움직임'이 나타나 몸이 뒤틀리거나 경련이 나타나고 흔들린다. 근긴장도는 수시로 변하며 깨어 있을 때 더 강화되고 잠이 들면 이완된다. 아울러 불수의운동형을 가진 사람은 비정상적인 자세가 고착되고, 보다 정상적인 근긴장도 유지와 활동을 위해 특정 자세가 필요하게 된다. 강직형(rigidity)은 불수의형보다는 덜 보편적이고, 운동의 범위가 제한되는 특징을 보인다. 진전형(tremor)은 불수의운동형이나 운동실조형과 함께 발생하는 것이 일반적이다(Howle, 2002).

(3) 운동실조형 뇌성마비

운동실조형 뇌성마비(ataxic cerebral palsy)는 뇌의 기저에 있는 기관인 소뇌의 손상으로 발생한다. 이것은 전체 뇌성마비의 5~10%에서 발견된다. 운동실조형의 주요 특징은 평행이나 균형을 잡기 위한 협응이 부족하다는 점이다. 운동실조형 뇌성마비가 있는 사람은 기저면을 넓게 하거나, 균형을 잡기 위해 팔을 바깥쪽으로 벌려서 걷는 특징이 있다. '의도적 긴장'(목적적 소운동을 하고자 할 때 발생하는 팔과 손의 불수의적 흔들림)의 발생과 낮은 균형을 보상하기 위한 노력을 하는 동안 발생하는 운동의 강직이나 비틀거림은 운동 수행을 더욱 어렵게 한다.

(4) 혼합형 뇌성마비

경직형, 운동이상형, 운동실조형은 오직 한 가지 형태

로만 나타나지 않는다. 출생 후 뇌손상이나 무산소증의 경우 종종 뇌손상이 뇌의 전반에 걸쳐 발생한다. 그 결과, 혼합형 뇌성마비(mixed cerebral palsy)가 발생한다. 예를 들면, 어떤 뇌성마비 아동은 몸통과 목은 저긴장이면서 사지는 경직형일 수 있다. 뇌성마비를 갖고 태어나는 영아의 경우 저긴장형과 근육이 약화된 경우가 많다. 특히 목과 몸통의 저긴장형은 이후 경직형, 불수의운동형, 운동실조형으로 진단되는 뇌성마비 영아들이 나타내는 첫 번째 운동이상 증상이기도 하다. 모든 뇌성마비 유형의 근긴장도는 수시로 변하며 이것이 상황을 더 복잡하게 만든다.

경직형, 운동이상형, 운동실조형, 혼합형 뇌성마비 아동에게서 나타나는 운동 패턴을 알아보는 일은 이들에 대한 각각의 맞춤형 수정 방법을 고려하는 데 도움을 줄 수 있다. 예를 들어, 경직형인 사람은 근긴장을 완화하거나 컴퓨터의 자판에 손을 대고 만지며 조작할 수 있는 능력이 극대화될 수 있는 안정된 자세를 취하게 할 필요가 있을 것이다. 컴퓨터의 자판을 효율적으로 타이핑하기 어려운 운동이상형이나 운동실조형 뇌성마비 아동은 스위치 기반 인터페이스를 필요로 할 수 있다.

3) 사지의 부위: 해부학적 측면

사지의 부위(해부학)에 따라 뇌성마비를 분류하는 것은 장애의 영향을 받은 부위와 관련된다. 영향을 받은 사지의 부위에 따른 분류는 다음과 같다.

- 양마비(diplegia): 사지를 모두 포함하지만 팔보다는 다리의 장애가 더 심한 경우
- 편마비(hemiplegia): 신체의 한쪽 측면과 관련된 경우
- 사지마비(quedriplegia): 사지의 모든 부위와 관련된 경우(Howle, 2002)

이와 더불어 중복 편마비란 용어가 사용되는 경우도 있다. 중복 편마비는 사지마비이지만 신체 한쪽 측면에 더 많은 장애를 가지고 있는 경우이다. 다른 유형의 해부학적 용어로는 단마비, 양마비, 삼지마비가 있다. 뇌성마비의 사지 관련 부위별 설명을 통하여 지원에 필요한 맞춤형 수정을 고려할 수 있다. 예를 들면, 편마비의 경우 대운동 시 자세 유지와 활동을 위해 몸의 한쪽을 다른 쪽에 비해 더 많이 움직일 것이다. 따라서 소근육 활동(쓰기와 같은)을 도와주기 위해 종이를 책상에 밀착시켜 두는 것이 필요하다. 컴퓨터를 사용할 경우에는 한손으로 이용할 수 있는 체계가 필요할 것이다. 사지마비가 있는 경우 전동 이동기구(휠체어, 스쿠터 또는 다른 기기들), 스위치를 사용하는 컴퓨터, 또래의 노트 대필 또는 기타 지원이 필요할 수 있다. [그림 3-1]은 뇌성마비의 뇌손상 부위와 운동 장애의 유형, 사지 손상의 위치를 비교하여 나타낸 것이다.

4) 기능: 장애의 심한 정도

네 번째 분류 방법은 운동장애의 심한 정도와 기능의 수준을 제시하기 위해 사용할 수 있다. 뇌성마비의 자세 및 운동 패턴과 관련된 의학 용어에 익숙하지 않은 교사의 경우 기능에 의한 분류 기준이 정상적인 행동이나 활동과의 직접적인 비교를 위해 유용하다. 또한 기능에 의한 분류 척도는 전문가들 간의 의사소통에서 일관성을 유지하는 지침의 역할을 한다. 마지막으로 기능적 분류 체계는 장애학생들에게 어떤 보조공학 장비나 서비스의 지원이 필요한지를 명확하게 해 준다. 〈표 3-1〉은 경도, 중등도, 중도, 최중도로 분류되는 기능 제한 척도 항목이다. 연령별 운동 수준의 상세한 비교가 필요할 경우 5단계의 뇌성마비 대운동 기능 분류체계(Gross Motor Function Classification System for Cerebral Palsy: GMFCS; Krigger, 2006; Palsano, Rosenbaum, Walter, Russell, Wood, & Galuppi, 1997)를 검토해 보면 된다.

뇌의 손상 부위, 운동장애의 유형 및 부위, 기능 손상의 심한 정도는 신체적 지원 요구의 강도에 관한 의사소통 시 함께 고려되는 경우가 일반적이다. 예를 들면, '중

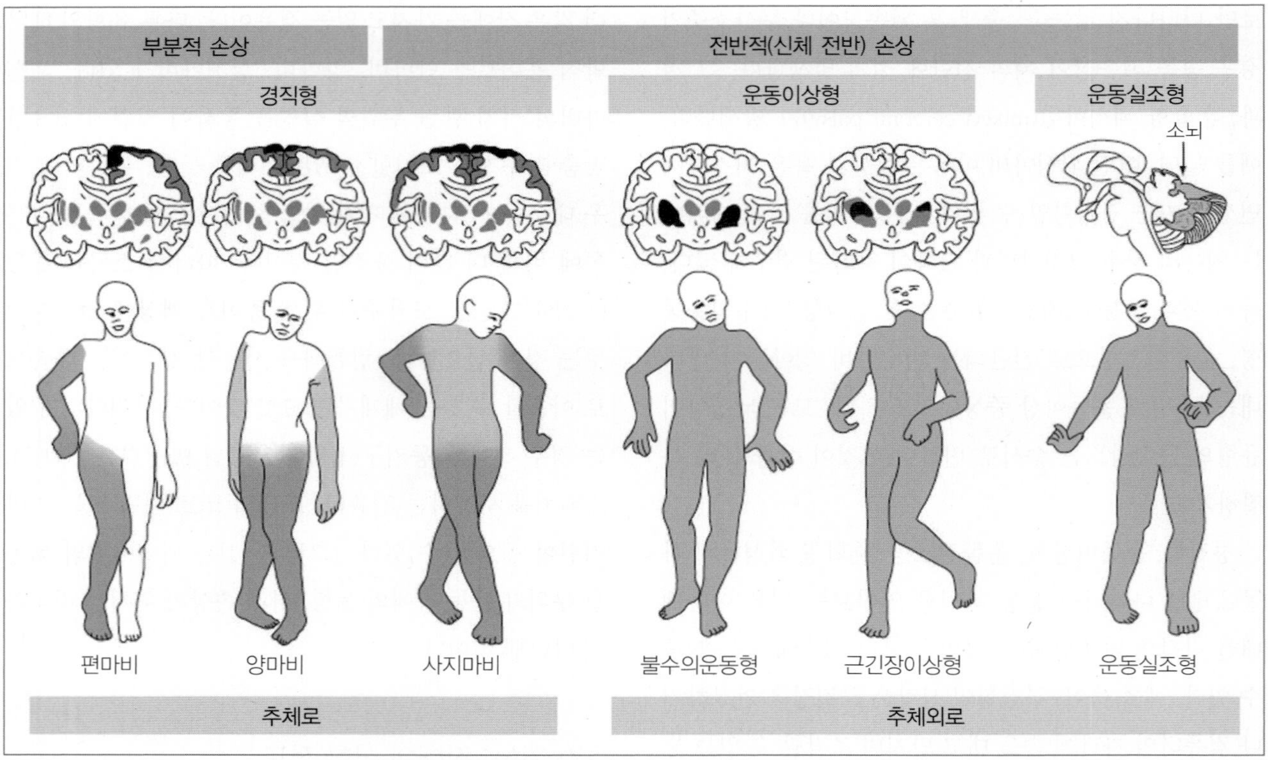

[그림 3-1] 뇌의 손상부위는 뇌성마비의 다양한 형태에 영향을 미친다. 이 그림에서 짙은 부분일수록 그 장애 정도가 심하다.

출처: Pellegrino, L. (2007). "Cerebral Palsy." In M. L. Batshaw, L. Pellegrino, & N. J. Roizen (Eds.), *Children with Disabilities* (6th ed., pp. 387-418). Baltimore, MD: Paul H. Brookes Publishing Co., Inc.

도 경직형 양마비'는 운동 피질의 손상으로 다리 근육이 구축되었거나 당기는 사람으로서 보조기를 착용해야만 걸을 수 있지만 손과 팔은 손상이 없는 사람을 떠올리게 한다. '중도 혼합 경직형/불수의운동형 사지마비'는 뇌 전반에 걸친 손상으로 인하여 사지의 운동에 장애가 있으며, 휠체어를 사용하고, 독립적인 기능 수행이 어려워 많은 지원이 필요한 사람으로 생각된다. 그러나 신체적 손상 정도가 인지 수준이나 학습 잠재력과 직접 관련이 있다고 가정해서는 안 된다. 개인의 외모에 따라 학문적, 인지적 잠재력에 관한 선입견을 가지는 일은 반드시 삼가야만 한다.

3. 뇌성마비의 수반장애

뇌성마비는 대뇌와 척수로 구성된 중추신경계의 손상에 기인한다. 우리는 뇌가 메시지를 생산하고, 척수와 신경을 통해 온몸으로 그 메시지를 전달하는 곳임을 알고 있다. 감각은 해석과 반응을 위해 대뇌로 전달된다. 대뇌가 손상을 받으면 이러한 메시지는 불완전하거나 왜곡되며, 아예 만들어지지 않기도 한다. 그 결과는 운동, 감각, 인지 및 학습과 관련된 기능에 영향을 미칠 수 있다.

뇌성마비가 공통적으로 수반하는 증상들은 무엇일까? 뇌성마비는 시각, 청각, 구어에 직접적으로 영향을 미치기도 한다. 뇌성마비 아동은 영양과 섭식에 어려움을 가질 수 있다. 척추와 사지의 기형 원인이 되는 관절 주위 근육의 구축과 강직으로 인해 근골격계의 손상이 발생하기도 한다. 인지적 결함, 학습장애와 발작이 발생할 수도 있다.

〈표 3-1〉 장애 정도 및 대운동 기능에 따른 뇌성마비 분류

	기능 손상의 정도	대운동 묘사 및 운동의 다양성
경도	1. 보행이 가능하고 발화가 가능하다. 2. 머리와 목 조절이 가능하다. 3. 사지의 활동이 약간 손상되었다. 4. 일상생활의 활동이나 유용한 신체 활동에 보조가 약간 필요하다.	1. 운동 전환이 상대적으로 쉽다. 2. 실내외를 제한 없이 걸을 수 있다. 3. 운동의 질이 일반적-경도로 영향을 받는다. 4. 달리기나 점프하기와 같은 활동을 할 수 있다.
중등도	1. 손상이 보행과 구어의 정도에 영향을 미친다. 2. 머리와 목 조절에 영향을 받는다. 3. 사지의 활동장애가 중등도에서 심한 정도까지 이른다. 4. 보조공학 없이는 일상생활 활동이나 다른 유용한 신체 활동이 제한을 받는다.	1. 운동 전환이 어느 정도 어렵다(예를 들면, 계단을 올라가기 위해 난간을 잡아야 할 필요가 있을 경우). 2. 보행을 지원하는 도구가 필요할 수 있다(예를 들면, 클러치나 보조기). 3. 운동의 질이 중등도로 영향을 받는다. 4. 달리기나 점프하기와 같은 활동 수행에서 최소한의 능력을 갖는다.
중도	1. 손상이 보행과 구어에 영향을 미친다. 2. 머리와 목 조절이 심하게 제한되어 있다. 3. 활동이 심하게 손상되었고 신체적 기형과 구축이 나타날 수 있다. 4. 보조공학 없이는 일상생활을 비롯한 신체 활동의 수행이 심하게 제한된다.	1. 지원을 받아 앉을 수 있다. 2. 독립적인 이동이 매우 제한되고 보조공학이 필요하다. 3. 수동 혹은 전동 휠체어를 사용하여 이동할 수 있다. 4. 달리거나 점프를 할 수 없다.
최중도	1. 손상으로 무능력이 발생한다. 2. 머리와 목을 통제할 수 없다. 3. 활동이 심하게 손상되었고 신체적 기형과 구축이 나타난다. 4. 보조공학 없이는 일상생활을 비롯한 신체 활동의 수행이 불가능하다.	1. 기본적인 항중력 자세 통제에서 독립성이 제한된다. 2. 전동 휠체어를 사용하는 경우에만 혼자 이동할 수 있다. 3. 운동의 질이 심각하게 영향을 받으며 질적으로 차이가 난다. 4. 독립적으로 대운동 활동을 수행하지 못한다.

출처: "Cerebral Palsy" in *Understanding Physical, Sensory and Health Impairments: Characteristics and Educational Implications*, 1st edition by Heller/Alberto/Schwartzman/Forney. © 1996. Reprinted with permission of Wadsworth, a division of Thomson Learning: www.thomsonrights.com. Adapted from *Gross Motor Function Measure (GMFM-66 and GMFM-88) User's Manual* by J. Russell, P. L. Rosenbaum, L. M. Avery, & M. Lane (2002). London: Mac Keith Press.

1) 감각 손상

(1) 시각손상

뇌성마비 아동은 일반적으로 시각손상을 갖는다. 안구는 부드럽게 전후로 회전하거나, 시운동 근육의 협응 운동을 통해 사물에 초점을 맞출 수 있다. 만약 이러한 근육들이 뇌손상으로 인해 잘못된 메시지를 받게 되면 비정상적인 눈 움직임이 나타나고, 결국 사시(눈이 안쪽이나 바깥쪽으로 몰려 있는 것)나 안구진탕(눈을 전후로 계속 움직이는 것)과 같은 시각장애를 불러올 수 있다. 만약 이를 치료하지 않을 경우 사시는 약시로 진행되다 결국에는 맹으로 발전할 수 있다. 뇌성마비 아동에게는 미숙아망막증(Retinopathy of prematurity: ROP, 미숙아와 관련된 시각 손상)도 발생할 수 있다. 시감각 경로가 되는 뇌에 손상을 입을 경우 시각피질과 시야가 손상될 수도 있다(Arnoldi, Pendarvis, Jackson, & Agarwal Batra, 2006). 이것은 출생 후 뇌출혈에 의한 산소결핍이 원인인 뇌성마비 아동에게서 가장 일반적으로 나타나는 증상이다. 뇌성마비 아동들 중 약 50~92%가 안과적 역기능을 가지는 것으로 추정된다(Arnoldi & Jackson, 2005).

비정상적 안구 운동은 여러 가지 방법으로 개인을 손상시킨다. 이동, 의사소통, 눈 맞춤, 읽기, 쓰기, 일상생활 기술 등은 모두 좋은 시운동 수행에 의존한다(Jackson, Castleberry, Galli, & Arnoldi, 2006). 교사는 학생의 시각적 요구를 파악하기 위하여 현재 시력을 적절하게 평가하고자 하는 첫 단계로서 학교 간호사와 협력하여야 한다. 다른 중재 방법으로는 안과적 수술과 교정렌즈의 착용이 있다(Jackson et al., 2006). 시각손상이 나타날 경우 시각손상 분야의 전문가에 의한 서비스로서 교육적 성취를 촉진할 수 있는 다양한 전략이 제공되어야 한다. 시각손상이 있는 사람의 기능을 촉진하기 위해서는 보조공학 기기와 서비스가 유용할 수 있다.

(2) 청각손상

뇌성마비 아동에게는 청각손상이 나타날 수 있다. 특히 청각손상은 임신 초기 3개월 동안에 발생한 태내감염(예를 들면, 독일 홍역과 같은 선천성 풍진, 거대세포 바이러스)과 관계가 깊다(Pass, Fowler, Boppana, Britt, & Stagno, 2006). 청각손상은 출생 후 산소 결핍이나 빌리루빈 증가에 의해 발생할 수 있다(Sano, Kaga, Kitazumi, & Kodama, 2005). 청각손상의 예방법과 더불어 신생아에 대한 청각 검사의 확대는 조기 발견과 예방에 도움을 준다. 시각손상과 마찬가지로 학교간호사와 청각손상 전문가들의 협력은 교육 서비스 전달에 필요한 요소이다. 청각손상 전문가들은 청각보조기나 다른 청각적 지원 기기와 같은 장비들을 점검할 수 있다. 또한 말-언어 전문가는 간학문적 팀의 중요한 구성원이다.

2) 의사소통장애

구어는 호흡과 입, 혀, 입술 조절 근육의 협응에 의해 이루어지는 운동이다. 중추신경계 손상에 의해 근육이 영향을 받으면 말이 불분명하거나, 왜곡되며 아예 말을 할 수 없게 될 수 있다. 중추신경계(CNS)의 결함이 있는 뇌성마비 아동의 경우, 정보의 전달과 수용에 필요한 언어도 영향을 받을 수 있다. 만약 구어와 언어장애가 수반된다면 말한 것을 이해하기 어려우며, 반응을 하기도 어렵고, 반응을 전달하기 위해 구어를 사용하는 데도 어려움을 갖게 된다. 만약 구어를 통해 의사소통을 할 수 없다면 보완대체의사소통(Augmentative and Alternative Communication: AAC)이 필요할 것이다. AAC의 특화는 뇌성마비 아동을 위한 중요한 서비스 요소이다. 교사, 말-언어 전문가, 작업치료사들은 이 분야의 전문가들이다. AAC에 관한 충분한 논의를 위해서는 제8장을 참조하기 바란다.

3) 정형외과적 기형

뇌성마비는 진행성 또는 불안정한 증상들과는 다르다. 뇌성마비의 원인이 되는 뇌손상은 치유되는 것도 아니지만 그렇다고 더 악화되는 것도 아니다. 그러나 정상적인 성장을 통하여 나타나는 변화는 신체 기능에 영향을 미치게 된다. 계속되는 근긴장은 척추와 사지(골반, 다리, 발, 팔, 손, 손가락 등)의 기형을 초래하게 된다. 게다가 보행이 불가능한 아동은 골다공증(쉽게 부서지거나 부러지는 뼈)과 골절의 위험이 증가한다(Krigger, 2006). 정형외과적 기형은 교정 수술이나 재활 치료를 요구하기도 한다. 그러나 교정기의 과도한 사용은 쇠약을 불러오는 부정적인 영향을 미칠 수도 있다(Howle, 2002). 그리고 긍정적인 치료성과를 도출하기 위해서는 치료사, 교사와 가족들 간의 끊임없는 협력이 필요하다.

4) 영양과 섭식 문제

뇌성마비 아동은 균형 유지와 보행을 위하여 많은 에너지를 필요로 하므로 체중 유지에 어려움을 겪을 수 있다. 따라서 보편적인 식단을 보충하기 위한 영양 보충제가 필요할 수 있다. 구강 영역의 운동장애나 삼킴장애 등으로 인한 섭식 능력에 제한이 있는 경우, 위장으로 직접 연결되는 위루술 또는 G튜브(G-tube)로 불리는 기구를 통해 영양 보충을 받아야 할 수 있다(Sleigh, 2005). 튜브를 사용할 때는 정확한 위치를 유지하도록 하고, 정확한 튜브 섭식 규정을 따라야 한다. 이 장과 이 책의 제9장과 제10장에서는 튜브 섭식과 관련된 추가 정보를 얻을 수 있는 참고문헌을 제공하였다(Eicher, 2002; Heller, Forney, Alberto, Schwartzman, & Goeckel, 2000).

튜브 섭식이 필요없는 뇌성마비 아동일지라도 여전히 심각한 구강 운동 섭식 문제를 가질 수 있다(Eicher, 2002; Redstone & West, 2004). 교육서비스를 제공하는 교사나 여타의 사람들은 적절한 섭식 지도 프로그램을 따를 필요가 있다(Eicher, 2002). 작업치료사와 말-언어 치료사의 조언은 적절하고 안전한 섭식 방법을 사용하는 데 도움이 된다. 제9장에서 섭식과 삼키기에 관련된 중요한 정보를 깊이 있게 다루고 있으니 참조하기 바란다.

5) 인지적 결함

뇌성마비 아동은 영재일 수도 있고, 정상 지능을 가질 수도 있으며, 유의미한 인지적 결함을 보일 수도 있다(Heller et al., 2009). 비록 인지적 결함의 정도는 뇌성마비의 유형에 따라 다르기는 하지만 유형과 지능 사이에 명확한 상관은 없다. 경직형 편마비는 경직형 사지마비에 비해 정상적인 지능을 가질 확률이 보다 높다(Pellegrino, 2007). 불수의운동형이나 운동실조형 뇌성마비는 경직형 뇌성마비보다는 인지 결함의 정도가 낮을 가능성이 높다. 인지 능력과 뇌성마비 유형 간의 관계는 뇌성마비가 보통 한 가지 이상의 유형을 복합적으로 갖는다는 점 때문에 더욱 복잡해진다. 뇌전증이 나타나면 인지적 결함은 더 많은 영향을 받게 된다(Sillanpää, 2004).

뇌성마비 아동의 지능은 표준화된 측정도구를 사용하여 측정하기 어렵다. 이들 도구는 뇌성마비 아동이 재생하기 어려운 운동이나 구어적 반응, 경험을 기반으로 구성되어 있는 경우가 대부분이기 때문이다. 단지 운동 또는 구어 장애에 기반을 둔 채 뇌성마비 아동의 지능을 해석해서는 안 된다는 점을 잊지 말아야 한다.

6) 학습장애

뇌성마비 학생은 시각처리, 청각처리 및 고유수용 감각의 문제를 포함한 학습장애를 갖기도 한다. 시각처리장애는 학생이 책의 한쪽에서 단어를 찾아내지 못한다거나, 책을 읽는 동안 반복해서 나타나는 특정 단어와 '비슷한' 단어에 대한 시각적 기억을 형성하고 유지하지 못하며, 칠판의 글을 종이에 옮겨 쓰지 못한다거나, 수학 계산을 위한 자릿수 맞추기나 다른 시각적 기술에서 문제를 보이게 한다. 만약 청각처리장애가 있을 경우 학생은 구어 지시를 따르지 못할 수도 있고, 이야기를 다시 말해 보거나 이해를 묻는 질문에 적절하게 대답하지 못할 수도 있다. 고유수용 감각에 문제가 있는 학생은 공간 속에서 자신의 신체 위치를 파악하는 데 어려움이 있다. 그 결과 학생은 좌우를 비롯한 방향 개념의 구별이 어렵고, 책에서 읽어야 할 행을 찾아내지 못하고, 심지어 벽과 같은 단단한 표면에 부딪혀야만 움직임을 멈추어야 한다는 것을 알게 된다. 학습장애를 수반한 뇌성마비 학생에게는 정보처리 과정과 고유수용 감각의 결함을 극복할 특별한 보상 전략이 필요하다.

7) 발작

중추신경계의 손상은 비정상적인 과도한 전기 충동을 야기하여 발작을 불러일으킨다. 발작은 뇌의 정상적 전기 활동의 시간 제한적인 돌발적 붕괴를 의미한다. 발작은 불수의적 운동, 감각의 이상, 의식의 상실 등 여러 가지 방법으로 표출된다(Beers, Porter, Jones, Kaplan, & Berkwits, 2006). 발작이 되풀이되고, 신경증 증상을 기반으로 하는 만성 증상이 있을 때 사람들은 이를 뇌전증이라고 한다(Weinstein, 2002).

뇌성마비 아동의 35~41%가 뇌전증을 가진 것으로 추정된다(Kulak & Sobaniec, 2003; Singhi, Jagirdar, Khandelwai, & Malhi, 2003). 경직형 뇌성마비 아동의 경우 불수의운동형이나 운동실조형 뇌성마비 아동에 비해 뇌전증을 갖는 비율이 높다(Arnoldi & Jackson, 2005). 발

전신경직간대성 발작을 위한 응급조치

전신경직간대성 발작이 발생하면 옆에 있던 사람은 아동을 돕기 위한 여러 가지 일을 할 수 있다.

1. 지속시간을 알아보기 위해 발작의 시작 시점부터 시계를 보며 조용히 지켜보며 기다린다.
2. 움직임을 멈추게 하려고 애쓰거나 누르지 않는다. 그렇게 하면 아동이 다칠 수 있다.
3. 아동 주위에 있는 가구나 여타 딱딱하거나 뾰족한 물건들은 치운다.
4. 호흡을 방해하지 않도록 목 주위를 느슨하게 해 준다.
5. 머리 아래에 부드럽고 평평한 것(예를 들어, 자켓)을 받쳐 준다.
6. 입에서 침이 나올 수 있도록 하고, 흡인이 되지 않도록 몸을 옆으로 틀어 준다.
7. 입을 강제로 열려고 하지 않는다. 그들은 자신들의 혀를 입속으로 넣을 수 없다.
8. 발작이 멈출 때까지 아동의 곁을 지킨다.
9. 만약 다음과 같은 상황이 되면 구급차를 부른다.
   1) 발작이 5분 이상 지속될 때
   2) 아동이 의식을 회복하지 못하고 연이어 복합적인 발작이 일어났을 때
   3) 발작이 최초로 일어났을 때
   4) 상처가 발생하였거나 아동이 당뇨인 경우
   5) 호흡 곤란이 나타났을 때
   6) 발작이 물속에서 일어난 경우(Epilepsy Foundation, 2007)
10. 발작이 끝나고 나면 아동은 혼란스러워하거나 기력을 회복해야만 한다. 아동이 액체를 삼킬 수 있을 때까지 어떤 음료도 주지 않는다.
11. 아동이 떨어졌거나 응급조치가 필요한 경우 상처가 있는지 살펴본다. 아동이 떨어질 때 머리가 딱딱한 물체에 부딪힌 경우 반드시 의학적인 주의가 필요하다.
12. 발작이 끝나면 아동은 피로를 느낄 것이다. 이때는 아동이 휴식할 수 있도록 해 주어야 한다. 그리고 발작 중이나 발작 후에도 아동의 존엄성을 지켜 주는 것이 중요하다. 예를 들어, 만약 학생의 옷이 더럽혀진 경우 그 옷을 바꿔 입힐 수 있는 준비가 필요하다.

비경련성 발작의 응급조치

1. 경련이 없는 발작(예를 들면, 신체의 일부분, 짧은 의식 상실, 씰룩거림)은 보통 응급조치가 필요 없다. 아동이 이완성 발작으로 인해 떨어졌을 경우 상처를 입었는지 살펴보아야 한다.
2. 아동이 복합 부분발작을 할 때는 무의식적으로 돌아다니거나 혹은 상처를 입게 될 수 있다.
   1) 옆에 있는 사람은 아동이 위험으로부터 벗어나도록 조용히 안내한다.
   2) 옆에 있는 사람은 아동에게 조용히 말한다. 그러나 이때 복종을 해야 하는 어떤 구어적 지시를 하여서는 안 된다. 아동을 제지하여서는 안 된다.
   3) 아동은 발작이 끝난 후 발작이 있는 동안 발생한 사전에 관한 기억을 하지 못하고 혼란스러워한다. 그러므로 환경에 대해 새롭게 적응하게 하고, 학생이 안심할 수 있도록 지원하는 일이 필요할 수 있다.

[그림 3-2] 발작에 따른 응급조치

출처: Information from *Understanding Physical, Health, and Multiple Disabilities* (2nd ed., p. 310), by K.W. Heller, P. A. Alberto, P. E. Forney, and M. N. Schwartzman, 2009, Upper Saddle River, NJ: Merrill/Pearson Education and from Epilepsy Foundation. (2007). *First aid.* Retrieved August 5, 2007, from www.epilepsyfoundation.org/about/firstaid/index.cfm

작은 몇 초 동안 나타날 수도 있고, 몇 분 동안 진행될 수도 있다. 그리고 발작은 뇌 전체가 관련되어 있는지 아니면 뇌의 일부가 관련되어 있는지에 따라 달리 분류한다(Weinstein, 2002).

발작이 일어났을 때 교사는 학생을 보호할 수 있는 적절한 절차들을 수행할 수 있는 준비가 되어 있어야 한다. Heller 등(2009)은 교실에서 발작에 대처하기 위한 일련의 지침을 제안하였다([그림 3-2] 참조). 발작의 관리를 이

해하고, 발작에 조용하고 적절하게 조치를 취할 수 있는 교사는 학생에게 신뢰감과 긍정적 태도를 갖도록 한다.

발작의 치료약은 기능에 영향을 미친다. 교사들은 투약량은 물론 나른함과 졸림과 같은 부작용에 대해서도 알고 있어야 한다. 학교 간호사와 기타 전문가들, 부모들 간의 의사소통은 적절한 의학적 관리와 점검을 위해 중요하다.

4. 뇌성마비의 진단 및 치료적 관리

의사들은 일반 영유아의 발달에 관한 지식과 비교대상 영유아의 발달을 비교하고 임상적 판단에 따라 뇌성마비 영유아를 진단한다(Hamilton, 2006). 대부분의 조기발달 척도들은 운동 기술에 초점을 두고 있는데 뇌성마비 영유아의 경우, 이들 기술들이 나타나지 않거나 지체되고 때로는 왜곡되기도 한다. 의사를 비롯한 전문가들은 뇌성마비를 진단하기 위해 특이한 반사운동적 행동들의 출현을 살펴본다. 모든 영유아에게 공통적으로 나타나는 이들 반사행동들은 발달의 과정에서 특정 시기에만 나타났다가 사라진다. 그들은 불수의적이며, 뇌간에서 조정된다. 영아가 성숙하고 뇌가 발달함에 따라 이들 불수의적 운동 행동들은 점차 수의적인 운동으로 통합되기 시작한다. 인간의 발달은 단계적인 순서에 따라 예측이 가능하다. 따라서 이들 반사운동이 더 이상 지배적이지 않아야 할 시기까지 나타나고 있다면 뇌손상과 뇌성마비의 가능성을 나타내는 강력한 지표가 될 수 있다. 뇌성마비의 원인과 위험 요인들이 복잡하기 때문에 많은 영아는 출생후 수년 동안 진단되지 않을 수 있다. 이런 불확실한 상황은 가족들의 불안감을 증가시킨다.

뇌성마비 아동의 발달 목표를 예측하는 것은 불가능하다. 의사를 비롯한 전문가들은 긍정적인 치료를 제공하기 위한 정보를 얻기 위하여 부모와 협력하여야 한다. 뇌성마비 아동의 이같은 복잡한 특성으로 인하여 이들을 위한 교육과 의료적 처치, 신체 관리는 다학문적 접근이 필요하다. 뇌성마비 아동의 처치를 위한 방법들이 다양하기 때문에 처치를 결정하는 동안 교사를 비롯한 전문가들은 혼란스러워하거나 위축되기 쉽다. 따라서 뇌성마비의 증상에 대처하고자 이용할 수 있는 처치에 대한 이해는 물론 자신에 대한 자신감이 필요하다(Best, 2008).

뇌성마비 아동을 위한 성공적인 서비스 전달에는 많은 전문가가 기여한다. 그러나 이 장에서는 물리치료사와 작업치료사의 활동을 강조하고자 한다. 제1장과 이 장의 말미에 제시된 '유용한 사이트'는 뇌성마비 아동의 치료적 관리와 관계된 물리치료사와 작업치료사 및 관련 전문가들에 관해 보다 많은 정보를 제공하고 있으니 참조하기 바란다. 수술 및 약물의 선택을 포함하여 많은 치료적 처치 방법이 뇌성마비의 증상을 관리하는 데 유용할 것이다.

1) 물리치료사[1)]

물리치료사(physical therapist: PT)는 자격증을 가진 전문가로서 자세와 균형, 기형 예방, 걷기를 포함한 대근육 운동 기능의 평가와 프로그램 계획에 주요 관심을 둔다. 소아 물리치료사는 보통 다음과 같은 영역에서 체간과 하지 기능 증진에 중점을 둔다.

- 척추, 다리, 발의 정렬
- 보조기, 의족, 깁스, 자세 취하기를 위한 장비의 조정과 점검
- 수술 후 재활
- 가정에서의 신체 관리

학교 물리치료사는 교실이나 운동장, 이동 수단에서 학생의 독립적인 기능을 최대한 발휘하기 위해 이러한 기술들을 사용한다.

1) 물리치료 및 작업치료에 관한 자료는 Cuick(1991)에서 발췌

2) 작업치료사

작업치료사(occupational therapist: OT)는 다음과 같은 영역에 관련된 전문영역의 자격증을 소지한 사람이다.

- 눈-손 협응 기술
- 독립적인 섭식, 쓰기, 자판 두드리기, 자기 관리를 위한 팔과 손의 사용 촉진
- 팔과 손의 기형 예방
- 도형-배경 변별과 같은 지각 기술의 진단과 교정
- 감각통합(모든 기관을 통해 투입되는 감각정보를 적절하게 조직하고 그에 반응하는 능력)의 평가
- 화장실 사용, 착탈의, 음식준비와 같은 일상생활 기능에서의 독립성 향상
- 직업 전 진단

비록 물리치료사와 작업치료사는 서로 다른 치료 목표를 갖지만 동일하게 고려하여야 할 이슈들이 많다. 예를 들어, 작업치료사는 정확한 필기를 방해하는 관점에서 앉기 자세의 불균형을 평가한다면, 물리치료사는 앉기 자세의 불균형과 기형 발생 간의 관계에 대해 더 많은 관심을 갖는다. 이 예는 그들의 기술이 상보적임을 보여 준다. 물리치료사나 작업치료사는 모두 자세 정렬과 안정성에 관심이 있기 때문에 어떤 사람들은 두 치료사의 기능이 교환 가능한 것으로 여긴다. 그러나 그들의 치료 목적과 교육적 배경은 매우 다르다. 그들은 교실에서 치료적 절차를 수행하고자 하는 교사들에게 유용한 정보를 제공한다. 제1장에서 제시한 바와 같이 치료사들은 교사의 역할을 대신할 수 없고, 교사도 치료사의 역할을 대신할 수 없다. 전문가들은 뇌성마비 학생의 성공적인 교육 성취를 위하여 각각의 방법으로 기여할 수 있어야 한다.

5. 뇌성마비의 의료적 처치

치료사들은 일반적으로 뇌성마비에 수반되는 정형외과적인 문제로 인해 의사들과 밀접히 일하는 경우가 많다. 뇌성마비의 의료적 처치에는 보장구, 약물치료, 수술 등이 포함된다(Heller et al., 2009; Morris, 2002; Pellegrino, 2002).

1) 보장구

보장구에는 약화되었거나 비효율적인 근육을 지지하기 위하여 사용되는 보조기(brace), 부목, 다른 보장구들이 포함된다. 보조기는 근육을 지지하는 것뿐만 아니라 근육의 구축이나 향후 수술의 필요성 등을 예방하기 위해 정확한 자세로 근육을 잡아 주는 역할도 한다. 보조기는 예전에는 가죽 끈이 달린 금속으로 만들어진 반면에 요즘에는 가볍고 눈에 잘 띄지도 않는다([그림 3-3] 참조). 다양한 종류의 정형외과적 보장구의 역동성과 착용 방법을 포함한 효율성에 대해서는 Morris(2002)를 참조하기 바란다. 뇌성마비 아동의 경우 치료사의 처방에 따라 보조기를 착용하는 것이 중요하다. 보장구를 착용해 주는 사람은 치료사에게서 보조기 안에서 다리의 정확한 위치를 잡는 방법에 대해 배워야 한다.

뇌성마비 아동은 근긴장의 감소나 악력 개선을 위해 손에 부목을 착용하기도 한다. 체간 근육이 약화된 경우

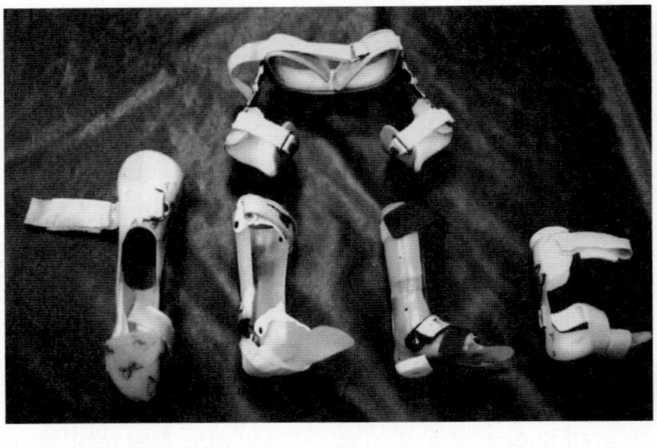

[그림 3-3] 정형외과적 보장구

에는 체간지지 조끼를 착용하기도 한다(Pellegrino, 2007). 보조기, 부목, 체간지지 조끼는 보통 맞춤형으로 제작되기 때문에 아동이 성장하면 교체해야 한다. 보장구는 보통 플라스틱으로 제작되고 신체에 착용되기 때문에 피부에 염증을 일으키기도 하고, 착용자가 불편할 정도로 더위를 느끼기도 한다. 체간지지 조끼를 사용할 때는 그 속에 면 셔츠를 입어서 땀을 흡수하도록 도와주는 것이 좋다. 보조기는 항상 양말과 함께 착용하여야 하는데, 양말은 주름이 가지 않고 건조하며 깨끗해야 한다. 피부가 빨갛게 달아오르거나 통증이 있을 때 혹은 또 다른 부적절한 착용의 증거나 피부 손상이 발생한 경우에는 치료사나 간호사에게 즉시 알려야 한다.

2) 약물과 주사

뇌성마비 아동의 경우 근경련을 치료하거나 뇌전증과 같은 수반 증상을 처치하기 위한 약물을 사용한다. 주로 처방되는 약물은 다이아제팜(Diazepam, Valium), 그와 유사한 약인 아티반(Ativan)과 클로노핀(Klonopin)이 있다. 이들은 뇌가 근긴장을 통제하는 방법에 직접적인 영향을 미친다(Pellegrino, 2007). 또 다른 약물로는 바클로펜(Baclofen, Lioresal)이 있다. 이것은 경직형 뇌성바미를 위해 현재 가장 많이 처방되는 약물이다(Obringer & Coffey, 2008). 바클로펜은 중추신경계 억제용으로 사용되며 구강섭취, 근육주사 또는 펌프를 신체의 외부에 부착하거나 피부 속에 삽입하는 방법으로 사용한다. 바클로펜 펌프는 반복적으로 주사를 맞을 필요를 없애고 정확한 투약량을 지킬 수 있도록 한다. 바클로펜은 다리의 경직을 감소시키고, 언어의 명료성도 향상시킨다(Leary, Gilpin, Lockley, Rodriguez, Jarrett, & Stevenson, 2006). 그러나 펌프로부터 주사 위치까지 바클로펜을 운반하는 카테터의 부접합이나 펌프의 기계적 문제를 포함한 절차상의 혼란을 예방하기 위하여 환자와 가족 및 교사 교육이 중요하다(Gooch, Oberg, Grams, Ward, & Walker, 2003). 비록 펌프의 삽입은 수술적 절차이며, 펌프를 다시 채우거나 교체하기 위한 병원 방문이 필요하다. 보톨리늄 A톡신(Botalinum A toxin, Botox)은 기능적 걷기와 앉기를 지원한다(Koman, Smith, & Balkrishan, 2003; Nolan, Cole, & Liptak, 2006). 이것을 경직된 근육에 주사하면 등과 골반, 상지 및 발의 긴장을 감소시킨다. 보톨리늄 A톡신은 근육을 마비시키지만 그 효과는 일시적이다. 따라서 보톨리늄 A톡신은 뇌성마비와 관련된 기형을 교정하기 위해 깁스와 같은 다른 절차들과 함께 사용할 수 있다(Kay, Rethlefsen, Fern-Buneo, Wren, & Skaggs, 2004). 보톨리늄 A톡신은 매우 심한 경직형 뇌성마비나 이 약물에 알레르기가 있는 사람, 구축이 기형(움직일 수 없는)으로 고착화된 사람, 신경 근육기능을 위한 다른 약물을 복용 중인 사람에게는 권장되지 않는다(Koman et al., 2003). 보톨리늄 A톡신은 통증에서 벗어날 수 있도록 하지만 근육의 경직을 위한 영구적인 해결책이 되거나 그 효과가 영구적이지 않다는 점을 이해하는 것이 중요하다.

다른 약물에는 댄트롤린(Dantrolene, Dantrium)이 있다. 이 약은 근육 세포의 구축을 막아 준다(Pellerino, 2007). 이러한 약물 치료는 졸음의 원인이 되기도 하고 침을 많이 흘리게 하며, 근육의 약화나 설사의 원인이 되기도 한다. 모든 약물은 주의사항을 지켜 정확히 사용하고 효과에 대한 기대도 적절해야 한다.

3) 수술

(1) 선택적 척추후근절제술

뇌성마비의 원인에 대처하기 위하여 사용되는 신경수술적 기법에는 선택적 척추후근절제술이 있다. 이 수술은 척수와 신경뿌리들을 제거한 후 후발 신경 뿌리들에 전기적 자극을 가한다. 만약 특정 신경 뿌리를 자극했을 때 반응하는 근육이 구축과 이완을 반복할 경우, 그 뿌리는 절제하지 않는다. 만약 구축은 되지만 이완은 되지 않는 근육의 신경뿌리는 절제한다. 25~50%의 척추후근 뿌리들이 이 절차를 통해 절제된다. 이 절제술을 행한 후에는 소근육운동기술 향상을 관찰한다(Sandeep et al., 2002). 절제술의 가장 좋은 대상자는 경도에서 중등도까지의 경직성 양마비로서 수술하기 이전에 보행이 가능한 유아이다(Hagglund, 2005; Von Koch, Park, Steinbok, Smyth, & Peacock, 2001). 절제술은 시행 후 집중적인 물리 치료가 이루어질 때 가장 성공적인 결과를 가져온다. 이 절차들은 비교적 새로운 영역이기 때문에 장기적인 효과를 관찰한 후 실시하는 평가를 진행하기 어렵다. 교사들은 수술한 아동이 학교로 복귀하는 경우 의사 주도의 적절한 보호를 제공하여야만 한다.

(2) 기타 수술적 중재

절제술을 보완하기 위해서는 정형외과적 수술을 실시할 수도 있다. 이것은 자세 잡기나 지지하기와 같은 기법과 연계하여 사용된다. 정형외과적 수술의 목적은 결함을 교정하고, 기형을 감소시키며, 기능성을 향상시키는 데 있다. 정형외과적 수술은 일반적으로 구축된 근육을 풀어 주고 앉기와 걷기를 향상시키며, 고통을 감소시키고, 관절을 안정화하며, 안정감을 강화하고, 양육자의 부담을 줄여 주는 데 있다(Gormley, 2001; Gormley, Krach, & Piccini, 2001). 뇌성마비 아동에게서 흔히 나타나는 골반의 변위를 없애기 위해서는 엉덩이 탈구를 예방하고 연조직을 풀어 주는 수술을 시행할 수 있다(Presedo, Oh, Dabney, & Miller, 2005).

뇌성마비 증상의 수술적 관리는 복잡하고, 장 · 단기적 효과가 다르다. 따라서 많은 처치가 보완적으로 사용되기 때문에 장애의 정도와 가족 지원과 같은 요인에 기반을 두고, 합리적이고 기능적이며, 목표지향적으로 이루어져야 한다(Gormley, 2001).

6. 뇌성마비의 발달적 쟁점

앞에서도 언급했듯이 뇌성마비 아동에게는 시간이 오래 걸리더라도 여러 학문 분야의 전문가들에 의한 협력적 팀 접근이 필요하다. 교사를 비롯한 다양한 전문가는 뇌성마비가 신체, 의사소통, 사회 · 정서적 발달에 어떠한 영향을 미칠 수 있는지에 대한 이해가 있어야만 뇌성마비 개인이 잠재력을 최대한 발현하도록 서비스를 제공할 수 있다.

1) 신체적 발달

여러분은 제2장에서 발달적 성숙의 개념을 학습하였다. 뇌성마비 아동들은 중추신경계의 손상을 경험하기 때문에 운동 발달과 기능에도 변형을 갖게 된다.

운동 기능의 장애는 발달과 학습에 매우 중요한 영향을 미친다. 인간의 인지 발달을 연구하는 학자들은 생애 초기의 감각운동(감각과 운동) 활동의 중요성에 대해 강조한다. 영아들은 운동을 통해 공간 관계, 신체의 한계와 조화, 균형 등을 배워 나간다. 또한 영아들은 공간 속의 움직임을 통해 사물을 탐색하고 경험해 보며, 그 결과를 기억하면서 물질과 사물에 대한 선호도를 배워 나간다. 따라서 교사나 다른 성인들이 아동에게 감각운동 경험의 기회를 제공하는 것은 매우 중요하다.

감각운동 기능의 손상은 학생들의 학습과 학급에서 수행하여야 할 여러 가지 활동에 영향을 미친다. 균형 및 운동 조절의 어려움은 교과를 배우고, 공부하며, 숙제를 하는 데 필요한 에너지를 고갈시킨다. 자세 조절의 어려움 또한 호흡과 기민한 움직임을 방해하여 글쓰기, 그리기, 책이나 문구류 잡기, 듣기와 반응하기에 부정적인 영향을 미친다. 비록 교사가 뇌성마비 아동의 움직임 패턴을 이해하는 것이 중요하다 하더라도 학급에서 치료사처럼 진단하고 치료하는 것을 기대할 수는 없다. 다만 교사들은 수업 중이나 학교생활 중에 각각의 학생들과 많은 시간을 보내게 되고, 종종 치료 프로그램을 따라다니는 등 매우 밀접한 관계를 갖는다. 다음 정보는 뇌성마비의 신체 관리 전략을 제공한다.

2) 신체 관리 전략[2)]

이 장의 앞부분에서 지적하였듯이 뇌성마비는 경직

2) 신체 관리 전략에 관한 자료는 Cusick(1991)에서 발췌

형, 불수의운동형, 운동실조형을 포함한 운동장애라는 특징을 갖는다. 경직형 뇌성마비는 일반적으로 근긴장도가 높고 운동 범위가 제한되어 있다. 불수의운동형은 불수의적이며 비조직적인 움직임을 보인다. 운동실조형 아동은 균형과 평형감각이 부족하다. 어떤 뇌성마비 아동은 근긴장도가 낮은 저긴장형을 보이기도 한다. 저긴장형의 뇌성마비 영아는 종종 경직형이나 불수의운동형으로 발전하기도 한다. 다음 전략들은 교사가 경직형, 불수의운동형, 운동실조형, 혼합형 뇌성마비 아동을 다루는 데 도움을 줄 것이다.

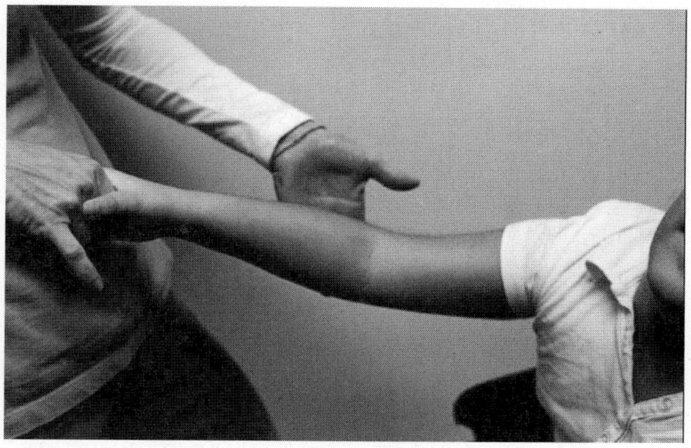

[그림 3-4] 손의 사용 준비: 손목과 팔꿈치 이완

(1) 경직형 뇌성마비

교사는 경직형 뇌성마비 아동의 과흥분된 신경체계를 안정시키고, 넘어지지 않을까 하는 두려움을 감소시키면서 운동 수행에 집중할 수 있도록 도와주기 위해 아동에게 적절한 감각 입력을 적용할 필요가 있다. 감각 입력을 조정한 활동에는 이동 활동, 체중 부하 활동, 체간과 어깨를 천천히 회전하는 운동, 손과 손가락의 특정 부위에 깊은 압박을 가하고, 마사지해 주며, 만져 주는 활동이 포함된다(Howle, 2002). 적절한 마사지는 근긴장을 감소시키고, 활동성과 유연성을 증진시킨다(Hernandez-Rief et al., 2005). 이러한 기법들은 학급 활동에서 쉽게 적용할 수 있다([그림 3-4]와 [그림 3-5] 참조). 교사들은 적절한 훈련을 위해 작업치료사와 물리치료사에게 도움을 구하여야 한다.

경직형 편마비가 있는 학생은 손상된 신체의 한쪽 부분을 잘 움직일 수 없고 사용하기도 어렵기 때문에 특별한 문제를 나타낸다. 그들은 자신들의 정면(정중선)에 두 손을 가져다 놓도록 격려할 필요가 있다. 이것은 자신들의 두 손을 시야에 두고 물체를 집거나 조작할 때 '보조'로서 손상된 손을 사용하는 일을 촉진한다. 보다 나이 든 아동들은 그리기나 필기를 하고자 할 때 책상 위에서 종이가 움직이지 않게 하는 데 손상된 손과 팔을 사용할 수 있다. 그들은 균형을 잃지 않고 운동 범위를 확대하는 일을 통하여 자신의 신체를 능동적으로 움직이는 연습을 할 수 있다.

[그림 3-5] 손의 사용 준비: 팔꿈치와 어깨의 이완

만약 보다 많은 사지가 촉각, 압력, 통증, 온도 등을 완전히 느끼지 못하게 손상되었다면 기능의 습득은 기대할 수 없다. 그래서 이들에 대한 중재는 기형의 예방에 초점을 둔다. 교사는 사지를 움직이고, 팔과 손의 지지대를 올바르게 착용하였는지를 살피며, 매일 피부에 상처(부기, 멍, 생채기, 물집)가 나지 않았는지 점검하기 위한 적절한 기법과 계획에 관해 작업치료사에게 조언을 구할 수 있다. 교사는 게임이나 학급활동 속에서 장애가 있는 팔에 스티커를 붙여 주거나 적절한 수준의 신체 양측성 기술을 요구하는 활동을 선택하거나 감각인식을 높여주는 놀이활동을 통하여 장애가 있는 팔에 대한 지속적인 관심을 유도할 수 있다. 그러한 활동에는 장애가 있는 쪽 팔에 크림이나 오일을 발라 주거나 핑거페인팅 놀이를 하는 것도 포함된다. 경직형 사지마비 아동은 사지에 모두 운동장애가 있어 독립적인 보행이 어려운 경우가 많

다. 교사는 작업치료사와 물리치료사와 긴밀하게 협조하여 적절한 움직임을 인식시키고, 자세 유지와 보행을 위한 전략을 제공해 줄 수 있어야 한다.

저긴장형 뇌성마비는 자라면서 경직형으로 바뀌는 경우가 많다. 저긴장은 체간에 계속 남아서 오히려 상지와 하지의 움직임에 과긴장을 유발하게 된다. 저긴장형에 대한 일차 목표는 활발하지 못한 신경체계를 활성화시키고, 반응 시간의 지연을 감소시키며, 균형과 손 기능 증진을 위해 필요한 체간과 골반 근육의 사용을 촉진시키는 것이다. 교사는 체간과 어깨의 특정 부위를 두드려 주거나 지지 근육의 활동을 증진시키기 위해 목, 체간, 어깨 관절을 압축시키는 것과 같은 활동 준비 기법의 사용에 대해 배울 수 있다.

저긴장형 아동은 체간과 하지의 관절 정렬에 문제를 가지고 있다. 예를 들면, 걸을 때 불필요한 피로감을 예방하고 발과 다리의 기형을 예방하기 위한 맞춤형 신발을 사용하여 발이 안으로 휘는 것을 방지해 주어야 한다. 교사는 아동이 앉아 있을 때나 서 있을 때 발목과 발의 정렬을 관찰하고, 발을 지지해 주는 신발이나 보조기가 효과적인지 확인해야 한다.

저긴장형 아동은 합리적인 범위 내에서 바르게 선 자세의 유지와 빠르고 적절한 운동 반응에 어려움을 갖는다. 다음은 학급에서 유용한 방법을 몇 가지 제안한 것이다.

- 교실에서 독립적으로 의자에 앉아 있을 수 없는 아동에게는 적절한 감각 입력과 안전한 느낌을 가질 수 있도록 교실 의자의 개조가 필요하다. 이러한 개조는 공학적으로 변형된 것에서부터 어깨가 약간 안쪽으로 휘는 것을 막기 위해 수건을 말아서 받쳐 주거나 골반을 가로지르는 보호 벨트를 착용시켜 주는 간단한 방법까지 다양하다.
- 체간 근육이 약한 아동의 경우 웨지 의자(wedged seat)에 가끔씩 앉혀 주어 체간 근육을 강화시켜 줄 수 있는데, 이 의자는 뒤쪽으로 완만하게 경사가 있어서 마찰을 감소시켜 준다. 이는 학생으로 하여금 앞쪽으로 약간 기울어지게 하여 체간의 아래쪽 신전근이 항중력 활동을 하도록 해 준다.
- 자세 안정에 지나치게 의존하는 아동은 다리를 넓게 벌려 앉거나 선다. 물리치료사는 아동의 외적인 넓은 지지면을 좁히고, 아동의 내적 안정 기술의 발달을 강화하기 위해 대퇴부를 연결해 주는 부드러운 부목을 권하기도 한다. 이러한 부목은 치료사의 감독하에 바닥에서 놀이를 할 때나 걸을 때, 앉을 때 등 대부분의 일상생활 활동 중에 계속 착용해야 한다.
- 교사는 아동에게 콩주머니나 모래가 채워진 공과 같은 무게감이 있는 장난감을 제공할 수 있다. 이러한 장난감은 운동에 대한 저항감을 길러 주고, 손의 힘, 신체 감각, 잡는 방식을 개선시켜 준다.
- 쓰기와 같은 세밀한 손 기능을 사용하기 전에 젖은 물수건을 학생의 손목에 감아 주거나, 점토나 밀가루 반죽 같은 물질을 잡게 하는 것으로도 손, 손목의 힘, 감각인식을 개선시킬 수 있다.

(2) 불수의운동형 뇌성마비

불수의운동형은 비자발적이고, 때로는 폭발적이며 비조직적인 움직임을 특징으로 한다. 불수의운동형 유아는 몸의 중심선(midrange)을 향해 능동적으로 유도된 효과적인 운동을 통해 몸의 중심선에서 움직임을 조직하는 방법을 배우도록 할 필요가 있다. 또한 불수의운동형 유아는 감각운동 회로에 대한 자기조절력을 가질 수 있도록 하기 위해 운동의 교정이나 정확성에 대한 명확하고 세밀한 피드백이 주어져야 한다. 예를 들어, 이전보다 나은 움직임을 보였을 때 단순히 "잘했어!"라고 말을 해 주는 것은 부적절하다. 왜냐하면 여전히 부적절한 기능이 크게 남아 있을 수 있기 때문이다. 정확한 구어적 피드백은 아동에게 수행상의 정확한 요소와 부정확한 요소를 모두 구체화하고, 향상된 점이 무엇인지를 명확히 해 준다. 반복활동과 더불어 불수의운동형 아동의 손목 주위에 체중을 부과하도록 하는 것은 추가적인 고유수용 감각의 피드백을 제공하여, 아동이 더욱 부드럽게 운동할 수 있도록 도와준다.

나이 든 불수의운동형 아동의 신체관리 훈련은 독립적인 기능의 최적화가 목적이다. 그리고 일부 경우에는 전동휠체어, 컴퓨터 혹은 다른 환경제어 장치를 조정하기 위한 스위치를 사용할 수도 있다. 대부분의 중도 불수의운동형 뇌성마비 아동은 기능적인 보행을 할 수 없다. 이러한 경우 아동이 독립적이며 스스로 조절이 가능한 기능을 확립하기 위해 일찍부터, 즉 취학 전부터 전동휠체어를 사용하는 것을 생각할 필요가 있다. 오랫동안 전동휠체어에 앉혀 두는 것은 아동의 다리를 너무 굴곡시켜 다리의 기형을 초래할 수 있다. 척추의 건강 개선과 다리의 굴곡 구축을 예방하기 위해 억지로 세워 두는 방법으로서 서기 기구(standing equipment)를 사용할 수 있다. 이때 치료사들은 교사가 적절한 서기 기구를 선택할 수 있도록 도움을 줄 수 있다.

(3) 운동실조형 뇌성마비

운동실조형 뇌성마비 학생이 보다 정교하게 움직이기 위해서는 신체와 관절에 대한 감각 입력을 촉진시킬 필요가 있다. 때로는 무거운 조끼가 운동실조형 아동의 체간과 엉덩이에 대한 고유수용 감각의 입력 향상에 도움이 된다. 그러나 무거운 신발은 사용하지 말아야 한다. 그것은 학생을 피곤하게 할 뿐만 아니라 신발을 벗었을 때 바닥에 다리를 정확하게 내려놓는 것을 훨씬 어렵게 만든다. 운동실조형 뇌성마비 학생은 공간 속의 움직임이나 운동 기획에 어려움을 갖는다. 교사는 교실 환경의 조정을 통해 보다 정교한 운동 기획력을 촉진하도록 도와줄 수 있다. 책상을 옮겨 학생이 다닐 수 있는 공간을 넓혀 주고, 학생의 의자를 접근하기 쉬운 위치에 배치할 수 있다.

(4) 혼합형 뇌성마비

혼합형 뇌성마비 아동에게는 운동 산출의 개선을 위해 독특하고 다양한 감각 입력의 변형 원리를 적용할 필요가 있다. 예를 들어, 경직의 영향을 감소시키기 위한 운동 및 자세 중재는 불수의운동을 유발할지도 모른다. 각 유형의 관리에 주로 사용되는 공통분모인 맞춤형 의자, 직립 기회 확대, 대칭성(신체의 양면에 위치한 거울상), 자세 감각 입력 향상을 위한 깊은 압력, 사람이나 가까이 있는 과제에 대한 눈 맞춤, 자세 적응과 운동에 대한 면밀한 검토 등에 대해서도 파악하여야 한다. 치료사는 가장 효과적인 개별 중재 방법을 선택하고 조정하는 데 있어 중요한 참여자이다.

운동이 영향을 받는 모든 경우, 뇌성마비 아동의 호흡기 감염 위험은 증가한다. 교사는 항상 뇌성마비 아동의 호흡 상태를 점검할 필요가 있다. 아울러 교사는 뇌성마비 학생의 근육 피로를 감소시키고, 부적절한 근긴장도를 해소하기 위해 자세를 자주 바꿔 주어야 한다. 그리고 아동의 직립 자세는 호흡과 체중 부하를 향상시킨다. 적절한 앉기와 서기 그리고 엎드리기 자세를 위해 특별한 설비가 사용될 수도 있다.

(5) 신체 역학

뇌성마비 학생의 신체 조정을 돕는 교사는 자신이나 학생에게 해를 입힐 위험이 있다. 치료사는 근긴장과 등쪽의 손상을 예방하기 위해 아동을 옮기거나 들어 올리고 안을 때 적절한 신체 역학을 사용하도록 모든 직원에게 안내할 필요가 있다. 치료사는 아동을 의자에서 바닥이나 화장실, 직립 기구로 옮기는 것과 같은 특별한 문제를 해결하고자 하는 교직원에게도 도움을 줄 수 있다. 만약 학생이 깁스를 하고 있다면 이에 관한 특별한 조작 기술이 필요할 것이다.

다음과 같은 신체 역학의 기본 규칙을 지키면 효과적인 이동과 들어 올림 그리고 안전을 확보할 수 있다. 신체 역학 단계는 다음과 같다.

- 들어 올리려는 사람이나 물건에 직각 자세로 접근한다(즉, 직각 자세로 선다).
- 체간을 꼿꼿이 유지하고, 등보다는 다리를 구부리는 것이 좋다([그림 3-6A] 참조).
- 아동을 교사의 신체 가까이에 최대한 붙인다([그림 3-6B] 참조).

[그림 3-6A] 올바른 신체 역학

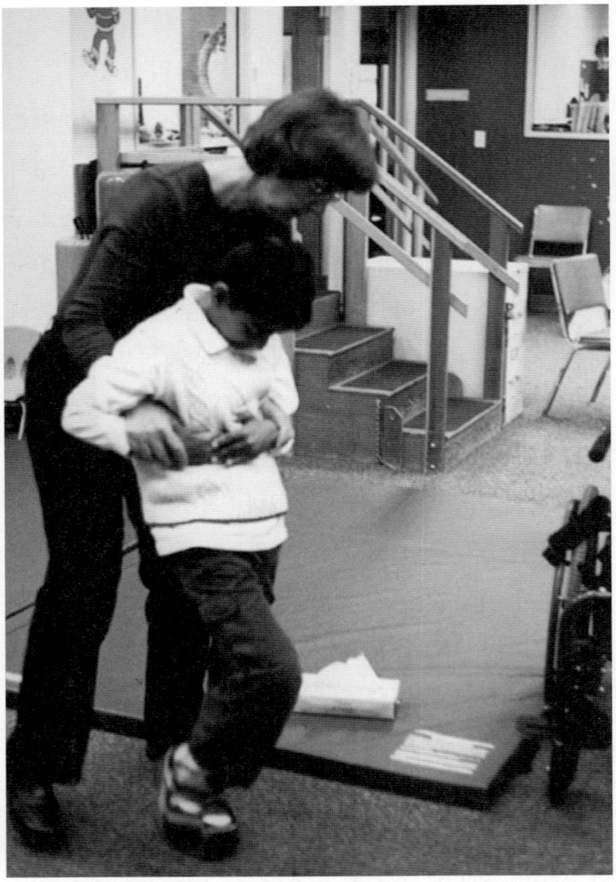

[그림 3-6B] 올바른 신체 역학

- 교사 자신의 체간을 회전하지 않고 아동에게 접근한다.
- 발을 바닥에 붙인 채, 한쪽 발을 다른 쪽 발 약간 앞쪽으로 편안하게 떼어 놓는다
- 옮길 때는 아동이 가능한 한(혹은 적절한) 체중을 많이 실을 수 있도록 기다려 준다([그림 3-6C] 참조).
- 필요하다면 도움을 요청한다. 들기 어렵거나 35파운드(약 15kg) 이상 몸무게가 나가는 아동을 들기 위해서는 적어도 두 사람이 필요하다.

3) 의사소통 발달

이 장의 앞에서 우리는 뇌성마비가 말하기의 기질적 측면에 부정적인 영향을 미친다고 하였다. 만약 인지나 학습장애로 인해 표현언어가 영향을 받게 되면 뇌성마비 아동은 자신이 말하고 싶은 것이나 자신이 말하고 싶은 것을 표현하는 방법을 알지 못할 수 있다. 상황을 이해하고 의사결정에 필요한 개념을 사용하는 일에 대한 무능력(인지적 결함)이나 적절한 어휘 재생의 무능력(언어적 결함) 또는 구어 반응 형성의 무능력(구어적인 결함)의 결과에서 오는 좌절을 상상해 보라.

의사소통은 구어(말하기)만을 바탕으로 하는 것은 아니다. 몸짓을 통한 의사소통이 훨씬 먼저 발달하는데, 이것은 영아가 손을 흔들어 "bye-bye"를 표현하는 것을 볼 때 알 수 있다. 심지어 영아는 "bye-bye"라는 단어와 그와 관련된 구체적인 손동작을 익히지 못한 경우 다양한 감정과 욕구를 나타내기 위해 얼굴 표정을 사용하기도 한다. 호흡이나 피부색의 변화와 같은 생리적인 반응과 울기는 보호자가 반응(우유나 젖을 준다, 기저귀를 갈아 준다, 아기를 흔들어 준다, 부드러운 소리로 아기를 달래 준다)하도록 하는 다양한 전략적 신호이기도 하다. 아기와

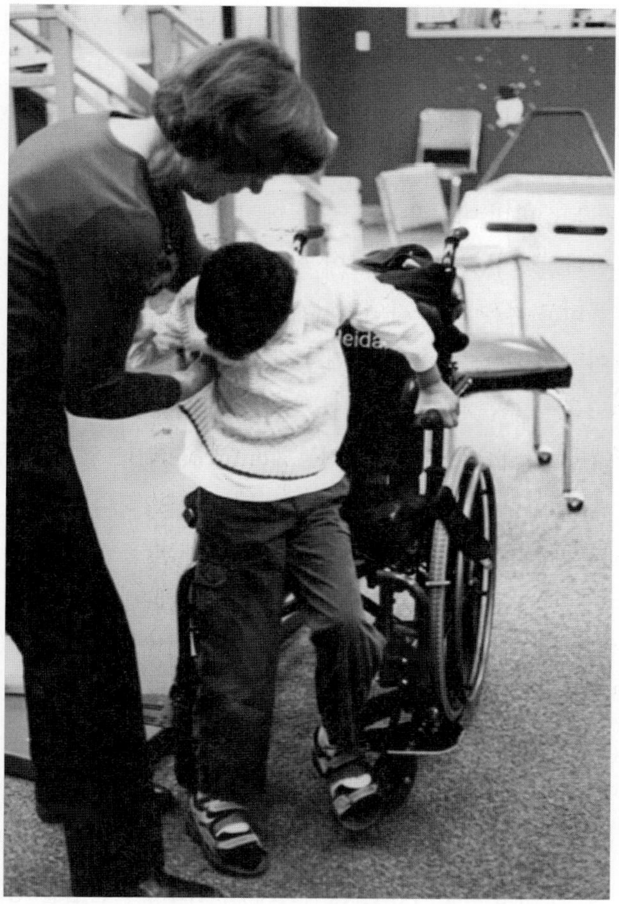

[그림 3-6C] 자리 이동하기와 자세 잡기

보호자는 서로 간의 신호에 주의를 집중하고, 자신의 반응을 바꿔 가면서 아주 빠르고 자연스럽게 교류를 하게 된다.

뇌성마비 아동은 일반적인 의사소통 과정이 왜곡되거나 아예 결여되어 있는 경우가 있다. 얼굴 찡그림(웃는 것 대신에)은 보호자가 거부의 신호로 해석하게끔 한다. 저긴장 또는 과긴장으로 인해 보호자가 아동을 안아 보는 것이 불가능할지도 모른다. 침을 계속 흘리거나 구토를 하고 혀를 밀어내는 행동과 같은 섭식 문제는 보호자로 하여금 아동이 음식을 먹기 싫어한다고 확신하게 만든다. 뇌성마비 아동이 가지고 있는 이러한 행동들은 중요한 의사소통 단서를 잘못 해석하게 하여 보호자가 부적절하게 반응하거나 위축되게 할 수 있다. 이렇게 되면 중요한 초기 의사소통 고리가 끊어지게 될 수 있다(Stephenson & Dowrick, 2005).

[그림 3-7] 눈 맞춤, 효과적인 듣기와 특별한 상호작용 전략이 의사소통을 증진시킨다.

구어를 통해 효과적으로 의사소통할 수 없는 아동은 인지적인 문제가 있다고 인식될 수도 있다. 대부분의 표준화 지능검사는 언어와 운동 기술을 기반으로 구성되어 있다. 따라서 목적한 대로 움직이는 것이 어렵고 해석할 수 없는 소리를 내는 뇌성마비 아동은 검사의 내용에 흥미가 없거나 혼돈스러워하고, 인지적으로 문제가 있는 것으로 보일 수 있다. 뇌성마비 아동의 대화가 예/아니요 반응으로만 가능할 경우 어휘 습득과 복잡한 언어 사용이 훨씬 제한될 수 있다.

보조공학의 발달은 뇌성마비 아동에게 새로운 기회를 제공하고 있다. AAC 전략은 구어가 불가능한 뇌성마비 아동의 복잡한 의사소통을 가능하게 한다(Beukelman, Mirenda,2005; Glennen & DeCoste, 1997). 교사들과 여타 의사소통 대상자들은 이해를 촉진시킬 수 있는 특별한 상호작용 전략과 효과적인 듣기 전략을 사용하여야 한다([그림 3-7] 참조). 제8장은 지체 · 중복장애 아동을 위한 AAC에 대한 내용으로 구성하였다.

4) 사회 · 정서 발달

특별한 치료 및 의료 중재, 보조공학 그리고 다른 신체 조정 기술로 뇌성마비의 신체적인 영향이 감소된다 하더라도 정상 형태와의 차이점은 어쩔 수 없다. 대부분의 아동은 또래들이 자신을 피하도록 야기하는 '(정상 상태와) 다른' 사람으로 인식되기를 원하지 않는다. 이러한 욕구는 특히 청소년기에 매우 중요하다.

(1) 사회적 의사소통의 촉진

교사와 성인들은 다양한 방법으로 뇌성마비의 사회 · 정서적 영향을 감소시킬 수 있다. 첫째, 교사가 의사소통과 사회 · 정서 발달 간의 관계를 이해하는 것이 중요하다. 다른 사람들과 의사소통하는 것은 자신의 이상과 감정, 의견을 교환하는 것이다. 그것은 자신의 독특한 측면을 전달하는 중요한 고리이다.

많은 뇌성마비 아동은 이해가 곤란하고 매우 불명료한 구어 능력을 가지고 있다. 따라서 자신의 의사소통 욕구를 전달하기 위해 AAC 기법을 필요로 할 수 있다. 만약 의사소통 도구를 사용할 경우 학생과 언어 치료사 사이에서만 사용하게 해서는 안 된다. 교사는 AAC 도구를 잘 조작할 수 있어야 하며, 학급생활 속에서 AAC 사용을 통합하고, AAC를 사용하여 아동이 대화를 시작하도록 촉구하면서 사회적 의사소통에 대한 모델을 제공해 주어야 한다. 또한 교사는 구어로 의사소통하는 것이 어려운 아동도 말하고 싶은 중요한 것이 있다는 것을 인정하고 받아들여야 한다. 불완전한 단어나 문장으로 끝내지 않고 완전한 문장을 만들도록 참고 기다려 주며, 내용을 이해하기 어려울 때는 다시 문장을 만들도록 요구하는 등의 적절한 상호작용 행동이 필요하다. 또한 또래들이 AAC 사용 아동의 말을 잘 듣는 행동을 모방하도록 격려해 주어야 한다. 이러한 전략은 구어로 의사소통이 어려운 학생들의 적극적인 참여를 촉구하고, 또래들과 중요한 사회적 의사소통의 연결고리를 만들어 준다.

(2) 존엄성의 존중

뇌성마비 아동은 일상생활에서 상당히 많은 신체적 도움을 필요로 한다. 만약 학생이 의료적인 도움을 필요로 한다면 교실의 일과로서 정해진 휴식시간 이전에 양호실이나 아동의 프라이버시를 지켜 줄 수 있는 장소에서 신중하게 처치가 이루어질 수 있도록 해야 한다. 일과 중(특히 화장실이나 다른 개인적인 기능과 관련된 경우)이라도 여러 사람들 앞에서 공개하거나 시도해서는 안 된다.

뇌성마비 아동은 학급 활동에서 종종 도움을 필요로 한다. 교사나 다른 사람이 학생에게 '과잉 친절'을 베풀려고 하는 것이 자연스럽게 나타나는데, 그것은 학생이 스스로 해 보겠다고 애쓰는 모습을 지켜보기보다는 도움을 주는 것이 훨씬 쉽고 빠르기 때문이다. 그러나 과제에 대한 성숙도, 자기통제(self-control), 성취감을 얻기 위해서는 수행 시간과 에너지가 필요하다. 제7장과 제10장에서는 독립성 증진을 위한 맞춤형 설비와 기능적인 참여와 관련된 문제 및 전략에 대해 다루고 있다.

(3) 사회적 · 물리적 어려움

사람들은 사회적 상황에서 또래나 다른 사람들과 상호작용하는 것을 배움으로써 성숙한 상태에 도달할 수 있다. 뇌성마비 아동은 뚫어지게 바라보거나 놀림을 당하는 것과 같이 감정을 상하게 할지도 모르는 사회적 상황으로부터 지나치게 '보호'받을 수 있다. 놀림은 물론 누구에게도 바람직한 것은 아니지만, '모든' 아동이 사회적 중재 전략을 배우도록 하는 일이 매우 중요하다. 아울러 나이에 맞지 않은 부적절한 사회적 행동 또한 뇌성마비 아동이라고 해서 참아 주어서는 안 된다. 그렇게 하는 경우 결국 뇌성마비 아동들의 사회적 상호작용을 어렵게 하는 장벽을 만들기 때문이다. 사회적 중재는 데이트, 성행위, 결혼(또는 파트너 맺기), 자녀 양육 등의 영역으로 확대된다. 뇌성마비 청소년은 자신의 또래와 같은 매력이나 호소력을 표현하지 못할지도 모른다. 이러한 느낌은 특히 보행이나 구어에 곤란을 겪을 때, 침을 흘리거나 얼굴 표정으로 유의미한 뜻을 전달하여야 할 때 더 문제가 될 수 있다. 그러나 이러한 것이 뇌성마비 아동의 자아개념이 낮다거나 정서적 부적응을 나타내는 것으로 해석되어서는 결코 안 된다. 장애의 정도와 학습 잠재력 간에는 절대적인 관계가 있는 것이 아님을 독자들이 배웠던 것처럼 장애의 정도와 사회·정서적 부적응 간에도 절대적인 관계가 형성되는 것은 아니다.

7. 교육적 적용

지체장애라는 조건이 지적인 기능과 학습 잠재력의 판단 기준이 될 수 없다는 점을 강조하고 싶다. 뇌성마비 아동은 운동성이나 언어성 검사에서 좋은 결과를 얻기 어렵기 때문에 지적장애로 판별될 위험이 있다. 아울러 중요한 것은 교사들이 신체적인 장애를 이유로 중요한 교육적 환경에서 뇌성마비 아동을 배제시키려는 충동에 저항하는 것이다.

1) 교육적 분리

교육적 통합은 아동의 욕구 수준에 맞는 지원을 제공하는 것뿐만 아니라 접근성과 기능적인 측면을 고려하는 교육과정 수정과 관계가 있다(Schenker, Coster, & Parush, 2006). 얼마나 많은 뇌성마비 학생이 수업시간에 책상이 아닌 다른 탁자(또는 교실의 뒤편)에 앉거나, 과학실에서 실험하고 있는 또래들을 가만히 보고만 있거나, 요리 활동을 위한 준비물만 옆에서 정리해 왔던가? 얼마나 많은 뇌성마비 학생이 게임 시간에 게임을 하는 선수가 아니라 점수를 매기는 학생으로 남아 있어 왔던가? 얼마나 많은 뇌성마비 학생들이 미술 시간에 색깔은 선택할 수 있지만 직접 색칠하지 못하고 보조원이나 교사가 완성하도록 요구하여 왔던가? 이처럼 뇌성마비 아동의 운동 문제가 교육경험 과정에서 중요한 참여를 방해하도록 내버려 두어서는 안 된다. 이 책을 다 읽고 나면 독자들은 뇌성마비를 포함하여 운동장애를 가진 학생들을 위한 진단, 교육과정 및 수업 활동의 수정 전략을 알게 될 것이다.

2) 학습장애

앞서 언급하였듯이 뇌성마비 아동은 학습을 방해하는 감각손상을 가지고 있을 수 있다. 뇌성마비 학생은 또한 학습장애에 영향을 미치는 정보처리 결함을 겪기도 한다. 만약 시각적인 정보처리에 장애를 갖고 있다면 교사는 한 면의 문장 행별 번호를 매겨 놓고 특정 단어를 읽도록 지도할 수 있다. "25번째 행을 봐"라고 상기시켜 주면 학생은 그 번호를 찾으려고 제시한 페이지를 훑어 내려 가다 지시에 적합한 단어에 접근하게 된다. 때때로 시각적인 복잡성을 줄이기 위해 읽을 행이 아닌 다른 행이 보이지 않도록 무엇인가로 덮어 버리는 것도 좋은 방법이다. 책에서 읽어야 할 위치를 놓치는 아동을 위해 읽어야 할 부분만이 보이도록 가운데 홈을 낸 폴더를 사용할 수도 있다. 폴더 안에 읽어야 할 페이지가 끼워지면 아동은 홈이 난 부분에 보이는 글자만 볼 수 있게 된다. 그리고 폴더에 홈을 점차 늘려 나가고 더 많은 글자가 노출되도록 한다. 때때로 읽어야 할 페이지를 반으로 접어 두는 것도 시각적인 복잡성을 줄여 주고 시각적인 변별에 도움을 준다. 수학문제에서 숫자의 위치를 분명히 하기 위해 모눈종이를 사용한다거나 시기억에 방해를 받는 것 같으면 과제의 진행 순서를 붙여 두는 것 등도 하나의 전략에 포함된다.

청각적 정보처리에 문제가 있는 학생이라면 지시에 따른 수행이나 이야기 말하기와 같은 기술을 연습시킬 필요가 있다. 청각적 기억을 도와주기 위해 시각적 단서를 제공하는 것도 일반적인 전략이다. 학생으로 하여금 이야기의 순서대로 그림을 배열하도록 하고, 회상할 때도 그 그림을 사용하도록 하는 것, 각 단계를 묘사하는 그림으로 메뉴판이나 일련의 순서도를 만들도록 하는 것, 필기를 위한 윤곽선을 제공하는 것 등도 익혀야 할 기술의 예가 될 수 있다.

일부 학습장애 학생은 공간 속에서 상대적인 위치를 지각하는 피드백 작용인 고유수용 감각(proprioception)의 지각에 어려움을 보인다. 예를 들어, 사람이 아주 많은 혼잡한 복도에 있게 되면 다른 사람과 최소한의 충돌만 일으키려고 자동적으로 몸을 조정한다. 그러나 대부분의 사람은 다른 사람과 부딪히는 것에 대해 그다지 신경 쓰지 않는다. 뇌성마비 아동은 자신의 근육을 부드럽고 유연하게 협응된 형태로 움직이지 못한다. 그 결과 움직임에 대한 왜곡된 신체지각을 갖게 될 수 있다. 만약 휠체어를 사용한다면 이것은 촉각이 작용하는 세상에서 자신을 분리시키는 더 큰 장벽이 되어 버릴 수 있다. 고유수용 감각에 장애가 있으면 교실 환경에서 또래나 책상, 교사와 부딪히지 않고 자유롭게 교실 주위를 이동하는 데 어려움이 있음을 의미한다. 그것은 자신의 책상과 교실 문 사이의 직선 거리를 가늠하는 데 어려움이 있음을 의미하기도 한다. 소근육 활동 면에서는 공간 속 방향이나 위치의 혼동을 느끼기도 한다. 교사는 이동의 복잡성이 느껴지지 않도록 교실 환경 배치에 도움을 줄 수 있다. 예를 들어, 바닥에 테이프를 붙여 아동의 이동을 용이하게 할 수 있다.

3) 개인적 자율성

독립은 누구에게나 중요한 목표이다. 뇌성마비 아동에게 있어 자율성은 종종 완전한 신체적 독립보다 최대한의 신체적 조절 능력을 획득하는 것을 의미한다. 자율성을 강화하기 위한 두 가지 영역은 도구 사용 훈련과 일상생활 훈련이다.

(1) 도구 사용

뇌성마비 아동들은 자신의 기능을 최대한 발휘하기 위해 다양한 보조공학 도구를 사용한다. 일찍부터 이러한 도구를 사용하도록 지도하는 것은 이동성과 의사소통에 도움이 되고, 자율성 강화에도 도움이 된다. 교사는 보조기구, 휠체어, AAC 도구 사용에 익숙해야 한다. 또한 교사는 아동이 학교 생활의 일과에 그러한 도구를 사용하도록 도와주어야 하고, 스스로도 도구 사용에 대해 현실적인 태도를 갖추어야 한다. 도구는 개인에게 필수적이고 유용한 것으로 받아들이고 교실의 공간을 차지하는 부피가 큰 물건으로 인식하여서는 안 된다.

(2) 일상생활 동작(Activities of Daily Living: ADL)

Bigge, Stump, Spagna와 Silberman(1999)은 일상생활 및 지역사회 생활 기술과 기숙사, 지역사회, 여가활동, 직업관련 영역에서 훈련되는 전환교육의 영역을 언급할 때 '생활 기술 교육과정(life skills curriculum)'이라는 용어를 사용하였다(p. 88). 집중적이고 기본적인 생활 기술 교육과정이란 대부분의 학생이 학교에서 경험하는 전형적인 것이 아니라 장애학생들의 독립성에 초점을 둔 교육과정이다. 이 책의 제10장과 제12장에는 지체 · 중복장애 학생의 독립성과 직업 · 전환교육을 위한 교수적 수정에 대해 제시하였다. 제13장부터 제16장까지는 일반교육과정과 문해력, 언어, 쓰기, 사회, 과학, 수학 영역에서의 기능적인 학습에 대해 제시하였다.

신변처리와 일상생활 기술을 익히는 것은 모든 사람의 발달 목표이다. 뇌성마비 아동은 섭식, 착탈의, 화장실 사용과 같은 신변처리 활동에서 상당히 많은 연습을 필요로 하며, 맞춤형 설비 형태인 보조공학의 사용을 요구하기도 한다([그림 3-8] 참조). 또한 이들은 아무리 많은 연습을 하더라도 보통의 사람들이 그 기능을 습득하는 생활연령에 그 기능을 습득하지 못하거나, 완전한 독립 수준으로 습득하지 못하기도 한다. 교사는 적절한 신변처리 기능의 연습을 위해 매일 계획적으로 시간을 할애하여야 한다. 또한 작업치료사, 물리치료사, 간호사 등과 긴밀히 협조하여 일과 속에서 신변처리 기능이 확립되도록 해야 한다. 아동이 혼자서 먹는 기능의 습득을 시도할 때는 지저분하고, 너무 천천히 먹는다 하더라도 그 모습을 역겨워하거나 회피해서는 안 된다.

연습 시간을 주는 것과 아울러 교사는 운동장애를 갖고 있는 아동이 신변처리 기능을 습득하는 데 필요한 시간과 노력에 대해서도 인식하고 있어야 한다. 교사는 종종 귀중한 수업 시간 동안 해결해야 할 많은 목표에 직면하게 된다. 예를 들어, 교사는 아동이 보행기를 사용하여 독립적으로 걷는 연습의 필요성을 인식하고 있을지도 모른다. 이 경우 교사는 쉬는 시간에 운동장으로 나가면서 이 기술을 연습하도록 학생에게 요구해야 하는 걸까? 이렇게 할 경우 학생이 운동장에 도착하기도 전에

[그림 3-8] 연습 과정은 시간이 많이 걸리고 더러워지기는 하지만 독립성을 증진시킨다.

쉬는 시간이 끝나 버릴 수도 있다. 그러면 이 결정이 귀중한 여가활동이나 사회적 경험을 박탈하는 결과를 가져올 수도 있는 것이다. 학생으로 하여금 조금 더 일찍 운동장에서 보행을 시작하도록 하거나, 운동장에서 휠체어 타는 학생을 밀어 주도록 하고, 돌아올 때 보행기를 사용하도록 하거나, 너무 멀지 않은 거리의 교실 안에서 운동 기술을 연습하도록 하는 것도 좋은 전략이다.

4) 진로 및 성인기 기능

뇌성마비 아동은 뇌성마비 성인으로 성장하게 된다. 따라서 이들에게는 평생의 요구와 도전이 중요한 문제가 된다. 뇌성마비는 지속적인 상태이기 때문에 미래 계획은 중요한 목적이 된다. 뇌성마비 학생은 학문적으로 아주 높은 잠재력을 성취하고 일상생활 기술을 습득하도록 고무되어야 한다. 뇌성마비 학생은 자신의 능력을 인정할 수 있어야 하는데 그 능력에는 자신의 장점과 한계점, 자신이 성취할 수 있는 직업에 전념할 수 있는 것 등이 포함된다. 교사는 학생이 자신의 장점을 발휘할 수 있도록 많은 경험을 제공하고, 학생의 요구와 관련하여 실질적인 피드백을 제공하며, 성공적인 성과를 위해 전략을 수정하고 무엇인가로 대체할 수 있도록 도움을 줄 수 있다.

뇌성마비는 인생의 여러 단계에서 다양한 의미를 함축하게 된다. 어린 뇌성마비 아동의 가족은 자기관리, 치료 교육, 의료적인 문제에 중점을 두게 된다. 이후에는 교육적인 부분에서의 적응이 중요하다. 뇌성마비 청소년은 또래관계, 사회적 상호작용, 독립성의 표출에 관심을 갖게 된다. 성인기로의 전환에서는 직업, 주거 형태, 가족의 형성이 주요 관심사가 된다. 제12장에서는 뇌성마비를 포함한 지체 · 중복장애인의 진로와 전환 교육에 관한 문제를 다룬다.

요약 및 결론

중복장애는 종종 각각의 장애가 서로에게 미치는 영향이 배가되고 상호작용하여 문제가 커지게 된다. 뇌성마비는 중추신경계 손상에서 기인하지만 감각, 의사소통, 정형외과적 문제, 학습장애, 지적장애 등을 수반하는 경우가 많다. 또한 뇌성마비의 복잡한 특성은 운동장애의 원인, 특성 및 정도와 다양한 관련을 갖는다.

뇌성마비 아동은 다양한 교육과 관련 서비스를 받는다. 교사와 관련 서비스 제공자는 적절한 교육 및 치료 프로그램을 제공하기 위해 긴밀히 협조하여야 한다. 물리적으로는 통합되어 있지만 교육과정이나 사회적 활동 면에서는 분리되어 있는 분리교육이 되지 않도록 조치를 취해야 한다. 교사는 뇌성마비 아동의 유의미한 참여를 촉진하기 위해 활동을 수정하는 창의성을 발휘할 수 있어야 한다.

토의 문제

1. 뇌성마비를 정의하고, 교사가 뇌성마비가 '발달장애'임을 인식하는 것이 왜 중요한지 논의해 보자.
2. 뇌성마비는 대부분 '단일 증후군'이 아니다. 뇌성마비가 수반하고 있는 장애를 적어도 세 가지 이상 설명하고, 중복장애가 학습과 의사소통 기능 면에서 상호작용적 영향을 미치는 이유를 설명해 보자.
3. 뇌성마비는 출생 전, 출생 시, 출생 후에 발생할 수 있다. 뇌성마비의 발생을 감소시킬 수 있는 방법에 대해 논의해 보자.
4. 뇌성마비는 뇌손상 위치, 운동 형태, 기능 등에 따라 분류된다. 학생이 '중도 경직형 사지마비'라는 진단을 받았다

면 교사는 어떠한 정보를 전달받아야 하는가? 이러한 진단을 받은 학생의 기능적인 운동을 위해 교사가 가져야할 자세 전략은 무엇인가?

5. 뇌성마비 학생의 신체 관리와 관련된 물리치료사와 작업치료사의 역할에 대해 설명하라. 교육적인 영역에서 치료사와 교사가 협조의 중요한 이유는 무엇인가?
6. 만약 학급에 경직형 편마비로서 청각적 정보처리에 결함이 있는 학생이 있다면 이 학생이 독후감을 완성할 수 있도록 지원하는 방법은 무엇인가?
7. 일상생활 기술의 습득이 뇌성마비 아동에게 중요한 이유는 무엇인가? 만약 독립적인 기능의 습득이 불가능하다면 일상생활 기술에 관련된 교육과정을 계속 지도하여야 하는가, 그렇지 않은가?

유용한 사이트

• 미국작업치료협회(American Occupational Therapy Association: AOTA)

http://www.aota.org

미국작업치료협회(AOTA)는 교육 프로그램의 승인, 전문성 개발, 대중교육, 국가적 건강관리 문제와 관련된 프로그램 지원 등의 제공을 통한 작업치료 서비스의 질을 개선하고 있다. 일반 대중에게 유용한 정보는 직업으로서의 작업치료사, 작업치료사가 전문 프로그램을 제공하는 학교, 국가 자격 요구 등이다. 작업치료를 훈련하고 있는 사람들을 위한 출판물과 시청각 자료들도 발간하고, 조직을 통해 판매하고 있다.

• 미국물리치료협회(American Physical Therapy Association: APTA)

http://www.apta.org

미국물리치료협회(APTA)는 물리치료의 실시, 교육, 연구의 발전을 목표로 하는 국내 전문가 조직이다. APTA는 취업은행, 물리치료사를 원하는 수요자 등을 포함하고, AOTA와 매우 비슷한 성격을 띤다. APTA에서 발간되는 자료로는 월간지인 『Physical Therapy』와 주간 뉴스 동정, 소비자를 위한 잡지인 『Your Health』가 있다.

• 뇌전증재단(Epilepsy Foundation)

http://efa.org

뇌전증재단은 뇌전증장애인에 대한 지원, 연구, 옹호 지원 등을 제공하는 가장 큰 단체이다. 교사가 특히 관심이 있는 분야는 '처치선택' 링크로서 최신 약물, 대체 치료방법, 아동의 처치방법 등을 포함한다. 교사는 학급에서 필요한 자료를 '부모란' '응급조치' 등을 링크하여 구할 수도 있다. 뇌전증재단에서 연 6회 『Epilepsy USA』를 발간하여 보호자와 소비자들이 가장 관심 있는 내용을 안내한다.

• National Easter Seals Society

http://www.eastreseals.com

1919년 설립된 Easter Seals는 50개 주와 컬럼비아 교육청, 푸에토리코 등을 지원하는 100개 제휴 협회를 망라하는 전국적 네트워크를 가지고 있다. 이 협회는 연간 100만 명 이상의 사람 요구에 대처할 수 있도록 500여 개의 프로그램 지원 사이트를 운영한다. Easter Seals는 의료적 재활, 직업 훈련 및 고용, 0~5세 아동의 보육, 성인 주간 프로그램, 야영 및 레크리에이션 프로그램을 포함한다. 교사는 학교기반 장애 인식 프로그램에 사용할 수 있는 'Disability Myths and Facts' 'Disability Etiquette'와 'Friends Who Care' 등의 유용한 자료에 접근할 수 있다.

• 미국뇌성마비협회(United Cerebral Palsy: UCP)

http://www.ucpa.org

미국뇌성마비협회(UCP)는 45년 이전부터 장애인의 진보와 변화를 추구하여 오고 있다. UCP는 150개가 넘는 제휴 기관을 가진 전국적인 조직이자 전국적인 네트워크로서 사회의 일상적인 활동에 장애인의 통합을 추구하고 있다. UCP의 미션은 뇌성마비와 다른 장애인들의 독립성과 생산성, 완전한 시민성을 향상시키는 데 있다. UCP의 시청각 갤러리를 링크하여 'Life without Limits' 'Dignity' 'Dream' 그리고 여타의 자료들을 볼 수 있다. 'Cerebral Palsy Fact Sheets'는 매우 우수한 교사용 자료이다.

참고문헌

Arnoldi, K. A., & Jackson, J. H. (2005). Cerebral palsy for the pediatric eye care team part I: Epidemiology, pathogenesis, and systemic findings. *American Optical Journal, 55*, 97-105.

Arnoldi, K. A., Pendarvis, L., Jackson, J. H., & Agarwal Batra, N. N. (2006). Cerebral palsy for the pediatric eye care team part II: Diagnosis and management of associated visual and sensory disorders. *American Optical Journal, 56*, 97-107.

Beers, M. H., Porter, R. S., Jones, T. V., Kaplan, J. L., & Berkwits, M. (2006). *The Merck manual of diagnosis and therapy* (18th ed.). Whitehouse Station, NJ: Merck & Co.

Best, S. J. (2008). Cerebral palsy. In M. G. Brodwin, J. Howard, S. K. Brodwin, & F. I. Sui (Eds.), *Medical, psychosocial, and vocational aspects of disability* (3rd ed.). Athens, GA: Elliott & Fitzpatrick.

Beukelman, D. R., & Mirenda, P. (2005). *Augmentative and alternative communication: Supporting children and adults with complex communication needs* (3rd ed.). Baltimore, MD: Paul H. Brookes.

Bigge, J. L. (1991). Accompanying disabilities. In J. L. Bigge (Ed.), *Teaching individuals with physical, and multiple disabilities* (3rd ed., pp. 75-101). Upper Saddle River, NJ: Merrill/Pearson Education.

Bigge, J. L., Stump, C. S., Spagna, M. E., & Silberman, R. K. (1999). *Curriculum, assessment, and instruction for students with disabilities.* Belmont, CA: Wadsworth.

Blickstein, I. (2002). Cerebral palsy in multifoetal pregnancies. *Developmental Medicine and Child Neurology, 44*, 352-355.

Blickstein, I. (2003). Outcomes of triplets and higher-order multiple pregnancies. *Current Opinion in Obstetrics and Gynecology, 15*(2), 113-117.

Cusick, B. (1991). Therapeutic management of sensorimotor and physical disabilities. In J. L. Bigge (Ed.), *Teaching individuals with physical and multiple disabilities* (3rd ed., pp. 16-49). Upper Saddle River, NJ: Merrill/Pearson Education.

Eicher, P. S. (2002). Feeding. In M. L. Batshaw (Ed.), *Children with disabilities* (5th ed., pp. 549-566). Baltimore, MD: Paul H. Brookes.

Epilepsy Foundation. (2007). *First aid.* Retrieved August 5, 2007, from www.epilepsyfoundation.org/about/firstaid/index.cfm.

Finnie, N. R. (2001). *Handling the young child with cerebral palsy at home* (3rd ed.). Oxford, UK: Butterworth-Heinemann.

Glennen, S. L., & DeCoste, D. C. (1997). *Handbook of augmentative and alternative communication.* San Diego, CA: Singular.

Gooch, J. L., Oberg, W. A., Grams, B., Ward, L. A., & Walker, M. L. (2003). Care provided assessment of intrathecal baclofen in children. *Developmental Medicine and Child Neurology, 46*(8), 548-552.

Gormley, M. E., Jr. (2001). Treatment of neuromuscular and musculoskeletal problems in cerebral palsy. *Pediatric Rehabilitation, 4*(1), 5-16.

Gormley, M.E., Jr., Krach, L. E., & Piccini, L. (2001). Spasticity management in the child with spastic quadriplegia. *European Journal of Neurology, 5*(8), 127-135.

Hagglund, G. (2005). Prevention of severe contractures might replace multilevel surgery in cerebral palsy: Results of a population-based health care programme and new techniques to reduce spasticity. *Journal of Pediatric Orthopaedics, 14*(4), 269-273.

Hamilton, S. (2006). Screening for developmental delay: Reliable, easy-to-use tools. *Journal of Family Practice, 55*(5), 415-422.

Heller, K. W., Alberto, P. A., Forney, P. E., Best, S. J., & Schwartzman, M. N. (2009). *Understanding physical, health and multiple disabilities,* 2nd ed. Upper Saddle River, NJ: Merrill/Pearson Education.

Heller, K. W., Forney, P. E., Alberto, P. A., Schwartzman, M.N., & Goeckel, T. (2000). *Meeting physical and health needs of children with disabilities: Teaching student participation and management.* Belmont, CA: Wadsworth.

Hernandez-Reif, M., Field, T., Largie, S., Diego, M., Manigat, N., Seoanes, J., et al. (2005). Cerebral palsy symptoms in children decreased with massage therapy. *Early Child Development and Care, 175*(5), 445-456.

Hoon, A. H., Jr. (2005). Neuroimaging in cerebral palsy: Patterns of brain dysgenesis and injury. *Journal of Child Neurology, 20*(2), 936-939.

Howle, J. (2002). *Neuro-developmental treatment app-*

roach: Theoretical foundations and principles of clinical practice. Laguna Beach, CA: Neuro-Developmental Treatment Association.

Jackson, J. H., Castleberry, C., Gali, M., & Arnoldi, K. A. (2006). Cerebral palsy for the pediatric eye care team. Part II: Diagnosis and treatment of ocular motor deficits. *American Optical Journal, 56*, 86-96.

Jones, M. W., Morgan, E., Shelton, J. E., & Thorogood, C. (2007). Cerebral palsy: Introduction and diagnosis (part 1). *Journal of Pediatric Health Care, 21*(3), 146-152.

Karandikar, S., Coles, l., Jayawant, S., & Kemp, A. M. (2004). The neurodevelopmental outcomes in infants who have sustained a subdural haemorrhage from non-accidental head injury. *Child Abuse Review, 13*(3), 178-187.

Kay, R. M., Rethlefsen, S. A., Fern-Buneo, A., Wren, T. A., & Skaggs, D. L. (2004). Botulinum toxin as an adjunct to serial casting treatment in children with cerebral palsy. *Journal of Bone and Joint Surgery, 86*(11), 2377-2384.

Koman, L. A., Smith, B.P., & Balkrishnan, R. (2003). Spasticity associated with cerebral palsy in children: Guidelines for the use of botulinum A toxin. *Pediatric Drugs, 5*(1), 11-23.

Koman, L. A., Smith, B. P., & Shilt, J. A. (2004). Cerebral palsy. *Lancet, 363*(9421), 1619-1631.

Krigger, K. W. (2006). Cerebral palsy: An overview. *American Family Physician, 73*(1), 91-100.

Kulak, W., & Sobaniec, W. (2003). Risk factors and prognosis of epilepsy in children with cerebral palsy in northeastern Poland. *Brain Development, 25*, 499-506.

Leary, S. M., Gilpin, P., Lockley, L., Rodriguez, L., Jarrett, L., & Stevenson, V. L. (2006). Intrathecal baclofen therapy improves functional intelligibility of speech in cerebral palsy. *Clinical Rehabilitation, 20*(3), 228-231.

Martin, S. (2006). *Teaching motor skills to children with cerebral palsy and similar movement disorders: A guide for parents and professionals.* Bethesda, MD: Woodbine House.

Morris, C. (2002). A review of the efficacy of lower-limb orthoses used for cerebral palsy. *Developmental Medicine and Child Neurology, 44*, 205-211.

Nolan, K. W., Cole, L. L., & Liptak, G. S. (2006). Use of botulinum toxin type A in children with cerebral palsy. *Physical Therapy, 86*(4), 573-584.

Obringer, S. J., & Coffey, K. (2008). Neurologist's views of current medications: Spasticity and athetosis. *Physical Disabilities: Education and Related Services, 26*(2), 33-42.

Odding, E. Roebroeck, M., & Stam, H. (2006). The epidemiology of cerebral palsy: Incidence, impairments, and risk factors. *Disability and Rehabilitation, 28*(4), 183-191.

Palisano, R., Rosenbaum, P., Walter, S., Russell, D., Wood, E., & Galuppi, B (1997). Development and reliability of a system to classify gross-motor function in children with cerebral palsy. *Developmental Medicine and Child Neurology, 39*, 214-223.

Pass, R. F., Fowler, K. B., Boppana, S. B., Britt, W. J., & Stagno, S. (2006). Congenital cytomegalovirus infection following first trimester maternal infection: Symptoms at birth and outcome. *Journal of Clinical Virology, 35*(2), 216-220.

Pellegrino, L. (2007). Cerebral palsy. In M. L. Batshaw, L. Pellegrino, & N. Roizen (Eds.), *Children with disabilities* (6th ed., pp. 387-408). Baltimore, MD: Paul H. Brookes.

Presedo, A., Oh, C-W., Dabney, K. W., & Miller, F. (2005). Soft-tissue releases to treat hip subluxation in children with cerebral palsy. *Journal of Bone and Joint Surgery, 87*(4), 832-841.

Redstone, F., & West, J. E. (2004). The importance of postural control for feeding. *Pediatric Nursing, 30*(2), 97-100.

Sandeep, M., Farmer, J-P., Al-Atassi, B., Montpetit, K., Gervais, N., Poulin, C., et al. (2002). Impact of selective dorsal rhizotomy on fine motor skills. *Pediatric Neurosurgery, 36*(3), 133-141.

Sano, M., Kaga, K., Kitazumi, E., & Kodama, K. (2005).

Sensorineural hearing loss in patients with cerebral palsy after asphyxia and hyperbilirubinemia. *International Journal of Pediatric Otorhinolaryngology, 69*(9), 1211-1217.

Schenker, R., Coster, W., & Parush, S. (2006). Personal assistance, adaptations and participation in students with cerebral palsy mainstreamed in elementary schools. *Disability and Rehabilitation, 28*(17), 1061-1069.

Sillanpää, M. (2004). Learning disability: Occurrence and long-term consequences in childhood onset epilepsy. *Epilepsy and Behavior, 5*(6), 937-944.

Singhi, P., Jagirdar, S., Khandelwal, N., & Mahli, P. (2003). Epilepsy in children with cerebral palsy. *Journal of Child Neurology, 18*, 174-179.

Sleigh, G. (2005). Mothers' voice: A qualitative study on feeding children with cerebral palsy. *Child: Care, Health, and Development, 31*(4), 373-383.

Soo, B., Howard, J. J., Boyd, R. N., Reid, S. M., Lanigan, A., Reddihough, D., et al. (2006). Hip displacement in cerebral palsy. *Journal of Bone and Joint Surgery, 88*(1), 121-129.

Stephenson, J., & Dowrick, M. (2005). Parents' perspectives on the communication skills of their children with severe disabilities. *Journal of Intellectual and Developmental Disability, 30*(2), 75-85.

Sullivan, P. B., Juszczak, E., & Bachlet, A. M. (2005). Gastrostomy tube feeding in children with cerebral palsy: A prospective, longitudinal study. *Developmental Medicine and Child Neurology, 47,* 77-85.

Sutcliffe, A. G., & Derom, C. (2006). Follow-up of twins: Health, behavior, speech, language, outcomes, and implications for parents. *Early Human Development, 82*(6), 379-386.

Von Koch, C. S., Park, T. S., Steinbok, P., Smyth, M., & Peacock, W. (2001). Selective posterior dorsal ryizotomy and intrathecal baclofen for the treatment of spasticity. *Pediatric Neurosurgery, 35*(2), 57-64.

Weinstein, S. (2002). Epilepsy. In M. L. Batshaw, *Children with disabilities* (5th ed., pp. 493-523). Baltimore, MD: Paul H. Brookes.

CHAPTER

04 건강장애와 감염병

Sherwood J. Best

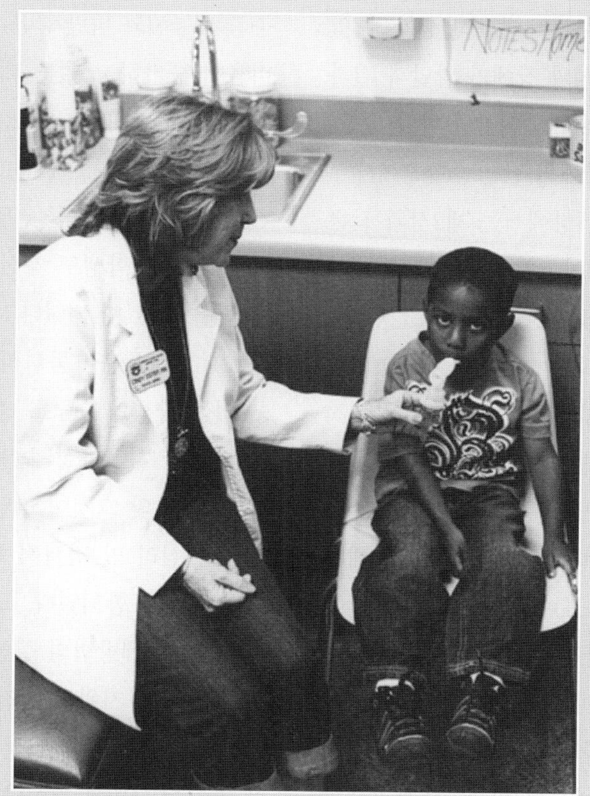

이 장을 읽고 나면 여러분은

1. 천식, 낭포성 섬유증, 암과 같은 건강장애 질환을 정의할 수 있다.
2. STORCH 감염병을 정의하고, 설명할 수 있다.
3. 건강장애와 감염병에 수반되는 이차 증상 및 수반 증상을 설명할 수 있다.
4. 건강장애 및 감염병이 신체적, 인지적, 심리사회적 발달에 미치는 영향을 설명할 수 있다.
5. 건강장애 및 감염병이 교육, 신변 자립, 진로 및 성인기 목표에 미치는 영향을 설명할 수 있다.
6. 건강장애 및 감염병이 교수 활동 및 사회적 상호작용에 미치는 영향을 감소시키기 위한 전략을 수립할 수 있다.
7. 교육환경에서 일반적 예방법과 감염 예방 대책을 실천할 수 있다.

건강장애는 지체 · 중복장애와 관련되는 경우가 많다. 여러 가지 장애가 동시에 발생하는 일은 우연히 일어난다. 가령 뇌성마비인 사람이 천식에 걸리는 경우를 들 수 있다. 가끔 건강장애로 인한 지체장애도 발생한다. 당뇨로 다리를 절단하는 경우가 그에 해당한다. 감염병은 지체장애 및 건강장애를 가진 사람에게 발생할 수도 있으나 장애가 없던 사람에게도 발생할 수 있다. 따라서 우리는 장애의 역동성과 장애가 발달과 결과(목표)에 영향을 미치는 기제를 이해하여야만 한다.

이 장에서는 여러 가지 건강장애와 감염병(출생에서 부터)에 대해 기술하고자 한다. 제4장에서는 제2장과 같은 방식으로 내용을 구분하여 전개하고자 한다. 제4장에서는 제2장과 같이 장애의 원인 및 진행과 관련된 정보를 통하여 ① 정의 및 종류, ② 의학적 수반 증상, ③ 의학적 및 치료적 처치를 알아보고자 한다. 여러분은 구체적인 건강장애 및 감염병이 신체적, 인지적, 심리사회적 발달에 미치는 영향을 알아본 후 발달 목표 도달을 촉진하기 위한 전략을 학습하게 될 것이다. 그리고 건강장애가 교육, 자율성, 직업 및 성인기 목표에 미치는 영향을 알아본 후 감염병의 감염 예방, 일반적 주의법, 건강 관리 계획 수립에 관한 논의로서 이 장의 결론을 맺을 것이다.

제4장에서는 제2장과 같은 방법으로 내용을 구분하여 전개하고자 한다. 이 책 속에 제시된 지체 · 중복장애를 일으키는 증상이나 그 밖의 다른 증상에 대해서 더 많은 연구가 이루어져야 한다. 여러분은 각 장애 영역별 기관, 재단, 정보 제공처에 연락하여 관련 정보를 얻을 수 있을 것이다. 그리고 인터넷을 통하여 정보를 얻을 수도 있다. 이 장 말미의 유용한 사이트에는 그러한 정보를 제공하는 기관들을 소개하였다.

1. 건강장애

건강장애는 장애를 일으키는 다양한 증상을 크게 묶은 범주이다. 제1장에서 정의한 바와 같이 건강장애를 가진 사람은 체력과 활력, 각성(지나치게 높은 각성을 포함하는)이 제한되는 증상이 있다. 건강장애는 급성일 수도 있고 만성일 수도 있으며, 악영향을 미칠 수도 있다. '기타 건강장애'로서 특수교육 지원과 서비스를 받고 있는 아동의 경우 그 증상이 교육적 수행에 큰 영향을 미친다. 건강장애 학생 수는 급격히 증가하고 있다. 그 이유는 건강장애 학생이 낭포성 섬유증, 암, 심장병과 같은 증상과 공해와 비만 같은 환경적 요인으로부터 생존하는 비율이 증가하고 있는 데 기인한다(DePaepe, Garrison-Kane, & Doelling, 2002; Perrin, Bloom, & Gortmaker, 2007).

인공호흡기와 약물 전달과 같은 의료공학의 발달을 통해 건강장애 학생도 자신의 이웃에 있는 학교에서 교육을 받을 수 있게 되었다(Mukherjee, Lightfood, & Sloper, 2002). 미국특수아동협의회(CEC, 2003)에서는 건강장애가 있는 학생의 요구를 충족시켜 주기 위해서 교사가 갖추어야 할 지식과 기술을 제안하였다. 여기에는 건강장애의 증상 및 그것이 발달에 미치는 영향, 각 증상에 수반되는 심리 및 정서적 특성, 증상에 따른 교수적 수정 방법 등이 포함되었다. 교사는 의료 제공자의 역할과 책임, 일반적 예방법의 실천, 비밀 유지정책과 건강장애가 있는 사람을 지원하는 전문 기관에 대해서도 알아야 한다. 이 장에서는 이와 같은 CEC의 가치와 기준, 지침들에 관하여 살펴볼 것이다.

건강장애와 지체장애의 가장 큰 차이는 가시성과 비가시성에 있다. 건강장애는 언뜻 보아서는 알 수 없는 경우가 많다. 그러나 건강장애가 인지, 발달, 심리사회적 측면에 미치는 영향은 매우 클 수 있다(Armstrong, 2006; Taylor, Gibson, & Franck, 2008). 부모들도 자녀의 만성적 질환으로 인해 고통을 받을 수 있다. 또한 자녀가 다른 아동들에 비해 약하다는 것을 인식하게 되면 자녀에 대한 불안감이 증가할 수 있다(Lopez, Mullins, Wolfe-Christensen, & Bourdeau, 2008). 보통 건강장애는 밖으로 드러나지 않기 때문에 발달 촉진을 위한 맞춤형 수정, 학습, 사회적 기술이 제공되기 어렵다. 왜냐하면 건강장애가 있는 사람은 대부분 개인 생활 기능이 정상이므로 아픈 사람처럼 인식되지 못할 수 있기 때문이다. 그 결과 건강장애가 있는 사람은 위험한 활동에 참가하는 모험을 하게 될 수도 있다(예를 들면, 천식을 앓고 있는 학생이 심한 체육활동에 참가하거나 당뇨가 있는 학생이 탄수화물을 섭취하는 것).

그 외에도 비가시성이라는 특성 때문에 건강장애를 비밀로 할 수도 있다. 만약 어떤 사람이 건강장애를 드러내길 원하지 않는다면 다른 사람도 최적이 아닌 상황에서 감지할 가능성이 있다. 예를 들면, 사지 결손이 있는 사람의 친구는 친구가 의수족을 바르게 착용하지 못했음을 금방 알아볼 수 있다. 그러나 당뇨를 앓고 있는 사람은 의학적인 위기가 닥칠 때까지 인슐린 부족을 알아볼 수 있게 하는 외적인 표식이 보이지 않을 수 있다.

셋째, 건강장애는 대부분 만성적인 특성이 있다. Perrin 등(2007)은 "진단 시부터 최소 12개월 이상 지속되는 증상"(p.2755)을 만성으로 정의하였다. 비록 만성 증상들은 급격한 위기나 악화 시기가 있기는 하지만, 대부분의 경우에는 평생을 통해 관리해야만 한다. 예를 들면, 당뇨를 앓는 사람은 적절한 식이요법, 운동, 인슐린 투약 등을 통하여 지속적으로 관리하여야 한다. 그렇지 않을 경우 인슐린의 양이 과도하거나 부족하게 되는 결과를 초래한다. 그렇게 되면 신속하고 적절한 대처가 필요하며 그렇지 못할 경우 몇 분 내에 치명적인 위기가 찾아올 수도 있다. 천식이 있는 사람은 예민한 반응을 유발하는 환경의 변화에 대응할 준비를 하여야 한다. 낭포성 섬유증이나 암의 경우 감염의 치료나 예방을 위한 항생제를 투약하여야 한다. 병에 대한 관리가 아무리 적절하였더라도 긍정적인 결과가 나타나리라는 보장은 없다. 치료는 고통과 신체적 피로를 유발할 수 있다. 또한 병 자체보다도 불편한 마음에서 고통을 느낄 수도 있다. 이런 상황에서 의료적 처방에 따르도록 개인을 동기화시키는 일에는 어려움이 따를 때가 많다(Heller, 2009; Ingersoll & Cohen, 2008).

이 장에서 기술할 건강장애는 천식, 당뇨, 낭포성 섬유증이다. 이 세 가지 건강장애를 선정한 이유는 다음과 같다. 첫째, 이들은 하나의 장애가 다른 신체 체계의 기능을 변화시키는 기제를 보여 준다. 천식은 호흡기계에 영향을 미치는 반면 당뇨는 내분비계의 손상이며, 낭포성 섬유증은 외분비계의 손상이다. 둘째, 이 건강장애 증상들은 특수교육 분야의 서비스와 무관한 교사나 사람들에게도 익숙한 질환이며 그들이 개인적으로도 이와 같은 손상을 경험했을 수 있기 때문이다. 셋째, 이 세 종류의 건강장애 간의 경과(의학적 결과)를 비교해 보는 일이 흥미롭기 때문이다. 예를 들면, 천식과 당뇨는 치명적 위험이 내재된 만성적 증상이지만 탁월한 기능적 목표를 통하여 관리가 가능하다. 낭포성 섬유증은 치료가 가능하긴 하나 진행성의 말기 질환이라고 할 수 있다. 마지막으로, 여기서 논의하는 건강장애는 다른 질환에 비해 발달과 기능에 더 큰 영향을 미친다. 교사와 다른 서비스 제공자들은 이러한 건강장애가 개인의 한 가지 특성에 불과하다는 균형 있는 시각을 견지하여야 한다.

2. 천식

1) 정의 및 종류

천식은 가장 흔한 아동기 폐질환으로서 현재 미국 내 아동·청소년의 9%가 영향을 받는 것으로 추정된다(Perrin et al., 2007). 천식은 영아기부터 나이가 들 때까지 발병할 수 있으며, 증상도 경도에서부터 생명이 위독한 정도까지 매우 다양하다. 천식은 단순한 질병이 아니라 유전적 요인이 환경 속에서 상호작용하여 발생하는 여러 가지 요인 때문이다(Eder, Ege, & Mutius, 2006; Perrin et al., 2007). 예를 들어, 일부 사람들의 경우 폐로 흡입되는 미세한 먼지나 가루(담배 연기나 고양이털, 먼지 진드기와 같은)에 매우 민감하여 호흡 반응(천식 발작)을 일으키기도 한다. 천식은 복잡한 단계를 나타낸다. 천식의 원인에는 호흡기 감염, 가정이나 환경 속의 알레르기 물질에 대한 민감성, 기도 반응, 가족력 등이 포함된다(Conboy-Ellis, 2006; Heller, Schwartzman, & Fowler, 2009; Morgan & Martinez, 1992).

천식은 알레르기로 인해 발생된 염증에서 시작하여 점차 알레르기 반응이 증가하고 구조적 변화가 일어나는 합병증이 발생하며, 이어 만성적인 성인 천식으로 이행한다(Knight, 2006, p. 523). 천식은 신체의 면역 반응 결과이며, 항원(antigens)은 폐로 유입되는 외부 물질이다. 신체는 항원의 활동을 억제하기 위하여 항체를 생산하여 대응한다(Heller et al., 2009). 천식에 걸린 사람은 폐의 근육 수축과 점액 분비, 팽창을 일으키는 화학물질을 방출함으로써 항원에 반응하는 IgE 항체가 다른 사람보다 많다. 그 결과 기도가 막히고 호흡이 곤란해지게 된다. 천식은 천명, 기침, 발한, 흉부협착 등의 증상을 동반하기도 한다. 천식 유발물질에 반복하여 노출되면 민감성은 더욱 높아진다. 천식을 가진 사람은 건강장애가 있는 것처럼 보이지 않을 때도 있는 반면 매우 고통스러워 보일 때도 있다.

천식의 검사 방법은 흉부 X선 촬영, 폐기능 검사, 혈액 및 땀 검사, 피부 알레르기 반응 등이 있다(de Bildering, Mathot, Augstsson, Tuerlinckx, Jamart, & Bodart, 2008; Koh, Kang, Yoo, Kim, Yu, & Chang, 2007; Muller & Eigen, 1992). 이런 검사 중에는 천식이 있는지 여부를 밝히기 위한 것도 있고 다른 증상들(예를 들면, 낭포성 섬유증)과 천식을 구별하기 위한 것도 있다.

2) 의학적 수반 증상

천식을 반복하는 사람의 폐에서는 공기가 폐포(폐 속의 작은 기낭)에서 빠져나오기 어렵다. 폐포에 갇힌 공기는 폐를 지나치게 팽창시키며 호흡을 어렵게 한다. 이런 일이 반복되면 가슴이 불룩하게 튀어나오게 된다(Aceves & Broide, 2008; Tagaya & Tamaoki, 2007). 그리고 천식에 신속히 대처하지 못하여 호흡 정지가 발생하는 경우도 있다.

3) 의학적 및 치료적 처치

최근의 연구에서는 환경적 손상에 반하는 기도 보호가 염증을 억제하거나 알레르기에 대한 면역 반응 처치보다 더 나은 처치 반응이 나타날 수 있다고 발표하였다(Holgate, 2008). 그러나 현재의 천식 치료는 발작의 강도를 약화시키거나 발작의 예방이라는 측면에서의 증상 통제가 중심이 되고 있다. 약물은 예방의 측면에서도 사용되지만 위급한 발작 증상을 통제하기 위한 목적으로도 사용할 수 있다. 교사나 다른 서비스 제공자들은 약물의 유형과 즉각적 효과, 부작용에 대해서 알아 두어야 한다.

(1) 예방

천식의 예방을 위해서는 원인의 파악이 신속히 이루어져야 한다. 천식 예방의 최선책은 유발 물질과 유발 상황의 제거이다. 이를 위해서는 집의 청소를 깨끗이 하고 애완동물은 기르지 않는다. 카펫이나 커튼 등을 매트나 블라인드로 대체하게 되면 애완동물의 비듬이나 먼지와 같은 천식 유발물질을 제거할 수 있다. 가정용 공기청정기는 환경 속의 알레르기 유발 물질을 감소시킨다. 그러나 아무리 환경을 통제하여도 천식 유발 물질을 모두 제거하는 일은 사실상 불가능하다. 저자의 딸은 고양이털 때문에 가벼운 천식을 앓은 적이 있다. 주치의는 고양이를 내다 버리라고 권하였다. 그러나 우리에게는 고양이가 없어졌을 때 딸이 겪을 정서적 혼란이 집 안에서 고양이 털을 완전히 제거하는 것보다 더 부담스럽게 느껴졌다. 그래서 고양이 비듬을 줄일 수 있도록 이전에 비해 카펫 청소를 더 자주 하고, 고양이를 가구로부터 멀리 떼어 놓았으며, 잠은 현관에서 자도록 훈련을 시켰다. 그리고 딸이 고양이와 입을 맞추지 않도록 주의를 주었다.

예방적 치료에는 알레르기 물질에 내성이 생기도록 소량의 알레르기 물질에 노출시키는 일(면역요법, 알레르기 주사요법)이 포함된다(O'Connell & Heilman, 1996). 그리고 환경 통제 방법과 면역요법 외에 폐의 염증과 가래를 감소시키는 약물의 복용도 포함된다. 염증의 완화 과정을 목표로 하는 장기적 흡입 약물은 효과가 있는 약물에 의한 통증 제어에 실패했을 때 가장 좋은 처방법이라고 할 수 있다(Heller et al., 2009; Hogan & Wilson, 2003).

(2) 중재

일단 천식이 시작되면 기도를 열어 줄 수 있는 약물(기관확장제)이 매우 효과적이다. 약물은 흡입기나 천식환자용 연무기(nebulizer)를 사용하여 폐 속에 안개처럼 분사시킬 수 있다. 흡입기는 소량의 약물을 문제의 원인이 되는 곳(폐)에 직접 투약하기 편리하다. 게다가 흡입기는 휴대가 간편하고 사용도 용이하다. [그림 4-1]은 흡입기의 사용 단계를 제시한 것이다. 호흡보조기는 흡입기로 약물을 전달하기 위한 호흡 협조가 어려운 사람에게 최상의 선택이 될 수 있다. 이런 도구들이 천식의 발작을 경감시키기에 부적절한 경우도 있다. 교사와 서비스 제공자들은 다양한 천식 발현의 표식에 주의를 기울여야 한다. 만약 약물 사용이 어렵거나 호흡이 과도하게 짧아지는 경우, 반응이 없는 경우, 청색증(입술과 손톱 등이 파랑 혹은 청회색을 띰)을 보이는 경우에는 응급처치가 필요하다.

폐쇄 구강 흡입기 사용의 단계

1. 흡입기를 2~5초간 흔든다.
2. 사용법에 제시된 흡입기의 투입 부분을 단다.
3. 엄지손가락과 집게손가락으로 잡은 상태에서 입에 흡입기를 대고 흡입구의 주위를 입술을 문다.
4. 완전히 숨을 내쉰다.
5. 사용법에 따라 학생의 위아랫니 사이에 흡입구를 놓고 입술을 다문다.
6. 흡입구를 향해 약품이 든 용기를 누른다. 이때 분사된 약물이 전달될 수 있도록 가능한 한 천천히 숨을 들이마시기 시작한다.
7. 3~5초간 천천히 숨을 들이마쉰다.
8. 약물을 흡입한 후 약 10초간 숨을 참아야 한다. 그렇지 않을 경우 입으로부터 흡입기가 떨어져 버릴 수 있다.
9. 1초간 분사한 후 정해진(의사의 지시) 시간만큼 기다린다.
10. 흡입기를 사용한 후 세균 감염을 예방하기 위해 입을 헹군다.

[그림 4-1] 흡입기의 사용 단계

출처: "Asthma," by K. W. Heller, 2009. In K. W. Heller, P. E. Forney, P. A. Alberto, S. J. Best, and M. N. Schwartzman, *Understanding Physical, Health, and Multiple Disabilities* (p. 326). Upper Saddle River, NJ: Pearson Education.

천식은 흔하기도 하고 회복과 발작을 반복하기 때문에 비위협적이고 하찮은 증상으로 인식되기도 한다. 최근 치명적인 천식 발작에 고통받는 사람이 의사의 처방이 필요 없는 기관지 확장제로 자기치료를 하는 일이 늘어남에 따라 목숨이 경각에 달린 지경이 아닌 경우 크게 염려해야 할 질병이 아니라는 대중적인 인식이 형성되게 되었다.

4) 신체적, 인지적, 심리사회적 발달에 미치는 영향

천식은 가역성이 있는 만성 질환이다. 천식발작이 반복되면 기도벽이 두꺼워지거나 정상적인 호흡을 어렵게 하는 폐의 변화를 가져올 수 있다(Aceves & Broide, 2008; Knight, 2006; Tagaya & Tamaoki, 2007). 천식은 신체적 영향이 적은 반면, 심리사회적 영향이 매우 큰 질환이다. 심각한 상황의 천식환자를 제외하고는 천식이 신체에 미치는 영향이 있음을 밝히기는 어렵지만 심리사회적 기능은 크게 손상받을 수 있다.

(1) 신체적 및 인지적 발달

천식과 신체적 발달 사이에는 특별한 연관성이 없다. 운동이 천식을 유발하는 아동의 경우 무리한 활동 참가는 주의하여야 한다. 그들의 기력이 떨어진 경우 체육활동을 수정하는 것이 필요하다. 그러나 운동은 신체 건강을 유지하고 비만을 예방하기 위하여 중요하다. 최근의 연구에서는 체질량 지수(BMI)와 천식 사이에 관계가 있음이 밝혀졌다(Sithole, Douwes, Burstyn, & Veugelers, 2008). 천식은 인지기능 수준과는 아무 연관이 없다.

(2) 심리사회적 영향

사람들은 한때 천식이 행동이나 정서적 원인에서 비롯된다고 믿었다. 그래서 부모들은 과잉보호가 아이들의 천식발작을 예방하는 방법이라고 생각하였다. 천식이 정서장애 때문에 발생한다고 믿었을 때는 아동들이 자신의 천식발작의 책임을 져야만 했다. 지금은 천식의 원인이 생화학적 신진대사 작용에 있다는 사실을 알게 되었다. 그러나 과격한 정서적 반응, 가령 과도한 웃음이나 울음은 발작을 일으키기에 충분한 호흡곤란을 유발한다(Hill, 1999). 천식의 발현기 동안 과격한 정서적 반응이 정상적인 호흡 회복을 어렵게 할 수도 있다. 반복되는 천식 발작은 다른 사람의 부정적 정서 및 사회적 반응을 불러일으킬 수 있다. 부모와 교사는 놀란 나머지 과잉보호를 하려고 들 수 있다. 그리고 잦은 결석은 학생의 학업성취를 어렵게 만드는 원인이 되기도 한다.

신체 및 심리사회적 관리의 첫 단계는 천식의 역동성에 관한 지식을 확장하는 것이다. 학생(그리고 그 학생들의 교사)에게는 천식의 원인, 약물관리, 유발인자의 제거에 관한 학습이 도움이 될 수 있다(Davis, Brown, Edelstein, & Tager, 2008; Rhee, Belyea, & Elward, 2008). 교사가 의료적 관리에 확신을 갖고 위험한 상황에서도 침착성을 유지하면 학생은 자신감을 갖게 된다. 학교나 지역사회 활동의 완전한 참여가 천식이 있는 사람의 성취 목표이다. 그리고 이러한 목표는 교사가 천식의 역동성과 치료법을 완전히 이해하고 있어야만 달성할 수 있다.

5) 교육과 개인적 자율성에 주는 시사점

천식은 아동의 입원과 건강관리 비용, 결석의 원인이 되며, 특히 도시 지역의 경우 환경 알레르기가 산재하고 있다(Davis et al., 2008). 천식의 증상을 제어하고 건강을 유지하는 일은 결석의 예방을 위해 매우 중요하다. Burkhart(2007)는 최대호기량 측정기(peak flow meter)의 사용이 건강을 유지하여 결석을 예방할 수 있다고 제안하였다. 최대호기량 측정기는 폐로부터 내뿜어지는 공기의 양을 측정한다. 학생은 숨을 깊이 들이마신 후 최대호기량 측정기의 마우스피스 속으로 빠르게 내쉰다. 날숨의 힘과 양의 측정 결과는 호흡이 정상인지, 약물이 제대로 효과를 발휘하는지를 측정하기 위하여 하루 분량을 비교한다(Heller et al., 2009, p. 327).

학교 환경에서 천식관리가 어렵거나 학생이 천식을 등교 거부의 면책특권으로 사용할 경우 결석이 늘어난다. 이럴 경우 학생이 학교에서 천식을 관리할 수 있도록 지도함으로써 천식과 관련한 결석을 줄일 수 있다. 교사나 서비스 전문가들은 천식 관리에 대처하기 위한 감독을 해야 한다. 그리고 천식이 있는 학생도 가능한 한 일반학생들과 동일한 교육경험을 할 수 있도록 노력하여야 한다.

(1) 교육

천식을 앓는 학생도 또래들에 상응하는 학업 성취 수준에 도달할 수 있다(Lindgren et al., 1992). 그러나 천식은 학교에서의 성취를 방해할 수 있고 늘어나는 결석의 원인이 되기 때문에 특수교육을 받아야만 할 가능성이 높아진다(Stingone & Claudio, 2006). 천식으로 밤에 잠을 잘 수 없는 학생은 피로와 낮은 참여로 인한 학습 위험에 노출되어 있다(Diette, Markson, Skinner, Nguyen, Algatt-Bergstrom, & Wu, 2000). 지금부터 교사와 서비스 제공자들이 천식 예방과 신체 건강, 학문적 성취, 심리사회적 적응을 촉진시킬 수 있는 중재 방법에 관하여 논의해 보고자 한다.

자극 유발물질의 제거는 세밀한 교실 환경 평가를 통해 달성할 수 있다. 진공청소기를 사용하여 활동 영역별 깔개를 정기적으로 청소하며, 물걸레질을 하여 교실의 먼지를 깨끗이 제거한다. 학생들이 오염되지 않은 공기로 호흡할 수 있게 하기 위해서는 교실 청소가 반드시 필요하다. 학생이 솔밴트나 페인트, 풀과 같은 물질 등에 민감한 경우에는 반드시 적절한 환기를 실시한다. 학생이 칠판에서 멀리 떨어져 앉게 되면 분필가루나 펠트펜 냄새의 영향을 덜 받게 된다. 교실에서 털이 있는 애완동물(예를 들면, 토끼나 기니피그)을 기르거나 봉제인형을 사용하는 일은 피하여야 한다. 그리고 찬 공기나 꽃가루의 접촉 등을 피할 수 있도록 학생을 창문에서 먼 쪽으로 앉힌다. 어떤 학생들은 체육활동에 참여하기 전에 흡입기를 사용함으로써 도움을 얻을 수 있다. 교사는 부모와 학교 간호사와의 상담을 통하여 학생들이 피해야 할 음식을 알아 둔다.

환경 통제가 천식발작을 예방할 수 있을 만큼 충분치 못한 경우 바람직한 중재 방법을 실천하는 일이 중요하다. 첫째, 학생의 호흡을 잘 관찰한다. 천식 유발 자극들은 멀리 떨어뜨린다. 학생은 앉아서 투약을 받을 수 있어야 한다. 깨끗한 액체는 학생의 점액을 묽게 하는 데 도움이 된다. 필요한 경우 적절한 학교 관계자(예를 들면, 학교간호사)와 접촉하거나 호출하는 것이 필요하다. 천식의 병력은 꾸준히 관리되어야 하고, 부모는 상호 수용적인 방법으로 정보를 제공하여야 한다(National Institutes of Health, 1994). 교사와 서비스 제공자들은 위급한 천식 발작에 대해 체계적인 방법으로 대응함으로써 불안을 감소시키고 효과적으로 대처할 수 있게 될 것이다.

학생들은 가끔 삶을 위협하거나 처치가 불가능할 정도로 매우 심한 천식 발작을 경험할 수 있다. 학교 관계자들은 위급상황에 대비할 수 있는 계획을 수립하여야 한다. 이 계획은 항상 부모와 의료 전문가가 협력하는 가운데 수립해야 하며, 학생의 특이성과 ① 학생을 지키고 있을 사람, ② (학교 내외에서의) 지원을 받을 수 있는 방법, ③ 약물을 관리할 사람과 다른 의료적 처치를 할 사람, ④ 구체적인 의료 중재 기법 그리고 ⑤ 부모나 보호자에게 알릴 방법 등을 포함하여야 한다. 계획은 단계별로 명확하게 구분되고 신속하게 실시될 수 있어야 한다. 응급 치료계획의 수립 지침과 긴급 구호상황에 대처하는 방법은 이 장의 마지막 부분에서 기술할 것이다.

교사는 응급상황 동안 수용적인 분위기를 유지하여야 한다. 학급의 모든 학생을 안심시키기 위해서 교사는 조용하고 절제된 목소리를 사용하여야 한다. 응급상황을 목격한 학생을 그들의 자리로 돌아가게 하거나 이미 지정해 둔 위치로 이동시킬 필요가 있다. 만약 의료 관계자가 교실로 호출된 경우, 그들은 학생을 돌볼 수 있는 깨끗한 공간을 필요로 할 수도 있다. 응급처치 후 학생들의 반응을 관리하는 일 역시 매우 중요하다. 학생들에게는 그들의 느낌을 토로할 수 있는 기회를 주고 그들이 본 것을 알아들을 수 있게 설명해 주어야 한다. 그들의 정서를 탐색하는 일은 그들의 두려움을 해소하며, 또한 천식에서 회복된 급우가 교실로 돌아왔을 때도 긍정적으로 반응할 수 있게 한다.

(2) 개인적 자율성

천식을 앓는 학생도 다른 만성적 질병을 앓는 학생들처럼 약물의 역동성을 이해하고 가능한 한 적절한 방법으로 의료적 자기관리 능력을 갖도록 하는 일이 중요하다. 어린 학생들이 약물을 섭취할 때는 도움이 필요하다. 왜냐하면 연무기는 조절이 필요하고, 흡입기는 처방된 양만큼만 투입하여야 하기 때문이다. 보다 나이 많은 아동들에게는 스스로 투약하는 방법을 가르칠 수 있다. 약물은 학교에 보관하고 있다가, 필요시 신속하고 쉽게 사용할 수 있도록 해야 한다. 어떤 학교에서는 학교 관리자의 사무실이나 학교간호사의 방과 같은 곳에서 약물을 집중 관리하고 있다. 이럴 경우 학생의 즉시적 자기 투약의 필요성과 약물의 안전한 보관을 원하는 학교 관계자의 요구 사이에서 갈등이 발생할 수 있다. 학생이 교외 학습을 할 경우(예를 들면, 현장학습과 같은 경우)에도 약물을 투여할 수 있도록 하여야 한다(Heller et al., 2009). 학생의 프라이버시와 성인의 투약 지도 사이에는 조정이 필요한 경우가 있다. 어떤 학생들은 교실 밖에서 약물 복용을 하고 싶어 하고, 어떤 학생들은 공개되는 일을 당혹스럽게 여길 수도 있다. 또한 학생이 약물 과다복용이나 과소복용으로 인한 문제에 노출될 수도 있다. 약물 과다복용의 표시로는 졸음, 소근육 떨림, 흥분, 운동행동의 증대, 주의력 결핍 등이 있다(Klein & Timmerman, 1994). 이런 부작용은 학생이 적절한 양의 약물을 복용한 경우에도 발생할 수 있다. 그래서 교사는 적정량의 약물 투여에서 발생할 수 있는 부작용과 과잉 투여에서 발생하는 부작용을 모두 알고 있어야 한다. 흡입기의 잘못된 사용은 약물의 사용량과 전달 방법의 오류를 불러온다. 이렇게 되면 심각한 상황이 발생할 수 있다. 왜냐하면 심각한 발작을 중지시키기 위해 투약한 약물이 효과를 나타내지 않게 될 수 있기 때문이다. 천식 예방 약물의 과잉 투여는 오히려 천식의 발생을 증가시킨다. 교사와 서비스 제공자들은 아동에게 올바른 흡입기의 사용법을 알려 주어야 한다. 교사가 학생의 과소 투약에 관한 원인을 알고 있는 것은 중요하다. 왜냐하면 그 해법이 투약 장소의 제공과 같은 단순한 것부터 만성 질환과 관련된 문제를 지원할 수 있는 상담자의 상담과 같은 복잡한 것까지 다양할 수 있기 때문이다.

6) 진로 및 성인기 목표

천식을 앓는 사람은 호흡에 지장이 없는 고용을 고려하여야 한다. 이것은 천식 유발 인자를 포함한 환경으로부터 먼 곳에서 작업하는 일을 포함한다. 어떤 사람들은 꽃가루, 곰팡이, 기타 알레르기원에 노출될 수 있는 외부 작업을 피하는 일이 필요하다. 내부에서 일하는 사람들에게는 공기 중의 적정 습도 유지를 위한 가습기(공기가 너무 건조한 경우)나 제습기(공기가 너무 습한 경우)가 도움이 될 수 있다. 그러나 곰팡이나 균류 등은 습한 공기 중에서 더 잘 자란다. 따라서 가습기나 분무기는 반드시 정기적으로 청소를 해 주어야 한다. 운동이 천식을 유발시키는 사람에게는 힘든 활동이 부적절하다. 이런 유발 인자들에 대하여 고려할지라도 천식환자들은 진로 선택과 생활 속의 활동 제약이 거의 없는 편이다. 따라서 천식이 있는 사람은 성인으로서의 모든 삶에서 장애를 갖는 것은 아니라고 할 수 있다.

3. 당뇨

1) 정의 및 종류

당뇨는 아동과 청소년의 건강상 중요한 문제가 되고 있다. 당뇨는 천식 다음으로 많은 만성 아동 질환이다. 미국당뇨협회는 약 2억 3,600만 명의 아동과 성인이 당뇨가 있으며, 그중 약 5,700만 명은 자신이 당뇨인 것을 깨닫지 못하고 있다고 경고하였다(American Diabetes Association, 2008). 1922년 인슐린 치료가 개발되기 이전에는 당뇨 진단이 곧 죽음을 의미하였다(Bollyky, Sanda, & Greenbaum, 2008). 현재에도 당뇨는 조기 사망과 관련된 많은 합병증을 가진 질환으로 남아 있다. Lipton(2007)은 "어린 나이에 발병한 당뇨는 어린 환자의 모든 생활에 부정적인 영향을 미치며, 전 생애에 걸친 만성적 질환으로서 치료를 위한 건강 관리 비용의 지속적인 증가를 불러온다" (p. 2760)라고 하였다.

당뇨는 탄수화물, 지방, 단백질(우리 몸의 에너지원)이 인슐린(췌장에서 분비되는 호르몬) 부족 혹은 결핍으로 인하여 적절한 대사가 불가능할 때 발생한다. 인슐린은 혈중에 있는 포도당을 세포 속으로 운반하여 에너지를 낼 수 있도록 도와준다. 여분의 포도당은 지방으로 체내에 저장된다. 당뇨가 있을 경우 포도당을 운반할 수 있는 인슐린이 부족하기 때문에 혈액 속의 포도당이 증가한다. 여분의 포도당은 신체에서 소변으로 운반된다(당뇨는 '달콤한 소변'을 의미). 신체는 지방과 단백질을 분해하여 필요한 에너지를 공급한다. 당뇨가 있는 사람은 포도당의 대사가 불충분해지기 때문에 쉽게 피로를 느끼고, 체중이 줄어들거나 다른 증상들을 나타낸다. [그림 4-2]와 [그림 4-3]은 정상적인 대사와 당뇨가 있는 사람의 대사를 비교하여 나타낸 것이다.

췌장에서 인슐린을 충분히 생산하지 못할 경우 반드시 외부에서 몸속으로 투약하여야 한다. 부적절한 인슐린의 관리는 저혈당을 불러일으키는데, 이것 또한 위험한 결과를 가져온다. 당뇨의 관리는 인슐린과 식이요법, 운동의 균형을 맞추는 활동으로 이루어진다. 당뇨는 혈관과 신경에 영향을 미치는 장기적인 합병증을 가진 만성적 증상으로서 시각 손상, 신장과 심장 질환, 순환 장애로 인한 조직 손상을 일으킨다.

당뇨에는 여러 가지 종류가 있다. 가장 일반적인 아동 당뇨 형태는 제I형으로 미국 내 당뇨환자의 5~10%가 이에 해당된다(American Diabetes Association, 2008). 이 형태의 당뇨는 인슐린을 생산하지 못한다. 제II형은 성인기에 발병하는 것이 일반적이지만 아동과 청소년에서 나타나는 빈도도 증가하고 있다(Pinhas-Hamiel & Zeitler, 2005). 이것은 몸에 필요한 인슐린을 충분히 생산하지 못할 때 발생한다. 제II형 당뇨 환자들 중 일부의 경우 포도당 수치가 매우 높게 될 때까지 인슐린의 분비가 늦어지거나 인슐린 의존이라는 최종 단계에 이르는 급격한 감소가 일어난다(Rosenbloom, Silverstein, Amamiya, Zeitler,

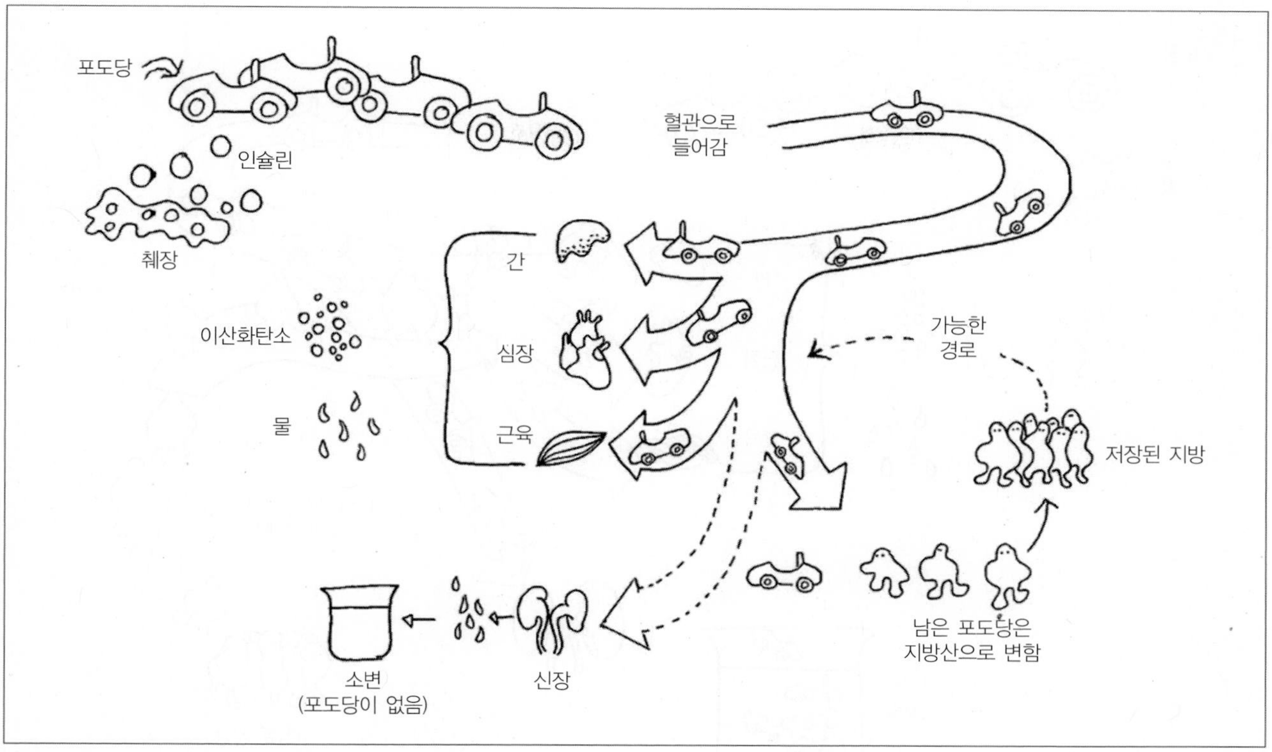

[그림 4-2] 정상 대사

출처: llustration by Maya S. Esteve (2008). Used with permission.

& Klingensmith, 2008). 당뇨는 또한 임신기에 다른 질환의 이차 결과(임신기 당뇨)로 인해 나타날 수도 있고 영아기에 비정상적 형태로 나타날 수 있다. 이 장에서는 제I형과 제II형의 당뇨로 제한하여 논의하고자 한다.

2) 의학적 수반 증상

당뇨가 있는 사람은 최초 진단 이후 해가 지날수록 여러 가지 합병증의 발생 위험이 증가한다. 시간이 지날수록 혈관과 신경의 손상이 일어난다. 눈의 혈관손상은 당뇨성 망막증을 일으키며, 이것은 나중에 망막분리나 맹으로 발전할 수 있다. 신장의 혈관손상은 신장기능을 상실하게 하여 지속적인 신장투석이 필요할 수 있다. 심장의 혈관 손상은 관상동맥 질환으로 이행하다 결국 심장마비를 불러온다. 다리나 발의 동맥 손상은 순환장애와 보행에 필요한 조직손상을 불러올 수 있다. 신경손상은 감각손상, 따끔따끔한 느낌 및 하지 마비를 불러온다 (Bollyky et al., 2008; Feltbower et al., 2008). 이런 합병증은 당뇨가 있는 사람의 수명을 매우 짧게 만드는 원인이 된다.

3) 의학적 및 치료적 처치

(1) 예방

현재까지 제I형 당뇨의 예방법은 없다. 그 대신 균형 잡힌 약물과 식이요법, 운동으로 관리한다. 제II형 당뇨는 적절한 포도당 섭취를 통한 생활방식의 변경을 통해 예방할 수 있다. 그러나 불행하게도 다른 추가적인 위험요소가 존재할 경우 생활방식의 변경은 매우 어렵게 된다. Rosenbloom 등(2008)은 제II형의 당뇨는 낮은 경제력을 가진 사람들에게 발생하기 쉽다고 주장하였다. 왜냐하면 그들은 교육과 건강관리 기회가 제한되고 보다 건강한 식이요법을 실시하기 어렵기 때문이다. 제II형 당뇨는 그 부모가 청소년의 생활 행동이나 영향을 미치

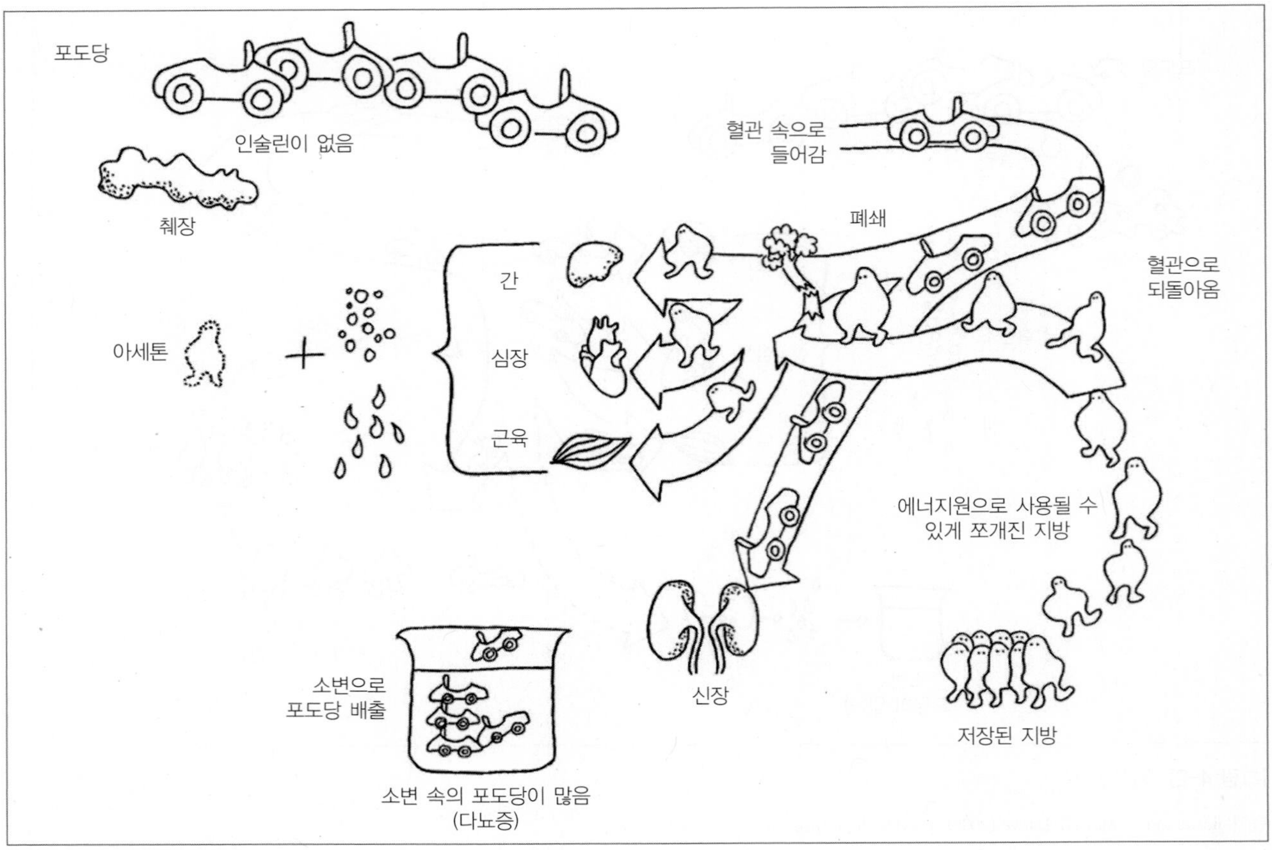

[그림 4-3] 당뇨가 있을 경우의 대사

출처: Illustration by Maya S. Esteve (2008). Used with permission.

는 또래 집단에 대해 점검하기 어려운 경우 청소년기에 진단되는 것이 일반적이다. 그 결과 제II형 당뇨를 가진 아동의 부모는 이 증상에 대해 체념하는 태도로 수용하거나 긍정적인 생활 방식의 변화를 이루기 어려울 수 있다(p. 517).

당뇨가 있는 사람은 포도당과 인슐린, 운동의 세 가지 요소를 유지하여 고혈당 또는 저혈당이 되는 것을 피하여야 한다. 고혈당은 인슐린이 너무 적을 때 발생한다. 이 증상의 발생은 매우 다양한데 만약 처치를 하지 못할 경우 당뇨성 의식불명 또는 죽음에 이르게 된다. 고혈당은 인슐린으로 처치할 수 있다. 저혈당은 신체의 인슐린 양에 비해 포도당 공급이 부족할 때 발생한다. 저혈당은 갑자기 발생할 수 있으며, 음식이나 약물의 섭취를 통해 포도당을 공급해 줌으로써 처치한다. 신속한 포도당의 공급을 필요로 하는 심각한 상황일 경우 주사나 정맥주사를 사용한다. 만약 신속하게 처치하지 못할 경우 저혈당으로 인한 발작, 의식불명 및 죽음에 이를 수 있다. 〈표 4-1〉은 고혈당과 저혈당의 증상과 원인, 처치에 대해 제시하였다.

(2) 중재

앞에서 살펴본 바와 같이 당뇨는 인슐린과 식이요법, 운동의 통제 및 점검을 통하여 관리할 수 있다. 제I형 당뇨의 경우 몸에서 인슐린을 생산할 수 없기 때문에 주사나 인슐린 펌프를 통하여 인슐린을 신체로 공급해 주어야 한다. 흡입기를 통한 인슐린의 공급 방법은 현재 연구 중이다(Heller, 2009). 인슐린은 신체의 특정 부분에 있는 피부 아래에 주사한다([그림 4-4] 참조). 아동에게는 스스로 주사를 놓을 수 있도록 가르쳐야 한다. 하루에 여러 번 주사를 놓아야 할 필요가 있을 수 있다.

〈표 4-1〉 고혈당과 저혈당의 증상, 원인, 처치방법

범주	나타날 수 있는 증상	원인	처치
고혈당증	• 높은 포도당 수치(그리고 케톤산증의 원인이 되는 케톤 발생) • 증상은 점진적으로 진행(여러 시간 혹은 며칠에 걸쳐 진행) • 고혈당증의 조기 징후 잦은 소변 횟수 잦은 물 마시기 음식 섭취량의 증가 피로와 허약 • 케톤산증의 징후 메스꺼움과 구토 숨 쉴 때 과일 향기가 남 빠르고 깊은 호흡 부주의와 혼란 당뇨성 의식불명	• 불충분한 인슐린(예를 들면, 인슐린을 투약하지 않거나 인슐린이 부족할 때) • 스트레스(질병, 손상, 심리사회적 스트레스)	• 인슐린의 투약 • 행동 계획에 따르기
저혈당증	• 낮은 혈당 수치 • 급격한 증상 발생(몇 초) • 경도 저혈당증 몸에서 땀이 남 몸이 흔들림 허기와 두통 현기증과 가벼운 멍때림 행동 변화 • 중등도 저혈당증 인성 변화 말하기 어려움 졸음 혼란 • 중도 저혈당증 발작 당뇨성 의식불명	• 인슐린이 너무 많음 • 식사 지연 • 운동 과다	• 포도당(설탕) 섭취 • 행동 계획에 따르기

출처: "Diabetes," K. W. Heller, 2009. In K. W. Heller, P. E. Forney, P. A. Alberto, S. J. Best, and M. N. Schwartzman, *Understanding Physical, Health, and Multiple Disabilities* (p. 342). Upper Saddle River, NJ: Pearson Education.

일부 아동은 주사 대신 인슐린 펌프를 사용할 수도 있다. 펌프는 인슐린 저장기와 주입관 세트로 이루어져 있다. 펌프와 저장기는 신체의 외부에 장착하고, 주입관 세트는 피부 아래에 위치한다. 펌프는 몸에서 필요할 때마다 인슐린을 전달한다. 그리고 일부는 포도당을 점검하기도 한다(Heller et al., 2009). 반복되는 주사를 대체하여 인슐린 펌프를 사용하면 보다 나은 대사 통제를 이끌어 저혈당을 예방할 수 있는 것으로 나타났다(Nuboer, Borsboom, Zoethout, Koot, & Bruining, 2008). 인슐린 펌프를 사용하는 학생은 주사를 사용하는 학생에 비해 삶의 질이 유의미하게 향상된 것으로 보고되었다. 공학의 성과는 아동의 질병 관리 및 보호의 부담을 감소시키

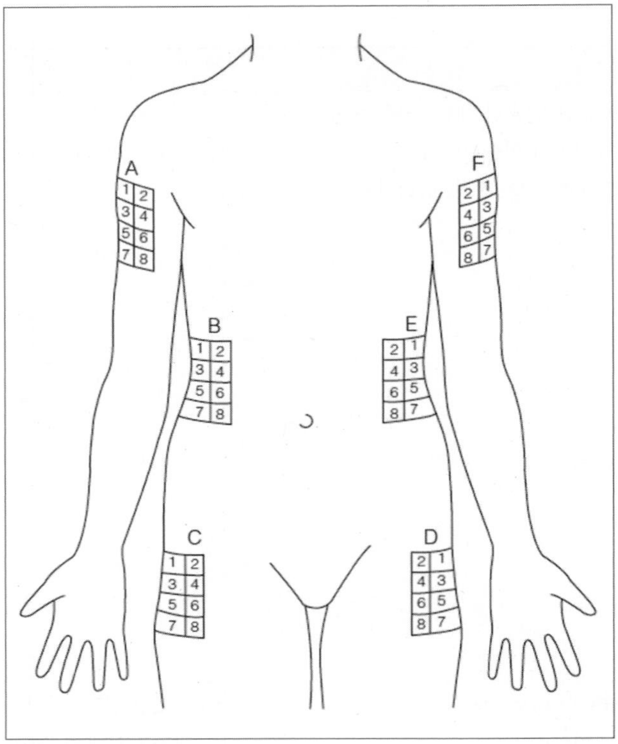

[그림 4-4] 인슐린을 주사할 수 있는 신체 부위

출처: *Understanding Physical, Sensory, and Multiple Disabilities* (p. 299), by K. W. Heller, P. A. Alberto, P. E. Forney, and M. N. Schwartzman, 1996, Pacific Grove, CA: Brooks/Cole Publishing. Used with permission.

기 위해 중요하다.

제I형 당뇨가 있는 사람들은 인슐린 대체와 함께 적절한 칼로리와 포도당을 섭취하게 할 필요가 있다. 이를 위하여 탄수화물의 양을 통제하고 규칙적인 간격으로 식사를 하여야 한다. 정상적인 포도당 수치를 유지하기 위해서는 간식으로 식사를 보충하여야 한다. 당뇨가 있는 사람들은 절대 식사를 걸러서는 안 된다. 왜냐하면 인슐린과 포도당의 균형이 깨지기 때문이다. 몸무게도 세심하게 관리하여야 한다.

당뇨가 있는 사람에게는 규칙적인 운동이 중요하다. 운동을 하게 되면 포도당이 빨리 소모되므로 인슐린이 보다 빠르게 흡수될 수 있기 때문이다. 신체 활동을 할 경우 과자를 몇 개 권할 수도 있다. 고혈당증이나 포도당 수치가 불규칙한 증상이 있는 사람의 경우 운동을 수정하여야 한다(Heller et al., 2009, p. 341). 인슐린 펌프를 사용하는 학생의 경우 격렬한 운동 전후에 혈액 속 포도당 수치를 점검할 필요가 있다(Ruder, 2007).

제II형 당뇨가 있는 사람의 전반적인 목표는 정상적인 체중 유지, 운동하기, 포도당 수치의 점검 및 정상유지, 고혈압, 콜레스테롤, 신경장애와 같은 수반증상의 통제 등을 포함한다. 포도당이 많은 음식(예를 들면 청량음료, 과자, 주스)을 제거하거나 제한하고, 물이나 인공감미료가 들어간 음식이나 음료수로 대체한다. Rosenbloom 등(2008)은 규칙적인 시간에 식사하기, 음식량 제한하기, 운동하기, 몸무게 감소에 대해 긍정적인 강화하기 등 가족들의 생활 방식 변경을 권장하였다. 생활방식의 변경은 인슐린 분비를 촉진하거나 인슐린 저항을 최소화하는 약물의 사용과 함께 이루어질 수 있다. 약물은 아동의 반응에 따라 한 종류 혹은 여러 가지 종류를 사용할 수 있다. 어떤 약물의 경우 청소년과 성인에게만 사용할 수 있다(Rosenbloom et al., 2008).

제I형 당뇨이든 제II형 당뇨이든 관계없이 포도당 수치는 관리되어야 한다. 그 절차를 살펴보면 포도당 모니터 위에 피를 한 방울 떨어뜨린 후 계기판을 읽는다. 그리고 인슐린 수치를 조절한다. 포도당 수치는 하루에 여러 번 검사하여야 한다. 특히 질병이 있거나 고혈당증이나 저혈당증을 경험한 적이 있는 사람의 경우에는 검사 횟수를 더욱 늘릴 필요가 있다(Rosebloom et al., 2008).

4) 신체적, 인지적, 심리사회적 발달에 미치는 영향

제I형과 제II형의 당뇨가 있는 학생은 일반아동들이나 청소년과 같은 교육 배치하에 교육을 받는다. 그들은 또래들과 다른 특징이 없기 때문에 교사는 그들이 당뇨가 있음을 깨닫지 못할 수 있다. 투약, 식이요법, 운동을 위한 관리 계획의 수립은 모든 학생에게 중요하다. 저자에게는 최근 아들이 제I형 당뇨로 진단받은 친구가 있다. 그 아이의 체육 수업은 오전의 중간 정도에 실시하도록 계획이 수립되었다. 어느 날 그 아이는 혈당이 '낮아지는' 것을 느끼기 시작하여 다른 아이들보다 5분 일찍 체육수업을 마치고, 간식을 먹을 수 있도록 해 달라고 요청하였다. 그러나 그의 요청은 거절당했고, 그는 음식을 먹을 수 있을 때까지 매우 큰 고통을 느꼈다. 결국 그 상황을 바꾸기 위해서는 여러 번 학교 관계자를 만나야만 했다.

(1) 신체적 및 인지적 발달

당뇨가 있는 아동 및 청소년을 지도하는 교사나 다른 관계자들은 이 질병의 역동성과 그 대처 방법을 알고 있어야 한다. 또한 그들은 가족들과 학교의 의료진들과도 적극적인 의사소통을 하여야 한다. 약물 변화에 관한 지식, 고혈당증과 저혈당증의 증상에 대한 점검, 적절한 식이요법과 운동 지원은 매우 중요하다. 학교에서 증상을 관리하는 경우 투약 시간과 투약량을 기록하는 일이 중요하다. 당뇨가 신체 발달과 인지에는 영향을 미치지 않는다고 하더라도 취약한 증상 관리가 이루어질 경우 학업 성적이 낮고 결석이 늘어나게 된다.

(2) 심리사회적 영향

당뇨에서 중요한 시사점은 수용이다. 이 질환은 세심하게 점검하고 처치하여야 한다. 더구나 설탕이 잔뜩 들어간 과자나 청량음료를 먹는 또래들이 주위에 있을 경우, 아동과 청소년은 식이요법에도 어려움을 느낀다. 포도당 점검 및 인슐린 주사는 시간 소모적이며 불편하다. 청소년기는 위험 감수 행동이 증가하는 시기이다. 따라서 이 시기의 청소년은 식이요법을 거부하거나 식사를 거를 수 있다. 이런 행동은 심각한 결과를 초래할 수 있다. 우울함이나 수용 거부와 같은 감정에 대해서는 상담이 도움이 될 수 있다.

5) 교육과 개인적 자율성에 주는 시사점

(1) 교육

교사들은 자신들이 당뇨에 대해 교육받는 것뿐만 아니라 다른 학생들에게 당뇨 증상의 통제 방법에 대해 지도하여야 한다. 건강 또는 과학 관련 수업은 또래 교육을 하기 좋은 시간이다. 제II형 당뇨의 증가에 대한 우려는 학교에서 설탕이 가득한 음식과 음료 대신 과일과 같은 건강식품으로 대체하는 결과를 가져왔다. 이 정책은 모든 학생들에게 도움이 된다.

(2) 개인적 자율성

당뇨가 있는 학생은 스스로 포도당을 점검하고, 인슐린을 주사하며, 고혈당증과 저혈당증을 파악하는 학습이 필요하다. 보건실은 포도당을 점검하고 인슐린을 주사하기에 적당한 장소다. 교사는 학생이 이들 과제를 스스로(그리고 적절한 감독을 통하여) 수행할 수 있도록 격려하여야 한다.

6) 진로 및 성인기 목표

당뇨가 있는 사람은 자신들의 건강 규칙을 수립하여야 한다. 전 생애를 통하여 식이요법, 운동과 함께 균형 있는 투약에 관심을 가져야 한다. 의학적 향상은 이 질환의 합병증 감소 및 제I형 당뇨의 완전한 제거에 목표를 두고 있지만(Bollyky et al., 2008), 최근에는 증상 관리를 강조하고 있다. 제II형 당뇨는 운동 부족과 나쁜 식습관을 가진 나라에서 높은 발생 빈도를 나타낸다. 공공 건강을 위해서는 아동과 청소년이 뛰어놀 공간 확보, 신선하고 저렴한 음식 이용, 당뇨에 대한 지역주민 교육을 포함한 도시 환경 개선이 필요하다.

4. 낭포성 섬유증

1) 정의 및 종류

낭포성 섬유증(Cystic Fibrobis: CF)은 폐를 비롯한 주요 신체기관에 침범하는 유전성이며 진행성의 말기 질환으로 주로 백인에게 나타난다. 그러나 다른 민족의 경우에도 낮은 발병률을 보일 뿐 발생하지 않는 것은 아니다. 낭포성 섬유증은 출생 아동 3,500명당 1명꼴로 나타난다(Beers, Porter, Jones, Kaplan, & Berkwits, 2006). 미국 내

낭포성 섬유증 환자는 약 3만 명으로 추정되며, 세계적으로는 7만 명으로 추정된다(Cystic Fibrosis Foundation, 2008a). 낭포성 섬유증의 발생 비율은 성별 차이를 보이지 않는다. 증상 관리 및 항생제의 발달은 이 질환자들의 생존율을 향상시킨 것으로 나타났다.

낭포성 섬유증의 유전자는 1989년 발견되었으며, 7번 염색체 위에 위치하고 있다(Aronson & Marquis, 2004). 유전은 부모가 모두 보인자일 때 발생한다. 양쪽 부모가 모두 낭포성 섬유증 보인자일 경우 자녀가 낭포성 섬유증을 가질 확률(양 부모로부터 유전자를 물려받는 경우)은 1/4이다. 그리고 낭포성 섬유증을 가진 부모 어느 쪽에서도 유전자를 물려받지 않을 확률도 1/4이다. 그리고 낭포성 섬유증 유전자를 가진 부모의 자녀가 보인자(한 쪽 부모로부터 보인 유전자를 물려받는)가 될 확률은 2/4이다. 낭포성 섬유증은 외분비계의 질환이다. 외분비계는 신체 외부로(예를 들어, 땀샘) 액을 분비하는 샘, (폐분비물이나 췌장액과 같이) 신체 외부에서 신체 강 내로 액이 흘러 들어가게 하는 기관으로 구성된다. 따라서 신체의 외분비샘은 낭포성 섬유증의 영향을 받는다(Heller & Schwartzman, 2009).

낭포성 섬유증의 중요한 증상으로는 폐점액의 과도한 분비를 들 수 있다. 그 결과 폐의 좁은 기도가 막히게 되어 효과적인 기체교환이 어렵게 된다. 산소는 폐의 점액에 의해 폐 속에 고이며 이것은 폐가 지나치게 팽창하는 결과를 초래한다. 적절한 치료가 이루어지지 않을 경우 뭉쳐진 점액질 때문에 폐가 망가질 수 있다. 낭포성 섬유증은 소화기계에도 영향을 미친다. 췌장 점액은 음식 소화를 위한 췌장액의 분비를 방해한다. 췌장액이 분비되지 않으면 췌장의 소화 효소가 없어지게 되므로 음식의 소화가 어렵게 된다. 따라서 낭포성 섬유증이 있는 아동은 만성 영양실조에 시달리게 된다. 과도한 점액의 분비는 간과 장, 성기와 같은 다른 신체 기관의 정상 기능도 어렵게 한다. 점액 때문에 해당 기관이 제기능을 못하게 될지라도 각 기관은 계속 분비물을 생산한다. 그러면 그 분비물들은 기관의 내부에 고여서 상처나 조직을 둘러싸고 있는 낭포(그러므로 낭포성 섬유증이라고 함)를 형성한다.

낭포성 섬유증은 진행성의 말기 질환이다. 이 질환에 걸린 사람은 폐렴이나 호흡기 합병증으로 사망하게 된다. 생존 시기는 10대에서부터 30대가 보통이며 50대까지 생존하는 경우는 드물다. 그러나 적극적인 항생제 처방이나 약물, 폐 이식 등으로 낭포성 섬유증 환자의 생존 기간이 예전에 비하여 길어지고 있다.

낭포성 섬유증은 출생 시나 아동 후기까지 연령에 알맞은 체중을 획득하는 데 실패하게 될 때 감지할 수 있다. 증상이 심하지 않을 경우 청소년기까지 진단되지 않는 경우도 많다. 아동기에는 '땀 검사'를 통하여 이 질환을 진단할 수 있다. 땀 검사는 아동의 땀 속에 포함된 소금의 양으로 낭포성 섬유증 여부를 진단한다. 다른 진단법으로는 폐의 X선 촬영과 효소 분석 방법이 있다.

2) 의학적 수반 증상

앞에서 기술한 바와 같이 낭포성 섬유증은 계통성 질환이다. 그래서 전신에 걸친 많은 신체 기관에 영향을 미친다. 낭포성 섬유증을 가진 사람은 음식을 제대로 소화할 수 없다. 특히 지방의 소화에 어려움이 많기 때문에 대변의 양이 많고 지방을 많이 함유한다. 변에서는 냄새도 많이 난다. 낭포성 섬유증을 가진 영아 중에는 소화 곤란과 장폐색을 보이는 경우도 있다. 낭포성 섬유증을 가진 사람은 평생 적절한 열량과 영양분을 섭취하는 데 유의하여야 한다. 낭포성 섬유증을 가진 영아나 유아들은 영양실조와 폐기능의 약화라는 문제를 갖게 된다. 이들은 정상적인 영양 상태를 유지하기 위하여 보통 사람들보다 많은 영양분을 섭취하여야 할 필요가 있다. 게다가 낭포성 섬유증을 앓는 사람은 일반인에 비해 염분이 많은 땀을 배출하기 때문에 땀을 통해 배출되는 소금과 물을 보충하는 데 주의를 기울여야 한다. 인슐린을 생산하는 췌장의 기능이 손상되면 당뇨병이 생길 수 있다. 보통 낭포성 섬유증을 가진 남자는 아기를 갖지 못한다. 왜냐하면 정액을 운반하는 도관이 막혀 버리기 때문이다. 낭포성 섬유증 여자의 경우 탁한 질 분비물이 있을 수 있다. 여성이건 남성이건 관계없이 사춘기의 출현이 지연될 수 있으며 이것 때문에 심리사회적 문제가 발생할 수 있다.

3) 의학적 및 치료적 처치

유전자 치료법을 포함한 낭포성 섬유증의 치료법은 빠르게 발달하고 있다(Cystic Fiborsis Foundation, 2008b). 그러나 약물 치료의 일차적인 목표는 질병의 증상 완화에 있다. 낭포성 섬유증의 가장 중요한 약물 치료의 목표는 폐와 소화 기능의 유지에 있다.

(1) 약물

호흡기 감염은 항생제를 사용하여 치료한다. 항생제는 구강 연무제 형태 또는 정맥주사로 투약한다. 폐의 점액을 제거하기 위해서는 거담제를 사용할 수도 있다. 흉부 물리치료는 정상적인 폐의 유지를 위하여 일상적으로 행하여야 하는 활동으로서 폐점액을 제거하기 위한 타진법과 떨림법이 있는데, 이는 점액의 배출을 위한 바른 자세와 관련된 것이다. 또 다른 점액 배출 방법으로는 고주파흉막진동법(high frequency chest wall oscillation: HFCWO)이 있다. 이 방법은 환아에게 팽창하는 조끼를 입힌 후 공기진동 발생기를 조끼에 부착한다. 발생기는 타악기처럼 리드미컬한 방법으로 조끼의 가슴 앞부분을 진동시킨다. 떨어진 점액은 기침으로 배출된다. 정적 날숨압(positive expiratory pressure: PEP) 진동시키기는 기도에 진동을 주어 점액을 배출한다. 또 다른 방법으로는 기침이 일어날 수 있도록 '숨 가쁘게 호흡(기침의 한 형태)하는 방법'과 점액의 뒤에 있는 폐에 공기를 집어넣는 숨쉬기 기법이 있다(Cystic Fibrosis Foundation, 2008c).

낭포성 섬유증이 있는 사람은 결국 호흡을 할 수 없게 된다. 현재에는 낭포성 섬유증이 있는 사람들의 수명 연장을 위하여 폐 이식 방법을 사용하기도 한다. 비록 기관 거부반응 및 감염이라는 위험한 문제가 있기는 하지만 전체 이식자의 50% 이상은 5년 이상 생존한다(Spahr, Love, Francois, Radford, & Meyer, 2007). 이 방법은 반복되는 호흡기 감염으로 고통받는 사람들의 삶의 질을 향상시킬 수 있다.

소화불량이 있는 낭포성 섬유증 환자는 적절한 영양상태를 유지하기 위한 비타민과 미네랄 공급이 필요하다. 음식의 섭취를 돕기 위해서 소화 효소도 섭취할 수 있게 한다. 그리고 이 사람들에게는 음식 섭취의 횟수를 늘려 주고, 저지방의 건강 식이요법을 할 수 있게 한다.

4) 신체적, 인지적, 심리사회적 발달에 미치는 영향

(1) 신체적 및 인지적 발달

낭포성 섬유증을 가진 영아는 부모나 의사가 무엇이 잘못되었다는 생각이 들 정도로 몸무게가 늘어나지 않거나 호흡기 감염이 지속되었을 때에야 비로소 진단되는 경우가 많다. 일부의 경우 수술이 필요한 장폐색을 가진 채 태어나기도 한다. 낭포성 섬유증 아동은 소화에 어려움이 있기 때문에 영양실조가 나타나고, 또래들과 같은 성장 속도를 보이지 않는다. 가장 흔하게 발생하는 호흡기 감염은 신체의 발달지체를 가중시킨다. 작은 체구와 성적 성숙의 지체, 비정상적 신체 모양(통모양의 가슴과 튀어나온 배)에는 주의를 기울여야 한다. 낭포성 섬유증 때문에 아동의 인지적 지체가 일어나지는 않는다. 그러나 이들은 잦은 결석이나 일반학생에 비해 부족한 학습 경험 때문에 학습능력의 차이가 발생할 수 있다. 학생의 나이가 많아지고 질환이 진행될수록 결석은 더 큰 문제가 될 수 있다.

(2) 심리사회적 영향

일상적인 흉부 물리치료의 관리, 특정 음식의 섭취(피해야 할 음식의 관리), 다양한 약물의 투약 등이 낭포성 섬유증 아동의 가족생활에서 일부로 자리잡게 된다. 모든 의료적 주의를 기울였음에도 불구하고 낭포성 섬유증을 가진 사람은 호흡곤란을 자주 경험한다. 그 결과 아동과 가족들은 절망하게 된다. 또한 그들은 만성적 질환의 관리에 피로를 느낀다. 의료적 요구에 대한 반복적 대처는 가족들의 시간과 정열을 소모하게 만드는 한편 다른 활동을 위한 활동공간을 축소시킬 수 있다. 즉, 낭포성 섬유증을 가진 학생에게서 발생하는 많은 요구를 충족시키기 위하여 나머지 가족들의 요구는 무시될 수 있다.

학교에서 낭포성 섬유증의 의학적 요구에 대처하는 일은 심리사회적 어려움을 초래할 수 있다. 낭포성 섬유증 학생에게는 폐점액을 제거하는 일이 중요하다. 그들은 화장실에도 자주 가야 한다. 학생들은 다른 사람을 방해하거나 좌석을 이탈하기 위한 허락을 구하는 일이 부끄러워 기침을 참으려고 할 수 있다. 교사는 공공장소에서 기침을 할 수 있도록 유연하게 대처하여야 한다. 어떤 교사들은 보다 사적인 장소로의 이동을 허락하는 신호체계를 사용하여 그들의 기침을 관리한다. 잦은 입원은 교우 관계를 어렵게 하고 학교에서의 사회적 활동을 방해한다. 이럴 경우 낭포성 섬유증을 가진 학생이 스스로 학교 생활의 중요한 부분으로부터 분리되어 있다는 기분을 갖게 할 위험이 있다. 신체적 및 성적 성숙의 지체, 신체 외모의 변형 등은 낭포성 섬유증을 가진 청소년에게 특별한 도전이 된다.

5) 교육과 개인적 자율성에 주는 시사점

낭포성 섬유증을 가진 학생의 교사와 서비스 제공자들은 학교 생활에서 필요한 의학적 치료를 제공하기 위하여 가족들과 밀접한 관계를 맺어야 한다. 흉부 물리치료는 등교 이전에도 행할 수 있지만 하교 후에도 이루어질 수 있다. 그러나 학생에게 점액전(점액으로 관이 막히는 현상)이 발생한 경우 응급처치가 필요하게 된다. 소화효소, 기타 약물, 경구복용약(예를 들어, 소금덩어리나 비타민)을 개인적인 장소에서 감독을 받으며 투약할 수 있도록 하는 것이 가장 좋은 전략이다. 점심시간이나 간식시간 몇 분 전에 학생을 보건실로 조용히 가게 하면 투약과 개인적인 요구 모두를 만족시킬 수 있다.

프라이버시는 화장실에 갈 때도 필요하다. 낭포성 섬유증 학생은 소화되지 않은 지방 때문에 변의 양이 많고 냄새도 많이 난다. 교사나 서비스 제공자들은 낭포성 섬유증 학생이 언제든지 화장실에 갈 수 있도록 허락해 주어야 한다. 부끄러움이 많은 학생이라면 다른 학생이 화장실에 없을 때 사용할 수 있도록 허락해 주거나, 일반학생들과 다른 장소(예를 들어, 보건실)에 있는 화장실을 사용할 수 있게 해 주어야 한다. 특수한 탈취제를 사용하는 것도 고려할 수 있다.

낭포성 섬유증 학생은 교실에서 기침을 할 수 있도록 해 주어야 한다. 교사는 일반학생들이나 성인들에게 기침이 감염성 증상 때문에 나타나는 것이 아니라는 사실을 설명해 주어야 한다. 적절한 신체 운동은 점액의 배출에 도움을 주지만 반드시 주의 깊게 실시하여야 한다. 땀이 흘러 소금이 배출되는 운동을 한 후에는 소금 덩어리를 섭취할 수 있도록 해 주어야 한다. 소금의 섭취량이 늘어나면 물의 섭취량도 늘어난다.

입원이나 항생제 치료 때문에 병원학습이나 가정학습이 필요한 학생의 학습을 지원하는 일은 중요하다. 많은 병원에서는 장기 입원 학생을 위한 교육서비스를 제공한다(제1장의 병원학급에 관한 글 참조). 교사는 병원학급 교사와 긴밀한 관계를 유지하여야 한다. 또래들과 입원한 학생 간에 전화를 걸고 받는 일은 큰 도움이 된다. 친구끼리 메일을 주고받거나 다른 정보화기기를 통해 접촉하는 일도 친구관계를 유지하는 데 도움이 된다. 다른 급우들과 동일한 학습과제를 제공하는 것은 낭포성 섬유증을 가진 학생에게 정상이라는 느낌을 갖게 해 준다. 학교, 병원, 가정 수업의 성공 열쇠는 지속성과 유연성이다.

(1) 개인적 자율성

장기적인 의료적 주의가 필요한 사람은 남들과 같은 삶에서 분리된 느낌을 갖는 경우가 많다. 이것은 학습된 무기력으로 나타난다(Best, 2009, p. 287). 낭포성 섬유증을 가진 사람에게는 치료받기, 또래들과 운동하기, 다른 사람들과 같은 규칙 준수하기 등을 장려하여야 한다. 가장 적절한 지침은 '적절성'이다. 예를 들어, 학생이 오후에 피로를 느끼게 될 것 같은 날에는 가정에서 해야 할 과제를 교실에서 할 수 있도록 시간을 주는 것이 적절하다. 학생에게 숙제를 완전히 면제해 주는 일은 적절하지 않다.

6) 진로 및 성인기 목표

낭포성 섬유증 환자는 그들 연령의 다른 사람들과 같은 관심을 갖는다. 낭포성 섬유증 학생은 일반 청소년과 같이 능동적인 학업 및 사회적 기술을 유지하려는 열망이 있음에도 불구하고 약한 체력이 학생 자신과 부모, 서비스 제공자가 해결해야 할 과제가 될 수 있다. 비록 낭포성 섬유증 환자의 경우 진로 가능성에서 인지적 장애를 고려할 필요는 없지만 피로와 호흡기의 문제로 신체적 활동이 적은 직업을 선택해야 한다는 한계가 있다. 낭포성 섬유증을 가진 성인이 결혼을 할 경우, 남자는 아이를 낳지 못하는 것이 일반적이다.

낭포성 섬유증은 진행성의 말기 질환이다. 그러나 이 질환이 있다 하더라도 풍요롭고 충만한 삶을 추구하도록 장려해야 하며, 성인으로서의 즐거움이나 책임감도 추구할 수 있게 해야 한다. 새로운 치료법이 발견됨에 따라 낭포성 섬유증 환자의 생존기간이 놀라울 만큼 늘어나고 있다. 낭포성 섬유증의 도전을 해결할 열쇠는 이 질환이 삶의 전체를 지배하도록 허락하지 않는 동시에 폐 및 소화기 합병증을 관리하는 데 있다.

5. 감염병

감염병은 직간접적으로 사람에게서 사람으로 전염될 수 있다. 감염은 네 가지 방법으로 일어날 수 있다. 첫째, 공기 중의 습기나 먼지(예를 들어, 바이러스성 및 박테리아성 감염)를 통한 감염이다. 둘째, 접촉을 통한 감염(예를 들어, 수두나 성적 접촉으로 감염되는 질병들)이다. 셋째, 매개 경로(예를 들어, 오염된 물이나 음식을 통한 것)를 통한 감염이다. 넷째, 매개성 감염(예를 들어, 진드기 등이 매개하는 라임 관절염)이 있다. 일반적인 아동 질병(예를 들어, 수두, 홍역 그리고 이하선염)은 급성 감염병으로서 감염 과정이 일반적이며, 감염 시 건강했을 경우 보통 후유증이 남지 않는다. 만성 질환은 그 영향이 오랫동안 계속된다.

여기서는 STORCH 감염병에 대해 논의하고자 하는데 다음과 같은 이유로 이 질환을 선택하였다. 첫째, 이 질환은 선천성(자궁 내 또는 출산 시)으로 감염될 수 있는 질환이다. 둘째, 이 질환은 주의를 기울여야 하는 의학적, 발달적, 교육적 영향을 수반하고 있다. 이 장에서는 감염 예방 및 일반적 예방법에 관해 별도로 논의하고자 한다. 왜냐하면 이 질환들 중 일부는 감염자로부터 다른 사람에게로 전염되기 때문이다. 셋째, 이 질환들에 대한 대중들의 지식 수준이 다양하기 때문에 의학적, 발달적, 교육적 요구에 대응하기 위하여 팀 관리 대응(a team management response)이 필요한 위기 상황이 제기되기 때문이다. STORCH 감염병은 목표와 의학적 수반 증상이 비슷한 일련의 질환을 의미한다.

1) 정의 및 종류

임신 중에 발생한 많은 감염은 모체와 태아에게 해를 입히지 않는다. 그러나 일부 감염병은 임신기나 출산 시 태반 이상을 일으키고 태아에게 감염될 경우 중복장애를 나타낸다. 이런 선천성 감염병을 STORCH라고 부르는데, 이 약어는 매독(Syphilis), 톡소플라즈마(Toxoplasmosis), 기타(Other), 풍진(Rubella), 거대세포바이러스(Cytomegalovirus), 포진(Herpes)의 첫 글자를 따서 만들어졌다.

(1) 매독

매독은 성적 접촉으로 감염된다. 감염은 일련의 단계로 진행된다. 선천성 매독은 감염된 모체가 임신을 하였을 때나 임신 중인 모체가 감염되었을 때 태아에게 전염된다(Wicher & Wicher, 2001, p. 354). 모체는 임신 기간 내내 매독에 감염될 수 있다. 태아의 발달에서 가장 큰 위험은 임신의 초기 3개월 이내에 발생한다. 왜냐하면 이때는 태아의 면역체계가 덜 발달된 시기이기 때문이다(Wicher & Wicher, 2001). 출생 시 영아는 아무 이상이 없어 보일 수 있다. 그러나 자라면서 매독의 증상이 발현된다.

(2) 톡소플라즈마

톡소플라즈마는 대부분의 포유류가 감염되는 기생충인 톡소플라즈마곤디(toxoplasma gondii)라는 기생충 때문에 발생한다. 가정에서 기르는 고양이나 길고양이는 이 기생충의 일차적 숙주이다. 그리고 감염된 고양이의 배설물에는 이 기생충이 들어 있다. 돼지나 소도 이 기생충의 숙주이다. 이 기생충은 보통 이들 동물의 배설물을 치울 때 손을 잘 씻지 않거나 감염된 고기를 잘 익히지 않고 섭취할 때 감염이 이루어진다. 이 기생충에 감염된 임산부의 40~60% 정도는 그 태아에게 기생충을 감염시키는 것으로 추정된다. 모체의 톡소플라즈마 감염은 사산이나 미숙아의 출산과 연관된다(Freeman et al., 2003). 전체 임신 기간의 1/3 이내 혹은 2/3 이내에 톡소플라즈마에 감염된 영아는 치료를 받지 않을 경우 일반적으로 선천성 장애나 중도의 손상을 갖고 태어난다.

(3) 기타

이 범주에는 수두대상포진과 파르보바이러스 B19를 포함하는 다양한 증상을 포함한다. 수두대상포진은 포진의 한 종류로서 일반적으로 수두라고 불린다. 수두의 급성 증상이 가라앉았다 하더라도 그 원인균은 중추신경계에 남아 있다가 대상포진으로 재발현하기도 한다(Steiner, Kennedy, & Pachner, 2007). 현재는 수두를 예방할 수 있는 백신이 개발되어 있다. 보다 나이가 많은 사람들의 경우 대상포진 예방 백신을 이용할 수 있다.

파르보바이러스 B19(제5질환으로 불림)는 아주 일반적인 질병이다. 성인의 약 50%는 아동기에 파르보바이러스에 노출되었다. 이 바이러스는 약물 치료를 받지 않고도 회복되며, 전혀 증상을 보이지 않는 사람들도 있다. 파르보바이러스에 노출된 아동들은 얼굴이 벌겋게 부어오르는데 이 부어오른 얼굴을 '볼거리'라고 부른다. 파르보바이러스 B19를 앓은 사람들은 다시 감염되는 일이 없다. 파르보바이러스 B19의 위험은 이 바이러스에 항체가 없는 임산부에게 나타난다. 만약 임신 초기에 파르보바이러스 B19에 노출될 경우 태아에게 빈혈이 발생하거나 유산이 될 수 있다. 파르보바이러스 B19에 대한 백신은 개발되지 않았으며 손 씻기가 최고의 예방법이다.

(4) 풍진

풍진(독일 홍역으로도 알려짐)은 1969년 백신이 개발되어 널리 사용되기 이전까지는 선천성 장애의 가장 많은 원인이었다(Pediatric Alert, 2005). 이 바이러스는 감염된 미세먼지(air droplets)로 인해 호흡기를 통하여 감염되는 것이 일반적이다. 이렇게 호흡기를 통해 풍진에 감염된 아동이나 성인들의 경우 일반적으로 그 증상이 가볍고, 일시적이다. 그러나 다른 STORCH 바이러스와 같이 풍진도 태아에게 전달되면 부정적인 결과를 가져온다. 감염에 따른 장애가 있는 태아들의 약 80%는 임신 1/3기 이내에 감염된 것으로 추정된다. 국가적 차원의 면역 프로그램이 부족한 국가의 경우 선천성 풍진이 중요한 건강 문제로 남아 있다(Sukonarungsee, Bourquin, & Poonpit, 2006).

(5) 거대세포바이러스

거대세포바이러스(CMV)는 많은 개발도상국에서 가장 많이 발생하는 선천성 감염병이다(Pass, Fowler, Boppana, Britt, & Stagno, 2006). 건강한 사람이 거대세포바이러스에 감염될 경우 아무 증상이 없이 지나가는 일이 많으며, 관련 손상을 입는 경우는 드물다. 학령기까지 거대세포바이러스에 감염되는 미국 내 아동은 30% 정도로 추정된다(Sever, 2002). 출생 이전에 거대세포바이러스에 접촉된 경우 매우 다른 결과를 나타낸다. 약 1~4%의 여성들이 임신 기간에 생애 최초로 거대세포바이러스에 감염되는 것으로 추정된다(Sever, 2002). 임신 중 모체가 최초로 거대세포바이러스에 감염된 경우 태아에게 감염될 위험은 40%이다. 여타의 선천성 감염과 같이 이 감염의 경우도 감염 시기가 임신 초기에 가까우면 가까울수록 손상이 더 심할 수 있다(Pass et al., 2006).

(6) 포진

포진에는 두 가지 형태의 바이러스가 있다. HSV-I (단순포진 1형)은 단순성 포진과 같은 구강질환과 관련이 있으며 HSV-II(단순포진 2형)는 성기의 질환과 관련이 있다(Brady & Bernstain, 2003). 많은 STORCH 감염병이 어머니로부터 태반의 혈관을 통해 태아에게 감염된다. 그러나 신생아의 포진은 일반적으로 출생 시 감염된 모체의 산도를 통하여 영아에게 감염되거나 양막이 터진 후 산도에서 자궁 속의 태아에게 전달되는 감염 형태를 보인다. 선천성 HSV 감염의 60~70%가 HSV-II이며, 출산 시 후천적으로 감염되지만(Kimberlin et al., 2001), HSV-I은 감염된 보호자와의 접촉을 통해서 발생할 수 있다(Brady & Bernstein, 2003).

2) 수반된 의료적 증상

STORCH의 수반 증상은 심장 결손, 뇌손상, 뇌의 기형, 시청각장애, 혹은 다른 중도장애들이다(Bale, Miner, & Petheram, 2002; Ross, Dollard, Victor, Sumartojo, & Cannon, 2006). 부분결손(예를 들면, 심장결손)은 수술을 통하여 교정할 수 있지만 다른 중도의 장애를 수반할 수도 있다. 〈표 4-2〉는 STORCH 감염에 따른 의학적 증상들이다. 수반된 합병증으로는 인지장애(지적장애), 열악한 신체 성장, 골격의 기형, 운동 이상, 내분비 이상(갑상선 이상과 진성 당뇨병), 수명 단축 등이 발생할 수 있다.

STORCH 감염은 일반적으로 임상 분석(혈액검사), 임상력, 신체적 표시 등을 통해 진단한다. 일부의 경우 뇌척수액 검사나 X선 검사를 실시하기도 한다. 기관 관련과 손상 범위에서부터 기관의 손상이 있는지를 파악하기 위해서는 다양한 기관(예를 들면, 눈, 심장)에 관해 특화된 검사(예를 들면, EGG, 초음파검사, CT검사)를 실시하기도 한다.

〈표 4-2〉 선천성 STORCH 감염에서 일반적으로 발견되는 손상

	톡소플라즈마	풍진	거대세포바이러스	포진	매독
빈혈	×	×	×	×	×
뇌 석회화	×		×		
골격 기형		×			
뇌성마비	×	×	×	×	×
선청성 심장 손상		×			
귀/청각 손상	×	×	×	×	×
뇌수종	×	×	×	×	
눈/시각 손상	×	×	×	×	×
황달	×	×	×	×	×
간/비장 확대	×	×	×	×	×
저체중	×	×	×	×	×
태반	×	×	×	×	×
혈소판 수 부족	×	×	×	×	×
정신지체	×	×	×	×	×
소뇌증	×	×	×	×	×
폐렴		×	×	×	
발작	×	×	×	×	×
피부 발진	×	×	×	×	×

출처: "Congenital Infections," by S. J. Best and K. W. Heller, 2009. In K. W. Heller, P. E. Forney, P. A. Alberto, S. J. Best, and M. N. Schwartzman, *Understanding Physical, Health, and Multiple Disabilities*, p. 390. Upper Saddle River, NJ: Pearson Education.

3) 의학적 및 치료적 처치

약물처치는 다양한 STORCH 감염 유형에 따라 다르게 이루어진다.

(1) 약물

임신기동안 모체와 태아 양쪽에 대한 매독 항균치료를 실시할 수 있다. 만약 임신기 동안 치료가 이루어지지 않을 경우 항균치료는 선천성 매독으로 진단이 이루어진 직후부터 실시된다. 심각한 기관 손상을 갖고 태어난 영아의 경우 약물치료가 효과적이지 못할 수 있다.

톡소플라즈마의 태내 감염 위험을 감소시키고자 약물치료를 실시할 수 있다. 최근에는 출생 시에 처방한 약물이 첫돌까지 유지되는 것을 포함하여 획기적인 약물 치료법이 개발되었다. 이에 따라 중등도 혹은 중도 신경손상이 있다고 진단된 영아들도 정상적인 인지, 신경, 청각을 가질 수 있게 되었다(Gilbert, Tan, Cliffe, Guy, & Stanford, 2006). 치료를 하지 않았거나 단기간만 치료를 받은 아동은 평생 장애를 갖게 되는 일이 많다.

현재까지 선천성 풍진에 효과적인 항바이러스 치료법은 개발되지 않았다. 바이러스로 인한 선천성 결손은 평생에 걸친 장애를 남긴다. 백내장이나 녹내장이 있을 경우 수술이 필요할 수 있으나, 다행히 이 수술들은 성공률이 높다. 이들에게는 렌즈나 청각보조기구를 처방할 수도 있다. 모든 형태의 심장 결손에 대해서는 수술이 시행될 수 있다.

선천성 CMV 감염을 치료하기 위해서 항바이러스 약물을 처방할 수는 있으나 그것들이 손상을 교정해 주지는 못한다. 최근 선천성 CMV 감염 아동의 잠재적 감각신경 청력 손상을 치료하기 위해서 사용되는 간시클로버(ganciclovir)는 획기적이고 중요한 약물이다(Michaels, Greenberg, Sabo, & Wald, 2003). 특정 손상(예를 들면, 심장 결손)은 수술적인 방법으로 치료가 가능하다. 그러나 CMV 감염 아동은 다른 중증장애를 가질 수 있다. 현재까지는 CMV에 효과적인 백신은 없는 상태이다(Arvin, Fast, Myers, Plotkin, & Ravinovich, 2004; Ornoy & Diav-Citrin, 2006).

HSV의 즉각적인 항바이러스 치료는 이 바이러스에 감염된 아동의 생존율뿐만 아니라 정상적인 발달이 이루어지는 아동의 수도 증가시켰다. HSV 뇌염이 의심되는 영아에게는 요추천자 및 뇌척수액 검사를 반복 실시하고 고단위 항바이러스 정맥주사를 놓도록 권한다. 만약 감염된 여성이 임신을 할 경우 제왕절개를 통하여 감염을 예방할 수 있다(Meikle, Steiner, Zhang, & Lawrence, 2005; Rudnick & Hoekzema, 2002).

(2) 치료

많은 STORCH 감염 아동의 치료는 뇌성마비 아동의 치료와 비슷하게 이루어진다. 이들의 치료 목표는 신체 자세의 정상화와 자기 관리의 독립과 관련이 있으며, 기능적 행동을 강조한다.

4) 신체적, 인지적, 심리사회적 발달에 주는 영향

선천성 감염병을 갖고 태어난 아동들에게는 신체 손상 또는 감각 손상이 발생할 위험이 높다. 이들의 신체 기능 증진과 필요한 맞춤형 수정을 위해서는 다학문적 팀을 구성할 필요가 있다. STORCH 감염병이 있는 사람들에게는 감각 손상이 흔하게 발생하므로 시각과 청각 평가를 지속적으로 실시할 필요가 있다. 또한 선천성 감염으로 인한 시각 및 청각 손상은 진행성일 수 있기 때문에 정기적인 검사를 계속하는 일이 중요하다.

(1) 신체적 및 인지적 발달

STORCH 감염병이 있는 아동은 매우 심한 장애를 갖게 되는 경우가 많다. STORCH 감염에 따른 뇌성마비 발생은 대운동과 소운동의 지체를 가져오는 중추신경계 손상이 일어났음을 알려 준다. 발작과 손상을 나타내는 데에는 대운동과 소운동의 발달지체를 가져오는 중추신경계의 손상을 나타낸다(제4장 참조). 발작과 소두증은 인지에 영향을 미친다. 감각신경성 청력 손상과 시각 손상은 환경 정보를 수집하고 대처하는 능력을 저하시킨다. 만약 인지장애와 감각 손상이 함께 나타나는 경우 기능은 심각한 손상을 받게 된다.

(2) 심리사회적 영향

CMV와 같은 감염병이 있는 아동은 신체적, 인지적 장애와 연관된 심리사회적 발달에 관한 시사점에 더하여 두려움과 거부를 불러일으킬 수 있다. 왜냐하면 그들이 임산부에게 CMV를 감염시킴으로써 그들의 태아를 감염시킬 수 있는 위험이 있기 때문이다.

5) 교육과 개인적 자율성에 주는 시사점

STORCH에 감염된 학생의 요구에 대응하기 위해서는 간학문적 서비스의 제공이 필수적이다. 만약 그들이 인지적 지체와 학습장애가 있는 경우 특수교육 서비스가 반드시 제공되어야 한다. 그들은 작업치료사, 물리치료사, 언어치료사, 체육교육 전담교사들로부터 관련서비스를 받을 수 있다. 일부 학생들의 경우 중도 지체장애(뇌성마비)로 인해 보완대체의사소통 기기가 필요할 수 있다. 그들은 간호사나 건강관리 보조원으로부터 특별한 건강 관리 서비스를 받을 수도 있다. 학생 요구(그리고 그에 따른 서비스)의 종류가 파악되면 정기적이고 협력적인 의사소통을 통하여 적절한 서비스 전달 방법을 찾아야 한다.

거대세포바이러스와 같은 일부 감염병의 경우 최초 감염에서부터 여러 해 동안 감염이 계속될 수 있다. CMV의 경우 모든 액체 분비물(피, 토사물, 눈물, 침, 땀, 정액, 기관지 분비물, 소변, 대변 등)에 바이러스가 들어 있을 수 있다. 또한 CMV는 일반 환경에서 여러 시간 동안 생존할 수도 있다. 따라서 CMV의 예방을 위한 최선책은 감염 통제이다. 이 장에서는 적절한 손 씻기, 기구나 환경물의 세척, 또 다른 감염 통제 기법에 관한 정보를 포함하고 있다.

6) 진로 및 성인기 목표

선천성 CMV 감염자의 진로 및 성인기 목표는 수반장애의 정도에 따라 결정된다. CMV 감염자는 정상적 지능을 가질 수도 있고, 학습장애나 중증 혹은 심각한 인지장애를 가질 수도 있기 때문에 성인기를 위한 계획 수립은 반드시 개별화되어야 한다.

6. 특별한 건강관리

지체·중복장애 및 건강장애인들은 특별한 건강관리가 필요하다. 비록 특별한 건강관리가 필요한 학생들이 모두 의료 공학이나 치료를 요구하지는 않지만 학교에서 성공적인 성취를 하기 위해서는 특별한 주의가 필요하다(Porter, Haynie, Bierle, Caldwell, & Palfrey, 1997). Heller, Fredrick, Best, Dykes와 Cohen(2000)이 실시한 연구 결과에 의하면 정기적으로 특수한 건강관리 절차(예를 들면, 점액 배출, 청결 간헐도뇨법)를 수행하고 있는 교사와 보조원 중 그 절차에 관하여 자신감을 가진 응답자는 절반에 지나지 않았다. 많은 응답자가 더 많은 훈련의 실시, 정책 개발 지원, 기술적 지원에 관심을 가진 것으로 나타났다. 이 결과에 따르면 지체·중복장애 및 건강장애인에게 서비스를 제공하고 있는 교사와 다른 서비스 제공자들은 특별한 건강 관리가 필요한 사람에 대한 지원 대책이 중요하다고 여기는 것으로 나타났다. 개별화건강관리계획(IHCP)은 교육상황에서 특별한 건강관리가 필요한 사람을 지원함에 있어 중요한 문제로 논의되어야 할 사항이다.

일차적인 예방 의학 연구 및 공학의 발달과 더불어, 교사와 서비스 제공자들은 깨끗한 환경을 유지하여 감염병의 확산을 예방하는 일에 더욱 노력해야 한다. 감염 예방과 일반적 예방법의 실천은 건강장애와 감염병에 걸린 학생들에게 서비스를 제공하는 교사와 서비스 제공자들이 중요하게 다루어야 할 주제이다.

1) 특별건강관리 요구 충족

Cardwell, Todaro와 Gates(1991, p. 51)는 특별건강관리가 필요한 학생을 다음의 다섯 가지 집단으로 분류할 수 있다고 하였다.

- 특별한 건강 증상이 있는 학생
- 감염 증상이 있는 학생
- 공학이 필요한 증상이 있는 학생
- 신경 기능 변화가 있는 학생
- 취약한 건강상태인 학생

물론 한 학생이 앞의 다섯 가지 범주 중 여러 가지에 속하는 경우도 있을 수 있다. 예를 들면, 학생들은 취약한 건강상태인 동시에 특별한 건강 증상이 있는 범주에 속할 수도 있다. 그들은 일시적인 의료 위기를 경험할 수도 있고 지속적으로 악화될 수도 있다. 그리고 진행성 증상 때문에 약해지는 시기가 닥칠 수도 있다(Cardwell et al., 1991, p. 71). 특별한 건강 조건이 있으면서 동시에 다른 모든 범주에 속하는 학생의 예로써 CMV에 감염된 학생을 들 수 있다.

특별한 건강 조건이 있는 아동들은 교사와 서비스 제공자들에게 두려움을 주는 존재가 될 수 있다. 그들의 장비는 부피가 클 뿐만 아니라 교실을 물리적으로 수정해야 할 필요가 있을 수 있다. 교사가 장비의 유지에 관한 책임을 지는 것은 아니라 하더라도 그것의 작동법이나 고장 여부를 알고 있어야 한다. 보통 훈련된 제공자들은 학교의 특별 건강 관리에 대응할 수 있다. 또한 교사들도 건강 관리 절차에 대하여 알고 있어야 한다. 그리고 피로하다거나 즉각적인 주의가 필요한 학생의 상태를 보여주는 표식에 경각심을 가져야 한다. 물론 교사나 서비스 제공자들이 장비나 절차들이 기능을 촉진시킨다는 점을 알고 있는 것도 중요하지만 그보다 더 중요한 것은 모든 학생들이 학습과 사회심리적 면의 욕구가 동일하다는 사실을 인식하는 일이다. 특별건강관리가 필요한 학생들 중 대부분은 적절한 지원이 이루어질 경우 일반 학급에서도 학습할 수 있다([그림 4-5] 참조).

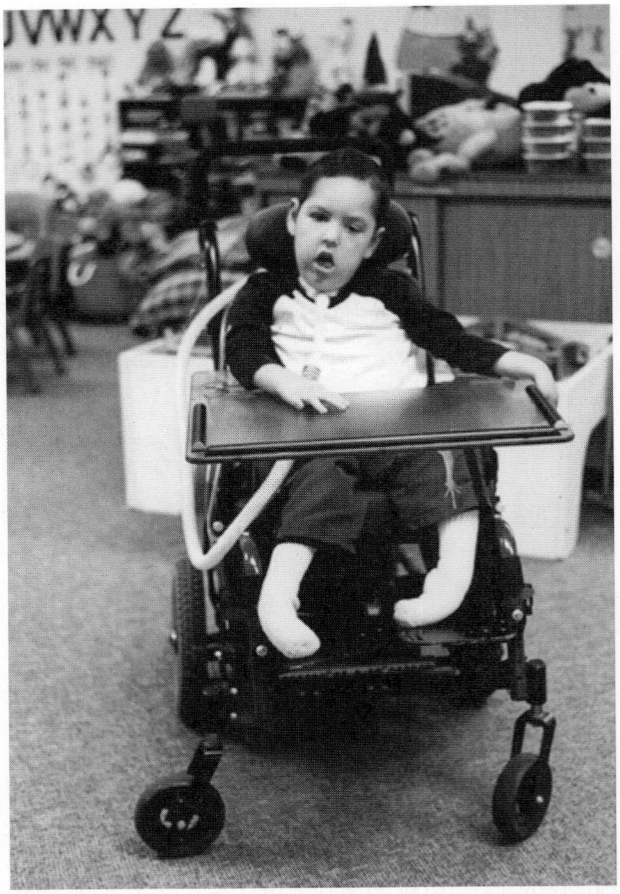

[그림 4-5A] 학생을 일반교육에 참여할 수 있도록 하는 휴대용 호흡기 및 가래 뱉는 도구

이 장에서 가래 뱉기, 투석, 청결 간헐도뇨 등의 특정 의학적 공학과 관련된 상세한 정보를 제공하는 일은 불가능하다. 여러분은 특별건강관리 절차에 관한 내용을 『Meeting Physical and Health Needs of Children with Disabilities: Teaching Student Participation and Management』(Heller, Forney, Alberto, Schwattzman, & Goeckel, 2000a)와 『Chidren and Youth Assisted by Medial Technology in the Classroom: Guidelines for Care』(Porter et al., 1997)와 같은 자료를 참조하기 바란다. 교사들이 이런 절차에 직접적인 책임이 있는 것은 아니지만 학생들의 특별건강관리 요구에 대응하는 최근 지식과 최상의 실천 방법을 알아 두는 일은 매우 중요하다. 특별건강관리에 관한 적절한 정보는 개별화건강관리계획(IHCP)의 수립을 통해 전달될 수 있다.

[그림 4-5B] 사람들은 이 장비를 보고 위압감을 느끼기 쉽다.

(1) 개별화건강관리계획의 수립

특별건강관리 요구가 있는 사람의 개별화건강관리계획(IHCP)을 수립하는 이유는 다양하다(Porter et al., 1997). 첫째, IHCP는 교육환경에서의 건강관리에 관한 연속성을 제공해 주고, 서비스의 질을 개선한다(Hass, 1993). 둘째, IHCP는 더 많은 지원을 요구하거나 현재 실행에 대한 평가를 할 수 있는 문서이다. 셋째, IHCP는 법적 분쟁이 발생할 때 방어의 수단이 된다. 마지막으로 IHCP가 IEP에 포함될 경우 교사와 서비스 제공자들이 직접적이고 이해와 수용이 가능한 방법으로 학생의 건강보호 요구를 파악할 수 있게 된다.

IHCP는 건강 전문가의 주도하에 증상의 설명, 간단한 건강 이력, 기본적인 건강 상태와 건강관리 요구, 수술 및 약물, 부작용, 이동의 고려, 도구의 필요, 응급계획 그리고 특별한 주의 및 활동 제한 등의 내용을 포함하여 개발하여야 한다(Caldwell et al., 1991; Porter et al., 1997). 학생이 혼자서 투약이 가능한지, 잠재된 건강 위기의 증상들과 그 표식을 인식할 수 있는지를 포함하여 독립적 건강관리능력 정도를 제시하는 일은 중요하다(Caldwell et al., 1991). 장애인이 자신의 건강 보호에 관여하는 일은 다른 자조기술을 증진시킬 수 있는 개인적, 사회심리적 자율성을 강화한다. 독립의 정도는 학생의 발달 능력에 따라야 한다(Heller et al., 2000). [그림 4-6]은 IHCP의 예이다.

IHCP의 수립과 실행은 특별건강관리 요구가 있는 학생을 지원하는 데 있어 중요하다. Heller 등(2000)은 특별건강관리 요구가 있는 학생들의 안전한 환경 조성을 위해서는 감염 통제, 심폐기능소생법(CPR), 조기 구조, 적절한 문서 작성 전략, 장비에 관한 책임 규정 등이 중요한 요소라고 하였다. 다른 측면으로는 법적 규정과 규제의 이해, 응급 계획의 수립, 가족, 학교 관계자, 의료 지원가들 간의 의사소통 관계 구축 및 유지, 특별한 이동 요구 대처, 장기결석으로 인한 수업 결손이 많은 학생을 위한 교육 요구의 수정 등이 포함된다(Caldwell et al., 1991, pp. 52-53; Porter et al., 1997). 교사는 특별건강관리 요구가 있는 학생들을 위한 안전한 환경 구축과 IHCP의 많은 부분에 관여하게 된다.

2) 감염병의 예방과 일반적인 예방법의 실행

의료공학의 발달에도 불구하고 아동들이 감염성 질환을 갖고 태어나거나 출생 후 감염성 질환에 걸리게 되는 일이 계속 이어지고 있다. 게다가 지체장애나 건강장애를 가진 많은 아동들은 학교나 가정, 지역사회에서 적극적으로 참여하고 있다. 이런 아동들에게 교육이나 치료를 지원하는 사람들은 최선의 건강과 안전을 보장하기 위하여 환경 속에서 상호작용할 권리가 있다. 또한 학생들의 학문적, 사회적, 행동적 요구에 대처하기 위해서 교사들은 반드시 중요한 신체적, 건강 및 일상생활 요구에 대처할 수 있는 지식과 기술을 가지고 있어야 한다. 그 첫 단계는 일반적 예방법을 이해하는 것이다.

질병통제예방센터(Centers for Disease Control and Prevention: CDC)는 일반적 예방법의 사용을 권고하는 데 있어 일차적 책임이 있는 연방기관이다. 1980년대 초, CDC는 HIV와 B형 간염과 같은 혈액매개성 감염병의 발생 증가에 대처하기 위하여 건강관리 장면에서 감염 환자의 피나 다른 체액을 다루고자 할 때 이 방법을 권고하였다. 이후 CDC는 누가 감염되었는지를 모를 경우 모든 사람이 이 예방법을 사용해야 한다고 자신들의 권고를 현행화하였다. 이 최종적인 감염 통제 지침은 '보편적 예방법'으로 알려지게 되었다(CDC, 1988). 1996년

개별화건강관리계획

□ 504
□ 특수교육

- 학생명 ______________________ • 생년월일 ______________________
- 교사명 ______________________ • 학교명 ______________________
- 학년 ______________________ • 입학연도 ______________________
- 의사명 ______________________
- 주소 ______________________ • 전화번호 ______________________
- 부모/보호자 ______________________ • 가정 전화번호 ______________________
- 직장번호(어머니) ______________________ • 긴급 연락처 ______________________
- 직장번호(아버지) ______________________ • 긴급 연락처 ______________________
- 직장번호(보호자) ______________________ • 긴급 연락처 ______________________
- 병원건강관리 코디네이터 ______________________ • 전화번호 ______________________
- 학교건강관리 코디네이터 ______________________ • 전화번호 ______________________
- 교육 코디네이터 ______________________ • 전화번호 ______________________

의료적 개요

- 의료처치 요약

____

____

- 알레르기 여부

____

____

- 약물

____

____

- 각 약물별 약물처치 위임양식 첨부 □ 예 □ 아니요
- 특별한 건강관리 요구

____

____

- 각 절차별 절차 위임양식 첨부 □ 예 □ 아니요

추가 요구/계획

- 응급처치 계획 첨부 □ 예 □ 아니요
- 여가활동 허가양식 첨부 □ 예 □ 아니요
- 수송계획 첨부 □ 예 □ 아니요

- 관계자 훈련계획 첨부 ☐ 예 ☐ 아니요
- 입학/재입학 점검표 ☐ 예 ☐ 아니요
- 기타

추가정보

- 특별 식이요법

- 추가정보 첨부 ☐ 예 ☐ 아니요
- 특별한 안전

- 추가정보 첨부 ☐ 예 ☐ 아니요
- 특별 장비

- 추가정보 첨부 ☐ 예 ☐ 아니요
- 기타

- 추가정보 첨부 ☐ 예 ☐ 아니요

부모/보호자 서약

우리는 ○○○에 대하여 의사 △△△가 작성한 이 개별화건강관리계획을 신청하며 승인합니다.

우리는 이 내용 중 일부가 변경되거나 취소될 경우 즉각 학교로 통보하겠음. 우리는 시행된 처치결과 발생한 문제점에 대해 학교 관계자에게 어떤 책임도 묻지 않겠음.

서명 ______________________ 날짜 ______________________

서명 ______________________ 날짜 ______________________

다음 IHCP 평가일

[그림 4-6] IHCP의 예시

출처: *Meeting the Needs of Students with Special Physical and Health Care Needs* (pp. 555-556), by J. L. Hiu, 1999, Upper Saddle River, NJ: Pearson Education.

보편적 예방법은 '표준 예방법'을 확대한 것으로 피나 손상된 피부, 점막조직 여부에 관계없이 혈액과 다른 체액들, 분비물, 배설물(땀은 제외)과 접촉할 때 적용된다(Chillock & Palenik, 2004, p. 76). 보편적 예방법은 다음과 같은 점에 도움을 준다.

- 감염자에게 추가 감염이 발생하지 않도록 보호
- 감염자의 프라이버시 보호
- 서비스 제공자의 건강 보호
- 다른 학생들의 건강 보호

보편적 예방법에는 세수, 개인적 보호 장비(장애물 예방)의 착용, 쓰레기의 안전한 배출, 먼지 제거, 세탁기 사용, 감염성 물질의 우발적 노출에 대한 대처 절차 등이 포함된다.

미국식품의약품국(FDA)은 보편적 예방법을 개발할 때 CDC와 연합하여 다음과 같은 추가적인 권고를 포함하였다.

- '보호장비'를 사용할 것: 장갑, 가운, 안경, 안면 마스크 등을 착용하여 피나 여타 감염성 체액에 대한 노출을 줄일 것
- 바늘, 외과용 매스, 혹은 다른 뾰족한 물건은 조심해서 다룬다.
- 건강 관리 작업자의 피부에 상처가 있을 때나 피를 닦을 때, 아동의 피를 닦을 때, 미숙련자가 피를 닦는 연습을 할 때, 손에 피를 묻힐 수 있는 여타의 상황에서는 항상 장갑을 착용한다.
- 피나 감염의 우려가 있는 체액에 접촉한 손이나 신체는 즉시 씻는다(Combination Vaccine, 1993, p. 12).

이 지침에서는 쓰레기의 배출과 소독, 혹은 배출되지 않는 도구들의 살균에 대한 권고사항도 포함한다. 1991년부터 미국 내 모든 주에서는 CDC의 일반적 예방법에 관한 지침을 적용하거나 그에 상응하는 다른 규정을 마련하여 적용하고 있다.

혈액, 혈청, 정액, 질액, 여타 신체 내액(예를 들어, 척수액)에 접촉하였을 때는 일반적 예방법을 준수하여야 한다. 일반적 예방법은 혈액이 섞일 수 있는 체액인 눈물, 콧물, 가래, 땀, 소변, 대변, 구토물, 모유 등에도 적용된다. 모든 질병이 혈액이나 혈액 부산물을 통하여 감염되는 것은 아니지만 A형 간염, 요충, 설사 등은 오염된 대변에 접촉함으로써 감염될 수 있다. 감염성이 잠재된 물질의 접촉을 최대한 줄일 수 있는 방법은 손 씻기라고 할 수 있다.

(1) 손 씻기

손 씻기는 일상적인 활동이지만 올바른 순서에 대해 생각하는 경우는 드물다. 그러나 올바른 손 씻기야말로 감염병을 예방하기 위한 열쇠이다. 일상적인 손 씻기는 항균 성분을 함유하지 않은 비누를 사용하여 15~30초간 씻으며, 다음의 상황에서 사용한다.

- 눈으로 볼 때 손이 더럽거나 피나 다른 체액과 같은 오염된 물질에 닿았을 때
- (장갑을 끼었더라도) 신체 분비물에 접촉한 물체를 만지거나 청소한 경우
- 장갑을 끼기 전후
- 맨손에 피 또는 침이 묻었을 경우 혹은 묻은 것 같은 경우
- 보호장갑의 교체 전
- 먹기 전 혹은 화장실을 사용한 후
- 휴식 전 혹은 작업장을 떠나기 전(Chillock & Palenik, 2004, p. 78; Giardina & Psota, 1997, p. 75).

[그림 4-7]은 올바른 손 씻기 순서를 나타낸 것이다.

아동에게도 올바른 손 씻기 절차를 지도하여야만 한다(Gelbwasser, 2007). 아동이 손을 구석구석 깨끗이 씻도록 지도하기 위해서는 'ABC 노래'를 천천히 두 번 반복해서 부르면서 온 손에 비누를 칠하게 하는 방법을 적용할 수 있다. 성인은 아동의 손 씻는 활동을 감독하고,

1. 손에 오염되거나 베이거나 상처난 곳, 각질이 일어난 곳이 있는지 확인한다.
2. 모든 액세서리를 뺀다. 시계는 최대한 팔 위로 올린다. 소매나 재킷의 소매를 팔목 위로 끌어올린다.
3. 물을 튼 후 물의 온도와 양을 조절한다. 비누는 찬물보다 따뜻한 물에서 잘 풀린다. 찬물은 따뜻한 물을 사용할 수 없을 때만 사용한다. 너무 뜨거운 물은 피부의 유분기를 빼앗아 가므로 피부를 건조하게 만들거나 상처를 덧나게 한다. 물을 너무 세게 틀어 놓으면 물이 주변이나 바닥으로 튀기 때문에 세균들이 사방으로 번져 나갈 수 있다.
4. 흐르는 물에 손목 이하를 담근다. 이때 팔은 손목보다 항상 높이 두어야 한다. 그렇게 함으로써 세균이 적게 감염된 곳에서 많이 감염된 곳으로 물이 흘러내리도록 한다. 액체 비누가 고체 비누에 비해 세균을 잘 씻어 내린다. 고체 비누는 액체 비누가 없을 때만 사용한다.
5. 최소한 30초 이상 씻어야 한다. 오염된 물질(예를 들어, 더러운 유리)을 다루었다면 최소한 1분 이상 씻도록 한다. 어떤 유형의 체액과 직접 접촉한 경우 2분 이상 씻어야 한다. 손등과 손바닥, 손목도 돌리고 비벼 가며 모두 씻는다. 손가락 사이사이는 다른 손가락으로 비벼 가며 씻는다. 손가락도 각각 따로 씻어야 한다. 힘을 너무 세게 해서는 안 된다. 그럴 경우 상처를 입을 수도 있다.
6. 따뜻한 물로 헹군다. 흐르는 물에 손톱과 손톱 아래 부분까지 매니큐어용 막대를 사용하여 깨끗이 씻어 낸다. 매니큐어용 막대가 없는 경우 양손의 손톱을 이용하여 씻어 낸다.
7. 손을 털어서 물기를 제거한 후 종이타월로 닦는다. 손톱부터, 손, 손목과 팔의 순으로 닦는다. 물기를 제거할 때는 강하게 문지르기보다는 피부에 가볍게 두드리는 것이 더 좋다. 이렇게 하면 피부에 상처가 생기지 않는다.
8. 손을 말릴 때 사용한 종이타월로 수도꼭지를 잠근다. 종이타월을 이용하여 세면기 주변에 튄 물을 닦는다. 사용한 종이타월은 일회용 비닐 용기에 담아 버린다.
9. 원한다면 로션을 사용할 수 있다. 로션은 피부를 부드럽게 하고, 피부에 상처가 나는 것을 감소시키며, 미생물에 감염되는 것을 예방한다.

[그림 4-7] 손 씻는 방법

* 반지의 세팅 부분이나 보석 주위에 미생물이 남아 있을 수도 있기 때문에 신체적인 보호가 필요한 학생을 돌보는 관계자는 반지를 착용하지 않는 것이 좋다. 어떤 사람들은 수수한 결혼반지는 착용하여도 좋다는 제안을 하기도 하였다(Sitler, 1991).

출처: Sitler (1991); Utah State Office of Education(1995).

과제를 마쳤을 때는 강화를 해 주어야 한다.

만약 당장 손을 씻기 어려운 경우는 어떻게 해야 할까? 그때는 허리나 엉덩이에 감염 위험 물질 예방 도구들을 담은 휴대용 팩을 착용할 수 있다. 이 팩에는 일회용 장갑, 밴드, 거즈, 비닐팩, 핀셋, 일회용 손수건 등을 담아 둔다. 야외학습, 놀이터, 기타 야외 활동 시에는 허리에 착용하는 팩을 사용하는 것이 편리하다. 그리고 휴대용 팩을 사용하더라도 물이 있는 곳으로 가게 되면 최대한 빨리 손을 씻고 몸을 깨끗이 해야 한다(Makeing It Work: Always Be Prepared, 1995).

최근 들어 물 없이 사용하는 살균제가 손을 씻는 도구로 각광받고 있다. 이것들은 보통 항균제라고 광고하는데 휴대가 간편하고 향기롭다. 이러한 살균제의 사용이 물을 사용한 손 씻기를 대체하고는 있지만 그것들만 사용하여 손을 씻는 일은 위험하다. 그것들은 보통 알코올을 포함하고 있기 때문에 피부를 손상시킬 수 있다. 따라서 이러한 살균제의 사용 후에도 반드시 물로 손을 씻어야 한다.

① 장갑 착용하기

피나 다른 체액과 접촉할 위험이 있을 경우에는 반드시 장갑을 착용하여야 한다. 이렇게 오염물과 손 사이에 경계를 만들어 보호하는 방법은 장갑을 착용한 사람과 지원을 받는 사람 간의 접촉을 막는다. 장갑은 적절한 사이즈를 선택하여야 한다. 장갑을 착용하는 경우 구멍이 나거나 찢어지지 않도록 손에 있는 모든 장신구를 우선 제거하여야 한다. 사용한 장갑을 빼서 버릴 때는 다음과 같은 단계에 따른다.

- 장갑을 낀 오른손으로 장갑을 낀 왼손 손바닥을 잡는다.
- 손가락 쪽으로 왼손 장갑을 잡아당겨 뒤집어 벗긴 후 공처럼 만든다. 공처럼 만든 장갑은 오른손 주먹으로 움켜쥔다.
- 장갑을 벗은 왼손의 검지와 중지를 오른손 장갑의 손바닥 끝까지 집어넣는다.
- 오른손 장갑을 뒤집어 벗으며 왼손 장갑을 싼다. 장갑을 손가락 끝까지 뒤집으며 벗는다.
- 모두 뒤집어진 두 장갑을 둥글게 뭉쳐 왼손에 쥔다.
- 뒤집어서 뭉친 장갑을 지퍼백이나 생물학적 유해물질 보관백과 같은 적당한 보관함에 버린다.
- 손을 씻는다(Edens, Mudick, & Gartin, 2003, p. 63).

(2) 쓰레기의 배출

감염 예방을 위해서는 반드시 오염된 물질을 처리 절차에 따라 처리하여야 한다. 액체 분비물은 일회용 수건으로 닦는다. 그리고 모든 오염물질은 비닐봉지에 밀봉한 후 입구를 끈으로 묶어서 배출한다. 유출된 액체를 닦을 때는 오염 가능성이 있는 물질이 현재 유출된 넓이보다 더 번지지 않도록 해야 한다. 일회용이 아닌 물건(예를 들어, 옷과 같은 것)도 오염 물질이 제거될 때까지 담아서 보관해야 한다. 분비물이 제거된 후 가정용 표백제와 물을 9:1로 섞어 주위를 닦아 낸다. 마지막 단계로는 장갑을 벗고 손을 씻는다. 이때는 수도 주위를 깨끗이 청소하고, 사용이 끝난 살균제를 제거한다(Edens et al., 2003, p. 64).

물과 표백제를 스프레이 병에 담아 섞으면 뿌리기 쉽다. 이 혼합물은 매일 새로 만들어야 한다. 청소를 하는 동안에는 항상 일회용 장갑을 낀다. 탁자 윗부분이나 다른 작업대 표면은 오염된 액체가 묻기 쉽다. 이것들은 정기적으로 닦아 주어야 하며, 특히 음식을 놓고 먹을 경우에는 특별히 더 주의하여야 한다. 식사 전, 학생이 손을 씻는 동안에 탁자를 닦아 주고, 학교의 일과가 끝날 때 다시 한 번 탁자를 닦아 낸다. 장난감이나 물세탁이 가능한 다른 물건들은 사용 후 깨끗하게 닦아 낸다. 어린 아동들에게 서비스를 제공하는 기관에서는 사용한 후 세척하지 않은 장난감을 다른 보관함에 분리해서 보관한다. 이런 실천들은 아동들 간의 세균 확산을 예방한다. 봉제인형과 같이 부드러운 장난감은 항상 깨끗하게 빨아서 사용하기 어렵다. 이런 부드러운 장난감에는 분사형 청결용품을 구입하여 사용할 수 있다. 이것들은 청결제를 분사하여 하룻밤 동안 오염되지 않은 장소에 밀봉 보관한 후 사용한다.

청소를 하는 사람은 누구나 같은 방법을 사용해야 하며, 특히 감염병이 있는 아동들에 대해 공개적으로 주의를 환기시켜서는 안 된다. 보편적 예방법은 깨끗한 환경을 조성하여 모든 사람의 감염 가능성을 줄여 주는 추가적인 장점도 있다.

요약 및 결론

이 장에서 소개한 건강장애 및 감염성 질병은 다양한 의학적 범주의 한 가지 사례에 불과하다. 건강장애는 다양한 신체 조직에서 발생하며 그 경과와 치료 방법도 각각 다르다. 그러나 이 모두는 신체, 인지, 심리사회 및 교육적 기능을 방해할 수 있는 잠재력이 있다. 서비스 제공자들은 건강장애의 역동성을 이해함으로써 건강장애의 영향에 대해 보다 잘 이해하고, 적절한 편의도 개발할 수 있을 것이다.

학교에서 보편적 예방법과 질병 통제를 실천하는 일은 질병의 감염을 예방하는 첩경이다. 이 장에서는 보편적 예방법과 질병통제에 대한 기준과 방법을 기술하였다.

건강장애 및 감염병이 있는 학생을 지도하는 교사와 서비스 제공자들은 일반적인 수업 분위기의 조성에 노력하여야 한다. 만성 질환은 생의 많은 부분을 침범하여 몸과 마음을 지치게 한다. 수용적 분위기와 적절한 편의를 통해 서비스가 제공되면 건강장애 및 감염병이 있는 학생은 자신의 현실에 맞서 몸과 마음의 안정을 누릴 수 있게 될 것이다. 부모나 서비스 제공자들이 학생을 과보호하거나 의학적 요구들을 무시하는 경우, 장애가 발달에 미치는 영향을 파악하지 못할 경우, 그들의 신체 및 심리사회적 안녕은 기대하기 어려울 것이다.

토의 문제

1. 천식과 당뇨와 같은 비가시적 장애가 있는 사람에게 심리사회적 문제의 위험이 발생하는 이유를 말해 보자.
2. 교실에서 천식발작을 감소시키기 위해 교사가 사용할 수 있는 절차를 말해 보자.
3. 여러분이 상담을 지원하고 있는 교육청으로 낭포성 섬유증을 앓고 있는 15세 된 학생이 전학을 왔다. 여러분과 학교 간호사는 일반 교사에게 그 학생의 의학적 요구에 따른 보완책을 효과적이면서도 주제넘지 않은 방법으로 알려 주려고 한다. 어떤 방법을 말해 주겠는가?
4. 교사와 다른 서비스 제공자가 천식이나 당뇨, 낭포성 섬유증이 있는 학생의 자율성을 촉진할 수 있는 방법을 말해 보자.
5. 담임하고 있는 특수학급 학생이 암으로 사망하였다. 그 학생의 가족이나 급우들, 여러분 자신에게 지속적으로 지원을 제공할 수 있는 방법을 말해 보자.
6. 여러분은 '교육현장에서 실천 가능한 보편적 예방법 및 감염 예방'이라는 연수 강의를 해 달라는 부탁을 받았다. 이 강의의 개요를 수립해 보자.

유용한 사이트

• 미국천식정보센터(Asthma Information Center)
http://www.ama-assn.org/special/asthma

미국천식정보센터는 천식관련 건강관리 전문가, 저널리스트, 연구자, 환자 및 천식아동의 보호자를 위하여 설립되었으며, 미국의학협회의 지원을 받고 있다. 이 센터는 연구자들 사이의 의사소통을 증진하고, 수요자에게 천식 관리와 치료에 관한 최신 정보를 제공하고 있다.

• 미국질병통제예방센터(Centers for Disease Control and Prevertion: CDC)
http://www.cdc.gov

미국질병통제예방센터(CDC)는 연방정부에서 자금과 운용을 담당하는 기관으로서 여러 개의 하위 부서를 두고 있다. 예를 들면, CDC 감염병국가센터는 CDC 메인 사이트에서 연결이 가능하다. 전문성이 매우 높은 이 사이트에서는 다양한 질병과 관련된 질문에 답을 해 준다. CDC 감염병국가센터의 링크 예로는 '건강 관련 주제 A–Z' '자료 및 통계' '여행자의 건강'과 같은 것이 있다. CDC는 질병 연구와 정보 제공을 하는 기관들 중 아마 가장 대규모일 것이다.

• 낭포성 섬유증 재단(Cystic Fibrosis Foundation)
http://www.cff.org

'65송이의 장미, 그토록 무서운 질환을 앓고 있는 아이에게 이렇게 아름다운 이름을 붙인 이유는 무엇인가?' 여러분은 낭포성 섬유증을 앓는 아이가 65송이의 장미라는 이해하기 어려운 이름으로 불리게 된 사연을 알게 될 것이다. 낭포성섬유증재단은 이 질환을 앓고 있는 사람의 치료와 삶의 질 향상을 위하여 노력하고 있다.

• Medhelp International
http://www.medhelp.org

Medhelp International은 양질의 의학적 정보를 구하는 사람과 그들의 증상 및 질문에 관한 답을 해 주는 비영리 기구이다. Medhelp International은 사람들에게 양질의 의학 정보와 지원뿐만 아니라 보다 건강한 생활 방식을 추구하는 힘을 준다. 이 사이트는 단시간에 자신의 질환이나 질병에 관한 치료 결정을 해야 하는 환자들을 지원한다.

참고문헌

Aceves, S. S., & Broide, D. H. (2008). Airway fibrosis and angiogenesis due to esinophil traffiking in chronic asthma. *Current Molecular Medicine, 8*(5), 350-358.

American Diabetes Association. (2008). *All about diabetes*. Retrieved September 29, 2008, from http://www.diabetes.org/about-diabetes.jsp

Armstrong, F. D. (2006). Neurodevelopment and chronic illness: Mechanisms of disease and treatment. *Mental Retardation and Developmental Disabilities Research Reviews, 12*(3), 168-173.

Aronson, B. S., & Marquis, M. (2004). Care of the adult patient with cystic fibrosis. *MEDSURG Nursing, 13*(3), 143-155.

Arvin, A. M., Fast, P., Myers, M., Plotkin, S., & Rabinovich, R. (2004). Vaccine development to prevent cytomegalovirus disease: Report from the National Vaccine Advisory Committee. *Clinical Infectious Diseases, 39*, 233-239.

Bale, J. F., Miner, L., & Petheram, S. J. (2002). Congenital cytomegalovirus infection. *Current Treatments and Options in Neurology, 4*, 225-230.

Beers, M. H., Porter, R. S., Jones, T. V., Kaplan, J. l., & Berkwits, M. (2006). *The Merck manual of diagnosis and therapy* (18th ed.). Whitehouse Station, NJ: Merck & Co.

Best, S. J. (2009). Coping with degenerative and terminal illness. In K. W. Heller, P. E. Forney, P. A. Alberto, S. J. Best, & M. N. Schwartzman (Eds.), *Understanding physical, health, and multiple disabilities* (pp. 281-292). Upper Saddle River, NJ: Pearson Education.

Bollyky, J. Sanda, S., & Greenbaum, C. J. (2008). Type 1 diabetes mellitus: Primary, secondary, and tertiary prevention. *Mount Sinai Journal of Medicine, 75*(4), 385-397.

Brady, R. C., & Bernstein, D. I. (2003). Treatment of herpes simplex virus infections. *Antiviral Research, 61*(2), 73-81.

Burkhart, P. (2007). Peak flow monitors improve asthma control in children. *American Journal of Nursing, 107*(7), 22.

Caldwell, T. H., Todaro, A. W., & Gates, A. J. (1991). Special health care needs. In J. L. Bigge (Ed.), *Teaching individuals with physical and multiple disabilities* (pp. 50-74). Upper Saddle River, NJ: Merrill/Pearson Education.

Centers for Disease Control and Prevention. (1988). Update: Universal precautions for prevention of transmission of human immunodeficiency virus, hepatitis B virus, and other bloodborne pathogens in health-care settings. *Morbidity and Mortality Weekly Report, 37*, 377.

Chillock, C. A., & Palenik, C. J. (2004). New CDC guidelines. *RDH, 24*(4), 74-78.

Combination vaccine for children. (2003). *FDA Consumer, 37*(2), 3.

Conboy-Ellis, K. (2006). Asthma pathogenesis and management. *The Nurse Practitioner, 31*(11), 24-37.

Council for Exceptional Children. (2003). *What every special educator must know: Ethics, standards, and guidelines for special educators* (5th ed.). Reston, VA: Author.

Cystic Fibrosis Foundation. (2008a). *About cystic fibrosis.* Retrieved September 29, 2008, from http://www.cff.org/AboutCF/

Cystic Fibrosis Foundation. (2008b). *Research overview.* Retrieved September 29, 2008, from http://www.cff.org/research

Cystic Fibrosis Foundation. (2008b). *Airway clearance techniques.* Retrieved September 29, 2008, from http://www.cff.org/treatments/Therapy/Respiratory/AirwayClearance/

Davis, A., Brown, A. S., Edelstein, J., & Tager, I. (2008). Identification and education of adolescents with asthma in an urban school district: Results from a large-scale asthma intervention. *Journal of Urban Health, 85*(3), 361-374.

de Bildering, G., Mathot, M., Augstsson, S., Tuerlinckx, D., Jamart, J., & Bodart, E. (2008). Early skin sensitization to aeroallergens. *Clinical and Experimental Allergy, 38*(4), 643-648.

DePaepe, P., Garrison-Kane, L., & Doelling, J. (2002). Supporting students with health needs in schools: An overview of selected conditions. *Focus on Exceptional Children, 35*(1), 1-24.

Diette, G. B., Markson, L., Skinner, E. A., Nguyen, T. T. H., Algatt-Bergstrom, P., & Wu, A. W. (2000). Nocturnal asthma in children affects school attendance, school performance, and parents' work attendance. *Archives of Pediatric and Adolescent Medicine, 134*, 923-928.

Edens, R. M., Murdick, N. L., & Gartin, B. C. (2003). Preventing infection in the classroom. *Teaching Exceptional Children, 35*(4), 62-66.

Eder, W., Ege, M. J., & Mutius, E. (2006). The asthma epidemic. *New England Journal of Medicine, 355*, 2226-2235.

Feltbower, R. G., Bodansky, H. J., Patterson, C. C., Parslow, R. C., Stephenson, C. R., Reynolds, C., et al. (2008). Acute complications and drug misuse are important causes of death in children and young adults with Type 1 diabetes. *Diabetes Care, 31*(5), 922-926.

Freeman, K., Oakley, L., Pollak, A., Buffolano, W., Petersen, E., Semprini, A. E., et al. (2005). Association between congenital toxoplasmosis and preterm birth, low birthweight, and small for gestational age status. *International Journal of Obstetrics & Gynaecology, 112*(1), 31-37.

Gelbwasser, M. (2007). Sniff sniff... *Instructor, 116*(5), 36-38.

Giardina, R. G., & Psota, C. E. (1997). Universal precautions and infection control in a school setting. In S. Porter, M. Haynie, T. Bierle, T. H. Caldwell, & J. S. Palfrey (Eds.), *Children and youth assisted by medical technology in the classroom: Guidelines for care* (2nd ed., pp. 74-78). Baltimore, MD: Paul H. Brookes.

Gilbert, R., Tan, H. K., Cliffe, S., Guy, E., & Stanford, M. (2006). Symptomatic toxoplasma infection due to congenital and postnatally acquired infection. *Archives of Disease in Childhood, 91*(6), 495-498.

Haas, M. B. (1993). Individualized healthcare plans. In M. B. Haas (Ed.). *The school nurse's sourcebook of individualized healthcare plans* (pp. 41-45). North Branch, MN: Sunrise River Press.

Heller, K. W. (2009). Diabetes. In K. W. Heller, P. E. Forney, P. A. Alberto, S. J. Best, & M. N. Schwartzman (Eds.), *Understanding physical, health, and multiple disabilities* (pp. 334-348). Upper Saddle River, NJ: Pearson Education.

Heller, K. W., & Schwartzman, M. N. (2009). Cystic fibrosis. In K. W. Heller, P. E. Forney, P. A. Alberto, S. J. Best, & M. N. Schwartzman (Eds.), *Understanding physical, health, and multiple disabilities* (pp. 262-279). Upper Saddle River, NJ: Pearson Education.

Heller, K. W., Schwartzman, M. N., & Fowler, L. (2009). Asthma. In K. W. Heller, P. E. Forney, P. A. Alberto, S. J. Best, & M. N. Schwartzman (Eds.), *Understanding physical, health, and multiple disabilities* (pp. 317-332). Upper Saddle River, NJ: Pearson Education.

Heller, K. W., Forney, P. E., Alberto, P. A., Schwartzman, M. N., & Goeckel, T. M. (2000a). *Meeting physical and health needs of children with disabilities: Teaching student participation and management.* Belmont, CA: Wadsworth.

Heller, K. W., Fredrick, L. D., Best, S. J., Dykes, M. K., & Cohen, E. T. (2000b). Providing specialized health procedures in the schools: Training and service delivery. *Exceptional Children, 66,* 173-186.

Hogan, M. B., & Wilson, N. W. (2003). Asthma in the school-aged child. *Pediatric Annals, 32*(1), 20-25.

Holgate, S. (2008). The airway epithelium is central to the pathogenesis of asthma. *Allergology International, 57*(1), 1-10.

Ingersoll, K., & Cohen, J. (2008). The impact of medication regimen factors on adherence to chronic treatment: A review of the literature. *Journal of Behavioral Medicine, 31*(3), 213-224.

Kimberlin, D. W., Lin, C. Y., Jacobs, R. F., Powell, D. A., Frenkel, L. M., Gruber, W. C., et al., and The National Institute of Allergy and Infectious Diseases Collabortive Antiviral Study Group. (2001). Natural history of neonatal herpes simplex virus infections in the acyclovir era. *Pediatrics, 108,* 223-229.

Klein, G. L., & Timmerman, V. (1994). *Keys to parenting the asthmatic child.* Hauppauge, NY: Barron's.

Knight, D. (2006). Editorial: New drug targets for the treatment of asthma. *Current Drug Targets, 7*(5), 523.

Koh, Y. Y., Kang, H., Yoo, Y., Kim, D. K., Yu, J., & Chang, K. K. (2007). Wheeze detection as a measure of bronchial challenge in young children with coughvariant asthma and with classic asthma. *Acta Paediatrica, 96*(8), 1223-1227.

Lindgren, S., Lokshin, B., Stromquist, A., Weinberger, M., Nassif, E., McCubbin, M., et al. (1992). Does asthma or treatment with theophylline limit children's academic performance? *New England Journal of Medicine, 32,* 926-930.

Lipton, R. B. (2007). Incidence of diabetes in children and youth: Tracking a moving target. *Journal of the American Medical Association, 297*(24), 2760-2761.

Lopez, W. L., Mullins, L. L., Wolfe-Christensen, C., & Bourdeau, T. (2008). The relation between parental psychological distress and adolescent anxiety in youths with chronic illness: The mediating effects of perceived child vulnerability. *Children's Health Care, 37*(3), 171-182.

Making it work: Always be prepared. (1995). *Child Care Plus, 5*(3), 2.

Meikle, S. F., Steiner, C. A., Zhang, J., & Lawrence, W. L. (2005). A national estimate of the elective primary cesarean delivery rate. *Obstetrics and Gynecology, 105*(4), 751-756.

Morgan, W. J., & Martinez, F. D. (1992). Risk factors for developing wheezing and asthma in childhood. *Pediatric Clinics of North America, 39,* 1185-1203.

Mueller, G. A., & Eigen, H. (1992). Pediatric pulmonary function testing in asthma. *Pediatric Clinics of North America, 39,* 1243-1259.

Mukherjee, S., Lightfoot, J., & Sloper, P. (2002). Communication about pupils in mainstream school with special health care needs: The NHS perspective. *Child: Care, Health, and Development, 28*(1), 21-27.

National Institutes of Health; National Asthma Education Program. (1994). *Executive summary: Guidelines for the diagnosis and management of asthma* (Publication No. 94-3042A). Bethesda, MD: U.S. Department of Health and Human Services, National Heart, Lung, and Blood Institute.

Nuboer, R., Borsboom, G. J. J. M., Zoethout, J. A., Koot, H. M., & Bruining, J. (2008). Effects of insulin pump v. injection treatment on quality of life and impact of disease in children with type 1 diabetes mellitus in a randomized, prospective comparison. *Pediatric Diabetes, 9*(4), 291-296.

Ornoy, A., & Diav-Citrin, O. (2006). Fetal effects of primary and secondary cytomegalovirus infection in pregnancy. *Reproductive Toxicology, 21,* 399-409.

Pass, R. F., Fowler, K. B., Boppana, S. B., Britt, W. J., & Stagno, S. (2006). Congenital cytomegalovirus infection following first trimester maternal infection: Symptoms at birth and outcome. *Journal of Clinical Virology, 35,* 216-220.

Pediatric Alert. (2005). Saying good-bye to rubella and congenital rubella syndrome in the U.S. *Pediatric Alert, 30*(8), 45.

Perrin, J. M., Bloom, S. R., & Gortmaker, S. L. (2007). The increase of childhood chronic conditions in the United States. *Journal of the American Medical Association, 297*(24), 2755-2759.

Pinhas-Hamiel, O., & Zeitler, P. (2005). The global spread of type 2 diabetes mellitus in children and adolescents. *Journal of Pediatrics, 86,* 207-208.

Porter, S., Haynie, M., Bierle, T., Caldwell, T. H., & Palfrey, J. S. (Eds.). (1997). *Children and youth assisted by medical technology in the classroom: Guidelines for care* (2nd ed.). Baltimore, MD: Paul H. Brookes.

Rhee, H., Belyea, M. J., & Elward, K. S. (2008). Patterns of asthma control perceptions in adolescents: Associations with psychosocial functioning. *Journal of Asthma, 45*(7), 600-606.

Rosenbloom, A. L., Silverstein, J. H., Amamiya, S., Zeitler, P., & Klingensmith, G. J. (2008). Type 2 diabetes mellitus in the child and adolescent. *Pediatric Diabetes, 9*(5), 512-526.

Ross, D. S., Dollard, S. C., Victor, M., Sumartojo, E., & Cannon, M. J. (2006). The epidemiology and prevention of congenital cytomegalovirus infection and disease: Activities of the Centers for Disease Control and Prevention workgroup. *Journal of Women's Health, 13*(3), 224-229.

Ruder, K. (2007). Kids, pumps, and exercise. *Diabetes Forecast, 60*(12), 27.

Rudnick, C. M., & Hoekzema, G. S. (2002). Neonatal herpes simplex virus infections. *American Family Physician, 65*(6), 1138-1142.

Sever, J. L. (2002). Pediatric cytomegalovirus infections. *Clinical and Applied Immunology Reviews, 3*, 47-59.

Sithole, F., Douwes, J., Burstyn, I., & Veugelers, P. (2008). Body mass index and childhood asthma: A linear association? *Journal of Asthma, 45*(6), 473-477.

Sitler, A. (1991). Medical asepsis. In B. L. Christensen & E. O. Kockrow (Eds.), *Foundations of nursing* (pp. 212-239). St. Louis: Mosby.

Spahr, J. E., Love, R. B., Francois, M., Radford, K., & Meyer, K. C. (2007). Lung transplantation for cystic fibrosis: Current concepts and one center's experience. *Journal of Cystic Fibrosis, 6*(5), 334-350.

Steiner, L., Kennedy, P. G., & Pachner, A. R. (2007). The neurotropic herpes viruses: Herpes simplex and varicella-zoster, *Lancet Neurology, 6*(11), 1015-1028.

Stingone, J. A., & Claudio, L. (2006). Asthma and enrollment in special education among urban school children. *American Journal of Public Health, 96*(9), 1593-1598.

Sukonarungsee, S., Bourquin, E., & Poonpit, M. (2006). A first look at children and youths who are deafblind in the kingdom of Thailand. *Journal of Visual Impairment and Blindness, 100*(9), 557-562.

Tagaya, E., & Tamaoki, J. (2007). Mechanisms of airway remodeling in asthma. *Allergology International, 56*(4), 331-340.

Taylor, R. M., Gibson, F., & Franck, L. S. (2008). A concept analysis of health-related quality of life in young people with chronic illness. *Journal of Clinical Nursing, 17*(14), 1823-1833.

Utah State Office of Education. (1995). *Utah guidelines and procedures for serving students with special health care needs.* Salt Lake City: Author.

Wicher, V., & Wicher, K. (2001). Pathogenesis of maternalfetal syphilis revisited. *Clinical Infectious Diseases, 33*, 354-363.

PART 2

교육과정 편성 및 실행방법

CHAPTER

05 교육과정 및 개별화교육계획

June L. Bigge
Sherwood J. Best

이 장을 읽고 나면 여러분은

1. 장애학생이 일반교육과정에 접근하고, 그 향상을 이루도록 하는 학교 프로그램의 세 가지 조건을 요약할 수 있다.
2. 학생의 교육프로그램 수립에 사용할 수 있는 교육과정 편성의 특성을 기술할 수 있다.
3. 건강장애 관련 조정을 파악한 후, 그것들이 학생의 일반교육과정 접근 및 참여를 어떻게 증진시키는지 구체적으로 설명할 수 있다.
4. 해당 학년 수준의 수행 기대와 내용은 유지하되 활동의 복잡성을 감소시킨 교육 중재를 예를 들어 설명할 수 있다.
5. 학급 내 모든 학생의 목표를 결정하고, 교육과정 내용과 수행 기대의 조정을 요구하는 학생들의 구체적인 요구를 탐색하기 위해 일반교사들과 대화할 수 있다.
6. '자립을 위한 기초적인 지식과 기술 영역' 의 네 가지 선택 영역이 특수교육에서 중요하게 다루어져야 함을 설명할 수 있다.
7. 장애학생의 단기 IEP 목표와 세부 목표의 개발에서 장기적인 목표를 고려하는 일이 중요함을 논의할 수 있다.
8. 학생의 고유한 교육과정 접근 요구에 따른 새로운 수행이나 수행 향상을 목적으로 IEP 목표를 수립하고, 수반된 세부 목표를 기록하기 위해 'Bateman 모델' 을 사용할 수 있다.

교육과정은 교육의 광범위한 목적과 의미, 학생의 현재와 미래의 일상생활 참여와 성공을 위해 가치 있다고 파악된 지식과 기술을 포함한다. 교육과정의 보편적인 정의는 학교교육을 통하여 학생이 알아야 하는 것(학생은 ________을 안다)과 할 수 있어야 하는 것(학생은 _______을 하는 방법을 안다)이다. 이 '무엇'은 학교와 생활에서 중요한 분야들을 포함한 지식과 기술 영역으로 표현될 수 있다. 그러므로 교수에서는 교육과정의 지도를 위한 방법, 자료, 전략 등이 고려될 수 있다.

교육과정은 모든 학생의 기대역량, 내용, 방법, 성과 달성을 위하여 학교가 도입한 일반적인 교수 계획이다(Hitchcock, Meyer, Rose, & Jackson, 2002). 미국의 학교 교육과정은 연방정부와 주정부, 교육청 혹은 학교의 규정에 따라 작성된다.

특수교육은 대상으로 선정된 모든 학생에게 제공되는 직접적인 서비스이다. 또한 특수교육 서비스는 특별히 고안된 교수의 제공과 더불어 일반교육과정 접근, 장애학생의 특별한 요구에 적합한 여러 가지 서비스들도 필요로 한다. 이 장에서는 지체 · 중복장애 학생의 바람직한 교육과정을 위해 학교 교육과정을 분석한다. 일반교사와 특수교사 간의 협력뿐만 아니라 부모, 서비스 제공자들, 학생들, 기타 주변 사람들은 서로 도움이 될 수 있는 모든 협력을 하여야 한다.

이 장에서는 교육과정에 관한 일반적인 안내 후, 첫째, 장애학생의 일반교육과정 접근을 위한 행정적 고려사항과 교육적 고려사항에 관해 설명한다. 둘째, 교육과정 편성들을 각각 살펴보고, 지체 · 중복장애 학생의 교육 계획 수립에 도입할 수 있는 편성들의 혼합방법에 대해 설명한다. 셋째, 교육과정 조정이 필요한 학생의 요구를 파악하는 방법을 기술한다. 넷째, 학교교육의 장기 목표로서 장애학생과 가족, 전문가들의 희망사항에 관해 논의한다. 그다음 이 정보들은 새로운 학년의 연간 개별화교육계획(IEP) 목표를 확인하는 의미 있는 배경이 된다. 다섯째, 특별한 교육과정 접근에 대한 요구를 결정하는 두 가지 방법에 관해 설명한다. 여섯째, 일반교육 접근과 다른 생활 활동에 참여하기 위한 특별한 요구에 알맞고 간결하고 명확하며, 법적으로 적합한 IEP의 연간 목표를 정하는 방법에 관해 자세히 설명한다. 마지막으로 교사들이 지체 · 중복장애 학생의 특별한 교수와 서비스의 책임자로서의 역할을 준비하기 위해 고안된 예들과 상세한 정보, 중재 전략을 제시한다.

1. 일반교육과정적 접근

접근(access)이란 모든 학생에게 적용되는 개념으로 의미가 다양하다. 이 용어는 자신의 연령과 학년에 맞는 교육과정으로 교수받을 수 있는 학생의 권리를 반영하고 있다. 그러나 접근은 단순히 일반교육과정의 교과목 내용에 노출되는 것을 넘어 학문적 향상을 촉진하는 일을 의미한다(Browder & Spooner, 2006; Courtade-Little & Browder, 2005).

주와 지역 교육기관 그리고 IEP 팀은 장애학생이 일반교육과정에 접근하고, 그 속에서 향상을 위한 구체적인 조건들을 확인해야 하는 의무가 있다. IDEA에서는 학생이 비교과 활동 및 교육과정 외적 활동에 참여할 수 있도록 접근에 관한 규정을 두고 있다. 특별한 교육 요구가 있는 학생의 일반교육과정 접근은 ① 비록 교육과정이 조정된 경우라도 표준과 연계한 교수와 평가, ② 필요하거나 적합한 조정(accommodation)과 기타 특별한 조건의 제공, ③ 일반교육과정에 접근하기 위한 기술 수행의 향상을 위해 개인의 독특한 요구를 반영한 IEP 목표의 수립을 통해 이루어질 수 있다.

1) 연계

교육 절차에서 연계(alignment)란 "표준(standards)과 교수(instruction), 평가(assessment) 간의 통일(agreement)된 정도나 중첩 또는 교차된 정도"를 말한다(Flowers, Browder, Ahlgrim-Delzell, & Spooner, 2006, p. 296). "일반교육과정 접근은 주에서 정한 표준과 교수 및 평가

가 연계될 때 일어난다. 일반교육과정 접근이란 교육과정의 모든 목표를 교과교육과정 내용 표준과 연계해야 함을 의미하지는 않는다. 그보다는 일부 목표가 교과교육과정의 내용 표준과 연계되며, NCLB에서 요구하는 평가를 학생이 준비할 수 있도록 주에서 정한 성취기준과 충분히 연계함을 의미한다" (Browder & Spooner, 2006, p. 2).

교과교육과정의 연계는 구체적인 내용 표준과 그에 따른 성취기준의 도달을 위해 모든 학생이 익혀야 할 주 수준의 규정에서 분기된 위계 속에서 이루어진다. 교사가 주 수준의 교육과정을 학교 수준으로 연계하는 일은 각 주별로 모든 학생이 성취하기를 희망하는 장기목표에 도달할 수 있는 기회를 제공하는 열쇠가 된다. Glatthorn (1987)의 원작에서 내용을 수정하여 제시하면 잘 설계된 교과교육과정에서는 교육목표(recommended), 교육과정 문서(written), 지원(supported), 평가(tested) 또는 검사(assessed), 교수(taught), 학습(learned)이 위계적으로 연계된다.

- 교육목표: 교육의 목적에 관한 가치와 이론의 천명 및 장기적인 학생 성취에 관한 책무
- 교육과정 문서: 체계, 범위와 깊이에 관한 문서, 영역, 단원
- 지원: 시간, 자료, 인간 자원과 성공적인 교육과정 수행에 필요한 전문성 개발
- 평가 또는 검사: 문서화된 교육과정에서 이 부분은 학교나 교육청이 몇 가지 표준화된 검사를 사용하여 평가하도록 되어 있음
- 교수: 교수자가 지면 자료들을 전달하기 위해 교실에서 실제적으로 행하는 것(그리고 지면 자료들을 전달하는 방법), 교사들이나 학교들 간에 일관성이 있는 영역 혹은 일관성이 없는 영역들을 포함
- 학습: 학생들이 학습한 교육과정의 결과이며, 실제로 성취한 그 무엇("Planning and Organizing for Curricular Renewal," A chapter of the curriculum handbook(pp. 2-3), by John L. Brown. Alexandria, VA: ASCD. © 2004. Adapted with permission).

연계는 앞에서와 같이 대부분의 학생이 연계(these identified alignments)된 일반교육과정에 접근하는 데 목적이 있다. 그러나 일부 학생들은 장애로 인해 학년의 지도 기간이 부족하고, 학습목표 숙달에 필요한 능력도 부족하다는 문제가 있다. 또한, 그들은 일반교육과정의 범위를 벗어난 요구들을 갖는다. 장애학생들은 전략적으로 잘 계획된 중재가 없을 경우 교육목표, 교육과정 문서, 지원, 평가 또는 검사, 교수, 학습수준의 일반 교육과정에서의 연계 및 조정 수준을 유지하기 어렵다.

복합적이고 집중적인 특수교육 요구가 있는 학생의 교육과정은 철저한 연계, 교수 및 평가 계획의 수립이 필요하다. 교사와 IEP 팀 구성원들은 학생의 접근성 향상을 위해 각 주별 표준에 학생의 교육목표, 교육과정 문서, 지원, 평가 또는 검사, 교수, 학습을 연계하기 위한 조정이나 설계를 하여야만 한다. 동시에 그들은 학생들이 자신에게 의미 있고 유용한 방법으로 지식과 기술을 표현할 수 있도록 일반교육을 개선해야 할 책무를 갖는다. 장애학생들의 경우 일반교육과정에 접근하기 위한 특별한 조정(accommodations)이나 조건(conditions)들이 필요할 때도 있다.

2) 조정과 특별한 조건

조정이란 "교육과정에서 학년 수준의 내용이나 개념의 난이도는 변경하지 않고 학생의 수행 방법이나 교수 전달 방법을 조정하는 것"을 의미한다(Koga & Hall, 2004, p. 4). 조정은 또래 일반 학습자의 학년 목표와 장애학생들의 성취목표를 동일하게 설정하며, 내용의 조정이나 변경은 하지 않는다(Nolet & McLaughlin, 2005). 조정은 학생들이 교육과정에 접근할 수 있도록 보조하는 기능을 한다. 적절한 조정은 학생들이 교과교육과정 자료와 신체적인 상호작용을 할 수 있도록 하며, 교육에서 필요한 교수학습 상황에 참여하는 데 도움을 준다.

[그림 5-1]은 지체 · 중복장애 및 건강장애 학생에게

환경에서 고려할 점

- 교내를 쉽게 이동할 수 있는 경사로를 설치한다.
- 접근 가능한 곳에 교실을 설치한다.
- 교실 내의 교구들은 학생의 자세/앉기 등에 알맞도록 제공한다.
- 교실 내의 교구들은 긍정적 행동을 촉진하고, 주의집중을 유도할 수 있도록 배치한다(개인열람실, 조용한 코너 등).
- 개인적 학습 요구와 집단 학습 요구에 알맞게 교실을 배분한다(집단 활동 장소, 개별 학습이나 활동을 위한 조용한 장소).
- 학생이 필요할 때 갈 수 있는 '안전한 장소'를 마련한다.
- 개인 학습 자료와 보조기기를 편리하게 보관하고 꺼낼 수 있는 장소를 마련한다.
- 필기나 다른 의사소통이 가능한 칠판, 기록지, 미끄럼 방지대 등을 제공한다.
- 휠체어 사용 학생의 통로를 마련한다.
- 교실 내의 교구들은 수업 시간의 보조공학 사용을 촉진할 수 있도록 배치한다.

신체/감각 관련 조정

- 특별 수송 계획을 마련한다.
- 학생 개인별 이동 보조기구를 제공한다.
- 학생 개인별 광학 보조기구를 제공한다.
- 학습을 촉진하기 위하여 개조된 장비(연필손잡이, 북홀더, 형광펜, 페이지 넘기기, 대체 입력수단을 가진 컴퓨터 등)를 사용할 수 있다.
- 운동 과제 수행을 위하여 신체 보조원을 활용할 수 있다(예를 들어, 또래 학생이 대상 학생의 자료를 조작하는 일을 허락한다. 대필/노트테이커 등)
- 활자가 큰 인쇄물, 혹은 대체 형태(색상 대비, 공간 확대 등)의 자료를 제공한다.
- 안락한 의자에 앉은 채로 정보를 보고 들을 수 있게 한다.
- 교육과정 선택사항에 참여할 수 있도록 보완대체의사소통을 포함한 보조공학을 활용할 수 있다.
- 개조된 섭식도구를 사용할 수 있다.

건강 관련 조정

- (적절한 처방 약물의 투약 계획을 포함한) 개별화건강관리계획을 수립한다.
- 자격이 있는 담당자가 특별한 건강관리 절차를 제공하도록 한다.
- 일반적 예방법을 지킨다.
- 건강상의 이유로 인한 결석이 많더라도 문제 삼지 않는다.
- 늦은 등교 시간, 이른 하교 시간을 설정한다.
- 치료, 특수체육 등에 참여할 수 있도록 일과 운영 계획을 변경한다.
- 일과 중 휴식 시간, 잠시 쉬는 시간 등을 허락한다.
- 특별한 알레르기 반응이 없는지 관찰하고 일반적 예방법을 지킨다(학생이 개인적으로 간식을 가져올 수 있도록 하는 등).
- 학생이 허기를 느낄 때면 교실에서도 간식을 먹을 수 있도록 한다.
- 학생이 피로를 느끼면 휴식할 수 있도록 한다.
- 교실에 공기청정기를 설치한다.
- 적정 온도를 맞춘다.
- 특별 식이요법을 실시한다.

교육과정 및 교수 관련 조정

- 최대한 성공할 수 있게 과제를 수정한다(보다 긴 시간 부여, 적은 내용, 교육과정 내용의 복잡성 감소 등).
- 정보를 다양한 형태로 제공한다(시각, 청각, 촉각, 운동감각 등).

- 수업을 작은 학습 단위로 나누고 중간중간 휴식을 제공한다.
- 학습 과제를 작은 단위로 나누어 제공한다(수업의 과제분석).
- 수업 내용을 필기나 화보를 사용하여 제공한다.
- 학생들의 수업 이해 여부를 말, 필기 등을 사용하여 확인한다.
- 학생들의 다중 지능과 학습 형태/요구를 반영하여 다양한 수업 방식을 제공한다.
- 학생에게 선택할 수 있는 기회를 준다.
- 중요한 정보는 다양한 방법으로 강조한다(촉진자, 반복, 핵심단어 등).
- 실천 위주의 학습, 구체적 학습을 제공한다.
- 대안적 방법으로 정보를 제공한다(선긋기, 클립아트, 교재 속의 글이나 말을 그래픽으로 제공).
- 대체 교구들을 활용한다(스크린 리딩 소프트웨어, '말하는 책', 녹음재생기 등).
- 대안적 형태의 응답 양식을 사용한다.
- 학생의 과제 양을 줄이고 양보다는 질을 추구하도록 한다.
- 대상 학생에게는 다른 학생에게 지시한 내용을 한 번에 하나씩 반복해서 지시한다.
- 학생이 대답을 준비할 수 있는 시간을 충분히 갖도록 질문 내용을 미리 말해 준다.
- 학생이 과제를 정확히 풀었는지 확인받을 문제 중 일부만 한 경우에도 교사에게 검사를 받을 수 있게 한다.
- 과제를 작은 크기로 나누거나 점선을 따라 자를 수 있도록 접어 준다.
- 학생이 수업 중에 돌아다니면 벌점 카드를 준다.
- 학교 규칙과 교실에서의 규칙을 명확히 규정하고 자주 재검토한다.
- 꼭 필요한 규칙만 남기고 조정한다.
- 학생이 이해할 수 있는 수준의 글로 규칙을 적어 주거나 혹은 다른 적절한 방법으로 수정하여 제시해 준다(예를 들면, 규칙을 알려 주는 그림이나 화보의 사용).
- 수업 간의 이동 시간을 늘려 준다.
- 투약 절차를 지킬 수 있도록 계획과 규칙을 조정한다.
- 학생이 체육 시간과 휴식 시간의 규칙을 따를 수 있을 정도로 조정한다.

행동 조정

- 지속적이면서 예측 가능한 계획을 수립한다. 규칙을 교실에 게시한다.
- 긍정적 행동을 촉진하고, 강화하며, 보상할 수 있는 행동관리체계를 수립 · 운영한다.
- 학생의 전환을 준비한다.
- 학생이 분노나 절망 등을 느낄 때는 그룹을 떠나 있도록 한다.
- 과제를 마치면 교실이나 스탠드를 벗어날 수 있도록 한다.
- 학생이 의사소통을 시작하면 긍정적으로 강화해 준다.
- 자기 관리 기술을 사용한다.
- 매일 또는 주간별 행동 결과에 따라 강화를 실시한다.
- 칭찬과 강화를 꾸준히 그리고 자주 실시한다.
- 과제를 통하여 긍정적인 결과가 발생하도록 한다.
- 행동에 대하여 자주 피드백을 한다.
- 학교와 가정에서 행동 계약을 맺는다.
- 주의(집중)를 보상한다.
- 제시간에 과제를 완성하면 보상한다.
- 학생에게 기대 행동을 알려 준다.
- 학생에게 책임과 리더로서의 역할을 부여한다.

[그림 5-1] 대표적인 조정

필요한 조정의 예시이다. [그림 5-1]의 조정에서 하나 혹은 두 개 이상을 조합하여 제공하면 학생들은 거의 모든 교과교육과정(a course of study)에 접근할 수 있을 것이다.

제1장에서 소개된 보편적 학습 설계(UDL)는 조정의 개념을 포함한다. UDL을 적용하면 모든 학생들이 경사로나 넓은 출입구, 적절한 앉기 도구와 같은 환경적 접근을 통하여 도움을 받을 수 있다. 일관된 규칙과 결과 및 행동적 조정 등 두 가지 조정을 적용할 경우 모든 학생들이 도움을 받을 수 있다. 따라서 교사들은 이런 조정의 기본적 특징에 대하여 잘 알고 있어야 한다.

지체·중복장애 학생들을 위한 두 가지 조정으로는 신체-감각관련 조정과 건강관련 조정을 들 수 있다. 이 두 가지 조정은 교사가 아닌 다른 전문가들(작업치료사, 물리치료사, 시각전문가, 간호사 등)이 제공해야하는 책무가 있는 것처럼 보인다. 그러나 교사들이 지체·중복장애 및 건강장애 학생에게 적용할 수 있는 이러한 조정에 대해 잘 모르고 있을 경우, 이들 전문가들의 조정 제공에 관여하는 일이 어려울 수 있다. 또한 관련서비스 전문가들은 학생들의 긴급한 신체적, 건강 요구에 대하여 충분한 지원을 하거나 지원 시간을 확보하지 못할 수도 있다. 학생의 신체, 감각, 건강관련 요구를 지원하는 관련서비스 전문가와 교사 간의 공통적인 의사소통 기반은 건강 지원과 심리사회적 지원을 위한 최상의 협력과 실천을 가능하게 한다.

교육과정 제시 방법을 대체하는 조정과 교육과정에 대한 학생의 반응을 지원하는 조정은 교사의 상상력과 창의력에 따라 다양해지기도 하고 제한적으로 되기도 한다. 일반적으로 이런 조정 제공 전략은 모든 학생에게 도움이 되며, 학습에 대한 흥미와 참여 의지를 유지하게 한다. 교육과정 제시 방법에 관한 조정과 교육과정에 대한 학생 반응의 조정은 교수와 학습에 필수적이므로 이 장의 뒷부분에서 별도로 논의하고자 한다.

3) 일반교육과정에 접근하기 위한 수행기술

대부분의 지체장애 학생은 일반교육과정에 참여하고 접근하기 위한 수행 향상 기술들을 효과적이고 효율적으로 학습할 수 있다(Bateman & Herr, 2006). 일반교육과정에서의 수행 향상은 연간 IEP 목표의 핵심이라고 할 수 있다(Bateman & Herr, 2006). 게다가 장애학생은 일반교육과정에 접근하는 것과 직접 관련되지 않은 수행뿐만 아니라 많은 일상생활 활동의 자립에 필요한 수행에서도 향상이 필요하다. 수행 향상을 위한 IEP의 목표 수립과 문서화 작업에 관해서는 이 장의 뒷부분에서 보다 깊이 알아보겠다.

접근 기술의 수행 향상에 관한 학생의 독특한 요구와 강점에 관한 정보를 탐색함에 있어 IEP 팀은 관찰과 질문을 해야 한다. 특정 학생에게 적합하다고 생각되는 하나 혹은 그 이상의 일반교육과정 편성에 초점을 둔 질문은 다음과 같다.

> 1. IEP 팀에서 연말까지 학생이 할 수 있게 되거나 보다 향상되어야 한다고 보는 일반교육과정 편성에 접근, 참여, 진보를 보이기 위해 필요한 일 중 현재 학생이 할 수 없는 일을 서너 가지 알아보자 (Bateman & Herr, 2006, p. 43).

학생은 이 장의 다음 영역에서 제시한 일반교육과정 편성에 접근할 수 있다. 이 접근이 가능하기 위해서는 일반교육과정 편성이 바라는 교육목표, 교육과정 문서, 지원, 평가 또는 검사, 교수, 학습과 관련된 지역 기준의 위계와 연계되어야만 한다. 수행의 향상을 위해 학생의 독특한 요구에 따른 조정 제공 및 개별화교육프로그램의 수립은 일반교육과정 편성에 대한 접근뿐만 아니라 장애로 인해 영향을 받는 기초 기술 영역에도 적용된다.

2. 교육과정 편성: 교육 계획 수립 지침

이 장에서는 지체 · 중복장애 학생의 교육과정 계획 수립을 위한 IEP 팀의 조사와 의사결정의 지침이 되는 네 가지 교육과정 편성을 제시한다. 이 사양들은 조정과 특수화가 필요한 지체 · 중복장애 학생의 독특한 특성과 요구를 반영한 교육 계획 수립의 지침이 된다. 이는 팀 구성원들 간의 협력, 특히 일반교사와 특수교사 및 관련 서비스 제공자들 간의 협력과도 관련된다.

교육과정 편성은 학생의 교과교육 계획을 결정하기 위하여 하나 혹은 그 이상을 혼합하여 사용할 수 있다. 또한 이것은 접근에 문제가 있거나 특별한 요구가 있다고 평가될 수 있는 영역을 판단하는 도구로서 사용할 수도 있다. 예를 들어, 몇 가지 문해 활동에서는 조정 제공이 필요하지만 수학에서는 조정 제공이 필요 없는 학생이 있을 수 있다. 어떤 학생은 모든 핵심 교과 영역에서 다양한 조정 형태나 조정 수준이 필요할 수 있다. [그림 5-2]는 지체 · 중복장애 학생을 위한 교육과정 편성을 제시하였다.

편성 1: 조정 제공 또는 조정이 없는 일반교육과정
핵심 교과목
선택교육과정
기초기술

편성 2: 일반교육과정에 조정 제공
교육과정 제시 형태와 방법을 대체하는 조정
교육과정에 대한 학생의 반응을 지원하는 조정
학생의 평가 참여에 관한 조정

편성 3: 일반교육과정 조정
인지적 요구 또는 개념 난이도의 조정
보다 낮은 학년수준에서 선택된 필수 내용
필요한 기초생활기술을 사용한 교과교육과정 대체

편성 4: 자립을 위한 기초적인 지식과 기술 영역
기능적 생활 기술
신체적 과제 수행
기본적 의사소통 및 보조된 의사소통
개별화된 전환 준비

[그림 5-2] 지체 · 중복장애 학생을 위한 교육과정 편성

출처: *Curriculum, Assessment, and Instruction for Students with Disabilities* (1st ed.), by J. L. Bigge and C. S. Stump, © 1999, Belmont, CA: Wadsworth. Reprinted with permission of Wadsworth, a division of Thomson Learning: www.thomsonrights.com. Fax 800-730-2215.

1) 편성 1: 조정 제공 또는 조정이 없는 일반교육과정

2004년 개정된 IDEA에서도 개정 전과 같이 장애학생을 포함한 모든 학생의 교육과정 계획 수립에서 일반교육과정을 중심에 두었다. 이 이상적이고 문서화된 일반교육과정은 일반적으로 목표, 성취 기준, 학생의 학습 결과 및 성과를 포함하고 있다. 장애학생의 교육 출발점으로서 의도적으로 일반교육과정을 사용하면 그 교육과정에서 향상할 수 있는 기회의 제공을 확실히 할 수 있다. 또한 일반교육과정에 초점을 두는 일은 장애학생의 교육 목표를 일반학생의 그것과 최대한 일관성을 유지할 수 있도록 한다(Pollway, Patton, & Serna, 2001).

일반교육과정은 핵심 교과목(core academic subjects) 및 교수요목(courses), 선택과목, 기초기술이 포함된 교과 및 비교과 영역을 모두 포함한다.

(1) 핵심 교과목/과정

핵심 교과교육과정은 모든 학생을 위한 교과교육과정으로 지정된 것들이다. 일반적으로 핵심 교과교육과정은 핵심 교과 영역을 몇 단원 혹은 몇 시간으로 구성한다(예를 들면, 읽기/문학, 수학, 과학, 역사, 사회). 이 책의 제13장에서 제16장까지는 장애로 인해 독특한 개인별 특성을 가진 학생들이 개별화된 교육목표에 도달할 수 있도록 일반교육과정에 접근하거나 독특한 요구에 대처하는 중재나 변경사항을 강조하고 있다.

(2) 선택교육과정

선택교육과정은 학생이 선택하여 참여할 수 있는 교과목이나 교과교육과정 경험이다. 선택교육과정은 학교생활 전반에 걸쳐 매우 다양하며 구체적인 예술 과목(예를 들면, 회화, 도예, 드라마, 사진, 오케스트라 등)이나 직업 관련 활동(예를 들면, 용접, 목공, 회계, 자동차가게, 진로교육 등) 또는 다른 영역(예를 들면, 외국어, 컴퓨터, 컴퓨터디자인, 사업 등)을 포함할 수 있다. 장애학생들에게는 특수체육도 필요하다. 일부 주에서는 전환교육을 선택교육과정에서 의무 교과로 변경하고 있다. 대학준비과정은 선택교육과정인 경우가 많지만 참여를 희망하는 장애학생의 수요는 점점 증가하고 있다. 선택교육과정의 목적은 교과교육과정의 기반을 확장하여 흥미와 미래의 진로 영역에 관한 탐색 기회를 제공하는 데 있다.

지체·중복장애 학생이 선택교육과정에 참여하는 것은 자기 탐구 및 표현의 기회를 제공할 수 있어 중요하다. 또한 학생들이 그 영역에서 수월성을 획득할 수 있는 장이 되기도 하며, 우정을 쌓고 지역사회 기반 기술을 개발할 수 있는 기회를 제공할 수도 있다.

(3) 기초기술

기초기술은 읽기, 쓰기, 말하기, 듣기에 관한 기술, 컴퓨터 기술, 대인관계 기술, 사고하기/문제해결 기술과 같은 기술들이다. 이 기술들은 모든 교과목과 교육과정을 망라하며, 모든 졸업생의 핵심 도달목표로 선정된다. 일부 교육청이나 주정부에서는 '기초기술'이 무엇인지 구체적으로 밝히고 그것들에 대한 기준을 마련한다.

2) 편성 2: 일반교육과정에 조정 제공

지체·중복장애 학생들의 독특한 교육 요구에 대응하기 위한 조정의 예시를 [그림 5-1]에 제시하였다. 일부 조정은 교육과정 제시 방법의 대체와 관련된다. 다른 것들은 그들이 일반교육과정에서 알고 있는 것, 학습하고 있는 것, 할 수 있는 것을 신체적으로 보여 줄 수 있도록 한다. 이 두 가지는 모두 학습의 향상과 기술 표현을 위해 필요하다. IEP 팀의 업무는 학생들이 여러 가지 교과내용 영역의 학습을 위하여 익혀야 할 조정이나 그러한 조정이 지원되어야 할 조건을 파악하고 결정하는 것이다. 일반교육과정에 참여할 수 있는 학생에게 조정이 제공되면 일반교육과정의 내용이나 성취목표를 수정할 필요가 없어진다(Nolet & McNaughlin, 2005).

(1) 교육과정 제시 형태와 방법 대체

이 장의 앞쪽에서 장애학생에 대한 일반교육과정의 목표, 문서, 지원, 평가 또는 검사, 교수, 학습과 연계하는 일의 중요성에 대하여 알아보았다. 교육과정 제시 형태의 대체는 교육과정 내용과 학생의 수행목표는 변경하지 않으면서도 교수적 제시와 활동의 복잡성을 경감시키는 역할을 한다. 예를 들어, 일반교육과정의 내용이 강의나 교과서 조사를 통한 지식 습득과 같은 고정된 형태로 제시되고 탐색된다고 가정하자(Jackson, 2005). 장애학생을 지도하는 교사는 학생의 이해를 돕기 위해 강의를 하는 동안 문장을 설명하고, 반복하거나 어휘를 단순화하여 사용할 수 있다. 학생의 정보처리 능력과 피로와 같은 문제에 대처하기 위해 강의를 작게 분할하거나 '부분'으로 나누어 제시할 수도 있다. 청각적 입력(과학 수업에서 화산에 관한 강의)은 시각적 입력(용암의 형태에 관한 비디오 감상)으로 보완할 수 있다. 교사는 교재나 다른 지면 자료의 접근이 용이하도록 핵심단어 목록을 보충하거나 시각적 혼란이 발생하지 않도록 자료의 여백을 넓게 해 줄 수도 있다.

수업 제시를 대체하는 가장 중요한(그리고 가장 빈번하게 누락되는) 두 가지 전략은 대기시간 연장과 과제분석이다. 일부 지체장애 학생들은 감각정보의 처리나 대답을 위한 동작에 추가적인 시간이 필요하다. 만약 그들이 전통적인 구어나 필기로 대답하기 위한 운동능력이나 언어능력이 부족한 경우 더 많은 시간이 필요할 수 있다. 학생에게 질문할 것을 먼저 말해 주면 대기시간 연장 전략에 따라 학생들이 다른 급우들의 학습을 방해하는 시간 격차를 발생시키지 않고 대답을 준비할 수 있다. 과제분석과 상황분석은 제6장에서 자세히 안내하였다.

(2) 교육과정에 대한 학생 지원

교육과정에 반응하는 학생들의 능력 향상은 조정 제공의 중요한 측면이다. 교육과정에 대한 학생의 일반적인 반응 표출 방식은 지필의 사용이다(Jackson, 2005). 그러나 지체장애 학생은 이 반응방식을 사용하기 어렵거나 사용할 수 없다. 장애로 인해 필기를 하기 어려운 학생에게는 컴퓨터의 방정식 풀이 소프트웨어를 사용하도록 할 수 있게 하는 것이 적절한 조정 제공이다. 다른 예로는 중등도 뇌성마비 학생인 Manuel이 수학 시험을 칠 때 다른 학생이 문제를 읽어 주고, 보기 항목을 완성하도록 함으로써 성공적인 성취를 할 수 있었던 것을 들 수 있다. 거의 같은 학년 수준의 학습이 가능한 Jeff의 경우 워드프로세서 앱으로 문제나 수업 자료들을 스캔하여 입력할 수 있는 작은 기기를 사용한다. 그러면 Jeff는 급우들이 쓴 답 위에 자신의 답을 입력한다. 그의 답이 추가되면 다른 워드프로세서 프로그램으로도 출력이 가능하다. Jeff는 2인 1조로 된 읽기 활동에 참여함으로써 급우가 페이지를 넘기는 일이나 그에게 필요한 수업 물품을 전달하는 일을 자연스럽게 도와주게 되었다. 이 모든 사례에서는 교육과정과 관련한 상당한 조정이나 변경 없이 교육과정에 참여하고 접근하기 위한 조정을 제공하였다.

(3) 학생의 평가 참여

내용수업의 교수학습 과정에 사용된 조정사항이 학생의 전국적인 형식적 평가 참여에서는 허락되지 않는 경우가 있다. 다양한 검사 조정은 내용이나 양식, 구조 혹은 검사의 결과에 따라 변경시킬 필요가 없다(Salend, 2008). 국가는 계속해서 장애학생이 전국적인 평가에 의미 있는 참여를 할 수 있도록 포함되어야 할 적절한 조정의 내용에 관해 엄격한 규정을 개발한다. 정책은 내용영역에 사용되는 조정과 평가의 목적에 따른 또 다른 조정을 구분 짓는다(Thurlow, Lazarus, Thompson, & Morse, 2005). 예를 들면, 평가의 목적이 읽기 숙련도 검사가 아니라 수학검사일 경우 학생이 종이에 계산을 하거나 검사 항목을 소리 내어 읽을 수 있도록 하는 경우가 있다.

주와 교육청의 정책에서는 지도와 평가 양쪽에서 적용할 수 있는 조정을 다양하게 허가한다. 학생들이 학교생활에서 사전에 경험해 보지 못한 조정을 적용한 평가를 실시해서는 안 된다는 것이 일반적인 생각이다. [그림 5-3]은 일반적으로 용인되는 평가상의 조정을 제시한 것이다.

3) 편성 3: 일반교육과정 조정

> 교육과정을 조정하게 되면 구체적인 교과 내용뿐만 아니라 학생에게 기대되는 수행 수준도 변경된다. 교육과정 조정은 학생이 학급의 다른 학생들과는 다른 것을 배우거나 동일한 정보를 배우더라도 그 복잡성의 수준을 감소시키고자 할 때 실시한다. 예를 들면, 급우들은 동물과 식물 세포의 특징 구별을 목표로 할 때 조정이 이루어진 학생에게는 그림과 간단한 설명을 제시한 후 동물과 식물을 구별하는 목표가 주어진다(Nolet & McLaughlin, 2005, p. 87).

Koga와 Hall(2004)이 기술한 바에 따르면 교육과정 조정은 "학생의 다양한 요구에 따라 내용의 조정, 교수, 그리고 또는 학습결과의 조정을 가져온다" (p. 2).

조정은 학생의 수행에 관한 정보에 기반을 두고 이루어진다. 교과교육과정의 조정이 이루어지는 상황의 예를 살펴보면 다음을 포함한다. ① 학생의 능력에 비해 학년 목표 수준이 높은 경우, ② 학생이 또래들과 동일한 시간에 자료를 학습하기 어려운 경우, ③ 학생이 지체장애뿐만 아니라 중복장애도 있을 경우, ④ 학생이 내용 기준과 연계되고 중요한 삶의 목표를 성취하기 위한 학습을 위해 집중적이고 특별한 교수를 필요로 할 경우이다.

교육과정 조정은 학생이 새로운 기술과 지식을 학습하는 동안의 지적, 신체적, 행동적 어려움을 보완하고 기존의 기술 목록을 사용할 수 있는 학습 환경을 만들어 줄 수 있다(Switlick, 1997). 학년 수준의 내용과 성취 기준을

제시 방식에 대한 조정
- 문제와 보기를 소리 내어 읽기
- 언어의 구체화/단순화
- 필요시 문제를 반복
- 위계적인 순서로 문제 목록을 조직
- 각 항목별 예시 제공
- 문제에 강조하는 부분 표시
- 한 줄에 한 문장만 제시
- 위치표시를 위해 마커나 가림도구 사용
- 스크린 리더나 오디오를 사용한 검사 제시, 그림에 대한 구어적 설명 제공
- 소리증폭기나 청각장애 자막, 수화, 그림기반 검사 실시
- 기억을 유지하는 방식의 사용
- 학생 단어나 어구의 강조
- 적절한 순서에 따른 항목의 조직과 배열
- 항목 간 충분한 공간 확보
- 한 면당 제시되는 항목 수 축소
- 대독자 배치
- 페이지 넘기기와 위치 유지 도구 제공
- 수화나 점자를 통한 검사 실시
- 그래픽, 촉각, 확대자료, 시각적 확대도구 또는 컬러아세테이트 오버레이의 제공
- 검사 수행 학생이 사용할 수 있는 제시 방식을 선택할 수 있는 공학의 사용(예를 들면, 인쇄크기, 색상, 배경, 공간과 속도 등)

응답에 대한 조정
- 모국어나 선호하는 의사소통 방식을 사용한 응답하기
- 여유 공간의 제공
- 종이 위에 선과 칸을 만들어 주기
- 답을 쓰는 동그라미나 칸의 크기를 키워 주기
- 답의 녹음과 공간을 관리하는 감독관의 배치
- 공학을 이용한 응답의 허용(예를 들면, 음성인식 및 대체의사소통체계, 터치스크린, 맞춤형 스위치와 키보드, 워드 프로세서, 점자입력기, 포인터, 맞춤법검사기, 단어예측 및 단서 제공 프로그램, 전자사전/백과사전 어휘집, 디지털레코더 등)
- 검사지 위에 답안 작성
- 대필의 허용
- 페이지당 제시 항목 축소
- 선다형 보기의 사용
- 낙서의 허용
- 기억 보조도구의 허용(예를 들면, 계산기, 용어사전, 소프트웨어 프로그램, 수학 계산표, PDA 등)
- 오류 최소화 기법의 사용

시간과 일정에 대한 조정
- 평가시간의 연장 또는 시간 제한이 없는 평가
- 짧은 평가 회기
- 필요할 경우 휴식시간 제공
- 평가 순서의 조정
- 항목이나 영역의 삭제
- 평가 회기별 시간의 다양화
- 평가 회기별 일정 단축
- 며칠에 나누어 검사 실시

장소에 대한 조정
- 소규모 집단으로 평가/독립적으로 따로 떨어진 장소에서 평가
- 움직임과 배경음의 제공
- 선호하는 착석 환경 제공(개인 열람석)
- 맞춤형 가구나 도구의 제공
- 시각적, 청각적 방해물의 제거
- 강화 제공
- 특별한 환경 설비 제공(불빛, 음향, 소리 증폭)

언어를 기반으로 한 조정
- 친밀하고 알아들을 수 있는 언어 사용
- 지시나 보기를 구어적으로 반복하기
- 교과목 평가를 위한 언어 교수하기
- 지시나 보기를 그래픽이나 그림과 짝지어 제시하기
- 평가를 번역해 주기
- 중요어휘 목록과 답안지 재검토 허용
- 맥락 단서의 제공
- 평가 자료의 완성을 나타내는 대안적 방법의 허용
- 평가 수행을 위한 번역자 제공
- 평가에서 사용할 언어에 관한 학생의 선택과 이중언어로 된 자료의 접근이나 즉각적인 번역을 제공하는 공학 사용
- 모국어/방언을 사용한 반응 허락하기
- 이중언어 자료(용어사전, 사전)의 사용을 허용하기

[그림 5-3] 평가 조정

출처: "Determining Appropriate Testing Accommodations: Complying with NCLB and IDEA" by S. J. Salend, 2008, *Teaching Exceptional Children, 40*(4), Figure 2, "Testing Accommodations," p. 17. Copyright 2008 by The Council for Exceptional Children. Reprinted with permission.

향한 전반적인 향상 목표는 일반교육과정과 동일하다.

각 주에서는 일반교육과정에서 학년수준의 인지적 요구나 내용, 목표 수행이 어려운 학생들을 위한 교육과정 조정과 기대되는 목표를 기술하는 유용하고 의미 있는 방법들을 제시한다. 학년 표준과 연계할 수 있는 세 가지 교육과정 조정 전략은 ① 인지적 요구의 수준, 개념의 난이도 조정, ② 보다 낮은 학년에서 선택된 필수 내용, ③ 필요한 기초생활기술을 사용할 수 있도록 하는 교과교육과정 대체 등이다.

(1) 인지적 요구의 수준, 개념의 난이도 조정

여러분은 모든 학생에게 적절한 교육과정 연계와 인지적 요구를 결정할 때 일반교사와 협력하는 자신을 발견할 수 있다. 이를 통하여 여러분은 현재 학년 수준의 교육과정을 적절히 수행하기 어려운 장애학생들에게 적합한 인지적 과제의 수준이나 깊이, 지식과 수행목표를 결정한다. 이들 학생이 또래들과 비슷한 일반교육과정 능력(proficiency) 수준에 접근하고 향상하는 데 필요한 높은 수준의 인지적 과제에 대한 학습 향상을 위해서는 집중적이고 특별한 교수가 필요하다. 일부 지체장애 학생들은 그들의 또래들보다 높은 수행 능력을 보이지만 그들을 위한 교과교육과정 조정(이 장의 앞부분에서 제시한 조정과는 다른)에 대해서는 이 책에서 제시하지 않았다.

많은 교실에서 장애학생들은 일반학생들과 같은 교육과정 표준의 목표 달성을 목적으로 같은 교육 내용을 학습하지만 일반학생과는 다른 다양한 학습 요구를 보인다. 이 학생들의 다양한 교육요구 대처 전략으로 여러 가지 교육 분류법의 사용이 포함된다. 교육분류법의 모형에는 인지적 요구 모형(cognitive demand; Porter & Smithson, 2001, 2008), 지식의 깊이 모형(depth of knowledge; Webb, 2005), 이해의 수준 모형(levels of understanding; Bloom, 1956), 새로운 분류 모형(new taxonomy; Marzano & Kendall, 2008) 등이 포함된다. 이 분류법들은 교사가 학생들의 적절한 인지적 참여 형태를 조정하고자 하는 경우 도움이 될 수 있다.

교육 분류법의 중요한 기초는 표준과 평가, 교수 내용을 학생의 인지적 요구(또는 학생의 성취 목표)와 연계를 짓기 위한 공통적인 용어와 개념을 결정하는 것이다(Council of Chief State School Officers, 연도 미상). 교육 분류법의 또 다른 용도는 교사들에게 ① 해당 학년의 인지적 과제에 어려움을 겪는 학생들을 위해 목표를 단순화하는 조정 방법을 알려 주고, ② 이전 학년의 선행 지식이나 다른 목표를 응용하는 방법을 알려 주는 데 있다.

인지적 요구는 학생들이 교육과정 내용에서 행하도록 요구되는 것(Karatzas, 연도 미상)과 관련되며, 여러 가지 내용 영역에 대한 학생의 인지적 참여를 범주화하는 데 중요한 차원이다(Council of Chief State School Officers, 연도 미상; Poryer & Smithson, 2001, 2008). "주어진 과제, 평가 항목, 교육과정 표준의 조직(strand) 또는 어떤 학생에게 필요한 주제의 참고자료를 적절히 기술하기 위해서는 인지적 요구의 복합적인 범주를 사용할 필요가 있다" (J. Smithson, Personal communication, 2008.3.3.).

규정된 교육과정 조사(Survey of Enacted Curriculum: SEC) 모델(Porter & Smithson, 2001)에 따르면 K−12학년의 핵심 교과 내용 영역과 주제들이 다섯 가지 범주로 구분되어 있다. 예를 들어, 수학 영역의 인지적 범주는(지식 증가에 따라) ① 사실과 정의, 공식을 기억하기, ② 절차를 수행하기, ③ 수학적 사고의 이해를 증명하기, ④ 결합하기, 분석하기, 일반화하기, 증명하기, ⑤ 일반적이지 않은 문제 풀기/연결 짓기로 이루어진다. 영어와 문학, 읽기 영역의 인지적 요구 범주는 이 교과에 보다 적합하게 구성되어 있으며 ① 기억하기/회상하기, ② 절차를 수행하기, 설명하기, ③ 생산하기, 창조하기, 설명하기, ④ 분석하기, 조사하기, ⑤ 평가하기, 통합하기로 이루어진다.

각 교과의 내용 영역별 인지적 범주는 학생의 수행 목표를 정교화하려는 교사들에게 도움이 되는 서술어를 포함한다. 영어, 문학, 읽기의 예를 보면, 인지적 요구의 기억하기, 회상하기 범주에는 ① 소리나 단어를 재현한다, ② 사실, 용어, 정의, 규칙을 제공한다, ③ 교재에 문식적 답을 한다, ④ 관련된 정보를 확인한다, ⑤ 서술한다와 같은 서술어를 포함한다. 인지적 요구 범주와 서술어들은 개별 교과목 영역에 따라 조직되어 있다. 교과 영역별 인지적 요구와 서술어는 http://seconline.wceruw.org/Reference/K12Taxonomy08.pdf(Council of Chief State School Officers, 연도 미상, pp. 1-4)를 참조하기 바란다.

지식의 깊이는 Webb(2005)이 제안한 모델로서 "각 주별 내용 표준에 기초한 내용과 각 주별 평가에서 사용되는 내용 간의 연계 정도"를 분석하여 향상시키기 위한 것이다(Council of Chief State School Officers, 연도 미상, p. 1). 각각의 내용 기준별 목적과 목표에서 요구되는 수준은 학생이 과제나 항목을 완성하기 위해 필요한 지식의 깊이를 가리킨다. 이 지식의 깊이는 네 가지 수준으로 나뉜다.

1수준: 회상
사실을 회상하고, 단순한 기술이나 능력을 사용한다. 교재를 피상적으로 이해할 수 있으나 분석할 수는 없다.

2수준: 기술과 개념
교재를 이해하고, 처리하기 위하여 정보나 개념지식을 사용한다. 그대로의 사실과 핵심 아이디어를 강조한다.

3수준: 전략적 사고
추론, 계획 수립, 위계, 깊이가 더해진 복잡성, 한 개의 답보다는 가능한 여러 개의 답을 요구한다.

4수준: 확장적 사고
복잡한 문제 상황을 생각하고 처리할 수 있는 시간과 조사를 요구한다. 그리고 새로운 과제에 적용할 수 있다(Webb, 1997: Webb 2005, p. 11에서 재인용).

이 가정에서는 각각의 하위 수준이 하나 혹은 그 이상의 깊이를 포섭한다. 각 수준별 정의와 각 수준별 요소, 완성된 모델의 개념은 Webb(2005)을 보기 바란다.

이해의 수준은 Bloom의 분류(Bloom, 1956)로 알려져 있으며 내용 영역 내, 혹은 내용 영역 간의 이해의 범주로 구성된다. Bloom의 이해 수준은 선행 수준에 비해 다음 수준에서 목표로 하는 것이 무엇인지를 제시한다. Bloom의 분류에서는 이해의 수준을 ① 지식, ② 이해, ③ 적용, ④ 분석, ⑤ 종합, ⑥ 평가로 구분한다. 이 분류에서 각각의 수준을 나타내는 용어의 예를 들어 보면, ① 지식(정의하다, 기술하다, 명명하다), ② 이해(분석하다, 확장하다, 설명하다), ③ 적용(수행하다, 조작하다, 증명하다), ④ 분석(분류하다, 비교하다, 대조하다, 강조하다), ⑤ 종합(조직하다, 문서화하다, 고안하다), ⑥ 평가(판단하다, 결론내리다, 평가하다)이다.

Marzano와 Kendall(2008)의 새로운 분류는 교육 목표의 수립과 평가를 위한 2차원 모델로서 Bloom의 모델을 강화하는 방향으로 설계되어 있다. "이것은 세 가지 지식 영역(정보, 정신적 처리과정, 심리운동적 절차)과 처리과정의 세 가지 범주(인지적 체계, 초인지적 체계, 자아체계)에 관한 광범위한 목표를 개발하고, 평가하기 위하여 사용할 수 있다(p. 7)." 이 처리과정 범주들은 여섯 가지 수준의 하위 요소로 세분된다. 첫 번째(인지적 체계)의 네 가지 수준은 Bloom의 그것과 비슷한 전통적인 위계를 포함한다. 이 세부 요소들은 인출(회상하다, 재인하다), 이해(상징을 쓰다, 통합하다), 분석(분류하다, 대응시키다), 지식활용(실험하다, 의사결정을 하다)으로 구성된다. 이 분류의 다섯 번째 수준은 초인지 체계다. 이 수준이 가능한 학생은 다양한 방법으로 구체적인 자기 목표를 수립하고 처리할 수 있다. 여섯 번째 수준은 자아체계이다. 이 단계에 있는 학생들은 자신들의 동기에 영향을 미치는 자신의 태도와 타인의 태도에 대처한다. [그림 5-4]는 새로운 분류 모델을 나타낸 것이다.

기준, 활동, 평가에 관한 학생의 인지적 과제를 바라보는 이들 방법들은 교사에게 교수 및 의미 있는 학습계획 수립의 지침이 될 수 있다.

(2) 보다 낮은 학년 수준에서 선택된 필수 내용

장애가 있는 학생 중에는 특정 교과 주제를 해결하기 위한 내용 지식이나 자신의 학년에서 다루는 내용을 처

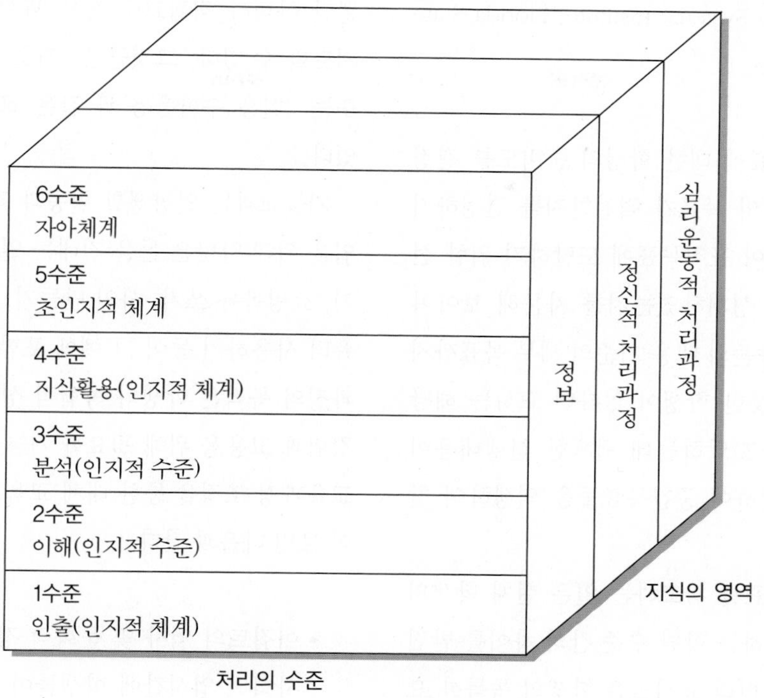

[그림 5-4] 새로운 분류

출처: *Designing and Assessing Educational Objectives: Applying the New Taxonomy* (p. 2), by R. J. Marzano and J. S. Kendall, 2008, Thousand Oaks, CA: Corwin Press. Used with permission.

리하기 위한 인지적 요구에 대응하는 능력 중 하나 혹은 두 가지를 모두 갖추지 못한 경우가 있다. 그들에게는 보다 낮은 학년의 수행 서술어에 대한 충분한 학습이 도움이 될 수 있다. 교사들은 보다 낮은 학년의 기준과 목표에서 대응하는 수행 서술어를 선택할 수 있다. 저학년의 표적은 학생의 다음 학년 도전과 내용 숙달, 인지적 요구에 보다 적절할 수 있다.

저학년에 포함된 내용은 일반적으로 고학년 기준의 선행 조건이 된다. 많은 주나 교육청의 교육과정 지침에서는 인지적 요구의 체계적 확대를 제공하고, 이후 학년의 내용과 관련된 핵심적인 지식과 기술을 구축한다. 예를 들어, 어떤 교사가 한 학년에 비해 낮은 학년의 수학 기준을 찾아보고자 할 때, 교사는 해당 학년 학생들이 곱셈과 나눗셈을 할 수 있는 것을 목표로 한다고 기록할 수 있다. 그러나 우선 그들은 유리수에 대하여 학습하여야 할 필요가 있다. 그 이전에는 곱셈표를 학습할 필요가 있으며 또한 그 이전에는 정수를 학습할 필요가 있다. 이처럼 학년이 올라갈수록 내용의 복잡성이 증가하면서 분수의 곱셈과 나눗셈이라는 현 학년 수준의 목표로 이행한다.

학년 수준의 교육과정과 함께 보다 낮은 학년 교육과정을 숙달시키는 예는 다음과 같은 교실장면에서 찾아볼 수 있다.

- 급우들이 반올림이 있는 두 자릿수 덧셈을 학습하고 있을 때 Alisha는 숫자에 5를 더한다.
- 급우들이 작문을 할 때 Micky는 간단한 문장을 쓰는 학습을 한다.
- 대부분의 학생이 대통령의 역할에 대해 학습하는 동안 Devon은 현재 대통령의 이름을 말하고 그의 사진을 확인한다.
- 예산 수립에 관한 학습을 하고 있을 때 Megan은 구입하고자 하는 물건 값을 갖고 있는지 알아보기 위하여 물건의 그림 카드에 동전을 대응시켜 보는 활

동을 한다(Learning Systems Institute, Florida State University, 2004a, p. 1).

현재 학년의 표적목표에 대한 학생의 준비도를 결정하거나 보다 낮은 학년의 목표가 적절한지를 결정하기 위하여, 교사들은 학생이 표적목표에 도달하기 위한 선행 지식을 성공적으로 성취하였는지를 자문해 보아야 한다. 만약 이전 학년 수준의 내용 기준의 세부 목표까지 성공적으로 도달하지 못한 학생이 있다면 교사는 해당 학년의 목표나 기준에 도달하는데 필요한 선행내용이 포함된 학년을 찾기 위하여 중간목표들을 역행하여 찾을 수 있다.

저학년의 기준과 목표를 참고하는 일은 현재 학생의 수행 수준과 달성을 원하는 학년 수준 간의 차이를 발견할 수 있게 한다. 이에 따라 교사들은 학생의 독특한 요구에 대처하는 방법과 시작 지점에 대한 계획을 수립할 수 있다. 교사들은 이를 기반으로 교수를 제공하고, 그 학년 표준과 연계된 교육과정에서 향상을 나타내도록 알맞은 자료들을 고안한다.

(3) 기초생활기술을 사용한 대안적 교과교육과정

기초생활기술 대체는 또래들이 학습하는 기능적 교과의 가장 기초적인 부분에서만 이루어지는 것이 일반적이다. '기능성'이라는 개념은 개인별로 결정된다. 기능적 기술은 학생의 강점을 토대로 하며, 학생의 약점에 대처한다. Wehman과 Kregel(2004)은 "학생의 교육과정에서 기능적 측면은 충분할 만큼 강조되지 않는다. 학생에게 부적절한 주제가 제시될 경우 수업의 질을 향상시키건, 기기들을 잘 사용하건, 새로운 학교 시설을 설치하건 상관없이 그 학생은 보다 유용한 교육으로부터 도움을 얻을 수 있는 기회를 상실하게 된다"(p. 5)고 주장하였다.

기능적 내용은 장애학생들이 정해진 활동에 의미 있게 참여하는 일을 확대하고, 기초적인 생활 기술 요구에 잘 대처할 수 있도록 해 주는 교과 기술 내용을 포함한다. 이 기초기술은 교육과정을 망라하여 지도할 수 있을 뿐만 아니라 직접교수 혹은 체계적인 교수를 통해서도 지도할 수 있다. 그것들은 '기초 영어' '생활기술 교과' 또는 '실용 수학응용'과 같은 교과목으로도 지도될 수 있다.

기능교과는 일상생활 활동과 직접 관련된다. 물건 구입을 위해 알맞은 돈을 건네는 일, 상표 읽기, 안내문 읽기, 쇼핑목록 쓰기, 사인 만들기, 보고서 작성을 위해 컴퓨터 사용하기 등이 그 예에 포함된다. 기능적 교과교육과정의 목적은 학생의 독립적 성인기 생활을 위한 생활경험과 고용을 위해 필요한 기능들을 제공하는 데 있다. 교육과정 조정을 통한 대체 교육과정의 몇 가지 예를 들어 보면 다음과 같다.

- 이집트의 역사 및 문화적 정보 학습을 목표로 하는 사회 수업시간에 학생들이 정보를 찾고, 피라미드 모형을 만들기 위해 협력하고 있을 때 Jim의 조정된 목표는 협력학습을 하는 학습하기와 선택하기로 정하였다.
- 과학시간 동안 Jose의 조정된 목표는 다른 사람과 적절한 상호작용하기, 이동 기술 사용하기, 물체 세기 활동을 위해 일대일 대응 사용하기 등이 될 수 있다.
- 진로경험시간에 Sue의 조정된 목표는 개인적인 작업장을 설치하는 방법에 관한 학습이 될 수 있다 (Learning Systems Institute, Florida State University, 2004b, p. 1).

Cronin과 Patton(1993)은 읽기, 쓰기, 듣기, 말하기, 수학수행에 포함된 기능적 교과 기술을 제시하였다. 〈표 5-1〉에는 이들 영역을 기능적 교과에 통합하는 방법과 내용 영역을 연계하여 교육과정 조정 목표를 수립하는 방법을 제시하였다.

편성 3 '일반교육과정 조정'에서는 기대 목표가 모든 학생들을 위한 표준과 목표와 관계가 있다. 편성 4 '자립을 위한 기초적인 지식과 기술 영역'은 또래들의 기준과 목표와 직접적으로 관련이 있을 수도 있지만 그렇지

〈표 5-1〉 특정 영역에 포함된 기능적 교과기술

	고용/교육	가정 및 가족	여가생활	지역사회 참여	정서/신체건강	개인적 의무 및 관계
읽기	도서관에 비치된 다양한 직업 관련 도서를 읽는다.	브라우니 믹스로 브라우니를 만드는 안내문을 읽는다.	신문에서 장난감 광고를 읽는다.	도로표지판을 읽고 그 의미를 이해한다.	전화번호부에서 유독물질 통제 번호를 찾는다.	어린아이에게 이야기를 읽어 준다.
쓰기	등굣길에 있는 큰 구멍을 학교 게시판에 안내한다.	잡화점에서 구입해야 하는 물건의 목록을 적는다.	잡지 신청서를 빠짐없이 기입한다.	리틀리그 참가 신청서를 쓴다.	매일 먹는 음식이 어느 식품군에 속하는지 기록할 수 있다.	선물을 준 친척에게 감사하다는 글을 쓴다.
듣기	은행 관계자의 저축에 관한 강의를 듣는다.	아기 돌보기에 도움이 되는 설명을 듣는다.	야외활동이 어려운 날 라디오나 텔레비전을 시청한다.	아이가 재활용에 동참하는 방법에 관한 강의를 듣는다.	학교 간호사로부터 시력검사 내용의 설명을 듣는다.	친구의 기족 휴가에 관한 이야기를 듣는다.
말하기	직업을 갖는 이유를 말한다.	친구 집에서 놀다가 가도 되는지 부모에게 물어본다.	모노폴리 놀이를 하기 위해 친구를 초대한다.	시장과 놀이터와 공원의 개선사항을 토의한다.	학교 간호사에게 모기에 물린 상처 관리법을 물어본다.	정직, 신뢰, 약속을 논의하고 정의한다.
수학 응용	한 시간에 1.25달러씩 받는 아기 돌보기를 세 시간 동안 하면 모두 얼마를 받을 수 있는지 계산한다.	쿠폰을 사용할 경우 시리얼 한 상자의 가격이 얼마인지 계산한다.	영화를 보는 데 드는 비용을 계산한다.	비디오게임의 세금을 계산한다.	여러 가지 반창고의 가격과 세금을 비교하고 계산한다.	친구에게 막대사탕을 나누어 먹자고 말한다. 그리고 자신이 먹은 양의 가격을 계산한다.

출처: *Life Skills Instruction for All Students with Special Needs: A Practical Guide for Integrating Real-Life Content Into the Curriculum* (p. 32), by M. E. Cronin and J. R. Patton, 1993, Austin, TX: PRO-ED. Copyright 1993 by PRO-ED. Adapted with permission.

않을 수도 있다.

4) 편성 4: 자립을 위한 기초적인 지식과 기술 영역

일부 자립기술들은 임상적으로나 교육적으로 다양한 사람들의 요구에 대응하기 위해 필수적이다. 그리고 이 기술들은 그들의 생활에서 독립을 제공하는 활동들이다. 이 책에서는 자립(self-reliance) 과제를 수행하기 위한 한 사람의 능력을 자립성으로 정의한다. 여기서는 문제 해결을 위한 노력과 전략, 해결책의 제시, 필요한 경우 다른 사람에게 도움 요청하기가 포함된다.

장애학생들의 교육과정 접근과 참여, 학습 및 향상을 위해 필요한 조정사항과 보조공학, 그 밖의 지원사항들은 자동적으로 '얻어지는 것'이 아니다. 기본적으로 조정사항과 그 외의 도구들에 접근하고, 조작하며, 기능적이고 효과적으로 사용하는 방법에 관한 집중적이고 특별한 교수가 필요하다. 그들이 이런 것에 숙달되면 숙달될수록 생각하고 느끼며, 알고 있는 것들을 더 잘 표현할 수 있게 된다. 또한 학교나 그 외의 다른 삶의 요구에 대해서도 더 잘 수행할 수 있게 된다. 지체·중복장애 학생들은 일반적으로 강력하고, 복잡하며, 매우 개인적인 요구를 갖는다. 제2장부터 제4장까지는 질병이나 신경학적 장애, 근골격 장애, 혹은 기타 지체장애에 따른 증상들에 대해 기술하였다. 지체장애의 만성적 특성과 인지적 기능에 미치는 영향, 수반된 손상의 가능성은 모두 학생의 교육경험에 있어 다양한 요구를 불러 일으킨다. 이들 장애의 본질에 더하여 학교에서의 일반교육과정의 목표를 강조할 경우 ① 기능적 생활 기술, ② 보조공학을 사용한 신체적 과제 수행 및 신체 관리, ③ 기초적 의사소통 및 보조된 의사소통, ④ 생애 전환을 위한 장애 관련 준비와 같은 영역들의 지식 및 기술 학습을 매우 어렵게 한다. 학생들이 생각과 느낌, 알고 있는 것, 할 수 있는 것을 보여 주는 일에서 자립하는 정도는 이들 영역의 지식과 기술 발달에 의존한다. 끝으로 장애학생들이 가능한 한 책무성과 주체성을 갖도록 하는 일이 중요하다.

(1) A영역: 기능적 생활 기술

이 영역은 학교와 가정, 지역사회에서의 독립을 극대화하는 데 필요한 지식과 기술을 포함한다. 많은 학생의 경우 학교에서 이런 생활기술의 기초적인 부분을 습득하는 일을 담보할 수 있다. 교사는 이들 기술의 기초를 교수하는 데 많은 생각을 하지 않는다. 왜냐하면 많은 학생이 학교에 오기 전에 이미 이 기술들을 익혔을 것이기 때문이다. 그러나 심각한 운동장애나 학습장애가 있는 일부 학생들의 경우 비록 일반적인 방법으로 혹은 또래들과 같은 시기에 이 기술들을 학습하는 일에 어느 정도 방해를 받는다. 그들은 혼자서 코트를 벗어 걸지 못하거나 밥을 먹지 못할 수도 있다. 화장실을 사용하지도 못하거나 사용한 후에 뒤처리를 못할 수도 있다. 이런 기술들이나 타인에게 구체적인 도움을 구하는 자립 기술의 학습 기회를 상실하게 되면 지체·중복장애인의 삶은 심각하게 제한되고, 위험에 처해질 수 있다. 따라서 이것을 특수교육 프로그램과 관련 서비스의 한 부분으로서 직접 지도할 필요가 있다.

대부분의 기초 기술들은 일반교육과정에서 개발된 보다 높은 수준의 생활 기술들을 보완한다. 그리고 장애학생들이 선택할 수 있는 사양을 확대한다. 생활 기술들은 가정, 학교, 지역사회, 여가, 직업 영역과 같이 분류되는 경우가 많다(Wehman, 2001; Wehman & Kregel, 2004). 그리고 이 기술들은 연령대별 교육과정 계획 수립에 포함된다. 〈표 5-2〉는 여러 학년 수준에 적용할 수 있는 생활 기술의 예들이다.

이런 생활 기술들은 유아기부터 지도하며 학생의 교과 학습에도 포함하도록 권장한다. 이 기초기술들은 일부 지체·중복장애 학생들이 학교에서의 향상과 성인으로 이행하는 데 있어 중요한 것이 되어 가고 있다.

(2) B영역: 신체적 과제 수행

과제 수행은 일반적으로 학생이 신체적 기술과 협응과 강도, 올바른 순서에 관한 지식이 필요한 활동이나 과제의 수행 절차를 사용할 것을 요구한다(World Health Organization, 2001). 그 예로는 책장 넘기기, 옷 입기, 보조공학 기기 작동시키기, 혹은 좁은 공간에서 휠체어 작동시키기 등이 될 것이다.

일부 학생은 과제를 수행하는 방법에 관해서는 알고 있지만 신체적 기술이 부족하여 수행하지 못할 수 있다. 그들은 협응에 집중하거나 강도 높은 연습, 혹은 과제의 조정사항을 사용한 보상 방법 지도 등을 통하여 이 신체적 기술들을 습득할 수 있을 것이다. 만약 그들이 특정한 신체적 과제의 수행에 대해 학습하지 못할 지라도(조정사항을 제공할 경우에도) 그들을 도와주는 다른 사람들의 관여에 책임을 지게 하는 일이 중요하다. 이것은 그들이 지원받을 수 있는 방법을 지시하는 것과 관련된다. 예를 들면, ① 조작하는 부분의 위치, ② 위계, 자료, 도구, ③ 쉽게 조작하기 위한 항목들의 위치 그리고/또는 ④ 다른 사람들이 특정과제에 대한 그들의 수행에서 문제 해결을 지원하는 방법 등이 그것들이다.

보조공학은 중요한 신체적 과제 수행 방법을 제시한다. 보조공학은 ① 이동 감각을 대체하고, ② 이동 감각을 우회하며, ③ 수용 및 표현된 정보와 의사소통의 수단을 대체 또는 맞춤형 수정하기 위하여 사용한다. 또한 ④ 학습시연과 다양한 교육 활동에서 수행수단을 제공하기 위하여 사용한다(34 C.F.R. § 300.5 2000). 보조공학 기기라는 용어는 장애아동의 기능적 능력을 확대하고, 유지하며, 증진시키기 위하여 사용하는 모든 물품, 기기, 생산체계를 의미하며, 상업적으로 판매되는 것이건, 조정된 것이건 혹은 맞춤형으로 제작된 것이건 상관하지 않는다(20 U.S.C. 1401 § 601[1]).

보조공학으로 지원할 수 있는 기능적 과제는 일상생활 활동이나 의사소통을 위한 쓰기의 운동적 측면, 환경통제, 쓰기 자료의 조작, 컴퓨터 활용 등이 있다(Center of Technology in Education, 2005). 이런 종류의 과제를 수행하기 위해서는 다양한 기기의 작동법과 사용법을

〈표 5-2〉 학년별 생활기술

학생	가정	지역사회	여가	직업
Tim (초등학생)	• 장난감 정리하기 • 접시 닦기 • 침대 정리 • 옷 입기 • 몸단장하기 • 식사 기술 익히기 • 배변 기술 익히기 • 의복 분류하기 • 청소하기	• 식당에서 식사하기 • 식당의 화장실 사용하기 • 쓰레기를 쓰레기통에 버리기 • 시내버스 바르게 갈아타기 • 물건값 지불하기 • 보행자 안전 표지판 인식하고 읽기 • 스카우트 가입하기 • 이웃집에 점심 먹으러 가기	• 그네에 오르기 • 보드게임 하기 • 이웃과 술래잡기하기 • 공중제비 넘기 • 달리기 • 발야구 하기 • 크리켓 하기 • 자전거 타기 • 나이에 알맞은 장난감 놀이하기	• 식사 후 접시, 은식기, 컵 정리하기 • 해당 수납 공간에 장난감 정리하기 • 저녁에 방 청소하기 • 정해진 시간(15~30분) 동안 숙제하기 • 식사 후 테이블 닦기 • 2~4단계 지시 다르기 • 전화 받기 • 쓰레기 비우기 • 메시지 전하기
Mary (중학생)	• 의복 세탁하기 • 간단한 식사 준비하기(스프, 샌드위치, 샐러드 등) • 간식 만들기 • 잔디 깎기 • 낙엽 쓸기 • 구매 목록 만들기 • 구매 목록으로 장보기 • 청소 및 거실의 먼지 제거하기	• 안전하게 길 건너기 • 백화점에서 물건 구입하기 • 식당에서 음식 사먹기 • 대중 교통을 이용하여 레크리에이션 장소로 가기 및 돌아오기 • 스카우트 가입하기 • 토요일에 이웃집으로 식사하러 가기	• 배구하기 • 에어로빅 참여하기 • 친구들과 체스놀이 하기 • 모형 골프놀이 하기 • 고등학교 또는 지역별 농구게임 하기	• 바닥에 왁스칠 하기 • 창문 닦기 • 잔디 깎는 기계에 가스 채우기 • 의복 걸어 두기 및 개기 • 테이블 정돈하기 • 1~2시간 정도 일하기 • 기계(식기세척기, 완충기) 다루기 • 싱크대, 욕조, 가정 설비 청소하기 • 일의 순서를 알고 따라 하기
Sandy (고등학생)	• 집안 곳곳 청소하기 • 주간 예산 세우기 • 식사 음식 준비하기 • 난방 및 공기 정화를 위해 자동 온도 조절 장치 작동하기 • 정원 가꾸기 • 개인적 요구 유지하기 • 의복 관리 및 유지하기	• 지역사회에서 버스로 이동하기 • 은행 계좌에 예금하기 • 지역사회 내 백화점 이용하기 • 지역사회 식당 이용하기 • 지역사회 잡화점 이용하기 • 지역사회 건강 관리 기관 이용하기(병원, 약국 등)	• 소프트볼 하기 • 수영하기 • 레크리에이션 센터의 공예반에 참가하기 • 조깅 • 양궁 • 보트 타기 • 대학 농구 경기 관람하기 • 비디오게임 하기 • 카드게임(예를 들면, 우노) 하기 • 육상클럽의 수영 강좌 참여하기 • 정원 가꾸기 • 방학(휴가)여행 가기	• J. C. Penny에서 요구하는 경비원 역할 수행하기 • 여관의 가사일 하기 • 대학캠퍼스 관리업무하기 • 노천 카페에서 음식 서빙하기 • 세탁소에서 세탁 업무 하기 • 은행본부에서 복사 업무 하기 • 농장에서 식품 저장 업무 하기 • 전자 회사에서 사무원 직무 수행하기 • 회사에서 직무 수행하기

출처: *Life Beyond the Classroom: Transition Strategies for Young People with Disabilities,* (4th ed., p. 213), by P. Wehman, 2001, Baltimore, MD: Paul H. Brookes Publishing Co., Inc. Copyright 2001 by Paul H. Brookes Publishing Company, Inc. Adapted with permission of the publisher and the author.

학습할 필요가 있다.

작동법은 기기의 요소들을 작동시키는 방법에 관한 이해라고 할 수 있다. 사용법은 기능적 생활 과제를 성취할 수 있는 기기의 사용법이라고 할 수 있다. 장애학생이 신체적 과제 수행과 접근, 작동, 보조공학의 사용에 관한 기술을 습득하는 일은 학교, 가족, 지역사회의 환경을 망라하여 참여를 촉진시킨다.

(3) C영역: 기본적 의사소통 및 보조된 의사소통

지체·중복장애 학생을 위한 의사소통 요구 영역은 일반적으로 ① 구어 향상 및 언어 발달, ② 의사표현을 위해 보완대체의사소통사용, ③ 기초적인 사회적 기술, ④ 개별화된 정보 관리 수단 등 네 가지가 포함된다.

구어 향상 및 언어 발달은 의사소통의 첫 번째 영역이다. 학생들의 구어 및 언어 중재 요구는 구어 향상(조음, 음성, 유창성 등)과 언어 발달(음운론, 형태론, 구문론, 의미론, 화용론 등)을 포함한다.

언어발달은 '영어-언어발달(English-Language Development)' 또는 ELD를 포함한다. ELD라는 용어는 "구어뿐만 아니라 글로 된 영어-언어 기술의 발달을 촉진하는 모든 형태의 교수이다. …… 이것은 문법, 문장, 화용에 중점을 둔 전통적인 교수뿐만 아니라 교재 내용 교수를 위해 ELD를 통합하는 시도까지도 포함하며 …… 의도적으로 확대된다" (Gersten & Baker, 2000. p. 455). ELD는 많은 학생이 다양한 삶의 요구로 당면하게 될 필요가 있는 표현기술과 수용기술에 대한 교수를 포함한다.

특수교육, 일반교육, 진로교육 교사들뿐만 아니라 학부모, 언어병리학자들은 학생들의 영어-언어발달을 위해 협력할 수 있다. 이들의 목표는 학생들의 일차 의사소통 방식을 통한 언어를 개발하고, 표현하며, 수용하는 데 초점을 둔다.

보완대체의사소통 수단의 사용은 의사소통의 두 번째 영역이다. 보완대체의사소통(Augmentative and Alternative Communication: AAC)은 "중도 의사소통 장애인을 지원하는 의사소통 체계 모두"를 말한다(International Society for Augmentative and Alternative Communication, 2007). 중도장애로 인해 구어적 수단이나 글을 일차적인 의사소통 양식으로서 사용할 수 없는 학생은 특별한 AAC 공학의 중재를 필요로 한다. 그들은 교육과정에 접근하기 위하여, 주제와 아이디어를 제안하기 위하여, 일반교육과정에서 성공하기 위한 하나의 수단으로서 다른 사람과 상호작용하기 위하여, 그리고 자신들의 삶의 요구에 대처하기 위하여 AAC를 사용할 필요가 있다. AAC 체계의 예를 들어 보면, 개발된 상징을 사용하는 의사소통판 또는 학생들이 스스로 표현하기 위해 필요한 어휘를 나타내는 그림상징이 있는 책, 특별한 설계된 구어 생산 의사소통 도구 등이 있다.

기본적인 사회적 기술은 의사소통의 3번째 영역이다. 이 책의 대상이 되는 학생을 생각할 때 사회적 기술에 대한 오래된 정의가 적절하다. Light와 Binger(1988)에 따르면 "사회적 기술이란 상호작용을 위한 사회적 규칙에 관한 지식, 판단, 기술이라고 말할 수 있다. 여기에는 상호작용의 시도와 유지, 발달, 종결, 다른 사람들과 긍정적인 관계를 개발하고, 상호작용하는 기술, 모든 의사소통 기능을 표현하기 위한 기술이 포함된다" (p. 2).

일부 중요한 사회적 기술은 의사소통의 기능을 포함하는데, 이 기능에는 ① 의사의 전달(원하는 것이 무엇인지, 좋아하는 것이나 좋아하지 않는 것 등), ② 정보의 발견과 제공(약속장소 찾기, 통증이 있는 곳 말하기, 수업에서 정보 제공하기 등), ③ 익숙하거나 익숙하지 않은 상황에서 익숙하거나 익숙하지 않은 상대와의 의사소통 시도 및 참여 등이 포함된다(Blackstone & Hunt-Berg, 2003). 다양한 상황이나 사람들과 의사소통하는 일은 지체·중복장애인, 특히 구어가 아닌 다른 의사소통 방식을 학습할 필요가 있는 사람들에게 일상의 목표이자 장기적인 목표이기도 하다(Blackstone & Hunt-Berg, 2003).

개별화된 정보 관리는 4번째 영역으로서 여러 가지 요소로 구성된다. Bigge, Stump, Spagna와 Silberman (1999)은 개별화된 정보 관리를 "교재에서 정보를 획득하기 위한 읽기, 말하기, 듣기, 신체 움직이기, 관찰하기 등을 포함하여 정보를 습득하고 관리하는 방식" (p. 142)

으로 정의하였다. 일부 학생의 경우 정보를 획득하고 조직하기 위해 이들 채널을 사용할 수 없거나 비효율적으로 사용한다. 이 학생들은 정보를 획득하고 관리하는 목표 달성을 위해 여러 가지 맞춤형 수정이 이루어진 수단을 필요로 한다. 정보관리를 위한 개별화 수단에는 정보획득, 정보저장, 재인, 인쇄된 정보로 다른 사람들과 소통하기 등이 포함된다.

운동손상 학생들과 인쇄물 읽기장애 학생 그리고 시각손상 학생들은 학교에서의 정보 획득을 위해 특별한 절차와 자료, 보조공학을 필요로 하는 경우가 많다(Bigge et al., 1999). 일부 학생은 과학실험을 통해 물고기 비늘의 느낌에 관한 정보를 획득하기 위하여 물고기를 가볍게 만지는 정도로 운동을 통제할 수 있는 신체적 안내만을 필요로 할 수 있다. 다른 학생은 인쇄자료를 소리 내어 읽어 주는 공학의 작동과 사용에 관한 기술을 학습할 필요가 있을 수 있다. 그들은 컴퓨터에서 교재 읽기 소프트웨어의 조작과 사용에 관한 학습이 필요할 수도 있다. 또한 그들은 디지털로 입력된 책에 있는 정보에 접근하기 위하여 CD 플레이어의 여러 가지 기능을 학습할 필요가 있을 수 있다. (법적 자격을 갖춘 학생들의 경우 디지털로 입력된 교재를 Recording for Blind & Dyslexic에서 사용할 수 있다. 여기서는 학습장애와 시각장애, 지체장애 학생들을 지원하며 www.frbd.org 또는 전화 800-221-4972로 연락하면 된다.)

정보의 저장, 조직, 인출은 특수교육과 관련서비스가 필요한 지체장애 학생의 정보 관리 수단이다. 보완대체 의사소통 기기를 포함한 보조공학은 정보의 저장과 조직, 인출을 지원하는 중요한 역할을 한다. 학생의 대표적인 요구는 작동과 ① 음성을 텍스트로 바꾸어주는 컴퓨터 음성인식 소프트웨어(이 소프트웨어는 컴퓨터의 조작이 어려운 지체장애인이 키보드를 대신해서 하고 싶은 것 혹은 쓰고 싶은 것을 음성으로 말하는 일을 가능하게 한다), ② 음성으로 작동되는 테이프레코드, ③ 확장 키보드(일반적인 키보드를 보완하여 키를 크게 하거나 키 위에 있는 상징을 크게 한다) 그리고 ④ 컴퓨터 스크린상의 텍스트를 읽어서 합성된 음성으로 출력해 줄 뿐만 아니라 스캔해서 컴퓨터에 입력된 텍스트(수업 유인물 등)가 모니터 상에 보일 때 그것을 읽어 주는 스크린 리더 체계의 사용에 있다. 대필이나 다른 관련 활동을 보조하는 또래, 지역사회 자원봉사자, 혹은 보조인의 자연스러운 지원에 대해서도 기억하고 감사하는 마음을 가져야 할 것이다. 공학의 사용과 자연스러운 지원은 정보를 쉽게 인출할 수 있는 방법으로 조직하고 저장하고자 하는 학생의 요구를 수용할 수 있게 한다.

중도 운동손상 학생은 인쇄물 혹은 다른 시각 정보를 통한 다른 사람과의 의사소통이 큰 도전거리이다. 인쇄물이나 시각정보를 통한 의사소통의 공통점은 손으로 쓰거나 컴퓨터로 생산된 과제, 작문, 보고서, 그림을 공유한다는 점이다. 컴퓨터와 프린터의 사용 시에는 학생의 타이핑 속도와 정확도가 기능적인가 하는 점을 먼저 염두에 두어야 한다. 손의 사용이 어려운 학생의 경우 AAC 기기를 사용하는 것이 집단 상황에서 더 효과적이고 기능적인지를 판단하여 컴퓨터를 사용할 수 있게 한다. 다른 조정사항으로는 학생들이 '쓴 보고서'의 내용을 준비된 녹음테이프에 미리 녹음하도록 하여 말할 수 있도록 하거나 학생이 종이 위에 쓰는 대신 제스처나 행동을 할 수 있게끔 하는 간단한 것들이다. 정보 순서나 또래들이 작성한 프리젠테이션 내용에 직접 주의를 기울이도록 판 위에 헤드 포인터 불빛을 사용하는 로우테크 공학도 때로는 효과적이므로 어떤 경우에는 선택할 필요가 있다.

현재 장애인들의 의사소통 기능을 위해 고안된 보조공학들이 많이 있다. 그리고 앞으로도 모든 사람을 위한 표준 공학의 사용이 보편화되고(Center for Technology in Education, 2005), 학교 교육과정에 대한 학생의 접근과 참여를 위한 필수조건이 될 것이다. 그리고 그것들은 모든 생활 활동에서 보다 높은 자립을 가능하게 할 것이다. 효과적인 의사소통자가 될 수 있도록 하는 교수에서 성공하기 위해서는 적절한 보조공학의 선택과 학생의 조작 및 필요한 의사소통 기능들에 적용하도록 도와주는 특별한 수업에 무게중심을 둔다.

(4) D영역: 개별화된 전환 준비

전환은 장애학생의 모든 교육과정과 현재 및 미래의 사회적 역할을 망라하여 도달해야 할 요구이므로 항상 중요한 영역이다. 전환 관련 교수, 지역사회 경험, 고용, 학교 졸업 후 달라지는 삶의 상황들은 학생의 요구와 그에 대응하는 활동들 사이에 있다. 학생의 일상생활 요구와 졸업 후 생활 요구에 대한 대처 준비는 '학생의 전환 목표' 기술과 전환 서비스의 필요에 대한 중요한 근거이다. 학생들의 전환 기술 준비는 유아기에서 시작하여 학년이 올라갈수록 더욱 집중적으로 이루어진다.

전환 목표를 안내하는 삶의 영역은 가정과 가족, 고용, 교육, 여가의 추구, 지역사회 참여, 신체 및 정신적 건강, 개인적 책임감, 관계와 관련이 있다(Cronin & Patton, 1993). 이런 혹은 다른 현실적 지침들은 많은 시민의 성인기 삶에서 핵심 역할이라고 강조되는 각각의 범주하에서의 수행을 나열하고, 교사와 학생, 부모에게 중등교육 이후 목표의 원하는 방향을 제시한다. 이 책의 제12장에서 제시한 Clark과 Patton의 전환계획검사(Transition Planning Inventory)(Clark & Patton, 1997, 2004)는 도움이 되는 또 하나의 자료가 될 수 있다. 이들 각각과 범주에 포함된 삶의 요구에 대처하는 일은 학생과 가족 구성원, 성인 서비스 제공자, 고용주, 혹은 다른 사람들이 IEP상에 제시하여야 한다고 여기는 중등교육 이후의 성과 목표가 될 것이다.

새롭게 부상하는 전환모델에서 강력히 주장하는 K-12 교육 프로그램으로부터 지역사회 내 성인기의 삶으로의 전환은 장애학생에게 요구되는 많은 전환 중의 하나에 불과하다(Bigge et al., 1999; Sitlington & Clark, 2006). 특별한 전환 상황을 일부만 제시하면 다음과 같다.

- 질병으로 인해 병원학교와 순회교육 그리고 학교 교실 간의 이동이 필요한 경우
- 교사와 대면 학습으로부터 온라인이나 인터넷을 통한 학습이 필요한 경우
- 특수교육과 일반교육 환경 간의 이동이 필요한 경우
- 학교기반 학습 경험과 지역사회 기반 학습 경험으로 이동이 필요한 경우
- 관련 서비스 제공자(물리치료사, 작업치료사, 언어치료사 등)와 교사 간의 이동이 필요한 경우

많은 전환 기술은 영역의 구분 없이 성인기에 필요한 것들이다. 그리고 이것들은 현재 혹은 학교 졸업 후 전환에서 필요하다는 가치로 인해 IEP나 ITP의 연간목표에서 우선 순위를 차지한다. 예를 들어, Canfield와 Reed(2011, p. 8)는 보조공학 사용자들이 독립적인 성인이 되기 위해 학습이 필요한 것에 대해 생각하고, 필요한 기술 목표를 설정하는 것을 장려하였다.

성인으로서 나는 다음과 같은 일을 할 수 있어야 할 것이다.

- 사람들에게 내 장애에 대해 말하기
- 내게 도움을 주는 물건들을 파악하기
- 필요할 때 도움 청하기
- 내 보조공학 기기를 설치하고 작동하기

성인으로서 나는 다음을 알고 있어야 할 것이다.

- 나의 법적 권리
- 내 보조공학 기기를 보관할 수 있는 장소
- 졸업 후 나를 도와줄 수 있는 서비스기관
- 보조공학을 구입하는 방법
- 내 보조공학에 대한 도움을 받고자 할 때 가야 할 장소
- 보조공학 기기가 고장났을 때 해야 하는 일
- 보조공학 기기를 수리할 수 있는 장소

'자립을 위한 기초적인 지식과 기술 영역'이라는 교육과정 편성은 지체 · 중복장애 학생들이 보다 독특한 특성이 있다고 고려할 수 있는 목표 영역과 요구들을 보여준다. 그것들은 일반교육과정의 편성과 IEP 팀원이나 다른 사람들의 지원으로부터 기대되는 성과에 더하여 여러 가지 삶의 역할에 대한 학생의 참여와 학습 요구를 보여 준다.

3. 교육과정 조정 요구 결정

장애학생의 경우 일반교육과정의 학습과 각 교과별 주 수준의 성취 기준에 적합한 최상의 선택 사양을 고르기 위하여 특별히 고려해야 할 사항들이 있다. 어떤 학생에게는 조정을 제공하든 제공하지 않든 일반교육과정에 따른 학교 경험의 일부 혹은 전부가 가장 적합할 것이다. 교과교육과정의 내용을 조정하고자 하는 교사와 다른 전문가들은 일반교육과정 조정의 적절성에 대하여 여러 가지로 조사할 필요가 있다. 교과교육과정 내용의 조정 종류를 결정하기 위해 의문을 가질 때 그들은 인지적 요구에 따른 맞춤형 수정, 낮은 학년의 것과 같은 선행 교육과정, 필요한 기초 생활 기술 사용을 위한 대안 교육과정 혹은 다른 형태의 조정 등이 적합한지 조사할 수 있다. 개별화된 교육과정조정의 필요성 조사는 아동 교육의 시기에 따른 상황을 반영한다. 상황은 교수적 중재의 결과, 장애의 영향, 흥미, 능력, 시간 경과에 따른 학습 목표, 학생의 학교 졸업 후 환경으로 전환하는 시간계획 등에 따라 재고하고, 재평가하여야 한다.

개인을 위한 적절한 선택 사양의 조사는 여러 가지 방법으로 행할 수 있다. 우리는 다양한 교과목, 다른 학년 수준, 다른 교육청에서 다양한 일반교사와 협력해야만 하는 특수교사들에게 세 가지 방법을 제시하고자 한다.

1) 교육팀 문제해결 접근

이 접근은 여러 가지 초점에 맞춘 질문을 실시하여 일반교사들이 학급 내 학생들에게 원하는 것을 발견하는 일에서 시작된다. McTigue와 Wiggins(2004)는 교육과정 연계와 일맥상통하는 접근을 하였으며, 다음과 같은 질문을 하였다.

1. 학생들이 알았으면 하는 것, 이해했으면 하는 것, 할 수 있었으면 하는 것이 있는가?(성과)
2. 학생들의 성공적인 성과 성취를 입증할 수 있는 준거는 무엇인가?(평가)
3. 학생들의 성공적인 학습 결과를 위해 학급(혹은 가정에서)에서 부여해야 할 학습경험은 무엇인가?(교수)

그 이후 해결해야 할 기본적인 문제는 일반교사와 특수교사, 학생, 다른 IEP 팀 구성원, 학교 행정가의 협력과 관련있다. 아마도 학생은 교육과정 내용보다 독특한 접근 기술과 관련된 어려움을 나타낼 수 있다. 팀원들은 평가와 학생들의 학습 양식에 대한 학습을 통하여 학생이 특정 교과교육과정 내용에서 해당 학년 수준의 지식과 기술을 학습하려는 시도를 조사할 수 있다. 이 과정에서는 다음과 같은 질문을 할 수 있다.

1. 학생이 중요한 교육과정 내용에 참여하려고 하거나 성취를 나타내고자 할 때 큰 어려움은 없는가? 그리고 그것을 해결하기 위한 방법은 무엇인가?
   - 교수에서 사용한 특정 제시 방법(강의, 멀티미디어, 인쇄물)을 통해 교육 내용(content)을 학습하는가?
   - 관련 학습 활동(예를 들어, 교과서를 통한 학습, 집단 학습, 혼자서 하는 학습)을 통해 교육 내용을 학습하는가?
   - 교육 내용 개념(content concepts)의 인지적 요구는 적절한가? 교육내용을 이해하는가? 혹은 그것을 응용할 수 있는가?
   - 학년 수준의 교육내용 표준과 목표의 성취를 나타내는가?
   - 기타?
2. 이 학생의 강점은 무엇인가?
3. 학생이 해당 학년 수준에 도달할 수 있으며, 구체적인 중재나 특별한 교수도 따라갈 수 있다고 조사되었다. 어떤 교육과정 선택 사양 또는 사양들이 가장 적절한가?
4. 조사결과, 이 학생은 일부 교과영역의 내용 전부 혹은 일부에서는 또래들에 비해 추가적인 시간을 훨씬 더 많이 요구하며, 추가적인 지원도 필요한 것으

로 나타났다. 이 학생에게 의미 있고 도움이 되는 교육과정 조정에는 어떤 것들이 있는가?

5. 주의 기준과 연계된 학습 내용을 학생의 독특한 요구에 가장 적절한 내용으로 교수하기 위하여 교사가 반드시 행해야만 아는 변경사항이나 중재에는 무엇이 있는가?

2) 질문분석 접근

Westling과 Fox(1995), Snell(1993), Snell과 Brown (2006)이 제시한 질문분석 접근은 광범위한 질문을 하고, 그 응답에 따라 일반교육과정, 일반교육과정 조정 혹은 졸업 후 좋은 전환에 최우선을 둔 집중적인 준비와 같은 다른 교육과정을 결정한다.

1. 학생의 나이는 몇 살이며, 학교를 다닐 수 있는 기간은 얼마나 남아 있는가?
2. 지금까지 학생이 교과기술 학습에서 성공하는 정도는 어떠한가?
3. 학생이 적절한 환경에서 기능하고, 여가나 오락 활동에 참여하는 데 필요한 교과기술은 무엇인가?
4. 교과 기술과 다른 기술을 비교해 볼 때 어느 것이 학생에게 더 가치가 있거나 중요한가?
5. 의존을 감소시키거나 독립성을 증진시킬 수 있는 다른 기술들이 있는가?
6. 학부모나 학생이 원하는 교과기술들은 무엇인가?

(Westling & fox, 1995, pp. 134-135)

3) 목표평가 접근

목표평가 접근은 IEP 팀에서 주제, 구체적인 기준, 학습목표, 학생의 학습성과, 도달척도 등을 결정함에 있어 구체적인 절차를 강조한다. 빅아이디어(핵심개념)나 도달척도들을 파악한 후, 교사들은 어려움을 겪고

- 절차 A: 복잡성에 대한 조정이 필요한 학생을 위해 일반교육과정에서 또래들을 위해 수립된 중요한 표적목표를 파악한다.
- 절차 B: 각 표적목표를 성취하는 데 필요한 지식과 기술역량에 관한 체크리스트를 만든다.
- 절차 C: 체크리스트에서 학생이 할 수 있는 지식역량과 기술역량, 학생이 할 수 없는 지식역량과 기술역량을 파악한다.
- 절차 D: 가장 단순한 수준에서라도 표적목표를 성취하기 위하여 필요한 지식역량과 기술역령을 하나 혹은 그 이상 파악한다.
- 절차 E: 학생이 가진 역량 정보를 사용하여 목표나 관련 내용을 변경할지, 조정할지, 그대로 사용할지 여부를 결정한다.
  - 선택 E1: 학생이 핵심역량을 갖고 있을 경우 원래 목표(들)와 내용을 그대로 사용하고, 복잡성을 그대로 유지하거나 증가시킨다.
  - 선택 E2: 학생이 핵심역량을 일부 갖고 있기는 하나 그것들만으로는 목표를 수행하기에는 어려움이 있는 경우 또는 학생이 핵심역량을 일부 갖고 있기는 하나 그것들이 정해진 시간에 맞춰 목표를 수행하는 데 필요한 역량의 일부에 불과한 경우에는 본래 목표와 내용은 유지하되 난이도를 감소시킨다.
  - 선택 E3: 학생이 핵심역량을 갖추지 못한 경우 또는 목표 수행에 필요한 핵심역량 갖추고 있지 못하지만 충분한 시간을 부여할 때 체크리스트 상의 필요 기술들 중 하나 혹은 그 이상의 역량을 학습할 가능성이 있을 경우, 그리고 그 역량이 학생에게 유용한 것이라면 본래 목표와 내용과 연계된 목표나 내용들로 대체한다(체크리스트상의 기술들 중 하나 혹은 그 이상의 기술 등).
  - 선택 E4: 학생이 핵심역량을 갖추지 못했고, 다른 목표들이 학생에게 더 유용하다면 다른 목표로 대체한다(기능적 생활기술성과 목표, 기본적이고 보조적인 의사소통 등).
- 절차 F: 일반교육과정이 준거라는 생각에 근거하여 학생의 요구를 반영한 적절한 목표를 수립한다.
- 절차 G: 학생이 설정된 목표에 도달하고 향상될 수 있도록 교육과정을 수립한다.

[그림 5-5] 목표평가 접근

출처: *Curriculum, Assessment, and Instruction for Students with Disabilities* (1st ed.), by J. L. Bigge and C. S. Stump, © 1999, Belmont, CA: Wadsworth. Reprinted with permission of Wadsworth, a division of Thomson Learning: www.thomsonrights.com. Fax 800-730-2215. Also adapted from California Department of Education (1978) "Steps in Devising Differential Standards," in *Developing Proficiency Standards for Pupils in Special Education Programs: Workshop Outline and Agenda*. Sacramento, CA: Author.

있는 학습자의 요구에 알맞게 수정되어야 할 필요가 있는 것들을 결정한다. 앞서 본 접근과 마찬가지로 선행 지식 및 인지 관련 수준은 '핵심역량(들)'을 결정하는 열쇠가 된다. [그림 5-5]를 보면 이 절차를 7단계로 나타내었다. [그림 5-6]은 각 단계별 예를 제시하였다. 이 접근법에 대한 더 많은 실제적인 예시나 정보를 얻고 싶은 경우, Bigge와 Stump(1999)의 70~77쪽을 참고하기 바란다.

일단 일반교육과정을 조정해야 한다고 결정되면 교육팀은 편성 3 '일반교육과정 조정'의 세 가지 조정방법에서 한 가지 혹은 그 이상을 선택할 수 있다. 동시에 자조를 위한 구체적인 핵심 기술들은 개인의 장기목표 확인을 통하여 드러날 것이다.

- 절차 A: 표적이 되는 일반교육과정 목표
- 적용: 주제문장과 시간순서를 나타내는 단어를 포함한 관련 문장 4개(까지)를 제시했을 때 학생은 첫 번째로 주제문장을 쓰고, 그 다음에는 논리적 순서에 따라 세부 문장을 문단 형식으로 쓴다. 학생의 준거는 올바른 순서로 작성한 10세트의 문장을 올바른 문장으로 작성하는 것이다.
- 절차 B: 학생이 표적목표를 성취하기 위한 지식과 기술 역량 체크리스트
- 적용: −문단이 관련된 부분적인 아이디어를 다루는 문장들로 구성됨을 안다.
  −관련 문장들의 집합을 중심 생각으로 요약한다.
  −주제문장이 그 문단의 중심 생각을 표현한 것임을 안다.
  −관련 문장의 집합에서 주제문을 파악한다.
  −세부 문장 혹은 보조 문장이 중심 생각에 관한 것임을 안다.
  −문장의 집합에서 보조 문장을 파악한다.
  −시간 순서를 나타내는 단어를 파악한다(첫째, 다음, 마지막 등).
- 절차 C: 학생이 갖춘 역량과 갖추지 못한 역량
- 적용: + 한 문단은 관련된 아이디어를 다루는 문장들로 구성됨을 안다.
  −관련 문장들의 집합을 중심 생각으로 요약한다.
  + 주제문장이 그 문단의 중심 생각을 표현한 것임을 안다.
  −관련문장의 집합에서 주제문을 파악한다.
  −세부 문장 혹은 보조 문장이 중심 생각에 대해 관한 것임을 안다.
  −문장의 집합에서 보조 문장을 파악한다.
  + 시간 순서를 나타내는 단어를 파악한다(첫째, 다음, 마지막 등).
- 절차 D: 핵심역량: C
- 적용: + 한 문단은 관련된 아이디어를 다루는 문장들로 구성됨을 안다.
  −관련 문장들의 집합을 중심 생각으로 요약한다.
  + 주제문장이 그 문단의 중심 생각을 표현한 것임을 안다.
  C−관련문장의 집합에서 주제문장을 파악한다.
  −세부 문장 혹은 보조 문장이 중심 생각에 관한 것임을 안다.
  −문장의 집합에서 보조 문장을 파악한다.
  + 시간 순서를 나타내는 단어를 파악한다(첫째, 다음, 마지막 등).
- 절차 E: 목표와 관련 내용의 유지, 조정, 대체 여부 결정

• 적용
- 선택 1: 원래의 목표와 내용을 유지하고, 그 수준의 복잡성을 유지시키거나 증가시킨다. 주제문장과 시간순서를 나타내는 단어를 포함한 관련 문장 4개(까지)를 제시했을 때 학생은 첫 번째로 주제문장을 쓰고, 그다음에는 논리적 순서에 따라 세부문장을 문단 형식으로 쓴다. 학생의 준거는 올바른 순서로 작성한 10세트의 문장을 올바른 문장으로 작성하는 것이다.
- 선택 2: 원래의 목표와 내용은 유지하되 그 수준의 복잡성은 낮춘다. 주제문장과 시간순서를 나타내는 단어를 포함한 관련 문장 2개를 제시했을 때 학생은 첫 번째로 주제문장을 쓰고, 그다음에는 논리적 순서에 따라 세부 문장을 문단 형식으로 쓴다. 학생의 준거는 올바른 순서로 작성한 10세트의 문장을 올바른 문장으로 작성하는 것이다.
  - 예시: 먼저, 그녀는 마당을 바라보았다.
    그 후 그녀는 그 개를 자기 침대 아래에서 찾았다.
    Sarah는 자기 강아지인 Mr. Buster를 잃어버렸다.
- 선택 3: 관련된 목표나 내용으로 대체(체크리스트에서 하나 혹은 그 이상의 역량 등)한다.
  + 한 문단은 관련된 아이디어를 다루는 문장들로 구성됨을 안다.
  - 관련 문장들의 집합을 중심 생각으로 요약한다.
  + 주제문장이 그 문단의 중심 생각을 표현한 것임을 안다.
  - 관련 문장의 집합에서 주제문장을 파악한다. 주제문장과 3개까지 시간순서를 포함한 관련 문장을 순서 없이 제시했을 때 학생은 주제문장을 파악한다. 학생이 주제문장을 찾아 바른 위치에 쓴다면 기준을 충족할 수 있다.
- 선택 4: 목표를 대체(기능적 생활 기술 성과를 위한 목표, 기초적이고 보조된 의사소통 목표)한다. 구어를 사용한 교수, 복사물에 쓰인 정보, 정보에 맞게 선이 그어진 봉투 등이 주어졌을 때 학생은 봉투 위에 주소, 자기 이름, 보내는 사람 이름을 쓴다. 학생의 준거는 봉투 20개를 정확하게 작성하는 것이다.

• 절차 F: 선택 E에서 가장 적절한 사양을 선택한다. 학생의 요구에 따른 적절한 목표를 설정한다.
  - 응용: 일반교육과정이 준거라는 생각에 근거하여 학생의 요구를 반영한 적절한 목표를 수립한다

• 절차 G: 학생이 설정된 목표에 도달하고 향상될 수 있도록 교육과정을 수립한다.
  - 응용: 이 교재를 교육과정 계획 수립을 위한 자료로 사용한다.

[그림 5-6] 일반교육과정 목표 접근과 관련된 목표평가 접근의 단계에 관한 예

출처: *Curriculum, Assessment, and Instruction for Students with Disabilities* (1st ed.), by J. L. Bigge and C. S. Stump, © 1999, Belmont, CA: Wadsworth. Reprinted with permission of Wadsworth, a division of Thomson Learning: www.thomsonrights.com. Fax 800-730-2215. Also adapted from California Department of Education (1978). "Steps in Devising Differential Standards," In *Developing Proficiency Standards for Pupils Special Education Programs: Workshop Outline and Agenda*. Sacramento, CA: Author.

4. 특별한 장기목표의 확인

학생의 교육과정 계획 수립 시 가장 중요하게 고려해야 할 점은 그들의 현재 강점, 요구, 바람, 그들 부모가 학생에게 갖고 있는 현재와 미래의 희망, 모든 학생을 위한 주와 지역의 목표와 교육과정 표준이다. 교사와 지원 제공자들, (필요할 경우) 학생들, 부모들, 지역사회 구성원(보다 나이 든 학생을 위한)들의 협력은 학생들의 교육과정을 통합적이고 적절하게 구성하기 위한 한 방법이다. 가장 먼저 학생의 현재 수행과 장기적 교육성과를 모두 고려한 최우선 수행 목표를 파악하여야 한다. 다년도 시계열 기록지(multiyear matrix worksheet; Bigge, 1998; Bigge et al., 1999, Stump & Bigge, 2005)는 이런 교육과정 계획 수립 요소들을 포함하고 있다.

다년도 시계열 기록지는 교육팀의 협력과정에서 학생 삶의 3개 시간대에 대한 정보, 즉 ① 현재의 활동, ② 현재로부터 1년 후 활동, ③ 현재로부터 3년 혹은 그 이후에 계획된 활동을 사용할 수 있도록 제공한다. 시계열 양식은 각 단계별 고려사항을 알려 준다. 이 시간 체계는 다년도 시계열 기록지의 상단 칸에서 확인할 수 있다. 또한 이 시계열은 다양한 교과 영역별 학생의 요구와 수행,

핵심적인 생활 기술에 대해 체계적으로 탐색할 수 있도록 한다.

〈표 5-3〉과 〈표 5-4〉는 Angie에 대한 다년도 시계열 접근을 보여 준다. 여기 이 절차들은 학생이 미래에 성취하고 있어야 할 그 무엇을 결정할 수 있도록 그 미래의 몇 년간에 주의를 기울이도록 한다. 이것들이 적절하고, 도움이 되도록 되어 있을 경우 교육팀은 학생의 내년 목표(B칸)를 결정하기 위하여 현재 수행수준(A칸) 정보와 미래 정보(C칸) 정보를 함께 사용한다.

C칸의 목표는 학생이 미래의 구체적인 시점(장기적인 교육 성과)에서 할 수 있기를 원하는 것과 할 수 있어야 하는 것을 결정하는 데 있다. 교육팀은 '3년 후 미래'나 지정된 졸업 시점(exit point)에 학생이 도달해야 할 성과나 기대하는 수행, 활동들을 파악하기 위하여 협력한다. 졸업 시점은 '초등학교를 마치고 중학교로 진학하는' '고등학교를 마치는' '성인이 되는' 혹은 다른 계획 시점을 포함할 수 있기 때문에 계획 수립이 보다 적절하고 의미 있어진다. 이 시계열 기록지를 모두 완성하는 것은 "지금부터 3년 후 또래 연령의 학생들은 무엇을 하고 있을까?" "이들 수행 중 학생이 장애로 인해 가장 큰 도전에 직면하게 될 것인가?" "이 학생이 원하는 삶의 요구(건강한 생활방식으로 살아가기, 법적 권리 이해하기, 직업 기술 익히기)는 무엇인가?" "현재로부터 3년 후 혹은 미래의 어떤 시점을 위해 무엇을 권할 것인가?"와 같은 질문을 유발시킬 수 있다.

학생은 자신의 미래를 위해 투입할 내용을 제공하는 데 중요한 역할을 한다. 제12장 '자기결정과 전환 교육'에서는 학생들이 미래를 위하여 유아기부터 자신들의 흥미와 희망을 발견할 수 있는 조사 기반 도구를 제시한다. '미래를 설계하기(Framing a Future)'(King, Lunger, & Toomey, 2005)는 특별히 보완대체의사소통을 사용하거나 그렇지 않은 지체·중복장애 유아를 위해 제작되었다.

생각과 정보의 공유는 학생과 가족 구성원, 교사 그리고 다른 교육팀 구성원들을 지원한다. 이들과 다른 정보원(源)들은 보다 먼 미래를 위해 계획된 수행과 성과를 유도하는 가까운 미래 목표들 간의 연결을 돕는다.

〈표 5-3〉 다년도 시계열 기록지

교육과정 편성	A. 현재 수행 수준(들)	B. 내년 수행 목표(IEP 목표)	C. 향후 3년간 수행 목표
조정사항이나 조정이 없는 일반교육과정			
조정사항이 있는 일반교육과정			
일반교육과정 조정			
자립을 위한 핵심 지식 및 기술 영역			

출처: *Curriculum Based Instruction for Special Education Students* (p. 318), by J. L. Bigge, 1988, Mountain View, CA: Mayfield. Copyright held by J. L. Bigge. Adapted with permission.

〈표 5-4〉 Angie의 다년도 시계열 기록지

교육과정 편성	A. 현재 수행 수준(들)	B. 내년 수행 목표(IEP 목표)	C. 향후 3년간 수행 목표
조정사항이나 조정이 없는 일반교육과정			
조정사항이 있는 일반교육과정	1. 읽어 주면 해당 학년 수학문제를 푼다. 2. 그림을 그릴 때 필요한 집게와 도구들을 바닥에 놓인 경사면 보드 위에 정리해 주면 미술활동에 참여할 수 있다.		1. 해당 학년 수준의 수학기준을 충족하고, 짧은 문장제를 읽는다. 2. 발을 사용하여, 그리기와 칠하기 및 미술작품을 완성한다.
일반교육과정 조정			
자립을 위한 핵심 지식 및 기술 영역	1. 지역사회 활동에서 교과 기술을 사용하려는 시도를 별로 하지 않는다. 2. 가족들과 함께 하는 외부활동을 즐기지만 휠체어 밀기, 예금 처리, 의사결정은 가족에게 의존한다.		1. 지역사회 활동에서 동전과 지폐를 사용하여 구매할 수 있다. 2. 가족, 친구와 함께 지역사회의 레스토랑에서 자신이 먹고 싶은 음식을 선택하고, 주문하며, 계산할 수 있다. 3. 학교식당에서 주 2회 자원봉사를 하며, 자신의 수행을 평가한다. 3. 가족이나 친구와 함께 하는 활동을 시도하고 계획을 수립한다. 학교에서 친구들과의 우정을 개발하기 위한 요구와 자신의 강점을 기술한다.

출처: *Curriculum Based Instruction for Special Education Students* (p. 318), by J. L. Bigge, 1988, Mountain View, CA: Mayfield. Copyright held by J. L. Bigge. Adapted with permission.

5. 특별한 교육과정 접근 기술 요구 결정

학생의 요구는 수행수준이나 정해진 목표, 기준점을 평가하기 전에 파악해야 한다. 또한 여러 가지 정보원으로부터 자료를 수집하고 질문하는 일은 현재 상황 평가에 대한 중요한 정보를 제공한다. “일반적으로 목표는 내용 영역 전반에 걸친 학생의 특별한 요구를 기초로 한다. 그리고 이것은 학생들이 교육과정에 접근하고 향상하기 위해 필요한 기초나 선행 기술, 전략들을 갖도록 하기 위하여 기준들과 연계되어야만 한다”(New York Department of Education, 연도 미상, p. 2). 학생들은 “일반적으로 읽기, 쓰기, 듣기, 조직화, 공부 기술, 의사소통, 신체발달, 운동기술, 인지적 처리, 문제해결, 사회적 기술, 놀이기술, 기억, 시지각, 청지각, 주의, 행동, 진로 및 지역사회 생활 기술과 같은(그러나 이것에 한정되지는 않는) 영역들의 수행 향상”을 필요로 한다(New York

Department of Education, 연도 미상, p. 1). 이것들을 위해서 우리는 철자하기를 필요로 한다. 왜냐하면 철자하기는 명료하게 말할 수 없는 학생이 보조공학을 사용하여 자신들의 생각과 원하는 것을 정확히 표현할 수 있도록 해 주기 때문이다.

IEP 팀원들은 학생들의 독특한 요구를 파악하기 위해 여러 가지 정보들을 사용할 수 있다. 여기에는 학생의 독특한 요구를 파악하기 위한 관찰이나 교사, 부모, 친구 등 학생을 잘 알고 있는 사람에게 질문하기도 포함된다. 그 외의 평가자료에는 관찰, 형식적 측정, 표준화된 절차, 그리고 아마도 가장 중요할 수도 있는 학생 자신이 생각하고 있는 요구가 포함된다.

수행 향상 요구는 일반교육과정에 접근하고, 참여하며, 향상하는 데 있어 장애가 있기 때문에 갖게 되는 요구와 기타 독특한 요구에 관한 질문을 통해 파악할 수 있다. 예를 들어, IEP 팀이 하나의 교과영역이나 여러 가지 교과영역을 망라하여 일반교육과정에 접근하기 위한 학생의 요구나 강점을 결정하고자 실시하는 질문에는 다음과 같은 것들이 있을 수 있다.

1. 또래들이 교육과정 교수(관련된 학습 활동을 포함하여)에 참여하는 방법은 무엇인가?
2. 또래들이 교육과정 평가에 참여하고, 자신들의 학습목표에 도달하였음을 증명하는 방법은 무엇인가?
3. 이 학생이 교육과정 교수나 교육과정 평가에 접근하고, 참여하며, 발표하는 데 있어 강점은 무엇인가?
4. 학생이 일반교육과정의 교수와 평가에 일반교육과정에 보다 완전히 접근하고 참여하기 어려운가?
5. 학생은 어떤 조정사항이나 특별한 상황에서 교수된 교육과정 혹은 평가된 교육과정에 더욱 잘 접근할 수 있는가?

IEP 팀원들은 이런 평가 정보나 다른 자료들을 통해서 학생이 현재는 할 수 없지만, 해당 년도가 끝날 무렵이면 할 수 있게 되는 것 혹은 더 잘 하게 되는 것들을 파악할 수 있다. 이것들은 학생의 현재 수행 수준과 그에 따른 IEP 목표 및 세부 목표의 평가에서 가장 우선되어야 한다(Bateman & Herr, 2006, p. 43).

학문 영역과 비학문적 영역의 능력과 요구에 관한 최상의 정보원은 바로 학생 자신일 수 있다. [그림 5-7]은 학생의 자기 옹호 자료에 관한 정보를 보여 준다. 일부 사람들은 이 정보를 읽을 필요가 있으며, 중요한 것은 그들의 대답이다. '자기 옹호 자료'의 제2부와 제4부에 대한 학생들의 대답은 그들이 학교과제 중 할 수 있는 것과 알고 있는 것을 나타낼 수 있다. 또한 이것들은 학생들이 학습을 위해 할 수 있어야만 하는 것을 파악할 수 있도록 한다. 제1부와 제3부에 대한 학생의 대답은 자신에게 필요한 교육적 기술이나 생활 기술이 무엇인지 파악할 수 있게 한다.

1) 초점 좁히기

여러 가지 교육과정 선택 사양에서 학생의 수행과 참여를 관찰하는 일은 개별 학생들의 다양한 교육 욕구에 대한 문제해결과 결정을 할 수 있게 한다. 여기서는 가장 중요한 연간 IEP 목표와 세부 목표에 초점을 맞추기 위해서 Bateman과 Linden(2006)의 핵심 아이디어를 중요하게 다루고자 한다. 그들은 IEP에 제시되어야만 하는 장애학생의 독특한 요구 두 가지를 파악하였다. 그것들은 "① 주의집중 및 긍정적 피드백과 같이 보다 나은 학습이 이루어질 수 있도록 하는 구체적인 조건(또는 조정사항)에 관한 요구, ② 우수한 타이핑 기술 혹은 보다 우수한 해호화와 같이 보다 향상된 수행을 위한 요구이다" (p. 129).

2) 조정사항 혹은 학습조건의 요구

교육과정 접근이나 학습을 위한 개인의 독특한 요구에는 구체적인 조정사항이나 조정의 제공을 포함한다.

이 예들은 앞의 교과교육과정 접근과 교육과정 편성에서 이미 제시하였다. IEP 팀이 학생의 학습을 위한 구체적인 조건 제공의 필요성을 파악하고 이후 제공이 결정되

• 제1부. 나의 모든 것

____________________ 정식 이름
____________________ 연령
____________________ 사는 도시
____________________ 학교 및 학년(학반)
____________________ 좋아하는 음식
____________________ 좋아하는 색깔
____________________ 좋아하는 교과
____________________ 담임교사 이름
____________________ 긴급 상황 시 연락할 사람
____________________ 나의 전화번호
____________________ 취미와 수집 내용
____________________ 나만의 특별한 관심거리
____________________ 좋아하는 TV 프로그램
____________________ 좋아하는 음악 장르
____________________ 기르고 있는 애완동물 종류(기르고 있는 경우에만)
____________________ 가사 책임
_____ 나는 보지 않고도 우리집 주소와 전화번호를 외울 수 있다.
_____ 잠깐 동안이라도 나 혼자 방 안에 있는 일은 위험하다.
_____ 시력 때문에 안경을 써야 한다(쓰지 않아도 된다).
_____ 나의 듣기 능력은 정상이다(어려움이 있다).
_____ 나의 염려하지 않아도 될 정도(우수한 정도)로 균형감이 있다/없다.
_____ 나는 계단을 이용할 수 있다/없다.
_____ 나는 보행 보조자원이 필요없다/있다.
_____ 나는 혼자서 화장실을 사용할 수 있다/없다.
_____ 나는 섭식 보조원이 필요없다/있다
나는 ____________________ 에 알레르기가 있다.
나는 ____________________ 에 두려움이 있다.
나와 일하기 위해서 반드시 알아 두어야 할 것은 ____________________ 이다.

• 제2부. 학교에 관한 유용한 정보

_____ 나는 혼자서 필기를 할 수 있다.
_____ 나는 칠판 위의 내용을 보고 쓸 수 있다.
_____ 나는 수업 내용을 받아 쓸 수 있다/수업 내용의 필기가 어려워 노트 테이크나 급우들의 기록지가 필요하다.
_____ 나는 필기가 있는 숙제를 하기 위해서 컴퓨터가 필요하다.
_____ 나는 어른이나 친구가 내 대답을 대필해 주고 있다.
_____ 나는 긴 숙제를 완성할 수 없다.
_____ 나는 자주/가끔 숙제를 마치기 위해서 여분의 시간이 필요하다.
_____ 나는 말로 답하는 것이 더 편하다.
_____ 나는 컴퓨터를 사용하는 데 큰 도움/작은 도움이 필요하다.
_____ 나는 컴퓨터가 부팅되면 바로 사용할 수 있다.
_____ 나는 일반 키보드/개조된 키보드를 사용할 수 있다.
_____ 나는 마우스를 사용할 수 있다.

______ 나는 수업 중에 읽을 필요가 있는 부분을 읽을 수 있다.
______ 문자를 확대한 자료를 사용하는 것이 읽기 쉽다.
______ 수업에 참여하기 위하여 필요한 지원을 교실에서 혼자서 찾을 수 있다.
______ 나는 소집단 학습/일대일 대면학습에서 더 잘 학습할 수 있다.
______ 나는 보기, 듣기, 직접 해 보기가 제일 좋은 학습방법이다.
______ 나는 혼자서 소리 내어 말할 때/여러 번 소리 내어 반복해서 말해 줄 때/나에게 여러 번 시연해 보여 줄 때 가장 잘 기억할 수 있다.
______ 나는 내가 다니고 있는 학교의 일과를 따라갈 수 있다.
______ 나는 내 과제를 놓치지 않고 할 수 있다.
______ 나는 매일 등하교 시 과제를 해결하는 일에 책임감을 느낀다/과제를 해결하는 데 도움이 필요하다.
______ 나는 도움을 받지 않고 책가방 속의 물건을 꺼낼 수 있다.
______ 내가 해야 일을 분명하게 모를 때는 질문을 할 수 있다고 생각한다.

• 제3부. 자조 관리

______ 나는 개인적 요구를 스스로 해결할 수 있는 여자/남자가 되고 싶다.
______ 나는 아침에 혼자서 침대에서 나올 수 있다.
______ 나는 알람 시계 소리를 듣고 일어날 수 있다/아침마다 깨워주는 사람이 필요하다.
______ 나는 아침에 컨디션이 매우 좋다(나는 완전히 일어나는 데 시간이 얼마 걸리지 않는다/시간이 많이 걸린다).
______ 나는 (최소한의 도움을 받아/많은 도움을 받아) 양치질과 세수를 할 수 있다.
______ 나는 가글용 세재의 사용법을 안다.
______ 나는 치과에 예약을 할 수 있다.
______ 나는 혼자서 손을 씻을 수 없다(적은 도움이든 큰 도움이든 도움을 받아야 한다).
______ 나는 혼자서 화장실을 사용할 수 있다(옷을 내리고 올리기, 닦기, 물 내리기 등에 도움이 필요하다).
______ 나는 혼자서 샤워를 할 수 있다/도움을 받아 샤워를 할 수 있다(샤워용 의자, 등 미는 기구 등이 필요하다).
______ 나는 혼자서 소변기를 사용할 수 있다.
______ 나는 소변통이 필요하다/필요없다.
______ 나는 혼자 화장실에 남게 되어도 별 문제없다고 생각한다.
______ 나는 (샤워 의자나 등밀이 등이 필요한) 목욕이나 샤워를 하는 데 도움이 필요 없다.
______ 나는 혼자서 머리를 감을 수 있다.
______ 나는 혼자서 머리를 묶고 빗질하며, 스타일링을 할 수 있다.
______ 나는 학교나 놀이할 때 입어야 할 옷에 대하여 혼자서 바람직한 결정을 할 수 있다.
______ 나는 겨울 동안 입기 위한 특별한 옷에 대하여 완전히 인식하고 있다.
______ 나는 다른 사람의 도움을 받지 않고도 조화롭게 의상의 색상을 고를 수 있다.
______ 나는 내 옷을 혼자 고를 수 있다.
______ 나는 옷을 입거나 벗을 때 다른 사람의 도움이 필요하다.
______ 나는 액세서리(부츠, 모자, 장갑, 코트)를 고르는 데 도움이 필요하다.
______ 나는 학교의 점심시간에 줄을 설 수 있다.
______ 나는 식사 시 특별한 요구가 없다(특별한 요구: 컵에 담긴 음식, 주스나 우유병의 뚜껑 열기, 특별한 식사도구나 컵, 빨대의 사용, 특정 음식을 피할 것, 음식 알레르기, 식사를 위해 더 많은 시간을 부여하는 것 등).
______ 나는 다른 사람이 지적하든 안하든 관계없이 냅킨을 사용하여 얼굴에 묻은 음식을 닦아 낼 수 있다.
______ 나는 콧물을 닦을 수 있다.
______ 나는 어른이 말하지 않아도 손이 더러울 때와 씻어야 할 때를 안다.
______ 나는 면도를 할 수 있다.
______ 나는 혼자서 약을 먹을 수 있다.

_____ 나는 혼자서 여성 위생용품들을 관리할 수 있다.
_____ 나는 데오드란트를 활용할 수 있다.
_____ 나는 안경을 닦을 수 있다.
_____ 나는 보청기를 관리할 수 있다.
_____ 나는 혼자서 개인적인 건강 또는 미용 용품을 구입하는 것이 가능하다.
_____ 나는 혼자서 화장을 할 수 있다.
_____ 나는 의복의 세탁 시기나 수선 시기를 알고 있다.

• 제4부. 의무 및 지역사회 접근
_____ 나는 도움 없이 숙제를 할 수 있다.
_____ 나는 다른 성인의 도움 없이 가정에서 숙제해야 하는 교과를 기억할 수 있다.
_____ 나는 내 숙제를 그날에 다 하려고 노력한다.
_____ 나는 일깨워 주지 않으면 시험 공부를 해야 한다는 사실을 기억하지 못한다.
_____ 나는 지금 아르바이트를 하고 있다.
_____ 나는 지금 하고 있는 일이 재미있다.
_____ 나는 특별한 진로 흥미가 없다.
_____ 나는 혼자서 대중교통을 이용할 수 있다.
_____ 나는 운전 연습을 할 계획을 수립하고 있다.
_____ 나는 지금 보호자가 없이 혼자 집에 있다.
_____ 나는 혼자서 이웃에 가는 일이 가능하다.
_____ 나는 혼자서 우리 고장에 있는 쇼핑몰에 갈 수 있다.
_____ 나는 편안한 마음으로 친구와 지역사회를 돌아다닌다.
_____ 나는 혼자서 이웃이나 지역에 접근할 기회가 있었으면 좋겠다.
_____ 나는 다양한 상품과 서비스를 제공받을 수 있는 지역사회 기관(우체국, 잡화점, 철물점, 백화점 등)을 알고 있다.
_____ 나는 학교의 각종 의식과 행사에 참여한다.
_____ 나는 극장에 간다.
_____ 나는 도서관 카드를 갖고 있다.
_____ 나는 공공도서관 이용법을 알고 있다.
_____ 나는 혼자서 엘리베이터를 이용할 수 있다(원하는 층으로 가기 위한 단추를 누르는 데 도움을 받음).
_____ 나는 동네 잡화점에 가서 몇 가지 물건을 구입할 수 있다.
_____ 나는 간단한 음식(계란 완숙, 스파게티 등)을 조리할 수 있다.
_____ 나는 간단한 음식의 조리법을 읽고 따라 할 수 있다.
_____ 나는 계량컵과 계량 스푼의 사용법을 알고 있다.
_____ 나는 가스레인지, 오븐, 전자레인지를 사용할 수 있다.
_____ 나는 혼자서 냉동음식으로 저녁 식사를 만들 수 있다.
_____ 나는 샌드위치를 만들 수 있다.
_____ 나는 병이나 통에 든 액체를 따를 수 있다.
_____ 나는 식품이나 약품의 유통기한을 알 수 있다.
_____ 나는 엎지른 액체를 닦을 수 있다.
_____ 나는 마루를 청소할 수 있다.
_____ 나는 진공청소기를 사용할 수 있다.
_____ 나는 혼자서 레스토랑에서 먹고 싶은 음식을 고를 수 있다.
_____ 나는 규칙적인 운동의 필요성을 인식하고 있다.

_____ 나는 나에게 도움이 되는 음식과 그렇지 않은 음식을 알고 있다.
_____ 나는 나의 몸무게가 늘거나 줄어들면 그것을 알 수 있다.
_____ 나는 어린 동생이나 애완동물을 돌보고 있다.
_____ 나는 세탁방법을 알고 있다(색이 진한 옷과 옅은 옷 구분하기, 세탁기에 빨래 넣기, 세제 넣기, 세탁기 작동하기).
_____ 나는 드라이크리닝 할 옷과 세탁기로 세탁해야 할 옷을 결정하는 방법을 알고 있다.
_____ 나는 세탁건조기의 작동법을 알고 있다.
_____ 나는 건조기에서 빼낸 옷을 갤 수 있다.
_____ 나는 동전세탁기를 사용해 본 적이 있다.
_____ 나는 동전과 지폐의 가치를 구별할 수 있다.
_____ 나는 지폐와 동전의 액면가를 더할 수 있다.
_____ 나는 거스름돈을 만들 수 있다.
_____ 나는 자판기에서 음료수, 사탕, 과자 등을 살 수 있다.
_____ 나는 거스름돈을 셀 수 있다.
_____ 나는 나의 일상생활과 관련된 시간을 말할 수 있다.
_____ 나는 특정 정보의 시간표를 읽을 수 있다(TV 가이드, 버스, 기차, 비행기 시간)
_____ 나는 신문에서 영화나 기타 이벤트 관련 정보를 찾을 수 있다(장소 및 일시)
_____ 나는 달력에서 기념일이나 약속 날짜를 찾을 수 있다.
_____ 나는 도움을 받지 않고도 시내 전화를 사용할 수 있다.
_____ 나는 도움을 받지 않고도 시외 전화를 사용할 수 있다.
_____ 나는 전화번호부를 이용하여 정보를 찾을 수 있다.
_____ 나는 전화번호 안내(114), 긴급 전화번호(119) 등을 이용할 수 있다.
_____ 나는 전화 받는 사람이 알아들을 수 있을 만큼 분명하게 말할 수 있다.
_____ 나는 옷가게에서 조건에 맞는 옷을 선택할 수 있다(크기, 치수, 손세탁 가능 여부, 드라이크리닝 여부 등).
_____ 나는 장애인이 이용할 수 있는 서비스를 알고 있다(녹음도서, 재활서비스국, SSI 등).

[그림 5-7] 개인적 자기 옹호 자료의 체계

출처: Courtesy of Cheryl Katz, Plymouth, Minnesota.

면 이것을 IEP상의 정해진 위치에 밝혀 두어야 한다. 조정 제공이 필요한 것으로 파악되었을 경우 그것을 수반된 목표나 세부목표로 문서화할 필요는 없다. 그보다는 오히려 향상된 수행(improved perfomance)을 위한 요구들과 장애의 영향에 대해서는 IEP의 연간목표 및 세부목표로 기술하여야 한다.

3) 새로운 혹은 향상된 수행을 위한 요구

IEP 팀은 학생의 개별화교육 프로그램이 "① 일반교육과정에 참여하고, 향상을 나타내는 데 있어 아동의 장애로 인한 요구와 ② 아동의 장애로 인한 다른 교육적 요구들"에 적합한 연간 목표와 단기 목표들을 명확히 하여야 한다[IDEA, 1999, Appendix A § 300.347(a)(2).].

특수교육법 상담가인 Bateman과 그녀의 공저자인 Linden은 IEP에서 "학생이 교육과정에 접근하기 위한 서비스(교사 지시 따르기, 해당 학년 수준을 읽기 등)와 일반 교육과정 그 자체를 IEP에 부적절하게 포함시키는 것을 구분" 하였다(Bateman & Linden, 2006, pp. 133, 135). 이 저자들은 기후의 명칭 말하기를 학생의 IEP 목표로 기술한 것을 놓고 "사실 IEP의 목표는 학생들의 독특한 교육 요구를 제시하는 데 있으며, 이 학생은 기후의 명칭 말하기에 대해 특별한 요구를 갖고 있지 않다" 고 말하였다(Bateman, 2007, p. 62). IEP의 초점은 장애를 가진 학생들이 일반교육과정에 접근하고, 참여하며, 향상할 수 있도록 하는 서비스를 확인하는 데 있다.

6. 연간 IEP 목표의 개발과 문서화

학생의 자기분석 및 IEP팀의 평가는 장애에 기인한 학생의 독특한 교육 요구를 확인하는 중요한 자료원이 된다. 그 다음 단계는 요구가 예상되는 영역에 대한 수행 수준의 평가이다. 평가 결과는 일반교육과정 접근, 참여, 진보에서 향상된 수행을 보이기 위한 연간목표의 필요성을 제시해 준다.

1) 현재 수행 수준의 평가

요구가 있는 영역이 결정되면, 학생의 향상을 측정하기 위해 현재 수행 수준을 정확하게 기술하는 일이 중요하게 된다. 교육과정 기반 평가(Curriculum-Based Measurement: CBM)는 학년이 올라감에 따른 학생들의 향상 점검을 포함하여 학생의 향상을 점검하기 위해 자주 사용하는 한 가지 수단이다. 학생이 낮은 읽기 기술 때문에 교육과정에 접근하기 어려울 경우 학생의 현재 수행 수준과 향상의 정도를 평가하는 데 CBM을 사용할 수 있다. CBM은 읽기, 수학, 철자하기, 쓰기에서 조사의 타당성이 있는 방법이다(Deno, 1985; Hasbrouk & Tindal, 2006; Stecker, 2008). 그것은 학교에서의 중요한 행동을 자주, 직접 측정할 수 있는 특징이 있다. 그리고 1분짜리 읽기, 수학, 쓰기 기술 측정의 견본을 포함한다. 이 측정은 현재 또래들에 비해 어려움을 겪는 모든 기술과 과제 수행에 대한 구체적인 정보를 알려 준다. 또한 교수 및 학습 상황에서의 학생 반응을 보여 주고 긍정적인 변화를 가져올 수 있는 요구를 밝혀준다.

2) 측정 가능한 IEP 목표 및 세부목표의 문서화

학생들의 독특한 요구들은 모두 목록을 정하고 달성하는 데 채 1년이 걸리지 않는 것들과 그다음 해의 목록에 포함될 것까지 우선순위를 정할 수 있다. 이것은 파악된 장기목표가 시급성이 있는 중요한 요구로서 적합한지, 미래의 기대성과를 향하여 학생을 나아가게 해야 할지 재검토하여 특별히 계획된 교수를 위해 최우선 과제로 고려할 가치가 있는 것을 찾아볼 수 있는 좋은 기회가 된다. 이 일은 학교교육이 학생의 현재와 미래의 시도를 위하여 준비시키는 것과 관련된다.

(1) 연간 IEP 목표 및 세부목표의 중요성

목표의 성취정도를 평가하는 세부목표나 표준 척도들은 대안적 평가로서만 평가될 수 있는 학생들만을 위한 것으로 규정되어 있다(NCLB). 모든 장애학생들의 IEP 목표 성취 정도는 그의 부모들에게 통보되어져야 하기 때문에 Bateman과 Herr(2006)는 측정 가능한 세부목표들을 포함시키는 것만이 최상의 교육 실천을 정당화할 수 있게 한다고 말하였다. 그들은 "신중한 IEP 팀은 교육적 이유와 법적 이유의 준수를 위해 계속해서 측정 가능한 세부목표들을 사용할 것" 이라고 믿는다(Bate & Herr, 2006, p. 12). 이 책에서는 Bateman과 다른 사람들이 표준척도 혹은 향상척도라고 혼용하는 데 반해 세부목표라는 용어를 사용한다.

(2) 측정 가능한 IEP 목표 및 세부목표의 내용

목표와 세부목표는 특별히 학생이 할 수 있게 되는 것(학습자 성취), 학생이 얼마나 잘할 수 있는지 정도(기대된 성취수준 또는 준거), 학생이 잘할 수 있게 되는 시기(시간 진술)에 대해 기술한다. 만약 목표나 세부목표가 조정사항이나 조건(수업관련 그림이 포함된 책을 준다)을 포함할 경우, 그 조건은 일반적으로 학습자의 수행, 기대된 수행 수준 혹은 준거, 최종 달성 시기 등에 따른다. 측정이 가능한 목표나 세부목표는 다음과 같은 특성이 있다.

1. 목표나 표준 또는 세부목표가 성취되었는지 여부를 측정하기 위해 해야 할 일이 드러난다.
2. 여러 사람이 측정하였을 때도 동일한 결론이 도출된다.
3. 그것들이 어느 정도 향상되었는지 계산을 할 수 있다.
4. 추가적인 정보가 없어도 측정이 가능하다(Bateman & Herr, 2006, p. 17).

(3) IEP 목표 및 세부목표 작성 양식

IEP 목표 및 세부목표 작성 양식은 각 교육기관에 따라 다르게 사용한다. "유용하고, 단순하며, 법적으로 올바른 IEP 양식은 ① 현재 수행 수준에서부터 목표까지 향상척도를 계열성 있게 배열하고, ② 실제 측정과 보고를 위해 각각의 향상 척도와 목표가 서로 연계되어 있으며, ③ 목표의 성취하기 위해 제공되는 서비스를 보여준다(Bateman & Herr, 2006, p. 58). 여기서는 세 가지 예를 들어 보았다. 2개의 IEP 목표는 일반교육과정 접근에 맞춘 것이고, 나머지 하나는 장애로 인한 다른 교육적 요구에 맞춘 것이다. 첫 번째는 Sheldon의 교과교육과정 접근 요구에 따른 것([그림 5-8A] 참조)이며, 두 번째는 Josie의 의사소통 교육과정 접근 요구에 따른 것([그림 5-8B] 참조)이다. 세 번째는 Thelmisha Louise의 기초적인 자조(self-help) 요구에 관한 것([그림 5-8C] 참조)이다.

학생: Sheldon
날짜: DD/MM/YY
현재 나이: 10세 9개월 **학년:** 6
현재 수행 수준: 임의로 선택된 4학년 수준의 읽기 자료를 주었을 때 분당 72단어(words correct per minute: WCPM)를 소리 내어 읽는다.
목표: 임의로 선택된 4학년 수준의 읽기 자료를 주었을 때 세 번째 평가시기(marking period)까지 분당 94단어(WCPM)를 소리 내어 읽는다.

평가시기 1-3의 세부목표/준거	평가시기 1-3에서 도달된 실제 수준
1. 4학년 수준의 읽기 자료에서 84WCPM	1. 4학년 수준의 읽기 자료에서 82WCPM
2. 4학년 수준의 읽기 자료에서 94WCPM	2. 4학년 수준의 읽기 자료에서 97WCPM
3. 4학년 수준의 읽기 자료에서 106WCPM(목표)	3. 4학년 수준의 읽기 자료에서 [TBA]
(마지막 시기 준거가 연간목표다)	

서비스: 소집단 교정적 읽기(SRA) 교수를 주당 90분 실시, 자세 평가, 주당 1분짜리 유창성 샘플 평가
책임자: 특수교사, 학생, 부모, 물리치료사

[그림 5-8A] 독특한 교육과정 접근 요구에 따른 교과교육 IEP 목표 및 세부목표

학생: Josie
날짜: DD/MM/YY
현재 나이: 10세 4개월 **학년 :** 4
현재 수행 수준: 한 단어 혹은 간단한 구절로 된 전달 내용을 음성출력이 가능한 의사소통 도구에 광학 헤드 포인터를 사용하여 표시할 수 있다. 그녀는 4학년의 여러 교과 공부를 하기 위하여 인쇄물을 만들 필요가 있다. 그녀는 표준 키보드를 사용할 만한 소운동을 하지 못한다. 현재 그녀는 컴퓨터로는 한 단어도 입력하지 못한다.
목표: 컴퓨터와 연결된 의사소통 기기와 광학 헤드 포인터를 사용하여(조건), Josie는 컴퓨터를 사용하여 한 수업의 주제에 대해 최소 60단어까지 정보를 생산할 수 있으며(수행), 그녀는 기기를 켜는 것 외에 이 모든 일을 독립적으로 할 수 있다(준거).

평가시기 1-3의 세부목표/준거	평가시기 1-3에서 도달된 실제 수준
1. 10단어	1. 20단어
2. 35단어	2. [TBA]
3. (목표) 60단어	3. [TBA]

서비스: 1차 평가시기까지 매일 30분간 특수학급에서 특별히 설계된 교수, 2차 평가시기까지는 일반학급에서 동일한 교수, 자세 잡기 및 앉기에 필요한 물리치료 서비스

[그림 5-8B] 독특한 교육과정 접근 요구에 따른 보완의사소통 IEP 목표 및 세부목표

학생: Thelmisha Louise

날짜: DD/MM/YY

현재 나이: 5세 **학년:** 유치원

현재 수행 수준: Thelmisha Louise(5세)는 간식 시간에 손으로 혼자서 핑거푸드 조각을 먹을 수 있다. 그녀는 뇌성마비가 있기 때문에 과제를 하기 위해 손을 사용하려고 할 때마다 팔이 밖으로 뻗친다. 그녀는 학교에서 누가 먹여 주면 충분히 먹는다. 그녀는 혼자서 먹는 방법을 학습할 필요가 있다.

목표: 맞춤형 의자와 식기를 사용하여(조건), Thelmisha Louise는 학교에서 혼자(준거) 자르거나 바르는 음식을 제외한 음식을 먹는다(수행).

평가시기 1-3의 세부목표/준거	평가시기 1-3에서 도달된 실제 수준
1. 구어적 촉구나 신체적 보조를 해 주면 음식을 여섯 입 먹을 수 있다.	1. [TBA]
2. 구어적 촉구를 해 주면 열다섯 입 먹을 수 있다.	2. [TBA]
3. 도움 없이 혼자서 먹을 수 있다.	3. [TBA]

서비스: 앉기, 자세 잡기, 식기 선택, 아동이 스스로 먹도록 하는 학습을 도와주는 최상의 수업 전략을 결정하기 위해 서비스 협력

책임자: 특수교사, 부모, 작업치료사의 상담을 받는 아동, 훈련된 보조원이 제공하는 보충자료, 작업치료사로부터 상담을 받은 교사가 매주 점검

[그림 5-8C] 장애로 인한 다른 교육적 요구에 따른 자립목표 및 세부목표

출처: "Form 1: PLOP-Objectives/Progress Markers/Benchmarks-Goal" in *Writing Measurable IEP Goals and Objectives* by B. Bateman and C. Herr, 2006, p. 59. Adapted with permission by Attainment Company, Verona, WI.

3) 향상 점검하기

평가 절차나 검사 과정은 학생의 진보를 측정하고, 검증하며, 연간목표에 도달하였는지를 결정할 수 있게 한다. 수행을 증명하고, 향상을 문서화하기 위한 과정에는 학생의 수행에 대해 구조화된 관찰이 포함된다. 대표적인 자료원은 검사, 독립적 관찰자가 완성한 체크리스트, 자연적인 수행이 일어나는 환경에서의 표출 등이 포함된다. Sheldon의 경우, 여러 가지 읽기 평가 가운데서도 분당 정확하게 읽는 단어의 점수를 주기적으로 반복 측정한 교육과정 기반 측정이 자료원이 되었다. IEP 목표의 세부목표 또는 척도들에 대한 학생의 수행은 교수의 유지 혹은 변경 결정을 하기 위하여 측정되거나 문서화된다. 이 수행은 부모들이 아이에게 기대하였던 향상 정도와 실제 도달한 수행수준을 비교하는 데 필요한 향상 보고서 작성을 위한 자료로 제공하기도 한다.

4) 특수교육과 관련 서비스 제공

마지막으로 학생들의 교과교육과 기능적 요구에 따라 특수교육과 관련 서비스를 도출한다. Sheldon의 경우, 특수교사는 물리치료사의 상담을 통제되지 않는 신체 운동에 대항하는 앉기 자세로 변경하였다. 그녀는 교정적 읽기(SRA) 기법과 특수학급과 일반학급에서 주당 90분간 일반교육 읽기 자료를 적용한 구체적인 전략을 사용한 특별한 직접 교수를 제공하였다. 그리고 머리의 안정성을 확보하기 위한 새로운 머리 지지대에서 머리가 움직이지 않도록 하기 위해 책을 눈높이에 맞게 놓기, 머리가 약간 흔들리더라도 눈이 읽고자 하는 자료의 행간을 따라갈 수 있도록 각각의 행에 강조를 표시하기, 6학년 수준의 확대 읽기 자료 대신 4학년 수준의 확대 읽기 자료 제공 등의 다른 중재도 실시하였다. 그녀는 일반교사, 보조원, 학생의 어머니에게 학생의 향상을 위해 권장할 만한 전략들과 학생의 향상을 증명할 수 있는 것들에 대하여 상담해 주었다.

자격이 있는 교사가 지도하거나 특별한 교수를 통하여 개발된 특별한 교수 서비스는 이 교재에서 기억해야 것(reminder)으로 포함되어 있다. IEP 팀에 깊숙이 관여하는 특수교사는 일반교육과정에서 각 학생들의 향상된 수행과 장애로 인한 학생들의 또 다른 교육적 요구에 알맞은 조정사항, 조정, IEP의 목표를 설정하고 수립하는 데 막중한 책임이 있다.

요약 및 결론

이 장에서는 지체 · 중복장애 및 건강장애 학생들에게 유용한 네 가지 교육과정, 즉 ① 조정 또는 조정이 없는 일반교육과정, ② 일반교육과정에 조정 제공, ③ 일반교육과정 조정형, ④ 자립을 위한 기초적인 지식과 기술 영역들을 안내하였다. 이 사양들은 IEP 팀이 각 학생의 교육과정을 결정하는 지침이 된다.

또래들과 같은 일반교육과정에 참여하는 장애학생들을 위한 의사결정에서는 일반교육과정의 접근과 향상에 중심을 둔다. 일반교육과정 접근, 조정사항이 추가된 일반교육과정, 조정된 일반교육과정은 ① 주의 기준과 교수 및 학생 평가 간의 연계, ② 적절한 조정사항 또는 학생의 학습 조건, ③ 일반교육과정에 접근하기 위한 기술 향상에 대한 IEP 목표 실행 등이 중심이 된다.

교과교육과정 계획의 중심에 일반교육과정을 두고 계획된 교육과정은 일반교육과정에 참여하고 있는 장애학생의 기준을 가능한 한 일반학생과 같은 기준에 맞출 수 있도록 한다. 지체 · 중복장애 학생의 경우 적절한 교육과정 조정사항들이 필요할 수 있다. 만약 그리고 필요한 경우 일반교육과정의 복잡성은 학생의 학습요구에 맞게 조정되어질 수 있다. 조정 전략에는 인지적 요구 수준의 조정, 보다 낮은 학년 수준에서 선택한 선행 내용, 기초적인 생활 기술 사용을 위한 대체 교육과정 설계가 포함된다.

지체 · 중복장애 학생들은 그들의 장애에서 기인한 독특한 요구를 반영하거나 보다 직접적, 집중적 교수가 이루어지는 다른 교육과정에 참여하는 일이 도움이 될 수도 있다. 앞의 3개와 동일하게 중요한 4번째 사양은 보통 일반교육과정에서는 직접적, 집중적인 대처가 어려운 자립을 위한 기초적인 기술 요구를 다룬다. 여기에는 ① 기능적 생활 기술, ② 신체적 과제 수행과 보조공학의 사용, ③ 기본적이고 보조된 의사소통, ④ 장애 관련 전환교육이 포함된다.

학생의 수행에 긍정적인 영향을 주는 이들 목표들의 정교화를 강조하는 일은 다음 연도뿐만 아니라 미래를 위해서도 중요하다. 이 IEP 목표들은 다음 해와 예견된 미래에 일반교육과정에 접근하고, 참여하며 평가를 가능하게 하는 새로운 수행과 향상된 수행 요구를 파악하는 데 있어 앞의 세 가지와 비슷한 중요도를 지닌다. 향상된 수행을 위한 여러 가지 범주의 요구들은 빈번한 요구 영역들을 제시한다. 질문하기 전략들은 일반교육과정의 교과 내 접근과 교과를 망라한 접근에 대한 강점과 요구에 관해 관찰하고, 토의하는 지침이 된다.

이 장에서는 Bateman 등(2006, 2007)이 기술한 명확하고, 법 규정에 따르며, 유용한 IEP 목표 및 세부목표 작성 방법을 소개하였다. 그들은 특수교사가 특별한 중재를 필요로 하는 학생의 요구에 정확히 대응하여 질문할 수 있도록 하는 두 가지 핵심적인 질문 형태와 기타 질문, 자료처리 절차를 제공하였다. 이 두 가지 질문은 ① 아동이 학습할 필요가 있는 것과 보다 더 학습할 필요가 있는 것은 무엇인가 그리고 ② 아동이 효율적이고 효과적인 학습을 하기 위해 필요한 조건이나 조정사항은 무엇인가이다.

다음 장의 내용을 도입하기 전에 우리는 지체 · 중복장애 및 건강장애 학생에게 적절한 교과교육과정 개발의 중요성에 관한 언급으로 결론을 지으려고 한다. 장애학생들이 또래들과 함께 일반교육과정에 참여하는 동안 다양한 조정사항의 제공, 조정하기, 특별한 수행 목표 설정하기, 추가적인 교육과정에서 교육계획 수립하기, 다른 특별한 서비스 제공 등은 이 학생들의 독특한 요구에 맞추어져야 한다. 이 모든 것들을 나타낸 차트나 시계열표 혹은 기타 '종합적인 설계'는 다음 IEP회의에서 재검토하기를 기다리기보다는 오히려 매일 혹은 주간별로 지속적인 재검토를 하는 것이 좋다. 그 결과는 적절한 때 전체 교육과정의 한 부분을 검토하는 것보다 더 나은 의사소통, 교육과정을 망라하는 역량, 실행 기회와 전문가와 부모, 개별 학생을 대신하는 사람들 간의 보다 나은 교육 계획 수립을 가능하게 한다. 이론적으로는 디지털 시대의 학습을 위한 보편적 설계로 인해 장애학생의 개인별 독특한 요구에 적합한 많은 조정사항, 조정, 기타 중재들을 모든 학생이 사용 가능해질 것이다(Rose, 2002). 이 과정을 수용하는 것이야말로 지체 · 중복장애 학생 교사로서의 지도적 역할이라고 생각하는 것이 좋다.

이 장에서 학생들이 일상생활이나 나아가 학교를 졸업한 후에 더 높은 독립성을 갖도록 해 주는 특별한 지식이나 기술에 대한 교사 개발에 필요한 배경정보를 제공하였다. 다음 장은 이 기초적인 장을 기반으로 하며 교과교육과정 영역 및 전환 교육과정의 상세한 정보를 제공한다.

토의 문제

1. 지체 · 중복장애 학생을 일반교육과정의 내용이나 평가에 포함시키기 위해 교사가 사용하는 조정사항 중 여러분이 관찰한 적이 있는 것은 무엇인가?
2. 여러분이 아동이었을 때의 교과교육과정은 여러분이 절대 수행할 수 없을 정도로 어려운 조건이었는가? 아니면 너무 쉬운 방법이었는가? 여러분은 어떤 느낌이었는가? 두 경우 모두에 대해 선생님은 무엇을 해 주었는가? 그 때 선생님이 지금 여러분이 알고 있는 것을 알고 있었다면 선생님이 그 상황에 맞게 해 줄 수 있었던 것은 무엇인가?
3. 여러분은 특수교육 전문가로서 일반교육 전문가와 구체적인 교과 영역에 관한 회의를 하고 있다. 이 회의의 목적은 구체적인 학생을 위해 해당 학년 수준의 교육과정을 조정할 필요와 시기, 방법을 결정하는 것이다. 여러분의 대화에서는 무엇이 핵심이 되어야 하는가?
4. 여러분은 뇌성마비가 있는 1학년 학생에게 특별한 특수교육 서비스를 제공하여야 한다. 그 학생은 휠체어를 사용하며, 보완대체의사소통에 관한 목표가 있다. 이 학생이 새 보완대체의사소통 기기의 작동과 사용, 기초적인 보완대체의사소통 전략을 학습하는 데 필요한 특수교육을 제공하기 위한 계획은 언제, 어떻게 수립하여야 하는가? 또한 계획을 수립하는 데 필요한 시간은 얼마나 걸릴까?
5. 여러분의 교육청에서 권장하는 IEP의 목표 및 세부목표 작성 양식과 내용은 Bateman 등이 권장한 방법을 비교하고, 대조해 보는 방법은 무엇인가? 각각의 방법에서 가장 도움이 되는 항목과 가장 도움이 되지 않는 항목은 무엇인가?
6. 교과교육과정의 성과를 강조하는 교육체계에서 '편성 4. 자립을 위한 기초적인 지식과 기술 영역'에 대한 학생의 기대 목표 지도의 중요성에 대해 여러분이 일반교사와 여타의 사람들을 설득시킬 수 있는 방법은 무엇인가?
7. 여러분이 후천적인 장애를 갖게 되었다고 해 보자. 그 결과로 여러분의 팔과 손은 쓰기와 표준 컴퓨터 키보드의 사용, 일반적인 방법으로 먹는 일을 할 수 없을 정도로 협응력을 상실하였다. 여러분은 보행기 없이 걸을 수도 없다. 여러분은 글자를 철자할 수 있지만 그것을 쓸 수 있는 방법이 없다. 여러분의 교과교육과정에 초래되는 도전은 무엇인가? 여러분이 과제와 교과교육과정의 요구들을 완성하기 위해서는 무엇이 필요한가?
8. 지체 · 중복장애 학생들을 위한 단기 IEP 목표와 세부목표들을 결정함에 있어 장기목표는 얼마나 중요한가? 구체적인 예를 들어 보자.
9. 장애와 특수교육 요구가 있는 학생들의 일상에서 다른 사람들과 공유하여야 할 교과교육 정보에는 어떤 종류가 있는가? 이 정보를 공유할 수 있는 방법이나 전략들은 무엇인가?

유용한 사이트

• 장학 및 교육과정 개발 협회(Association for Supervision and Curriculum Development: ASCD)

http://www.ascd.org/

이 사이트는 ASCD 교육 게시판, 출판 현황, 최신 소식, 교육과정 통합 지침서, 수행 평가, 통합 등의 내용을 제공한다.

• CEC: ERIC Clearinghouse Disabilities and Gifted Education

http://ericec.org/abouterc.htm

ERIC CEC는 모든 연령의 장애인 또는 영재들의 발달과 교육관련 전문 서적, 정보, 자료들을 모으고 보급한다. ERIC는 교육자료정보센터(Educational Resource Information Center)의 약자다.

• Center for Change in Transition Services

http://www.depts.washington.edu/transctr/trs_link.htm

이 사이트는 장애를 가진 학생이 학교로부터 성인의 역할로 전환하는 데 있어 변화되는 실천에 중점을 둔다. 이 사이트는 학교에서 직장으로 전환한 학생의 이야기들, 예시 프로그램에 대한 설명들을 포함하고 있다.

• Education World

http://www.education-world.com/

이 사이트는 수업 계획의 수립, 교육과정, 교사교육, 관련 사이트, 최첨단 학교와 그 프로그램, 공학, 학교이슈, 행정가, 사이트 리뷰, 교육에 관한 서적, 자금 계획 수립 등 다방면의 정보를 제공한다.

• ERIC/CASS

http://www.uncg.edu/edu/ericcass/libhome.htm

이 사이트는 ERIC과 ERIC 데이터베이스에 접근하기 위한 인터넷 접근을 제공한다. ERIC/CASS 가상 도서관은 현재 관심 있는 주제에 관한 적절한 조사 및 자료들을 제공하려는 목적으로 개발된 전문(全文) 온라인 자료집이다. 이것은 교육 관련 주제에 관심 있는 모든 사람, 즉 교사, 교육행정가, 부모, 학생, 지역사회 구성원을 위한 자료 제공을 목적으로 출발하였다.

• Guide for Educators

http://school.discovery.com/schrockguide/

이 사이트는 교사를 위한 자료, 교육과정 제안, 수업 계획을 제공하는 가장 광범위한 사이트 중의 하나이다. 여기서는 학년 및 교과, 기타 활동들에 관한 정보를 제공한다.

• National Center on Accessing the General Curriculum (NCAC)

Wksp_finalDifferentiatedinstructionUDL11.24.03.doc 또는 "NCAC differentiated instruction and Universal Design for Learning" [Google address] http://www.cast.org/ncac/index.cfm?i=2876

차별화된 교수(differentiated instruction: DI)와 보편적 학습설계(universal design for learning: UDL)에 관한 적용 예시 및 탁월한 정보원. 교사를 위한 효과적인 수업 실천 보고서, 유용한 정의, 실천, 사례. 가상현실과 컴퓨터 시뮬레이션의 가능성과 사용방법에 관한 집중 안내. 차별화된 수업을 위한 다른 좋은 사이트에 대한 참고자료를 제공한다.

• National Center for Educational Outcomes

http://www.coled.umn.edu/NCEO

미네소타 대학의 National Center for Educational Outcomes 사이트는 일반교육과정과 관련하여 장애가 있는 학생의 수행을 평가하는 방법, 교육과정 및 검사 환경에서 장애가 있는 학생을 위한 조정에 관하여 다양한 정보를 제공한다.

• National Institute for Urban School Improvement

http://www.educ.org/urban/publicat.html

National Institute for Urban School Improvement가 지원하는 사이트로서 도서관, e뉴스, 도시 교육현장에서 필요한 활동 목록들을 제공한다. 장애학생과 더불어 활동하기, 통합 실천의 채택(the adoption of inclusive practices)이라는 특별한 영역도 제공하고 있다.

참고문헌

Bateman, B. D. (2007). *From gobbledygook to clearly written annual IEP goals*. Verona, WI: Attainment Company.

Bateman, B. D., & Herr, C. M. (2006). *Writing measurable IEP goals and objectives*. Verona, WI: Attainment Company.

Bateman, B. D., & Linden, M. A. (2006). *Better IEPs: How to develop legally correct and educationally useful programs* (4th ed.). Verona, WI: Attainment Company.

Bigge, J. L. (1988). *Curriculum based instruction for special education students*. Mountain View, CA: Mayfield.

Bigge, J. L., Stump, C. S., Spagna, M. E., & Silberman, R. K. (1999). *Curriculum, assessment, and instruction for students with disabilities*. Belmont, CA: Wadsworth.

Blackstone, S.W., & Hunt-Berg, M. (2003). *Social networks: A communication inventory for individuals with complex communication needs and their communication partners.* Monterey, CA: Augmentative Communication.

Bloom, B. S. (1956). *Taxonomy of educational objectives handbook I: The cognitive domain.* New York: David McKay.

Browder, D. M., & Spooner, F. (2006). *Teaching language arts, math, & science to students with significant cognitive disabilities.* Baltimore, MD: Paul H. Brookes.

Brown, J. L. (2004). Planning and organizing for curricular renewal. In *ASCD Curriculum handbook* (pp. 1-63). Alexandria, VA: Association for Supervision and Curriculum Development (ASCD).

Canfield, T., & Reed, P. (2001). Student information guide for self determination and assistive technology management. *Assistive Technology and Transition.* Oshkosh, WI: Wisconsin Assistive Technology Initiative.

Center for Technology in Education. (2005). *Considering the need for assistive technology within the Individualized Education Program.* Baltimore, MD: Johns Hopkins University.

Clark, G. M., & Patton, J. R. (1997, 2004). Transition Planning Inventory. Austin, TX: PRO-ED. Council of Chief State School Officers. (n.d.). *Alignment analysis models.* Retrieved May 4, 2008, from http://www.ccsso.org/projects/Alignment%5FAnalysis/Models/

Courtade-Little, G., & Browder, D. M. (2005). *Aligning IEPs to academic standards for students with moderate and severe disabilities.* Verona, WI: Attainment Company.

Cronin, M. E., & Patton, J. R. (1993). *Life skills instruction for all students with special needs: A practical guide for integrating real-life content into the curriculum.* Austin, TX: PRO-ED.

Deno, S. L. (1985). Curriculum-based measurement: The emerging alternative. *Exceptional Children, 52,* 219-232.

Flowers, C. P., Browder, D. M., Ahlgrim-Detzell, L., & Spooner, F. (2006). Promoting the alignment of curriculum, assessment, and instruction. In D. M. Browder & F. Spooner (Eds.), *Teaching language arts, math, & science to students with significant cognitive disabilities* (pp. 295-311). Baltimore, MD: Paul H. Brookes.

Gersten, R., & Baker, S. (2000). What we know about effective instructional practices for English-language learners. *Exceptional Children, 66*(4), 454-470.

Glatthorn, A.A. (1987). *Curriculum renewal.* Alexandria, VA: Association for Supervision and Curriculum Development.

Hasbrouck, J., & Tindal, G. A. (2006). Oral reading fluency norms: A valuable assessment tool for reading teachers. *Reading Teacher, 59*(7), 636-644.

Hitchcock, C., Meyer, A., Rose, D., & Jackson, R. (2002). Providing access to the general curriculum: Universal design for learning. *Teaching Exceptional Children, 35*(2), 8-17.

Individuals with Disabilities Education Act (IDEA). (1999). U.S.C. § 1400 *et seq.*, 34 C.F.R. 300 *et seq.*

Individuals with Disabilities Education Act (IDEA) of 2004 1997, PL 105-17, 20 U.S.C.A.§ 1400 *et seq.* (West, 1998).

International Society for Augmentative and Alternative Communication. (2007). *Augmentative and Alternative Communication 23*(4), [no page number; definition of AAC in the back of the journal]. Toronto, Ontario, Canada.

Jackson, R. (2005). *Curriculum access for students with low incidence disabilities: The promise of universal design for learning.* Wakefield, MA: National Center for Accessing the General Curriculum. Retrieved December 18, 2007, from http://www. cast.org/publications/ncac/ncac_lowinc.html

Karatzas, C. (n.d.). *Understanding cognitive demands.* Retrieved March 10, 2008, from http://seconline.wceruw.org/Reference/Karatzas-UnderstandingCogDem.pdf

King, J., Lunger, J., & Toomey, C. (2005). Framing the future: A tool for life planning. Retrieved September 9, 2007, from The Bridge School at www.bridge-school.org

Koga, N., & Hall, T. (2004). *Curriculum modification*. Wakefield, MA: National Center on Accessing the General Curriculum. Retrieved January 1, 2008, from http://www.cast.org/publications/ncac/ ncac_curriculummod.html

Learning Systems Institute. (2004a). Lower grade level of mastery. *Teaching Resources for Florida ESE* (A Project funded by the State of Florida, Department of Education, Bureau of Exceptional Education and Student Services). Tallahassee: Florida State University. Retrieved January 12, 2008, from http://www.cpt.fsu.edu/ese/cs/mod/grlevl.html

Learning Systems Institute. (2004b). Alternate curriculum. *Teaching Resources for Florida ESE* (A Project funded by the State of Florida, Department of Education, Bureau of Exceptional Education and Student Services). Tallahassee: Florida State University. Retrieved January 12, 2008, from http://www.cpt.fsu.edu/ese/cs/mod/altcurr.html

Light, J., & Binger, C. (1998). *Building communicative competence with individuals who use augmentative and alternative communication*. Baltimore, MD: Paul H. Brookes.

Marzano, R. J., & Kendall, J. S. (2008). *Designing and assessing educational objectives: Applying the new taxonomy*. A joint publication with the American Association of School Administrators, the National Association of Elementary School Principals, and the National Association of Secondary School Principals. Thousand Oaks, CA: Corwin Press.

McTigue, J., & Wiggins, G. (2004). *Understanding by design: Professional development workbook*. Alexandria, VA: Association for Supervision and Curriculum Development.

New York State Department of Education. (n.d.). Annual goals, short-term instructional objectives and benchmarks. Retrieved January 22, 2008, from http://www.vesid.nysed.gov/specialed/publications/policy/iep/stannualgoals.htm

Nolet, V., & McLaughlin, M. J. (2005). *Accessing the general curriculum: Including students with disabilities in standardsbased reform*. Thousand Oaks, CA: Corwin Press.

Polloway, E. A., Patton, J. R., & Serna, L. (2001). *Strategies for teaching learners with special needs*. Upper Saddle River, NJ: Pearson Education.

Porter, A. C., & Smithson, J. L. (2001). Figure 2, Changes in Categories of Cognitive Demand Over Time. In *Defining, developing, and using curriculum indicators. CPRE Research Report Series RR-048* (p. 10). Philadelphia: University of Pennsylvania, Consortium for Policy Research in Education.

Porter, A. C., & Smithson, J. L. (2008). *K-12 cognitive demand categories*. Retrieved March 3, 2008, from http://seconline.wceruw.org/Reference/K12Taxonomy2008.pdf

Salend, S. J. (2008). Determining appropriate testing accommodations: Complying with NCLB and IDEA. *Teaching Exceptional Children, 40*(4), 14-22.

Sitlington, P. L., & Clark, G. M. (2006). *Transition education and services for students with disabilities*. Boston: Allyn & Bacon.

Snell, M. (Ed.). (1993). *Instruction of students with severe disabilities*. New York: Merrill.

Snell, M. E., & Brown, F. (2006). *Instruction of students with severe disabilities* (6th ed.). Upper Saddle River, NJ: Pearson Education.

Stecker, P. M. (2008). Monitoring student progress using curriculum-based measurement (pp. 1-6). Washington, DC: National Center on Student Progress Monitoring. Retrieved March 17, 2008, from http://www.studentprogress.org/library/monitoring_student_progress_in_individualized_educational_programs_using_cbm.pdf

Stump, C. S., & Bigge, J. L. (2005). Curricular options for individuals with physical or multiple disabilities. In S. J. Best, K. W. Heller, & J. L. Bigge (Eds.), *Teaching individuals with physical or multiple disabilities* (pp.

113-150). Upper Saddle River, NJ: Pearson Education.

Switlick, D. M. (1997). Curriculum modifications and adaptations. In D. F. Bradley, M. E. King-Sears, & D. M. Switlick (Eds.), *Teaching students in inclusive settings* (pp. 225-239). Needham Heights, MA: Allyn & Bacon.

Thurlow, M. L., Lazarus, S. S., Thompson, S. J., & Morse, A. B. (2005). State policies on assessment participation and accommodations for students with disabilities. *Journal of Special Education, 38*(4), 232-240.

Webb, N. L. (2005, November 17). Alignment, depth of knowledge, & change. Miami: Florida Educational Research Association 50th Annual meeting. Retrieved June 30, 2008, from http://facstaff.wcer.wisc.edu/normw/MIAMI%20FLORIDA%20FINAL%20slides%2011-15-05.pdf

Wehman, P. (2001). *Life beyond the classroom: Transition strategies for young people with disabilities* (3rd ed.). Baltimore, MD: Paul H. Brookes.

Wehman, P., & Kregel, J. (Eds.). (2004). *Functional curriculum for elementary, middle, and secondary age students with special needs* (2nd ed.). Austin, TX: PRO-ED.

Westling, D. L., & Fox, L. (1995). *Teaching students with severe disabilities*. Upper Saddle River, NJ: Pearson Education.

World Health Organization. (2001). *International classification of functioning, disability, and health (ICF)*. Geneva, Switzerland: Author.

CHAPTER

06 과제분석 및 상황분석

Sherwood J. Best
June L. Bigge

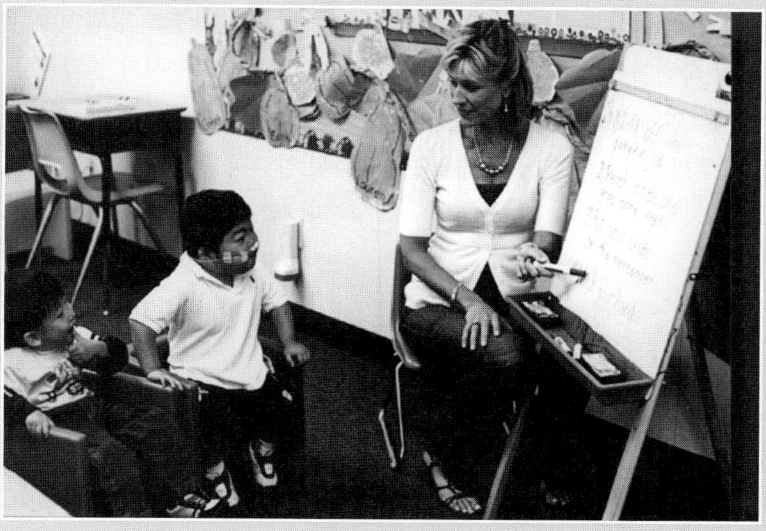

이 장을 읽고 나면 여러분은

1. 과제분석 및 상황분석과 교육과정의 범위와 위계 간의 관계를 이해할 수 있다.
2. 과정과 결과로서의 과제분석을 활용할 수 있다.
3. 형성평가, 총괄평가의 목적으로 과제분석을 활용할 수 있다.
4. 독립 기능을 촉진하기 위해 필요한 지원의 종류와 양을 결정할 수 있다.
5. 독립 기능 촉진을 위한 기법으로서 형성하기를 사용할 수 있다.
6. 다양한 교육과정 영역에서 과제 및 상황 분석을 할 수 있다.
7. 개인적 접근의 어려움, 정보의 체계, 자기 관리 생활의 분석을 위한 과제분석을 사용함으로써 지체 · 중복장애 학생을 지원할 수 있다.

지체 · 중복장애 학생의 교사를 비롯한 서비스 제공자들은 문학, 수학, 사회, 과학과 같은 내용 영역에서 특정 교육과정에 친숙할 것이다. 다른 내용 영역에서는 각 학년별로 구체적인 개념을 제시하며, 우리는 이것을 교육과정 범위라고 부른다. 예를 들면, 4학년 학생은 보통 뺄셈의 개념과 계산을 학습하는데 이것은 그 학년의 수학과 교육과정 범위의 한 부분이다. 그렇지만 뺄셈은 여러 가지 기술의 숙련에 필요한 일반적인 개념이다. 이처럼 구체적인 개념의 숙련을 위해 필요한 기술의 위계를 계열이라고 부른다. 분수의 뺄셈은 다음과 같은 계열에 따른다.

- 동분모 진분수의 간단한 덧셈과 뺄셈
- 이분모 진분수의 간단한 덧셈과 뺄셈
- 동분모 대분수의 덧셈과 뺄셈
- 이분모 대분수의 덧셈과 뺄셈
- 분수의 곱셈과 나눗셈
- 소수(Bartel, 1990. pp. 305-306)

그러나 교사들은 4학년 학생들이 분수의 학습에 필요한 선수 기술들을 학습하였을 것이라는 것을 알고 있다. 어떤 학생들은 분수를 개념화하는 데 필요한 도형의 사용과 뺄셈의 정의, 수직선의 사용, 수의 배열과 같은 선수 기술이 부족할 수 있다(Bartel, 1990. p. 305). 이처럼 교사는 학생이 정해진 내용 영역에 대한 지식 기반이 있는지 그리고 보충 지도가 필요한지를 파악할 필요가 있다. 과제분석은 이런 파악과 학습자의 요구에 적합한 수업 제공을 위해 중요한 기법이라고 할 수 있다.

1. 과제분석 및 상황분석의 목적

1) 과정 및 결과물

과제분석은 지체 · 중복장애 및 건강장애 학생의 교사에게 가장 유용한 도구일 뿐만 아니라 학생에게도 가장 중요한 도구이다. 과제분석이란 "교수를 통하여 지도되어야 할 기술, 행동 및 활동의 내용과 위계"(Bigge & Best, 2005, p. 152)이며, 교수 단위로서 작게 구분된 기술과 행동, 활동을 포함시키는 것과 관련이 있다. 이 정의에 따르면 과제분석은 하나의 과정이자 결과물이다. 과정으로서의 과제분석은 복잡한 기술이나 활동을 보다 작은 단위로 나누는 방법이다. 과제분석의 과정은 조직화된 그 무엇으로서의 결과물을 산출한다. 결과물은 복잡한 기술과 활동에 관한 교수 내용과 순서에 관해 문서화된 일련의 단계들이다.

과제분석은 학습이 위계적(하나의 기술은 그보다 낮은 기술 위에 구축된다)이라는 생각에 기반을 두고 있기 때문에 학년별 교과서에서 찾을 수 있는 교육과정 위계와도 바꾸어 쓸 수 있다(Mercer & Mercer, 2005). 과제분석은 교사들이 교재의 기술 영역을 위계에 기반을 두고 검토한 후, 다시 하위 기술들로 세분화하는(계열 속의 계열) 수단으로서의 부가적인 기능도 수행한다. 그래서 과제분석은 교사나 서비스 제공자들에게 학생의 강점과 요구를 파악하고, 학습과정을 관찰하고 기록하며, 최우선되어야 할 교수의 목적과 목표를 정하고, 지도의 순서에 관한 계획 수립을 할 수 있도록 도와준다(Best & Bigge, 2005; Downing, 2008).

많은 사람은 굳이 과제분석이라는 말을 사용하지 않더라도 일상생활 속에서 과제분석의 과정과 결과물을 사용한다. 예를 들어, 이 책의 저자 중 한 사람이 자신의 딸에게 운전을 가르쳤다. 최종 목표는 딸아이가 자동차를 성공적으로 안전하게 그리고 독립적으로 운전하는 것이었지만 이러한 복잡한 목표에 도달하기 위해서는 앞서 많은 단계를 습득해야만 했다. 가장 먼저 해야 할 과제는 수동 기어 변속 메커니즘에서 클러치와 가속 페달 그리고 브레이크 다루는 방법 등의 위계를 익히는 것이었다. 저자는 연습을 통하여 자동성을 획득하였지만 딸에게는 아주 생소하고 부자연스러운 경험이었다. 교수학습 과정을 돕기 위해서 브레이크와 클러치 그리고 가속 페달 사용을 각 단계별로 지도하고 훈련시켰다. 처음에는 이러한 단계의 학습을 위해 다른 차들의 방해를 받지 않는 넓고 텅 빈 주차장에서 연습을 하였다. 그리고 그 이후에는 찻길에서 기어를 바꾸고, 핸들을 조작하고, 자동차를 움직이도록 하였다. 이러한 예에서 보다시피, 과제분석에 있어서 필요한 단계를 빼놓으면 심각한 결과를 초래할 수도 있다.

지체장애 청소년에게 운전이라는 목표를 적용한다고 하자. 만약 학생이 하체를 사용할 수 없는 경우, 클러치, 가속 페달 그리고 브레이크를 사용하는 단계는 수정될 필요가 있다. 발로 밟는 페달 대신에 손으로 조작하는 장치로 대체될 것이고, 기술의 위계는 맞춤형 공학기술에 맞도록 조정될 것이다. 그럼에도 불구하고 그 목표는 자동차를 성공적으로 안전하게 그리고 독립적으로 운전하는 능력으로 남아 있을 것이다.

2) 평가도구로서의 과제분석

과제분석은 확장된 평가도구라고 생각할 수 있다. 우리는 과제분석을 통하여 어떤 사람들이 특정 과제나 활동의 한 부분 혹은 그 이상의 부분을 수행하기 어렵기 때문에 그 과제나 활동의 최종 목표에 도달할 수 없다는 추정을 할 수 있다. 이때 어떤 분야가 문제인지 명확하지 않은 경우가 많다. 교사는 과제의 하위 요소를 분석함으로써 문제를 보다 분명하게 파악할 수 있다. 과제분석이 학생이 할 수 있는 것을 명확히 드러냄으로써 강점에 관한 자료도 제공할 수 있다는 점도 기억하는 것이 중요하다. 그러므로 과제분석은 드러나지 않는 약점에 관한 것만큼 드러나는 강점에 관한 것이라고 할 수 있다.

모든 과제는 단순하든 복잡하든 학생에게 필요한 만큼 많은 요소와 그 하위 요소로 분석할 수 있다. 분석의 요소 및 그 하위 요소는 학생에게 지도할 수 있는 단계별 크기(반응 단위)에 따라 결정된다. 예를 들어, 지체장애 학생을 위한 운동과제의 분석 시에는 운동과제의 어려움이 없는 학생에 비하여 보다 작은 단계로 분석하여야 한다.

과제분석은 형성평가에서도 가치를 갖는다. 형성평가란 "수업에서 교수적 실천에 관한 정보와 학생이 학습하는 방법에 관한 정보를 얻고자 실시한다. 또한 교사에게는 수업에서 조정할 사항이 무엇인지를 알려 준다" (Bigge, Stump, Spagna, & Silberman, 1999, p. 182). 과제분석은 학생이 교수의 결과로서 학습한 내용을 알려 주는 총괄평가에도 사용할 수 있다(Bigge et al., 1999, p. 182). 표준화된 검사, 판매 중인 진단 검사, 규준지향 검사도구 및 발달척도 검사는 모두 과제분석의 결과물이다. 이 같은 검사도구들을 사용하면 학생이 수행할 수 있는 과제와 수행할 수 없는 과제에 관한 기록을 얻을 수 있다. 또한 학생이 성공하지 못한 과제는 중재가 필요한 영역임을 정확하게 파악할 수 있게 해 준다.

3) 과제의 순서

일반적으로 과제분석은 교수의 순서인 위에서 아래로 또는 처음에서 마지막(전진 연쇄)으로의 논리적 순서에 따라 개발된다. 예를 들어, 학생에게 세 자릿수(피감수)에서 두 자릿수(감수)를 빼는 뺄셈 문제의 해결을 목표로 수립하였다고 하자. 교수는 한 자릿수의 뺄셈에서 시작하여 점차 가장 마지막 목표에 도달할 때까지 이행하게 된다. 한 단계가 숙달되면 그다음 단계로 이행한다 (Westling & Fox, 2009). 전진 연쇄는 앞에서 살펴본 뺄셈의 예와 같이 전후관계가 명확한 과제에서 중요하다.

학생의 상황에 따라서는 순서를 달리할 수도 있다 (Alberto & Troutman, 2005). 교수는 가장 끝 단계에서 처음 단계로 진행될 수도 있다(후진 연쇄). 예를 들어, 교사가 학생에게 고무줄 바지를 입는 자기 관리 기술을 가르친다고 하자. 첫째, 바지를 입는 목표에 도달하기 위한 과제의 위계를 설정한다. 과제분석을 통하여 교사는 허리 부근에 바지를 끌어올리기가 이 과제의 마지막 단계임을 파악한다. 그리고 교사는 바지를 허리 부근에 끌어올리는 일을 제외한 모든 일을 사전에 수행해 둔다. 이 단계의 수행이 가능해진 학생에게는 그 이전 단계에서 마지막 단계로 수행하게 한다. 교수는 이와 같은 '후진방식'으로 계속된다. 후진 연쇄는 과제 숙달에서 즉각적인 만족이 필요한 학생에게 특히 유용하다. [그림 6-1]은 끝에서 처음으로 이행되는 과제분석의 사례를 제시한다.

이 장에서 제시된 과제분석의 예들은 서로 광범위한 유사성을 가진 것끼리 묶여 있다. 첫 번째 집단은 과제분석이 지체·중복장애 학생을 지도하는 교사에게 얼마나 유용한지를 보여 준다. 두 번째 예들은 결과물로서의 과제분석에 관한 것이다. 세 번째 집단은 상황분석의 개념과 생태학적 검사 전략의 변인 두 가지를 소개하였다. 마지막 예들은 학생들에게 생활관리 도구로서 지도할 수 있는 과제분석 사례이다.

배치

학생의 손이 닿을 수 있을 만한 거리에 바지를 둔 후 학생을 의자 끝에 앉힌다.

필수 신체 기술

- 똑바로 앉은 자세의 유지
- 양손을 이용한 잡기
- 직립 자세의 유지
- 바지를 위로 끌어올리는 운동 범위

필수 인지 기술

- '위' 개념
- '좌우' 개념
- '전후' 개념

1. 바지를 위로 끌어올려 허리 주위에 고정한다.
2. 바지의 허리끈을 붙잡고 일어선다.
3. 바지의 허리끈을 붙잡고 바지를 엉덩이 쪽으로 끌어당긴다.
4. 바지의 왼쪽 다리를 왼쪽 발 위로 끌어당긴다.
5. 왼발을 바지의 왼쪽 다리에 밀어 넣는다.
6. 왼쪽 무릎을 굽히고 왼쪽 다리를 바지의 왼쪽 다리에 삽입한다.
7. 바지의 오른쪽 다리를 오른발 위로 끌어당긴다.
8. 오른발을 바지의 오른쪽 다리에 밀어 넣는다.
9. 오른쪽 무릎을 굽히고 오른쪽 다리를 바지의 오른쪽 다리에 삽입한다.
10. 상표를 뒤쪽으로 하고 바지를 양쪽 다리에 맞춰 놓는다.*

[그림 6-1] 자기관리 기술의 과제분석(바지 입기)

* 더 많은 단계로 분석할 수도 있을 것이다.

2. 과제분석의 과정

첫 번째 사례에 속하는 과제분석은 ① 장애학생의 수행에서 일반적 척도와 중간 단계의 관계에서 장애학생들의 수행, ② 학생이 어려움을 나타내는 과제의 양상, ③ 운동 곤란 대 인지적 곤란, ④ 수행이 어려운 반응요구 또는 조정이 필요한 반응요구, ⑤ 학생에게 필요한 지원의 종류와 양 그리고 학생에게 도움이 되는 여러 가지 노력(특별히 다음 주제들)에 관한 인식을 촉진시킨다.

이 주제들은 구체적으로 다음과 같은 것들이다.

- 지침으로서 일반적 위계 사용하기
- 성공하지 못한 시도의 결과 규정하기
- 인지적 곤란과 운동 곤란 구분하기
- 수업 시 학생의 반응 곤란과 요구 파악하기
- 필요한 지원의 종류와 양 결정하기

과제분석 과정을 수행하기 위하여(첫 번째 예시 집단에서 제시된 것처럼) 사용자들은 과제의 요소들을 논리적 순서에 따라 지도할 수 있는 단계로 분리하여 파악하는 학습을 한다. 일부 사람에게 주요 과제 혹은 표적 과제라고 할 수 있는 것이 다른 사람들에게는 보다 큰 과제나 활동의 하위 과제가 될 수 있다. 과제에 관한 설명이나 부분들은 과제분석을 수행하는 사람에 따라 상대적이다. 과제를 나누고 단계의 크기를 정하는 데에 있어 정해진 한 가지 방법은 없다. 오직 특정 사람 혹은 특정 집단에게 도움이 되는지 여부에 따라 정해진다.

일부 사람들에게는 '잡화점 세 곳 중 어느 한 곳에서 식품 구입하기'나 '집 안을 청소하기'와 같은 일반적인 상황이나 활동을 위한 과제분석이 필요할 수 있다. 이것은 여러 가지 상황(환경)에서 수행할 수 있도록 분석되어야 한다. 이런 과제분석은 '코트 입기' 혹은 '한 손을 사용하여 깡통 열기'와 같은 기능적 기술을 구성하는 보다 전통적인 과제와는 대비된다. 개인적 과제(코트 입기)를 구성하는 기술들은 많은 하위 과제로 나뉠 수 있음에 주의해야 한다.

1) 일반적 위계를 지침으로 사용

교사는 건강장애 및 지체·중복장애 학생을 위한 적절한 교수방법과 목표를 개발하기 위해서 학생의 수행과 지도 계획을 체계적인 위계와 비교할 수 있다. 일반아동들의 발달 순서에 관한 정보를 사용하면 일반적인 성장과 발달 목표인 복잡한 기술과 활동들을 구성하는 단순한 기술들이 서로 연계되는 방법을 이해할 수 있을 것이다.

어떤 경우에는 일반적인 발달 순서와 시기에 관한 설명이 학생의 수행과 향상에 관한 분석의 지침이 될 수도 있다. 일반적으로 이런 위계의 설명은 소운동, 대운동, 말과 언어, 인지, 사회, 자기관리 등 여러 가지 인간 발달 영역을 망라한다.

교사 및 전문가들은 지체·중복장애 학생의 향상과 상대적 위치를 이해하기 위하여 일반아동의 발달 연구로부터 도출된 발달 지표와 위계를 사용할 수 있다. 관찰자들은 일반적인 순서와 비율과는 다른 향상을 보이는 학생에게 이 모든 발달 정보가 과제분석의 지침으로 적절하지 않음을 깨달아야 한다. 이럴 경우 발달 지표를 사용하기 위한 세 가지 전략이 있다. 첫째, 목표 수정을 위해 이 지표들을 사용할 수 있다. 이럴 경우 이 지표들의 도달 시기는 일반적 일정에 비해 늦어지겠지만 여전히 교수 지침이 될 수는 있을 것이다. 둘째, 어떤 일반적 지표는 특정 개인에게 부적합할 수 있다. 기기와 걷기와 같은 대근육 기술은 중도 지체장애 학생들이 실현할 수 없는 지표일 수 있다. 셋째, 관찰자들은 과제분석의 수행에 있어 일부 장애학생의 경우 특정 지표의 성취를 위한 방법의 변경이 필요하다는 사실을 학습한다. 예를 들어, 언어적 지표는 일차적인 수단인 말보다는 보완대체의사소통 체계를 통하여 수행할 수 있게 될 것이다.

(1) 중간 단계 개발하기

일반적 발달 순서와 표준화된 도구들이 지표들 사이에 몇 개의 중간 단계가 있음을 항상 보여 주지는 않는다. 교사와 서비스 제공자들은 '표적 단계'와 발달 정보, 학생 관찰을 통해 그 중간 단계를 결정해야 할 필요가 있다. 위계의 맨 위까지 일련의 단계들을 비계 형태로 보여 주는 시각적 개념도는 과제 인식과 분석을 도와준다. [그림 6-2]는 과제분석의 정보 수집 절차를 시각적으로 표현한 '과제 비계'이다. 학생이 중간 단계의 모든 과제를 수행하여 표적과제를 완성하게 되면 교사는 다음 표적 과제를 선정한다. 그리고 다음에 도달해야 할 표적 과제에 관한 자료를 토대로 중간 과제의 목록을 만든다([그림 6-2] 참조). 그 결과는 일반적 위계를 부각하고 명백하게 한다.

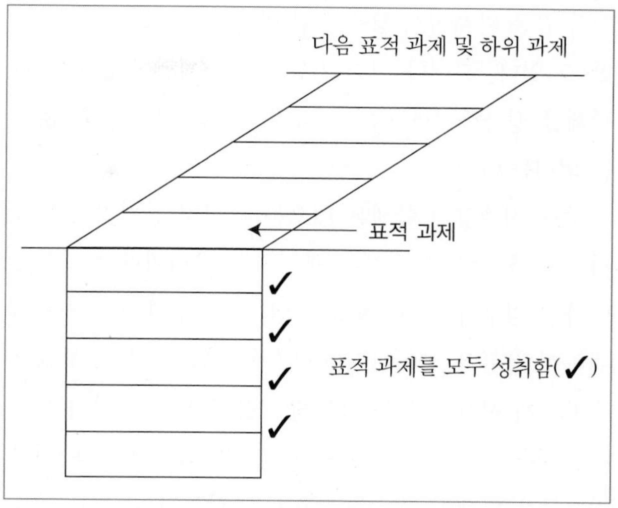

[그림 6-2] 표적 과제와 하위 과제

(2) 발달위계 사용에서의 주의사항

지체·중복장애 학생들은 일반적인 발달 표본의 규준이 되는 발달 척도 점수가 낮은 경우가 많다(Downing & Demchak, 2002). 이 척도들은 일반적으로 소운동 및 대운동 발달, 자기관리(옷 입기, 먹기, 배변하기 등), 말, 사회정서적 기술과 같은 영역의 하위 척도를 포함한다. 지체장애인들은 특히 운동수행에 의존하는 발달 평가가 저조하게 나타난다. 예를 들어, 옷 입기와 벗기와 같은 특정 자기관리 기술의 수행을 평가하고자 한다고 하자. 중도 뇌성마비 아동은 단추 잠그기, 끈 묶기, 바지 올리기와 같은 과제의 수행을 위한 팔과 손의 협응이 불가능할 수 있다. 그러나 이런 기능상의 문제점이 운동 기반 과제를 평가하여서는 안 된다거나 혹은 가르칠 수 없다는 의미는 아니다.

중도 지체장애 학생은 대부분의 지적 잠재력 검사에서 정답을 알고 있음에도 불구하고 유의미한 불이익을 당하는 경우가 많다. 예를 들면, 하나의 패턴을 만들기 위하여 블록을 놓아 보라는 부탁을 받은 경우, 학생은 올바르게 시각화할 수 있음에도 불구하고 그 위치로 블록을 옮길 수 없는 경우가 있다. 일반적으로 운동 지향 검사들은 학생이 블록을 빠르게 완성하면 더 높은 점수를 얻을 수 있도록 하는 시간 요소를 포함하고 있다. 학생이 독립적으로 블록을 맞출 수는 있으나 (운동의 어려움으로 인해) 그 속도가 늦을 경우 불이익을 당할 수 있다. 말의 손상이 있는 경우, 학생은 블록을 놓은 방법을 설명할 수도 없다.

일반적으로 수행하였던 상황이 아닌 곳에서 기술을 수행하는 일은 학생의 동기나 흥미를 설명할 수 없다 (Downing & Demchak, 2000). 예를 들어, 어떤 학생에게 끈 묶기판을 이용한 활동을 하도록 요구하였다고 하자. 끈 묶기판은 딱딱한 판지 위에 두 개의 거친 천으로 된 끈이 부착되어 있다. 이 활동의 목적은 천 속에 있는 구멍으로 끈을 넣고 묶는 활동을 하는 데 있다. 이 활동은 구두끈 묶기라는 목적을 위한 교수라는 점에서는 상당히 현실성 있는 활동으로 보인다. 그러나 끈 묶기판의 완성이 실제 구두끈 묶기에서는 전혀 기능적인 결과를 나타내지 못할 수도 있다. 지적장애를 가진 학생의 끈 묶기판 완성은 실제 구두끈 묶기에 일반화하기 어려울 수 있다. 끝으로 끈 묶기는 운동장애를 가진 학생들에게는 부적절한 과제가 될 수 있다. 구두끈 묶기는 벨크로나 묶

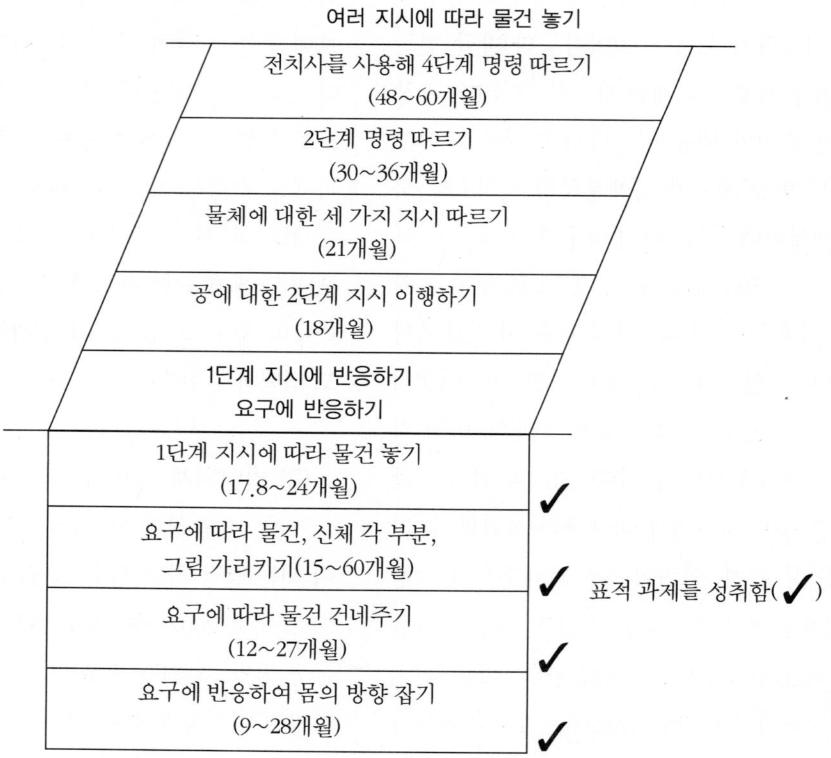

[그림 6-3] 과제의 위계에 발달 하위 과제를 추가한 계열

출처: "Developmental Pinpoints," by M. Cohen, P. Gross, and N. Haring, in *Teaching the Severely Handicapped* (pp. 63-64), N. Harring and L. Brown (Eds.), 1976, Boston: Allyn & Bacon. Copyright © 1976 by Allyn & Bacon. Reprinted by permission.

지 않고 꼬아서 사용하는 끈을 사용함으로써 해결할 수 있기 때문이다. 발달 과제의 평가에 있어 교사와 다른 서비스 제공자들은 학생의 숙달과 독립을 지원할 수 있는 대안이 있는지 항상 자문해 보아야 한다.

과제분석은 발달 위계에서 성공적으로 사용될 수 있다. [그림 6-3]은 발달 위계를 과제 비계에 중첩해서 제시한 그림이다. 이 방법은 보다 일반적인 지표의 중간에 있는 더 많은 단계(하위 과제)에 주의를 기울이게 한다. 이 예는 '하위 과제별로 지시에 응답'하는 것으로 표적 과제에 도달할 수 있는 위계로 구성되었다. 이들 하위 과제분석은 요구에 응답하기 위해 직접적인 신체 운동(일반적으로 9~28개월 사이에 수행 가능)을 하도록 제시했을 뿐 요구에 대해 사물, 신체 일부, 그림을 지적(15~60개월)하거나, 물체를 놓는 것(17.8~24개월)은 할 수 없도록 만든다. 요구에 대하여 사물이나 신체 일부, 그림으로 지적하기라는 하위 과제는 숙련해야 할 적절한 기술이다. 이 기술은 환경 속에서 친숙한 물체 가리키기, 신체 인식을 위한 모방놀이 하기, 또래들과 그림책 보기와 같은 흥미와 동기를 가질 수 있는 상황에서 지도할 수 있다. 교사가 발달 위계에 따른 과제분석을 적용하고자 할 때는 목표의 수정과 여러 가지 성취 방법을 사용하여야만 한다. 끝으로 일반적인 지표는 일부 지체 · 중복장애 학생들에게는 부적합할 수도 있음을 기억하여야 한다.

2) 성공하지 못한 시도의 결과 규정하기

과제분석은 자연적 상황에서 기능적 과제를 시도하지만 수행의 어려움을 겪는 아동을 관찰하기에 도움이 되는 전략이다. 관찰자들은 어떤 하위 과제들의 수행이 성공적인지 혹은 성공적이지 못한지를 파악함으로써 어려움이 있는 부분이나 단계들을 분석할 수 있다. 관찰자들이 하위 과제들을 수행한 것과 수행하지 못한 것으로 구분하면, 미수행 과제는 일시적 표적 과제로서 미래의 학

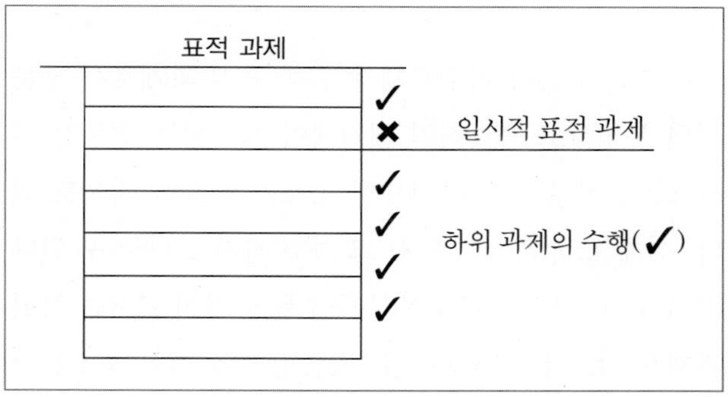

[그림 6-4] 표본 과제와 일시적 표적 과제

클러치를 사용하여 걷다 교실문 열기

11. 통과할 때까지 문을 열어 둔다.	✗	
10. 놓았던 클러치를 잡은 후 문을 연다.	✗	현재 표적 과제
9. 손잡이를 놓는다.	✓	
8. 문을 밀면서 연다.	✓	
7. 손잡이를 돌린다.	✓	
6. 손잡이를 잡는다.	✓	
5. 손잡이에 손을 댄다.	✓	
4. 클러치를 왼쪽 겨드랑이 아래에 고정한다.	✓	
3. 문을 잡을 수 있게 클러치에서 손을 놓는다.	✓	
2. 문 앞에 선다.	✓	
1. 문을 향해 걸어간다.	✓	

[그림 6-5] 현재 표적 과제로서 하위 과제 사용하기

습 표적이 된다([그림 6-4] 참조).

[그림 6-5]는 미수행 하위 과제를 확인하고, 그것을 일시적 과제로 하는 전략을 사용하는 과제분석을 보여준다. 1학년인 Lisa는 뇌성마비 학생으로 일반학급에 참여할 수 있다. 그러나 그녀는 혼자서 교실문을 드나들기가 어렵다. 교사는 그 과제를 수행하는 그녀의 시도를 관찰한 결과에 따라 과제분석을 하였다. [그림 6-5]의 비계 상단에 있는 실제 표적 과제의 정의를 주의하여 살펴보자. 그리고 그녀의 수행을 확인함으로써 Lisa의 반복적인 실패의 원인을 제거하는 데 주의를 기울여 보자. 그녀에게 지도하여야 할 내용은 그녀가 수행하지 못한 하위 과제로서 명백히 제시할 수 있다. 그리하여 수업의 일시적 목표 혹은 일시적 표적 과제로서 계획을 수립할 수 있다.

어려움이 있는 하위과제가 현재 표적 과제로서 구분되면 분명하고 즉각적인 해결책이 제시되는 경우가 가끔 있다. 때로는 보다 세밀한 검토가 필요한 경우도 있다. 현재 표적 과제는 다시 그 하위 과제로 나눌 수 있다([그림 6-6] 참조). 이런 분석 구조를 통하여 교사는 하위 과제를 지도할지, 혹은 많은 맞춤형 수정 혹은 최소한의 수정을 실시할지를 결정할 수 있다.

교사는 가능한 한 Lisa의 시도에 가깝게 따라 해 본 후 현재 표적 과제를 분석하였다. 교사는 Lisa의 클러치를 사용하며 무릎으로 걸어 본 후 Lisa가 문을 통과할 수 있는 일련의 단계를 결정하였다. 그리고 일련의 단계들과 현재 표적 과제를 Lisa에게 지도하였다. 결국 그녀는 교실문을 열고 걸어서 통과하는 표적 과제를 수행할 수 있게 되었다([그림 6-7] 참조). 만약 교사가 어려운 점을 파악하기 위해 세밀한 과제분석을 수행하지 않았다면 Lisa는 실제 표적 과제를 성취할 수 있는 기술을 배울 수 없었을 것이다.

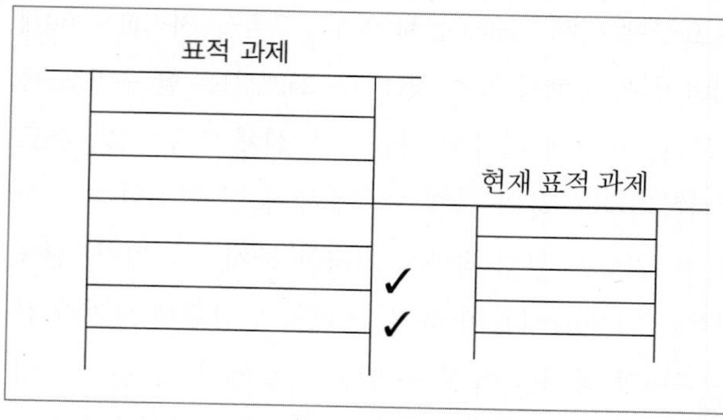

[그림 6-6] 미수행 하위 과제와 일시적 표적 과제의 관계

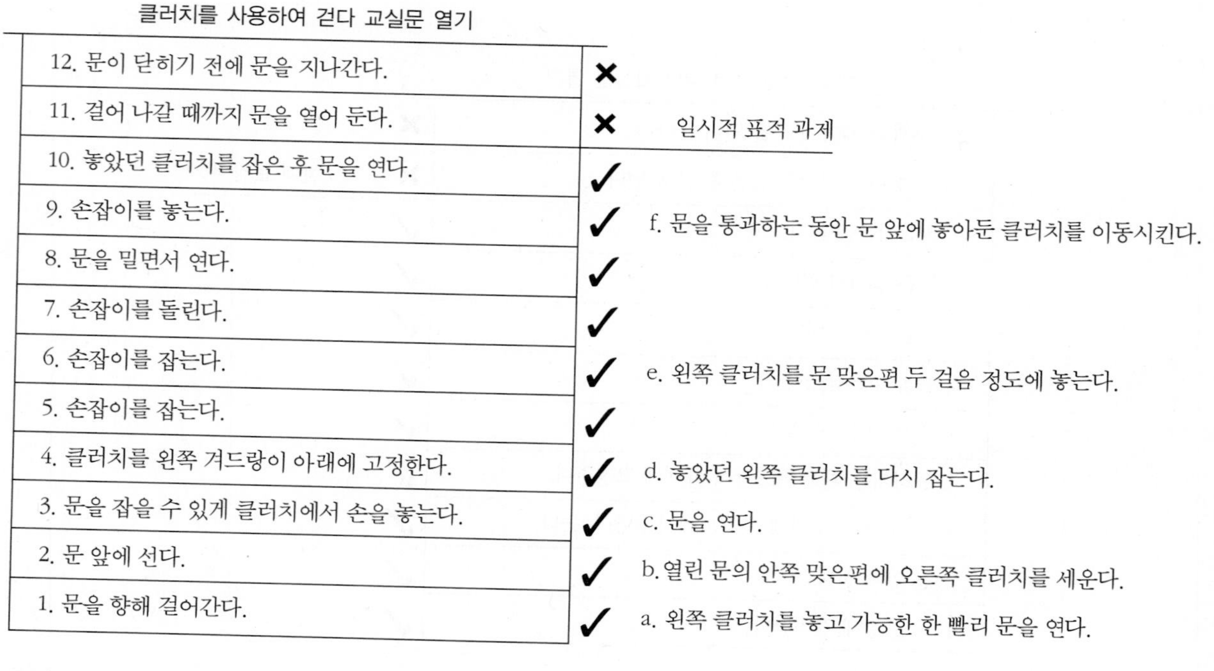

[그림 6-7] 일시적 표적 과제인 하위 과제 개발하기(클러치를 사용하여 걷다 교실문 열기)

3) 인지적 곤란과 운동 곤란 구별하기

지체 · 중복장애 학생을 교육하는 교사와 관계자들은 운동손상으로 인하여 매우 큰 훈련 요구가 있는 학생의 도전에 직면한다. 인지장애 학생의 훈련 요구는 변별 기술에 보다 중점을 두어야 한다. 환경과 상호작용하거나 환경을 조작하는 능력이 손상된 학생의 경우 무엇을 향상시켜야 하는가? 교사가 운동손상과 인지적 손상을 구별 지을 수 있는 방법은 무엇인가? 과제분석은 이를 위한 유용한 전략이다.

과제분석의 일반적 절차를 사용함으로써 교사는 학생이 운동 곤란(M), 변별 곤란(D), 혹은 양쪽 모두 곤란한지를 확인하기 위한 자료 수집 절차를 완료할 수 있다([그림 6-8] 참조). [그림 6-8]의 자료를 보면 다음을 알 수 있다.

Sara는 항상 시작 단계를 올바르게 수행한다. 그러나 그녀는 여러 단계에서 운동 문제로 인한 수행 곤란을 나타낸다. 2단계에서는 종이에서 클립을 빼는 일에 어려움을 나타낸다. 그 이유는 종이를 집고, 들어서 잡는 일을 동시에 해야 할 필요가 있기 때문이다. 종이를 탁자에서 기계까지 옮기는 일을 반복하는 3단계와 14단계에서는 종이를 구겨 버리는 때가 많았다. Sara가 한 손에 종이를 잡고 걸어야 하기 때문에 손의 근긴장도가 매우 높아지기 때문이다. 7단계에서 그녀는 종이를 잘 배열하지 못한다. 그리고 손이 배열된 종이를 밀어 버리거나 쳐내 버린다. 15단계에서 원본 혹은 사본을 쌓으려고 할 때 종이를 떨어뜨리는 경우가 있다. 16단계에서는 각 페이지를 클립으로 집을 수 없다. 그래서 교사는 각

학생명: Sara　　　　훈련지도자: Rich
날짜: 2004. 9. 10.　　　　과제: 복사하기

단계	D	M	D	M
1. 테이블 위의 요청함에서 원본을 가져온다.	+	+	+	+
2. 클립(스테이플러)을 제거한다.	+	−	+	−
3. 복사기로 원본을 가져간다.	+	−	+	−
4. 복사할 매수를 누른다.	+	+	+	+
5. 복사기 뚜껑을 연다.	+	+	+	+
6. 원본을 유리 위에 올린다.	+	+	+	+
7. 원본을 바르게 배열한다.	+	−	+	−
8. 뚜껑을 닫는다.	+	+	+	+
9. 시작 버튼을 누른다.	+	+	+	+
10. 복사기 뚜껑을 연다.	+	+	+	+
11. 원본을 뺀다.	+	+	+	+
12. 5~11번을 반복하며 모두 복사한다.				
13. 복사본을 빼낸다.	+	+	+	+
14. 테이블 위에 복사본을 올린다.	+	−	+	−
15. 복사본과 원본을 쌓는다.	+	−	+	−
16. 원본과 복사본을 클립(스테이플러)으로 집는다.	+	−	+	−

[그림 6-8] 운동과는 다른 원인에 의한 어려움 구별하기

단계의 (D)와 (M)에 그 사실을 기록하여 두었다 (Sowers, Jenkins, & Powers, 1988, p. 403).

이 과정의 중요성을 살펴보기 위하여 자료의 정보를 확인하고, 그 형태를 파악한다. 이 자료에서 중재를 위하여 제시하고 있는 것은 무엇인가? 이 자료를 보면 운동장애로 인한 어려움의 감소 혹은 제거를 위한 훈련 절차를 사용해야만 함을 알려준다. 이 예시는 학생의 운동손상, 변별 혹은 양쪽 모두를 위한 지도의 필요 여부를 결정할 수 있게 한다. 그리고 과제분석이 과제의 특정 단계에 대한 훈련의 필요성을 확인하는 데 중요함을 보여준다. 이 방법은 학생 반응과 자기관리기술, 다른 생활관리 기술의 조정 등 새로운 기술들의 교육 계획 수립 시 과제분석의 과정을 안내한다.

4) 수업 시 학생의 반응곤란과 요구 파악하기

학교 과제 등은 학생의 운동에 기반한 반응을 요구한다. 운동손상 학생들은 교육과정 및 교육과정 활동의 참여에 어려움을 겪는 일이 많다. 운동손상 때문에 일반적인 방법으로 활동을 수행하는 데 필요한 충분한 통제력과 속도를 갖지 못하기 때문이다. 이런 어려움을 파악하여 필요한 조정을 해 주지 않을 경우, 학생들은 자신들이 알고 있는 것과 할 수 있는 것을 표현하기 어려울 수 있다.

조정이 없어도 수행할 수 있는 것에만 기반을 두고 학생의 과제의 이해나 완성에 관한 잠재력을 가정하는 것은 위험할 수 있다. 운동장애 학생들을 두고 그들이 과제를 이해하지 못해서 수행하지 못할 것이라고 가정하게 되면 그들에게는 복잡한 과제를 제공할 수 없게 된다. 과제에 참여할 수 있는 기회의 상실은 결국 학문적 기술과 지식의 상실이라는 결과를 가져온다. 교사가 운동손상 학생을 관찰자로서만 방치함으로써 이런 상황을 해결하려고 할 때는 또 다른 문제가 발생한다. 지체 · 중복장애 및 건강장애 학생들도 반드시 활동에 능동적으로 참여할 수 있게 하여야 한다.

교사는 이런 학생들이 교육경험을 갖도록 학생이 참여하고 있는 교육환경을 분석하여야 한다. 그리고 학생이 어려움을 보이는 운동 과제나 활동을 파악하기 위하여 상황 내, 혹은 상황 간의 과제분석을 사용할 수 있다.

과제분석은 학생의 현재 학급 혹은 미래의 교육 배치에 활용하기 위하여 실시할 수 있다. 이때 분석에서는 하나 혹은 그 이상의 수업에서 즉각적인 반응 요구나 보다 일반적인 요구에 대한 것을 다룰 수 있다. 어느 경우든 교사는 요구되는 참여 방법(예를 들면, 필기)과 참여의 질(예를 들면, 요구의 양과 속도)을 파악하여야 한다. 운동장애 학생들에게 문제가 되는 수업 반응요구(예를 들면, 필기나 말하기), 혹은 수행요구(예를 들면, 점토 공예하기, 모형 만들기, 과학 실험하기 등)에 관해서는 특별한 주의가 요구된다.

교사는 학생의 반응 요구를 직접 분석하거나 이미 개발된 검사를 지침으로 사용할 수 있다. Bigge(1988, 1991)는 "교육과정의 신체적 수행 요구"와 관련된 과제수행검사(Inventory of Task Performance)를 개발하였다 (Bigge, Stump et al., 1999, p. 209). 이 도구는 4개의 열로 되어 있다. 제1열은 학교와 일상생활에서 요구되는 일반적인 수행 수단과 과제의 목록이다(예를 들면, 선긋기, 표시 선택하기, 모양 그리기, 예술적인 창조 작업하기, 색칠하기 등의 과제 수행 요구를 포함한 그림그리기의 일반적 과제 요구들). 제2열은 수행을 분석하기 위한 비율척도를 제공한다. 제3열은 중재의 표적과 신체 수행에 관해 관찰한 내용을 기록할 수 있는 공간이다. 이것은 즉각적인 중재를 요구하는 학생의 수행 정보를 제공한다. 마지막 열은 추가 교수 혹은 평가를 위해 권장되는 활동 계획이다. 교사와 다른 관계자들은 목표, 성취기준, 수업 목표의 설정을 위하여 이 정보를 사용할 수 있다(Bigge, Stump et al., 1999, p. 212). 〈표 6-1〉은 전체 과제수행검사와 비율 척도를 제공한다.

교사는 이런 과제분석을 통하여 학생이 완전히 참여할 수 있는 활동과 그렇지 못한 활동을 파악할 수 있다. 그리고 다음과 같이 학생의 반응과 수행 방법에 대한 조정 중의 하나를 중재에 포함시킬 수 있다.

〈표 6-1〉 과제수행검사

이름 ______________ 나이/학년 ______________ 평가일 ______________

일반적 과제수행 방법을 사용한 일반적 과제수행 요구	현재 수행 방법에 관한 점수	관찰 및 설명(예를 들면, 말할 수는 있으나 선택하지 않은)	활동계획(예를 들면, 개별화 혹은 보충 지도, 요구 파악을 위한 추가 평가 등)
몸짓하기			
1. 사람, 장소, 물건 등을 가리키기 위한 지적하기 또는 바라보기 2. 어떤 사물에 직접적 주의를 기울이는 표시하기: 싸우는 소년, '딱딱한'이라는 개념의 예 3. 자신의 생각, 감정을 강조하거나 나타내기 위하여 신체 움직이기, 극적으로 표현하기			
말하기			
4. '예, 아니요, 몰라요'와 같이 응답하기 5. 개인적인 요구나 원하는 것, 사람, 장소, 물건의 이름 말하기 6. 큰 소리로 읽기 7. 먼저 말을 하고 짧은 문구로 대답하기 8. 기본적 대화에 참여하기 9. 생각, 의문, 느낌 등을 표현하기 10. 구두 시연, 보고, 토론 등을 하기			
그리기 및 관련 수단			
11. 연결선, 밑줄 등을 긋기 12. 선택한 것 표시하기, 목록 제거 표시하기 등 13. 모양 그리기 14. 예술작품 창조하기 15. 색칠하기 또는 물감 칠하기			
필기			
16. 알파벳 문자 쓰기 17. 자신의 서명 쓰기 18. 짧은 글쓰기: 대답, 목록, 필기, 이야기 등 19. 긴 글쓰기: 형식적 보고서, 작문, 편지 등 20. 숫자, 수학 문제, 계산 그리고 정답을 쓰기			
잡기, 조작하기 그리고 처리하기			
21. 물건을 오랫동안 잡고 있기 22. 일반적인 학교 작업 도구 조작하기: 가위, 자, 스테이플러, 종이 등 23. 운동 및 여가 활동 도구 다루기: 게임 도구, 공, 루프 등 24. 일반적 가정용품 관리하기: 빗자루, 은식기, 쓰레기통 25. 일반적인 교육, 직업, 가정 과제 수행하기: 책상 청소하기, 전화 사용하기, 접시 닦기 등 26. 일반적인 전자제품 다루기: 가정, 직업, 개인적 영역의 것들 27. 장비와 기기 설치 및 작동하기: 의사소통 보조도구, 농인을 위한 TTY 전화 28. 기계 다루기: 차, 청소기, 자판기 등 29. 물건 만들기: 전시품, 진열품, 조각 30. 물건 나르기: 배달하기, 밀기, 채우기, 이동시키기			

신체 이동하기			
31. 자신을 이동시키기: 한 가지 자세에서 다른 자세로의 이동 등 32. 다양한 환경에서 안전하게 이동하기: 학교, 가정, 회사, 쇼핑센터 등 33. 이동수단 사용하기: 자동차, 버스, 기차, 비행기 34. 일상적인 신체 활동하기: 접시 닦기 등 35. 계단, 엘리베이터, 에스컬레이터의 사용			
기타			
36. 기타			

5= 또래들이 사용하는 일반적인 수단을 능숙하게 사용함
4= 일반적인 수단 사용에 관한 보충 지도 혹은 개별 지도가 필요함
3= 개조된 수행수단을 능숙하게 사용함(일반적 수단의 개조 또는 보완, 대체)
2= 학교와 가정생활에서 최선의 수행 수단을 결정하기 위한 평가가 필요함
1= 전혀 사용할 수 없음

출처: *Curriculum, Assessment, and Instruction for Students with Disabilities* (1st ed.), by J. L. Bigge and C. S. Stump, © 1999, Belmont, CA: Wadsworth. Reprinted with permission of Wadsworth, a division of Thomson Learning: www.thomsonrights.com Fax 800-730-2215.

- 학생이 일반적인 반응과 수행방법을 보다 효과적으로 사용하도록 지도하기
- 맞춤형 수정(연필잡기가 달린 연필)을 통한 일반적 반응 및 수행방법 사용하기
- 일반적 반응과 수행방법(이해하기 어려운 말을 대체한 그림 의사소통판)을 보완 또는 보충하기
- 대체반응 및 대체수행방법(필기 대신 키보드 사용하기) 제공하기

5) 필요한 지원의 종류와 양 결정하기

지체·중복장애 학생의 독립을 증진하는 일은 항상 중요하다. 교사가 학생의 독립을 최대한 지원하기 위해서는 학생이 과제의 일부 혹은 전부를 완성하는 데 필요한 지원의 양과 종류를 알고 있어야만 한다. 어떤 경우에는 표적 과제와 활동을 위한 지원의 종류와 양으로 설명되기도 하지만 많은 경우에는 하위 과제들과 관련지어 파악된다. 무엇을 지원할 것인지 잘 선택하는 일은 과제 학습과 성취에 도움이 되는 정보가 될 수 있다. 그러나 지원이 과하게 사용되면 학습된 무기력을 불러일으킨다. 자연스러운 활동들에 대한 과제분석은 각각의 하위 과제에 주어지는 지원의 종류와 양의 비율 체계를 제공한다. 이 활동의 목표는 필요할 때는 지원을 사용하고, 지원을 감소해 나가다 마침내 가능할 때 지원을 제거하는 데 있다(Downing & Demchak, 2002; Westling & Fox, 2009). 지원의 종류에는 촉진하기와 형성하기라는 두 가지가 있다.

(1) 촉진하기

지체·중복장애 학생의 교사와 서비스 제공자들은 다양한 촉진 방법을 사용한다. 여기에는 다음과 같은 것들이 포함된다.

- 구어를 통한 지도(해야 할 일을 말해 주는 것)
- 시범/시연(해야 할 것을 보여 주기)
- 시각적 단서 제공(해야 할 것에 관한 그림을 보여 주기)
- 신체적 지원 제공(반응에 요구되는 운동으로 학생의 신체를 움직이기)(Westling & Fox, 2009, p. 173)

Downing과 Demchak(2002), Westling과 Fox(2009)는 이런 촉진 방법에 (중복장애를 포함한) 중도 장애학생들에게 특별히 유용한 촉진 절차들을 제안하였다. 이런

절차들 중 세 가지는 점증적 안내, 지속적 시간 지연, 점진적 시간 지연 등이 포함된다. 점증적 안내(graduated guidance)의 경우 과제를 수행하는 동안 학생들을 촉진하기 위해서 다양한 지원을 사용하며, 학생의 반응에 대한 교사의 판단에 기반을 두고 있다. 지속적 시간 지연(constant time delay)은 교사가 학생에게 무엇이 시작되는지를 알려 주는 언어적 단서에서 시작된다. 그다음 교사는 과제를 지시하고 이어서 지연(기다리는 시간이라고 불림)을 실시한다. 시간 지연 후 교사는 과제 지시에서 주어진 답을 하도록 학생을 촉진한다. 무엇보다도 교사는 학생이 부정확한 답을 하지 않도록 과제 제시 후, 즉각적으로 학생을 촉진한다. 학생이 과제를 지속적으로 수행할 경우 촉진 시간 간격을 예정된 시간보다 늘려 준다. 점진적 시간 지연(progressive time delay)은 지속적 시간 지연과 비슷하다. 그러나 이 경우 즉각적인 촉진에서 지연된 촉진으로 점진적인 이동 방법을 사용한다(Westling & Fox, 2009, pp. 170-171). 이 세 가지 전략들은 학생의 활동 독립성 정도를 극대화하고 교사의 '과잉지원'을 제거하는 데 도움을 준다. 정확한 반응을 유도하기 위한 교사의 촉진 제공량은 최소화하어야 할 뿐만 아니라 가능한 한 빠르게 제거하여야 한다.

어떤 촉진이든 항상 학생이 반응할 수 있는 충분한 시간을 주어야 한다(Best & Bigge, 2005). '기다리는 시간'의 사용은 학생들이 과제에 관해 생각할 수 있게 하고(인지), 반응을 형성하고(인지), 반응을 표현하도록 한다(운동 또는 운동과 말). 운동손상이 있는 일부 학생에게 있어 기다리는 시간은 중요하다. 교사들은 추가적인 촉진이나 즉각적인 추가 지원을 제공하고 싶은 충동을 참아야만 한다. 왜냐하면 이것이 학생들을 혼란스럽게 하거나 수동적으로 굴면 '해방될 것'이라는 기대를 갖게 할 수 있기 때문이다. 또한 교사들은 다른 학생들에게도 언어적 단서(답)의 형태로 필요 없는 지원을 제공하는 일을 삼가야 한다. 초침이 있는 시계를 놓고 여러분들이 학생들에게 기다리는 시간을 얼마나 주는지 친구에게 시간을 재 달라고 해 보자. 사전에 정해진 신호에 따라 눈을 감고 학생들과 공부를 하고 있는 자신을 상상하여 보자. 그리고 한 학생에게 막 질문을 하였다고 치자. 질문을 받은 학생은 교사를 쳐다보고 있을 뿐 아직 대답은 하지 않은 상태다. 학생이 대답할 수 있도록 다른 촉진을 제공할 시간이라고 생각되면 손을 들어 보자. 친구는 여러분이 얼마나 오랫동안 '기다리는 시간'을 사용했는지 말해 줄 것이다. 많은 교사는 자신들이 지원을 제공하기 전에 불과 몇 초 정도밖에 가다리지 못했다는 사실에 놀란다. 운동 및 지적 장애를 가진 학생은 대답하는 데 수 분이 소요되지 않겠는가.

(2) 형성하기

지원의 다른 방법으로는 형성하기가 있다. 형성하기 전략은 기대하는 행동에 근접하는 행동을 수용하는 기법으로서 점진적으로 원하는 결과와 보다 더 가까운 행동을 요구해 나간다. 다음의 예에서는 원하는 기술을 성취하기 위해 형성하기와 다양한 촉진하기 기법을 사용하고 있다. 경도 미세운동장애 학생이 문자 쓰기를 학습하고 있다. 교사는 학생에게 't'의 생김새를 말해(구어적 교수) 준 후, 화이트보드나 칠판에 쓰는 방법(시연)을 지도하기 시작할 것이다. 교사는 학생에게 칠판에 가서 문자를 써 보라고 할 수 있다. 그리고 이때 교사는 학생의 필기를 향상시키기 위하여 손의 바른 위치를 바로잡아 주는 경우가 많다(신체적 지원). 학생은 종이 위에 표시된 문자의 시작과 마치는 방향을 나타내는 화살표를 보면서 여러 개의 글자를 따라서 연습하기 시작한다(시각적 단서). 종이는 따라 쓸 수 있는 글자들을 포함하고 있으며 점선으로 된 글자들이 제시된 후 마침내 독립적인 글자 쓰기를 위한 빈 줄이 제시된다(단서 제거). 교사는 처음에 학생이 쓴 글자가 정확하지 않더라도 글자를 쓰고자 하는 시도를 수용한다(근접성). 그러나 충분한 연습과 교정적 피드백이 이루어진 후에는 선 위나 선 아래로 내려가지 않은 정확한 't'만 수용할 것이다.

(3) 지원의 양 결정하기

촉진하기와 형성하기는 학생의 반응을 유도하고 세련되게 하는 데 좋은 전략이다. 교사가 학생에게 필요한 지원의 양을 결정하는 방법은 무엇인가? Falvey(1989)는 학생이 활동에 참여할 때 제공하여야 할 지원율을 결정하는 공식을 개발하였다. Falvey는 신체나 언어, 몸짓을 통한 지원 없이 자연적 단서만으로 반응할 수 있는 활동의 하위 과제나 기술에 가장 큰 가중치를 주어 여섯 가지를 제안하였다. 지원의 필요성이 높을수록 가중치는 내려간다. 그래서 모든 면에서 신체적 지원이 필요한 경우 가장 낮은 점수가 주어진다. 활동에 포함된 기술에 대한 독립 정도가 증가하면 전체적인 활동에서의 독립성도 증가할 것이라는 가정을 할 수 있다.

이 가중척도가 바로 지원의 양에 대한 과제분석이다. 지원 방법에 관하여 Falvey(1989)가 선택한 가중척도 항목은 다음과 같다.

1= 신체적 안내(손을 사용한 조작)
2= 시범 보이기(시연을 학습자가 따라 하도록 시연하기, 학습자와 같은 방향으로 과제를 둠)
3= 지시적인 구어("뒤집어 보세요" "다른 쪽입니다")
4= 비지시적 구어("이것은 어디에 두어야 할까요?")
5= 몸짓(지적하기, 물건을 두어야 할 자리 근처를 툭툭 치기)
6= 자연적 단서

독립적 수행 비율을 계산하기 위해서는 학생의 수행 수준과 독립성 수준이라는 두 가지 정보가 필요하다(Falvey, 1989). 학생의 수행 수준은 시도하는 모든 기술들 각각에 대한 전체 비율이다. 비율이 30인 학생은 다섯 가지 기술에서 자연적 단서를 이용한 반응으로 각각 6점씩을 획득하였다. 학생이 다섯 가지 기술에서 각각 3, 2, 3, 6, 6점을 얻었다면 수준은 18이다. 독립성 수준은 자연적 단서(모두 6씩)를 통하여 기술을 수행하였을 경우의 총점으로 나타낸다. 만약 다섯 가지 기술이 있다면 독립성 수준은 30(5×6)이며, 아홉 가지 기술일 경우 독립성 수준은 54(9×6)이다. 독립비율은 학생의 수행수준을 독립성 수준으로 나눈 후 100을 곱하여 나타낸다.

[그림 6-9]는 이것이 과제분석에서 사용되는 예를 보여 준다. 손의 사용과 인지적인 영역에 손상이 있는 고등학생이 세탁실에서 옷을 세탁하는 학습을 하고 있다. 이 과제의 최고 독립 수준은 10단계에 기초한 60이다. 세탁실의 세탁기를 사용하는 학생의 최초 점수는 43으로 독립성 수준은 72%였다. 그녀의 목표는 이 활동에서 독립성 수준을 60 혹은 독립 비율을 100% 획득하는 것이다.

이 체계는 교사가 학생에게 필요한 지원의 양과 종류를 보다 객관적인 용어로 기록할 수 있는 도구를 제공한다. 이것은 "Joy가 _____ 영역에서 자신의 독립성을 증가시켰다"와 같은 문장에 비해 보다 분명한 정보를 제공함으로써 자료를 '엄격히 관리'할 수 있게 한다. 이것은 모든 활동 수행(현재의 기능 수준)에서 독립성의 전체 수준과 현재 기능을 비교할 수 있게 한다. 이것은 시간 경과에 따른 수행의 변화(교수의 효율성을 반영하는)도 비교할 수 있게 한다. 이 체계는 과제분석에서 활동에 필요한 기술이 무엇인지, 지원의 제공 방법이 무엇인지를 정확하게 알려 준다. 필요한 지원의 종류와 양 그리고 지원의 지속 기간은 학생의 수행 향상 정도에 따라야 한다.

3. 결과물로서의 과제분석

이 절에서 기술된 것과 같은 과제분석 절차의 결과물은 학생의 학습 위계가 될 수 있다. 이 결과물은 교수과정에서의 구체적인 기술에 대한 형성평가(formative assessment)로서의 기능을 할 수 있다. 만약 교수 후에 적용한다면 총괄평가(summative assessment)로서 기능을 할 수 있다. 이 장의 앞에서 언급한 바와 같이 표준화 검사, 상용 진단검사, 규준참조검사, 발달 척도들은 과제분석의 결과물들이다. 과제분석의 결과물은 학생 수행의 선별, 설명, 평가, 분류 및 여러 학생 간의 기술 비교, 특별한 교육과정 개발 등에 사용된다. 지금부터는 이것들 중 두 가지에 대해 논의하고자 한다.

학교명: Hogan 고등학교

수준별 점수 기록지

학생명: Mary Ann 날짜:

기술	10/14										
1. 세탁기를 연다.	6										
2. 무게에 알맞게 옷을 넣는다.	6										
3. 세제의 양을 잰다.	6										
4. 세제를 넣는다.	6										
5. 물의 온도를 선택한다.	3										
6. 물의 양을 결정한다.	3										
7. 속도를 선택한다.	3										
8. 회전방식을 선택한다.	0										
9. 덮개를 덮는다.	6										
10. 세탁기를 작동시킨다.	4										
총계	43										
독립성 수준=자연적 단서로 수행해야 할 기술×6 (기술의 수 10: 10×6)	60										
독립 비율(%) (학생의 수준÷독립수준×100)	72										
점수: 신체적 지원=1, 시범 보이기=2, 지시적 구어=3, 비지시적 구어=4, 몸짓=5, 자연적 단서=6											

[그림 6-9] 수준별 점수 기록지

출처: *Community-Based Curriculum: Instructional Strategies for Students with Severe Handicaps* (p. 29), by M. Falvey, 1989, Baltimore, MD: Paul H. Brookes Publishing Co., Inc. Copyright 1989 by Mary Falvey. Reprinted with permission.

1) 다양한 학생의 기술 비교하기

교사는 학생들의 기술에서 나타나는 패턴을 발견하고 교수집단을 조직하기 위한 목적으로 학생의 강점과 약점을 파악하기 위하여 학생이 나타내는 문제영역이나 오류를 조사할 수 있다(〈표 6-2〉 참조). 그리고 비슷한 교수 요구를 가진 학생들을 같은 집단으로 조직할 수 있다. Rolo, Linda, Rich는 실용적 교과기술 학습을 위한 지역사회 기반의 연습이 필요하였기 때문에 하나의 학습집단으로 구성할 수 있다. Bette, Jo, George는 앞의 급우들 3명과는 다른 요구를 갖고 있다. Bette, Jo, George의 프로파일을 다른 교사들과 공유하였을 때 일반학급에 있는 또래 2명도 이들과 같은 수업 요구를 가진 것으로 나타났다. 그리고 이들 학생과 교사에게 도움이 되는 몇 가지 협력수업이 제안되었다. Ruth Mary의 기술은 학급 내 다른 학생들과는 다른 양상을 보였다. 그녀는 이런 특별한 교육 요소에 대해서는 개별 지도를 받게 될 것이며, 다른 친구들로부터 배우거나 강점을 공유할 수 있는 영역에서는 협력학습 상황에서 학습하게 될 것이다.

2) 특별한 교육과정 개발하기

과제분석은 교사의 내용 교과 지도에 도움을 준다. 그렇지만 지체 · 중복장애 학생에게는 기능적 생활 지식과 기술, 기본적이고 지원된 의사소통, 전환준비를 포함한 핵심적인 자립 기술도 필요하다(제5장 참조). 과제분석 전략의 가장 중요한 결과물 중 하나는 장애학생이 자신의 생활관리를 위해 학습이 필요한 기술목록이라고 할 수 있다. 학생이 생활관리를 위한 기초 도구로 볼 수 있는 핵심 역량을 갖추고 있는지를 결정함으로써 학생의 교육을 촉진시킬 수 있다. 또한 핵심적인 자립 기술들을 파악하기 위한 과제분석은 현재와 후속되는 환경에서 효과적인 기능하기의 토대를 구축하기 위한 기초 기술과 맞춤형 행동에 중점을 둔다. 지체 · 중복장애 학생은 독립과 삶의 질 성취, 만족감과 행복의 발견을 위하여 다음 영역의 도구를 사용하기 위한 학습이 중요하다.

- 대인관계의 효율성
- 자기관리 및 개인적 요구
- 실용적 교과 지식
- 좋은 작업 습관

〈표 6-2〉 학생 집단의 오류 분석

기술	학생명						학급계
	Betty	Rolo	Jo	Linda	Rich	Ruth Mary	George	
기술 1	×	×	×	×	×	×	×	
기술 2	×	×	×	×	×	×	×	
기술 3		×	×		×	×		
기술 4	×			×		×		
기술 5	×	×				×		
기술 6			×		ab	×	×	
기술 7	×		×		ab	×		
기술 8	×		×		×	×		
기술 9	×		×			×	×	
기술 10						×		
기술 11						×		
기술 12								

• 수송과 이동에서의 독립
• 유급 또는 무급 직업의 선택
• 맞춤형 작업 환경을 위한 도구

과제분석은 핵심적인 자립 지식 및 기술의 적용에 많은 도움을 준다. 첫째, 기술 발달의 위계성을 강조함으로써 과제 및 교수의 조직화를 강화한다. 이 조직화는 학생들에게 유용하다. 왜냐하면 학생들의 학습은 익숙한 과제에서 보다 어려운 과제로 이행하면서 촉진되기 때문이다. 둘째, 과제분석은 개별화 교수의 매개수단이 된다. 교사는 구체적인 기술이나 교과에 대한 학생별 장점과 요구를 파악할 수 있다. 셋째, 과제분석은 과제를 보다 작은 단위로 분절한 결과물을 산출하며 이 결과물은 보다 덜 복잡하기 때문에 학습이 용이하다. 일련의 과제에 대한 성공적인 성취는 긍정적인 자아개념을 강화하고 학습 동기를 고취시킨다. 또한 과제분석의 실행은 학생들이 기술을 학습하고 연습할 수 있는 기회를 많이 제공한다. 끝으로 과제분석은 교수의 결과를 반영한 평가도구(총괄적)와 향상 과정에 관한 자료를 제공하는 평가도구(형성적)로서의 가치가 있다.

4. 상황분석

지체 · 중복장애 학생의 교육평가 및 교육과정 발달은 일반적으로 학생이 참여하는 가정, 학교, 지역사회의 상황에 대한 평가에 따라 결정된다. 이런 상황에 대한 세밀한 평가는 직접교수를 위해 보다 상세한 분석 기술들을 파악하게 해 준다. 상황을 평가하기 위한 도구는 생태학적 평가 도구라고 부른다. 생태학적 평가 도구는 "검사자가 학생이 기능하고 있는 다양한 환경과 상황에서 학생의 상태를 파악할 수 있도록 해 준다"(Brown, 1990, p. 347). 다양한 환경(생태) 속에서의 행동의 위계는 생태학적 검사를 구성하기 위하여 분절된다. 생태학적 검사는 형식적, 규준 지향적 평가(norm-referenced assessments)보다 학생의 기능에 대한 폭넓고 자연스러운 설명을 할 수 있게 한다. 교사는 생태학적 검사를 교육과정이나 내용의 구성을 위한 기초자료로서 사용함으로써 프로그램의 내용을 개별화할 수 있다. 또한 이 검사들은 학생의 환경에서 실시되었기 때문에 학생의 기능을 증진할 수 있는 환경 변화의 방향을 제시할 수도 있다.

Alper(1996), Ryndak과 Alper(2003)는 생태학적 검사를 사용한 교과 내용 파악 단계를 다음과 같이 제시하였다.

1. 한 가지 영역 또는 기술의 범주를 선택한다(가정, 여가, 학교, 지역사회 또는 직업).
2. 그 영역에 속한 모든 환경을 파악한다.
3. 각 환경 속의 하위 환경을 나열한다.
4. 각 하위 환경 속에서 수행해야 할 활동을 파악한다.
5. 활동의 수행에 필요한 기술을 결정하기 위하여 과제분석을 사용한다(Ryndak & Alper, 2003, p. 26).

가족, 동료 작업자, 또래들은 생태학적 검사를 개발하기 위한 정보를 제공할 수 있다. 또한 다양한 생태학적 검사는 교육과정 내용을 개발하는 일에 사용할 수도 있다.

생태학적 검사의 중요성을 기술하기 위해 두 가지 사례를 제시하고자 한다. 이것들은 교사의 추억과 또래 집단 질문지로서 음악 관련 활동에 참여하고 있는 상황에 적용할 수 있을 것이다. 생태학적 검사 전략의 유형은 상황이나 교사의 스타일에 따라 결정될 것이다. 어떤 검사는 자연스러운 상황에서 실시된다. 어떤 검사는 교사의 경험회상을 활용할 수도 있다. 일부는 또래들의 정보를 사용하여 수행할 수도 있다.

이 정보와 사례는 교사가 학생에게 지역사회 활동의 참여를 촉구하기 위하여 알아야만 할 것들과 학생이 알고 있는 것들을 파악하기 위한 생태학적 검사를 위해 고안되었다. 이 경우에는 지역의 콘서트홀과 같은 환경과 특정 음악 종류의 콘서트와 같은 하위 환경이 이미 결정되어 있다. 왜냐하면 교사가 지역사회 내 또래 아동들이 음악 관련 활동에 어떻게 참여하고 있는지를 모르고 있었기 때문이다.

1) 교사의 회상

교사의 회상 혹은 개인적 지식은 시간을 절약할 수 있는 전략이다. 교사와 서비스 제공자들은 현장에서 항상 생태학적 검사를 실시할 필요는 없다. 예를 들어, 청중의 자세와 같은 개인적 지식은 교사의 분석이 하나의 출발점이 될 수 있다. 학생들이 음악회나 다른 전시회에 참관하는 방법을 알지 못할 경우 다른 사람으로부터 인정받을 수 없고 스스로도 행복을 느끼지 못할 것이기 때문에 사실은 그것이 아주 중요할 수 있다. 일부 학생들에게는 다음이 단기 목표가 되지만 다른 일부 학생들에게는 장기 목표가 될 수도 있다.

목표: 여러 가지 음악회에서 바른 청중의 자세를 실천한다.

- 의자를 찾는다.
- 적절한 때 박수를 친다.
- 불필요한 소음을 내지 않는다.

음악회 참석에서는 프로그램이나 광고를 통해 악기 구성이나 연주자들을 찾아보는 것이 목표가 될 수도 있다. 이 기술은 다음과 같은 방법으로 설명할 수 있다.

- 악기나 연주자를 파악할 수 있는 신문이나 다른 광고물들을 찾아 읽는다.
- 안내장에서 악기나 연주자를 말해 주는 부분을 확인한다.
- 신체적으로 안내장을 집기 어렵거나 읽을 수 없는 이유가 있을 경우 다른 사람에게 물어보거나 읽어 달라고 부탁한다.

사람들은 다양한 수준의 음악을 즐기기도 하지만 음악회에 참여하는 일도 즐긴다. 그들이 보고 있는 악기의 이름을 파악하거나 동일한 종류의 악기들을 찾는 일을 즐기는 사람들도 많다. 앙상블의 종류와 연주자의 앉는 위치가 달라짐을 발견하는 일을 즐기는 사람들도 많다. 개별 악기들의 소리를 변별하거나 확인하는 일은 어렵다. 그러나 많은 사람은 악기군별 소리를 구분하는 학습을 한다. 이런 영역의 학습 기술은 다음을 포함한다.

- 다양한 음악 행사에서 볼 수 있는 악기의 종류를 구분한다.
- 대집단, 작은 합주, 듀엣, 독주를 구분한다.
- 동일한 악기군으로 된 앙상블에서 악기들을 구분한다.
- 실황 혹은 녹음 연주에서 악기의 소리를 구분한다.

사람들은 선호하는 음악 유형에 따라 콘서트나 다른 형태의 음악회를 선택한다. 아동들은 음악의 종류를 구별할 수 있는 방법을 조기에 배운다. 다양한 연령별 아동의 흥미를 파악하기 위해서는 보통 학생들이 선호하는 음악을 들을 수 있는 라디오(또는 텔레비전) 채널을 알고 있다는 사실에 유의한다. 음악에 따라 몸을 움직이는 아동들도 많다. 그들은 실제 음악회에서 어느 정도로만 몸을 움직여야 하는지도 알아야 한다.

학생들은 복도나 점심시간 때 나누는 대화의 대부분을 음악적 관심과 경험으로 채운다. 보통 사람들은 한날한시에 같은 음악을 듣는 즐거움을 공유하는 것을 즐긴다. 사람들은 관심 있는 사람들과 음악적 기술이나 지식을 공유하는 것에 즐거움을 느끼는 경우도 많다. 지체 · 중복장애 학생들은 자연스러운 상황에서 이런 경험을 할 수 있는 기회가 제한되는 경우가 많다. 따라서 그들에게 이런 공유의 경험을 제공하는 것은 매우 중요하다. 이런 기회가 줄어들게 되면 결국 다른 사람들이 그들을 재미있는 사람으로서 인식할 수 있는 기회도 줄어들 수 있기 때문이다.

2) 또래 질문지

또래 대상 질문지의 개발은 핵심적인 자립 기술 교수 요소를 결정하는 데 최상의 전략 중 하나이다. 교수 요소(instructional components)는 일반학급에 있는 학생과 장애의 유무에 관계없이 대부분의 학생이 좋아하는 다양한 지역사회 생활 모습을 대변할 수 있는 또래들의 피드백에 기초를 둔다. [그림 6-10]은 또래들의 음악활동에 관한 음악 질문지의 견본이다.

이 같은 질문지는 복사한 후 몇몇 학생에게 배부하여 현장 검토를 받는다. 그리고 그 결과에 따라 조사지를 수정한 후 복사하여 일반학급에 직접 배부하고 회수 기한을 정해 준다. 질문지를 마친 후에는 이들의 조력을 얻기 위해 노력하라. 응답한 학생들은 현재 그 문제에 직접적인 관심을 갖고 있는 완벽한 자료원이다. 그들은 보통 녹음 도구를 갖고 있기 때문에 해당 음악에 관한 정보가 없는 학생들을 위해 구체적인 음악 시연 테이프를 만들 수도 있다.

질문 결과를 분석할 때는 질문별 반응 형태에 주의를 기울여야 한다. 또한 학생의 문화적, 언어적 영향에 대해서도 고려하여야 한다. 음악적 관심과 경험의 원천은 무엇인가? 이 지역사회 내의 학생들은 제한된 지역 라디오 방송 채널만 듣고 있는가? 혹은 다양한 광역 방송의 채널을 듣고 있는가? 선택할 수 있는 채널에는 무엇이 있는가? 학생들은 MTV와 같은 전국적인 대중음악 방송을 시청하고 있는가? 학생들은 TV나 라디오에서 선전하는 연주회에 참여하는가? 만약 그렇다면 그들은 어떤 음악을 원하는가? 어떤 지역 음악 소스들이 제공되는가?

교사는 질문의 답을 읽고 응답형태를 분석함으로써 동일 연령 학생들의 음악선호도에 관한 정확한 정보를 얻을 수 있다. 특수교육을 받고 있는 학생들의 음악선호도 정보를 수집하는 일은 교사에게 의미 있는 차이를 발견할 수 있게 해 준다. 그리고 차이가 파악된 경우, 교사는 이것을 생활 관리 교육과정 요소의 내용과 목표로서 제공할 수 있다. 학생의 음악 접근 방법에 대해서도 특별

음악 질문지

응답자 나이: ____________

1. 가장 좋아하는 음악의 종류는 무엇인가(테크노, 클래식, 랩, 록 등)?
2. 음악은 주로 무엇으로 듣는가(TV, 라디오, 연주회, 비디오 등)?
3. 가장 좋아하는 음악 종류를 연주하는 가장 좋아하는 연주가는 누구인가?
4. 가장 좋아하는 음악 종류에서 주로 사용되는 악기는 무엇인가(전자기타, 오케스트라 등)?
5. 그 음악을 가장 좋아하는 이유는 무엇인가(멜로디, 가사, 친구가 좋아해서 등)?
6. 만약 그 음악을 모르는 사람에게 한마디로 그 음악을 설명해 준다면 무엇이라고 하겠는가?
7. 가장 좋아하는 멜로디는 무엇인가?
8. 가장 좋아하는 가수는 누구인가?(앞에서 이야기한 사람 제외)
9. 가장 좋아하는 가사는 무엇인가?
10. 음악을 즐겨 듣는 때는 언제인가?
11. 여러분이나 여러분 친구에게 음악이 특별한 이유는 무엇인가?
12. 음악에 관하여 새로운 학습을 하는 시기, 장소, 방법은 무엇인가?
13. 음악에 참여하였던 경험이 있는가(악보 읽고 쓰기, 학교에서의 음악 감상, 3년간 피아노 레슨 등)?
14. 녹음 도구를 사용할 수 있는가? 사용한다면 어떤 도구를 사용하는가?
15. 14번에서 '예'라고 답한 경우 장애학생에게 음악을 지도하기 위하여 학생에게 테이프를 주고 음악 샘플에 대하여 기술하려는 경우 짧은 녹음테이프를 제작해 줄 의향이 있는가?
16. 15번에서 '예'라고 답한 경우 연락 가능한 이름, 주소, 전화번호 또는 메일 주소를 남겨 주기 바람.

교사명:

[그림 6-10] 학생의 흥미와 경험을 검사하기 위한 질문지 견본

한 주의를 기울여야 한다. 그 결과, 열악한 상지 통제력을 가진 학생을 위해 라디오, 녹음기, CD 플레이어, mp3 등을 혼자서 사용할 수 있도록 맞춤형 개조를 해야 할 필요성을 발견할 수 있다. 또한 연주회에 참가하기 위한 이동과 건축물의 접근 문제는 생태학적 추가 검사의 근거가 될 것이다.

5. 의사소통 및 사회적 네트워크 구축

효과적인 의사소통 및 사회적 관계를 구축하지 못한 사람이 핵심적인 자립 기술을 습득하기란 불가능하다. 구어적 의사소통 기술이 제한되거나 불완전한 사회적 네트워크를 가진 장애인은 또래들과의 상호작용에서 소외될 위험이 매우 높다. 학생들의 의사소통과 사회적 네트워크 구축을 위한 유용한 방법으로는 Rowland(2004)의 '의사소통 매트릭스'와 Blackstone과 Hunt-Berg(2003)의 '사회적 네트워크'의 두 가지를 실행하는 것이있다. 이 두 가지 방법은 모두 사회적 · 생태학적 상황 분석을 기반으로 하고 있다.

1) 학생의 의사소통 지원과 평가를 위한 '의사소통 매트릭스' 사용하기

의사소통 매트릭스는 오리건 보건과학대학에 재직하는 Charity Rowland 박사가 1990년에 최초로 출판한 후 1996년과 2004년에 각각 개정된 의사소통 기술 평가 도구이다. 이 의사소통 매트릭스는 그림 체계, 음성출력 시스템, 점자, 수화 및 3차원 상징과 같은 전략과 보완대체의사소통 기기, 제스처, 몸짓, 소리, 눈 깜빡임, 얼굴 표정 등의 자연적 의사소통 행동, 말하기와 쓰기 같은 일반적 형태의 의사소통까지 다양한 형태로 수정할 수 있다. 최초의 개발 형태는 말-언어 병리학자와 교육자들이 사용할 수 있도록 설계되어 있었다. 부모를 위해 특별히 고안된 사용자-친화 버전은 현재 영어(Rowland, 2004)와 스페인어(Rowland, 2006)로 개발되어 있다. 의사소통 매트릭스의 온라인 버전은 www.communicationmatrix.org에서 사용 가능하며, 여기서는 의사소통 기술 항목과 분석표를 자동적으로 제공한다. 사용자들은 이전에 실시한 평가 결과를 업데이트할 수 있으며 다른 사람에게 메일로도 전송할 수 있다. 의사소통 매트릭스는 www.designtolearn.com에서 사용할 수 있는 보다 크게 통합된 교육자료 패키지의 일부이다.

의사소통 매트릭스는 ① 의사소통을 하는 이유, ② 의사소통의 전달 장면, 기능, 의도, ③ 의사소통의 방법 등 세 가지 측면에서 구성되어 있다. 이 매트릭스는 의사소통을 7수준의 위계로 조직하였으며, 분석표에서는 7줄로 구분하여 볼 수 있도록 되어 있다. 각 수준들은 Bates (1979)가 최초로 논의한 의사소통 발달의 실용적 접근, 즉 유아들의 언어 이전 행동에서 전달 의도를 인정하는 접근에 토대를 두고 있다(Rice, 1989). 비의도적 행동, 의도적 행동, 비인습적 상징이전 의사소통, 인습적 상징이전 의사소통, 구체적 상징, 추상적 상징과 언어 등 일곱 가지 수준에 대해서는 제8장에서 상세히 다루고자 한다. 이 수준들은 중도 · 중복장애의 범위와 연관하여 나타나는 의사소통 기술의 다양성을 설명하는 데 도움이 된다 (Rowland, 1990, 1996, 2004; Rowland & Schweigert, 1998, 2000, 2002, 2005). 일곱 가지 수준 중 Ⅲ수준에서 Ⅶ수준까지가 분명한 의사소통 의도를 가진 의도적 전달 행동과 관련된다. Ⅰ수준은 안전과 관련된 일반적 장면의 신호이며, Ⅱ수준은 개인의 욕구와 욕망(비록 의사소통을 위한 의도를 갖고 행동을 하는 것은 아니지만)을 표출하는 전달 기능을 한다.

이 매트릭스는 의사소통의 네 가지 주요 이유를 중심으로 잘 조직되어 있다. 의사소통을 하는 이유는 분석표의 하위 칸에서부터 나열되어 있으며, 원하지 않는 것을 거절하기, 원하는 것을 획득하기, 사회적 상호작용에 참여하기, 정보를 찾거나 제공하기로 구성되어 있다. 이 매트릭스는 모두 24개의 전달 장면(Ⅰ수준), 기능(Ⅱ수준), 내용(Ⅲ~Ⅶ수준)에서 각각 의사소통을 하는 네 가지 이유를 보다 명확히 해석할 수 있는 방법을 알려 준다. 예를 들면, 획득하기는 Ⅲ수준과 Ⅶ수준에서 새로운 사물을 요구하거나 더 많은 활동을 요구하기와 같은 보다 분명한 여섯 가지 전달 의도로 세분된다.

이 매트릭스는 평가, 중재 계획 수립, 대화 상대 훈련, 표현 영역의 학생 향상을 측정하는 것과 같은 목적으로 사용할 수 있다. 이 매트릭스는 의사소통의 이유와 수준을 체계적인 시각 정보로 제시하고 있기 때문에 ① 학생의 의사소통 수준과 행동에 관한 체계적인 평가정보의 구성과 ② 가족과 팀원들의 논의 내용, 대화상대 훈련, 평가의 결과에 따른 다음 단계의 계획 수립, ③ 전달 기능(수평적 목표)과 의사소통 수준(수직적 목표) 양 쪽의 발달과 변화를 주기적으로 점검하기 위한 로드맵을 제공함으로써 한 목표와 교수 방법을 학생의 요구를 기반으로 수정할 수 있게 한다.

의사소통 매트릭스는 각 학생이 나타내는 의사소통 행동, 내용, 수준에 대한 기초선 자료의 수집을 돕는다. 이 매트릭스는 가까운 대화상대만 알 수 있는 미묘하고 비인습적인 의사소통 행동을 설명하고, 기록하기 위해 가까운 의사소통 상대와의 인터뷰를 구조화하는 데도 사용할 수 있다. 예를 들어, Cody의 어머니는 그의 취학 전 매트릭스의 학부모 버전을 완성하였다. Cody는 5살짜리 뇌성마비 아동으로 대뇌 피질의 손상 때문에 보행이 불가능하다. 매트릭스상의 나타난 그녀의 응답을 통하여 교육팀은 그가 이 매트릭스에서 제시하는 거절, 획득, 사회적 상호작용의 세 가지 의사소통 목적을 위해 얼굴 표정을 사용하거나 신체의 위치와 근강도, 발성, 몇 가지 제스처를 변경한다는 사실을 알게 되었다. 그의 어머니는 그가 정보 교환을 목적으로 하는 어떤 행동도 한 적이 없다고 하였다. 물건을 거절하고자 할 때 그의 몸은 경직되거나 제공된 물건을 보지 않고 딴 곳을 응시하였다. 물건이나 행동을 더 요구할 때나 애정을 요구할 때는 미소를 지었다. 여러 가지 목적을 위해 비슷한 행동을 하였으므로 가까운 대화상대는 맥락 속에서 그 의미를 해석하여야만 하였다. 그의 교육팀은 어머니와 가정과 학교의 지속적인 관찰을 통해 수집된 자료로 작성된 매트릭스 분석표를 사용하여 Cody의 의사소통이 III 수준의 비인습적 상징 이전 의사소통이라고 판단하였다.

이 분석표는 학교의 일차적인 대화상대에 대한 훈련 지침으로 사용되었다. 모든 관계자는 Cody의 매트릭스 분석표를 통하여 그의 의사소통 행동을 해석하는 방법을 보다 잘 이해할 수 있게 되었다. 또한 모든 관계자는 일차적인 훈련과 함께 그가 가진 의사소통 행동을 더 잘 인지하고 반응하도록 훈련되었다. 그리고 대화상대 훈련이 이루어지지 않았을 때에는 인식하지 못하였던 미묘한 의사소통 시도에 대해서도 인식할 수 있게 되었다. 그다음으로 이 매트릭스는 Cody의 의사소통 방식과 기능에 관한 기능적, 발달적 영역에서 적절한 목적과 목표의 수립에 관한 로드맵으로서 사용되었다. 교육팀은 그가 익숙한 대화상대에게 표현할 수 있는 의사소통 기능의 범위를 체계적으로 확대하는 수평적 목표를 수립하기로 결정하였다. 예를 들어, '획득'을 위해 나타내는 의사소통 양식을 사용하여 Cody는 '동일한' 행동을 더 많이 요구할 수 있었지만 '새로운' 행동을 요구하기 위한 의사소통 양식은 전혀 사용할 수 없는 것처럼 보였다. Cody에게 새로운 행동을 요구할 기회를 제공하기 위하여 상황을 체계적으로 조직하였다.

'수직적' 목표의 달성을 위해서는 보다 인습적이고, 사회적으로 인식이 되었으며, 광범위한 의사소통 상대들이 인식할 수 있는 잠재력을 가진 의사소통 양식을 도입하였다. 예를 들면, '거절' 영역에서는 Cody가 원하지 않는 물건을 밀어내는 접촉 제스처를 사용하는 방법을 체계적으로 지도하였다. '더 많은' 행동을 요구하기 위해서는 구어 산출 스위치를 사용하여 '더 많이'라고 표현할 수 있도록 지원하였다. 그가 좋아하는 활동인 '춤을 더 많이' 추도록 요구하기 위해서 Cody는 음악이 멈출 때마다 다리를 까딱거리도록 지도하였다. Cody가 보다 많은 전달 기능의 사용이 가능해졌을 때, 그의 팀은 매트릭스의 III수준인 그의 의사소통(비인습적 상징 이전 의사소통)이 강화되고 있다고 판단하게 되었다.

매트릭스 분석표를 구성하였을 때 Cody의 교육팀은 그가 인습적 의사소통 방식을 더 많이 사용하는 IV수준으로 발달하기 시작하였음을 깨닫게 되었다. Cody의 향상을 보고 교육팀은 다음 단계는 다른 사람을 반기기(사회적 이유)와 확인하기/부정하기(정보교환)와 같은 Ⅳ수준에서 일반적으로 나타나는 추가적인 의사소통 내용을 익힘으로써 의사소통 이유의 확장을 포함할 수 있다는 결정을 하기 위해 매트릭스를 사용하였다.

의사소통 매트릭스는 의사소통 수준에 관계없이 학생이 의사소통을 해야 하는 이유와 보다 인습적이고 언어 기반의 방법을 체계적으로 사용하는 학습이 필요한 이유를 재고하게끔 한다. 학생들은 Ⅶ수준의 전달 장면, 기능, 내용과 관련된 24개 목표를 모두 성취하기 위한 다양한 표현 방식을 학습하여야 한다. 학생이 AAC 상징이나 도구의 사용을 포함한 언어 기반 의사소통 방법을 개발하게 되면, 교사는 이후의 의사소통 발달 단계에서 사용할 수 있는 실용적인 기능들을 체계적으로 지도하기 위한 추가적인 체계를 마련할 수 있다.

2) 학생의 사회적 및 의사소통 상호작용 촉진을 위한 '사회적 네트워크' 사용하기

특수교육자들은 학생이 가정, 학교, 직업을 포함한 모든 환경을 망라하는 사회적 관계를 구축할 수 있도록 지원해야 함을 인식하고 있다. 사회적 네트워크와 지원은 삶의 질 향상에 중요한 요소다. 그리고 이것은 인생에서 경험하는 위기와 도전, 변화를 극복하는 방법을 결정하는 가장 중요한 요인이다(Pescosolido, 2001). 사회적 네트워크의 구축은 핵심적인 자립 기술인 기본적이고 보조된 의사소통을 개발하기 위한 과제 및 상황분석에 의존한다.

모든 사회적 관계의 구축과 개발, 유지는 효율적이고 효과적인 의사소통을 필요로 한다. 간단히 말해, 사회적 상호작용은 대면을 통하든, 전화를 통하든, 편지나 메일을 통하든 간에 의사소통 없이는 일어날 수 없다. 사회적 네트워크(Social Networks: SN, 복합적 의사소통 요구가 있는 사람들과 그들의 의사소통 대상자를 위한 의사소통 검사도구; Blackstone & Hunt-Berg, 2003)는 교육팀이 학생의 현재 의사소통 기술과 도구를 사용한 사회적 관계의 특징을 파악하는 데 도움이 되는 평가도구이다. SN은 의사소통 역량의 개념을 사회적, 상황적인 토대에 두고 있다. 또한 의사소통 역량의 특성은 사회적 관계에 따라 쉽게 변화될 수 있다는 점도 고려하고 있다. SN은 구조화된 면접 방식을 사용하여 학생의 현재 사회적 관계와 학생들의 의사소통 양식이 사회적 관계에서 다른 사람들과 의미 있는 의견교환을 가능하게 해 주는지 그렇지 않은지를 파악할 수 있도록 해 준다. SN은 학생들의 의사소통 대상과 주제, 방식, 대표적인 체계, 전략 그리고 개인이 사회적 관계를 위해 성공적으로 사용할 수 있는 공학과 그렇지 못한 공학을 구분해 준다. Light(2003)의 의사소통 역량 모델에 따라 구성된 SN은 교육팀이 의사소통 역량의 내재적인 면과 외재적인 면에 모두 관심을 기울이게 한다. 내재적 요인에는 지식과 판단 및 학생이 적절한 심리사회적 요인들을 조합하여 의사소통을 하는 기술을 포함한다. 외재적 요인에는 개인의 의사소통 요구나 우정과 같은 사회적 역할을 포함한 요구에 대응하는 개인의 능력에 영향을 미칠 수 있는 외적 장애물 또는 지원이라고 할 수 있다. 예를 들어, SN과 관련된 한 조사연구에서 Hunt-Berg(2003)는 AAC 사용 학생이 인식한 우정의 형태가 이후 15년 주기의 교육 배치까지 이어지는 정도를 조사하기 위해 이 검사도구를 사용하였다. 조사대상들은 시간이 경과함에 따라 우정을 나누는 또래가 늘어나고 가까운 친구나 친척들과는 지속적으로 우정을 발전시켜 나간 것으로 보고됐다. 하지만 이전에 함께 일했던 사람들(예를 들어, 교사나 치료사, 보조원들)과 우정을 지속하는 정도는 낮다고 보고되었다. 그녀는 조사대상자의 나이가 들어 갈수록 우정을 나누는 또래의 수가 많아지고, 자기결정이나 삶의 질과 관련된 이슈들, 가령 사회적 관계 구축과 같은 것이 중재의 초점이 되는 것을 발견하였다. 이런 결과는 교사가 현재 교육 서비스 제공자라는 사회적 역할을 넘어 또래들과 우정을 쌓고 유지하는 상호작용에 관한 학생의 능력을 표적으로 의사소통 중재 계획을 수립할 필요성이 있음을 알려 준다.

SN은 의사소통 행동에 관한 표준화 검사가 아니며, 객관적 검사도 아니다. 그보다는 시간 경과에 따른 향상도의 측정과 중재 계획의 수립, 목표 설정 시 고려할 사항에 관해 인식할 수 있도록 도와주는 도구이다. 구조화된 면접을 통해 얻은 정보는 SN 매뉴얼에서 제시한 구체적인 지시에 따라 진행된다. SN은 교육팀이 어떻게 학생의 사회적 관계를 인식하고 성공적인 의사소통 중재에서 학생과 가족의 역할을 강조하는지에 관한 도식을 제시한다. SN은 대화상대 훈련을 통하여 도움을 받을 수 있는 사람과 다른 사람에게 대화상대 훈련을 실시할 수 있는 사람을 파악할 수 있도록 한다. 이것은 학생과 팀 구성원에게 극복해야 할 장애물과 자원, 강점 그리고 도움이 된다고 판명된 전략들을 설명하는 데 도움을 준다.

교육팀은 구체적인 교육 배치에서 SN을 사용하기 위하여 진행상황의 평가와 성과 측정의 한 부분으로서 SN 인터뷰를 실시한다. 예를 들어, Jaspar는 5살짜리 중도 사지마비 유아로 뇌성마비 때문에 복합적인 의사소통 요구를 갖고 있었다. 그가 학교에 취학할 때의 SN 결과를 보면 의사소통 대상이 가까운 가족, 이전 교사, 언어치료사, 작업치료사, 아동보호사 등으로 한정되었다. 그러나 Jaspar는 가까운 가족이나 치료사뿐만 아니라 어른들, 가족의 친구들, 가까운 친척들과도 더 많은 사회적 관계를 형성하고 있었다. 이런 매우 가까운 의사소통 대상자들은 그의 얼굴표정, 제스처, 신체움직임의 의미를 인식하고 대처하였다. 교육팀은 SN을 통하여 Jaspar에 대한 추가적인 의사소통 접근 요구들을 파악하였다. Jaspar가 다른 사람들과 사회적 관계뿐만 아니라 사회적 네트워크를 발달시킬 수 있도록 의사소통 대상자 훈련이 필요한 것으로 나타났다. 예를 들면, Jaspar는 이웃에 사는 친구들과 상호작용을 매우 즐기기는 하지만 그들과 의사소통하는 방법이 효율적이거나 효과적이지 않다는 SN의 사용 결과가 나타났다. IEP 팀 구성원들은 SN을 통해 수집한 정보를 사용하여 그가 학교나 이웃에 사는 친구들과 돈독한 우정을 맺을 수 있는 의사소통 기술의 구축을 목표로 수립하였다. 교사나 치료사, 가끔 학교를 방문하는 사람들과도 의사소통을 할 수 있는 전략도 개발하였다. 그의 어머니는 그가 의사소통을 하기 위해 사용하는 다양한 몸짓이나 제스처, 얼굴 표정에 대해 생각하고 토론하였다. 그리고 이웃들이 그의 의사소통 행동을 인식하고 대응할 수 있도록 가르쳤다. 급우들과 이웃에 사는 친구들에게는 그가 눈으로 그림을 선택할 수 있도록 의사소통 책을 들어 주는 방법과 그림을 선택하라고 요구하는 방법에 대해 지도하였다. IEP 목표에 대한 팀의 실행 결과를 보면 '말하는' 스위치, 전동휠체어, 말 생성도구의 사용과 교사와 급우들이 그의 제스처와 얼굴표정을 학습함으로써 Jaspar의 사회적 관계망은 확대 및 강화되었다. 그의 언어 표현 능력은 여전히 제한적이지만, 자신이 선호하는 것과 개성을 표현하는 일이 일상화되었다.

SN은 특수교육자들과 임상전문가들의 경험과 숙고, AAC 분야의 세계적인 전문가와 연구자들에 의해 수행된 집중적인 평가와 자료 수집 노력이 빚어낸 종합 결과이다. SN 매뉴얼에는 SN의 이전 버전에서 사용된 자료수집 활동 및 예시 사례의 결과 분석에 관한 내용들이 제시되어 있다. 우리는 이 도구를 개선하고, 적용을 확대하기 위하여 SN을 사용하는 임상전문가, 연구자, 지원자들의 작업을 계속해서 추적하고 있다. 이전에 마련된 일부 결과는 SN 매뉴얼, SN DVD(Blackstone & Hunt-Berg, 2003), 『Augmentative Communication News』(Blackstone, 2004)와 「International Society for Augumentative and Alternative Communication(ISAAC) Research Symposium 자료집」(Blackstone, Hunt-Berg, & Wilkins, 2005)에서 확인할 수 있다.

6. 학생 지도 전략

끝으로 다음에 제시되는 일련의 과제분석 전략들은 학생과 교사의 특별한 요구에 대응하는 것이다. 교과서는 과제분석의 중요성을 과소평가하고 있는 경우가 많다. 저자들은 교과서가 장애가 있는 학생을 가르치는 전문가에게 가치 있는 도구라는 사실을 알고 있지만 과제분석이 자신들이 학생을 가르칠 수 있는 가장 유용한 도구들 중의 하나라는 사실을 인식하지 못하고 있는 경우가 많은 듯하다. 그래서 이 장의 마지막이자 네 번째 과제분석 사례들은 전문가와 지체·중복장애 학생을 위한 전략으로서 권할 수 있는 기술들이다.

1. 자기관리 절차의 학습 및 연습하기
2. 정보의 체계를 조직하기
3. 개인적 접근 문제 해결하기

1) 자기관리 절차의 학습 및 연습하기

지체·중복장애를 가진 학생들은 일반적으로 개인적 요구 관리를 다른 사람들에게 의존해야만 한다. 학생들은 그 사실을 깨닫기도 전에 학습된 무기력이나 학습된 의존성에 빠져 있을 수 있다.

장애학생이 이런 일을 피하고 삶에서 자기 충족감을 누릴 수 있는 준비를 할 수 있도록 하기 위해서는 자기관리 및 학습, 문제해결에 관한 전략들을 가르쳐야 한다. 학생이 구체적인 과제를 완성하기 위해 행하여야만 할 것에 대해 문서나 머릿속으로 과제분석을 할 수 있도록 가르쳐야 한다. 아직 시도하지 않은 과제나 하위 과제가 설정되지 않은 과제에 대해서는 과제 전체를 완성하기 위해 수행할 내용과 필요한 각 단계를 기록하는 방법에 관한 학습을 할 필요가 있다.

한 교사가 특수학급에서 이웃의 일반학교로 전학 준비를 하는 7세 여아의 전환을 돕고 있었다. 그 여아는 이분척추로 인하여 배변의 통제가 어려웠다. 교사와 여아는 스스로 자신의 기저귀를 갈 수만 있다면 전환이 가능함을 알고 있었다. 여아는 이미 문을 닫을 수 있으며 바닥에 앉을 수도 있고, 한쪽 어깨에 기저귀 가방을 메고 간이침대로 갈 수도 있었다. 교실의 건강보조원이나 보호자는 기저귀 갈기와 관련된 일체의 지원을 해 주고 있었다. 이제 그 학생은 그 과제를 스스로 하는 학습이 필요하였다. 교사는 우선 교실의 건강보조원이 기저귀를 갈아 주는 과정을 관찰하였다. 다음으로 그녀와 그 학생은 스스로 기저귀를 갈기 위하여 학습해야 할 활동을 단계별로 분석하였다. 〈표 6-3〉은 과제 비계에서 일부 절차를 보여 준다.

일부 학생은 신체손상으로 인하여 과제 수행을 위한 동작을 혼자 하기 어렵다. 이런 상황에서는 부분 참여 전략이 독립을 증진시키고 불필요한 의존성을 감소시킨다. 학생에게는 자신이 할 수 있는 만큼 과제를 수행하도록 한 후 나머지를 지원한다. 학생이 과제의 어느 단계를 수행하기 어려운 경우 그 단계를 세분하여 한 단계씩 지도한다. Heller, Forney, Alberto와 Schwartzman(2000)은 학생 스스로 신체적 문제를 해결하거나 문제 해결을

〈표 6-3〉 자기관리 절차의 과제분석

표적과제: 지원을 받지 않고 기저귀 갈기
기타
왼쪽으로 돌아 기저귀를 바로 한다.
왼손으로 새 기저귀와 덮개를 엉덩이까지 끌어올린다.
오른쪽으로 돈다.
등을 대고 눕는다.
사용한 기저귀를 바닥에 놓는다.
오른손으로 기저귀와 비닐 커버를 잡아당긴다.
몸을 왼쪽으로 돌린다.
휴지를 사용한 기저귀와 다리 사이에 놓는다.
스스로 닦는다.
휴지를 집는다.
사용한 기저귀를 푼다.
기저귀를 더 내린다.
등을 대고 눕는다.
다른 쪽을 내린다.
오른쪽으로 돈다.
신축성 있는 허리 밴드를 사용하여 기저귀를 내린다.
왼쪽으로 돈다.
기저귀를 엉덩이 부분의 왼쪽에 놓는다.
펴진 다리를 아래에 두고 돌아눕는다.
손으로 다리를 간이침대 위로 들어 올린다.
새 기저귀를 꺼내서 간이침대 위에 놓는다.
마루에 클러치를 놓는다.
간이침대에 앉는다.

위해 다른 사람에게 지시하는 방법을 설명하였다. 이 방법에 의한 '관리'는 신체적, 정서적 독립을 지원한다.

2) 정보체계 분석하기

모든 학생은 익숙하지 않은 과제에 숙달되기 위해서 새로운 자료의 가장 중요한 특성을 파악할 수 있는 전략을 사용할 필요가 있다. 지체 · 중복장애 학생에게는 이 전략이 특히 중요하다.

신체의 동작 곤란, 약함, 협응 곤란 및 신체적 피로는 학생의 필기를 어렵게 한다. 그들이 쓰기나 타이핑을 할 수 있는 경우에도 자료에 대한 기억보다는 쓰는 일 자체에 집중해야만 할 수 있다. 쓰기 속도가 너무 늦어 기능적인 쓰기가 어려울 수도 있다. 친구들의 대필이 필기에는 효과적일지 몰라도 학생이 내용을 학습하는 데는 효과적이지 않을 수 있다.

익숙하지 않은 자료에서 가장 핵심이 되는 아이디어, 개념, 사실을 추출하는 데 가장 효과적인 방법을 익혀야 하는 학생에게는 필기 전략을 학습할 수 있게 하여야 한다. 고전적인 방법으로는 문자와 그림으로 구성된 패턴법 혹은 그래픽 조직자가 있다. 이 방법은 그림이나 필기가 어느 정도 가능하지만 교실이나 수업, 개인적인 공부를 하기 위하여 충분한 속도로 필기를 할 수 없는 사람들에게 매우 좋은 방법이다.

학생은 자료로부터 추출한 핵심 아이디어를 모은 핵심 단어를 종이 위에 작성할 수 있다. 강조, 정보, 관계를 제공하는 핵심 단어는 중심 생각, 개념, 사실들과 함께 그림으로 표현하여 나타낸다([그림 6-11] 참조). 이 방법은 전통적인 요약하기와는 다른 여러 가지 장점이 있다. 이 그림 방법은 흥미를 증진시키는 한편 기억 단서를 쉽게 사용할 수 있게 해 준다. 그 결과 중요한 학습 내용을 신속히 검토할 수 있도록 하고, 교과 학습의 토대를 마련할 수 있게 한다.

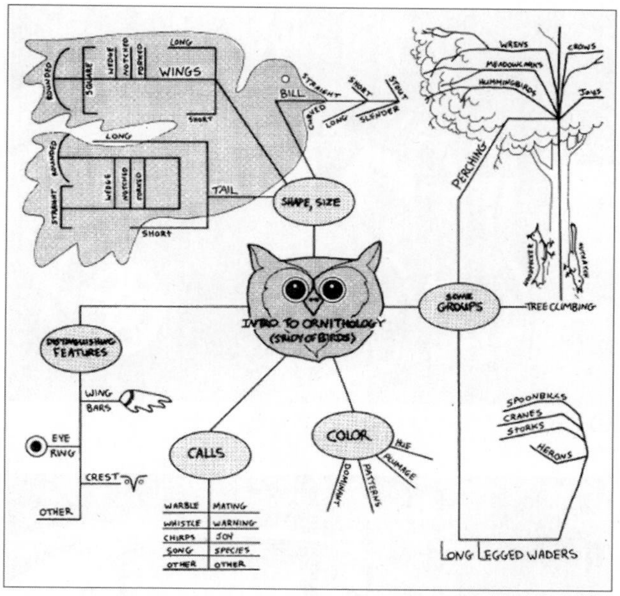

[그림 6-11] 정보를 분석하기 위한 과제분석

3) 개인적 접근 문제 해결하기

건강장애 및 지체 · 중복장애를 가진 학생들에게 있어 어떤 일을 독립적으로 해결하기 위한 방법을 다른 사람이 개발해 줄 때까지 기다리는 것은 귀중한 시간의 낭비이다. 어떤 것들은 너무나 개인적인 것이기 때문에 잘 훈련된 보조자들조차도 만족할 만한 해결책을 제시하기 어려울 수 있다. 그러므로 학생들이 개인적인 문제를 해결할 수 있는 자신만의 전략을 개발하도록 권장하는 것이 바람직하다.

고등학교에서 직업으로 전환하려는 학생의 예를 들어보자. 하지마비가 있는 이 학생은 취업을 하였다. 그녀는 혼자서 이동을 해야 하기 때문에 현재 목표를 차 안에 휠체어를 싣고 내리는 것과 자신이 타고 내리는 방법으로 정하였다([그림 6-12] 참조). 그녀는 다양한 차의 특성을 고려한 후 뒷문과 앞 좌석 사이에 적절한 공간이 있는 종류를 선택하였다. 운전석 뒷자리에 휠체어를 실을 수 있는 충분한 공간이 있고 앞문이 최소한 60도 이상 각도로 열 수 있다고 여겨졌기 때문이다. 그녀는 자동차에 수동 제어 장치를 설치하였다. 다음으로 그녀는 다른 사람의 도움 없이 휠체어를 차에 싣거나 자신이 차를 타는 방법을 궁리하였다. 그녀는 필요한 과제와 그 수행방법을

①

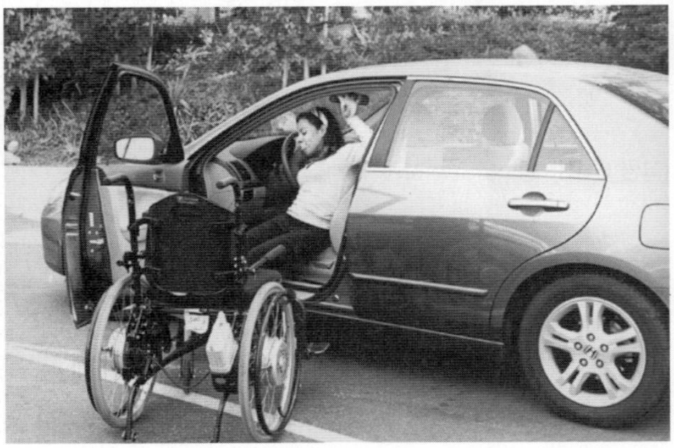

②

③

[그림 6-12] 개인적 접근 문제의 해결을 위한 과제분석

분석하였다. 그리하여 생각해 냈던 하위과제들을 순서대로 수행하였다. 원래 계획에서는 다소 변경되긴 하였지만 그녀는 다음 순서로 목표를 성취할 수 있음을 깨달았다.

1. 휠체어의 책가방에서 책을 꺼낸다.
2. 휠체어의 브레이크를 잠근다.
3. 왼쪽 팔을 자동차 좌석에 올리고 오른쪽 팔은 휠체어의 오른쪽 팔걸이에 올린다.
4. 팔을 밀면서 몸통을 들어 올린다. 그리고 휠체어로부터 문틀 아래로 몸을 치켜 올린다.

그녀는 매번 의자를 접어서 차에 실으려고 하였지만 그때마다 의자는 펴져 버렸다. 여러 번 실험을 해 보고 친구들의 도움을 받은 결과, 그녀는 새로운 계획을 세웠다. 그들은 의자가 다시 열리는 것을 방지하기 위한 의자용 걸쇠를 고안하였다. 이제 그녀는 다음과 같이 이 과제를 수행할 수 있게 되었다.

5. 휠체어를 접는다.
6. 휠체어가 접힌 채로 있도록 하기 위해 두 번째의 손잡이 위에 집게를 밀어 내린다.
7. 앞바퀴가 먼저 차 안으로 들어갈 수 있도록 휠체어를 돌린다.
8. 앞바퀴를 문틀 아래쪽 위로 끌어당기고 그곳에 있도록 한다.
9. 문틀로부터 자동차 좌석으로 몸을 들어 올리기 위하여 양팔을 사용한다.
10. 양발을 차 안으로 올리기 위해 양팔을 사용한다.
11. 자동차의 조수석으로 옮겨 간다.
12. 운전석의 등받이를 앞쪽으로 민다. 운전석의 등받이 위로 손을 뻗어 휠체어를 차 안의 운전석 뒤쪽으로 끌어당긴다.
13. 운전석으로 되돌아온다.
14. 안전벨트를 맨다.
15. 수동 제어 장치를 사용하여 운전한다.

이 과제분석은 나이에 맞는 기술(고용을 위한 자동차 접근하기)의 독립적 성취와 보다 높은 자율성을 획득하기 위한 개인적 접근 문제를 해결하는 성과를 거두었다.

요약 및 결론

이 장에서는 지체 · 중복장애 학생 교육의 중심이 되는 여러 가지 과제분석 전략을 소개하였다. 장기목표와 단기목표는 일반적으로 학생의 현재 수행에 관한 지식에 토대를 두며, 수행에 관한 지식은 과제분석을 사용하여 평가할 수 있다. 과제분석은 현재 수행 수준과 최종 수행 목표 간의 매개적인 단계라고 정의할 수 있다. 선택된 매개 단계는 교수의 중점 목표가 된다. 과제분석은 독립의 정도와 훈련과 수행이 필요한 단계별 상황 변인으로 정의할 수 있다. 과제분석 문서는 수업이나 훈련 중에 쉽게 수집할 수 있는 활동 목록이나 기술 목록을 제공한다. 이것은 학생이 자신을 발견하는 자연스러운 상황에 대한 생태학적 평가 결과를 반영한다. 끝으로 이 장의 결론으로서 과제분석은 지체 · 중복장애 학생들이 학습하고 사용해야 할 가치 있는 전략이다.

과제분석은 진공상태에서 일어나는 것이 아니라 교사가 원하는 장단기 목표에 도달하기 위하여 사용할 수 있는 많은 전략 중의 하나라는 사실을 기억하여야 한다. 교사가 분석한 과제는 교수 프로그램에 적용할 새로운 정보가 될 것이다. 그러나 교사들은 분석과 과제에 영향을 미치는 모든 것(문제의 전체 범위, 미래의 추이, 특별한 지식)을 알아야만 한다는 책임감을 느낄 필요는 없다. 교사가 장애학생에 대한 전문성을 가진 보호자, 부모 혹은 전문가와 일하는 것은 학생의 수행을 검사하고, 평가하며, 계획하기 위한 중요한 토대가 된다.

토의 문제

1. 과정으로서 과제분석이 사용되는 예를 두 가지만 말해 보자. 그리고 결과물로서의 과제분석을 사용하는 예도 두 가지 말해 보자.
2. 과제분석에서 발달 위계를 사용할 때의 장점과 단점을 말해 보자.
3. 교사가 언어적 지도, 시범 보이기 · 시연하기, 시각적 단서 제공하기 등의 지원 전략을 사용할 수 있는 학습 상황 혹은 교수 상황을 기술해 보자.
4. 교사가 지체 · 중복장애 학생에게 '기다리는 시간'을 사용하는 이유는 무엇인가? 교사가 '기다리는 시간'을 사용하는 예를 한 가지 들어 보자.
5. 상황분석과 과제분석의 차이는 무엇인가? 만약 식당에서 음식을 주문하는 기술을 평가하고자 한다면 과제분석을 사용해야 하는가? 아니면 상황분석을 사용해야 하는가? 그 이유는 무엇인가? 만약 집단 사회적 활동에서 적절한 행동을 지도하기 위하여 학생의 기술을 평가할 경우 과제분석을 사용할 것인가? 아니면 상황분석을 사용할 것인가? 그 이유는 무엇인가?

유용한 사이트

• Low Incidence Unit
http://www.ged.gld.gov.au/tal/liu
Low Incidence Unit는 희귀 발생 장애를 가진 학생의 교사를 위한 특정 장애 관련 교수 체제와 광범위한 수업 자료, 아이디어를 제공하고 있다. 이 사이트의 중요한 특징은 지체장애 학생을 위한 맞춤형 수업에 관한 설명을 제공한다는 점이다. 이 사이트는 호주 정부가 만들었지만 보편적인 적용이 가능한 아이디어들을 제공한다. 장애, 교육에서의 치료, 보조공학 영역들은 홈페이지에 있는 것으로 유용한 정보를 제공할 것이다.

• Disability Information for Students and Professionals
http://www.abilityinfo.com
이 강력한 사이트는 장애학생의 수업에 관한 지식과 발달의 지원을 지속하기 위한 200개가 넘는 웹의 링크, 토론방, 뉴스 수신 정보를 제공한다.

• Maddux Special Education Homepage
http://www.unr.edu/homepage/maddux
리노 대학에서 만든 Maddux Special Education Homepage는 교육자와 부모에게 다양한 평가 아이디어와 분석 아이디어를 제공한다.

참고문헌

Alberto, P. A., & Troutman, A. C. (2005). *Applied behavior analysis for teachers* (7th ed.). Upper Saddle River, NJ: Merrill/Pearson Education.

Alper, S. (1996). An ecological approach to identifying curricular content for inclusive settings. In D. L. Ryndak & S. Alper (Eds.), *Curricular content for students with moderate to severe disabilities in inclusive settings* (pp. 19-31). Boston: Allyn & Bacon.

Bartel, N. R. (1990). Problems in mathematics achievement. In D. D. Hammill & N. R. Bartel (Eds.), *Teaching students with learning and behavior problems* (pp. 289-343). Boston: Allyn & Bacon.

Bates, E. (1979). *The emergence of symbols: Cognition and communication in infancy*. New York: Academic Press.

Best, S. J., & Bigge J. L. (2005). Task and situation analysis. In S. J. Best, K. W. Heller, & J. L. Bigge (Eds.), *Teaching individuals with physical or multiple disabilities* (5th ed., pp. 151-178). Upper Saddle River, NJ: Merrill/Pearson Education.

Bigge, J. L. (1988). *Curriculum based instruction for special education students*. Mountain View, CA: Mayfield.

Bigge, J. L. (1991). *Teaching individuals with physical and multiple disabilities* (3rd ed.). Upper Saddle River, NJ: Merrill/Pearson Education.

Bigge, J. L., & Best, S. J. (2001). Task and situation analysis. In J. L. Bigge, S. J. Best, & K. W. Heller (Eds.), *Teaching individuals with physical, health, or multiple disabilities* (4th ed., pp. 121-148). Upper Saddle River, NJ: Merrill/Pearson Education.

Bigge, J. L., Stump, C. S., Spagna, M. E., & Silberman, R. K. (1999). *Curriculum, assessment, and instruction for students with disabilities*. Belmont, CA: Wadsworth.

Blackstone, S. (2004). Social networks. *Augmentative Communication News*.

Blackstone, S., Hunt-Berg, M., & Wilkins, D. (2005). Measuring the impact of AAC across disability types and ages using social networks as a component of measurement. In S. von Tetzchner & M. de J. Gonçalves (Eds.), *Theoretical and methodological challenges for research and practice in augmentative and alternative communication*. Toronto, Canada: International Society for Augmentative and Alternative Communication.

Blackstone, S. W., & Hunt-Berg, M. (2003). *Social networks: An assessment and intervention planning inventory for individuals with complex communication needs and their communication partners (SN)*. Monterey, CA: Augmentative Communication.

Blackstone, S. W., & Hunt-Berg, M. (2003). *Social networks DVD*. Verona, WI: Attainment Company.

Brown, F., & Snell, M. E. (2000). Meaningful assessment. In M. E. Snell & F. Brown (Eds.), *Instruction of students with severe disabilities* (pp. 67-114). Upper Saddle River, NJ: Merrill/Pearson Education.

Brown, L. (1990). Evaluating and managing classroom behavior. In D. D. Hammill & N. R. Bartel (Eds.), *Teaching students with learning and behavior problems* (pp. 345-415). Boston: Allyn & Bacon.

Cohen, M., Gross, P., & Haring, N. (1976). Developmental pinpoints. In N. Haring & L. Brown (Eds.), *Teaching the severely handicapped* (pp. 35-110). New York: Grune & Stratton.

Downing, J. E. (2008). Determining individuals' abilities and how to support students. In J. E. Downing (Ed.), *Including students with severe and multiple disabilities in typical classrooms: Practical strategies for teachers* (3rd ed., pp. 15-61). Baltimore, MD: Paul H. Brookes.

Downing, J. E., & Demchak, M. A. (2002). Determining individuals' abilities and how to support students. In J. E. Downing (Ed.), *Including students with severe and multiple disabilities in typical classrooms: Practical strategies for teachers* (2nd ed., pp. 15-61). Baltimore, MD: Paul H. Brookes.

Falvey, M. (1989). *Community-based curriculum: Instructional strategies for students with severe handicaps*. Baltimore, MD: Paul H. Brookes.

Hammill, D. D., & Bartel, N. R. (1990). *Teaching students with learning and behavior problems*. Boston: Allyn & Bacon.

Heller, K. W., Forney, P. E., Alberto, P. A., & Schwartzman, M. N. (2000). *Meeting physical and health needs of children with disabilities: Teaching student participation and management*. Belmont, CA: Wadsworth.

Light, J. (2003). *Communicative competence for indivi-*

duals who use AAC. Baltimore, MD: Paul H. Brookes.

Mercer, C. D., & Mercer, A. R. (2005). *Teaching students with learning problems* (7th ed.). Upper Saddle River, NJ: Merrill/Pearson Education.

Pescosolido, B. A. (2001). The role of social networks in the lives of persons with disabilities. In G. L. Albrecht, K. D. Seelman, & M. Bury (Eds.), *Handbook of disability studies* (pp. 468-489). Thousand Oaks, CA: Sage.

Rice, M. L. (1989). Children's language acquisition. *American Psychologist, 44*, 149-156.

Rowland, C. (1990, 1996, 2004). *Communication matrix*. Portland, OR: Design to Learn Projects, Oregon Health & Science University. Available from www.designtolearn.com.

Rowland, C. (2004). *Communication matrix . . . especially for parents*. Portland, OR: Design to Learn Projects, Oregon Health & Science University. Available from www.designtolearn. com.

Rowland, C. (2006). *La Communication Matrix . . . Para Padres*. Portland, OR: Design to Learn Projects, Oregon Health & Science University. Available from www.designtolearn.com.

Rowland, C., & Schweigert, P. (1998). Enhancing acquisition of functional language and communication. In R. Silberman & S. Sachs (Eds.), *Educating students with visual impairments and other disabilities* (pp. 413-438). Baltimore, MD: Paul H. Brookes.

Rowland, C. & Schweigert, P. (2000). Tangible symbols, tangible outcomes. *Augmentative and Alternative Communication, 16*, 61-78.

Rowland, C., & Schweigert, P. (2002). *Functional problem solving skills for children with pervasive developmental disorders*. Final report. Portland: Oregon Health & Science University.

Rowland, C., & Schweigert, P. (2005). *Establishing the foundations for self-determination in young children with low-incidence disabilities*: Final report. Portland: Oregon Health & Science University.

Ryndak, D. A., & Alper, S. (2003). *Curriculum and instruction for students with significant disabilities in inclusive settings* (2nd ed.). Boston: Allyn & Bacon.

Ryndak, D. L., Sirvis, B. P., & Alcouloumre, D. S. (1997). Leisure education for positive life styles. In P. J. Schloss, M. A. Smith, & C. N. Schloss (Eds.), *Instructional methods for adolescents with learning and behavior problems* (pp. 305-329). Boston: Allyn & Bacon.

Sowers, J., Jenkins, C., & Powers, L. (1988). Vocational education of persons with physical handicaps. In R. Gaylord-Ross (Ed.), *Vocational education for persons with handicaps* (pp. 387-414). Mountain View, CA: Mayfield.

Westling, D. L., & Fox, L. (2009). *Teaching students with severe disabilities* (4th ed.). Upper Saddle River, NJ: Pearson Education.

CHAPTER

07 보조공학

Sherwood J. Best
Penny Reed
June L. Bigge

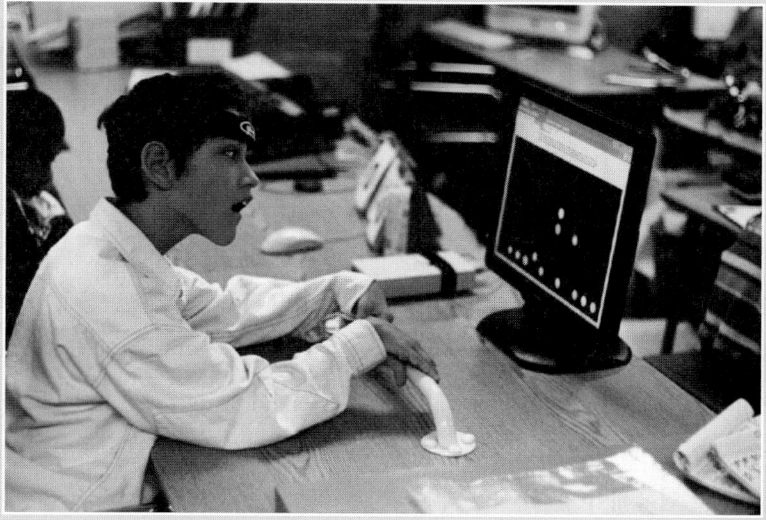

이 장을 읽고 나면 여러분은

1. 보조공학 기기와 서비스에 대해 정의할 수 있다.
2. 보조공학 기기와 서비스를 위한 법적 권리에 대해 설명할 수 있다.
3. 지체 또는 중복장애 학생의 신체 기능과 보조공학 사용을 촉진시키기 위한 적절한 자세, 앉기, 이동성에 대하여 논의할 수 있다.
4. 특정 개인을 위한 보조공학 기기의 특성을 여러 기능 영역을 토대로 평가할 수 있다.
5. 보조공학에 대한 학생의 요구를 평가하기 위하여 협력 팀의 구성원으로 활동할 수 있다.
6. 상업적인 보조공학 기기를 구입할 때 정보를 바탕으로 한 선택을 할 수 있다.
7. IEP 문서에 보조공학 관련 내용을 포함할 수 있다.
8. 교실 및 지역사회 학습 환경에 여러 가지 조정과 수정을 포함시킬 수 있다.

한 개인이 학교 내외 그리고 삶의 주요한 다른 활동에 참여할 때 장애가 부정적인 영향을 미친다면, 이는 곧 사회적 장애가 된다. 지체 또는 중복장애 학생에게 미치는 이러한 부정적인 영향을 줄일 수 있는 조정을 제공하기 위하여 다른 팀원들과 협력하는 것이 지체 또는 중복장애 학생의 교사 또는 그 이외의 사람들이 직면한 가장 큰 도전이다. 만약 이런 조정이 특정한 사물, 기기의 일부, 혹은 제품 체계로 구성되어 있다면, 이것을 보조공학 기기라고 부른다. 만약 장애를 지닌 개인이 보조공학 기기의 도움을 필요로 한다면 그들은 보조공학 서비스를 받을 권리가 있다.

지체 또는 중복장애 학생이 보조공학을 통해 자신의 생각과 지식 그리고 행동을 표현하는 것은 특수교육에서 매우 중요하다. 교사들은 참여의 질과 양을 증가시키기 위해 반드시 학생참여의 장벽과 해결책을 파악해야 한다. 그들은 학생이 다양한 학업 및 기능적인 활동에 참여할 수 있는 방법을 끊임없이 연구해야 한다. 학생의 효율적인 참여를 위해 고려해야 할 사항은 학생의 참여를 어렵게 만드는 환경과 도움이 되는 해결책들을 제시할 적응 방안들이다. 보조공학은 학생의 참여를 어떻게 강화시킬지에 대한 많은 해답을 제공한다.

때로는 문제의 인식 및 요구되는 보조공학의 특성이 분명히 드러난다. 그러나 많은 경우에 지체 또는 중복장애 학생의 참여를 증가시키고 지원하기 위해서는 다양한 정보가 필요하다. 학생을 둘러싼 환경의 이해뿐만 아니라 특정한 신체적 조건에 대한 지식, 상태의 치료적 관리, 그리고 교사와 그 이외의 사람들에 의해 주요한 문제가 확인되고 유용한 해결책이 마련된다. 제2장에서 제4장까지는 이러한 지식의 토대를 제공하였다. 다음 단계는 적응 방안과 지원의 종류에 대한 정보와 지식을 확장하는 것이다. 이 장에서는 다양한 보조공학 기기, 서비스, 적용에 대한 다양한 정보를 제공한다. 또한 보조공학의 법적인 정의와 일반적인 개념과 다학문적 팀 접근을 통해 보조공학 기기와 서비스 제공을 위한 개별적 요구를 평가하는 것에 대해 소개하고 보조공학의 적용에 대해 다룰 것이다. 적절한 자세와 앉기는 학교와 일상생활에 참여하는 데 기초가 되기 때문에 보조공학과도 관련을 가진다. 이동성, 시설에 대한 접근, 환경 및 사물의 수정, 환경 조정에 대한 주제는 보조공학을 통한 신체 및 감각적 특징을 지원하는 다양한 전략들을 포함하고 있다.

1. 보조공학의 정의와 법적 근거

1988년 의회는 장애인을 위한 공학관련 지원법(Technology-Related Assistance for Individuals with Disabilities Act: Tech Act)을 통과시켰다. Tech Act는 "장애인을 위해 보조공학 기기와 서비스에 대한 접근, 공급, 자금 지원을 용이하게 한다"고 언급하였다(Protection and Advocacy, Ind., 1995, p. 1). 이 법은 1994년과 1998년의 개정을 통해 범위가 확장되었다.

Tech Act는 장애를 가진 특정 개인에게 직접적으로 자금을 지원하지는 않지만, 보조공학 기기와 서비스에 대한 접근을 제공하기 위한 체제, 정책, 법률에 변화를 조성하기 위하여 마련되었다. 1990년에는 Tech Act에 제시된 보조공학 기기와 서비스에 대한 법적 정의가 미국의 장애인교육법(Individuals with Disabilities Education Act: IDEA)에 포함되었다. IDEA에는 보조공학 기기와 서비스에 대한 정의가 제시되어 있다.

> 보조공학 기기라는 용어는 장애를 가진 아동의 기능적인 능력을 증가, 유지, 향상시키는 데 사용되는 모든 물건, 장비 또는 제품 장치의 부품, 상업적으로 특별히 제작되거나 수정되거나 규격품으로 나온 모든 것을 의미한다(20 U.S.C. 1401 § 602 [1]).

이러한 넓은 의미의 정의는 보조공학 기기가 개인의 요구와 환경에 따라 매우 간단한 것에서부터 복잡한 것에 이르기까지 다양하다는 것을 의미한다. 이 정의는 1997년 IDEA의 개정까지 계속 유지되었으며, 2004년에 개정되었다. 2004년 IDEA 개정에서는 한 가지 항목이 추가되었는데, 이는 의학적 기기를 외과적으로 이식하거나 그러한 기기를 교체하는 것을 포함하였다.

보조공학 기기만을 제공하는 것으로는 모든 문제를 다룰 수 없다. 보조공학 기기의 사용 지원을 위해서는 서비스가 보장되어야 한다. 이러한 보조공학 서비스는 IDEA에서 다음과 같이 정의하고 있다.

> 보조공학 서비스라는 용어는 장애를 가진 아동의 보조공학 기기의 선택, 획득, 사용에 직접적인 도움을 주는 모든 서비스를 의미한다. 이 서비스에는 다음의 내용이 포함된다.
>
> - 일상적인 환경 안에서 장애아동의 기능적 평가를 포함하는 요구에 대한 평가
> - 장애아동을 위한 보조공학 기기의 구입, 대여 등
> - 보조공학 기기의 선택, 설계, 맞춤, 주문제작, 조정, 적용, 유지, 수리 또는 교체
> - 현재 이루어지고 있는 교육, 재활 계획, 프로그램과 연관된 다른 치료나 중재 또는 서비스를 보조공학 기기에 사용하여 조정하고 활용
> - 장애아동을 위한 훈련과 기술적인 지원. 필요하다면 장애학생의 가족에게도 제공
> - 교육, 재활 서비스를 제공하는 전문가들, 고용주, 장애학생에게 서비스를 제공하거나 고용하거나 혹은 주요 삶의 기능에 관련된 개인들을 위한 훈련이나 기술적인 지원(20 U.S.C. 1401 §602 [2])

보조공학을 제공하기 위하여 교육청에서 갖추어야 할 구체적인 자격 요건은 IDEA 규정에서 찾을 수 있다. 이는 다음과 같다.

> - 34 C.F.R. §300.105 보조공학
>
> (a) 각 국공립기관은 §300.5와 §300.6에서 정의된 항목인 보조공학 기기나 보조공학 서비스 또는 두 가지 모두를 장애아동이 필요로 할 때 반드시 보장하고 사용할 수 있도록 해야 한다.
>
> 1. §300.39의 특수교육
> 2. §300.34의 관련 서비스
> 3. §300.42와 §300.114(a)(2)(ⅱ)의 보충적인 지원과 서비스
>
> (b) 경우에 따라서 만약 개별화교육계획(IEP) 팀이 학생의 무상의 적절한 공교육(free appropriate public education: FAPE)을 위해 보조공학 기기를 사용하는 것이 요구된다고 결정했다면, 학교에서 구입한 보조공학 기기는 학생의 가정이나 다른 환경에서도 사용되는 것이 필요하다(20 U.S.C.1412 [a][12][B][ⅰ]).

1990년 IDEA에 정의된 보조공학 서비스에 추가하여 1997년에 개정된 IDEA에서는 IEP 개발 시 IEP 팀 구성원들이 보조공학에 대한 학생의 요구를 고려해야 한다는 요건을 추가하였다. 2004년 개정에서는 이는 반드시 고려되어야 하는 '특별한 요인들'의 한 부분으로 이 요건을 유지시켰다.

> - 614조 (d)(3)(B) 특별한 요인들의 고려
>
> 또한 IEP 팀은…… (v) 아동이 보조공학 기기와 서비스를 필요로 하는지를 고려해야 한다.

고려사항(consideration)은 1997년 IDEA에 나타난 새로운 용어로 많은 학교가 보조공학 사용을 촉진하고 기록할 방법을 찾도록 하였다. IDEA를 자세히 살펴보면 보조공학을 '특수교육'과 '관련 서비스'의 정의로 나뉘어 밝히고 있다. 그러나 특수교육을 '특별하게 설계된 교수'로, 관련 서비스를 '발달상의, 교정의, 또는 지원의 서비스'로 고려해 볼 수 있다. 그러므로 보조공학은 최소제한환경에서 교육받아야 하는 학생들을 지원하기 위해 제공하는 특수교육 서비스, 관련 서비스 또는 보충적인 지원이나 서비스라고 할 수 있다(Osborne & Russo, 2003, p. 48).

IDEA가 학교에서의 보조공학 서비스 제공에 영향을

미치는 주요한 법이기는 하나, Golden(1998)은 미국의 장애인법(Americans with Disabilities Act: ADA)과 1973년의 재활법의 504조를 간과해서는 안 된다고 강조하였다. IDEA는 학교에서 무상의 적절한 공교육(FAPE)을 제공할 것을 요구하였다. 보조공학 기기가 필요한지 아닌지를 결정하는 것은 '적절한' 기본적인 요구사항에서 기기를 사용하는 것이 요구되는지 아닌지를 결정하는 것이다. Golden(1998)은 504조에서도 관련된 기준이 있다는 것을 상기시켜주고 있다. 이 법은 FAPE와 마찬가지로 학교가 교육에 '평등한 접근'을 제공해야 한다고 강조한다. ADA에서도 역시 평등한 접근을 요구하고 있으나, 504조를 넘어서서 '효율적인 의사소통'과 '수요자의 선호도 고려'라는 내용을 포함하고 있다. 504조 아래 동등한 접근으로 IDEA의 FAPE 또는 FAPE를 보장하는 것은, ADA의 효율적인 의사소통을 위한 요구사항을 만족시키지 않을 수도 있는데, 특히 보조공학에 대한 요구를 평가할 때 그렇다. 여러 가지 판례는 학교의 보조공학 기기 및 서비스의 공급을 위한 요구사항과 이를 통한 다른 이점들을 계속해서 결정하고 정의할 것이다.

2. 보조공학 기기와 서비스

보조공학 기기는 매우 간단할 수도 있고, 매우 복잡할 수도 있다. 이렇게 매우 다양한 요소의 집단에 접근하는 방법 중 한 가지는 다루어지고 있는 기능적 능력에 대해 생각하는 것이다. 위스콘신 보조공학 실행팀(Wisconsin Assistive Technology Initiative: WATI)에서 개발한 보조공학 체크리스트(Assistive Technology Checklist; Wisconsin Assistive Technology Initiative, 2004)에 의하면 보조공학은 여러 가지의 범주와 하위 범주로 나뉜다([그림 7-1] 참조). 이러한 다양한 범주에 해당하는 보조공학 기기와 전략들은 간단한 로우테크(low-tech)부터 보다 복잡한 하이테크(high-tech) 항목까지 위계적으로 나열되어 있다. 개발자들은 학생을 성공적으로 도울 수 있는 가장 간단한 대체물을 선택하는 것이 중요하다는 믿음을 가지고 있다. 교사나 치료사, 부모들이 다양한 대체물을 시도해 보지 않고 가장 복잡한 해결책이나 가장 최근에 소개된 것에 대해 즉시 이끌리는 경우는 특별한 경우가 아니다. WATI 보조공학 체크리스트 항목들의 위계적인 배열은 가장 간단한 것부터 가장 복잡한 것까지를 다양하게 보여주기 위해 설계되었다. 예를 들어, 음성 인식은 쓰기에 어려움이 있는 학생들이 시도해 볼 수 있는 첫 번째 보조공학의 선택사항이 아닐 수도 있다. 비록 이것이 흥미 있고 매력적인 기기이지만 먼저 시도해 볼 필요성이 있는 것은 보다 간단한 기기들이라고 할 수 있다. [그림 7-1]은 보조공학의 폭넓은 해결책을 보여 주며 모든 기능의 관점을 통틀어 보조공학의 파급성에 대해 자세히 설명하고 있다.

또한 WATI 보조공학 체크리스트의 각 부분에서는 새로운 보조공학 선택사항을 위한 공간이 존재하는데, 그 이유는 많은 새로운 제품들이 매년마다 소개되고 있기 때문이다. 보조공학 체크리스트의 마지막 부분에 팀 구성원이 의견을 제시할 수 있는 공간이 마련되어 있다. 이를 통해 체크리스트는 융통성을 갖게 되고 확장될 수 있게 된다. 지체 또는 중복장애 학생들은 이러한 범주 중 한 개 이상의 보조공학을 필요로 할 수도 있으며, 그들의 요구는 매년 달라질 수 있다. 이 체크리스트의 내용은 미국 특수아동협의회(Council for Exceptional Children: CEC)의 양식으로도 이용 가능하다. 보조공학 'Quick Wheel'은 [그림 7-1]에 나온 도구들의 목록뿐만 아니라 보조공학과 관련된 법과 수많은 참고문헌 자료 등을 간단히 제시하고 있다. 보조공학 Quick Wheel은 특히 IFSP, IEP, ITP 회의에서 전문가들에게 유용하며, 이것의 내용은 http://icoe.k12.ca.us/ICOE/ Departments/SpEd/Assitive_Technology/AT+Guick+Wheel.htm에서 영어나 스페인어로 볼 수 있다. 한 장의 복사본은 CEC 공학과 미디어 분과의 www.tamcec.org를 통해 주문할 수 있고, 50장 이상의 복사본은 CEC의 www.cec.sped.org에서 주문할 수 있다.

쓰기

쓰기 기법

평가 형식: 쓰기 기법

- □ 조정 가능한 손잡이가 있는 연필이나 펜
- □ 조정 가능한 종이(예를 들면, 양각선, 강조된 선)
- □ 경사면 보드(slantboard)
- □ 타자기
- □ 휴대용 단어 처리기
- □ 컴퓨터
- □ 기타:

대안적인 컴퓨터 접근

평가 형식: 컴퓨터 접근과 관련된 소근육

- □ Easy Access나 Access DOS가 있는 키보드
- □ 단어 예측, 타수를 줄이기 위한 약어/확장
- □ 키가드(keyguard)
- □ 팔 지지대(예를 들면, Ergo Rest)
- □ 화면이 나오는 키보드와 트랙볼/트랙패드/조이스틱
- □ 대안적인 키보드(예를 들면, IntelliKeys, Disc. Board, TASH)
- □ 표준, 대안적인 키보드와 화면이 나오는 키보드와 마우스 스틱/헤드 포인터
- □ 화면이 나오는 키보드와 헤드마우스/헤드마스터/트래커
- □ 모스 부호 스위치
- □ 훑기 스위치
- □ 음석 인식 소프트웨어
- □ 기타:

문서 작성

평가 형식: 문서 작성

- □ 단어 카드/단어책/단어 벽(word wall)
- □ 휴대용 사전/유의어사전
- □ 전자적/말하는 전자사전/유의어/철자 확인기(예를 들면, Franklin Bookman)
- □ 철자 확인기/문법 확인기가 있는 문서 작성기
- □ 철자와 문장 구성을 촉진시키기 위한 단어 예측기능이 있는 문서 작성기(예를 들면, Co:Writer)
- □ 다감각 타이핑을 위한 말하는 문서 작성기
- □ 생각을 표현하기 위한 멀티미디어 소프트웨어(과제)
- □ 음성 인식 소프트웨어
- □ 기타:

의사소통

평가 형식: 의사소통

- □ 그림, 사물, 철자, 단어가 있는 의사소통 판/책
- □ 눈 응시 판/틀
- □ 간단한 음성 출력 기기(예를 들면, BIGmack, Cheap Talk, Voice in a Box, MicroVoice, Talking picture frame, Hawk)
- □ 단계가 있는 음성 출력 기기(예를 들면, 6 Level Voice in a Box, Macaw, Digivox)
- □ 아이콘 배열이 있는 음성 출력 기기(예를 들면, AlphaTalker Liberator, Chatbox)
- □ 동영상이 제공되는 음성 출력 기기(예를 들면, 노트북 기능이 있는 Dynavox, Speaking Dynamically/Freestyle)
- □ 타이핑을 위한 음성 합성이 제공되는 기기(예를 들면, Cannon Communicator, Link, 노트북 기능이 있는 Write: Out Loud)
- □ 기타:

읽기, 공부, 수학

읽기

평가 형식: 읽기

- □ 글자체 크기, 간격, 색, 배경색의 변화
- □ 페이지 넘김을 위해 조정된 책(예를 들면, page fluffers, 3-ring binder)
- □ 글과 그림을 함께 사용(예를 들면, Picture It, Writing with Symbols)
- □ 어려운 단어를 발음하기 위한 말하는 전자기기(예를 들면, Franklin Bookman, American Heritage Dictionary)
- □ OCR이 있는 스캐너와 말하는 문서작성기
- □ 전자책
- □ 기타:

자세한 평가 형식:

학습 및 공부

평가 형식: 학습과 공부

- □ 인쇄되거나 그림으로 된 시간표
- □ 자료를 찾기 위한 로우테크 도움(예를 들면, 인덱스 탭, 색으로 구분된 폴더)
- □ 강조된 글(예를 들면, 마커, 하이라이트 테이프, 자 등)
- □ 과제, 일의 단계 등을 위한 음성 출력 기억장치(riminder)
- □ 사물/개념 발달의 조작을 위한 소프트웨어(예를 들면, Blocks in Motion, Toy Store)
- □ 스위치나 터치 윈도우 같은 대안적인 입력 장치 사용
- □ 생각과 공부의 조직화를 위한 소프트웨어(예를 들면, Inspiration, Claris Works Outline, PowerPoint 등)
- □ 녹음된 자료(테이프 책, 숫자로 분류시킨 녹음된 강의 등)
- □ 기타:

수학

평가 형식: 수학

- ☐ 주판/수학 계산 줄
- ☐ 계산기/출력할 수 있는 계산기
- ☐ 말하는 계산기
- ☐ 큰 버튼 및/또는 큰 LCD 출력이 가능한 계산기
- ☐ 수학 계산을 위한 단서를 제공하는 소프트웨어(개조된 입력방법을 사용할 수도 있음)
- ☐ 촉감/음성 출력 측정 기기(예를 들면, 시계, 자)
- ☐ 기타:

오락 및 여가

평가 형식: 오락과 여가

- ☐ 개조된 장난감과 게임(예를 들면, 개조된 손잡이가 있는 장난감)
- ☐ 배터리 안전장치(interrupter) 사용과 장난감 작동을 위한 스위치
- ☐ 개조한 스포츠 기구(예를 들면, 불빛이 나거나 종소리가 나는 공, 벨크로로 된 글러브)
- ☐ 크레용, 마커, 페인트 브러쉬를 잡기 위한 보편적인 커프(cuff)
- ☐ 개조된 기기(예를 들면, 지우개, 스탬프, 가위)
- ☐ 그림을 그리고 색칠할 때 팔을 지지하기 위한 Ergo Rest
- ☐ 컴퓨터의 그림, 그래픽 프로그램(예를 들면, Kid Pix, Blocks in Motion)
- ☐ 컴퓨터의 게임
- ☐ 컴퓨터의 음악 소프트웨어
- ☐ 기타:

일상생활 동작(ADL)

- ☐ 물건을 지탱하기 위한 미끄럼 방지 물체
- ☐ 손에 물건을 잡고 있도록 해 주는 보편적인 커프와 줄(strap)
- ☐ 쉽게 배치하고 인식하기 위해 색으로 표시해 놓은 사물들
- ☐ 개조된 식사 도구(예를 들면, foam handles, deep sides)
- ☐ 개조된 음료 도구(예를 들면, 가장자리를 오려낸 컵)
- ☐ 개조된 옷 도구(예를 들면, 단추걸이, 탄력 있는 신발끈, 단추 대신에 벨크로 등)
- ☐ 개조된 세면도구(예를 들면, 개조된 칫솔, 높인 변기 시트 등)
- ☐ 개조된 목욕도구
- ☐ 개조된 요리기구
- ☐ 기타:

이동

평가 형식: 이동

- ☐ 워커
- ☐ 난간, 바를 잡는 것
- ☐ 스포츠 휠체어를 포함한 수동 휠체어
- ☐ 전동이동 장난감(예를 들면, Cooper Car, GoBot)
- ☐ 전동스쿠터나 카트
- ☐ 조이스틱, 헤드스위치, 입으로 불기 등 다른 조종이 가능한 전동휠체어
- ☐ 운전을 위해 개조된 자동차

환경 제어

- ☐ 전등 스위치 연장
- ☐ 전자 장치를 켜기 위한 Powerlink나 스위치(예를 들면, 라디오, 프라이팬, 믹서기 등)
- ☐ 라디오/Ultrasound/리모컨 사용 기기
- ☐ 기타:

자세 및 앉기

평가 형식: 자세와 앉기

- ☐ 의자 위의 미끄럼 방지 표면(예를 들면, Dycem)
- ☐ 베개 받침대, 둘둘 말은 수건, 발 받침대
- ☐ 개조되거나 대안적인 의자, 사이드 리어(side lyer), 스탠더(stander)
- ☐ 주문 제작한 맞춤 휠체어나 부속품
- ☐ 기타:

시력

평가 형식: 시력

- ☐ 안경
- ☐ 확대 렌즈
- ☐ 큰 활자 책
- ☐ CCTV(폐쇄회로TV)
- ☐ 화면 확대렌즈(화면 위에 고정된)
- ☐ 화면 확대 소프트웨어(예를 들면, CloseView, Zoom Text)
- ☐ 화면 색 대조(예를 들면, CloseView)
- ☐ 화면 판독기(예를 들면, OutSpoken), 글자 판독기
- ☐ 점자 번역 소프트웨어
- ☐ 점자 프린터
- ☐ 키보드에 점자/촉각, 글씨를 크게 한 것
- ☐ 버튼을 크게 한 대안적인 키보드
- ☐ 점자 키보드와 노트 필기도구(예를 들면, Braille N Speak)
- ☐ 기타:

청각	의견:
평가 형식: 청각	
☐ 펜과 종이	
☐ 컴퓨터/휴대용 단어 처리기	
☐ 전화기로의 접근을 위한 지연이 있거나 없는 TTY	
☐ 신호 기기(예를 들면, 진동 호출기)	
☐ 자막	
☐ 실시간 자막	
☐ 컴퓨터 도움 노트 필기	
☐ 컴퓨터의 경보 신호를 위한 화면 번쩍임	
☐ 개인적인 음량 증폭 시스템	
☐ 듣기 도움	
☐ FM 시스템	
☐ 반복 시스템	
☐ 적외선 시스템	
☐ 전화기 앰프(증폭기)	
☐ 기타:	

[그림 7-1] 위스콘신 보조공학 체크리스트

출처: Wisconsin Assistive Technology Checklist by Wisconsin Assistive Technology Initiative, 2004, Oshkosh, WI. Copyright 2000-2001 by WATI. Reprinted with permission.

3. 보조공학에 대한 요구 결정

IDEA에서는 공공기관인 학교가 보조공학 기기나 서비스, 또는 필요하다면 두 가지 모두를 보장해야 한다는 것을 분명히 제시한다. 보조공학이 필요한지 아닌지에 대해서 결정하는 것은 교직원들에게 어려울 수 있다. IDEA에서 보조공학의 '필요' 여부를 결정하는 데 사용되는 기준은 학생이 FAPE를 받기 위해 무엇이 필요한지의 여부다. FAPE는 특수교육 서비스, 관련 서비스, 부가적 지원이나 서비스, 프로그램의 수정과 같은 다양한 구성요소를 포함하고 있다. IEP 팀은 특정 보조공학 기기나 서비스가 그냥 단지 있으면 좋을지 혹은 정말 필요할지에 대해 결정하려고 할 때, FAPE를 고려해야 한다. 즉, 이러한 고려 없이 아동은 FAPE를 제공받을 수 없다. 종종 IEP 팀은 교육과정 내에서 아동의 성과와 진보의 영향을 결정하기 위해, 보조공학의 사용을 시험 삼아 실행해 보는 것이 필요하다는 것을 발견하기도 한다. FAPE의 다른 모든 관점과 마찬가지로 보조공학은 부모에게 무상으로 제공되어야 한다.

1) 보조공학에 대한 요구 고려하기

IEP 팀 구성원들은 학생의 보조공학에 대한 요구를 적절하고 효과적으로 고려하기 위하여 올바른 선택을 할 수 있도록 충분한 지식을 가지고 있어야 한다. 이러한 지식은 학생에게 적절하고 적용 가능할 만한 보조공학 기기와 서비스에 대한 지식도 포함된다. 추가적으로 그들이 효율적으로 올바른 선택을 하기 위해서는 과정이나 절차가 필요하다. 팀 구성원들은 어떻게 보조공학에 대한 요구를 '고려'할 수 있을까?

- 고려사항은 모든 IEP 회의에서 일어날 수 있는 간단한 절차이다.

- 고려사항은 "아, 저건 우리 학생에게 맞지 않다"라고 말하는 것보다 더 많은 것을 의미한다.
- 당신이 모르는 것에 대해서는 고려할 수 없기 때문에 IEP 팀에는 보조공학에 대한 지식이 있는 사람이 적어도 한 명은 있어야 한다.
- 보조공학이 도움이 되는지를 판단하기 위해서는 학생의 목표를 평가할 수 있도록 대부분의 IEP가 개발되어야 한다.
- 아동이 이루고 싶어 하는 매년의 목표를 보조공학을 통해 성취할 수 있도록 도와주는 것이 논의의 초점이 되어야 한다.

다음의 상황에서는 팀 구성원들이 보조공학을 해결책으로 고려할 수 있다.

- 표준 인쇄 크기가 읽기에 너무 작다.
- 학생은 소리가 나는 것을 전혀 듣지 못한다.
- 조작 자료가 사용하기에 너무 어렵다.
- 학생이 과제를 마치기 위해 종종 다른 사람이 글을 읽어줄 필요가 있다.
- 아동의 손 글씨는 알아보기 너무 어려워서 의미 해석이 불가능하다.
- 쓰기를 할 때 너무 느리거나 힘들기 때문에 과제를 끝마치지 못한다.
- 학생은 효율적 또는 능률적으로 의사소통을 하지 못한다.
- 현재의 수정방법이 적용되고 있지 않다.
- 학생에게 현재 진보가 나타나지 않으며, 매우 적은 발달만 보이고 있다.
- 학생이 의미를 계속해서 놓치기 때문에 읽기 과제를 이해하는 것이 매우 어렵다.

[그림 7-2]는 보조공학의 '고려' 후에 갖게 될 네 가지 성과의 일반적인 유형을 제시하고 있다(Reed, 1998).

대부분의 주 교육기관들은 "학생에게 보조공학 기기나 서비스가 필요한가?"라는 질문에 IEP 팀이 응답할 수 있도록 IEP 양식 안에 문항을 삽입하였다. 만약 대답이 "예"라면 IEP팀 구성원들은 필요한 특정 기기를 구체화하여야 한다. 그 이유는 어떤 IEP팀은 하나의 문항이 제공해 주는 것보다 더 많은 안내를 필요로 하기 때문이다. 위스콘신 보조공학 실행팀은 보조공학 고려를 위한 지침을 개발하였다(Wisconsin Assistive Technology Initiative, 2004). 보조공학 고려를 위한 지침은 IEP팀으로 하여금 학생에게 보조공학 기기와 서비스가 필요한지 아닌지를 문항을 통해 결정할 수 있도록 돕는다.

1. 학생의 능력/기술(쓰기, 의사소통하기, 읽기, 보기, 듣기 등)수준으로 인해 수행하지 못하는 과제 중 보조공학 기기와 서비스를 통해 학생에게 기대되는 것은 무엇인가?
2. 현재 학생이 특별한 전략이나 조정을 통해 과제를 완성할 수 있는가?
3. 보조공학(기기, 도구, 하드웨어, 소프트웨어)이 현재 이 과제를 수행하는 데 사용되는가?
4. 보조공학을 사용하는 것이 최소제한환경에서 학생이 이 기술을 더 쉽고 효율적으로 또는 최소한의 지원을 통해 성공적으로 수행하도록 도와주는가?

보조공학의 고려를 위한 지침은 새로운 보조공학 기기나 서비스가 시도되었을 때 결과를 서술할 부분을 제시하고 있다. 특정 학생에게 보조공학이 잘 적용되는지를 실제로 결정하기 위해서 하나 이상의 형식적인 시도를 계획해 보는 것은 매우 중요하다. 기기의 시험 사용이 성공적이었을 때만이 보조공학의 영구적인 사용에 대해 IEP에 기록할 수 있다. www.wati.orgproducts/freematerials.html에 들어가면 보조공학 고려를 위한 지침과 기기의 시험사용 양식을 포함한 보조공학 평가 양식을 다운받을 수 있다.

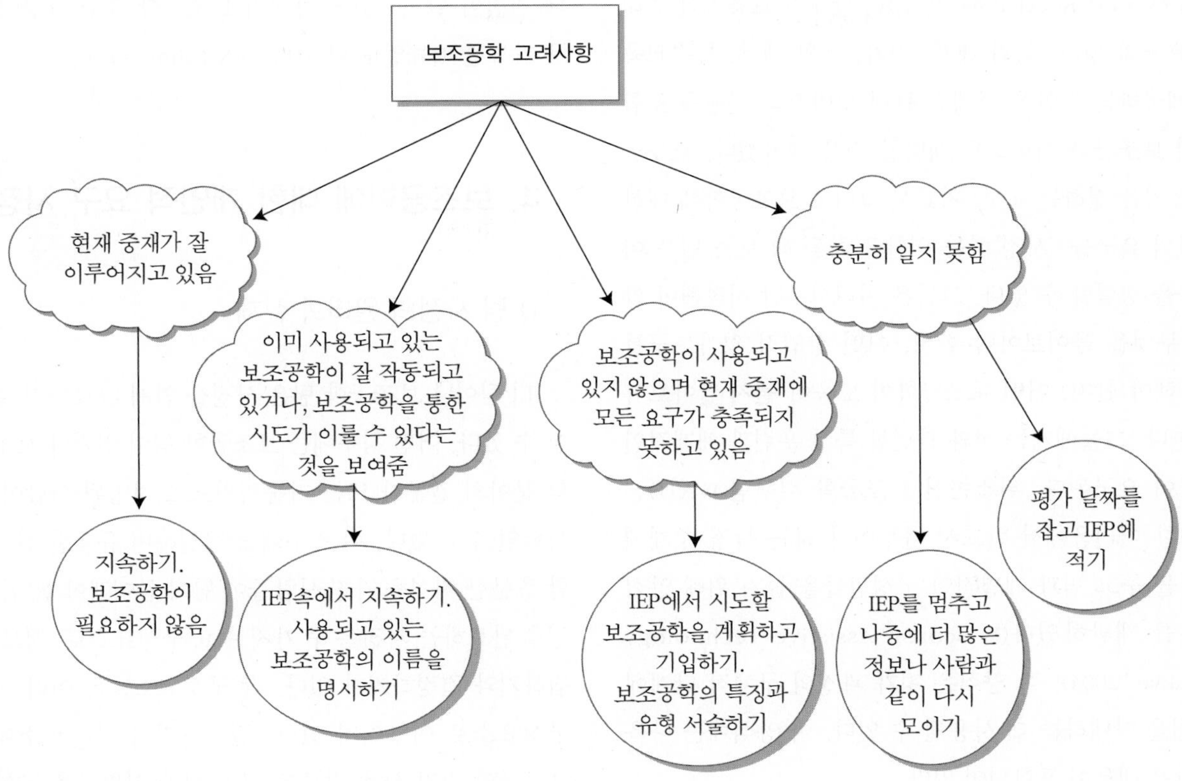

[그림 7-2] 위스콘신 보조공학 실행팀의 보조공학 고려의 결과

출처: AT Consideration Outcomes by P. Reed, 1998, Oshkosh Wisconsin Assistive Technology Initiative. Copyright 1998 by WATI. Reprinted with permission.

2) 보조공학과 사정

앞에서 언급한 바와 같이, '고려사항'의 결과 중 하나는 보조공학이 필요한 아동의 요구를 사정하는 것이다. 보조공학에 대한 요구 사정은 장애학생에게 서비스가 제공되는 동안 언제나 이루어질 수 있다. 공식적인 고려과정에서도, IEP 모임에서도, 의뢰과정에서도 또는 학생이 특수교육과 관련 서비스를 받고 있는 동안에도 이루어질 수 있다(Bowser & Reed, 1995, 1998). 일반적으로 보조공학 사정의 필요성은 부모, 치료사, 교사, 보조교사 또는 학교에서 학생에게 서비스를 제공하는 다양한 사람들로부터 제기된다. 이는 '보조공학 사정'이 형식적인 요청일 수도 있고, 또는 일반적인 서비스 제공이 학생의 문제를 해결하기에 충분하지 않아 더 많은 요구가 있는 일상적인 문제 해결 그 이상이 될 수도 있다.

문제는 그 범위가 포괄적일 수도 있다. "Jennifer는 6학년에서 요구되는 읽기와 쓰기를 위해 고군분투한다. 그녀는 개념은 이해하지만 인쇄된 단어를 이해하는 것과 그녀가 쓰고 싶어 하는 것을 쓰는데 큰 어려움을 겪고 있기 때문에 좌절감을 느끼고 있었다. 이 상황을 도울 수 있는 보조공학이 있을까?" 또는 문제가 매우 구체적일 수도 있다. "Matt는 제한된 시력 때문에 사회 교과서에 있는 그래프를 이해하지 못한다." Jennifer의 경우 로우테크에서 컴퓨터 기반의 하드웨어까지 모든 범위를 포함하고, 그녀의 여러 수업에서 사용할 특정한 읽기와 쓰기 작업을 위한 소프트웨어가 있을 수 있다. Matt의 경우 적용할 만한 해결책을 찾기 전까지 단지 한두 가지의 것들만 시도할 수도 있다. 이러한 상황에서 아동과 함께 하는 서비스 제공자들의 팀은 문제에 답할 수 있도록 체계적인 접근을 해야 한다.

Bowser와 Reed(1995, 1998)는 학교가 보조공학에 대한 요구의 평가, 의뢰 체계, 평가, 계획 개발, 특수교육을 제공하는 동안에 설계된 관련 서비스의 실행을 포함하여 보조공학 서비스를 개발할 것을 제안했다. 보조공학을 처음 접하는 교사, 치료사 그리고 보조공학에 대한 학생의 요구를 '사정'하는 역할을 처음 해 보는 팀은 어려움을 경험할 수 있다. 그들은 어디서부터 시작해야 할지, 무엇을 물어보아야 할지, 어떤 상업적 평가도구를 사용해야 할지, 어떤 보조공학이 도움이 될지 알아보아야 한다. 그들에게는 이와 관련한 특정 훈련과 체계적인 접근이 요구된다. 위스콘신 보조공학 실행팀(WATI)은 이러한 어려움에서 반드시 다루어야 하는 특정 주제에 초점을 두고 팀과 개별적인 구성원들을 돕기 위해 양식 세트를 개발하였다(Wisconsn Assistive Technology Initiative, 2004). 각 양식은 평가 과정의 구체적 단계에서 팀을 안내하는 데 사용될 수 있다. 이 양식에는 다음과 같은 내용이 포함되어 있다.

- WATI 학생 정보 지침(WATI Student Information Guide)은 팀이 학생의 능력과 요구를 평가하고자 할 때 필요한 문항들을 제공한다.
- WATI 환경 관찰 지침(WATI Environmental Observation Guide)은 수업 관찰 동안 사용되는 양식이다.
- WATI 보조공학 결정 지침(WATI Assistive Technology Decision-Making Guide)은 팀의 결정 과정에서 이끄는 역할을 한다.
- WATI 시험사용 지침(WATI Trial Use Guide)은 보조공학의 시험사용 기간을 제시한다.
- WATI 보조공학 시험사용 요약(Assitive Technology Trial Use Summary)은 보조공학 시도의 결과를 간결하게 요약하여 제공한다(Wisconsin Assistive Technology Initiative, 2004).

이 양식은 위스콘신 보조공학 실행팀 웹사이트(www.wati.org/products/freematerials/html)에서 다운받을 수 있다. WATI 양식이 보조공학의 절차를 논하는 데 지침이 될 수 있다. 학생의 보조공학 요구 사정에 사용 가능한 매뉴얼도 있다(Reed & Lahm, 2004).

4. 보조공학에 대한 개인적 요구 사정

1) 팀 사정의 원리와 실제

IEP팀이나 보조공학 팀은 사정을 언제 완료할지 결정할 수 있다. 어떤 경우에는 보조공학 팀이 없거나 보조공학 분야의 전문가 또는 자문위원으로 지명된 사람이 한 사람일 수도 있다. 이 경우에는 적절하며 유용한 결정을 할 충분한 지식을 가진 사람들이 팀에 참여해야 한다. 사정을 완료하는 과정은 두 가지 주요 구성요소로, 정보 수집하기와 결정하기가 있다. 각 구성요소들은 여러 하위 구성요소로 이루어져 있다. 결정하기의 구성요소에는 보조공학 기기 사용 자료를 얻기 위한 시험사용 구현이 포함되어 있다.

(1) 단계 1.0: 정보 수집

① 단계 1.1: 팀 조직하기

각자의 업무를 확인하고 업무를 배정하기 위하여 간단한 모임이 열릴 수도 있고, 또는 '형식적인' 모임 없이 팀 구성원들이 효율적으로 기능할 수 있을 때는 모임 없이 팀의 리더가 업무를 배정할 수도 있다.

비록 팀 구성원의 인원수와 그들의 특정 전문지식이 해결해야 할 문제의 중요도나 복잡성에 따라 변화할 수 있지만, 팀의 구성원을 선정하는 데에는 특별한 고려사항이 있다. 팀에 있는 누군가는 교육과정을 이해해야만 한다. 특수교사 혹은 일반교사는 이러한 전문지식을 제공한다. 만약 보조공학에 관련된 질문이 말이나 언어에 관련된 것이라면 누군가는 언어 발달에 대한 전문지식을 가지고 있어야 한다. 이는 대개 일반적으로 말-언어 병리학자가 맡지만 때로는 청각장애 아동을 지도하는 교사가 맡을 수도 있다. 종종 자세와 운동 능력에 대한 질문들이 있을 수 있다. 이 경우에는 물리치료사 또는 작업치료사가 필요하다. 그리고 이 팀 중에 한 명 이상은 아동의 요구에 알맞은 특정한 보조공학에 대한 지식을 가지고 있어야 한다. 보조공학 평가 팀 구성원 이외의 다른 사람들이 될 수도 있다. 예를 들어, 만약 아동이 시각장애를 가지고 있다면 시각 전문가가 포함될 필요가 있다. 심지어 학교의 핵심 집단이 보조공학에 대한 질문들을 일상적으로 다루게 될 때, 보조공학 해결책에 대해 결정하기 위해 함께 작업하는 팀은 학생의 독특한 요구를 총괄하여 다룰 수 있는 사람들을 포함시켜야 한다. 마지막으로 부모 중 한 명 또는 부모 모두가 정보 모으기와 결정하기 과정에서 활발하게 참여할 수 있다. 팀에 기여할 수 있고 정보를 이해하는 학생들은 가족 구성원과 함께 모임에 참여할 수 있다. 일반적으로 3~7명의 사람들로 구성된 팀이 보조공학 사정 과정의 정보 수집하기와 결정하기 단계를 시작하기 위해 만나게 된다.

② 단계 1.2: 팀 구성원의 정보 수집하기

팀 구성원은 학생의 능력, 어려움, 환경, 과제와 관련된 정보들을 검토한다. 여기에는 문서 검토, 상호 간에 의견 공유하기, 관련된 환경에서의 한 번 이상 관찰하기가 포함된다. 만약 문제가 해결되지 않는다면, 팀 구성원들은 필요한 정보를 산출해 낼 형식적이거나 비형식적인 검사를 수행할 필요가 있다(예를 들면, 수용 언어 능력).

WATI 학생 정보 지침은 이용 가능한 많은 자원들로부터 정보를 모으는 데 훌륭한 도구이다. 이 지침은 다양한 질문을 포함하고 있는데, 팀은 적절한 보조공학과 서비스에 대한 학생의 요구에 알맞게 답을 할 수 있어야 한다. WATI 학생 정보 지침의 첫 번째 부분에는 과거에 사용했거나 현재 사용하고 있는 보조공학이 무엇인지에 대한 질문을 포함하고 있다. 어떤 서비스 제공자가 다른 사람이 모르는 보조공학을 사용하고 있을 수도 있기 때문에 이는 매우 중요한 정보가 된다. 예를 들어, 언어 교사는 Samantha의 쓰기가 컴퓨터의 음성 출력을 이용할 때 훨씬 낫다는 것을 알게 된다. 이는 교실에 있는 모든 컴퓨터에 음성출력과 음성지원 단어-처리 소프트웨어가 있기 때문에 일어날 수 있는 상황이다. 교사가 몇 달 동안 이 과정을 관찰한 결과, Samantha는 과제를 하기 위해 음성지원 단어 처리기를 정기적으로 선택하였고, 쓰기 과제에서 철자와 문법 두 가지 모두 능력이 향상되었다. 이러한 정보들은 문서화하고 공유하는 것이 필수적이다.

두 번째 부분에서는 과거에 시도했던 보조공학 기기와 그 사용 결과가 어떠한지에 대해 결정하기 위한 자료 검토 과정이 요구된다. 이때 팀 구성원이 변경되는 것은 귀중한 정보를 놓치게 만들 수도 있다. 이에 대한 가장 극단적인 예로는 말을 하지 못하는 학생이 사용할 보완대체의사소통 기기를 결정하기 위해 몇 주를 보낸 한 팀이 있었다. 그들은 모두 신입이었고, 자료 검토를 철저히 하지 않았다. 비로소 2년 전에 7,000달러의 동영상 디스플레이와 음성출력 의사소통 기기를 구입했다는 사실을 알고 놀라게 되었다. 이것은 교실 책장의 뒤쪽에 있는 상자에 안전하게 보관되어 있었다. 누군가가 이 자료를 검토하지 않았다면 그들은 매우 좋고 사용가능한 기기를 이미 가지고 있음에도 불구하고 다른 기기를 사느라 비용을 지불했을 것이다. 부모는 여러 번 "그가 말할 때 사용했던 무엇인가가 있었어요"라고 말했지만 그들은 이러한 중요한 정보를 추적해 보지 않았다.

다음으로 팀은 WATI 학생 정보 지침을 참고하여 완료해야 할 부분을 선택한다. 보조공학 사정을 처음 접하는 팀은 한 번에 오직 한 가지 부분에만 집중하기를 추천한다. 예를 들어, 어떤 학생이 학습장애를 가지고 있다면 팀 구성원들은 쓰기에 가장 관심을 가지고 있을 것이다. 그들은 쓰기 부분을 진행할 것이고 그 부분의 질문에 답하게 될 것이다. 만약 그들이 한 가지 이상의 것에 신경을 쓴다면, WATI 학생 정보 지침의 한 가지 이상을 완료하려고 할 것이다. 팀은 이 지침의 얼마나 많은 부분 그리고 어느 부분이 도움을 줄 수 있을지에 대해 결정해야 한다. 다음은 WATI 학생 정보 지침에 포함되어 있는 내용들이다.

- 쓰기와 관련된 운동

- 컴퓨터 접근과 관련된 소근육 운동
- 쓰기자료 작성
- 의사소통
- 읽기
- 학습과 공부
- 수학
- 오락(취미)과 여가
- 일상생활 동작
- 이동
- 자세 잡기와 앉기
- 환경 조절
- 시각
- 청각

WATI 학생 정보 지침에서 원했던 부분들을 완료하면 팀은 일반적인 정보에 대한 부분으로 옮겨 간다. 여기에 해당하는 문항들은 모든 아동에게 적용된다. 여기에는 아동의 보조공학 사용에 영향을 미치는 행동과 알아 두어야 할 다른 중요한 요소들, 예를 들어 학습 양식과 대처 전략, 사정 과정을 진행할 때 그들이 기억하고 고려해야 할 사항과 같은 문항들을 포함한다.

이 과정의 다음 단계는 학생이 어려움을 느끼는 장소에서 학생을 관찰하는 것이다. WATI 환경 관찰 지침은 특정한 상황과 활동에서 어떠한 일이 일어나는지에 대해 관찰자의 관심을 기술할 수 있는 간단한 양식을 가지고 있다. 먼저 관찰하고 있는 활동이나 과제를 기록한다. 그런 후 관찰자는 학생이 그 활동에 일반적으로 참여하는 방식을 묘사한다. 관찰자는 목표 학생이 어떻게 참여하는지 그리고 참여하는 데 장벽으로 보이는 것들이 있는지를 기록한다. 여기에는 학생의 자세나 위치, 교육자료의 위치, 불빛, 소음 수준 또는 다양한 요인들이 포함될 수 있다. 마지막으로 관찰자는 잠재적인 조정이나 즉시 떠오르는 보조공학에 대해 적고, 나머지 팀 구성원과 가능성 있는 해결책에 대해 논의한다.

[그림 7-3]은 완성된 환경 관찰 지침의 예시이다. 비록 이 관찰 중의 몇몇은 흔히 알 수 있는 것이지만 어떤 것은 보조공학에 대한 최소한의 지식을 필요로 한다. 예를 들어, '사전 녹음'이라는 것을 제시하기 위해 누군가는 메시지를 사전에 녹음 가능한 어떠한 기기가 있다는 것을 알아야 한다. 하지만 기기 종류나 브랜드를 알 필요는 없다. 만약 그들이 종류나 브랜드를 알고 있다면 그것을 적을 수도 있다. 만약 학교 내에 사용 가능한 것이 어디에 있는지를 안다면 그 정보도 포함해서 적을 수 있다. 사정 과정에서 결정이나 형식적인 추천은 그 다음에 이루어진다.

이러한 예로 중등도의 뇌성마비 아동인 5살 Jeff를 들 수 있다. Jeff는 이동과 자세 유지를 위해 휠체어를 사용하고, 아주 최소한으로 이야기한다. 가족이 학교의 또래 친구들이나 서비스 제공자들보다 아동의 발화를 더 잘 이해한다. 관찰자는 Jeff가 눈에 들어오는 밝은 빛을 피하기 위해 교사로부터 고개를 돌리고 있는 것을 알아냈다. 주의를 기울이지 않는 것이 아니었다. 다른 친구들은 낮은 위치에 앉아 있었기 때문에 햇빛의 방해를 받지 않았다. 교사는 다음 날 자신의 위치를 바꾸어 창문 쪽에 서지 않았다.

③ 단계 1.3: 모임 날짜 정하기

부모를 포함한(만약 필요하다면 학생도) 모든 팀 구성원의 모임 날짜를 정해야 한다.

(2) 단계 2.0: 결정하기

효과적인 결정하기 과정을 사용하기 위해서는 팀 구성원들이 정보를 수집하는 기술 이외에 다양한 기술을 가지고 있고 사용해야 한다. 그것은 바로 의사소통 기술과 집단 과정 기술이다. 의사소통 기술에는 활동적인 듣기, 협상하기, 위압적이지 않은 피드백 제공하기, 방어적이지 않은 채로 비판 받아들이기가 포함된다. 집단 과정에는 시간표 따르기, 의견 일치에 도달하기, 효과적으로 형식적인 집단 결정하기가 있다.

팀 결정 과정에서 명확하게 규정된 결정하기 과정을 이용할 때의 가치는 교육 분야(Dettermer, Thurston, & Dyck, 1993; Schmuck & Runkel, 1994)와 조기중재 분야

학생/아동: Jeff 날짜:
위치: 유치원 교실 관찰자(들):
활동: 이야기 나누기 활동

관찰된 활동/과제	학생들이 일반적으로 참여하는 방식	목표 학생이 참여하는 방식	목표 학생이 활동 참여 시 겪는 장벽	가능한 조절 그리고/또는 보조공학
교사는 자료가 있는 낮은 책장 뒤 의자에 앉아 있음. 명사를 사용하여 날짜와 날씨에 대해 이야기를 함. 날씨에 맞게 어떻게 옷을 입었는지에 대해 이야기함. 비에 대한 이야기를 읽음.	학생들이 반원을 만들어 바닥에 앉아 있음. 자석판에 있는 항목들을 가리키며 질문에 대답하고, 해당 날짜 등을 선택함. 이야기가 진행되는 동안 주의를 기울이고, 질문에 대답하며, 책에 있는 것을 가리키고, 반복되는 줄의 단어를 챈트로 부름.	휠체어를 타고 교사의 바로 앞에 위치해 있음. 가끔씩은 자료를 쳐다보지만 다른 때는 눈길을 돌림. 자석판이 충분히 가까이에 있을 때는 가리키려고 시도함. 이야기 시간 동안에는 고개를 돌리고 있음.	다른 친구들과 다른 높이에 있음. 음성 출력 기기가 없음. 이야기 나누기 시간에 눈에 해가 비침.	바닥에 자세 보조기기를 두어 앉게 하고 날씨나 날에 대한 메시지를 미리 녹음해 놓음. 교사가 빛을 등짐으로써 해나 밝은 불빛에 눈이 부신 것을 해결하고, 그날에 읽어 줄 책의 부분을 반복한 것을 미리 녹음해 놓음.

[그림 7-3] 완성된 위스콘신 보조공학 실행팀의 환경 관찰 양식

출처: Wisconsin Assistive Technology Initiative, 9/97, Oshkosh, WI. Reprinted with permission.

(Prentice & Spencer, 1985)에서 지지되고 있다. 비록 이 훈련의 중요성에 대한 인식이 20여년 이상 문헌에서 명백하게 밝히고 있지만, 여전히 대부분의 교사나 치료사들은 그들이 교사나 치료사로 근무하기 이전에 이 분야에 대한 훈련을 받고 있지 않다(Reed, 1997b). 이러한 결과로 볼 때 대부분의 팀은 명확하게 규정된 과정을 사용하고 있지 않을 뿐만 아니라, 심지어 그들의 결정하기 과정을 위해 형식을 갖추고 조직하는 것에 대한 필요성을 느끼지 않을 수도 있다. 중요한 결정이 이루어지는 회의가 그냥 흘러갈 수도 있고, 분열될 수도 있으며, 의제도 없고, 입력한 내용을 모두 함께 확인하는 과정도 없으며, 구성원들 간의 동의 여부에 대한 형식적인 확인 또한 없을 수도 있다.

효과적인 결정하기 과정의 중요한 요소와 단계에는 다음의 사항들이 포함된다.

1. 문제 확인: 특정 문제에 대한 확인과 정의 내리기
2. 해결책 생성: 가능한 해결책 제안하기
3. 해결책 선택: 행동 계획을 세우기 위해 제안을 평가하고 해결책 선택하기
4. 실행: 계획 실행하기
5. 후속 지원: 해결책을 평가하기 위해 다시 모이기

팀의 모든 구성원이 단계를 인식하고 함께 절차를 따를 때는 장애물이 생길 수 있다. 그 이유는 팀의 모임에서 말로 발표를 하거나 결정하기 과정의 특정 단계에서 매우 적은 관심을 보이는 것이 일반적이기 때문에 개인의 생각 및 의사소통 방식이 문제를 일으킬 수 있다. 팀의 한 구성원이 문제를 매우 구체화하고 상세한 세부사항을 찾는 동안 팀의 다른 구성원은 올바른 해결책을 생각할 수도 있고, 또 다른 구성원은 모임이 언제 끝날지 그리고 내일 수업시간에 어떤 과제를 사용해야 할지를 생각하고 있을 수도 있다.

WATI 보조공학 결정 지침은 보조공학에 대한 결정을 내리는데 간단하지만 효과적인 지침을 제공한다.

① 단계 2.1: WATI 보조공학 결정하기 지침을 사용하여 문제 확인하기

문제 확인 단계에서 강조되는 것은 아동이 할 필요가 있는 과제와 그 과제를 수행하는 아동의 능력 및 어려움이 환경과 어떠한 관계를 가지는지 알아내는 것이다.

팀은 문제 확인하기의 처음 두 가지 부분에서 빠르게 움직여야 한다. '과제와 관련된 학생의 능력 및 어려움'과 '환경적인 고려사항'이 그것이다. 문제 확인하기의 세 번째 부분은 아동이 수행할 필요가 있는 과제들을 알아내는 것인데, 이는 보조공학 해결책을 만드는데 도움이 된다.

② 단계 2.2: 해결책을 만들기 위해 과제 선택하기

팀은 해결책을 생성해 낼 중요한 과제 한 가지를 선택해야 한다. 만약 중복으로 선택해야 한다면 한 번에 한 가지씩만 다루어야 한다.

③ 단계 2.3: 해결책 만들기

문제 해결과정에서 이 부분은 브레인스토밍에 해당한다. 생각나는 해결책을 모두가 함께 볼 수 있게 적는다. 논의는 필요하지 않다. 이 해결책의 특별한 점은 팀 구성원의 지식과 경험에 따라 범위가 다양해 질 수 있다는 것이다. 어떤 구성원은 아동의 요구를 충족시킬 만한 특징을 가진 구체적인 기기의 이름들을 생각해 낼 수도 있을 것이고, 다른 팀 구성원은 간단하게 중요하다고 생각하는 특징에 대해 이야기 할 수도 있을 것이다(예를 들면, 음성 출력 필요, 휴대성 필요, 적은/많은 메시지 필요, 손 이외의 입력 방법 필요 등). 팀은 WATI 체크리스트처럼 해결책을 만드는 데 도움이 될 구체적인 자료를 사용할 수도 있다.

만약 팀에서 만든 해결책이 주로 교수 전략과 관계되고 보조공학에 관계가 전혀 없거나 매우 적다면 팀은 www.techmatrix.org의 온라인 테크 매트릭스(Tech Matrix)와 같은 추가적인 자료를 찾아보아야 할 필요가 있다. 이러한 자료들은 아동 및 과제와 관련된 적절한 보조공학 해결책의 종류에 대한 정의를 제공해 준다.

④ 단계 2.4: 해결책 선택하기

이 단계에서 팀은 해결책을 만드는 과정에서 목록화된 해결책들에 대해 논의하고, 학생에게 어떠한 것이 효과를 보일 가능성이 있는지에 대해 고려한다. 팀 구성원들은 해결책을 논의하고 종합하며 배열하고 우선순위를 정한 뒤 그들이 시도할 기기에 대하여 의견을 일치시킨다.

⑤ 단계 2.5: 실행 계획 세우기

팀은 해결책 선택하기 과정에서 선택된 항목들을 사용하여 '실행' 혹은 행동 계획을 세울 것이다. 여기에는 구체적인 하드웨어나 소프트웨어와 함께 필요한 시도들이 포함된다. 팀은 이 단계에서 과제를 마무리하는 데 책임이 있는 개인과 그것을 끝내야 하는 날짜에 대해 구체적으로 명시해야 한다.

⑥ 단계 2.6: 후속 지원을 위한 계획하기

팀은 진보 정도를 검토하기 위하여 다시 모이게 된다. 후속 지원은 실행 계획에서 완료되어야 할 단계들의 수를 반영하여야 한다.

(3) 단계 3.0: 실행하기

① 단계 3.1: 계획 실행하기

만약 계획 부분이 다양한 하드웨어 또는 소프트웨어의 연속적인 시도라면, 이러한 기기의 시험사용을 위해 보조공학을 구입하거나 대여할 날짜를 정해야 할 필요가 있다. 계획을 실행하는 직원들에게 필요한 훈련들은 실행의 지연 방지를 위해 즉시 제공되어야 할 필요가 있다. 계획은 선택된 해결책이 좋은지 그렇지 않은지를 평가하기 위하여 완벽하게 진행되어야 한다.

② 단계 3.2: 계획된 날짜에 후속 지원하기

후속 지원을 위한 모임은 지금까지 수집된 구체적인 자료들과 보조공학이 잘 적용되고 있는지 아닌지에 대한 논의를 포함하여, 모든 활동을 검토하는 것과 관련된

다. 만약 변화가 필요하다면 결정하기 과정의 2단계를 다시 이용해야 할 수도 있다. 실행 후 중간에 후속 지원이나 관찰이 반드시 이루어져야 한다. 이는 그냥 지나칠 수 없는 매우 중요한 부분이다.

[그림 7-4]는 완성된 WATI 결정하기 지침을 보여 주고 있다. 이처럼 간단하지만 효과적인 단계를 따르는 것은 지체 또는 중복장애 학생을 위하여 적절하고 효과적인 보조공학을 결정하기 위해 노력하는 팀에게 도움이 된다.

2) 확장된 사정 또는 기기의 시험사용

특정한 학생을 위한 보조공학의 효과성에 대해 정보를 모으기 위하여 다양한 보조공학을 통한 확장된 시도를 하는 것은 매우 중요하다. 만약 여러 문항들이 해결되지 않은 채로 남아 있다면 더 많은 시간이 필요할지도 모른다. 예를 들어, 팀 구성원들은 학생이 의도적으로 기기를 작동시키는지 아닌지, 선호하는 강화물, 스위치의 종류, 스위치의 위치, 다루어야 할 다른 변인들에 관한 구체적인 자료에 대하여 확신을 가지고 있지 못할 수도 있다. 보조공학을 통한 시도들을 조직하는 과정을 확장된 사정이라고 부른다.

WATI 보조공학 시험 사용 지침(Wisconsin Assistive Technology Initiative, 2004b)은 효과적이고 확장된 사정을 계획하기 좋은 도구이다. 이는 사정기간 동안 전체적인 목표, 보조공학이 사용될 장소, 구체적인 기기들에 대한 계획을 세우도록 팀을 안내한다. 그리고 기기의 시험사용 기간 동안의 결과에 대해 정리하며 끝을 맺는다. 이 지침을 통해 생성된 자료들은 팀 구성원들이 보조공학 기기를 위한 자금 지원 출처를 구하는 데 필요할 수 있다. 이는 제3자인 자금 지급자가 보조공학 자금 지원에 대해 고려할 때 물어볼 문항들에 대한 답을 제공할 수 있기 때문이다.

확장된 사정 기간 동안에 팀은 다양한 기기를 통하여 연속적인 시도를 실행해 보고, 그 중의 어느 것이 더 좋은 해결책이 될 수 있는지를 살펴보게 된다. 확장된 사정은 아동이 더욱 복잡하거나 심한 장애를 가지고 있을 때, 결정을 내릴 때, 그리고 필요한 자료를 모으기 위하여 광범위한 훈련이나 경험이 요구될 때 사용하게 된다(Reed, Bowser, & Korsten, 2002).

확장된 사정을 위해서는 여러 단계가 필요하다. 첫째 단계는 시험사용 기간 동안에 사용될 구체적인 기기가 결정되어야 한다. 둘째 단계는 시험사용을 위한 구체적인 목표와 시간표를 확인해야 한다. 팀 구성원들은 학생에 대한 기대와 성공적인 시험사용의 기준이 무엇인지 명확하게 할 필요가 있다. 예를 들어, Keith의 문제를 해결하기 위한 팀이 있었다. Keith는 경도 뇌성마비와 학습장애를 가지고 있는 5학년 학생으로서, 팀은 그의 쓰기 활동에 문서작성 기기가 도움이 되는지를 확인해 보기 위하여 그 기기를 시험적으로 사용해 보기로 결정하였다. 하지만 그들은 Keith에 대한 목표나 기대치에 대하여 논의하지 않았다. 그들은 음성지원 문서작성기 프로그램을 대여하였고, 한 달 동안 그것을 활용했다. 월말에 교사와 치료사는 그것이 실패라고 생각했고, 부모는 그것이 성공적이라고 생각했다. 어떻게 이런 일이 일어날 수 있을까? 간단하다. 처음에 이 소프트웨어는 Keith를 매우 느리게 만들었다. 왜냐하면 그는 들은 것이 무엇인지 진짜로 쓰고 싶은 것이 무엇인지 생각해보기 위하여 멈춰서 생각하는 시간을 가졌기 때문이다. 이를 통해 Keith는 그가 쓴 것에 대한 실수를 알아차릴 수 있게 되었다. 이를테면, 그는 '강' 이라는 의미의 단어를 쓸 때 일반적으로 '악' 이라고 잘못 썼던 것이다. 컴퓨터가 "악" 이라고 말할 때 그는 매우 큰 충격을 받았다. 그는 그것을 여러 번 반복한 후 글자를 바꾸기 위해 고군분투하였다. 처음에는 작업을 빨리 했음에도 월말에는 음성지원 문서작성기 소프트웨어를 사용하기 전에 작성했던 쓰기 과제의 길이에도 미치지 못하게 되었다. 그래서 직원은 그것이 유용한 도구가 아니라고 느꼈던 것이다.

하지만 그의 가족은 Keith에게서 큰 변화를 볼 수 있었다. 난생처음으로 그는 스스로 쓰기 과제를 집에 가지고 와서 냉장고 문 위에 붙여 놓았다. 그는 아침에 학교

모임 날짜: 9월 24일

모인 팀 구성원들:

Smith 부부: 부모
Jones: 특수교육 지원교사
Frost: 5 학년 교사
Kelly: 특수교육 실무원, 보조교사
Trent: 작업치료사
Williams: 보조공학 전문가

문제 확인		
학생의 능력/어려움	환경적 고려사항	과제
• 쓰기: 알아볼 수 있게 쓰지만 또래 정도의 수준은 아님 • 추가 시간 사용 • 힘듦 • 개조된 손잡이(grip)를 사용해 본 적이 있음 • 타이핑을 위해 손가락을 구분하여 둘 수 있음 • 마우스를 사용할 수 있음 • 작문: 철자의 혼동으로 인해 어려움 • 작업을 계속하기가 어려움 • 의사소통: 매우 잘함 • 읽기: 어떤 부분에서 강점이 있거나 학년 수준보다는 낮음 • 가끔씩 좌절함 • 수학: 어려움을 겪음 • 이동: 수동휠체어에서 독립적임 • 시력: 안경을 쓰고 20/30(역자 주: 약 0.67의 시력) • 학교에서 기능적으로 생활 • 듣기: 관계없음 • 행동: 주의력 결핍 • 도구를 던지거나 함부로 다루는 것과는 관계없음	• 5학년 교실에 있는 항상 사용 가능한 컴퓨터 • 문서 처리기가 있으나 사운드카드가 있는지는 확실하지 않음 • 교육적인 소프트웨어가 없음 • 학습도움실의 맥 컴퓨터	• 알아볼 수 있게 쓰인 문서자료 작성하기 • 읽기 • 공부하기 • 수학 • 학교에서의 취미/여가활동 **선택된 작업:** 알아볼 수 있게 쓴 문서자료 작성하기

해결책 생성	해결책 선택	실행 계획
• 개조된 연필 손잡이 • 노트북 • 키보드 교육 • 교실에서의 컴퓨터 사용 • Alpha Smart 3000 • 더 많은 쓰기 연습 • 타자 수를 줄이고 철자 수정을 돕는 소프트웨어 • 철자 확인 • 약어/확장 • 글을 읽어 주는 컴퓨터	• 집게손가락으로 키보드를 사용하는 낮은 기대수준에서 시작 • 일반적인 키보드 사용법 가르치기 • 단어 예측 사용 가르치기 • 필기체로 쓰는 연습 더 하기, 개조된 연필 손잡이 다시 사용해 보기 • 학습도움실의 컴퓨터를 이용해 보기 • 일기와 과제 수행하기 • OT 시간에 키보드 치기 • 사운드카드 확인해 보기 • 말하는 문서작성기 사용해 보기	• 키보드 사용해 보기: 두 번째 손가락만 익숙해지게 함(Trent: 10월 1일에 시작), 일기쓰기(Jones: 10월 15일에 시작) • 단어 예측 및 말하는 문서작성기(Jones: 훈련 후 11월 15일, Williams에게서 빌림) • 사운드카드 확인해 보기(Frost: 11월 1일 만약 필요하다면 Tech Comm에 요청) • 필기체 쓰기: 독창적 글쓰기 시간에(Frost: 10월 1일), OT 시간에(Trent: 10월 5일에 시작) • 개조된 연필 손잡이 사용해 보기(Trent: 10월 5일) • 일반적인 키보드 사용법 가르치기: 올해 시작(Trent: 10월 19일), 다음 해의 5학년 키보딩 수업 **다음 모임:** 11월 22일

[그림 7-4] 완성된 WATI 결정 지침

출처: Wisconsin Assistive Technology Initiative, 9/97, Oshkosh, WI. Reprinted with permission.

에서 더욱 긴 쓰기 과제를 하게 될 것이라는 사실을 알고는 더욱 즐거워하였다. 쓰기 과제에 대해 이야기할 때 그의 표정은 두드러지게 변화되었다. 그들은 음성지원 문서작성기가 굉장한 성공이라고 느꼈다. 누가 맞을까? 물론 둘 다 맞다. 하지만 과제 길이의 감소는 연습을 더 하게 된다면 나아질 수 있기 때문에 사실 부모가 더욱 의미 있는 정보를 알아차린 것이라고 볼 수 있다. 그럼에도 불구하고 팀 전원이 그 결과에 도달하기 위한 논쟁이 몇 주에 걸쳐 이루어졌다. 만약 그들이 기기의 시험사용 시작 전에 성공을 위한 목표와 기준에 대해 논의했다면 이러한 불필요한 논쟁을 피할 수 있었을 것이다.

셋째 단계는 확장된 사정을 위한 보조공학의 획득이다. 특정한 보조공학 하드웨어나 소프트웨어가 학생의 요구를 만족시키는지 결정하기 위해 기기를 회사에서 대여하거나, 도서관 또는 장애단체에서 대여하는 것이 최선의 방법이지만(National School Boards Association and U.S. Department of Education, 1997), 이 과정은 배치까지 몇 주가 걸릴 수 있기 때문에 기기의 이용 가능성이 중요하게 고려된다. 특정한 보조공학 하드웨어나 소프트웨어가 획득될 수 있는 날짜를 반영하여 시도를 재편성하는 것이 필요할 수 있다. 넷째 단계는 기기의 시험사용을 실시하는 것이다. 하드웨어나 소프트웨어를 체계적으로 시험사용해 보고 무엇이 효과적인지를 결정해야 한다.

기기의 시험사용이 시작되었다면 마지막 단계는 시험사용결과에 기반을 두어 결정을 내리는 것이다. 어떤 자료는 해석하기 어렵고 많은 논의를 필요로 할 수도 있다. 학생이 대안점 중의 하나를 명확하게 선호하고 있다면 그 선호는 결정하기에서 중요한 부분이 된다. 보조공학에 대한 장기간의 연구 결과들은 기기의 지속적인 사용을 위해서는 선호도, 사용의 편리함, 훈련의 용이성, 융통성, 내구성, 휴대성이 중요함을 지적한다(Scherer, 1993).

5. 보조공학의 선택과 획득

보조공학 기기로 사용될 수 있는 수많은 상업적인 제품들이 시중에 판매되고 있다. 이러한 제품들은 부드러운 손잡이를 가진 특수한 펜과 같은 로우테크부터 소리인식과 음성 출력이 가능한 컴퓨터와 같은 하이테크 항목들까지 다양하게 존재한다. 일반 대중들을 위해 대량으로 생산되는 상업적인 제품들이 가장 저렴하다. 어떤 제품들은 특정 장애를 가진 개인들을 위해 특별하게 설계되었다(주문 제작되거나 특수하게 제작된 제품들이다). 여기서는 지체 또는 중복장애 학생의 요구 충족을 위하여 일반적인 제품과 특별한 상업적 제품을 신속하게 찾는 것에 대해 살펴볼 것이다.

1) 원하는 제품의 특징 결정

보조공학 제품의 가장 적합한 특징을 선택하는 것은 다음 예들을 통해 설명될 수 있다. 어떤 팀이 Mary에 대한 사정 과정을 완료한 후, 원하는 것과 필요한 것에 대해 의사소통하는 것과 수업시간에 이루어진 질문에 답하는 것이 Mary에 대한 쟁점이라고 결정하였다고 가정하자. 브레인스토밍을 한 뒤, 적어도 15개의 메시지를 가진 음성출력 기기가 그녀에게 필요하다는 것을 팀이 동의하였다. 팀에 있는 누군가가 보조공학 제품에 대한 지식이 없었다면 팀은 어떤 기기가 사용 가능하고 Mary에게 가장 적합할지 결정할 수 있었을까? 개별 학생에게 어떤 제품이 적합한지에 대해 결정하는 과정을 특징 매치(feature match)라고 부른다(Grennen & DeCoste, 1997).

특징 매치는 학생의 독특한 요구를 파악하고 그러한 요구에 알맞은 특징을 가진 기기를 알아보는 것을 의미한다. 팀은 WATI 학생 정보 지침을 포함하여 이번에 논의되었던 정보 수집 과정을 통해 발견한 학생의 독특한 능력에 초점을 맞춘다. 예를 들어, 팀은 학생이 소근육 영역에서 움직일 수 있는 범위, 학생이 접근할 수 있는 기기의 크기, 학생의 훑어보는 능력과 같은 정보에 대해 알아본다. 의사소통 영역에서는 학생이 상징이나 일견 단어를 인식하는 능력, 수평이나 수직으로 시각의 이동이 가능한지의 여부와 같은 중요한 요소를 결정하게 된다. 이는 보조공학을 선택하거나 시도할 때 요구되는 학생의 특징을 결정하는 것이다.

학생의 능력을 검토한 후 학생의 독특한 특성과 요구에 맞는 물리적 특징을 가진 기기를 찾기 위해 지식을 이용하는 작업을 하게 된다. 만약 팀이 컴퓨터, 보완대체의사소통 기기, 혹은 전동휠체어의 제어장치와 같은 도구에 학생이 어떻게 접근할 것인지를 결정하려고 한다면, 학생의 소근육과 관련된 요구에 초점을 맞추어야 한다. 이를 조사하기 위한 제품 특징의 주요 구성요소에는 다음이 포함된다.

- 기본 배치(예: 전원 스위치의 위치, 버튼 사이의 간격 등)
- 기본 크기(예: 기기의 크기, 스위치의 크기, 넓이, 필요한 압력 등)
- 입력 방법(예: 스캔을 사용하는 것보다 특별히 배치된 스위치나 어댑터로 제품을 직접 누르거나 활성화 시키는 것 등)

팀에서 학생이 내용(예를 들어, 소프트웨어를 선택하거나 보완대체의사소통 기기의 디스플레이를 계획할 때)과 어떻게 상호작용할지에 대해서 생각할 때, 다른 구성요소들도 고려해 보아야 한다.

- 처리: 자극을 인지하고 적절한 반응을 하는 사용자의 능력과 관계된다.
- 복잡성: 보이는 단어나 상징들의 수, 그것의 배열, 사용자가 정적인 것을 원하는지 또는 역동적인 것을 원하는지(버튼이나 상징을 작동시키면 전체 디스플레이가 변경되면서 새로운 선택사항들을 보여 주는 것을 말한다)와 관계된다.
- 출력: 청각적 또는 시각적 디스플레이, 점자 등의 형태와 관계된다.

하드웨어를 선택할 때 고려해야 할 특징에는 휴대성, 무게, 색깔, 융통성, 배터리 용량이 있다.

어떠한 선택사항이 이용 가능한지를 알지 못하는 팀은 지식이나 다양한 자원들을 더 잘 알고 있는 다른 사람으로부터 도움을 요청해야 한다. 특징 매치에 도움이 될 수 있는 온라인, 소프트웨어 도구들도 존재한다(이 장의 마지막에 있는 '유용한 사이트'를 참조).

2) 제품 사양과 설명

상업적으로 사용 가능한 기기들의 사양은 자세하고 정확하게 설명되어 있다. 상업적인 제품의 사양은 공개적인 검토를 위해 인쇄되어 있다. ABLE-DATA 데이터베이스는 이러한 정보들의 좋은 자료인데, 이 장의 마지막에 제시된 웹사이트에서 접속할 수 있다. 학생의 요구 및 능력과 관련된 도구의 강점과 약점을 비교한 것에 기반을 두어 가장 좋은 선택사항을 선택할 수 있다. 제품의 기능에 대한 직접적인 경험과 훈련을 통한 제품 설명은 중요하다. 훈련은 학교, 지방, 주, 제품 판매회사 또는 다양한 소비자단체와 다양한 개별 상담자로부터 제공될 수 있다.

3) 제품 검색과 주문

다양한 정보(크기, 특징, 브랜드 등)를 통해 제품들을 살펴본다. 제품을 조사할 때 팀은 그들이 필요한 정보들에 대해 전부는 아니지만 약간은 알고 있을 수도 있다. 그들은 단지 몇 가지의 사양만을 알 수도 있다. 상황이 어떻든 간에 팀은 인터넷이나 카탈로그 그리고 보조공학 협회를 통해 그들이 알고 있는 지식을 활용하거나 아이디어를 찾거나 음성 인식과 같은 보조공학, 보완대체의사소통 또는 특정 도구 등에 초점을 맞춘 전자목록을 입력하여 제품을 검색할 수 있다. 제품을 실제로 주문하려면 매우 구체적인 정보가 필요하다. 보조공학 제품을 조사할 때 다음의 요소들이 중요하다.

- 일반적인 이름(제품의 흔한 이름)
- 브랜드 이름(제품의 상표명)
- 생산 회사(제조 출처)
- 유통 회사(유통 출처)
- 주소(생산회사나 유통회사의 주소)
- 연도별 가격(날짜별로 가격 목록화)
- 설명서[제품에서 필요한 구체적인 특징의 물리적인 설명(예: 8메시지 대 32메시지, 2단계 대 4단계 등)]
- 분류 기준[제품을 분류하는 데 사용되는 기술적인 용어(예: 보완적 의사소통 기기, 단어예측 소프트웨어, 청각 보조기구 등]

상업적 제품들이 지체 또는 중복장애 아동의 독특한 요구를 항상 충족시키는 것은 아니다. 필요한 사양을 지닌 제품들은 항상 이용 가능한 것이 아닐뿐더러 가격이 비쌀 수도 있다. 어떤 경우, 사양 변경이 너무 빠르게 이루어질 때 상업적인 제품은 사용이 불가능할 수 있다. 가끔은 지역에서 사용 가능하고 저비용의 재료를 사용하여, 직접 만든 기구나 기기들이 실제 사용 가능한 선택이 될 수도 있다. 직접 만든 기구나 기기들은 때로 상업적인 제품들과 비교해도 손색이 없을 만큼 훌륭한 도구가 될 수 있다. 하지만 안타깝게도 시간과 노력에 대한 비용이 상업적인 제품에 들어가는 비용보다 비쌀 수도 있다. 게다가 직접 만든 물건들은 일반적으로 상업적인 제품처럼 튼튼하지 않을 수도 있다. 그렇기 때문에 제품을 살 것인지 혹은 만들 것인지를 결정할 때에는 이러한 모든 요인들을 고려해야 한다.

4) IEP에 보조공학 기록하기

고려 사항, 사정, 확장된 사정에 이어 팀은 IEP에 작성해야 할 보조공학의 종류를 결정한다. IEP 작성 시에는 비록 보조공학 기기나 관련된 서비스, 보조적인 지원 및 서비스, 또는 아동의 특수교육 프로그램일 수도 있지만 IEP 작성에는 많은 어려움을 겪게 된다. 다음은 각 IEP 문서에 포함되는 보조공학의 세 가지 영역에 대한 예시를 제공한다.

(1) 특수교육의 한 부분으로서의 보조공학

보조공학이 특별하게 설계된 교수(특수교육)의 한 부분으로 제공될 때 (만약 목적이 사용되고 있다면) 이는 목표와 목적으로 표현될 수 있다. 한 아동이 보조공학과 그 이외의 것들의 사용에 대해 훈련과 교육을 받아야 할 필요가 있을 경우, 이는 아동이 구체적인 목표나 목적을 성취하기 위해 사용하는 자료가 된다. 보조공학 사용 시 연간 목표를 적을 때 세 가지 구성요소를 포함하는 것이 중요하다. 요구 분야, 변화의 방향, 성취의 단계가 이에 속한다. 여기에는 아동이 완료해야 하는 기능적인 과제와 관련시키는 것이 중요하다. 예를 들어, 기술적으로 적합한 연간 목표는 'Bobby는 단일 스위치를 75% 작동시킬 것이다'가 될 것이다. 하지만 이는 '그래서(So what)?' 검사에서 실패한다. 왜 당신은 Bobby가 스위치를 작동시키는 것을 우선으로 하였는가? 무엇을 성취하게 될 것인가? 장난감을 작동시키기 위한 것인가? 컴퓨터를 작동시키기 위한 것인가? 도움을 요청하기 위한 것인가? 다른 곳으로 이동할 준비가 되었음을 알리기 위한 것인가? 친구에게 인사하기 위한 것인가? 우리가 항상 공학의 사용을 기능적인 결과에 관련짓는다면, 우리는 기기 자체가 목적이 아닌 목적을 위한 수단임을 깨달을 수 있을 것이다.

예시

- 현재의 교육적 수행 수준: Sarah는 물건이 표시되면 자신이 원하고 필요한 것을 알리기 위해 눈 응시를 성공적으로 사용한다. 그러면 그녀의 의사소통 상대자는 그녀가 응시하는 것을 말해 준다. 그녀는 현재 다른 사람에게 인사하고, 주의를 끌고, 예/아니요 둘 다를 표현하기 위해 그르렁거리는 소리를 낸다. 그녀는 최근까지 4개의 메시지 출력기기의 사용을 시도했고 선택하기에서도 약간의 성공을 보였다. Sarah는 전동휠체어를 타고 학교 안에서 독립적으로 이동한다.

- 연간 목표: Sarah는 음성출력 기기와 눈 응시 전략을 사용함으로써 그녀의 선호와 요구를 알리는 다섯 가지 중 네 가지 선택사항들을 가지고 학교 환경에서 다른 사람들과 상호작용할 수 있다.
- 단기 목표 1: Sarah의 휠체어 위에 메시지 및 대응하는 상징들이 있는 미리 프로그램화된 한 방향 메시지 음성출력 기기를 놓아 준다면, 그녀는 복도, 식당, 교실에서 또래에게 인사하기 위해 그것을 100% 이용할 것이다.
- 단기 목표 2: 그녀의 휠체어에 적절한 상징과 그림이 있는 눈 응시 틀을 놓아 준다면, 3번의 무작위 시도 중에 80% 정도는 제공된 네 가지 선택사항 중 자신이 선호하는 것을 가리킬 수 있을 것이다.
- 단기 목표 3: Sarah에게 예/아니요로 답할 수 있는 질문을 하게 될 때, 3번의 무작위 시도 중 90% 정도의 "예"라는 대답은 웃음과 의사소통 상대자와의 눈을 응시하여 알리고, "아니요"라는 대답은 휠체어 테이블 쪽으로 고개를 내려 적어도 3초 이상 쳐다보는 행동을 통해 알리도록 할 것이다.
- 단기 목표 4: Sarah에게 상징과 그림으로 구성되고 미리 프로그램화된 네 가지 메시지 음성출력 기기를 제공할 때, 그녀는 3번의 무작위 시도 중 적어도 80% 이상을 적절히 "더 들려주세요" "페이지를 넘겨 주세요" 등의 요청하는 내용의 반복적인 문구들을 사용함으로써 이야기 시간에 참여할 것이다.

예시

- 현재의 교육적 수행 수준: Eric은 모든 학업 교과에서 정규교육 프로그램에 참여한다. 그는 손의 힘이 제한적이고 손으로 글 쓰는 작업을 하게 될 때 쉽게 지친다. 사회와 영어 교과는 긴 과제나 리포트를 요구하기 때문에 그에게 어려운 과제이다.
- 연간 목표: Eric은 10학년 영어와 사회 수업시간의 과제를 완성하기 위해 컴퓨터나 휴대용 문서작성기를 사용할 수 있다.
- 단기 목표 1: Eric은 표준의 키보딩 과제를 검사할 때 컴퓨터나 휴대용 문서작성기에 적어도 1분당 15단어 이상의 기능적인 속도로 정보를 입력할 수 있도록 키보딩 기술을 복습하고 연습하게 될 것이다.
- 단기 목표 2: Eric은 각각의 교사들이 영어와 사회 과제를 제공한 날에 이를 100% 완료하기 위하여 집이나 학교에서 휴대용 문서작성기를 사용할 것이다.
- 단기 목표 3: Eric은 각각의 교사들이 과제를 알려줄 때 휴대용 문서작성기에서 컴퓨터로 문서를 옮기는 것, 철자 확인기를 사용하는 것, 서식을 새로 만들기 위해 다른 컴퓨터의 특징들을 이용하는 것, 프린터를 100% 작동시키는 것에 대해 배울 것이다.

(2) 관련 서비스로서의 보조공학

관련 서비스는 특별하게 설계된 교수에서 아동이 혜택을 얻을 필요가 있는 서비스를 말한다. 보조공학은 일반적으로 학생의 교육적인 프로그램에서는 필수적인 부분은 아니지만 교육적인 프로그램을 통한 혜택을 위해 이를 필요로 할 때 관련 서비스로 인식된다. 관련 서비스로서의 보조공학의 예에는 워커, 휠체어, 자세를 위한 다양한 기기 등이 포함된다. 보완대체의사소통 기기와 컴퓨터도 해당된다. 보조공학이 관련 서비스로서 목록화될 때에는 양, 빈도, 기간, 위치가 구체화되어야 한다.

예시

Stephanie는 3학년이다. 그녀는 지체장애를 가지고 있지만 보행이 가능하다. 하지만 그녀는 근육 손상으로 인하여 장거리를 걷기 어렵다. 그녀는 30~45분 활동한 후에 휴식이 제공되지 않으면 매우 피곤함을 느끼고, 오래 걸어야 하는 학교 활동에는 참여할 수 없다. 그녀는 충분한 시간이 제공된다면 단거리를 문제없이 걸을 수 있다.

관련 서비스	빈도	기간	위치
기타(구체적으로): 워커	매일 점심시간 동안	전체 학령기	교실/식당

관련 서비스에서는 빈도, 기간, 장소를 명시하기 때문에 많은 사람은 보조공학을 문서화할 때 IEP의 관련 서비스 부분을 이용하기를 선호한다. 그러나 보조공학의 규정은 보조적인 지원과 서비스 또는 특별하게 설계된 교육의 목표나 목적하에 형성되었을 때, 동일한 정도의 법적 구속력을 가진다. IDEA에서는 IEP가 관련 서비스를 제시할 때 개별적인 올해의 목표와 단기 목표/기준을 포함할 것을 자동적으로 요구하지는 않는다. 예를 들어, 이동수단과 같은 서비스는 일반적으로 목표에 적지 않는다. 그러나 전환기간 동안 학생이 근무지에 도착하기 위해 대중교통을 이용하는 방법을 배운다면 이를 목표로 쓰는 것은 가능하다. 연간 목표와 단기 목표/기준이 필요한지 아닌지를 결정하는 것은 관련 서비스에 달려 있다. 만약 관련 서비스의 연간목표나 단기목표에 이미 존재하는 것이 아닌 새로운 기술을 배우는 것이 포함된다면, 관련 서비스 아래에 빈도, 기간, 장소에 대한 세부사항을 열거하는 것 이외에도 연간 목표 그리고 단기 목표를 제시할 필요가 있다.

(3) 보조적인 지원과 서비스로서의 보조공학

보조적인 지원과 서비스는 최소제한환경(LRE)에서 특히 LRE가 일반교육 교실일 때, 학생의 배치를 허용하거나 향상시키기 위해 제공되는 도움, 서비스, 기타 지원들을 의미한다. 보조공학을 IEP에서 보조적인 지원으로 바라보는 보조공학을 독립적으로 제공하거나 효과적인 사용을 위하여 교육을 요구할 때 반드시 필요하기 때문이다. 휴대용 문서작성기나 음성 철자 확인기 그리고 다른 작은 휴대용 기기 같은 물건들은 흔히 보조적인 지원이나 서비스에 포함된다.

예시

Jacob은 유치원에 다닌다. 그는 다른 아동들과 함께 색칠하기와 쓰기활동을 좋아한다. 하지만 그는 이러한 활동들에 어려움을 가지고 있는데, 그가 대칭성 긴장성 경반사(symmetric tonic neck reflex: STNR)를 보이기 때문이다. 이로 인해 그는 고개를 아래로 구부려 종이를 볼 때마다 어깨를 움츠리고 팔을 구부리게 된다. 그래서 그는 아래를 보거나 교사를 등지게 되면 매우 피곤함을 느끼게 된다. Jacob이 다른 학생과 동일한 방법으로 참여하도록 하는 것이 중요하다.

보조적인 지원 및 서비스	빈도	기간	장소
쓰기, 색칠하기, 그리기, 페인트칠 하기 등의 활동 모두를 할 수 있는 경사면(Slant-top) 책상	매일	전체 학령기	유치원

예시

Carl은 개인 보청기를 활용한다. 그러나 그는 활동적인 교실 환경과 대집단 활동에서 소음이 커질 때 매우 혼란을 느끼게 된다. 그러므로 그는 중요한 학교 활동에 효과적으로 참여하지 못하고 있다.

보조적인 지원 및 서비스	빈도	기간	장소
청각 변별을 돕기 위한 FM 증폭 시스템의 교실	매일	전체 학령기	5학년 교실

(4) 교직원을 위한 지원

IDEA는 IEP에 '아동에게 지원을 제공하는 학교 직원을 위한 지원'의 진술을 포함할 것을 요구하고 있다. 요구되는 지원에는 훈련, 기술적인 도움, 자료 접근 등이고, 아동과 관계된 서비스 제공자는 필요한 서비스들을 제공해야 한다. 이는 다른 중재나 전략만큼 보조공학에도 많이 적용된다. 예를 들어, 음성출력 의사소통기기를 사용하던 학생이 전학을 갔을 경우, 새로운 학교의 담임교사, 말-언어 병리학자 또는 보조교사가 그 기기를 작동시키고, 프로그램을 구성하고, 문제를 해결하는 방법을 모른다면, 그들은 적절한 훈련을 받아야만 한다.

다양한 환경에서 보조공학이 해결책으로 실행될 때 새로운 결정을 해야 할 필요가 있다. 학생이 새로운 기술을 습득하였을 때, 과제와 환경이 변경될 때, 새로운 기술이 사용 가능해졌을 때, 학생을 위한 보조공학은 바뀔 필요성이 있다. 각각 새로운 결정들이 필요할 때, 팀 구성원들은 WATI 학생 정보 지침과 WATI 환경 관찰 지침을 사용할 수 있고, 또한 정보를 모으기 위해 필요한 형식적이거나 비형식적 검사를 시행할 수도 있다. 이후 그들은 다 같이 모여 다시 한 번 WATI 보조공학 결정 지침에 따라서 새로운 결정을 할 수 있고, WATI 보조공학 체크리스트를 통해 사용 가능한 보조공학 선택사항들을 다시 떠올려 볼 수 있다. 팀 구성원들의 수준이 더욱 높아지게 되면 자신들의 요구를 충족시키기 위해 이러한 도구들을 적용하기를 원한다는 것을 알게 될 것이다. 보조공학의 고려사항, 사정, 확장된 사정 혹은 시범사용 그리고 실행은 학교 팀으로부터 성공적으로 수행될 수 있다.

6. 자세 잡기와 앉기

이 장의 첫 부분에서는 지체 또는 중복장애인을 위한 보조공학의 중요한 본질에 대해 설명하였다. 그러나 적절한 자세 잡기 없이는 어떠한 좋은 보조공학 기기라도 그것이 가진 최고의 이점을 보여 줄 수 없다. 교사는 지체 또는 중복장애 학생에게 교육과정에의 적절한 접근을 제공하기 위해 자세 잡기와 앉기의 원리를 이해해야 할 필요가 있다. 자세 잡기용 기기는 나이, 장애, 의도된 사용에 따라 다양한 범위로 분류되지만 그 원리는 동일하다.

물리치료사와 작업치료사는 앉기(seating) 전문가 및 재활공학사와 협력하여 자세 잡기를 위해 선택되고 사용되는 보조공학의 평가, 선택, 적용에 주요한 책임이 있다. 그러나 학생의 활동, 시간표, 수업참여를 촉진시키는 데 필요한 자세, 교실 배치, 가구 모양, 교실의 높이, 컴퓨터실, 기타 환경 등에 관련된 정보를 제공하기 위해서는 평가 과정에 교사가 포함되어야 한다. 교사는 매일 그리고 하루 종일 학생의 자세를 관찰할 수 있다는 장점이 있다. 예를 들어, 한 학생은 항상 하루 일과가 끝날 때쯤 피곤해하며 휠체어 옆에 기대어 있을 수도 있다. 이러한 문제는 앉기에 대한 평가기간 동안에 확인되어야 하는데, 이 평가는 학생이 보다 더 직립된 자세를 유지하도록 앉기에 포함되어야 하는 구성요소를 결정하기 위해 실시된다. 이때 학생의 자세뿐만 아니라 기기 자체에 대한 정보도 필요하게 된다. 다음은 새로운 자세 투입과 휠체어가 필요한 Melissa에 대한 예시이다. 내년에는 Melissa가 교실을 이동해야 하기 때문에 교사는 책상이나 컴퓨터 작업대, 도서관 책상에 접근할 때 알맞은 좌석 높이 조정이 필요할 것이라는 것을 깨달았다. 좌석 높이를 낮춤으로써 그녀는 모든 책상 및 테이블과 알맞게 될 것이며 더욱 독립적이 될 것이다. 또한 그녀가 휠체어를 타고 내릴 때 독립성을 유지할 수 있다는 것이 중요하다. 만약 그녀의 가슴, 골반, 발목에 자세 유지를 위한 끈이 필요하다면 그녀가 독립적으로 다룰 수 있는 방식의 끈을 설계해야 한다. 교사는 종종 학생의 앉기와 이동을 위해 가장 적절한 보조공학의 선택에 도움이 될 정보들을 제공할 수 있다.

1) 자세 잡기

자세의 중요성은 과소평가될 수 없다. 개인의 자세는 과제를 성취하기 위한 움직임 및 능력의 질과 정확성에 영향을 미친다. 지체 또는 중복장애 학생을 지도하는 교사는 자세에 대한 기본적인 사실들에 대해 이해해야 한다.

(1) 자세는 근긴장도와 근육 조절 및 태도에 영향을 미친다

지체장애인은 흔히 근육의 긴장에 문제가 있는데, 특히 장애에 신경학적인 요소가 포함될 때 그렇다. 운동의 힘, 속도, 타이밍을 조절하는 능력(근육 조절)의 어려움과 근육의 약화는 뇌성마비와 같은 신경학적 기반의 장애를 가진 아동들에게 흔히 나타난다(Martin, 2006). 근육의 긴장이 심하면 수의적 운동, 특히 손을 포함한 사지의 움직임이 어려워진다(Radell, 1997). 예를 들어, 부적절하게 자세를 취하는 경직성 뇌성마비 학생은 근긴장도가 높아져 버튼이나 키보드를 누르기 위하여 손가락을 벌리지 못하는 경우도 있다. 근육의 힘과 속도에 문제가 생기면 어떤 것에 닿고 그것을 움켜쥐는 능력에 영향을 받을 수 있다. 불수의운동형 뇌성마비 학생은 어깨나 발꿈치를 적절하게 지지해 주지 않으면 연필을 잡거나 스위치를 사용하지 못할 수도 있다.

(2) 좋은 자세를 통해 신체 정렬과 몸 중심부의 지지가 이루어진다

학생이 자세를 위한 어떤 기기가 필요할 정도로 이미 고정된 기형을 가지고 있는 것이 아니라면 자세용 기기는 주로 몸의 무게 중심 부근을 지지하여 조정한다. 만약 이러한 지원이 적절하다면 이 지원은 좋은 자세를 위한 몸통의 안정성을 제공한다.

운동 손상을 지닌 많은 사람은 무게를 이기고 직립 자세를 유지할 몸통의 안정성이 부족한데, 그 이유는 균형/평형 반응과 근긴장도, 근육 조절 그리고 힘이 최적으로 기능하지 않기 때문이다. 그러므로 이들에게 안정성을 제공해 주기 위해 몸통, 머리, 엉덩이, 발에 외부 지지나 패드 등 자세를 위한 구성요소를 사용해 주어야 할 필요가 있다([그림 7-5] 참조). 교사는 학생의 자세를 관찰하고 조절이 더 필요하다면 치료사에게 알려야 한다.

(3) 안정감은 상체의 사용에 긍정적인 영향을 미친다

올바른 자세는 개인이 자신의 머리, 팔, 손을 기능적인 방법으로 사용하는 능력에 영향을 미친다(Stavness, 2006). 신체 중심부의 안정성(신체의 무게 중심부에 가까운)은 신체 말단(distal)의 안정성(신체의 무게 중심부에서 먼)이 발생하기 전에 먼저 필요하다. 이를 증명하기 위해서는 펜과 종이를 사용한 이 실험을 해 보라. 팔을 신체의 중심에서 멀리 쭉 펴고 펜의 위쪽 끝 부분을 잡은 채로 종이의 표면에 의지하여 당신의 이름을 써 보라. 신체

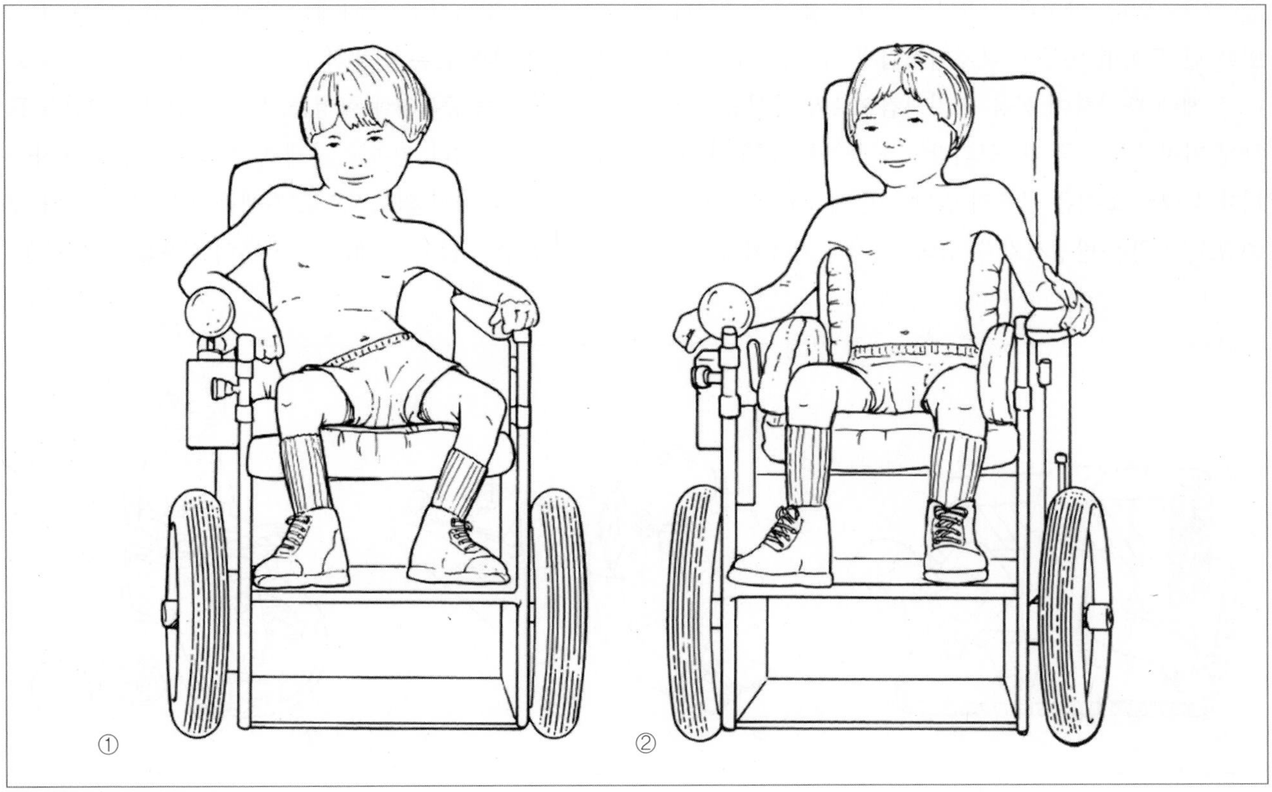

[그림 7-5] 부적절한 자세와 적절한 자세

① 나쁜 자세와 기형을 유발할 만한 부적절한 자세, ② 쿠션과 패드를 사용하여 향상시킨 자세

출처: *The Child with a Handicap* (p. 350), by D. M. B. Hall, 1984, Oxford: Blackwell Scientific Publications Limited. Used with permission.

와 테이블에 떨어져 있는 당신의 팔에 신체 중심부의 안정성이 없어지기 때문에 손가락 말단의 정확한 움직임이 어렵다는 것을 알 수 있다. 이제는 당신이 높은 벽 위의 좁은 모서리에서 발의 지지 없이 앉아 있는 동안(앉기 안정성의 부족) 쓰기를 시도한다고 상상해 보라. 이러한 작업은 거의 불가능하다고 볼 수 있다. 아동이 펜 혹은 개조된 연필로 쓰든지 전동휠체어를 움직이기 위해 조이스틱을 사용하든지 간에 신체 중심부의 안정성은 신체 말단 운동 조절에 영향을 미칠 수 있다. 팔과 다른 부위의 운동의 정확성은 신체의 자세와 필연적으로 안정성에 영향을 받는다.

(4) 안정성은 신체적인 보안과 안정의 감각을 촉진시킨다

개인이 적절하게 자세를 취하게 되면 그 결과 안정성은 신체적 안전에 큰 의미를 부여한다. 불안은 긴장도를 증가시킬 뿐만 아니라 운동 조절과 움직임의 범위를 손상시킬 수 있다. 안전은 움직임에 수반된 불안을 줄인다. 또한 만약 어떤 아동이 부자연스럽게 자신을 지지하거나 무게에 대항하여 몸을 고정시킴으로써 자신을 적절하게 지지하지 못할 때, 근긴장도가 증가할 수 있다. 이러한 상태의 고정은 근육의 발달을 방해하고 추후에 구축 또는 기형을 발생시킬 수 있다. 그러나 지나치게 제한하지 않으면서 적절한 안정성을 제공하기 위해서는 반드시 주의가 필요하다. 불필요한 지지가 사용되거나 끈이 너무 조일 때는 너무 많은 제한이 발생할 수 있다.

(5) 좋은 자세는 기형을 줄일 수 있다

신경학적 운동장애를 가진 개인은 한쪽으로 또는 습관적으로 몸의 측면이 고정된 자세를 취하는 경향을 보인다(Radell, 1997). 이러한 자세에 대한 결과는 운동 손실과 최종적인 기형이 발생할 수 있다. 기형은 근긴장도의 불균형(불균형 분포)으로 인해 나타난다. 올바른 자세는 균형과 움직임의 범위를 유지하고, 기형의 방지를 도우며 움직일 수 있게 한다. 연구결과에 의하면 유아기에 불균형적으로 누운 자세를 취하는 것은 나중에 신체적 기형에 영향을 미치게 된다(Porter, Michael, & Kirkwood, 2008).

(6) 자세는 자주 바꾸어 주어야 한다

학생이 장기간 특정 자세를 유지하게 되면 붉은 자국, 욕창, 경직과 같은 신체적 문제가 발생하게 된다. 중도의 지체 또는 중복장애 학생들, 특히 자신의 불편함을 표현하지 못하거나 원하는 자세로 스스로 바꾸지 못하는 학생들을 위해서 의도적으로 자세를 바꿔 주는 것이 매우 중요하다. 앉기 자세는 가장 흔히 사용되는 것 중 하

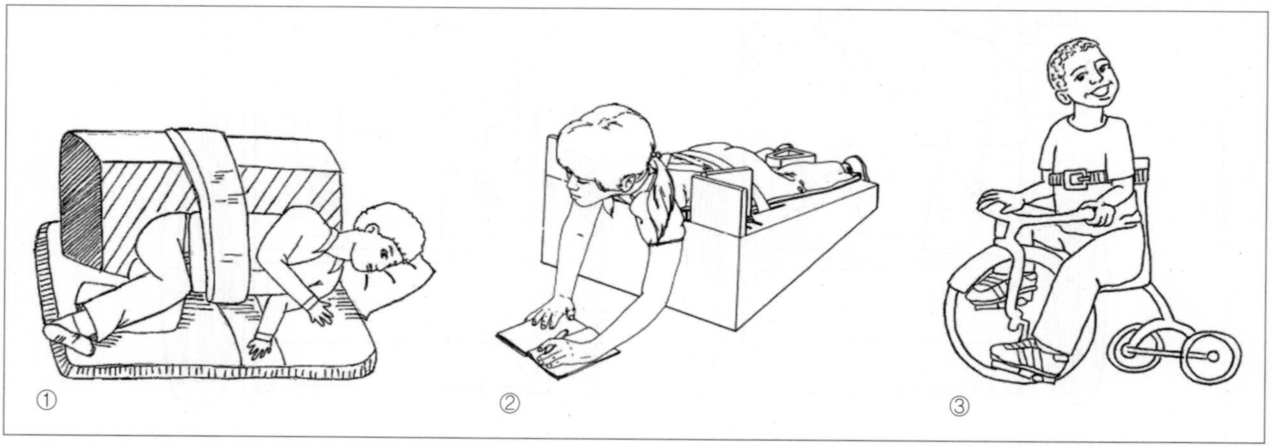

[그림 7-6] 하루 동안의 자세 변경을 위한 대안

① 옆으로 눕기(side-lyer), ② 삼각대 위에 엎드려 눕기(wedge), ③ 등받이와 페달이 있는 세발자전거. 큰 아동과 청소년을 위해서는 성인용 세발자전거를 사용할 수 있다.

출처: Illustrations ① and ③ by Maya Esteve (2008). Used with permission.

나이지만 앉지 못하거나 자세 변경이 필요한 학생들에게 다른 대안도 있다. 자세에는 같은 원리가 적용된다. 안정성은 어느 자세에서나 필요하며 앉기 자세는 몸통과 골반의 안정적인 지지를 통하여 제공된다. 자세의 대안으로는 지지하여 서기, 옆으로 눕기, 삼각대 위에 엎드려 눕기, 등을 대고 반듯이 눕기가 있다. 또한 적절한 자세는 바퀴가 달린 장난감(예를 들어, 세발자전거, 자동차 타기 등)과 대근육 운동기구 등을 통해 훈련할 수 있다([그림 7-6] 참조). 교사는 개별 학생에게 가장 적절한 자세를 위하여 물리치료사와 작업치료사에게 상담을 받아야 한다. 학생의 지루함을 피하고 건강을 증진시키고 편안함을 보장하기 위해서 자세를 자주 바꿔 주어야 한다.

2) 앉기

똑바로 앉기는 자세, 근긴장도, 그리고 협응능력에 영향을 미친다. 요구되는 앉기 자세에는 구체적인 특징이 있다. Stavness(2006)과 많은 연구자들(Hadders-Algra, van der Heide, Fock, Stremmelaar, van Eykern, & Otten, 2007; Martin, 2006; McDonald & Surtees, 2007; Michael, Porter, & Pountney, 2007; Radell, 1997)은 적절한 앉기 자세를 취하는 데 중요한 요소로 골반, 발, 어깨/상체가 포함된다고 하였다.

(1) 골반 자세

골반은 머리와 몸통 조절의 기반이 된다. 골반은 앞쪽으로 기울어지거나, 뒤쪽으로 젖혀지거나, 혹은 한쪽으로 돌려져 있지 않은 중립적인 자세를 유지해야 한다(Martin, 2006; McDonald & Surtees, 2007). 최상의 자세는 골반이 등 표면과 수평을 이루고 좌석 표면과 수직을 이루는 것이다([그림 7-7] 참조). 골반이 적절한 자세가 되면 학생은 몸통과 머리를 적은 힘으로도 똑바로 유지할 수 있다. 골반은 무릎에 낮게 가로지른 좌석 벨트를 통해 안정될 수 있다. 학생의 엉덩이는 가능한 한 의자 뒤쪽으로 옮겨져야 하고, 양쪽 부분에 무게가 고르게 분배되어야 한다. 이러한 자세에서는 학생이 엉치뼈(등뼈)로 앉지 않을 것이다. 만약 골반이 옆이나 앞쪽으로 오게 되면 추가적인 조정이 필요할 수 있다. 어떤 앉기 도구는 골반 자세를 적절하게 유지하는 데에 도움이 되지만, 휠체어를 사용하는 대부분의 사람은 하루 종일 앉기에 대한 조절이 필요하다.

사회적 통념에 따르면 앞으로 약간 기울어진 의자는 엉덩이를 좌석의 뒤쪽으로 가도록 하고 앞쪽으로 머리가 푹 쓰러지는 것을 막아 준다고 한다. 그리고 뒤쪽으로 약간 기울어진 자세는 엉덩이 아랫 부분의 압력을 감소시킬 수 있다(Michael et al., 2007). 하지만 이 자세는 자세의 조절, 앉았다 일어나기 위한 신체의 움직이는 능력을 감소시킬 수 있다(Hadders-Algra et al., 2007; Michael et al., 2007). 엉덩이의 무게중심을 시트 표면에서 약간 앞

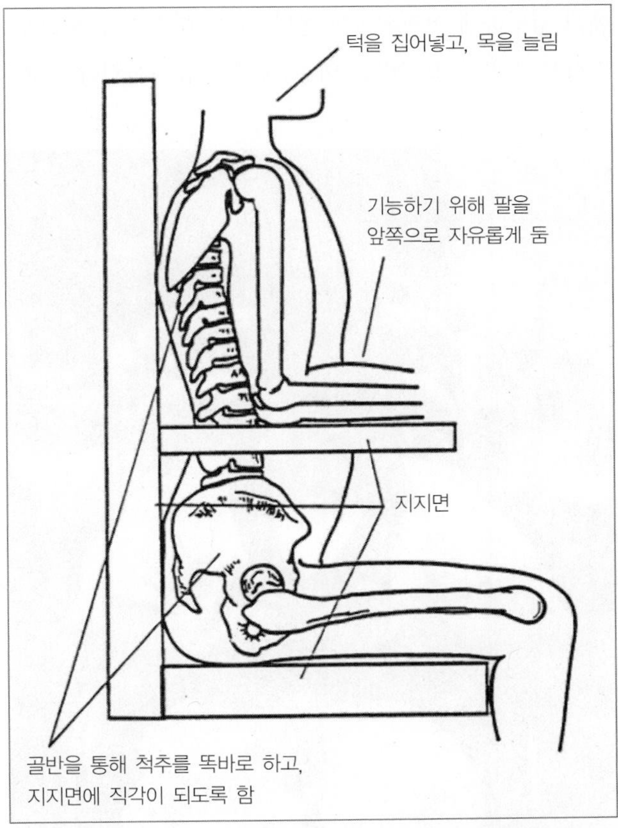

[그림 7-7] 일반적인 앉기의 구성요소에는 중립 자세의 머리, 기능하기 위해 지지된 팔, 뒷부분을 지지하고 수평 표면에 수직인 골반, 무릎 굽히기가 있다.

출처: *The Handbook of Assistive Technology* (1st ed., p.57), by S. Church, 1992, Belmont, CA:Wadsworth. Copyright © 1992 by Wadsworth, a part of Cengage Learning, Inc. Reproduced by permission. www.cengage.com/permissions.

쪽으로 기울인 자세는 골반을 뒤쪽으로 위치하게 하고 유지하는 것을 도와준다. 앉기 자세(뒤쪽, 앞쪽 또는 수평으로 기울어져 있는)는 장애의 정도에 영향을 받을 수 있다(Hadders-Algra et al., 2007).

아동을 테이블 앞쪽에 앉힐 수 있고, 만약 추가적인 지지가 필요하다면 테이블 위에 아동의 팔을 놓게 할 수 있다. 테이블의 높이는 휠체어가 들어갈 만큼 충분히 높아야 한다. 가끔씩 테이블 위에 개인이 등을 구부려 앉거나 가슴까지 머리를 너무 많이 숙이는 것을 방지하기 위해, 작은 '책 받침대(book podium)'나 '경사면 보드(slant board)'를 놓을 수 있다.

(2) 발의 지지

학생의 발은 바닥 위에서 혹은 휠체어의 발 받침대 위에서 평평하게 지지되어야 한다. 발은 허벅지를 통한 안정감을 제공하고 골반을 바른 자세로 유지시킨다. 또한 발뒤꿈치 고정판, 발목 끈, 발가락 끈은 발을 제자리에 두도록 한다. 여기에서 중요한 점은 학생이 휠체어를 타고 있을 때 발을 움직이지 않도록 하는 것이다. 간단한 것들을 의자 앞에 놓아줌으로써 발 지지대로서의 역할을 하게 할 수 있다. 또한 나무나 판지로 된 박스도 발의 안정을 위한 지지대로 사용할 수 있다.

(3) 어깨와 상지 지지

중도 지체장애 학생은 바른 자세를 유지하기 위해 상지 지지가 필요할 수 있다. 또한 어깨의 지지는 머리 조절의 기반이 된다. 상지 지지에는 'H 끈', 조끼 형태의 지지, 의자 아래부터 어깨까지 지지하는 백팩 스타일의 끈 등이 있다. 끈들은 어깨를 뒤로 하고 상지를 의자 뒤에 가까이 그리고 위로 향하도록 설계되었다. 어깨 포멀(pommel)은 흔히 상지를 뒤쪽으로 젖히도록 하기 위해 가슴부분을 어느 정도 압박해 준다. 어떤 H끈은 가슴부분에 추가적인 충격완화 패딩이 있어서 비슷한 압력을 주게 된다. 모든 지지는 팔 운동을 자유롭게 해 주어야 한다. 골반, 엉덩이, 어깨나 상지 부분의 자세가 올바르게 취해졌을 때 팔은 앞쪽으로 자유롭게 움직일 수 있다. 만약 몸이 뒤쪽으로 숙여져 있다면 팔꿈치는 구부려지고 손을 모아서 거의 주먹 쥐는 모양이 되어 유용한 움직임을 막게 될 것이다. [그림 7-8]은 상지와 어깨 지지의 예를 보여 주고 있다.

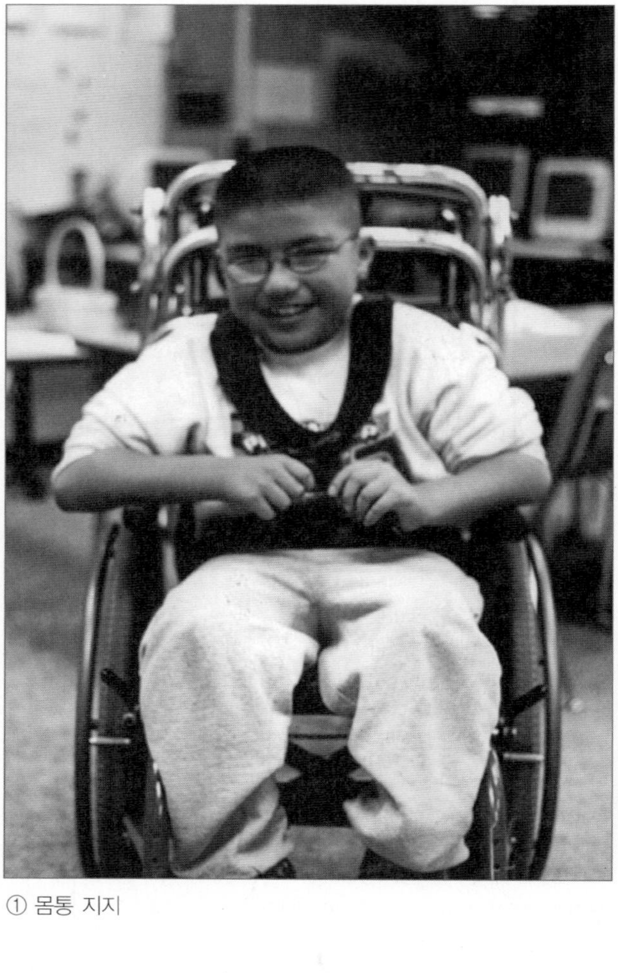

① 몸통 지지

② 어깨 지지

[그림 7-8] 몸통과 어깨 지지

아동은 어떤 지지 방법보다 다른 것을 더 선호할 수 있다. 예를 들어, 어떤 아동은 어깨가 앞으로 오고 머리가 내려오는 어깨 끈에 기대게 된다. 어깨 포멀은 머리와 팔 운동 모두 더 좋은 지지의 토대를 제공해 줄 수도 있다. 비록 작업치료사나 물리치료사가 적절한 지원을 결정하는 데 책임을 갖겠지만, 그것의 효과와 효율성을 점검하는 것은 교사에게 달려 있다.

(4) 부적절한 앉기는 부정적인 결과를 가져온다

교사는 아동이 부적절하게 앉는다고 의심되면 관찰된 정보를 치료사에게 설명하고 어떻게 할지에 대한 부가적인 훈련을 받아야 한다. 장기간동안 부적절하게 앉는 것은 부정적인 결과를 가져온다. 다음에 제시된 자세들은 척추의 기형을 유발하고 호흡, 식사, 소화, 시야, 상지와 머리의 운동 조절을 방해한다.

- 휘어진 등
- 좌석 밖으로 미끄러져 있음
- 측면 또는 앞쪽으로 몸을 기댐
- 측면으로 머리를 기댐, 머리가 앞쪽으로 기울거나 많이 돌아감

다른 부적절한 자세와 그에 따른 부적절한 결과에는 다음이 포함된다.

- 너무 많은 전신 움직임이 있다. 안정성의 부족은 조절된 움직임을 구분하기 어렵게 만든다.
- 다리가 강한 바람을 맞은 것과 같은 자세를 유지한다. 엉덩이와 무릎이 가지런하지 않고 무릎은 엉덩이의 반대쪽으로 기울어진다(엉덩이의 탈구와 척추 기형을 유발).
- 무릎 뒤쪽이 좌석의 가장자리로부터 1인치(2.54cm) 이상 떨어져 있다. 휠체어의 크기가 부적절하거나 몸의 다른 부분에 나쁜 자세를 유발할 수 있다.
- 발가락을 세우는 자세가 유지되도록 발바닥은 발을 구부린다. 발의 기형으로 인해 이동하는 동안의 무게 지지가 어렵다.
- 다리가 좌석 아래에서 구부려지고 발판을 벗어난다. 단단한 오금줄(다리 무릎 뒷부분의 힘줄) 근육이 구부러진 구축으로 인해 골반과 척추의 기형을 유발하고, 적당한 무게를 지지하는 자세를 방해한다. 또한 발의 지지 부족으로 인해 신체 다른 부분의 안정성이 결핍된다.

3) 자세와 앉기를 위한 보조 기기

좌석벨트는 신체의 다른 부위의 기준점인 골반을 잡아주기 때문에 올바른 자세를 위해 매우 중요하다. 또한 엉덩이 양쪽의 패드도 골반에 안정감을 줄 수 있다. 엉덩이를 쿠션의 뒤쪽에 닿을 때까지 좌석의 뒤쪽으로 밀어 골반을 올바른 곳에 위치시켜야 한다. 좌석벨트는 45도 각도로 골반 또는 몸에 가까운 허벅지에 걸쳐 채워야 한다. 벨트를 편안하게 채운 후, 패드를 덧댄 경우 외에는 고정장치가 골반을 압박하지 않도록 해야 한다.

외전대(abductor) 또는 다리 분리대는 다리를 가지런히 유지시킴으로써 골반과 몸통에 안정감을 제공해 준다. 외전대는 장비에 옵션으로 되어 있는 부분일 수도 있고 혹은 의자에 장착된 부분일 수도 있다. 의자에 앉아 있는 아이들을 위해서는 허벅지에 너무 가까워서는 안 되며, 다리의 교차를 막고 균형을 유지하기 위해 무릎의 사이에 위치해야 한다. 만약 낮은 근긴장도를 가지고 다리를 너무 넓게 벌리는 학생이 있다면 돌돌 말은 수건과 부드러운 패드를 휠체어의 양쪽과 다리 사이에 끼움으로써 가지런함을 유지시킬 수 있다. [그림 7-9]는 세 가지 종류의 외전대를 보여 준다.

어깨와 가슴의 끈은 목에 너무 가까이 하지 않아야 한다. 또한 이것을 고정점 역할을 하는 좌석벨트로 생각해서도 안 된다. 그러나 쉬는 시간처럼 운동 조절이 그렇게 중요하지 않은 시간에는 필요 없는 움직임을 최소화하기 위한 의도로 끈을 사용했던 학생들에게는 통제를 줄여야 한다. 앉기 도구는 흔히 적절한 지지를 위하여 맞춤 개조된 것이 요구된다. 치료사는 임시로 덧댈 부속품으

① 받침대가 있는 자세 유지용 의자

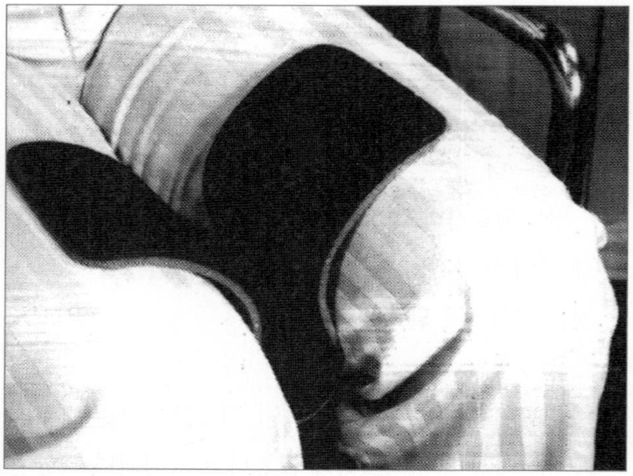

② 스펀지로 덧댄 플라스틱 무릎 분리대

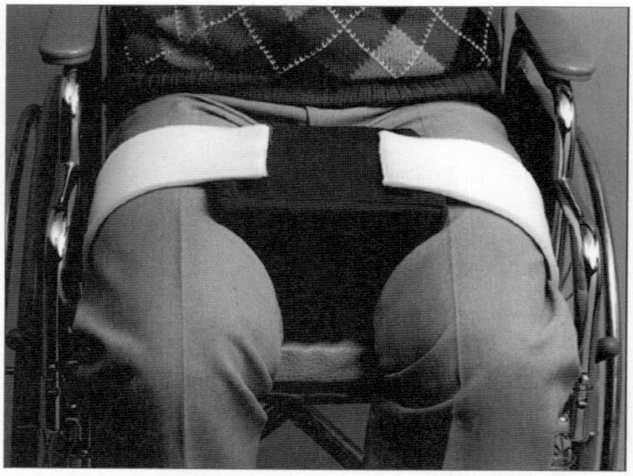

③ 끈으로 된 스펀지 무릎 분리대

[그림 7-9] 세 가지 종류의 외전대

로 나무, 고무, 쿠션, 수건 천, 골판지를 이용할 수 있다. 이는 영구적인 좌석이 선택되고 제공될 때까지 당분간 부속품을 제작하여 그것의 효과를 평가할 수 있는 가장 저렴한 방법이다. 부속품이 피부에 자극을 주지는 않는지, 꽉 끼지는 않는지, 다른 조직 손상을 일으키지는 않는지를 확인하기 위해 항상 점검해야 한다.

개조된 의자는 학생의 기능적인 활동을 위해 팔을 앞쪽으로 내밀 수 있도록 만들어 주고 몸통을 지지해 주어야 한다. 코너 의자와 좌식 의자(다리가 없는 의자)는 학생들은 앉아서 바닥의 앞쪽으로 다리를 쭉 펼 수 있게 해 준다. 이러한 형태는 몸통의 자세를 발달시키고 오금줄의 구축을 막아 준다. 의자 밑에는 발걸이를 제공하고 기울어지는 것을 막기 위하여 플랫폼(flatforms)을 둘 수 있다. 많은 종류의 상업적인 의자들과 앉기 기기들이 사용 가능하지만 저렴한 대안(대안적인 물건)들로 변경이 가능하다([그림 7-10] 참조). Campbell과 Truesdell(2000), Packer(1995), Stoller(1998)의 로우테크 앉기 해결책에 대한 연구를 검토해 보라. 또한 Martin(2006)은 지지된 독립적 앉기를 지원하는 수많은 전략을 제공한다.

교사는 가능할 때마다 학생이 운동발달을 향상시킬 수 있는 기회를 얻도록 자세와 앉기 구성요소들을 점진적으로 수정하고 결국에는 이를 제거하기 위한 목표를 설정하도록 부모 및 치료사와 협력해야 한다. 그러나 중도장애를 가진 학생들의 운동발달을 향상시키는 것이 항상 가능한 것은 아니다. 그런 경우에는 아동이 성장하고 발달하는 동안 운동기능을 유지하고 기형을 줄이는 것이 하나의 목표가 될 수 있다. 만약 자세와 앉기 도구가 개인의 일생 동안 사용된다면, 이는 가능한 한 기능적이면서 일반적인 외형을 가지며 지나치게 화려하지 않은 것이 좋다.

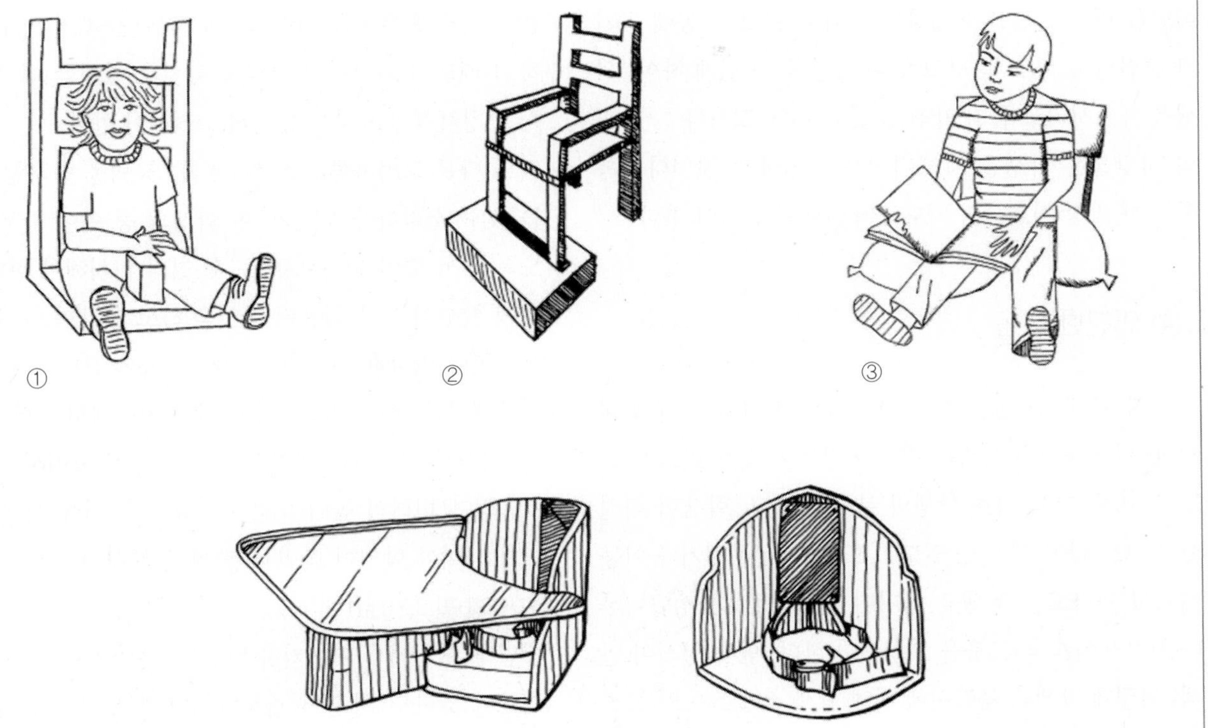

[그림 7-10] 대안적인 앉기

① 다리가 없고 엉덩이 쪽의 다리 분리를 촉진시키는 기둥이 의자의 앞쪽에 설치된 의자

② 팔과 발의 받침대가 있는 의자(지지대를 추가하여 의자가 기울어지는 것을 막을 수 있다)

③ 지지를 위한 모래주머니

④, ⑤ 모서리의자(무릎 끈, 다리 고정장치 혹은 트레이가 있음)

출처: Illustration ① and ③ by Maya Esteve (2008). Used with permission.

일단 도구 하나를 선택하게 되면 그것이 잘 맞고 안전한지를 확인해야 한다. 자세 지지를 위한 도구는 편해야 하고 몸에 안정성을 제공해야 하며 신체 정렬을 유지시켜야 한다. 만약 여러 학생이 같은 도구를 공유하고 각 학생들이 사용할 때마다 조절이 이루어져야 한다면 이는 더욱 힘들어진다. 옆으로 눕기를 돕는 도구[예를 들면, 측와상 자세모듈(side-lyer)]와 엎드린 자세로 설 수 있게 하는 도구[예를 들면, 프론스탠더(prone stander)]처럼 조절할 수 있는 기구들은 그 조절이 쉽지 않을 수 있다. 적절하게 조절되지 않으면 처음에는 감지하기 힘들 수도 있지만 결국엔 불편하게 되고 운동능력이 감소되며 압력으로 인해 아픔이 생기고 미래에는 기형까지도 발생시킬 수 있다.

교사와 보조교사는 아동이 도구를 사용하는 데 있어 책임이 있기 때문에 왜 도구가 사용되어야 하는지, 학생을 적절하게 도구에 앉혀 주는 방법은 무엇인지, 또 부적절하게 맞춰졌거나 불편함에 대해 학생이 알리는 신호를 어떻게 관찰해야 하는지에 대해서도 알아야 한다. 특히 의사소통에 어려움이 있거나 마비로 인해 고통을 느끼지 못하는 학생은 자세지지용 기기에 적절하게 맞추어졌는지를 다른 사람을 통해 알 수 있게 된다. 대부분의 정적인 자세는 30분 이상 유지되어서는 안 된다. 학생이 주기적으로 자세지지용 기기에서 벗어나도록 하는 것이 필요하다. 학생은 기기에서 벗어남으로써 적절한 자세를 유지하는 연습을 하도록 해주고 기기의 제약에서 벗어났을 때의 느낌을 이해하도록 해준다. 또한 몸에 공기가 순환할 수 있도록 하고 땀이 증발할 수 있게 하여, 위생을 유지시키고 몸의 악취를 없애 준다. 교사와 그 이외의 사람들은 학생을 자세지지용 기기에서 벗어나도록 해줄 때 항상 치료사의 지도하에 안내를 받아야 한다.

4) 안전한 이동

교직원들은 학생을 휠체어나 다른 기기에 올리고 내릴 때 학생을 이동시키는 적절한 방법에 대해 반드시 알고 있어야 한다. 이는 학생의 부상을 막고, 학생이 적절한 자세로 앉아 있을 수 있도록 도와준다. 무겁거나 이동시키기 까다로운 학생을 옮기기 전에는 다른 성인이나 다른 학생에게 꼭 도움을 요청해야 한다. 만약 당신이 언제, 어떻게 학생을 옮길지에 대해 학생 스스로가 알고 있다면 당신은 학생에게 불필요한 몸의 움직임을 조절할 수 있도록 가르칠 수 있다. 항상 학생에게 언제, 어떻게 그들을 옮길 것인지에 대해 말해 줌으로써 준비시키는 것이 필요하다. 옮기는 동안 적절한 자세를 유지하고, 등은 꼿꼿하게, 배와 엉덩이 근육은 단단하게, 그렇지만 무릎과 엉덩이를 구부리는 자세를 취해야 한다. 천천히 움직이고 등을 돌려서는 안 된다. 대신 방향을 바꿀 때는 당신의 발을 회전시켜야 한다.

5) 위치

학생의 자세에 대한 논의에는 교실에서의 학생의 위치와 학생 자신이 사용하길 원하는 물건의 위치를 반드시 다루어야 한다. 학생은 하루 동안 자신이 보아야 하거나 들어야 하거나 만져야 하는 물건들을 자신이 볼 수 있고 들을 수 있고 만질 수 있는 곳에 두어야 한다. 매우 간단한 것처럼 들리지만 지체 또는 중복장애 학생은 휠체어나 다른 기기가 필요한 공간 때문에 흔히 교실의 뒤쪽에 위치하게 된다. 다른 한편으로 보조교사나 치료사는 학생과 '보이지 않는 곳'에 함께 있을 때 그 학생이 다른 사람에게 불편을 덜 줄 것이라고 생각한다. 많은 지체 또는 중복장애 학생은 시각 및 청각적인 문제가 자주 발생하기 때문에 교실에서 학생의 위치를 결정할 때 시각적이고 청각적인 요구를 반드시 고려해야 한다.

또 다른 고려사항은 보거나 듣는 능력을 방해할 수 있는 빛과 소리이다. 가능한 한 학생의 등 쪽에 창문이 오도록 해서 빛이 뒤쪽으로 올 수 있게 위치해야 한다. 동시에 학생이 만약 컴퓨터 작업을 하고 있다면 화면에 눈부심이나 반사가 없는지 확인해 보아야 한다. 눈부심은 창문에서 올 수도 있고, 머리 위의 전등에서도 올 수 있다. 위치를 계획하는 데 빛은 매우 중요한 고려사항이다. 컴퓨터 모니터의 높이 또한 학생의 눈높이에 적절한 정도가 되어야 학생이 화면을 볼 때 구부리거나 머리를 뒤로 젖힐 필요가 없다.

만약 교실에서 이야기하거나 놀이를 할 수 있는 활동공간이 있다면 학생이 집중하거나 독립적으로 과제를 완료할 수 있는 능력을 산만하게 하거나 방해하는 소리가 날 가능성에 대해 고려해야 한다. 만약 학생이 독립적으로 과제를 수행하기 원한다면 그 시간 동안 학생을 방해물로부터 가능한 한 멀리 위치하도록 해야 한다. 그러나 학생이 활동에 참여해야 한다면 참여할 수 있는 곳에 위치할 수 있도록 한다. 교실에 들어갔을 때 모든 학생이 원모양으로 바닥에 앉아 있는데 한 학생만 홀로 휠체어에 앉아 있는 것을 보는 것만큼 차별받는 것은 없을 것이다.

6) 이동성

독립적으로 걸을 수 없을 때 여기저기 움직일 수 있는 능력 혹은 이동성은 개인이 그들의 교육과 다른 주요한 삶의 활동에 완전히 참여할 수 있도록 하는 데 필요한 보조공학의 중요한 부분이다. 움직임은 인지, 지각, 의사소통, 사회화의 발달을 촉진시킨다. 이동용 기기들의 흥미로운 기술적인 진보는 지체 또는 중복장애를 가진 많은 사람에게서 독립적인 이동이 이루어지도록 하였다.

Kermoian(1998)은 "자발적인 이동성은 아동이 사회 및 물리적인 환경과 상호작용할 기회를 확대시킴으로써 조기에 사회로의 통합을 촉진시킨다"(p. 251)고 하였다. 유아와 아동이 독립적으로 움직일 수 있을 때 그들은 환경의 안정적이고 새로운 측면을 경험한다. 그들은 경험을 통해 자신들의 새롭고 흥미로운 환경에 대해 초점을 맞출 수 있게 된다. 예를 들어, 이동이 가능한 유아나 어린 아동은 벽이나 바닥 등과 같이 변하지 않는 방의 측면은 무시하는 대신 방에 있는 장난감처럼 신나고 흥미로운 것에 집중하게 된다(Kermoian, 1998).

유아와 아동이 이동성을 가질 때 세상은 새롭고 다른 방식으로 다가오게 된다. 만약 그들의 이동성이 손상되었으면 상호작용에 대한 경험과 기회가 감소된다. 이동성의 향상은 동기부여, 선택하기, 기능적인 독립(Østensjø, Carlsberg, & Vøllestad, 2005), 자신감에 긍정적인 영향을 미친다. 그러므로 이동성은 가능한 가장 빨리 보조공학 기기를 통해 보완되어야 한다(Galloway, 2008). 이동성의 감소는 사회화의 기회를 감소시키고 개인적이고 심리적인 의존을 초래하게 된다. 독립적인 이동은 개인이 나이가 들었을 때 요양시설 환경에 배치될 가능성을 예방하거나 감소시킨다(Simpson, LoPresti, & Cooper, 2008).

이동성이 필요한 개인을 지원하기 위한 기기를 선택하기 위해서는 여러 가지 요인들을 고려해야 한다. 이러한 요인에는 나이, 운동능력, 지구력, 가정과 지역사회에서의 환경적인 상황, 기기에 대한 비용, 학교 배치에 따른 요구(예를 들면, 일반학급에 완전 통합된 학생이 빠른 이동성을 필요로 한다), 치료, 교육적 목표가 포함된다. 가장 적절하고 주요한 이동용 기기의 선택은 치료사, 의사, 부모 혹은 후견인에 의해 이루어진다. 어린 학생들은 일반적으로 이동성을 얻기 위해 다양한 방법을 사용한다. 예를 들면, 굴러가기, 스쿠터 보드(scooter board)를 이용하여 기어가기, 세발자전거, 워커, 유모차, 휠체어의 사용 등이다. 연령이 높은 학생은 빠른 움직임을 위해 이동체계(휠체어)를 사용하지만, 빠른 이동을 필요로 하지 않는 친숙한 환경(예를 들면, 집)에서는 다른 방법(예를 들면, 목발 짚고 걷기)을 사용할 수 있다. 그러나 일반적으로 한 종류의 이동용 기기가 주요한 방법으로 선택된다.

주요한 이동용 기기의 목표는 가장 효과적인 방법으로 가장 좋은 질의 움직임 패턴을 활용하여 최대의 독립성과 함께 움직임의 수단을 제공해야 한다. 예를 들어, 한 학생이 수동휠체어를 혼자 밀 수 있다고 하자. 그러나 그녀는 이를 위해 휠체어 한쪽에 기대어 자신의 등을 앞쪽으로 구부리고 바퀴를 돌리기 위해 많은 에너지를 소비한다. 이러한 운동 형식은 미래에 척추와 엉덩이에 기형을 일으킬 수 있는 나쁜 자세를 조장한다. 그녀가 활동적으로 휠체어를 미는 동안에 더 나은 자세가 이루어지지 않는 한 대안적이고 보다 효율적인 이동 방안을 고려해야 한다. 그녀가 전동휠체어를 사용하게 된다면 적은 에너지를 사용하며 반듯이 앉아 있을 수 있다. 적절한 이동 기기의 선택과 최선의 자세를 위해서는 많은 고려와 평가가 요구된다.

수동휠체어를 밀고 가거나 워커 혹은 목발을 짚고 걷는 노력도 함께 고려해야 한다. 워커나 목발을 통해 걷고자 노력하는 지체장애 학생들은 많은 양의 에너지를 사용하게 된다(Wiart & Darrah, 2002). 휠체어를 사용하는 사람들도 비슷하다. 이러한 노력에는 회복을 위해 장시간이 필요하게 되고, 이동 후 즉시 수업에 참여하고 배우려는 학생의 능력을 방해한다.

7) 수동휠체어

지난 몇 년 동안 수동휠체어는 견고하면서도 가벼운 모델들의 도입으로 개선되어 왔다. 수동휠체어는 조종이 쉽고 다루기 쉽다([그림 7-11] 참조). 휠체어 사용자들은 휠체어 안에 앉기/자세 지원이나 장착물을 필요로 할 수 있다. 대부분의 수동휠체어는 사용자들이 두 손을 이용하여 밀어야 한다. 반자동휠체어는 사용자들이 한 손만을 이용해서도 휠체어를 조종할 수 있다. 안전에 대한 고려사항으로 다음과 같은 내용이 있다. 다른 사람이 휠체어를 미는 동안에 학생은 자신의 손을 바퀴살 가까이에 두지 않아야 하고, 안전벨트는 안전하게 잠겨 있어야 하며, 학생을 휠체어에서 다른 곳으로 이동시키기 전에

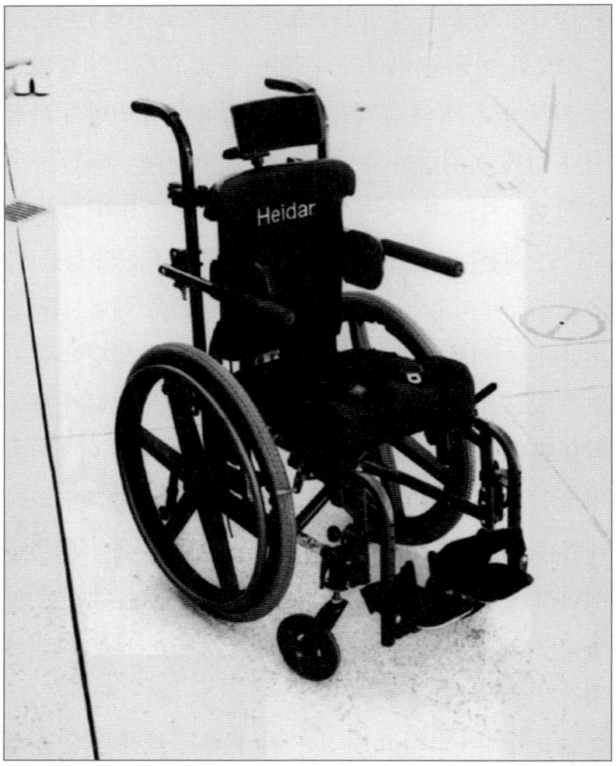

[그림 7-11] 개선된 수동휠체어는 가볍지만 내구성이 있다.

브레이크를 잠가야 한다. 자신의 휠체어를 직접 움직이는 학생들은 자신의 손을 보호하고 깨끗하게 유지하기 위하여 장갑을 사용할 수도 있다.

어떤 학생들은 수동휠체어를 자신들의 전동휠체어의 대체물로 가지고 있을 수 있는데, 자신의 전동휠체어가 수리가 필요하거나 특정 환경에서 사용이 불가능할 때 수동휠체어를 필요로 한다. 또한 학생들은 휠체어 트레이, 목발과 지팡이 지지대, 의사소통 기기 설치 시스템, 백팩, 이동 보드와 같은 휠체어 부속품의 여러 종류를 유용하게 사용할 수 있다. 하지만 수동휠체어를 사용하다 보면 쉽게 지칠 수 있다(Simpson et al., 2008).

8) 전동휠체어

전동휠체어는 심한 운동 손상을 가진 사람들이 이동에 독립성을 가질 수 있도록 해 준다. 과거에는 동력이 사용되는 이동용 기기는 걸을 수 없거나 수동휠체어의 사용이 불가능한 사람에게만 한정되어 사용되었다(Wiart & Darrah, 2002). 어떤 학생은 학교와 지역사회 안에서 수동휠체어를 혼자 사용할 수 있지만 너무 많은 신체적인 노력이 소모될 수 있다. 이 학생은 동력이 사용되는 이동용 기기를 사용함으로써 힘을 아끼고 과제를 성취할 수 있게 된다(Wiart & Darrah, 2002).

일반적으로 전동휠체어는 사용자들의 독립성을 나타내는 독립과 능력의 상징이다. 그러나 모든 가족 구성원들이 이와 같은 생각을 공유하는 것은 아니다. 예를 들어, 지체장애를 가진 어린 아동의 부모는 아이가 걷기와 같은 일반적인 운동을 하는 것을 더 바랄 수도 있다. 동력을 사용하는 이동용 기기는 실패와 아동의 한계를 나타낼 수도 있다(Wiart & Darrah, 2002, p. 496). 다른 예로, 퇴행성 질환을 가진 학생은 흔히 자신의 신체적 상태가 나빠짐을 느낄 때 수동에서 전동휠체어로의 이동을 경험하게 된다. 비록 그들은 이동을 회복시키는 도구로 전동휠체어를 반길 수 있지만, 이러한 신체기술 감소의 실제적인 증거는 부모들로 하여금 공포와 저항의 감정을 느끼게 할 수도 있다. 교사와 전문가들은 동력을 사용하는 이동용 기기를 사용할 때 발생할 수 있는 여러 가지 상황에 주의해야 할 필요가 있다.

조작 시스템의 전자장치 안에 있는 마이크로칩은 전동휠체어에 정교함을 더해 준다. 이러한 발전은 휠체어의 전자장치 작동을 더욱 효율적으로 만들었고, 사용자에게 속도 조절, 조이스틱의 민감성, 환경적인 조절과 같은 다양한 선택사항을 제공했다. 충돌을 피하면서 구체적인 장소에 데려다 주는(자율적인 조종) 프로그램화된 '스마트 휠체어(Smart wheelchairs)'도 개발되었다. 현재 몇몇 스마트 휠체어 설계에서 음성인식 소프트웨어가 스위치나 조이스틱 같은 입력 방법들을 대신하는 데 사용되고 있다(Simpson et al., 2008). 불행하게도 전동휠체어의 정교화 증대는 휠체어 작동에 문제가 생겼을 때 비기술자가 그것을 수리하기 어렵게 만든다. 전동휠체어는 크고 무거우며, 배터리 교환 같은 정기적인 관리를 필요로 한다. 교사나 관련된 사람들은 휠체어 작동의 문제를 찾아내고, 약간의 조절을 통해 이를 해결할 수 있도록 전동휠체어의 부속들과 배터리 관리에 익숙해져야

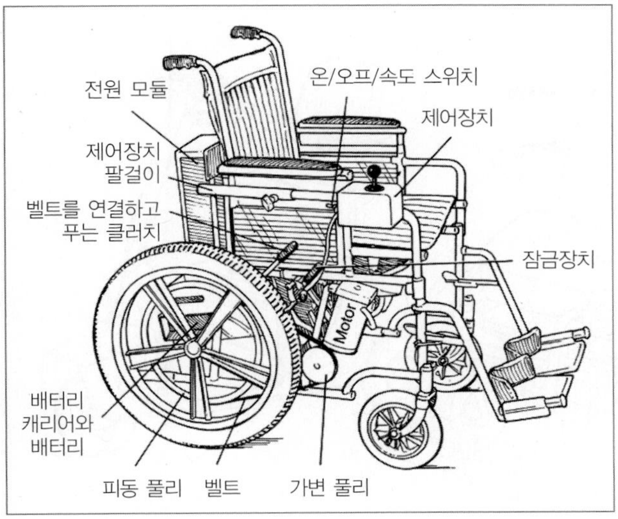

[그림 7-12] 전동휠체어의 일반적 구성

출처: Courtesy of Medical Equipment Distributors, Lubbock, Texas.

한다. 휠체어 각 부분의 명칭, 위치, 기능에 대해 아는 것은 수리와 유지를 위해 의사소통하는 데 도움이 된다([그림 7-12] 참조).

휠체어를 작동시키기 위해서는 모든 플러그를 단단히 연결시키고, 브레이크를 풀고, 클러치를 넣고, 제어기의 전원 스위치를 켠다. 배터리는 모터를 작동시키는 전력을 공급한다. 모터는 바퀴에 맞물려 있을 때 휠체어를 움직인다. 클러치는 드라이브 벨트를 조이고 푼다. 사용자는 클러치를 활성화시키고 벨트를 조이기 위해 손잡이나 레버를 움직임으로써 휠체어를 구동한다.

제어기의 스위치가 켜지고 모터가 작동할 때 마찰은 바퀴를 움직이게 만든다. 만약 휠체어가 작동하지 않고 전원 스위치의 불빛이 깜박거린다면 대부분 배터리의 충전이 필요하다는 것을 의미한다. 전동휠체어와 관련된 대부분의 문제는 배터리와 관련이 있다. 배터리 충전을 하는 동안에는 다른 사람이 휠체어를 밀어 주어야 한다. 대부분의 전동휠체어는 바퀴를 풀어 주면 수동으로 밀 수 있게 되어 있다. 사용자 혹은 보조자는 벨트를 느슨하게 만드는 손잡이나 레버를 사용함으로써 바퀴로부터 모터를 분리하게 되고 기기는 동력 없이 갈 수 있게 된다. 모터가 분리되면 보조자는 수동휠체어를 미는 것처럼 전동휠체어를 밀면 된다.

바퀴에서 연결을 떼어 낸 휠체어는 배터리가 완전히 방전되도록 두는 것보다 전원을 끄고 수동으로 미는 것이 훨씬 낫다. 배터리를 적절히 관리하려면 제조사의 설명서에 따라 지속적으로 충전시켜 주고 수위를 유지시켜 주어야 한다.

전동휠체어의 기본적인 세 가지 종류에는 ① 구형, ② 일반, ③ 3륜 스쿠터가 있다. [그림 7-13]에 각각 묘사되어 있다. 구형 전동휠체어는 일반적인 휠체어와 비슷하게 생겼으나 모터가 장착되어 있다. 일반 휠체어는 전력을 기반으로 하며 여러 가지 특별한 앉기 시스템 중 하나가 삽입될 수 있다. 이러한 휠체어들은 더 무겁고 작고 넓은 바퀴를 가지고 있다. 이는 비교적 거친 표면의 야외에서도 이동성을 제공해 준다. 3륜 스쿠터는 핸들과 회전하는 자석을 가지고 있다. 이는 골프 카트의 축소형처럼 보인다. 어떤 것은 빠르게 해체되어 차로 옮길 수도 있다.

전동휠체어는 다양한 조이스틱 또는 조이스틱을 대신하는 것들로 운전할 수 있다. 심지어 가장 심한 운동 손상을 가진 학생들도 이를 운전하기 위한 대안적인 방법을 사용하여 전동휠체어를 작동시키는 법을 배울 수 있다. 선택사항에는 턱, 입, 발로 작동시키는 조이스틱, 입김 불기-빨기 스위치, 누름 스위치의 배열, 방향을 가리키는 자동 광선 스캐닝 디스플레이를 조정하기 위한 단일 스위치, 심지어 음성작동 제어장치까지도 포함된다. 전동휠체어의 안전 수칙은 다음과 같다.

- 좌석 벨트를 착용한다.
- 학생을 옮길 때에는 스위치를 끄고, 쉽게 켜지지 않도록 한다.
- 휠체어의 속도는 학생에게 적절하도록 맞춘다.
- 학생은 작고, 붐비고, 위험한 장소에서 연습을 해 보기 이전에 운전 기술에 대한 훈련을 먼저 받는다.

전동휠체어를 운전하기 위한 분명한 전제 조건에는 적절한 시력, 지시를 이해하고 따르는 능력, 환경적 요인에 대한 인식이 포함된다. 그러나 동력을 사용하는 기기를

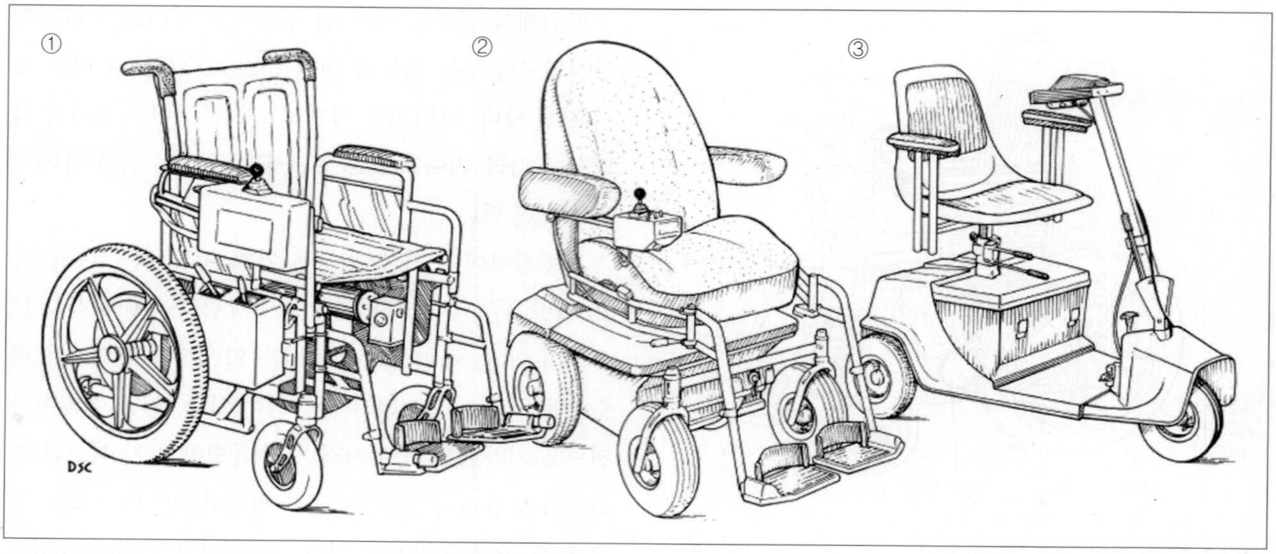

[그림 7-13] 전동휠체어의 기본적인 세 가지 종류
① 구형 전동휠체어, ② 일반 전동휠체어, ③ 3륜 스쿠터
출처: Courtesy of Medical Equipment Distributors, Lubbock, Texas.

경험할 기회를 박탈하는 것은 잘못된 것이다. 이동을 포함하여 환경의 물리적 조작은 시지각 기술, 사회화, 자존감, 의사소통, 운동기능에 기여하기 때문이다(Butler, 1998; Wright-Ott, 1998). 특히 연령 때문에 동력이 사용되는 이동용 기기를 주지 않는 것은 부적절하다(Galloway, 2008). 왜냐하면 14개월처럼 어린 아동들도 전기를 사용하는 이동용 기기를 운전하는 것에 대해 배울 수 있기 때문이다(Wright-Ott, 1998). 종종 동력을 사용하는 이동용 기기의 사용 가능성을 검사하기 위해 조이스틱이 있는 작고 가벼운 장난감 차를 개조하는 것도 가능하다. 그러나 심한 운동장애가 있는 아동들은 일반적으로 많은 시행착오가 따르는 연습과 전기를 이용한 이동용 기기의 조종에 대한 훈련이 필요하다. 교사와 보조교사는 종종 이런 훈련 중 몇 가지에 물리치료사와 공동으로 참여할 수도 있다. 이러한 훈련의 한 부분에는 실제적인 훈련과 더불어 가상의 훈련까지 제공하는 소프트웨어를 사용하는 것도 해당된다.

9) 여행용 유모차형 의자

여행용 유모차형 의자(travel stroller chair)는 종종 아동이 가장 처음 사용하게 되는 휠체어이다. 보호자가 어린 아동을 이동시킬 때보다 편리하게 만들어 주기 위한 의도가 있다. 이 의자는 차의 좌석에 맞추거나 카시트로도 사용될 수 있다. 아동은 차 안에 의자를 부착하여 그 의자에 앉아 있을 수 있다([그림 7-14] 참조). 그러나 여행용 유모차형 의자는 무겁거나 조정하기 어려울 수도 있다. 이러한 의자의 또 다른 단점은 아동이 이동을 위해 다른 사람에게 의존해야만 한다는 것이다. 또한 이 의자는 유모차같이 보이기 때문에 나이 든 아동에게는 사회적으로 적절하지 않다. 여기서 중요한 점은 여행용 유모차형 의자를 사용하는 아동이 독립적인 이동을 도울 수 있는 다른 기기들을 사용할 수 없다고 단정해서는 안 된다는 것이다.

①

②

[그림 7-14] 여행용 유모차형 의자(스트롤러)

10) 이동성의 변화

아동이 독립적인 이동성을 얻을 가능성에 대한 평가는 어떤 의미에서든 간과되어서는 안 된다. 이동성은 인지, 지각, 의사소통, 상호작용 기술의 발달에 영향을 미치기 때문에 아동은 자신의 환경을 탐색함으로써 배우게 된다. 5개월 영아는 구르기를 시작해서 일반적으로 12개월에 독립적인 이동성을 갖게 된다. 이동성은 발달과 독립을 지원하기 때문에 장애를 가진 아동이 최고의 이동성을 어떻게 얻을 수 있는지를 결정하는 것에 시간과 노력을 투자할 가치가 있다. 보조공학은 각 연령에서 발달의 중요 단계에 다가가도록 지원하는 데 이용될 수 있다.

휠체어와 유모차는 이동성을 지원하는 보조공학 기기의 전부가 아니다. 3륜 구동 자전거와 다양한 종류의 보행기도 이동을 위한 흥미로운 수단으로서 지체 또는 중복장애아동의 연령에 맞는 적절한 놀이 활동을 할 수 있도록 해 준다. [그림 7-15]를 보면 아동이 앉은 자세와 배로 엎드린 자세를 통해 이동성을 얻는다. [그림 7-15]에 제시된 두 가지의 이동용 기기들은 자신의 팔을 사용하여 움직일 수 있도록 설계되었다. 다른 이동용 기기들은 똑바로 앉거나 일어서게 해 줄 충분한 안정성을 제공하기도 하고 발을 사용하여 움직일 수도 있다.

워커도 이동을 도와준다([그림 7-16] 참조). 어떤 것들은 무게 지탱이 필요하고, 어떤 것들은 앉은 자세에서의 움직임을 위해 설계되었다. 어떤 워커는 사용자의 앞쪽에 있도록 설계되었고, 어떤 것들은 보다 바른 자세를 위하여 뒤쪽에 맞추어 설계되었다. 워커는 안정성을 위해 단단한 뼈대로 되어 있으며, 휴대를 위해 접힐 수 있다.

보다 안정성이 있는 개인들은 목발을 사용할 수도 있다. 목발의 종류에는 여러 가지가 있다([그림 7-16] 참조). 워커와 목발은 학생의 이동에 대한 요구에 따라 개별적으로 선택되고 제작된다.

① 엎드려서 타는 스쿠터 보드

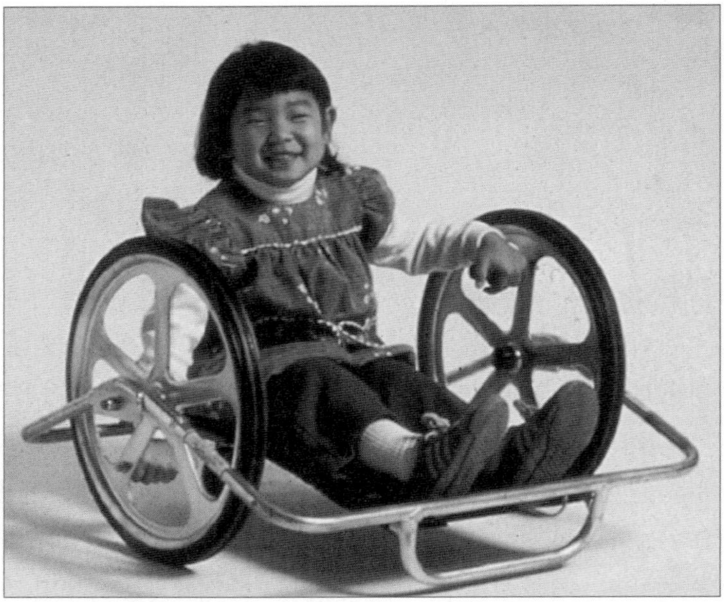

② 손으로 작동하는 기구

[그림 7-15] 이동용 기기로서의 장난감

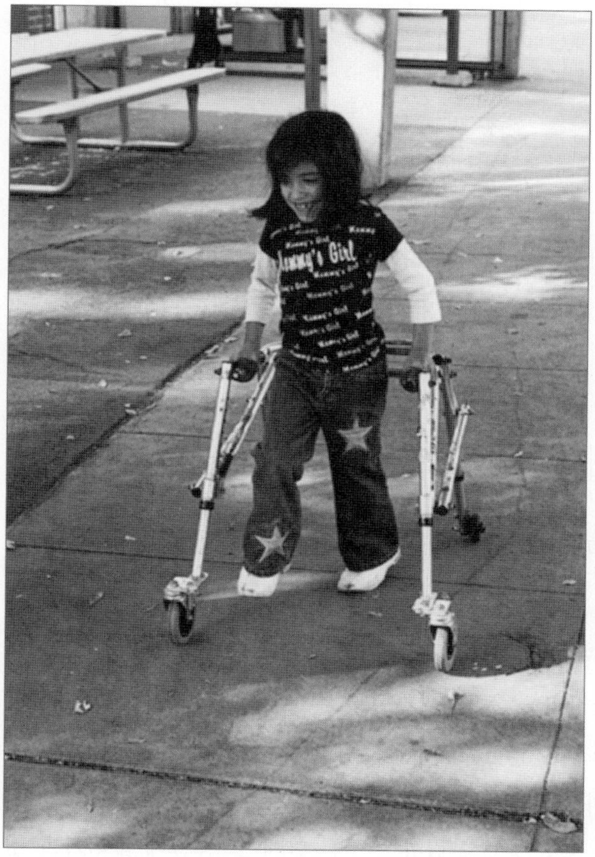

① 후방지지 워커

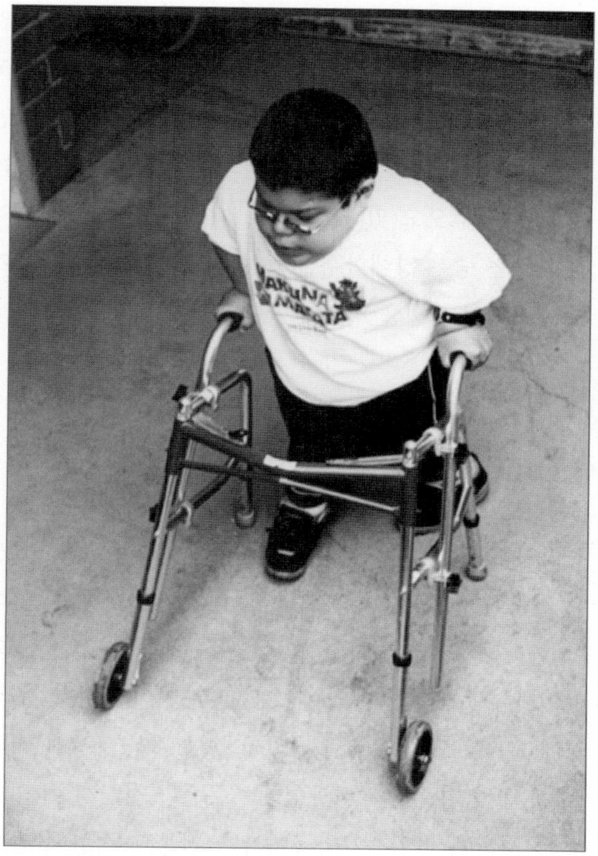

② 전방지지 워커

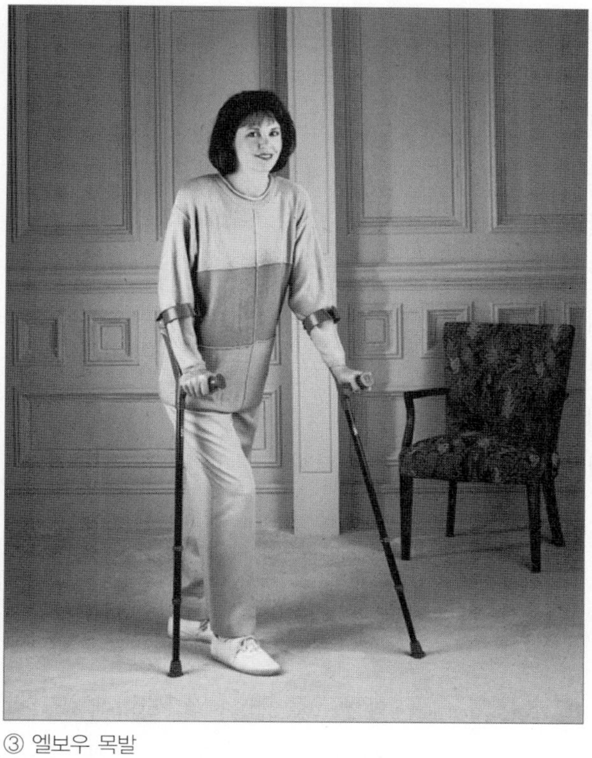

③ 엘보우 목발

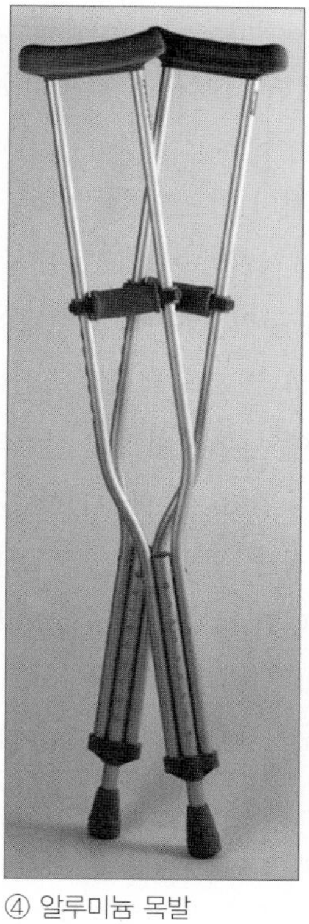

④ 알루미늄 목발

[그림 7-16] 기타 보조 기기

보조공학에는 더욱 성공적이고 기능적인 이동을 위하여 환경을 수정하는 기기들도 포함된다. 이것은 움직임 패턴의 변화와 운동 연습에 중점을 두어, 독립적인 이동에서 모터의 효율성과 환경의 맥락에 주의를 두는 것으로 변해 오고 있다(Wiart & Durrah, 2002). 교사와 지체 또는 중복 장애학생을 돕는 사람들은 이동용 기기의 지속적인 혁신을 기대해야 할 것이다.

7. 건축학적 접근 수정

다양한 탈것 혹은 이동용 기기 수단을 사용하는 학생은 건물에 안전하고 독립적으로 들어가고 나올 수 있어야 한다. 학생들은 화장실, 식당, 교실 그리고 학교와 지역사회의 다양한 영역에 접근할 수 있어야 한다. 미국 장애인법(ADA)은 공적 및 사적인 시설의 '동등한 접근성'에 대한 기준을 제시하였다. '동등한 접근성'이 의미하는 것은 무엇일까? 미국에서는 건물과 시설에 관한 ADA 접근성 지침(the ADA Accessibility Guidelines for Buildings and Facilities: ADAAG, 2002)이 출판되었다. 건축 및 교통 장벽 규정준수 위원회(Architectural and Transportation Barriers Compliance Board)는 건물 접근성 범위와 기술적인 필요조건에 대한 설명을 제공한다. 이러한 요건들은 성인과 아동 모두에게 구체적으로 명시되어 있다. 예를 들면, 분수식 식수대의 높이, 경사로의 기울기, 출입문과 통로의 넓이, 문의 손잡이 설치 그리고 싱크대의 높이와 같은 화장실 시설의 수정 등이 포함된다([그림 7-17] 참조). 또한 ADAAG는 레스토랑이나 카페테리아, 도서관, 휴양 시설, 의료 시설 같은 장소에서의 접근성에 대한 요건들도 포함하고 있다. 접근성 가이드라인의 pdf 형식의 파일은 http://www.access-board.gov/adaag/html/adaag. htm에서 찾을 수 있다. 그리고 아동의 환경에 대한 접근성 기준 권고(Recommendations for Accessibility Standards for Children's Environments)도 유용한 지침으로 활용할 수 있다(U.S. Architectural and Transportation Barriers Compliance Board, 1992). 이 문서 또한 pdf 형식의 파일로 이용가능하다.

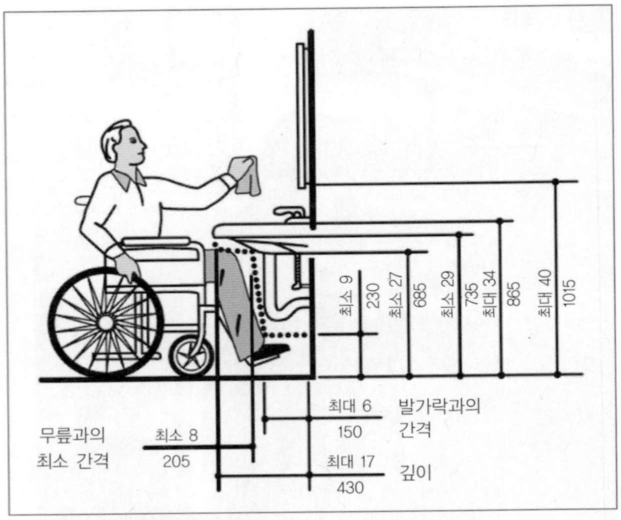

[그림 7-17] 접근성을 위한 설계

출처: U.S. Architectural and Transportation Barriers Compliance Board (1998). Americans with Disabilities Act accessibility guidelines. *Federal Register*, January 13, p. 2080.

접근성을 확립하는 것은 단지 그 공간에 들어가는 것만을 의미하는 것이 아니라 나가는 것까지도 포함해야 한다. 긴급한 상황이나 건물 대피와 같은 만일의 사태에 대한 계획은 미리 세워야 한다. 예를 들어, 엘리베이터의 고장은 목발을 사용하거나 휠체어를 사용하는 학생들이 계단에 앉아서 엉덩이로 내려감으로써 자신들을 안전하게 이동시켜야 하는 것을 의미한다. 다양한 긴급 상황에서의 절차는 이동성에 손상을 지닌 개인들을 위해 구체적으로 규정되어야 한다. 모든 교사, 보조교사, 구조단체를 포함하여 모두가 절차에 대하여 안내받도록 해야 한다. 긴급상황 시 학생을 안전하게 이송할 때 사용할 수 있도록 간이침대와 담요를 준비한다.

8. 환경과 사물 수정

Sowers, Jenkins와 Powers(1988)의 정의에 따르면 환경적인 수정은 "과제의 일부로 사용되는 기기들을 수정하거나 과제가 수행되는 방식의 실제적인 수정을 통해 과제 환경을 변경"(p. 408)하는 데 사용될 수 있다고 하였다. 환경적인 수정에는 ① 사물과 기구의 위치 변경, ② 작업대 수정, ③ 사물 수정, ④ 조작 기기가 포함된다. 이러한 수정들은 모두 보조공학의 예이다.

1) 물건과 보조 기기의 위치

학생이 트레이를 탁상용으로 사용하든 테이블의 다른 장치로 사용하든 간에 그들은 언제든지 자신들의 물건을 꺼내거나 넣을 수 있어야 한다. 만약 학생이 물건을 보관할 수 있는 책상이 없다면 상자를 테이블 옆에 붙일 수 있다. 상자의 입구를 테이블의 높이에 위치하게 하여 물건들을 위에서 상자로 떨어뜨린다. 다른 선택사항으로는 책상의 옆이나 책상 표면의 나머지 부분에 붙일 수 있도록 사무실에서 사용되는 문서 보관함과 같은 플라스틱 모듈식의 상자가 있다. 자료를 쉽게 이용할 수 있는 공간을 제공할 뿐만 아니라, 플라스틱 상자, 나무 상자 그리고 문서 보관함은 유용한 정리 도구가 된다. 학생의 물건을 위해 어떠한 용기를 휠체어의 앞, 옆, 뒤쪽에 붙일 수 있고, 또는 회전 팔걸이를 붙여서 그것을 사용하지 않을 때는 휠체어의 뒤쪽에 놓을 수도 있다([그림 7-18] 참조). 만약 신체적인 이유로 학생이 자신의 물건을 꺼내거나 집어넣지 못할 때, 그들은 다른 사람에게 도움을 요청하는 방법에 대해 배워야 한다. 교사와 같은 반 친구들은 학생의 요구를 기다리기 위해 잠시 멈춰 줌으로써 학생이 이러한 것에 책임을 갖도록 격려해 줄 수 있고, 그들은 학생의 자부심을 촉진시키는 데 도움이 될 수 있다.

① 옆 주머니

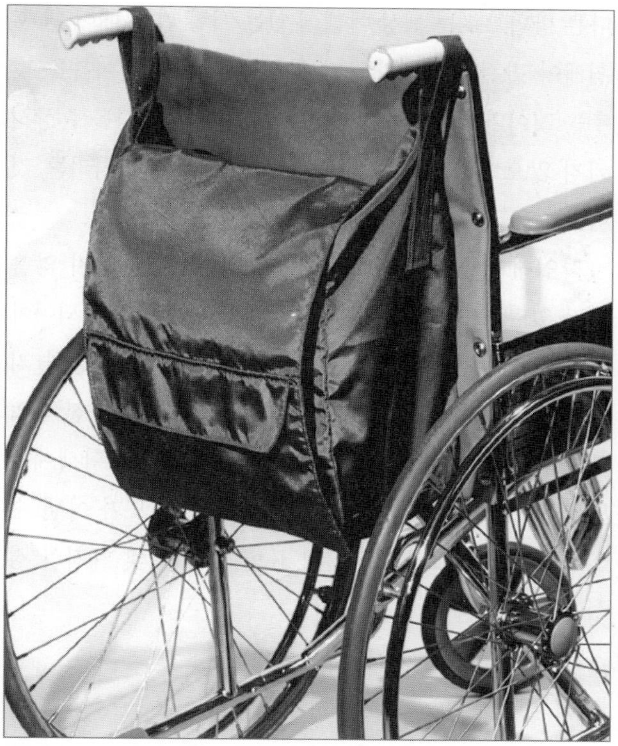
② 백팩

③ 음료수 거치대

[그림 7-18] 휠체어에 물건을 보관하는 세 가지 방법

학생이 자신의 이동용 기기를 넣는 것을 배우는 것은 중요하다. 교실 바닥이나 복도에 아무렇게나 놓여 있는 목발은 적절하지 않다. Lee의 예를 한번 보자. Lee는 책상에 앉고 난 후에는 목발을 교실 바닥에 내려 놓는다. 이 교실은 2인용 책상이 교실 앞쪽을 마주보면서 긴 줄로 배열되어 있다. Lee는 교실 앞쪽의 통로쪽 자리에 앉는다. Lee는 앉은 후에 목발을 그의 책상 옆에 평행하게 두도록 배웠다. 교사는 책상과 책상 사이의 공간을 충분히 넓게 만듦으로써 다른 학생들이 그의 목발을 넘어야 할 필요가 없게 하였다. 다른 전략은 책상의 모서리에 찍찍이 끈을 고정하여 그것으로 목발을 고정시키는 것이다. 이는 목발을 똑바로 세워 주고 쉽게 접근할 수 있게 한다.

이동용 기기를 사용하는 학생들은 기기를 안전하게 보관하는 것에 책임을 가져야 하지만 다른 사람들도 함께 도와주어야 한다. 휠체어나 워커처럼 큰 기기를 위해서는 충분한 보관 장소가 제공되어야 한다. 교실의 가구 배치는 모든 구역에 접근이 가능하도록 해야 한다. 미끄러운 종이가 바닥에 떨어져 있어서는 안 된다. 모든 사람이 예의와 상식을 실행하여야 한다.

2) 작업대 수정

휠체어의 트레이를 포함한 테이블 윗면의 모양은 아동이 팔과 머리의 움직임을 어떻게 사용하는지에 영향을 미친다. 크기, 위치, 기울기, 높이는 학생의 요구에 따라 조절될 수 있는 특징들이다. 몸을 구부리지 않도록 하기 위해 테이블은 높은 위치에 있는 것이 바람직하다. 저긴장과 불수의운동형 뇌성마비를 지닌 아동들은 일반적으로 팔꿈치 지지를 할 수 있게 해 주는 높은 작업대를 쓰는 것이 도움이 된다. 그러나 움직임의 범위가 제한되어 있는 경직성 뇌성마비 아동이나 신체의 과신전을 보이는 아동은 낮은 작업대 공간이 그들의 제한된 움직임을 방해하지 않기 때문에 도움이 된다. 많은 지체장애 아동은 추가적인 팔과 팔꿈치 지지대를 통해 이익을 얻을 수 있다. 예를 들어, 가슴을 위해 U형으로 되어 있는 휠체어 트레이나, 테이블 윗면에 배치할 수 있는 플랫폼이 있다([그림 7-19] 참조).

[그림 7-19] 조정된 작업대를 통해 기능적인 손의 사용이 가능해진다.

출처: Illustration by Maya Esteve (2008). Used with permission.

테이블의 높이를 선택할 때 휠체어의 팔걸이가 문제될 수 있다. 가끔씩 휠체어 팔걸이가 테이블 높이와 같다면, 그 테이블은 학생이 사용하기에 너무 높은 것이다. 이러한 문제를 해결하기 위해서는 다양한 방법이 있다. 먼저 학생이 팔걸이를 떼어 낼 수 있는 휠체어나 '책상 팔걸이(desk arm)'가 있는 휠체어를 사용하는 것이다. 다른 방법으로는 책상 아래에 있는 서랍 칸을 떼어 낸 후 휠체어 팔걸이를 방해하지 않는 높이까지 테이블을 낮추는 것이다. 세 번째 방법은 학생의 앉기 균형을 손상시키지 않으면서 휠체어에서 표준 의자로 이동시키는 것이다.

작업대의 높이를 조절하는 것만으로 충분하지 않을 때가 있다. 기울기 혹은 표면 영역의 각도가 개조되어야 할 수도 있다. 이를 위해서는 다양한 각도가 가능한 기울어진 작업대나 독서대를 이용할 수 있다. 경사진 작업대는 개별 학생들을 위해 평가되어야 한다. 한 학생에게 알맞은 각도가 다른 학생에게는 적절한 각도가 아닐 수 있다. [그림 7-20]은 작업대 표면에 있는 몇 가지의 경사가 있는 기구를 보여 준다.

① 윗부분이 기울어져 있는 책상 보관함

② 공책과 자

③ 로우테크의 나무로 된 책받침대

[그림 7-20] 기울어진 기기(slant devices)

출처: ① Illustration by Maya Esteve (2008). Used with permission. ② Reprinted with permission of Therapro, Inc., Framingham, MA, from *Low-tech Assistive Devices: A Handbook for the School Setting* © 1998. ③ From *Creative Constructions: Technologies That Make Adaptive Design Accessible, Affordable, Inclusive, and Fun* (p. 88) by M. Campbell and A. Truesdell, 2000, Cambridge, MA: Creative Constructions. Reprinted with permission.

3) 사물 수정

Finnie(1997, pp. 127-160)와 Schaeffler(1998, pp. 26-28)는 뇌성마비 아동들이 장난감과 다양한 놀이 자료에 접근 가능하도록 전문적인 수정 기법들을 분류하였다. 여기에는 ① 사물 고정, ② 경계선 만들기, ③ 잡기용 기기, ④ 조작 기기, ⑤ 스위치가 포함된다. 여기에서는 수정 전략과 학생의 수행에 관련해서 앞의 네 가지 기법을 요약하였다. 다섯 번째 사물 수정의 전문적인 기법인 스위치 사용하기는 이 장의 '환경 조절' 부분에 제시되어 있다.

(1) 사물 고정

일반적으로 신체적 조절과 조정의 문제에 영향을 받는 손의 기능은 잡기와 조작하기이다(Church & Glennen, 1992; Finnie, 1997; Heller & Swinehart-Jones, 2003; Schaeffler, 1988). 고정은 물건들을 제자리에 있도록 해 주는 것으로 자신의 손을 어떤 것에 향하도록 하는 데 어려움이 있는 개인들이 물건을 치거나 떨어뜨리지 않게 해 줌으로써 그들이 떨어진 물건들을 잡으려고 다시 손을 뻗지 않도록 해 준다. 사물의 고정은 두 손을 쓰는 작업이나 한 손으로는 물건을 잡고 한 손으로는 그것을 조작해야 하는 작업에 도움을 준다. 사물 고정 전략에는 다음의 내용이 포함된다.

- 사물의 바닥을 테이블에 고정시킨다.
- 표면에서 사물을 고정시키기 위해 마스킹 테이프를 사용한다(넓이 2인치짜리가 가장 강력한 접착력을 가진다).
- 후크형 벨크로는 사물에, 고리형 벨크로는 깨끗한 표면에 붙인다.
- 특별한 질감의 종이, 선반의 미끄럼 방지용 라이너 혹은 고정을 위해 물건의 아래에 부착할 수 있는 재료들을 사용한다.
- 테이블이나 테이블에 고정된 판에 똑바로 부착하기 위해서는 뒤에 접착력이 있는 벨크로나 폼 테이프를 사용한다.
- 단기간에 물체를 고정시키기 위해 흡입컵을 사용한다.

(2) 경계면 만들기

많은 지체 또는 중복장애 학생들은 실수로 물건을 닿지 못하는 곳에 떨어뜨려 물건을 다시 가져오지 못하기도 한다. 물건에 손이 닿지만 제한된 영역에 두기 위해서 물리적 경계를 만들 수 있다. 경계는 사물을 시각 범위 안에 둘 수 있기 때문에 시각손상이 있는 학생에게도 유용하다. 경계 전략에는 다음의 내용이 포함된다.

- 적절하다면 사물의 이동을 한정시키기 위한 경계를 만든다.
- 물건을 상자, 가장자리가 있는 판, 쟁반 혹은 서랍에 둔다.
- 휠체어 책상의 가장자리에 둔다.
- 요리 또는 미술 재료들을 플라스틱 지퍼백에 넣고, 그 지퍼백을 흔들어 섞는다.
- 신체적으로 닿거나 시야에 들어오는 곳에 물건을 두기 위해 울타리가 있는 놀이 공간(예: 볼 풀장)에 아동을 배치한다.

[그림 7-21]은 사물 고정과 경계를 위한 다양한 기기들을 보여 주고 있다.

(3) 잡기용 기기

잡기용 기기는 사물을 잡거나 들 수 없는 사람들에게 유용하다. 잡기는 다음과 같은 방법에 의해 촉진될 수 있다.

- 크레용 또는 다양한 스틱 형태의 물건을 잡도록 설계된 커프를 사용한다.
- 장갑의 손바닥 부분과 장난감에 벨크로를 붙여 장난감을 들어 올린다.
- 장갑의 손바닥이나 손가락에 작은 자석을 붙여 장난감차, 블록 등의 금속 물체들을 들어 올린다.
- 들어 올리기 쉽도록 사물 주위를 폼이나 테이프로 포장하여 사물을 크게 만든다.

(4) 조작용 기기

조작용 기기는 독립적인 손가락 운동, 핀셋으로 잡기, 손목 움직임을 제어하지 못해 장난감 같은 물건들을 움직이는 데 어려움이 있는 학생들을 도와준다(Schaeffler, 1988, p. 27). 또한 조작용 기기는 움직임의 범위가 제한된 학생들이 손을 뻗도록 하는 데 도움을 준다. 기술에는 다음과 같은 것들이 포함된다.

- 물건을 잡을 수 있을 만큼 크게 만든다.
- 물건의 부분(pieces)을 쉽게 누를 수 있도록 크고 넓게 만든다.
- 손목 회전의 불가능을 보완하기 위해 가로대나 은못을 사물에 붙인다.
- 움직임의 범위를 확장시키기 위해 사물의 손잡이를 더 길게 한다.
- 페이지를 넘기는 기능을 위하여 책의 페이지 사이에 손잡이처럼 압설자를 놓아둔다.
- 책 페이지의 사이를 양면 폼 테이프 혹은 판지를 사용하여 넓힌다.

[그림 7-22]는 잡기와 조작을 촉진시키는 다양한 기기를 보여 주고 있다.

(5) 로봇과 가상체험

가끔씩 학생들은 다른 사람들이 사용하고 있는 물건들을 개조를 한 상태에서도 잘 사용하지 못한다. 이러한 상황에서 로봇과 가상체험은 중도 지체장애 학생에게 보조 인터페이스로 작용한다. 중도 지체장애 학생이 레고(Prazak, Kronrief, Hochgatterer, & Fürst, 2004) 또는 어른과 상호작용하면서 작동(Cook, Howery, Gu, & Meng, 2000)시키는 일반적인 장난감을 조작할 수 있게 하는 장난감 로봇 시스템들이 발전하고 있다. 이 두 가지의 경우, 로봇 자체는 장난감이 아니지만 자율적이거나 상호적인 장난감 놀이를 지원하는 데 사용될 수 있다. 게다가 가상 그림 프로그램, 음악 작곡과 재생 프로그램, 수학 가상 학습 교구, 가상 퍼즐, 많은 가상 과학 실험 및 현장

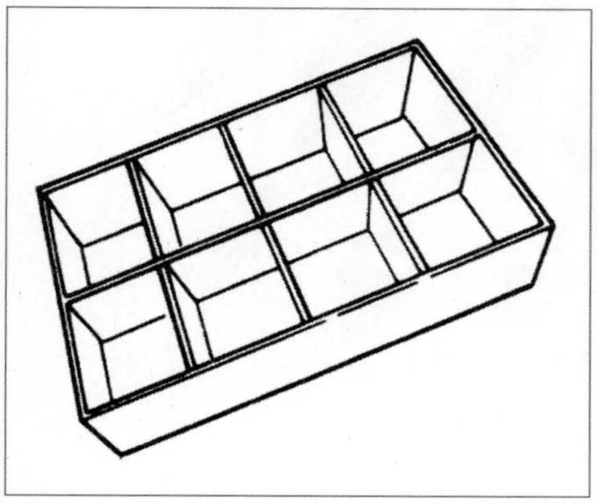

① 작은 사물 보관함

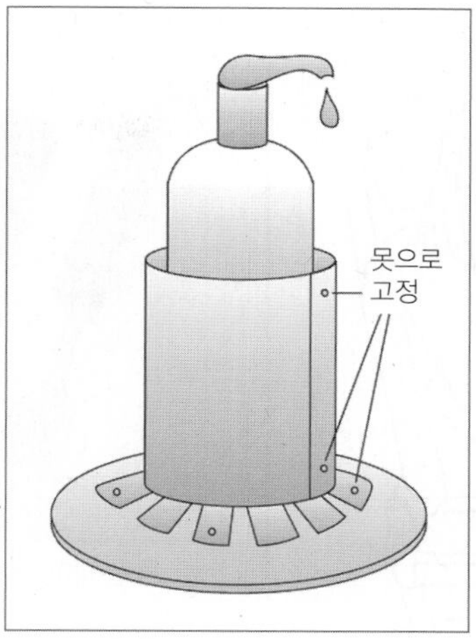

④ 로션, 비누 거치대

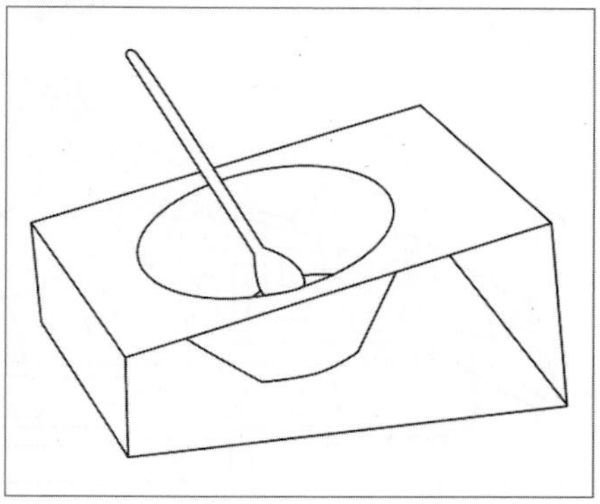

⑤ 그릇 거치대

② 작은 사물 보관함

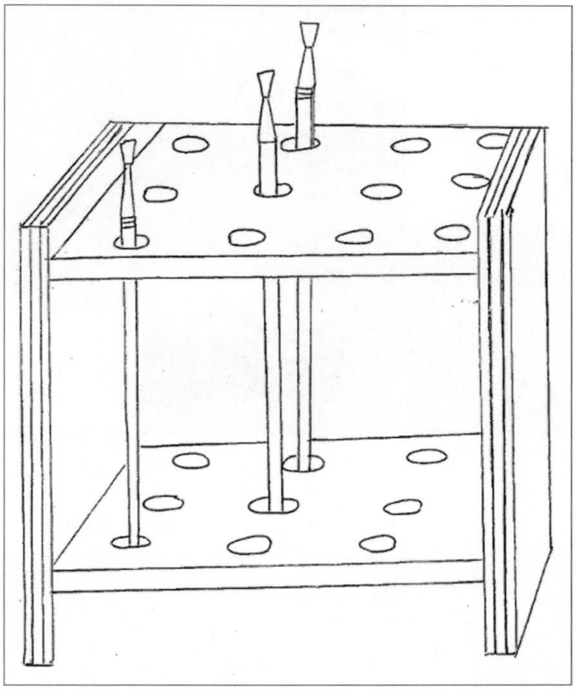

⑥ 붓 거치대

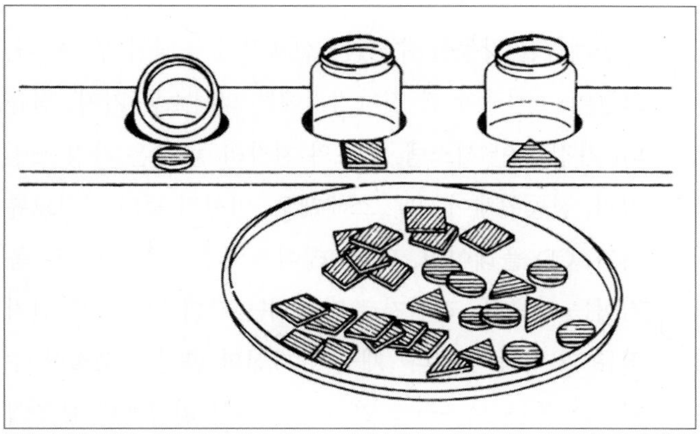

③ 작은 사물 보관함

[그림 7-21] 사물 고정과 구분을 위한 기기

출처: ④ and ⑤ from *Creative Constructions: Technologies That Make Adaptive Design Accessible, Affordable, Inclusive, and Fun* (p. 133) by M. Campbell and A. Truesdell, 2000, Cambridge, MA: Creative Constructions. Reprinted with permission. ⑥ Illustration by Maya Esteve (2008). Used with permission.

① 폴더형 의사소통 책

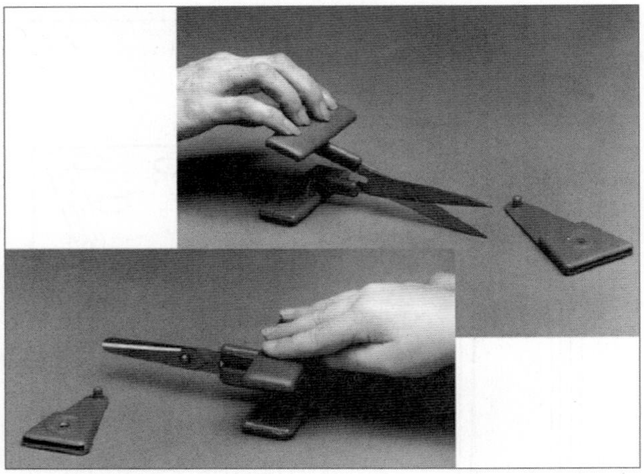
② 미끄럼 방지 가위

③ 긴 손잡이 빗

④ 큰 손잡이 식사 도구

[그림 7-22] 잡기와 조작용 기기

출처: ① Illustration by Maya Esteve (2008). Used with permission.

학습의 확산은 지체장애 학생의 기회를 확대해 주고 있다. 과학 교수와 아동의 놀이 경험에 대한 연구에서는 가상체험이 직접 해 보는 체험과 동일하거나 어떤 경우에는 더 낫다는 결과를 보여 주었다(Klahr, Triona, & Williams, 2007; Reed, 2004; Tam, Schwellnus, Eaaton, Hamdani, Lamont, & Chau, 2007).

9. 환경 조절

지체 또는 중복장애를 가진 개인은 자신의 환경에서 가전제품을 작동할 수 있는 신체적인 능력이 부족하다. 그들이 조절해야 할 전자기기에는 의사소통 기기, 컴퓨터, 가정 보안 시스템, 램프와 천장의 등 같은 가정 조명기기, 전동휠체어, TV, 스테레오, 믹서기 등의 전기교류기기, CD 플레이어, MP3, 테이프 녹음기, 건전지로 움직이는 장난감, 건전지로 작동되는 라디오와 같은 전기직류 기기 등이 있다. 개인이 자신의 환경을 조절할 수 있도록 돕는 보조공학 기기를 전자식 일상생활 보조기구(Electronic Aids to Daily Living: EADL)라고 부른다. 여기서는 사람들이 EADL을 사용하는 전자기기와 건전지로 작동되는 기기에 초점을 맞출 것이다. EADL을 사용할 때 전전지 시스템은 살림, 개인 생활, 여가, 일을 위해 사용되는 전자제품과 스위치를 포함한다. EADL은 사용자가 한 가지 이상의 전자기기를 프로그램화된 또는 자발적으로 조절할 수 있게 해 주는 기기이다. 더욱 정교한 EADL 시스템에는 적외선, 무선 조절, 초음파 조절 그리고 전기교류 전력선 조절 시스템이 있다. 텔레비전, 스테레오, 자동문 오프너, VCR, 도난경보기 등의 전자기기를 작동시키기 위해 이러한 시스템들이 사용될 수 있다. 이전의 문헌에서는 이러한 기기들을 환경조절 장치(environmental control units: ECU)라고 언급하고 있다. ECU/EADL에 대한 추가적인 자세한 설명은 Church와 Glennen(1992)에서 참조하라.

교실 사용을 위한 EADL은 콘센트에 연결된 전기기기의 전압을 사람이 기기에 접근하기 위해 사용하는 스위치에서 낮은 전압으로 낮춰 주는 기기이다(Levin & Scherfenberg, 1987). 또한 EADL은 건전지로 작동하는 시스템을 조절하기 위해 사용될 수도 있다. 건전지로 작동하는 시스템을 이용한 EADL은 건전지로 작동하는 장난감 혹은 기기(MP3 플레이어, 라디오, 테이프 녹음기 등), 스위치, 건전지 장치 어댑터가 포함된다. 건전지 단속기는 내장된 전원 스위치 대신 외장 스위치를 통해 건전지로 움직이는 기기를 작동하는 데 사용된다. 이는 전선의 끝에 있는 금속 회로판과 전선의 반대편 끝에 있는 스위치로 구성된다. 누군가가 스위치를 누름으로써 순환이 중단되고 완료되도록 하기 위해 회로판을 건전지와 이들의 금속 콘택트렌즈 사이에 끼운다. 건전지의 크기(D, C, AA 등)에 맞도록 건전지 단속기를 선택하거나 만들어야 한다. Linda Burkhart(1980, 1982)는 최근 상업적으로 이용 가능한 여러 EADL과 간단한 스위치 개발의 선구자이다.

1) 스위치

적어도 한 가지의 자발적인 신체 움직임을 보일 수 있는 개인은 자신의 환경을 조정하기 위해 스위치를 활성화시킬 수 있다. 스위치는 "전자회로를 열고 닫는 하드웨어 기기로서 전자기기에서 전기의 흐름을 조절한다. 예를 들어, 집에서 켜고(열린 회로) 끄는(닫힌 회로) 전등 스위치가 있다" (Glennen & DeCoste, 1997, p. 778). 스위치의 효율적인 이용을 위해서는 올바른 자세를 취하는 것이 중요하다.

2) 스위치 선택

스위치는 안전해야 하고, 움직임을 수용해야 하며, 완벽하게 고정시켜야 하고, 내구성과 일관성이 있어야 하며, 쉽게 대체되거나 복제될 수 있어야 한다. 스위치는 움직임을 활성화하는 데 필요한 압력의 종류에 따라 다르다. 또한 스위치는 사용자에게 제공하는 피드백에 따라 달라진다. 어떤 것들은 촉각을 이용한 피드백을 제공하고 어떤 것들은 소리를 낸다. 또한 스위치는 광활성화 같은 시각적인 피드백을 제공할 수도 있다(Glennen & DeCoste, 1997).

스위치 활성화는 중요한 고려사항이다. 스위치 종류에는 누르는 것, 당기는 것, 기울이는 것, 불고 빠는 것, 눈 깜박이는 것, 구부리기/수축하는 것, 비틀어 짜는 것, 가까이 가는 것이 있다. 스위치는 손, 발, 발꿈치, 무릎, 머리, 눈썹의 사용을 통해 활성화될 수 있도록 다양한 곳에 위치할 수 있다. 어느 부위가 피로감과 반복적인 움직임에 대한 수축과 고통 발생을 최소화하면서 가장 확실한 움직임이 있는지 결정하기 위해 실험이 필요하다. 작업치료사는 이 분야에 가장 많은 지식을 가지고 있는 팀 구성원이고, 아마도 스위치 배치와 활성화 위치에 대한 결정을 돕는 데 중요한 역할을 할 것이다. 장기간의 사용을 위해 스위치를 구입하기 전에 스위치를 사용할 환경 안에서 의도한 대로 작동하는지를 확인하기 위해 학생과 함께 시도해 보아야 한다. 비록 많은 상업적인 스위치가 현재 사용 가능하지만 직접 만들 수도 있다. 스위치를 만드는 것에 관심 있는 사람들을 위해 Burkhart(1980, 1982)는 간단한 스위치의 설계와 구성에 대해 제시하고 있다. 또한 이 장의 끝 부분에 있는 '유용한 사이트'에 소개된 웹사이트에는 스위치 혹은 다양한 사물을 만드는 것에 대한 지침이 있다. 다양한 스위치가 [그림 7-23]에 제시되어 있다.

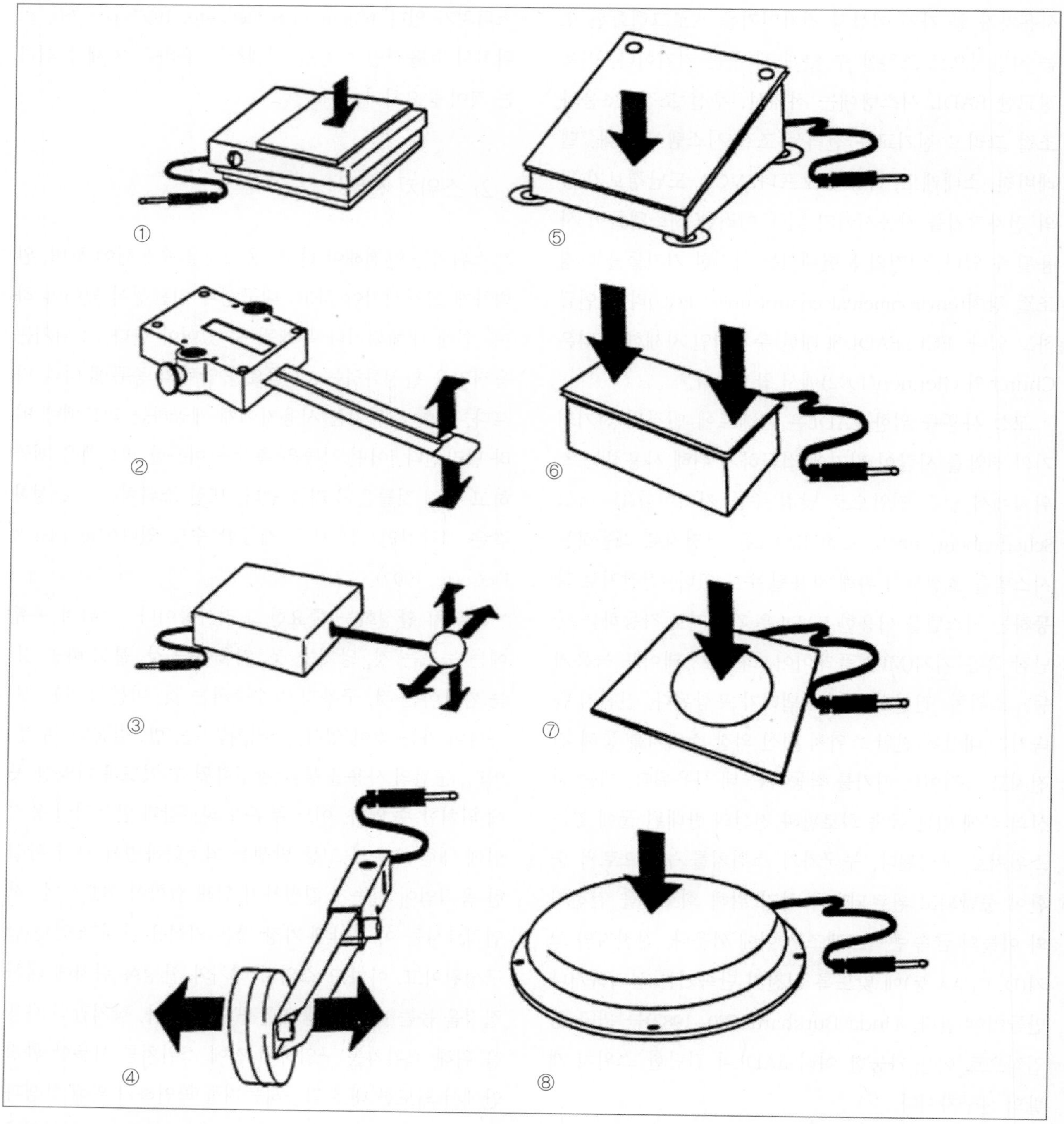

[그림 7-23] 개조된 스위치

① Zygo Tread Switch: 판의 표면에 아래쪽으로 압력을 가하면 청각적인 피드백이 제공된다.
② Zygo Leaf Switch: 플라스틱 표면 안의 전선을 왼쪽 혹은 오른쪽으로 구부려 스위치를 활성화시킨다.
③ Prentke Romich Wobble Switch: 공을 어느 방향이든 간에 최소로 움직여서 스위치를 활성화시키면, 딸깍하는 소리의 청각적 피드백이 제공된다.
④ Zygo Lever Switch: 스펀지로 덧댄 표면에 아랫방향으로 최소한의 압력이 필요하다.
⑤ Toys for Special Children 5×8 Plate Switch: 표면을 최소한으로 누르면 스위치가 활성화된다.
⑥ Prentke Romich Rocking Lever Switch: 왼쪽 혹은 오른쪽의 아랫방향으로 압력을 가하면 기기에서의 선택을 활성화시킨다.
⑦ TASH Plate Membrane Switch: 원형 부분에 최소의 힘을 가하면 스위치가 활성화된다.
⑧ Able Net Big Red Switch: 큰 원형 표면에 아래쪽으로 힘을 가하면 스위치가 활성화된다.

출처: *The Handbook of Assistive Technology* (1st ed., p.57), by S. Church, 1992, Belmont, CA: Wadsworth. Copyright © 1992 by Wadsworth, a part of Cengage Learning, Inc. Reproduced by permission. www.cengage.com/permissions.

3) 스위치의 설치

학생이 사용할 스위치를 설치하는 것은 간단할 수도 있지만 그렇지 않을 수도 있다. 스위치가 다양하게 설치되어야 하는 데는 여러 가지 이유가 있다. 스위치는 활성화 부분에 스위치를 적절하게 위치시키기 위해서, 원하는 위치에 고정하기 위해서, 혹은 실수로 스위치를 이동시키거나 고의로 물건을 던지는 학생들로부터 스위치를 보호하기 위해서 적절히 설치될 필요가 있다. 경직형과 불수의운동형이 혼합된 뇌성마비 학생인 Lourdes의 예를 보자. 그녀는 손을 사용하여 컴퓨터에서의 스캐닝을 위한 스위치를 활성화시키고자 하였는데, 이러한 시도들은 그녀에게 좌절감을 주었다. 그 이유는 그녀의 손과 팔이 계속해서 스위치에 부딪혔고 스위치가 종종 휠체어 트레이 밖으로 날아갔기 때문이다. 게다가 그녀는 손과 팔로 확실하게 스위치를 활성화시킬 운동 조절능력이 부족했다. 그래서 스위치는 그녀의 휠체어 트레이의 아래에 삽입되었다. 깔끔한 플라스틱 트레이는 스위치에 대한 시각적 접근을 허용하였다. 그리고 그녀의 다리 제어는 신뢰할 만했기 때문에 그녀는 무릎을 밀어 스위치를 활성화시켰다. 스위치는 고정되었고 이는 보조공학 기기를 활성화시키는 유용한 방법이 되었다.

비교적 수동적이었던 역할에서 물리적 환경에 대한 조절이 가능한 사람으로 변화시키는 것에 대한 영향력을 절대 간과하지 말라. 작업, 기구 그리고 EADL은 환경을 조절하는 과정의 부분일 뿐이다. 시스템의 모든 면에서 훈련이 계속 필요하다.

10. 감각장애를 위한 보조공학

지체장애와 감각장애(시각, 청각, 혹은 둘 다)를 지닌 개인 역시 보조공학 기기를 필요로 할 수 있다. 감각을 입력하는 근원인 시각이나 청각에 경도부터 중등도까지의 장애를 가진 학생은 시각이나 청각이 여전히 이용 가능하지만 어느 정도 제한을 가지고 있다. 가장 흔한 제한 중 하나는 강도이다(Cook & Hussey, 1995). 강도를 시각적 입력으로 보면 학생에게 너무 작게 보이는 물체의 크기는 안경, 돋보기, 확대된 인쇄물의 어떤 방법으로든 확대되어야 한다는 것을 의미한다. 청각적 입력에서의 강도는 학생에게 들리기에 음량이 너무 작아서 어떤 방법으로든 소리가 확대되어야 한다는 것을 의미한다. 이는 청각 기기, FM 시스템 혹은 다양한 증폭 방법에 의해 이루어질 수 있다. 두 번째 종류의 제한은 빈도 혹은 파장이다(Cook & Hussey, 1995). 시각적 입력에서 이는 사물과 배경 사이의 대비 부족 혹은 색 구별의 문제들을 의미할 수 있다. 이러한 경우 더욱 극명한 대조색을 다양화시킬 수 있는 필터나 오버레이를 필요로 할 수도 있다. 청각적인 입력에서는 특정한 빈도 손실을 의미할 수도 있는데 이러한 특정한 장애를 보조하기 위해 설계된 청각용 기기들을 필요로 할 것이다. 세 번째 종류의 장애로는 영역의 한계가 있다(Cook & Hussey, 1995). 듣기의 경우 일반적으로 두 귀의 고르지 못한 듣기를 의미하며 양쪽 귀를 위한 듣기용 기기가 사용된다. 시각장애는 특별한 렌즈를 통해 부분적으로 맞춰진다.

감각장애가 너무 심하면 이러한 수단을 통한 정보의 입력은 유용하지 않을 것이고 다른 방법을 통한 입력이 제공되어야 한다. 예를 들어, 수화는 농 학생들이 사용할 수 있고 점자는 맹 학생들이 사용할 수 있다. 이러한 보조공학 서비스의 공급 관리 리더는 시각손상/맹, 청각손상 혹은 시청각장애 각각의 필요한 분야에서 훈련된 전문가가 맡는다. 교사의 책무는 보조공학에 친숙해지고 그것이 언제, 어떻게 사용될지를 알며, 고장을 인식하는 방법 그리고 연락해야 할 사람에 대해 아는 것이다.

1) 보조공학과 청각장애

청각장애를 가진 학생들을 위한 보조공학은 세 가지 범주로 나뉜다. 청각보조장치, 전자통신 기구와 주변장치들, 경보 기기가 이에 해당된다.

(1) 청각보조장치

청각보조장치(Assistive listening devices: ALD)는 청력용 기기와 함께 혹은 별도로 쓰일 수 있는 특별한 증폭기기와 시스템을 말한다. 청취가 어려운 상황, 특히 소음 환경 또는 학생이 소리의 근원지에서 먼 거리에 있는 환경에서 항상 청각 기기가 음성 인식에 충분한 도움을 제공하는 것은 아니다. ALD는 소리 근원과 청각장애를 가진 학생 사이의 거리에 다리를 놓음으로써 그리고 배경소음이 있을 때 학생이 들을 수 있는 능력을 향상시킴으로써 여러 가지 어려운 청취 환경에 있는 학생이 더 잘 들을 수 있도록 돕기 위해 설계된 것이다. ALD에는 두 가지 주요한 범주가 있다. 첫 번째는 개인의 적외선 혹은 FM 시스템인데, 이를 학생들이 착용하고 교사가 사용하는 마이크로부터의 음성 입력을 수신한다. 교사의 마이크는 학생들 또는 아동들 그룹이 착용한 수신기에 연결된다. 두 번째는 음향 FM 시스템으로, 마이크를 차고 있는 교사의 말이 증폭되어 교실 전체에 또는 교실 부분의 스피커에 들리게 해 준다. 두 가지 종류의 ALD 모두 단독으로 또는 학생의 청각 기기와 결합되어 사용될 수 있다.

(2) 전자통신 기구

보조공학의 이러한 형식은 표준 전화기, 증폭된 수화기, 증폭된 헤드폰, 추가된 큰 종소리, 전화벨이 울릴 때 진동하는 휴대폰, 글자를 쓸 수 있도록 개조된 전화기(TDD 또는 TTY) 등에 연결할 수 있는 휴대 가능한 증폭기들을 포함한다. TTY(teletypewriter, 전신타자기)는 오래된 용어이지만 아직도 농 문화에서는 흔히 사용된다. TDD(telecommnication devices for the deaf, 농인들을 위한 전자통신기구)는 농 혹은 청력에 심한 문제가 있는 사람들이 메시지를 적고 LCD 혹은 프린터에 출력되는 응답을 받을 수 있게 해 준다. TDD는 다른 TDD 사용자와 또는 듣기 의사소통 상대자에게 메시지를 말해 주어 의사소통하는 데 사용된다. 물론 TDD는 지체 또는 중복장애를 가진 학생들에게도 사용될 수 있는데, 이를 위해서는 그들이 직접적으로 또는 추가적인 보조공학을 이용하여 키보드를 활성화시킬 수 있어야 한다. 전자통신 기구의 다른 형식에는 폐쇄자막 텔레비전이 있는데, 이는 화면에서 말하고 있는 대화들을 글자로 보여 준다. '폐쇄' 자막이라고 불리는 이유는 만약 보는 사람이 폐쇄자막 디코더(해독기)를 가지고 있지 않으면 글자가 보이지 않기 때문이다. 현재 생산되는 모든 텔레비전에는 디코더가 내장되어 있다.

(3) 알림, 경보기기

이러한 기기들은 맹이나 심한 청력 손상을 지닌 학생들에게 무엇인가 일어났음을 알리기 위해서, 그들의 주의를 끌기 위해서, 시각 또는 촉각의 신호나 증폭된 청각 신호를 사용할 수 있다. 맹 혹은 심한 청력 손상을 지닌 학생들은 그들의 주의를 얻기 위해 시각 또는 촉각 신호를 필요로 할 것이다. 경보기기는 알람시계, 초인종, 전화기, 화재 경보기, 연기 감지기, 일산화탄소 감지기 등 다양한 사물에서 사용 가능하다. 또한 누군가 문 두드리는 소리, 아기가 우는 소리 혹은 환경에서 접하는 다른 소리들을 알려 주는 장치들도 있다. 교실 경보기기의 한 예는 교실 문에 설치된 불빛을 들 수 있다. 이는 수업이 끝나고 다른 교실로 이동할 시간이라는 것을 알려 주기 위해 불빛이 깜박거린다.

2) 보조공학과 시각장애

시각장애를 가진 학생의 두 가지 주요한 문제는 그들의 환경에서 안전하게 이동하는 것(방향정위와 이동)과 인쇄된 자료에 접근하는 것이다. 방향정위와 이동(orientation & mobility: O&M)은 자신들의 환경 안에서 자신이 어느 장소, 물체 쪽에 있는지를 확인하고, 환경 안에서 또는 사이에서 이동할 수 있도록 하는 전문적인 교수이다. 다양한 보조공학 기기가 이러한 시각장애를 지닌 개인의 독립적인 이동을 돕는 데 사용된다. 여기에는 특별한 지팡이와 안내견도 포함된다. O&M 분야의 최근 혁신은 개인의 독립적인 지역사회 이동을 지원하기 위해 GPS(Global positioning systems)를 사용하는 것이다. GPS 컴퓨터는 엉덩이나 허리에 찰 수 있는 위성 수신기와 사람이 지역사회 환경에서 이동할 때 합성된 음성 촉구를 전달하는 이어폰으로 구성된다(Bruno, 2006).

활자에 접근하기 위해 보조공학을 필요로 하는 저시력 학생들을 위한 기기에는 광학 혹은 전자 확대경, 소형의 혹은 양안형 확대경 혹은 망원경, 큰 활자 책, 폐쇄회로TV(CCTV)가 있다. CCTV는 기존의 책, 종이 혹은 캔 라벨, 약 병, 수표장 같은 다른 사물들에 있는 활자를 확대하는 데 이용되는 기기이다. 인쇄 자료들을 카메라 렌즈 아래에 두면 활자를 확대하여 스크린이나 모니터에 보여 준다. 대략 3인치부터 7인치까지의 디스플레이를 가진 작은 휴대용 크기의 것도 있고, 그리고 보다 큰 것은 25인치에 해당하는 풀사이즈의 모니터에 글자를 보여 줄 수 있다. 로우테크 소형 확대경은 실제 사이즈보다 4~5배로 확대할 수 있다. 이보다 작은 CCTV는 일반적으로 12~13배로 활자를 확대할 수 있으며 또한 이미지의 밝기와 대비를 조절할 수도 있다. 그러나 더 큰 화면의 모니터는 실제 크기의 65배까지 확대할 수 있다. 확대의 크기와 질은 제품에 따라 다양하기 때문에 개인에게 가장 알맞은 기기를 결정하기 위해서는 다양한 시도를 해 보아야 한다(제14장의 [그림 14-3] 참조).

컴퓨터 기반의 도구에는 화면 확대기 그리고 대비를 강화시키기 위한 글의 색, 배경색을 변경해 주는 소프트웨어, 합성된 음성을 사용하여 글을 크게 읽어 주는 화면 판독 소프트웨어 등이 있다. 시력 때문에 전혀 글자를 읽을 수 없는 개인을 위한 보조공학에는 점자 자료, 화면 판독 소프트웨어, 광학 문자 판독 소프트웨어, 판독 기계, 점자 작성기 그리고 전자 노트필기 기구 등이 있다.

기타 여러 종류의 보조공학을 맹 또는 제한된 시력을 가진 개인을 위해 사용할 수 있다. 예를 들면, 경적이 울리는 공, 말하는 시계, 말하는 대형 화면 계산기(실험용 계산기를 포함하여), 말하는 온도계와 온도조절장치, 말하는 화폐 식별기, 말하는 자와 주사위, 키보드의 큰 활자 혹은 점자 키 캡, TV와 VCR을 작동시키기 위한 버튼이 크게 부각된 리모컨 등이 있다. 심지어 말하는 전자레인지도 사용 가능하다. 이러한 항목들에 대해 알아보는 가장 좋은 방법은 특정한 제품 판매 회사에 카탈로그를 요청하거나 다양한 상업적인 보조공학 기기를 홍보하기 위한 제품 박람회에 참가하는 것이다.

3) 동물과 보조공학

대부분의 사람은 보조공학과 동물의 결합을 생각하지 않을 것이다. 그러나 신체적, 감각적 손상을 지닌 개인의 삶은 동물과 동반자 관계를 통해 그들의 이동, 알림, 우정 그리고 다양한 삶의 부분들이 향상되었다. 이러한 서비스 동물은 특별하게 훈련된 개, 말, 원숭이, 고양이 혹은 다른 동물들이 될 수 있다. 그들은 지체장애를 가진 학생들의 여러 과제를 도와줄 수 있다. 여기에는 물건 옮기기, 떨어진 물건 돌려주기, 학생이 원하는 물건 가져오기, 문 열기, 스위치 켜고 끄기, 휠체어를 경사로 위로 밀기 등의 이동 돕기, 식사 보조 등이 포함된다(Zapf & Rough, 2002). 몇몇의 서비스 동물들은 주인이 발작을 일으키려고 할 때 이를 알리도록 119를 누르도록 훈련받을 수 있다.

가장 잘 알려진 사람과 동물과의 동반자 관계는 시각장애인을 돕는 안내견과의 관계이다. 이는 사람이 더욱 독립적으로 지역사회에서 익숙한 사람이 되도록 만들어 준다. 안내견의 이용은 제1차 세계대전(국제안내견협회; http://www.ifgdsb.org.uk/) 이후에 추진되기 시작했고, 현재 안내견 프로그램은 표준화된 정책과 절차에 따라 진행되고 있다. 여기에는 안내견 트레이너가 되고 싶어 하는 사람들을 위한 훈련도 포함된다(Franck, 2007). 신호견은 청각장애인에게 소리를 알려 주도록 훈련된다. 예를 들어, 신호견은 현관 벨 소리를 알리기 위해 소리 근원지인 현관문 쪽으로 달려갔다가 다시 주인에게 돌아온다. 지체장애를 지닌 개인들은 서비스견을 통해 혜택받을 수 있는데, 이러한 서비스견은 휠체어를 당긴다거나, 열쇠나 지갑과 같은 작은 물건들을 찾는다거나, 문을 여는 등의 임무를 훈련받는다. 서비스견들은 주인에게 알맞게 다양한 명령에 반응하도록 맞춰질 수 있다. 마지막으로 동반자견(companion dogs)은 주인에게 변함없고 애정 어리며, 일방적 판단을 하지 않는 등의 사회적인 지지를 제공한다. 만약 학교에 서비스견이 있게 된다면 동물이 일을 하는 동안 서비스견을 만지지 않고, 먹이지 않고, 산만하게 하지 않는 등의 적절한 방법에 익숙해져야 한다(Coleman & Heller, 2009). 동물과 보조공학에 관심이 있는 사람들은 이 장의 마지막 부분에 제시된 '유용한 사이트'의 구체적인 단체들을 참조하기 바란다.

요약 및 결론

지체 또는 중복장애를 가지고 있는 사람들은 모든 일상생활에서의 참여를 향상시키기 위하여 계속되는 도전에 맞닥뜨리게 된다. 이러한 도전들은 흔히 보조공학 기기와 서비스의 적절한 사용을 통해 충족될 수 있다. 사실상 모든 가능한 장애와 가능한 과제에 대한 보조공학 해결책이 존재한다. 다양한 보조공학 선택사항이 모든 종류의 작업에 존재한다. IEP 팀과 아동과 관련된 사람들의 임무는 어떠한 보조공학이 특정 학생에게 도움이 될지를 결정하는 것이다. 만약 보조공학이 중요한 차이를 만든다면, 학생은 무상으로 적절한 공교육을 받을 필요가 있다.

보조공학을 통한 적절한 중재의 첫 번째 단계는 활동하는 동안에 직면하는 문제들을 확인하는 것이고, 두 번째 단계는 적응방안을 찾는 것이다. 만약 교육자가 사용 가능한 보조공학과 가능한 적응방안에 대해 익숙하다면, 문제가 생겼을 때 다른 학문 분야와의 논의에서 중재를 하거나 아이디어에 기여하는 것이 더 쉬울 것이다. 보조공학을 이해하는 것, 적절한 보조공학 사정을 통해 다른 사람과 협력하는 것, 중재 선택 항목들에 대한 안내 혹은 결정을 실행하는 것은 지체 또는 중복장애 학생을 위해 일하는 교육자들의 공통된 목표이다. 보조공학 적용에 대한 정보는 이 글의 나머지 부분에서 제공된다.

보조공학에 대한 논의를 마치기 전에 우리는 가능할 때마다 예상되는 학생의 요구에 대한 실행을 언급해야 한다. 학생이 상황에 어떻게 대처할지를 기다린 후 미래를 위한 해결책을 찾는 것보다는 미리 예측하여 가능한 적응방안을 준비하는 것이 더욱 중요하다. 이 장의 앞부분에서 제시되었던 학생의 어려움에 대해 동일하게 확인된 기초적인 과정은 학생이 참여의 기회를 불필요하게 놓치지 않도록 주도적으로 이용되어야 한다. 적절한 보조공학에 대한 지식의 활용과 지원 시기의 결합을 통해 학생의 요구에 대한 성공적인 분석이 이루어지고, 이는 지체 또는 중복장애 학생에게 총체적인 교육 경험의 접근을 제공할 수 있다.

토의 문제

1. 보조공학이란 무엇인가? 연방법에 따른 보조공학 기기와 보조공학 서비스의 차이는 무엇인가?
2. 보조공학 평가는 왜 다학문적인 초점을 지녀야 하는가? 다음의 사람들이 보조공학 평가에 어떻게 공헌하는지 서술해 보자.
   말-언어 치료사, 작업치료사, 특수교사 혹은 일반교사
3. 보조공학을 위한 개인의 적절한 자세, 앉기에 대한 기초적인 고려사항들을 서술해 보자.
4. 앉기를 촉진시키기 위해 만들 수 있는 로우테크 기기를 서술해 보자.
5. 어떤 상황으로 인하여 개인이 수동휠체어 대신 전동휠체어를 사용하길 원하는가? 수동휠체어가 전동휠체어보다 나은 때는 언제인가?
6. 당신의 교실, 학교 또는 이웃에서 '접근하기 쉬운 보행(accessibility walk)'을 해 보자. 이후 이동을 위해 휠체어를 사용하는 개인이 이러한 환경에 더욱 쉽게 접근할 수 있도록 돕는 여섯 가지 수정사항을 나열해 보자.
7. 당신은 운동 및 감각장애가 있는 학생이 다음의 활동에 더욱 쉽게 접근할 수 있도록 어떻게 보조공학을 사용할지에 대해 서술해 보자.
   교실 읽기 활동, 보드게임, 인형놀이, 수학숙제(대수, 기하)
8. 11세 여자 아이가 당신의 반에서 6학년을 시작한다. 그 학생은 불수의운동형 뇌성마비를 가지고 있고 사지의 움직임에 제한이 있으며, 전동휠체어를 사용한다. 그 학생의 말은 그녀를 잘 아는 사람만이 이해할 수 있다. 또한 그 학생은 친구를 만들고 싶어 한다. 당신은 그 학생이 어떻게 당신 교실의 자료와 활동에 접근할 수 있도록 개조할 것인가?
9. 15세 소년이 당신의 반에 등록했다. 그 학생은 시력과 청력손상을 포함한 중복장애를 가지고 있다. 그 학생은 걸을 수는 있지만 오른쪽 손만 쓸 수 있다. 그는 의사소통을 위해서 제스처와 소리를 사용한다. 당신은 그 학생이 두 가지 명령을 따른다는 것을 알아냈다. 그 학생은 다른 사람에게 자신이 원하는 것과 필요한 것을 전달할 수 없을 때 가끔 신체적인 자해를 보이기도 한다. 그 학생은 독립적으로 먹거나 입는 능력을 포함한 일상생활 기술의 많은 활동이 부족하다. 당신은 그 학생이 어떻게 당신의 교실의 자료와 활동에 접근할 수 있도록 개조할 것인가?
10. 뇌성마비 학생에게 흔히 적용되는 로우테크, 하이테크 지원방안은 무엇인가?

유용한 사이트

• AbleData
http://www.abledata.com
이 웹사이트는 2만 5,000개 이상의 제품을 포함하는 검색 가능한 보조공학의 자료들을 제공하고 있다. 또한 물건의 가격, 성능, 주문 정보에 대한 것들도 포함하고 있다. 휠체어부터 리처(reachers), 컴퓨터 키보드까지 모든 것을 다루고 있다. 어떤 경우에는 그림도 제공된다. 이 사이트는 정기적으로 업데이트되며 또한 다른 다양한 자원 정보를 포함하고 있다.

• Adaptive Design Association, Inc.
http://www.adaptivedesign.org
"Adaptive Design Association, Inc.의 임무는 장애아동이 집, 학교, 지역사회 삶에 완전하게 참여할 수 있도록 주문 제작된 기구들을 갖게 해 주는 것이다." 이 단체의 설립자는 장애아동은 상호작용을 위해서 개조된 기구가 필요하고 이러한 기구 없이는 절대 나가서는 안 된다고 생각한다. 그래서 그들은 다양한 전문가와 지역사회 자원봉사자에게 개조된 기구를 설계하고 만들도록 훈련시킨다. 그들의 초점은 '적절한 공학'에 있으며, 기초적인 도구, 간단한 기술, 저비용 재료에 의존하고 있다.

• Alliance for Technology Access(ATA)
http://www.ataccess.org
ATA는 보조공학 훈련을 제공하는 미국 내의 비영리 센터의 네트워크이다. 이 웹사이트에 들어가면 보조공학 센터의 위치를 알 수 있다. 또한 이 웹사이트는 다른 웹사이트의 링크, 자신들 책의 온라인 버전, 보조공학을 선택하는 데 매우 도움이 되는 정보인 장애인을 위한 컴퓨터 자료 등 가족들을 위한 충분한 정보들을 제공한다.

• Canine Companions for Independence(CCI)
http://www.cci.org
CCI는 1975년에 설립되었고 미국에서 가장 큰 비영리 도움견(assistance dogs) 제공자이다. 강아지들은 자원봉사자와 함께 사회화와 순종 훈련을 받도록 배치된다. 15~18개월에 새 주인과의 훈련과 배치를 위해 전문 센터로 돌아간다.

• Guide Dogs of America(GDA)
http://www.guidedogsofamerica.org
GDA는 미국과 캐나다에 사는 사람들에게 안내견과 안내견의 이용 방법에 대한 교육을 제공한다. 래브라도 리트리버, 골든 리트리버, 저먼 셰퍼드가 안내견으로 이용되는데, 그 이유는 기꺼이 하려는 마음, 건강, 성격 등의 기준을 충족시키기 때문이다. 이 웹사이트는 "개에게 가야 할 곳을 알려 주려면 어떻게 해야 하나요?" "개들은 주인들을 이끄는 데 실패한 적이 있나요?" "횡단보도를 건널 때 개는 신호등이 초록색인 것을 어떻게 아나요?" 등의 질문들에 대한 답을 포함하고 있다. 강아지들은 GDA 시설에서 태어난 뒤 강아지를 기르는 사람과 함께 특별 훈련을 위한 GDA 시설에 돌아가기 전인 2개월까지 그곳에서 산다. 안내견이 은퇴하면 그들은 그들의 원래의 수양가족에게 돌아가거나 입양이 제안되기도 한다. 입양 대기 목록은 현재 4~5년이다.

• Linda Burkhart's Web Site
http://www.lburkhart.com
이 웹사이트는 학교의 장애학생을 위한 교육적인 도구로 인터넷 사용에 대한 여러 우수한 자원을 가지고 있다. 여기에는 '컴퓨터 한 대의 교실'을 위한 팁을 포함하고 또한 학생 검색 도구, 학생 시작 페이지, 교사 자원에 대한 진보된 정보들까지도 가지고 있다. 또한 자신만의 스위치와 개조된 마우스를 만드는 방법도 제공하고 있다. 이 웹사이트의 링크는 매우 방대하고 잘 조직되어 있다. 여기에는 활동들이 있는 사이트와 다운로드 받을 수 있는 설치 파일의 링크가 있다. 만약 당신이 보조공학에 익숙하지 않거나 또는 지체·중복장애 및 건강장애를 지닌 학생들의 교육적인 공학 사용이 새롭다면 이 사이트는 시작하기 매우 좋은 곳이다.

• Center for Implementing Technology in Education
http://www.cited.org
이 웹사이트는 교사와 다른 학교 직원들이 공학 사용을 실행할 수 있도록 돕는 곳이다. 이곳에는 큰 활자, 글자의 음성변환, 역동적 강조, 읽기 속도 조절과 같은 다양한 소프트웨어의 특징들의 목록 등 수많은 훌륭한 자료가 포함되어 있다. 여기에는 또한 공학 도구 사용의 또래 검토 연구도 연결되어 있다.

• Closing the Gap
http://www.closingthegap.com
매우 유용한 도구중 하나인 Closing the Gap Resource Directory은 Closing the Gap 뉴스레터의 2/3월호로 매해 봄에 출판된다. 이는 학교 팀에게 훌륭한 도구이다. 이 목록은 다섯 가지 부분으로 나뉘어 있는데, 하드웨어, 소프트웨어, 생산자, 단체, 용어 해설이 그것이다. 생산자 부분에는 250개가 넘는 생산회사가 나열되어 있다. 이는 다양한 방법으로 사용될 수 있다. 예를 들어 가정해 보면, 한 교사는 Don Johnston이 흔히 이용되는 말하는 문서작성기 소프트웨어의 생산회사 중 하나라고 들었다. 생산자에서 Don Johnston, Inc.를 찾아보니 그녀는 제품들의 긴 목록을 볼 수 있었다. 그녀는 목록을 훑다가 'Write: Out Loud'라는 말하는 문서작성기처럼 보이는 것을 찾았다. 소프트웨어 부분으로 넘어가서 그녀는 이 말하는 문서작성기 소프트웨어의 사양을 찾아보았다. 뿐만 아니라 가격, 이 프로그램이 실행되는 컴퓨터 종류, 요구사항 그리고 그 외의 귀중한 정보들도 찾아보았다.

Closing the Gap 웹사이트는 또한 해결책이라 불리는 보조공학 정보의 검색 가능한 자료들을 가지고 있다. 14일 시험 사용 회원으로 공짜로 이용해 볼 수 있다. 이 기간이 지나면 사용 요금이 있다. 전체 자료목록과 뉴스레터의 모든 정보가 검색가능하다.

• DisAbility Information and Resources(DIR)

http://www.makoa.org

DIR은 Jim Lubin (P.O. Box 82433, Kenmore, WA 98028-0433)이 운영하며 범주별로 알파벳 순으로 조직되어 있다. 이곳은 지체장애에 초점을 두고 있고 독립성을 얻기 위해 보조공학을 포함하여 필요한 모든 접근을 다루고 있다. 소비자는 운동 지침, 교육과 직업 훈련 자료, 서비스 동물에 대한 정보, 메일링 목록, 보호자들을 위한 자료들을 찾을 수 있다. DIR을 통해 이용 가능한 자료 샘플에는 여행, 여가자료, 접근 가능한 설계 자료, 법, 옹호 자료 등이 있다.

• IntelliTools

http://www.intellitools.com

IntelliTools 웹사이트는 아동들을 위해 사용할 수 있는 Activity Exchange로부터 다운로드받을 수 있는 배너광고와 활동을 포함하고 있다. 비록 이 배너광고들은 IntelliKeys와 다른 IntelliTools 제품에 사용되도록 설계되었으나, 많은 것은 이러한 제품이 없이도 사용할 수 있다.

• National Rehabilitaion Information Center

http://www.naric.com

이 웹사이트는 장애인을 위한 많은 로우테크 및 하이테크 제품들과 서비스에 대한 정보를 제공하고 있다.

• Sam Simon Foundation

http://www.samsimonfoundation.com

이 기관은 동물보호소와 동물애호협회로부터 개들을 구조하고 청각장애인을 돕도록 훈련시킨다. 몇몇 개는 연방법에 의해 공인되었기 때문에 개의 주인은 그들을 식당, 대중교통, 시장 등의 공공장소에 데리고 갈 수 있다. 집에 있는 보청견들은 현관 벨소리, 오븐 타이머, 연기 알람, 전화 벨소리 등 흔히 집 안에서 들리는 소리를 주인에게 알린다. 공인된 보청견을 받기 위해서 주인은 18세가 되어야 한다.

• Switch in Time

http://www.switchintime.com

이 웹사이트는 매우 유용하며 사용하기 쉬운 여러 프리웨어 프로그램을 제공한다. 여기에는 CD 주크박스, Kid Book, 단일 스위치 빙고, 단어 검색 그리고 Scan'n Read 등이 포함된다. 이 모든 것은 매킨토시에서 작동한다. Kid Book은 교사들에게 놀라운 생산적인 도구인데, 이는 전자 말하기 스토리북을 만들 수 있게 해 준다. 그리고 Scan'n Read는 교사들이 단일 스위치로 작동될 수 있는 접근 가능한 책을 만들 수 있도록 돕는다.

• Wisconsin Assistive Technology Initiative(WATI)

http://www.wati.org

WATI는 다양한 온라인 자료들을 제공한다. 이 웹사이트는 pdf 형식으로 다운받을 수 있는 WATI 평가 형식을 포함한 무료 제품을 포함하고 있다. 'Products'에 가서 찾아보라.

• The Hattie B. Monroe Barkley Memorial Aumentative and Alternative Communication Centers

http://aac.unl.edu

이 웹사이트는 YAACK(Augmentative and Alternative Communication Connecting Young Kids)를 포함한 AAC에 대한 풍부하고 다양한 자료는 가지고 있다. YAACK는 하와이 대학의 석사과정 프로젝트에 있는 Ruth Ballinger에 의해 설립되었고 초보자에게 매우 유용한 도구이다. 이 웹사이트의 다른 정보에는 가상 자료와 AAC 연구 프로젝트에 대한 파워포인트 프레젠테이션이 포함된다.

참고문헌

Bowser, G., & Reed, P. (1995). Education tech points for assistive technology planning. *Journal of Special Education Technology, 7*, 325-338.

Bowser, G., & Reed, P. (1998). *Education tech points: A framework for assistive technology planning.* Winchester: Coalition for Technology in Oregon.

Bruno, L. (2006, September 19). GPS helps lead the way for the blind. *USA Today*, p. 8.

Burkhart, L. J. (1980). *Homemade battery-powered toys and educational devices for severely handicapped children.* College Park, MD: Author.

Burkhart, L. J. (1982). *More homemade battery-powered toys and educational devices for severely handicapped children.* College Park, MD: Author.

Butler, C. (1988). High tech tots: Technology for mobility manipulation, communication, and learning in early childhood. *Infants and Young Children, 1*, 77-73.

Campbell, M., & Truesdell, A. (2000). *Creative constructions: Technologies that make adaptive design accessible, affordable, inclusive, and fun.* Cambridge, MA: Author.

Church, G., & Glennen, S. R. (1992). *The handbook of assistive technology.* San Diego, CA: Singular.

Coleman, M., & Heller, K. W. (2009). Assistive technology considerations. In K. W. Heller, P. E. Forney, P. A. Alberto, S. J. Best., & M. N. Schwartzman (Eds.), *Understanding physical, health, and multiple disabilities*, (2nd ed., pp. 139-153). Upper Saddle River, NJ: Merrill.

Cook, A., Howery, K., Gu, J., & Meng, M. (2000). Robot enhanced interaction and learning for children with profound physical disabilities. *Technology and Disability, 13*, 1-8.

Cook, A., & Hussey, S. (1995). *Assistive technologies: Principles and practice.* St. Louis, MO: Mosby-Year Book.

Dettmer, P., Thurston, L., & Dyck, N. (1993). *Consultation, collaboration, and teamwork for students with special needs.* Boston: Allyn & Bacon.

Finnie, N. (1997). *Handling the young child with cerebral palsy at home.* Oxford, UK: Butterworth-Heinemann.

Franck, L. (2007). Guide dogs: Current practice. *Journal of Visual Impairments and Blindness, 101*(11), 728-730.

Galloway, J. C. (2008). Robot provides young children with mobility. *PT: Magazine of Physical Therapy, 16*(2), 10.

Glennen, S. L., & DeCoste, D. C. (1997). *Handbook of augmentative and alternative communication.* San Diego, CA: Singular.

Golden, D. (1998). *Assistive technology in special education: Policy and practice.* Albuquerque, NM: Council of Administrators of Special Education.

Hadders-Algra, M., van der Heide, J. C., Fock, J. M., Stremmelaar, E., van Eykern, L. A., & Otten, B. (2007). Effect of seat surface inclination on postural control during reaching in preterm children with cerebral palsy. *Physical Therapy, 87*(7), 861-871.

Heller, K. W., & Swinehart-Jones, D. (2003). *Promoting literacy in students with physical disabilities.* Atlanta: Bureau for Students with Physical and Health Impairments, Georgia State University.

Individuals with Disabilities Education Act, PL 101-476, 20 U.S.C. 33,§ 1401 *et seq.*

Kermoian, R. (1998). Locomoter experience facilitates psychological functioning. In D. B. Gray, L. A. Quantrano, & M. L. Leiberman (Eds.), *Designing and using assistive technology: The human perspective* (pp. 251-268). Baltimore, MD: Paul H. Brookes.

Klahr, D., Triona, L. M., & Williams, C. (2007). Hands on what? The relative effectiveness of physical versus virtual materials in an engineering design project by middle school children. *Journal of Research in Science Teaching, 44*(1), 183-203.

Levin, J., & Scher-Fenberg, L. (1987). *Selection and use of simple technology in home, school, work, and community settings.* Minneapolis, MN: ABLENET.

Lynch, K., & Reed, P. (1997). *Assistive technology*

checklist. Oshkosh: Wisconsin Assistive Technology Initiative.

McDonald, R. L., & Surtees, R. (2007). Longitudinal study evaluating a seating system using a sacral pad and kneeblock for children with cerebral palsy. *Disability and Rehabilitation, 29*(13), 1041-1047.

Martin, S. (2006). *Teaching motor skills to children with cerebral palsy and similar movement disorders: A guide for parents and professionals*. Bethesda, MD: Woodbine House.

Michael, S. M., Porter, D., & Pountney, C. T. (2007). Tilted seat position for non-ambulant individuals with neurological and neuromuscular impairment: A systematic review. *Clinical Rehabilitation, 21*(12), 1063-1074.

National School Boards Association and U.S. Department of Education, Office of Special Education Programs. (1997). *Technology for students with disabilities: A decision maker's resource guide*. Alexandria, VA: Author.

Osborne, A. G., & Russo, C. J. (2003). *Special education and the law: A guide for practitioners*. Thousand Oaks, CA: Corwin Press.

Øtensjø, S., Carlsberg, E. B., & Vøllestad, N. K. (2005). The use and impact of assistive devices and other environmental modifications on everyday activities and care in young children with cerebral palsy. *Disability and Rehabilitation, 27*(14), 849-861.

Packer, B. (1995). *Appropriate paper-based technology (APT): A manual*. London, UK: Intermediate Technology Publications.

Porter, D., Michael, S., & Kirkwood, C. (2008). Is there a relationship between preferred posture and positioning early in life and the direction of subsequent asymmetrical postural deformity in non-ambulant people with cerebral palsy? *Child: Care, Health, and Development, 34*(5), 635-641.

Prazak, B., Kronreif, G., Hochgatterer, A., & Fürst, M. (2004). A toy robot for physically disabled children. *Technology and Disability, 16*, 131-136.

Prentice, R., & Spencer, P. (1985). *Project BRIDGE: Decisionmaking for early services: A team approach*. Elk Grove Village, IL: American Academy of Pediatrics.

Protection and Advocacy, Inc. (1995). *Accessing assistive technology: The rights of persons with disabilities*. Sacramento, CA: Author.

Radell, U. (1997). Augmentative and alternative communication assessment strategies: Seating and positioning. In S. L. Glennen & D. C. DeCoste (Eds.), *Handbook of augmentative and alternative communication* (pp. 193-241). San Diego, CA: Singular.

Reed, D. (2004). The influence of virtual reality on playfulness in children with cerebral palsy: A pilot study. *Occupational Therapy International, 11*(3), 131-144.

Reed, P. (1997a). *Environmental observation guide*. Oshkosh: Wisconsin Assistive Technology Initiative.

Reed, P. (1997b). Unpublished survey. Oshkosh: Wisconsin Assistive Technology Initiative.

Reed, P. (1998). *AT Consideration Outcomes*. Oshkosh: Wisconsin Assistive Technology Initiative.

Reed, P., Bowser, G., & Korsten, J. (2002). *How do you know it? How do you show it? Making assistive technology decisions*. Oshkosh: Wisconsin Assistive Technology Initiative.

Reed, P., & Lahm, E. (Ed.). (2004). *Assessing students' need for assistive technology: A resource manual for school district teams*. Oshkosh: Wisconsin Assistive Technology Initiative.

Sale, A. U. (2007). Focus on activity. *Community Care, 1677*, 18-19.

Schaeffler, C. (1988). Making toys accessible for children with cerebral palsy. *Teaching Exceptional Children, 20*(3), 26-28.

Scherer, M. (1993). *Living in the state of stuck*. Cambridge, MA: Brookline.

Schmuck, R., & Runkel, P. (1994). *The handbook of organization development in schools*. Palo Alto, CA: Mayfield.

Simpson, R. C., LoPresti, E. F., & Cooper, R. A. (2008). How many people would benefit from a smart wheelchair? *Journal of Rehabilitation Research and Development, 45*(1), 53-72.

Sowers, J., Jenkins, C., & Powers, L. (1988). Vocational education of persons with physical handicaps. In R. Gaylord-Ross (Ed.), *Vocational education for persons with handicaps* (pp. 387-416). Mountain View, CA: Mayfield.

Stavness, C. (2006). The effect of positioning for children with cerebral palsy on upper-extremity function: A review of the evidence. *Physical and Occupational Therapy in Pediatrics, 26*(3), pp. 39-53.

Stoller, L. C. (1998). *Low tech assistive devices: A handbook for the school setting.* Framingham, MA: Therapro.

Tam, C., Schwellnus, H., Eaton, C., Hamdani, Y., Lamont, A., & Chau, T. (2007). Movement-to-music computer technology: A developmental play experience for children with severe physical disabilities. *Occupational Therapy International, 14* (20), 99-112.

Technology-Related Assistance for Individuals with Disabilities Act of 1988, PL 100-407, 29 U.S.C.§ 2201 *et seq.*

U.S. Architectural and Transportation Barriers Compliance Board. (1992). *Recommendations for accessibility standards for children's environments.* Washington, DC: Author.

U.S. Architectural and Transportation Barriers Compliance Board. (2002). *Accessibility guidelines for buildings and facilities.* Washington, DC: Author.

Wiart, L., & Darrah, J. (2002). Changing philosophical perspectives on the management of children with physical disabilities: Their effect on the use of powered mobility. *Disability and Rehabilitation, 24*(9), 492-498.

Wisconsin Assistive Technology Initiative. (2002a). *Assistive Technology Consideration Guide.* Oshkosh: Author.

Wisconsin Assistive Technology Initiative. (2002b). *WATI Assistive Technology Assessment Forms.* Oshkosh: Author.

Wisconsin Assistive Technology Initiative. (2004). *Assistive Technology Checklist.* Oshkosh: Author.

Wright-Ott, C. (1998). Designing a transitional powered mobility aid for young children with physical disabilities. In D. B. Gray, L. A. Quantrano, & M. L. Leiberman (Eds.), *Designing and using assistive technology: The human perspective* (pp. 285-295). Baltimore, MD: Paul H. Brookes.

Zapf, S. A., & Rough, R. B. (2002). The development of an instrument to match individuals with disabilities and service animals. *Disability and Rehabilitation, 24,* 47-58. in young children with cerebral palsy. *Disability and Rehabilitation, 27*(14), 849-861.

CHAPTER

08 보완대체의사소통

Kathryn Wolff Heller
June L. Bigge

이 장을 읽고 나면 여러분은

1. 초기 의사소통 발달과 이를 촉진시키는 방법에 대해 이해할 수 있다.
2. 보완대체의사소통(AAC)에 대해 정의할 수 있다.
3. 의사소통의 형태, 기능, 내용을 구별하고 각각의 예를 들 수 있다.
4. 비상징적인 표현과 수용 의사소통을 촉진시키는 전략에 대해 설명할 수 있다.
5. 상징 의사소통의 다양한 도구적, 비도구적 형태 차이를 설명할 수 있다.
6. 선택 기법의 유형, 상징 속도증진기법(rate enhancement techniques) 그리고 상징체계 방식을 설명할 수 있다.
7. 의사소통 체계의 적절한 내용에 대해 결정할 수 있다.
8. AAC 사용을 촉진하는 여러 가지 교수 전략을 실행할 수 있다.

350만 명이 넘는 미국인들이 구어(speech)장애를 가지고 있으며, 그들이 의사소통 욕구를 충족키기 위해 언어를 자연스럽게 사용하지 못하고 있다(Beukelman & Miranda, 2005). 이로 인해 그들은 사회와 학교, 집, 일터, 공동체 환경에서 활동에 참여하기 위한 능력에 심각한 제한을 받는다. 보완대체의사소통은 이러한 개인적인 요구를 충족시키는 데 이용될 수 있다. 보완대체의사소통(Augmentative and alternative communication: AAC)은 말하는 것에 제한이 있는 개인의 구어적 의사소통을 보완하거나 증가시키기 위한 방법과 기술을 의미한다(Wilkinson & Henning, 2007). 예를 들어, 중도 뇌성마비 학생의 말은 다른 사람, 특히 친분이 없는 사람의 경우 알아듣기 어려울 수 있다. 보완 의사소통(augmentative communication)이라는 용어는 AAC의 목적이 그들의 잔존 의사소통을 보완하는 것이 될 수 있다는 것에서 유래되었다(Romski & Sevcik, 1996). 대체 의사소통(alternative communication)이라는 용어는 AAC가 주요하거나 유일한 의사소통 방법이라는 의미와 관련된다(ASHA, 2004). AAC라는 용어는 이 두 가지 상황에서 모두 사용된다.

AAC는 다양한 형태의 의사소통이 사용된다는 의미로 다중양식(multimodal)이라고 할 수 있다(ASHA, 2004). 예를 들어, 어떤 학생이 다른 사람과 의사소통할 때 얼굴 표정, 몸짓, 음성, 의사소통 기기를 사용하는 것은 이상한 일이 아니다. 이 상황은 장애를 가지고 있지 않은 학생이 의사소통을 할 때 말을 하거나, 몸짓을 취하고, 얼굴 표정으로 표현하는 것과 비슷한 것이다. 각각 다른 사람과 환경에서 의사소통할 때 다양한 방법을 사용하는 것은 그 학생을 더 효과적인 의사소통자로 만든다. 학생이 사용하는 의사소통의 형태는 학생의 능력과 대화 상대자의 능력뿐만 아니라 의사소통이 발생하는 환경에 달려 있다.

AAC는 학생과 친숙하지 않은 청자가 학생의 말을 알아들을 수 없을 때 필요하다. 교사와 부모는 학생과 높은 친밀감을 보이기 때문에 가끔씩 다른 사람들이 그 학생의 말을 이해하는지 그렇지 못한지를 결정하는 것은 어려울 수 있다. 학교 교직원들은 종종 학생을 잘 알지 못하는 세 명의 사람(다른 학생, 행정직원, 그 학생을 가르치지 않는 교사 등)을 선택한 후, 그들이 학생의 말을 잘 알아들을 수 있는지 관찰한다. 만약 그들이 그 학생의 말을 알아듣지 못한다면, 학생이 다양한 환경에서 익숙하거나 혹은 익숙하지 않은 사람들과 의사소통하기 위한 AAC 체계가 필요하다는 것을 보여 준다. 가끔씩 AAC가 자연스러운 언어 발달에 부정적 영향을 끼칠 것이라는 잘못된 생각 때문에 망설이는 경우가 있다(Romski & Sevcik, 2005). 그러나 연구에서는 이러한 생각이 옳지 않다는 것을 보여 준다. 예를 들어, Miller, Light와 Schlosser(2006)의 메타분석 연구에 의하면 AAC는 말 생성을 감소시키지 않는다. 실제로 AAC의 도입 이후 말 생성이 증가하기도 했다.

학생의 AAC 체계를 사정하고 선택하고 발전시키기 위해서는 팀이 필요하다. 팀은 대개 일반교사, 특수교사, 부모, AAC가 필요한 학생, 말-언어 병리학자, 물리치료사, 작업치료사 등으로 구성된다. 팀 접근은 학생이 다양한 의사소통 상대자와 다양한 환경에서 효과적으로 의사소통할 수 있도록 하는 포괄적인 AAC 체계를 확보할 수 있도록 한다. 팀은 이것을 교육의 최우선으로 고려하여 학생이 효율적으로 의사소통할 수 있도록 도와야 한다.

1. 의사소통 발달

중도 지적장애 학생들은 영유아의 일반적인 언어 전 의사소통 발달에 영향을 받아 왔다(Siegel-Causey & Guess, 1989; Wetherby & Prizant, 1989). 이 연구의 가장 중요한 점은 의사소통 발달이 아동과 의사소통 상대자 간의 상호적인 과정을 포함한다는 것이다(Bates, 1979). 의사소통 상대자가 교사이든, 가족 구성원이든, 또래이든 또는 다른 사람이든지 간에 잠재적 의사소통 또는 실제적 의사소통 행동을 확인하고 그들에게 반응하는 데 중요한 역할을 한다. 학생들의 의사소통 단계를 확인하고 확장시키는 방법을 알기 위해서는 의사소통의 내용, 기능, 형태 그리고 시간이 흐르면서 이러한 것이 어떻게 발달하는지에 대해 이해하는 것이 중요하다.

1) 의사소통의 내용, 기능, 형태

의사소통은 내용, 기능, 형태라는 세 가지 양상과 관련이 있다. 이러한 의사소통의 양상은 모든 의사소통의 상황에서 나타나며, 일반아동의 발달에서는 더욱더 복잡해진다.

의사소통의 내용은 의사소통이 무엇에 관한 것인가와 관련이 있다(예를 들면, 푸딩, 장난감). 처음으로 의사소통을 시작할 때 아동은 의사소통 내용의 범위가 매우 한정된다. 하지만 몇 년 뒤, 내용의 범위는 수백 혹은 수천 개의 범위로 확장될 수 있다. 일부 중도 지적장애 아동은 대화 내용의 범위가 매우 협소할 수 있는데, 이러한 범위는 흥미와 활동, 경험이 변화하면서 함께 변하게 된다.

의사소통의 기능은 의사소통의 의도나 이유와 관련이 있으며, 다른 기능들의 사용은 대개 아동이 발달하면서 증가하거나 변화한다. 의사소통의 기능은 4개의 주요한 범위로 범주화되는데, ① 거부, ② 요구(무엇을 얻기 위한), ③ 사회적 관계, ④ 정보이다. 아동이 사용하는 기능들의 수는 시간이 지남에 따라 증가하게 된다. 초기 의사소통 단계에서 아동은 아마 단순히 항의하거나, 주의를 끌거나, 물건을 더 요구하기 위해서 의사소통을 한다. 아동은 더 발전된 단계에서 각각의 네 가지 범주에서 여러 기능을 이용하게 되는데, ① 거부하거나, 거절하기 위한 항의, ② 행동이나 물건을 더 필요로 하거나, 새로운 행동이나 새로운 물건이 필요할 때, 또는 물건이 없을 때의 요구, ③ 주의를 끌거나, 애정을 보이거나, 인사하거나, 다른 사람의 주의를 돌리거나, 정중한 형태의 말을 사용할 때의 사회적인 의사소통, ④ 확인하거나 협상할 때, 질문할 때, 이름 붙일 때, 혹은 의견을 제시할 때와 같은 정보 의사소통이다(Rowland, 2004).

의사소통의 형태는 의사소통의 종류와 관계가 있다(예를 들어, 가리키는 행동과 그림, 손 표시 등). 의사소통에는 여러 가지 다양한 형태가 있는데, 이것은 여러 단계의 발달로 묘사된다. 지체 · 중복장애 아동의 의사소통 발달에 특히 도움이 될 수 있는 하나의 모델은 의사소통 매트릭스(Communication Matrix)이다(Rowland, 2004). 이 모델은 다양한 형태와 기능의 의사소통을 나타낸다. 이 모델은 의사소통 최종 단계에는 도달하지 못하지만 그 전 의사소통 형태에서 의사소통할 수 있는 중도 장애학생들의 의사소통을 설명하는 데 사용되어 왔다. 〈표 8-1〉에서 보듯이 이 모델은 일곱 가지 단계의 의사소통 능력을 보여 주고 있다. 각 단계들은 비의사소통적 행동(전의도적 행동과 의도적 행동), 비상징적 의사소통(비형식적 의사소통과 형식적 의사소통), 그리고 상징적인 의사소통(구체적 상징, 추상적 상징, 언어)이라는 범주 안에 포함된다.

2) 비의사소통적 행동

매우 어리거나 중도 지적장애 아동은 전의도적 행동 또는 의도적 행동에 해당하는 의사소통 발달의 시작 단계에 있을 수 있다. 이 단계에서 학생은 의도적이거나 비의도적인 행동을 보여 주지만, 의사소통하고자 하는 사람은 포함하지 않는다. 예를 들어, 학생은 장난감을 잡거나 우는 것과 같이 의도적인 행동을 나타낸다. 하지만 그 행동은 다른 사람과 의사소통을 하는 것은 아니다. 따라서 그것은 행동이지 의사소통은 아니다.

(1) 비의사소통적 행동에서 비상징적 의사소통으로의 변화

학생의 의사소통 발달을 돕기 위해 교사는 학생의 행동에 의미를 부여해 주고 마치 그것이 의사소통인 것처럼 일관적으로 반응해 주어야 한다. 교사의 반복적인 노력을 통해 학생은 의사소통적으로 반응하는 것을 배우게 된다. 의사소통의 발달은 대화 상대자의 행동에 기초한 두 사람 간의 상호작용 과정이다.

Goossens와 Crain(1989)은 학생들의 초기 비의사소

〈표 8-1〉 의사소통 능력의 일곱 가지 단계와 중재 목표

단계	두드러진 행동	중재 목표
1. 전의도적 행동	아동의 상태를 표현하는 전의도적 행동 혹은 반사 행동. 상태(예를 들어, 배고픔, 옷에 용변 실수를 함)는 보호자가 해석	민감하게 반응해 주는 환경을 만들어 줌으로써 목적을 가진 행동을 구성하기
2. 의도적 행동	행동은 의도적이나, 의도적인 의사소통은 아님. 보호자가 의도를 추론하므로, 행동은 보호자의 행동에 영향을 미침	아동이 의사소통의 목적을 인지할 수 있도록 잠재적 의사소통 행동에 반응하기
3. 비형식적 의사소통	비형식적인 제스처가 보호자의 행동에 영향을 미치기 위한 의도로 사용	비형식적인 제스처를 관습적인 제스처 그리고/또는 목표 상징을 이용하며 표현하기
4. 형식적 의사소통	형식적인 제스처는 보호자의 행동에 영향을 미치기 위한 의도로 사용됨. 아동은 '이중 지향(dual orientation)'을 보임	지시 대상과 구체적 혹은 추상적인 상징들 간의 1:1 대응관계에 대해 가르치기
5. 구체적 상징	구체적인 실재물을 나타내기 위한 구체적 상징의 제한된 사용. 상징과 지시 대상의 1:1 대응	지시 대상과 추상적 상징 간의 1:1 대응관계에 대해 가르치기
6. 추상적 상징	실재물을 나타내기 위한 추상적인 상징의 제한된 사용. 상징들은 한 번에 하나씩만 사용	상징의 조합을 2~3개 상징의 발화로 가르치기
7. 언어	규칙에 따른 상징 체계의 사용. 구문론적 규칙에 따른 두 개 또는 세 개의 상징들의 질서 있는 조합	의미론과 구문론 능력을 확장시키기

출처: *Communication Matrix: A Communication Skill Assessment,* by C. Rowland, 2004, Portland, OR: Oregon Health & Science University Design to Learn Projects. Reprinted with permission.

통적 행동에서 비상징적 의사소통으로의 변화를 돕기 위한 단계들을 다음과 같이 제시하였다.

- 1단계: 학생이 선호할 뿐만 아니라 학생의 발화, 미소 짓기 또는 운동 능력을 증가시킬 수 있는 다양한 활동을 선택하라. 이러한 활동에는 자기수용성(예를 들면, 흔들거나 뛰는 행동), 촉각(예를 들면, 진동을 느끼거나 질감을 즐기는 것), 시각(예를 들면, 장남감을 가지고 노는 것), 청각(예를 들면, 음악), 미각(예를 들면, 좋아하는 음식), 후각(예를 들면, 기분 좋은 물건의 냄새를 맡는 것) 관련 활동이 포함될 수 있다.
- 2단계: 즐거운 활동에 학생을 참여시키고 간헐적으로 멈추라. 즐거운 활동이 멈추었을 때 학생이 그 활동을 계속하기를 기대하면서 어떠한 행동(예를 들면, 운동이나 음성)을 하는지 관찰하라. 만약 학생이 그렇게 하지 않는다면 다양한 활동에 참여시키면서 중간에 활동을 멈추고, 활동이 멈추었을 때 학생이 손을 움직이는 등의 반응을 보일 수 있도록 격려하는 훈련을 한다.
- 3단계: 학생의 행동이 다시 나타날 것이라 기대되면, 2단계에서 학생이 했던 행동을 '더'라는 비상징적 의사소통 신호가 대체할 수 있다는 것을 가르치는 것이 중요하다. 학생이 좋아하는 활동에 잠깐 참여하게 한 뒤, 그 활동을 멈추고 교사는 "더"(혹은 "음악 더")라고 말하며, 학생이 그의 말, 움직임 혹은 눈 맞춤을 할 때 교사는 즉시 그 행동을 재개할 것이다. 만약 충분히 기다린 후에도 학생이 움직임을 나타내지는 않지만, 활동이 계속되길 바라는 것으로 여겨지면 학생이 목표하는 의사소통 행동을 할 수 있도록 유도한다.
- 4단계: 교사는 "더"라는 말과 목표로 하는 의사소통적 행동을 짝지으면서 활동 내내 계속해서 멈출 것이다. 시간이 흐르면서, 학생은 목표로 하는 비상징적 의사소통 행동을 하는 것을 배우며, 그 행동을 할 기회를 얻게 된다. 비록 학생이 이해하지 못할 지라도 계속되는 활동을 통해 단어의 의미를 알게 될 것이다.

3) 비상징적 의사소통

비상징적 의사소통은 다른 사람과 의도적으로 의사소통하기 위해 사용되는 행동, 기본적인 몸짓, 표정, 그리고 사물 조작으로 구성된다. 비상징적 의사소통은 다음의 세 가지 요소를 포함한다. ① 학생이 의사소통 형태를 몇 가지 수행하고, ② 다른 사람에게로 향한다면, ③ 이는 의사소통 기능을 나타내는 것으로 볼 수 있다(Snell, 2002; Weatherby & Prizant, 1989). 의사소통에서 사물, 그림, 단어 등 무엇인가를 표현하는 사인 등의 상징이 없는 것이 비상징이다. 비상징적 의사소통은 두 가지 단계로 구성되는데 비형식적 의사소통과 형식적 의사소통이다(〈표 8-1〉 참조). 일부 중도 장애학생에게 비상징적 의사소통은 주요하거나 유일한 의사소통 수단이 된다(Siegel & Wetherby, 2006).

비상징적 의사소통은 몇 가지 다양한 형태의 의사소통으로 구성될 수 있다. 예를 들어, 이것은 소리 지르거나 웅얼거리는 음성이 될 수도 있고, 사람을 만지거나 물건을 만지는 촉각이 될 수도 있고, 팔을 움직이거나 기대거나 머리를 흔들거나 웃는 등의 동작일 수도 있고, 가리키거나 흔들거나 움직이는 몸짓일 수도 있고, 물건을 보는 시각적인 것일 수도 있고, 근긴장도나 각성도가 변하는 정신적인 것일 수도 있고, 화를 내거나 자해를 하는 등의 감정적인 것일 수도 있다(Alberto & Waugh, 2009; Siegel-Causey & Guess, 1989). 비상징적 의사소통은 무엇인가 원할 때 혀를 내미는 등 비형식적이고 인식하기 어려운 것일 수도 있고, 달라고 손을 벌리거나 인사를 하기 위해 손을 흔드는 등의 형식적인 것일 수도 있다.

(1) 비상징적 의사소통 인식하기

비상징적 의사소통은 쉽게 간과되고 잘못 해석될 수 있다(예를 들면, 학생이 다른 사람에게 기대어 있거나, 약간의 손동작을 하는 등의 제한되거나 비정상적인 움직임을 보일 때). 비상징적 의사소통은 또한 문제행동으로 오해받기도 한다. 예를 들어, 학생은 배고픔을 알리기 위해 웅얼대거나 관심을 얻기 위해 자신을 때릴 수도 있다. 따라서 학생이 어떻게 의사소통하는지를 주의 깊게 관찰하는 것이 중요하다. 이를 위해서는 가족 구성원들과 그 학생을 잘 알고 있는 사람들과의 면담이 필요하고, 학생에 대한 관찰이 필요하며, 학생의 의사소통 의도를 파악하고, 진보를 비교하기 위한 기록물을 남겨 놓기 위하여 학생에 대한 녹화가 필요하다(Siegel & Wetherby, 2006).

학생의 의사소통을 관찰하거나 기록할 때, 다양한 비상징적 형태와 학생 자신이 가지고 있는 레퍼토리에서의 의사소통 기능을 결정하기 위해서 자연적인 상황에서 학생들을 관찰해야 한다. 즉, 학생들은 또래, 교사 등 다양한 대화 상대자들과 함께하는 다양한 자연적인 환경과 활동에서 관찰되어야 한다. 상황을 재배치하는 것은 평가의 역동적인 형식을 따르는데, 그 환경은 의사소통 행동을 더 증진시킬 수 있어야 한다. 학생이 과제를 수행하는 중에 성인이 도움을 제공할 수도 있다. 도움의 예로, 그 학생이 얼마나 독립적으로(혹은 도우미와 함께) 수행하고 있는지를 비교하기 위해 촉진이나 도움을 제공하는 것이다. 이런 과정은 성공적인 중재를 결정하는 데에도 도움이 된다(Snell, 2002).

학생의 비상징적 의사소통 사용을 기록하기 위해 사용할 수 있는 가능한 양식 중 하나는 비상징적 관찰 의사소통 양식(Nonsymbolic Observation Communication Form)이다. 〈표 8-2〉에서 보듯이 교사는 장소와 발생하는 행동에 대해 기록하고 학생이 보이는 형태, 내용, 기능을 관찰하며 성인이 학생에게 반응했을 때 어떤 일이 일어나는지 기록한다. 때때로 기능이 무엇인지 명확하지 않을 수 있는데, 간식시간에 주스팩이 넘어진 예를 봐도 그렇다. 이 예시에서 교사는 학생에게 "너는 이것을 원하니?"라고 묻는다. 그리고 나서 학생의 손을 주스팩으로 이끌었다. 학생은 이에 대한 반응으로 팔을 앞쪽으로 확 움직이면서 주스팩을 넘어뜨렸다. 그 학생은 뇌성마비에다 전혀 의사소통을 할 수 없었기 때문에 이것이 놀라는 반응인지 혹은 다른 비의도적인 움직임인지를 결정하기는 매우 힘들 수도 있다. 학생이 물건을 잘 잡기 위해서 그쪽으로 움직임으로써 그 물건을 획득하려 했지만 뇌성마비 때문에 할 수 없었던 것인지, 아니면

〈표 8-2〉 비상징적 의사소통 관찰 형식

장소/행동 (이전에 일어난)	형태	내용	기능	성인 행동	결과
쿠키 보여 주기	눈 응시(쿠키를 쳐다봄)	쿠키	물건 요구하기	쿠키를 줌	쿠키를 쳐다보는 것을 멈추고 쿠키를 먹음
책상에서 장난감 떨어뜨리기	교사를 쳐다봄, 웃음	장난감이 떨어짐	의견 제시	가리키고 웃음	학생이 웃음
주스팩	주스팩을 넘어뜨림	주스팩	거절	가져가 버림	학생이 욺. 교사가 다시 주스팩을 줌- 낮은 운동조절능력으로 인한 요구임을 재평가
학생을 간지럽히면 멈춤	교사의 손을 잡아서 자기 쪽으로 옮김	간지럽힘	더 요구하기	학생을 다시 간지럽힘	학생이 웃고 행복해함
교실-초기 문해기술을 가르침	신음소리를 냄	확실하지 않음	확실하지 않음	학생 근처로 물건을 가지고 와서 학생의 반응을 관찰함	학생에게 책, 철자카드, 책과 장난감을 가지고 갔을 때 계속해서 신음소리를 냄. 학생에게 물을 주었을 때 신음소리를 멈춤(수돗물을 트는 것을 학생이 들음). 신음소리를 내는 것은 물에 대한 요구로 결론 내림
빈 유리잔	반응 없음	–	–	어른이 유리잔을 톡톡 두드림	학생은 모델을 관찰하고 유리잔을 두드림. 학생은 물을 얻고 그것을 마심(교사는 행동을 반복하고 관찰할 것)

그 물건을 거절하고자 하는 것인지 알 수 없다. 이제 교사는 그 물건을 체계적으로 계속해서 보여 주고, 학생의 반응을 주의 깊게 살펴보아야 한다. 학생에게 물건을 보여 준 뒤 교사가 가져가 버린다면 어떠한 반응이 일어나는지, 학생이 어떻게 반응하는지, 그 물건을 다시 학생에게 주면 어떻게 되는지를 관찰한다. 특정한 의사소통 상황에 올바르게 반응하기 위해 학생의 의사소통 기능을 측정하는 것뿐만 아니라 학생이 미래에 의사소통 교환을 할 때 다른 사람들에게 오해를 받을만한 행동으로 어떤 것이 있는지를 관찰하는 것도 매우 중요하다. 예를 들어, 만약 학생이 어떤 물건을 획득하기 위해 그것을 만지려고 노력하지만 근육 손상으로 인하여 종종 그것들을 밀어 버린다면 다른 사람들은 학생이 물건을 얻기 위해서가 아닌 거절을 한 것으로 받아들이게 된다.

발달장애 아동은 의사소통 능력과 문제행동의 심각성 정도에서 역상관관계가 보이는데, 이는 의사소통 수준이 낮을수록 더욱 높은 수준의 문제행동을 보인다는 것이다(Sigafoos, 2000). 중도 지적장애 학생이 보완대체의사소통을 사용하는 것은 때리거나 물거나 짜증을 내는 등의 부적응행동을 감소시키는 데 도움을 주며, 기능적인 의사소통을 증가시킨다(Hetzroni, 2003). 심지어 보완대체의사소통 중재를 통한 긍정적 행동지원 계획의 실행으로 문제행동들이 감소하기도 하였다(Hetzroni & Roth, 2003). 학생이 형식적, 상징적 행동에 제한이 있다면, 학생의 행동이 비상징적 의사소통의 방법인지 아닌지를 결정하고 의사소통의 기능적인 방법을 체계적으로 가르치는 것이 중요하다.

(2) 비상징적 표현 및 수용 의사소통 사용하기

학생이 다른 사람들과 어떻게 의사소통하는지가 학생들의 표현 의사소통이다. 훈련은 사물이나 몸짓 등 다른 여러 형태를 활용하는 의사소통을 목표로 할 것이다. 비상징적 단계에서 사물이 의사소통 방법으로 사용될 때는 기대되는 활동에서 실제 사물이 사용된다. 학생들은 원하고 필요한 것을 다른 사람에게 표현하기 위하여 그 물체를 보고, 만지고, 전달하도록 배운다. 예를 들어, 어떤 학생은 음료수를 원할 때 컵을 다른 사람에게 전달하도록 배웠을 수도 있다. 교사는 그 컵을 채워 그 학생에게 다시 줄 것이다. 학생은 그 단계에서 일반화하는 것이 매우 어려울 수 있다. 만약 학생이 교사에게 전달한 컵이 아닌 다른 컵을 교사가 사용했다면, 그 학생은 아마도 그 컵을 다른 별개의 사물로 볼 것이고, 하나의 컵이 다른 컵을 나타낸다는 것을 이해하기 어려울 것이다(Daehler, Perlmutter, & Myers, 1976). 이 때문에 사물을 사용하는 초기 의사소통 체계에서는 종종 관련된 실제 사물을 가지고 활동을 시작하곤 한다.

또한 몸짓은 비상징적 의사소통 형태로 학습하게 되는데, 학생들은 가리키기, 무엇인가 원할 때 손 벌리기 또는 인사의 의미로 손 흔들기 등의 몸짓을 사용하도록 배운다. 지체장애가 있다면 일부 몸짓은 매우 특이하고 해석하기 어려울지도 모른다. 이러한 혼동을 피하기 위해 학생의 몸짓과 다양한 형식의 의사소통과 그 의미를 설명하는 의사소통 표(log)를 만들어야 한다(〈표 8-3〉 참조).

다른 사람이 어떻게 학생과 대화하는지도 고려해야 하는데 이것은 수용 의사소통으로 불린다. 비상징적 단계의 의사소통을 하고 있는 학생은 교사 혹은 대화상대자의 말을 꼭 이해해야 하는 것은 아니다. 비록 시간이 지남에 따라 단어 이해를 학습할 수도 있지만, 학생은 교사가 말만 사용하였을 때 무슨 말인지 이해하는데 어려움을 겪을 것이다. 지적장애 학생들은 교사가 말로만 표현했을 때보다 말을 하면서 비상징적 의사소통을 함께 사용했을 때 더욱 쉽게 이해할 수 있었다(Heller, Alberto, & Romski, 1995). 말과 비상징적 의사소통 형태를 짝짓는 것은 학생들이 자신에게 하는 말을 이해하는데 도움을 준다.

다양한 비상징적 의사소통 형태는 장애학생의 수용 의사소통을 촉진하기 위하여 말과 짝지어지곤 한다. 여기에는 몸짓, 움직임 단서, 접촉 단서, 물체 단서가 포함된다. 몸짓은 학생들에게 수용 정보를 제공하는 구체적이고 자연적이고 비상징적인 움직임이다. 예를 들어, 교사가 헤드폰을 쓰는 행동을 보이는 것은 음악을 들을 시간이라는 것을 알리기 위한 것일 수 있다. 또한 교사는 움직임 단서를 이용할 수 있는데, 어떤 활동에 사용되는 움직임들을 표현하는 움직임을 가르치는 것이다. 예를 들어, 교사는 학생에게 식사시간임을 알리고자 학생의 팔을 움직여 음식을 담는 동작을 나타낼 수도 있고, 혹은 헤드폰을 쓰는 동작을 유도하여 음악을 들을 시간임을 알릴 수도 있다. 교사는 접촉 단서를 사용할 수도 있는데, 학생에게 구체적인 정보를 제공하기 위해 학생 신체

〈표 8-3〉 의사소통 표의 예

내용	형태	기능	정확도
음료	턱을 만짐	요구하기	숙달됨
컴퓨터 게임	"바"라고 말함	요구하기	75%의 정확도
네	머리를 동그랗게 움직임	응답하기	일관적이지 않음
주세요	원하는 물건의 방향으로 팔을 뻗어 움직임	요구하기	75%의 정확도
팝콘	팝콘 그림을 만짐	요구하기	일관적이지 않음
쉬는 시간	털로 된 둥근 원반을 만짐	요구하기	숙달됨
안녕	"아~"라고 말함	인사하기	숙달됨

의 특정한 부분에 최소한의 신체적 접촉을 하는 것이다. 예를 들어, '먹다'라는 의미를 표현하기 위해 학생의 입을 만질 수 있고 또는 음악을 표현하기 위해 학생의 귀를 만질 수도 있다. 사물 단서는 수용 의사소통을 제공하기 위해 학생의 손에 물체를 놓아주는 것이다. 예를 들어, 교사는 식당으로 이동하기 위해 떠날 때 학생에게 그의 숟가락을 건네주며 "밥 먹으러 갈 시간이야"라고 말한다(Heller, Alberto, & Bowdin, 1995). 이러한 비상징적 형태에는 표준화된 구성이 없다. 교직원과 가족 구성원들은 사용할 수용 의사소통 형태가 무엇인지 결정하고 그것을 일관적으로 사용할 필요가 있다.

(3) 비상징적 의사소통에서 상징적 의사소통으로의 변화

학생이 비상징적 의사소통의 비관습적 형태를 가지고 있을 때, 교사는 학생이 관습적인 형태를 사용할 수 있도록 도와주어야 한다. 교사는 관습적인 비상징적 단계를 주로 사용하는 학생들이 물체, 그림, 상징, 사인 등과 같은 보다 상징적인 형태의 의사소통을 사용하도록 노력해야 한다. 비상징적인 의사소통 형태에서 상징적인 의사소통 형태로 변화하면서 교사는 비상징적 형태를 점차적으로 줄여 가면서 비상징적 형태의 의사소통과 상징적 형태의 의사소통을 짝짓는다. 예를 들어, 학생이 그의 숟가락이 '먹다'라는 것을 나타낸다는 것을 알 때, 실제 숟가락은 숟가락 그림과 함께 제시된다. 그리고 시간이 지남에 따라, 교사는 실제 숟가락을 점차적으로 의사소통 그림 뒤로 감추며 숟가락이 그려진 그림을 학생 가까이에 제시한다. 마지막에는 그림만 제시한다.

4) 상징적 의사소통

상징적 의사소통은 무엇인지 표현하기 위해 상징을 사용하는 의사소통을 의미한다. 예를 들어, "공"이라는 단어를 말하는 것은 실제의 공을 의미한다. 상징적 의사소통의 세 가지 단계는 구체적인 상징, 추상적인 상징 그리고 언어이다. 구체적 상징은 사물, 그림, 무엇인가를 나타낼 때 사용하는 자연스러운 몸짓을 의미한다. 이 단계에서 상징은 구체적인 지시 대상을 명확하게 나타낸다. 예를 들어, 그네의 그림은 놀이터의 그네를 의미한다(Rowland, 2004). 추상적 상징은 말이나 손짓 기호, 혹은 지시 대상과 거의 닮지 않은 임의의 상징과 관련 있다. 언어는 상징적 의사소통의 마지막 단계로, 이 단계에서 상징은 문법적 규칙에 따라 결합된다.

2. 비도구적 의사소통과 도구적 의사소통 기기

의사소통의 주요 두 가지 범주에는 비도구적(unaided) 의사소통과 도구적(aided) 의사소통이 있다. 비도구적 의사소통은 움직임을 기초로 한 것이고, 도구적 의사소통은 그림이나 인쇄물 같은 유형의 보조도구를 사용하는 것이다. 학생들은 종종 비도구적인 체계와 도구적인 체계를 모두 사용하며, 환경을 기반으로 한 의사소통의 다양한 형태를 사용한다. 예를 들어, 어떤 학생은 교실에서 그림 기반의 전자 의사소통 기기를 이용하고, 비가 오거나 바닷가 등의 환경에서는 간단한 의사소통판을 사용하며, 친근한 사람에게 기본적인 욕구를 표현할 때는 제한된 음성 의사소통이나 기호를 사용하고, 간단한 머리의 움직임으로 '예/아니요'를 표현하고 빠르고 쉽게 실행할 수 있는 신호를 사용할 수도 있다. 이러한 형태의 의사소통은 학생의 욕구와 활동 또는 환경에서의 수요에 기초하여 개별적으로 선택할 필요가 있다.

1) 비도구적 의사소통

비도구적 의사소통은 몸짓이나, 바디랭귀지, 신체 움직임, 표정, 음성, 말, 수화 등을 포함한다. 많은 학생들이 다양한 형태의 비도구적 의사소통을 훈련 없이 사용하고 있다. 교사들은 각 학생들이 이 형태들을 어떻게 사용하는지 인지하기 위해 주의 깊게 살펴보아야 한다.

손가락을 개별적으로 움직일 수 있고, 의미 있는 움직임을 연속적으로 수행할 능력이 있는 학생들은 욕구를 표현하기 위해 수화를 사용할 수 있다. 수화에는 다양한 종류의 수화가 있다. 미국 수화(American Sign Language: ASL)는 농 문화에서 널리 사용되는데, 이것은 독특한 구문(syntax)과 기호(sign)를 가지고 있으며, 영어와는 명확하게 다른 언어이다. 종종 영어처럼 여러 단어들을 사용하는 대신에 특정한 기호를 통해 개념을 전달하기도 한다. 또 다른 종류의 수화인 문법수화(Signing Exact English: SEE)는 구조와 형식이 영어와 동일하다. SEE는 종종 영어 읽기나 쓰기를 촉진하고자 학교에서 교수된다.

비도구적 형식의 의사소통이 고려될 때, 읽을 수 있을 만한 메시지를 만들어 내기 위해 아동은 다양한 형태의 움직임을 나타내고 그것들을 일관되게 사용할 수 있는 능력을 가지고 있어야 한다. 비도구적 의사소통이 더욱 효율적이기 위해서 사용자는 인지적인 기술과 운동 기술을 결합해야 한다. 이러한 결합은 ① 움직임의 의미와 순서를 기억하고, ② 움직임을 매우 율동적으로 수행하고, ③ 그 움직임을 적절한 시간에 수행함으로써 의사소통이 가능해진다(Doster & Politano, 1996). 손가락이나 팔에 영향을 미치는 운동 문제를 가지고 있는 아동은 전통적인 수화나 어떤 몸짓에 기반한 움직임을 실행하는 데 어려움이 있을 수 있다. 이런 경우에는 도구적 의사소통이 더욱 선호된다. 또한 도구적 의사소통은 대화 상대자가 바로 이해하기에도 좋다.

2) 도구적 의사소통 기기

도구적 보완대체의사소통은 아동이 다른 사람과 의사소통하기 위하여 자신의 신체 이외에 기기나 물건 등을 사용하는 것을 뜻한다. 예를 들어, 연필과 종이, 의사소통판과 의사소통 책, 눈 응시(eye-gaze) 보드, 전자 의사소통 기기가 있다. 이 기기나 물건들은 인쇄된 단어, 물체, 그림 또는 추상적인 상징 등 각각 다른 종류의 상징을 가지고 있을 수 있다. 도구적인 형태의 의사소통은 전형적으로 세 가지 범주로 나뉘는데, 비전자기기, 전용 의사소통 기기, 컴퓨터 기반 의사소통이 있다.

(1) 비전자기기

공책이나 지갑 등에 끼우거나 종이에 배열된 그림, 상징, 단어처럼 간단한 것들이 비전자기기가 된다([그림 8-1] 참조). 상징을 보여 주기 위한 다른 형태에는 바인더, 폴더, 지갑, 여러 장의 종이 등이 있다. 비전자기기는 쉽게 휴대하기 위해 독립적으로 만들어지며, 다양한 장소에서 보여줄 수 있다(예를 들면, 휠체어 책상에 붙어 있거나 그룹 활동 테이블에 붙어 있는 것). 그림이 어디에 부착되었는지에 따라 비전자기기는 의사소통판 또는 의사소통 책 또는 의사소통 지갑이라고 불린다.

눈 지적하기(eye-pointing)나 눈 응시하기(eye-gazing)를 사용하는 학생은 상징을 끼울 만한 틀을 사용하게 된다. 최초의 눈 지적하기 판은 ETRAN(Eye Transfer Communication Device)으로 사용자와 대화 상대자 사이에 놓는 비어 있는 직사각형의 플라스틱 판이다([그림 8-2] 참조). 대화 상대자는 사용자의 음성과 눈 맞춤이 이루어질 수 있도록 중간 부분에는 구멍이 뚫려 있다. 상징이나 물체는 가장자리에 붙어 있다. 눈 지적하기 판은 다양한 형태가 있는데, 아크릴 플라스틱으로 쉽게 만들어진 것에서부터 어떤 것은 다른 곳으로 가지고 다니기 쉽도록 부드럽게 접을 수 있는 플라스틱으로 만들어진 형태도 있다.

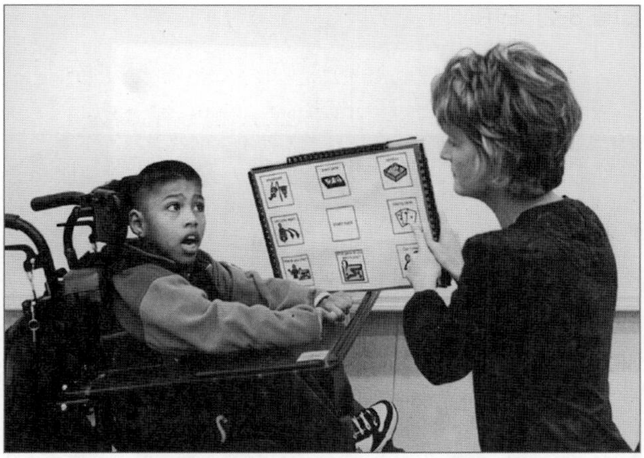

[그림 8-1] 비전자 의사소통 기기를 사용하는 학생

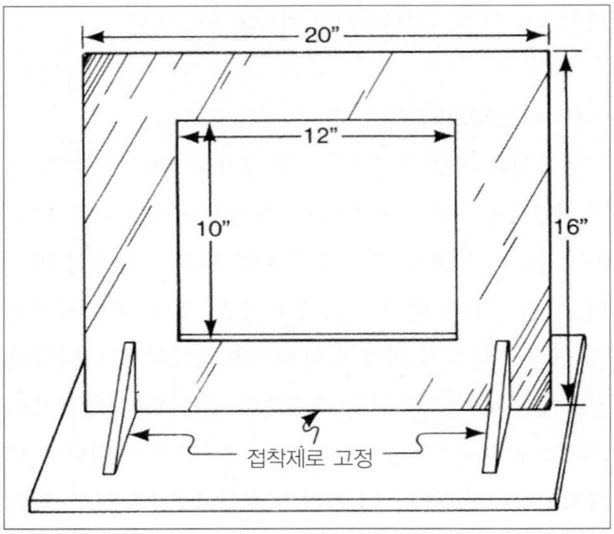

① ETRAN 틀

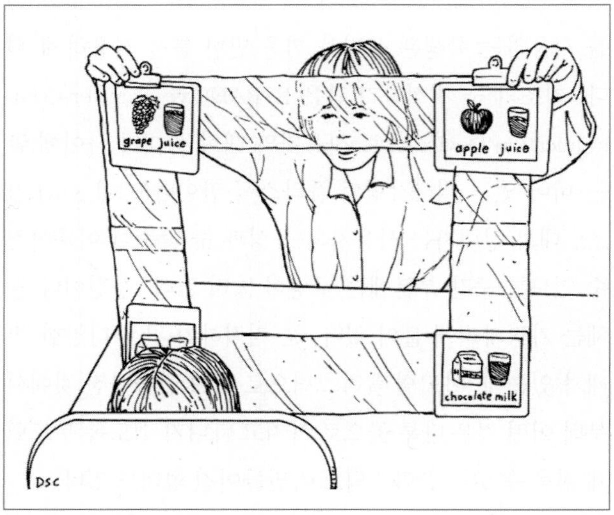

② ETRAN 의사소통 방법

[그림 8-2] ETRAN

[그림 8-3] 전용 의사소통 기기를 사용하는 학생

(2) 전용 의사소통 기기

전용 의사소통 기기는 전자식 보완대체의사소통 기기를 말하는 것이다. 이것은 주요 목적이 의사소통을 위해 특별히 고안되었으나, 환경적 조작과 컴퓨터 접근성도 지니고 있다. 전용 기기는 Bigmack Communication Aid (AbleNet, Inc. 제작), Cheap Talk 4-Direct(Enabling Devices 제작)와 같이 메시지 녹음을 제공하는 것에서부터 DynaMyte 3100(DynaBox Systems 제작), Pathfinder (Prentke Romich Company 제작)과 같이 수백 개의 단어, 구, 문장의 저장이 가능한 프로그램 기기까지 다양하다([그림 8-3] 참조).

(3) 컴퓨터 기반 의사소통 체계

컴퓨터 기반 의사소통 체계는 표준적인 혹은 대체 입력 선택, 의사소통 소프트웨어 그리고 음성합성 기능을 가진 컴퓨터(대개는 노트북)로 이루어진다. 예를 들어, 메이어-존슨사(Mayer-Johnson, Inc.)에서 제작한 Speaking Dynamically이라는 소프트웨어는 색깔을 만들고, 자신이 원하는 대로 바꿀 수 있으며, 컴퓨터에 다양한 단계의 그림과 단어 의사소통 표시가 소리와 함께 출력된다. 이 컴퓨터 기반 의사소통 체계의 장점은 다른 컴퓨터 프로그램 뿐만아니라 의사소통 프로그램 자체에도 쉬운 접근성을 제공한다는 것이다. 컴퓨터 기반 의사소통 체계는 대개 휠체어에 끼울 수 있거나 휴대할 수 있다.

3) 입력: 선택기법

도구적 체계를 사용할 때, 학생은 상징을 선택함에 있어 '입력'이라고 하는 메커니즘을 제공받는다. 어떤 학생은 손가락으로 자신이 원하는 상징을 선택할 수 있지만, 신체적으로 불가능한 학생도 있다. 의사소통 체계에 접근하는 방법은 직접선택과 스캐닝이라는 두 가지의 주요 범주로 나뉜다.

4) 직접선택

직접선택을 사용하는 것은 원하는 상징이나 항목을 가리키기 혹은 다른 메커니즘을 통하여 직접적으로 가리키는 것을 의미한다. 이 방법은 대개 선택할 때 가장 간단하고 빠른 방법이다. 가장 일반적인 직접선택 기술은 손가락으로 상징을 가리키거나 누르는 것인데, 신체 손상을 가진 학생은 이것이 가능하지 않을 수 있다. 이 경우에 학생은 신체의 다른 부분을 사용하여 직접선택을 하게 된다(예를 들면, 발가락). 직접선택을 위한 기기로는 팔의 부목(splint)에 붙이는 막대기나 마우스피스에 붙이는 막대기인 마우스 스틱이 사용된다. 학생이 원하는 항목이나 상징을 선택할 때 그것을 쳐다보는 눈 지적하기도 한 가지 사용방법이다.

보다 복잡한 직접선택 방법에는 시각 센서가 있다. 이마나 다른 곳에 붙은 작은 점을 쫓아가는 헤드마우스(Origin Instruments 제작)처럼 시각 센서는 표준 마우스를 대체하기 위하여 고안되었다. 학생이 머리를 조금씩 움직여 목표물(예를 들어, 음료수라는 상징) 위에서 멈추었을 때 이 기기는 위치를 선택해서 '키를 누른 것'으로 인식한다. 이 기기가 한 번 또는 그 이상 '키를 누른 것'으로 받아들일 때, 저장되어 있는 메시지가 인식되어 보이고 소리를 출력한다. 만약 학생이 목표물에서 멈출 수 없다면, 기기가 목표물에서 멀어지더라도 가장 길게 지적했던 목표물을 선택하게 하거나 평균 혹은 일정 시간 동안 활성화 등의 선택사항들이 존재한다(Beukelman & Mirenda, 2005). 사용되고 있거나 연구되고 있는 다른 복잡한 직접선택 방법에는 사람의 눈 위치를 따라가는 시스템인 눈 응시하기, 구음장애 학생의 음성을 해석하는 음성 인식 소프트웨어, 머리 쪽에 전극을 사용하는 뇌 인터페이스, 신체의 움직임을 따라 메시지를 해석하는 동작 인식 제스처 센서가 있다(Higginbotham, Shane, Russell, & Caves, 2007).

(1) 스캐닝

스캐닝 기술은 선택할 수 있도록 한 번 혹은 연속되는 패턴을 학생에게 보여 주고 학생이 스위치를 누르거나 신체의 움직임을 통해 가리키도록 하는 것이다. 스캐닝은 시각적 또는 청각적 스캐닝으로 구분된다. 시각적 스캐닝에서 선택사항의 예로, 움직이는 불빛을 통해 그림 연속체들을 강조(원하는 그림에 불빛이 오면 그 그림을 선택하기 위해 스위치를 활성화시킨다)해 주는 것처럼 시각적으로 나타난다. 청각적 스캐닝에서 학생은 선택 사항을 듣고 난 후 들었던 메시지 중에 원하는 것을 스위치를 활성화시켜서 선택한다. 청각적 스캐닝은 대개 시각 및 신체 손상을 입은 사람들이 사용한다. 스캐닝의 고려사항에는 스위치의 종류나 개수, 활성화 방법 그리고 스캐닝 패턴 등이 있다.

학생이 잘 조작할 수 있도록 스위치의 종류를 신중하게 결정하고 평가해야 한다. 스위치는 손이나 뺨, 무릎 혹은 다른 사용 가능한 부위를 통해 눌러서 활성화시킨다. 스위치는 누르는 것 이외의 방법으로도 활성화시킬 수가 있는데, 당기는 행동, 빨아들이거나 부는 행동, 기울이는 행동, 꽉 쥐는 행동, 근육의 수축을 통해 가능하다. 스캐닝 체계는 하나 이상의 스위치를 사용할 수도 있다.

스위치는 여러 가지의 다양한 방법으로 활성화된다. 자동 스캐닝(Automatic scanning)은 어떤 연속적인 패턴에서 상징과 단어 선택이 제시되는 것을 말하는데, 각각의 선택사항들은 소리와 불빛으로 강조된다. 원하는 상징이나 단어가 강조될 때, 학생은 스위치를 활성화시킴으로서(예를 들어, 누르기) 선택할 수 있다. 유도 또는 역방향의 스캐닝(Directed or reverse scanning)은 계속적으로 스위치를 활성화(누름)시키고 있다가 학생이 원하는 상징이나 단어가 강조될 때 그것을 비활성화(누름 해제)하는 것이다. 단계적 스캐닝(Step scanning)은 연속적인 패턴 안에서 각각 선택사항을 누르면서 강조할 선택사항까지 계속 가는 것이다. 스위치를 한 번 누를 때 첫 번째 항목이 강조되고 다시 스위치를 누르면 두 번째 항목이 강조된다. 원하는 상징에 왔을 때 사용자는 스위치 누르는 것을 멈추게 된다. 2단계 스캐닝(two-setp scanning)에서는 사용자가 스위치를 계속적으로 활성화시킴으로써 앞으로 나아가다가 원하는 상징에 도달하면 두 번째 스위치를 활성화시켜 선택하는 방법이다.

세 가지의 주요한 스캐닝 패턴에는 ① 선형 혹은 원형 스캐닝, ② 행-열 또는 집단항목 스캐닝, ③ 유도된 스캐닝이 있다([그림 8-4] 참조). 선형 혹은 원형 스캐닝(linear or circular scanning)에서는 연속적인 순서로 각각의 선택사항들을 불빛과 같은 시각적 단서, 음성이 출력되거나 "삐" 소리가 나거나 혹은 누군가가 지적하는 청각적 단서를 통하여 강조한다. 상대자 보조 스캐닝(partner-assisted scanning)은 AAC 사용자가 원하는 상징을 알려 줄 때까지 의사소통 상대자가 의사소통 화면의 각 항목들을 가리키는 선형 스캐닝의 한 종류이다. 집단항목 스캐닝(group-item scanning)은 스캐닝 과정에서 한 영역 이상을 다루게 된다. 행-열 스캐닝(row-column scanning)은 집단항목 스캐닝 기술에서 가장 흔하게 사용되는 것이다. 우선 각 상징들의 행이 집단으로 스캐닝된다. 불빛이나 보조자가 선택하고자 하는 행에 도달했을 때, 학생은 스위치를 이용하거나 보조자에게 그 행에서 멈춰 달라는 신호를 알리게 된다. 그다음에 원하는 선택이 이루어질 때까지 그 행에 있는 항목들을 하나씩 가리킨다. 집단 스캐닝의 다른 형태에서는 사용자가 어느 구간에서 먼저 스캐닝을 시작할지 선택할 수 있다. 유도된 스캐닝(directed scanning)에서는 움직임의 방향이나 형태 그리고 움직임의 시간 두 가지 모두가 항목 선택에 영향을 미친다. 예를 들어, 조이스틱은 지시

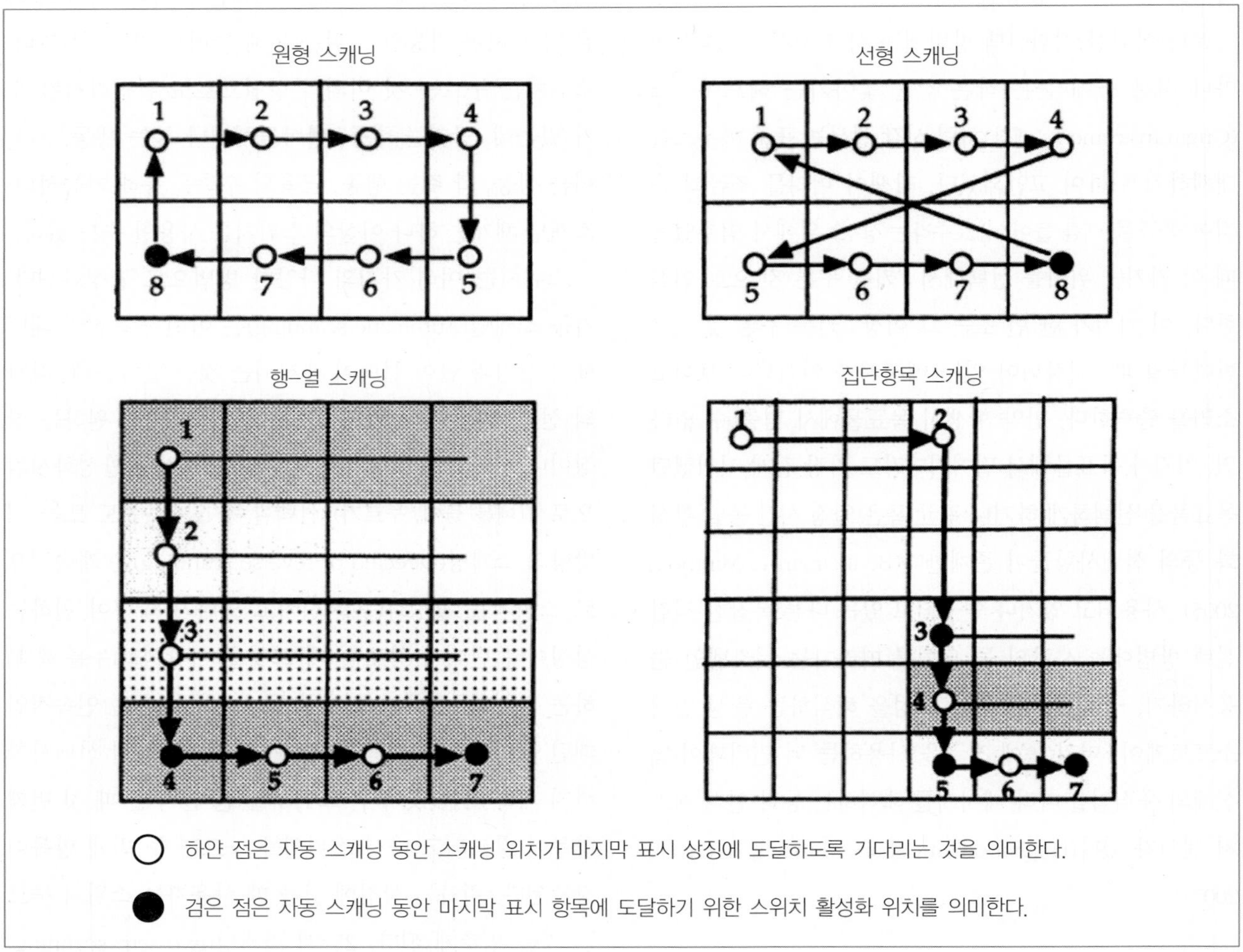

[그림 8-4] AAC 스캐닝 패턴

출처: GLENNEN. *Handbook of Augmentative and Alternative Communication*, 1E. © 1997 Delmar Learning, a part of Cengage Learning, Inc. Reproduced by permission. www.cengage.com/permissions.

기를 상하, 좌우 혹은 대각선으로 움직이도록 하기 위해 사용한 뒤, 지시기가 목표 항목에 도달했을 때 스위치를 활성화시킴으로써 상징을 선택할 수 있다.

5) 출력 고려사항

의사소통 체계의 출력에는 음성 출력, 시각적 출력, 하드카피(hard copy), 이것들의 복합체 등이 있다. 각 학생에게 어떠한 출력 형태가 필요한지를 결정하는 것은 매우 중요하다. 그리고 다양한 환경에서 대화 상대자를 위한 출력 형태에는 어떠한 것이 필요한지를 결정하는 것 또한 중요하다.

(1) 음성 출력

대부분의 전자식 의사소통 체계는 음성 출력기능을 가지고 있으며, 제공되는 음성 출력의 형태는 매우 다양하다. 이는 일반적으로 두 가지 범주로 나뉘는데, 첫 번째가 디지털 음성이다. 이는 미리 녹음된 사람의 목소리로 음성출력이 되는 것으로 테이프 녹음과 비슷하게 작동한다. 또래, 동성의 아동을 선택하여 그들의 목소리를 사용해 프로그램화할 수 있다. 음성 출력의 또 다른 형태에는 합성 음성이 있는데, 이는 기계에 프로그램화된 음성 출력 형태로서 새롭게 단어를 만들 수 있다. 음성 합성을 사용하는 대부분의 기기들은 다양한 목소리(예를 들어, 성별 선택, 연령 선택, 다양한 음성 특성)를 선택할 수 있도록 해 준다.

(2) 시각적 출력

대부분의 AAC 기기는 시각적 출력 형태를 가지고 있다. 불빛으로 지시하는 것부터 단어, 구, 문장 메시지의 부분 혹은 모두를 보여 주는 시각적 디스플레이까지 다양하다. 그러므로 의사소통 상대자는 각 글자를 지적할 때마다 계속 보고 있을 필요가 없다. 어떤 전산화된 도구들은 메모리 기능을 가지고 있기 때문에 표시된 메시지들을 저장하고 기억해 내며 디스플레이에 보여 주고 그것을 말해 주기도 한다.

(3) 출력된 인쇄물/하드카피

어떤 AAC 기기들은 프린터가 내장되어 있거나 아니면 프린터와 연결시킴으로써 의사소통한 내용을 인쇄물로 출력해 낼 수 있다. 인쇄물은 사용자가 대화 전에 긴 메시지를 준비하거나 다른 사람에게 도청되지 않고 메시지의 비밀을 유지하는 데 도움이 된다.

3. 상징 선택과 제시

1) 상징의 형태

도구적 의사소통 체계에서는 매우 다양한 상징이 사용된다. 이러한 상징의 형태는 학생의 감각, 운동, 인지 기술에 의해 선택된다. 예를 들어, 어떤 유아는 숟가락으로 배고픔을 표현할 수도 있지만 조금 더 연령이 높은 아동들의 경우 자신이 점심에 무엇을 먹고 싶은지를 알리기 위해 그림을 그릴 수도 있다.

사물이나 3차원 항목이 의사소통에 사용될 경우, 이것을 유형 상징(tangible symbol)이라고 부른다. 유형 상징은 동일한 사물('마시다'를 표현하는 주스팩), 사물의 일부분('마시다'를 표현하는 주스팩의 조각), 관련된 사물('마시다'를 표현하는 빨대), 목표 항목의 한두 가지 특성을 가진 사물('마시다'를 표현하는 주스팩의 직사각형 모형)을 통해 만들어 질 수 있다. 사물 상징(object symbol)은 각 학생의 경험을 토대로 개별적으로 구체화되어 만들어질 수 있다. 이는 가장 배우기 쉬운 형태의 상징이다(Mirenda, 2005).

유형 표시(display)의 한 하위 형태로 여담(remnant) 표시 또는 대화 표시가 있다. 여담 표시는 이전 활동들을 저장해 놓았다가 다른 사람과 정보를 공유하기 위하여 보여 주는 형태다. 예를 들어, 어떤 학생이 학교에 맥도날드의 냅킨을 가지고 와서 그곳에서 먹고 왔다는 것을 알리거나, 영화표로 영화를 봤음을 알리거나, 심지어 봉지에 잔디를 가지고 와서 잔디 깎는 기계로 잔디 깎는 것을 도왔음을 알릴 수도 있다. 이 여담 상징은 학생과 다른 사람 사이의 대화를 활발하게 하는 방법이 된다(Mirenda, 2005).

그림 상징은 제시된 단어보다 배우거나 인식하기 쉽다. 중도 지적장애인은 선화(line drawings)보다 동일한 사물의 색이 있는 사진을 더 쉽게 인식하는 것으로 나타났다(Beukelman & Mirenda, 2005; Stephenson, 2007). 사진을 의사소통에 사용할 때는 배경이 산만하지 않으며 명확한 것이 좋다. 어떤 학생은 오직 사물만을 나타내는 사진(예를 들면, '마시다'를 나타내는 컵)을 통해서 더 잘 배우는 반면, 어떤 학생은 자신들이 컵으로 마시고 있는 사진을 통해 더 잘 배울 수 있다.

선화는 많은 학생에게 적합한 상징으로 흑백의 손그림부터 상업적으로 만들어진 색화(color drawings)까지 다양하다. 예를 들어, 메이어-존슨사에서 만든 보드메이커 소프트웨어 프로그램에 사용된 그림 의사소통 상징체계(Picture Communication Symbols: PCS)가 있다. 선화는 명확성 등의 특징을 고려하여 신중하게 선택되어야 한다. 명확성은 원래의 모양, 움직임, 기능을 기반으로 하여 쉽게 추측할 수 있는 상징을 말하고, 상징과의 관계성이 없는 불명확한 상징과는 반대된다(Beukelman & Mirenda, 2005; Fuller & Lloyd, 1991). 학생들은 상징의 명확성뿐만 아니라 그 항목에 대한 자신들의 경험을 토대로 상징을 인식하게 된다. 교사는 상징의 명확성과 상관없이 학생이 상징이 나타내는 것을 알 것이라고 가정해서는 안 된다. 만약 학생이 상징을 인식하지 못한다면 그 의미를 가르칠 수 없다. 상징을 선택하는 또 다른 요소는 상징의 묘사에 사용되는 색이다. 한 연구에 따르면, 지적장애 학생들은 상징이 나타내는 원래의 사물과 다른 색깔일 때 선화를 인식하는 데 어려움이 있는 것으로 나타났다(Stephenson, 2007).

2) 언어를 나타내는 상징과 비율증진기법

도구적 의사소통의 속도는 일반적으로 1분당 2~26개 사이의 단어로 대부분 1분에 12단어 이하인 반면(Kraat, 1985), 일반적인 의사소통 시 평균 말의 속도는 1분당 126~172개의 단어이다(Foulds, 1980). 이러한 결과로 의사소통은 좌절되고 무너지며, 의사소통 선택권의 제한이 뒤따른다. 이러한 문제를 해결하기 위해 상징을 활용하여 다양한 방법으로 언어를 나타낼 수 있으며, 상징의 대부분이 의사소통의 속도를 증가시킬 수 있도록 고안된다.

(1) 단일 의미 상징

단일 의미 상징은 하나의 단어를 나타내는 각각의 그림이나 단어를 말한다. 학생이 햄버거 모양의 상징을 누르면 햄버거라는 하나의 단어가 만들어진다. 이는 학생이 정확한 메시지를 구성하는 데 도움이 된다. 예를 들어, 만약 학생이 "나는 햄버거를 먹고 싶어"라고 말하고 싶을 때, 단일 의미 상징을 사용하고 있다면 학생은 "나" "햄버거" "먹다"라는 상징을 누를 것이다. 시간과 노력이 들기는 하지만, 단일 의미 상징은 학생이 다른 의사소통 기능을 전달하는 능력과 더불어 정확하게 메시지를 구성해 낼 수 있도록 해 준다. 예를 들어, '햄버거'라는 상징은 다른 단일 의미 상징과 결합되어 "나는 햄버거를 좋아해" 혹은 "너는 햄버거를 먹고 싶니?"라고 말할 수 있지만, "나는 햄버거를 먹고 싶어"라는 의미를 한 번에 나타내는 상징은 되지 않는다. 많은 단어를 사용할 수 없는 학생이나 이 체계를 사용하는 데 매우 느린 학생은 다른 체계(예를 들면, 발화 기반, 의미 간결화, 철자 체계)와의 통합 없이는 단일 의미 상징의 사용이 불가능할 수 있다.

(2) 발화 기반 메시지

발화 기반 메시지(utterance-based message)는 메시지를 구성하기 위해 여러 가지의 상징을 조합하는 대신 한두 가지의 상징을 통해 한 개 혹은 여러 개의 문장을 저장함으로써 시간과 노력을 아낄 수 있다. 예를 들어, 어떤 학생은 어떤 한 상징에 '나는 방학 동안 해변에서 휴식하며 상어처럼 생긴 돌고래를 보았다'라는 의미를 저장할 수 있다. 미리 저장된 메시지는 의사소통의 속도를 높여 주지만, 미리 저장함으로써 실질적으로 의사소통 상대자가 묻는 질문에 적절하지 않은 대답을 할 수도 있다(McCoy, Bedrosian, Hoag, & Johnson, 2007). 예를 들어, 만약에 대화 상대자가 "너 동생이랑 방학 즐겁게 보냈니?" 라고 물어보았다면 이 메시지는 답변으로 적절하지 않다. 이런 상황에서 학생은 시간을 들여 질문에 알맞은 새로운 메시지를 구성하거나 청자를 혼동시키거나, 자신의 능력에 대한 부정적 인상이 생길 수 있음을 감수하고 미리 저장된 불완전한 메시지를 사용할 수 있다(McCoy et al., 2007).

(3) 의미 간결화(상징 암호화)

의미 간결화(Semantic Compaction)는 다양한 의미로 쓰이는데, 짧은 상징들의 연속체를 선택함으로써 각각의 상징 그리고 단어 혹은 메시지를 구성한다. 다른 말로 상징은 의미와 일대일 대응을 하지 않고, 어떻게 결합이 되는가에 따라 다양한 의미를 지닌다(Yong, 2006). 예를 들어, '사과' 라는 상징은 '빨간색' 혹은 '과일' '공' 으로 나타낼 수 있다. 학생이 '사과' 라는 단어 뒤에 '일출' 이라는 단어를 사용한다면 이 조합은 '아침 식사' 를 의미할 수 있다. 왜냐하면 '사과' 는 음식을 나타내고 '일출' 은 아침을 의미하기 때문이다. 이 체계는 많은 어휘에 빠르게 접근할 수 있도록 만들어 준다. 이는 다른 무엇인가를 표현하기 위해 상징들을 조합하기 때문에 상징 암호화(iconic encoding)라고 불리기도 한다. 흔히 볼 수 있는 의미 간결화 프로그램으로 Prentke Romich에서 만든 Unity가 있는데, 이는 Pathfinder와 같은 다양한 AAC 기기에 사용된다.

(4) 철자 체계(문자 암호화 및 단어 예측)

철자 체계는 AAC 기기의 알파벳을 포함한 철자 메시지뿐만 아니라 문자 암호화와 단어 예측까지도 포함한다. 문자 암호화는 긴 단어나 구를 나타내기 위해 문자들을 짧게 조합하는 것을 말한다[약어 확장(abbreviation expansion)이라고도 불린다]. 문자 암호화 기술은 주요한 두 가지 종류로 나뉠 수 있는데, 핵심 문자 암호화와 의미 문자 암호화가 그것이다. 핵심 문자 암호화는 목표 언어 단위의 처음에 있거나 시각적으로 중요한 글자로부터 그것의 규칙을 추론해 낸다. 예를 들어, 'TRO' 를 통해 'Turn the radio on(라디오를 켜 주세요)' 이라는 문장을 암호화하여 사용할 수 있고, 'TRF' 는 'Turn the radio off(라디오를 꺼 주세요)' 라는 문장을 암호화하여 사용할 수 있다. 의미 문자 암호화는 문자 'H' 를 'Homework(숙제)' 라고 나타낼 수 있다. 만약 'Book(책)' 에 대해 미리 저장된 단어가 있다면, 'H' 에 'B' 를 붙임으로서 'I need help with my books, please(제 교재 숙제를 도와주세요)' 와 같은 문장을 암호화할 수 있다. 사용자가 약어 'HB' 를 입력하면, 기기에서 원하는 문장을 출력하게 된다. 다른 예로는 'Food(음식)' 을 의미하는 'F' 가 있다. 그래서 'FH' 은 'I would like a hamburger, please(나는 햄버거가 먹고 싶어요)' 를 의미할 수 있다. 문자 암호화(letter coding)는 다양한 기기(EZ keys와 RealVoice)에서 사용된다.

문자 예측과 단어 예측은 예측 기술의 두 가지 종류에 해당한다([그림 8-5] 참조). 문자의 순서가 가장 완벽할 것 같은 문자들이 스캐닝 틀에 보이게 된다. 이 전략을 사용하는 학생은 그들이 미리 의도했을 수도 있거나 올바른 문자가 나타나기까지 혹은 완성될 때까지 그들이 타이핑할 수 있기 때문에 이 예측된 문자 연속체들을 수용할 수 있다. 더욱 흔하게 이용되는 예측 전략에는 단어 예측이 있다. 학생이 단어를 타이핑할 때 다양한 단어 선택사항이 이미 타이핑된 것에 의해 나타난다. 화면은 학생이 입력하는 다음 글자를 토대로 계속해서 바뀐다. 알맞은 단어가 보일 때 학생은 전체 단어를 타이핑하기보다 대응하는 번호를 타이핑함으로써 단어를 선택할 수 있다.

(5) 기타 암호화 체계(수, 모스 부호, 색 부호화)

종종 간단히 항목들을 짝지은 것들과 관련된 다양한 형태의 암호화 체계들이 있다(두 개의 숫자, 두 개의 문자, 한 개의 문자와 한 개의 숫자, 한 개의 문자와 한 가지 색 등). 이들 중 일부는 관련된 어휘를 정리한 참고 목록을 사용한다. 예를 들어, 수 암호화 체계에서 응시하기 판에 여

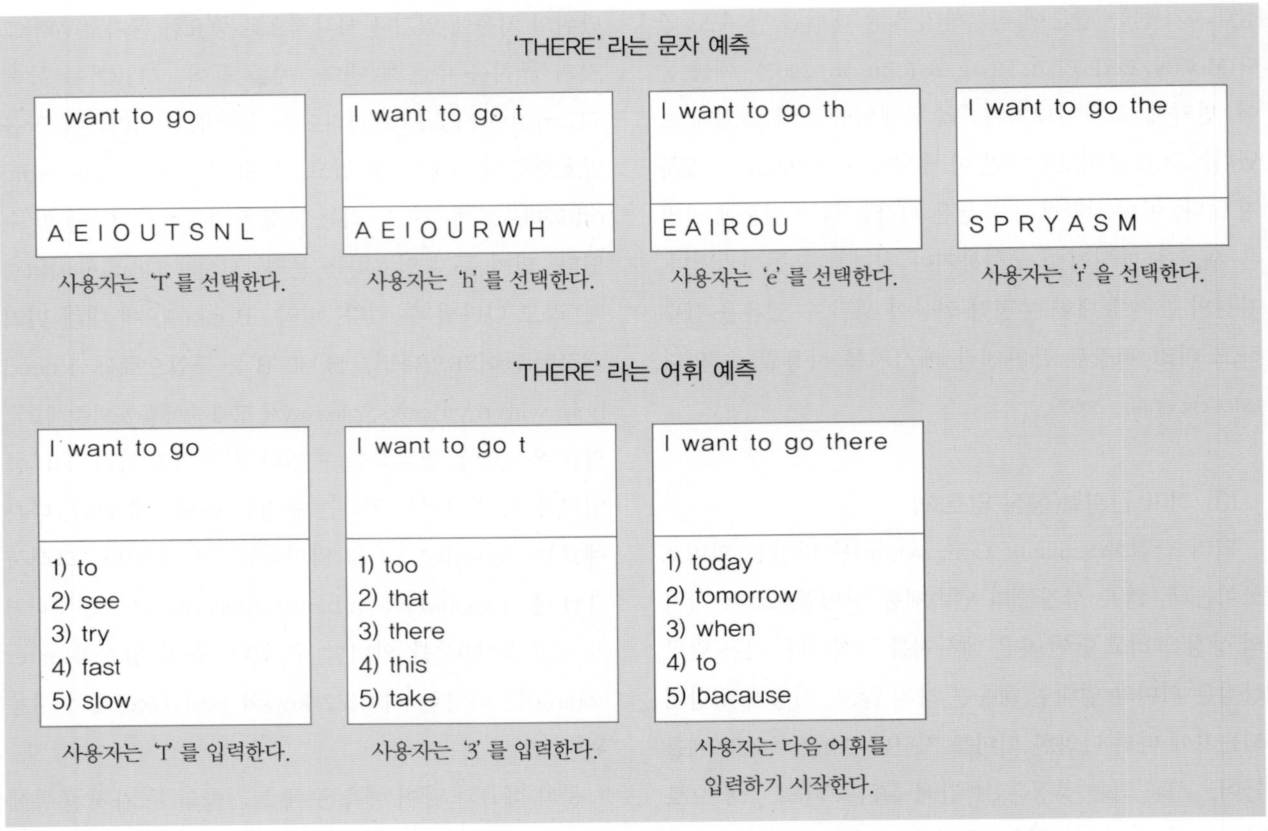

[그림 8-5] 문자와 어휘 예측 전략

출처: GLENNEN. *Handbook of Augmentative and Alternative Communication*, 1E. © 1997 Delmar Learning, a part of Cengage Learning, Inc. Reproduced by permission. www.cengage.com/permissions.

러 숫자들이 있고 그 옆에 있는 종이에 메시지의 목록들이 적혀 있을 수 있다. 학생이 눈으로 응시하기 판의 숫자 2와 숫자 8을 본다면 의사소통 상대자는 메시지 목록을 보고 숫자 28과 관련된 메시지를 찾는다. 부호화는 인접하게 배열된 색깔로 부호화된 그림을 사용할 수 있다. 응시하기의 색깔을 본 뒤 학생은 그림을 보고 그림의 윤곽 색을 알게 된다. 사용하고 있는 더욱 복잡한 암호화 체계에는 모스 부호가 있다. 모스 부호는 중도 지체장애 학생들이 최소의 동작으로 단어를 빠르게 말할 수 있게 해 준다. 모스 부호 체계에서는 한 개 혹은 두 개의 스위치를 이용해서 알파벳의 문자들을 점과 장음(dash, 모스 부호의 장음)으로 나타낸다. 한 개의 스위치는 점을, 다른 한 개의 스위치는 장음을 나타낸다. 모스 부호는 다양한 소프트웨어 프로그램과 AAC 기기(예를 들어, EZ Keys)의 선택사항이 된다.

3) 제시하는 상징의 물리적 특징

(1) 제시하는 상징의 물리적 측면

AAC 디스플레이에 대한 주요 고려사항 중 하나는 학생과 기기의 위치이다. 학생은 의사소통 체계에 효율적으로 접근하기 위해서 잘 자리잡아야 한다. 여기에는 학생의 의사소통 체계가 어떻게 위치하는지, 또한 하루 종일 학생이 대안적인 자세(휠체어에 앉아 있거나 경사로 위에 엎드려 있기, 모래놀이통에 지지하여 앉아 있는 자세)로 있을 때 그 배치를 어떻게 다양하게 할지 결정하는 것도 포함된다. 많은 지체·중복장애 학생은 움직임의 범위가 제한되기 때문에 기기의 배치와 기기의 상징들이 검토되어야 한다. 이 상징에 쉽게 접근하기 위해서 기기는 특정한 위치(예를 들면, 학생의 신체 중심선에서 왼쪽으로 30도 정도 기울인)에 배치해야 한다.

기기에서 상징들 사이의 공간이 충분해야 하는데 그 이유는 사용자가 섬세한 운동기능 조절(머리, 손과 팔, 눈 움직임 조절)의 부족으로 잘못된 상징을 선택할 가능성을 줄여 주기 위해서이다. 키 가드(key guard)가 있을 때에도 마찬가지다. 또 다른 전략은 디스플레이의 가능한 선택사항들을 비경쟁적인 것들로 배치하는 것인데, 이를 통해 학생이 실수로 원하는 상징이 아닌 주변에 있는 다른 상징을 선택했을 때, 대화 상대자는 문맥 단서를 통해 그것이 잘못된 선택임을 깨달을 수 있다. 만약 학생이 운동 조절을 잘 하지만 움직임의 범위가 극도로 제한되어 있고 힘도 제한된다면 선택사항들을 펼쳐 놓지 않고 좁은 범위 안에 모두 모아 놓는 것이 더 좋은 방법이다.

상징에서 또 다른 고려사항은 실제 상징의 크기이다. 상징의 크기는 학생의 운동 손상에 근거하여 조절되어야 한다. 그러나 많은 지체·중복장애 학생들은 시각장애를 가지고 있으므로 상징이나 글자체의 크기는 시각적인 접근이 가능하도록 할 필요가 있다. [그림 8-6]은 상징이나 글자체를 평가하기 위한 가장 빠른 방법을 알려주고 있다.

교사는 종종 어떤 크기의 활자(혹은 상징)가 정형외과적 손상을 지닌 학생이 사용하기에 가장 적절한지를 결정해야 한다. 글자체의 크기는 학생의 시력과 활자들 안의 어휘를 선택할 수 있는 능력에 따라 결정되어야 한다. 만약 활자가 너무 작으면 많은 학생은 자신들의 신체적 장애 때문에 각 어휘를 가리킬 수 없을 것이고 보는 데도 어려움을 느낄 것이다.

시각장애를 위한 적절한 크기를 고려할 때 교사는 처음으로 다양한 크기의 문자들을 인쇄해 보아야 할 것이다. 학생으로 하여금 조금씩 작아지는 문자를 짝지을 수 있게 한다. 학생은 그 문자의 이름을 알 필요는 없고 짝지을 수만 있으면 된다. 예를 들어, 우선 학생에게 'c' 의 대문자를 보여 주고 난 뒤 동일한 크기의 세 가지 문자 선택지를 준다. 학생에게 위에 있는 문자와 같은 문자를 찾게 한다. 만약 학생이 성공한다면 밑에 보여 줄 선택지의 크기를 작게 한다. 학생이 더 이상 올바르게 짝지을 수 없다면 글자체의 크기가 너무 작은 것이기 때문에 당신은 학생이 성공적으로 짝지었던 것 다음으로 큰 크기의 것을 사용해야 한다. 다른 문자로도 반복해야 하고 완전한 어휘로도 반복해야 한다. 완전한 어휘를 확인하는 것은 매우 중요한데, 어떤 학생들은 각 문자 다음에 오는 문자들을 보는 데 어려움이 있어 문자 사이의 간격을 조절하여야 하기 때문이다. 많은 학생이 문자가 굵을 때 더 작은 크기의 글자들을 볼 수 있기 때문에 당신은 굵은 문자와 글자를 사용해 보길 원할 수도 있다. 이 평가는 의사소통 체계의 상징을 통해서도 이루어질 수 있다.

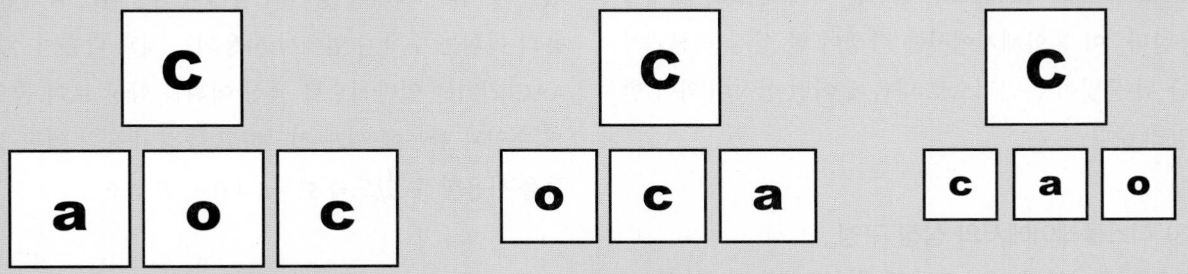

읽을 때 각 어휘를 가리켜야 하는 학생들을 위해서 그들의 운동능력에 맞추어 글자를 훨씬 크게 확대해야 한다. 읽을 때 가리켜야 하는 학생들을 위해 문장에 있는 어휘들의 글자체 크기를 한층 더 크게 확대하여 출력한다. 또한 줄 사이의 공간을 넓힌다. 학생이 읽을 때 가장 정확하게 가리킬 수 있는 가장 쉬운 크기가 선택되어야 한다.

[그림 8-6] 교사 팁: 사용할 글자체의 크기를 어떻게 알 수 있을까?

출처: "How Do I Know What Size Font to Use?" by K. W. Heller, *Bureau for Students with Physical and Health Impairments*, 1(1), 3. Reprinted with permission.

(2) 고정, 역동적, 혼합 디스플레이

일부 AAC 기기들은 상징이 특정한 위치에 고정된 고정(정적인) 디스플레이를 사용한다. 한 페이지의 상징들에서부터 여러 페이지의 상징을 가진 의사소통 책까지 범위가 다양하다. 전자기기는 학생이 의사소통 기기의 특정한 부분을 누름으로써(혹은 접속함으로써) 여러 단계에 접근가능하거나 다른 활동들로 변화하는 오버레이(overlay)를 가지고 있을 수도 있다. 예를 들어, 학생의 의사소통 기기는 한번에 36개의 상징을 보여 줄 수도 있고 36개의 상징들을 10개의 단계 혹은 10장의 페이지에 각각 보여 줄 수도 있다.

일부 전자 의사소통 기기들은 역동적인 디스플레이를 사용할 수 있다. 이 방법에서는 학생이 선택하는 것이 무엇인지에 따라 그림 상징의 디스플레이가 바로 변화한다. 예를 들어, 만약 학생이 음식 상징을 눌렀다면 모든 상징이 음식의 종류들을 보여 주는 것들로 바뀔 것이다. DynaVox 의사소통 기기(Mayer-Johnson Company 제작)는 역동적인 디스플레이를 사용하는 의사소통 기기의 예이다.

다른 유형에는 혼합 디스플레이가 있는데 이는 역동적인 구성요소(예를 들어, 지시기 불빛이 선택 가능한 상징들을 표시해 주는 것)를 가진 고정된 전자 디스플레이다(Buekelman & Mirenda, 2005). 예를 들어, Pathfinder(Prentke Romich Company 제작)는 의미 간결화 체계를 사용한다. 이 혼합체계에서는 학생이 한 상징을 선택하고 난 뒤 불빛이 논리적으로 다음에 어떤 상징이 와야 할지 알려 준다.

(3) 디스플레이에서의 상징 구성

많은 사용자들과 의사소통 상대자들에게 의사소통 디스플레이에서 상징의 개념적인 구성은 그들을 안내하는 단서가 된다. 어휘의 구성은 학생이 이해할 수 있어야 하기 때문에 어휘를 배열할 때 학생의 참여를 촉진해야 한다. 성인이 만든 어휘 배열은 보완적인 의사소통 체계를 사용하는 유아의 인지적인 구성을 반영하지 못할 수 있다. 디스플레이에서 상징을 구성하는 방법에는 여러 가지가 있다.

① 활동 기반 형식

활동 기반 형식은 어떤 목표행동에 사용될 수 있는 기술어와 기능적인 단어가 함께 모여 있는 배열을 의미한다. 예를 들어, 디스플레이는 미술시간에 미술 관련 어휘(예를 들면, 물감, 종이, 빨간색, 초록색)뿐만 아니라 기술어와 동사(예를 들면, 예쁘다, 더, 아니다, 좋다, 넣다)를 나타내는 상징들도 지니고 있어야 한다. 이 형식은 활동에 참여하는 데 더욱 기능적인 선택사항을 제공한다. 의사소통 상대자가 어휘를 새롭게 조합하기 위해 학생의 디스플레이를 사용할 수 있다는 것이 이점이다. 특정한 내용의 어휘는 특정한 과제에 달려 있기 때문에 활동 기반 형식을 효율적으로 배열하기 위해서는 다양한 활동에서 흔히 사용되는 단어나 구로 구성된 핵심 어휘를 결정하는 것이 중요하다. '원하다' '더' '아니' '돕다' 그리고 '너'와 같은 흔히 사용되는 단어는 주로 동사, 대명사, 전치사, 지시어로 구성되는 다른 단어들과 같이 종종 핵심 어휘에 포함된다(Banajee, Dicarlo, & Stricklin, 2003). 핵심 어휘는 짧은 구로 구성될 수도 있다. 예를 들어, 학급에서의 의사소통 체계는 아마도 "저는 답을 알고 있어요" "저는 이해하지 못하겠어요" "다시 한 번 말씀해 주시겠어요?" 등의 메시지들로 구성된 핵심 어휘를 가지고 있을 것이다. 그러나 영어 수업에서 사용되는 특정한 내용의 어휘는 수학 수업에서 사용되는 것과 다를 수 있다. AAC 기기는 일반적으로 핵심 어휘를 항상 보여 줌으로써 수업과 활동에 쉽게 접근하고 특정 내용의 어휘 조합들을 사용할 수 있도록 한다([그림 8-7] 참조).

② 주제 관련 형식

주제 관련 형식은 활동 기반 형식의 하위요소이다. 여기에서는 선택된 의사소통 상징이 특정한 주제와 관련된다. 특정 주제판은 휴일이나 현장학습, 방학, 생일파티, 병원 진료, 쇼핑 등의 행사, 특정 사건에 사용될 수 있다. 예를 들어, 어떤 학생은 크리스마스, 하누카(유대교 축제일) 또는 콴자(아프리카계 미국인의 축제)에 관련된

① 핵심 어휘

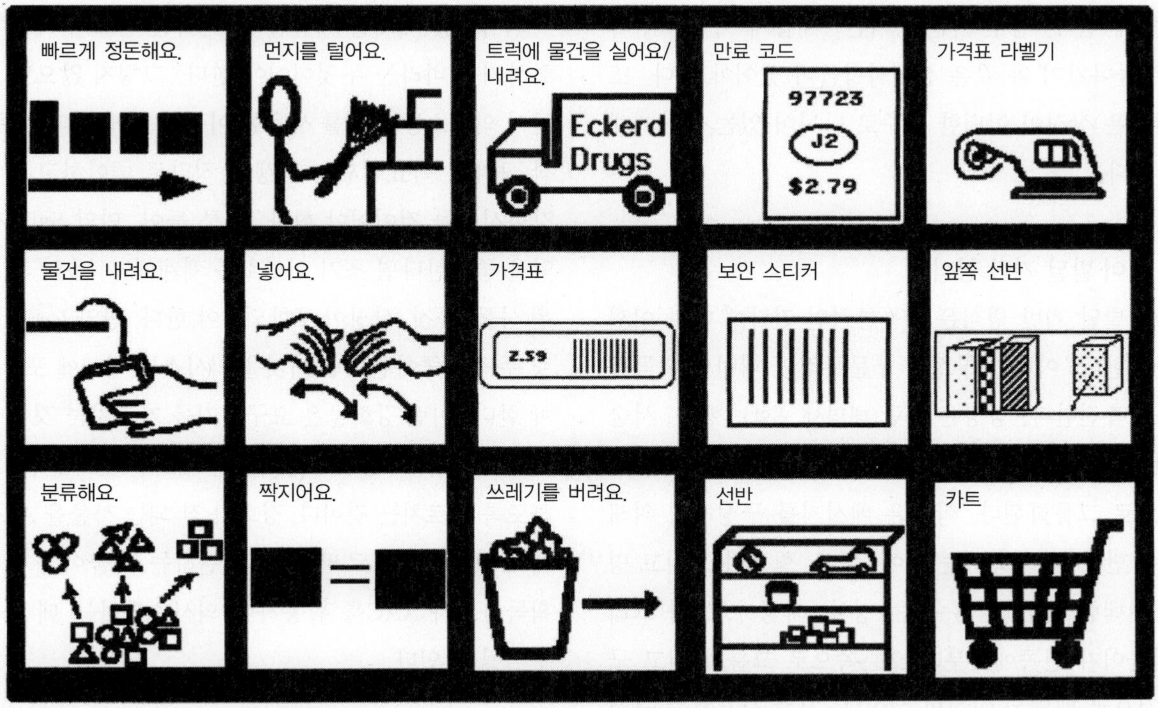

② 직업장에서의 구체적 내용 어휘

[그림 8-7] 핵심 어휘와 직업장에서의 구체적 내용 어휘의 예

출처: Made with Boardmaker and the Picture Communication Symbols: Mayer-Johnson Co., P.O. Box 1579, Solana Beach, CA 92075-1579.

여러 활동과 항목들을 나타내는 상징만을 가진 의사소통판이나 오버레이를 가지고 있을 수 있다.

③ 범주 기반 형식

범주 기반 형식에서는 상징이 특정 범주에 포함된다. 예를 들어, 어떤 페이지는 음식에 대한 것이고, 어떤 페이지는 여가 활동에 관한 것일 수 있다. 첫 번째 페이지에는 범주를 나타내는 몇몇 단어가 배열되어 있고, 그다음 페이지들에는 각 범주들에 속하는 상징이 있다. 각 범주에 속하는 상징의 숫자는 학생의 요구와 능력에 따라 다양하다. [그림 8-8]처럼 추가적인 어휘를 위한 색인은 신체적으로 매우 협소한 범위만을 지적할 수 있으나 말할 것이 많은 학생에게 유용하다. 사용자는 특정 범주 판, 오버레이 또는 현재 상황에 적절한 상징의 디스플레이로 안내하는 범주를 선택함으로써 대화를 지속할 수 있다. 예를 들어, 범주 기반 형식은 다른 기능을 나타내는 상징에 쉽게 접근하지 못할 때 요구하기를 제외하고는 다른 기능을 선택하고자 하는 개인의 능력을 방해하게 된다. 범주 기반 형식은 '새롭게 시작하기'나 '뒤로 돌아가기'와 같은 선택사항들이 있어야 한다. 또한 학생은 상징이 어떠한 범주로 나뉘어 있는지를 이해해야 한다.

④ 언어 발달 기반 형식

언어 발달 기반 형식은 구문론적인 전략에 따라 어휘를 구성한다. 이러한 구성은 구문론적인 패턴의 획득과 사용을 촉진한다. 상징은 사람(대명사 포함), 행동, 서술적 단어, 사물, 시간, 장소의 범주에 따라 왼쪽에서 오른쪽으로 그룹화된다. 학생은 메시지를 구성하기 위해 문장을 만들 때 사용하는 주어, 동사, 형용사 그리고 명사를 선택한다. [그림 8-9]는 명사, 대명사, 동사 그리고 기술어가 왼쪽에서부터 오른쪽으로 그룹화 되고 구문론적으로 배열된 어휘의 예이다. 자주 사용하는 구절들은 의사소통 체계 옆에 쓰인다. 알파벳 문자는 학생이 그것을 풀어서 씀으로써 말하고 싶어 하는 것을 무엇이든 말할 수 있도록 한다. 의사소통 체계의 다양한 종류처럼 이러한 디스플레이의 내용도 각 개인마다 다양하다.

4. AAC의 어휘 목록

1) 어휘 선정하기

의사소통 체계를 효과적으로 사용하기 위해서는 반드시 학생의 요구와 실제 목록, 또는 어휘를 일치시켜야 한다. 의사소통 체계의 내용은 다양한 활동, 관심사, 개인을 통해 학생의 요구를 충족시키기 위해 역동적이고, 변화하며 확장된다. 교육 팀은 새롭게 요구되는 상징이 무엇인지와 현재 활용하고 있는 체계에서 사용되지 않는 상징을 삭제하는 등에 대한 결정을 계속적으로 해야 한다. 학생들은 다양한 대화 상대자와 대화할 때 새로운 어휘를 결정하고 사용할 수 있도록 가능할 때마다 이 과정에 참여해야 한다.

의사소통 체계를 개발할 때 목록은 반드시 학생이 대화하기를 바라는 무엇이어야 한다. 그렇지 않으면 학생들이 의사소통 체계를 사용할 이유가 없게 된다. 종종 시작 체계의 목표어휘는 학생이 정말로 좋아하고 학생을 강화시키는 것이어야 한다. 예를 들어, 만약 Sally가 음악을 좋아한다면 초기 의사소통 체계에는 '음악'과 관련된 사물, 몸짓, 상징이 포함되어야 한다. 만약 Joe가 초콜릿 푸딩을 좋아한다면 이것을 의사소통 체계에 포함시켜야 한다. 이런 강화물은 요구하기를 가르치는 것에 포함되기도 한다. 학생에게 강화물을 제시한 후, 이것을 요구하도록 가르치는 것이다. 강화가 잘 되는 사물을 AAC 체계에 포함시킴으로써 학생은 원하는 사물이나 행동을 획득하고자 AAC를 활용하여 의사소통하는 데 동기가 부여될 수 있다.

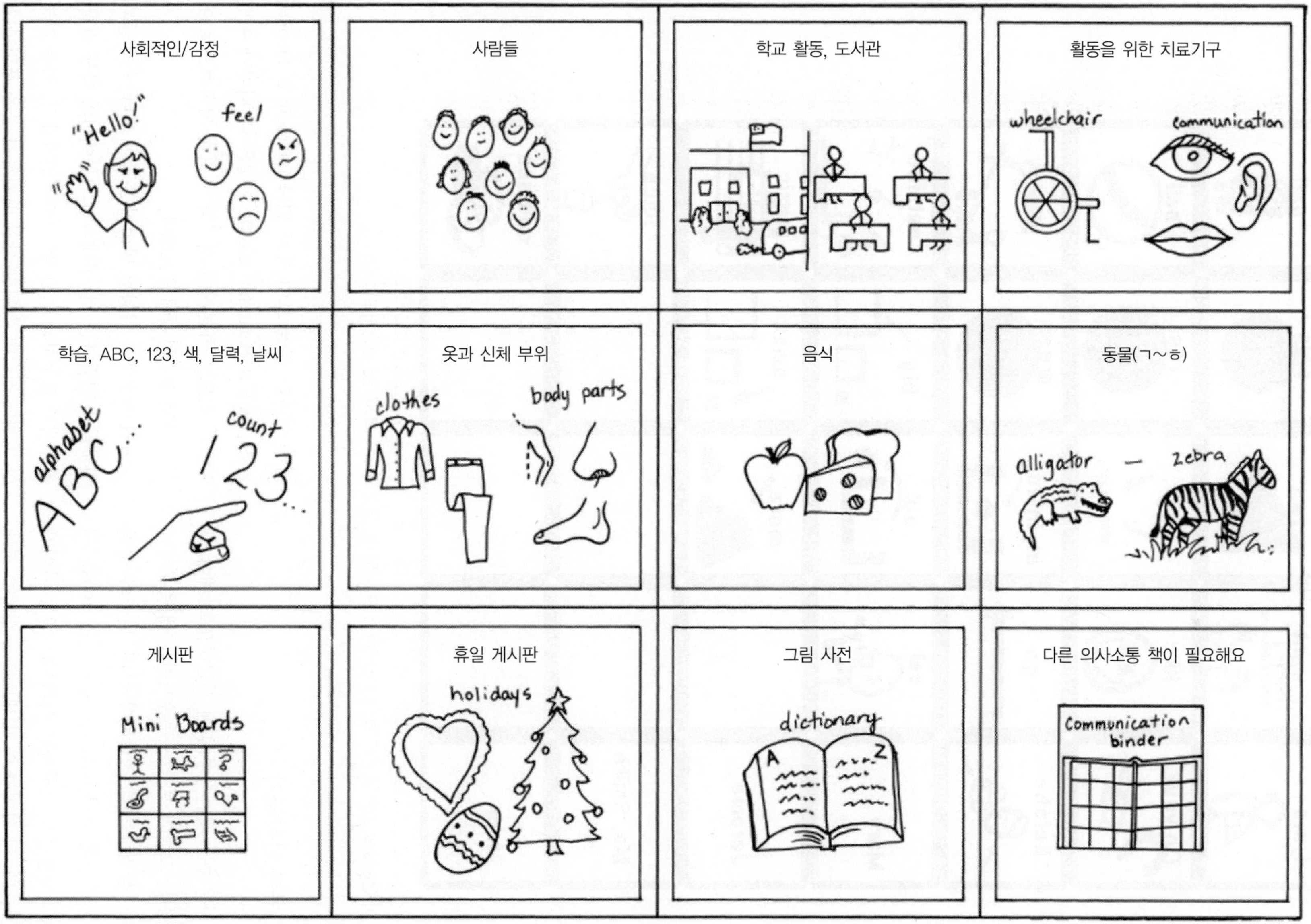

[그림 8-8] 범주 접근을 사용할 때 다른 상황에서 사용 가능한 어휘판의 목록(색인)

출처: Communication board configuration courtesy of Meg Mowry-Evans; communication symbols adapted with permission from the Picture Communication Symbols (PCS), Mayer-Johnson Co., P. O. Box 1579, Solana Beach, CA, 92075-1579.

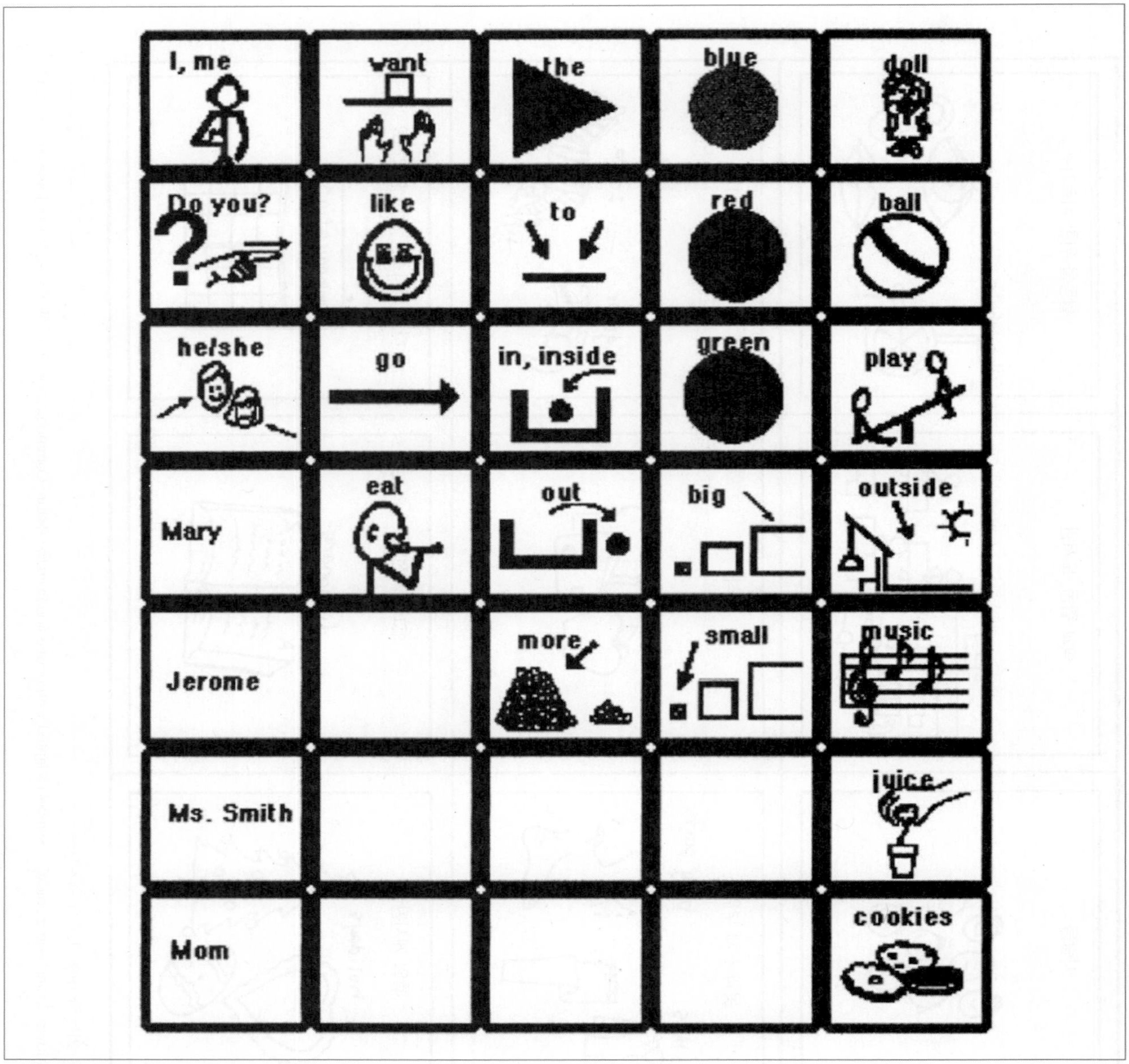

[그림 8-9] 이 언어발달 기반 형식은 학생이 왼쪽에서 오른쪽으로 문장 형식의 메시지를 구성하도록 한다.

2) 어휘 목록 선정하기

AAC를 사용하는 개인이 어휘에 접근하도록 해야 하는데 그 어휘는 그들의 요구를 충족시키는 데 충분해야 하고, 내용을 설명하는 데 적합해야 하며, 나이와 성별에 적절한 것이어야 한다(Balandin & Iacona, 1998). 연구에서 AAC 사용자가 요구하는 어휘에는 종종 차이가 있다고 하였는데, 그 차이는 어휘 세트를 구성하는 것에 따른 요구들로서 그 어휘에서 무엇이 예견되느냐의 차이가 있다는 것을 보여 주고 있다(Balandin & Iacono, 1998, Dark & Balandin, 2007). 이것은 더 나아가 어떤 어휘를 필요로 하는지에 접근하기 위해 지속적으로 어휘를 선택해야 하기에 중요하다.

어휘 선정에는 다양한 방법이 도움이 된다. 가족들과 친구들을 면담하는 것, 구체적인 활동에서의 학생 관찰, 활동에서 요구하는 일반적인 어휘 열거하기, 이용 가능한 어휘에 접근하기 위한 상황 배치하기 등을 포함한다. 팀은 학생의 어휘를 선정할 때 다음과 같은 결정에 근거해야 한다. ① 다른 유사한 상황에서 무엇을 사용할 것인지, ② 대화 상대자가 무엇을 사용하기를 원하는지, ③ 무엇을 이미 사용하고 있는지, ④ 맥락적으로 무엇이 요구되는지다(Blackstone, 1988). 팀은 구체적인 상황에서 필요한 어휘를 선택하는 것을 돕기 위해 생태계적 접근을 고려해야 한다.

3) 과제 초점 내용을 위한 생태계적 평가

구체적인 활동을 위해 요구되는 의사전달 내용 결정을 돕기 위해 생태계적 평가(생태계적 목록으로도 알려져 있다)가 종종 사용된다(Brown, Branston-Mc Lean, Baumgart, Vincent, Falvey, & Schoreder, 1979; Westling & Fox, 2009). 생태계적 평가에서는 환경, 하위환경 그리고 학생이 참여하는 활동으로 구성된다. 활동을 선택한 후, 활동에서 전형적으로 사용되는 단어가 표현어휘로 결정된다. 만약 학생이 말할 때 이 외에도 수용단어가 필요하다면 환경에서 요구되는 수용단어를 정의한다. 메시지/어휘 목록을 검토하고, 어휘/메시지는 과제에서 중요한 것으로 결정하며 학생의 능력 내에서 목표를 결정한다. [그림 8-10]은 생태계적 평가의 한 예를 보여 주고 있다. 이 예에서 목표활동인 음식 주문하기와 가능한 표현어휘를 목록화한 뒤, 팀은 결정된 메시지를 하나의 목표로 삼는다. 여기에는 "나는 원해요" "햄버거" "작다" "콜라" "그 뿐이다" "감사합니다"가 포함된다. 어휘 선택은 학생의 능력과 의사소통적 요구를 기반으로 해야 하는데, 특히 적절한 내용, 의사소통적 기능, 한 번에 효과적으로 소개될 수 있는 새로운 상징의 수를 함께 고려해야 한다. 목록에 있는 다음 어휘는 이후의 교수(instruction)를 위한 목표가 될 것이다.

특정한 환경 안에서 사용하는 의사소통 형태도 고려해야 한다. 만약 학생이 사물을 사용한다면 각각 명칭을 정해 주어야 하고(라벨링), 이로써 점원은 확실하게 그들의 의미를 이해할 수 있을 것이다. 만약 학생이 신호를 사용하게 되면, 학생은 다른 사람들이 더 잘 이해할 수 있는 의사소통의 추가적인 형태를 배우게 될 것이다(예를 들면, 사진, 문자, 단어).

1. 학생이 시간을 어디서 보내나요?
환경: 지역의 맥도날드
소환경: 맥도날드 카운터 영역
활동: 음식 주문하기, 줄 서기, 줄에서 (사람들과) 사회적 상호작용하기

2. 선택 활동: 음식 주문하기

3. 활동에서 사용되는 표현어휘 목록
<u>나는 원해요</u>
<u>햄버거</u>
생선 샌드위치
<u>작다</u>, 중간, 크다
<u>콜라</u>
초콜릿
밀크쉐이크
예, 아니요
<u>그것이 전부입니다</u>
<u>감사합니다</u>
잘못 주문했어요
나는 필요해요
케첩 추가
여기에서 먹을 것입니다
다시 말해 주세요
얼마인가요?

4. 활동에서 사용되는 수용단어 목록
도와드릴까요?
이게 전부인가요?
여기서 드실 건가요 아니면 가져가실 건가요?
주문한 것이 곧 나올 것입니다
이해하지 못했어요
총 ______________원입니다

5. 목록의 어휘들을 검토하고 어떤 어휘들이 학생의 수준에서 중요한지 아닌지, 무엇이 학생이 경험하는 데 관련되는지 아닌지, 그 작업에 필요한지를 결정하여 목표어휘에 동그라미를 치거나 밑줄을 긋는다.

[그림 8-10] AAC 기기에서 목표어휘의 배치를 결정하기 위한 생태계적 평가 기록지

4) 학교 관련 주제 내용

교실에서 행해지는 구체적인 수업에서도 내용이 도출된다. 그 과정은 생태계적 평가와 유사한데, 예를 들면 교사는 학생에게 학급 토의에 참여해 의사소통하는데 무엇이 요구되는지를 그날 혹은 그 주에 가르친다. 종종 특정 교과 내용과 함께 "나는 이해하지 못했어요" "다시 말해 주세요" "저는 답을 알고 있어요" 등의 상징이 필요할 수 있다. 만약 아동이 철자를 쓸 수 있다면 알파벳을 이용해 의사소통 체계에 포함되어 있지 않은 새로운 메시지를 말할 수 있다.

5) 과제와 무관한(또는 사회적) 의사소통

구체적인 과제 관련 의사소통(구체적인 활동이나 학교 교실에서 일어나는 것)도 중요하지만 과제와 무관한 의사소통도 동일하게 중요하다. 과제와 무관한 의사소통은 인사, 대화, 사회적 상호작용과 같이 개인 사이에서 발생하는 의사소통을 의미한다. 과제와 무관한 의사소통을 위한 목록을 결정할 때, 그 환경에서 발생하는 일반적인 대화, 학생의 관심, 대화 상대자의 관심, 대화 시작과 마무리 문구, 다양한 기능을 표현하는 상징(코멘트, 질문, 요구, 거부 등)을 고려하여야 한다. 의사소통 상대자의 투입, 학생의 투입 그리고 교육 팀의 투입이 성공을 보증하는 데 도움이 될 것이다. 어떠한 의사소통 체계라도 목록은 시간이 흐르면서 바뀔 수 있다.

[그림 8-11]은 과제와 무관한 의사소통판의 예를 보여 주고 있다. 이것은 중등도 지적장애 학생이 사용할 수도 있고 감각손상 혹은 경도 뇌성마비 학생이 지역사회 기반 직업훈련을 하는 동안 사용할 수 있다. 학생은 작업 동안에는 의사소통을 원활하게 할 수 있었지만, 학생이 쉬는 시간이나 일을 하지 않는 다른 시간 동안에는 직장 동료와의 의사소통이 거의 일어나지 않았다. 직장동료와 학생을 면담하고, 점심시간 동안 동료들 사이에서 일반적으로 이야기되어지는 주제의 유형들에 관하여 자료를 기록한 이후에 과제와 무관한 의사소통판이 개발되었다. 이 의사소통판을 통해 학생은 손을 흔들면서 "어떻게 지내니?" 하고 묻는 것이 가능해진다. 게다가 대화를 마칠 때 "하루 잘 보내."라고 말할 수 있다. 이 판은 기능에 따른 융통성을 허용한다(요구, 코멘트, 질문). 그리고 여러 개의 핵심내용 영역에 걸친 융통성도 허용한다. 과제와 무관한 의사소통판의 사용은 목표대상 학생과 직장동료 사이의 의사소통을 증가시킨다. 그리고 높은 만족감을 제공한다(Heller, Allgood, Davis, Arnold, Castelle, & Taber, 1996).

6) 핵심 어휘와 내용 확인

선택된 어휘가 핵심 어휘(core vocabulary)인지 부수적 어휘인지를 검토하는 것은 중요하다. 핵심 어휘란 다양한 개인에 의해 빈번하게 사용되는 어휘를 말한다. 전형적으로 대명사, 전치사, 조동사, 관사와 같은 필수적인 문장 구성성분과 같은 기능적인 어휘가 포함된다(Liu & Sloane, 2006). 부수적 어휘(또는 맥락의존 어휘)는 개별 학생 또는 특정 의사소통 상황을 위한 특별한 어휘를 말한다(예를 들면, 인명, 지역 명, 구체적인 사건 등; Beukelman & Mirenda, 2005). 적합한 350개의 핵심 어휘는 대화에서 사용되는 어휘의 80%를 차지하는 것으로 나타났다(Balandin & Iacono, 1998). 부수적 어휘를 포함하는 것이 매우 중요할 수 있지만(예를 들면, 친구의 이름), 만약 학생이 읽고 쓰는 기술이 없고 메시지를 적을 수 없다면, 학생이 완전하게 의사소통을 하도록 하기 위해 핵심 어휘가 필요하다. 핵심 어휘는 자주 사용되므로 쉽게 접근할 수 있어야 한다. [그림 8-12]는 의사소통 디스플레이에 핵심 어휘를 배열하는 여러 가지 방법을 보여 준다. 핵심 어휘의 배열은 개인이 나타내는 동작의 범위, 시각능력과 요구 그리고 다양한 요소에 근거하여 결정된다.

선택된 어휘는 점검 과정을 거치게 된다. 교사는 학생에게 이것을 제공하기 전에 선택한 내용을 사용하여 다른 사람들과 의사소통을 해 본다. 교사는 "내가 무엇을 원하는지 다른 사람에게 말할 수 있을 정도로 내용이 효

[그림 8-11] 사회적 상호작용을 촉진하는 과제와 무관한 의사소통판의 예

출처: Made with Boardmaker and the Picture Communication Symbols: Mayer-Johnson Co., P. O. Box 1579, Solana Beach, CA 92075-1579.

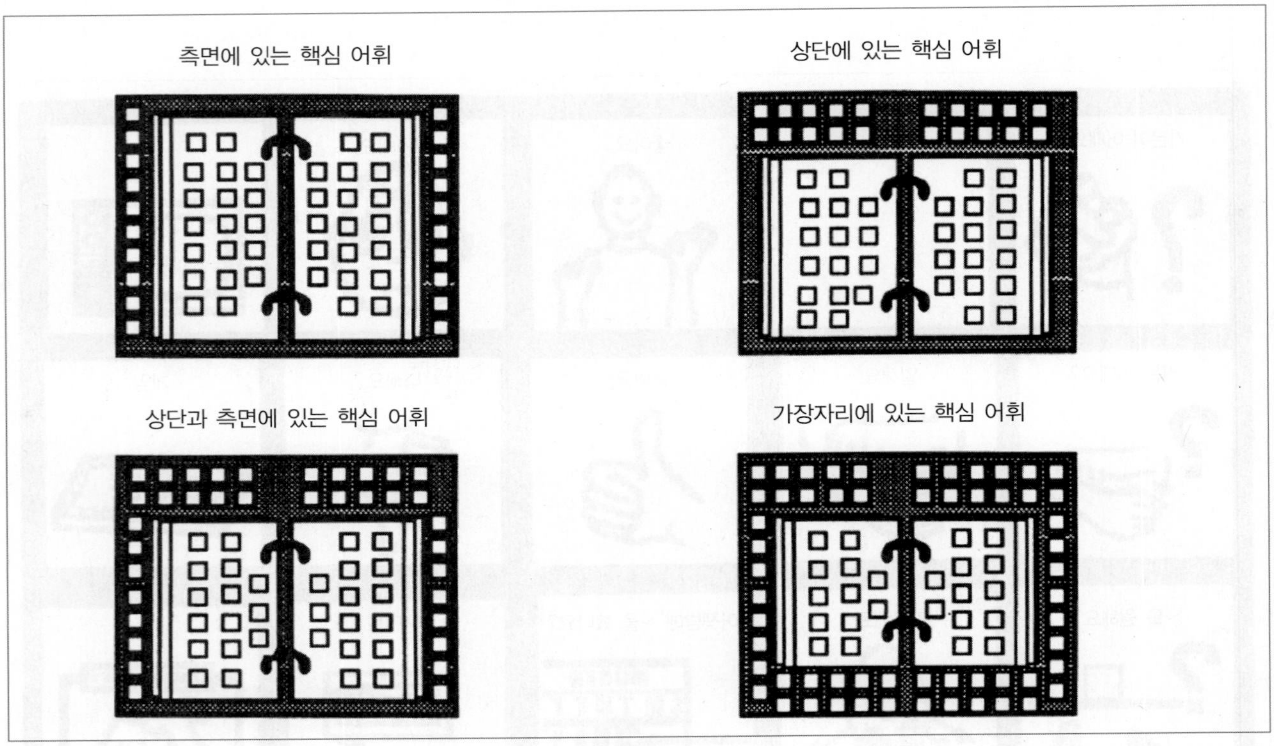

[그림 8-12] 특정한 상징들을 연속적으로 나타내기 위한 의사소통 책의 예시

출처: GLENNEN. *Handbook of Augmentative and Alternative Communication*, 1E. © 1997 Delmar Learning, a part of Cengage Learning, Inc. Reproduced by permission. www.cengage.com/permissions.

과적인가?" 그리고 "선택한 내용으로 다른 사람과 얼마나 긴 대화를 나눌 수 있을까?"라고 그들 스스로 질문을 할 수 있다. 종종 핵심 어휘 또는 핵심 문장이 간과될 수 있다. 마지막에서는 선택한 내용을 사용하는 다른 사람과 역할극을 하며 의사소통하는 것에 또래를 초대한다. 교사는 선택한 어휘를 사용하는 학생을 관찰하고 무엇을 사용하는지, 무엇이 필요 없는지, 그리고 놓친 것이 무엇인지를 파악하고 이에 대해 수정해 준다.

5. 교수 전략

의사소통 훈련에 관한 몇 가지 지침이 있다. 첫째, 의사소통은 항상 실제 상황의 맥락 속에서 의미 있는 방법을 통해 가르쳐야 한다. 의사소통은 수단이지 최종 결과가 아니다. 실제 상황에서 의사소통을 가르치는 동안 학생들은 가능하다면 언제든지 의사소통한 결과에 대한 보상을 받아야 한다. 예를 들어, 교사가 학생이 좋아하는 음료수가 든 잔을 들고 학생에게 "무엇을 원하니?"라고 묻는다. 학생이 음료 사진을 제시할 때 학생은 그 음료를 받게 된다. 이것은 명칭 붙이기(라벨링) 활동에는 적합하지 않다. 명칭 붙이기 활동에서 교사가 음료를 들고 "이것이 무엇이니?" 하고 물어본 뒤, 학생이 음료 상징을 가리켰을 때 교사가 "잘했어"라고 하면서 음료수를 주지 않는다면 부적절한 상황이기 때문이다. 학생은 자신의 선택에 대해 어떤 일이 일어나는지 배울 필요가 있기 때문이다.

둘째, 의미 있고 적절한 상황의 일과 중에 의사소통 교수가 일어나야 한다는 것이다. 의사소통은 하루 일과를 통해 자연적으로 일어나는 것이기 때문에 의사소통 교수도 통일해야 한다. 교사는 학생이 의사소통을 필요로 하는 특정 활동에 맞추어 구체적인 활동을 목표로 삼는다. 예를 들어, 학생은 교사와 학급 친구가 도착할 때 인사하기 위해서, 활동하는 동안 준비물이 떨어져 도움을 요청하기 위해서, 교실에서 구체적 질문에 대답하기 위해서, 점심시간에 원하는 음료나 음식을 선택하기 위해서 여가를 선택하기 등의 상황에서 의사소통 체계를 사용하도록 교수를 받는다.

셋째, 학생은 언제든지 의사소통 수단을 가져야 한다. 만약 학생이 어떤 것을 원하거나 필요로 할 때 의사소통 수단이 없다면 그는 좌절하게 될 것이고 의사소통이 요구되는 생활 경험에 참여하는 것으로부터 차단될 것이다. 그러므로 학생이 상황과 활동에서 의사소통 수단을 가질 수 있도록 해야 한다. 예를 들어, Tanya는 전자 의사소통 기기를 사용한다. 하지만 Tanya는 쉬는 시간에는 이 기기를 가지고 밖으로 나갈 수 없었다. 왜냐하면 이 기기를 밖에서 사용하다 보면 모래가 기기 안으로 들어갈 수 있기 때문에 바깥에서의 사용은 허락되지 않았기 때문이다. 그 결과 그녀가 원하는 것 또는 특정 활동에 관해 묻기 위해 그녀의 친구와 의사소통할 수 없게 되었다. 항상 의사소통 수단을 가지는 것이 중요하기 때문에 간단한 의사소통판을 구비해 주면 그녀는 그것을 접어서 주머니에 넣고 그녀의 친구와 의사소통할 때 사용할 수 있을 것이다.

넷째, 학생의 모든 의사소통 체계의 구성요소를 점검하고 확장할 필요가 있다. 의사소통 체계는 요구하기, 질문하기, 거절하기, 대답하기 등과 같은 다양한 기능을 사용해 의사소통할 수 있는지를 살펴보아야 한다. 의사소통 체계는 어휘의 확장이 필요하고, 대부분 의사소통 체계 자체는 결국 보완되어야 한다. 학생이 성장하면서 간단한 체계가 더 이상 맞지 않게 되고, 의사소통적 요구를 충족시키기 위해 더 복잡한 의사소통 체계를 요구할 수 있다. 또한 학생은 의사소통 체계를 활용해 의사소통을 시도할 수 있어야 하고, 학생은 어떻게 의사소통을 시작할 수 있는지 배워야 한다.

1) 요구하기와 선택하기

지체·중복장애 학생에게 의사소통을 가르치기 위한 가장 논리적인 출발점은 요구하기다(Sigafoos & Mirenda, 2002). 이는 요구하기를 통해 원하는 물건을 획득하기 위한 자연적인 동기유발 때문이다. 학교 일과 속에는 학생이 요구하기를 해야 하는 많은 기회가 있다(예를 들면, 과자 요구하기, 원하는 물건으로 노는 것 요구하기, 특정 마커 사용을 요구하기, 컴퓨터 프로그램 요구하기; Downing, 2005). 요구하기를 통해 선택한 것은 학생에게 강화로 작용해야 한다.

교사는 다양한 방법으로 요구하기를 가르칠 수 있다. 교사는 학생이 강화물에 집중하도록 하고, 학생에게 그것을 원하는지 물어서 학생의 반응을 촉진한다. 예를 들어, 교사는 장난감 강화물을 들고 "이것을 원하니?"라고 말한다. 그리고 학생이 장난감을 얻기 위해 장난감에 가까이 다가갈 때, 학생의 손을 부드럽게 일치하는 그림에 가져다 댄다(또는 사물, 몸짓, 사인 또는 다른 의사소통 형태). 그림을 건드리면 교사는 학생에게 그 물건을 준다. 만약 학생이 지체장애가 있다면 다른 의사소통 형태를 사용한다(예를 들면, 눈 맞춤, 스위치).

학생이 원하는 물건을 요구하기 위해 그림을 확실하게 지적할 수 있을 때(또는 다른 의사소통 형태를 사용하여), 교사는 이제 선택하기를 가르친다. 이때쯤 되면 학생은 그의 앞에 무엇이 놓여 있어도 선택하게 되지만, 그 그림에 대해 정말로 이해하는 것은 아닐 수도 있다. 선택하기를 가르치기 위해 교사는 학생에게 두 개의 그림을 준다. 한 그림은 학생이 좋아하는 물건을 나타낸 것이고, 다른 하나는 학생이 싫어하는 것을 나타낸다. 교사는 학생 앞에 두 그림을 올려놓고 좋아하는 물건을 보여 준다. 그리고 학생에게 그것을 원하는지 묻는다. 만약 학생이 좋아하는 물건이 그려진 그림을 선택한다면, 그는 그 물건을 얻게 된다. 만약 그가 싫어하는 물건이 그려진 그림을 선택한다면, 그는 싫어하는 물건을 얻게 된다. 하지만 그에게 다른 그림을 선택할 기회를 준다(또는 그렇게 하도록 촉구한다).

시간이 흐르면서 학생은 어떤 그림이 어떤 물건을 나타내는지 구별하게 된다. 일단 학생이 여러 개의 그림을 배우고, 세 개 혹은 네 개의 물건을 선택하도록 한다. 그리고 교사는 정기적으로 학생이 적합한 그림을 짝지을 수 있는지를 확인해야 한다. 이는 학생이 단지 좋아하는 것을 얻기 위해 선택하는 것이 아니라 요구하는 것을 선택하는 지를 확인하기 위해서다(Frost & Bondy, 1994). 일치 여부를 확인하는 한 가지 방법은 학생에게 그림 모음(예를 들면, 세 개의 그림)을 주고 그중에서 선택하게 하는 것이다. 일단 학생이 그림을 선택하면 실제 물건들(예를 들면, 세 개의 그림에 해당하는 세 개의 물건)을 제공한다. 학생이 선택한 그림과 일치하는 물건을 선택하는지 지켜본다. 만약 학생이 일치하는 물건을 선택한다면 학생은 그림을 구별하고 있는 것이다. 만약 그것이 아니라면 학생에게 추가적인 교수가 필요하다.

2) 강화된 환경중심 언어중재

강화된 환경중심 언어중재(Enhanced Milieu Teaching: EMT) 절차는 의사소통을 정교화하기 위해서 모델을 사용하고, 사회적 상호작용에서 의사소통을 사용하고, 기능적 결과를 제공하면서 학생의 의사소통에 대한 반응을 강조하는 것으로, 의사소통을 가르치는 데 있어서 자연스러운 접근 방식이다(Kaiser & Grim, 2006). 이것은 세 가지의 영역으로 구성되며, 핵심 환경중심 언어중재 절차, 환경적 배치 전략, 반응적 의사소통 전략이 해당된다.

(1) EMT의 핵심 환경중심 언어중재 절차

환경중심 언어중재 절차는 네 가지로 구성되는데, 이는 모델링, 요구-모델, 시간지연, 그리고 우발적 교수다. 교사는 상황에 가장 적절하고, 학생이 요구하는 지원의 강도에 따라 가장 적절한 절차를 선택한다. 전형적으로 모델링은 학생이 적절한 반응을 알지 못할 때(예를 들면, 원하는 물건의 상징을 배우지 않았을 때) 사용하고 최대한의 지원을 제공한다. 요구-모델은 교사가 학생이 응답해야 할 질문을 해야 할 때 사용한다. 시간지연은 학생이 의사소통을 시작하도록 하기 위해 가르칠 때 사용한다. 우발적 교수는 언어를 확장하기 위해서 학생이 요구하기를 할 때 사용한다(Kaiser & Grim, 2006).

① 모델링 절차

모델링은 새로운 의사소통의 형식을 가르칠 때 사용한다(예를 들면, 제스처, 신호, 그림). 먼저 교사는 학생이 원하는 물건으로 반드시 공동관심(joint attention)을 형성한다. 다음으로 교사는 적절한 반응을 모델링한다. 만약 학생이 정확하게 반응을 모방하면 학생에게 원하는 물건을 주고 교사는 더 복잡한 의사소통 형식을 제공한다. 만약 학생이 정확하게 반응하지 못한다면 교사는 수정 절차를 제시하고 학생에게 물건을 준다(Kaiser & Grim, 2006). 예를 들면 다음과 같다.

1. 학생은 쿠키를 바라보고 교사는 공동관심을 형성한다.
2. 교사는 학생의 의사소통 기기에서 쿠키 그림을 가리키며 "쿠키라고 말해 봐"라고 말한다.
3-1. 만약 학생이 쿠키 그림을 지적하면 교사는 "쿠키를 원하는구나. 여기 있어"라고 말하면서 학생에게 쿠키를 준다.
3-2. 만약 학생이 그림을 지적하지 않는다면 한 번 더 모델을 반복한다(2단계). 만약 두 번째에도 잘못된 응답을 보인다면 교정 절차를 거치고 그 이후에 학생에게 쿠키를 준다.

② 요구-모델 절차

요구-모델 절차에서는 학생에게 흥미 있는 물건을 제공하고 학생은 이 물건에 강한 흥미를 느끼게 된다. 교사는 학생에게 원하는 물건을 요구하도록 요구한다(Rogers-Warren & Warren, 1980). 이것은 모델링 절차와 차이가 있는데, 요구-모델 절차에서는 교사가 질문 형식에 언어적 촉구를 제공한다는 것이다(Kaiser & Grim, 2006). 예를 들면 다음과 같다.

1. 학생은 공을 바라보고 교사는 공동관심을 형성한다.
2. 교사는 "무엇을 원하니?"라고 말한다.
3-1. 만약 학생이 공 그림을 지적하면 교사는 "여기 빨간 공이야"라고 말하고 학생에게 공을 준다.

3-2. 만약 학생이 그림을 지적하지 않으면 요구를 반복한다(또는 모델링을 제공). 만약 두 번째에도 잘못된 응답을 보인다면 교정적 피드백을 제공한다.

③ 시간지연 절차

EMT에서 시간지연 절차의 목적은 학생이 단순히 의사소통 상대자에게 반응하는 것이 아니라 환경적 자극으로부터 의사소통을 시작하도록 하는 데 있다(Kaiser & Grim, 2006). 이 과정에서 환경은 의사소통을 촉진하기 위해 배치되고(예를 들면, 쿠키를 보이게 두지만 손이 닿지 않는 곳에 배치), 교사는 의사소통을 시작하는 학생을 위해 특정 시간을 기다린다. 만약 시작하지 않으면 교사는 반응을 더욱 촉진한다(추가적인 정보는 EMT의 환경 배치 전략을 보라). 예를 들면, 다음과 같다.

1. 학생은 손이 닿지 않는 곳에 있는 물체(공)를 바라본다.
2. 교사는 학생 가까이에서 학생의 의사소통 시작을 위해 4초 기다린다.

3-1. 만약 학생이 의사소통 기기로 '공' 그림에 반응하기 위해 공 그림을 지적하면 학생에게 공을 주고 "네가 파란 공을 원했구나, 여기 있어"라고 말한다.
3-2. 만약 학생이 시작하지 않는다면 교사는 요구하기를 보여 준다(모델링 절차로 돌아간다).

얼마나 오랫동안 교사가 학생의 반응을 기다릴 것인가를 결정하는 것은 쉬운 일이 아니다. 반응을 위한 충분한 시간이 반드시 주어져야 한다. 그 반응은 지체장애가 있을 때 더 오래 걸린다. 3~5초가 전통적인 반응시간이기는 하나 7초가 필요할 수도 있고(Wetherby & Prizant, 1989), 10~15초로 확장될 수도 있다(Snell, 2002). 한번 지연이 결정되면 교사는 지연을 적용하는 데 있어 일관적이어야 한다.

시간지연은 그 자체로도 효과적이지만 연쇄방해 전략(interrupted-chain strategy)의 사용과 같은 다른 과정과 결합해서 사용할 수도 있다(Gee, Graham, Goetz, Oshima, & Yoshioka, 1991). 예를 들어, 학생은 땅콩버터와 젤리 샌드위치를 만드는 법을 배웠다. 하지만 땅콩버터의 뚜껑이 너무 꽉 닫혀 있어서 샌드위치를 만드는 정상적인 일련의 과정을 수행할 수 없게 되었다. 교사는 특정한 시간을 기다리고 만약 학생이 지연이 끝날 때까지 도움을 요청하는 의사소통을 시작하지 않는다면 교사는 촉진을 제공한다.

④ 우발적 교수

우발적 교수는 언어를 확장하고 의사소통 기술을 증진시키는 데 사용한다. 이것은 학생이 의사소통을 시작하는 것을 촉진할 수 있는 환경을 배치하는 것으로 구성된다. 일단 학생이 요구를 하면, 교사는 좀 더 복잡한 반응을 위해 모델, 요구, 지연을 제공한다. 반응이 정확하면 교사는 좀 더 정교한 방법으로 반응한다(Kaiser & Grim, 2006). 예를 들면, 다음과 같다.

1. 학생이 쿠키가 놓인 그릇을 보고 "원한다" "쿠키"를 지적한다.
2. 교사는 "어느 것을 원하니?" 하고 말함으로써 요구를 제공한다.
3. 만약 학생이 응답하지 않으면 교사는 "초콜릿 쿠키를 원한다고 말하렴" 하고 말하고 교사는 각각의 상징을 지적한다.

4-1. 만약 학생이 모델링을 정확하게 수행한다면, 교사는 쿠키를 주고 "여기 초콜릿 쿠키가 있어. 나도 초콜릿 쿠키를 좋아해"라고 말한다.
4-2. 만약 학생이 모델링을 정확하게 하지 않으면 모델링 과정을 반복한다.

우발적 교수는 EMT와 매트릭스(matrix) 전략을 결합하여 사용할 수 있다. 매트릭스 전략은 AAC를 사용하는 학생에게 어휘를 조합하는 기술을 가르치는 데 사용한다. 이것은 어휘 조합 기술을 가르치기 위해 제한된 어휘 세트와 또 다른 어휘 세트를 조합하는 것을 포함한다(4개의 목적어와 4개의 형용사 또는 5개의 목적어와 5개의 동사). 〈표 8-4〉를 보면 4개의 목적어와 4개의 동사 어휘를 목표로 선택하는 것을 볼 수 있다. 교사는 이 매트릭스로부터 학생을 위한 어휘 조합의 교수 목표를 정확하게 찾아낼 수 있다. 이것은 인지장애가 있는 학생을 위해 일반화된 어휘 조합 기술을 가르치기 위해 성공적으로 사용되었고, 또한 요구-모델 절차와 결합하여 성공적으로 사용되었다(Nigam, Schlosser, & Lloyd, 2006).

(2) EMT의 환경 배치 전략

EMT의 환경 배치 전략은 학생이 그들의 의사소통 체계를 시작하고 사용할 수 있도록 하기 위해 의사소통의 기회를 만들어주는 전략이다. 이 전략은 학생이 최종 결과물을 성취하기 위해 의사소통을 필요로 하는 특정한 상황을 배치하는 것에 기반을 둔다. 이것은 강화물을 시야에는 있지만 손이 닿지 않는 곳에 두고, 좋아하는 태엽 장난감(windup toy)의 움직임을 멈추는 것이다. 이러한 경우에 교사는 상황을 구성하고 학생의 반응을 기다린다. 만약에 미리 결정된 시간 뒤에도 반응이 일어나지 않으면, 교사는 원하는 반응을 하도록 요구, 모델링, 신체적 촉진에 의해 학생을 안내하며 도와야 한다.

다양한 환경적 전략은 의사소통 시도를 증가시키며(Kaiser & Grim, 2006), 그 전략은 다음과 같다.

1. 흥미 있는 재료

의사소통을 강화하기 위해 흥미 있는 물건과 활동을 학생에게 보여 주어야 한다. 이것은 학생이 원하는 재료에 관해 의사소통을 할 수 있도록 도와줄 것이다.

2. 손이 닿지 않는 곳

학생의 요구하기를 증가시키는 하나의 방법은 원하는 물체를 손이 닿지 않는 곳에 두는 것이다. 중도 지체장애 학생의 경우는 물건을 학생의 손이 닿지는 않지만 시야에 보이는 곳에 놓는다. 좀 더 움직일 수 있는 학생을 위해서는 선반에 물건을 배치할 수도 있다. 학생이 원하는 물건을 의사소통함으로써 교사는 학생의 요구를 인식하고 학생에게 물건을 건네준다. 또는 목표 의사소통 반응을 가르친다. 예를 들어, 학생의 공이 손이 닿지 않는 곳에 있다면 학생은 아마 "아" 소리를 내고 접근하려고 할 것이다. 교사는 '공' 상징을 지적하는 모델링을 제공하고, 학생이 그 상징을 지적하면 공을 학생에게 건넨다.

3. 도움

이 상황에서 교사는 학생이 원하는 물건을 제시하는데, 이때 학생은 그 물건을 작동시키기 위해 도움을 필요로 한다. 이는 학생에게 멈춰 있는 태엽 장난감을 주는 것부터 열어야 할 우유병을 주는 것까지 다양하다. 교사는 학생이 도움이 필요한 물건을 지적하도록 가르치는 것을 시도한다.

4. 일부분

학생이 요구하는 것을 격려하기 위해 불충분하거나 아주 적은 부분을 제공한다. 예를 들어, 학생에게 과자를 적게 주거나 블록을 적게 준다.

5. 재료 빠뜨리기

또 다른 전략은 필요한 자료를 주지 않거나 자료를 다 쓰게 하는 것이다. 한 연구(Heller, Allgood, Ware, Arnold, & Castelle, 1996)에서는 지역사회에 있는 4곳의 작업장에서 일하는 학생을 대상으로 교사는 의도적으로 학생이 물건을 다 사용하도록 상황을 설정하거나(예를 들면, 스템플러 다 쓰기, 쓰레기 봉투 다 쓰기, 식료품 가방 다 쓰

〈표 8-4〉 어휘 조합의 목표를 위한 동사와 목적어 4X4 매트릭스 전략

	공	차	블록	모자
밀다	공을 밀다	차를 밀다		
집다	공을 집다	차를 집다	블록을 집다	모자를 집다
나에게 주다	나에게 공을 주다	나에게 차를 주다	나에게 블록을 주다	나에게 모자를 주다
두다	공을 두다	차를 두다	블록을 두다	모자를 두다

기), 물건이 없어지도록 하였다. 학생은 80~100%의 정확도로 그들의 의사소통 체계를 가지고 의사소통을 시작할 수 있었다. 교실에서는 교사가 학생의 연필을 바닥에 놓아두고 학생이 요구를 할 때까지 기다릴 수 있다.

6. 원하지 않는 행동

이 전략에서 교사는 학생이 원하지 않는 어떤 행동을 한다. 예를 들어, 교사는 학생이 과자를 먹고 있을 때 과자를 학생에게서 멀리 떨어뜨려 놓는다. 이 전략은 학생이 "안 돼요" "그러지 말아요"를 지적하게 하거나 부정적인 어떠한 형태를 나타내게 함으로써 학생에게 저항하는 법을 가르치는 것에 목표를 둔다.

7. 기대하지 않은 상황

기대하지 않은 상황은 학생이 기대하는 것을 교사가 방해하는 상황으로 만드는 것이다. 이것은 종종 특정한 상황에서 학생이 의견을 제시하도록 가르치는 것에 목표를 둔다. 예를 들어, 교사가 장난감의 태엽을 감다가 예상치 못하게 장난감을 테이블에서 떨어뜨린다. 학생은 "재밌다" 또는 "바보 같아요!"라고 의사소통하는 것을 배운다.

8. 선택하기

학생은 그들이 선호하는 것을 선택하도록 요청받게 된다. 일반적으로 두 개 또는 그 이상의 선택이 주어진다. 앞서 논의한 대로 대개 초기 선택은 학생이 정말로 좋아하는 것과 그렇지 않은 것으로 구성한다(Kaiser & Grim, 2006). 이것은 학생 앞에 놓인 것이 어떤 것이라 할지라도 자신 앞에 있는 것을 단순히 지적하게 하는 것이 아니라 학생이 선택을 하도록 격려하는 것이다.

(3) EMT의 반응적 의사소통 전략

반응적 의사소통 전략은 의사소통적 상호작용을 촉진하는 데 목적이 있다. 이것은 네 가지 영역으로 구성된다. ① 공동 관심의 형성(학생과 의사소통 상대자가 같은 활동을 바라본다)과 상호 관심(학생과 의사소통 상대자가 서로 바라본다), ② 순서 바꾸기, ③ 반응성의 여부, ④ 긍정적 영향이다. 공동 관심과 상호 관심이 형성된 이후에 순서 바꾸기를 시작할 수 있다. 순서 바꾸기는 반응적 의사소통 전략의 핵심이다. 교사는 유사한 길이와 유사한 복잡성 정도로 의사소통을 할 필요가 있고, 학생이 반응을 보이기 위해 잠시 멈추는 것을 허락할 수 있다. 또한 교사는 학생의 반응이 필요한 질문으로 자신의 차례를 마쳐야 한다. 학생은 질문과 함께 자신의 차례가 끝난다는 것을 배운다. 교사는 학생의 의사소통 시도에 반응해 주어야 하고, 학생의 의도를 설명하는 의미 있는 방법으로 반응해 주어야 한다. 교사는 긍정적인 방법으로 반응해 주어야 하는데, 의사소통을 위해 미소 짓기, 부드러운 손길, 격려하기, 기쁜 목소리 톤 등을 사용할 수 있다 (Kaiser & Grim, 2006).

3) 그림교환 의사소통체계

EMT 외에 또 다른 주요한 자연적인 교수 절차로서 그림교환 의사소통 체계(Picture Exchange Communication System: PECS)가 있다(Frost & Bondy, 1994). PECS는 자폐성장애 학생에게 효과적인 체계이며, 발화 어휘 수와 문법의 복잡성을 증가시킨다(Ganz & Simpson, 2004). EMT 절차와 마찬가지로, 일과 및 일상적인 활동 내에서 훈련이 가능하다. PECS에서 학생들은 요구되는 물품에 해당하는 그림을 의사소통 상대자에게 건네주도록 교육받으며, 이를 통해 요청된 물품과 맞바꿀 수 있다. 이 훈련 절차는 6단계로 이루어져 있다. 1단계는 학생이 그림을 집어 교사에게 주는 것이 목표이다. 이 단계에서는 두 명의 성인이 필요한데, 한 명은 학생 뒤에 앉고 한 명은 앞에 앉는다. 학생이 요구하는 물품으로 손을 뻗을 때 뒤에 앉은 성인은 학생이 마주보고 있는 성인에게 학생이 그림을 집어서 건네줄 수 있도록 안내하며, 물품을 받을 수 있도록 한다. 학생이 교사의 손바닥에 그림을 건네줄 때까지 신체적 촉진은 점차 소거된다. 이는 훈련의 2단계에도 확장되는데, 2단계에서는 학생과 교사 사이의 간격이 더 멀어지게 되므로 학생이 교사에게 그림을 주고 요구되는 물품을 받기 위해서는 움직여야 한다.

PECS 훈련에서는 이 시점에 이르기까지 학생은 그림 자체에 대해 주목할 필요가 없으며, 단지 그림을 교사에게 건네주는 신체적 움직임을 학습하기만 하면 된다. 3단계에서는 학생이 그림을 구별할 수 있도록 훈련한다. 학생은 강화를 받을 수 있는 물품이 그려진 그림과 선호하지 않거나 무관한 물품이 그려진 그림을 받는다. 학생은 교사에게 준 그림과 일치하는 물품을 받게 된다. 학생이 적은 수의 그림을 구별하기 시작하면, 학생이 원하는 그림을 선택하는지를 확실히 하기 위해서 주기적인 대응 점검(correspondence checks)을 실시해야 한다(요구하기와 선택하기 부분을 참조; Frost & Bondy, 1994).

4, 5, 6단계에서는 학생의 의사소통을 확장시킨다. 4단계의 목표는 문장을 만들기 위해서 상징을 결합하는 것이다(예를 들어, "나는 원한다"와 "쿠키"를 결합). 문장 띠(sentence strip)는 판에 벨크로 조각을 붙이도록 되어 있으며, 쉽게 교사에게 전해 줄 수 있는 것으로 '나는 원한다'를 왼쪽 조각에 붙이고, '쿠키'를 옆에 붙이게 된다. 이 단계를 교수하는 데에는 후진 행동연쇄(backward chaining)가 사용된다. 5단계에서는 학생들에게 지연된 촉진(delayed prompting)을 사용하여 "무엇을 원하니?"라는 질문에 답하도록 교수하게 된다. 6단계는 학생이 반응형 발화(responsive commenting)를 배우도록 함으로써 언어를 보다 더 확장시킨다(예를 들어, "뭐가 보이니?"라는 말에 즉흥적으로 "자동차요"라고 말하는 것; Frost & Bondy, 1994).

4) 세분화하기 전략

때때로 대화 상대자가 학생이 말하고자 하는 바를 전혀 알아차리지 못하는 문제가 발생하기도 한다. 이런 상황은 종종 학생의 의사소통 장치에 필요한 어휘가 없을 때 일어난다. 이때 대화 상대자는 선택권을 줄이는 것, 메시지를 확인하는 것, 교착상태가 일어난 부분을 확인하는 것과 같은 세분화하기 전략(breakdown strategies)을 사용해야 한다.

(1) 범주를 찾기 위해 선택지 줄이기

때때로 학생의 의사소통은 불명확한 경우에 발생하게 되며, 특히 학생의 의사소통 체계에 원하는 항목이 속해 있지 않은 경우에 더욱더 그렇다. 학생이 말하고자 하는 바를 알아차리는 가장 빠른 방법 중 하나는 청자-보조 청각 스캐닝 전략(listener-assisted auditory scanning strategies)을 사용하는 것과 선택권을 줄이는 것이다. 이 전략에서 대화 상대자는 일련의 질문과 선택권을 제공하게 되는데, 일반적인 범주에서 시작하여 특정 분야로 범위를 줄여 나간다. 먼저, 대화 상대자는 범주를 찾는 것부터 시작한다. 이는 "무언가를 말하고 싶니? 아니면 물어보고 싶니?" "말?" "질문?"이라고 물어볼 수 있다. 이것이 결정되고 나면 그 전략을 반복한다. "말하고 싶은 것이 사람, 어떤 장소, 어떤 것, 감정, 아니면 그 이외의 것이니?" 만약 대답이 장소라면, 추가로 "집에 대한 것이니? 학교? 아니면 다른 곳이니?"라고 물음으로써 선택권을 차츰 줄여나간다. 그다음으로 어떤 범주가 가장 의사소통을 잘 설명할 수 있는지 가리킬 수 있도록 각각의 질문을 반복한다. 저학년 학생에게는 기초적인 질문("집에 대한 것이니? 학교에 대한 것이니?")으로 시작하는데, 이는 대부분의 의사소통이 두 장소 중 한 곳에 집중되어 있기 때문이다. 이에 반해 고학년 학생에게는 시간과 관련된 질문을 추가할 수 있다. "이미 일어난 일이니? 일어나고 있니? 일어날 일이니?" "과거에 관한 것이니? 현재에 관한 것이니? 미래에 관한 것이니?"

(2) 메시지가 올바르게 받아들여지는지 명확하게 확인하기

"예"와 "아니요"로 반응이 제한된 의사소통의 상호작용 효과는 전적으로 대화 상대자의 명확성 전략에 달려 있다. 의사소통이 불명확할 때에는 그저 사실 차원(fact-level)에서 예-아니요 형식의 질문만 하게 되는 것이 일반적이다. 그러나 불명확한 말을 하는 화자도 생각, 감정, 말을 듣게 될 사람과 나눌 반응을 가지고 있다. 그들의 생각 중 일부는 단지 부분적으로만 표현될 수 있다. 그들 스스로도 자신의 감정과 반응을 완전히 이해하지 못할 수 있다. 많은 사람들이 그럴 수 있으며, 말을 하지 못해서 교사나 대화 상대자에게 자신의 생각이 올바르게 반영되었는지를 확인해야 하는 학생들에게 특히 문제가 될 수 있다.

반응을 쉽게 예측할 수 있는 주제에 대화가 제한되어 있을 때, 발화를 하지 않는 학생들이 말하려는 바를 이해하는 것은 비교적 쉽다. 이는 대화 상대자가 학생의 응답을 이해하지 못할 것이라고 생각해서 다음의 세 가지 종류의 질문을 하기 때문이다. 그들은 폐쇄적인 예-아니요 식의 질문을 한다("형제자매가 있니?" "학교가 좋니?"). 또한 이미 알고 있거나 응답을 쉽게 예측할 수 있는 질문을 한다("너희 학교 이름이 뭐니?" "제일 좋아하는 TV쇼는 뭐지?"). 마지막으로 대화 상대자가 응답을 이해하지 못해도 학생이 알아차리지 못하며, 자신이 불명확한 응답에도 대처할 수 있다고 느끼는 질문을 한다("너의 애완동물 이름이 뭐니?" "오, 좋은 이름이구나"). 그러나 무언가에 대해 자신의 의견을 추가하거나, 그 결과로 어떤 감정을 느꼈는지 말하고 싶거나, 무언가를 하는 더 좋은 방법을 말하고 싶거나, 새로운 주제의 대화를 시작하기 위해서 학생이 세부사항을 하나 더 추가하려고 할 때에 메시지를 이해하는 것은 더욱 힘들다. 이런 종류의 메시지 교환은 대화 상대자의 명확성 전략에 매우 많이 의존한다.

명확하게 확인하기 위해서 대화 상대자는 인지한 대화 전체나 부분을 반복하여 메시지가 올바르게 받아들여졌는지 알 수 있다. 이 전략은 지금까지 어떤 의사소통을 하였는지를 확인하는 것으로 시작된다. 만약 메시지가 올바르게 받아들여졌고 "이게 정확히 맞니?"라는 질문에 긍정적인 답변이 돌아옴으로써 입증이 되었다면, 의사소통은 계속 진행될 수 있다. 만약 메시지가 올바르다고 입증되지 않았다면 더 명확하게 하는 것이 필요하다. 이제 전략은 메시지를 부분적으로 반복하는 것을 포함하게 된다. 각 단락 이후에 "비슷하니?" "이것보다는 저것에 가깝니?" "내가 말한 것의 일부분을 바꾸고 싶니?" "너무 세부적이거나 너무 광범위하니?"라고 물어본다. 중도 의사소통장애 학생이 말하고자 하는 내용에 대해 질문하고 언급할 때, 상대방은 자신이 이해한 것에 초점을 두어야 한다. 이렇게 함으로써 '대화가 중단'되는 것을 막고, '다시 대화를 이어 나가는' 의사소통 회복 전략(communicational repair strategies)을 사용할 수 있다. 이 전략을 사용하기 위해서 상대방은 대화를 이어 나갈 때 각 부분을 명확하게 하는 질문을 선호할 수 있다. 그다음에는 가능하다면 의도된 바를 올바르게 이해할 때까지 메시지를 바꾸어서 다시 말해 줌으로써 말을 하지 못하는 학생으로부터 더 많은 정보를 얻을 수 있다. 최종적이고 올바른 메시지가 입증될 때까지 "이게 정확하게 맞니?"라고 반복적으로 질문할 수 있다.

다음의 대화는 지속적이고 주기적으로 명확하게 하는 것이 왜 필수적인지 그 이유를 입증해 준다. 교사(T)는 학생(S)이 타게 될 새로운 휠체어에 대해 이야기하고 있으며, 그것에 대해 걱정하고 있음을 이해하였다.

T: 그게 몸에 맞니?

S: 예.

T: 더 말하고 싶은 게 있니?

S: 예.

T: 왜 걱정이 되는지에 대해서 이야기하고 싶니?

S: 예.

T: 제때에 준비되지 않을까 봐 걱정이 되니?

S: 아니요.

T: 작동이 되지 않을까 봐 걱정이 되니?

S: 예.

T: 그걸 사용할 수 없겠니?

S: 아니요.

T: 잠시만! 그걸 움직이는 데 어려움이 있을 거라고 생각하니?

S: 아니요.

T: 작동하는 것에 어려움이 있니?

S: 아니요.

T: 멈추는 것에 어려움이 있니?

S: 아니요.

T: 그러니까 한 장소에서 다른 장소로 가는 것과는 관련이 없구나, 그렇니?

S: 예.

T: 응, 그렇구나. 그렇지만 작동하지 않을까봐 걱정하

고 있고.

S: 예.

T: 휠체어에서 '작동' 하는 것이 무엇인지 알아 보자.

S: (무릎을 봄)

T: 좌석?

S: 예.

T: 불편할 거라고 생각하니?

S: 예-아니요.

T: 잠시만. "예"라고 했니, "아니요"라고 했니?

S: 예.

T: 음, 단지 "예"라고 말했니?

S: 아니요.

T: 좌석에 대해 걱정이 있구나.

S: 예.

T: 불편할지 아닐지에 대해서?

S: 예.

T: 가끔씩 불편할까 봐 그러니?

S: 아니요.

T: 항상?

S: 아니요.

T: 이후에 불편하게 될 거라고 생각하니?

S: 예.

T: 어떤 특정한 시간에?

S: 예.

T: 하루에 한 번이나 여러 번?

S: 아니요.

T: 휠체어를 조금 사용한 후를 이야기하는 거니?

S: 예.

T: 일주일?

S: 아니요.

T: 몇 주?

S: 아니요.

T: 몇 달?

S: 예. (몸을 바라봄)

T: 몸이 자라는 걸 걱정하니?

S: 예.

T: 키가 크고 있지, 그렇지 않니?

S: 예.

T: 내가 너의 걱정을 이해하고 있는지 봐 주렴. 너는 휠체어를 2주 정도 사용한 후에 그것보다 몸이 커져서 불편하게 될까봐 두려운 거니? 그게 정확하게 맞니?

S: 예.

T: 더 이야기하고 싶은 게 있니?

S: (감정이 북받쳐) 예.

T: 마음이 안 좋아 보이는 구나.

S: 예.

T: 불편한 채로 지내게 될 거라고 생각하니?

S: 예.

T: 네가 성장하는 데 사람들이 네 몸에 맞게 휠체어를 조정해 주지 않을 것이 두렵다는 뜻이니?

S: 예.

T: 너의 몸이 성장해도 사람들이 새로운 휠체어를 조정해 주지 않을 것이 걱정되는구나.

S: 예.

T: 정확하게 그 뜻이니?

S: 예.

T: 너의 생각을 다른 사람들이 알아 주기를 바라는구나.

S: 예.

대화가 계속되면서 교사는 새로운 휠체어를 설계하는 사람들에게 어떻게 질문하고, 어떻게 걱정을 표현해야 할지에 대해 생각을 확장시켜 나가도록 지원했다. 학생이 말하고 싶어 하는 내용을 명확히 하고, 메시지를 왜곡하지 않기 위해서 이 짧은 대화에서 교사가 얼마나 많이 반복해야 했는지를 알 필요가 있다. 다음 단계로 넘어가기 전에 각 메시지를 입증하기 위해 한 노력을 알아야 한다.

말을 하지 못하는 학생에게 감정의 미묘한 차이는 특히 표현하기가 힘들다. 신체적 제약 때문에 학생이 나타내는 얼굴 표정이 상대적으로 적을 수 있다. 가령, 분노, 상처, 불안, 열망과 같은 감정을 의사소통하기란 어려우며, 서로 오해할 소지가 많다. 그러므로 감정의 이유를 알려고 하기 전에 먼저 느낌을 확인해야 한다. 분노, 실망, 상처의 감정은 다루기 힘들기 때문에 말하지 못하는 학생은 감정을 말로 표현할 기회가 필요하며, 비판 없이 받아들여지고 이해되어야 한다. "이게 정확히 네가 느끼는 거니?" 만약 아니라고 답한다면, "그럼 더 잘 표현할 방법을 찾아보자." "내가 비슷하게 말했니?"라고 해야 한다. 학생이 만족하고 있음을 확인하는 동시에 다른 사람의 감정을 말로 표현하는 것은 어려운 일이지만, 그렇게 하는 노력은 귀중한 통찰력을 만들어 줄 것이다.

(3) 교착상태 확인하기

분명하게 말하지 못하는 학생과의 의사소통에서 대화 상대자는 자주 장벽을 경험하게 된다. 그러나 이 장벽은 확인하고 수정할 수 있다. 의사소통이 실패하였을 때, 상대방은 의사소통 회복전략을 사용할 수 있다(Blakstone, Cassatt-James, & Bruskin, 1988; Kraat, 1986). 예를 들어, 학생이 무언가를 말하고 싶어 하지만 상대방이 메시지를 제대로 이해하지 못할 때도 있다. 때때로 학생은 이야기가 중요하지 않은 주제에 도달했음을 알아차리고는 하고 싶은 이야기를 전달하는 데 시간을 낭비하지 않고 이야기를 그만두게 될 것이다. 아니면 대화 상대자가 그럴 수도 있다. 메시지는 매우 중요할 수 있으며, 상대방이 화자에게 "나 정말 막혔어. 계속 시도해 볼래?"라고 물음으로써 화자를 도울 수 있다. 학생이 주제를 바꾸는 데 부담을 갖지 않도록 주의해야 한다. 때때로 상대방은 화자가 말하고자 하는 바를 쉽게 해독할 수 없다. 양쪽 모두 심한 좌절을 경험하게 될 것이다. 그러나 학생이 대화를 지속하는 것이 중요하다고 한다면 상대방은 지속할 것이다. 만약 양쪽 모두가 만족하기 전에 대화를 종료해야만 한다면, 상대방은 "나 이만 가야 해. 하지만 생각해 볼게. 너도 생각해 봐. 어쩌면 다르게 말하는 법을 찾을 수도 있을 거야."

교착상태를 야기하는 가장 주된 실수는 화자에게서 이미 들은 대화를 잘못 해석해서 성급한 결론에 도달하는 것이다. 말하지 못하는 학생은 교착상태가 생겼음을 알아차릴 것이지만 상대방은 그렇지 않다. 한 남학생(S)이 학교에서의 파티(다과, 활동, 초대된 사람들 등)에 대해 이야기한다. 보이스카우트 단장(BSM)은 모든 세부사항을 '듣고' 말했다.

BSM: 너 정말 즐거웠겠구나.
S: 아니.
BSM: 그렇지 않았어?
S: 아니.
BSM: 그렇지만 너는 파티에 대해 모두 다 얘기해 줬잖아. 무언가 나쁜 일이 있었니?
S: 아니.
BSM: 그렇지만 너는 즐기지 않았잖아.
S: 아니.
BSM: 음, 너 파티에 갔지, 그렇지 않니?
S: 아니.
BSM: 가지 않았구나! 왜? 어디 다른 곳에 있었어?
S: 아니.
BSM: 어디 아팠니?
S: 아니.
BSM: 나는 이해하지 못하겠어.

학생은 보이스카우트 단장에게 학급에서 계획하였으나 아직 일어나지 않은 파티에 대해 말하려고 시도했다. 보이스카우트 단장은 파티가 과거의 행사라고 추측하였다.

대화를 가로막는 잘못된 추측을 확인하는 가장 좋은 방법은 화자와 함께 말의 구절을 하나하나 명확히 하고 확인하는 것이다(예를 들어, "우리 지금 파티에 대해 이야기하고 있는 거지?" "예" "학교에서 하는 거니?" "예" "너희 학급에서 개최한거야?" "아니요"). 만약 이 전략이 실패한다면, "내가 무엇을 놓치고 있니? 누구에 관한 이야기니? 어떤 장소에 대한 거니? 물건에 대한 거니? 감정에 대한 거니?"라고 물어본다. "이게 정확하게 맞니?"는 다시 한 번 중요한 질문이다.

만약 대화 상대자가 화자가 대답하기 싫어하는 질문을 하려고 하면 장벽이 생겨난다. 이런 질문은 감정, 사적인 걱정, 학생이 말할 준비가 되지 않은 사건, 화자가 말하고자 하는 내용을 벗어날 수 있는 주제에 관한 것일 수 있다. 학생은 "지금은 그 이야기를 하고 싶지 않아요"라고 말하거나, 대화를 다른 방향으로 이끌지 못할 수 있다. 세심한 교사는 "이 이야기를 해도 되겠니?"라고 물어볼 수 있다.

요약 및 결론

이 장에서는 표현적이고 수용적인 보완대체의사소통(AAC) 선택사항의 범위–비상징적인 AAC부터 상징적인 AAC까지–에 대하여 제시하였다. 효율적인 의사소통을 촉진시키기 위해서는 의사소통의 다양한 형식, 기능, 내용을 신중하게 고려해야 한다. 의사소통 체계는 단지 하나의 보조기기나 기술에만 국한된 것이 아니라 다양한 도구적, 비도구적인 형식으로 구성되어 있다. 학생들은 요구하기나 질문하기, 의사표현하기와 같은 다양한 의사소통 기능을 위해 그들만의 의사소통 체계가 필요하다. 학생들은 그들의 의사소통 체계에 접근할 직접선택이나 스캐닝 같은 방법을 찾아야 하며, 다양한 판 배열과 제시하기를 고려하여야 한다. 도구적 체계(예를 들면, 사물, 그림)를 이용할 때는 다양한 상징들뿐만 아니라 비율 강화 기술까지도 고려해야 한다. 강화시키는 항목을 사용한 전략, 자연적인 평가를 통한 의사소통 내용의 신중한 선택이 강조된다. 이 장의 마지막 부분에는 의사소통을 촉진하기 위한 다양한 체계적인 교수 전략에 대해 제시하고 있다.

토의 문제

1. 학생에게 비상징적 형태의 의사소통이 가장 적절한 때는 언제인가? 다양한 표현 및 수용 형태의 의사소통에서 고려해야 할 것과 어떻게 그것을 사용할 것인지에 대해 논의해 보자.
2. 한 학생이 약국에 가는 것에 대한 지역사회 교수를 받게 된다. 어떻게 어휘를 결정할 것인지에 대해 논의해 보자.
3. 뇌성마비인 7살의 Mary는 이동을 위한 워커와 전자 의사소통 기기를 사용한다. 그녀의 부모님은 쉬는 시간에 기기를 가지고 밖으로 나가지 않길 원한다. 당신이 그 학생을 위해 만들어 줄 수 있는 가능한 비전자적 체계를 설계해 보라. 그 내용은 어떻게 구성할 것이며 어떤 의사소통 기능이 포함될 것인가?
4. 짝을 지어 만들어진 의사소통판(또는 오버레이)을 이용해서 어떻게 EMT를 사용할지에 대해 설명하라. 그리고 이러한 자연적 접근의 장단점을 논의해 보자.
5. 보완적인 의사소통 사용자들과 이야기하는 경우 종종 의사소통이 무너지곤 한다. 짝을 지어 어떤 주제에 대해 논의해 보자. 그러고 나서 한 명의 사람이 그 주제에 대해 말하고 싶은 것에 대해 생각해 보자. 하지만 질문에 '예–아니요'라고만 대답할 수 있다. 다른 사람은 의사소통 분석 전략을 사용하여 상대방이 의사소통하고자 하는 것을 알아보자. 그런 후 이 과정이 얼마나 성공적이었는지에 대해 논의해 보자.

유용한 사이트

• Abledata
http://abledata.com
이 웹사이트는 국립장애재활연구소(National Institute on Disability and Rehabilitation Research: NIDRR)의 후원을 받고 있으며 보완적인 의사소통과 적합한 기기에 대한 검색 가능한 데이터베이스, 뉴스, 링크를 제공하고 있다.

• Closing the Gap
http://www.closingthegap.com
이 웹사이트는 특수교육과 재활에서의 컴퓨터 공학을 전문적으로 다루고 있다. Close the Gap 신문의 사본을 제공하며, 교사들이 다양한 주제에 걸쳐 도움 받을 수 있는 연간 자료 디렉토리(resource directory, 자료실)를 가지고 있다.

• AAC 기기를 판매하는 회사들
–AbleNet, Inc.
http://www.ablenetinc.com
–ADAMLAB, LLC
http://adamlab.com
–Don Johnston Inc.
http://www.donjohnston.com
–DynaVox systems, LLC
http://www.dynavoxsys.com
–Enabling Devices, Toys for Special Children

http://www.enablingdevices.com
–Mayer–Johnson Inc.
http://www.mayer–johnson.com
–Prentke Romich Co.
http://www.prentrom.com

참고문헌

Adamson, L., Romski, M., Deffenback, K. & Sevcik, R. (1992). Symbol vocabulary and the focus of conversations: Augmenting language development for youth with mental retardation. *Journal of Speech and Hearing Research, 35*, 1333-1343.

Alberto, P. A., & Waugh, R. (2009). Learning and behavioral characteristics of students with significant intellectual disabilities. In K. W. Heller, P. E. Forney, P. A. Alberto, S. J. Best, & M. N. Schwartzman (Eds.), *Understanding physical, health, and multiple disabilities* (2nd ed.). Upper Saddle River, NJ: Merrill/Pearson Education.

ASHA. (2004). *Roles and responsibilities of speech-language pathologists with respect to augmentative and alternative communication.* Technical Report, ASHA Special Interest Division 12. American Speech-Language-Hearing Association. Available at www.asha.org/docs/html/TR2004-00262.html

Balandin, S., & Iacona, T. (1998). A few well-chosen words. *Augmentative and Alternative Communication, 14,* 147-160.

Banajee, M., Dicarlo, C., & Stricklin, B. (2003). Core vocabulary determination for toddlers. *Augmentative and Alternative Communication, 19*, 67-73.

Bates, E. (1979). *The emergence of symbols: Cognition and communication in infancy.* New York: Academic.

Beukelman, D. R., & Mirenda, P. (2005). *Augmentative and alternative communication; Supporting children & adults with complex communication needs* (3rd ed.). Baltimore, MD: Paul H. Brookes.

Blackstone, S. W. (1988). Vocabulary selection: Current practices and a glimpse at the future. *Augmentative Communication News, 1*(5), 2.

Blackstone, S. W., Cassatt-James, E. L., & Bruskin, D. B. (Eds.). (1988). *Augmentative communication implementation strategies.* Rockville, MD: American Speech-Language-Hearing Association.

Brown, L., Branston-McLean, M. B., Baumgart, D., Vincent, L., Falvey, M., & Schroeder, J. (1979). Using the characteristics of current and subsequent least restrictive environments as factors in the development of curricular content for severely handicapped students. *AAESP Review, 4*, 407-424.

Daehler, M. W., Perlmutter, M., & Myers, N. A. (1976). Equivalence of pictures and objects for very young children. *Child Development, 47*, 96-102.

Dark, L., & Balandin, S. (2007). Prediction and selection of vocabulary for two leisure activities. *Augmentative and Alternative Communication, 23*, 288-299.

Doster, S., & Politano, P. (1996). Augmentative and alternative communication. In J. Hammel (Ed.), *AOTA self-paced clinical course: Technology and occupational therapy: A link to function.* Bethesda, MD: American Occupational Therapy Association.

Downing, J. E. (2005). *Teaching communication skills to students with severe disabilities,* (2nd ed.). Baltimore, MD: Paul H. Brookes.

Fallon, K. A., Light, J., & Achenbach, A. (2003). The semantic organization patterns of young children: Implications for augmentative and alternative communication. *Augmentative and Alternative Communication, 19*, 74-85.

Foulds, R. (1980). *Communication rates for nonspeech expression as a function of manual tasks and linguistic constraints.* Proceedings of the International Conference on Rehabilitation Engineering, Toronto, Canada.

Frost, L. A., & Bondy, A. S. (1994). *PECS: The Picture Exchange Communication System.* Cherry Hill, NJ: Pyramid Educational Consultants, Inc.

Fuller, D., & Lloyd, L. (1991). Toward a common usage of iconicity terminology. *Augmentative and Alternative Communication, 7*, 215-220.

Ganz, J. B., & Simpson, R. L. (2004). Effects on communicative requesting and speech development of the picture exchange communication system in children with characteristics of autism. *Journal of Autism and Developmental Disorders, 34*, 395-409.

Gee, K., Graham, N., Goetz, L., Oshima, G., & Yoshioka, K. (1991). Teaching students to request the continuation of routine activities by using time delay and decreasing physical assistance in the context of chain interruption. *Journal of the Association for Persons with Severe Handicaps, 16*, 154-167.

Goossens, C., & Crain, S. (1986). *Augmentative communication: Intervention resource.* Wauconda, IL: Don Johnston Developmental Equipment.

Heller, K. W., Alberto, P. A., & Bowdin, J. (1995). Interactions of communication partners and students who are deaf-blind: A model. *Journal of Visual Impairments and Blindness, 89*, 391-401.

Heller, K. W., Alberto, P. A., & Romski, M. (1995). Effect of object and movement cues on receptive communication by preschool children with mental retardation. *American Journal on Mental Retardation, 99*, 510-521.

Heller, K. W., Allgood, P., Davis, B., Arnold, S., Castelle, M., & Taber, T. (1996). Promoting nontask-related communication at vocational sites. *Augmentative and Alternative Communication, 12*, 169-178.

Heller, K. W., Allgood, P., Ware, S., Arnold, S., & Castelle, M. (1996). Initiating requests during community-based vocational training by students with mental retardation and sensory impairments. *Research in Developmental Disabilities, 17*, 173-184.

Hetzroni, O. (2003). A positive behavior support: A preliminary evaluation of school-wide plan for implementing AAC in a school for students with intellectual disabilities. *Journal of Intellectual and Developmental Disabilities, 28*, 283-296.

Hetzroni, O. E., & Roth, T. (2003). Effects of a positive support approach to enhance communicative behaviors of children with mental retardation who have challenging behaviors. *Education and Training in Developmental Disabilities, 38*, 95-105.

Higginbotham, J., Shane, H., Russell, S., & Caves, K. (2007). Access to AAC: Present, past, and future. *Augmentative and Alternative Communication, 23*, 243-257.

Kaiser, A. P., & Grim, J. C. (2006). Teaching functional communication skills. In M. E. Snell & F. Brown (Eds.), *Instruction of students with severe disabilities* (6th ed., pp. 447-488). Upper Saddle River, NJ: Merrill / Pearson Education.

Kraat, A. W. (1985). *Communication interaction between aided and natural speakers: A state of the art report.* Toronto, Canada: Canadian Rehabilitation Council for the Disabled.

Kraat, A. W. (1986). Developing intervention goals. In S. W. Blackstone & D. M. Bruskin (Eds.), *Augmentative communication: An introduction* (pp. 197-266). Rockville, MD: American Speech-Language-Hearing Association.

Liu, C., & Sloane, Z. (2006). Developing a core vocabulary for a Mandarin Chinese AAC system using word frequency data. *International Journal of Computer Processing of Oriental Language, 19*, 285-300.

McCoy, K. F., Bedrosian, J. L., Hoag, L. A., & Johnson, D. E. (2007). Brevity and speed of message delivery trade-offs in augmentative and alternative communication. *Augmentative and Alternative Communication, 23*, 76-88.

Miller, D., Light, J., & Schlosser, R. (2006). The impact of augmentative and alternative communication intervention in the speech production of individuals with developmental disabilities. A research review. *Journal of Speech Language Hearing Research, 49*, 248-264.

Mirenda, P. (2005). Augmentative and alternative communication techniques. In J. Downing (Ed.), *Teaching communication skills to students with severe disabilities,* (2nd ed., pp. 89-112). Baltimore, MD: Paul H. Brookes.

Nigam, R., Schlosser, R. W., & Lloyd, L. L. (2006). Concomitant use of the matrix strategy and the mand-model procedure in teaching graphic symbol combinations. *Augmentative and Alternative Communication, 22*, 160-177.

Rogers-Warren, A. K., & Warren, S. E. (1980). Mand for verbalization: Facilitating the display of newly taught language. *Behavior Modification, 4*, 361-382.

Romski, M. A., & Sevcik, R. A. (1996). *Breaking the speech barrier: Language development through augmented means*. Baltimore, MD: Paul H. Brookes.

Romski, M. A., & Sevcik, R. (2005). Augmentative communication and early intervention: Myths and realities. *Infants and Young Children, 18*, 174-185.

Rowland, C. (2004). *Communication matrix: A communication skill assessment*. Oregon Health & Science University. Portland, OR: Design to Learn Products.

Siegel-Causey, E., & Guess, D. (1989). *Enhancing nonsymbolic communication interactions among students with severe disabilities*. Baltimore, MD: Paul H. Brookes.

Siegel, E., & Wetherby, A. (2006). Nonsymbolic communication. In M. E. Snell & F. Brown (Eds.), *Instruction of students with severe disabilities* (6th ed., pp. 405-446). Upper Saddle River, NJ: Merrill/Pearson Education.

Sigafoos, J. (2000). Communication development and aberrant behavior in children with developmental disabilities. *Education and Training in Mental Retardation and Development Disabilities, 35*, 168-176.

Sigafoos, J., & Mirenda, P. (2002). Strengthening communicative behaviors for gaining access to desired items and activities. In J. Reichle, D. R. Beukelman, & J. C. Light (Eds.), *Exemplary practices for beginning communicators: Implications for AAC* (pp. 123-156). Baltimore, MD: Paul H. Brookes.

Snell, M. (2002). Using dynamic assessment with learners who communicate nonsymbolically. *Augmentative and Alternative Communication, 18*, 163-176.

Stephenson, J. (2007). The effect of color on the recognition and use of line drawings by children with severe intellectual disabilities. *Augmentative and Alternative Communication, 23*, 44-45.

Westling, D. L., & Fox, L. (2009). *Teaching students with severe disabilities* (4th ed.). Upper Saddle River, NJ: Pearson Education.

Wetherby, A. M., & Prizant, B. M. (1989). The expression of communicative intent: Assessment guidelines. *Seminars in Speech and Language, 10*, 77-90.

Wilkinson, K. M., & Hennig, S. (2007). The state of research and practice in augmentative and alternative communication for children with developmental/intellectual disabilities. *Mental Retardation and Developmental Disabilities, 13*, 58-69.

Yong, S. (2006). Comparison of outcomes of an augmentative and alternative communication system used by an English and Mandarin Chinese speaker: A clinical perspective. *International Journal of Computer Processing of Oriental Language, 19*, 263-273.

PART 3

자조를 위한 기초지식 및 기술영역

CHAPTER

09 섭식 및 삼키기

Rona Alexander

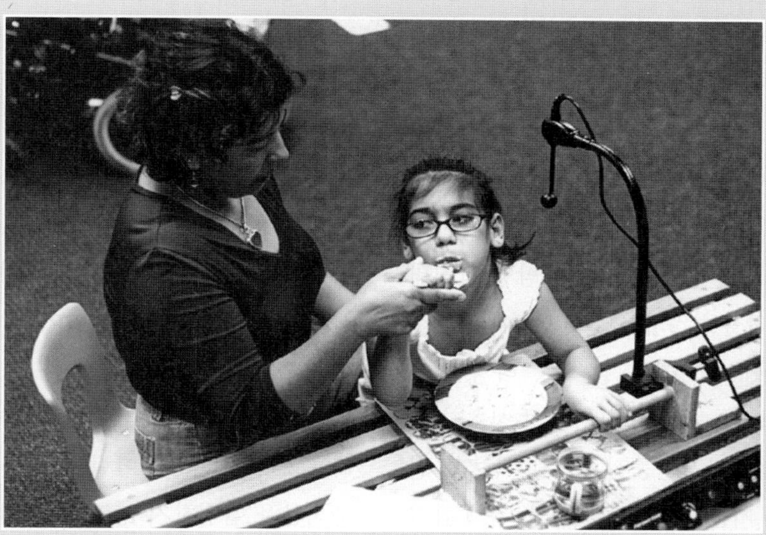

이 장을 읽고 나면 여러분은

1. 아동의 섭식 능력에 영향을 미치는 다양한 변인을 설명할 수 있다.
2. 섭식(feeding) 활동과 삼키기(swallowing) 활동을 구분할 수 있다.
3. 구강운동, 섭식/삼키기, 호흡 협응을 의학적으로 평가할 때 조사해야 하는 주요한 영역을 확인할 수 있다.
4. 각 영역을 의학적으로 평가하는 과정에서 살펴보아야 할 주요한 질문이 무엇인지 토론할 수 있다.
5. 섭식과 삼키기 관리가 필요한 아동을 위한 중재 프로그램에 팀 접근이 필요한 이유를 이해할 수 있다.
6. 구강운동, 섭식/삼키기, 호흡 협응 치료와 연계된 활동(예를 들면, 식사시간의 섭식)을 구별할 수 있다.
7. 아동 중재 프로그램의 일부로서 연계된 활동의 중요성과 아동의 전체적인 영양 섭취를 위협하지 않는 전략 실행의 필요성을 인식할 수 있다.
8. 신경운동적 어려움이 있는 아동이 숟가락으로 먹고, 컵으로 마시며, 딱딱한 음식을 섭취하는 능력에 자세 잡기, 섭식 기기의 선정, 음식물의 감각적 측면, 구강 감각인식과 준비가 어떻게 영향을 미치는지 토의할 수 있다.

통합교육이 강조됨에 따라 지체·중복장애 학생이 일반 학교 프로그램에 통합되면서 학교의 전문가와 보조원은 새로운 기능 영역에 대한 도전을 받고 있다. 이전에 이런 영역에 대한 지식을 습득하고 특별한 훈련을 받지 못했기 때문이다. 특히 섭식과 삼키기와 관련된 심각한 의학적 문제를 가지고 있는 아동이 학교 현장의 모든 측면에 통합되면서 섭식과 삼키기 영역에서의 어려움이 두드러지게 되었다. 학교생활에서는 섭식과 삼키기 중재 프로그램이 반드시 포함되어야 하며, 이때 치료와 관리에 대한 아동의 요구와 특정한 전략 실행이 교육환경에 적절한지를 고려해야 한다. 만약 아동이 하루 종일 학교에서 생활한다면 교사와 담당 교직원은 식사시간에 필요한 적절한 절차를 훈련받아야 한다.

소아과에서 섭식(feeding)이라는 용어는 "다양한 요인, 예를 들어 아동의 환경, 보호자와 아동의 상호작용, 아동의 의학적·발달적·감각운동적·신경운동적·인지적 상태의 통합, 섭식 기술/절차, 섭식 기기, 자세 잡기에 대한 요구, 삼키기, 삼키기 관련 변인과 호흡과 소화 관련 요소의 상호작용, 필요한 영양소, 구강과 인두[1]의 특정한 활동 등의 상호작용을 포함하는 기능적 과정이다"(Alexander & Beecher, 1992). 삼키기[swallowing, 연하(deglutition)와 동의어]는 정교하게 연속적으로 일어나는 일련의 복잡한 근육 움직임으로, 이를 통해 구강에 있던 음식물이 인두와 식도를 지나 위장으로 이동하게 된다. 입에서 위까지 음식물이 이동하는 동안 호흡이 일어나지 않을 때 안전한 삼키기라고 한다(Jones & Donner, 1991).

기도 흡인(aspiration, 사레와 동의어)은 진성대 아래의 기도로 음식물이 들어가는 것을 의미한다. 기도 흡인은 음식물을 섭취하였을 때 항상 발생할 수도 있고, 특정한 하나의 상황으로 인해 발생할 수도 있다. 예를 들면, 마개가 없고 가장자리가 둥근 일반 컵으로 음료를 마셨을 때만 기도 흡인이 발생하고, 빨대가 달린 컵으로 마셨을 때는 기도 흡인이 발생하지 않을 수도 있다. 구강운동 결함과 인두 활동 협응의 문제로 인해 기도 흡인이 발생할 수 있고, 또는 구강운동 협응이 잘 이루어지고 잘 조직되지만 심각한 인두 감각과 운동문제가 있을 때도 기도 흡인이 발생할 수 있다. 기도 흡인이 섭식활동 중에는 일어나지 않지만 침과 분비물을 삼킬 때만 나타날 수도 있다. 음식물이 기도로 들어가면서 기침을 하게 되지만, 기침이 너무 약해서 음식물을 제거하거나 폐로 들어가는 것을 막을 수 없다.

아동이 지체장애나 중복장애를 가질 때 구강을 통한 섭식 과정과 삼키기 활동에 영향을 받을 수 있다. 만약 삼키기 활동 중 기도 흡인이 발생하여 기도 관리가 어려워지고, 이것이 임상적 및 기계적 평가 절차를 거쳐 문서화되었다면 특별한 섭식 및 삼키기 관리 전략이 뒤따를 필요가 있다. 이런 과정은 아동이 구강을 통해서 음식물을 섭취하지 않고 튜브(예를 들면, G튜브나 J튜브)를 통해서만 섭취할 때, 또는 아동이 구강 섭식 활동을 통해 매우 특정한 음식물만 섭취하고 튜브를 통해 보충적인 영양분을 섭취할 때에도 모두 일어나야 한다. 아동의 섭식 및 삼키기 기능으로 인해 기도 흡인의 위험이 있으며, 종합적인 평가의 결과물이 문서화되어 있더라도 아동은 지속적으로 구강을 통해 섭식할 수 있다. 다만, 아동이 섭식 관련 활동을 할 때 가정뿐만 아니라 학교에서도 매우 특별한 식사관리 전략이 수행되어야 한다.

이 장은 신경운동과 관련된 아동의 섭식/삼키기, 구강운동, 호흡 협응 기능에 초점을 두고 있지만 진단과 상태가 다른 아동들도 이런 분야에 어려움을 가질 수 있다. 소아과적으로 섭식과 삼키기 어려움을 보일 수 있는 신체적 상태는 다음과 같다.

- 조숙
- 상기도 기형(예를 들면, 구순구개열, 구개파열, 후두연화증)

1) 인두(pharyngeal): 입안과 식도 사이에 있는 소화기관으로 공기와 음식물이 통과하는 통로(서울대학교병원, 2012, 서울대학교병원 신체기관정보. 서울: 서울대학교병원)

- 후두, 기도, 식도의 선천적 결함(예를 들면, 기관식도 누공, 식도 협착)
- 외상성 손상으로 인한 후천적 해부학적 결함
- 중앙 신경체계 질병으로 인한 신경학적 문제, 말초 신경체계 질환, 신경근육 질환, 또는 기타 신경학적 문제(Rogers, 1996; Tuchman & Walter, 1994; Weiss, 1988)

물론 이러한 영역의 의학적 진단을 받은 아동이 모두 섭식과 삼키기 장애를 보이는 것은 아니다. 이러한 상태는 너무 광범위하기 때문에 동일한 진단을 받았다고 하더라도 아동의 섭식과 삼키기 문제는 서로 다를 수 있다. 섭식과 삼키기 기능을 종합적으로 평가함으로써 개별 아동에게 적절한 관리 및 중재 전략을 개발할 수 있다.

신체적/의학적 어려움으로 섭식과 삼키기 문제가 있는 아동은 식사시간에 섭식하면서 체득한 공포, 좌절, 절차, 신체적 불편함 등의 행동관리 문제를 보일 수 있다. 그러나 이렇게 심각한 신체적/의학적 원인으로 생긴 행동관리 문제는 행동적 섭식장애(behavioral feeding disorders)와는 차이가 있다. Babbitt, Hoch와 Coe(1994)는 행동적 섭식장애가 동기나 기술 부족에 기인한다고 설명하였다. 행동적 섭식장애 아동은 전형적인 방법으로 섭식과 삼키기를 할 수 있는 신체적 능력을 가지고 있으며, 의학적 원인(예를 들면, 위식도 역류, 음식 알레르기, 약물 상호작용, 감각운동 처리 문제)을 가지고 있지 않다. 행동적 섭식장애 아동은 종합적인 행동평가와 후속적인 관리 전략 개발을 통해 일상생활에서 전략을 사용할 수 있게 된다.

구강운동 기능이 섭식과 삼키기에 중요한 역할을 하지만 안전하게 먹고 마시는 아동의 능력에 다른 요인들(예를 들면, 인두 활동, 위장 기능, 호흡 기능)이 더 많은 영향을 미칠 수 있다. 그러므로 섭식과 삼키기와 관련된 모든 요인을 신중하게 평가한 후에 식사시간에 제공되는 절차, 장비, 자세, 음식물의 종류를 결정해야 한다. 이때 식사시간의 주요한 목표는 가능한 안전한 방식으로 최대한의 영양 섭취를 제공하는 것임을 인식해야 한다.

특정한 구강운동 활동, 구강 감각인식과 조직, 인두 활동, 자세 정렬과 활동, 구강 및 인두 활동과 호흡 협응에 중점을 두는 구강운동, 섭식/삼키기, 호흡 협응 치료는 식사시간 동안에는 이루어지면 안 된다. 일반적으로 자격을 갖춘 소아 말-언어 병리학자가 실시하는 이러한 치료는 반드시 개별적으로 제공되다가, 치료 중에 자발적인 변화가 나타나기 시작할 때 식사시간 활동으로 이어져야 한다. 섭식과 삼키기 중재 프로그램에 참여하는 모든 팀 구성원은 영양분 섭취를 향상시킬 수 있는 새로운 전략을 실시하여야 할 때, 일상 프로그램에서 지속해서 실시될 수 있도록 서로 의사소통을 해야 한다.

1. 왜 우리는 섭식과 삼키기에 관심을 가지는가

발성을 시작할 때의 구강과 후두 운동 발달과 지속해서 또렷하게 말할 때의 구강과 인두 활동 발달의 관계는 이해하기 쉽다. 오히려 섭식과 삼키기에서의 구강과 후두 발달과 언어 발달의 관계는 이해하기 어렵다. 그러나 섭식과 삼키기 활동은 언어 산출과 연관되어 있을 뿐만 아니라 영양, 치아 관리, 의사소통, 개인적-사회적 발달, 지각 발달, 인지 발달, 감각운동 발달에 상당한 영향을 미친다는 점에서 중요하다.

영양 섭취가 뇌의 성장, 학습, 행동에 미치는 영향은 광범위하게 연구되어왔다(Palmer, 1978). 만약 아동이 섭식, 삼키기와 숨쉬기 협응을 잘 하지 못하거나, 빨기나 삼키기 동작을 하지 못하거나, 구강운동 활동이 미숙해서 컵에 담긴 음료를 마시지 못하거나, 딱딱한 음식을 물고 씹지 못하여 하루에 필요한 영양분이 담긴 음식물을 섭취하지 못한다면, 아동의 뇌 성장과 지적 기능이 위태로울 것이다.

아동의 영양 상태는 신장, 몸무게, 체질량의 변화에 직접적인 영향을 미친다(Kirby & Noel, 2007). 열량 섭취가 불충분하거나, 영양이 결핍되거나(예를 들면, 제한된 단백질 섭취, 비타민과 미네랄 결핍), 수분이 부족할 때 아동의 골격 성장, 근육 발달, 체성분, 체력, 면역체계 기능이 취약해질 수 있다.

섭식 및 삼키기 활동과 치아 발달 및 건강한 잇몸의 유지는 중요한 관계를 가진다. 생후 4~5개월의 아기는 젖니가 나기 시작하면서 통증과 부종을 경험하게 되는데, 이때 잇몸을 문질러주거나 영아용 단단한 과자(teething crackers)를 오물거리게 하는 것이 도움이 된다(Brazelton, 1969). 젖니가 나는 시기에 영아용 단단한 과자, 단단한 물체, 손가락, 장난감 등의 여러 물체를 입에 넣음으로써 잇몸의 건강을 유지할 수 있으며, 궁극적으로는 치아 발달로 이어진다. 또한 이런 과정을 통해 구강 자극에 대한 감각적, 운동적 반응을 통합하게 되며, 이후에 단단한 음식물을 씹을 준비를 할 수 있게 된다. 신경운동 손상이 있어 구강에서 물체나 음식물이 느껴지는 촉감을 견디지 못하는 아동은 젖니가 나는 고통을 줄이기 어려워 짜증을 부리게 될 수 있다. 이러한 아동은 단단한 것을 물고 씹는 능력을 발달시키는 데 힘든 시간을 보내게 된다.

Moyer(1971)는 치아에 어떤 물체가 닿으면서 느껴지는 감각적 자극이 씹기 협응 발달에 가장 중요한 요소가 된다고 언급하였다. 섭식 활동과 치아 건강은 서로 밀접하게 연관되어 있다. 만약 아동이 잇몸을 건강하게 하기 위한 촉각자극을 견디지 못한다면 치아가 자라는 것과 입안의 자극을 받아들이는 것에도 영향을 미치게 된다. 이는 결국 아동이 단단한 음식물을 다루는 능력에 영향을 미칠 수 있으며, 역으로 진보되고 협응이 잘 되는 씹기 형태 발달에도 영향을 미칠 수 있다..

의사소통과 개인적-사회적 기술 발달은 초기 섭식 과정에서 형성된 기반과 관련이 있다. 아동은 울고, 칭얼거리고, 몸을 움직임으로써 사람들의 반응을 얻을 수 있음을 학습한다. 보호자는 아동을 들어 올리거나, 껴안아 주면서 아동이 소리와 움직임을 사용하여 자신의 요구를 표현하도록 강화를 제공한다. 아동은 또한 소리와 움직임을 통해 특정 음식에 대한 선호나 혐오를 표현한다. 이런 행동은 음식물을 제공해 주는 사람으로부터 반응을 이끌어내기 때문에 강화되며, 나아가 아동의 의사소통 발달을 돕게 된다.

영아가 보호자에게 안겨 음식물을 제공받을 때 안전과 애착에 대한 감정이 발달한다. 이 과정에서 부모는 아기에게 반응하는 법을, 아기는 만족의 신호를 보냄으로써 부모의 행동에 반응하는 법을 학습한다. 이때 아기의 신호는 부모의 행동을 강화하게 된다. 아동이 부모와 눈맞춤을 할 때 더 강력한 유대감이 형성된다. 아동이 웃을 때 부모는 더욱 편안해지며 안심하게 된다. 이러한 전체적 과정은 개인적-사회적 발달의 초기 단계 중 하나인 유대감이나 애착을 형성시킨다.

부모가 신경 손상이 있는 아동의 소리나 움직임에 반응함으로써 아동의 문제는 보호자의 행동을 강화하게 되며, 개인적-사회적 상호작용에 문제를 가져온다. 부모가 음식물을 주기 위하여 아동을 들어 올릴 때 아동은 이를 부정적 단서로 인식하여 몸을 긴장시키거나 머리를 강하게 뒤로 젖히는 반응을 할 수 있다. 부모는 음식물을 제공하는 동안 아동을 긴장하게 하는 이러한 상황을 피하고자 더욱 긴장하게 된다. 이처럼 부모와 아동의 상호작용 붕괴는 아동의 의사소통 및 개인적-사회적 기술의 초기 발달에 문제를 가져온다.

이처럼 의사소통과 개인적-사회적 상호작용의 붕괴는 교육자, 보조인력, 기타 서비스 제공자가 특정 아동에게 사용할 수 있는 식사시간 섭식 방법을 적절하게 훈련받지 않고, 아동의 전반적인 특수한 요구에 대한 이해를 갖추지 못하였을 때 발생할 수 있다. 아동의 반응이 특정 감각 과정이나 신경운동적 문제로 발생하는 것이 아니라, 행동관리를 받아야 하는 부정적 행동 반응인 것으로 오해할 수 있다. 칫솔을 입에 넣지 못하게 하는 아동은 칫솔로 인한 시각적 또는 촉각적 자극을 다루는 데 어려움을 가지고 있을 수도 있고, 또는 소아 위식도 역류(gastroesophageal reflux: GER)가 있어 소아 위식도 역류를 유발할 수 있는 혀에 닿는 모든 감각적 자극을 피하려고 할 수도 있다. 만약 보호자가 아동의 반응에 아무런 이유가 없으며 아동이 단지 부정적으로 행동하는 것이라고 믿는다면, 감각적 자극 조절에 대한 참을성을 기르거나 소아 위식도 역류의 부정적 영향을 줄여주는 전략을 세우는 등, 반응의 원인에 대한 프로그램을 마련하기보다는 아동의 행동을 바꾸고자 적절하지 않은 방법을 실행할 수 있다.

Piaget(Ginsburg & Opper, 1969), Uzgiris와 Hunt (1975)가 언급하였듯이 지각 발달, 인지 발달, 감각운동 발달의 상호관계는 매우 크다. 영아나 유아의 섭식은 엄청난 양의 자극을 포함하며, 성공적 발달에 필수적이다. 예를 들어, 숟가락에 음식을 담아 입으로 가져가면 아동은 숟가락에 집중하는 법을 학습하고, 숟가락의 움직임을 지켜보게 된다. 얼마 후 숟가락의 시각적 제시와 음식의 제공이라는 연관성이 수립된다. 인지적으로 아동은 숟가락을 보는 것이 음식물 제공을 의미함을 깨닫게 된다. 또한 아동은 숟가락과 음식을 통해 제공되는 감각적 자극이 즐거운 것이며, 입의 특정한 움직임을 통해 음식물을 더 쉽게 섭취할 수 있음을 학습하게 된다. 그러므로 아동에게 음식물을 제공함으로써 아동은 긍정적인 지각, 인지, 감각운동 자극을 얻게 되고 이것이 지속적 성장으로 이어진다. 이와는 대조적으로 신경운동 문제가 있는 아동은 시각이나 촉각적 자극을 견디지 못하고 몸을 경직시키거나, 머리와 몸을 쭉 뻗거나, 숟가락을 세게 무는 반응을 할 수 있다. 이는 아동의 지각, 인지, 감각운동 발달에 붕괴를 초래하며 부모나 보호자가 음식을 제공하는 동안 좌절하고 긴장하게 한다.

섭식과 삼키기 활동이 구강운동 기능에 영향을 미칠 뿐만 아니라 많은 다른 기술 발달을 초래하는 자극을 제공한다는 점에서 아동의 전반적 발달에 중요한 역할을 한다. 감각적, 신경운동적, 또는 의학적 문제가 존재해서 섭식과 삼키기, 초기 발성 경험이 어렵더라도 아동은 교육적 경험을 강화하기 위하여 이러한 비슷한 경험을 할 기회가 필요하다.

신경운동장애가 의심되는 6개월 영아를 맡게 되었든, 감각처리장애를 진단받은 10세 아동을 맡게 되었든, 전문가는 아동의 능력을 평가하고 적절한 중재 전략을 개발하기 위하여 반드시 전형적인 영유아의 구강운동, 섭식/삼키기, 호흡 협응 발달에 대한 정확한 개념을 가지고 있어야 한다. 장애 영유아에게 서비스를 제공하는 모든 전문가는 이러한 중요한 영역에서의 전형적인 그리고 비전형적인 측면을 모두 광범위하게 파악해야 한다.

2. 전형적인 섭식과 삼키기 발달

1) 전형적 구강운동의 발달 특징

영아는 감각자극에 대한 주요한 움직임 반응(예를 들면, 움직이는 물체에 대한 시각적인 방향정위, 소리에 대한 방향정위, 반사작용)을 가지고 태어난다(Howle, 2002). 섭식 경험의 풍부한 감각 특성으로 인해 신생아들은 섭식하는 동안 독특하고 다양한 움직임을 보여 주게 된다.

입가를 만졌을 때 영아는 무언가가 닿은 쪽으로 고개를 돌리며 입을 벌린다. 이는 젖 찾기 반사(rooting response)라고 불리는 음식 찾기 운동이다. 식사 직후를 제외하고 얼굴에 무언가가 닿으면 생후 약 4~5개월까지의 영아는 젖 찾기 반사를 보인다. [그림 9-1]은 섭식에서의 전형적인 구강운동 기능과 관련된 용어를 설명하고 있다. 섭식과 관련된 발달적 과정에 친숙해지기 위하여 이 장을 읽는 동안 [그림 9-1]을 그림을 참조할 수 있다.

아기들은 잇몸에 무언가가 닿기만 하면 씹기를 시작하며 아래턱을 주기적이고 규칙적으로 열고 닫는다. 실제로 이것은 영아의 자동적이며, 통제가 불가능한 행동이다. 이를 자동 물기 반사라고 하며, 음료가 아기의 입으로 흘러 들어갈 수 있도록 빨아들이는 동작으로 나타난다. 생후 6개월까지의 영아에게서 쉽게 관찰되는데, 이 시기는 젖니가 나는 불편한 느낌을 줄이기 위하여 잇몸의 표면에 단단한 물체를 긁는 등, 영아가 다양한 구강의 촉각자극을 경험하기 시작하는 때이다.

구토 반응은 일생 동안 나타나는 생존 반응이다. 신생아는 혀 뒤쪽이나 목구멍(예를 들면, 인두 부분)에 무언가 닿기만 해도 매우 강한 구토 반응을 나타낸다. 아기가 입안에 손가락이나 장난감을 가져가며 더 많은 단단한 음식물을 견디기 시작하면서 구토 반응은 점차 줄어들고

• 자동 물기 반사
잇몸이나 이의 표면에 촉각적 자극을 제시하였을 때 나타나는 반응으로 턱을 위아래로 움직이는 일련의 주기적이고 규칙적인 동작으로 구성되며, 생후 5개월까지 발생한다.

• 씹기
단단한 음식물을 잘게 부수며 삼키기를 준비하는 과정이다. 턱의 회전 운동, 음식물을 이와 이 사이에 위치시키기 위해 혀를 좌, 우, 펼치고 돌리는 움직임, 음식물이 씹힐 수 있도록 입술과 뺨을 움직이는 활동이 특징이다.

• 통제된 일관적 물기
쉽고 단계적으로 이를 물었다 놓음으로써 음식물을 씹는 것이다. 약 11~12개월까지 나타난다.

• 구토 반응
혀의 뒷부분이나 인두 부분에 촉각자극이 주어졌을 때 나타나는 반응으로 턱의 확장, 혀의 앞뒤 움직임, 눈이 커지고 머리와 목이 길게 늘어지면서 인두의 수축이 나타난다. 태어난 직후에 매우 강하게 나타나며, 생후 약 7개월에 점차 약해지고 성인기까지 지속된다.

• 턱 유지하기
활동적, 내부적으로 턱을 통제하는 것으로 턱의 위아래 움직임을 최소화하며, 특히 컵으로 음료를 마실 때 중요하다. 13~15개월에 컵의 가장자리를 깨물면서 최초로 보이며, 24개월까지 턱 근육을 활동적으로 사용하면서 점차 발달한다.

• 저작 운동
초기의 씹기 활동은 혀를 펼치고 납작하게 하며 위아래로 움직이는 것과 턱을 주기적이고 규칙적으로 위아래로 움직이는 것으로 구성된다. 생후 약 5개월에 단단한 음식을 주면서부터 시작된다.

• 젖 찾기 반사
입술이나 뺨에 촉각적 자극이 주어졌을 때 나타나는 음식 찾기 운동으로, 입을 벌리고 무언가가 닿은 쪽으로 고개를 돌리는 반응이 특징이다. 생후 4~5개월까지 일어나며, 섭식 직전이나 섭식을 하는 자세를 취했을 때 강해진다.

• 턱 회전운동
씹기 중에 활동적으로 일어나며, 15~36개월에 증가한다. 위아래, 앞뒤, 좌우-대각선, 대각선-회전, 원형-회전의 턱 움직임이 나타난다.

• 빨기
음식물을 얻기 위한 주기적이고 규칙적인 방법으로, 턱의 위아래 움직임, 혀의 위아래 움직임, 입술 오므리기, 뺨 움직임이 특징이다. 입을 많이 다물수록 입안에 공간이 생겨서 부압이 발생한다.

• 젖 빨기
핥기 형태의 초기 빨기 양식으로, 혀의 주기적이고 규칙적인 앞뒤 움직임, 턱의 크고 주기적, 규칙적인 움직임, 뺨과 입술의 미세한 움직임으로 구성된다. 턱을 내릴 때는 혀가 앞쪽과 아래쪽으로 움직이며, 턱을 올릴 때는 혀가 위쪽과 뒤쪽으로 움직인다.

• 혀의 편재화
씹기 과정 동안 음식물이 씹히는 표면에 위치하도록 혀를 입의 한쪽 면으로 활동적으로 움직이는 것이다. 생후 6~7개월에 시작되며, 음식물이 측면의 잇몸에 위치하였을 때 혀의 수평적 이동이나 총체적 회전 운동이 일어난다.

[그림 9-1] 섭식에서의 전형적인 구강운동 기능 관련 용어

약 7개월 때 성인의 인식적 구역질(protective gag)과 비슷하게 변한다.

(1) 젖병으로 마시기

생후 2~4주 동안 열 달을 다 채우고 태어난 신생아는 젖병으로부터 우유를 마시거나 어머니의 가슴으로부터 모유를 마시기 위하여 완전한 빨기 형태를 사용한다. 입속으로 음료를 가져오기 위해 사용하는 구강 내 부압과 함께 이런 빨기 형태는 영아의 머리, 몸의 일반적인 굴곡 자세(예를 들면, 생리적인 굴곡 자세), 즉 턱과 혀의 움직임을 위한 제한된 공간과 혀가 구강 내의 상당 부분을 차지하면서 남게 되는 구강의 작은 공간을 제공하는 턱

과 흉곽 윗부분 간의 거리가 직접적 연관이 있는 것으로 보인다.

섭식이 이루어지는 동안에 영아가 고개를 돌리고 길게 늘어뜨리기 시작하며, 가슴으로부터 턱을 돌리면서 생물역학적으로 입이 수직으로 크게 벌어진다. 이런 자세에서는 빨기보다는 젖 빨기에 해당하는 턱, 혀, 뺨/입술 활동 특징이 나타난다. 구강 구조 내에서 더 성숙한 빨기 운동이 나타나는 생후 6개월까지 젖 빨기와 빨기가 함께 발생한다. 대부분의 아동은 12개월부터 젖병을 떼기 시작하여 24~30개월에는 완전히 젖병을 뗀다.

초기에 아기는 주로 젖 빨기 움직임을 사용하며, 두 번 정도 젖 빨기를 한 후 잠시 멈추어 삼키고 호흡한다. 삼키는 동안에는 혀를 앞뒤로 움직이거나 입 밖으로 내민다. 3개월쯤에는 잠시 멈추어 삼키거나 호흡하기 전에 젖 빨기/빨기 활동을 좀 더 많이 수행할 수 있게 된다. 빨기 움직임을 주로 사용하는 6개월쯤에는 멈추지 않고 젖 빨기와 삼키기 활동을 할 수 있으며, 호흡 협응의 연속적 과정이 더 길게 일어날 수 있다.

(2) 숟가락으로 먹기

부모나 보호자, 소아과 의사의 판단에 따르지만 아기가 이유식을 먹기 시작해야 하는 연령부터 숟가락으로 먹기가 시작된다([그림 9-2] 참조). 빨기 활동이 시작되는 약 5개월까지는 숟가락으로 먹는 동안 젖 빨기에 나타나는 구강운동 활동 특징이 나타난다. 이 시기까지 숟가락으로 먹는 동안 나타나는 삼키기 움직임은 기본적으로 혀 돌출과 함께 혀의 앞뒤 움직임으로 구성된다. 따라서 종종 입 바깥으로 음식물 일부가 튀어나오게 된다.

1. **액체류**(담는 용기에 따라 모양이 변하며 흐르는 물질)
   - 액: 흐르는 데 제한이 없으며, 응집성이 없음(예를 들면, 물, 우유, 주스)
   - 즙: 유동률이 살짝 줄어들며, 응집성이 아주 조금 있음(예를 들면, 과즙)
   - 시럽: 유동률이 보통이며, 응집성이 조금 있음(예를 들면, 팬케이크 시럽)
   - 꿀: 유동률이 상당히 줄어들며, 응집성이 좋음(예를 들면, 꿀, 밀크셰이크)
2. **이유식**(퓌레)
   - 부드러운 이유식: 부드럽고 미끄러우며 응집성이 조금 있고 분리되지 않음. 그러나 압력 없이도 흩어짐(예를 들면, 물기를 뺀 배, 물기를 뺀 당근)
   - 이유식: 부드럽고 촉촉하며 응집성이 좋음. 어느 정도 압력을 가하지 않으면 분리되거나 퍼지지 않음(예를 들면, 시중에서 판매되는 아기용 이유식, 고기는 제외함)
   - 걸쭉한 이유식: 부드럽고 약간 촉촉하며 응집성이 있음(끈적끈적함). 압력을 견디어 분리되지 않음(예를 들면, 푸딩, 부드러운 땅콩버터)
3. **부드러운 음식**(응집력 있고, 특정한 질감이 있는, 부드러운 고형 음식)
   - 아주 부드러운 음식: 9개월 이상이 먹는 아동용 이유식, 덩어리진 사과 소스, 걸쭉한 수프
   - 중간 정도로 부드러운 음식: 스튜 통조림, 대부분의 캐서롤(찌개나 찜 종류)
   - 덜 부드러운 음식: 맥앤치즈, 걸쭉한 스튜
4. **고형 음식**
   - 빨리 용해되는 음식: 침에 용해되거나 1~3회 씹은 후 용해되는 음식(예를 들면, 크래커, 치즈볼, 켈로그의 Crispix 시리얼)
   - 부드럽게 씹히는 음식: 부드럽고 약한 압력으로 부서짐(예를 들면, 치킨, 파스타, 쿠키)
   - 꼭꼭 씹어야 하는 음식: 단단하며 안전하게 삼키기 위해 5회 이상 씹어야 함. 어느 정도 반복해서 씹어야 용해됨(예를 들면, 소고기, 젤리)
   - 딱딱한 음식: 씹으면 잘게 부서지지만 용해되지는 않음(예를 들면, 견과류, 익히지 않은 채소, 단단한 사탕)
5. **혼합된 음식**: 입속에서 빠르게 부서지는 모든 음식(예를 들면, 수프, 소스와 함께 제공되는 고기류, 견과류가 함유된 쿠키)

[그림 9-2] 여러 가지 질감의 음식물

출처: Workshop handout "Descriptions of Fod Textures", developed by Robert Beecher (1998).

6개월에는 숟가락의 오목한 부분에 닿기 위해 윗입술을 위로 움직이고 바깥으로 내밀기 시작한다. 이는 입에서 소리가 나지 않게 하고 윗입술이 아래로 움직일 수 있게 하면서 턱과 혀가 숟가락 근처에서 머무를 수 있도록 한다. 7개월쯤 숟가락의 음식물을 먹기 위해 윗입술을 더 활동적으로 움직이게 되며, 점차 더 정확한 앞쪽–아래쪽–뒤쪽 움직임을 발전시키게 된다. 이를 통해 활동적으로 숟가락의 음식물을 먹을 수 있다. 9개월에는 삼키기 활동 중에 혀를 위아래로 움직이며, 종종 혀를 내밀거나 앞뒤로 움직이게 된다. 12개월 아동은 숟가락으로 음식물을 먹는 동안 아랫입술을 사용하여 음식을 먹을 수 있고 더 정확하게 혀와 입술을 움직이게 되며 활동적으로 입술을 다물게 된다.

(3) 컵으로 마시기

아동은 약 6개월쯤 컵으로 음료를 마시기 시작하지만, 여전히 주로 젖병을 통해 우유를 마시거나 어머니의 모유를 마신다. 삼키는 중에 혀가 앞뒤로 움직이거나 돌출되는 젖 빨기 활동이 나타난다. 아기는 젖 빨기와 삼키기, 호흡 협응을 잘 하지 못하므로 종종 기침을 하거나 음료가 목에 걸리게 된다. 9개월이 되어서야 아동은 삼키거나 호흡하기 위하여 잠시 멈추지 않고도 음료를 1~3회 마실 수 있다.

10~12개월에 아기는 컵의 위치를 유지하기 위하여 혀를 컵 아래에 내밀어 받치고, 아랫입술로 혀를 감싼다. 이를 통해 삼키는 동안 입과 인두 영역 뒤편으로 더 많은 음료를 마실 수 있게 되며, 종종 꿀꺽꿀꺽 소리가 들리기도 한다. 유아는 컵의 가장자리를 물고 입술을 컵에 대고 다물면 음료를 삼키기 효율적이라는 것을 깨닫는데, 턱의 움직임을 진정시키고 혀를 더 효율적으로 사용할 수 있기 때문이다. 컵의 가장자리를 무는 행동은 24개월까지 보이며, 때로는 턱의 유지를 위한 턱 안쪽 근육 조절이 발달할 때까지 지속된다. 삼키기 중에 음료를 흘리지 않고 입술을 활동적으로 다무는 행동은 2살이 될 때쯤 가능해진다.

(4) 고형 음식물 섭취

5~6개월의 영아는 젖니가 나면서 잇몸이 부풀고 쓰라린 것을 완화하고자 입속에 장난감, 손가락, 가구, 단단한 고형 음식물, 기타 물체를 집어넣으며, 이를 통해 고형의 음식물 섭취를 준비하기 시작한다. 영아는 고형의 음식물이나 물체를 잇몸 표면에 긁고, 단단한 고형 물체에 자동 물기 반사를 사용함으로써 새로운 촉각/고유감각 정보를 스스로 제공하며, 이는 잇몸을 통해 자라나는 이에 직접 영향을 미치게 된다. 혀 표면에 중앙으로 또는 측면으로 접촉이 이루어지면서 새로운 감각 정보를 제공하고, 혀는 가까운 미래를 위해 새로운 움직임과 새로운 감각운동 경험을 준비한다.

5~6개월 아동에게는 부드러운 크래커나 시리얼 조각 등 빠르게 용해되는 고형 음식물을 주며, 아동은 자동 물기 반사 등의 움직임을 통해 물기를 시도하거나 빨기/젖빨기 양식을 사용한다. 8~9개월 아동은 고형 음식물을 입안에 위치하게 한 후 턱을 다물게 된다. 아직 부드러운 고형 음식물조차도 실제로 물 수 있는 힘이나 압력이 없기 때문에 아동이나 음식 제공자가 크래커를 잘게 부순다. 10~12개월의 아동은 빠르게 용해되는 음식물에 대해 더 잘 통제하고 유지하는 물기를 실시할 수 있다. 20~21개월이 지나서야 이러한 통제하고 유지하는 물기 활동을 통해 단단한 고형 음식을 먹을 수 있다.

5~6개월의 아동에게 고형 음식물을 제공하면서 실제 씹기 과정이 시작된다. 아동은 빨기에서 나타나는 혀의 위아래 움직임과 자동 물기 반사에서 나타나는 주기적이고 규칙적인 턱의 위아래 움직임이 결합된 저작 운동을 시작하게 된다. 젖 빨기 움직임이나 혀 내밀기를 사용하여 삼키기 과정을 완수하며, 구토 반응이나 목 걸림이 나타날 수 있다. 이 시기에는 아동이 혀의 중앙에서 가장자리로 음식물을 이동시켜 씹을 수 없으므로 고형 음식물의 일부를 통째로 삼키게 된다.

대략 7개월부터 씹기 과정에 변화가 생긴다. 씹을 수 있는 가장자리로 음식물이 위치하게 되면 혀는 입의 측면으로 이동시키거나 회전하는 움직임을 시작한다. 만약 음식물이 혀의 중앙에 놓이면 영아는 이를 빨거나 통째로 삼킬 수 있다. 9개월 아동은 턱을 좌우 그리고 대각선으로 움직이기 시작하면서 입 가장자리에 있는 음식물을 가운데로 가져와 삼킬 수 있다. 음식물이 가장자리에 있을 때에도 아동은 턱과 혀를 움직이지만, 음식물이 입의 중앙에 위치할 때도 아동은 저작 운동을 할 수 있다.

12개월의 아동은 혀를 사용하여 중앙에 위치한 음식물을 가장자리로 이동시킬 수 있으며, 앞쪽에 있는 윗니를 사용하여 아랫입술에 있는 음식물을 먹을 수 있다. 또한 혀를 들어 올리거나 돌출시킴으로써 삼키기를 완수할 수 있다. 13~15개월에는 턱의 사선 움직임이 더 자주 나타나며, 음식물의 움직임을 조절하기 위하여 입술 가장자리를 활동적으로 안쪽으로 끌어당기게 된다. 아동이 약 2세가 되면 턱 회전운동을 더 잘 조절하고 사용하여 음식물을 양 측면으로 이동시킬 수 있으며, 씹는 동안 침이나 음식물을 떨어뜨리지 않기 위해 입술의 움직임을 더 활동적으로 사용할 수 있다. 3세가 되어서야 비로소 매우 단단한 음식물을 적절하게 부수기 위하여 찢고 자르는 운동을 할 수 있게 되어, 회전하며 음식물을 잘게 부술 수 있다.

전형적인 구강 섭취 발달에 대한 이러한 검토에 의하면 전형적으로 발달하는 아동은 2세가 되면 여러 질감의 다양한 음식을 먹을 수 있게 된다. 그러나 섭식과 관련된 구강운동 발달이 이루어지는 동안 아동은 다양한 섭식 상황에서 입의 여러 부분을 조절하고 협응하는 방법을 학습해야 한다. 비록 6개월의 영아는 젖병을 활동적으로 빨 수 있지만 컵의 음료를 자동으로 빨기 시작할 수는 없다. 아동은 각기 다른 상황에서 구강 구조의 모든 부분을 협응하는 방법을 배우며, 궁극적으로 모든 상황에서 협응할 수 있게 된다.

3. 전형적인 호흡 발달 특징

신생아의 주요한 호흡 패턴은 복식(예를 들면, 횡경막, 복부) 호흡이다. 신생아의 생리적 굴곡의 결과로 나타나는 이러한 호흡 형태는 몸통의 흉곽과 견갑대를 높이 위치시키고 정렬시키며, 숨을 들이쉴 때 흉곽 내의 횡경막 근육을 활성화한다. 신생아는 숨을 들이쉴 때 비강을 통해 공기를 흡입하고 횡경막을 복벽 반대로 밀어내며, 하부 늑골을 들어 올리고 밀어낸다. 이로 인해 하부 늑골이 확장되고 늑골이 치솟아 복식 호흡이 나타난다. 3~4개월에 구강과 인두 구조의 크기와 정렬이 나타나고, 4~6개월에 견갑대와 흉곽 사이의 뼈의 정렬과 근육 활동의 변화가 나타남에도, 복부가 확장되고 늑골이 치솟으며 제한된 흉곽/가슴속 움직임을 동반하는 복식호흡은 약 8~9개월까지 영아의 주요한 호흡 패턴이다.

비강, 구강, 인두강의 크기와 모양이 변하기 시작하고, 영아가 중력의 반대 방향으로 활발하게 머리, 목, 견갑대, 흉곽, 골반, 엉덩이를 움직이고 정렬하면서, 영아는 기본 호흡 기능을 변화시킨다. 뿐만 아니라 호흡 기능과 완전히 반대의 움직임인 섭식과 삼키기 과제, 초기 발성 활동을 협응하기 시작한다. 이전에 코로만 호흡하던 아기는 대략 3~4개월쯤 입을 통해서도 호흡하게 된다. 새롭게 발달하는 대근육 운동 활동은 더 활동적인 반(反)중력 움직임으로 이어지며, 머리, 목, 견갑대, 몸통에 대한 통제를 가능하게 한다.

4~6개월에 체득한 눕기, 엎드리기, 앉기, 서기 움직임과 자세 잡기 경험은 머리, 목, 흉곽, 견갑대, 골반, 엉덩이 뼈대의 정렬에 변화를 가져온다. 몸통 내의 흉곽이 내려오고 늑골이 흉추와 아래쪽으로 기울어질 때, 복식 호흡이 깊어지고 복부 근육이 호흡 과정에서 더 활발한 역할을 하게 된다. 8~9개월의 영아는 숨을 들이쉬는 동안, 구강과 인두 구조 움직임을 위로 유지하고, 상부 흉곽을 아래로 유지하기 위하여 견갑대를 활발하게 사용한다. 또한 하부 흉곽을 유지하기 위해 복부 근육을 사용하며, 가슴속을 확장하기 위하여 늑골을 위로 올리고 순환시켜 깊은 호흡을 한다. 복부 근육 활동의 증가는 늑골 상승을 억제하고, 내쉬는 숨을 길게 하며 잘 조절할 수 있도록 돕는다. 이것은 유아기에 시작되지만 점차 발달하여 이후에는 어른들이 사용하는 복부–가슴 호흡의 패턴을 띤다.

1) 구강과 인두 활동을 통한 전형적인 호흡 협응

생후 2년 동안 섭식과 삼키기를 하는 과정에서 호흡과 구강, 인두 활동의 협응은 상당히 변화한다. 이는 다양한 요인 때문인데, 중력에 반하는 자세 잡기 활동의 증가, 전반적으로 증가하는 자세 제어, 구강과 인두 구조의 성장, 구강과 인두 구조 및 몸 전체의 뼈대와 구조적 정렬 변화, 다양한 감각 정보 경험(예를 들면, 새로운 맛, 새로운 질감, 새로운 냄새, 구강 수용/촉각적 경험), 호흡 기능의 변화를 포함한다. 삼켜진 음식물이 구강 뒤쪽의 영역(예를 들면, 구강인두 영역)에서 출발하여 인두를 거쳐 식도로 지나갈 때, 인두에서부터 기도로 이어지는 공간은 기도 흡인을 방지하기 위하여 보호되거나 닫혀야 한다. 안전하게 음식물을 섭취하기 위해서 삼키기 활동 중에는 상기도가 반드시 적절한 시기에 열리고 닫혀야 한다.

10달을 채우고 태어났으며 전형적으로 발달하는 신생아는 젖병으로 우유를 마시거나 어머니의 가슴을 통해 모유를 마시는 동안 상기도를 보호한다. 신생아가 음식물을 삼켰을 때 작은 구강 구조 공간, 인두 구조의 상승된 위치, 혀뿌리, 부드러운 구개/목젖, 후두개와 인두 벽의 근접, 신체의 생리학적 굴곡, 입/머리/목/견갑대의 정렬과 제한된 움직임이 기도가 열리는 것에 대비해 보호막을 형성한다. 몸의 움직임, 성숙, 성장, 신경운동적 경험으로 인해 이러한 초기 보호 메커니즘의 어떤 한 영역에라도 변화가 생기면, 영아는 기도 흡인이 발생하지 않게 하려고 근육 활동과 구강 및 인두 영역에 제공된 감각 정보에 대한 반응을 더 활동적으로 발달시키고 통합해야 한다.

구토 반응은 음식물이 기도를 막는 것을 방지한다. 후두 영역으로 들어오는 음식물을 내보내기 위해 기침이나 사레가 나타날 수 있다. 새로운 질감의 음식물을 접하기 시작할 때 아기는 새로운 움직임 정보와 새로운 감각을 통합하게 되고, 이때 호흡 협응이나 조직에 손실이 생길 수 있다. 그러나 오래 지나지 않아 영아는 새로운 정보를 통합하고 조직하게 되며, 이후에 이런 질감의 음식물을 섭취하였을 때 기도 흡인이 일어날 가능성이 작아진다.

아동은 발달함에 따라 하기도 기능을 잘 조절하게 되며, 상기도, 구강운동, 인두 활동을 조직하기 위한 기반을 갖추어간다. 빨기–삼키기–호흡하기의 연속적 과정이 더 길어지고 잘 협응하여 젖병이나 어머니의 가슴을 통해 우유나 모유를 마실 수 있으며, 이후에는 컵으로 마실 수 있게 된다. 숟가락에 담겨 있는 이유식이나 부드러운 음식물(응집력이 있고, 질감이 있으며, 부드러운 고형의 음식)을 먹을 수 있고, 구토 반응 없이 혀 뒤쪽으로 이동시켜 삼킴으로써 기도 흡인의 위험을 줄일 수 있다. 입안의 고형 음식물을 잘게 부술 때 혀, 턱, 뺨/입술의 움직임이 더 활동적으로 협응하기 때문에 커다란 고형 음식물 덩어리를 삼켜도 기도가 막힐 위험이 줄어든다.

섭식 및 삼키기 활동과 발성에는 차이점이 존재하지만 공통된 중요한 영역도 있다. 영아가 구강과 인두의 근육과 구조를 사용하는 것을 학습하고, 이런 움직임을 호흡 기능과 협응하는 것을 학습하면서 이런 영역이 관찰될 수 있다. 그러므로 이러한 영역이 어떻게 섭식 및 삼키기 활동과 발성 기능을 협응하게 되는지 아는 것은 중요하다.

생후 8~9개월까지 몸의 움직임과 발성은 직접적인 연관을 가진다. 영아는 몸을 활동적으로 움직임으로써 근육 활동을 통해 호흡에 필요한 충분한 기류를 지원하고, 후두 활동을 통해 소리를 낸다. 그러므로 8~9개월이 되기 전에는 몸 움직임과 발성을 분리할 수 없다.

전형적인 신생아는 자동으로 호흡을 하며 발성을 한다. 첫 발성은 비음으로 특징지어지는 울음소리로 제한된다. 영아의 울음은 생후 약 1개월까지 크기와 속도에 변화를 보인다. 예를 들어, 고통의 울음소리는 높고 길며 크기 때문에 배고픔의 울음소리와 쉽게 구별된다. 영아는 신체를 움직일 때 초기 옹알이 소리를 내기도 한다.

2~4개월 사이에는 보호자가 울음소리를 듣고 구별할 수 있어서 아기가 배고픈지, 짜증이 나는지, 고통스러운지, 화가 나는지 알 수 있게 된다. 아동의 생리적 상태에 변화가 생기면서 모음처럼 들리는 소리가 나타나기 시

작한다. 3개월에는 비음이 감소하기 시작하며, 모음의 억양 형태에 변화가 생기기 시작한다. 4개월경에는 아동의 자세와 움직임이 변하면서 소리에 명확한 변화가 나타난다. 아동이 누워있을 때에는 목을 긁는 소리나 가르릉거리는 소리가 나는 경향이 있다. 엎드려 누워 있을 때는 입술을 이용해 소리를 낸다. 어딘가에 지지해 앉아있을 때는 혀나 턱을 이용하여 소리를 낸다.

6개월의 유아는 더 많은 공기를 마시면서 깊게 복식 호흡을 하며, 움직임을 통해, 특히 숨을 내쉬는 동안 복부 근육이 활성화되면서 더 길고 억양이 다양한 소리를 내게 된다. 발성은 새롭거나 기능이 향상된 몸의 움직임과 새로운 호흡 근육 활동, 그리고 신체 전반에서 일어나는 여러 발달로 인해 변화한다.

6개월쯤에는 첫 치아가 자라나면서 새로운 소리에 영향을 미친다. 아동은 입술-치아, 혀-치아 움직임이 필요한 소리를 낼 수 있게 된다. 머리와 몸을 더 잘 통제하면서 앉을 수 있게 되고, 입술과 혀를 이용한 소리가 증가한다. 또한 아동은 이 시기에 바-바, 마-마와 같은 반복된 소리를 모방하기 시작한다.

8~9개월 정도의 아동은 신체를 더 활발하게 조절할 수 있어, 중력의 반대 방향으로 움직일 수 있다. 이 시기에는 발성과 신체의 움직임이 분리되기 시작하며, 놀이를 하는 동안 옹알이가 증가한다. 대부분의 9개월 아동은 'b' 나 'm' 과 같은 양순음을 이용하여 반복되는 모음과 자음 조합을 연쇄적으로 발성할 수 있다. 또한 혀의 앞과 뒤에서 형성되는 자음을 발음할 수 있다. 아동이 인식하지 못하더라도 이 시기에 첫 자발어가 나타나기도 한다.

12개월이 될 때까지 호흡 패턴에서 복부 조절을 통한 가슴의 확장이 명확히 나타난다. 아동은 새로운 단어를 만들려고 하지만 항상 성공하지는 못한다. 이 시기의 아동은 걷기와 같은 운동 패턴도 학습하기 때문에, 새로운 운동 과제를 수행하기 위해 말 발달이 느려지는 정체 현상이 일어날 수 있다. 약 12~15개월의 아동은 성숙한 발성을 위한 호흡 조절의 기반을 발달시키게 되지만, 성인의 복식-흉식 호흡 패턴을 일관적으로 사용하기까지는 많은 시간이 필요하다.

성장과 성숙은 구강 섭식과 삼키기, 발성에서의 호흡 협응 발달에 중요한 영향을 미친다. 성장 급등은 감각 정보, 운동 활동의 재조직, 길고 변형된 형태의 뼈대와 구조 정렬을 통해 근육을 활용하는 기능의 새롭고 더 잘 협응되는 움직임 발달을 요구하게 된다. 아동은 새로운 움직임을 경험하면서 이런 움직임과 호흡 기능을 협응하는 법을 학습하는데, 새로운 감각적 단서와 근육 활동을 인식하고 가장 효율적이고 효과적인 활동 변화를 통합하는 방법을 익히는 데 시간을 들이게 된다. 이처럼 감각과 운동의 학습 과정은 발달의 전 과정에서 나타난다. 발성 기능뿐만 아니라 섭식과 삼키기는 아동의 전형적 발달에서 예외가 없다. 전형적 발달에 대한 더 많은 정보는 Alexander, Boehme과 Cupps(1993), Bly(1994), Cech와 Martin(1995), Morris와 Kelin(2000)에서 찾아볼 수 있다.

4. 신경운동적 장애를 가진 아동의 섭식과 삼키기

1) 비전형적인 구강운동 활동

최근 몇 년간 비전형적인 움직임 발달에 대한 지식이 증가하면서 초기의 비전형적인 움직임 형태가 아동의 전반적인 발달에 미치는 영향을 더 잘 이해할 수 있게 되었다. 선천적으로 매우 심한 과긴장을 가지고 있으며 신경운동적 손상을 진단받았거나 의심이 되는 일부 아동을 제외하고, 대부분의 아동은 저긴장 상태로 태어난다. 저긴장 상태인 아동이 중력 반대 방향으로 머리나 몸을 움직이기 시작할 때, 아동은 원하는 자세를 취하기 전까지 비전형적인 신체 움직임을 사용하게 된다. 비전형적인 움직임을 사용할수록 근육 조직이 비전형적으로 더 짧아질 것이며, 이런 움직임이 아동의 전체적인 운동 목록에 포함된다. 이런 경험은 근력과 근지구력뿐만 아니라 아동의 신체 움직임과 발달 과정에도 영향을 미친다.

- **빰/입술 수축**
  유지를 위해 빰과 입술 뒤쪽을 비전형적으로 당기는 움직임. 입술이 얇아져 팽팽한 선처럼 보임. 초기에는 비전형적인 머리와 목의 과신장, 혀 수축과 함께 나타남
- **지나친 턱 다물기**
  섭식 중 턱 외부의 유지를 위해 섭식용 도구에 대고 턱을 지나치게 세게 다무는 것. 턱을 한 자세로 유지하는 것이 굉장히 어려울 때 보상적으로 나타남. 구강 촉각자극을 견디기 위해서 나타나는 문제는 아님
- **지나친 혀 내밀기**
  젖 빨기와 유사하게 혀가 앞과 뒤로 움직일 때 나타나며, 혀를 내미는 동작이 지나치게 많음. 혀가 굳은 것처럼 보이기도 함
- **턱 쳐올리기**
  전형적인 젖 빨기 활동에서 나타나는 것보다 더 큰 범위와 힘으로 아래턱이 내려가는 현상. 턱이 열린 채로 움직이지 않을 수 있음. 비전형적인 머리와 목의 과신장을 강화할 수 있음
- **턱을 내밀며 쳐올리기**
  아래턱을 세게 앞으로 내밀며 내리는 현상. 초기에는 수축과 함께 쳐올리기를 활용하여 열려있는 턱을 다물려고 시도할 때 관찰될 수 있음. 보상적 턱 움직임으로 발생함
- **턱을 수축하며 쳐올리기**
  아래턱을 세게 뒤로 당기며 내리는 현상. 초기에는 비전형적인 머리와 목의 과긴장 및 혀의 수축과 함께 관찰됨
- **입술 오므리기**
  동전 주머니의 끈을 당기듯이 입술과 빰을 오므리는 현상. 비전형적인 유지/안정을 위하여 빰과 입술 가장자리가 약간 수축됨. 입술 중앙이 약간 돌출되며 주름이 잡힘
- **혀 수축**
  비정상적인 유지/안정을 위해 혀를 구강-인두 영역으로 세게 당기는 현상. 혀의 윤곽이 경직되어 보일 수 있음. 비전형적인 머리와 목 과신장을 강화함
- **혀 앞부분을 들어 올리며 나타나는 혀 수축**
  치조 융선이나 경구개 반대편으로 혀 앞부분을 들어 올리면서 구강 구조 뒤편의 혀가 유지되는 현상. 혀 앞부분이 올라가면서 뒷부분은 낮아짐. 혀의 과도한 불안정에 보상적으로 나타남
- **혀 내밀기**
  혀를 강하게 밀어내는 현상으로 겉보기에 단단하고 경직되어 보임. 일반적으로 혀 수축에 대한 보상적 동작으로 시도하게 됨
- **긴장성 물기**
  잇몸이나 이 표면에 촉각자극이 제시되었을 때 턱이 강하게 닫히는 현상. 자극을 제거하기 위해 비전형적으로 머리, 목, 몸통을 확장시키며 강하게 턱을 다묾. 턱은 닫힌 자세로 움직이지 않음

[그림 9-3] 비전형적인 구강 움직임

결국 아동이 더 다양한 기능적 활동을 시도하면서 아동의 전신이 영향을 받는다.

운동 발달은 일반적으로 머리부터 발끝(또는 두미방향)까지의 과정으로 여겨, 구강 구조는 영아가 섭식/삼키기와 발성(울음)의 초기 단계에서 활발하게 사용한다고 여긴다. 그렇기 때문에 머리, 목, 구강과 인두 구조, 견갑대, 상부 흉곽에서 신체 움직임의 초기 문제가 드러난다고 생각하는 것은 논리적이다. 그러므로 머리와 목에 과긴장이 있는 아동은 수축과 함께 일어나는 턱 쳐올리기나, 빰/입술 오므리기, 혀 수축 등의 비전형적인 움직임 패턴을 보일 수 있다([그림 9-3] 참조). 심각한 머리와 목의 과긴장으로 인해 아동의 불균형이 두드러지면, 구강 구조 내에서 수축과 편향과 함께 턱을 쳐올리거나, 편향과 함께 빰/입술을 수축시키는 것이 관찰될 수 있다.

이러한 비전형적인 운동 패턴은 아동의 기능적 활동에 극적인 영향을 미친다. 아동은 다른 비전형적인 움직임이나 보상적 전략을 활용하여 원래의 패턴을 극복하려고 노력한다. 원래의 패턴에 수축으로 인한 턱 쳐

올리기나 뺨/입술 수축, 혀 수축을 가지고 있는 아동은 더욱 긴장하며 혀를 앞으로 세게 밀어낼 수 있는데, 결과적으로 혀로 찌르는 동작이 나타날 수 있다. 이러한 보상적 혀 찌르기 동작이 지나치게 명확하면 아동의 원래 문제인 혀 수축을 알아차리지 못하게 된다. 보상적 움직임의 기능을 더 빨리 사용하고 연습할수록 영유아의 전형적 활동 발달과 경험에 미치는 부정적 영향도 더욱 커진다.

근육 긴장 이상이나 무정위 운동형(athetosis; 예를 들면, 뇌성마비의 한 종류) 뇌성마비 아동은 몸통과 사지뿐만 아니라 얼굴과 입 움직임을 조절하지 못하므로, 구강운동 활동의 불안정을 초래하게 된다. 자세 조절과 움직임의 어려움으로 인해 아동은 발성 활동뿐만 아니라 섭식과 삼키기 기능에 사용되는 구강 움직임의 독립과 협응을 발달시키지 못한다.

비정상적인 구강운동 활동은 섭식과 삼키기에 중대한 어려움을 초래한다. 신체에 심각한 과신전이 있는 아동은 혀를 강하게 수축시키거나 내밀 수 있다. 혀를 강하게 수축하면 젖 빨기에 사용되는 혀의 위아래 움직임과 빨기에 사용되는 혀의 앞뒤 움직임이 어려워지며, 액체류, 이유식, 고형 음식물을 먹기 힘들어진다. 삼키기를 위한 혀의 움직임이 최소화되고, 제대로 통제되지 못한 상황에서 음식물이 목구멍으로 넘어가므로 목 걸림을 유발할 수 있다. [그림 9-4]에 제시된 것처럼 혀 내밀기는 입술과 턱 오므리기 발달을 방해하고, 음식물을 입안에서 강제로 밀어내게 한다. 섭식 등의 활동 중에 습관적으로 혀를 내밀면 치아와 위턱의 심각한 기형을 초래할 수 있다.

뺨/입술 수축은 입술과 뺨의 기능적 및 활동적 움직임 발달은 방해하며, 결과적으로 영아는 고무 젖꼭지를 물지 않고는 젖병의 우유를 마시기 어렵게 된다. 입술이 다물어지지 않고 숟가락으로 음식물을 먹을 수 없으므로 윗니로 음식물을 긁어먹어야 한다. 뺨/입술 수축이 있는 아동은 입을 좀 더 다물기 위해서 컵의 가장자리를 물지 않고는 컵의 음료를 마시기 어려울 것이다. 또는 컵 안에 혀를 밀어 넣음으로써 한 번에 입으로 흘러들어오는 음료의 양을 조절하여 기도를 보호할 수 있다. 뺨/입술 수축이 있는 한 물고 씹는 활동 중 고형 음식물 덩어리를 조절하는 것이 매우 어려울 것이다([그림 9-5] 참조).

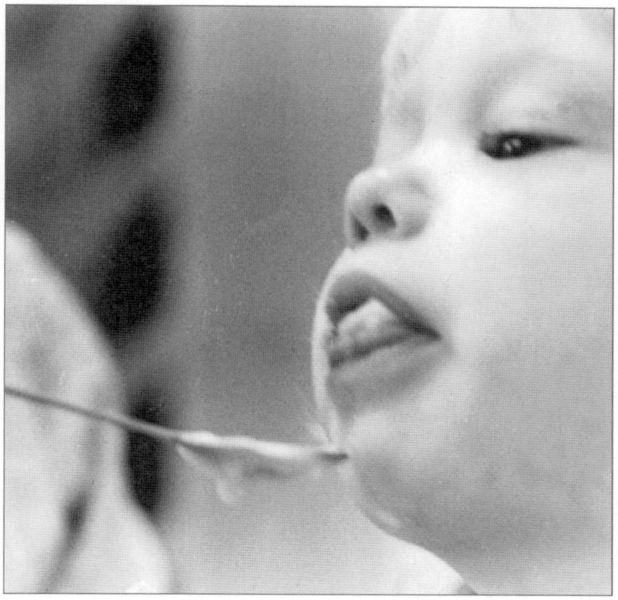

①

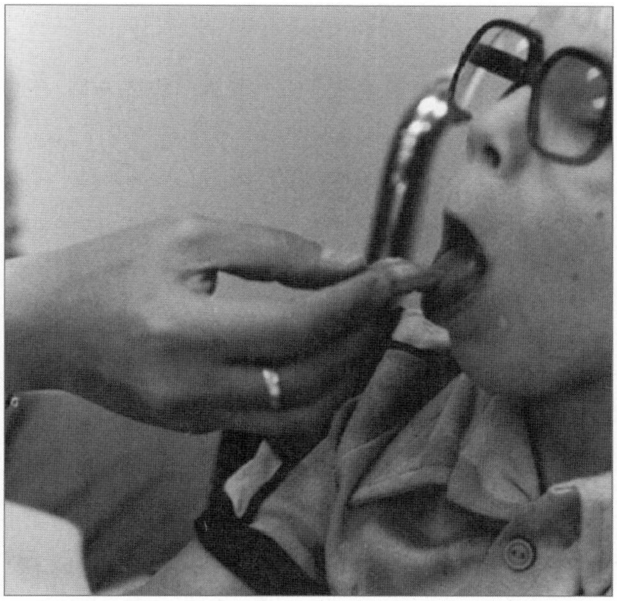

②

[그림 9-4] 숟가락을 사용하거나 고형 음식물을 섭취할 때, 입술과 턱을 활동적으로 움직이지 못하게 하는 혀 내밀기

턱을 세게 내밀며 쳐올리는 것과 턱을 수축하며 쳐올리거나 지나치게 다무는 것은 물기와 씹기에 사용되는 턱 움직임 발달에 많은 영향을 미친다. [그림 9-6]의 아동은 턱을 내밀면서 쳐올리고 있는데, 숟가락을 입안에

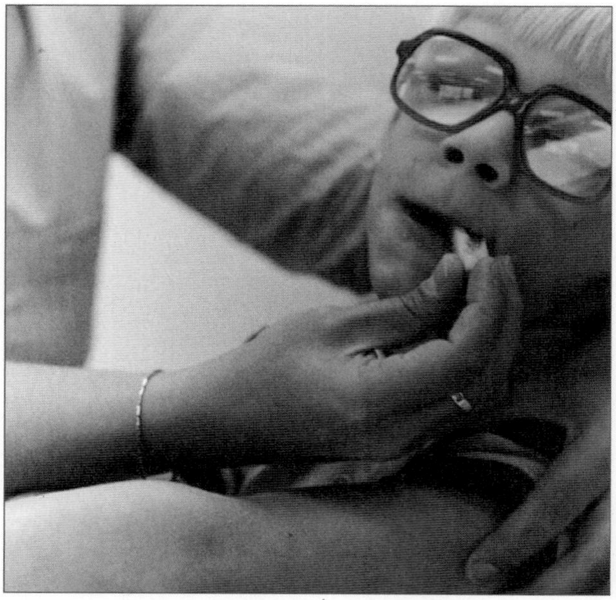

[그림 9-5] 뺨/입술이 수축되면 입술을 다물 수 없다.

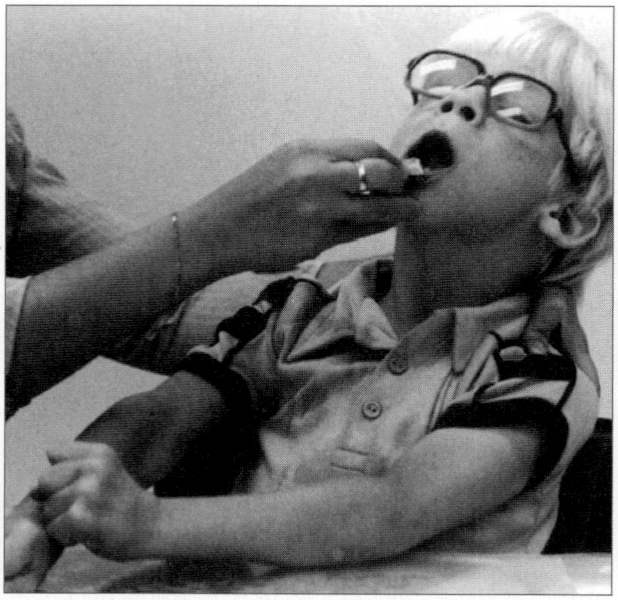

[그림 9-6] 고형 음식물이 제공되었을 때, 머리와 목을 확장하며 턱을 쳐올리는 현상이 나타날 수 있다.

넣을 때 턱을 다물지 못하여 숟가락에 닿는 입술이 제대로 다물어지지 않는다.

숟가락이나 컵으로 먹고 마실 때 지나치게 턱을 세게 다무는 아동은 혀를 이용하여 입속의 음식물을 통제하고, 안전하게 삼키기 위해 음식물을 뒤로 보내는 능력에 부정적인 영향을 받는다. 지속해서 턱을 내밀며 쳐올리거나, 수축하며 쳐올리면 턱의 기형을 일으킬 수 있으며 턱관절에 심각한 문제를 일으킬 수 있다.

불균형이 심하거나, 어깨가 올라가 있으며 머리와 목에 과신장이 있거나, 내전이 있거나, 어깨에 과신장이 있는 아동은 입에 손, 발, 장난감을 가져가서 구강 감각 자극을 즐기는 경험을 해본 경험이 거의 없을 것이다. 구강 감각 경험이 없으면 모든 구강 촉각자극에 대해 비전형적 반응을 보일 것이다. 과긴장이 있는 아동이 다양한 질감의 음식물을 경험하지 못하였다면 질감에 변화가 생겼을 때 강한 구토 반응을 보일 수 있다. 저긴장이 심한 영유아는 구토 반응을 보이지 않거나 아주 약하게 보이므로 입에 가져간 음식물이나 물체가 목구멍에 끼어 상부 기도를 막을 수 있다.

제한된 구강 감각자극을 경험한 아동일수록 모든 구강 촉각자극에 대해 머리/목 확장, 뺨/입술 수축, 혀 수축, 턱 쳐올리기 반응을 보일 것이다. 구강 촉각자극에 대한 습관적이고 비전형적인 구강운동 반응은 아동의 전반적 구강운동 기능 발달을 심각하게 저해할 것이다. 그러므로 구강 섭식이 어려운 아동이라도 구강 촉각자극을 받아야 하며, 이를 통해 양치질처럼 일상생활에 꼭 필요한 구강 활동에 비전형적인 구강운동 반응이 발달하지 않도록 해야 한다.

2) 비전형적인 호흡 기능

비전형적인 자세 조절과 움직임은 호흡 기능에 직접적 영향을 미친다. 몸통 근육에 저긴장이나 심각한 무력함이 있는 아동은 복식호흡 과정에서 숨을 들이쉬는 동안, 종종 복부 팽창이 제한되며 흉골(가슴뼈)이 수축되거나 흉부 척추 쪽으로 당겨지는 현상을 보인다. 머리와 목에 심각한 과신전이 있는 아동은 견갑대의 상승과 내부 회전을 보이며, 흉골과 골반 사이의 근육이 심하게 수축되어 흉부 벽 앞쪽과 흉곽, 복부가 납작해지게 된다. 이러한 패턴이 지속되면 하부 늑골이 심하게 치솟게 되어 상부 흉곽이 납작해지기 때문에 아동이 들이마실 수 있는 공기의 양이 상당히 줄어들어 호흡이 얕아진다.

골격 정렬이나 근육활동 문제로 인해 호흡기능이 제한되었을 경우, 아동의 전반적 호흡기능뿐만 아니라 구강과 인두 활동과 호흡의 협응이 제한된다. 섭식과 삼키기 활동 중에는 음식물이나 침이 기도로 넘어갈 수 있어 안전한 구강 섭식이 어려워진다. 발성 활동 중에는 한 번 숨을 들이마시고 내쉬는 순환 과정 중에 아동이 발성을 시작하거나, 유지하거나, 다양한 소리를 내지 못하게 한다. 가르릉거리는 호흡이나 소리가 들릴 수 있으며, 이는 침 관리 및 후두 활동과 호흡이 잘 협응하지 못함을 보여준다. 구강 및 인두 활동과 호흡이 협응되지 않는다면 아동이 섭식과 삼키기 영역에 문제를 가질 위험이 더 커진다.

3) 종합적인 평가 과정

아동의 구강운동, 섭식/삼키기, 호흡 협응 기능에 대한 종합적인 평가는 이러한 기능 영역에서 나타날 수 있는 전형적, 비전형적 발달에 대해 광범위한 지식을 가지고 있으며, 아동의 기능에 영향을 미칠 수 있는 다른 신체구조(예를 들면, 위장, 폐, 심장)의 기능을 이해하는 전문가가 실시해야 한다. 일반적으로 자격이 있는 소아과 말-언어 병리학자가 이런 평가를 한다. 소아과 구강운동 및 섭식 관련 경험이 많은 작업치료사도 평가 과정에 포함될 수 있다.

섭식과 삼키기에 문제가 있으며, 지체장애나 중복장애가 의심되거나 진단받았고, 일반 학교에 진학한 아동의 다수가 생후 3세 이전이나 유아교육을 받는 동안 평가를 받는다. 일반적으로 학교 전문가가 이러한 문제점을 가지고 있는 아동의 섭식 및 삼키기 기능을 새롭게 모두 평가할 필요는 없다. 그러나 아동의 식사시간 섭식과 관련된 모든 측면(구강 감각적 요구, 영양적 요구, 의료적 요구, 자세 잡기/조작 요구)을 검토하고 가족이나 치료 서비스 제공자와 함께 의논함으로써, 현재 학교에서 성공적으로 이루어지는 식사시간, 간식시간, 양치 활동의 절차를 이어가는 것이 적절함을 확인해야 한다.

만약 교사나 보호자가 판단하기에 아동이 이전에는 발견되지 않았지만 현재 구강운동, 섭식/삼키기, 호흡 기능에 영향을 미치는 문제를 가졌다면, 임상적 평가를 받아야 한다. 임상적 평가는 병력(예를 들면, 의료, 섭식, 폐, 위)에 대한 정보, 부모나 보호자가 먹고 마시는 활동을 포함하는 다양한 활동에서 아동을 관찰한 모든 결과물이다(Alper & Manno, 1996; Arvedson, 2002; Arvedson & Lefton-Grief, 1998; Beecher & Alexander, 2004; Lefton-Grief, 1994; McCurtin, 1997; Morris & Klein, 2000; Pinder & Faherty, 1999; Wolf & Glass, 1992). 임상적 관찰 중 조사되는 주요한 영역과 각 영역에서 질문해야 할 주요한 질문은 다음과 같다.

- 자세 조절과 움직임

1. 휴식 시 아동이 기본적으로 취하는 자세는 무엇입니까?
2. 의도적으로 움직이려고 하거나 의사소통이나 말을 하려고 할 때, 아동의 자세에 변화가 있습니까?
3. 다른 자세를 취하거나 움직일 때, 아동의 머리 조절이나 몸통 활동은 어떠합니까?
4. 섭식, 말하기, 의사소통하기와 같은 활동 중이거나 의도적으로 움직이려고 할 때, 아동의 머리나 몸통 조절에 변화가 있습니까?
5. 머리와 몸통의 움직임이 입술, 턱, 혀, 뺨에 어떤 영향을 미칩니까?
6. 입술, 턱, 혀, 뺨의 움직임에 불균형이 영향을 미칩니까?

- 감각자극에 대한 반응

1. 아동이 시끄러운 소리를 견딜 수 있습니까?
2. 아동이 다양한 시각자극에 어떻게 반응합니까?
3. 아동이 천천히 옮겨질 때와 빠르게 옮겨질 때 자세의 차이가 있습니까?
4. 아동이 새로운 맛에 쉽게 적응합니까? 새로운 냄새에는 쉽게 적응합니까?
5. 사회적 및 정서적 자극이 주어졌을 때 아동이 자세를 강하게 바꾸면서 반응합니까?

6. 몸통, 다리, 팔, 손, 발에 촉각자극이 주어졌을 때 아동의 반응은 어떠합니까? 자극이 강할 때와 약할 때 반응에 차이가 있습니까?
7. 이마, 뺨, 입술을 자극하였을 때 아동의 반응은 어떠합니까? 자극이 강할 때와 약할 때 반응에 차이가 있습니까?
8. 이, 잇몸, 혀, 경구개를 자극하였을 때 아동의 반응은 어떠합니까?

• 호흡 기능

1. 휴식 시 호흡 패턴은 어떠합니까?(설명해 주십시오)
2. 일반적인 움직임에 따른 호흡 패턴은 어떠합니까? 상지를 움직일 때는 어떠합니까? 발성할 때는 어떠합니까? 섭식과 삼키기 활동을 할 때는 어떠합니까?
3. 섭식과 삼키기 활동 중에 숨소리가 커지거나 가르릉거리는 소리가 납니까? 일반적인 움직임을 보일 때는 어떻습니까?
4. 아동이 발성을 쉽게 시작합니까?
5. 소리가 큽니까? 부드럽습니까?

• 섭식 자세

1. 아동이 음료를 마실 때 주로 어떤 자세를 취합니까? 숟가락으로 먹거나 고형 음식물을 먹을 때는 어떻습니까?
2. 섭식 중 아동의 자세 조절과 움직임에 변화가 있습니까?
3. 섭식 중 음식 제공자가 아동의 자세를 조정합니까?
4. 섭식 중 음식 제공자가 아동의 자세 변화에 따라 자세를 수정합니까?

• 젖병으로 마시기/모유 수유/다른 방법으로 음료 마시기

1. 아동은 젖병 빨기나 젖 빨기를 쉽게 시작합니까?
2. 젖병에 사용되는 젖꼭지는 어떤 종류이며, 음식 제공자가 구멍을 넓힌 적이 있습니까? 음료를 걸쭉하게 만들어준 적이 있습니까?
3. 아동이 튜브 섭식을 합니까? 그렇다면 어떤 종류의 튜브를 사용합니까? 튜브로 모든 섭식을 합니까? 아니면 보충적 섭식을 합니까?
4. 아동이 컵의 음료를 빨아들입니까? 입구가 막혀있고 빨대가 달린 컵(spouted cup)을 사용합니까, 아니면 입구가 열려있는 컵(open-rimmed cup)을 사용합니까?
5. 젖병이나 컵으로 마실 때 명백한 비전형적인 구강 움직임이 나타납니까?(설명해 주십시오)
6. 아동이 사레가 들거나, 기침하거나, 구토 반응을 보이거나, 음료를 뱉어냅니까?
7. 음료를 마시는 동안 머리와 목의 확장이 관찰됩니까?
8. 아동이 빨기, 삼키기, 호흡하기를 협응 할 수 있습니까?

• 이유식을 숟가락으로 먹기/부드러운 음식(응집력이 있고 부드러운 고형 음식) 먹기

1. 아동이 숟가락을 이용해 먹는 음식에는 어떤 종류가 있습니까?
2. 숟가락에 담긴 음식을 먹을 때, 아동이 젖 빨기나 빨기 움직임을 사용합니까?
3. 아동이 윗입술을 사용하여 숟가락의 음식을 먹을 수 있습니까?
4. 숟가락으로 먹는 동안 명백한 비전형적인 구강 움직임이 나타납니까?(설명해 주십시오)
5. 아동이 사레가 들거나, 기침하거나, 구토 반응을 보이거나, 음식을 뱉어냅니까?
6. 아동이 삼키기를 할 때 혀 내밀기나 혀 수축을 보입니까?
7. 아동이 입안의 음식물을 많이 흘리며 먹습니까?

• 고형 음식물 물기와 씹기

1. 아동이 경험한 고형 음식물에는 어떤 종류가 있습니까?
2. 아동이 물기 위해 빨기, 젖 빨기, 자동 물기반사를

사용합니까?
3. 부드러운 고형 음식물과 딱딱한 고형 음식물을 일관적으로 조절하여 묾니까?
4. 아동이 씹는 대신 빨기나 젖 빨기를 합니까?
5. 아동이 초기 저작 운동 패턴을 사용합니까?
6. 음식물이 입 가장자리에 있을 때 혀를 한쪽으로 움직입니까?
7. 아동이 입 중앙에 있는 음식물을 가장자리로 옮기거나, 한쪽 가장자리에서 반대편으로 옮길 수 있습니까?
8. 물기를 하는 동안 명백한 비전형적인 구강 움직임이 나타납니까? 부드러운 고형 음식을 씹을 때는 어떻습니까? 딱딱한 고형 음식을 씹을 때는 어떻습니까?
9. 아동이 고형 음식을 먹을 때 구토 반응을 보이거나, 사레가 들리거나, 기침을 하거나, 음식물을 뱉어냅니까?

• 침 흘리기
1. 아동이 각기 다른 자세에서 침을 흘립니까?
2. 아동이 대근육 운동이나 소근육 운동을 할 때 침을 흘립니까?
3. 아동의 이가 자라고 있습니까?
4. 아동이 침을 인식합니까?

• 발성/말하기 중 구강운동 기능
1. 아동이 의사소통을 위해 소리를 사용합니까?
2. 언제 아동이 발성합니까?
3. 발성 활동 중에 명백한 비전형적 구강 움직임이 나타납니까?(설명해 주십시오)
4. 발성의 질을 생각하였을 때 가르릉거리는 소리가 납니까?
5. 된소리나 쉰 소리, 비음, 숨소리가 납니까?

• 의사소통 사용
1. 아동이 의사소통을 시도합니까?
2. 아동이 의사소통을 위해 비전형적인 신체 움직임을 사용합니까?
3. 식사시간 중에 아동은 어떻게 음식 제공자와 의사소통합니까?
4. 아동이 의사소통을 위해 표정을 사용합니까?
5. 아동이 의사소통을 위해 눈, 팔, 손을 사용합니까?
6. 아동이 보완대체 의사소통체계를 가지고 있습니까?

섭식과 삼키기에서 나타나는 문제가 구강운동 결함, 인두 감각이나 운동력 문제, 위장의 문제, 호흡/기도 문제, 기타 신체적 또는 신경학적 문제에 의한 것인지 판단하는 데 이러한 정보가 필수적이기 때문에 아동의 부모와 보호자로부터 추가적인 관련 병력 정보를 얻어야 한다. 아동이 섭취하는 약물로 인해 구강 감각인식 감소, 인두 감각과 이동성 문제, 식욕 저하, 위장 문제가 나타날 수 있으므로 아동이 현재 복용 중인 약물 기록을 철저하게 조사할 필요가 있다.

만약 아동이 호흡기 질병과 폐렴을 자주 앓았다면 섭식하는 동안 호흡과 발성에 가르릉거리는 소리가 나타나거나, 지속해서 기침을 하거나, 기도 흡인이 일어날 수 있다. 아동의 구강과 인두 기능을 더 정확하게 분석하기 위해서는 도구를 활용한 검사가 이루어져야 한다. 소아과에서 가장 빈번하게 사용되는 두 가지 방법은 '삼키기에 대한 비디오 투시 검사(videofluoroscopic study of swallowing; 예를 들면, 구강-인두 운동력 검사, 변형된 형태의 바리움 스왈로 검사; Arvedson & Lefton-Grief, 1998; Benson & Lefton-Grief, 1994; O'Donoghue & Bagnall, 1999)'와 '삼키기에 대한 광섬유 내시경 검사(fiberoptic endoscopic evaluation for swallowing: FEES; Willging, Miller, Link, & Rudolph, 2001)'이다.

만약 아동이 섭식 중이나 후에 지속해서 음식물을 뱉어내거나 토하는 병력을 갖고 있다면 구강 감각 문제와 무관하게 음식물 종류에 예민하게 반응할 수 있으며, 몸무게가 잘 늘지 않거나, 특정 음식물 섭취 후에 지속해서 짜증을 내거나, 만성적 변비가 나타나거나, 식사시간 후에 젖 빨기/빨기 활동이 지속되거나, 위장 기능에 문제가 있을 수 있다. 평가자는 반드시 아동의 소아과 의사나 소아과 위 전문 의사에게 연락을 취해서 상부 그리고/또는 하부 위장관 기능을 더 명확하게 조사할 필요가 있는지 결정해야 한다(Fishman & Bousvaros, 1999; Kaul & Rudolph, 1998; Mascarenhas & Dadhania, 1995; Putnam, 1997; Rossi, 1993; Tuchman, 1994).

평가자는 아동의 내과 의사에게 연락해 의료, 섭식, 호흡 병력 정보와 임상적 관찰에 근거하여 섭식과 삼키기 과정에서 추가적으로 전문적 의료 평가나 도구를 사용한 평가가 필요한지 확인해야 한다. 섭식과 삼키기의 문제는 다양한 원인으로부터 생기며, 아동의 구강운동 기능과 관련이 없을 수 있다. 특정 아동을 위한 최선의 중재를 결정하기 위해서 섭식과 삼키기 문제를 일으킬 수 있는 모든 영역을 조사해야 한다. 종합적 검사는 추가적 조사가 필요한 영역을 알려 주며, 치료가 필요한지에 대한 조언을 제공하고, 식사시간 섭식 전략과 관련된 제안을 할 수 있다.

5. 섭식과 삼키기 중재

섭식과 삼키기 영역에 초점을 맞춘 중재 프로그램은 식사시간 섭식, 간식시간 섭식, 양치와 같은 연속된 활동을 위한 기능적 결과와 전략뿐만 아니라 직접적 치료를 위한 기능적 결과와 전략도 개발해야 한다. 이런 프로그램은 종합적 임상 평가, 섭식과 삼키기에 대해 실시한 도구를 사용한 평가, 추가적인 의료, 행동, 교육 평가를 통해 수집된 정보에 기초하여 개발되어야 하며 정기적으로 수정되어야 한다.

자격을 갖춘 소아과 말-언어 병리학자가 임상적 평가를 실시할 수 있지만, 아동을 위한 팀에 참여하는 학교, 가정, 지역사회 구성원 모두 아동의 섭식과 삼키기 중재 프로그램 개발과 실행에 포함되어야 한다. 섭식과 삼키기 기능은 아동의 전반적 영양 상태, 성장, 의료/건강 상태의 한 부분인 동시에 직접적 영향을 미치기도 하므로 의학적 말-언어 병리학자의 관점에서 논의되는 것이 가장 바람직하다. 개인 맞춤형의 직접적 치료를 위해 마련된 기능 결과와 전략에 있어서는 더욱 그렇다. 식사시간, 간식시간, 양치 활동을 준비하는 과정에서 지속적으로 사용될 수 있는 적절한 전략과 관련하여 아동의 일과에 포함되는 연계된 활동들을 의논해야 한다. 학교 프로그램에 따라 아동은 최소한 하루에 한 번 연계된 활동에 참여할 수 있다.

1) 연계된 활동

식사시간 섭식의 주요한 목표는 미리 결정되어 있는데 최대한 안전하게 충분한 영양분을 섭취하고 충분한 수분을 제공하는 것이다. 아침, 점심, 저녁 식사를 제공하는 모든 보호자는 자신의 업무가 아동의 영양적 요구를 만족시키기 위해 가능한 많은 음식물을 제공하는 것임을 알고 있다. 이전에 시도하지 않았던 새로운 섭식전략을 실행할 시기는 아니다. 아동을 화나게 만드는 전략을 사용함으로써 영양분 섭취를 위태롭게 만들 시기도 아니다. 새로운 전략(예를 들면, 절차, 질감, 맛, 도구)의 첫 시도는 식사시간 섭식상황 이외에서 실행되어야 하며, 아동의 전반적 영양분 섭취와 의료/건강 상태에 부정적인 영향을 미치지 않을 때 비로소 식사시간에 통합될 수 있다. 그러므로 식사시간에는 새롭게 또는 간헐적으로 만들어진 구강운동, 섭식/삼키기, 호흡 협응 요소와 활동이 통합되는 도입, 자극, 보조에 중점을 둔 직접적 치료가 적합하지 않다.

실제 식사시간에 새로운 전략을 포함하기 위해 섭취하는 양을 지나치게 걱정하지 않아도 되는 간식시간을 이용할 수 있다. 이 시간은 섭취해야 하는 음식물의 양이 중요하지 않으므로 먹기의 사회적 측면에 중점을 두거나 아동이 스스로 먹을 수 있도록 하는 데도 적절하다.

식사 후에 구강을 위생적으로 유지하고, 입 속에 잔여물이 남아 있지 않도록 양치를 아동의 일과에 포함하는 것은 중요하다. 입속에 남은 음식물은 치아나 잇몸 문제를 초래할 수 있고, 구강 인두나 후두 영역으로 음식물이 들어가면서 사레나 기침을 유발할 수 있다. 또한 양치를 통해 발성/말하기뿐만 아니라 섭식과 삼키기를 위한 구강운동 활동을 준비하는 데 필요한 구강 감각자극을 제공할 수 있다.

2) 식사시간 섭식을 위한 자세

식사시간 연계 프로그램의 가장 첫 번째, 그리고 가장 어려운 영역은 식사시간 섭식을 위해 가장 적절한 아동의 자세를 찾는 것이다. 섭식을 위한 적절한 자세에는 아동의 연령, 크기, 자세와 관련된 활동과 정렬, 머리·목·몸통 조절, 전형적·비전형적 일반적 구강 움직임 활동, 인두 감각과 운동 기능, 호흡 기능, 위장 기능, 전반적 감각 운동 과정이 반드시 고려되어야 한다. 몸의 균형, 몸통 신장, 목 신장, 자연스러운 머리의 굴곡을 만들어내는 자세는 일반적으로 섭식과 삼키기에 사용되는 구강운동 기능을 위한 신체 정렬의 기반을 제공한다. 그러나 심각한 인두 감각과 운동성 문제, 섭식과 삼키기에 문제를 가지고 있는 아동에게는 목 신장과 자연스러운 머리의 굴곡이 기도 흡인의 위험을 오히려 증가시킬 수 있다. 이런 아동에게는 목 신장과 자연스러운 머리의 굴곡을 요하는 자세가 적절하지 않다.

섭식과 삼키기 문제를 가진 모든 아동에게 적절한 하나의 섭식자세는 존재하지 않는다. 어떤 아동은 얼굴/목을 약간 길게 뺌으로써 음료나 이유식과 같은 음식을 먹을 때 상기도를 보호할 수 있다. 구강운동 문제를 가지고 있는 많은 아동에게는 섭식 중 상반신을 유지하기 위한 얼굴과 목의 과신장과 견갑대 상승이 기도 흡인의 위험을 높일 수 있다. 어떤 아동은 확장된 아데노이드와 편도선과 같은 상기도의 차단으로 인해 섭식 중에 얼굴/목을 길게 빼고 혀를 내밀게 된다. 자세를 특정하게 바꿀 때 아동이 지속적으로 저항한다면 식사시간 섭식 중에 그 자세가 도움이 될 것이라고 여겨지더라도, 이런 자세의 변화를 견딜 수 없는 신체적 이유가 있는지 더 조사해야 하며 단순히 행동적 문제로 치부해서는 안 된다.

한 가지 자세는 신경운동 문제가 있는 아동이 필요로 하는 다양한 자극을 제공할 수 없다. (식사시간 섭식과 같은) 연계된 활동을 위한 고정된 자세와 적절한 신체 정렬을 수립하는 것은 더 나은 구강 움직임을 위한 기반을 제공하지만, 아동이 자신의 구강 구조를 사용해야 하는 다른 기능적 활동에도 반드시 일반화된다고 할 수는 없다. 아동이 적극적으로 항중력 움직임을 조작하고 용이하게 함으로써 활동적인 구강운동 및 호흡 협응을 촉진하게 되는 직접적 치료는 더 일반화되고 통합된 기능적 움직임 발달에 필수적이다.

아동에게 음식을 제공하는 모든 사람은 특정 감각자극에 대한 아동의 움직임 패턴과 반응을 이해해야 하며, 이를 통해 그들은 매시간 또는 매일 일어날 수 있는 변화나 차이에 대해 반응할 수 있다. 만약 아동이 일반 학교 프로그램에 진학하기 전에 섭식, 삼키기, 호흡 영역에 초점을 맞춘 치료 서비스를 받고 있었다면, 특히 신체 정렬이나 자세, 음식 제시와 관련하여 어떤 전략이 가장 성공적이었는지를 관찰하기 위하여 부모나 보호자가 아동에게 음식을 제공하는 것을 관찰하는 것이 필수적일 것이다. 섭식 중 자세 제안은 다음과 같다.

첫째, 심각한 신경운동 문제가 있는 영유아에게 신체 외부의 안정을 제공하고, 균형을 조성하며, 눈 맞춤을 증가시킬 수 있는 자세를 잡아줄 수 있다. 벽 등 안정된 표면에 기대어 놓은 테이블에 보호자가 앉는다. 음식 제공자 쪽으로 경사면이 오도록 삼각 지지대를 올려놓고, 한 쪽은 테이블에 한 쪽은 음식 제공자의 무릎에 닿도록 한다. 아동은 음식 제공자를 바라본 상태로 삼각 지지대에 자리를 잡아, 다리가 음식 제공자의 몸을 감싸게 되며 외전(사지가 몸의 중앙에서 벗어나는 움직임)과 외선이 나타난다([그림 9-7] 참조).

아동이 머리와 몸통 정렬, 목 신장, 자연스러운 머리 굴곡을 더 잘 유지할 수 있도록 하기 위해, 음식 제공자는 손이나 팔뚝의 측면을 사용하여 아동의 흉골에 아래로 누르는 압력을 약간 줄 수 있다. 처음에는, 섭식 중에 아동의 자세를 더 많이 기대게 할 수 있지만 항상 대칭적 신체 정렬을 유지해야 한다. 아동이 바른 자세를 더 잘 유지하게 되면 음식 제공자가 테이블에 더 가까이 앉아 삼각 지지대의 경사를 더 가파르게 조정할 수 있다.

[그림 9-7] 아동은 음식 제공자를 바라본 채로 삼각 지지대 위에 자세를 잡는다.

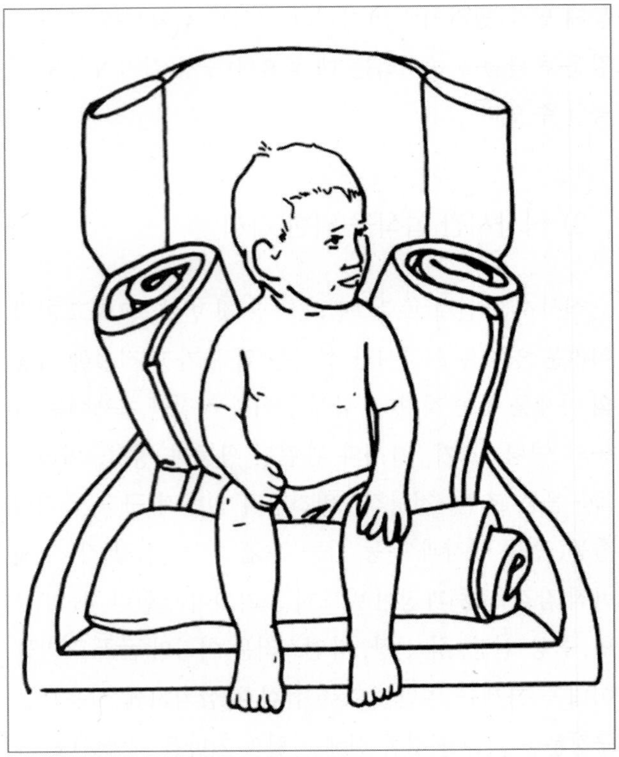

[그림 9-8] 섭식을 위해 아동을 카시트에 앉힐 수 있다.

둘째, [그림 9-8]에 제시된 것처럼 영유아는 등을 기대는 각도를 조절할 수 있는 유아 의자, 카시트, 피더시트(feeder seat)에서 섭식 자세를 잡을 수 있다. 수건을 말아 아동의 허벅지 아래에 두면 엉덩이 굴곡을 더 안정되게 만들고, 신전에 대비하며, 신체를 더 잘 정렬시킬 수 있다. 의자가 아동에게 너무 크면 아동이 가장자리로 떨어질 수 있으므로 양옆에 수건을 말아 두어 몸통을 안정적으로 지지할 수 있다. 음식 제공자는 균형을 잡아주고 눈 맞춤을 잘할 수 있도록 아동 앞에 앉아야 한다. 머리 뒤에 작은 베개나 말은 수건을 받혀주었을 때는 특별한 관리가 필요한데, 머리 뒤쪽에 가해지는 압력이 신근 반발(extensor thrusting)을 촉진할 수 있기 때문이다. 영유아가 바른 자세를 더 잘 유지할 수 있게 되면, 그에 따라 의자를 조정하여 지속해서 자세 유지가 향상될 수 있게 해야 한다.

좀 더 나이가 많은 아동의 경우, 섭식을 할 때 90도로 바르게 앉는 것보다 약간 기울게 앉아야 기도 흡인의 위험을 줄일 수 있다. 이렇게 기대어 앉으면 자연스러운 머리 굴곡, 목 신장, 몸통의 균형이 생기기 때문에 섭식과 삼키기의 스트레스가 줄어든다. 최근에는 심각한 섭식과 삼키기 문제가 있는 아동이 안전한 식사시간을 보낼 수 있도록 뒤쪽의 기울기를 조정할 수 있는 휠체어를 사용하기도 한다. 심각한 신경운동적 문제를 가진 많은 아동 및 청소년은 먹고 마시는 활동을 위해 뒤로 약간 기대는 자세가 필요하지만, 다른 모든 기능적 활동들에도 반드시 이런 자세가 필요한 것은 아니다.

셋째, 아동이 바른 자세를 취하는데 필요한 머리와 몸통의 활발한 조절을 발달시키면서 조정된 높은 의자에서 섭식을 실행할 수 있다. 고무로 된 삼각 지지대나 돌돌 만 수건을 사용해 외전을 유도하면 엉덩이 굴곡이 커지므로 잠재적인 신전을 줄이고 머리와 몸통 정렬을 촉구할 수 있다. 삼각 지지대를 두꺼운 부분이 아동의 무릎을 향하도록 의자에 올려놓을 수 있다. 아동의 허벅지 밑에 수건을 말아 넣는다. 아동의 크기와 신전을 방지하는데 필요한 엉덩이 굴곡의 정도에 따라 삼각 지지대나 수건의 크기를 정한다. 만약 아동의 엉덩이 부분에 자연스

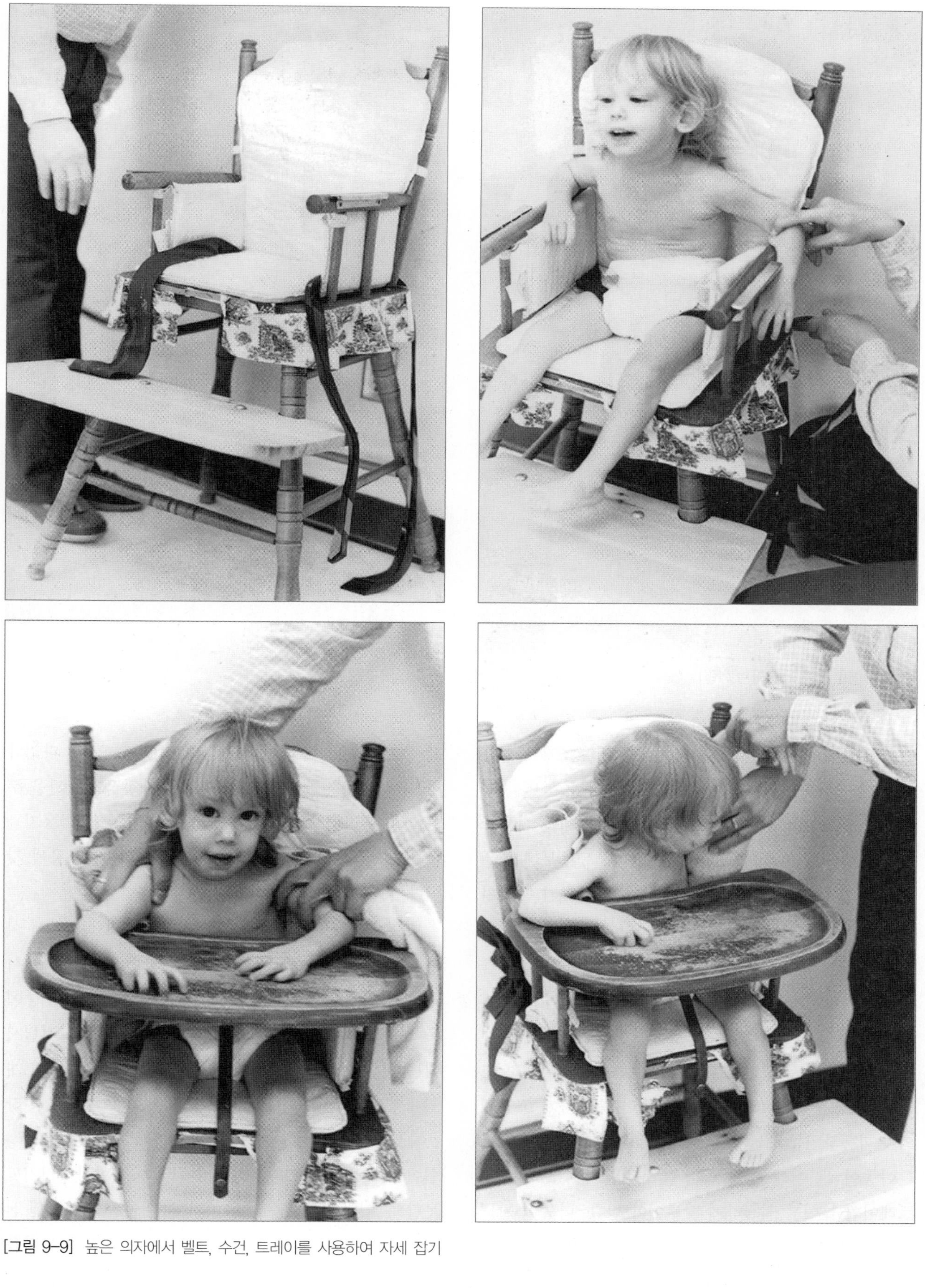

[그림 9-9] 높은 의자에서 벨트, 수건, 트레이를 사용하여 자세 잡기

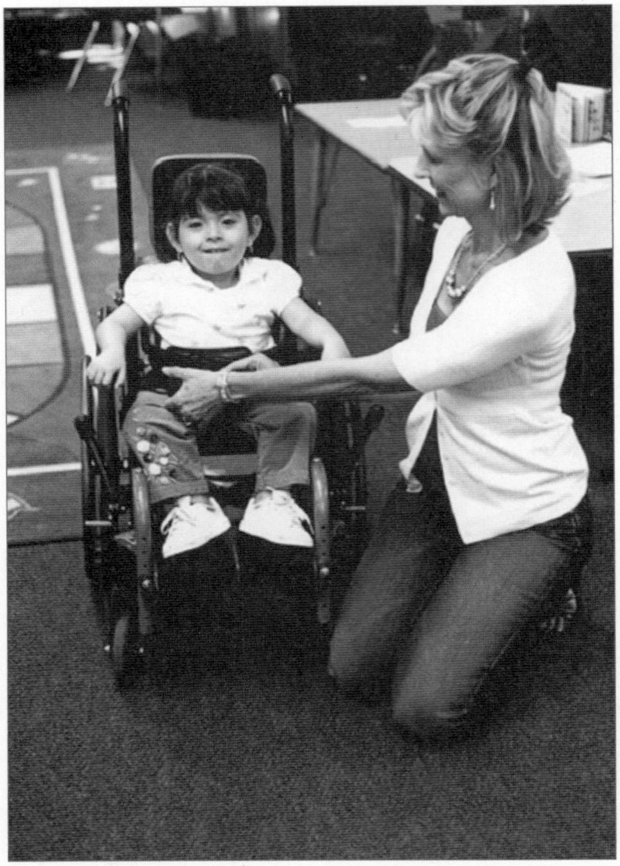
①

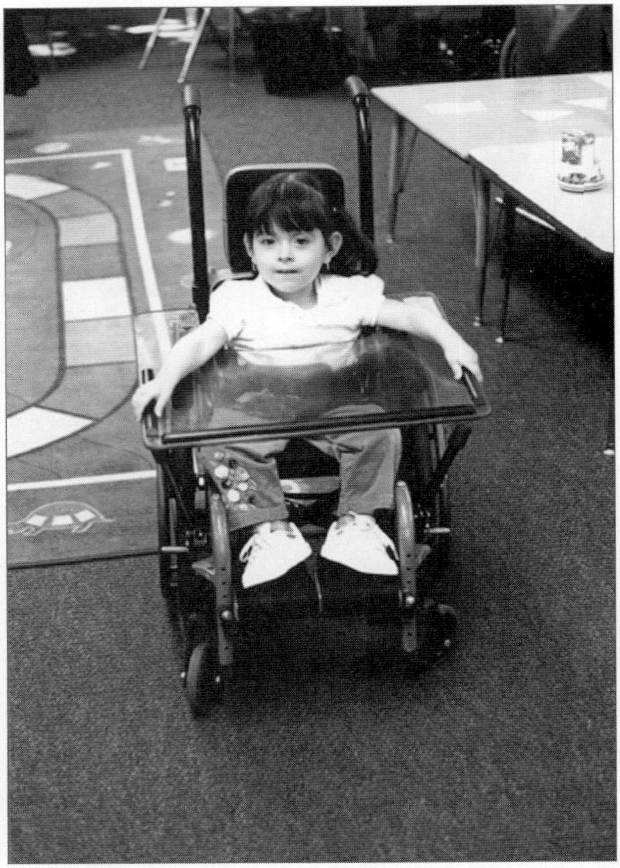
②

[그림 9-10] 휠체어를 타는 학령기 아동의 자세 잡기

러운 굴곡이 생기고, 이를 유지하기 위한 보조가 필요하다면 더 안정적으로 유지할 수 있게 도와주는 특별한 끼움장치(insert)를 구매할 수 있으며, 벨트 2개를 이용할 수도 있다([그림 9-9] 참조). 벨트를 의자 뒷부분에 묶은 뒤 아동의 다리 윗부분에 놓을 수 있다. 벨트가 풀리지 않도록 매듭을 묶어줘야 한다. 아동이 한쪽으로 기울어지는 경향이 있어 중앙을 향해 앉기가 어렵다면, 수건을 조그맣게 말아 아기의 몸 측면과 의자 사이에 끼울 수 있으며, 이를 통해 균형과 몸통 조절을 도울 수 있다. 신체 정렬 요구를 충족시키기 위해서, 아동의 물리치료사 그리고/또는 작업치료사의 도움을 받아 특별하게 고안된 의자 끼움장치를 개발할 수 있다.

아동이 팔, 어깨, 몸통을 더 잘 유지할 수 있도록 의자 트레이의 높이를 적절하게 맞추어야 한다. 아동이 팔뚝을 사용하여 체중을 트레이에 지지하지 못한다면, 기존의 '가슴 높이' 트레이를 조정해야 할 수 있다. 다리와 발을 더 잘 유지할 수 있도록 의자에 안정적인 발판을 부착할 수 있다([그림 9-9] 참조). 하지와 발의 정렬 유지를 돕는 지지대가 있다면 섭식 활동에 유용하게 사용될 것이다.

넷째, 신경운동적 문제가 있으며, 휠체어에 앉아서 식사하는 학령기 아동 및 청소년을 위하여 높은 의자에서의 자세 잡기에 필요한 수정을 논의해야 한다. 섭식 중에 목 신장과 자연스러운 머리 굴곡을 통해 신체를 정렬시키는 것은 연령에 관계없이 신경운동적 문제를 가진 개인에게 필수적이다([그림 9-10] 참조). 인두, 호흡, 위장 문제로 식사시간에 어려움이 발생한다면 바른 신체 정렬이 어려울 수 있으며, 섭식과 삼키기를 향상시키기도 못할 수 있다. 물론 좀 더 나이가 많은 아동의 고착된 신체 기형은 아동의 신체를 정렬시키는 보호자의 능력을

[그림 9-11] 섭식을 위해 복와위 지지대를 사용하기

출처: Illustration by Maya Esteve (2008). Used with permission.

방해할 수 있으며, 섭식을 위한 구강운동 활동에 필요한 조정을 제한할 것이다. 섭식을 위해 마련된 휠체어의 조정이 다른 활동에도 반드시 필요한 것은 아니다. 그러므로 아동이 휠체어에 앉아서 다른 활동을 할 때는 이런 수정을 쉽게 소거할 수 있어야 한다.

다섯째, 섭식시간에 복와위 지지대(prone board), 기립기(prone stander), 기립 보조기(standing frame)에서 자세를 잡으면 신체의 고유수용 감각 입력을 증가시킬 수 있으며, 머리와 몸통 조절의 기반을 제공해주어 결과적으로 구강운동을 더 효과적으로 할 수 있다([그림 9-11] 참조). 이 장비는 테이블에 닿을 수 있거나 트레이가 달려있어야 한다. 이를 통해 아동은 어깨와 팔의 유지를 위해 팔을 앞으로 내밀 수 있다. 아동이 더 자유롭게 전형적인 팔과 손 움직임을 사용하여 음식을 만지고, 섭식 과정 중에 새롭거나 질 좋은 촉각감각을 경험하면 종종 몸통 활동과 유지를 조절하는 것이 더 쉬워질 수 있다. 다른 섭식 자세에 대한 자세한 설명은 Alexander(1987, 1993), Finnie(1997), Morris와 Klein(2000), Mueller(1997), Redstone과 West(2004), Snyder, Breath와 DeMaure(1999), Woods(1995)에서 찾아볼 수 있다.

3) 섭식 기기의 선정

부적절한 섭식 기기는 비전형적 운동 패턴을 조장할 수 있다. 아동이 젖병으로 마신다면 빨기 능력을 향상시킬 수 있는 여러 형태와 질감의 젖꼭지를 사용해볼 수 있다. 음료가 너무 빨리 흘러나오는 젖꼭지는 혀 수축, 혀 내밀기, 턱을 지나치게 다물기를 초래할 수 있으므로 음료의 흐름을 관찰해야 한다. 젖병을 기울이면 안으로 들어가는 공기와 아동이 마시기 위해 들이는 노력이 감소한다. 연령이 높은 아동이라도 젖병 사용이 탈수 방지와 구강을 통한 영양분 섭취에 가장 유일하고 안전한 방법이라면 젖병을 계속해서 사용할 수 있다.

적절한 크기와 형태의 숟가락은 아동의 잇몸이나 이의 측면에 닿지 않아야 한다. 잇몸이나 이의 측면에 숟가락이 닿으면 긴장성 물기를 초래할 수 있기 때문이다. 사용하는 숟가락의 크기는 아동의 연령보다는 턱의 크기와 모양을 고려하여 결정한다. 얕게 파인 숟가락을 사용하면 입술을 최소한으로 움직여도 된다. 강하게 무는 아동에게는 잘 부러지는 플라스틱 숟가락을 절대로 주어서는 안 된다. 심각한 부정교합이 있거나 구강자극에 매우 민감한 아동에게는 얕고 부드러운 재질의 숟가락을 사용할 수 있다. 아동이 유연한 플라스틱 코팅 숟가락을 더 세고 길게 물기 때문에 플라스틱 코팅 숟가락보다는 얕고 좁은 금속 숟가락을 사용하는 것이 낫다.

아동이 덮개가 없는 컵으로 음료를 마실 준비가 되지 않았다면, 덮개가 있고 주둥이가 있는 부드러운 컵을 사용할 수 있다. 이를 통해 마시는 과정 중에 구강활동을 더 많이 사용할 수 있으며 음료의 양과 흐름을 조절하기 쉬워진다. 아동이 컵의 가장자리에 대고 입술을 더 잘 오므릴 수 있도록 음식 제공자가 음료의 흐름을 조절해줄 수 있다. 한쪽 면이 움푹하게 잘린 컵(cutout cup)은 아동의 머리가 뒤로 젖혀지는 것을 방지하여, 기도 흡인으로 이어질 수 있는 머리/목과 신장의 위험을 줄여 준다.

4) 적절한 음식물의 선정

식사시간에 아동에게 제공되는 음식물의 감각적 측면은 아동이 성공적으로 안전하게 먹고 마실 수 있는 능력에 영향을 미친다. 특정 아동은 특정한 질감과 농도의 음식물을 더 잘 다룰 수 있어([그림 9-2] 참조), 기도 흡인의 위험도 적어지게 된다. 인두 운동성 문제를 가진 아동은 일반적으로 걸쭉한 음식물 섭취를 더 어려워하는데, 이런 음식물을 인두, 식도를 통해 위장으로 이동시키기에는 근육의 힘이 더 많이 필요하기 때문이다. 심각한 구강 감각 문제가 있는 아동은 아삭아삭한 음식을 먹을 때 구강 활동을 더 많이 할 수 있다.

특정한 맛, 냄새, 온도의 음식을 선정하는 것은 먹기, 마시기, 삼키기에 사용되는 더 활동적인 구강과 인두 움직임을 촉진함으로써 입안에 있는 음식물에 대한 아동의 인식을 높인다. 어떤 아동은 온도가 차갑다면 어떤 농도의 음료라도 다 마실 수 있다. 비활동적인 구강 영역을 가진 일부 아동은 달콤한 맛보다는 맵거나 신맛의 음식이 숟가락으로 제공되었을 때 훨씬 더 많은 입술과 혀 활동을 보일 것이다. 아동이 먹거나 마시는 음식물이 일반적으로 비슷한 냄새라면, 아동이 먹고 마시는 음식물에 의해 맛의 정의를 내릴 수 있다.

아동이 가진 감각적 문제와 관련하여 아동이 현재 먹는 음식물을 분석하고, 그 정보를 활용하여 아동이 사용하는 감각 정보를 결정함으로써, 더 효과적으로 먹고 마실 수 있는 음식물을 확인할 수 있다. 음식물 선정과 관련된 감각 요인의 분석은 식사시간 중 구강과 인두 움직임 촉진과 영양분 섭취 증가에 중요한 역할을 한다.

오렌지 주스와 같은 산성의 묽은 음료는 묽을 뿐만 아니라 산성이 있어 침의 양을 늘리므로 많은 아동에게 어려움을 줄 수 있다. 우유는 아동의 점액을 증가시키므로 점액에 의한 막힘, 기침, 목 걸림 없이는 마시기 어렵다. 우유의 섭취를 줄이고 우유로 만든 치즈와 같은 고형 음식의 섭취를 증가시킬 수 있다. 점액이나 침의 양을 줄이기 위해서 식사시간동안 우유를 컵에 조금씩 담아서 줄 수 있다.

대다수 아동들은 묽은 퓌레 형태의 음식을 다루기 더 힘들어하며 이런 음식이 약간 걸쭉해졌을 때 더 많은 감각적 단서를 얻는다. 통밀 크래커 덩어리와 같은 덩어리 형태의 음식물을 만들 때는 특별히 주의해야 한다. 이런 형태의 혼합된 질감의 음식은 아동이 다루기에 더 힘들기 때문이다. 덩어리진 음식이나 걸쭉한 음료를 제공할 때에는 농도를 일관되게 함으로써 기도 흡인의 위험을 줄이고 효율적으로 먹고 마시게 할 수 있다. 일관적인 질감의 음식을 제공하기 위해서는 덩어리진 음식을 갈아 묽은 퓌레 형태로 만들 수 있다.

고형 음식물을 선택하는 것은 어려울 수 있다. 아동이 현재 입으로 가져가는 음식의 종류를 신중하게 분석해야 한다. 아동이 씹기 능력을 보인다고 해서 모든 종류의 고형 음식물을 다룰 수 있다고 생각해서는 안 된다. 크래커와 같이 빠르게 용해되는 고형 음식물은 조금만 씹어도 쉽게 부서지고 침과 섞여 삼키기 쉽다. 부드러운 닭고기와 같은 고형 음식물은 잘 뭉쳐지고 씹거나 삼키기 쉽다. 딱딱한 크래커나 브레드 스틱과 같은 고형 음식물은 여러 조각으로 부서지기 때문에 다루기 힘들 수 있다. 아동은 잇몸이나 이로 이런 조각들을 긁고 타액과 잘 섞어 효율적으로 다룰 수 있다. 감각 인지가 낮고 활동이 적은 아동은 더 명확한 촉각 정보를 제공하는 고형 음식물을 더 잘 다룰 수 있다. 단단한 고형 음식물이나 시리얼이 여기에 해당하는데 잇몸이나 이 측면에 긁거나 잘게 부수어 섭취함으로써 씹기 활동을 더 활동적으로 할 수 있다. 음식물의 조정과 관련된 추가적인 정보는 Arvedson과 Lefton-Greif(1998), Kovar(1997), Morris와 Klein(2000), Murphy와 Caretto(1999)에서 찾아볼 수 있다.

5) 구강 구조의 준비

Alexander(1987), Morris와 Klein(2000), Mueller(1972), Murphy와 Caretto(1999)는 구강 촉각자극에 대한 아동의 반응을 바꿀 수 있는 활동의 중요성을 논의하였다. 구강 촉각자극에 대한 과민감성이나 낮은 민감성은 아동의 구강 움직임 협응과 개선의 발달에 부정적인 영향을 미친다. 신경운동적 문제가 있는 아동이 유아기에 구강 감각 탐색활동을 적게 경험한 경우, 구강 자극에 대해 더 민감하게 반응할 수 있다.

구강과 얼굴 과민감성(예를 들면, 과민증)이 있는 영유아는 구강과 얼굴의 촉각자극 이전에 입에서 멀리 떨어져 있는 신체 영역의 촉각자극을 견뎌야 할 필요가 있다. 새로운 감각자극은 아기가 일반적으로 듣는 음악이나 가지고 노는 게임을 통해 제공될 수 있다. 아동의 몸, 어깨, 목, 얼굴에 수건을 강하게 문지르면서, 아동의 손이나 삑삑 소리가 나는 장난감을 촉각자극 게임에 이용할 수 있다. 보호자는 서서히 이런 촉각자극을 입으로 가져갈 수 있다.

아동이 뺨, 이마, 입술의 촉각자극을 받아들이기 시작하면, 구강에 촉각자극을 제시할 수 있다. 아동이 입 외부의 큰 자극을 받아들였더라도 구강 내 자극은 더 강하게 느낄 수 있으므로 주의해야 한다. 그러므로 입안을 건드리기, 강하게 문지르기, 비비기에 사용되는 압력은 서서히 증가해야 한다. 이런 방법을 통해 아동은 자극에 대한 인내와 전형적인 구강운동을 통한 반응을 학습하게 될 것이다.

뺨/입술, 이/잇몸, 경구개, 혀에 제공되는 구강 촉각자극을 다양한 방식으로 제시함으로써, 자극을 수용하는 아동의 능력을 최대화할 수 있으며 구강운동 기능을 활발하게 할 수 있다. 어떤 아동은 자신의 손가락을 입에 넣는 자극만 견딜 수 있지만, 어떤 아동은 보호자가 제공하는 유아용 잇몸 마사지기, 마시지 칫솔, 부드럽고 작은 아동용 칫솔, 자동 칫솔을 다룰 수 있다. 어떤 아동은 진동이나 독특한 맛과 함께 온도가 변하는 구강 촉각/압력이 제공되었을 때 가장 잘 반응하기도 한다. 장난감과 섭식 과제를 활용한 구강 탐색은 아동이 구강 감각을 더 잘 인식하면서 새로운 기능적 구강 활동을 통합시킬 수 있는 기능적 활동이다.

전형적인 구강자극을 제시하는 두 가지 중요한 방법은 아동의 입을 닦는 것과 양치질을 하는 것이다. 아동의 입을 닦을 때는 미지근한 온도의 부드럽고 축축한 천을

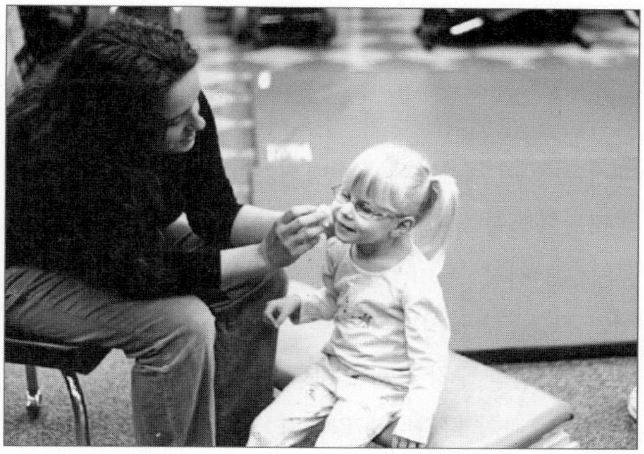

[그림 9-12] 얼굴 닦기

사용한다. 천천히 압력을 주어 얼굴 주변을 가볍게 두드리거나 쓰다듬는다([그림 9-12] 참조). 이 과정 동안 자세를 바르게 유지해야 한다. 아동의 치아가 발달함에 따라 양치질을 시작하게 된다. 부드럽고 작은 칫솔을 사용하여 경구개, 잇몸, 이, 혀에 촉각자극을 제공할 수 있다. 이렇게 조기의 일관된 촉각자극은 아동이 입안의 접촉을 견디게 하며, 긴장성 물기를 줄이거나 없애는 데 도움을 준다.

Mueller(1972)는 좀 더 나이가 많은 아동을 위해 구강 디지털 자극(oral digital stimulation)이라고 불리는 절차를 제안하였는데, 이 절차에는 삼키기 움직임의 협응을 돕고 구강 과민성을 줄여주는 구강 자극의 체계적, 단계적 사용이 포함되어 있다. 전형적으로 발달하는 아기는 입을 움직이거나, 입에 손가락이나 장난감을 가져가거나, 섭식을 통해 입의 촉각자극을 견디게 된다. 신경운동 문제가 있는 영유아에게 서비스를 제공할 때에는 전형적인 발달 과정을 염두에 두어야 한다.

6) 턱, 입술, 혀에 대한 직접적 도움

자세조절과 정렬, 섭식 기기, 음식물의 감각적 측면에서의 변화가 구강조절(oral control)이라고 불리는 활동적이고 조절된 구강 움직임과 직접적 보조를 이끌어오는 것은 아니다. 보호자, 치료사, 교사는 구강조절을 사용하여 혀와 턱의 내밀기의 영향을 줄이면서, 입술 다물

기와 삼키기 협응을 위해 구강조절을 사용할 수 있으며 턱 움직임에 영향을 줄 수 있다. 구강조절의 사용에 대해 팀 구성원이 토의해야 하며, 식사시간 연계 활동이 유용한지 결정한 후 아동에게 실행되어야 한다.

구강조절을 사용하기 전에는 항상 자연스러운 머리 굴곡, 목 신장, 유지, 견갑대 내리기, 정렬되고 길게 늘여진 몸통, 골반/엉덩이 정렬을 해야 한다. 신체 정렬이 마련되어야만 구강조절이 유용하며, 신체가 대칭적이지 않으면 효과가 나타나지 않는다. 구강조절은 다음의 두 가지 자세에서 수행될 수 있다.

첫째, 섭식운동 문제가 있는 아동이 섭식 중 머리를 뒤로 젖히거나 머리를 제대로 조절하지 못하면, 음식 제공자에게 측면을 보이고 앉는 것이 좋다. 보호자, 치료사나 교사는 아동보다 약간 뒤쪽 옆에 앉아야 한다.

- [그림 9-13]에 제시된 것처럼 보호자는 자신이 자주 사용하는 손의 반대 손을 아동의 어깨와 머리 뒤에 두르며, 이때 아동의 머리에 압력을 가하지 않도록 주의한다. 집게손가락을 아동의 아랫입술 바로 밑의 턱에 올려놓아 입술 다물기를 도와준다.
- 아동의 턱뼈 바로 뒤에 가운데 손가락을 위치시키며, 가운데 손가락의 측면 전체가 턱 아래에 평평하게 놓여야 한다. 가운데 손가락에 힘을 주어 혀 아래쪽에서 위쪽으로 압력을 가함으로써 혀 수축과 혀 내밀기를 억제할 수 있다. 단지 아동의 턱을 열고 닫기 위해 구강조절을 사용해서는 안 되지만, 더 활동적이고 협응되는 구강 움직임 촉진을 위해 섭식 및 발성 중에 보조를 지원하기 위해서는 구강조절을 사용할 수 있다.
- 보호자는 엄지손가락으로 아동의 얼굴을 건드리지 말아야 한다. 아동의 얼굴을 건드리거나 시야에 엄지가 보이지 않도록 엄지손가락을 손바닥에 끼우거나 손 옆으로 뻗을 수 있다. 엄지손가락이 뺨에 있을 때, 많은 아동은 뺨의 엄지손가락이나 시야에 보이는 엄지손가락에 부정적인 반응을 보인다.

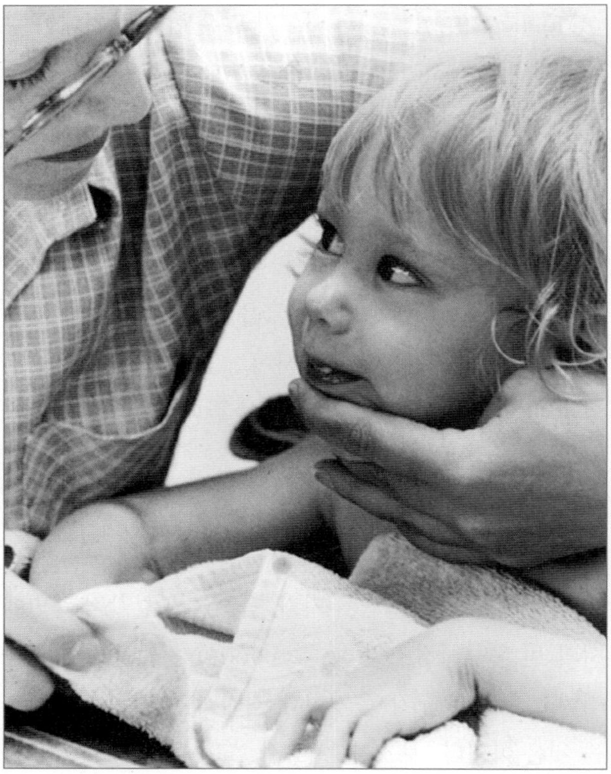

[그림 9-13] 측면에서의 구강조절

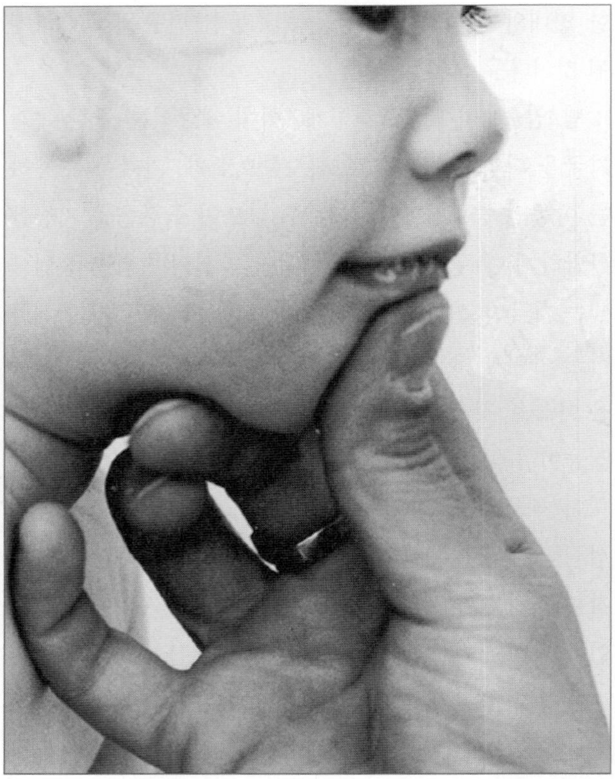

[그림 9-14] 앞에서의 구강조절

둘째, 신경운동적 문제가 있는 아동이 머리 조절을 잘 하거나 카시트나 유아 의자에 약간 기대거나 바르게 앉을 수 있다면, 보호자는 아동의 앞에 앉아 구강조절을 실시한다([그림 9-14] 참조).

- 양육자는 아동의 아랫입술 바로 밑의 턱에 엄지손가락을 바르게 놓아 입술 다물기를 돕는다.
- 측면에서 구강조절과 마찬가지로, 턱뼈 바로 밑의 턱에 가운데손가락의 측면이 닿게끔 올려놓고 혀 내밀기나 턱 내밀기를 방지한다.
- 만약 아동이 촉각자극에 대해 과민반응을 보이지 않는다면 집게손가락을 뺨에 올려놓는다. 만약 아동이 촉각자극에 민감하게 반응하면 손가락이 뺨에 닿지 않게 해야 하며 시야에도 보이지 않게 한다.
- 아동이 머리와 몸통을 잘 정렬할 수 있도록 새끼손가락을 이용해 아동의 흉골에 약간의 압력을 줄 수 있다.

구강조절은 섭식과 삼키기 활동 중에 활동적인 턱, 입술, 혀 움직임을 촉진하기 위한 유일한 방법이다. 모든 중재 프로그램이 그렇듯이 목표는 아동이 외부적 보조를 받지 않고도 스스로 구강 구조를 잘 조절할 수 있도록 도와주는 것이다. 그러므로 구강조절은 초기에 사용되었다가, 아동이 자신의 구강 움직임을 잘 조절하게 되면 줄어들거나 제거되어야 한다.

아동의 입을 완전히 다물게 하여 구강 움직임을 없애는데 구강조절을 사용해서는 안 된다. 보호자, 치료사, 교사는 전형적인 아동이 활동적인 구강 협응을 성취하기 위해 경험해야 하는 움직임을 반드시 기억해야 한다. 구강조절의 목적은 구강 활동 협응 사용을 촉진하면서 비전형적인 구강 움직임을 줄이거나 제거하는 것이다.

7) 컵으로 마시기

전형적으로 발달하는 아동은 최소 6개월부터 컵으로 음료를 마시기 시작한다. 그러나 6개월 아동이 효과적으로 잘 협응되고 잘 조절된 방식으로 컵에 담긴 음료를 마실 수 있다는 것은 아니다. 컵으로 음료를 마시는 초기 경험을 통해 아동은 입술, 턱, 혀, 뺨을 사용하는 법을 학습하게 됨으로써 결과적으로 이런 능력을 발달시킬 수 있게 된다. 구강 내부의 촉각자극을 최소화하면서 더 활동적인 입술 움직임, 턱 내부 조절, 협응된 혀 움직임을 촉진할 수 있다는 점에서 전형적으로 발달하는 아동과 마찬가지로 신경운동적 문제가 있는 아동이 컵으로 음료를 마시기 시작하는 것은 매우 중요하다.

다양한 방법을 활용하여 음료를 마시기 시작하면서 아동은 주로 덮개가 있고 주둥이가 달린 컵을 사용하기도 하고, 덮개가 없는 일반적 컵을 사용하여 물이나 주스를 몇 모금 마시기도 한다. 부드러운 덮개가 있고 주둥이가 달린 컵은 음료의 흐름, 양, 방향을 조절해 주는 동시에 아동이 턱, 혀, 뺨/입술을 사용하여 음료를 빨아들일 수 있게 한다. 단단한 덮개가 있고 주둥이가 달린 컵은 일반적으로 부드러운 것보다 크기가 작다. 아동이 주둥이를 입술로 잡으면서 동시에 음료를 빨아들이는 구강 내부의 부압을 사용할 수 있을 정도로 구강 구조를 잘 조절할 수 있게 되면 이런 컵을 더 효과적으로 사용할 수 있다. 물론 신경운동적 문제가 있는 아동이 이/잇몸에 닿는 촉각감각을 다루는 데 심각한 문제를 보인다면 덮개가 있고 주둥이가 달린 컵을 사용하는 것은 더 어려워진다. 혀의 수축, 지나치게 턱 다물기, 턱을 내밀며 쳐올리기, 뺨/입술 수축을 초래하기 때문이다. 그러므로 덮개가 없는 컵을 사용하여 음료를 제시하는 것이 더 좋다.

섭식 기기에 관한 부분에서 설명하였던 것처럼 유연한 플라스틱으로 만들어졌으며 한쪽 면이 움푹 파인 컵을 초기에 사용할 수 있는데, 이런 컵은 마시기 과정 중에 컵이나 아동의 머리가 뒤로 젖혀지는 것을 방지한다([그림 9-15] 참조). 보호자가 유연성이 있는 컵을 사용하면 아동의 입에 음료가 잘 흘러 들어가게 할 수 있다. 컵의 가장자리를 아동의 입술 사이에 올려놓되 아랫입술에 압력을 주어서는 안 된다. 컵의 가장자리가 이에 닿으면 긴장성 물기나 턱 쳐올리기가 나타날 수 있으므로 주의해야 한다. 아랫입술에 압력이 너무 많이 가해지면 활

①

②

[그림 9-15] 단계적 입술 움직임과 단계적 음료 제시를 사용하여 컵으로 마시기

동적인 입술 다물기 자극의 기회가 줄어든다.

보호자는 아동을 향해 컵을 약간 기울여 음료가 입술에 닿으며 흘러나올 수 있도록 한다. 음료는 아동의 입으로 쏟아지는 것이 아니라, 아동이 입술을 사용하여 음료를 끌어들일 수 있도록 입술에 닿아야 한다. 만약 아동이 음료를 조절하는 데 어려움을 보인다면 보호자가 컵의 기울기를 줄여 음료의 흐름을 막고, 아동이 입안의 음료를 다룰 수 있도록 기회를 제공할 수 있다. 지속적으로 컵을 치웠다가 다시 가져다주는 것보다는 기울기를 조절함으로써 시각적 자극을 줄일 수 있다. 컵으로 음료를 마시는 과정 동안 아동의 머리는 자연스러운 굴곡을 취해야 하며 목을 신장시킨 상태여야 한다. 머리가 뒤로 젖혀지면 음료가 입과 인두로 빨리 흘러 들어갈 수 있으며, 삼키기의 문제나 삼키기와 호흡하기의 협응 문제, 기도 흡인의 위험을 불러올 수 있다.

아동이 윗입술을 거의 또는 전혀 사용하지 않으면 컵의 가장자리를 윗입술에 대고 음료가 입술을 건드리도록 함으로써 윗입술 활동 촉진을 도와줄 수 있다. 걸쭉한 음료도 윗입술 활동 촉진과 삼키기를 위한 혀의 협응 된 움직임을 도와줄 수 있다.

식사시간에 컵으로 음료를 마시는 활동 중에 가르릉거리는 호흡 소리가 들리거나, 기침과 사레가 자주 발생하면, 아동의 구강운동, 섭식/삼키기, 호흡 협응 치료 서비스를 담당하는 말-언어 병리학자에게 즉시 연락을 해야 한다. 식사시간에 사용되는 전략을 변화시킬 수 있으며, 기도 흡인의 위험을 줄이기 위해 문제의 원인을 조사해야 한다.

8) 숟가락으로 먹기

보호자는 식사시간에 숟가락으로 음식을 제공할 때 다음의 몇 가지 요소를 기억해야 한다.

① 숟가락 앞쪽에 음식물을 조금 올려놓는다. 음식물을 많이 올려놓을 경우 아동이 소비하는 양을 늘려주기보다는 흘리는 양을 증가시킬 수 있다.
② 숟가락을 입의 중앙에 둔다. 아동이 머리를 뒤로 젖히도록 자극하는 동작과 함께 숟가락을 제시하거나 치워서는 안 된다. 즉, 숟가락은 항상 아동의 입 앞에 있어야 하며 시야에 보여야 한다.

③ 숟가락에 대고 입술을 더 잘 다물게 하며 혀의 수축을 방지하기 위하여 숟가락의 우묵한 부분이 혀 중앙에 평평하게 닿도록 눌러 준다. 압력을 가하기 전에 혀가 입 바닥에 있는지 확인한다. 압력이 가해지면 입술이 자동으로 숟가락을 감싸고 닫히게 된다. 이렇게 입술이 다물어질 때, 아동의 이나 잇몸을 긁지 않은 상태에서 입의 중앙으로 숟가락을 빼낸다.

④ 숟가락으로 먹는 과정 내내 구강조절을 사용하여 일관된 턱 유지와 활동적 입술 다물기를 촉진할 수 있다. 사용될 경우, 구강조절은 숟가락으로 먹는 과정 내내 계속해서 지속하여야 하며, 숟가락을 입에서 빼낸 후에도 지속함으로써 혀와 턱 쳐올리기를 방지할 수 있다([그림 9-16] 참조).

⑤ 숟가락으로 먹을 때 주요한 구강운동 문제가 있는 아동은 묽은 형태보다는 걸쭉한 퓌레 형태의 음식을 더 쉽게 먹으며 삼키기를 위해 구강 구조 뒤쪽으로 더 잘 이동시킬 수 있다. 식사시간 섭식과 삼키기를 방해하는 심각한 인두 문제가 있는 아동은 걸쭉한 퓌레 형태의 음식이 인두와 식도를 지나갈 때 힘들어할 수 있으며, 정제된 퓌레 형태 또는 묽은 퓌레 형태의 음식을 더 쉽게 다룰 수 있다.

⑥ 음식을 다시 제시하기 전에 아동이 숟가락의 음식물을 삼킬 수 있도록 충분한 시간을 주어야 한다. 아동이 다음 음식을 먹을 준비가 되었는지 확인할 수 있는 신호를 찾아내어야 한다. 구강운동 문제, 구강과 인두 감각인식의 제한, 인두 이동성 문제가 있는 아동은 음식물을 입 뒤편, 인두와 식도를 거쳐 위장으로 완전히 보내는 데 더 많은 시간이 걸릴 수 있다. 지나치게 빨리 음식을 먹이게 되면, 두세 숟가락 정도 음식을 먹은 후 아동이 보호자를 밀쳐내고 음식을 거부하는 결과를 이끌 수 있다.

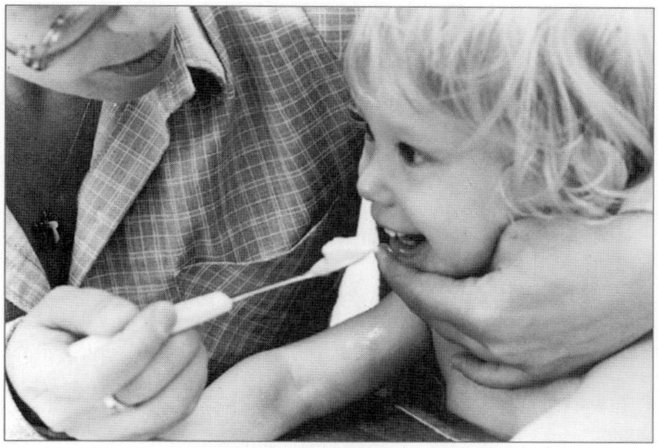
①

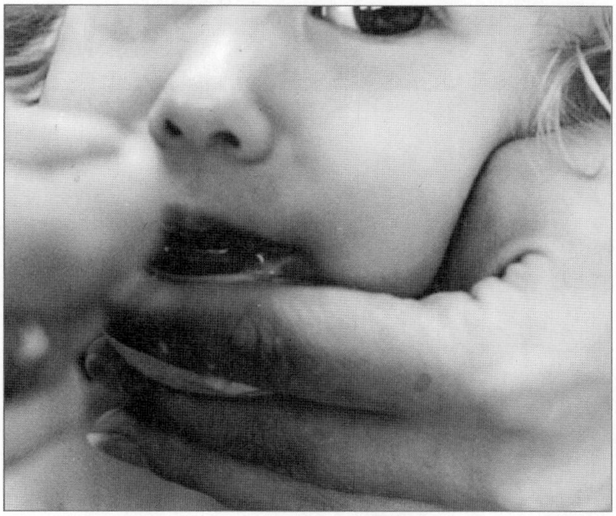
②

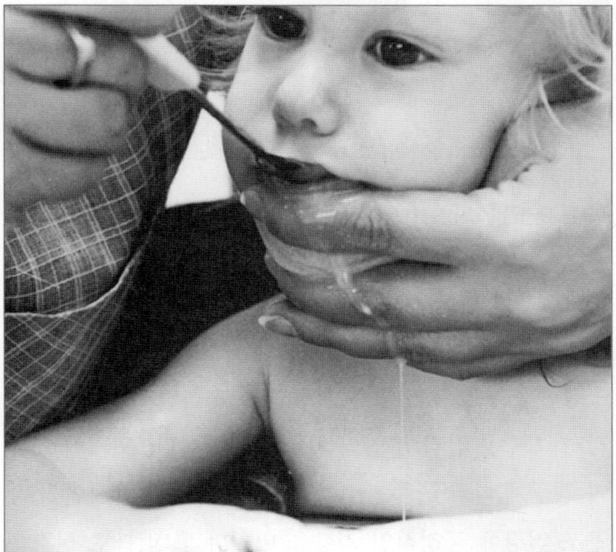
③

[그림 9-16] 구강조절을 사용하여 숟가락으로 먹이기

9) 고형 음식물

일반적으로 아동은 생후 5개월부터 이가 나는 과정 중

①

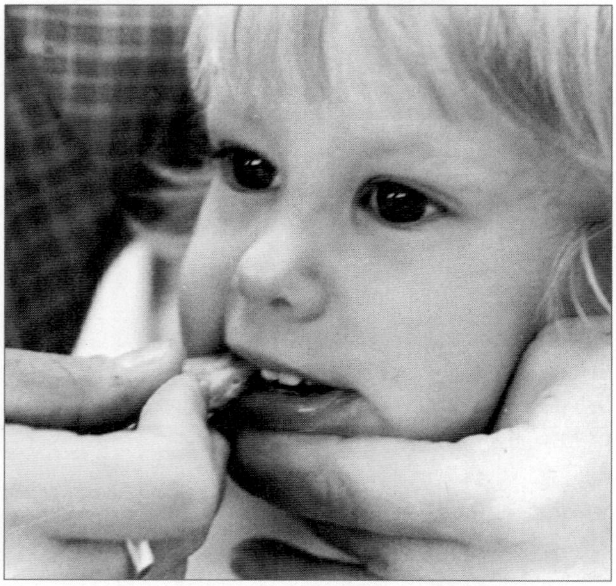
②

[그림 9-17] 고형 음식물 제시

에 단단한 고형 음식물을 경험하기 시작한다. 단단한 고형 음식 제공은 구강 감각인식과 통합, 구강운동 활동, 구강운동과 호흡의 협응 발달에 필수적인 조기 구강 촉각/자기수용 감각 투입의 기초를 마련한다. 조기에 잇몸과 경구개 자극을 주는 것은 치아 발육과 전반적인 구강 구조 건강에 긍정적인 영향을 미친다. 그러므로 신경운동적 문제가 있는 아동에게 고형 음식물을 늦게 제공할수록, 아동이 고형 음식물을 견디지 못하고, 다양한 질감의 음식을 다루지 못하며, 혀와 턱을 사용하여 진보되고 협응이 잘 되는 활동을 하기 어려울 가능성도 커진다. 고체(예를 들면, 음식, 장난감)나 구강 탐색에 대한 경험이 제한된 아동일수록 이가 느리게 자랄 수 있다.

고형 음식물의 제시는 반드시 전형적인 씹기 과정 발달을 반영해야 한다. 고형 음식물이 입의 측면에 제시되었을 때 아동은 진보한 구강 움직임을 사용하여 음식물을 다룰 수 있게 된다([그림 9-17] 참조). 고형 음식물을 앞쪽에 제시하면 빨기나 젖 빨기와 같은 초기 구강 움직임이 나타날 수 있다. 신체가 올바르게 정렬되었다면 고형 음식물을 입 측면의 잇몸과 이 사이에 제시할 수 있다. 만약 턱을 제대로 유지하지 못한다면 구강조절을 사용할 수 있다. 적절한 음식물 제시를 통한 턱의 유지에 대한 자극을 통해 아동이 자동적으로 턱과 혀 움직임을 사용할 수 있도록 도와주어야 한다.

아동은 일반적으로 젖니가 남아 있을 때 크래커, 치즈, 부드러운 치킨, 시리얼, 파스타와 같이 잘 용해되고 부드럽게 씹을 수 있는 딱딱한 고형 음식을 먹기 시작한다. 성숙한 씹기의 발달은 긴 과정이지만, 복잡한 혀와 입술 패턴을 동반한 턱의 회전 운동은 아동이 더 발달한 후에야(약 3세 정도 되었을 때) 사용될 수 있다. 그러므로 우리는 신경운동적 문제가 있는 아동이 자동으로 이런 움직임을 보일 것이라고 기대해서는 안 되며, 간식시간이나 다른 활동을 통해서 아동에게 기회를 제공하는 데 초점을 맞춤으로써 여러 질감의 음식물을 경험하여 앞으로 나타날 식사시간의 변화를 준비하도록 해야 한다.

10) 구강 및 인두 활동과 호흡 협응 촉진하기

신경운동적 문제가 있는 아동이 가지는 구강 및 인두 활동과 호흡 기능 협응에서의 어려움은 섭식과 삼키기 중에 나타나는 문제에 직접적인 영향을 미칠 수 있다. 이런 아동은 또한 일반적 활동, 소근육 활동, 상지 활동뿐만 아니라 숨쉬기와 발성의 협응 능력에도 어려움을 보일 수 있다. 흉곽의 유동성과 정렬, 호흡 근육 활동, 호흡 협응에 문제가 있다면, 해당 아동을 위한 프로그램에는 자세 잡기를 통한 신체 정렬뿐만 아니라 조작/움직임 촉진 활동의 중요성에 대해 인식해야 한다. 이를 통해 아동은 구강 및 인두 기능을 지지하는 호흡 토대를 발달시킬 수 있다. 활발한 반(反)중력 움직임과 더욱 활발한 복부 근육 조절을 자극하는 조작 및 움직임 촉진은 아동이 더 깊고 더 오래 유지되는 호흡 패턴을 가질 수 있도록 돕는다. 이런 패턴은 섭식, 삼키기, 발성을 위해 더 잘 협응되는 구강 및 인두 활동의 근본이 된다.

호흡 기능 수정을 위한 조작 기술은 반드시 흉곽과 견갑대 뼈대의 유동성과 정렬을 도와야 하며, 흉곽, 복부, 기타 호흡 근육을 포함한 호흡 근육 활동을 자극하며, 구강과 인두 근육 활동을 증가시켜야 하며, 이런 통합적 정보가 아동의 섭식, 삼키기, 발성과 같은 기능적 움직임 활동을 도와줄 수 있어야 한다. 자세 잡기를 통한 신체 정렬을 포함하는 연계된 활동들은 구강 및 인두 활동과 호흡 협응 향상을 도모하며, 아동의 중재 프로그램에 필수적이다. 치료 과정 중에 아동에게 조작 및 움직임 촉진 기법을 사용하는 말-언어 병리학자, 물리치료사, 작업치료사는 교사와 보조원과의 토의를 통해 어떤 자세 잡기 방법과 조작 기법이 학교생활 중에 사용될 수 있는지 결정한다. 이를 통해 아동은 교실 기반 활동을 하는 동안 더 활동적으로 움직일 수 있는 기반을 가질 수 있으며, 치료 중에 더 진보한, 더 통합된 활동을 진행할 수 있는 자세의 기반을 다질 수 있다. 아동을 관리하는 모든 구성원은 구강운동, 섭식/삼키기, 호흡 협응 기능과 관련된 자세 조절과 움직임 기법을 통합시킴으로써, 아동이 일과 중의 활동과 연계된 활동에서 최대한 이런 기법에 노출될 수 있도록 해야 한다.

요약 및 결론

지체·중복장애 학생은 종종 섭식과 삼키기 문제를 보인다. 섭식과 삼키기에서 나타나는 특정 문제의 원인은 아동마다 다를 수 있다. 아동의 구강운동, 섭식/삼키기, 호흡 협응 기능에 대한 종합적 평가와 함께 적절한 중재 프로그램이 실행되어야 한다. 이런 프로그램은 임상적 검사와 도구를 사용한 검사의 결과, 의학적 및 교육적 분야에서 추가로 조사해야 한다고 판단한 결과물에 기초해야 한다. 아동의 일과에서 필요한 활동은 통합되어야 하며, 이때 가정, 학교, 지역사회의 중재 팀 구성원도 참여해야 한다. 만약 아동의 섭식과 삼키기 활동에 치료가 필요하다면, 섭식과 삼키기 문제에 관련된 의학적 기초를 이해하며 자격을 갖춘 소아과 말-언어 병리학자가 치료 서비스를 시작하게 된다. 또한 이들은 식사시간, 간식시간, 양치 활동과 연계된 활동 중에도 적절한 관리 전략을 실시할 수 있다. 아동의 학교 프로그램에 관련된 주요한 전문가와 보조전문가는 아동의 연계된 활동 중에 사용될 수 있는 절차에 대해 훈련받아야 한다.

토의 문제

1. 구강운동 기능을 제외하고 아동의 섭식 및 삼키기 활동에 영향을 미치는 변인의 예를 제시해 보자.
2. 아동의 섭식과 삼키기 기능에 대한 임상적 평가에서 조사되어야 하는 영역을 토의하고, 어떤 상황에서 도구를 사용한 추가적 검사가 필요한지 논의해 보자.
3. 음식과 음료가 가지는 다른 감각적 특징을 토의하고, 아동의 식사와 관련된 감각 측면을 어떻게 수정해야 전반적 섭식 및 삼키기 활동에 긍정적 영향을 미칠 수 있는지 논의해 보자.
4. 아동의 섭식 및 삼키기 치료 과정과 관련하여 일관적인 의사소통을 유지하기 위해 중재 팀이 실행할 수 있는 전략에는 어떤 것이 있는가? 그리고 새롭게 발달되는 활동의 통합을 돕는 연계된 활동 중에는 어떤 수정이 이루어질 수 있는가?

유용한 사이트

- Dysphagia Mail List

http://list.b9.com/mailmanfo/listin/dysphagia

이 온라인 메일 리스트는 다양한 전문가가 임상 사례를 토론할 수 있도록 삼키기와 연하장애와 관련된 다양한 연구 주제와 임상 주제에 관련된 질문을 제기하기 위한 포럼을 제공한다. 구독하고자 한다면 웹사이트에서 가입 신청을 해야 한다. 모든 독자에게 메시지를 보내고자 한다면 dysphagia@b9.com으로 보내면 된다.

• Dysphagia Resource Center

http://dysphagia.com

Dysphagia Resource Center는 삼키기와 연하장애와 관련된 자료를 위한 중요한 원천이다. 해부학과 생리학, 질병과 삼키기, 기관과 재단, 연구정보와 자금, 인터넷 저널, 참고자료 목록, 서적 목록, 리뷰와 컨퍼런스 일정과 같은 영역의 링크를 제공한다. 삼키기와 연하장애와 관련한 자료를 판매하는 회사의 링크도 제공한다. 'tutorial and article'은 삼키기와 관련한 주제와 연하장애와 관련한 광범위한 목록을 제공한다. 또 dysphagia resource center는 dysphagia mail list Archive를 위한 사이트다. Dysphagia mail list archive는 1995년부터 현재까지 dysphagia mailing list에 해당하는 모든 것을 저장하고 있다.

• New Vision

http://www.new-vis.com

New Vision은 설립자 임원인 Suzanne Evans Morris 박사가 1985년에 설립했다. 이것의 중요한 초점은 '섭식, 삼키기, 구강-운동, 언어 이전 문제를 지닌 유아와 아동이 함께 하는 부모와 전문가에게 교육과 치료서비스를 지속하는 것'이다. New Vision 워크숍과 임상 서비스에 관한 정보는 웹사이트를 통해 이용 가능하다.

이 웹사이트는 소아과적 섭식, 구강기능, 식사 시간 행동 및 활동과 관련 있는 치료 자료, 테이프, 책에 관해 광범위하게 다룬 카탈로그를 제공한다. 또한 식사 카탈로그의 주문에 대한 위치 정보가 제공된다.

웹사이트의 가장 귀중한 섹션의 하나는 'Feed your mind' 라고 불리는 섹션이다. Morris가 설명한 소아과 섭식과 구강-운동에 관한 특별한 이슈는 'information paper'에서 찾을 수 있다. 'link we like'는 다른 영역의 웹사이트 주소에 주석을 달아 놓는데, 이 웹사이트의 영역은 해부학과 생리학, 섭식 발달, 섭식과 삼키기, 위장 관련 자료, 호흡기관 자료, 건강과 영양, 감각운동 과제, 교육과 치료 자료 등이다. 링크는 전문적인 협회를 위한 자료이며, 생산과 서비스, 양육자료, 메일링 목록 등을 전문가와 부모에게 값진 자료로 제공한다.

참고문헌

Alexander, R. (1987). Prespeech and feeding development. In E. McDonald (Ed.), *Treating cerebral palsy: For clinicians by clinicians* (pp. 133-152). Austin, TX: PRO-ED.

Alexander, R. (1993). Respiratory and oral-motor function. In B. Connolly & P. Montgomery (Eds.), *Therapeutic exercise in developmental disabilities* (2nd ed., pp. 125-135). Hixson, TN: Chattanooga Group.

Alexander, R., & Beecher, R. (1992). Definition developed and used in workshops on pediatric feeding and swallowing and pediatric oral-pharyngeal motility studies. Unpublished handout.

Alexander, R., Boehme, R., & Cupps, B. (1993). *Normal development of functional motor skills: The first year of life.* San Antonio, TX: Therapy Skill Builders.

Alper, B. S., & Manno, C. (1996). Dysphagia in infants and children with oral-motor deficits: Assessment and management. In J. Arvedson & M. Lefton-Greif (Eds.), Pediatric dysphagia: Complex medical, health, and developmental issues. *Seminars in Speech and Language, 17,* 283-310.

Arvedson, J. (2002). Oral-motor and feeding assessment. In J. Arvedson & L. Brodsky (Eds.), *Pediatric swallowing and feeding: Assessment and management* (2nd ed., pp. 283-340). Albany, NY: Singular.

Arvedson, J., & Lefton-Greif, M. (1998). *Pediatric videofluoroscopic swallow studies: A professional manual with caregiver guidelines.* San Antonio, TX: Communication Skill Builders.

Babbitt, R., Hoch, T., & Coe, D. (1994). Behavioral feeding disorders. In D. Tuchman & R. Walter (Eds.), *Disorders of feeding and swallowing in infants and children: Pathophysiology, diagnosis and treatment* (pp. 77-95). San Diego, CA: Singular.

Beecher, R. (1998). *Descriptions of food textures.* Workshop handout.

Beecher, R., & Alexander, R. (2004). Pediatric feeding and swallowing: Clinical examination and evaluation. *Perspectives on Swallowing and Swallowing Disorders (Dysphagia), 13*(4), 21-34.

Benson, J., & Lefton-Greif, M. (1994). Videofluoroscopy of swallowing in pediatric patients: A component of the total feeding evaluation. In D. Tuchman & R. Walter (Eds.), *Disorders of feeding and swallowing in infants and children: Pathophysiology, diagnosis and treatment* (pp. 187-200). San Diego, CA: Singular.

Bly, L. (1994). *Motor skills acquisition in the first year.* San Antonio, TX: Therapy Skill Builders.

Brazelton, T. B. (1969). *Infants and mothers: Differences in development.* New York: Dell.

Cech, D., & Martin, S. (1995). *Functional movement development across the life span.* Philadelphia: Saunders.

Finnie, N. (1997). *Handling the young child with cerebral palsy at home* (3rd ed.). Boston: Butterworth-Heinemann.

Fishman, L. N., & Bousvaros, A. (1999). Gastrointestinal issues in the child with cerebal palsy. *International Seminars in Pediatric Gastroenterology and Nutrition, 8*(2), 1-9.

Ginsburg, H., & Opper, S. (1969). *Piaget's theory of intellectual development: An introduction.* Upper Saddle River, NJ: Pearson Education.

Howle, J. (2002). *Neuro-developmental treatment approach: Theoretical foundations and principles of clinical practice.* Laguna Beach, CA: Neuro-Developmental Treatment Association.

Jones, B., & Donner, M. (1991). Interpreting the study. In B. Jones & M. Donner (Eds.), *Normal and abnormal swallowing: Imaging in diagnosis and therapy* (pp. 51-75). New York: Springer-Verlag.

Kaul, A., & Rudolph, C. (1998). Gastrointestinal manometry studies in children. *Journal of Clinical Gastroenterology, 27*(3), 187-191.

Kirby, M., & Noel, R. (2007). Nutrition and gastrointestinal tract assessment and management of children with dysphagia. In M. Lefton-Greif & J. Arvedson (Eds.), Pediatric Dysphagia: The 10th anniversary issue. *Seminars in Speech and Language, 28*(3), 180-189.

Kovar, A. (1997). Nutrition assessment and management in pediatric dysphagia. In J. Arvedson & M. Lefton-Grief (Eds.), Pediatric dysphagia II: A team approach for assessment, management, and special problems. *Seminars in Speech and Language, 18,* 39-49.

Lefton-Greif, M. (1994). Diagnosis and management of pediatric feeding and swallowing disorders: Role of the speech-language pathologist. In D. Tuchman & R. Walter (Eds.), *Disorders of feeding and swallowing in infants and children: Pathophysiology, diagnosis, and treatment* (pp. 97-113). San Diego, CA: Singular.

Mascarenhas, M., & Dadhania, J. (1995). Gastrointestinal problems. In S. Rosenthal, J. J. Sheppard, & M. Lotze (Eds.), *Dysphagia and the child with developmental disabilities: Medical, clinical, and family interventions* (pp. 253-282). San Diego, CA: Singular.

McCurtin, A. (1997). *The manual of paediatric feeding practice.* Bicester, Oton, UK: Winslow.

Morris, S. E., & Klein, M. D. (2000). *Pre-feeding skills: A comprehensive resource for feeding development* (2nd ed.). San Antonio, TX: Therapy Skill Builders.

Moyer, R. (1971). Postnatal development of the orofacial musculature. *ASHA Reports, 6,* 37-47.

Mueller, H. (1972). Facilitating feeding and pre-speech. In P. Pearson & C. Williams (Eds.), *Physical therapy services in the developmental disabilities* (pp. 283-310). Springfield, IL: Charles C. Thomas.

Mueller, H. (1997). Feeding. In N. Finnie (Ed.), *Handling the young child with cerebral palsy at home* (3rd ed., pp. 209-221). Boston: Butterworth-Heinemann.

Murphy, S. M., & Caretto, V. (1999). Sensory aspects of feeding. In D. K. Lowman & S. M. Murphy (Eds.), *The educator's guide to feeding children with disabilities* (pp. 111-125). Baltimore, MD: Paul H. Brookes.

O'Donoghue, S., & Bagnall, A. (1999). Videofluoroscopic evaluation in the assessment of swallowing disorders in paediatric and adult populations. *Folia Phoniatrica et Logopaedica, 51,* 158-171.

Palmer, S. (1978). Normal nutrition, growth, and development. In S. Palmer & S. Ekvall (Eds.), *Pediatric nutrition in developmental disorders* (pp. 3-20). Springfield, IL: Charles C. Thomas.

Pinder, G. L., & Faherty, A. S. (1999). Issues in pediatric feeding and swallowing. In A. Caruso & E. Strand

(Eds.), *Clinical management of motor speech disorders in children* (pp. 281-318). New York: Thieme.

Putnam, P. (1997). Gastroesophageal reflux disease and dysphagia in children. In J. Arvedson & M. Lefton-Grief (Eds.), Pediatric dysphagia II: A team approach for assessment, management, and special problems. *Seminars in Speech and Language, 18,* 25-38.

Redstone, F., & West, J. (2004). The importance of postural control for feeding. *Pediatric Nursing, 30*(2), 97-100.

Rogers, B. (1996). Neurodevelopmental presentation of dysphagia. In J. Arvedson & M. Lefton-Greif (Eds.), Pediatric dysphagia: Complex medical, health, and developmental issues. *Seminars in Speech and Language, 17,* 269-281.

Rossi, T. (1993). Pediatric gastroenterology. In J. Arvedson & L. Brodsky (Eds.), *Pediatric swallowing and feeding: Assessment and management* (pp. 123-156). San Diego, CA: Singular.

Snyder, P., Breath, D., & DeMauro, G. (1999). Positioning strategies for feeding and eating. In D. K. Lowman & S. M. Murphy (Eds.), *The educator's guide to feeding children with disabilities* (pp. 65-109). Baltimore, MD: Paul H. Brookes.

Tuchman, D. (1994). Gastroesophageal reflux. In D. Tuchman & R. Walter (Eds.), *Disorders of feeding and swallowing in infants and children: Pathophysiology, diagnosis, and treatment* (pp. 231-250). San Diego, CA: Singular.

Tuchman, D., & Walter, R. (1994). Disorders of deglutition. In D. Tuchman & R. Walter (Eds.), *Disorders of feeding and swallowing in infants and children: Pathophysiology, diagnosis, and treatment* (pp. 53-75). San Diego, CA: Singular.

Uzgiris, I., & Hunt, J. (1975). *Assessment in infancy.* Urbana: University of Illinois Press.

Weiss, M. (1988). Dysphagia in infants and children. *The Otolaryngologic Clinics of North America, 21,* 727-741.

Willging, J. P., Miller, C., Link, D., & Rudolph, C. (2001). Use of FEES to assess and manage pediatric patients. In S. Langmore (Ed.), *Endoscopic evaluation and treatment of swallowing disorders* (pp. 213-234). New York: Thieme.

Wolf, L., & Glass, R. (1992). *Feeding and swallowing disorders in infancy: Assessment and management.* San Antonio, TX: Therapy Skill Builders.

Woods, E. (1995). The influence of posture and positioning on oral motor development and dysphagia. In S. Rosenthal, J. J. Sheppard, & M. Lotze (Eds.), *Dysphagia and the child with developmental disabilities: Medical, clinical, and family interventions* (pp. 153-187). San Diego, CA: Singular.

CHAPTER

10 자립생활을 위한 조정

Kathryn Wolff Heller
Jane L. Bigge
Peggy Allgood

이 장을 읽고 나면 여러분은

1. 손 씻기, 세수하기, 머리 빗기, 양치하기, 휴지 사용하기, 여성 생리 관리하기와 같은 위생 기술을 진단하고 지도할 수 있다.
2. 개인적 자기관리 활동을 위해 목표전략 또는 사분원 전략을 이용하여 어떻게 지도할지 알 수 있다.
3. 화장실 훈련 지도의 조정 및 방법을 설명할 수 있다.
4. 학생이 독립적으로 또는 다른 사람의 도움을 받아서 습득할 수 있는 지도목표로서 건강관리 절차를 설명할 수 있다.
5. 지도 방법론과 학생의 목표 설정에 있어 시간제한 단계와 주의단계의 영향을 설명할 수 있다.
6. 성공적 옷 입기를 위한 지침과 활용할 수 있는 조정에 대해 논의할 수 있다.
7. 지체 · 중복장애 학생에게 요구되는 가정관리 기술과 활용할 수 있는 조정을 설명할 수 있다.

지체 · 중복장애 및 건강장애 학생의 자기관리 기술 지도의 필요성은 아무리 강조해도 지나치지 않는다. 만약 교사, 부모 및 치료사가 학생이 어릴 때 또는 신체적 손상으로 기술을 잃었을 때 지도하지 않는다면, 그 학생은 필요 이상으로 다른 사람에게 의존적이 될 것이다. 자기관리 기술을 지도하고 향상시킴으로써 교사는 학생이 개인적으로 독립할 수 있는 기회를 제공해 줄 수 있다. 이러한 기술들을 직접 지도하거나 다른 전문가 및 부모와 협력하여 가르치는 것은 일부 학생에게는 학업에 초점을 두는 것만큼이나 중요한 결과를 초래할 수 있다. 개개인의 요구를 관리한다든지 다른 사람에게 개인적 관리를 도와줄 것을 효율적으로 지시할 수 있을 때까지 그들은 자신이 원하는 삶과 고용 기회를 얻을 수 없을 것이다.

개인관리 기술은 자기관리 기술과 가정관리 기술을 포함한 광범위한 기술을 포괄적으로 포함한다. 장애 정도와 유형에 따라 학생들은 ① (조정을 하거나 그렇지 않거나) 독립적으로 이러한 기술을 수행하는 것을 배울 수 있거나, ② 이러한 기술을 부분적으로 수행하는 것을 배울 수 있거나, ③ 기술 수행에 있어서 다른 사람이 그들을 돕도록 지시하는 것을 배울 수 있거나, ④ 자기관리에 관한 지식과 기술을 배울 수 있다(Heller, Forney, Alberto, Schwartzman, & Goeckel, 2000). 기술의 독립적인 수행이 가장 바람직하지만, 일부 학생은 신체적 또는 인지적 제약으로 인해 부분적으로만 수행할 수 있다. 학생들이 독립적으로 기술을 수행할 수 없을 때 이러한 부분적인 참여를 증진시키는 것은 중요한데, 그 이유는 이것이 과제 완성을 돕고 학습된 무력감을 줄여 주는 한편, 학생들에게 활동에 대한 통제권을 어느 정도 제공해 주기 때문이다. 몇몇 상황에서 학생들은 심각한 신체적 어려움을 갖고 있어 신체적으로는 그 일을 수행할 수가 없다. 이럴 때 학생은 다른 사람이 그 일을 수행하도록 지시하는 것을 배울 수 있다. 마지막 범주인 기술의 지식에서, 학생들은 적절하게 손 씻는 것을 배우는 것에 더해서 감염에 대해 배우는 것과 같이 과제와 그 영향에 관한 깊이 있는 정보를 배울 수 있다. 어떤 종류의 과제 참여가 목표가 되는지에 상관없이 학생들의 기술 수행을 늘리는 것은 독립성과 자존감을 증진시켜 준다.

1. 자기관리 기술의 진단 및 지도

자기관리 기술을 지도함에 앞서, 학생의 현재 수행능력을 진단하고 그 결과에 따라 어떻게 기술을 지도할지를 결정하는 것이 중요하다. 학생의 수행능력을 결정하는 데 중점을 둔 진단방법 중 하나는 불일치분석이다. 이는 다음의 네 가지 부분으로 구성되어 있다. ① 기술에 대한 과제분석을 수행하는 것, ② 과제분석 단계에서 학생의 수행을 관찰하고 점수화하는 것, ③ 학생들의 오류와 수행불일치를 기록하는 것, ④ 기술을 직접적으로 교수할 것인지, 조정을 필요로 하는지 또는 다른 대안적인 수행방법을 필요로 하는지 결정하는 것이다(Heller, Forney et al., 2000).

진단을 통해 학생들의 자기관리기술의 자료를 수집한 다음 기술을 작은 단계로 세분화한다. 이러한 절차를 과제분석(제6장 참조)이라고 한다. 각 단계들은 원래 비장애인이 수행하는 것을 토대로 기록된 것이다. 〈표 10-1〉에서 알 수 있듯이 과제수행은 첫 번째 열에 기록된다. 다음으로 학생은 각 단계를 수행하도록 지시된다. 학생들이 신체적인 어려움이나 지식의 부족 또는 다른 문제들 때문에 수행하는 데 어려움이 있는 단계에서는 필요에 따라 도움을 준다. 학생들의 수행에 기초하여 교사가 두 번째 열에 기록을 하게 되는데, 학생들이 단계를 독립적으로 수행하면 'I'를, 구어로 지시하였을 때에는 'V'를, 제스처를 취하기나 시범 보이기처럼 다른 종류의 지시를 하였거나 신체적인 도움을 주었을 때에는 'P'를 기록한다.

학생이 단계를 독립적으로 수행할 수 없을 때 교사는 학생의 오류를 세 번째 열에 기록한다. 이 열에 기록된 정보는 왜 오류가 일어났는지를 분석하는 데 도움이 된다. 다음으로 교사는 학생이 왜 그 단계를 독립적으로 수

〈표 10-1〉 손 씻기에 어려움이 있는 학생을 위한 불일치분석의 예

학생: 영역:	교사: 환경:		일시: 소환경:	
과제분석 (비장애인 목록) 손 씻기 활동	점수 I = 독립적 V = 언어적 촉진 P = 촉진	학생 오류	수행 불일치 L = 학습 P = 신체 H = 건강 S = 지각 C = 의사소통 M = 동기	조정 또는 대안적 수행 선택
1. 욕실 가기	I			
2. 손 씻기를 위해 자세 잡기	V	세면대에 충분히 가까이 가지 않음	L	연습 기회를 제공함
3. 수도꼭지 틀기	P	조작하기 어려움	P	가늘고 긴 손잡이가 달린 수도꼭지를 사용함
4. 물 온도 맞추기	P	어느 수도꼭지가 뜨거운 물인지 잘 모름	L	뜨거운 물은 붉은색, 차가운 물은 파란색으로 표시함
5. 손을 물에 충분히 적시기	I			
6. 손에 비누 놓기	P	조작하기 어려움	P	액체 비누 용기로 교체함
7. 비누거품 만들어 문지르기	P	손을 함께 움직이기 어려움	P	당분간 팔꿈치에 대한 지원을 제공함
8. 천천히 15까지 세면서 계속 문지르기	V	계속 멈춤	M	숫자 세기를 계속하며 스티커 그림판을 사용함
9. 손에 묻은 비누를 깨끗하게 씻어내기	P	비누가 모두 씻기지 않음	L	비누가 묻어 있는 곳을 가리켜 주고 연습 기회를 제공함
10. 손 건조시키기	P	완전히 마르지 않음	L	더 많은 연습 기회를 제공함
11. 종이수건으로 수도꼭지 잠그기	V	수건 없이 물을 잠그고 싶어 함	L	더 많은 연습 기회를 제공함

출처: Heller/Forney/Alberto/Schwartzman/Goeckel, *Meeting Physical and Health Needs of Children with Disabilities: Teaching Student Participation and/Management*, 1st ed. © 2000 Wadsworth, a part of Cengage Learning, Inc. Reproduced by permission. www.cengage.com/permissions.

행할 수 없었는지를 결정하게 된다. 오류와 촉진을 관찰한 것을 토대로 교사는 그 오류가 학습의 문제인지, 신체적인 문제인지, 건강상의 문제인지, 감각의 문제인지, 의사소통의 문제인지, 또는 동기의 문제인지를 결정하게 된다(인지적인 어려움과 운동상의 어려움을 구별하는 것에 대한 정보는 제6장 참조). 이 정보는 교사와 교육팀이 학생이 조정을 필요로 하는지 또는 다른 수행 전략을 필요로 하는지, 그렇지 않으면 기술을 직접 가르쳐야 하는지를 결정하는 데 도움이 된다. 조정은(과제분석을 확장하거나 바꿈으로서) 기술의 순서를 바꾸는 것부터 (이미 있는 장치를 수정하거나 도움이 되는 장치를 사용하여) 장치를 바꾸는 것까지 포함한다(Heller, Forney et al., 2000). 〈표 10-1〉에 나타나 있듯이 학생들이 손 씻기 활동을 할 때 수도꼭지 손잡이와 액체비누 용기를 바꿔 주는 것이 도움이 될 수 있다. 학생들이 차가운 물 수도꼭지와 뜨거운 물 수도꼭지를 구별하는 것을 돕기 위해 색깔이 있는 동그라미를 사용할 수 있다. 만약 대안적인 수행전략이 필요하다면 과제가 바뀌게 되지만 그 성과는 동일하다(예를 들어, 말하는 것이 불가능할 때 손을 씻는 데 도움을 요청하려고 AAC 기기를 사용하는 것은 대안적인 수행전략이다).

수행 불일치를 완료하고 필요한 조정을 한 후 교사는 반드시 사용하기에 가장 적절한 지도 전략을 결정해야 한다. 지체·중복장애 학생에게 자기관리 기술을 지도하기 위해 많은 종류의 지도 전략이 사용될 수 있다. 다음은 이러한 지도 전략의 몇 가지 예다.

1) 선행 촉진

선행 촉진(antecedent prompt)은 자연적으로 발생하는 단서들이 올바른 행동을 이끌어 내기에 불충분할 때, 학생이 올바른 행동을 할 수 있게끔 주어지는 단서나 지도이다. 예를 들어, 학생이 옷 입기를 할 때, 자연적인 단서는 상표가 옷 뒤쪽에 있음을 유추한 후 상표를 찾는 것이다. 그러나 학생이 옷의 앞뒤를 구분하지 못할 수도 있다. 이럴 때 교사는 학생에게 상표를 인지하는 데 중점을 두라고 선행촉진을 할 수 있다. 이 예에서 교사는 학생의 관심을 끌어내기 위해서 상표에 빨간 리본을 달아 둘 수 있다. 학생이 그 과제를 배워 감에 따라 빨간 리본은 점점 짧아지며 결국에는 학생이 자연적인 단서로 상표를 찾을 수 있을 것이다. 그리고 세탁기 다이얼을 어느 방향으로 맞춰야 하는지 보여 주기 위해 빨간 표시를 해 두는 것이 또 다른 예라 할 수 있다. 때때로 교사는 선행 촉진을 지속적으로 남기도록 결정할 수도 있다.

2) 자력적 촉진체계

자력적 촉진체계(self-operated prompting system)에서 과제분석은 사진을 통해 시각적으로 보일 수도 있고(스스로 작동하는 사진 촉진), 녹음기를 통해 청각적으로 들릴 수도 있다(스스로 작동하는 음성적 촉진)(Alberto & Troutman, 2006). 예를 들어, 화장실을 청소하는 법을 배우는 학생은 가져와야 하는 물품을 보여 주는 사진과 화장실에 있는 물건들을 청소하는 각 단계를 보여 주는 사진을 참고할 수 있다. 학생은 초기의 지도를 되새기기 위해 사진들을 보고 따라 할 수 있고, 학생이 심각한 인지적 결함이 있는 경우에는 과제를 수행할 때마다 사진을 활용할 수도 있다.

3) 학습 전략

학습 전략(learning strategy)으로 알려진 또 다른 종류의 지도 전략은 특정한 내용보다는 학생이 어떻게 배우는지에 주안점을 둔다. 이것은 학생이 학습하고 과제를 독립적으로 수행하는 데 도움을 주는 모든 기술을 포함한다(Mercer & Mercer, 2004). 이들 중 몇 가지는 노래나 시, 기억술, 자기지도, 자기감독을 포함한다. 예를 들어, 영양공급 튜브를 사용하는 법을 가르칠 때, 교사는 학생들에게 "영양을 공급하는 것은 4개의 F다. 튜브에 물을 내려 보내기(flush the tube), 음식을 튜브에 넣기(food goes in the tube), 튜브가 비기 전에 채워 넣기(fill the tube before it's empty), 다 끝난 뒤에 튜브에 물을 내려 보내기(flush the tube when you are done)"라는 기억술을 지도할 수 있다(Heller, Forney et al., 2000). 학습 전략은 보통 경도 수준의 인지적 손상이 있거나 인지적 손상이 없는 학생들에게 사용된다.

4) 명시적 교수 제공

명시적 교수 제공(providing explicit instruction)은 전형적으로 실물 설명과 시범 보이기, 유도된 연습, 독립적인 연습의 세 가지 주된 내용으로 구성되는 교사 주도적 접근법이다(Dangel & Keel, 2006). 첫 번째 단계에서 교사는 목표행동을 본보기로 보여 준다. 유도된 연습에서 교사는 개별 학생의 필요에 기초하여 연속적으로 도움을 줄 수 있다(Mercer & Mercer, 2004). 마지막 단계인 독립적인 연습에서 학생은 도움 없이 기술을 실행하지만 필요하다면 피드백은 계속해서 받을 수 있다. 예를 들어, 학생이 자판기를 사용하는 법을 배울 때 교사는 먼저 사용법을 실물로 설명해 주고 학생에게 체계적으로 사용법을 지도한다. 학생이 자신감을 보이면 교사는 학생이 기술을 독립적으로 연습할 수 있도록 한 다음 필요하다면 피드백을 제공한다.

5) 반응촉진

반응촉진(response prompt)은 또 다른 종류의 지도 전략이다. 이 전략은 행동의 실제 수행을 유도하고 촉진을 제공해 준다. 반응촉진에는 여러 종류가 있다. 이들 중 몇 가지는 언어적 촉진(학생에게 단계를 이야기해 주기), 제스처, 시범 보이기, 부분적인 신체적 촉진(부분적으로 학생들을 신체적으로 이끄는 것) 그리고 완전한 신체적 촉진(그 단계를 수행하는 동안 완전히 이끌어 주는 것)이다. 이러한 촉진들은 학생에게 예측 가능한 지원 형태를 제공하기 위하여 단일적으로 사용할 수도 있고(예를 들면, 시간지연 전략) 혼합하여 사용할 수도 있다(예를 들면, 최소촉진체계나 최대촉진체계; 촉진에 관한 추가적인 세부적인 사항은 제6장과 제8장 참조).

이러한 모든 종류의 지도 전략은 자기관리기술을 지도하는 데 사용될 수 있다. 지도적 접근법을 선택하는 것은 선택된 기술뿐만 아니라 학생의 개인적인 요구에 따른다. 어떤 전략이 선택되었든지 적절한 환경과 시간이 설정되어야 하며, 목표된 기술이 반드시 사회적으로 유용하고, 연령에 적합할 뿐만 아니라 문화적으로도 적절해야 한다(Farlow & Snell, 2000). 이 장의 나머지 부분에서는 위생기술, 기본적인 자조기술(예를 들면, 화장실 가기)을 포함한 특정한 신체관리 기술을 지도하고 조정하는 정보를 제공해 준다.

2. 위생기술

지체·중복장애 학생은 올바른 손 씻기, 휴지 사용 또는 기타 위생기술 수행에서의 신체적 장애나 인지적 요구로 인해 위생관리에 어려움을 가질 수 있다. 학생에게 어떻게 하면 이런 활동을 효과적으로 이끌어 낼 수 있는지를 가르쳐 주기 위해 위생기술을 지도하는 데 개별화된 교수가 필요할 수 있다. 필수적인 위생기술을 어떻게 수행하는가를 배우는 것은 감염과 질병 발생의 감소를 도울 수 있고, 건강을 유지하게 해 주며, 관리에 대한 가족 구성원의 부담감을 감소시켜 주는 한편, 사회화와 타인에 대한 수용성을 촉진시켜 준다(Westling & Fow, 2009). 이 절에서는 특별한 전략 및 조정과 적절한 손 씻기, 얼굴과 몸 씻기, 머리 빗기, 구강위생, 호흡기 위생과 여성관련 위생을 지도하는 데 있어 보조기기에 대해 토의해 보기로 한다.

1) 손 씻기

손 씻기는 감염 관리의 가장 효과적인 수단 중 하나다. 그렇지만 때때로 아동 및 성인은 이처럼 중요한 과제를 수행하는 것을 등한시한다. 손 씻기는 손이 지저분해졌거나 오염된 물체와 접촉하였을 때뿐만 아니라 음식 준비 전, 식사 전, 화장실 사용 후, 경구투여 전과 같은 일상생활의 일부분으로 지도되어야 한다(Chillock & Palenik,

2004). 손을 올바르게 씻기 위해서 학생들은 기술을 배워야 한다(Gelbwasser, 2007). 많은 지체·중복장애 학생은 손 씻기를 할 수 있도록 조정이 필요하다.

손 씻기 기술을 평가하고 지도하는 첫 단계에서는 손 씻기 과정을 작은 단위로 세분화한 과제분석을 실시한다. 먼저, 비누를 사용하여 손 표면(예를 들면, 손 등, 손가락 사이)을 15초에서 20초 문지르는 것을 포함하고, 손이 다시 더러워지는 것을 예방하기 위해 종이타월을 사용하여 수도꼭지를 잠근다(Mayo Clinic Staff, 2007). 그런 후에 학생이 과제를 수행하고, 교사가 오류의 유형을 기록 및 분석하고 어떤 조정이 필요한지 결정할 때 불일치분석을 한다(〈표 10-1〉 참조). 예를 들어, 어떤 학생들이 손을 충분히 오래 씻지 않는다면, 손을 씻는 과제를 수행하는 동안 'ABC 노래'를 두 번 부르는 것으로 효과를 거둘 수 있다(Best, 2009). 또한 신체적 손상이 있는 학생들은 편의를 도모하기 위한 조정이 필요할 수도 있다.

학생들이 손을 쉽게 씻을 수 있도록 아래로 휠체어가 들어갈 수 있는 싱크대나 물을 틀 수 있게 해 주는 다른 종류의 손잡이(예를 들면, 긴 손잡이, 원터치 조절 손잡이)에 대한 조정이 요구된다. 물 온도 조절을 돕기 위해 (적당한 온도의 물이 나오는 손잡이 위치를 알려 주기 위해 붉은 매니큐어나 테이프를 사용하는 것과 같은) 선행 촉진이 요구된다. 밑으로 누르거나, 위로 당기거나, 아래로 당겨서 작동시킬 수 있는 다른 종류의 액체 비누통을 사용할 수 있으며, 흡착기나 거치대를 사용하여 올려놓을 수 있다. 조정의 유형은 학생들의 운동능력에 따라 달라질 것이다.

손을 위(바깥쪽)로 들 수 없는 학생들은 손 씻기에 대한 조정된 방법이 필요할 것이다. 조정된 방법의 한 예로, 학생이 액체비누를 왼손 손바닥에 펌프질한 뒤 오른손 손등으로 가져가는 것이 있다. 학생은 비누를 오른손에서 왼손으로 앞뒤로 움직이면서 양손으로 문지르고 왼손에 오른손으로 반복한다. 그다음 손을 흐르는 물에 헹군다. 또 다른 예로, 싱크대 가장자리에 스펀지를 고정시켜서 문지를 수 있도록 하거나, 액체비누통을 놓거나 고정시켜 사용하기 쉽게 한다. 조정할 사항을 결정한 후에는 교사가 적절한 교수 전략을 선택하고 부가적으로 수정할 것이 있는지를 점검한다.

해를 거듭하면서 손 씻기를 위해 사용되는 비누 유형에 대한 논의가 상당히 많이 이루어지고 있다. 일반 대중은 보편적으로 평범한 비누를 괜찮다고 여긴다(Larson, 2001). 특히 손이 눈이 띄게 더러워졌을 때 비누와 물을 이용하여 손을 씻는 것을 대체적으로 선호한다. 그렇지만 손 살균제(항균제)의 사용이 감염이 확산되는 것을 예방하는 실행 가능한 대안으로 여겨지며, 사용하기 쉽다는 점 때문에 학교에서의 손 씻기를 촉진하는 데 사용된다(Vessey, Sherwood, Warner, & Clark, 2007).

2) 얼굴과 몸 씻기

얼굴과 몸 씻기 교수의 한 단계는 학생에게 언제 씻기가 필요한지를 가르쳐 주는 것이다. 얼굴 씻기는 지저분해졌을 때뿐만 아니라 아침과 저녁에 하는 것이라고 지도할 수 있다. 학교 현장에서 휴지로 닦을 수 없는 음식을 먹은 후나 페이스페인팅 페인트가 묻었을 때와 같은 상황에서 학생에게 얼굴이 지저분하면 세수를 해야 한다는 점을 가르칠 수 있다. 얼굴의 어느 부분이 지저분해졌는지 확인하도록 학생을 거울 앞에 서게 할 수도 있다.

대부분의 위생기술은 목표 또는 사분원 전략(quadrant strategy)을 사용하여 지도한다. 목표전략은 지저분해진 곳만 씻는 것이다. 이 같은 전략이 성공적이기 위해 학생들은 더러워진 곳을 확인할 수 있어야 한다. 몇몇 학생에게는 반복된 수행과 체계적 교수 전략이 사용될 수 있다. 사분원 전략에서는 씻을 부위를 네 부분으로 나눈 후, 모든 부분을 씻도록 한다. 세수하기에서 사분원은 오른쪽 뺨, 왼쪽 뺨, 턱, 입 주위, 코와 이마다. 몸 씻기에서 사분원은 신체의 여러 부위(예를 들면, 팔, 다리, 배 그리고 가슴)가 될 것이다. 어떤 학생들에게는 사분원 그림으로 구성된 촉진전략 사용하는 것이 효과적이다. 어떤 학생들은 다른 교수 전략을 사용하였을 때 더 잘할 수도 있다. 어떤 학생들에게는 모든 상황에서 모든 사분원 전략을 사용하는 체계적인 세수하기 전략을 사용하도록 지도할 수 있다. 다른 학생들은 아침저녁으로 얼굴을 씻을 때 사분원 전략을 사용하도록 지도하며, 얼굴에 직접적으로 묻은 것이 있을 때에는 목표전략을 사용하도록 한다. 다음의 [그림 10-1]은 사분원 전략을 사용한 얼굴 씻기의 과제분석을 설명한 것이다.

불일치분석의 결과에 기초하여 몇 가지 조정이 얼굴과 몸 씻기를 위해 필요할 수 있을 것이다. 일부 학생에게는 세안 장갑의 사용이 효과적인데, 특히 쥐기에 어려움이 있다면 더욱 그렇다. 어떤 장갑은 비누가 들어가는 벨크로 주머니가 있다. 또한 긴 손잡이 스펀지는 목욕할 때 손이 닿기 어려운 부위에 사용할 수 있다([그림 10-2] 참조). 목욕과 이동을 돕기 위해서 욕조용 의자를 사용하는 것이 앉는 것을 더 편하고 안전하게 해 준다.

얼굴 씻기(그리고 몸 씻기의 일부)를 지도할 때, 처음에

1. 지정된 세면대로 가기
2. 세안 수건/손가락 없는 긴 장갑, 비누 그리고 마른 수건 챙기기
3. 세수를 하기 위해 자세 잡기
4. 수도꼭지 틀기
5. 물 온도 맞추기
6. 세안 수건/손가락 없는 긴 장갑을 물에 적시기
7. 세안 수건/손가락 없는 긴 장갑에 비누 놓기
8. 거울을 보고 씻고자 하는 부위를 확인하기
9. 젖은 세안 수건/손가락 없는 긴 장갑을 오른쪽 뺨에 갖다 대기
10. 시계 반대방향으로 부드럽게 문지르기(눈에 비누가 들어가지 않도록 조심하기)
11. 왼쪽 뺨, 턱, 입 주위, 코 그리고 이마에 8번과 9번을 반복하기
12. 세안 수건/손가락 없는 긴 장갑으로부터 비누를 깨끗하게 씻어 내기(씻어 내기 위해 비누가 묻어 있지 않은 다른 세안 수건/손가락 없는 긴 장갑을 사용하고 싶을 수도 있다.)
13. 11번의 남아 있는 비누를 씻어 내기 위해 9번와 10번을 반복하기
14. 11번의 남아 있는 물을 제거하기 위해 부드럽게 닦아 내며 9번와 10번을 반복하기

[그림 10-1] 세수하기를 위한 과제분석

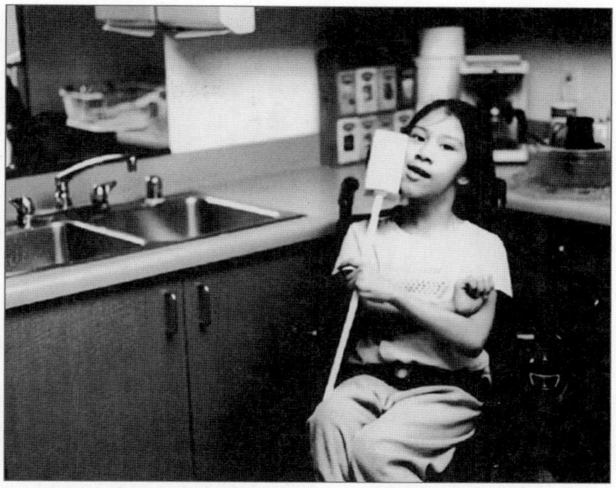

[그림 10-2] 세안을 위한 세안 장갑과 긴 손잡이 스펀지와 같은 보편적인 조정

는 물만 사용하여 지도하고, 학생이 이 단계를 수행하면 비누를 사용하도록 지도할 수 있다. 씻는 동안 부주의하게 눈을 만질 경우 비누가 눈을 자극할 수 있다. 어떤 학생은 이런 경험 때문에 회피적이거나 씻기 과제에 잘 참여하지 않으려고 할 수 있다. 처음에 비누 없이 씻기를 지도하면 학생들은 비누가 과정에 포함되었을 때 좀 더 능숙하게 과제를 수행할 수 있고 눈에 비누가 들어갈 가능성도 적다.

3) 머리 빗기

머리 빗기는 게임이나 휴식과 같은 활동 후에 머리 모양을 유지하기 위해 하루 일과 내내 지도할 수 있다. 각 개인의 머리 모양에 따라서 빗질 방향이 다르다. 과제분석은 학생들의 머리 모양에 기초하여 실시한다. 목표 및 불일치 전략도 사용할 수 있다. 사분원 전략은 머리 모양에 따라 다양하지만 머리를 위로, 오른쪽으로, 왼쪽으로 그리고 뒤로 나누는 것을 포함한다. 머리띠, 리본 그리고 머리핀과 같은 머리 장식품이 사용될 수 있으며 이것을 어떻게 사용하는지 지도할 수 있다.

지체장애인에게는 스스로 머리 빗기가 어려울 수 있다. 머리 빗기에는 어느 정도의 근육의 힘뿐만 아니라 어깨, 팔, 손목의 광범위한 움직임이 요구되기 때문이다.

[그림 10-3] 긴 손잡이가 달린 빗이 머리를 빗을 때 머리에 닿기 쉽게 해 준다.

더 큰 손잡이가 달린 빗이나 긴 손잡이가 달린 빗 같은 몇 가지 조정이 머리 위와 뒤에 닿도록 도와줄 수 있다([그림 10-3] 참조). 조정은 불일치분석과 자료에 기초하여 결정된다.

4) 구강위생

바람직한 구강위생은 치아, 입, 잇몸을 건강한 상태로 유지하게 하고 불쾌한 입 냄새를 줄여 준다. 바람직한 구강위생 중 한 가지는 (치실과 정규적 치과 내원에 더해) 정기적인 양치이다. 치아 양치기술을 촉진하기 위해 교사는 학생에게 점심시간과 간식을 먹은 후와 같은 적절한 시간에 양치를 어떻게 하는지에 대해 지도한다.

다양한 양치기술이 사용될 수 있다. 예를 들어, 바스법(Bass technique)은 가장 일반적으로 권장되는 기술 중 하나이며, 일반 양치 기술보다 상당히 우수하다(Poyato-Ferrera, Segura-Egea, & Bullon-Fernandez, 2003). 이 기술에서 칫솔모는 잇몸 선에 있는 치아의 아랫부분에 45도 각도로 놓여야 하고, 잇몸 선에 칫솔모를 붙인 채 5번 부드럽게 진동한 후, 칫솔이 치아 아래로 5번 내려가게끔 한다. 다음의 순서로 사용될 수 있다. 첫 번째 치아의 바깥 표면을 양치하고 치아가 맞닿는 부분을 양치한 후 안쪽 표면을 양치한다. 아래쪽 치아에도 반복한다(Bass, 2004; Shih & Chang, 2005). 이것이 권장되고 있는 방법이라고는 하지만 장애학생은 손동작에 어려움이 있을 수 있으므로 학생에게 먼저 치아 표면을 닦도록 지도한 후, 전동 칫솔을 사용하는 것과 같은 조정이 필요할 수 있다.

효과적인 양치를 위해 치아 각각을 양치하는 방법 또는 사분원 방법을 사용할 수 있다. 치아 각각을 양치하는 방법을 사용할 때, 학생들은 각 치아를 닦도록 배운다. 그러나 칫솔이 종종 한 번에 치아 하나 이상을 덮기 때문에 입을 사분원으로 나누는 것이 더 쉽다. 사분원 방법에서 양치는 치아 위와 아래(앞, 오른쪽 바깥 위, 오른쪽 깊숙한 뒤쪽, 왼쪽 위아래 그리고 왼쪽 깊숙한 뒤쪽), 그리고 칫솔모 표면(오른쪽 치아 위, 왼쪽 치아 위), 그리고 안쪽 표면(치아 위와 마찬가지의 기법으로)으로 양치하는 것이다. 치아 위쪽 양치를 마친 후에 아래쪽 치아를 같은 순서로 완수한다. 학생들은 이 과제를 수행하는 내내 입에 든 것을 뱉어 내도록 유도된다. 뱉는 것을 좋아하지 않는 학생들을 격려하기 위하여 표적(예를 들면, 종이조각)를 세면대에 놓을 수 있다.

불일치분석은 학생의 양치를 도울 수 있는 보조기기

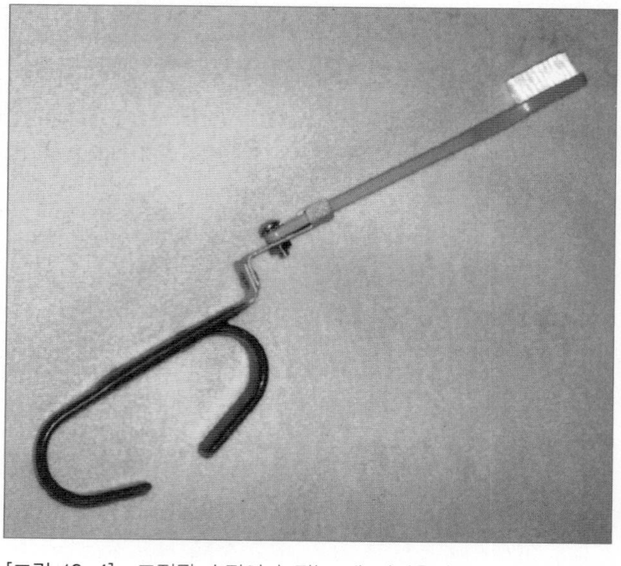

[그림 10-4] 조정된 손잡이가 잡는 데 어려움이 있는 사람들에게 칫솔을 잡을 수 있게 해 준다.

가 필요한지를 결정해 준다. 칫솔 손잡이에 스펀지나 고무 공 또는 손잡이를 덧대서 크게 만들 수 있다. 학생이 쥐기에 어려움이 있다면 학생의 손에 딱 맞는 손잡이가 달린 칫솔을 사용할 수 있다([그림 10-4] 참조). 제한된 운동능력을 가진 학생에게는 작고 부드러운 칫솔모와 수정된 손잡이가 달린 전동칫솔이 효과적일 것이다. 학생은 칫솔모에 치약 묻히기를 어려워할 수도 있다. 노즐 아랫부분과 손이나 팔로 긴 레버를 눌러서 짬으로써 양치를 할 수 있도록 하는 특별히 고안된 치약 짜는 기기를 사용할 수도 있다.

5) 호흡기 위생

건강한 환경을 유지하기 위해 학생은 호흡기 감염 전염을 최소화할 수 있는 방안을 배워야 한다. 올바른 손 씻기와 더불어 학생은 기침이나 재채기를 할 때 코와 입을 가려야 한다. 손보다도 팔꿈치 안으로 기침이나 재채기를 하면 손을 통해 전염되는 것을 최소화시킬 수 있다(Committee on Infections Disease, 2007). 학생들은 가능할 때면 언제라도 팔꿈치를 사용하는 법을 배워야 한다.

휴지는 호흡기 관련 분비물(예를 들면, 콧물 등) 처리에 사용하고, 휴지통에 버려야 한다(Committee on Infections Disease, 2007). 휴지 사용에 익숙해지기 위하여 학생들은 어떻게 코를 풀어야 하는지에 대해서도 배워야 한다. 일부 학생은 코를 푸는 행위를 이해하기 어려워한다. 이러한 개념의 이해를 돕기 위하여 학생들 코 위에 휴지를 느슨하게 올려놓고, 학생들이 입을 다문 채로 바람을 불어서 그 휴지를 공기 중에 날리도록 지도한다. 가슴을 팽창하고 횡경막을 사용하여 공기를 내뿜을 수 있도록 적절한 자세를 취하는 것은 코가 효과적으로 공기를 내뿜기 위해서 충분한 힘을 내는 데 중요하다.

6) 여성 생리 관리하기

역사적으로 지적 어려움이 있는 사람들의 생리를 억제하거나 제거하는 데 주안점을 두는 경향이 있어 왔다 (Carlson, 2002). 윤리적인 문제는 뒤로하고도 많은 장애 학생이 생리를 경험하고 있으며 이 부분에 대한 보조를 필요로 한다. 여기에는 다섯 가지 중요한 과제가 있다. 생리가 시작된 시기를 확인하고, 생리기간 동안 청결을 유지하며, 생리대/탐폰을 구하고, 생리대/탐폰을 교체하며, 생리대/탐폰을 처리하는 것이다. Rodgers와 Lipscombe(2005)의 연구에 따르면, 경도 및 중등도의 지적장애 학생들은 중도·중복장애 학생들에 비해 생리 과제의 각 단계에서 상당히 독립적인 것으로 나타났지만 예외는 있었다. 지체 및 지적장애 여성들은 과제의 각 단계에서 상당히 덜 독립적이었지만 또한 예외가 있었다.

각자의 독립을 촉진시키기 위하여 여성은 생리 관리 또는 최소한 이와 관련된 일부 과제에 대해 학습해야 한다. 이에 Rodgers와 Lipscombe(2005)의 설문조사에 따르면, 여성의 29%(108)는 아무도 그들에게 생리 관련 기술을 가르쳐 주지 않았다고 응답하였는데 이는 그들의 지적장애 정도와는 상관이 없었다. 대부분의 사람은 어머니가 가르쳐 주었지만 교사들도 자신이 이 기술을 가르쳐야 하는 위치에 있다고 생각할 수 있다.

생리 관리는 굉장히 개인적 문제라고 여기며, 누가 어떤 생리 관리를 교수해야 하는지에 대한 우려가 많다. 학생이 지도를 받겠다고 할 때, 부모나 법적 보호자의 개입이 무엇보다 중요하다. 학생과 보호자가 각각 서명한 문서화된 동의서를 받고, 구두로 또는 문서로 절차를 설명하는 것이 좋다.

여성 생리 관리를 효과적으로 지도하기 위한 방법 중 하나는 자기교수이다. 지적장애 학생들에게 생리 관리 자기교수를 지도하는 것이 인형을 이용하여 시연하는 것보다 더 효과적이라는 사실이 밝혀졌다(Epps, Stern, & Horner, 1990). 지체장애 학생에게도 역시 자기교수는 효과적인데 스스로 절차를 실행하는 데 필요한 동작들이 인형으로 훈련하는 것과 다르기 때문이다. 학생이 생리 중일 때 훈련을 해야 하지만 이러한 기술을 충분히 연습하기 위해서 상황극을 연출할 수도 있다.

언제 생리대를 사용할지 학습하기 위해 지저분해진 속옷과 그렇지 않은 속옷을 보여 주는 연습이 도움이 된다. 이 기간에 학생들은 어떤 속옷이 지저분해졌으며 생리대가 필요한지를 확인한다. 생리대가 언제 필요한지 인지하는 데 어려움이 있는 학생들은 아침에 일어났을 때, 아침나절, 늦은 아침 식사, 점심시간, 하교하기 전, 저녁시간 그리고 잠잘 시간과 같은 특정한 일과/상황에서 생리대 교체를 하도록 지도할 수 있다. 대다수의 학생에게는 생리 주기를 달력에 표시하여 두는 것도 효과적이다(예를 들면, 28일마다).

1. 생리대 가방이 필요한지 확인한다.
2. 화장실에 가방을 가지고 간다.
3. 필요한 옷을 벗는다.
4. 속옷을 내린다.
5. 변기에 앉는다.
6. 생리대 가방에서 비닐봉투를 꺼낸다.
7. 더러워진 생리대를 제거한다.
8. 비닐봉투에 넣는다.
9. 비닐봉투를 두 번 접는다.
10. 속옷이 더러워졌는지 확인한다.
11. 만약 더러워졌다면, 생리대 가방에서 비닐봉지를 꺼낸다.
12. 더러워진 속옷을 벗는다.
13. 비닐봉지에 더러워진 속옷을 담는다.
14. 생리대 가방에서 깨끗한 속옷을 꺼낸다.
15. 깨끗한 속옷을 입는다.
16. 생리대 가방에서 깨끗한 생리대를 꺼낸다.
17. 접착 부분을 제거한다.
18. 속옷에 생리대를 부착한다.
19. 생식기를 청결하게 한다.
20. 속옷을 올린다.
21. 겉옷이 더러워졌는지 점검한다.
22. 필요에 따라 옷을 갈아입는다.
23. 더러워진 속옷을 넣은 비닐봉지에 더러워진 옷을 넣는다.
24. 변기 물을 내린다.
25. 적절한 휴지통에 지저분한 휴지(접은 생리대)를 버린다.
26. 적절한 휴지통에 접착 부분을 넣는다.
27. 생리 가방에 더러워진 속옷이 담겨 있는 비닐봉지를 담는다.
28. 손을 씻는다.
29. 사물함/개인 보관함으로 돌아간다.
30. 더러워진 옷을 넣은 비닐봉지를 제거하고 씻어 내기 위해 적절한 곳에 둔다.
31. 생리 가방에 다시 새 물품을 넣어 놓는다.
32. 학급/일터로 되돌아간다.

[그림 10-5] 생리대 교체를 위한 과제분석

생리대를 새 것으로 교체하기 위한 단계는 작은 단계로 세분화할 수 있다. [그림 10-5]에 제시되어 있듯이 생리대 교체를 위한 과제분석은 옷 벗기, 자세 잡기, 사용한 생리대 처리하기, 생식기 청결하게 하기, 새로운 생리대 부착하기, 다시 옷 입기를 포함한다. 생리를 시작할 때 학생들은 생리대가 필요한지, 옷을 갈아입어야 하는지, 여분의 생리대를 준비해야 하는지 확인할 필요가 있다. 어떤 학생들에게는 물품을 넣는 생리 가방 속에 그림촉진체계를 넣어 두어 사용하는 것이 효과적이다. 여성 위생 과제를 수행한 후에는 올바른 손 씻기가 중요하다. 만약에 학생들이 신체적 장애로 인해 절차를 독립적으로 수행할 수 없다면, 필요한 물품을 들거나 혹은 보완대체의사소통 사용을 통해서 관리를 지시함으로써 생리대를 교체할 필요가 있다는 것을 표시할 수 있을 것이다. 이를 지원하는 사람은 학생에게 개인적인 공간을 제공하고, 장갑을 사용하며, 항상 학생의 존엄성을 지켜주어야 한다.

3. 기본적인 자조기술: 섭식과 화장실 사용

학교 현장에서 학생은 섭식과 화장실 사용의 가장 기본적인 자조기술을 학습할 수 있다. 학생은 지체·중복장애 및 건강장애로 인하여 두 가지 기술을 수행하는 데 어려움을 가질 수 있다. 비정상적인 반사기술로 인해 섭식에 어려움이 있을 수 있으며, 학생에게 섭식 기술을 지도하기 위해 섭식 패턴과 특별한 전략이 필요할 수 있다. 이 부분의 복잡성 때문에 다른 장에서 섭취와 삼키기를 설명하였다(제9장 참조). 화장실 사용하기에서 지체·중복장애 학생은 기술을 수행하기 위해서 체계화된 교수와 조정이 필요하다.

화장실 사용은 장과 방광훈련을 포함한다. 장과 방광훈련의 목표는 자기관리를 가르치고, 최대한의 청결과 편안함을 제공해 주며, 소변과 대변 잔여물로 인한 피부 손상을 예방하고, 중증화되거나 삶을 위협하는 문제를 야기할 수 있는 신장과 방광기능의 변화를 예방하는 데 있다. 독립적인 장과 방광훈련은 돌봐 주는 사람에 대한 의존성을 줄여 주고 불편함과 관련된 감정적 문제를 완화하도록 도와준다.

장과 방광문제를 성공적으로 수행하기 위하여 학생들은 긴장을 푸는 방법을 반드시 배워야 한다. 많은 경우에 보조기기의 사용이 포함된다. 지체·중복장애 학생들이 화장실을 사용할 때 가장 많이 사용되는 보조기기는 수정된 변기다. 장애학생은 화장실을 사용하기 위해 적절한 자세를 취해야 한다. 조정된 변기는 적절하게 자세잡기를 도와주고, 학생이 변기에서 떨어지는 것에 대한 걱정을 줄여 주고 긴장을 풀게 한다. 다양한 종류의 조정된 변기가 있다. 그중 일부는 스탠드얼론 변기(stand-alone toilets)이고, 다른 것은 일반 변기에 부착하는 장치들이다. 간단한 상자 모양의 의자부터 신체적으로 더 불편한 학생들을 위한 등받이, 머리 받침대, 팔 받침대가 있는 것까지 광범위하다([그림 10-6] 참조). 물리치료사들이 학생들에게 가장 적합한 변기를 결정하도록 조력할 것이다.

몇몇 학생은 화장실 사용을 위하여 다른 보조기기를

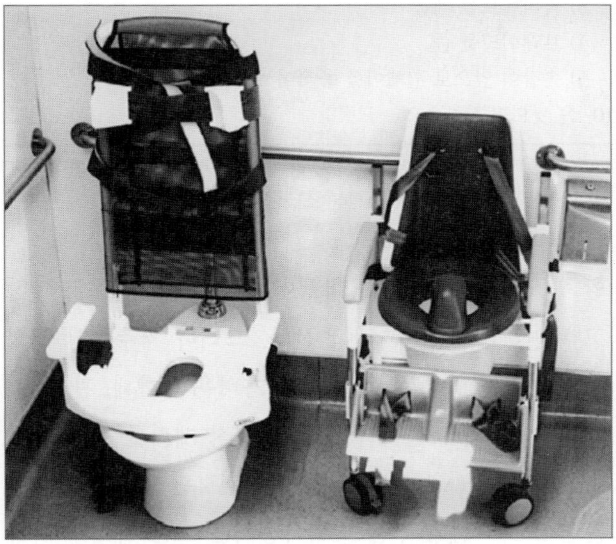

[그림 10-6] 신체 안정과 사생활을 보조하는 특별한 장비

사용할 수 있다. 예를 들어, 일부 학생이 소변을 보거나 배변하기 위해 요강을 사용하는 경우이다. 소변을 보기 위해 설 수 없는 소년과 휠체어를 사용하는 학생에게는 손으로 들 수 있는 소변기가 적절한 해결책이 될 수 있다.

화장실 사용하기는 일련의 기술을 포함하는데, 각각의 기술은 하나의 단순 과제처럼 학습되어야 한다. 과제는 사람들이 화장실에 가고 싶다고 느낄 때 시작되어서 그들이 손을 씻고 나서 말릴 때 끝이 난다. 이들 과제의 독립성을 증진시키기 위해서는 반드시 화장실을 사용하는 각각의 기술을 지도해야 하며, 개인이 아무런 도움 없이 또는 약간의 도움을 받고 과제를 수행할 수 있도록 하는 모든 장비를 제공해야 한다. 화장실 사용하기 과정은 과제분석을 해야 한다. 〈표 10-2〉는 보행에 어려움이 있거나 휠체어를 사용하는 지체장애 학생을 위한 단순한 과제분석을 나타낸 것이다. 과제분석은 학생들의 운동 능력에 따라 다양하고 광범위할 수 있다. 학생들이 스스로 전적으로 절차를 수행할 수 없다면 다른 사람에게 어떻게 자신을 도와줄 수 있는지를 말하도록 도와주고 격려해야 한다.

화장실 사용하기 훈련에는 몇 가지 방법이 있다. 그 중 가장 성공적인 프로그램 중 하나가 학생들이 정해진 시간마다 화장실에 가고, 학생의 요구, 학생 단서의 존재, 화장실 가는 빈도에서 얻어진 자료들에 근거하는 여행훈련(trip training) 방법이다. 종종 학생들의 배변 패턴을 알기 위한 자료는 여행훈련 방법을 시작하기 2주 전에 얻어진다. 이것은 학생들을 30분마다 한 번씩 검사한 자료와 옷이 말랐는지, 젖었는지 또한 장운동을 했는지를 기록하는 것으로 구성된다. 패턴이 나타나면 학생들이 일반적으로 소변 보는 시간보다 10분 먼저 화장실에 가도록 일과가 설정된다. 일과가 구성되면 교수가 시작된다. 학생들은 일과에 따라 화장실에 간다. 학생들이 5분 후에 소변을 보지 않는다면 화장실에서 나와 교실로 돌아온다. 학생들은 정해진 일과 시간에 화장실을 가지 않거나 실수를 한다 하더라도 절대 비난받지 않아야 한다. 학생이 화장실을 사용하는 시간에 더 긴장하도록 하고, 더 많은 실수를 초래할 수 있기 때문이다. 올바른 수행을 했을

〈표 10-2〉 신체적 손상이 있거나 그렇지 않은 아동을 위한 화장실 단순과제분석의 예

보행 가능자	신체적 장애- 휠체어 사용자
1. 화장실 사용 요청	1. 화장실 사용 요청
2. 화장실 칸에 들어감	2. 화장실과 칸으로 이동
	1) 휠체어 위치시킴
	2) 브레이크 잠금
	3) 좌석 벨트 풀기
	4) 의자 가장자리로 이동
	5) 서기 보조
	6) 난간에 의지함
3. 바지를 풀고 내림	3. 바지를 풀고 내리는 것을 도와줌
1) 벨트 풀기	
2) 지퍼 내리기	
3) 바지 내리기	
4) 속옷 내리기	
4. 변기에 앉기	4. 변기에 앉기
5. 소변을 봄	5. 소변을 봄
6. 닦기	6. 닦기에 대한 보조 요청
1) 화장실 휴지를 가져옴	
2) 화장지를 품	
3) 앞에서 뒤로 닦기	
7. 일어서기	7. 서기에 대한 보조 요구
	1) 난간을 잡고 서기를 보조
8. 옷 입기	8. 바지를 입고 벨트 매는 것을 보조
1) 속옷 입기	
2) 바지 입기	
3) 지퍼 올리기	
4) 벨트 매기	
9. 손잡이를 잡고 물 내리기	9. 휠체어로 이동해서 손잡이를 잡음
	1) 방향을 움직이거나 휠체어 의자에 앉기를 도움
	2) 좌석 안쪽으로 움직임
	3) 좌석벨트를 채움
	4) 브레이크를 품
	5) 손잡이 옆으로 휠체어를 움직여서 물을 내림
10. 손 씻으러 감	10. 손 씻으러 감

출처: Heller/Forney/Alberto/Schwartzman/Goeckel, *Meeting Physical and Health Needs of Children with Disabilities: Teaching Student Participation and/Management,* 1st ed. © 2000 Wadsworth, a part of Cengage Learning, Inc. Reproduced by permission. www.cengage.com/permissions.

때 학생은 강화를 받는다.

장 훈련은 학생이 정해진 시간에 완전히 장을 비우도록 가르치는 것을 포함한다. 이를 위해서는 적절한 식이 조절과 운동이 중요한 부분을 차지한다. 학생들이 정해진 시간에 장을 비울 수 있도록 하는 것은 방광 조절을 지도하는 데 사용되는 여행훈련 방법과 함께 지도될 수 있다. 전형적으로 장 비우기는 식사 후 30분을 목표로 할 수 있으며, 그때마다 학생이 화장실에서 서두르지 않고 편안하게 있도록 해야 한다. 그러나 척추손상 등의 장애가 있는 일부 학생은 좌약, 가벼운 완화제, 관장, 기계적 자극 및/또는 잔여물의 기계적 제거를 통해 장을 비울 수 있다(Ash, 2005). 적합한 건강관리 전문가가 장 훈련 프로그램의 부분으로 사용되는 모든 약이나 자극의 사용을 지시해야 한다.

엉덩이와 허벅지 사이의 염증을 예방하기 위해서 지저분한 것이 눈에 보일 때 비누와 물로 피부를 닦고 톡톡 두드려서 건조시켜야 한다. 불결한 것과의 오랜 접촉으로부터 피부를 보호하기 위해서 모든 노력을 기울여야 한다. 오랜 접촉 시간이 원인이 되어 피부가 괴사되거나 자극을 받기도 한다. 특정한 제품의 유분이 없는 크림은 피부 자극을 예방해 준다.

4. 튜브 섭식, 삽입 도뇨법과 인공항문 관리

일부 학생은 영양분 공급과 오염물질 제거를 위하여 특별한 건강관리 절차를 가질 수 있다. 입으로 음식을 섭취하는 대신, 어떤 학생은 튜브 섭식으로 식사를 한다. 다른 학생들은 배설에 어려움 또는 장애가 있어서 유치도뇨관이나 인공항문 성형술을 받는다. 이 같은 특별한 건강관리 절차는 국가적으로 용인되어 학교에서 사용되고 있으며, 교사와 전문가들이 규칙적으로 사용하고 있다(Heller, Fredrick, Best, Dykes, & Cohen, 2000). 학교에서 이러한 절차를 실행할 사람이 누구인지에 대해 논란이 있어 왔다. 더 중요한 것은 교육팀이 학생들이 그러한 절차를 배울 필요가 있는지와 이런 절차가 수행되기 위해 안전하고 건강한 환경을 구성하는 것이 무엇인지 결정해야 한다는 점이다.

특별한 건강관리 절차는 개별화교육 프로그램(IEP)에 포함되는 자조기술이나 독립적인 생활기술로 인식된다(DPHD Critical Issues and Leadership Committee, 1999). 학생들의 능력과 건강관리 절차의 유형에 따라 학생들은 독립적으로 건강관리 절차를 수행하거나, 절차의 일부를 부분적으로 수행하거나, 절차를 수행할 때 다른 사람에게 지시하는 것을 학습할 수 있다(Heller, Forney et al., 2000; Heller & Swinehart-Jones, 2003). 팀은 학생들이 절차의 전체 내지는 일부분을 학습할 것인지에 대해 함께 결정해야 한다. 간호사는 어떻게 절차를 수행할 것인지를 가르쳐 주고 특수교사는 학생들을 지도하기 위해 사용되는 체계적 교수 전략의 전문적 기술을 제공해 준다. 물리치료사는 올바른 자세 잡기에 대한 도움을 주고, 작업치료사는 장비와 보조기기 조작에 대한 조언을 해 준다. 언어치료사는 절차와 관련 있는 주제어나 구문 또는 가능한 복합어를 포함하는 보완대체의사소통 기기를 계획할 수 있다.

IEP에 특별한 건강관리 절차를 포함하는 것에 더해 전 교사는 학생을 위해 안전하고 건강한 학교환경을 유지하도록 노력해야만 한다. 학생들의 건강관리 절차, 응급상황에 대한 계획 또는 절차와 관련된 문제들 그리고 사태가 발생했을 때 문제를 인식하고 적절한 행동을 취하는 조치에 관한 전문적인 내용을 포함해야 한다. 또한 교사는 보편적인 예방에 관한 지식, 일반적인 응급처치 그리고 심폐소생술(CPR)에 대해 숙지하고 있어야 한다(DPHD Critical Issues and Leadership Committee, 1999).

1) 튜브 섭식

구강으로 적절한 영양분을 삼켜서 소화시킬 수 없는 학생들은 위장에 관을 삽입하여 필요한 음식물을 투여한다(Ault, Rues, Graff, & Holvoet, 2000). 이를 튜브 섭식이라 하며 구강을 통한 관급 대신 또는 부가적으로 수행된다. 튜브 섭식의 가장 일반적인 방법은 튜브를 위장 안에 직접 삽입하는 위루술을 통한 튜브(G튜브)를 사용하는 것과 복부 벽을 통해 전달하는 작은 실리콘 기기인 (피부 단계의 장기로 알려진) 위루술 버튼을 사용하는 것이다.

유동식은 위루 버튼과 연결되는 연결 튜브를 통해 들어가며, 항상 정해진 시간에 간헐적으로 투여한다. 유동식은 튜브에 연결된 주사기처럼 생긴 통(syringe barrel)을 통해 주입되며, 중력에 의하여 튜브에서 위장으로 흘러 들어간다([그림 10-7] 참조). 경련을 피하기 위하여 튜브 입구로 공기가 들어가는 것을 막아야 한다. 때때로 유동식을 튜브 주머니에 넣어서 중력에 의해 흐르게 하거나 수동식 펌프로 주입하도록 하는 경우에 의사가 지속적인 튜브 섭식을 처방할 수 있다.

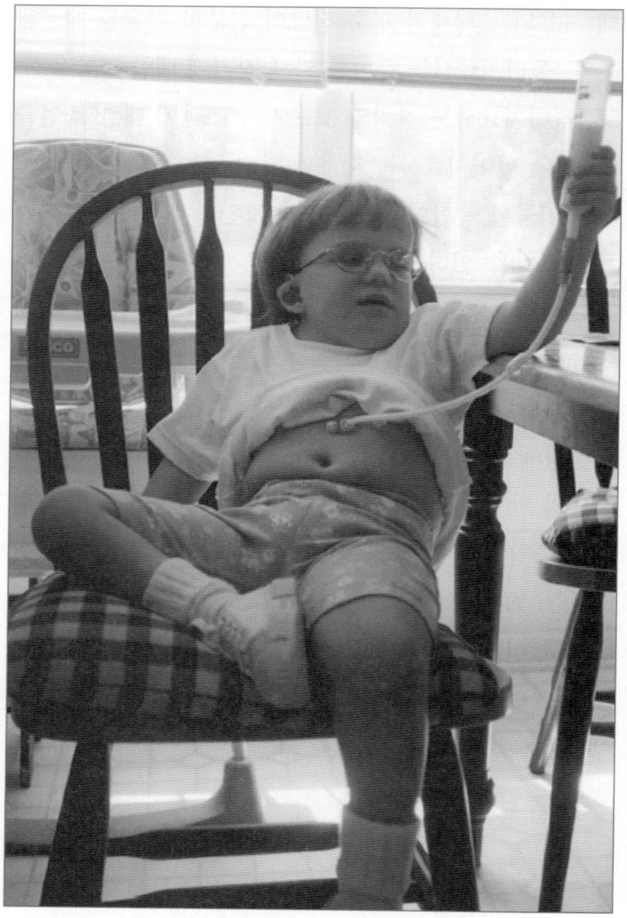

[그림 10-7] 튜브 섭식을 통해 영양분을 섭취하는 학생

출처: Heller/Forney/Alberto/Schwartzman/Goeckel, *Meeting Physical and Health Needs of Children with Disabilities: Teaching Student Participation and/Management*, 1st ed. © 2000 Wadsworth, a part of Cengage Learning, Inc. Reproduced by permission. www.cengage. com/permissions.

2) 삽입 도뇨법

척추파열과 척수손상과 같은 일부 증상은 청결 간헐도뇨법(CIC)이나 자가 간헐도뇨법(ISC)과 같은 방광의 기능장애를 야기한다(Bray & Sanders, 2007). 이런 절차에서 도뇨관(튜브)은 요도나 위장에 부드럽게 삽입된 후(방광으로 이어질 수 있도록 외과적 개복), 방광 속으로 들어간다(Scrammell, 2003). 도뇨관은 방광에서 소변이 나올 때까지 충분히 오랜 시간 동안 유지된 후 제거된다. 방광에 있는 소변의 양을 감지하여 이에 기초해서 필요할 때 절차를 수행하도록 하는 새로운 장비가 사용 가능해졌지만, 일반적으로 도뇨법은 정해진 시간에 수행된다.

어떤 학생들은 화장실 훈련이나 삽입 도뇨관이 적합하지 않아 외부 도뇨관을 찰 수도 있다. 외부 도뇨관은 끝에 튜브가 달린 비닐 봉지와 같은 기기로 다리에 있는 주머니에 소변을 배뇨하도록 한다. 이러한 장치는 남성들에게는 성공적이지만, 여성들의 경우에는 새는 경향이 있어 남성들이 사용하는 만큼 성공적이지는 못하다.

3) 인공항문 관리

어떤 학생들은 장의 선천적 기형이나 질병(예를 들면, 선천성 거대결장)과 같이 해부학상 일반적인 방법으로 배설물이 몸에서 빠져나가는 것을 막는 특별한 상태에 있을 수 있다. 이런 학생들은 장의 한 부분을 복부로 연결시키는 외과적으로 만들어진 인공 개복(개설술로 알려져 있음)을 할 수 있다. 외과적 형성의 유형 명칭은 인공항문 개설술(대장 개구술), 회장 조루술 또는 공장 조루술(소장 개구술)과 같이 위장 또는 배뇨기관 부위에서 나왔다. 배설물은 개구를 통해 배출된다. 일반적으로 배설물을 모으기 위한 주머니가 필요하다. 학교생활을 하는 동안 주머니는 비워진 상태로 유지해야 하며, 샌다면 주머니 자체가 바뀌어야 한다. 피부가 괴사되지 않도록 가방과 피부 사이에 피부 보호막을 사용한다.

4) 학생 스스로 하는 건강관리 절차

튜브 섭식, 삽입 도뇨관(또는 다른 소변기기) 또는 인공항문 관리(또는 다른 유형의 개구술)가 필요한 학생들은 자신의 건강관리 절차를 수행할 수 있도록 학습해야 한다. 다른 유형의 자조기술과 마찬가지로 절차를 과제분석하고, 불일치분석을 실행해야 한다. 학생들은 능력에 따라 단계의 전체 또는 부분을 수행하도록 지도될 수 있다. 반드시 적합한 교수 전략이 선택되어야 한다.

그렇지만 전형적인 자기관리기술과는 다르게 각각의 건강관리 절차는 시간제한 단계와 주의 단계를 위해 분석될 필요가 있다(Heller, Forney et al., 2000). 시간제한 단계는 특정한 시간구조 내에서 완성되어야 하며 그렇지 않으면 사고가 일어날 수 있다. 예를 들어, 유동식 절차에서 유동식이 더 추가될 필요가 있을 때, 공기가 위로 들어가지 않게(경련을 초래할 수 있음) 주사기를 비우는 것과 같은 튜브 섭식 절차가 시간제한 단계이다. 주의 단계란 학생의 갑작스럽고 반사적인 혹은 부정확한 움직임에 의해 손상이 야기될 수 있는 것이다. 튜브 섭식의 경우, 주의 단계는 학생들이 G튜브를 무심코 떼어 버릴 수 있기 때문에 G튜브를 주사기에 부착하는 것을 의미한다.

교육팀이 학생들이 시간제한 단계와 주의 단계를 학습해야 한다고 결정한다면, 성인은 기록 자료에서 이 단계를 강조해야 하고 빠른 중재와 오류 방지를 위해 (학생의 손에서 1인치 이내에 어른의 손을 놔두는) 그림자 기법을 제공해야 한다. 과제분석 절차, IEP와 IHP 사례, 교수기법, 문제 상황과 응급상황을 포함하는 건강관리 절차에 대한 보다 면밀한 정보는 『Meeting Physical and Health Needs of Children with Disabilities: Teaching Student participation and Management』(Heller, Forney et al., 2000)를 참조해도 좋다.

5. 옷 입기

학교에 입학하는 지체·중복장애 아동은 착탈의를 숙달하는 데 지장을 주는 기능적 문제를 가질 수 있다. 자세 잡기, 근긴장도와 강도, 머리와 몸통 조절, 협응과 운동 계획, 미세운동의 민첩성 그리고 지각기술과 같은 부분의 손상 유형과 정도에 따라 착탈의 문제가 생길 수 있다. 신체적 제약이 있는 아동이 이러한 문제에 직면했을 때 특별한 자세 잡기 기법들, 수정된 옷 입기, 보조기기 또는 이들의 결합을 사용함으로써 참여 정도를 확대해 줄 수 있다. 때때로 어떤 아동은 그들의 요구와 능력에 알맞은 기법을 결정하는 데 있어 좋은 문제해결자이기도 하다. 그렇지만 교사의 역할은 아동이 가장 높은 수준에서 독립적으로 옷 입기와 옷 벗기 수행을 할 수 있는 기법을 발달시키도록 지원하는 것이다.

1) 학생의 옷 입기 학습지원

학생 스스로 옷 입기를 학습할 수 있도록 지원하기 위한 몇 가지 지침은 다음과 같다. ① 현재 옷 입기 기술을 분석하라. ② 지원은 필요할 때만 제공하며, 학생이 필요한 움직임을 계획하고 실행할 수 있도록 충분한 시간을 제공하라. ③ 옷 입기 기술에 앞서 옷 벗기 기술을 지도하라. ④ 옷 입기에 있어서 특별한 기술을 지도하라. 그리고 ⑤ 어떤 옷을 언제 입어야 하는지를 지도하라. 이들 지침에 관해서는 다음에 제시되어 있다.

(1) 현재의 옷 입기 기술을 분석하라

아동이 특정한 옷 입기 과제를 시도할 때, 반드시 주의를 기울여서 관찰해야 한다. 아동은 가능한 한 많은 과제를 완성하도록 촉진되어야 한다. 관찰자는 학생이 수정이 필요한 과제에 언제 직면하는지 알아차려야 한다. 예컨대, Ellen은 팔과 손이 연결된 신체적 장애를 갖고 있다. 그녀는 무거운 겨울 코트의 소맷부리를 빼내려고 시도할 때마다 똑같은 부분에서 막혔다. 곧 그녀는 실망하고 노력을 멈추어 버렸다. 그녀가 양팔을 소매에 넣은 채로 어깨에서 코트를 밀쳐 낼 때 소매 안에 있는 팔꿈치 중에 어떤 것도 빼낼 수가 없다는 것이 관찰되었다. Ellen은 옷의 진동 부분을 팔 위에서 아래쪽으로 밀어내서 그녀의 팔꿈치를 자유롭게 해 주고 소매를 벗을 수 있게 해 줄 사람이 필요했다([그림 10-8] 참조).

옷 입기에서의 시도는 가정과 학교에서 모두 학습되어야 한다. 학생이 스스로 옷 입기를 시도하거나 다른 사람이 옷 입기를 도와주는 것을 주목해야 한다. 옷 입기의 서로 다른 하위 과제들을 분석해야 하며, 학부모와 교사들은 관찰한 것을 비교해야 한다. 어떤 학생은 학교에서 수영이나 치료가 예상될 때 스스로 옷 벗기를 할 수 있지만 집에 돌아와서는 부모의 도움에 의존해서 옷을 벗는다. 반대의 경우도 있을 수 있다. 부모의 경우 학생 스스로가 옷 벗기 과제를 완성하도록 시간을 주는 반면에 교사는 성급하게 느끼고 그들이 필요로 하지 않을 때까지도 지원을 제공할 수 있다.

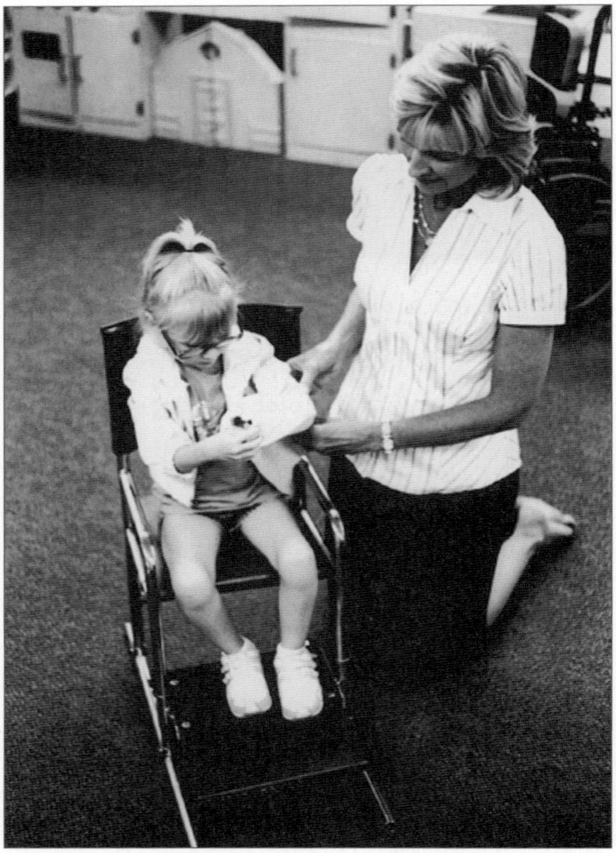

[그림 10-8] 팔꿈치 부분에 대한 약간의 지원만이 필요하다.

때때로 각 개인이 옷 입기 과제를 달성하기 위해 필요한 움직임을 수행할 수 있는지를 아는 것만으로는 충분하지 않을 때가 있다. 반드시 교사는 학생의 수행에 영향을 미치는 각 개인들의 상이한 특성에 주목해야 한다. 학생은 다른 사람에게 의존하고 관심받는 것을 즐길 수도 있고, 무엇을 해야 할지 모를 수도 있다. 가령, 학생은 외투를 입고 학교에 올 때 교실에서 외투를 벗어야 한다는 것을 모를 수도 있고, 도움을 요청할 생각이 없거나 고마워하면서 도움을 받지 못할 수도 있다. 어쩌면 새로운 과제를 학습하는 데 대해 흥미를 보이지 않을 수도 있다. 학생은 과제를 완성하기 위한 운동기술을 가지고 있지만, 특정한 과제를 위해 필요한 움직임을 계획할 수 없을지도 모른다. 결과적으로 학생은 새로운 과제를 시도할 때 긍정적 강화를 충분히 받지 못하여 쉽게 좌절하고 의욕을 잃을 수 있다.

(2) 필요할 때만 지원을 제공하고 충분한 시간을 제공하라

운동기술에 손상이 있는 일부 학생은 그들 스스로 옷 입기를 할 수 있지만, 어른들은 그들이 과제를 완성할 만큼 충분한 시간을 주지 않는다. 그래서 학생들은 노력하지 않거나 쉽게 실망하게 된다. 일부 학생에게는 그들이 도움 없이 과제를 완수할 수 있다는 것을 학습할 기회가 주어지지 않는다. 이것은 당연히 불필요한 의존성을 초래한다. 연령이 어린 학생의 옷 입기 또는 옷 벗기를 도울 때, 부모나 교사는 자신의 팔을 학생의 팔과 같은 방향으로 해야 한다. 그렇게 함으로써 학생들이 부모나 교사의 움직임을 따라 할 수 있고, 부모나 교사가 하는 것을 모방함으로써 같은 기술을 수행하는 것을 학습할 수 있다.

(3) 옷 입기 기술을 지도하기 전에 옷 벗기 기술을 먼저 지도하라

옷 입기에 비해 옷 벗기가 더 쉽다는 것에는 일반적으로 동의한다. 예컨대, 학생들은 신발을 신거나 끈을 묶는 것에 비해 끈을 풀고 신발을 벗는 것을 더 쉽게 생각한다. 마찬가지로 대다수의 사람은 반바지나 원피스를 입는 것보다 벗는 것을 더 쉽게 느낀다. 처음부터 모든 옷을 벗는 것은 어려울 수 있으므로 교사가 이 단계를 세분화시켜 주어야 한다. 예를 들어, 양말을 벗을 때에 먼저 양말을 발끝까지 내려준 후 학생이 양말을 당겨서 벗을 수 있게 한다. 그리고 점진적으로 양말이 발뒤꿈치 위쪽에 있을 때에도 양말을 벗는 것을 학습하게 한다.

(4) 옷 입기에 대한 특별한 기술을 지도하라

옷 입기 지원을 위해 여러 기술과 특별한 기기를 활용할 수 있다. 예를 들어, 학생의 머리 위로 코트를 휙 젖히는 기술은 협응 문제가 있거나 허약한 학생들에게 자주 사용된다. 이 방법의 절차를 보면 학생이 자신의 무릎, 바닥이나 테이블 위에 옷을 납작하게 편다. 코트의 앞면이 위로 가고 안감이 보이는 상태에서 깃이 몸 근처에 있

어야 한다. 학생은 양팔을 밀어 넣거나, 한쪽 팔을 먼저 소매에 넣은 다음, 나머지 팔을 소매에 넣는다([그림 10-9] 참조). 다음으로 학생은 머리 위로 팔을 뻗는 동시에 머리를 푹 숙인다. 끝으로, 학생이 어깨를 내릴 때 코트는 제자리로 미끄러져 내려온다. 단추를 구멍 안으로 넣기 위해서 특별한 기기와 단추를 사용할 수 있다. 또 다른 보조기기와 의류에 대해서는 다음 절에서 설명하기로 한다.

②

(5) 어떤 옷을 입을지와 언제 입는지를 지도하라

학생에게 옷 입기를 지도할 때 날씨와 활동에 알맞은 옷을 적절하게 입는 방법을 지도한다. 이 과정은 일상생활 속에서 교육과정의 한 부분으로 포함되기 쉽다. 예를 들어, 교실 내에 다양한 날씨가 표시된 사진이 붙은 표를 비치할 수 있다. 이 표는 비 오는 날에 어떤 옷을 입어야 하는지 토의하는데 사용될 수 있다. 예를 들어, 학생은 여러 종류의 옷을 사용하여 사람이 그려진 종이 조각에 옷을 입힐 수 있다. 또한 교사는 적합한 색상 배합을 인지하도록 학생을 조력해야 한다. 부모와 학생이 적절한

①

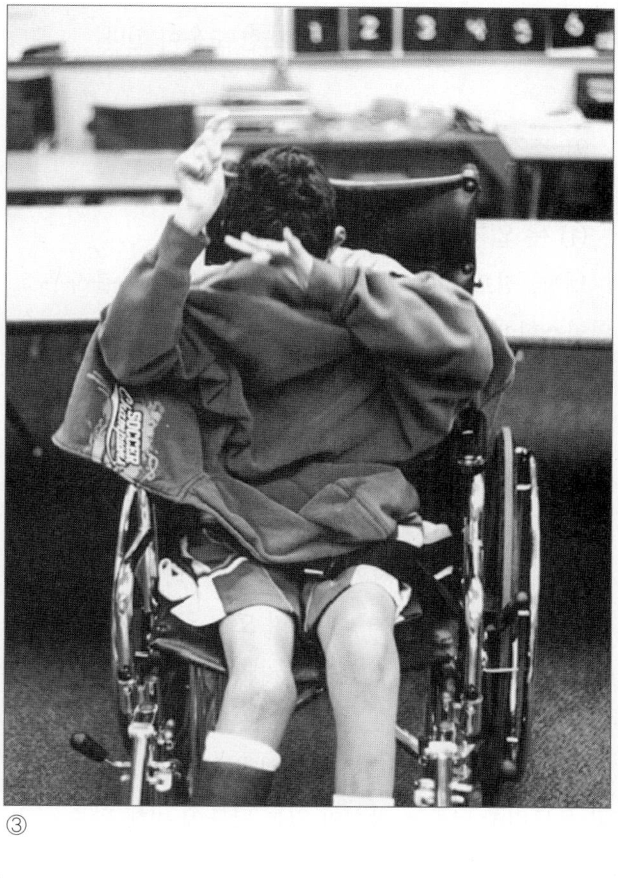

③

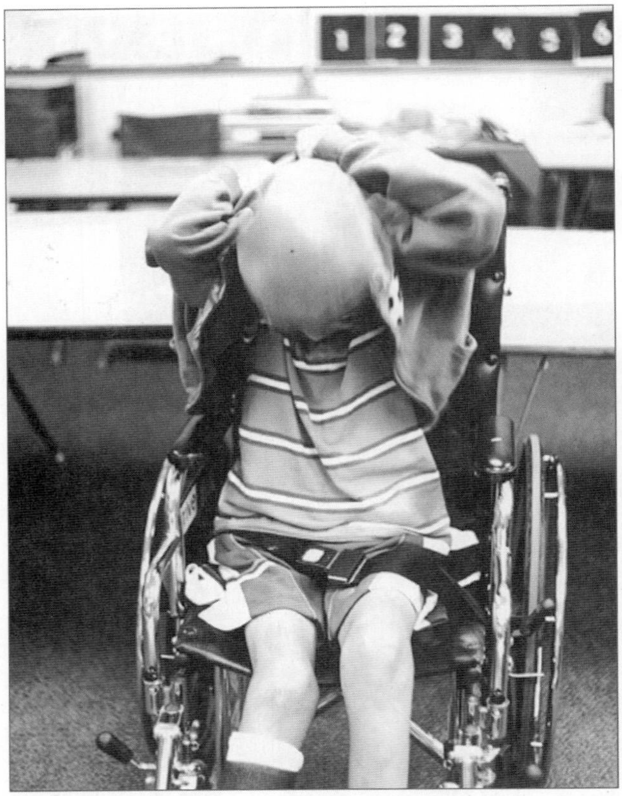

④

⑤

[그림 10-9] 상의를 입는 대안적인 방법의 단계

옷의 선택에 대해 토의하는 것 또한 도움이 된다.

2) 조정된 의류와 조정된 옷 입기 도구

(1) 옷 입기

멜빵, 점프수트, 일부 원피스, 점퍼, 치마, 블라우스, 원피스형 바지과 같이 앞으로 잠그는 옷은 아동이 스스로 옷 입기를 배우려고 할 때 유용하다. 또한 신축성 있는 소재로 만든 목 부분이 잘 벌어지는 옷 또한 도움이 된다. 일부 잠금 방식은 장애인의 독립을 불편하게 하거나 방해한다. 옷의 종류, 크기 그리고 잠그는 위치가 옷 입기의 난이도를 결정한다. 지퍼는 올리거나 내리기 쉽고, 큰 지퍼 고리는 잡기 쉬우며, 천 고리 또는 금속 링으로 만들 수도 있다. 나일론으로 만든 고리 모양의 지퍼는 잘 휘어지고 옷에 잘 걸리지 않는다. 단추는 손으로 잡기에 충분히 커야 하며 너무 빽빽하게 기워져서는 안 된다. 납작하고 부드러운 단추는 장식이 있는 단추에 비해 단추 구멍으로 잘 들어간다. 벨크로 잠금방식은 손과 손가락 기술을 최소한으로 사용하여 여닫을 수 있다. 후크 단추는 크고 견고하지 않은 이상 잠그기 어렵다. 남자 바지에 사용된 금속 후크와 바(bar)는 손 사용에 제한이 있는 사람들의 치마와 정장바지에 달면 훨씬 관리하기 쉽다. 뿐만 아니라 단추 위치는 옷을 쉽게 입는 데 중요한 역할을 한다. 단추는 보기 쉽고, 만지기 쉽고, 쥐기 쉬워야 한다. 일반적으로 옷의 앞면 중앙에 있는 단추는 옆면이나 뒷면에 있는 것보다 조작하기가 쉽다. 지퍼가 잘 열리고 허리와 엉덩이 부분이 탄력적인 바지 또는 장애인을 위해 특별히 맞춤 제작된 바지를 선택한다. 허리품이 탄력적이고 목 부분이 잘 늘어나는 니트류는 잠금 부분이 필요 없다.

(2) 협응문제가 있고 손 사용이 제한된 사람들

스스로 옷 입기를 배우는 사람들에게 도움이 되는 대부분의 방법은 협응이 안 되거나 비효율적으로 손을 사용하는 사람들에게도 추천된다. 나일론 지퍼와 벨크로는 블라우스와 셔츠, 바지, 치마 그리고 긴 소매의 소맷단을 열고 닫는 데 특히 유용하다. 측면에 열린 부분이 있을 경우, 학생의 우세한 손 반대쪽에 있어야 할 것이다. 단추 구멍에 단추를 넣는 데 어려움이 있다면 단추걸이라고 부르는, 끝 쪽에 가는 철사 고리가 부착된 손잡이 기기가 필요하다. 가는 철사 고리를 단추 구멍으로 넣은 후 돌아 나오게 한다. 아동은 한 손으로 옷을 잡고 있는 동안 반대쪽 손으로 단추걸이를 이용하여 단추를 구멍 사이로 당긴다. 아동이 지퍼를 잡을 수 없을 때는 옷에 있는 지퍼를 내리거나 올리기 위해 작은 단추를 단추걸이의 반대쪽 끝에 부착한다.

제한된 기능을 가진 몇몇 학생은 한쪽 끝에 손잡이가 달려 있고 다른 한쪽 끝에는 그리퍼 조(gripper jaw)가 달린 리처(reacher)를 사용할 수 있다. 18~33인치까지 다양한 길이의 리처가 판매되고 있으며, 각각은 다양한 종류의 그리퍼 조를 가지고 있다. 아동의 힘과 기술에 따라 열거나 잠그는 그리퍼(gripper)와 함께 작동 손잡이를 구매할 수 있다. 전신 운동이 불가능할 때 몸의 특정 부위에 닿기 위해서 리처를 사용할 수 있다. 예를 들어, 바지를 입을 때 리처를 바지의 허리 부분에 고정한 후, 발 아래로 내려서 입을 수 있다(Goeckel, Heller, Forney, & Cohen, 2000).

물체를 잡은 채로 쥐고 있기 어려운 학생들은 옷 입기용 막대(dressing stick)를 사용할 수 있다. 옷 입기용 막대는 12~34인치 길이의 나무 재질이며, 한쪽 끝에는 밀거나 당길 수 있는 후크가 달려 있고, 다른 한쪽 끝에는 C후크가 달려 있다([그림 10-10] 참조).

어깨 부위의 움직임에 제한이 있거나 팔다리에 제약이 있거나, 쥐기에 어려움이 있는 아동들을 위하여 옷 입기용 막대는 바지의 허리 부분을 엉덩이 위로 당길 수 있게 하거나 바지를 무릎까지 내릴 수 있게 해 준다(Goeckel et al, 2000). Schwartz(1995)는 고리가 제거된 나무 옷걸이를 사용함으로써 옷 입기용 막대를 만들 수 있다고 설명하였다. 쥐기를 위해 한쪽 끝에는 갈고리 모양의 후크가 달려 있고, 옷을 제자리로 밀어 넣기 위해 골무가 달려 있다.

양말과 신발 또한 조정이 요구된다. 크기, 종류 그리고 양말의 천을 선택할 때에도 고려해야 한다. 손의 힘이 약한 아동은 발목 부분이 잘 늘어나는 양말을 더 쉽게 신을 수 있고, 뒤꿈치의 이음이 없는 신축성 좋은 양말을 활용하면 양말을 신는 방향을 자유롭게 할 수 있다.

양말 신기를 도와주는 기기(sock aid)는 발에 양말을 씌우기가 어렵거나 양말을 올리기가 어려운 아동이 양말 신는 것을 보조한다. [그림 10-10]은 양말을 벌려서 발이 잘 들어가도록 하는 전형적인 플라스틱 양말 신기 기기를 보여 준다. 신발을 신을 때에도 긴 구두주걱과 같은 기기를 사용할 수 있다. 구두끈은 신체적 손상이 있는 아동들이 특히 어려워 할 수 있다. 신발끈을 고정하는 장치(lace locks, shoe buttons) 또는 벨크로 신발을 신발끈과 함께 혹은 신발끈을 대체하여 사용하는 등의 다양한 조정을 통해 학생은 신발 신기 과제를 독립적으로 수행할 수 있다.

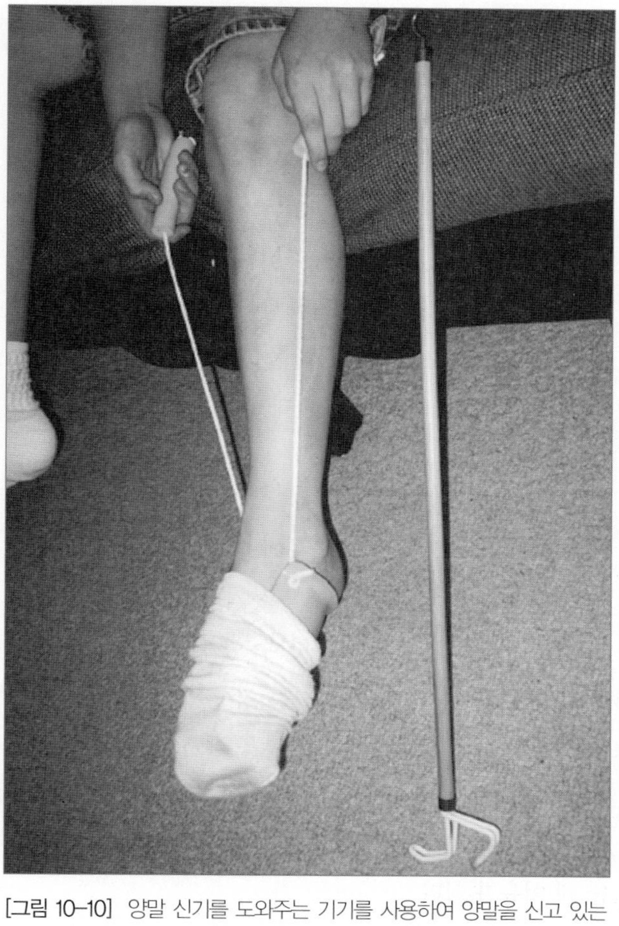

[그림 10-10] 양말 신기를 도와주는 기기를 사용하여 양말을 신고 있는 학생. 옷 입기용 막대(오른쪽)는 옷 입는 것을 보조하는 데 사용된다.

(3) 브레이스 사용자

가랑이에 열림 부분이 있는 옷은 브레이스(brace)를 착용한 학생들, 특히 기저귀를 갈아야 하는 학생들에게 유용하다. 안쪽 솔기는 열려 있고 벨크로 또는 지퍼가 부착되어 있다. 통이 넓은 바지는 브레이스를 착용하는 사람들을 더 편안하게 해 준다. 바지통이 지나치게 좁아서 브레이스 위로 옷을 밀어 올려 입을 수 없다면 솔기에 지퍼나 벨크로 여밈을 추가할 수 있다. 치마, 바지 또는 정장 바지에 탄력성 있는 허리밴드를 추가하면 브레이스를 사용하는데 필요한 신축성을 더해 준다. 니트로 된 섬유는 브레이스 잠금 장치에 걸리는 경향이 있다. 속옷은 브레이스 안에 입었다면 편안하게 맞아야 하고, 브레이스 밖에 입었다면 브레이스가 들어갈 수 있을 만큼 여유가 있어야 한다. 브레이스가 쓸리는 부분은 보강해야 한다.

(4) 클러치 사용자

발끝까지 오는 클러치를 사용하는 학생은 겨드랑이 솔기가 찢어지지 않는 옷이 필요하다. 옷의 내구성이 있도록 겨드랑이 솔기를 두 번 박음질해야 한다. 직물로 짠 것과 같은 특정한 천은 다른 천에 비해 내구성이 더 있다. 옷에서 중요한 점은 사용하기 전에 보강되어야 한다. 옷 선을 바꾸지 않아도 겨드랑이 클러치가 편안하게 맞을 수 있는 옷을 선택한다. 학생이 캐나다식 목발 또는 로프트스탠드(Loftstand) 목발을 사용한다면 소매가 목발에 맞는 코트를 선택해야 한다.

(5) 휠체어 사용자

치마바지는 몸을 움직이는 데 충분한 공간을 제공하고 노출로 인해 당황스러운 일을 겪지 않으면서 휠체어로 또는 휠체어 밖으로 이동할 수 있게 해 준다. 좁은 직선 모양의 치마는 위로 올라가는 경향이 있고, 폭이 넓은 치마는 휠체어 바퀴에 끼거나 앉을 때 뭉치는 경향이 있다. 랩 스타일 치마는 입기가 쉽고 화장실 사용하기에 용이하다. 주름치마는 앉을 때 구김이 생기지 않고 움직이는 데 여유가 있다.

바지는 일반적인 것보다 넓고 쓸데없이 주머니가 많지 않아야 더 편안하다. 특히 바지 앞에 큰 주머니가 달려 있고 휠체어에 쉽게 앉을 수 있다는 점에서 카고 스타일 바지와 반바지가 유용하다. 단단한 바지 고리에 무거운 벨트를 매는 것은 보조자가 학생을 들어 올리고, 지원하는 것을 도와주어 스스로 해내지 못하는 학생들을 돕도록 한다. 휠체어 사용자가 소매가 긴 옷을 입으면 자주 지저분해진다. 따라서 짧은 소매가 바람직하다.

추운 날씨에는 앞쪽에 지퍼가 있고 후드가 달린 망토(또는 판초)가 소매와 씨름하거나 사람과 의자 사이의 자켓을 뒤로 빼내는 수고를 덜어 준다. 망토 사용의 절차는 단순하기에 하루에 몇 번씩 야외로 나가는 학생들에게 아주 유용하다. 망토의 지퍼를 열면 후드와 망토의 옆면은 휠체어 뒤쪽으로 넘길 수 있다. 필요하다면 망토 옆면을 다시 앞쪽으로 가지고 와서 닫을 수도 있다. 학생들은 망토가 어깨 위에 있을 필요가 없을 때에도 하루 종일 망토 안에 '앉아 있을 수' 있다. 큰 고리는 장애학생이 지퍼를 올리고 내릴 수 있게 해 준다. 모자가 달린 벨크로 열림장치 그리고 앞쪽에 주머니가 달린 후리스(fleece) 망토는 [그림 10-11]과 같다.

(6) 신체 불균형과 의수에 대한 고려사항

치마와 바지 위에 입도록 디자인된 블라우스와 셔츠는

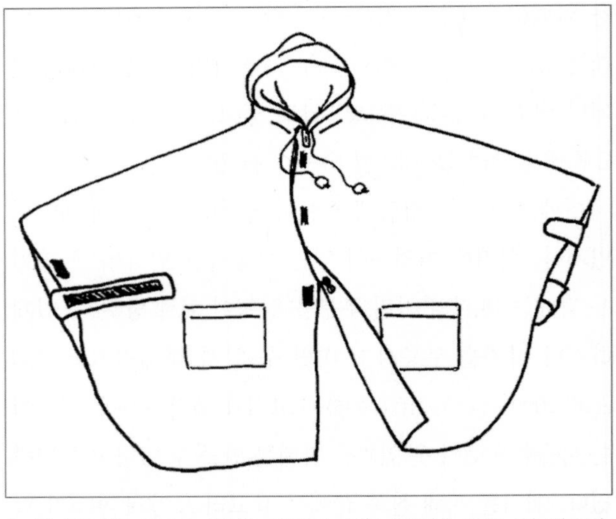

[그림 10-11] 후리스 망토는 열기가 쉽고, 앞쪽에 주머니가 있으며, 조절할 수 있는 모자가 달려 있다.

출처: Illustration by Maya S. Esteve (2008). Used with permission.

신체 불균형을 가리는 데 도움이 된다. 자세 또는 신체 이상이 있다 하더라도 균형이 유지될 수 있도록 원피스와 바지단을 조정할 수 있다. 상체 이상으로 인해 옷 끝단이 불균형한 경우 투피스의 옷을 선택할 수 있다. 의수를 한 사람들은 종종 긴 소매 정장과 셔츠를 원한다. 조정된 의복과 기타 자립적 물품을 제조하는 곳에 대한 정보는 이 장의 마지막 부분에 열거해 두었다.

6. 가정 관리 및 경영

'미리 계획하기'라는 말은 가정 관련 과제를 시도하려고 하는 지체장애인들에게 좌우명이 되어야 한다. 대부분 철저한 사전 계획을 세우지 않고서는 가정 관련 과제를 수행할 수가 없다. 메뉴가 그 예이다. 사람들은 그들이 어떤 요리를 할 수 있는지 알아야 하며, 어떻게 균형 잡힌 식단을 준비할지 배워야 한다. 그들은 현재 선반에 있는 재료가 무엇인지, 구매해야 하는 재료가 무엇인지, 식품을 사러 어디에 가야 하는지, 어떤 교통편을 이용해서 가야할지, 다양한 식품을 어떻게 활용할 수 있는지와 돈의 가치(구매력), 특정한 음식을 조리하는 데 요구되는 시간, 조리한 음식과 조리하지 않은 음식이 얼마 동안 신선하게 유지되는지를 고려해야 한다. 마지막으로, 그들은 식사를 완성하기 위한 정확한 단계에 대한 계획을 세워야 한다. 한 손으로 야채를 썰기 위해 별도의 시간이 필요할 것인가? 과제를 더 신속히 처리하기 위해서 특별한 가전제품이나 보조기기가 필요할 것인가? 많은 장애인이 스스로 모든 계획을 세울 수 있겠지만 몇몇 사람들은 계획을 수행하는 데 도움을 필요로 할지도 모른다. 특별한 가정관리 기술을 교수하기 위하여 기술에 대한 과제분석이 이루어질 수 있고, 불일치분석이 실행될 수 있다. 특별한 조정과 교수 전략들은 학생들의 요구에 기초하여 선택할 수 있다. 이 절에서는 더 큰 문제를 초래할 수 있는 주방에서의 과제와 집 청소에 대해 중점적으로 설명하고자 한다.

1) 주방과제

주방과제를 완수하기 위해 개인이 사용할 수 있는 많은 장비와 기법이 있다. 심각한 협응문제가 있거나 신체가 허약하거나 목발 또는 휠체어를 사용하는 사람들은 깨지지 않는 접시를 사용할 수 있다. 싱크대 하단에 휠체어가 들어가도록 설계된다면 싱크대 사용이 쉬워질 것이다. 식기세척기가 열려 있음에도 휠체어가 근처에 위치할 수 있을 정도의 충분한 공간이 있을 때, 식기세척기는 휠체어 사용자들의 접근성을 증가시켜 준다. 서랍형 찬장 선반은 접시, 그릇, 냄비를 꺼내는 데 이상적이다. 청소 도구 창고는 쉽게 도달할 수 있는 식료품 창고로 바꿔서 사용할 수 있다. 일부 학생의 경우, 싱크대에서 기립형 스탠더를 사용하거나 싱크대에서 균형을 유지하기 위해 끈을 사용하여 설거지를 할 수 있다([그림 10-12] 참조).

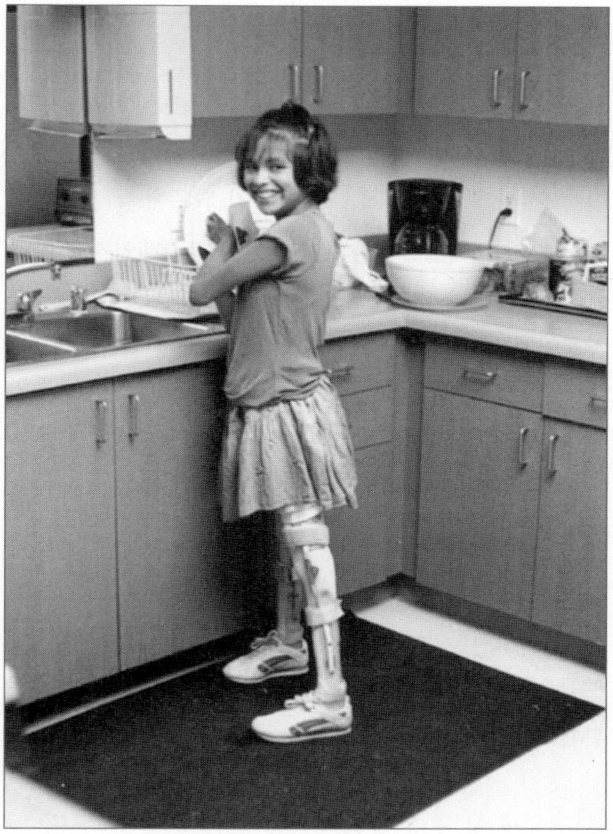

[그림 10-12] 학생이 가정관리 과제를 독립적으로 수행할 수 있도록 격려해야 한다.

(1) 메뉴 선택

메뉴 선택은 요리하는 사람이 제한된 읽기능력을 가지고 있거나 요리법을 기억하는 데 문제가 있다면 어느 정도 제한이 따를 수 있다. 교사와 부모는 어린 학생들에게 요리법을 가르침으로써, 독립해야 할 순간까지 충분한 요리 기술을 갖추도록 지원해야 한다. 간단한 식사를 만드는 데 필요한 재료와 단계를 표시하기 위해 그림을 사용하는 일부 요리책을 사용할 수 있다(또는 제작할 수 있다). 많은 식품 제조업체에서는 어떻게 그 제품을 요리하는지 설명하기 위해 그림을 사용한다. 그림을 사용하는 것 외에도 학생들은 요리법에서 자주 나오는 단어를 읽을 수 있도록 지도받는다. 메뉴는 대체적으로 학생들이 좋아하고 만들기를 쉽게 배울 수 있는 단순한 요리법이 자주 선택된다. 교사는 요리법을 철저하게 알아보고 자주 사용되는 주요 단어를 찾는다. 그 단어는 제13장에서 논의되는 읽기 접근법 중 하나를 활용하여 지도할 수 있다.

(2) 요리하기

요리는 효율적이어야 하고 또한 안전해야 한다. 만약 가스레인지가 휠체어 사용자의 눈높이에 있다면, 냄비의 안쪽을 볼 수 있도록 가스레인지 뒤쪽에 앞쪽으로 기울어져 있는 거울을 부착할 수 있다. 가스레인지로 다가갈 때 일어날 수 있는 사고를 예방하기 위해 손잡이는 가스레인지 앞쪽처럼 안전한 장소에 있어야 한다. 가스레인지가 적합하지 않다면 내수성의 프라이팬, 전자레인지 오븐 그리고 식탁용 브로일러(broiler)를 사용하여 요리할 수 있다. 이러한 가전제품은 낮은 조리대나 테이블에 비치할 수 있다. 뜨거운 것과 차가운 것에 대한 명확한 감각이 결여된 사람들은 반드시 보호대로 모든 신체의 노출 부위를 보호해야 한다. 휠체어 사용자의 다리에 뜨거운 냄비를 가져가야 한다면, 두 번 덧댄 보호대 또는 휠체어 받침대를 사용할 수 있다.

(3) 저장과 조리 공간

휠체어 사용자에게 충분한 공간 확보는 매우 중요하다. 그들은 주방 안에서 자신의 휠체어를 쉽게 사용할 수 있는 전략을 갖고 있어야 한다. 서기와 걷기 문제를 갖고 있는 각 개인은 필요한 것에 쉽게 닿을 수 있는 까닭에 좁은 바닥 공간을 선호할 것이다. 휠체어 사용자의 조리대는 그들이 작업 공간에 가까이 다가갈 수 있도록 설계되어야 한다. 장비와 물품을 위한 충분한 공간과 많은 저장 공간은 상당한 사전 계획이 요구된다. 일반적으로 장비와 물품은 '먼저 사용하는 지점'에 비치하도록 권장되고 있다. 요리 도구는 가스레인지 근처에 보관해야 한다. 제빵 도구는 빵 만들기를 준비하는 곳 가까이에 보관해야 한다. 빈번하게 사용되는 품목은 천장 선반에 걸어 둔다면 가장 손쉽게 닿을 수 있다. 페그보드(Pegboards)는 식기를 걸 수 있도록 이용하기 편한 곳에 있어야 한다.

어떤 요리를 하든지 충분한 조리 공간은 중요하다. 운동 손상이 있는 사람은 프라이팬 등을 들어 올리는 대신 밀어서 사용할 수 있는 조리대가 있다면 좋을 것이다. 휠체어를 사용하는 사람들은 일반적으로 팔꿈치를 올려놓을 수 있을 만큼 낮고, 다리를 아래로 넣을 수 있을 만큼 깊은 조리대를 선호한다.

(4) 식기

요리에 필요한 거의 모든 식기는 구매할 수 있다. 장애가 있는 사람은 쇼핑하기 전에 원하는 모양의 식기를 예상하기만 하면 된다. 깔대기는 손의 힘이 약하거나 불안정할 때 엎지름을 방지해 준다. 큰 숟가락은 유동식의 음식을 나르는 동안 쏟아져 흘러내리는 것을 막아 준다. 웨지형의 병따개는 불필요하게 병뚜껑을 돌리거나 따는 것을 막아 준다. 나사 손잡이 팬은 더 견고하다. 무거운 냄비와 팬은 과도한 움직임을 막아 준다.

상업적인 식기와 장비로 불충분할 경우에는 집에서 만든 간단히 개조된 특별한 보조기기로 충족할 수 있다. 또한 사고도 가정에서 만든 보조기기로 미연에 방지할 수 있다. 음식을 섞을 때 그릇을 엎지르는 것을 예방하기 위하여 간단한 나무틀 안에 그릇을 넣어 안전하게 한다. 식품은 자르는 동안 돌거나 구르지 않도록 페그보드의 돌출된 두 못 사이에 놓는다. 토마토, 사과 등의 둥근 식품은 못에 꽂아 놓을 경우, 힘이 약하거나 협응 운동에 어려움이 있는 사람도 쉽게 사용할 수 있다. 이 전략을 사용할 때에는 녹슬지 않은 못을 사용해야 한다.

(5) 가전제품

다양한 외관과 무게의 가전제품이 나온다. 벽 콘센트에 꽂는 대신 가전제품의 소켓에 꽂을 수 있는 플러그가 달린 전자 가전제품은 힘이 약한 사람들이 더 잘 이용할 수 있다. 전자 냄비와 같은 일부 전자제품은 다른 것보다 무겁다. 무게는 과도한 동작을 줄일 수 있도록 돕는다. 경량의 가전제품은 힘이 약한 사람들이 선호하게 된다. 전자제품의 중요한 부분은 손잡이의 위치와 크기, 조절이다. 전자제품을 선택할 때 손잡이와 조절하는 부분이 가열되는 부분으로부터 멀리 있는지 살펴보아야 한다. 만약에 손잡이가 충분히 길지 않다면 장애인이 보다 쉽게 조작할 수 있도록 길이를 늘릴 수 있을 것이다. 중도 지체장애인은 가끔 개인 기술자의 능력을 보여 줄 수 있으며, 그들은 장애로 인한 불편함과 의존성에 대응하여 아이디어와 계획을 생각해 왔다. 그들은 라디오, 텔레비전 그리고 다른 전자제품에 사용되는 조절체계를 조정하는 방법을 제안했다. 막대기(봉), 구강봉, 스위치의 확대, 확장된 스위치 표면을 만들기 위해서 무료 또는 저렴한 장치를 사용하는 방법을 발견했다.

2) 집 청소

광범위한 부위의 마비, 제한된 힘 또는 심각한 협응의 어려움이 있는 사람이 주된 집 청소를 하기를 기대하는 것은 비현실적인 생각이다. 중도의 지체장애인에게는 단순히 몸을 일으키고, 목발을 사용하고, 브레이스로 걷고 또는 휠체어를 움직이는 것만으로도 에너지를 과도하게 소비할 수 있다. 그렇지만 일부는 가정 관련 과제를 하는 방법을 찾을 수 있다([그림 10-13] 참조). 장벽이 없도록 조정되거나 설계된 집은 장애와 신체적 장벽으로 가득한 집이 결합하였을 때 생기는 불편함을 줄여 준다.

피로도를 분산시키기 위해 힘든 일은 하루에 모두 처리하기보다 한 주 동안 천천히 처리할 수 있다. 하루에 작업하는 내용이 가능한 한 다채롭고 흥미로울 수 있도록 복잡한 과제는 며칠에 걸쳐서 나눌 수 있다. 일반적으로 사람들이 할 수 없는 일부 집안일이 있을 것이고 굉장히 어려운 과정을 지나야 숙달될 수 있는 과제도 있을 수 있다.

사람들은 집안일을 하는 구성원들 사이에서 누가 어떤 일을 할지 결정하는 리더십이 있어야 한다. 이러한 전략은 도와주는 적절한 방식과 도와줄 양에 관한 다른 사람들의 걱정을 덜어 준다. 장애인이 할 수 있는 집안일은 먼지 털기, 가벼운 빗자루나 전기빗자루로 쓸기, 모든 방향으로 쉽게 회전하는 작은 진공청소기를 사용하기 그리고 가정에서 만들거나 구매한 장비들을 닦기(손이

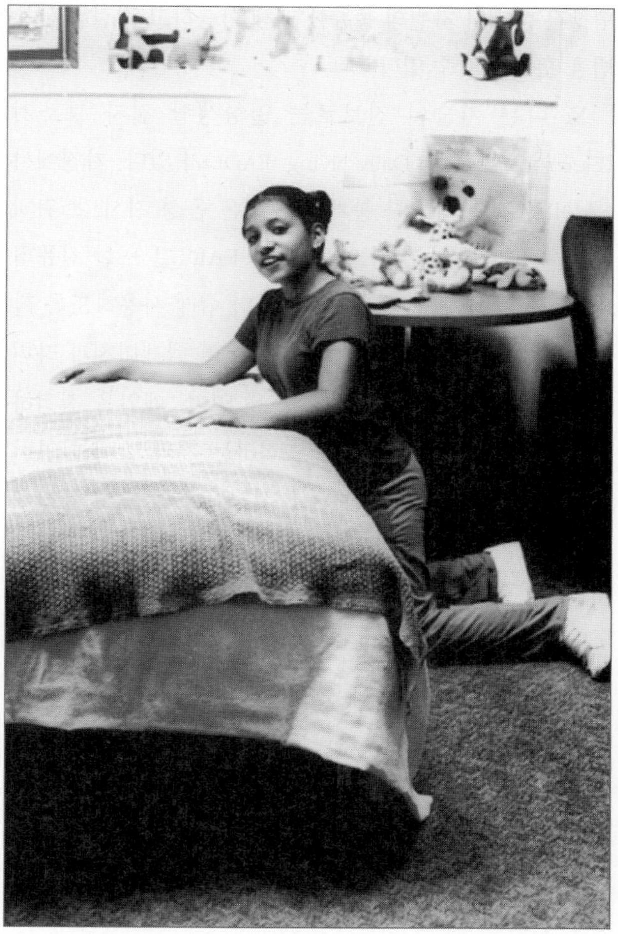

[그림 10-13] 무릎 꿇은 상태에서 침대를 정돈하는 것처럼 간단한 집안일을 조정할 수 있다.

닿게 해 주는 것으로 예를 들면, 욕조와 싱크대 청소를 위한 긴손잡이 빗자루 또는 스펀지)가 포함된다. 가정에서 맞춤 설계된 도구는 상당히 유용하다.

3) 기술과 지원 서비스

장애인이 더 독립적일 수 있도록 하는 기술과 서비스는 진보되어 왔다. 예를 들면, 많은 휴대폰은 음성 인식을 사용해서 전화를 걸 수 있는데, 전화를 걸기가 어려운 지체장애 학생의 경우 그 효용가치가 매우 크다. 말하기에 어려움이 있는 학생들(예를 들면, 뇌성마비로 인한 조음장애 학생), 말을 말로 통역해 주는(speech-to-speech: STS) 중계방식은 (언어 인식 기술을 훈련받은) 의사소통 보조자가 전화를 걸어서 발신자의 말을 수신자가 이해할 수 있도록 반복해 주는 상황에서 사용될 수 있다. 지체·중복장애 학생은 이러한 자원의 종류에 대해 학습하고 적절한 사용법을 훈련받을 수 있다.

또 다른 기술의 진보로는 일상생활 전자 보조기(Electronic Aids to Daily Living: EADL)가 있다. 가정에서 EADL로 전기 장치를 통제하는 것은 음성 지시, 스위치나 단추를 이용한 것이 있다. 또한 EADL은 또한 컴퓨터나 AAD 장치에 프로그램화되어 더 쉽게 사용하도록 할 수 있다. EADL은 사람들이 불을 켜고, 텔레비전과 라디오를 조작하며, 전화를 걸고 문을 열며, 메일을 점검하고 다양한 많은 가전제품을 조절하는 것과 같이 다양한 품목을 제어하게 한다. EADL의 사용은 중도 지체장애 학생들이 그들의 환경에 대해 더 많은 통제권을 가지게 하며 독립심을 증진시키도록 한다.

다른 형태의 기술 진보도 운동능력에 제한이 있는 학생들을 도울 수 있다. 예를 들어, 로봇공학의 연구는 제한된 신체능력을 가진 사람들이 일상생활에서 활동 수행에 신체적인 통제권을 갖도록 도와주는 보조기기 개발에 가능성을 열어 준다.

요약 및 결론

이 장에서는 개인의 독립을 촉진시키는 다양한 조정에 관한 정보를 제시하였다. 불일치분석의 사용은 학생의 현재 기술을 평가하고 조정이 요구되는 바를 결정하기 위해 주장된 것이다. 자기관리기술의 학습을 촉진시키기 위한 다양한 체계적 교수 전략을 설명하였다. 위생기술은 다양한 조정, 목표 전략과 사분원 전략의 활용, 화장실 사용하기에 있어 고려할 점을 사례를 들어 가며 설명하였다. 학생은 신체적 건강관리 지침을 독립적으로 수행하거나 부분적으로 참여하거나 혹은 다른 사람이 수행하도록 지시하는 기술을 활용하여 학습할 수 있다. 학생이 가능한 한 완전히 참여하도록 격려하는 것이 중요하다. 교사들은 안전하고 건강한 환경을 유지하기 위해서 이들 절차에 관해 학습할 필요가 있다. 옷 입기, 가정관리와 같은 다른 자기관리 기술은 지체·중복장애인을 위한 조정과 고려사항 면에서 설명되었다. 자기관리기술을 지도하고 적절한 조정을 제공하는 것은 집, 학교, 지역사회에서 개인의 독립을 증진하기 위해 아무리 강조해도 지나치지 않는다.

토의 문제

1. (세수하기나 양치하기와 같은) 위생기술을 선택하고 지체·중복장애 학생에게 과제분석과 불일치분석을 수행해 보자. 가능한 한 문제점과 조정에 대해 토의해 보자. 당신은 학생을 지도하는 데 어떤 지도 전략을 사용하겠는가?
2. 학교 일과 중 학생에게 튜브 섭식을 하는 것의 역할과 책임을 토의해 보자. 안전과 건강한 환경을 유지하기 위해 튜브 섭식에 대하여 교사가 알아야 할 것은 무엇인가?
3. Mary는 7세이고, 중도의 경련성 사지마비인 뇌성마비 학생인데 코트를 어떻게 입고 벗어야 하는지를 배우고자 한다. 당신은 무엇을 먼저 지도할 것이며 어떻게 지도할 것인가?
4. 요리법을 선택하고 그림을 사용하여 적용해 보자. 이것을 어떻게 가르칠지 토의해 보고, 독립적으로 요리법을 따라 음식을 만들 수 없는 학생들에게 어떻게 부분참여를 활용할지에 대해 설명해 보자.
5. 다른 유형의 의류에 대해 토의해 보고, 다른 유형의 지체장애(예를 들면, 다리 마비, 편마비)인들을 위해 어떻게 조정할 수 있는지 토의해 보자.

유용한 사이트

• Abledata
http://www.abledata.com
이 사이트는 연방에서 지원하는 프로젝트로 국내외의 공급처에서 이용할 수 있는 보조공학과 재활기구에 대한 정보를 제공한다. 주제어, 제품유형, 회사 또는 브랜드 이름으로 검색할 수 있다. 가정생활 관리, 제어장치, 개인적 관리, 건축학적 요소와 같은 범주에 따라 개인적 독립을 증진시켜 주는 제품을 찾을 수 있다.

• Allegro Medical
http://www.allegromedical.com/index.html
이 회사는 의학적 필요뿐만 아니라 일상생활 활동을 위한 제품에 이르기까지 다양한 물품을 제작한다. 제품 범주의 예로는 가정용품, 일상생활 보조기, 침실 보조기, 인공항문 관련 제품, 개인적 관리, 호흡 관련 제품 등이 있다. 제품은 검색 엔진뿐만 아니라 범주, 브랜드 이름 또는 환경을 통해 쉽게 찾을 수 있다.

• Attainment Company
http://www.attainmentcompany.com
이 회사는 개인적 위생, 집안일 하기, 식사 선택하기, 쇼핑, 가정에서 요리하기, 하루 일과 계획하기에 관련된 생활기술 교육과정과 직접 사용할 수 있는 제품들을 제공한다. 또한 이 회사는 그림사전뿐만 아니라 돈 개념과 지역사회에서의 사회적 기술을 교수하는 소프트웨어를 보유하고 있다.

• Independent Living Aids
http://www.independentliving.com
이 회사는 시각장애인, 지체 · 중복장애 학생을 위해 조정된 장치를 다양하게 제공한다. 확대경뿐만 아니라 일부 자립생활을 위한 제품 및 교육적, 오락적 제품의 이용이 가능하다.

• Sammons Preston, Inc.
http://www.sammonspreston.com
이 회사는 일상생활을 위해 다양하게 조정된 장치를 제공한다. 조정된 장치로는 옷 입기, 개인적 관리, 부엌과 식당, 편안하게 휴식하기, 가정 건강과 같이 일상생활 분야에 걸쳐 제공한다. 제품은 범주와 물품 목록으로 찾을 수 있으며, 설명과 사진을 통해 살펴볼 수 있다.

• Adapted Clothing
–Accessible Threads
http://www.accessiblethreads.com
–Adaptive Designs Apparel
http://www.adaptiveapparel.com
–Adrian's Closet
http://www.adrianscloset.com

참고문헌

Alberto, P. A., & Troutman, A. C. (2006). *Applied behavior analysis for teachers* (8th ed.). Upper Saddle River, NJ: Merrill/Pearson Education.

Ash, D. (2005). Sustaining safe and acceptable bowel care in spinal cord injured patients, *Nursing Standard, 20*(8), 55-64.

Ault, M. M., Rues, J. P., Graff, J. G., & Holvoet, J. F. (2000). Special health care procedures. In M. Snell & F. Brown (Eds.), *Instruction of students with severe disabilities* (5th ed., pp. 245-290). Upper Saddle River, NJ: Merrill/Pearson Education.

Bass, C. C. (2004). *The necessary personal oral hygiene for prevention of caries and periodontoclasia*: A reprint from New Orleans Medical & Surgical Journal. Available from http://www.oralhealthproducts.com/pobass12.htm

Best, S. J. (2009). Universal precautions. In K. W. Heller, P. E. Forney, P. A. Alberto, S. J. Best, & M. N. Schwartzman (Eds.), *Understanding physical, health, and multiple disabilties*, (2nd ed., pp. 399-405). Upper Saddle River, NJ: Merrill/Pearson Education.

Bray, L., & Sanders, C. (2007). Teaching children and young people intermittent self-catheterization. *Urologic Nursing, 27*, 203-209.

Carlson, G. (2002). Supporting the health and well being of people with intellectual disability and high support needs through networking and resource development. *Australian Occupational Therapy Journal, 49*, 37-43.

Chillock, C. A., & Palenik, C. J. (2004). New CDC guidelines. *RDH, 24*(4), 74-78.

Committee on Infectious Diseases. (2007). Infection prevention and control in pediatric ambulatory settings. *Pediatrics, 120*, 650-665.

Dangel, H. L., & Keel, M. (2006). Instructional methods of students with mild disabilities. In R. Colarusso & C. O'Rourke (Eds.), Special education for all teachers, (4rd ed., pp. 205-238). Dubuque, IA: Kendall/Hunt.

DPHD Critical Issues and Leadership Committee. (1999). Position statement on specialized health care procedures. *Physical Disabilities: Education and Related Services, 18*(1), 1-2.

Epps, S., Stern, R. J., & Horner, R. H. (1990). Comparison of simulation training on self and using a doll for teaching generalized menstrual care to women with severe mental retardation. *Research in Developmental Disabilities, 11*, 37-66.

Farlow, L. J., & Snell, M. E. (2000). Teaching basic selfcare skills. In M. Snell & F. Brown (Eds.), *Instruction of students with severe disabilities* (5th ed., pp. 331-380). Upper Saddle River, NJ: Merrill/Pearson Education.

Gelbwasser, M. (2007). Sniff sniff . . . *Instructor, 116*(5), 36-38.

Goeckel, T., Heller, K. W., Forney, P., & Cohen, E. (2000). *Dressing skills for students with physical disabilities.* Atlanta, GA: Bureau for Students with Physical and Health Impairments.

Heller, K. W., Forney, P. E., Alberto, P. A., Schwartzman, M. N., & Goeckel, T. M. (2000). *Meeting physical and health needs of children with disabilities: Teaching student participation and management.* Belmont, CA: Wadsworth.

Heller, K. W., Fredrick, L., Dykes, M. K., Best, S. J., & Cohen, E. T. (2000). Specialized health care procedures in schools: Training and service delivery. *Exceptional Children, 66*, 173-186.

Heller, K. W., & Swinehart-Jones, D. (2003). Supporting the educational needs of students with orthopedic impairments. *Physical Disabilities: Education and Related Services, 22*, 3-24.

Larson, E. (2001). Hygiene of the skin: When is clean too clean? *Emerging Infectious Disease, 7*, 225-230.

Mayo Clinic Staff. (2007). Hand washing: An easy way to prevent infection. MayoClinic.com. Retrieved August 10, 2008, from http://mayoclinic.com/print/handwashing/HQ00407-METHOD=print

Mercer, C. D., & Mercer, A. R. (2004). *Teaching students with learning problems* (7th ed.). Upper Saddle River, NJ: Merrill/Pearson Education.

Poyato-Ferrera, M., Segura-Egea, J. J., & Bullon-Fernandez, P. (2003). Comparison of modified Bass technique with normal toothbrushing practices for efficacy in supragingival plaque removal. *International Journal of Dental Hygiene, 1*, 110-114.

Rodgers, J., & Lipscombe, J. (2005). The nature and extent of help given to women with intellectual disabilities to manage menstruation. *Journal of Intellectual and Developmental Disability, 30*, 45-52.

Schwartz, S. P. (1995). *Dressing tips and clothing resources for making life easier.* Madison, WI: AJ Press.

Scrammell, A. M. (2003). The Mitrofanoff procedure. *Ostomy Quarterly, 40*(3), 28-31.

Shih, Y., & Chang, C. (2005). Teaching oral hygiene skills to elementary students with visual impairments. *Journal of Visual Impairment & Blindness, 99*, 26-39.

Vessey, J. A., Sherwood, J. J., Warner, D., & Clark, D. (2007). Comparing hand washing to hand sanitizers in reducing elementary school students' absenteeism. *Pediatric Nursing, 33*, 368-372.

Westling, D. L., & Fox, L. (2009). *Teaching students with severe disabilities* (4th ed.). Upper Saddle River, NJ: Merrill/Pearson Education.

CHAPTER

11 특수체육, 여가교육, 레크리에이션을 위한 수정

Angie Juarez
Sherwood J. Best
June L. Bigge

이 장을 읽고 나면 여러분은

1. 특수체육, 여가교육 및 레크리에이션을 정의할 수 있다.
2. 스포츠, 레크리에이션 및 여가활동에 어려움이 있는 개인들의 통합과 관련된 법률적 의무 규정을 설명할 수 있다.
3. 지체 · 중복장애인에게 적합한 서비스를 제공하기 위하여 특수체육 전문가들과 협력할 수 있다.
4. 보다 일반적으로 사용되는 특수체육 평가도구와 진정한 평가를 할 수 있는 방법을 설명할 수 있다.
5. 스포츠와 다른 체육교육 활동들을 조정할 수 있다.
6. 지체 · 중복장애인을 위한 적절한 여가교육 활동을 선택하고 개발할 수 있다.
7. 지체 · 중복장애인에게 금지되어야 하는 일부 스포츠 활동을 숙지할 수 있다.

역사적으로 볼 때, 지체장애인은 스포츠, 레크리에이션, 여가활동 참여가 어려운 것으로 간주하여 비장애인이 그러한 활동에 참가하는 것을 구경하도록 강요받았다. 이는 비단 스포츠, 레크리에이션, 여가활동에 참가하기 위한 장애인의 잠재력과 관련된 오해의 문제만은 아니다. 이것은 또한 지체 · 중복장애인에게 필요한 편의 제공의 부재가 문제이기도 하다. 하지만 1973년에 재정된 재활법 504조(PL 93-112)에서 스포츠, 레크리에이션, 여가활동과 프로그램을 포함하여 연방 기금으로 후원되는 모든 프로그램과 활동에 장애인을 포함할 것을 명시하였다. 1990년 미국 장애인법(ADA)에서는 정부와 민간 부문에서 장벽이 없는 건물을 세우고 이동 체계를 만들도록 특별한 기준을 설정하였다. 이 법안 덕분에 장애인이 접근할 수 있도록 스포츠, 레크리에이션, 여가 환경이 개조되어야 했다. 결과적으로 장애인이 스포츠, 레크리에이션, 여가활동에 제한 없이 접근할 수 있도록 특별히 설계된 기술과 조정이 급증하였다.

레크리에이션은 중요한 교육과정 영역이며, Westling과 Fox가 정의했듯이 "권태감으로부터 생기를 되찾는 것이자 즐거운 모든 흥미와 오락거리다"(2009, p. 419). 학교 체육교육의 영역에는 스포츠와 레크리에이션에 관한 특정한 성격의 학생 지도가 포함된다. 특수체육(Adapted Physical Education: APE)은 장애아동을 위한 스포츠 및 레크리에이션 영역이다. 특수체육은 장애아동을 위한 체육교육 지도의 필요성을 공부한 사람들이 제공하는 개별화된 프로그램이기도 하다. 1975년에 제정된 전장애아교육법(Education for All Hardicapped Children Act)에서 개괄하였듯이, 장애아동은 반드시 지도 프로그램을 용이하게 하는 관련 서비스와 직접적인 교육서비스를 받아야 한다. 특수체육은 신체기술 발달을 촉진하고 학생이 학교의 전반적인 스포츠와 레크리에이션 활동에 참가할 수 있는 기회를 제공한다는 점에서 직접적인 교육서비스로 여겨진다.

전통적인 여가가 '자유 시간'이라는 개념과 관련이 있음에도 불구하고, 여가활동에의 참여는 신체적, 정서적 및 사회적 차원을 포함한다. 이 차원들은 사람들이 어떤 활동을 여가라고 생각할지 선택하는 데 영향을 미치며, 그들이 결정한 여가활동에 투자하는 시간과 여가활동으로부터 얻게 될 즐거움의 정도를 결정하는 데에도 영향을 미친다. 여가는 사람들이 어떤 활동을 할지 선택할 수 있는 자유 시간이 더 많아질 때를 일컫는 별개의 기간이다. 여가활동은 경쟁적이지 않은 테니스 치기와 같은 비공식적인 레크리에이션 취미부터 조직적인 스포츠와 문화적 이벤트 그리고 숲 속을 한가롭게 산책하는 것과 같은 혼자 하는 취미까지 포함한다. 여가활동은 자유의 감정을 느끼는 것처럼 특별한 일이 아닐 수도 있다. 여가활동에 참여하는 것은 건강과 웰빙뿐만 아니라 긍정적인 마음을 가지는 데에도 중요한 기여를 한다(Han & Patterson, 2007).

여가 시간은 개인적인 만족과 개인의 생활방식에 필수적이라고 생각되는 다양한 기술, 태도 및 지식을 포함한다. 개인적 흥미에 따라 선택된 여가 시간과 활동은 개인의 신체적 도전을 성취시켜 주고, 체육활동과 운동을 통해 미적인 향상을 추구하게 해 주며, 신체적 운동을 하게 하고, 경쟁에 참가하게 하고, 새로운 사회적 경험을 만들어 주며, 새로운 휴식활동을 찾게 해 주는가 하면 단순한 즐거움도 가져다준다(Bouchard, Blair, & Haskell, 2007).

오늘날 우리는 지체 · 중복장애인이—직업, 사회적 관계 및 그들이 선택하는 모든 종류의 스포츠, 레크리에이션, 여가활동에 참가하는 것과 같이—비장애인이 가지고 있는 모든 것을 필요로 한다는 것을 알아야 할 필요가 있다. 이 장에서는 특수체육을 정의하고, 어떻게 특수체육 활동을 조정하는지 알아볼 것이다. 그다음에 여가활동과 레크리에이션 및 조정된 스포츠로 확장할 것이다. 모든 영역은 학교 프로그램에서 다뤄져야 하며, 삶의 성취감과 만족을 제공하기 위한 통합된 프로그램의 개발에 있어 매우 중요하다. 조정된 스포츠의 영역은 거의 모든 장애인이 국제적인 수준에서 경쟁하는 것을 포함하도록 성장해 왔다. 장애학생은 암벽 타기와 스카이다이빙과 같은 극한 스포츠를 포함하여 제한 없는 경쟁의 영역에서 스스로의 스포츠 영웅을 선택할 수 있다. 그 누구도 신체활동을 통해 제공되는 교육적, 치료적 및 레크리에이션 기회로부터 배제되어서는 안 된다.

1. 특수체육

신체적 여가활동에 정규적으로 참가하겠다는 것은 지속적인 웰빙과 회복에 대한 약속이다. 경쟁을 위한 것이든 여가를 위한 것이든 간에 신체활동은 정신적으로나 신체적으로 개인에게 이득을 주며, 삶의 모든 부분을 강화시켜 준다. 신체활동은 모든 학생에게 있어 전반적인 교육 프로그램의 통합적 부분이며, 학생들이 신체적으로 능동적인 생활방식을 이끌어 나가는 데 필요한 기술, 지식 및 자신감을 발전시킬 수 있는 기회를 제공한다 (California Department of Education, 2008).

1991년에 처음 채택된 후 2006년에 개정된, Human Kinetics가 발간한 특수체육 국제기준(Adapted Physical Education National Standards: APENS)은 그 기준이 특수체육 교육자들에 의해 채택된 것임을 보장하고 장애학생들을 지도하는 데 증명서와 자격증이 필수적임을 규명하기 위해 개발되었다(Kelly, 2006). 국제 기준은 또한 국립스포츠체육교육협회(National Associaton for Sport and Physical Education: NASPE)가 발간한 『Moving into the Future: National Standards for Physical Education』(2004)라는 책에서도 제안되었다. 이 포괄적인 계획은 건강하고 능동적인 개인을 이상향으로 강조하였고, 체육교육 지도에 몇 세트의 기준을 제안하였다. 그것은 체육교육을 받은 사람을 다음과 같이 정의한다.

1. 다양한 신체활동을 수행하기 위해 필요한 기술을 배운 사람
2. 규칙적인 신체활동 참여가 주는 영향과 효용가치를 아는 사람
3. 신체활동에 규칙적으로 참가하는 사람
4. 신체적으로 적합한 사람
5. 신체활동이 즐거움과 건강한 생활에 기여하는 것 모두 가치가 있다고 생각하는 사람

균형 잡힌 체육교육 프로그램은 개인이 일생 동안 튼튼한 체력을 가지는 데 기여한다. 전인적인 발전을 이끌어 내려고 고군분투하면서 운동영역에서 최대의 잠재력을 성취하는 것이 바로 도전이다. 체육교육은 완전한 자신을 만들기 위해 결합된 다양한 행동을 탐험하고 알아보기 위해 학생들이 사용할 수 있는 훌륭한 매개물이다. 체육교육은 우리가 신체적인 방식으로 수많은 감정을 표출하도록 한다. 또한 우리에게 성공할 수 있는 기회를 제공해 주며 실패에 대처하도록 한다. 탄탄한 체육교육 프로그램은 일상생활 경쟁과 여가를 위한 스포츠 활동에서 필요한 신체적 및 운동기술의 발전에 기여한다. 더욱이 체육활동은 자아존중감과 긍정적인 자아상을 갖게 할뿐더러 체육교육은 순수한 즐거움이 될 수 있다.

체육교육의 중요한 목적은 학생들에게 체육활동의 가치를 가르쳐 주고, 그들이 일생 동안 즐겁고 건강한 체육활동에 참여하는 데 필요한 많은 기술과 행동을 지도하는 데 있다. 잘 구조화된 체육활동 프로그램은 창의적인 표현, 건강과 웰빙 지도, 예방적이고 발달적인 운동 활동 및 사회적 상호작용을 위한 연습 기회를 포함하고 있기 때문에 포괄적이다. 잘 구성된 체육교육 프로그램은 지체·중복장애인을 포함한 모든 개인의 필요와 모든 학생의 바람직한 성과를 만족시키기 위해 수정되고 개정된 것이다(Graham, Holt-Hale, & Parker, 2007).

기준 중심의 체육교육이 장애학생과 관련될 때에는 반드시 신중하게 적용되어야 한다. Johnson, Kasser와 Nichols는 "모든 학생에게 동일한 기준이 적용되는 것이 우선순위이며 모든 학생이 비슷한 절차와 속도로 배우고 향상되어야 한다는 가정"에 대해 경고한다(2002, p. 42). 그들은 이 기준에 대해 ① 개별 학생이 성취하도록 기대되는 능력이나 적합한 수행을 이해하는 것, ② 포괄적인 기준을 만드는 것, ③ 기준을 성취하기 위한 시간을 늘리는 것, ④ 의미 있는 활동을 선택함으로써 학습 기회를 확대한다는 관점에서 접근해야 한다고 주장한다.

국제 기준의 실행에 앞서 연방정부는 장애학생에게 어떻게 지도를 제공할 것인지에 대한 기준을 수립할 것을 지시하였다. 체육교육의 정의는 전장애아교육법(PL 94-142)에서 처음으로 나타났다. 그 정의는 PL 94-142에서 제시되었으며 IDEA 2004 규정에서 계속해서 체육교육의 기본 요구를 결정하기 위해 사용되었다.

1. 발전
   a) 신체의 그리고 운동 적합성
   b) 기본적인 운동기술과 패턴 그리고
   c) 수상 경기, 춤, 개인과 그룹 게임, 스포츠의 기술 (교내 스포츠와 평생 스포츠를 포함)
2. 이 용어는 특수체육 교육, 동작교육 그리고 운동 발달을 포함한다(Wright, 2006).

장애학생의 체육교육에 관한 추가적인 법률은 최소제한환경(LRE)과 관련이 있다. 체육교육은 능력에 관계없이 모든 사람에게 필요하다. 장애학생에게 항상 분리되면서 동등한 프로그램이 필요한 것은 아니다. 잘 계획되고 완전히 조정된 프로그램은 모든 사람의 완전한 통합과 참여를 가능하게 한다.

일반교육 환경의 체육활동 프로그램에서 장애학생을 포함하는 것은 많은 경우에 실현 가능한 목표이다. 하지만 장애학생이 일반교육 프로그램에 포함되었을 때, 대안적인 참여 방법을 위한 조정이 만들어지지 않아도 된다는 것은 아니다. 일반적인 체육활동 프로그램에서 지체·중복장애 학생이 참여하는 것을 돕기 위해 수많은 조정된 기술이 사용될 수 있다.

장애인을 위한 성공적인 체육교육 프로그램은 다음과 같다.

1. 일반교육 환경의 체육교육 프로그램을 본떠 만들어졌으며 참여자 개인이 성공할 수 있도록 필요한 조정이 더해진 것
2. 좌절 대신 도전을 제공하는 것
3. 개인이 배운 활동을 가정, 지역사회 그리고 일반교육 환경에 가져갈 수 있도록 하는 것
4. 협동적인 환경에서 비장애 동료들과의 통합을 격려하는 것
5. 집단의 필요를 만족시킬 뿐 아니라 개인의 요구도 만족시킬 수 있도록 선택된 활동으로 구성된 것

특수체육은 전반적인 프로그램 목표를 성취하게 하며, 개인의 교육적 목적을 성취할 수 있도록 고안된 복합서비스 프로그램이다. 이것은 장애학생을 위한 신체기술과 행동발달에 초점을 맞춘다는 점에서 일반적인 체육교육 프로그램과는 다르다. 특수체육 프로그램의 전체 계획은 반드시 협력, 평가 및 개별화교육 프로그램(IEP) 계획의 세 가지 주요한 구성요소를 포함해야 한다. 어떤 면에서 전통적인 체육교육은 중요한 초점이 인지, 운동 및 개인-사회의 발전에 기반을 두고, 학생을 위해 개별화되고 발전에 적절한 프로그램을 제공하는 데 있다는 점에서 특수체육과 별다를 바가 없다(Etzel-Wise & Mears, 2004).

1) 특수체육 전문가와의 협력

특수체육 교사는 학생 개인의 기본적인 동작 기술과 신체적 수행에 초점을 맞춘다. 장애학생의 체육교육에서 특수체육 교사의 역할은 학생 개개인이 사용하는 서비스 전달체계에 따라 다르다. 특수체육 교사의 역할은 직접적으로 지도하는 모델부터 일반 교육자와 협력하는 모델 또는 일반 교육자와 상담하는 모델까지 다양하다(Sherrill, 2004). 장애학생에게 체육, 레크리에이션, 여가교육 프로그램을 발달시키고 지도하는 과정에서 특수체육 교사와 담임교사가 협력하는 것이 이상적이다.

학급 체육교육 교육과정 활동에 관해 생각을 나누는는 것이 특수체육 계획의 기술과 수행목표를 성취하도록 도울 수 있다. 학급 레크리에이션과 여가교육 프로그램도 아동의 특수체육 프로그램의 중점 분야를 이해함으로써 촉진될 수 있다. 이러한 협력은 학생들의 목표와 요구에 대해 동의하고 정기적으로 면대면 대화를 함으

로써 이루어질 수 있다. 협력팀의 정기적인 만남은 생각의 교환을 가능하게 하며, 학생의 프로그램에 중요한 결정을 내리는 데 많은 전문가가 조언을 제공하고 도울 수 있도록 한다(Block, 2007).

점차 특수체육 지도자들이 일반 체육 교육자의 상담가로 활동하고 있다(Huettig & Roth, 2002). 관찰 자료와 기록 자료의 공유, 특별한 행사에의 공동 참여와 서로의 노력을 알아 주는 것과 같은 전략이 협력적인 관계를 촉진할 수 있도록 도와줄 수 있다(p. 33).

2) 평가

철저한 평가는 담임교사와 특수체육 교사 간 협력에 기초한다. 평가도구의 선택은 개별화되어 있으며 교사가 결과 자료를 어떻게 사용할지에 따라 결정된다. 대부분의 경우 특수체육 지도자는 표준화된 실험을 한다. 이런 평가는 규준지향이나 준거지향 모두 표준화된 평가도구를 사용하여 각 개인의 운동 기능의 현재 수행수준을 알려고 할 때 그들을 실험하는 것을 포함한다. 점수의 해석은 운동 발달의 패턴 예측뿐만 아니라 운동 결함의 인지도 제공한다. 평가는 또한 실제 체육활동 수행의 관찰도 포함한다. 표시된 부분에서 신체적 · 인지적 · 정서적 장애의 존재를 증명하는 의학적 서류를 얻을 수 있다. 이런 평가의 결과는 개별 아동을 위한 학급 체육교육과 여가 교육과정뿐만 아니라 IEP 목표와 특수체육 프로그램의 목적을 위한 기초를 제공한다. 그다음으로 향상을 위한 특정한 기술을 개괄하는 기준이 개발될 수 있다.

현재 체육교육 실험을 위해 100개가 넘는 표준화된 평가도구가 사용되고 있다. Turney, French, Pyfer와 Kinnison(2002)은 2002년, 1993년, 1985년에 미국의 특수체육에서 가장 많이 사용된 평가 도구를 비교하였다(〈표 11-1〉 참조).

다음은 가장 널리 사용되는 평가에 관한 설명이다.

① 대근육운동발달검사(Test of Gross-Motor Development-2: TGMD-2)

TGMD-2는 3살부터 10살까지의 어린아이들에게 사용된다. 이 간단한 검사는 운동능력과 물체조작능력의 2개 하위검사로 구분되는 총 12개의 대근육운동 패턴을 검사한다. 점수는 정확성이나 특정한 기준보다는 관찰

〈표 11-1〉 미국의 특수체육에 있어 2002년, 1993년 및 1985년에 가장 자주 사용된 평가도구

연도	측정	측정의 유형
2002	1. 대근육운동발달검사-2(Urich, 2000)	규준 및 준거지향검사
	2. 브로닉스-오세레츠키 운동능력검사(Bruininks, 1978)	규준지향검사
	3. 특수체육평가척도(Los Angeles, CA, 1989)	규준지향검사
	4. 브라이건스 조기발달진단검사-II(Brigance, 1999)	규준지향검사
	5. 장애인 건강관련 체력검사(Winnick & Short, 1999)	준거지향검사
1993	1. 대근육운동발달검사(Urich, 1985)	규준 및 준거지향검사
	2. 브로닉스-오세레츠키 운동능력검사(Bruininks, 1978)	규준지향검사
	3. 피바디 운동발달척도(Folio & Fewell, 1983)	규준지향검사
	4. 운동기술검사(Weder & Bruininks, 1988)	준거지향검사
	5. 사정, 평가 및 프로그램체계(Bricker, 1993)	준거지향검사
1985	1. 브로닉스-오세레츠키 운동능력검사(Bruininks, 1978)	규준지향검사
	2. 브라이건스 조기발달진단검사(Brigance, 1978)	규준지향검사
	3. 휴즈 기본적 대근육운동평가(Hughes, 1979)	규준지향검사
	4. 퍼듀 지각운동검사(Roach & Kephart, 1966)	규준지향검사
	5. I CAN 교육과정평가(Wessel, 1976)	준거지향검사

출처: *Adapted Physical Activity, Recreation, and Sport* (6th ed., p. 155), by C. Sherrill, 2004, New York: The McGraw-Hill Companies, Inc. Copyright 2004 by The McGraw-Hill Companies, Inc. Used with permission.

에 의해 결정된다. 각 동작기술에서 학생의 행동을 관찰한 것을 토대로 점수를 통과(1)나 실패(0)로 나눈다. 검사 구성요소는 다음과 같다.

- 운동능력
  - 50피트 빠르게 달리기
  - 25피트 전속력 달리기
  - 한쪽 발로 각각 3번씩 뛰기
  - 한 발로 뛰어올라 다른 발로 착지하기
  - 멀리뛰기
  - 25피트 미끄러지기

- 물체조작능력
  - 방망이를 두 손으로 잡고 공을 치기
  - 8~10인치 공을 한 손으로 4번 드리블하기
  - 15피트 밖에서 4인치 공을 두 손으로 잡기
  - 8~10인치의 정지된 공을 발로 차기
  - 세 개의 테니스 공을 오버핸드스로우로 던지기
  - 테니스 공을 언더핸드로 굴리기(Sherrill, 2004, pp. 164, 166)

② 브로닉스-오세레츠키 운동능력검사-단축형 (Bruininks-Oseretsky Test of Motor Proficiency-Short Form)

이 평가는 4.6세부터 14.6세의 아동에게 사용될 수 있으며, 8개의 동작 영역을 평가하는 총 14개 항목으로 구성된다. 이 버전은 검사하는 데 20분 정도밖에 걸리지 않으며 일반적으로 선별의 목적으로 사용된다. 브로닉스-오세레츠스키 검사를 사용하여 평가하는 영역은 뛰는 속도와 민첩성, 균형, 양측성 협응운동, 힘, 상지기민성을 포함한다. 단축형 검사는 실험하기 어렵지는 않지만 평가자료를 채점하고 분석하기 위해 훈련이 필요하다. 브로닉스 오세레츠스키의 확장형 버전 또한 사용 가능하다. 단축형 버전만큼 널리 쓰이지는 않지만, 단기 검사에서 평가된 8개의 영역 각각을 더 세밀한 관점에서 이해할 수 있다(Sherrill, 2004, pp. 165-168).

③ 특수체육평가척도(Adapted Physical Education Assessment Scale: APEAS)

APEAS 척도는 5세에서 18세의 학생들을 위한 종합적인 동작수행 검사다. 이 검사는 초등학교와 중등학교 수준에서 사용할 수 있는 2개의 디자인이 있다. 검사는 동작발달, 지각운동 기능, 운동성취, 자세 그리고 신체적 적합성을 포함한 동작 수행의 다섯 가지 영역으로 분류된 18개의 기술 변수로 이루어져 있다. APEAS는 점수와 백분위 점수로 표시된 표준검사이고, 학생마다 대략 20분을 필요로 한다. APEAS는 전국적으로 특수체육 평가에서 성공적이었으며 특수체육 배치 결정에서도 신뢰할 수 있는 것으로 여겨졌다(Safrit & Wood, 2001). 갱신되고 개정된 버전의 APEAS 자료는 LA 학교 통합 교육구의 학생들을 통해 수집되었다. 추가적인 전국의 자료는 기대되는 양의 자료 세트를 맞추기 위해서 현재 미국 전역의 특수체육 교사들이 수집하고 있다(American Association for Physical Activity and Recreation, 2007).

④ 브라이건스 조기발달진단검사-II (Brigance Diagnostic Inventory of Early Development: IED-II)

브라이건스 진단 IED-II는 초기 교육에 주로 사용되던 평가다. 브라이건스 진단 IED-II는 광범위한 영역을 평가하는 46개의 다른 평가를 포함한다. 동작 영역에서 2개의 하위영역으로 대근육 운동기능을 평가한다. 이 하위영역은 서기, 걷기, 달리기, 계단 오르기와 벽 타고 오르기, 점프하기와 폴짝폴짝 뛰기, 차기, 평균대에서 움직이기, 잡기, 구르기, 던지기와 같은 기술들을 평가한다. 이 하위 영역들은 목표지향적인 척도로서 표준화된 결과를 제공해 준다. 브라이건스 진단 IED-II는 아동의 기술 수준의 숙달 정도, 백분위 점수, 동일 연령 점수 그리고 과정 모니터링에 관한 정보를 제공한다. 이 평가는 아동의 강점과 약점에 관한 가치 있는 정보를 제공하며 이 정보는 IEP의 발전에 이용될 수 있다(Brigance, 2004, pp. 1-3).

⑤ 브록포트 체력검사(Brockport Physical Fitness Test)

브록포트 체력검사는 10세에서 17세의 아동을 위해 고안된 목표지향적인 평가다. 이 평가는 신체성분, 유산소성 능력, 근골격 기능의 세 가지 영역을 검사한다. 검사 도구는 27개의 검사를 제공하는데, 그중에서 교사가 세 가지 건강 영역에서 각각 4~6개의 검사를 선택한다. 특정한 장애에 따라 몇 가지 검사 항목이 제안되고 추천된다. 하지만 학생들에게 주어진 검사의 선택을 교사들이 '개별화'하게 된다. 브록포트 체력검사의 설계는 피트니스그램(FitnessGram)과 비슷하며, 검사관이 일반 인구 표준과 학생의 능력을 비교하도록 한다(Sherrill, 2004, p. 59; Short, 2005, p. 57).

담임교사는 또한 연간 개인 향상에 관한 기록을 유지하기 위해 그리고 개별 학생의 요구에 적합한 체육교육 교육과정을 제작하기 위해 다양한 수시평가를 제공할 수 있다. 참평가(Authentic assessment)는 학생 수행을 평가하고 관련 있는 지도 수업과 전략을 결정하기 위해 사용할 수 있다. 참평가는 실생활 상황에서 진행 중인 학생의 학습 및 성과를 관찰하고 기록하는 피드백 체계이다(Lieberman & Houston-Wilson, 2002). 참평가와 관련된 생각은 평가가 잘 정의되고 개발되는 한 매우 창의적일 수 있다. 좀 더 보편적으로 사용되는 참평가는 다음의 내용을 포함한다.

① 루브릭(Rubrics)

교사는 기술과 행동을 위한 기준점을 설계할 수 있다. 기술이나 활동 수행을 위해 깔끔하게 정의된 수준을 갖기 위해서 기준점을 위한 준거를 신중하게 표현하는 것이 중요하다. 예를 들어, 높은 수준의 공 던지기는(피트로 표시되거나, 투수 마운드로부터 포수까지처럼) 공이 날아가는 특정한 길이와 공이 던져지는 방식을 포함해야 한다. 〈표 11-2〉는 평가 루브릭의 예를 보여 준다.

② 포트폴리오

포트폴리오는 아동의 향상과 성취를 나타내 주는 모음집이다. 그래프가 시간의 경과에 따른 변화를 보여 줄 수 있기는 하지만, 포트폴리오는 진보를 보여 주는 사건을 강조하고, 수행의 예시를 보여 준다. 포트폴리오는 단지 서류철에 던져 넣기만 하면 되는 많은 종이와 사진 등이 아니다. 오히려 이것은 특정한 목표와 관련되어 다

〈표 11-2〉 루브릭 척도의 예(기술로서 힘 및/또는 거리를 두고 던지기 사용)

전형적임
• 학생들이 던지지 않고 있는 다리(nonthrowing leg)를 사용해서 달린 목표물이 날아오는 방향으로 몸을 돌린다.
• 학생들이 날아오는 목표물에 눈을 맞춘다.
• 학생들은 던지기 과제에 비례해서 최대한의 운동기능을 위해 순차적으로 근육을 조정한다.
• 학생들은 거리와 정확성 두 가지 모두 최대한으로 던지기 위해 힘을 조절한다.
수용 가능함
• 학생들은 던지지 않고 있는 다리로 나아간다.
• 학생들은 목표물에 눈을 맞춘다.
• 학생들은 던지기 동작에 전신을 사용한다(다리, 몸통과 팔).
개선이 필요함
• 학생들은 던질 때 움직이지 않는다(발을 고정하고 유지함).
• 학생들은 던지기 위하여 팔만 사용한다.

출처: "Authentic Assessment: Using a Portfolio Card Physical Education" by T. K. Smith, 1997, *The Journal of Physical Education, Recreation, and Dance, 68*(4) 49. Copyright 1997 by American Alliance on Health, Physical Education, Recreation, and Dance. Reprinted with permission.

- 개인의 현재 기술 수준과 향상을 위한 목표를 증진시키기 위한 경기능력에 대한 자기평가지
- 진행 중인 기술 수행과 경기 수행에 대한 자신 및 또래 평가(과정/결과-체크리스트, 평정척도, 표준-참조 과제, 과제판, 게임 플레이 자료)
- 특별한 기술(들), 시간 전략의 수행을 보여 주는 그래프, 표 및 설명
- 수집을 통한 학생의 게임 플레이 수행 분석(기술과 전략 적용)과 개인 게임자료 분석(예를 들면, 사격 비율, 보조, 통과, 태클, 도루 등)
- 지식과 기술을 적용한 에어로빅 댄스, 에어로빅 스텝 또는 일상체조 창출과 수행, 증거(수행의 체조 스크립트 및/또는 비디오테이프)
- 연습 참여 제공 문서, 교실 바깥에서 비공식적 게임 플레이 및/또는 조직화된 경쟁
- 학생들은 던지기 과제에 비례해서 최대한의 운동기능을 위해 순차적으로 근육을 조정한다.
- 학생이 일상의 목표를 설정하고, 성공, 실패, 진보를 기록하고, 상황을 분석하고, 현재와 미래의 활동에 대한 제안을 하는 체육(PE) 일기를 매일 쓴다.
- 경기하기 전에 학급 토너먼트에 출전할 잠재적인 상대자에 대해 보고하는 스카우팅 문서 완성(반드시 상대편의 강점과 약점에 적용할 수 있는 공격과 방어 전략에 대한 지식을 설명해야 함)
- 자기분석 또는 재평가에 근거하여 적절한 연습 프로그램 선택 또는 제작과 일정표 완성, 결과 기록
- 지정된 집단이 학급 토너먼트를 설정하고 실행하며 참여해야 한다. 집단 기록과 개별 기록을 작성하고 (개인으로 또는 집단의 일원으로) 점수화한다.
- 신문 기사를 읽고 마치 스포츠 리포터인 것처럼 학급에서 토너먼트 또는 경기를 보고한다(게임 지식을 설명해야 함).
- 학급 스포츠 또는 건강잡지 개발 및 편집
- 실황의 완성 및 기록과 마치 라디오 또는 텔레비전 앵커인 것처럼 학급 토너먼트의 색깔 논평을 보고한다(비디오테이프).
- 운동선수로서의 발달과정과 현재 훈련기법 및 일정에 관한 경쟁 상대의 성공적인 인터뷰(오디오 또는 비디오테이프)
- 장애를 가진 운동선수의 역경 극복 경험에 대한 인터뷰. 그들 상황에서 그들이 배우고자 하는 학습을 제공한다(오디오, 비디오테이프 또는 기사).
- "나는 체조(또는 어떤 활동 단위)를 하는 동안 배웠고 성취하였다. 그리고 나는 그 과정에서 나에 대해 배웠다"라는 제목의 에세이를 쓴다.

[그림 11-1] 체육교육을 위한 국가 기준을 설명할 수 있는 포트폴리오 과제

출처: "Using Portfolios to Enhance Student Learning and Assessment" by M. F. Kirk, 1997, *The Journal of Physical Education, Recreation, and Dance, 68*(7), 31. Copyright 1997 by American Alliance on Health, Physical Education, Recreation, and Dance. Reprinted with permission.

양한 관점의 진보와 퇴보가 기록되어 있는 순서대로 정리된 자료의 모음집으로 아동의 달력과 같다. [그림 11-1]은 포트폴리오 구안의 예시를 나타내고 있다.

③ 포트폴리오 카드

포트폴리오 카드는 지시문과 포트폴리오의 결합물이다. 기초 색인카드를 활용하여 교사의 관찰, 학생의 자기평가 및 또래 평가에 기초하여 얻은 자료를 기록할 수 있다. 매일 선택된 체육활동은 관련된 다양한 사람에 의한 루브릭 기준점에 따라 평가된다. 이 카드는 교사와 학생의 목적에 기초해 고안된다. 빈칸에는 짧은 논평을 적거나 점수를 적거나 획기적인 성취를 기록할 수 있다(Smith, 1997).

④ 생태학적 평가

생태학적 평가는 학생의 선호도와 선택을 통해 특정 학생의 기술을 평가하는 수단이다. 이 평가는 장애학생에게 유용한데 그들이 선호하는 환경에서 좋아하는 장비를 사용하여 기능기술을 관찰하고 평가하기 때문이다. 이 체계를 사용함으로써 얻을 수 있는 장점은 교사가 학생에게 어떤 행동 형태와 장비가 가장 편안한지를 알 수 있고, 학생은 과제에서 성공하기 시작하며, 교사가 과제 목표를 세우기 때문에 학생이 현실적으로 어떤 어려움을 겪는지를 알 수 있다는 점이다(Lieberman & Houston-Wilson, 2002).

교사들은 가장 효과적인 평가를 선택하기 위해서 학생에 대해 그리고 학생의 개인적인 흥미와 요구에 대해

조사해야 한다. 예를 들어, 중등학교 학급 학생들은 수업을 위해 자주 이동한다. 따라서 루브릭 파일이 기록을 유지하는 데 가장 효과적일 것이다. 하지만 포트폴리오나 포트폴리오 카드는 학생들이 자신의 발달을 설계하고 평가하는 데 능동적으로 참가한다는 점에서 자부심과 독립성을 강화시킬 수 있는 좋은 방법이다. 비디오부터 바인더 컬렉션까지 다양한 구성방식의 포트폴리오는 학생이 활동의 모음 상황을 살펴볼 수 있으므로 자부심을 느끼도록 도울 수 있다. 기억해야 하는 가장 중요한 규칙은 어떤 결합의 참평가이든 모두 평가 프로그램을 맞춤 제작하는 데 포함되어야 한다는 점이다.

3) 개별화교육 프로그램

개별화교육 프로그램(IEP)에 특수체육을 포함시키는 것은 학급 교사와 특수체육 교사가 협력하여 결정해야 한다. 한 명의 교사가 IEP에 포함되어야 할 목표가 무엇인지 결정하는 것이 시간을 덜 소모하는 듯이 보일 수 있지만, 두 교사가 함께 학생의 요구에 대해 철저한 분석을 하는 것이 더 생산적이다. IEP 회의에 앞선 토의에서는 특정 학생이 배워야 하는 기술과 강화해야 하는 기술을 보완하는 방법에 중점을 둘 수 있다. 특수체육 교사가 다루는 기술들은 이를 포함하는 학급 교육과정을 통해서 추가적으로 다룰 수 있다. IEP 목표는 평가결과에 기초해야 하며, 학생의 프로그램을 위해 결정되어야 한다. 목표는 상세한 개요보다는 광범위하고 일반적인 설명이어야 한다. IEP 목표의 예는 운동 적합성, 수중기술, 여가기술, 게임과 스포츠 기술, 춤기술, 인지적 운동기능 그리고 자기개념과 사교능력과 같은 정서적인 부분을 포함할 수 있다.

2004년 IDEA에서 단기목표를 의무화하지는 않았지만 많은 IEP는 여전히 이 구조의 하위요소를 유지한다. 단기목표는 지도를 이끌 수 있도록 고안되어야 하지만 특정 학생의 능력을 염두에 두고 설계되어야 한다. 목표는 구성원의 수행(관찰할 수 있는 행동), 상태, 기준(수 정도와 정확성)을 포함해야 한다. 좋은 목표의 또 다른 기준은 교사가 아닌 학생의 행동(또는 배우는 활동)을 설명해야 하고, 하나의 학습 성과를 포함해야 하며, 평가 자료를 학생 행동에 대응시킬 수 있어야 할뿐 아니라 밀접한 관련성이 있고 실용적이어야 한다(Sherrill, 2004, p. 129).

2. 특수체육 활동

모든 지체 · 중복장애인이 분리되어 특수체육은 활동을 요구하는 것은 아니다. 장애아동이 일반 체육교육 프로그램에 포함되는 것이 이상적이다. 마찬가지로 이런 학생들도 체육교육 프로그램과 분리되어 계획된 학교 전체, 지역사회의 스포츠와 레크리에이션 활동에 참가할 수 있어야 한다. 하지만 일반 체육활동을 조정하는 일이 자주 요구된다.

교육자들은 반드시 학생에게 조정에 대해 가르치고, 기술과 장비를 활용해야 하며, 학생들에게 독립성과 자신감을 심어 줄 의무가 있다. 학생과 일부 활동에의 참가를 방해할 수 있는 장벽과 한계에 대해 논의하는 것이 중요하다. 하지만 학생 자신이 참가를 선택할 수 있는 선택권이 여전히 많다는 점을 이해할 수 있도록 다른 종류의 다양한 체육활동을 소개하고 연습하게 해야 한다.

1) 조정을 위한 계획

조정의 발전은 체육교육이 일어나는 환경뿐만 아니라 개인의 능력, 요구, 제약의 여부에 따르며 그에 따라 달라진다. 어떤 경우에 조정은 스키와 같이 접근이 가능한 기술에 중점을 두는가 하면, 또 다른 경우에 조정은 당구대를 낮추는 것처럼 보다 더 창의성을 요구하며 손을 움직여야 할 수도 있다. 다음의 목록은 학생들을 위해 조정을 계획할 때 고려해야 하는 요인들의 예이다.

① 모든 감각을 사용하기: 감각체계를 자극하는 기술들
- 말로 설명하고 행동으로 보여 주기
- 말로 설명하고 학생의 몸을 건드리거나 움직이기

② 과제를 차례로 배열하기: 과제분석 형식을 활용하기
- 과제에서 요구되는 첫 번째 동작으로 시작하기. 그 지점부터 시작하기
- 각 동작을 일치시키기 위해서 청각적인 단서를 주기

③ 시설을 수정하기: 프로그램의 공간을 제공하기 위해서 변화를 주기
- 임시 경사로를 만들기
- 자유 구역을 만들기 위해 위험한 장애물을 제거하기

④ 배치를 평가하기: 기량에 적합하게 배치를 선택하기
- 필요할 때 놀기 더 안전한 장소로 학생을 배치하기
- 순환할 때와 위치를 선택할 때 평등을 보장하기

⑤ 참여 시간을 측정하기: 기량에 적합하게 활동 시간을 조절하기
- 힘과 인내력에 제약이 있는 학생들을 위해 휴식 시간을 제공하기
- 휴식과 참여를 보장하기 위해 교체 선수를 활용하기

⑥ 규칙을 수정하기: 규칙이 바뀔 수도 있다는 협력적인 이해
- 국제장애인스포츠협회(National Disability Sports Alliance: NDSA)의 것과 같은 분류 체계를 도입하여 학생들이 신체 상황의 근사치에서 경쟁할 수 있도록 하기(〈표 11-3〉 참조)
- 신체가 튼튼한 사람들이 달리는 대신 걷도록 하거나, 양손 대신 한 손을 사용하도록 하기

⑦ 장비를 수정하기: 사람들의 요구에 부응하는 수단
- 더 길거나 짧은 치는 장비 사용하기
- 축구 골대, 농구 바스켓, 표적의 높낮이 바꾸기
- 쳐야 할 목표물을 매달아 놓거나 티(골프용)를 사용하기
- 무게와 크기가 다른 장비를 사용하기

⑧ 전문화된 또는 이용할 수 있는 기술과 장비를 구입하기
- 제공해야 하는 것이 무엇인지 보기 위해서 이용할 수 있는 기술과 장비를 조사하기
- 학교가 일반 체육활동 장비 창고를 보유하고 있는 것처럼 경주 휠체어와 같은 이용 가능한 기술과 장비를 갖추고 학생들이 사용할 수 있게 하기

⑨ 의학적 영향을 알기: 장애의 영향과 친숙해지기
- 몸을 비틀고 굽히며, 떨어지고 물체를 들어 올리는 동작이 가져올 수 있는 위험에 대해 방심하지 않기
- 필요할 때 앉거나 눕는 자세로 대체하기

⑩ 교수방법을 수정하기: 학습에 성공적인 환경을 제공하기
- 동료 교수와 협력학습을 활용하기
- 아동의 다른 능력을 수용하기 위해 과제 교수나 스테이션 교수를 활용하기(Block, 2007)

다음의 조정 관련 단어들은 적절하게 특수체육 활동을 선택하고 설계하는 절차를 용이하게 하는 유용한 지침을 제공해 줄 수 있다.

- 증가 또는 감소
- 축소 또는 확대
- 올리기 또는 낮추기
- 팽창 또는 수축
- 넓히기 또는 좁히기
- 더 멀리 떨어뜨리기 또는 더 가깝게 하기
- 더 작게 하기 또는 더 크게 하기
- 더 무겁게 하기 또는 더 가볍게 하기
- 보조
- 대체
- 교대
- 보호

이 어휘 목록을 사용한 조정을 위한 계획은 다음의 내용을 포함할 수 있다.

- 증가: 테니스 세트 사이의 쉬는 시간, 농구에서 골

〈표 11-3〉 NDSA의 8단계 분류체계

반	도전
1	모든 사지와 몸통의 기능적인 동작 범위가 부족하고, 기능적 힘이 부족한 중도 경련성 및/또는 무정위 뇌성마비. 전동휠체어나 이동을 위한 지원에 의존함. 수동휠체어를 지능적으로 조작할 수 없음
2(하위)	상지 기능이 효율적이지 않은 이상, 학생들이 자신의 휠체어를 조작하도록 하는 1 또는 2의 하지기능의 분명한 정도를 자동적으로 2단계 하위로 결정함. 가끔 운동선수는 보조를 받아 짧은 거리를 왔다 갔다 할 수 있음
2(상위)	중증도의 제약이 있음. 만약 팔과 손 기능이 1단계 프로파일로 설명된다면, 하지는 2단계가 더 적절한지 아닌지를 결정함. 2단계 상위는 원통형이나 둥근 것을 잡는 것은 포함하지 않지만, 공을 조작하고 던지는 것에 대한 충분한 재주를 포함. 손 기능의 영향을 위해 던지기 동작을 반드시 점검해야 함. 상지를 이용하여 휠체어를 조작하는 것을 보여 줄 수 있지만, 밀어서 치는 활동적인 동작과 통제의 범위에 대한 중등도의 제약을 나타냄
3	하지 기능에 중등도의 제약을 나타냄. 상지와 몸통이 기능적인 힘이 좋고 약간의 조절 문제를 가짐. 휠체어를 사용함
4	평상시 일상생활에서 휠체어를 사용하기보다는 걸어 다니기를 선택하는 중등도의 양측마비와 반신불수를 가진 사람. 이들이 서 있거나 던지기를 할 때에는 필요하지 않지만, 단거리 이상을 걸을 때는 보조기기의 사용을 요구함. 중력의 균형을 벗어난 변화가 운동선수가 균형을 잃도록 하는 경향이 있음
5-1	한쪽 또는 양쪽 하지에 중등도의 제약이 있어서 걷거나 뛸 때 보조기기를 필요로 할 수 있음. 육상대회에서 보조기기가 허용됨
5-2	특히 던질 때 상지에 경도의 제약이 보일 수 있으나 힘은 정상 범위 내에 있음. 육상경기에서 보조기기를 사용하지 않음
6	중등도의 사지마비 학생. 걷기 보조 없이 걸을 수 있음. 협응 문제를 보임. 뛰거나 던질 때 균형 문제가 있음. 상지의 문제가 더 많음
7	경도의 반신불수. 영향을 받지 않는 부분은 기능 능력이 좋음. 눈에 띄게 다리를 절면서 걷기/뛰기를 함
8	거의 영향을 받지 않음. 최소한의 협응 문제를 가질 수 있음. 자유롭게 뛰고 점프할 수 있음. 좋은 균형 감각을 가짐

* 이 분류체계의 모든 개인적 스포츠—육상경기, 수영, 사이클링, 크로스컨트리를 포함—에서 선수들은 단지 같은 분류의 선수들과 경쟁한다. 남아 있는 경기들의 경우에 선수들은 분류에 따라 집단으로 나뉜다.

을 넣었을 때 얻는 점수

- 감소: 역도를 하는 동안 세트와 반복의 수, 축구 경기에서 한 쿼터의 시간
- 축소: 농구 경기장의 크기, 소프트볼 경기에서 베이스 사이의 거리
- 확대: 축구 경기의 골대, 크로켓 경기에서의 위킷(투구장), 셔플보드게임의 점수판
- 올리기: 발야구에서 스트라이크 세 번과 아웃의 제약, 보체볼을 성공적으로 던지기 위한 시도의 횟수
- 낮추기: 트랙의 허들, 체조의 평균대
- 수축: 더 짧은 슛을 위한 축구공, 더 부드러운 타격을 위한 배구공
- 넓히기: 볼링장의 레일, 골프 홀의 크기
- 좁히기: 하키 경기의 경기장, 농구 골대 사이의 거리
- 더 멀리 떨어뜨리기: 체력 단련실에서 기구들 사이의 공간
- 더 가깝게 하기: 던지기 게임에서의 목표물, 상호활동에서의 파트너(받기, 던지기 등)
- 더 작게 하기: 더 잘 잡을 수 있는 공, 휠체어에서 사용할 수 있는 하키 스틱, 야구장의 내야
- 더 크게 하기: 치기 위한 목표물, 수영장의 레인, 농구 링
- 더 가볍게 하기: 더 잘 넘어질 수 있는 볼링 핀, 소프트볼의 배트
- 보조: 볼링공을 인도하는 볼링 틀, 야구 경기에서의 배팅용 티, 소프트볼에서 끌어당기는 끈
- 대체: 이동을 위한 스쿠터 보드, 미끄러운 표면에 카펫을 깜

- 교대: 게임에서의 포지션, 스퀘어 댄스에서의 파트너
- 보호: 정강이 보호대, 눈 보호대

조정 전략은 지체 · 중복장애인이 자연스러운 활동과 상황에 참여할 수 있는지에 영향을 미친다. 수업에 순응하기 위한 추가적인 계획은 그들이 비장애 동료들과 어울려 체육활동에 전적으로 참가하며 의미 있게 참여할 수 있는 성과를 가져온다.

2) 교수 프로그램

체육교육 프로그램에는 반드시 융통성이 포함되어야 한다. 각자의 상이한 능력과 흥미에 따라 선택할 수 있는 몇 년 단위의 교육과정 계획을 하는 것이 유용하다. 교육과정 계획을 설계할 때 필요한 다음과 같은 지침을 제안한다.

1. 한 단계에 하나씩을 기초로 하여 발달되어야 하는 열한 가지의 체육 기술에 중점을 둔다. 이것은 월별 순환 계획을 가능하게 한다.
2. 체육기술을 적절한 스포츠나 레크리에이션 활동과 짝을 이룬다. 이것은 가치 있는 활동을 통해 배웠던 행동을 강화하면서 체육기술을 습득할 수 있게 한다. 체육기술은 IEP가 지정한 것이면서 특수체육 프로그램의 일부일 수 있다.
3. 개인에게 신체단련과 건강의 단위 계획을 제공하여 각 체육기술 단위에 부합되게 한다.

3) 교수 전략

교육과정 단위의 성공은 지도 방식에 많이 의존한다. 교수 전략을 채택하는 데 가장 중요한 요소는 개별화된 지도 접근을 사용하는 능력이다. 수업의 모든 단계는 각 개인의 능력과 요구에 초점을 맞추어야 한다. 개별화 지도가 항상 일대일 지도를 의미하는 것은 아님을 기억해야 한다. 반 전체가 같은 활동에 참여할 수 있지만, 기대 수준, 평가 기준 그리고 적응은 학생마다 다르다. 가능하다면 일반 교육과정에 참여하는 학생들과 일정과 지도가 통합되어야 한다.

(1) 점진적 부분기법

점진적 부분기법(progressive parts method)의 교수 전략은 기술 습득을 성공적으로 할 수 있게 하고 좌절하는 빈도를 낮출 수 있다. 단계가 더 작을수록 기술을 습득하는 기회는 상대적으로 더 많아진다. 성공적으로 기술을 습득하기 위해서는 지도의 속도를 낮추고 더 많이 반복하면서 작은 단계들을 결합시켜야 한다.

점진적 부분기법은 일련의 연속 사건을 모두 얻을 때까지 필요한 기술을 연속적으로 가르치고 점진적으로 결합하는 데 중점을 둔다. 지도의 과제분석 방법은 이 방법을 따르며 체육기술을 가르치는 데 매우 추천된다. 점진적 부분기법에 기반을 둔 연간 교수 전략은 다음을 사용할 수 있다.

1. 단위에 사용된 각각의 분리된 체육교육 기술을 위한 개별화된 과제분석
2. 단위 게임에 기반하여 매일 수정되는 게임
3. 기술 습득에 초점을 둔 운동계획
4. 단위 게임이나 레크리에이션 활동 학습을 용이하게 하는 인지적 과제
5. 단위 게임이나 레크리에이션 활동 학습에의 참여와 같은 활동을 끝내기

이들 기법에 대한 단위 계획의 예는 〈표 11-4〉에서 설명하고 있다.

중도의 지체 · 중복장애 학생은 추가적인 시간과 계획을 필요로 할 수 있다. 예를 들어, 중도의 경직형 뇌성마비로 보행이 불가능한 학생은 공을 치거나 던지는 것과 같은 특정한 과제분석 기술의 일부나 전부를 달성하는 것에 초점을 둘 수 있다. 성공을 보장하기 위해서 게임과 신체단련 활동은 적절한 수정이 필요하다. 인지능력에 따라 인지기술 과제가 습득될 수 있다. 각 학생들은 누적

〈표 11-4〉 단위 계획의 예

단위 계획			
신체 기술 운동 활동 건강 단위	눈-손 협응 소프트볼 조깅-힘 발달		
1주차 과제분석	수정된 게임	건강	인지기술들
던지기 잡기	"던지고 가기" "나는 할 수 있다"	조깅의 기본	공격, 반칙의 의미 학습
2주차 과제분석	수정된 게임	건강	인지기술들
치기 던지기	"세 번 뛰기" "목표물에 던지기"	배트 에어로빅, 조깅	걷기, 주루의 의미 학습
3주차 과제분석	수정된 게임	건강	인지기술들
주루 수비	"베이스 따라가기" "사이먼 가라사대"	기본적인 단거리 조깅하기	점수 매기기, 아웃, 이닝의 의미 학습
4주차			
게임 플레이: 소프트볼 토너먼트			

출처: Developed by Darcy Thompson, adapted physical education specialist. Reprinted with permission.

되는 스포츠나 레크리에이션 활동에 참가해야 한다.

4) 통합을 위한 전략

Block(2007)은 일반 체육교육에서 장애학생을 지원하기 위한 세 가지 전략을 제안하였다. 첫 번째 전략은 중다수준 교육과정 선택(Multilevel Curriculum Selection)으로 장애학생을 일반교육과정에 경미하게 수용하는 것이다. 관련 있는 전략은 개별적인 IEP 목표와 목적을 세우고 일반교육과정에 포함시키는 교육과정 중복(Curriculum Overlapping)이다. 마지막 전략은 대체전략(Alternatives)으로 IEP 목표가 일반교육과정에 안전하고 유의미하게 중복될 리가 없기 때문에 활동이 별개로 조정되어야 한다는 것인데, 여전히 활동은 다른 학생들에게 해당된다. 한 예로, 물속에서 걸을 수 없는 학생들을 수용하기 위하여 수중 발리볼 게임을 수영장의 물이 얕은 쪽에서 하는 것이 있다. 그 발리볼 게임은 모든 선수에게 해당된다.

5) 안전 문제

몇몇 장애(예를 들면, 뇌성마비) 특성은 눈에 띄며 교육자들이 안전 문제에 방심하지 않도록 상기시킨다. 그러나 다른 장애(예를 들면, 당뇨병, 천식)는 눈에 보이지 않지만 운동에 영향을 받는다(Block, 2007). 장애의 영향에 대한 관심의 부족은 위험한 참여로 이끌 수 있다. Block(2007), Porreta(2005), Kozub(2005)는 다음을 포함하는 안전한 특수체육 프로그램을 도입하는 아이디어를 제공한다.

1. 학생의 자료와 학교 간호사, 치료사, 부모와 같은 전문가를 통해 장애에 대해 배우기
2. 학생의 요구를 숙지하기. 일부 학생들은 다른 학생들보다 혈기왕성하고, 몇몇 학생들은 특정한 활동을 금지해야 하는 상태일 수도 있다. 어떤 학생들은 특정한 활동 전에 약물을 투여해야 할 수도 있다.

3. IEP 회의에 참가하기
4. 학생이 넘어질 때 스스로를 보호할 수 있는 신체능력, 개인의 물리적 공간에 대한 관심, 균형감, 조정력을 평가하기. 일부 학생들은 갑작스러운 움직임이나 시끄러운 소리에 반사반응을 보일 수도 있다.
5. 물리적 환경을 평가하기. 이것은 활동 공간에 활동을 제약하는 장비가 없도록 확인하는 것과 활동이 안전하게 포함될 수 있도록 장애물을 배치하는 것 그리고 집중을 방해하는 물건을 없애는 것을 포함한다. 다른 환경적인 고려사항은 야외 활동을 할 때 공기의 청정도와 절대온도를 확인하는 것을 포함한다.
6. 장비를 확인하기. 부서진 물건은 대체해야 한다. 기준과 딱딱한 부분에 보호대를 추가한다.
7. 안전한 기술을 사용하기. 이것은 학생들에게 어떻게 장비를 다루어야 하는지 지도하고, 활동 규칙을 검토하고 강화하며, 적절하게 감독하는 것을 포함한다.
8. 운동의 강도, 지속기간, 종류와 같은 수정을 도입하고, 활동의 경쟁적인 유형들을 줄이기, 쉬는 시간 제공하기, 학생들이 앉은 자세와 선 자세 둘 다를 이용하여 활동에 참여하게 하기, 철저한 준비운동과 정리운동을 하도록 시간을 제공하기(Block, 2007, pp. 189-203; Kozub, 2005, pp. 307-322; Porreta, 2005, pp. 235-254).

6) 교실에서 지역사회로의 전환

체육교육의 수많은 혜택 중 하나는 체육교육 프로그램을 지역사회로 옮겨 갈 수 있는 기회이다. 장애인들의 신체적인 시도와 레크리에이션적인 시도에 전념하는 조직들이 많은 지역사회에 자리하고 있다. 운동부와 운동 조직은 미국장애인스포츠(Disabled Sports USA, http://www.dsusa.org)처럼 일반적일 수도 있고, 미국쿼드럭비협회(United States Quad Rugby Association, http://www.quadrugby.com/toc.htm)처럼 구체적일 수도 있다. 지적장애인들을 위한 장애인올림픽의 참가는 지체 · 중복장애인을 포함한 8세 이상의 사람들에게 주어진 선택권이다. 더 심각한 장애를 가진 사람들은 경쟁보다는 활동에 참가하는 것에 중점을 두는 중증장애인 운동프로그램(Special Olympics Motor Activities Training Program: MATP)에 참가할 수 있다. 장애인올림픽은 미국 전역의 많은 지역사회를 포함하여 전 세계적으로 200개가 넘는 프로그램을 제공한다(Special Olympics, 2007). 지역의 조직에 연계체계를 유지하고 이벤트에 참가하는 것은 체육교육 단위를 수강하고 확장하며, 유형의 지역사회에 기초한 보상을 제공한다. 학교에서 육상대회를 위해 훈련하고 준비하는 것은 '진짜' 육상경기에 참가하고 교내를 떠나서 새로운 친구와 상호작용하고 최고의 명예를 가지고 집에 돌아올 수 있는 기회가 최종 목표가 될 때 즐거움과 소망으로 돌아온다. 연락을 취할 수 있는 비슷한 조직들은 이 장의 마지막 부분인 '유용한 사이트'에 나열되어 있다.

3. 여가교육과 레크리에이션

특수학급(Special day class)이든 일반교육 환경이든 학급 지도의 중요한 부분은 다양한 여가와 레크리에이션 관심사를 소개하는 것이다. 레크리에이션은 재미있고, 사회적 상호작용의 기회를 제공하며, 건강을 증진시키고, 다른 영역에 적용 가능한 기술을 가르쳐 주며 시간을 보내는 만족스러운 방법이 될 수 있다(Westling & Fox, 2009, p. 419). 학급의 대다수 학생은 그들이 학교에 있을 동안만 특정한 여가나 레크리에이션 활동을 즐길 수 있겠지만, 일부 학생은 그 활동이 평생 취미로 즐길 수 있을 만큼 재미있다고 생각할 수 있다. 우리가 역사와 수학을 가르치듯이 교육자들은 또한 다재다능한 개인을 양산하기 위한 방안으로 여가와 레크리에이션 활동을 다루어야 한다. 여가와 레크리에이션 참여를 가능하게 하는 무제한의 자원을 고려해 볼 때 역동적이고 매력적인 여가 교육과정을 위한 가능성은 무한하다.

종종 여가는 우리가 스스로의 개인적 만족을 위해 남는 시간에 하는 어떤 것으로 생각되기 쉽다. 하지만 한 사람이 여가를 추구할 때는 많은 힘이 상호작용한다. 여가는 선택의 활동이다. 우리는 여가를 통해 얻었던 것으로 기억하는 즐거움이나 만족감을 유지하고 싶어 하기 때문에 특정한 활동을 선택할 수 있다. 일부는 여가를 추구하는 중에 사회화의 기회를 찾고 싶어 할 것이고, 다른 일부는 건강과 체력을 유지하기 위한 즐거운 방법을 찾고자 할 것이다(Laverie, 1998; Westling & Fox, 2009). 여가 선택은 우리가 경험한 것과 우리가 알고 있는 것과 관련이 있다. 우리의 개인적인 좋고 싫음이 우리가 참여할 활동을 결정하고, 활동에의 접근성이 중요한 역할을 한다. 예를 들어, 만약 어떤 사람이 일몰을 보는 것은 좋아하지만 해변은 싫어한다면 그 사람은 사색할 적절한 장소로 공원의 작은 길을 따라 걷는 것을 선택할 것이다.

체력단련을 위해 수행하는 활동은 레크리에이션적이다. 사람들은 활동이 그들의 행복감을 회복시켜 줄 것이라고 기대하기 때문에 다른 레크리에이션 활동을 선택한다. 그 사람이 이전에 그 활동에 참가했을 때 기분이 더 좋았거나 더 안정되었다고 느꼈던 기억을 가지고 있기 때문에 여가 시간에 하겠다고 결정한 것이다. 정신적인 웰빙은 격렬한 활동 참가를 제외하고 레크리에이션을 통해 얻을 수 있다. 규칙적이고 적당한 체육활동은 자아상, 사교 기술, 정신 건강을 개선하여 전체적인 웰빙을 증진시킨다(Han & Patterson, 2007).

전통적으로 장애학생이 여가와 레크리에이션 활동에 참여할 수 있는 덜 제약적인 환경을 제공하는 학교와 이용 가능한 지역사회 기관과 서비스를 일컫는 의미있는 표현은 상대적으로 부족하다. 교사들은 교육적 방면에서 지역의 자원을 찾을 때 반드시 앞서서 주도해야 했다. 인터넷을 검색하고, 지역 기관을 방문하고, 동료, 부모와 협력하는 것이 질 좋고 유용한 여가와 레크리에이션 프로그램을 수립하는 데 필요한 노력이었다.

1) 여가교육 프로그램 발전

종합적인 여가와 레크리에이션 프로그램의 발전은 여가 인식, 사회적 상호작용, 여가활동 기술 그리고 여가 자원이라는 네 가지 주요 구성요소를 포함한다. 여가 인식(Leisure awareness)은 여가와 일생의 만족을 위한 건강한 여가 생활방식의 중요성에 대한 지식과 이해를 포함한다. 이 구성요소는 또한 선택의 개인적 개념과 관계 있는 참가 기술과 의사결정 기술의 발달을 포함한다. 사회적 상호작용은 사회적 기술의 발달이 모든 프로그램의 중요한 부분이기 때문에 일반교육과 특수교육 교육과정에 반드시 포함되어 있다. 이러한 기술은 성공적인 여가 생활방식을 위해 개인이 일대일 관계, 소집단, 대집단에 적절하게 참여하는 데 필요하기 때문에 필수적이다. 여가활동 기술(Leisure activity skills)은 선택을 중요한 구성요소로 포함하고, 학생들에게 전통적인 활동이나 교사가 좋아하는 활동뿐만 아니라 광범위한 활동을 선택할 수 있도록 소개하는 역할을 맡는다. 여가 자원(Leisure resources)은 가정과 지역사회의 자원뿐만 아니라 기술, 재원, 경험을 포함한 개인적 자원의 탐구를 포함한다.

여가교육 프로그램은 선택을 가능하게 하기 위해 필요한 모든 지식, 기술 및 태도의 발달—전통적인 집단 활동뿐만 아니라 일생 동안 적용할 수 있는 개인적인 기술들—에 중점을 두어야 한다. 이것은 어떻게 가정과 지역사회의 자원에 접근할 것인지, 어떻게 의사결정 기술을 사용할 것인지뿐만 아니라 특정한 활동 기술을 포함한다.

2) 여가교육 활동 분야

활동 프로그램을 개발할 때에는 새로운 여가 활동에 대한 탐구뿐만 아니라 현재 활동을 고려해야 한다. 다음은 전통적인 여가와 전통적이지 않은 여가의 예이다.

• 전통적인 여가 활동
 - 수중활동과 물과 관련된 활동
 - 미술과 공예
 - 춤
 - 연극
 - 취미
 - 멘탈 게임(mental games)과 정신적 활동
 - 음악
 - 야외 활동
 - 스포츠와 게임

• 전통적이지 않은 여가 활동
 - 사회적 상호작용
 - 구경하고 감상하는 것
 - 리더십과 지역사회 서비스
 - 신체단련
 - 휴식과 명상
 - 음식 준비
 - 쇼핑
 - 주택 개조
 - 집안 관리
 - 애완동물 및 식물 관리
 - 자기 개발
 - 교육
 - 자기관리
 - 인지적이고 정신적인 활동
 - 전화와 메일을 통한 대화
 - 텔레비전 보기
 - 컴퓨터와 인터넷을 이용한 활동
 - 여행, 관광, 휴가(Peterson & Stumbo, 2009)

이것들은 선택할 수 있는 여가 활동의 일부이다. 탐구와 기술 발달의 유일한 제약은 학생들과 조력자의 홍미일 것이다. 교사는 학생들이 할 수 있는 것에 대한 자신의 생각으로 활동 참여에 제약을 두어서는 안 된다. 학생과 교사 모두 모든 선택을 창의적으로 탐구할 의지가 있어야 한다. 교사는 그들이 시범자가 아니라 조력자임을 반드시 기억해야 한다. 예를 들어, 교사는 공예에서 최고가 될 필요가 없으며 학생들이 스스로 기술을 시도해 볼 수 있는 기회를 제공해 주어야 한다.

다음의 몇 가지 부분들은 학생의 학습과 참가를 증진시키는 여가 프로그램의 예이다. 이용 가능한 지역사회 선택 요소들, 학생의 능력과 선택, 재원, 주변 환경이 실제 프로그램의 선택에 영향을 미친다. 이에 대한 예는 창의성, 특별한 홍미, 과학/기술 그리고 레크리에이션의 몇 가지 영역으로 정리할 수 있다.

3) 창의적 영역

(1) 사진

사진은 예술적인 시도이자 직업 또는 언론보도의 도구가 될 수 있다. 여가활동으로서 사진은 여행의 이유가 되며, 인간 분석의 시간으로 이끌 수 있다. 사진은 재빠른 관찰 기술을 요구하고, 특별한 조명과 효과의 창의적인 조작과 사실주의에 적합한 매개물을 통해 스스로를 표현하려는 욕구를 요구한다. 예술 분야의 하위 유형인 사진은 창의적인 사람들이 가장 잘 즐길 수 있다. 교실 내의 암실 설계와 사진 프로그램 개발을 통해 예술적 성향의 학생들은 사진의 세계를 받아들일 수 있다.

조사와 연습을 통해 사진은 중다수준 교육과정 기획이 될 수 있다. 예를 들어, 제1차 세계대전을 공부하는 것은 역사상의 기념비적인 사건의 기록으로 사진보도의 역할에 대한 토의를 포함할 수 있다. Ansel Adams에 대한 독특한 관점도 생태학과 자연적인 단위에서 표현할 수 있다. 사진의 주제를 소개하는 선택권도 풍부하다. 게다가 디지털 사진의 발전은 장애학생들에게 사진을 컴퓨터로 스캔하고 다양한 목적으로 사용하는 기회를 제공해 준다.

(2) 공예

공예품은 다양한 이유로 세계 역사에 걸쳐 만들어져 왔다. 공예가들은 그들 작품의 본질에 따라 문화적, 가족적 정체성을 전해 왔다. 어떤 나라에서는 공예가 경제적인 생존의 수단이다. 공예품은 단순히 전시되지 않고 팔릴 뿐만 아니라 음식을 담기 위한 도기처럼 실용적인 용도로도 사용되었다. 공예는 인간의 내적인 행복과 삶의 경험, 자존감에 미치는 주관적인 기여 때문에 건강한 생활방식에 이바지한다(Mason, 2005). 교실에서의 공예활동은 금요일 오후의 마지막 시간이나 날씨 때문에 학생들이 실내에 있어야 할 때 시간 때우기 용도로 사용되었다. 이것은 공예의 뚜렷한 문화적, 역사적 및 예술적 관련성을 약화시켰다. 공예는 단일적으로 연구될 수도 있고 미국 원주민의 바구니 만들기처럼 학습 단위의 일부가 될 수도 있다. 공예활동을 교육과정에 연계시키는 많은 선택권들이 수업 계획의 일부가 되어야 한다.

공예활동을 학교 교육과정의 중요한 요소로 계획하는 것 외에도 공예품을 만들기 위해 조정되어야 하는 것을 또한 고려해야 한다. 예를 들어, 많은 공예품은 소근육 운동(예를 들면, 자르기, 반죽하기, 접기)의 사용을 요구한다. 학생이 가진 장애의 유형과 정도가 특정한 공예품을 완성하는데 필요한 수정을 결정하는 데 가장 중요하다. 심각한 동작의 지연이 있다면 며칠에 걸쳐서 프로젝트를 계획하는 것이 필요하다. 공예활동이 운동기술을 개선하는 수단이 될 수 있음에도 불구하고, 신체적으로나 정신적으로 싫증난다면 즐거움이 없어질 것이다.

공예활동을 결정할 때 그것이 학생의 삶에 가져올 유익함에 집중해야 한다. 예를 들어, 콩고 민주공화국의 가면무도회에서 쓰는 가면에 대해 공부하는 학생들은 그들이 디자인한 가면을 만들 수 있으며 학교 가면무도회 오찬에서 그 가면을 쓸 수 있다. 자수 프로젝트로 학생 이름의 로고를 만들 수 있으며, 도자기는 가족을 위한 선물이 될 수 있다. 학생은 즐거움을 위해 공예품을 만드는 즐거움을 배울 수 있고 그들의 재능과 시간, 노력을 반영할 수 있다. 종종 공예 활동은 바느질, 목공작업, 금속가공과 같은 학교 선택수업의 중점이 될 수도 있다.

공예의 가치는 그것의 활용도로만 측정되어서는 안 된다. 나무 그릇은 음식을 위한 것일 뿐만 아니라 장식품으로 거실 선반에 놓아둘 수도 있다. 창작하는 데 든 시간 자체가 즐거움이다.

다음은 지체 · 중복장애 및 건강장애 학생을 위한 공예 기획을 할 때 교사가 적절한 선택을 하도록 도와줄 수 있는 제안이다. 이 제안들에는 특정한 공예 기획의 예가 뒤따른다.

• 약 6세까지의 유아기

–짧은 집중시간에 맞춘 공예를 계획한다.
–형형색색의 물질을 사용해 본다.
–조정 반응을 개발하고 개선한다.
–2차원과 3차원 물체를 만들기 위해 공예의 구체적인 속성을 사용한다.
–활동의 시각 운동 통합 요구를 고려한다.
–예: 천에 핑거페인팅을 하거나 목판인쇄를 하기, 도자기, 공휴일과 관련된 공예품, 플라스틱 곰 발톱 같은 간단한 목걸이를 만들기, 재료에 바느질을 하기보다는 풀칠하기, 인형, 나무 콜라주, 판타지스러운 분필 그림 그리고 휴지 심과 같은 다양한 재료로 모형 만들기, 티셔츠 아트

• 7세부터 약 11세까지

–소근육 운동을 연마하기 위한 복잡한 공예를 고려한다.
–새로운 정보를 범주화하고 세분화하는데 공예를 사용한다.
–일부 공예는 게임을 하거나 이야기를 하는 것과 관련 있다. 이런 것들은 연속시키기와 기억하기 같은 기술을 발달시킨다.
–공예를 통해 우정과 연대의 주제를 탐구할 수 있다.
–예: 간단한 바느질, 간단한 도자기공예, 미국 원주민 부족의 것과 같은 상징을 사용한 수수께끼 같은 소묘와 그림, 더 고급의 인형, 가면, 모자, 모래 구조와 설계, 디오라마, 게임용 말, 연, 특별한 의미를 가진 물품으로 만든 풍경, 구슬 세공, 가죽 공예, 홀치기 염색

• 약 17세까지의 초기 청소년기
- 유용성의 기획을 계획한다.
- 더 세밀하고 더 많은 기술을 이용하는 공예 기획을 계획한다.
- 디자인과 기획에 들어가는 자기표현을 위해 노력한다.
- 특히 더 복잡한 공예품을 만들기 위해 더 긴 시간을 필요로 하는 활동을 한다.
- 실재하는 2차원과 3차원 설계를 다루도록 지원한다.
- 독립성을 증진시키기 위해 공예품을 디자인한다.
- 예: 새장, 작은 조각상, 직물 짜기, 바구니, 도자기, 바느질, 자수, 뜨개질, 지갑, 목공품, 악기, 더 고급의 가면, 조각, 아플리케, 염색, 방직, 많은 매개물의 콜라주, 양초 만들기, 보석공예, CD 꽂이와 같은 작은 가구(Herald, 1993; Westling & Fox, 2009).

4) 특별한 흥미

(1) 카드게임

모든 연령의 사람은 능력에 상관없이 카드게임을 할 수 있다. 이것은 경쟁, 문제해결, 성공과 실패 경험의 기회를 제공한다. 이것은 또한 장애인과 비장애인이 사회적 상호작용을 즐길 수 있는 수단을 제공한다.

과제분석을 사용해서 우리는 카드게임을 하는 데 필요한 기술과 인지적 과제에 필요한 능력과 신체적인 요구를 위한 조정을 하는 데 필요한 소품에 대해 궁리할 수 있다. 다른 카드게임에 요구되는 인지적 과제를 분석하는 과정은 만약 배워야 하는 과제가 있다면 그 정의로 이끈다. 예를 들어, 집중 게임(the game of Concentration)은 게임하는 사람에게 숫자와 그림을 맞출 수 있는 능력을 요구한다. 루미(Rummy) 게임은 ① 카드의 모양, ② 숫자, ③ 전체 카드의 수를 알기, ④ 손에 있는 카드의 수를 알기, ⑤ 같은 모양의 카드를 숫자 순서로 배열하기, ⑥ 카드 앞면의 수를 통해 가치를 분별하기, ⑦ 각 손에 있는 카드의 수를 더하기의 능력을 필요로 한다. 다음은 게임 플레이어가 스스로 카드를 들 수 없거나 그들이 하고 싶은 것을 말로 표현하지 못할 때 카드를 다룰 수 있게 하는 제안이다.

① 특별한 카드의 사용

장난감 가게나 백화점에는 다양한 종류의 카드가 있다. 어떤 사람들에게는 큰 숫자 카드, 자석 카드, 구부러진 카드가 사용하기 더 쉬울지도 모른다. 피너클(Pinochle)에서는 큰 상징과 숫자가 쓰인 점보 카드와 점자 카드를 사용할 수 있고, 미국 시각장애 재단(American Foundation for the Blind)에서 나온 표준 카드 팩도 있다.

② 포인터의 사용

대화하기 위해 포인터를 사용하는 사람들을 위해, 포인터의 끝에 마스킹테이프나 접착력이 있는 것을 부착해서 카드를 포인터에 붙이는 실험을 하였다. 끈적끈적한 포인터는 카드 더미에서 카드를 들어 올리고 지정된 카드를 버리거나 다른 사람에게 전달할 수 있게 해 주었다. 평범한 포인터는 게임 플레이어가 버리고 싶어 하거나 다른 사람에게 전달하고자 하는 카드를 지목하기 위해 사용할 수 있다. 또한 '시작' '멈춤' 또는 '내가 이겼어'와 같은 신호를 보내기 위해 무언가를 치는 용도로 사용할 수도 있다.

③ 카드 관리

조직력이 낮은 학생들은 카드홀더를 사용할 수 있다. 수정된 장비가 이용될 수 없거나 적절히 개별화되지 않은 경우에 약 3인치 정도의 짧은 모가 달린 평평한 솔(brush)을 이용해 카드홀더를 고안할 수 있다. 붓의 뒷면에 평평한 표면이 있을 때 카드가 모 사이에 수직으로 끼워질 수 있다([그림 11-2] 참조).

말을 할 수 없거나 카드를 다룰 수 없는 게임 플레이어를 위해서는 3목두기(tic-tac-toe) 대화 체계를 사용할 수 있다. 추가적인 카드 팩의 각 카드는 플라스틱 사진꽂이의 각 칸에 놓을 수 있다. 말을 할 수 없는 플레이어는 카드를 달라고 요청하는 대신에 그가 원하는 카드가 무엇인지 신호를 줄 수 있다. 예를 들어, 어서즈(Authors) 게

[그림 11-2] 무엇이든 효과가 있는 것을 시도하라.

임에서 플레이어는 원하는 작가에 대응하는 위치에 대한 신호를 줌으로써 카드를 요청할 수 있다. 그다음에 그는 그 작가의 책 중 원하는 이름으로 시작하는 글자의 위치에 대한 신호를 줄 수 있다. 만약 집중 카드가 9개의 칸에 3목두기의 형태로 놓여 있다면 플레이어는 그가 맞추기를 원하는 두 위치에 대한 신호를 다시 한 번 줄 수 있다. [그림 11-3]은 어떻게 3목두기 체계가 도입되는지를 보여 주고 있다(Sirvis, Musante, & Bigge, 1991).

④ 신호

다음 의사소통에서 특별한 신호가 필요하다.

1. 원하는 순서로 카드를 배열하는 데 도움을 요청하는 신호
2. 어떤 카드를 집어 들고 내려놓을지에 대한 신호
3. 이겼음을 나타내는 신호
4. 플레이어가 언제 카드를 모으고 정면으로 혹은 뒤집어서 놓을지에 관한 신호
5. 하고 있는 게임에서 턴 대신에 패스를 원한다는 신호
6. 상대방의 손에 있는 카드에 대한 신호나 표시

모든 플레이어는 장애가 있는 플레이어가 적절한 신호를 찾을 수 있게 도와주는 방안을 탐구해야 한다. 일부 게임에서 모든 플레이어는 똑같은 신호를 사용한다. 예를 들어, 슬랩잭(Slapjack) 게임에서 모든 플레이어는 잭이 노출되었을 때 (바닥에 발을 구르는 것과 같은) 똑같은 신호를 준다. 기발함이 더해지면, 각 게임은 플레이어의 요구에 부합하도록 수정될 수 있다. 다른 방식으로 의사소통하는 각 플레이어를 위해 게임에서 의사소통하는 일부 수단이 반드시 고안되어야 한다.

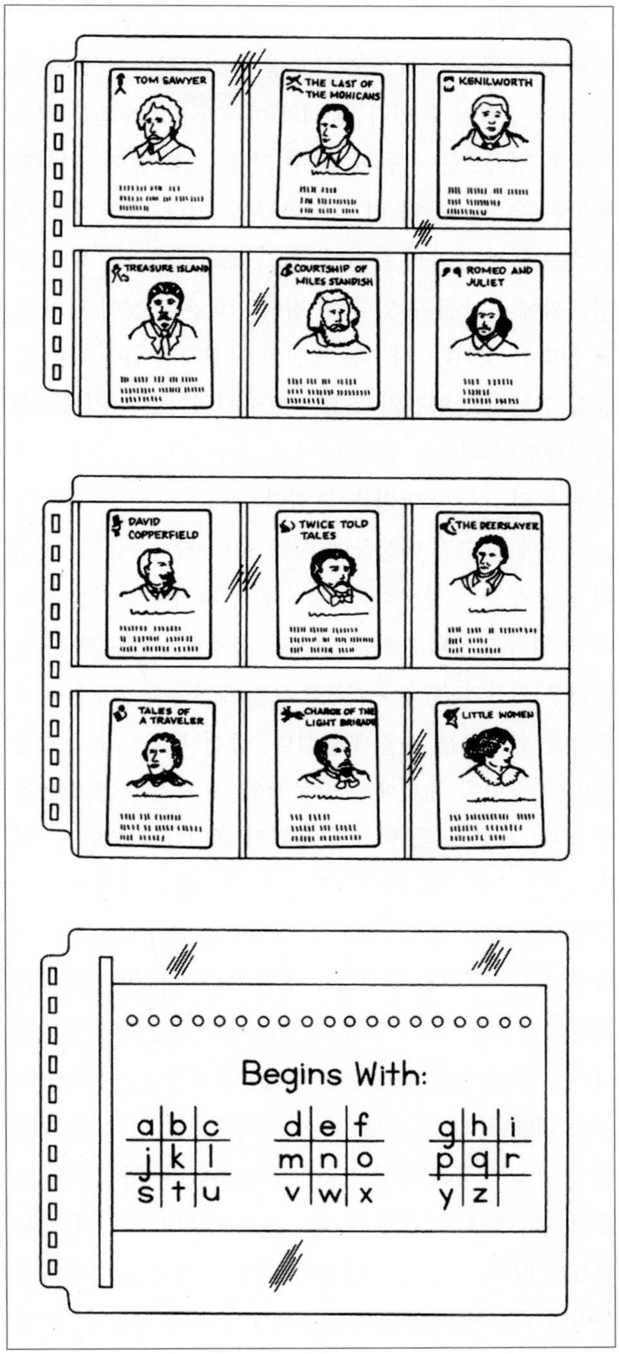

[그림 11-3] 3목두기 체계 도입 방법.
① 작가의 여행준비: 학생 신호는 중앙, 오른쪽, 왼쪽이고, 카드의 위치도 그렇게 한다. ② 책 선택하기: 학생 신호는 상자이고, 그러고 나서 책 제목에 글씨를 시작하기 위치한다.

(2) 수집

귀중한 골동품과 우표부터 병과 머그잔까지 거의 모든 것이 수집될 수 있다. 공예와 마찬가지로 수집은 교육과정을 넘나드는 활동이 될 수 있다. 예를 들어, 역사와 과학은 수집을 통해 쉽게 이어질 수 있다. 구호가 적힌 단추는 대선 공약과 관련이 있고, 조개껍데기는 해양 수업계획에 포함될 수 있다. 수집의 미학은 조정이 거의 필요 없다는 것이다. 하지만 개인이 어떻게 수집을 위한 물품을 얻는지는 약간의 조정이 요구될 수 있다. 지체·중복장애인이 해변을 혼자 다니고 조수 웅덩이 사이를 찾아보는 것은 특히 어려울 수 있다.

학생에게 수집 대상물에 대해 지도하는 것은 ① 수집의 중점 부분을 설정하기, ② 수집의 가치와 즐거움에 대해 논의하기, ③ 수집할 영역을 선정하기를 포함한다. 중점은 기간과 (단추나 거북이 같은)개별물품이나 물품의 종류를 선정하는 것을 포함한다. 중점 부분은 교육과정 전반에 관련된 계획에서 학문적인 지도 부분에 연관될 수 있다. 또한 모든 학급 구성원의 흥미에 기초할 수 있다. 예를 들어, 학생들이 올림픽 대회에 흥미가 있다면 그것이 주제가 될 수 있으며 학생들은 협동적으로 기사를 수집할 수 있다. 학생들은 또한 무엇이 특정한 물품을 수집하는 것을 의미 있게 만드는지와 사람들이 역사적이거나 다른 중요성이 있는 수집품을 모으는 다양한 방법에 대해 알게 될 수도 있다. 마지막으로, 수집할 영역을 선택하는 것은 학생의 동기를 강화한다. 학생들은 그들의 수집품을 어떻게 전시하고 관리해야 하는지 배울 필요가 있다. 시간이 지날수록 더 많은 수집품이 추가될 것이기 때문에 새로운 수집품에도 공간을 제공할 수 있어야 한다. 수집품 전시에 대한 생각에는 아무런 제약이 없다. 어떤 사람은 수집품을 집 안 전체에 진열해 놓을 수 있고, 다른 사람들은 지정된 방 하나에 진열할 수도 있다. 앨범과 나무 용기는 우표나 숟가락 같은 수집품을 진열하는 데 사용될 수 있다. 시간이 지남에 따라 색이 변하고 찢어지고 흐려질 수 있는 기사의 관리도 똑같이 중요하다. 학생은 이것들을 깨끗하게 하는 데 가장 좋은 물질과 재료에 대해 배울 수 있다. 기사의 배치도 영향을 줄 수 있다. 햇빛에 색이 바랠 수 있으며 적절한 보호가 없으면 사진이 노랗게 변할 것이다. 천으로 된 물품은 나방에 약하고, 쥐는 오래된 모직 조각을 갉아먹는 것을 좋아한다. 이 흥미로운 취미를 즐기는 데 개인이 하는 노력과 시간에 따라 수집품을 유지하는 관리 면에서도 차이가 있을 것이다. 학생들에게 어떤 방식으로든 그들의 삶에 연관이 있는 품목을 어떻게 즐기는지 지도하는 것은 수집을 일생 동안 계속되는 여가활동으로 이끌 수 있다.

5) 과학과 기술영역

(1) 로봇공학

여가활동이 항상 예술적이거나 레크리에이션적인 활동을 의미하는 것은 아니다. 일부 사람들은 과학세계와 많은 다른 여가영역을 즐긴다. 로봇공학(Robotics)은 몇 시간 동안 작업을 하게 하고, 기술, 컴퓨터, 건축, 기계학, 원격조종, 물리학에 흥미를 느끼는 사람들에게 즐거움을 줄 수 있다. 로봇공학은 과학이나 로봇 설계, 로봇 제작, 작동의 학문과 관련 있다. 로봇이 사람을 닮아야 할 필요는 없지만 다양한 과제를 수행하기 위해 기계적 기능은 해야 한다. 기본적인 또는 복잡한 로봇을 만들기 위해 간단한 기계를 사용하거나 결합할 수 있다. 로봇공학 기술은 일부 사람을 겁먹게 할 수도 있지만 시간이 지나면 누구라도 로봇공학에 매료될 것이다. 계획하고 설계하는 것은 발명가와 조력자의 능력을 요구한다. 아이디어를 교환하는 것은 친교 기회를 만들어 줄 수 있다. 학생들이 과학과 기술 박람회에서 경쟁하거나 가장 기발한 설계로 서로를 앞서려고 시도함에 따라 로봇공학은 개성을 발전시킨다. 학생들이 그들의 기획을 전시하는 동안 좋은 스포츠맨 정신이 습득될 수 있다.

많은 로봇 종류가 있기 때문에 전 학년 수준에 모두 로봇공학을 지도할 수 있다. 저학년 수준에게는 쐐기, 레버, 도르래, 빗면과 같은 간단한 기구들을 소개할 수 있다. 중학교 기간뿐만 아니라 초등학교 고학년 기간에 이러한 기구들의 조합에 대해 지도할 수 있다(Franklin

Institute Online, 2007). 컴퓨터와 전기장치가 추가될 수 있다. 로봇의 아이디어를 전개하는 과정에는 나이 제한이 없다. 학생들은 삶을 더 용이하게 하기 위한 방안으로 발견과 발명의 개념을 탐구하는 동안 로봇의 사용에 대해 생각할 수 있다. 기술 영역에서 역사적인 인물을 보여주는 것이 학생들이 왜 새로운 발명품이 계속 이어지는 것이 중요한지 배우는 데 도움이 될 수 있다. 예를 들어, 전기에 대해 지도하는 것에 Thomas Edison의 소개가 포함될 수 있다. 후속 기획들이 전기의 사용과 관계있는 많은 발명품에 집중할 수 있을 것이다.

로봇공학 작업장은 교실의 한 부분에 만들어질 수도 있고 교실 전체를 활용하여 만들어질 수도 있다. 재료는 연장과 컴퓨터 칩에서부터 금속, 고무, 배터리까지 어떤 것이든 될 수 있는데, 적절하게 저장되고 분류되어야 한다. 또한 안전도 중요한 문제다. 학생들은 안전을 위해 주의해야 할 규칙에 대해 지도받아야 하고 안전장비와 구급상자에 접근할 수 있어야 한다. 학생들은 좋은 보안경을 가지고 있어야 한다. 적절한 안전 계획도 중요하다. 대부분의 로봇공학 기획은 위험하지 않지만 안전한 상태에서 준비가 되어 있는 것이 가장 좋은 전략이다. 로봇공학 설계에 앞서 다음을 고려하라.

- 사람 대신에 로봇을 사용하는 것이 알맞은 상황이나 과제가 무엇이고 그 반대되는 것은 무엇인가?
- 사람의 특성을 복제한 로봇을 만드는 것은 왜 어려웠는가?
- 사람의 지능에 가까운 지능을 가진 로봇을 만드는 것이 가능하기는 한 것인가?

이것은 다음을 해결하는 데 유용할 것이다.

- 영화, 문학, 장난감 등의 로봇을 열거하라. 왜 그들이 로봇이라고 생각되는가?
- 어떻게 어떤 것이 로봇이라고 말할 수 있는가? 외양에 의해서인가, 행동에 의해서인가 아니면 그 밖의 요인 때문인가?
- 어떻게 로봇과 의사소통할 수 있을까? 말을 통해서인가, 몸짓을 통해서인가, 버튼을 누르는 것을 통해서인가, 타이핑한 글자를 통해서인가?

로봇 건설과 특징을 설계할 때 다음을 고려해야 한다.

- 외형: 로봇은 어떻게 생겼는가? 그렇게 생긴 데 이유가 있는가?
- 감각: 로봇이 어떻게 그 환경에 무엇이 있는지 '알거나' 생각해 낼 수 있는가? 만약 다른 환경에 배치된다면 새로운 환경을 알아차릴 수 있을까?
- 동작: 어떻게 로봇이 같은 환경에 있는 물체를 움직이거나 조종할 수 있는가? 로봇 하나가 한 종류 이상의 물체를 움직이거나 조종할 수 있는가?
- 에너지: 어떻게 로봇이 작동되는가? 하나 이상의 에너지원을 가질 수 있는가?
- 지능: 어떻게 로봇이 '생각'할 수 있는가? 로봇이 '생각'한다는 말은 무슨 뜻인가?('유용한 사이트' 참조).

학생의 능력에 따라 로봇공학은 단독기획이 될 수도 있고 집단기획이 될 수도 있다. 설계는 꼭 복잡할 필요는 없다. 좋은 근본적인 지도 전략은 하나의 유용한 목표를 설정하고 설계와 제작을 할 때 학생 집단이 협동하게 하는 것이다. 예를 들어, 바닥에서 쓰레기를 집어 올리는 방법을 고안하는 것이나 카드 한 패를 섞는 체계를 만드는 것이 목표일 수 있다. 이것은 학생들에게 활동의 초점을 제공하며 생각과 재능을 모으도록 한다. 이 장의 한 저자는 학생들이 도르래, 레버, 지렛대, 빗면의 원리를 이용하여 간단한 기계를 설계하고 만들도록 하는 기계학의 교육용 단위를 고안한 적이 있다. 한 집단의 학생들이 '감자칩 으깨는 기구'를 설계했다. 기계 평가는 간단한 기계 조합의 사용, 기계의 기능 수행, 기획 개발과 수립을 하는 동안 학생의 협동, 학생이 사용을 설명할 때 보여 준 지식에 기초하였다.

(2) 여가시간의 컴퓨터 사용

컴퓨터는 광범위한 연령과 관심사에 흥미를 유발하는 많은 여가 기회를 제공한다. 지체 · 중복장애 학생은 컴퓨터의 이점을 최대로 얻을 수 있다. 포인터와 아이스캐너(eye scanners)와 같은 조정된 장비는 신체적 입력에 접근을 제공할 뿐만 아니라, 사람들이 반응할 수 있는 시간을 주기 위하여 프로그램 발표의 속도를 바꿀 수 있다. 몇몇 흥미로운 대안은 레크리에이션 유형의 게임, 상호작용하는 공상과 소설, 창의적인 미술품, 시뮬레이터 프로그램과 전산화된 보드게임을 포함한다.

① 게임

처음에는 컴퓨터 게임의 대다수가 외계인이나 다른 원치 않는 것을 죽이는 목적을 가진 폭력적인 오락실 프로그램의 가정용 버전이었다. 이런 프로그램 중 많은 것이 여전히 이용 가능하지만, 비폭력적인 오락실 프로그램과 게임이 늘어나고 있다. Gathering사의 레일로드 타이쿤과 Hasbro Interactive사의 통카 컨스트럭션 게임처럼 몇몇 독특한 게임은 여러 시간에 걸친 즐거움을 제공한다.

② 스포츠

스포츠를 즐기는 사람들에게 Sierra Attractions사와 Electronic Arts사는 Sierra Attractions사의 3D 울트라 미니 골프 어드벤처와 같은 디지털 스포츠 상호작용을 제공하는 수많은 프로그램을 개발했다. 텔레비전으로 축구경기를 보면서 주말을 보내는 대신, 아이와 어른들은 Electronic Arts사의 존 매든 풋볼에서 자기 팀을 코치할 수 있다. 만약 다트 던지기나 포켓볼, 볼링과 같은 실내 스포츠를 선호한다면 마인드스케이프나 세가가 이런 즐거움을 위한 소프트웨어를 제공할 것이다.

③ 보드게임과 가족게임

컴퓨터 형식의 인기 있는 보드게임들도 이용할 수 있다. Encore사는 제퍼디, 휠 오브 포춘, 스크래블, 라이프 게임을 가지고 있고, Jellyvision사는 누가 백만장자가 되고 싶은가와 스도쿠를 가지고 있다. 몇몇 회사들은 인기 많은 가족 게임 세트를 포함하는 패키지를 제공한다. 앙코르 소프트웨어 호일 보드게임(Encore Software Hoyle Board Games) 패키지는 행맨, 스도쿠, 가로세로 낱말퍼즐 같은 60개가 넘는 게임을 포함하고 있으며, 플레이어가 개인 캐릭터를 만들 수 있는 'create your own character' 게임도 제공한다. Atari사의 밀튼 브래들리 보드게임(Milton Bradley Board Games)은 체스, 체커, 도미노, 커넥트포, 파치지 같은 고전게임을 제공한다. 다양한 퍼즐과 게임을 포함하는 eGames사의 패밀리 게임 타임(Family Game Time)처럼 보드게임 이상을 제공하는 세트도 있다.

④ 시뮬레이터 프로그램

만약 땅을 벗어나는 것이 목적이라면 Just Flight사, Matrix Games사의 비행 시뮬레이터와 Microsoft사의 비행 시뮬레이터 시리즈, Eagle Dynamics사의 디지털 전투 시리즈가 전문가들도 숙달하기 위해 시도하는 현실적인 조종 프로그램을 제공한다. Electronic Arts사의 슈퍼바이크와 나스카 레이싱 시리즈, Atari의 테스트 드라이브, Wizard Works의 다트 트랙 레이싱 프로그램이 활력을 줄 것이다. 어린 플레이어는 Mattell의 핫 휠즈 레이서와 스턴트 프로그램을 즐길 수 있다.

⑤ 스토리텔러와 공상

판타지에 기반한 소프트웨어나 문학적 캐릭터들은 수 시간의 즐거움을 제공한다. 꼬마숙녀 매들린, 위니 더 푸, 모자 속 고양이 같은 인기 있는 문학적 캐릭터들은 게임, 퍼즐, 프린트아트 세트, 학습활동 프로그램을 가지고 있다. 스쿠비 두, 토마스와 친구들, 스펀지밥, 세서미 스트리트, 라이언킹, 하이도라 같은 가장 좋아하는 만화나 허구의 TV 쇼를 잊지 못하는 청소년들은 다양한 상황에서 이런 캐릭터들이 나오는 프로그램을 가지고 즐거운 시간을 보낼 수 있다. Disney사는 거의 모든 디즈니 캐릭터가 나오는 프로그램 모음집을 제공한다.

⑥ 창의적인 예술

아동은 밝은 그래픽과 로고를 사용하여 미술과 공예품 기획을 창작할 수 있다. Encore사는 클릭아트, 프린트마스터, 프린트숍을 포함하는 많은 예술 프로그램을 가지고 있다. Nova Development사의 홀마크 카드 스튜디오는 카드와 신호, 문구류, 달력 등을 만들 수 있게 한다. 설계하고 건축하는 것을 좋아하는 사람들을 위해 Lego사에는 사용자가 탐험하고 건물을 짓고 파괴할 수 있는 크리에이티브 빌더와 레고 시티와 같은 온라인 프로그램이 있다.

6) 레크리에이션 영역

(1) 자연 탐구하기

> 우리가 어떤 것이든 그 자체만 집어내려고 할 때, 우리는 그것이 우주의 다른 모든 것과 연결되어 있음을 알게 된다.
>
> —John Muir

야외는 사람들이 시각, 청각, 촉각, 후각, 미각을 사용하는 환경을 제공한다. 사람들은 자연에 대해 학습하고 야외에서 일어나는 상호작용에 대해 배움으로써 호기심과 모험심의 본능을 만족시킨다. 신선한 공기, 독특한 환경, 동식물에의 접근은 정신적인 휴식과 신체적인 원기회복의 훌륭한 기회를 제공한다.

황무지에서의 하이킹과 캠핑과 같은 야외 경험은 신체가 건강한 사람들에게 더 이상 제약이 없다. 지난 10년간 미국장애인법의 지시를 이행하기 위한 노력으로 국립공원의 하이킹 코스와 캠핑장에 의미 있는 구조적 변화가 일어났다. 울퉁불퉁한 흙길이 있었던 곳에는 이제 휠체어가 부드럽게 달릴 수 있도록 포장된 길이 있다([그림 11-4] 참조). 일부 루트는 난간이 바뀌었다. 다른 루트는 휠체어 사용자의 눈높이에 안내판을 붙여 놓았다. 화장실과 공중전화기가 보수되었고 분수식 식수대가 캠핑장 전역에 추가되었다. 장애인이 황무지 캠핑, 하이킹과 같은 자연 학습을 즐길 수 있도록 와이오밍 주에 있는 옐로스톤 국립공원부터 캘리포니아의 레드우드 숲까지 이러한 변화들이 일어났다.

자연학습은 과학 수업활동이 여가교육 목표와 결합될 수 있고, 교육과정의 삶 관리 구성요소로서 교수될 수 있는 교육과정의 한 분야다. 자연학습은 지체장애인이 학습 접근을 직접 경험할 수 있는 가장 좋은 기회 중 하나를 제공한다. 접근성 문제를 해결하기 위해서 조정이 필요할 수도 있다. 또는 하이킹을 하는 휠체어 사용자를 도와줄 수 있다. 앉는 위치와 손을 사용하는 문제를 수용하기 위해서 신체적 참여를 위한 다른 방안들이 탐구될 수 있다. 소근육 운동 협응이 필요한 체험을 위해 동료나 다른 사람들이 완전한 혹은 부분적인 신체적 도움을 제공해야 할 수도 있다. 건강상의 이유로 하이킹에 참가할 수 없는 학생들은 같은 개념을 학습할 수 있는 다른 활동에 참가할 수 있다. 만약 학급에서 동물의 이동에 대해 공부

[그림 11-4] 많은 국립공원이 휠체어 사용을 위해 길을 개조하였다.

한다면, 교사는 학생들이 교실, 집, 마당, 야영지 근처에 사는 동물들에 대해 공부하도록 할 수 있다. 교사는 그래픽 모사나 석고모형 또는 다른 동물의 흔적의 모델을 얻어서 이런 학생들이 동물의 이동에 대해 공부하도록 할 수 있다.

평생의 여가 추구에 도움이 되는 한 접근법은 지역사회의 토착식물과 동물에 중점을 두는 것이다. 도서관, 교육부, 박물관, 동물원, 지역 공원과 국립공원, 시에라 클럽(Sierra Club)이나 오듀본 협회(Audubon Society)와 같은 조직들이 현지 자연을 공부하는데 좋은 정보의 원천이다.

자연 학습의 잠재력을 인식하는 교사는 어떻게 부수적인 학습 기회를 이용하여 여가에 기여할 수 있는 학습 프로그램을 제공할 수 있을까? 학생들이 배우고 경험하며, 할 수 있는 것에서 중요한 점은 무엇인가? 어떻게 교사는 조각처럼 나뉜 일련의 수업이 아닌 학습 프로그램을 계획할 수 있을까? 자연 학습의 모든 영역에서 과학적인 이름이나 사실보다는 자연적인 현상의 연관성에 강조점이 있어야 한다. 과학적인 사실들은 빠르게 변하지만 개념은 몇 년이 지나도 그대로 남아 있다. 몇몇 학생에게는 단지 이름을 외우는 것보다 어떻게? 왜?라는 질문에 중점을 둔 개념을 이해하는 것이 더 의미 있다.

기본적으로 자연학습 프로그램은 개별 학생에게 다음을 장려해야 한다.

- 학생의 자연 환경에 대한 이해
- 생물과 그들의 연관성에 대한 감상과 지식
- 어떻게 다른 생물들이 살아가는지와 생물의 환경이 개인적으로 또는 다른 생물들을 위해 보존될 수 있는지를 발견함으로써 위험에 처한 환경을 존중하는 것
- 사람들이 관찰자나 조종자가 아니라 실제로 환경의 한 부분임을 알기
- 환경의 연관성이 생존에 필수요소임을 알기

몇 개의 자연학습 핵심 개념은 자연학습 프로그램에 기반을 제공할 수 있다. 과학 수업에서 같은 개념이 나타나고 레크리에이션적인 사용을 위해 자연학습에 똑같이 적용된다. 자연학습의 개념과 활동은 동물, 식물, 지구과학, 보호/생태학, 포식자와 사냥감의 관계, 자연공동체(동식물의 연관성), 날씨, 고도, 미국 원주민의 동식물과 자연 자원 사용, 천문학, 연못과 개울 및 웅덩이의 미생물 그리고 태양열을 포함한다. 이에 대한 연구는 현재와 미래의 여가시간 활용에 즐거움의 원천으로 가치 있게 도입될 수 있다. 여기에 제안된 개념을 발전시키고 설명하기 위해서 그리고 학생의 레크리에이션 선택권을 확대하기 위한 방안으로 새로운 활동을 발달시키기 위해 독창성을 사용한다. 학생이 발견할 수 있도록 적극적으로(직접 손으로 만지면서) 참여하게 하기 위해서 학습 체험을 선택한다.

도서관, 박물관, 식물원, 공원관리부 같은 많은 지역사회 자원이 많은 도움이 될 수 있다. 이런 기관에서 얻을 수 있는 자료는 교실에서 사용할 수 있다. 몇몇 기관은 현장학습을 운영하거나 안내자가 있을 것이고, 일부 동물원은 사파리를 운영한다. 학생은 책이나 기록을 통해 특정한 흥미를 추구하도록 장려될 수 있다.

(2) 승마

지체·중복장애 학생과 관련 있는 교사와 부모라면 승마를 간과해서는 안 된다. 적절하게 실행되면 승마는 비지체장애인에게 그렇듯이 지체장애인들에게도 더 이상 위험하지 않다. 치료적인 승마술에 관해 읽으면 이것이 가능할 뿐만 아니라 재미있는 스포츠임을 알 수 있다. 우리는 또한 어떤 스포츠에서도 성공을 위해서는 특정한 안전기준과 절차를 따라야 함을 알 수 있다.

순수하게 레크리에이션을 위해 승마를 할 수도 있고 치료적 목적으로 승마를 할 수도 있다. 승마치료는 말을 치료도구로 사용하는 신체 치료법이다[Great Strides, 2008; North American Riding for the Handicapped Association(NARHA), 2007]. 현대의 치료적 승마는 소규모의 치료사들이 지체장애인들을 돕기 위해 말의 부드러운 운동을 사용하기 시작한 1940년대에 유럽에서 시작되었다(Banbury Cross Therapeutic Equestrian Center,

2008). 1950년대에 소아마비를 앓고 있는 덴마크의 Lis Hartel이 1952년과 1956년에 올림픽의 마(馬)술 경연 부문에서 올림픽 메달을 따면서 추가적인 관심을 끌었다. 1965년에 영국장애인승마고문의회(British Advisory Council on Riding for the Handicapped), 지금의 영국재활승마협회(Riding for the Disabled Association)가 결성되었다.

다양한 지체·중복장애 학생은 승마를 통해 혜택을 받을 수 있다([그림 11-5] 참조). 승마는 사지의 운동 범위를 늘려 주고 근긴장과 근력을 향상시켜 주는 것과 같은 총체적인 대근육 운동기능을 향상시켜 준다. 승마는 사람들이 말에서 내릴 때 자세, 균형, 유연성에도 도움을 준다(Great Strides, 2008; NARHA, 2007). 또한 여가를 즐겁게 활용하게 해 주고 자아상을 개선해 준다. 말을 달리는 것은 중요한 성취다. 자신보다 몇 배나 큰 동물을 통제하는 법을 배우는 것은 중요하고 보람 있는 성취다.

[그림 11-5] 승마는 치료에 유쾌함을 더해 준다.

학생들이 승마치료를 받기 전에 반드시 의사와 치료사로부터 추천서를 받아야 하며 승마 지도자가 반드시 그 추천서를 평가해야 한다. 첫 수업 시간 동안 지도자는 자세, 균형회복, 태도, 지능과 같은 학생의 승마능력을 평가하고 기록해야 한다. 지도자는 학생 개개인이 개별적인 속도로 발전할 것이고 수업이 학생의 능력에 따라 개별화되어야 함을 이해해야 한다.

영국식 안장이 독립적으로 균형을 잡을 수 있는 기회를 가장 많이 주기 때문에 치료적 승마에 일반적으로 사용된다. 하지만 일부 학생에게는 서양식, 포르투갈식 또는 여성용 곁안장 같은 다른 종류의 안장이 필요할 수도 있다. 학생들은 새로운 자세에 대한 느낌을 느껴볼 수 있도록 석유 드럼통으로 만들어진 목마에 처음 앉게 된다. 말에 오르기 전에 학생들은 (의무적인) 안전모와 마구를 장착한다. 그다음에 말을 만나서 쓰다듬고 털을 쓰다듬어 준다.

말에 오르기 전에 학생들은 굴레가 잘 씌워졌는지, 모든 잠금장치가 잘 잠겼는지, 뱃대끈이 안전한지 마구를 확인한다. 학생 개개인은 가능하다면 말에 제대로 오르는 법을 배운다. 개인 능력에 따라 말에 오르는 다른 방법들이 활용될 수 있다.

말에 오른 후, 학생은 승마의 올바른 자세를 배운다. 지체장애 학생뿐만 아니라 비장애인에게도 올바르게 앉는 법을 배우는 것은 많은 노력과 집중을 요구한다. 만약 학생이 고삐를 잡기 위해 팔을 뻗을 수 없거나 등자에 발을 올릴 수 없다면 자원봉사자가 필요하다. 일부 학생은 승마 초기단계에 말을 이끌어 주는 사람과 학생 양쪽에서 도움을 주는 사람 한 명씩, 총 세 명의 자원봉사자가 필요할 수 있다.

조정된 장비는 치료적 승마 프로그램에 필수적이다. 말에 오르는 경사 계단은 필수적이며, 허리를 지지해 주는 장비이다. 다음의 조정된 장비의 예들은 필요한 만큼 오래 사용되어야 한다.

- 안전 마구나 안전벨트: 가죽 어깨끈과 손잡이
- 고삐: 말을 이끄는 사람이 통제하는 데 사용하지만, 말 타는 사람의 통제에 개입하지는 않음
- 안전 등자: 발이 등자에서 빠지는 것을 막아 줌
- 플리스 소재의 안장 덮개: 이분척추가 있거나 허리 아래의 감각을 잃은 학생 또는 욕창에 취약한 학생을 위해 폭신한 속과 부드러운 자리를 제공해 줌
- 안장을 깔지 않을 때 쓰는 보호대: 말에 씌워진 발포고무 패드, 안장에 앉을 정도로 다리를 벌릴 수 없는 가위다리를 가진 학생들에게 단단히 매서 안장 대신 사용되는 것. 보호대를 통해 느껴지는 말의 온기가 경직된 근육을 푸는 데 도움이 됨
- 손잡이: 말 타는 사람을 안정시키는 데 도움을 주기 위해 안장의 D 고리에 부착된 끈
- 사다리식 고삐: 한 손만 사용하여 말 타는 사람들이 고삐를 통제하는 데 주로 사용. 일정 간격마다 가죽 끈이 바느질되어 있음

치료적 승마 프로그램의 가장 중요한 부분은 말이다. 말과 조랑말은 신중하게 선택되고 훈련받는다. 만약 말이 나쁜 습관(발로 차거나 무는 등)을 하나라도 보인다면 프로그램에 적합하지 않다. 말은 반드시 인내심 있고 조용하며, 반응을 보일 의사가 있어야 한다. 말은 목발, 휠체어, 재잘거리는 학생, 안장 주변에서 마구 움직이는 승마자, 그들 몸 주변에서 일어나는 움직임, 다른 말에 의해 이끌어지는 것, 말에 오르게 돕는 경사 계단 옆에 얌전히 있는 것을 훈련받는다([그림 11-6] 참조).

치료적 승마의 목적은 학생들이 비장애 친구들과 함께 참여하고 경쟁하며 충분한 자신감, 협동, 힘을 가지고 말을 타게 하는 데 있다. 승마는 사람들을 동등하게 한다. 말을 탈 때 지체 · 중복장애 및 건강장애인은 비장애인과 똑같은 힘을 가진다.

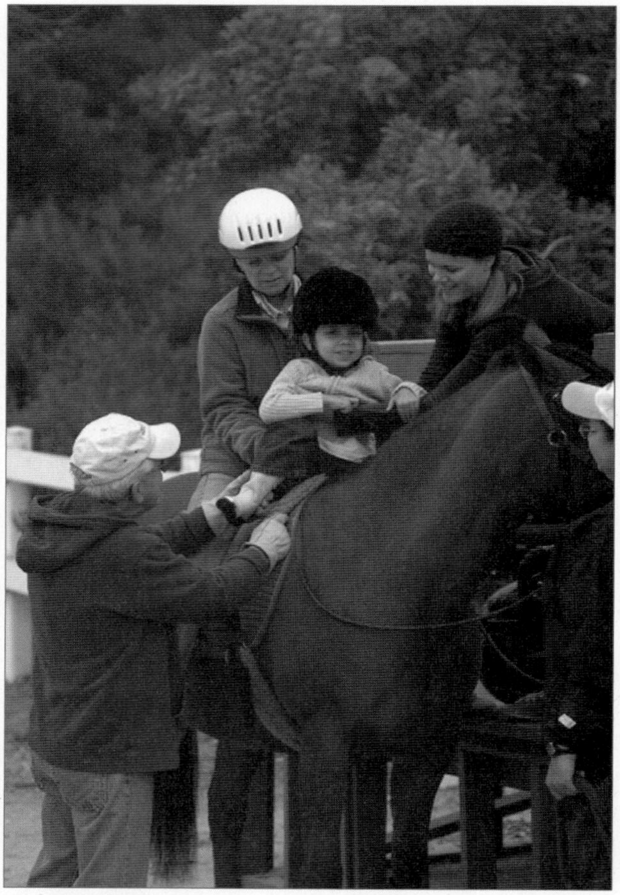

[그림 11-6] 경사대 설치

7) 수상활동

여름 스포츠를 할 때, 수상활동은 인기 있는 선택이다. 지체 · 중복장애 학생은 팀 경쟁과 개인 경쟁 둘 다에 참여할 수 있다. 수상 수업은 학생들이 수영장 안에서 물을 튀기게 하는 것만은 아니다. 수영장과 장비에 수정을 함으로써 지체 · 중복장애인들이 수영, 수상스키, 스쿠버 다이빙, 보트 타기 같은 활동에 참가할 수 있다. 조정된 수상 프로그램의 교육용 수정은 다양한 지역사회, 학교, 임상 현장에 적용될 수 있다(Sherrill, 2004). 수상활동은 운동을 할 수 있게 해 주며, 지체 · 중복장애인이 수영과 같은 새로운 기술을 배울 수 있는 대안적인 환경을 제공해 준다. 조정된 수상 프로그램의 실행은 전통적인 수영 프로그램에 다양한 조정을 하는 것을 포함하며, 물리적 건축물 구조의 조정과 수용을 통해 지역사회, 학교

또는 공공장소에 도입될 수 있다. 조정된 수상 프로그램 참가의 혜택은 심리사회적, 신체적, 건강 회복을 포함하고, 게임을 통해 인지적, 학습적 혜택도 얻을 수 있다. 수상 환경은 지상에서 브레이스, 목발, 보행 보조기, 휠체어에 의존해야 했던 사람들에게 독립적인 운동성과 이동을 제공한다(Lepore, 2005, pp. 435-454). 물에서의 활동과 경쟁은 장애인에게 휴식과 여가 또한 제공하여 동기와 자긍심을 고취시킨다([그림 11-7] 참조). 전반적으로 물이 중력의 힘을 줄여 주고 사람들이 훨씬 편하게 움직이도록 해 주기 때문에 수상활동은 제한된 운동 능력을 가진 사람들에게 있어 운동과 레크리에이션의 이로운 수단이다(Sherrill, 2004).

성공적인 조정된 수상 프로그램을 만들기 위해서 기관들은 지체·중복장애인이 완전히 참가할 수 있도록 물리적 건축물 구조에 많은 조정을 해야 한다. 기관들은 조정을 할 때 사람들의 키, 운동 조절, 시력장애 같은 요구를 고려해야 하며, 휠체어를 탄 사람들이 접근할 수 있도록 적절한 간격을 제공해야 한다. 지체·중복장애인이 수상 스포츠와 레크리에이션에 완전히 참여할 수 있도록 탈의실의 조정은 연합, 샤워실에 다양한 높이의 난간과 손잡이를 추가하는 것, 조명을 필요로 하고, 의자와 탈의실, 통로, 수영장 입구에 적절한 간격과 접근을 보장하는 것이 필수적이다. 많은 기관이 수영장에 접근할 수 있도록 리프트, 경사로 입구, 난간을 제공한다. 몇몇 수상활동 기관은 수영을 하거나 다른 수상활동을 할 때 사람들의 안전을 보장하기 위해서 자세를 잡아 주는 조정된 장비나 뜰 수 있게 해 주는 장비를 제공한다.

개개인의 안전을 보장하기 위해서 수상활동 프로그램을 계획할 때 사람들의 요구와 제약을 고려하고 이해하는 것이 필요하다. 장애인과 함께하는 가족, 교사나 코치는 항상 구급상자와 심폐소생술 증명서(cpr certifications current)를 지참해야 한다. 추천하는 바는 어떻게 버팀목과 다른 교정 장치를 벗기고 입히는지 알고, 발작이 있는 사람들의 의학적 진단을 받고, 뇌성마비가 있는 사람들이 이동할 때 갑작스러운 경직성 움직임(spastic movements)이 발생할 수 있음을 알고, 균형 문제가 있는 사람들을 위해 수영장 데크에서 도움을 주는 것이 있다(Lepore, 2005, pp. 435-454). 목발, 지팡이, 보행 보조기와 같은 장비를 사용하는 사람들을 위해 마른 지면과 미끄럼방지가 된 데크를 유지하는 것이 중요하다(Sherrill, 2004). 수상활동에 참여하기 전에 개인의 장애에 따른 이러한 요구들과 추가적인 특정 요구들을 재검토해야 한다.

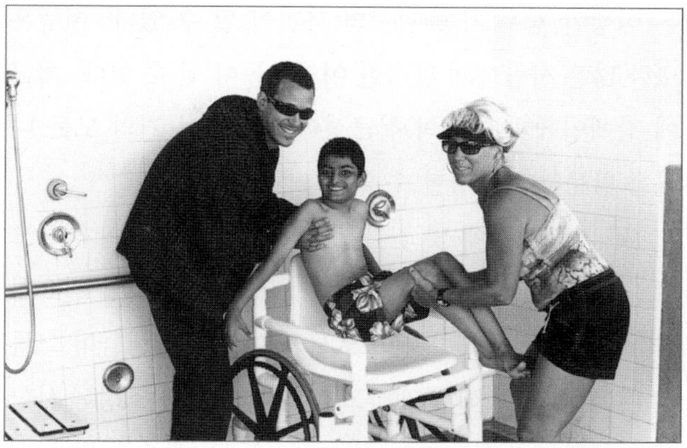

①

②

[그림 11-7] 수상활동은 동등하게 해주는 좋은 수단이 될 수 있다.

8) 여행

여행은 광범위한 계획을 수반하는 해외여행부터 지역 미술박물관으로 1일 현장학습을 가는 것까지 포함한다. 여행은 몰랐던 것을 알게 해 주고, 세계 및 같은 인류를 문화적이고 역사적으로 더 잘 이해할 수 있도록 이끌어 준다. 여행은 가족을 방문하는 것이거나 일과 관련된 짧은 여행인 경우 기능 위주의 사건이 될 수 있다. 여행은 또한 많은 사람에게 완벽한 여가활동이 될 수 있다. 최근에 장애인에게 여행의 접근성이 좋아져서 거의 모든 나라를 방문하고 관광할 수 있게 되었다.

지체 · 중복장애 및 건강장애 학생에게 그들이 세상으로 나가 즐길 수 있다는 것을 가르쳐 주는 것이 필요하다. 여가 지도의 한 부분으로서의 여행은 학생들이 그들을 더 잘 돕기 위해 존재하고 그들이 어떻게 조정된 사항에 접근하는지 학습하는 것을 배우도록 해 주는 많은 시설을 직접 볼 수 있게 해 준다. 가장 중요한 것은 여행을 통해 장애학생이 점점 접근하기 쉽도록 변하는 세상을 보면서 더 독립적이 되도록 도와주고 스스로 자신감을 갖게 도와줄 수 있다는 점이다.

학급 수학여행을 계획하는 시작점은 목적지를 정하는 것이고, 이는 그 나라의 도시나 마을을 탐험하는 것을 포함할 수 있다. 교사는 박물관, 상점과 다른 명소에서 '휠체어를 사용할 수 있는지' 알아봐야 한다. 대중교통도 평가해야 한다. 학생들과 실제 여행을 가기에 앞서 교사가 먼저 여행 장소를 방문해서 익숙해지는 것도 좋다. 장애인들을 위한 여행계획은 또한 적절한 예방책을 요구한다. 모스 재활자원 홈페이지(Moss Rehab Resource Net, 2008) 인터넷 사이트는 여행할 때 고려해야 할 정보들을 상세히 열거하고 있다. 다음은 이 사이트가 제공하는 정보들의 일부이다.

- 의사에게 말하기
  - 일반적인 신체 상태
  - 예방주사에 대한 필요성
  - 여행 기간을 위한 처방
  - 가져가야 하는 일반의약품
  - 여행에 가져가야 하는 의학 장비
  - 집을 떠나 있을 때 어떻게 의학적 도움을 받을 수 있는가
  - 추가적인 안경이나 콘택트렌즈

- 여행사에 말하기
  - 신체적 요구를 수용하기 위한 여행 수단
  - 여행하는 동안 필요할 수도 있는 특별한 시설
  - 여행하는 동안 지나치게 피로해지지 않도록 여행 시간 조정하기
  - 이용하는 교통편의 회사, 호텔, 여행단체 등으로부터 기대할 수 있는 특별한 지원
  - 여행 보험

- 휠체어를 탄다면
  - 여행하기 전에 장비 점검하기
  - 필요하다면 기본적인 도구와 추가적인 부품을 가져가기
  - 주의: 만약 평상시에 휠체어를 사용하지 않지만 걷는 데 어려움이 있거나 쉽게 피로해진다면, 탁송 화물로 가져갈 수 있도록 휠체어를 대여하는 것을 고려하기

여행은 일생의 사회화와 발견을 의미할 수 있고, 장애인들에게 성취감을 주는 경험이 될 수 있다. 여행활동을 통해 학생들이 접근할 수 있는 권리와 선택권을 소개하는 것은 즐거운 학급 수학여행을 이끌어낼 것이고 긍정적인 자부심을 발전시키는 데 귀중한 수업이 될 것이다.

4. 스포츠

체육교육, 레크리에이션, 여가에 관한 장에서 지체장애인을 위한 스포츠의 현재 추세가 논의되지 않는다면 충분하다고 할 수 없다. 앞서 개인의 제약과 활동의 요구를 맞추기 위해 체육활동 참여를 위한 조정을 살펴보았다. 예를 들어, 장애인은 비장애 동료가 그를 농구장에서 밀며 돌아다니는 동안 휠체어에 앉아 있기만 하였다. 이제 사람들은 개인적 흥미에 기초하여 체육활동을 결정할 수 있는 자유를 가지게 되었고, 조정사항을 고려하게 되었다. 장애인들도 스카이다이빙을 하고 행글라이

더를 탈 수 있다. 또한 바다 깊은 곳으로 스쿠버다이빙을 할 수도 있고 산을 오를 수도 있다. 휠체어의 기계적인 진보와 가격 절감에 더불어 스포츠에 접근할 수 있는 장비의 개발로 지체 · 중복장애인은 이제 제약 없이 체육활동을 즐길 수 있다. 전미장애인운동센터(National Sports Center for the Disabled)와 같은 조직의 발전과 장애인 스포츠 장비 산업의 급속한 발전은 장애인들이 모든 체육활동 분야에 참가할 수 있도록 지원해 준다. 장애인들을 위한 스포츠와 레크리에이션은 중요한 경쟁적이고 재정적인 사업이 되었다.

1) 휠체어 경주

휠체어 경주는 휠체어 스포츠의 촉매제이며 마라톤, 육상경기와 다른 운동경기에 포함된다. 심지어 아동도 휠체어 경주에 참가할 수 있다.

휠체어 경주의 스포츠는 아스팔트, 인조 잔디, 경주 트랙에 접근하는 것을 요구한다. 손에 심각한 물집이 생기는 것을 방지하기 위해 좋은 경주용 장갑이 필수적이다. 휠체어 사용자들을 위한 알맞은 장갑이 특별히 만들어졌다. 그것들은 편안하게 맞고, 내구성이 좋으며, 푹신푹신하고, 솔기가 없어 물집이 생기지 않는다. 예를 들어, 사지마비가 있는 사람들은 새끼손가락과 손바닥에 문제가 잘 생기는 데 반해 양측 하지마비가 있는 사람들은 검지, 엄지와 손바닥에 물집이 생기기 쉽다(Shanahan, 1998). 장갑을 구입하는 것과 손에 생긴 물집을 관리하는 것에 대해 부모와 미리 이야기하는 것이 중요하다. 게다가 수동휠체어를 밀어서 나가게 하는 것은 상반신 피로를 불러일으키며, 심지어는 반복운동으로 인해 부상의 가능성도 있다(van der Woude, de Groot, & Janssen, 2006). 모든 스포츠에서 그렇듯이 참가자는 자기 속도를 유지하고 훈련과 연습에 참여해야 한다.

휠체어의 종류도 반드시 고려해야 한다. 몇몇 휠체어는 빠른 속도로 밀기에 너무 무거울 수 있고 급커브를 돌 만큼 발달되지 않았을 수도 있다. 그런 경우에 더 가볍고 경주를 하기에 더 잘 설계된 휠체어로 바꾸는 것이 대안이 될 수 있다. 초경량 휠체어나 스포츠 경기용 휠체어는 가벼운 금속으로 만들어졌으며, 길이를 조절할 수 있고, 일반적으로 팔걸이나 발판이 없다. 이런 휠체어는 빠른 반응과 빠른 속도의 행동을 요구하는 활동을 위해 고안되었다(Davis, 2002, p. 206). 금전적으로 가능하다면 체육교육 장비로 경주용 휠체어를 구입할 수 있을 것이다. 비록 일반적으로 대부분의 휠체어 경주가 테두리를 돌려서 나가는 방식의 상품으로 이뤄지지만, 레버와 크랭크, 핸드-사이클을 사용하여 추진력을 얻는 것이 인기를 끌고 있다(van der Woude et al., 2006).

휠체어 경주는 전 세계적으로 열린다. 지역 기관이 모든 연령대와 기량을 가진 사람들을 위해 경기를 개최한다. 스포츠 클럽과 지역 공동체 레크리에이션 프로그램도 훈련을 제공한다. 시간, 연습, 훈련을 통해 학생들은 강한 운동선수가 될 수 있다.

2) 라켓과 손을 이용한 스포츠

프로 운동선수가 되고자 하는 꿈을 가지고 있는 장애학생에게 라켓과 손을 이용한 스포츠에 참가하는 것은 그들을 경쟁, 사회화와 여행으로 이끌 수 있다. 국제장애인올림픽(International Paralympics)과 같은 스포츠 행사의 증가는 지체장애인들의 스포츠 전문성의 발전을 강조한다. 또한 장애학생을 포함하는 경쟁적인 학교 프로그램의 필요성도 지지한다.

라켓 스포츠는 테니스, 라켓볼, 배드민턴, 탁구를 포함한다. 지체장애인들은 휠체어를 타고도 즐길 수 있기 때문에 이런 스포츠들을 오랫동안 선호해 왔다. 탁구의 즐거움은 또한 교실 안에서도 즐길 수 있다. 학교 내의 각기 다른 학급에서 선발된 학생이나 팀이 경기를 할 때 좋은 활동이 될 수 있다.

[그림 11-8]에서 알 수 있듯이, 양궁과 같이 손을 이용한 스포츠는 휠체어에서 한 손이나 두 손을 사용하여 경기에 참여하는 것을 포함한다. 이런 스포츠들은 일반교육 환경에서 하는 것과 똑같이 규칙과 방식에 교육적 접근을 하는 것을 요구한다. 학생 휠체어의 종류뿐만 아

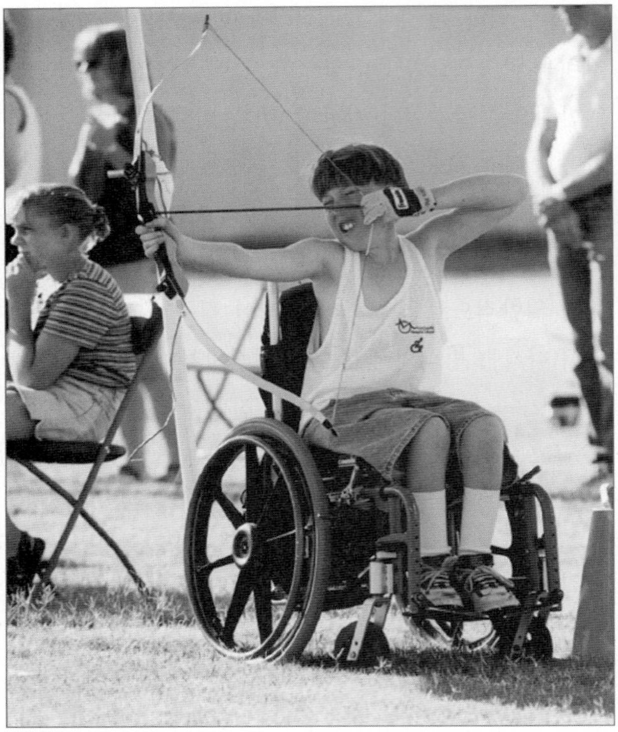

[그림 11-8] 장애인은 활쏘기와 같은 손을 이용한 스포츠를 능숙하게 잘할 수 있다.

니라 학생 개개인의 요구에 따라 접근성 문제를 논의해야 한다. 휠체어 경주에서 언급한 적 있는 손에 생기는 물집에 대한 문제는 라켓과 손을 이용한 스포츠에서도 중요하다. 교내에서 팀을 만들기에 학생이 충분히 많지 않다면 지역사회 기관과 스포츠 클럽에 가입하는 것이 해결책이 될 수 있다.

3) 계절 스포츠

당신이 겨울에 눈이 내리는 지역에 사는지 또는 연중 햇빛이 비치는 곳에 사는지에 관계없이 스포츠는 어떤 환경에서도 항상 즐길 수 있다. 차로 몇 시간 정도 달려서 산으로 가는 것이 학급 겨울 스포츠 여행을 막지는 못할 것이고, 학교 내에 수영장이 없는 것이 지역 수영장을 방문하는 것을 막지는 못할 것이다. 등산이든, 양궁이든, 아이스 스케이트든, 학급에 기반을 둔 스포츠는 체육교육, 레크리에이션, 여가교육 프로그램을 향상시키는 데 포함될 수 있다. 여행을 계획하는 것은 학생들에게 경험,

[그림 11-9] 지체 · 중복장애 및 건강장애 학생이 적절한 교수와 수정으로 야외 스포츠 활동을 즐길 수 있다.

지식, 자신감을 제공한다. 지체 · 중복장애인을 위해 고안된 지역 스포츠 클럽과 모임을 통해 활동을 조직하는 것은 훈련의 질과 참여의 정도를 증가시킬 것이다.

지체 · 중복장애인은 아이스하키와 활강스키, 크로스컨트리 스키와 같은 겨울 스포츠에 오랫동안 참가해 왔다. 현재 대부분의 리조트와 링크에서 대여되고 있는 스키와 스케이트는 장애인들의 요구에 부응하기 위해 특별히 고안된 장비와 훈련을 포함하고 있다. 신체능력의 정도는 그 사람이 어떤 종류의 수정된 겨울스포츠를 이용할지에 영향을 준다. 예를 들어, 척수에 부상을 입은 사람은 '앉아서 타는 스키'에 참여하는 데 반해 뇌성마비인들은 단지 스키용 폴만 필요할 것이다. 앉아서 타는 스키를 할 때에는 아래로 미끄러져 내려갈 수 있는 특별히 만들어진 의자에 앉아서 끝이 넓은 짧은 길이의 스키용 폴을 사용한다([그림 11-9] 참조). 이 장비는 스키 타는 사람의 상체 힘과 조화를 이용한다. 스케이트를 선호하는 사람에게는 아래에 날이 달린 썰매 형태의 장비가 많은 다른 동계 스포츠에 참여할 수 있게 해 줄 것이다.

스포츠 참여에서의 유일한 제약은 건강이나 의학적 제한이다. 일부 학생은 특정 스포츠에 참여할 수 없을지도 모른다. 스포츠의 종류를 선정할 때는 내구성과 충격 수준을 고려하여야 한다. 예를 들어, 스키는 단단한 바닥에 몸이 부딪히고 튕기는 것을 포함하는 접촉이 많은 스포츠로 여겨진다. 그러므로 이 스포츠는 골형성 부전증을 앓고 있는 사람에게 적합하지 않다. 척추뼈 갈림증

을 앓고 있는 학생에게 금지되는 것은 봅슬레이, 스키점프와 수상스키다. 관절염을 앓는 학생들은 접촉스포츠, 도약하는 활동, 체조, 승마처럼 낙하나 돌발적인 부딪힘이 일어날 수 있는 활동을 피해야 하고, 관절이 뻣뻣해지는 것을 방지하기 위하여 오랜 시간 앉아 있는 활동을 피해야 한다(Sherrill, 2004). 제약이 있더라도 지체 · 중복장애 및 건강장애 학생에게 새로운 체육 경험에 대해 소개하고 지도하는 것은 학교를 떠나서도 오랜 시간 즐길 수 있을 참여의 세상을 열어 줄 수 있다.

요약 및 결론

지침과 격려, 창의성이 있다면 지체 · 중복장애인도 어린 시절을 통틀어 그리고 어른이 되어서도 체육교육, 레크리에이션, 여가 그리고 스포츠 활동에 참가할 수 있다. 지체 · 중복장애인을 위한 여가 기회는 그들의 상상력만큼이나 넓다. 체육교육과 레크리에이션은 학생의 건강, 체력 그리고 웰빙에 기여한다. 게다가 여가 활동은 성취감을 느끼는 데 중요한 기여를 하고, 일생동안 다른 사람들과 상호작용하는 중요한 기회를 제공한다.

지체 · 중복장애 및 건강장애 학생과 함께하는 교사는 반드시 IEP 목표와 목적의 기초를 제공하는 체육교육 평가를 알아야 한다. 체육교육 활동은 학생의 참여를 장려하기 위해서 다양한 방법으로 수정될 수 있다. 지체 · 중복장애 및 건강장애 학생은 가능하다면 언제라도 비장애 친구들과 함께 체육교육에 포함되어야 한다.

여가와 레크리에이션 프로그램은 반드시 인식, 사회적 상호작용, 기술, 자원의 구성요소를 포함해야 한다. 여가 활동은 광범위한 활동을 아우르고, 다양한 신체 능력과 요구를 가지고 있는 학생에게 흥미를 줄 수 있다. 교사는 학생을 위해 사진, 바느질, 공예와 같은 활동을 교과교육과정에 포함시키거나 선택 강좌로 개설할 수 있다.

장애인을 위한 스포츠 영역은 국제적으로 레크리에이션부터 경쟁까지 기회를 확장했다. 지체장애 학생은 거의 모든 스포츠 활동에 참여할 수 있으며 지역 또는 국제적인 스포츠 인물이 되는 꿈을 함께 나눌 수 있다. 지체장애 학생이 완전히 접근할 수 있는 스포츠를 증진시키는 많은 조직이 존재한다. '유용한 사이트'에서 이런 많은 기회 중 일부를 소개한다.

토의 문제

1. 장애인을 체육교육, 레크리에이션, 여가활동에 포함하는 것에 대한 입법적 정의는 무엇인가?
2. 다음의 진술에 답해 보자. "여가는 중요한 활동이 아니다"
3. 당신은 당신의 학교 내에서 어떻게 휠체어 스포츠 클럽을 시작할 것인가?
4. 당신은 고등학교 역사 교사이다. 당신은 어떻게 공예 학습을 북미와 남미의 토착민을 공부하는 단원에 넣겠는가?
5. 경직성 사지마비, 척추뼈 갈림증, 골형성부전증, 마비, 천식을 앓고 있는 누군가에게 어떤 스포츠 활동을 추천하겠는가? 이들에게 어떤 스포츠를 추천하지 않겠는가? 그리고 그 이유는 무엇인가?

유용한 사이트

- Disabled Sports, U.S.A.(DSUSA)

http://www.dsusa.org

1967년에 장애를 가진 베트남 참전용사들이 설립한 미국장애인스포츠협회는 원래 미국절단장애인스키협회(National Amputee Skiers Association)라고 불렸다. 1972년에 임무를 확장하여 지체 및 감각장애인의 스포츠와 레크리에이션을 위한 국립센터로서 거듭나게 되었다. DSUSA는 미국 올림픽위원회의 구성원이면서 광범위한 교육적 및 레크리에이션적 프로그램 정보를 제공해주는 웹사이트이다.

- Dwarf Athletic Association of America(DAAA)

http://www.daaa.org

왜소증 선수의 스포츠 기회를 제공한다. 이 기관은 레크리에이션적 · 발달적 · 최상위적 수준의 스포츠 참여를 장려한다. DAAA는 1993년 시카고에서 최초로 왜소증 세계대회를 개최하였으며, 국제왜소증선수연합(International Dwarf Athletic Federation)을 형성하는 데 기여했다. DAAA는 미국올림픽위원회(U.S. Olympic Committee), 미국장애인스포츠팀(U.S. Disabled Sports Teams), 미국왜소인(Little People of America) 등의 단체와 제휴하고 있다.

• American Alliance for Health, Physical Education, Recreation, and Dance(AAHPERD)

http://www.aahperd.org/

AAHPERD는 미국보건교육협회(American Association of Health Education), 미국체육활동과여가협회(American Association for Physical Activity and Recreation), 전미여성스포츠협회(National Association for Girls and Women in Sport), 전미스포츠와 체육교육협회(National Association for Sport and Physical Education), 전미댄스협회(National Dance Association)의 연합이다. 이 웹사이트는 특수체육, 기준, 보건을 증진시키는 서비스와 출판물을 공급하는 연구협력단에 관한 정보를 제공한다.

• 재활승마치료전미센터(National Center for Equine Facilitated Therapy: NCEFT)

http://www.nceft.org

'말'을 의미하는 그리스어 hippo에서 유래하였다. '승마치료(Hippotherapy)'는 많은 아동과 성인이 자신감과 체육기술을 습득할 수 있도록 조력해 왔다. 1971년에 창설된 NCEFT는 수천 명에 이르는 사람들이 승마 치료의 즐거움을 경험할 수 있도록 해 왔다. 모든 연령대의 사람들과 다양한 장애 유형을 가진 사람들에게 서비스를 제공하는 NCEFT는 승마 치료의 장점을 알려준다.

• 전미체육활동과 장애센터(The National Center on Physical Activity and Disability: NCPAD)

http://www.ncpad.org

NCPAD는 시카고의 일리노이 대학교, 시카고 재활기관, 전미접근성센터(National Center or Accessibility)와 제휴를 맺고 있다. NCPAD는 건강한 생활방식을 증진시키고, '규칙적인 체육 활동' 참여를 통한 이차장애를 예방하고자 한다. 가장 괄목할 만한 점으로는 광범위한 정보(fact pages) 제공을 들 수 있으며, 이 정보들은 지체장애인들과 관계된 다양한 스포츠 활동을 담고 있다. 또한 NCPAD는 좋은 링크, 신문, 현재 진행 중인 행사 등을 안내한다.

• United States Adaptive Recreation Center(USARC)

http://www.usarc.org/

USARC는 1983년에 설립되었으며 인지적 및 신체적 장애가 있는 아동 및 성인의 스키, 수상 스포츠 접근을 용이하게 해 준다. 이 기관은 학교, 병원, 재활센터, 공원 지원활동 및 여가부서(recreation departments)에 소속되어 있다.

• 겨울 스포츠

–Ability PLUS

http://www.abilityplus.org

조정된 스키, 여가에 관한 비영리 기관으로 유용한 정보 사이트를 제공한다.

–Sitski

http://www.sitski.com

조정된 겨울 스포츠를 안내해 주는 유용한 사이트이다.

–United States Sled Hockey Association

http://www.usahockey.com/ussha

미국 썰매와 하키를 위한 국가단체이다.

• 여름 스포츠

–Freedom's Wings International

http://www.freedomswings.org

비행 활동을 위한 다양한 정보를 제공한다.

–U.S. Handcycling

http://www.ushandcycling.org/

핸드사이클링에 관심이 있는 사람들을 위한 안내 및 경쟁 정보를 제공한다.

–Handicapped Scuba Association International

http://www.hsascuba.com

장애인 스쿠버다이빙 관련 스포츠 분야의 전 세계적 기관(Worldwide authority)이다.

–The Moray Wheels

http://www.brunswickscuba.com/Moray-Wheels.html

이 사이트에서는 스쿠버다이빙 강좌, 정보, 활동, 휴가에 대한 다양한 정보를 제공한다.

–National Sports Center for the Disabled

http://www.nscd.org/

다양한 장애 유형의 장애인들에게 여름 및 겨울 스포츠 활동을 제공해 주는 전미 기관이다.

–National Wheelchair Basketball Association(NWBA)

http://www.nwba.org/

시카고 휠체어 불스 팀에 대해서 알고 싶은가? 이 집단은 NBA의 파트너다.

–National Wheelchair Poolplayer Association

http://www.nwpainc.org

휠체어 당구에 관한 모든 정보를 다루고 있는 유익한 웹사이트이다.

–National Wheelchair Softball Association
http://www.Wheelchairsoftball.org
휠체어 소프트볼에 관한 정보를 제공하는 훌륭한 사이트다.

–Sailing Alternatives
http://www.sailingalternatives.org
이 집단은 보트 타는 경험을 위해 정보, 지도, 환경적 지원을 제공한다.

–Trips Inc.
http://www.tripsinc.com
여행 주식회사는 지체장애 및 발달장애 성인을 위한 여행 모험을 제공해 준다. 패키지 가격은 항공료와 식비 전액을 포함한다.

–United States Disabled Volleyball Team(USDVT)
http://www.usavolleyball.org/Disabled
미국 발리볼을 위한 웹사이트로, 장애인 팀들은 앉은 팀, 선 팀 그리고 왜소증 팀으로 구성된다.

–United States Electric Wheelchair Hockey Association (USEWHA)
http://www.usewha.org
전동휠체어 하키에 관심이 있는 사람들에게 지원과 지식을 제공해 주는 훌륭한 자원이다.

–United States Quad Rugby Association(USQRA)
http://www.quadrugby.com
USQRA는 광범위한 정보, 자원, 링크, 온라인 도서관이 수록되어 있는 유용한 사이트다.

–Wheelchair Hockey League(WCHL)
http://www.thewchl.com
소식, 정보, 연락처, 링크를 제공하는 유용한 사이트다.

–Wheelchair Sports and Recreation Association
http://www.wheelchairsportsandrecreation.com/
행사, 소식지, 정보, 서비스가 이 사이트를 더욱 유용하게 해준다.

• 창작영역

–Adaptive Music–Music Therapy, Arts & Crafts, Performing Art
http://www.uwec.edu/rasarla/research/mtorg/adaptivemusic.html
위스콘신 대학교의 훌륭한 정보원이다. 오클레어(Eau Claire)는 장애학생을 위한 음악 교수와 치료에 조정, 적응, 수정을 제공한다.

–Disabled Drummers Association
http://www.disableddrummers.org
장애인 드러머가 음악 산업에서 활동적인 부분이 되도록 도와주며, 다양한 장애 유형의 사람들에게 음악치료를 제공해 준다. 이 기관은 조정된 전자장비와 음향장비의 개발, 연구, 제조에 힘쓰고 있다.

–Creativity Explored
http://www.creativityexplored.org
Creativity Explored는 비영리 시각예술센터로, 발달장애인 예술가가 예술작품을 창조하고 전시하며 판매하는 곳이다. 11장과 12장에서 소개된 사진들은 Creativity Explored에서 작품을 창조하고 전시하는 한 예술가가 창작한 것이다.

–Aunt Annie's Crafts
http://www.auntannie.com
다양한 아동공예를 위한 아이디어와 제품을 제공한다.

–International Guild of Disabled Artists and Performers
http://www.igodap.org/
국제장애인예술가 및 공연가협회의 공식 웹사이트는 장애인 예술가를 위한 지원, 링크, 활동, 행사 정보를 제공한다.

–National Arts and Disability Center
http://www.nadc.ucla.edu
훌륭한 정보원이자 도서관 검색 시스템이다.

–Special Children's Art Foundation
http://www.specialchildrensart.org/
특수한 요구가 있는 학생들에게 서비스를 제공하면서 지역사회에 벽화를 제공하는 단체다.

–The Rainy Day Resource Page
http://www.cp.duluth.mn.us/~sarah/index.html
아동용 창작 활동을 위한 재미있는 온라인 지침이다.

• 과학과 기술

–The American Radio Relay League
http://www.arrl.org/
아마추어 라디오를 위한 전미 기관이다.

–Kiss Institute for Practical Robots
http://www.kipr.org
전문적 매체개발 수업을 포함하여 모든 연령대를 위한 로봇공학 강좌가 있다.

–Robot Science and Technology Online Supplement
http://www.botmag.com

최고의 로봇공학 잡지의 훌륭한 웹사이트이다.

–Science Made Clear with Robots
http://www.mobilerobots.com
로봇에 관련된 정보와 서비스를 제공한다.

• 여가영역

–The Access Board
http://www.access-board.gov
미국의 건축학적 및 교통 불편을 감사하는 게시판이다.

–Global Access Disabled Travel Network
http://www.globalaccessnews.com
지체장애인을 위한 여행 관련 링크와 정보의 완전한 목록을 가지고 있다.

–Great Outdoor Recreation Page
http://www.gorp.com
개조된 하이킹 코스와 캠핑장에 대한 후기를 포함하여, 여가에 관한 다양한 관심사를 다루고 있다.

–Horses Unlimited
http://www.horsereview.com/Features/Non%20Profits/horses_unlimited.htm
치료적 승마에 관한 정보가 가득한 웹사이트를 제공하는 훌륭한 기관이다.

–Mobility International U.S.A.
http://www.miusa.org
지체장애인을 위한 교환 프로그램 정보를 제공한다.

–New Horizons: Information for the Traveler with a Disability
http://airconsumer.ost.dot.gov/publications/horizons.htm
미국 교통 및 항공국의 공식 웹사이트이다.

–Pal-O-Mine Equestrian
http://www.pal-o-mine.org
온라인 신문기사, 광범위한 링크, 귀중한 정보를 제공하는 훌륭한 웹사이트이다.

–Wilderness Inquiry
http://www.wildernessinquiry.org
개썰매와 바다 카약을 포함한 야외 모험활동과 여가에 대해 다양한 정보를 제공한다.

참고문헌

American Association for Physical Activity and Recreation. (2007). Adapted physical education assessment scale. Retrieved August 27, 2008, from American Association for Physical Activity and Recreation Web site http://www.aapar-apeas.org/

Banbury Cross Therapeutic Equestrian Center. (2008). Program Information. http://www.banburycrosstec.com

Block, M. E. (2007). *A teacher's guide to including students with disabilities in general physical education* (3rd ed.). Baltimore, MD: Paul H. Brookes.

Bouchard, C., Blair, S., & Haskel, W. (2007). *Physical activity, fitness, and health.* Champaign, IL: Human Kinetics.

Bricker, D. (1993). *Assessment, evaluation, and programming system for infants and children* (2nd ed.), Volumes 1 and 2 from birth to three years: Volumes 3 and 4 from 3 to 6 years. Baltimore, MD: Paul H. Brookes.

Brigance, A. H. (2004). *Brigance Diagnostic Inventory of Early Development II.* North Billerica, MA: Curriculum Associates.

California Department of Education. (2008). *Draft physical education framework.* Retrieved August 11, 2008, from California Department of Education Web site: http://www.cde.ca.gov/ci/pe/cf/peframwrkdraft.asp

Davis, R. W. (2002). *Inclusion through sports: A guide to enhancing sport experiences.* Champaign, IL: Human Kinetics.

Etzel-Wise, D., & Mears, B. (2004). Adapted physical education and therapeutic recreation in schools. *Intervention in School and Clinic, 39*(4), 223-232.

Folio, M., & Fewel, R. (1983). *Peabody developmental motor scales.* Hingham MA: Teaching Resources.

Franklin Institute Online. (2007). "Simple Machines." http://www2.fi.edu

Graham, G., Holt-Hale, S. A., & Parker, M. (2007).

Children moving: A reflective approach to teaching physical education (7th ed.). New York: McGraw-Hill.

Great Strides. (2008). Great Strides Therapeutic Riding Inc. Web site. Retrieved August 15, 2008, from www.GreatStrides.org

Han, J., & Patterson, I. (2007). An analysis of the influence that leisure experiences have on a person's mood state, health, and wellbeing. *Annals of Leisure Research*, 10(3/4), 328-351.

Herald, J. (1993). *World crafts*. Asheville, NC: Lark.

Huettig, C., & Roth, K. (2002). Maximizing the use of APE consultants: What the general physical educator needs to know. *Journal of Physical Education, Recreation, and Dance, 73*(1), 32-35.

Hughes, J. (1979). *Hughes basic gross motor assessment manual*. Yonkers, NY: G. E. Miller.

Johnson, L. V., Kasser, S. L., & Nichols, B. A. (2002). Including all children in standards-based physical education. *Journal of Physical Education, Recreation, and Dance, 73*(4), 42-46.

Kelly, L. E. (2006). *Adapted physical education national standards* (2nd ed.). Champaign, IL: Human Kinetics.

Kirk, M. F. (1997). Using portfolios to enhance student learning and assessment. *Journal of Physical Education, Recreation, and Dance, 68*(7), 29-33.

Kozub, F. M. (2005). Other health-impaired students. In J. P. Winnick (Ed.), *Adaptive physical education and sport* (pp. 307-322). Champaign, IL: Human Kinetics.

Laverie, D. A. (1998). Motivations for ongoing participation in a fitness activity. *Leisure Sciences*, 20, 277-302.

Lepore, M. (2005). Aquatics. In J. P. Winnick (Ed.), *Adaptive physical education and sport* (pp. 435-454). Champaign, IL: Human Kinetics.

Lieberman, L. J., & Houston-Wilson, C. (2002). *Strategies for inclusion: A handbook for physical educators*. Champaign, IL: Human Kinetics.

Mason, R. (2005). The meaning and value of home-based craft. *International Journal of Art & Design Education, 24*(3), 261-268.

Moss Rehab Resource Net. (2008). "Accessible Travel." http://www.mossresourcenet.org/

National Association for Sport and Physical Education. (2004). *Moving into the future: National physical education standards* (2nd ed.). Philadelphia: Mosby.

North American Riding for the Handicapped Association [NARHA]. (2007). North American Riding for the Handicapped Assoc. Inc. Web site. Retrieved August 15, 2008, from www.narha.org

Peterson, C. A., & Stumbo, N. J. (2009). *Therapeutic recreation program design: Principles and procedures* (4th ed.). Needham Heights, MA: Allyn & Bacon.

Porreta, D. L. (2005). Cerebral palsy, traumatic brain injury, and stroke. In J. P. Winnick (Ed.), *Adaptive physical education and sport* (pp. 235-254). Champaign, IL: Human Kinetics.

Roach, E. S., & Kephart, N. (1966). *Purdue perceptual motor survey*. Columbus, OH: Charles E. Merrill.

Rowland, T. (1990). *Exercise and children's health*. Champaign, IL: Human Kinetics.

Safrit, M. J., & Wood, T. M. (2001). *Introduction to measurement in physical education and exercise science* (3rd ed.). Philadelphia: Mosby.

Shanahan, N. (1998). Get a grip. *Sports 'N Spokes, 24*(5), 26-28.

Sherrill, C. (2004). *Adapted physical activity, recreation, and sport* (6th ed.). Boston: McGraw-Hill.

Short, F. X. (2005). Measurement, assessment, and program evaluation. In J. P. Winnick (Ed.), *Adaptive physical education and sport* (pp. 55-75). Champaign, IL: Human Kinetics.

Sirvis, B., Musante, P., & Bigge, J. L. (1991). Leisure education and adapted physical education. In J. L. Bigge (Ed.), *Teaching individuals with physical and multiple disabilities* (3rd ed., pp. 428-459). Upper Saddle River, NJ: Merrill/Prentice Hall.

Smith, T. K. (1997). Authentic assessment: Using a portfolio card in physical education. *Journal of Physical Education, Recreation, and Dance, 68*(4), 46-52.

Special Olympics. (2007). Special Olympics Public Web

site. http://www.specialolympics.com

Turney, S., French, R., Pyfer, J., & Kinnison, L. (2002). Assessment practices used by certified adapted physical educators, presented at the Conference of the National Consortium for Physical Education and Recreation for Individuals with Disabilities (NCPERID), Washington, DC.

Ulrich, D. A. (2000). *Test of gross motor development-2.* Austin, TX: PROED.

van der Woude, L. H. W., de Groot, S., & Janssen, T. W. J. (2006). Manual wheelchairs: Research and innovation in rehabilitation, sports, daily life, and health. *Medical Engineering and Physics, 28*(9), 905-915.

Werder, J. K., & Bruininks, R. H. (1988). *Body skills: A motor development curriculum for children.* Circle Pines, MN: American Guidance Service.

Wessel, J. (1976). *I CAN-Primary skills.* Northbrook, IL: Hubbard.

Westling, D. L., & Fox, L. (2009). *Teaching students with severe disabilities* (4th ed.). Upper Saddle River, NJ: Merrill/Pearson Education.

Wright, P. W. D. (2006). Assistance to states for the education of children with disabilities 34 C.F.R. part 300. *IDEA 2004 regulations.* Retrieved on August 11, 2008, from www.wrightslaw.com/idea/law.htm

CHAPTER

12 자기결정과 전환교육

Gaty M. Clark
June L. Bigge
Sherwood J. Best

이 장을 읽고 나면 여러분은

1. 일반교사와 특수교사가 어떻게 운동과 언어능력에 제한이 있는 학생의 성인생활 역할을 위해 지원할 수 있을지 구체적으로 설명할 수 있다.
2. 지체 · 중복장애 학생에 대한 자기결정의 중요성을 토의하고 학교, 가정 및 지역사회에서 자기결정의 구성요소를 가르치는 방법을 설명할 수 있다.
3. 지체 · 중복장애 학생의 취업과 고용 유지에서의 어려움을 초래하는 장벽을 설명할 수 있다.
4. 교사가 지체 · 중복장애 학생의 고용 장벽 극복을 조력하는 방법에 대해 설명할 수 있다.
5. 진로발달 접근에 따라 진로교육 단계와 교육목표를 설명할 수 있다.
6. 학생이 개인적 흥미에 따른 여러 직업을 탐색할 수 있는 방법에 대해 설명할 수 있다.
7. 교육자가 지체 · 중복장애 학생의 고용을 준비하기 위해 사용할 수 있는 전략을 비교하고 대조할 수 있다.
8. 지체 · 중복장애 학생의 고용 가능성 향상 및 성공적인 고용을 위해 여러 교육과정을 선택하고 적용하는 것에 관해 논의할 수 있다.

교육자, 기타 동종 전문가, 부모/보호자의 중요한 책임 중 한 가지는 지체장애 학생이 학교에서 졸업 이후 활동으로 전환하는 시기에 미래의 요구를 달성할 수 있도록 준비시키는 것이다. 장애와 관련한 문제는 또래들에 비해 학교 프로그램에서 더 많은 수정과 집중적인 중재를 요구할 수 있다. 다행스럽게도 'IDEA 2004: 교육, 직업, 독립적인 삶을 위한 전환 서비스'는 필요한 프로그램과 서비스를 위한 근거로서 전환의 정의를 제시하는 등 책임감을 나타내고 있다.

요컨대 IDEA가 2004년에 '장애아동을 위한 활동의 통합된 구조로서의' 전환교육 서비스라고 규정한 것은 다음과 같다.

A. 결과 지향적인 절차로 구안되었다. 학령기 이후 고등교육, 직업교육, 통합된 고용(지원고용 포함), 평생교육 및 성인교육, 성인 지원, 자립 또는 지역사회 참여를 포함하여, 학교에서 학령기 이후로 전환하는 장애아동의 학업을 증진시키고 기능적 성취를 촉진하는 데 중점을 둔다.
B. 아동의 요구에 기초하고 아동의 강점, 선호와 흥미를 고려한다.
C. 다음을 포함한다.
   i. 교수
   ii. 관련 서비스
   iii. 지역사회 경험
   iv. 고용과 졸업 후 성인생활 목표 설정
   v. 적절할 경우, 일상생활 기술의 획득과 기능적 직업교육 평가(20 U.S.C. §1401[34]).

졸업하는 모든 사람이 그렇듯이 지체·중복장애 청년들은 학교 프로그램을 떠나는 준비를 하고, 졸업 후의 도전 달성을 준비하기 위해서 학교 프로그램과 경험에 의존한다. 그들은 학교생활을 통해 진보해 왔고, 마침내 지역사회에서 성인의 역할을 맡아서 자신의 능력에 대한 의구심을 가지고 졸업 후 활동에 참가하게 된다. 사람들은 나는 무엇을 즐길 것인가, 어떤 직업을 가질 수 있는가, 이 직업에 필요한 기술을 익혔거나 발달시킬 수 있는가, 나는 어디에서 직업을 구할 수 있는 훈련을 받을 것인가, 나는 어떻게 직장으로 출근하고 퇴근할 수 있는가, 내가 필요로 하는 수용 또는 지원을 구하기 위해 어떻게 스스로를 옹호할 수 있는가, 나는 직업 환경에서 제대로 기능할 수 있는가, 내가 구할 수 있는 직업 중에 내가 원하는 특정한 종류의 직업이 있는가, 나의 장애가 만들어 내는 차이는 무엇인가 등을 궁금해한다.

다른 졸업생과는 달리 일부 지체·중복장애 청년은 인생의 요구들을 달성하기 위한 학습에서 추가적인 어려움에 직면할 수 있다. 자립에서의 장애는 다음의 내용을 포함할 수 있다.

1. 장애청년이 사용하는 그리고/또는 글을 타인이 쉽게 이해할 수 없기 때문에 의사소통이 어려움
2. 높은 정도의 또는 추가적인 지원이 필요할 경우 전환에 영향을 미치는 자립의 어려움. 추가 지원의 예로 특별한 교통수단 요구, 접근성 수정, 보조기기, 의사소통 지원 또는 개인 돌봄의 필요성 등이 있음
3. 계속되는 출석 관련 문제를 야기하는 신체적 상태 또는 건강문제, 힘과 근력, 약물 부작용 또는 응급 건강관리의 요구
4. 가족과 전문적으로 돌봐 주는 사람의 과보호나 이들의 의사와 상관없는 통제로 인해 자기관리나 건강관리에 대한 경험 부족은 신체적 자립을 더디게 함
5. 학교나 집 밖의 또래나 성인과의 사회적 경험 부족은 사교성, 자신감 수준에 영향을 미칠 수 있어 사회적 접촉과의 상호작용 확대할 필요성이 있음
6. 자기결정에 대한 제한된 경험

이 책의 다른 장 대부분은 장애와 관련된 문제를 달성할 수 있도록 학생에게 기술을 가르치기 위해 가능한 중재를 설명하고 있다. 이들 장에서 어떻게 학생의 성취를 촉진하고 보조공학, 다른 지원들, 신체와 건강 상태에

관한 정보, 자기관리, 사교기술, 일상생활, 여가 시간의 사용과 학업 프로그램을 지도할 것인지에 대해 학습할 수 있을 것이다.

반면에 이 장에서는 학생의 장애 유무와 관계없이 학교 프로그램에서 준비해야 하는 여러 종류의 졸업 후 성과를 설명할 것이다. 매년의 학교교육은 목표하는 전환 결과를 달성하기 위해 실시되며, 연령에 따른 학교교육 및 전환 단계를 거친 후, 학령기 이후 성인의 역할, 활동, 노력으로 이어진다. 이 장과 다른 장에서 다루고 있는 특별한 수용, 수정과 중재는 학교교육의 이상적인 결과를 위한 기능적이고 학문적인 성취에 기여한다. 이 장의 첫 번째 절에서는 일반적으로 인식하고 있는 성인 활동의 범위에 대해 소개하는데, 학교교육은 이런 활동을 위해 학생들을 어릴 때부터 준비시키는 주요한 역할을 한다. 여기에서는 초기 아동기부터 삶의 주요한 영역으로의 전환교육을 위한 몇몇 모델 프로그램을 알아본다. 두 번째 절에서는 자기결정과 미래를 계획하는 장애학생에게 자기결정의 중요성에 대해 학습한다. AAC를 사용하는 사람들을 위해 여기에서는 지체·중복장애인이 전환을 계획할 때 자기결정을 더 많이 사용할 수 있도록 하기 위해 특별히 고안된 접근 가능한 도구를 보여 준다. 이 절에서는 일상적인 생활 영역과 직업생활 영역 모두에서의 전환을 위해 노력하는 학생들을 위해 이상적인 자기결정 행동을 제안한다. '미래 직면하기(facing the future)'와 '책임감 가지기(take charge)'의 구체적인 두 가지 자기결정 모델이 강조되었다. (도전을 달성하는 데 필수적인) 학생의 자기결정의 촉진이 이 장의 주제이다. 이 장의 세 번째 절에서는 학생이 고용 장벽을 극복하거나 피해서 삶의 질을 높일 수 있도록 도와주는 방법에 대해 배울 것이다. 네 번째 절에서는 학생이 업무를 위해 준비해야 할 직업교육의 측면을 상세하게 설명하고 있다. 마지막 다섯 번째 절에서는 학교에서 지역사회 기반의 경쟁고용으로의 전환을 설명한다.

1. 주요한 삶 영역에서의 전환교육

생애기 전환에 대한 확장된 관점은 특수아동협의회의 직업교육과 전환교육부의 관점을 반영하는데(Halpern, 1994), 이는 전환을 다음과 같이 정의한다.

> 전환은 주로 학생으로서 행동하던 것에서 지역사회에서 성인의 역할을 맡게 되는 것으로의 지위 변화를 의미한다. 이 역할은 고용, 고등교육에의 참여, 가정의 유지, 지역사회에 적절하게 참여하기, 만족스럽게 개인 및 사회적 관계 경험하기를 포함한다. 전환을 증진시키는 절차는 학교 프로그램의 참여와 통합, 성인 기관 서비스 그리고 지역사회에서의 자연스러운 지원을 포함한다. 전환을 위한 기반은 초등학교와 중학교 동안 광범위한 직업발달 개념을 지도한 데 있다. 전환 계획은 늦어도 14세 이전에 시작되어야 하며, 학생은 능력을 최대치로 활용하고 계획에 최대한의 책임감을 가지도록 격려되어야 한다(p. 117).

1) 포괄적 전환교육과 서비스

"특별히 설계된 교수나 관련 서비스가 제공되거나, 특수교육으로부터 장애학생이 효과를 얻을 수 있도록 돕는 것이 필요하다면 장애학생을 위한 전환 서비스도 특수교육이 될 수 있다"(20 U.S.C., §1401[29] & [26]). 특수교육과 관련 서비스는 학생의 개별 요구에 부응하고 추가적인 교육, 고용과 자립적 삶을 준비하도록 설계되어야 한다.

Sitlington과 Clark(2006)는 교수, 관련 서비스, 지역사회 경험, 고용 그리고 기타 졸업 후 성인생활의 목적을 위한 IDEA에 명시되어 있는 전환 서비스의 요구사항에 부응하는 포괄적인 전환교육과 서비스 모델을 개발하였다(p. 23). [그림 12-1]에서 확인할 수 있는 것처럼 모델은 9개의 지식과 기술 영역/수행 영역으로 구성되어 있

종료 및 성과

지식 및 기술 영역

- 의사소통 및 학업수행
- 자기결정
- 대인관계
- 통합된 지역사회 활동 참여
- 건강 및 운동
- 독립적/상호의존적 일상생활
- 여가 및 오락
- 고용
- 성인교육 및 훈련

발달적 생활단계	목표점(exit point)
영아기/유아기 및 가정훈련	유치원 프로그램으로 나가기 위한 준비 및 지역사회 활동에 참여
유치원 및 가정훈련	초등학교 프로그램으로 나가기 위한 준비 및 연령에 적합한 자기결정과 통합된 지역사회 활동에의 참여
초등학교	중학교 프로그램으로 나가기 위한 준비 및 연령에 적합한 자기결정과 통합된 지역사회 활동에의 참여
중학교	고등학교 프로그램으로 나가기 위한 준비 및 견습고용 단계, 연령에 적합한 자기결정과 통합된 지역사회 활동에의 참여
고등학교	고등교육 프로그램 또는 견습고용 단계로 나가기 위한 준비 및 성인 및 평생교육, 전업주부, 자기결정된 삶의 질과 통합된 지역사회 활동에의 참여
중등과정 이후의 교육	전문화된, 기술적인, 전문적 또는 관리직원 고용, 대학원 또는 전문대학원 프로그램, 성인 및 평생교육, 전업주부, 자기결정된 삶의 질과 통합된 지역사회 활동에의 참여

[그림 12-1] 포괄적 전환교육 모델에서의 종료점 및 성과

출처: *Transition Education and Services for Students with Disabilities* (p. 25), by P. L. Sitlington and G. M. Clark, 2006, Upper Saddle River, NJ: Person Education. Used with permission.

다. 각 지식과 기술 영역은 영유아기부터 가정교육, 중등과정 이후의 교육에서 졸업 후의 역할과 책임으로의 전환과 이동까지 연속적으로 나타나 있다. 특별한 종료점 또는 성과는 각 발달/생활 단계를 설명하고 있다. 생애에 걸친 전환을 인식하는 것은 주요한 지식과 기술 영역이 단지 중학교 그리고/또는 고등학교에서만 '특수한 영역'으로 인식되지 않음을 분명히 하는 데 도움을 준다. [그림 12-2]의 모델은 영유아기부터 중등과정 이후로의 포괄적인 전환 모델의 한 부분으로 교육과 서비스 전달 체계를 반영하도록 확장되었다.

Longo(2002), Kochhar-Bryant와 Bassett(2002)은 전환기술이 학문적인 내용 기준과 연결될 수 있다는 개념을 지지한다. Longo는 다음과 같이 하면 그것이 가능하다고 설명하였다. "① 핵심적인 구성요소와 접근기술을 목적과 목표에 주입하고 ② 대안적인 표준 모델로서 전환활동을 사용한다"(p. 45). 제5장에서 기준점이 표준의 필수적인 구성요소라고 했던 점을 상기할 수 있을 것이다. Longo(2002)의 첫 번째 방법으로, 표준화를 위한 기준점은 필수적인 기술 구성요소로 나뉘고, 다음으로 이것들은 직접 교수의 목표가 된다. 이 선택은 일반화된 학업과 접근기술의 사용을 수립함으로써 전환으로 다가간다. Longo(2002)는 표준 수학에서 방정식 해법과 관련된 증명 능력을 시험 치는 대신에 대안적인 모델로서 월간 예산을 책정하고 지출의 균형을 맞추는 예를 제공하였다(pp. 49-50). 두 번째 선택은 실생활 상황에 유용하게 적용하게 하고, 교실에서 가정이나 지역사회 현장으로 기술을 일반화해야 할 필요성을 감소시켜준다.

Sitlington과 Clark(2006)는 대부분의 학교가 포괄적인 전환교육과 서비스 모델에 따라 조직되지 않았으며, 오히려 선택과목과 함께 제시되는 핵심 영역 모델을 따른다는 것을 인정하였다. 그러나 그들은 이러한 모델이 개인적 계획 및 IEP를 통해 실행될 수 있으며, "추가 교

교육 및 서비스 전달체계

지식 및 기술 영역

의사소통 및 학업수행
자기결정
대인관계
통합된 지역사회 활동 참여
건강 및 운동
독립적/상호의존적 일상생활
여가 및 오락
고용
성인교육 및 훈련

- 가정 및 이웃
- 가족 및 친구
- 공립 및 사립 영유아 프로그램
- 관련된 일반교육 및 지원서비스
- 관련된 특수교육 및 지원서비스
- 전체 지역사회 조직 및 단체(고용, 건강, 법률, 주택, 금융)
- 특수한 지역사회 조직 및 단체(위기지원 서비스, 시간제한적 서비스, 계속되는 서비스)
- 견습생 프로그램
- 학교 및 지역사회 직업기반 학습 프로그램
- 2년제 대학
- 4년제 대학 및 대학교
- 대학원 및 전문대학원
- 성인 및 평생교육/훈련

[그림 12-2] 포괄적 전환서비스 모델에서의 교육 및 서비스전달체계

출처: *Transition Education and Services for Students with Disabilities* (p. 25), by P. L. Sitlington and G. M. Clark, 2006, Upper Saddle River, NJ: Pearson Education. Used with permission.

육과정 활동, 창의적 여름학기 프로그램, 학교교육 전과 후에 제공되는 프로그램들, 가정과 지역사회 학습 기회들"과 같은 대안적 교육과정 선택 안에서 실행될 수 있다고 믿었다(Sitlington & Clark, 2006, p. 33).

Brolin(2004), Loyd와 Brolin(1997)은 연구와 현장 적용을 거쳐 포괄적이고 기능적인 교육과정인 생활중심 진로교육(Life Centered Career Education: LCCE) 개정판을 소개하였다. 수업 계획과 활동은 가정, 학교 및 지역사회 환경에 기초하였으며 오늘날 기술적 진보를 반영하였다.

2) 전환교육의 목표로서 고등교육의 성과

평가는 핵심적인 학교 교과에서도 중요하지만 전환교육에서도 중요하다. 일례로 학령기 이후 성인에 대한 기대와 비교하여 개별 학생의 학문적이고 기능적인 강점과 요구에 중점을 두는 평가가 있다. 이와 동시에 교사들과 학생들은 자신의 선호도와 흥미의 여부를 확인할 것이다.

부모, 교사 및 관련 서비스 직원에 의한 관찰과 비공식적/공식적 평가는 졸업 후 성인기로의 전환에서 간과되는 경우가 많음에도 불구하고, IEP를 위한 학문적 목표에 대한 정보를 이끌어 낸다. 아마 주된 이유는 IEP 구성원이 전환 평가와 계획을 위해 IDEA에서 제시한 영역에 충분히 익숙하지 않기 때문인데, 이는 권장된 실제로부터 양질의 프로그램을 나타내는 광범위한 전환계획 영역에서는 더욱더 그렇다. 이러한 지식이 없기 때문에 IDEA와 동법 규정에 명시되어 있는 학업적 성취와 기능적 수행에 관한 연령에 적합한 평가를 활용하는 '측정 가능한 중등교육 이후의 목표'를 성취하고 수립하기 위한 계획이나 체계적 노력이 거의 없었음은 당연한 결과이다.

최소한 학교 프로그램은 한 학생이 학교에서 졸업 후의 역할과 책임으로 전환하기 위한 학문적인 그리고 기

TPI

전환계획 검사 프로파일 및 성인교육 평가 의뢰서 양식

1부. 학생 정보

이름 ____________________

생년월일 ____________________ 나이 __________

학교명 ____________________ 학년 __________

졸업예정 연도 ____________________

IEP/ITP 회의 일시 ____________________

2부. 다른 평가의 결과

고용 능력/직업 적성 ____________________

생활 기술 ____________________

사회적/정서적/행동적 ____________________

학업 성취수준 ____________________

기타

3부. 학생 및 가족의 선호도와 흥미

학생:

가족:

4부. 졸업 후 적절한 배치

반드시 세 가지 비율 형태와 학생의 흥미와 선호도로부터 얻어진 정보에 기초해야만 한다.

고용/성인교육 또는 훈련

- ☐ 경쟁고용
- ☐ 전일제
- ☐ 시간제
- ☐ 지원고용
- ☐ 지역사회 기반 고용훈련
- ☐ 직업/기술학교
- ☐ GED
- ☐ 대학/대학교
- ☐ 기타

생활 방식

- ☐ 독립적으로 살기
- ☐ 친척이 아닌 사람과 살기
- ☐ 친척과 살기
- ☐ 직계가족과 살기
- ☐ 감시된 환경에서 살기
- ☐ 기타

계획 분야	학교 평가								가정 평가								학생 평가								지식/기술 목표	연합 목표
고용		강한 부정				강한 긍정				강한 부정				강한 긍정				강한 부정				강한 긍정				
1. 직업 자격요건과 수요 알기	NA	0	1	2	3	4	5	DK	NA	0	1	2	3	4	5	DK	NA	0	1	2	3	4	5	DK		
2. 정보를 갖고 선택하기	NA	0	1	2	3	4	5	DK	NA	0	1	2	3	4	5	DK	NA	0	1	2	3	4	5	DK		
3. 어떻게 직업을 구하는지 알기	NA	0	1	2	3	4	5	DK	NA	0	1	2	3	4	5	DK	NA	0	1	2	3	4	5	DK		
4. 직업소양능력과 작업 태도 설명하기	NA	0	1	2	3	4	5	DK	NA	0	1	2	3	4	5	DK	NA	0	1	2	3	4	5	DK		
5. 특별한 직무능력 갖기	NA	0	1	2	3	4	5	DK	NA	0	1	2	3	4	5	DK	NA	0	1	2	3	4	5	DK		
성인교육/훈련																										
6. 지역사회 고용훈련에 어떻게 들어가는지 알기	NA	0	1	2	3	4	5	DK	NA	0	1	2	3	4	5	DK	NA	0	1	2	3	4	5	DK		
7. GED 프로그램에 어떻게 들어가는지 알기	NA	0	1	2	3	4	5	DK	NA	0	1	2	3	4	5	DK	NA	0	1	2	3	4	5	DK		
8. 직업/기술학교에 어떻게 들어가는지 알기	NA	0	1	2	3	4	5	DK	NA	0	1	2	3	4	5	DK	NA	0	1	2	3	4	5	DK		
9. 대학/대학교에 어떻게 들어가는지 알기	NA	0	1	2	3	4	5	DK	NA	0	1	2	3	4	5	DK	NA	0	1	2	3	4	5	DK		
10. 고등교육 프로그램에서 성공할 수 있기	NA	0	1	2	3	4	5	DK	NA	0	1	2	3	4	5	DK	NA	0	1	2	3	4	5	DK		
일상생활																										
11. 자신의 몸단장과 위생 유지하기	NA	0	1	2	3	4	5	DK	NA	0	1	2	3	4	5	DK	NA	0	1	2	3	4	5	DK		
12. 거주지를 어디에 어떻게 정할지 알기	NA	0	1	2	3	4	5	DK	NA	0	1	2	3	4	5	DK	NA	0	1	2	3	4	5	DK		
13. 생활양식을 어떻게 마련할지 알기	NA	0	1	2	3	4	5	DK	NA	0	1	2	3	4	5	DK	NA	0	1	2	3	4	5	DK		
14. 매일 가정 관련 과제를 수행하기	NA	0	1	2	3	4	5	DK	NA	0	1	2	3	4	5	DK	NA	0	1	2	3	4	5	DK		
15. 자신의 돈을 관리하기	NA	0	1	2	3	4	5	DK	NA	0	1	2	3	4	5	DK	NA	0	1	2	3	4	5	DK		
16. 지역 교통수단 사용하기	NA	0	1	2	3	4	5	DK	NA	0	1	2	3	4	5	DK	NA	0	1	2	3	4	5	DK		
여가활동																										
17. 실내 활동 수행하기	NA	0	1	2	3	4	5	DK	NA	0	1	2	3	4	5	DK	NA	0	1	2	3	4	5	DK		
18 실외 활동 수행하기	NA	0	1	2	3	4	5	DK	NA	0	1	2	3	4	5	DK	NA	0	1	2	3	4	5	DK		
19. 즐거움이 제공된 환경 사용하기	NA	0	1	2	3	4	5	DK	NA	0	1	2	3	4	5	DK	NA	0	1	2	3	4	5	DK		
지역사회 참여																										
20. 근로기본권을 알기	NA	0	1	2	3	4	5	DK	NA	0	1	2	3	4	5	DK	NA	0	1	2	3	4	5	DK		
21. 활동적인 시민으로 참여하기	NA	0	1	2	3	4	5	DK	NA	0	1	2	3	4	5	DK	NA	0	1	2	3	4	5	DK		
22. 합법적인 의사결정하기	NA	0	1	2	3	4	5	DK	NA	0	1	2	3	4	5	DK	NA	0	1	2	3	4	5	DK		
23. 지역사회 서비스와 자원을 찾아내기	NA	0	1	2	3	4	5	DK	NA	0	1	2	3	4	5	DK	NA	0	1	2	3	4	5	DK		
24. 서비스와 자원을 잘 활용하기	NA	0	1	2	3	4	5	DK	NA	0	1	2	3	4	5	DK	NA	0	1	2	3	4	5	DK		
25. 대출을 어떻게 받는지 알기	NA	0	1	2	3	4	5	DK	NA	0	1	2	3	4	5	DK	NA	0	1	2	3	4	5	DK		

건강																										
26. 신체적 건강을 유지하기	NA	0	1	2	3	4	5	DK		0	1	2	3	4	5	DK	NA	0	1	2	3	4	5	DK		
27. 신체적 문제를 표현하기	NA	0	1	2	3	4	5	DK	NA	0	1	2	3	4	5	DK	NA	0	1	2	3	4	5	DK		
28. 정신적 건강을 유지하기	NA	0	1	2	3	4	5	DK	NA	0	1	2	3	4	5	DK	NA	0	1	2	3	4	5	DK		
29. 정신적 건강문제를 표현하기	NA	0	1	2	3	4	5	DK	NA	0	1	2	3	4	5	DK	NA	0	1	2	3	4	5	DK		
30. 아이를 어떻게 낳는지 알기	NA	0	1	2	3	4	5	DK	NA	0	1	2	3	4	5	DK	NA	0	1	2	3	4	5	DK		
31. 성 행동에 관하여 정보를 갖고 선택하기	NA	0	1	2	3	4	5	DK		0	1	2	3	4	5	DK	NA	0	1	2	3	4	5	DK		
자기결정																										
32. 자신의 강점과 약점을 인식하고 수용하기	NA	0	1	2	3	4	5	DK	NA	0	1	2	3	4	5	DK	NA	0	1	2	3	4	5	DK		
33. 느낌과 생각을 적절하게 표현하기	NA	0	1	2	3	4	5	DK	NA	0	1	2	3	4	5	DK	NA	0	1	2	3	4	5	DK		
34. 느낌과 생각을 자신 있게 표현하기	NA	0	1	2	3	4	5	DK	NA	0	1	2	3	4	5	DK	NA	0	1	2	3	4	5	DK		
35. 자신의 목표 세우기	NA	0	1	2	3	4	5	DK	NA	0	1	2	3	4	5	DK	NA	0	1	2	3	4	5	DK		
36. 자신의 의사결정하기	NA	0	1	2	3	4	5	DK	NA	0	1	2	3	4	5	DK	NA	0	1	2	3	4	5	DK		
의사소통																										
37. 필요한 말하기 기술 갖기	NA	0	1	2	3	4	5	DK	NA	0	1	2	3	4	5	DK	NA	0	1	2	3	4	5	DK		
38. 필요한 듣기 기술 갖기	NA	0	1	2	3	4	5	DK	NA	0	1	2	3	4	5	DK	NA	0	1	2	3	4	5	DK		
39. 필요한 읽기 기술 갖기	NA	0	1	2	3	4	5	DK	NA	0	1	2	3	4	5	DK	NA	0	1	2	3	4	5	DK		
40. 필요한 쓰기 기술 갖기	NA	0	1	2	3	4	5	DK	NA	0	1	2	3	4	5	DK	NA	0	1	2	3	4	5	DK		
대인관계																										
41. 가족 구성원과 생활 잘하기	NA	0	1	2	3	4	5	DK	NA	0	1	2	3	4	5	DK	NA	0	1	2	3	4	5	DK		
42. 육아 지식 및 기술 설명하기	NA	0	1	2	3	4	5	DK	NA	0	1	2	3	4	5	DK	NA	0	1	2	3	4	5	DK		
43. 교우관계 수립 및 유지하기	NA	0	1	2	3	4	5	DK	NA	0	1	2	3	4	5	DK	NA	0	1	2	3	4	5	DK		
44. 다양한 환경에서 적절한 사회적 행동하기	NA	0	1	2	3	4	5	DK	NA	0	1	2	3	4	5	DK	NA	0	1	2	3	4	5	DK		
45. 동료와 잘 지내는 기술 설명하기	NA	0	1	2	3	4	5	DK	NA	0	1	2	3	4	5	DK	NA	0	1	2	3	4	5	DK		
46. 감독관과 잘 지내는 기술 설명하기	NA	0	1	2	3	4	5	DK	NA	0	1	2	3	4	5	DK	NA	0	1	2	3	4	5	DK		
추가 계획 분야																										
47.	NA	0	1	2	3	4	5	DK	NA	0	1	2	3	4	5	DK	NA	0	1	2	3	4	5	DK		
48.	NA	0	1	2	3	4	5	DK	NA	0	1	2	3	4	5	DK	NA	0	1	2	3	4	5	DK		
49.	NA	0	1	2	3	4	5	DK	NA	0	1	2	3	4	5	DK	NA	0	1	2	3	4	5	DK		

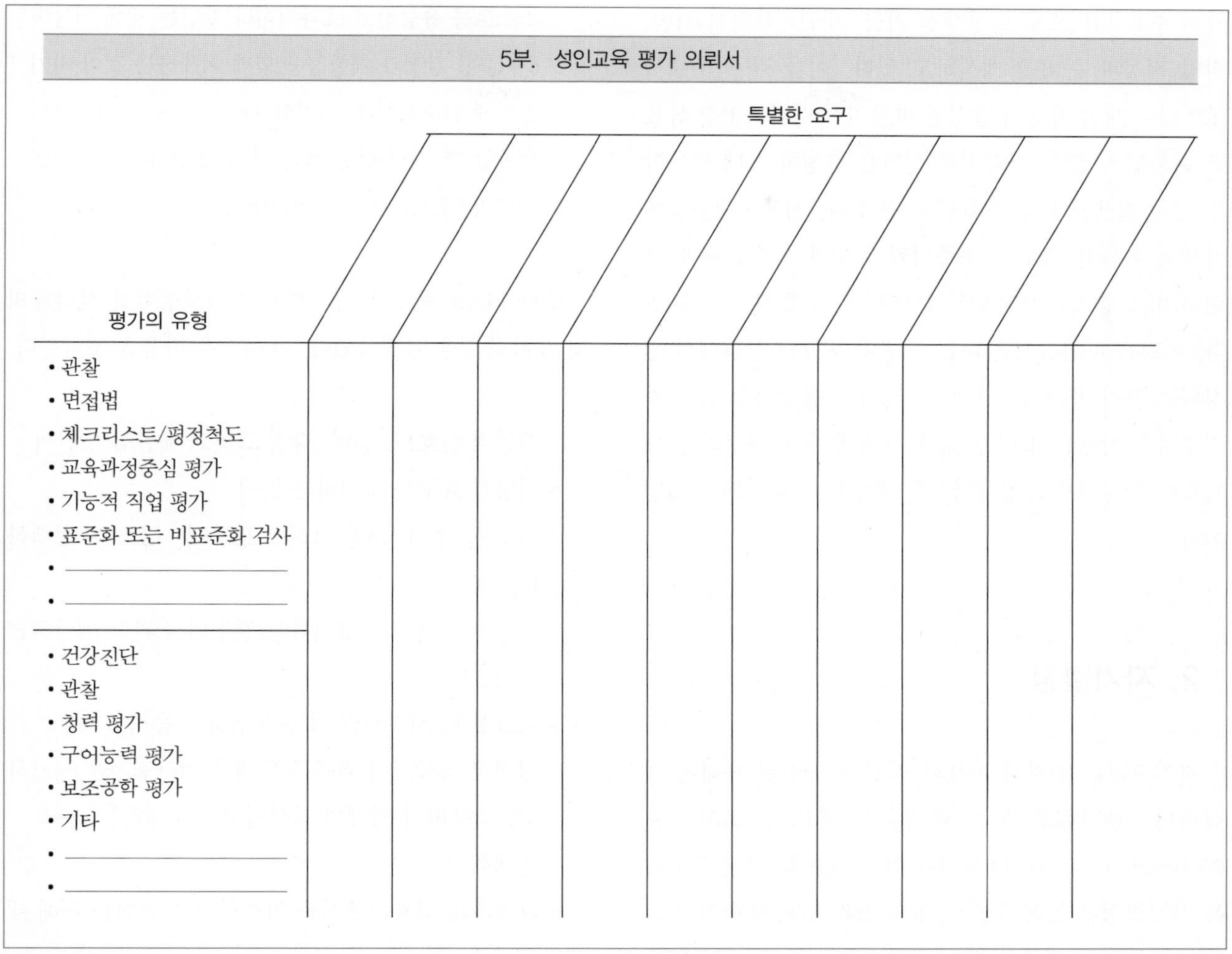

[그림 12-3] 전환계획 검사 프로파일

출처: *Transition Eplanning Inventory*, by G. M. Clark and J. R. Patton, 1997, Austin, TX: PRO-ED. Copyright 1997 by PRO-ED, Inc. Reprinted with permission.

능적인 강점과 요구를 보여 주는 일반적인 평가를 실시해야 하며 개인의 선호도와 흥미를 고려해야 할 책임이 있다. 이를 위한 한 가지 평가도구가 설계되었는데, 바로 전환계획 검사(Transition Planning Invenyory: TPI)다 [Clark & Patton, 1997; 2006; 2004(컴퓨터판)]. 이 척도는 고등교육 이후의 성과와 관련하여 학생, 가정 그리고 학교에 걸친 9개의 계획 분야에 대한 정보를 평가한다([그림 12-3] 참조).

학교에서 졸업 후의 역할과 책임으로의 전환에 대한 강점과 요구를 평가하기 위해 [그림 12-3]의 전환계획 검사의 유용성을 관찰한다. 필요한 목표와 준비되어 있는 목표(그리고 그에 상응하는 서비스)를 확인하는 데 이것이 어떻게 도움이 되는지 알아 두는 것이 좋다.

3) 실생활과 연계된 특수교육 및 관련 서비스 요구 파악

전환계획을 촉진하는 많은 교육적 프로그램은 다수의 사람이 성인기에 접어들면서 참여하는 생활 영역과 구성활동의 비슷한 범주에 프로그램의 토대를 둔다. 전환계획 검사의 계획 분야에서 '미래계획'의 주요 삶 영역과 '책임'에서 장애 또래와의 지역사회에 기초한 상호작용은 모두 계획 분야/영역과 주요 삶 영역 전반에서 장애학생과 비장애학생들을 위한 학교교육의 전환 성과와 비슷한 범주를 확인한다.

이 장의 진로교육의 절에서는 종합적 교육과정의 세

가지 주요 영역으로 일상생활 기술, 개인–사회적 기술, 직업 지침과 준비를 제시하고 있다. 이들 각 범주에서 IEP 팀이 개별 학생이 달성한 바람직한 성과와 IEP 목표로 변환될 수 있는 바람직한 성과를 결정하는 데 활용할 수 있는 실생활 요구를 확인할 수 있다. 지체 · 중복장애 학생의 독특한 요구를 충족시키기 위한 특수교육과 관련 서비스 중재는 IEP 팀과 ITP 팀이 함께 결정할 수 있다. 이것은 자기결정을 하는 학생이 포함된 상황에서 결정되는 것이 바람직하다. 다음 절에서 설명하고 있는 자기결정은 학생들이 현재 삶과 미래에 대해 결정하는 데 필요한 특징이므로 장애학생들에게 특히 요구되는 개념이다.

2. 자기결정

자기결정은 전환의 목표와 실천과 관련된 폭넓은 개념이다. 광범위한 문헌 탐색을 토대로 Chambers, Wehmeyer, Saito, Lida, Lee와 Singh(2007)은 "더 높은 자기결정은 높은 수준의 삶의 질과 연관성이 있고 고용이나 독립적 생활과 같은 바람직한 성과를 예견한다" (p. 7)라는 포괄적인 연구 분석으로 결론을 내렸다.

"자기결정을 촉진하는 것 또는 학생들이 자기 인생에 통제권을 갖도록 지도하는 것이 완전한 특수교육 서비스 제공의 전형적인 특징이 되고 있다" (Karvonen, Test, Wood, Browder, & Algozzine, 2004, p. 23). 학생들이 이런 환경에 단순히 적응하기보다 자기옹호와 행동을 통해서 자신의 환경을 변화시켜야 한다는 생각이 자기결정의 핵심 개념이다(Wehmeyer, Palmer, Agran, Mithaug, & Martin, 2000).

Field, Martin, Miller, Ward와 Wehmeyer(1998)는 자기결정에 대한 여러 정의에서 발견할 수 있는 공통 주제를 아우르며 다음과 같이 정의하였다.

> 자기결정은 목표 지향적, 자기 조절적, 자율적 행동을 가능하게 하는 기술, 지식 및 신념의 결합이다. 스스로를 유능하고 효과적이라고 믿는 것에 더불어 (자신의) 강점과 제한점을 함께 이해하는 것이 자기결정에 필수적이다. 이러한 기술과 태도에 기초하여 행동할 때, 그 사람은 삶을 더 잘 조절하고 성공적인 성인의 역할을 맡을 수 있다(p. 2).

또한 Field 등(1998, p. 3)은 자기결정적인 사람들의 몇 가지 특성을 설명하였다. 이 특성은 다음을 포함한다.

- 개인적 선호도, 흥미, 강점 그리고 제한점의 인식
- 희망과 요구를 구별하는 능력
- 선호도, 흥미, 희망 그리고 요구에 기초하여 선택하는 능력
- 다양한 선택권을 고려하고 결정의 결과를 예상하는 능력
- 필요할 때 시작하고 행동을 취하는 능력
- 이전의 의사결정 결과를 토대로 의사결정을 평가하고, 그에 따라 미래의 의사결정을 수정하는 능력
- 문제해결 기술
- 타인과의 상호의존성을 인식하면서 독립을 위해 애쓰기
- 자기옹호 기술
- 행동을 자기조절하는 능력
- 자기평가 기술
- 독립적 수행과 적응 기술
- 인내력
- 목표에 도달하기 위해 협상, 타협 및 설득과 같은 의사소통 기술을 사용하는 능력
- 행동과 의사결정에 책임을 맡을 수 있는 능력
- 자기신뢰

이런 특성들은 자기결정의 구성요소의 유형(예를 들어, 선호도 표현, 선택하기, 목표 설정과 목표지향적 행동, 문제해결, 자기평가, 자기옹호)을 밝히며, 자기결정은 가정, 학교 및 지역사회에서 교수 및 학습된 경험으로부터 기대되는 결과다. 이런 지식과 기술의 성과에 도달하기 위

한 중재는 장애청소년의 자기결정 강화를 지원하며 초기 아동기 교육에서부터 중재가 나타나야 한다(Chambers et al., 2007).

이제 막 자기결정의 일부 구성요소를 지도하는 과정을 포함하려고 하는 교사들은 Wehmeyer(2002)의 권고를 고려해야 한다. 그는 자립적인 삶과 자기관리뿐만 아니라 IDEA가 요구하는 일반교육과정에 학생을 포함하기 위해 자기결정의 구성요소를 통합하는 기초적인 일련의 기술을 제안한다. 모든 학생의 교육적 프로그램은 다음을 위한 기술들을 포함해야 한다.

- 개인적 목표 설정
- 목표 성취에 장벽이 되는 문제 해결
- 개인적 선호도와 흥미에 기초하여 적합한 선택
- 삶의 질에 영향을 주는 의사결정 예견
- 자기옹호
- 목표 달성을 위한 행동계획 수립
- 일상에서의 자기조절 및 자기관리

초기 연구의 재탐색에서 Wehmeyer(2005)는 특히 중도·중복장애인을 위한 자기결정의 수립에 많은 오해가 존재한다고 경고한 바 있다. 예를 들면, 자기결정은 단순하게 선택하는 능력이 아니다. 독립적인 행동 수행이나 특정한 프로그램이나 교육과정에 기초한 특별한 과정이나 성과, 일련의 기술도 아니다(p. 115). 비록 Field 등(1998)이 규명한 몇 가지 특징이 달성될 수 없음에도 불구하고, Wehmeyer(2005)는 자기결정의 개정된 행동적 정의를 다음과 같이 제안하였다. "스스로 결정한 행동은 개인이 자신의 삶에서 중요한 결정권자로서 행동하게 하며, 삶의 질을 유지 및 개선할 수 있도록 하는 결단력 있는 행동을 말한다" (p. 117).

교사들은 자기결정이 학생들이 학교생활과 졸업 후 생활을 성공적으로 하는 데 중요하고도 유용하다고 전망한다(Wehmeyer et al., 2000). 그러나 모든 교사가 IEP를 통해서 자기결정을 촉진하는 전략을 실행하는 것은 아니며, 장애학생을 교육 계획이나 전환교육에 포함시키는 것 또한 아니다(Chambers et al., 2007). 신체적 손상이 의사소통의 제약을 초래하는 학생들에게는 자기결정이 더욱 어려운데, 다른 사람들이 학생의 요구를 이해하기 어렵고, 기타 신체적 과제가 의사소통에 포함되어야 하기 때문이다.

1) 미래계획을 위한 자기결정

'미래계획: 삶의 계획을 위한 도구(Framing a Future: A Toof for Life Planning)' (King, Lunger, & Toomey, 2005)는 AAC를 사용하는 지체장애 학생의 자기결정 발달과 강화에 공헌하였다. 가능한 한 많은 조언을 얻기 위한 노력으로, 캘리포니아 힐스버러에 있는 브리지 학교(Bridge School)의 직원들은 이 독특한 도구를 개발할 때 부모, 학생 그리고 여러 전문가들과 협력하였다. 그들의 목적은 지체장애 청소년 및 청년이 현재의 삶 속에서 자기결정을 실시하고, 동시에 스스로 자기결정 연습을 강화하는 지속적인 준비를 하는 것으로, 궁극적으로 학교에서 성인으로의 활동 및 상황으로 전환하는 것이었다.

미래계획을 위한 기획은 일련의 브리지 학교 학급 전략의 일부이며, 학교 홈페이지(http://www.bridgeschool.org/outreach/classroom_strategies3.pdf)에서 찾아볼 수 있다. King 등(2005)은 IEP 목표의 확인으로 이어지는 '연구'와 관련된 학생 중심적 자기결정 활동을 제시했다. 이 유용한 연구는 실행을 위한 설명과 함께 바로 인쇄할 수 있다.

이 연구 외에도 King 등(2005)은 부모와 교사를 위한 배경 정보와 지지적 정보를 제공한다. 그들은 AAC에 의존하는 지체장애인이 겪는 특정한 장벽과 지체장애인이 자기결정 행동을 준비하게 하는 추가적인 노력의 중요성을 확인한다. 저자는 '미래계획(FAF)'과 관련 법률의 관계를 설명한다. 그들은 개인을 위한 성과 자료뿐 아니라 더 효과적인 전환 계획과 완성되고 기획된 연구를 지원하기 위한 도구 개발의 중요성을 설명한다. 사례 연구는 이것의 사용과 IEP와 개별화 전환 계획(Individual Transition Plan: ITP) 기준점에 대한 공헌을 보여 주며,

선별된 문헌과 자료가 교사를 관련 문헌으로 이끌어 준다. 그중에서도 특히 교사에게 흥미로운 것은 '모양을 제시하기(예를 들면, 언어의 복잡함을 줄이기)' '모양에 반응하기(예를 들면, 두 개의 상반되는 것에서 선택하기)'의 사례다. 게다가 그들은 각기 다른 특성을 가지고 있는 학생/관계자들의 독특한 요구를 성취하기 위해서 그래픽 아이콘, 오버레이, 다른 보조기기를 제시한다. 웹사이트에서 제시하는 사례 연구와 예는 지체장애 학생이 사용할 수 있는 잠재적 힘을 보여 주는데, 아마도 그들의 비장애 또래들도 마찬가지일 것이다. 이것은 매년 완료되며 학생들이 성숙해 가면서 그들의 선택에 따라 바뀐다.

미래계획 도구로부터 얻어진 자료는 우선순위를 구분하고, 장벽을 평가하고, 그러한 장벽에 도전하기 위한 기회를 확인하며, 전환과 다른 인생의 요구와 관련된 IEP 목표를 개발하고, 다른 삶의 요구를 나타내는 데 사용할 수 있다. 이들 도구는 미래계획을 하는 절차로 개인과 팀을 안내한다. 이 도구의 구성요소는 개별 학생을 위한 가장 의미 있고 적절한 계획을 불러오도록 의도되었다. 필요하다면 수정을 위한 제안과 함께 사용하도록 준비된 서식과 내용은 특수교육 교사에게 진정으로 가치 있는 도구이다.

(1) 미래계획을 위한 주요 영역

전환계획 도구인 '미래계획: 삶의 계획을 위한 도구'는 미래의 인생 설계를 위한 중요한 부문을 대표하는 일곱 가지 범주에 기초를 둔다.

1. 지역사회 회원
2. 개인적 건강과 행복 조절
3. 평생학습 추구
4. 흥미와 소질 개발
5. 유익한 관계 창출
6. 자립
7. 개인적 정신(영적) 발달(King et al., 2005, p. 1)

이들 주요 영역에서 학생들은 그 부문 내에서 만족 수준뿐만 아니라 자신에게 무엇이 가장 중요한지를 결정한다. 학생들은 그들이 선택한 영역에 중점을 두는 계획을 만들기 위해 팀에 포함될 수 있다. 중요한 점은 우선순위를 두고 갈등이 발생할 수 있으므로, 부모나 보호자가 아닌 학생이 정보제공자라는 것이다. 부모도 대부분의 경우 독자적으로 조사를 완성하도록 요청되기 때문에 부모와 학생 관점의 유사성과 상이성에 대해 논의할 수 있다. 예를 들어, 도구의 발달에 있어서 기준은 네 집단, 즉 전문가, AAC를 사용하는 아동의 부모, 비장애청소년이나 청년, 의사소통에 영향을 주는 장애청소년이나 청년에 대해 제기된다. 그들에게 장애가 있는 내담자/아동/형제자매/또래들을 어떻게 인지하는지에 근거하여 기준에 응답하도록 요청하였다. 한 가지 항목인 '나의 건강관리 제공자를 선택하기'라는 질문에 대해 전문가의 33%가 내담자에게 "매우 중요하다"고 응답했으며, 부모의 50%가 같은 응답을 했다. 비장애청소년 또는 청년 중 누구도(0%) 장애가 있는 형제자매나 또래에게 이것이 매우 중요하다고 응답하지 않았으나, 장애가 있는 청소년 또는 청년들의 100%는 이 기준에 대해 "나에게 매우 중요하다"고 평가하였다.

(2) 기술

학급전략인 '미래계획: 삶의 계획을 위한 도구'는 다음과 같은 요소로 구성된다.

① 단계 설정

이 부분은 일련의 발달을 위해 배경과 근거를 제공한다. 이는 계획 과정이 인간중심적이어야 하고 학생과 가족 구성원 모두를 포함해야 한다는 법적 권한 요구 내에서 성인기 전환을 위해 학생을 준비시키는 것과 관련된 법률을 참조한다.

② 도입

이 부분에서 Sarah Blackstone은 사용자가 학생이 교육과정 단계로 접어들면서 전문가, 부모, 학생들이 직면하게 될 많은 어려움에 집중하도록 도와준다. 그녀는 각 개인의 자기결정 발달을 지지하는 것과 강건한 사회 연결망의 구축을 촉진하는 것과 관련된 중요성을 강조한다.

③ 이전의 브리지 학교 학생이 인지한 삶의 질

Mary Hunt-Berg의 방침하에 브리지 학교의 연구프로그램은 과거 브리지 학교 학생이 발표한 삶의 질과 관련된 회상적 연구를 실행하였다. 이 연구의 결과는 미래계획 도구의 개발에 대한 정보를 제공하였으며 이 부분에 나타나 있다.

④ 실행: 도구의 개발

이 부분에서는 도구를 통해 알 수 있는 네 가지 주된 질문을 논의함으로서 기본적 틀을 제공한다. 첫째, 나에게 중요한 것은 무엇인가?, 둘째, 나는 얼마나 만족하고 있는가?, 셋째, 나는 무엇에 집중하고 싶은가?, 넷째, 어떻게 이것을 할 것인가? 일곱 가지 주요한 삶의 영역 각각이 이 부분에 정의되어 있으며 사용자들의 사례와 응답이 기록되어 있다.

⑤ 사례 연구

세 가지 사례 연구 결과가 미래계획 도구의 사용을 설명하기 위해 제공되었다. 사례 연구에 참가한 학생들은 다양한 능력을 가진 학생들이 어떻게 도구를 활용하는지 보여 준다. 교사들은 학생의 완전한 참여 보장을 위해 언어, 개념, 평가를 수정할지 탐색할 수 있다.

⑥ 자원

King 등(2005)은 미래계획 도구와 그것의 실행을 수반하기 위해 전환, 삶의 질 문제, 사회관계망과 보완대체의사소통을 포함하는 귀중한 자원과 문헌을 수집하였다.

⑦ 미래계획 도구

이 부분은 학생들에게 미래계획 사용법을 완전히 지도함으로서 완성하는 것으로 구성되어 있다. 이는 일련의 학급전략에서 개별적으로 다운로드할 수 있다. 첨부파일을 인쇄할 수 있으며 조사, 우선순위 설정을 위한 틀, 토론과 계획 안내 등 다양한 구성요소의 설명을 포함한다.

미래계획 도구는 4단계 절차에 따라 실행된다.

1단계: 도구 및 학생에 대한 충분한 상황과 배경지식 파악

이 조사를 관리하는 사람이 도구와 학생에게 친숙해지는 것은 중요하다. 조사에 사용되는 언어와 친숙해지는 것은 학생들의 이해와 연관되므로, 검사자가 용어와 개념의 적절성을 평가할 수 있도록 돕는다. 학생과 친숙하면 학생의 생활경험과 관련된 사례를 사용하여 도구의 개념을 설명할 수 있다. 검사를 시작하기에 앞서, 학습 단위나 교육과정 개발을 통해 검사에서 사용되는 개념과 어휘를 설명하는 과정이 필요할 수 있다.

2단계: 개념과 응답 양식에서의 완전한 접근

미래계획이 상호적인 과정이며, 검사는 단순히 관심끌기와 피드백 획득을 위한 도구임을 기억해 두는 것이 중요하다. 학생이 제시된 개념과 익숙하거나 또는 자신의 반응을 표현할 수 있는 믿을 만한 의사소통 방법을 가지고 있지 않다면, 수집된 정보는 확실하다고 볼 수 없다. 이런 상호작용적 과정에서 몇 가지 중요한 고려사항이 있다.

- 검사자가 전체 도구를 꼼꼼히 읽고 목적, 과정, 결과의 적용을 완전히 이해해야 함
- 학생들 수준에 적합한 난이도의 언어가 사용되었는지 확인함
- 학생들에게 도구에 사용된 전문용어의 정의와 예시를 제공함
- 학생들이 주어진 시간에 의미 있게 응답할 수 있는 항목의 수뿐만 아니라 학생들이 주어진 과제에 집중할 수 있는 총 시간을 고려함. 미래계획의 성공적 실행은 여러 회기에 걸쳐서 일어남
- 학생이 응답하기 위해 사용할 방법뿐만 아니라 도구

에 있어 조사 항목이 어떻게 학생들에게 제시될지를 결정함. 이런 방법들은 폭넓게 다양하고 개별 학생의 요구에 기초함. 예를 들어 보면 다음과 같음
- 일부 학생은 컴퓨터 또는 지필 조사를 독립적으로 완성함
- 일부 학생에게는 항목 수가 줄어들고, 복잡한 단어가 줄어들고, 두 가지 상반되는 선택에 반응하는 수정된 버전의 검사가 제공됨
- 일부 학생은 대안적 접근을 활용하여 검사를 완성함(예를 들어, 수정된 키보드와 깔개, 청각적/시각적 스캐닝과 스위치, 음성재생기기 등)

3단계: 도구의 적용

도구를 적용하는 것은 네 가지 단계가 있다. 첫 번째 단계는 학생들이 그들에게 무엇이 중요한지 결정하는 것을 돕는다. 이는 학생들에게 중요한 일곱 가지 삶 분야 각각에 대한 일련의 기준을 제시하고, 학생들이 각각의 중요성 수준을 '매우 중요함, 어느 정도 중요함, 중요하지 않음'으로 표시함으로써 완성된다. 학생의 체력과 끈기에 따라 여러 차례의 회기를 실행해야 할 수도 있다. 두 번째 단계는 학생들에게 그들이 중요하거나 아주 중요하다고 응답한 기준에 대해 얼마나 만족하는지를 결정하는 것이다. 이는 특별한 분야에서 만족 수준을 향상시키기 위해 개입이 필요한지의 여부를 답할 수 있게 해 준다. 세 번째 단계는 학생들이 기술 및 자신감 발달에 더 흥미를 나타내는 분야를 주요한 우선순위로 설정하는 것이다. 마지막 단계는 이 우선순위를 나타내기 위해 어떤 단계가 실행되어야 하는지 결정하는 것이다. '토론과 계획 안내'는 이들 행동계획 과정의 양식을 제공해 준다.

4단계: 공식적 미래계획 과정에의 결과 통합

이러한 절차에 있어서 마지막 단계가 아마 가장 중요할 것이다. 일단 정보가 수집되면 우선순위가 정해지고 장벽이 확인되며, 목표와 목적이 개발되고, 공통의 자료는 ITP나 '개인 중심적 전환계획' 같은 공식적인 계획 문서가 되어야 한다.

모든 계획이 그렇듯이, 실제로 학생을 위한 교육 프로그램에서 목표와 목적을 다룰 수 있도록 보장하는 긍정적인 단계가 있지 않다면, 이러한 과정은 단지 학생에게 중요한 변화를 만들어 내지 못하는 활동일 뿐이다. 그러나 효과적으로 사용되면 미래계획 과정의 결과는 보완대체의사소통 사용자들의 삶의 질에 긍정적인 영향을 미칠 수 있다. 학생 및/또는 가족이 미래계획 결과를 전환계획 팀에 제시하는 것이 이상적이다. 전환계획 팀은 자료를 공식적인 계획과정으로 통합하고 부가적인 지지와 자원을 제공하며, 목표와 목적의 실행을 감독한다.

2) 책임감을 위한 자기결정

책임감 가지기(Power, Singer, & Sowers, 1992; Powers, Sowers, Turner, Nesbitt, Knowles, & Ellison, 1996; Powers et al., 2001)는 전환과 다른 삶의 활동에서 자기결정을 촉진하기 위한 전략을 설명하는 교육과정이다. 특히 지체장애 청소년에게 적용하기 위하여 이 교육과정은 다음의 구성요소를 포함한다. ① 자기결정 기술 감독, ② 비슷한 장애를 가진 성인으로부터의 조언(멘토십), ③ 지역사회 기반의 월간 토론회, ④ 멘토와 참가자가 공유하는 지역사회 활동 그리고 ⑤ 부모를 위한 정보와 지원이다. 멘토십이라는 독특한 구성요소는 책임감 가지기 모델의 유력하고 유용한 많은 측면 중 하나이다.

지체장애 청소년이 비슷한 장애가 있는 멘토와 함께 지역사회 활동을 계획 및 실행하는 과정은 성인기 독립을 위한 사회학습 기회를 제공해 준다. 중학교와 고등학교 교사와 대학, 대학교, 자립생활센터와 같은 기관 간 연계는 멘토십 기회가 풍부하도록 증진시킬 수 있다.

3) 다양한 의사결정 프로그램

자기결정의 성과를 탐색하고 모방하는 방법 중 하나는 모범이 되는 프로젝트를 도입하거나, 아이디어를 빌

려오는 것이다. 다음은 도움이 되는 아이디어와 자료들이다.

- Field et al.(1998), 자기결정 교수를 위한 실천적 가이드
- Field와 Hoffman(2005), 학생 활동서(activity book), 복사할 수 있는 자료들, 사전-사후 검사의 실시를 위한 척도를 포함하는 교육과정 지침서
- Robert(2007), 비슷한 지체장애 학생들 간의 또래 멘토링을 통한 자기결정 기술 획득: 사례 연구
- Wehmeyer, Plamer et al.(2000), 교수의 자기-결정화된 학습 모델
- Ward(1996; 2005), 자기결정의 시대에 성인으로 성장하기: 뇌성마비를 가진 남성의 역사적이고 개인적인 관점(반드시 읽어야 하는 장이다.)

뇌성마비와 언어장애가 있는 Michael Ward는 다음의 이야기를 서술하였으며 인용되어 출판되었다(1996). 이 이야기는 자기결정에 관한 이 장에 적합한 결론인데, 한 개인이 할 수 있는 일은 끝이 없음을 알게 해 주기 때문이다.

> 나의 아버지는 기술자였고 내가 필요한 것은 무엇이든지 만들 수 있었다(나는 여전히 아버지가 30년 전에 만들어 준 수유기를 사용한다). 또한 그는 브루클린에서 내게 운전을 가르쳐 주는 말도 안 되는 행동을 했고 내가 고가철도(the El)에서 운전하게 했다. 나는 어둡고 차들이 이중 주차되어 있어서 그곳을 싫어했다. 어느 날, 나는 아버지에게 "린든 대로에서 세 블록을 더 가면 멋지고 넓고 같은 방향으로 갈 수 있어요"라고 말씀드렸다. 아버지는 2초 정도 생각하시더니 "아니! 계속 고가도로에서 운전해. 너가 원하는 도로를 언제나 고를 수 있는 것은 아니란다. 나는 네가 모든 상황에 준비되어있기를 바란다"라고 말씀하셨다. 나는 툴툴거렸다. 아버지가 나에게 말해준 것은 단지 운전에 관련된 것이 아니라 아버지가 내가 인생을 어떻게 살아 나가기를 바라는지와 관련 있다는 생각이 번쩍 든 것은 10년 전이었다. 그래서 이것은 조정과 수정에 관한 것만이 아니라 방법을 찾는 태도에 관한 것이기도 했다. 아버지께서 "네가 해야 할 일을 해라!"라고 말씀하셨다면 나는 '보잘것없는 사람'으로 살아갈 것이다.

다음 절은 중요한 삶의 분야인 고용에 중점을 두고, 장애 때문에 맞닥뜨리는 고용 장벽에 관심을 가져 볼 것이다. 학생에게 도움이 되는 것은 학생이 이런 장벽을 극복하도록 도와주는 자기결정의 개념과 함께 세 가지 요약된 전략을 적용하는 능력이다.

3. 고용 장벽 극복

많은 사람은 직장에서의 역할을 통해 경제적 요구뿐만 아니라 사회적 동일시와 자아존중감의 요구를 달성한다. 많은 장애인도 앞서 설명한 것과 같은 요구를 충족하기를 원한다. 그러나 그들은 같은 사회적 동일시, 자아존중감과 근로자로서 인정받기를 성취하려고 노력하는 동안 수많은 장애물에 직면한다. 가장 명백한 장벽은 단지 장애의 존재 때문에 나타난다. 덜 분명한 장벽은 사회적 편견 때문에 생기거나 건강, 젊음, 아름다움에 대한 우리 사회의 선입견과 사회의 병, 노화, 장애에 대한 두려움과 회피에 의해 나타난다. 게다가 장애 유무와 상관없이 학생들이 또래 관계를 형성하고 서로에 대한 성숙한 인식과 수용을 할 수 있는 중립적인 기회를 막는 교육 서비스 전달에도 수많은 문제가 생길 수 있다.

자아감은 사회환경의 만남을 통해서 형성된다. 지체장애인이 긍정적인 자아감을 가지고 있을 수 있음에도 불구하고, 그들은 통증, 손실, 고립을 반영하는 장애에 대한 대중의 인식에 만족해야만 한다(Antle, 2004, p. 172). Antle은 "학교는 지체장애에 대한 오명을 씌우는 가정 밖의 사회적 규범이 종종 부지불식간에 만들어지는 가장 영향력 있는 사회적 체계일 수 있다"(p. 172)라고 진

술한다. 교사는 장애에 대한 부정적인 일반적 사회 이미지에 직면해서 또래 관계를 중재하고 자긍심을 강화해 주기 위해 그들 고유의 지위를 사용할 수 있다.

이따금 교사는 과도하게 도와주거나 장애를 수용하기 위해 필요한 보조기기를 만드는 데 실패함으로써 학생이 높은 수준의 수행과 독립에 실패하게 하거나 막을 수 있다. 결과적으로 이런 교사들은 ① 신체적 자립과 자기관리, ② 타당한 자기평가 그리고 ③ 자기적응성을 원하는 사람들을 실망시킬 수 있다. 이런 세 가지 자질의 미발달은 개인이 능력 있는 근로자로서의 지위와 수용을 성취하기 위해 반드시 극복되어야 하는 장벽을 추가한다.

1) 신체적 자립과 자기관리

질병통제 및 예방센터에서 최근에 발표한 자료에서 정형외과적, 심장 또는 당뇨질환 진단을 받은 사람들이 모든 장애 집단 중에 가장 고용될 확률이 적다고 밝히고 있다(Smith, 2007). 그러나 특정 장애 진단은 자기관리와 일과의 요구 수행의 어려움보다 실업을 예상할 가능성이 적다. 이 자료들은 지체·중복장애인의 신체적 자립과 자기관리의 중요성을 지지한다. Power 등(2001)은 지체·중복장애인들이 고용에서 주요한 문제에 자주 직면하는 부가적인 부분들을 확인하고 논의하였다. 이들은 민첩성과 이동성, 신체적 능력과 체력 그리고 의사소통과 같은 감각 분야에서의 제한점을 포함한다(Powers et al., 2001, p. 13). 불안정한 상태의 건강과 복잡한 식이요법이 필요할 때 참여는 더욱더 위태로워진다.

Powers 등(2001)은 신체적 자립의 힘에 대해 설명하였다. 화장실 접근이 목표인 학생은 필요한 화장실 개조를 위한 재원과 서비스를 확보하도록 지도된다. 스스로 접근할 수 있는 화장실이 확보되면 이 학생은 샤워 등의 관련된 과제들을 독립적으로 하기 시작한다. 이 기술은 부모님의 지원을 줄이고 기대를 높이게 되는 연쇄반응을 일으킨다.

신체적 자립 지원에 있어서 중요한 단계는 자기관리에 대해 명확한 지도를 제공하는 것이다. Heller, Forney, Alberto, Schwartzman과 Goeckel(2000)은 자기관리와 관련된 다양한 건강 절차를 독립적으로 성취하도록 학생을 지도하는 것에 관한 포괄적인 정보를 제공한다. Heller 등(2000)은 자기관리 성취를 위한 평가, 불일치와 오류 분석 그리고 보조전략에 관한 정보를 제공한다. 제10장에 제시된 학생들의 신체적 요구에의 참여와 관리 촉진을 다시 살펴보라.

2) 타당한 자기평가

자기평가는 모든 근로자에게 중요한 활동이다. 적절한 자기평가는 단지 "나는 다른 사람이 하지 못하는 것을 할 수 있다. 나는 어떤 것을 당신보다 더 잘할 수 있다"를 반복하는 것 이상이다. 타당한 자기평가는 자신의 흥미, 선호도, 강점과 요구를 정직하게 관찰하는 것을 의미한다. 그다음에 자기 자신의 능력과 수행을 다른 사람의 능력이나 다른 상황의 요구와 실제적으로, 정보에 근거해 비교하는 것이 필요하다.

부적절한 자기평가는 어떻게 한 사람이 다른 상황에서 다른 사람의 기대에 못 미치는지를 관찰하는 경험의 부족에서 비롯될 수 있다. 일부 장애인은 다른 학생들과 상호작용하거나 특별한 수준이 기대되는 상황에 참가하는 기회가 제한되어 있었을 수도 있다. 예를 들어, 특수교육센터나 특수학급의 장애학생만을 경험한 학생이 그들이 일반학급과 사회에서 동료들과 참여할 준비가 얼마나 되어 있는지에 대해 어떻게 타당하고 신뢰할 만한 평가를 얻을 수 있겠는가? 다른 사람들과 상호작용하는 충분한 기회가 주어지지 않고는 무엇이 기대되고, 그들의 기술을 어떻게 비교하며, 어디에 향상이 필요한지 볼 수 있는 기회가 적다.

부적절한 자기평가는 또한 부적절한 칭찬의 형식으로 부적절한 메시지를 보내는 선의의 성인으로부터의 부적절한 피드백을 낳을 수 있다. 예를 들어, 수신인이 항상 구어적 칭찬을 적절한 관점에서 평가하는 것은 아니다. 발신인이 의도한 것과 상당히 다른 의미가 전달될 수 있다. 결과물을 마친 학생의 자랑스러운 태도에 관한 열정적인 논평은 "놀랍다" 또는 "멋지다"에 비해 훨씬 덜 위험하거나 덜 거짓으로 보일 수 있다. 예를 들어, "너는 이 그림을 정말 좋아하는구나!" "색을 혼합하는 방식이 정말 마음에 든다!" 또는 "너는 왜 이것을 좋아하니?"다. 도움이 되는 제안은 학습 경험을 확장하기 위해서 추가적인 향상이나 정보를 위한 방안을 제공한다. 개선을 위한 정직한 감정과 건설적인 제안이 없으면 사람들은 그들이 스스로 생각했던 것처럼 '좋지' 않음을 알게 되는 실망스러운 미래 인식의 위험에 처할 수 있다. 논평이나 채점에서 지나치게 열성적인 피드백은 경쟁고용 현장에서 실망과 좌절로 이끌 수 있는 타당하지 않은 자기평가에 기여한다.

타당한 자기평가와 좌절의 관리를 Perske가 "위험의 품격"이라고 부른 것을 피하는 것과 혼동해서는 안 된다. Perske(1972)는 "위험 경험의 공정한 몫을 부인하는 것은 건강한 삶에 심각한 손상을 준다"라고 진술했다(p. 199). 삶에서 일어나는 위험을 마주치는 것이 자기순응성과 자기결정의 개념에 포함된다.

3) 강화된 자기순응성

자기순응성(self-adaptability)은 자신의 "스스로를 위해 선택하고 자기의 행동을 관리하는 전략"을 의미한다(Agran, Martin, & Mithaug, 1989, p. 4). Agran 등은 자기순응성이 학교에서 지역사회에 기반을 둔 고용으로 전환을 이루어 내는 데 필수적이라고 간주하였다.

다음에 제시한 간결한 글은 초기 아동기 아동을 돌봐주는 사람이 어떻게 장애아동을 무의식적으로 속일 수 있는지를 묘사한다. 이 사례에서 치료사는 학생에게 순응성 반응을 발달시켜 줄 수 있는 기회를 놓쳤다. 순응성 반응은 미래의 고용주들이 기대하는 특성이다. 부지불식간에 치료사는 최소한 하나의 순응성 기술을 위한 아동의 학습 기회 결여에 기여하였다.

> 치료사는 이전에 그녀의 학생 내담자 중 한 명이 예기치 않게 결석하였을 때 별로 걱정하지 않았다. 그녀는 수업 준비를 위한 추가적인 시간이 생겼음에 감사했다. 치료사는 이후에도 학생에게 다가가서 약속이 취소되어야 할 때 사람들에게 통지하는 것의 중요성을 제안하지 않았다. 그녀는 시간이 지날수록 자신이 취소의 전적인 책임을 아이들의 부모님이 지도록 내버려 두었다는 것을 깨달았다. 부모들은 전화를 하거나 편지를 써서 지각이나 결석은 그들이 아이를 제시간에 깨우지 않았기 때문이라거나, 옷을 입히지 못했기 때문이라거나, 점심 준비를 잊어버렸기 때문이라거나, 제시간에 버스에 태우지 못했기 때문이라고 이야기했다. 슬프게도 아동이 스스로 알람을 맞추거나, 스스로 할 수 없을 때에 다른 사람에게 도와달라고 알려주는 것은 기대하지도 않는다는 것이 명백했다. 일반적으로 아무도 아이의 일과와 관련해서 아이의 도움이나 개인적인 책임을 기대하지 않았다.

선택을 하기 위해 전략을 사용하는 능력은 자기순응성에 핵심적이다. 그러나 장애인은 선택을 하는 데 상당한 장벽을 경험할 수 있다. Agran과 Wehmeyer(2003)는 네 가지 장벽을 확인하였다. ① 선택하는 것에 대한 연습할 기회의 감소, ② 어떻게 선택하는지에 대한 지도의 결여, ③ 선호도를 표현하는 학생들의 감소되거나 일관적이지 않은 능력 그리고 ④ 학생의 선택에 대한 교사 확신의 결여다. 이들 장벽의 어떤 것이라도 선호도의 결여 또는 선택 불가능으로 확인되지 않을 수 있다.

Agran 등(1989)은 직장에서 학생의 순응성과 문제해결 기술 강화를 위한 모델을 제공하였다. 그들은 "학생들이 역동적인 직업환경에서 적절하게 기능하도록 하기 위해 포괄적인 순응성 기술에 초점을 둔 지도를 해야 한다"는 가정에 기초하여 모델을 제시하였다(p. 4). 순응성 교수모델은 학습 요구를 필요로 하는 경도부터 중도의 학생들이나 지체·중복장애 및 건강장애 학생의 졸업 후 성공을 증진시키기 위해 고안되었다. 이 모델은 네 가지 구성요소로 이루어져 있다.

1. 의사결정(예를 들면, 학생이 가장 잘 할 수 있는 일이 무엇인지 나타내기, 불명확한 지시를 명확히 이해하기 위해 질문하기)
2. 독립적 수행(예를 들면, 적절한 장소에 보고하기, 정각에 작업 시작하기, 중단 없이 지속적으로 직장에서 일하기, 일정표 따르기, 과제 수행을 용이하게 하기 위해 선행하는 및/또는 지속적인 자기관리 절차를 선택하기)
3. 자기평가(예를 들면, 출근시간 및 휴식/점심시간 이후 복귀시간에 대한 자료 관리하기, 비판에 적절하게 반응하기)
4. 적응(예를 들면, 직업 기대나 기준에 순응하기 위해서 스스로의 작업을 고치기, 직장 일과의 변화에 적응하기, 감독 직원 변화에 적응하기)

장애인이 고용상황에서 어려움에 직면할 것이라고 예상하는 것이 안전하다. 또한 교육자와 옹호자가 우호적인 고용 분위기를 기다리지 말아야 함은 점점 명백해지고 있다. 우리의 사회가 특수한 요구가 있는 근로자를 위해 고용환경이나 과제를 조정하는 데 더 창의적으로 변하고 있기 때문이다. 신체적 자기의존, 타당한 자기평가, 자기순응성을 위한 학생들의 학교교육이 증진되면서, 학교에서 직장으로 전환을 하는 사람들이 도전을 달성하는 데 이전보다 더 준비가 잘 될 것이다.

4. 유아기부터의 진로 및 전환교육

직업준비는 고용을 간절히 원할 때 갑자기 시작할 수 없다. 18세에 시작된 물리치료는 선천적으로 장애가 있는 사람의 몸이 이상적인 잠재력을 가지도록 할 수 없다. 또한 18세에 직업배치를 위한 준비를 시작하는 것이 장애학생이 이상적인 직업 잠재력을 갖도록 하는 기회를 제공할 수도 없다. 이 절에서는 만족스러운 고용 성과를 위한 토대로서의 생활중심 진로교육 지도와 전환교육의 중요성을 제시하고 있다.

Brolin(1995, 1997)은 진로발달의 발달적 근원에 대한 입장에 대해 서술하였다. 그는 진로발달의 네 가지 단계와 생활중심 진로교육(Life Centered Career Education: LCCE) 교육과정 구안을 위해 그 단계를 어떻게 사용하였는지 설명하였다(Brolin, 1992; Brolin & Loyd, 2004). 네 가지 단계는 ① 진로인식, ② 진로탐색, ③ 진로준비, 그리고 ④ 진로배치/추수지도 및 평생교육을 포함한다.

비록 이들 네 단계가 순차적이고 발달적 모델을 제시하고는 있지만, 학생들에게 한 번에 한 개 이상의 단계를 학습하는 경험과 기회가 주어질 수 있고, 주어져야 한다. 철두철미한 교육가는 학생 교육의 모든 단계와 모든 분야에서 진로교육 개념, 자료, 경험의 중요성을 인식한다.

이들 네 단계의 진로발달은 세 가지의 주된 진로교육 교육과정 영역 또는 Brolin(1992, 1995, 1997, 2004)의 포괄적 LCCE와 통합되었다. 이들은 일상생활 기술, 개인적 사회기술과 직업기술(현재는 직업 안내 및 준비라고 불리고 있음)을 지도하기 위한 수업계획과 활동을 포함한다. 일상생활 기술은 개인적 자금관련 주제들(신용카드 사용, ATM 기기 이용 등을 포함), 가정관리, 개인적 요구, 가족 의무, 음식 준비, 시민으로서의 책임과 여가를 포함한다. 개인-사회적 기술(Personal-social skills)은 자기인식, 자신감, 사회적으로 책임 있는 행동, 대인관계 기술, 독립, 자기결정과 의사소통 기술을 발달시키는 것을 포함한다. 직업 안내 및 준비(Occupational guidance and preparation)는 적합한 작업습관, 신체적/육체적 노동 기술들을 필요로 하는 고용을 찾고 그 상태를 유지하는 것과 특수한 직업 역량 등을 포함한다. 보다 기본적인 틀에서 효용을 찾고자 하는 학생들의 요구를 충족시켜 주기 위해서는 중등도 장애인을 위한 수정된 LCCE 교육과정을 확인하라(Loyd & Brolin, 1997).

이런 영역들은 학교기반과 지역사회 기반 지도 상황에서 혼합되어야 한다. 예를 들어, 개인적 관리를 위한 물품을 어떻게 구매해야 하는지(일상생활 기술)를 학습하려는 학생은 동시에 상점에서 사람들과 상호작용하기 위해 보완적 의사소통을 어떻게 사용하는지(개인-사회적 기술), 그리고 어떻게 잔돈을 세는지(직업적 기술)를 학습할 수 있다. 고용 부분의 내용에서 교사의 초점은 직업적 기술에 있을 수 있지만, 다른 기술들(일상생활 기술과 개인-사회적 기술)도 직업과 관련이 있을 수 있으며 직업을 유지하는 데 독립성을 지원할 수 있다.

교사들이 학업기준 속에 기능적 활동을 포함시키기 위해 생활상황 속에 지도를 포함하는 것은 자연스럽고 바람직한 일이다. 제5장에서 IEP를 학업 기준에 맞춰 조정하고 기준을 유의미하게 만들기 위해서 기능적 활동을 사용하는 것에 대해 학습하였다. Brolin(1992)의 일상생활 기술, 개인-사회적 기술들과 직업적 기술 교육과정 영역은 국가 기준의 기능적 활동에 포함될 수 있다. Courtade-Little과 Browder(2005)는 말을 할 수 없으며 의사소통하기 위해 물체를 사용하고, 책을 보는 것을 좋아하며, 사회적 상황을 즐기는 3학년 학생의 예를 제시한다. 유창성을 높이고 어휘력을 늘리기 위한 독립적인 일상생활읽기의 언어예술 국가 기준에 기초하여, 기능적 활동이 목적(번갈아 가며 이야기하기, 익숙하고 좋아하는 이야기에 대한 그림일기 쓰기, 또래들과 일기를 돌려보는 사회적 교환에 참가하기)을 발달시키기 위해 사용되었다(Courtade-Little & Browder, 2005, pp. 72-76). 개인적 사회기술의 교육과정이 학생들에게 의미 있고 기능적 효용을 갖는 활동에 포함되었다.

1) 진로인식

진로인식은 사람들이 각기 다른 기술을 요구하는 다양한 역할과 직업을 가지고 있다는 것을 학습하는 유아기 초기에 시작된다. 학생들은 언젠가 그들도 이런 역할들 중 일부를 성취할 수 있다는 것을 학습한다. 다양한 역할에 노출되면 사회의 직업과 근로자들의 일과 역할에 대한 지식과 인식을 만들어 나가기 시작한다. 초등학교 수준에서의 진로 교육은 두 가지 일반적 목적을 포함한다. 직업의 긍정적인 가치를 전달하는 것과 자신감을 위한 기회, 인식, 직업 성취의 보상을 제공하는 자기개념을 주입하는 것이다. 학생이 근로자들이 가져야 하는 육체적 노동 · 신체적 · 학습적 기술을 알게 되면, 이런 기준에 의거하여 스스로를 평가하기 시작한다. 이때가 학생들이 일반적인 방법으로 일을 할 수 없는 사람들이 일을 할 수 있는 다른 방법에 대해 생각하기 시작하는 시기다. 예를 들어, 상점, 사무실 또는 실험실로 현장학습을 가거나 교실에서 시연을 하는 것이 학생들이 근로자 역할을 하는 자신을 상상해 볼 수 있게 하며, 동시에 어떤 편의나 과제 수정이 필요한지 생각해 볼 수 있는 기회를 제공한다. 진로 인식은 또한 교육과정의 각기 다른 영역을 통해 제시될 수 있다. 언어 예술에서는 그림책 등의 문학작품에 등장하는 사람들의 역할에 대한 공부, 지리학에서는 전 세계의 근로자에 대한 공부, 과학에서는 발견과 발명의 삶에 대한 공부를 할 수 있을 것이다. 학생들은 장애인이나 비장애인 근로자의 교실 방문, 비디오나 영화 시청을 통해서도 다양한 직종에 종사하는 사람들을 관찰할 수 있다. 의식과 인식을 발달시키는 것과 함께 교사는 학생들이 성인 사회에서 그들에게 요구될 적절한 옷 입기와 몸단장, 작업 습관과 사회적 행동을 지향하게 할 수 있다.

2) 진로탐색

진로인식은 일반적인 직업의 성격에 대한 이해를 하게 해 주지만, 진로탐색은 학생들이 잠재적인 근로자로서 그들의 능력과 요구를 시험해 볼 수 있는 특별한 기회를 준다. 진로탐색은 초 · 중 · 고등학교의 본래 목적 중 하나였다. 오늘날에는 학업이 강조되고 탐색적 과정이 제거되면서, 학생들에게 음악, 연극, 언어, 예술, 그래픽 아트, 바느질, 요리, 산업 공예 및 다른 직업적으로 연결된 다양한 주제를 탐색할 기회를 제공하는 것이 더 어려워졌다. 이제 학교는 대안적 진로탐색 선택을 위해 특별한 사전-사후 학교 프로그램, 여름방학 프로그램, 지역사회 서비스와 봉사활동, 지역 청소년단체 및 교회의 측면에서 생각해 보아야 한다.

탐색 단계에서 학생들은 여러 직업군을 조사한다. 왜냐하면 학생들을 방대한 양의 현존하는 직업에 노출시키는 것은 불가능하며, 학생들이 직업군을 보면서 인식을 발달시키고 탐색할 수 있기 때문이다. 주요한 직업 목록은 직업 전망 편람(Occupational Outlook Handbook, 2008-2009; www.stats.bls.gov/oco/home.htm)에서 볼 수 있을 것이다. 직업은 11개 직업군으로 다음과 같이 세분화되어 있다.

1. 경영과 비즈니스 그리고 직업관리
2. 전문직과 관련 직업
3. 서비스 직업
4. 영업과 관련 직업
5. 사무와 행정 지원 직업
6. 농업, 임업 및 산림업 직업
7. 건설, 무역과 관련 근로자
8. 설치, 유지와 보수 직업
9. 생산 직업
10. 교통과 자재운송 직업
11. 군대(육 · 해 · 공)에서의 직업 기회(Occupational Outlook Handbook, 2008~2009)

직업 정보 네트워크(Occupational Information Network: O*NET; http://online.onetcenter.org/)는 직업 특성과 근로자 특성에 대한 정보를 수집, 조직, 설명, 유포하기 위한 종합적인 데이터베이스 체계를 제공해 주는 노동부의 또 다른 정보원이다.

지체 · 중복장애인은 모든 분야의 직업군에서 찾을 수 있다. 중복장애인은 '직업 창출'과 '지원고용'이라고 불리는 대다수의 직업군에서 일할 수 있다. 직업군을 명백한 것이라고 하거나, 장애인에게 어울리는 일에 대한 고정관념을 형성해서는 안 된다. 직업은 과제의 집합으로 이뤄지며, 많은 과제가 직업 분야에 관계없이 다양한 작업 환경에서 수행된다. 직업군은 단지 능력 분야가 아니라 흥미 분야이기도 하다. 장애인이 회사 대표나 공장 부장(임원, 사무와 행정 관련 직업들)의 역할을 할 수 없다 하더라도 사무실에서 일하거나 관리자나 임원을 보조하는 일을 할 수는 있다. 군복무는 지체 · 중복장애인들에게 불가능하겠지만 군사기지의 민간지원 영역에서 직업을 발견하거나 창출할 수 있다. 흥미로운 부분인 기술

[그림 12-4] 교사는 학생에게 지역사회 활동에의 참여를 안내한다.

은 11개의 직업군에 모두 해당된다.

가능하면 언제라도 학생들은 학교 안과 밖에서 다양한 직업에 종사하는 부모님과 다른 사람들을 관찰하고, 인식의 초기 학습에서 배웠던 것보다 더 깊이 있게 직업을 비교하는 경험을 하도록 도움을 받아야 한다. 모든 과목 활동과 교과과정 밖의 활동은 학생들이 개인적 자질, 흥미, 선호도를 평가하도록 하는 길이 된다. 시골 지역에서는 4H 클럽활동, 스카우트, 지역 가축 품평회 축제에 참여하는 것이 지역 주민들이 일과 여가를 위해 무엇을 하는지 알아볼 수 있는 방법이다([그림 12-4] 참조).

도시 지역에서는 거리 축제, 공원에서의 예술, 음악 축제, 소년 · 소녀클럽, 스카우트 그리고 학교에서 후원하는 활동들, 박물관, 도서관, 대학과 대학교, 시민단체에서 탐색할 수 있는 기회를 제공한다.

학생은 ① 교실 안에서와 학교에서의 자연스러운 상황에서([그림 12-5] 참조), ② 신문 또는 잡지를 읽거나 TV를 시청하거나, 가족과 친구들과 일상생활을 하는 동안에 사람들의 직업에 관심을 가짐으로써 그리고 ③ 지역사회에 있는 실제 직장에 방문함으로써([그림 12-6] 참

[그림 12-5] 학생들은 학교에서 다른 직업 과제를 시도하는 기회를 가질 수 있다.

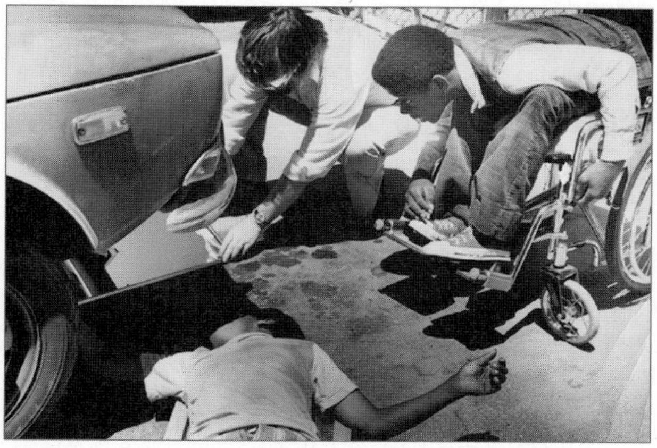

[그림 12-6] 계획된 현장학습에서 학생들은 그들의 차에 대한 흥미와 관련된 직업군을 조사한다.

조) 직업 탐색을 하도록 장려된다. 적절하고 안전하다면 언제라도 학생들에게 직업 시도와 직업 체험의 기회가 주어져야 한다. 자연적인 상황에서의 이러한 직접적인 경험을 통해 학생들은 과제의 필요성을 더 잘 평가할 수 있다.

학생과 교사는 〈표 12-1〉의 질문을 지침으로 사용하면서 개인적 직업군을 탐색할 수 있다. 예를 들어, 서비스 직업군에서 음식 서비스를 적용하였을 때, 9개의 질문은 한 직업 부문의 탐구가 어떻게 진로탐색 경험을 제공할 수 있는지 설명해 준다. 9개 질문을 탐구하는 데 있어서 어리고 경험이 적은 학생들을 위한 기초 활동과 나이가 많고 경험이 더 많은 학생들을 위한 상급 활동을 주의해서 비교해야 한다. 이 질문들은 직업 탐색의 과제분석으로 확장할 수 있고 실제 직업 훈련에 대한 분석으로 다듬을 수 있다.

고학년 학생은 특정한 직업이 실제로 무엇을 수반하는지 학습하면서, 그들 중 일부를 시험해 보고 싶어 할 수 있다. 학생들에게는 자신의 능력과 흥미를 더 평가할 수 있는 시연된 또는 실제의 직업을 시도해 볼 수 있는 기회가 필요하다. 그들은 또한 자신이 직업 환경의 수정과 관련해서 할 수 있는 일, 기술에의 접근성, 시간과 일정의 수용, 직업 인터뷰에서와 고용된 후에 스스로를 옹호할 수 있는 방법들에 대해 직접 생각할 수 있는 경험이 필요하다. 공식적인 또는 비공식적인 관찰, 직업 체험, 직업 시도를 준비하기 위해서는 학교 직원과 지역사회 고용주들의 협력이 필요하다.

탐색 과정은 또한 자기평가를 포함한다. 탐색 활동에 참여하는 학생은 특정 직업이 그들의 강점과 흥미에 잘 맞는지 아닌지의 측면에서 생각하도록 격려되어야 한다. 그러나 자기평가의 모든 절차는 모욕적이거나 실망스러운 경험이 되지 않도록 잘 조정되어야 한다. 탐색을 통해 자기평가의 이러한 과정들은 학생들이 그들의 자산과 능력을 알게 할 뿐만 아니라 두려움을 누그러뜨릴 수 있게 도와준다. 탐색 과정을 통해서 현실적인 기대가 강화될 수 있다. 직업 흥미와 관련하여 학생을 위해 교사, 양육자, 다른 사람들이 독단적으로 선택하는 것을 피하는 것이 중요하다(Martin, Woods, Sylvester, & Gardner, 2005). Martin 등(2005)이 '대리인에 의한 선택'이라고 설명한 것에만 기초하여 학생의 흥미나 직업적 선택을 추정하는 것은 진로탐색의 과정에서 자기결정의 근본적인 중요성을 부인하는 것이다.

가능한 보조기기, 수정, 보조적 기기에 대한 교사의 지식은 종종 장애가 극복할 수 없는 것처럼 보일 때 학생의 좌절을 상쇄할 수 있다. 예를 들어, 척수파열을 앓고 있는 한 청년이 방송국에서 일하기를 희망하였다. 휠체어 사용이 카메라맨에게 요구되는 운동성과 활동을 방해했지만, 교사가 방송 제작 과정을 조사하여 청년이 카메라 작업이나 영상을 녹화하는 각도, 화면 구도, 확대와 축소, 구성을 지시할 수 있다는 것을 알아냈다. 그는 어떻게 기술 감독이 될 수 있는지 배웠다.

〈표 12-1〉 음식 서비스 분야에서 진로탐색을 설명하는 안내의 예

질문	활동	기본	진보된
1. 음식 서비스에 속하는 직업은 무엇인가?	음식점을 찾아가서 서로 다른 직무를 가진 사람들이 수행하는 일을 모두 조사한다.	음식을 조리하고(요리사), 손님에게 음식을 가져다주고(근로자), 계산하는(캐셔, 근로자) 사람은 누구인지 알아본다.	다음의 근로자들을 위해 관찰되거나 인지된 역할을 정의한다. 서빙하는 직원, 샐러드바 직원, 그릇 치우는 직원, 그릇 씻는 직원, 냄비와 프라이팬 씻는 직원, 프랩쿡, 라인쿡, 셰프, 여성 안내원, 계산원, 지배인, 관리인. 다른 종류의 음식점(예를 들면, 24시간 커피숍, 패스트푸드 음식점, 패밀리식당, 카페테리아, 전문음식점)의 직업을 비교한다. 음식 서비스의 직업에 관계된 어휘를 탐구한다.
2. 이들 직업에서 일하는 사람은 누구인가?	서로 다른 직업에 종사하는 근로자가 반드시 갖추어야 할 경력과 준비 사항이 무엇인지 찾아본다.	근로자에게 그들의 직무를 어떻게 배웠으며, 가장 좋아하는 직무와 가장 좋아하지 않는 직무는 무엇인지 물어본다.	근로자들에게 일을 하는 데 가장 중요하다고 여기는 자질을 얘기하게 한다. 다른 종류의 음식점에서 일하는 서비스 직원의 자질을 비교한다.
3. 음식 서비스 직원의 생활양식은 어떠한가?	직무와 직무 일정이 종업원의 삶에 어떤 영향을 미치는지 또는 그들의 생활양식이 그들 직무 선택에 어떻게 영향을 미칠 것인지 찾아본다.	학생이 학교에 가는 일주일과 근로자가 일하는 날을 비교해 본다. 근로자가 일하는 시간과 학생이 학교와 집에서 과제를 하느라 보내는 시간을 비교해 본다.	직원을 면담하고 그들이 사는데 직업이 어떤 영향을 미치는지에 관한 질문을 한다. 그들이 직업을 선택할 때 무엇에 영향을 받았는지 물어본다.
4. 직무는 어디에 있는가?	직무를 어떻게 찾을지 검토한다.	교사 또는 직업을 가진 부모에게 자신이 그들의 직무를 어떻게 찾을지 물어본다.	신문이나 슈퍼마켓의 게시판 등에 있는 구인광고를 조사하고, 일자리의 위치를 알아본다. 도시 지도와 각기 다른 장소로 가는 데 사용되는 교통 체계를 연구한다.
5. 종업원은 그들의 직무를 어떻게 수행하는가?	직무의 일부로 각 개인이 하는 일이 무엇인지 글로 써 보고 설명한다.	손님, 남녀 종업원과 계산원이 각자 자신의 역할을 한다.	음식점 직원을 한 명 관찰하여 그가 보인 모든 활동과 기술을 나열한다. 근로자가 사용하는 의사소통 기술이 무엇인지 주목한다. 보이지는 않았지만 직업의 일부분이라 가정되는 활동들을 나열한다. 이는 컴퓨터와 다른 첨단기술 장치, 대인 의사소통, 대인관계에 관련된 것을 포함한다.
6. 일반적인 방법으로 말하거나 걷거나 손을 사용할 수 없다면, 근로자들은 그들의 직무를 어떻게 성취해 낼 것인가?	일반적인 방법으로 말하거나 돌아다니거나 손을 사용할 수 없다면, 서로 다른 음식 서비스 근로자들이 그들의 직무를 어떻게 수행할지 글로 써 보고 설명한다.	근로자가 휠체어 또는 의사소통 기기를 사용한다면, 그들이 할 수 있는 일이 무엇인지 확인한다.	지배인을 가장하여 당신과 잠재적인 근로자들이 어떻게 환경 수정, 보조기를 사용하는 기회, 일을 할 수 있게끔 해 주는 다른 기술에 관한 요구사항을 살펴보는지 설명한다.

7. 이 직무는 다른 사람에게 어떻게 기여하는가?	근로자들 집단에게 서로 다른 음식 서비스 직무를 제공하는 방법을 의논한다.	카페테리아와 같이 학교에서 특정 음식 서비스를 하는 근로자의 중요성과 효과에 대해 평가한다.	역할에 관해 토론한다. 예를 들어, 교육위원회 구성원, 인사부장, 건물(주방)관리인, 연락직원, 학교구 내에서 학교 음식 서비스에 관한 정책을 만들고 학생들에 대한 음식 서비스의 경영활동 방식 전반을 만드는 건강 표준 사무관이 있다. 이것은 많은 다른 직업의 기여에 대해 긍정적이고 존중하는 마음을 발달시킬 수 있는 기회를 제공하기에 알맞은 정도까지 연구될 수 있다.
8. 일터에서 사용하는 어휘는 무엇인가?	음식 서비스 배치에서 근로자들이 사용하는 어휘를 지도한다.	작업 배치 어휘와 현재 학교 활동과 관련된 어휘를 지도한다. 시간표-출석 규칙, 시간 기록계-학교 종소리, 수행평가-성적표, 식당 안전-소방훈련, 징계차원의 일시해고-학교 정학, 경력-성적증명서, 고용지침-학교 정책/규율, 종료-졸업 또는 중퇴, 휴식-휴학, 근로휴일-학교휴일	어휘 목록은 음식 서비스의 모든 다양한 업무 역할에 일반적이거나 특정하게 사용하는 단어와 개념을 포함하기 위해 확장될 수 있다. 예를 들면, 요리에서 사용하는 단어는 끓이기, 튀기기, 굽기, 섞기, 휘젓기, 다지기, 해동하기 등이 있다.
9. 주어진 직무를 어떻게 더 효과적으로 수행할 것인가?	개별 음식 서비스 직무를 잘 수행했는지 평가하는 방법을 알아본다.	교실 내에 작은 조립라인 활동을 만들어서 음식 서비스에 필요한 팀워크에 연관시킨다. 시간을 재고 연습 운영을 한 후, 그것이 어떻게 속도와 질을 높일 수 있는지를 평가한다.	성업 중인 지역의 카페나 패스트푸드 음식점을 방문한다. 특정한 직업을 수행하는데 무엇이 필요한지 평가하기 위해서 학생이 산업적 분석을 하도록 한다. 어떻게 직업 수행이 더 쉽게 또는 더 효과적으로 이뤄질 수 있는지를 토의한다.

출처: *Career Awareness for the Handicapped in the Elementary Schools* by C. Kokaska, 1974, Des Moines: Iowa Department of Public Instruction; "Work and Transition Education" by J. L. Biggie, 1991, in *Teaching Individuals with Physical, Health, or Multiple Disabilities* (3rd ed., pp. 468-470). J. L. Biggie, editor, New York: Macmillan.

요약하면 교사는 직업과 관련된 과제를 탐색하고, 직업과 작업 환경을 분석하며, 스스로를 평가하고 특정 직업에 필요한 요구사항을 이해하는 기회를 제공한다. 교사는 또한 학생들이 스스로의 강점과 약점, 보조기기의 사용을 통한 가능성, 자신의 적성과 능력, 자신의 흥미를 발견하도록 지원을 제공한다.

3) 진로준비

진로준비는 교육과정의 모든 단계에서도 일어나지만 고등학교에서 더 직접적으로 강조되며 일생 동안 지속된다. 진로준비는 고등교육을 선택하지 않는 학생들에게 특히 중요하다. 정규 진로/기술교육 학급 또는 특수교육 진로/기술 프로그램이 많은 학교에 있지만 다른 사람들은 학생을 고등 직업적 혹은 기술적 훈련 센터로 보내야 할 수도 있다. 주안점은 지역사회의 매우 특수한 직업이나 특별한 직무를 위해 학생을 훈련하는 것이다. Sitlington과 Clark(2006)는 주요 진로/기술교육 서비스가 중등 진로/기술적 교육, 중등 특수 요구 진로/기술적 교육, 고등 직업과 기술 교육(공적 및 사적), 청소년 견습생 프로그램, (지원고용 프로그램을 포함한) 직업 재활 프로그램의 시스템을 전달한다는 것을 알려 주었다.

장애를 가진 성인을 위한 직업적 대안을 개념화하는 한 가지 방법은 경쟁고용과 지원고용을 범주화하는 것이다(Wehman, Targett, Yauda, McManus, & Brief, 2007). 경쟁고용은 지원해 주는 사람 없이 경쟁적인 노동 시장의 한 직업에서 풀타임 또는 파트타임으로 일하는 것이다. 경쟁고용이 직업의 수정이나 수용을 포함할 수 있음에도 불구하고, 적절하게 일을 하도록 보장하거나 필요할 때 도움을 제공하기 위한 지원을 해 주는 사람이 필요하지는 않다. 지원고용은 "사람들이 경쟁적인 업무를 하고 개인의 강점, 자원, 우선순위, 걱정, 능력, 역량, 흥미, 알려진 선택과 일치하는 통합된 작업 환경에서의 경쟁적인 업무나 통합된 작업 환경에서의 고용"으로 정의된다(Wehman et al., 2007, p. 98). 지원고용은 고용 상태를 얻거나 유지하기 위해 지속적인 지원을 필요로 하는 사람들을 위한 적절한 선택권이다. 지원은 파트타임이나 풀타임 기준으로 제공될 수 있으며 개인 배치 모델과 집단 배치 모델을 포함한다(예를 들면, 모바일 근무 직원들, 산업 거주지와 소기업). 이 모델들에서 지정된 지원 인력은 작업 활동을 생산적이고 만족스럽게 유지하기 위해서 지속적으로 또는 '필요한 만큼' 지원을 제공한다. 이런 지원 인력은 유급으로 노동자를 돕거나 작업 배치 내의 자연적 지원 인력일 수 있다.

일부 직업 프로그램은 지역사회에 기반을 둔 작업장의 피고용인으로 학생이 참여하는 것을 포함하도록 구안되었다. 학생이 특정한 작업장에서 다양한 직업에 참여 및/또는 관찰할 때, 고용 선택과 현재 직업 기술이 더 잘 확인된다. 학생들은 실제 직업을 유지하기 위해 실제적인 선택을 할 수 있게 될 것이고 매우 특별한 훈련 요구를 결정할 수 있게 된다. 직업적 평가는 특정한 작업 환경 요구에 필요한 강점뿐만 아니라 근로자의 상태, 기대, 요구를 결정하기 위해 특정한 작업 환경의 환경적 평가도 강조해야 한다. 이는 개인과 직업이 잘 맞는지를 결정하는 데 이상적인 방법이다.

진로/직업 프로그램과 교육과정 경험은 장애인의 성공적인 고용에 필요한 태도와 기술의 발달을 돕는다. 다음의 제안은 학생들이 성공적으로 직업을 획득(배치)하고, 유지(후속의) 경험을 하도록 준비시키는 방법을 설명한다.

① 관리인이나 고용주가 원하는 정확한 직업과제에 대해 학생 훈련

일부 직무 과제는 예외 없이 직업에서 직업으로 일반화되지만 일부는 작업장에서의 특별한 선호도 때문에 약간 다르다. 과제를 학습할 때 필요하다면 촉진을 제공하고, 촉진을 지속적으로 제공하고, 최소한으로 언어 지시와 설명을 해서 학생이 완수할 수 있도록 한 다음, 실현 가능해지면 바로 촉진을 소거해야 한다는 것을 명심하라. 촉진체계와 기술 강화의 사용을 위한 과제 및 상황 분석은 제6장을 참조하라.

② 작업현장 환경에서 학생 훈련

학생들은 (신체적 편의의 사용을 포함한) 작업장에서 돌아다니기와 물품과 자료의 위치 찾기를 배워야 한다. 다른 환경적 과제는 사적인 전화를 어디서 걸 수 있는지, 언제 휴식시간이 시작되는지, 화장실의 위치, 상관의 사무실이 어디에 있는지를 학습하는 것을 포함한다. 작업 환경은 설명될 필요가 있는 문화를 가지고 있다. 학생들은 작업장의 고용주, 동료와 적절하다면 고객/의뢰인/손님과 상호작용하기 위한 작업장의 사회적 '규칙'을 학습할 필요가 있다.

③ 동료 근로자 또는 상관들 중에서 학생의 멘토 찾기

멘토는 학생에게 작업장의 문화와 '거래 요령'을 가르쳐 주고, 다른 사람에게 소개시켜 주고, 관습과 전통에 관한 내부 정보를 알려 주고, 직업상 독특한 용어나 언어를 가르쳐 주고, 1차 훈련 기간 후에도 도움을 준다.

④ 특별한 작업과제의 학습이 일어난 후에, 과제 수행의 속도와 정확성을 증가시키도록 학생 훈련

직업을 유지하지 못하는 주된 이유 중 하나는 그들의 생산성이 만족스럽지 못했기 때문이다. 생산이 중요한 직업을 위해 훈련하는 것은 작업 과제 학습기간에도 멈추지 않아야 하지만, 학생이 만족스러운 작업률과 지속적인 작업 품질과 정확성을 성취할 수 있도록 계속되어야 한다. 적절하다면 과제 수행의 속도를 높이기 위해 보조

공학을 사용할 수 있다(Wehmeyer, Palmr, Smith, Parent, Davies, & Stock, 2006). 단계별 상황에 대한 청각적 촉진을 제공하는 소프트웨어는 작업 생산 속도와 정확성을 강화하면서 사람의 지원에 대한 필요성을 감소시킬 수 있다.

⑤ 작업행동 점검 및 기대되는 작업 품질과 작업량을 저해하는 행동 확인

학교에서는 절대 용인되지 않는 행동 중 일부가 작업장에서는 용인되기도 하며 그 반대의 경우도 가능하다. 하지만 어떤 행동이 진정으로 작업 기대를 방해하는지와 작업장에서 어떤 행동을 허용할지를 알아야 한다.

⑥ 학생에게 언제 어떻게 도움을 요청하는지 훈련

필요하다면 역할극을 활용하여 작업장에서 도움을 요청하는 것을 연습할 수 있다. 학생들은 이해하는 척하는 것이 거의 항상 역효과를 불러오며 도움을 요청하는 것이 직업 성공에 긍정적인 접근이라는 것을 초기에 학습해야 한다. 메모하거나 연속적 활동을 전개하고, 저장하고, 검색할 수 있게 해 주는 보조공학이 자립을 돕기 위해 사용될 수 있다.

Sowers와 Powers(1991)는 중도 · 중복장애 학생들을 위한 성공적인 직업준비 프로그램의 중요한 구성요소인 전략을 확인하였다. 이 책의 이 절에서 논의할 전략은 다음을 포함한다.

1. 지역사회의 직업 시장을 반영하는 직업과 과제를 확인하고 훈련하기
2. 직업 성공에 중요한 직무 관련 기술 훈련하기
3. 지역사회 환경에서 학생을 훈련하기
4. 학생을 훈련하기 위해 체계적인 지도 절차를 사용하기
5. 학생의 독립을 증진시킬 수 있는 적응 전략 확인하기
6. 자녀의 직업준비에 부모 참여시키기
7. 학생들이 학교를 졸업하기 전에 그들을 위한 유급 고용 확립하기
8. 성인 서비스 프로그램과 조정하고 협력하기

⑦ 지역사회 환경에서 학생 훈련

이 전략은 앞선 두 가지 전략의 일부 특징을 다룬다. 본질적으로 이 전략은 학교, 병원, 재활센터의 인공적인 환경이 아닌 실제 작업환경에서 학생을 훈련하는 것을 옹호한다. 조사와 경험이 학생들이 학교에서 배운 기술을 일반화할 수 있는 정도는 그들이 그 기술을 수행하도록 기대되는 환경과 학습환경이 얼마나 비슷한지와 직접적인 연관이 있다는 것을 입증하였다.

⑧ 학생을 훈련하기 위해 체계적인 지도절차 활용

작업과제를 수행하기 위한 체계적인 지도는 차별과 학습문제가 있는 사람들이나 운동을 할 때 신경근이나 근골격 문제가 있는 사람들에게 필요하다. Marc Gold (1972)의 초기 연구에서부터 다양한 기술에 걸쳐서 장애인들에게 성공적이었던 직업 훈련 기술에 대한 많은 문헌이 있다(Wehman, 2006; Wehman, Inge, Revell, & Brooke, 2006). 이런 기술 중 많은 것이 응용행동분석의 철학과 방법에서 파생되어 나왔다. 과제분석, 지도적 단서, 형성, 강화, 소거가 이들 절차 대부분의 공통적 요소이며 효과적이다. 이런 가치 있는 전략에 대한 깊이 있는 논의는 제6장을 참조하라.

차별과 학습에서의 장애와는 대조적으로 과제 성취를 위한 움직임에서의 장애는 직업 훈련가에게 다른 문제점을 제시하였다. 물리치료는 사람들의 중추신경계를 개선하여 운동 수행을 향상시키는 전략이었다. 생체자기제어도 과체중이나 근긴장, 근육통이 있는 사람들을 위한 전략으로 사용되었다. Sowers와 Powers(1991)는 인지장애인을 위해 개발된 초기의 행동기법 중 일부가 운동장애가 있는 사람들에게도 도움을 줄 수 있다고 주장한다. 그들이 효과적으로 사용하였던 행동기법 중에는 과제분석, 전체과제 대 부분과제 훈련, 강화, 촉진지원이 있다. 게다가 그들은 완화훈련, 원스텝 이동전략, 운동과제 전의 신체 워밍업 전략, 체력 향상을 위한 등급이 매겨진 작업 기간, 모델링과 피드백을 위한 비디오테

이프 활용, 상상을 사용하는 것을 제안하였다.

⑨ 학생의 독립을 증진시킬 수 있는 조정 전략 확인

학교 프로그램에서 가장 중요한 활동은 학생들이 가능한 한 독립적으로 과제를 수행하도록 도와주는 데 가장 성공적인 전략을 확인하는 것이다. 재설계, 보조기기, 수정을 활용함으로써 많은 직업 과제의 어려운 요구사항이 제거되거나 줄어들 수 있다. Sowers와 Powers (1991)는 재설계, 보조기기 또는 수정을 위한 이런 전략을 다음과 같이 밝히고 있다.

- 어려운 단계를 제거하기 위해서 과제나 과제순서를 재설계하기
- 일반적으로 사용되지만 효과적이지 않은 대안적인 반응전략을 확인하기
- 접근을 용이하게 하고 움직임을 자유롭게 하기 위해 장비, 가구, 방 배치 또는 다른 환경적 장벽을 바꾸기
- 과제 수행을 효과적이고 편안하게 하기 위해서 사람이나 사용하는 장비를 배치하기
- 순서 결정하기 또는 의사결정을 도와주는 환경적 단서 제공하기
- 과제 수행에 있어서 어려움을 경감시키기 위한 보조기기를 확인하고 제공하기

⑩ 자녀의 직업준비에 부모 참여시키기

일부 부모는 학령기 동안 마지못해 직업적, 기능적 훈련을 고려한다. 많은 부모는 직업, 특히 경쟁고용이 그들 자녀에게 불가능하다고 믿기도 한다(Martin et al., 2005). 교사와 교직원은 자녀의 미래에서 직업의 중요성과 조기에 직업준비를 시작하는 것의 중요성에 대해 부모와 상담할 필요가 있다. 부모는 자녀의 직업적 잠재력에 관한 희망과 지원고용의 개념에 대한 정보를 통해 심리적 안심을 얻을 수 있다.

⑪ 학생이 학교를 졸업하기 전에 유급 고용제 확립

지역사회 작업장에서의 유급고용은 궁극적인 목표이며 장애학생을 위한 학교 프로그램의 성공의 척도이다. 연습이라는 입장에서 이것은 고등학교 졸업장보다 더 중요한 목표이다. 이러한 성과가 이루어지는 것을 보장하기 위해 학교 프로그램은 학생이 더 높은 수준의 교육이나 고등과정의 직업적-기술적 훈련을 받지 않는다면, 그들이 학교를 떠나기 전에 직업을 얻도록 시도해야 할 것이다(Rusch & Braddock, 2004). 이러한 생각은 지역사회 기반 직업 훈련과 지역사회 기반 고용 간 차이를 강조한다.

⑫ 성인 서비스 프로그램과 조정하고 협력

유급고용 마련은 장기간에 걸쳐 나타나는 결과이며, 하나 혹은 그 이상의 성인 서비스 기관과의 협력을 요구한다. 결과적으로 학교 프로그램 직원이 지역 직업재활기관, 지역사회 발달장애협회, 자립생활센터와 긴밀하게 협력하는 것이 절대적으로 필수적이다. 우수한 학교 전환 프로그램은 이들 기관들과 지속적으로 의사소통 체계를 형성하고, 추천을 받기 위해서 조정을 잘하며, ITP 계획을 수립하기 위해 협력하는 일이 일상적이다.

지체 · 중복장애인을 위한 전환계획의 한 가지 독특한 부분은 개인 보조 서비스의 필요이다. 학령기에 이 역할은 일반적으로 사설기관이나 지방 교육기관을 통해서 수행된다. 때때로 부모가 자녀의 개인관리 지원자가 될 수 있다. 하지만 학생이 고등교육 과정이나 직장으로 전환함에 따라 유급 개인관리 지원자가 필요할 수도 있다 (West, 1991). 일부 자립생활센터는 내담자와 접촉, 면담하고 개인관리 지원자를 고용한다.

1997년 IDEA 조항은 명백하게 전환교육 서비스 전달이 단지 학교의 책임만은 아니라는 기대를 만들었다 (Sitlington & Clark, 2006). 그러나 법은 학교가 아닌 기관이 무언가를 시작하도록 기다리는 대신에 이런 기관과의 연결을 보장하는 일을 학교가 책임지도록 했다. 학교는 학교와 학교가 아닌 기관 사이에 서비스 계약이 있지 않은 한, 학교가 아닌 기관이 마지막 계획 단계와 '손

을 놓는' 단계 동안 IEP나 ITP 과정에 참가하도록 강요할 권한이 없다. 몇몇 성인 서비스 단체는 법률적으로 제공할 의무가 학교에 있는 서비스에 자금을 들이고 싶지 않기 때문에 협동적인 IEP나 ITP 계획에 참여하기를 꺼린다. 마찬가지로 학교는 성인 제공자의 책임이라고 믿는 서비스를 위한 지출에 반대한다. 규정은 분명하지만 주의 직업재활 기관을 포함한 모든 기관의 참여를 없애는 법률규정은 신통하지 않다.

교사는 직업재활(VR) 기관과 자립생활센터(ILCs)를 포함한 학교가 아닌 기관의 철학과 역할을 잘 알고 있어야 한다. Stoddard와 Primo(2004)는 "VR 기관은 성공적인 성과를 달성하기 위해 평가와 훈련을 제공하는데 반하여, ILCs는 내담자 통제, 옹호, 동료지향적 서비스, 환경적 및 절차적 장애물 감소를 강조한다"(p. 46). Stoddard와 Primo(2004)는 교차 직원 고용(cross-staff hiring)과 고용 프로그램, 향상된 자료 수집과 관리에의 참가, ILCs의 핵심 구성요소로서의 고용 서비스를 포함한 이런 기관들의 더 협력적인 관계를 촉구한다. 교사는 손님으로써 프레젠테이션에 참여하는 것과 현장 방문을 포함하여 VR 기관과 ILCs에 대한 정보를 제공할 때 학생의 옹호자다.

교사는 성공적인 진로준비 프로그램에 중추적인 역할을 해야 한다. 그들은 교수자, 훈련자, 작업 코치, 홍보 전문가, 상담가와 작업자를 위한 안내자로서 임무를 한다. 이런 다양한 역할 중에 교사는 학생이 학교 프로그램에 참가하고 있을 때 고용을 위한 계획을 구안하기 위해서 학교, 가족, 지역교육기관, 지역사회, 성인 서비스 기관의 자원을 끌어온다. 교사는 진로 준비 상황이 어렵거나 그들의 경험이나 전문지식 수준을 넘어섰을 때 자신의 멘토를 찾아야 할 수도 있다.

⑬ 진로배치/추수지도 및 평생교육

진로배치와 추수지도가 상당히 빨리 일어날 수 있지만 학생이 직장에서의 훈련과 작업 경험에 참가하는 일반적인 시기는 고등학교 시기이거나 18~21세인 학생들을 위한 확장된 프로그램 시기이며, 추가적인 훈련을 필요로 한다. 때때로 학령기에 이루어진 배치가 장기간의 고용을 위해 성인기로 연장되기도 한다. 학생이 학교를 떠날 때가 되면, 이상적으로 그들은 몇 가지 직업 상황을 경험했을 것이고, 그들의 첫 번째 졸업 후 고용을 나타내는 직업배치에 대한 결정에 준비가 되었을 것이다.

중도 장애학생을 직업의 세계나 성인 기관의 서비스에 안착시키는 것은 굉장히 복잡한 과정이다. 조직적이고 집중적인 많은 전환활동이 중요한데, 특히 가족들이 때때로 서비스 관리인과 조정자의 역할을 맡아야 한다는 것을 확실히 해 두는 것이 중요하다. Wehman(2001)은 그 과정이 지역사회에 기반을 둔 직업 훈련 및 지원 고용 훈련 모델과 결합하였을 때 진로배치와 추수지도 과정을 위한 준비가 가장 효과적으로 작용한다고 제안했다. 지원고용은 경쟁고용이 전통적으로 이루어지지 않는 사람들의 직업적 배치와 추수지도를 위한 가장 효과적인 모델 중 하나다. 이런 사람들을 위해 지원고용은 실제 직업과 임금, 같은 직업에 종사하는 다른 근로자들이 받는 것과 똑같은 혜택, 기회를 가질 권리, 능력에의 초점, 계속되는 지원을 제공한다(Rusch & Braddock, 2004; Sitlington & Clark, 2006; Wehman, 2001, 2006; Wehman, Revell, & Brooke, 2003). 〈표 12-2〉는 지원고용 프로그램을 위한 성과 수행 지표를 나타낸 것이다.

교사와 다른 학교 직원들은 개별 학생을 위한 학교에서 직장으로의 전환계획의 개발에서 리더십 역할을 해야 한다. 전환계획은 2004년 IDEA에 의거하여 16세 이상의 모든 학생에게 요구된다. 몇몇 주에서는 14세부터 전환 계획을 시작하는 2004년 IDEA 조항을 유지하고 있다.

학생이 학교를 졸업한 후에 학생들이 직업재활 서비스를 위해 주에서 지정한 기관에서 서비스를 받는다면 그들을 위한 비슷한 계획이 개발될 수 있다. 직업재활 계획은 직업재활계획서(Individual Written Rehabilitation Plan: IWRP)라는 예전 용어를 대신하여 고용을 위한 개별계획(Individual Plan for Employment: IPE)이라고 불린다. 더 이상 교육 시스템에 참가하지 않는 청년들에게는 직업재활 서비스가 의무사항이 아님을 유의해야 한다.

〈표 12-2〉 지원고용 프로그램의 성과 수행 지표

프로그램 성과	성과 수행 지표
사람들은 경쟁고용이나 지원고용을 구할 것이다.	• 경쟁고용이나 지원고용을 구한 사람들의 수 • 경쟁고용이나 지원고용을 구한 사람들 중 근무한 사람들의 비율
사람들은 향상된 수준의 경제적 자급자족을 성취할 것이다.	• 경쟁고용이나 지원고용을 구한 전후에 사람들의 시간당 또는 매월 근로에 대한 평균 임금 • 직업배치 이후 사람들이 일한 평균 시수. 사람들이 배치됨에 따라 획득한 고용 효과의 금전적 환산가치(예를 들면, 건강 및 치아관리, 퇴직, 천직, 병가) • 근로 임금이 증가한 사람의 수
사람들은 사회적 상호작용과 장애가 없는 또래/동료와의 통합을 증가시킬 수 있다.	• 임금 증가와 함께 직무가 한 단계 승진한 사람의 비율 • 통합된 고용에서 1년 후 소득의 평균적 변화 • 매일 직장에서 최소한 두 명의 동료/또래와 상호작용하는 지원 피고용인의 비율 • 당면한 작업 환경에서 장애가 있거나 없는 피고용인의 비율 • 일반적인 업무시간 외에 동료들과 사교모임에 참여하는 피고용인의 수
사람들의 자존감이 향상될 것이다.	• 자신의 직업, 의무, 임금, 서비스에 만족한다고 보고한 사람들의 비율 • 통합된 고용을 구한 이후 태도, 일상생활 일과, 사교관계와 전반적인 삶의 질에 긍정적 변화를 겪었다고 보고한 사람들의 비율

출처: *Reach for the Stars!* (p. 12), by D. Lavin, 2000, Spring Lake Park, MN: RISE. Reprinted by permission.

청년들은 반드시 서비스에 지원하고, 서비스에 적합하다는 것이 입증되어야 하며, 각 주의 선택 조항에 따라 서비스 공급을 받게 된다. 이 연결과정이 졸업이나 학교를 나가는 것에 앞서 학생(가족)과 주의 재활 서비스 사이에서 만들어져야 한다는 것이 절대적으로 중요하다.

학교는 과정의 소개에 적극적으로 참여해야 하고 기관이 원하는 모든 평가정보를 얻었는지 확인하는 데 도움을 제공해야 한다. 만약 재활 상담사가 학생이 서비스에 적합하다고 결정하면 이 서비스는 IPE에 의해 명시될 것이다. 이것은 확장된 평가, 상담, 훈련이나 고등교육, 훈련 중이나 학교에 있을 때의 유지와 이동, 신체적 저장 절차, 인공기관이나 다른 보조기기, 직업배치 보조, 지원고용과 추수지도를 포함할 수 있다. 이런 서비스 중 어떤 것도 보장되지는 않는다. 각 사례는 학생의 독특한 요구를 위해 개발된다.

이 단계에서 학생과 함께 일하는 교사, 직업 코치와 다른 지원 인력들은 직업의 세계나 학생 스스로와 다른 사람들에게 혜택을 주는 생산적인 작업으로의 전환을 이루도록 학생을 돕는다. 다음 절에서는 학생에게 그런 도움을 제공할 때 사용할 수 있는 일부 전략과 프로그램화된 활동을 소개하겠다.

5. 학교에서 고용으로의 전환

모든 장애 집단 중에서 지체·중복장애로 진단받은 사람들이 가장 광범위한 인지적, 신체적 특징을 갖는다. 그런 이유로 이 집단에 속하는 청년이 학교를 떠난 후에 고용되도록 준비하게 하기 위한 가장 좋은 실행의 모든 제시는 다양한 선택권을 포함해야 한다.

1) 상위능력을 가진 학생들

지체·중복장애 학생의 대다수가 일반교육 학급에서 지도받는 데 상당한 시간을 보낸다는 가정에서 시작하면, 일반교육에서 고용 준비를 위해 제안된 기준이 교육과정 계획을 위한 시발점이 되어야 한다. 공교육의 모든 학생들에게 기초기술과 기초능력 영역이 제안되면서, 학교가 해야 하는 일(What Work Requires of Schools: ASCANS Report for America 2000; Seretary's Commission on Achieving Necessary Skills, 1991)에서도 이를 제시하였다. SCANS에서 학교가 해야 하는 일에 관한 아주 구체적이고 중요한 정보를 출력할 수 있다(www.ttrc.doleta.gov/SCANS/; Secretary's Commission on Achieving Necessary Skills 참조). 만약 학생이 숙련된 기술적 또는 전문적 고용을 목표로 인지적, 학습적 기술을 가지고 있다면 진로 준비를 위해 일반교육 대안에 초점을 맞추어야 한다. 먼저 학생의 선호도와 흥미, 두 번째로 강점의 인식, 그리고 마지막으로 프로그램 대안과 필요한 편의와 지원에 기초하여 선택해야 한다.

2) 중도의 지체 · 중복장애 학생

지원을 받음에도 불구하고, 지역 또는 주의 기준을 달성하는 데 학업적인 어려움이 있는 고등학교 수준의 학생들이 효과가 약한 분리된 프로그램이나 생산적이지 않은 통합 프로그램으로 밀려나서는 안 된다. 학생의 강점이 학업적 수행에 있지 않다는 것이 그들이 경쟁고용이나 경쟁적 지원고용에서 의미 있는 직업을 찾을 준비를 할 수 없다는 것을 뜻하지는 않는다. Brolin의 LCCE 교육과정 수정판이 학교가 직업전환과 지역사회 생활에서의 중요한 기술과 성과에 중점을 두도록 중등도의 장애인들을 위해 특별히 개발되었다(Loyd & Brolin, 1997).

IDEA 조항은 (특수교육 서비스를 받는 학생 개개인을 위해 고등 성과 목표와 필요한 전환교육 서비스를 성취하기 위한 관련 학습과 지도 과정을 포함한) 필요한 전환 서비스의 진술을 요구한다. 지체 · 중복장애 학생을 위한 고용 분야에 있어서, 진로인식, 진로탐색, 진로준비 및/또는 진로배치와 추수지도 목표와 목적과 관련하여 한 해의 마지막에 학생이 알아야 할 것은 무엇이고 할 수 있는 것은 무엇인지를 매년 진술할 수 있는 것이 중요하다. IEP 팀은 요구와 서비스, 그런 요구와 서비스의 요구를 달성하기 위해 만들어질 목적의 진술을 하기 위해서 필요한 평가 정보를 모으는 책임을 져야 한다. IDEA는 또한 학교가 졸업을 하거나 나이가 적합하지 않아서 학교를 나오는 학생들과 가족들을 위한 수행평가 요약을 준비하도록 해야 한다. 당연히 적절한 평가와 IEP 계획이 적절하게 이루어지지 않는다면, 성인 서비스와 고등교육을 사용하는 학생과 부모와 훈련 전문가가 의미 있는 수행 평가의 요약을 만들기 어려울 것이다.

요약 및 결론

직업준비는 조기에 시작되며 성인기에도 지속된다. 교용을 위한 전환 서비스 요구와 필요한 전환 서비스는 반드시 16세 이전에 개별 학생의 IEP 계획과 IEP 회의의 한 부분으로 매년 고려되어야 한다. 학생들은 초등학교 때부터 졸업을 하거나 학교를 떠날 때까지 학령기에 진로 인식, 탐색, 준비, 배치의 단계를 지나야 한다. 학생의 만족스러운 고용의 중요한 성인기 성과를 위해 학생의 작업을 지지해 주는 교육과정과 지도 활동을 계획하는 수많은 전략이 있다.

"자기결정(SD) 촉진은 완전하고 완성된 특수교육 서비스 제공의 특징이 되어가고 있다"(Karvonen et al., 2004, p. 23). 전환교육의 교육과정 선택권은 지식과 기술에 관련된 내용을 포함한다. 제5장에서 설명한 교육과정 모델이 전환교육 내용이나 내용 영역의 명백한 예를 보여 준다. 그러나 교수 내용이 그것으로 끝이 아니라는 점을 기억해야 한다. 필요한 내용의 지도는 반드시 항상 학생의 지식과 기술 습득을 위한 성과를 목표로 해야 한다. 학생들이 입증하거나 사용하기 전까지 우리는 우리가 지식과 기술을 가르쳤는지 알지 못한다. 학생의 성과를 강조하는 것은 교사가 많은 책임 문제와 그들의 노력을 방해할 수 있는 장벽이 있더라도 성인기를 위해 학생을 준비시키는 그들의 목적을 유지하게 해 준다.

여러분은 전환교육과 서비스 전달에서 많은 문제를 마주하게 될 것이다. 장애학생과 장애가 있는 졸업생을 위해 전환 서비스를 촉진하고 발달시키며, 유지하고 증진시키는 국가, 주, 지역 수준의 대표 그룹의 사람들과 상호작용함과 동시에 전환교육을 더 공부함으로써 이런 어려운 상황에서 여러분의 기운을 북돋을 수 있다. Sitlington과 Clark(2006)는 이런 문제점 중 일부를 확인하였는데, 이는 다음에 설명해 두었다.

사안 1: 향상된 성인 성과의 목표는 종종 개선된 학업 성과의 목표와 경쟁한다(p. 361).

사안 2: 학교는 학업 성취에서 그렇듯이 전환 서비스 전달의 질에도 책임이 있어야 한다(p. 362).

사안 3: 장애인을 위한 전환교육 평가는 종종 운에 맡긴다(p. 363).

사안 4: 주와 지역의 평가의 노력과 장애학생을 위한 학교 완성 성과의 기준에 기반을 둔 개혁은 불투명하다(p. 364).

사안 5: 전환교육과 서비스의 준수는 지역과 주 교육기관의 가장 빈번한 불이행의 부분으로 남아 있다(p. 366).

사안 6: 자기결정의 공식적 훈련이 종종 제공되지 않는다(p. 367).

사안 7: 일반교육에서 직업기반 학습프로그램의 유용성은 쇠퇴하는 것으로 나타난다(p. 368).

사안 8: 중등교육 수준의 프로그램이 교육과정중심 평가와 비범주화로 나아가는 반면에, 고등교육 프로그램은 장애에 관한 문서를 제공하기 위해 점점 표준 심리학 실험에 중점을 두고 있다(p. 335).

사안 9: 성인기로 나아가는 시기에, 특수교육 인력의 공식적인 준비는 불충분하다(p. 363).

학생들이 스스로 결정할 수 있고 자립적이며, 가족 구성원, 시민, 노동자, 그리고 평생 학습자로서 만족한 개개인이 되기 위해 배워야 하는 것들을 배울 수 있는 기회를 가질 수 있는 학교를 만들기 위해 헌신하지 않는 사람들을 위한 여지는 없다. 이 책에 있는 교육과정 수정과 교수 전략을 실행하기 위해 노력하면서, 지식과 기술을 익혀서 성인사회에서 제 역할을 하기 위해 중등과정으로 온 장애학생들을 준비시킬 수 있다. 그들 스스로의 노력과 특수지도자, 일반지도자, 가족, 그 밖의 사람들의 노력을 통해, 지체·중복장애 및 건강장애 학생들은 성인기의 주요 요구를 충족시키고 달성하는 준비를 마친 상태로 학교 프로그램을 떠나야 한다.

토의 문제

1. 지체·중복장애인들이 전환교육과 준비를 초기 아동기에 시작해야 하는 세 가지 이유를 논의해 보자.
2. 유치원과 초등학교 수준의 교사들이 교육과정에서 직업인식을 불어넣을 수 있는 몇 가지 방법을 설명해 보자.
3. 지체·중복장애인들의 직업적 성공에 유효한 자기평가가 중요한 이유는 무엇인가? 교사들은 어떻게 지체장애 학생들이 유효한 자기평가를 하도록 도울 수 있는가?
4. 교사들은 학급활동 중에 자기결정을 할 수 있는 사람의 특징을 어떻게 가르쳐 줄 수 있는가?
5. 중증 천식을 앓는 여학생에게 특수교육 서비스를 제공하는 중등교사이다. 여학생은 학교에서 평균 수준의 학업적 진보를 보이고 있지만 만성적인 증상 때문에 결석이 많다. 이 학생이 성공적인 전환교육과 준비에 직면하는 데 장벽이 되는 것은 무엇이며, 학생이 도전을 성취하도록 하는 데 교사는 어떻게 도움을 줄 수 있는가?
6. 고등학교 학급의 남학생이 직업적으로 삼림관리원에 많은 흥미가 있다. 교사는 (경직형 양측마비성 뇌성마비를 앓고 있는) 이 학생이 부모 때문에 이 흥미를 계속 이어 나가는 것을 단념하고 있는 것은 아닌지 의심스럽다. 교사는 학생과 그의 가족 모두를 지지하기 위해 어떻게 개입할 것인가?
7. 사회적 경쟁력과 자기결정력은 고용을 위한 전환교육과 준비에 어떤 연관이 있는가? 점점 심해지는 병이나 불치병을 앓고 있는 학생들은 고용 준비에 참여해야 하는가? 그 이유는 무엇인가?

유용한 사이트

- America's Job Bank

http://www.ajb.dni.us/

이 웹사이트는 구직자를 위한 정보를 제공해 주며, 현재 직업 시장의 정보를 제공한다.

- Assessment for Transition Planning

http://www.transitioncoalition.org/assessment

전환 평가 분야의 정보, 자원, 링크, 기술적 지원을 제공한다.

- National Secondary Transition Technical Assistance Center

http://www.nsttac.org/pdf/transition_gu/nsttac_tag.pdf

연령에 적절한 전환 계획 평가에 대한 정보와 자원을 제공한다.

- Courage Center

http://www.courage.org/

이 비영리 기관에서는 특수한 요구를 가진 사람들을 위해 재활, 계발, 기타 서비스를 제공한다.

• Job Accommodations Network
http://www.janweb.icdi.wvu.edu
미국 노동부의 장애고용정책 기관의 서비스인 이 네트워크는 직무 조정에 대한 출판물과 정보를 제공한다.

• Microsoft Enable Production
http://www.microsoft.com/enable/productions
이 웹사이트에서는 〈Enable: People with Disabilities and Computers〉라는 훌륭한 비디오의 복사본을 주문할 수 있다.

• National Secondary Transition Technical Assistance Center(NSTTAC)
http://www.nsttac.org/
이 센터에서는 국가 자원을 조직화하며, 기술적 지원을 제공해주고, 장애청년의 학교 졸업 후 교육 및 전환에 관련된 정보를 제공한다.

• National Collaborative on Workforce and Disability for Youth(NCWD/Youth)
고용과 장애청년을 위한 정보의 귀중한 자원이다. 이 기관은 양질의 관련 정보를 제공하는 전문가들과 협력관계를 맺고 있다.

• National Institute on Life Planning for Persons with Disabilities
http://www.sonic.net/nilp
이 기관은 전환, 개인에게 초점을 맞춘 인생설계, 정부의 혜택, 옹호, 후견인, 주택공급, 지원고용에 대한 정보를 가지고 가족을 지원한다.

• National Post-School Outcomes Center
http://www.psocenter.org/index.html
이 사이트는 학령기 이후에 소득을 얻고 사용하기 위한 IDEA의 요건을 달성하기 위한 정보를 제공하는 자원이다.

• National Program Office on Self-Determination
http://www.self-determination.org
이 웹사이트는 신문기사, 토론 포럼, 자원 링크, 출판물을 제공한다.

• Through the Looking Glass
http://www.lookingglass.org
이 국가 센터는 장애아동 및 장애청년의 가족에게 연구정보, 훈련, 서비스를 제공한다.

• Transition Coalition
http://www.transitioncoalition.org/index.html/
이 사이트는 전문가, 가족, 장애인, 그 밖에 학령기에서 성인기로의 전환에 관심이 있거나 관련이 있는 사람들에게 정보, 지원, 링크를 제공한다.

• Western Regional Resource Training
http://interact.uoregon.edu/WRRC/transitiondocument.html
이 지역 자원센터는 전환 서비스, 출판물, 링크에 관한 정보를 제공한다.

참고문헌

Agran, M., Martin, J. E., & Mithaug, D. E. (1989). Achieving transition through adaptability instruction. *Teaching Exceptional Children, 21*(2), 4-7.

Agran, M., & Wehmeyer, M. (2003). Self-determination. In D. Ryndak & S. Alper (Eds.), *Curriculum and instruction for students with significant disabilities in inclusive settings* (pp. 259-276). Needham Heights, MA: Allyn & Bacon.

Antle, B. J. (2004). Factors associated with self-worth in young people with physical disabilities. *Health and Social Work, 29*(3), 167-176.

Brolin, D. E. (1992). *Life centered career education (LCCE) curriculum program.* Reston, VA: Council for Exceptional Children.

Brolin, D. E. (1995). *Career education: A functional life skills approach* (3rd ed.). Upper Saddle River, NJ: Pearson Education.

Brolin, D. E. (1997). *Life centered career education: A competency based approach-Teacher's guide* (5th ed.). Reston, VA: Council for Exceptional Children.

Brolin, D. E. (2004). *Life centered career education (revised).* Arlington, VA: Council for Exceptional

Children.

Brolin, D. E., & Loyd, R. J. (2004). *Career development and transition services: A functional life skills approach* (4th ed.). Upper Saddle River, NJ: Merrill/ Pearson Education.

Chambers, C. R., Wehmeyer, M. L., Saito, Y., Lida, K. M., Lee, Y., & Singh, V. (2007). Self-determination: What do we know? Where do we go? *Exceptionality, 15*(1), 13-15.

Clark, G. M., & Patton, J. R. (1997, 2006). *Transition planning inventory.* Austin, TX: PRO-ED.

Clark, G. M., & Patton, J. R. (2004). *Transition planning inventory-computer version.* Austin, TX: PRO-ED.

Courtade-Little, G., & Browder, D. M. (2005). *Aligning IEPs to academic standards.* Verona, WI: Attainment.

Cronin, M. E., & Patton, J. R. (1993). *Life skills instruction for all students with special needs: A practical guide for integrating real-live content into the curriculum.* Austin, TX: PRO-ED.

Field, S., & Hoffman, A. (2005). *Steps to self-determination: A curriculum to help adolescents learn to achieve their goals* (2nd ed.). Austin, TX: PRO-ED.

Field, S., Martin, J., Miller, R., Ward, M., & Wehmeyer, M. (1998). *A practical guide for teaching self-determination.* Reston, VA: Council for Exceptional Children.

Gold, M. (1972). Stimulus factors in skill training of the retarded on a complex assembly task: Acquisition, transfer, and retention. *American Journal of Mental Deficiency, 76*, 517-526.

Halpern, A. S. (1994). The transition of youth with disabilities to adult life: A position statement of the Division on Career Development and Transition, the Council for Exceptional Children. *Career Development for Exceptional Individuals, 17*, 115-124.

Halpern, A. S., Herr, C. M., Wolf, N. K., Lawson, J. D., Doren, B., Johnson, M. D., et al. (1997). *Next S.T.E.P.: Student transition and educational planning.* Austin, TX: PRO-ED.

Heller, K. W., Forney, P. E., Alberto, P. A., Schwartzman, M. N., & Goeckel, T. (2000). *Meeting physical and health needs of children with disabilities: Teaching student participation and management.* Belmont, CA: Wadsworth.

Karvonen, M., Test, D. W., Wood, W. M., Browder, D., & Algozzine, B. (2004). Putting self-determination into practice. *Exceptional Children, 71*, 23-42.

King, J., Lunger, J., & Toomey, C. (2005). *Framing the future: A tool for life planning.* Retrieved September 9, 2007, from www.bridgeschool.org

Kochhar-Bryant, C. A., & Bassett, D. S. (2002). *Aligning transition and standards-based education: Issues and strategies.* Arlington, VA: Council for Exceptional Children.

Longo, P. (2002). Transition, standards, post-secondary goals, and the individualized education program: One state's efforts at integration. In C. A. Kochhar-Bryant & D. S. Bassett (Eds.), *Aligning transition and standards-based education: Issues and strategies* (pp. 41-53). Arlington, VA: Council for Exceptional Children.

Loyd, R. J., & Brolin, D. E. (1997). *Life centered career education: Modified curriculum for individuals with moderate disabilities.* Arlington, VA: Council for Exceptional Children.

Martin, J. E., Woods, L. L., Sylvester, L., & Gardner, J. E. (2005). A challenge to self-determination: Disagreement between the vocational choices made by individuals with severe disabilities and their caregivers. *Research and Practice for Persons with Severe Disabilities, 30*(3), 147-153.

Occupational Outlook Handbook (OOH), 2008-2009. http://www.stats.bls.gov/oco/home.htm.

Perske, R. (1972). The dignity of risk. In W. Wolfensberger (Ed.), *Normalization: The principle of normalization in human services* (pp. 194-200). Toronto: National Institute on Mental Retardation.

Powers, L., Deshler, D. D., Jones, B., Simon, M., & Taylor, M. (in press). To increase high school completion rates and higher education and employment success. In T. Hehir (Ed.), *Five goals for special education in preparing today's children for tomorrow's world.* Reston, VA: Council for Exceptional Children.

Powers, L. E., Singer, G. H. S., & Sowers, J. (1992). *A student directed model for the promotion of self-determination.* CFDA Grant No. 84.158K: Model demonstration projects to identify and teach skills necessary for selfdetermination. Lebanon, NH: Department of Education, Office of Special Education and Rehabilitative Services, Dartmouth Medical School.

Powers, L. E., Sowers, J., Turner, A., Nesbitt, M., Knowles, E., & Ellison, R. (1996). Take charge: A model for promoting self-determination among adolescents with challenges. In L. E. Powers, G. H. S. Singer, & J. Sowers (Eds.), *On the road to autonomy: Promoting self-competence in children and youth with disabilities* (pp. 291-322). Baltimore, MD: Paul H. Brookes.

Powers, L. E., Turner, A., Ellison, R., Matuszewski, J., Wilson, R., Phillips, A., et al. (2001). A multi-component intervention to promote adolescent self-determination. *Journal of Rehabilitation, 67*(4),13-19.

Roberts, J. A. (2007). Gaining self-determination skills through peer mentoring between students with similar physical impairments: A case study. *Physical Disabilities and Related Services, 26*(1), 9-30.

Rusch, F. R., & Braddock, D. (2004). Adult day programs versus supported employment (1988-2002): Spending and service practices of mental retardation and developmental disabilities state agencies. *Research and Practice for Persons with Severe Disabilities, 29*(4), 237-242.

Secretary's Commission on Achieving Necessary Skills (SCANS). (1991). *What work requires of schools.* Washington, DC: U.S. Government Printing Office.

Sitlington, P. L., & Clark, G. M. (2006). *Transition education and services for students with disabilities.* Boston: Allyn & Bacon.

Smith, D. L. (2007). The relationship of type of disability and employment status in the United States from the Behavioral Risk Factor Surveillance System. *Journal of Rehabilitation, 73*(2), 32-40.

Sowers, J., & Powers, L. (1991). *Vocational preparation and employment of students with physical and multiple disabilities.* Baltimore, MD: Paul H. Brookes.

Stoddard, S., & Primo, B. (2004). Expanding employment opportunities: Independent living center employment services and collaboration with vocational rehabilitation. *Journal of Vocational Rehabilitation, 20*(1), 45-52.

Ward, M. J. (1996). Coming of age in the age of self-determination: A historical and personal perspective. In D. J. Sands & M. L. Wehmeyer (Eds.), *Self-determination across the life span: Independence and choice for people with disabilities* (pp. 1-16). Baltimore, MD: Paul H. Brookes.

Ward, M. J. (2005). An historical perspective of self-determination in special education: Accomplishments and challenges. *Research and Practice for Persons with Severe Disabilities, 30*(3), 108-112.

Wehman, P. (2001). *Supported employment in business: Expanding the capacity of workers with disabilities.* St. Augustine, FL: Training Resources Network.

Wehman, P. (2006). *Life beyond the classroom: Transition strategies for young people with disabilities* (4th ed.). Baltimore, MD: Paul H. Brookes.

Wehman, P., Inge, K. J., Revell, W. G., & Brooke, V. A. (2006). *Real work for real pay: Inclusive employment for people with disabilities.* Baltimore, MD: Paul H. Brookes.

Wehman, P., Revell, W. G., & Brooke, V. A. (2003). Competitive employment: Has it become the "first choice" yet? *Journal of Disability Policy Studies, 14*(3), 163-173.

Wehman, P., Targett, P., Yasuda, S., McManus, S., & Brief, L. (2007). Helping persons with traumatic brain injury of minority origin: Improve career and employment options. *Journal of Head Trauma Rehabilitation, 22*(2), 95-104.

Wehmeyer, M. (2002). *Self-determination and the education of students with disabilities.* Retrieved December 7, 2007, from http://www.ericdigests.org/

2003-3self.htm. (ERIC Document Reproduction Service No. ED470036)

Wehmeyer, M. L. (2005). Self-determination and individuals with severe disabilities: Reexamining meanings and misinterpretations. *Research and Practice for Persons with Severe Disabilities, 30*(3), 113-120.

Wehmeyer, M. L., Palmer, S. B., Agran, M., Mithaug, D. E., & Martin, J. E. (2000). Teaching students to become causal agents in their lives. The self-determining learning model of instruction. *Exceptional Children, 66*(4), 439-453.

Wehmeyer, M. L., Palmer, S., Smith, S. J., Parent, W., Davies, D. K., & Stock, S. (2006). Technology use by people with developmental disabilities to support employment activities: A single-subject design metaanalysis. *Journal of Vocational Rehabilitation, 24*(2), 81-86.

West, M. D. (1991). Applications for youth with orthopedic and other health impairments. In P. Wehman (Ed.), *Life beyond the classroom: Transition strategies for young people with disabilities* (pp. 427-448). Baltimore, MD: Paul H. Brookes.

Wood, W. M., Fowler, C. H., Uphold, N., & Test, D. W. (2005). A review of self-determination interventions for individuals with severe disabilities. *Research and Practice for Persons with Severe Disabilities, 30*(3), 121-146.

PART 4

핵심 교육과정

CHAPTER

13 읽기 교수 및 수정

Kathryn Wolff Heller
Paul A. Alberto

이 장을 읽고 나면 여러분은

1. 지체 및 건강장애 수행 모델의 다양한 측면들이 읽기에 미치는 영향을 논할 수 있다.
2. 지체 · 중복장애 학생들이 읽을거리에 접근하기 위한 기본적인 수정사항들을 논할 수 있다.
3. 읽기 능력 향상을 위해 AAC를 사용하는 방법을 논의할 수 있다.
4. 신뢰할 만한 반응 수단을 이용한 지체 · 중복장애 학생 교수방법에 관해 논의할 수 있다.
5. 발현적 문해능력을 증진시킬 수 있는 전략이나 수정을 제공할 수 있다.
6. 비계교수, 자기조절교수, 직접교수, 균형교수 등 읽기의 일반화된 네 가지 교수법에 대해 논의할 수 있다.
7. 음운인식, 음소, 유창성, 이해 기술을 증진시킬 수 있는 전략에 대해 논의할 수 있다.
8. 비구어 학생의 읽기 방법을 논의할 수 있으며, 이 방법이 지체장애 및 구어장애 학생들의 문해능력 증진에 어떻게 활용할 수 있는지를 설명할 수 있다.

뇌성마비와 같은 중도 지체장애 학생들은 심각한 읽기 곤란을 나타내는 경우가 많다. 특히 말하기에 어려움이 있는 학생들의 경우에는 그 정도가 더욱 심각하다. 이런 학생들의 읽기 기술은 지능이나 교육수준을 통해 예측할 수 있는 것보다 낮게 나타나며, 성인기까지 지속되는 경우도 많다(Berninger & Gans, 1986; Foley, 1993; Koppenhaver & Yodar, 1992). 구어장애와 지체장애를 동시에 가진 사람들 중 50~90%는 전혀 읽지 못하거나 읽을 수 있다고 하더라도 같은 연령의 학생들에 비해 그 수준이 낮은 것으로 나타났다(Koppenhaver & Yodar, 1992). 읽기 능력은 학생들의 교육과 직업, 여가, 환경에서의 기회를 제공하는 데 있어 중요하다. AAC를 사용하는 학생들에 대해서는 다양한 형태의 의사소통 방법이나 정보통신방법(예를 들면, 메일, 인터넷 등) 등을 활용할 수 있도록 하는 것이 중요하다.

1. 지체장애 학생의 읽기

지체·중복장애 학생의 학교 수행에 영향을 미치는 요인들은 다양하다. 이런 요인들은 지체 및 건강장애 수행모델(Physical and Health Disabilities Performance Model)이라고 알려진 하나의 모델로서 표현되었다(Heller, 2009; Heller, Alberto, Forney, & Schwartzman, 1996). 이 모델에서는 장애 유형, 장애의 기능적 영향, 심리사회적 및 환경적 요인이라는 세 가지 요인들이 학생들의 수행에 상호작용하거나 각각 읽기 능력에 영향을 미칠 수 있다고 본다.

1) 장애 유형과 읽기

지체·중복장애는 여러 가지 유형으로 분류할 수 있다. 그중 대부분은 여러 가지 장애 특징들이 혼합되어 나타나는 경향이 있다. 예를 들면, 이분척추 학생은 주의력 결핍, 기억력 부족, 단어를 기억하기 위한 전략 부족 등의 문제를 동시에 갖는다(Boyer, Yeates, & Enrile, 2006; Dennis, Landry, Barnes, & Fletcher, 2006; Vachha & Adams, 2005). 미토콘드리아 뇌전증과 같은 퇴행성 질환이 있을 경우 인지 능력이 계속해서 떨어진다(Iizuka & Sakai, 2005; Patel, Sidani, & Zoorob, 2007). 따라서 이 질환이 있는 학생의 경우 현재의 읽기 능력이 유지되기 어려울 수도 있다. 교사들이 이들 장애를 가진 학생들에게 적절한 지원을 하기 위해서는 특정장애와 그 장애에 따른 영향을 충분히 이해하고 있어야만 한다.

2) 읽기 수행에 미치는 장애의 기능적 영향

지체 및 건강장애 수행모델(Heller, 2009; Heller et al., 1996)에 따르면 학생의 수행에 영향을 미치는 일곱 가지 문제가 있다. ① 비정상적 이동 및 운동능력, ② 감각손실, ③ 의사소통 손상, ④ 피로 및 지구력 부족, ⑤ 건강요인, ⑥ 경험 부족 그리고 ⑦ 인지적 손상 및 처리과정 문제 등이 그것들이다. 이 모든 요인은 읽기 수행에 영향을 미칠 수 있다(예를 들면, 건강문제와 관련하여 결석이 많을 경우 읽기 중에 피로를 느끼거나 읽기 수업에 빠지게 될 가능성이 높아지게 됨). 이들 일곱 가지 중에서도 비정상적인 이동 및 운동 능력, 경험 부족, 의사소통 손상 등 세 가지는 읽기에 미치는 영향이 쉽게 드러나지 않을 수도 있다.

비정상적 이동이나 운동 능력을 가진 지체·중복장애 학생은 책을 만지기 어렵기 때문에 혼자서 책을 가져오거나 다루기가 어려울 수 있다. 다른 사람이 책을 가져다 주었다고 하더라도 그것을 바른 자리에 두고, 읽을 수 있는 자세를 취하거나 다루기가 어려울 수도 있다. 어떤 학생들은 앞뒤로 책장을 넘기기가 어려울 수도 있다. 또한 어떤 학생들은 다른 사람에게 페이지를 넘겨 달라는 부탁도 하기 어려울 수 있다(Light & Smith, 1983). 이들 장애 학생을 위한 적절한 수정이 이루어지지 못할 경우 문식 경험을 할 수 없게 되고 결국 읽기 경험이 부족하게 되는 결과를 초래할 수밖에 없다.

학생의 운동 능력 손상은 읽기 경험에 더 큰 영향을 미친다. 왜냐하면 운동 능력의 손상은 사물이나 환경에 대한 경험을 제한하여 읽기 자료나 이야기의 내용을 이해하기 어렵게 할 수 있기 때문이다. 교사는 이들 학생을 위하여 풍부한 읽기 환경과 이해 증진에 도움이 되는 배경 지식을 제공하고, 읽기 자료에 접근이 용이하도록 적절한 수정 등을 제공할 필요가 있다.

지체·중복장애 학생 중 대부분은 여러 가지 읽기 곤란의 원인이 되는 의사소통 손상을 가질 수 있다. 구어손상은 읽기에 영향을 미치는 경험을 제한하는 결과를 가져온다. 문헌분석 결과에 따르면(Strum & Clendon, 2004), AAC 사용자들은 음운체계가 지체되고 형태소의 생성에도 어려움이 있는 것으로 나타났다. 이들은 의미체계를 이해하는 데 영향을 주는 경험이 부족하고, 단어가 지체되며, 문장이 아닌 한 단어 혹은 두 단어로 발성하는 일이 익숙할 수도 있다. 단어의 순서가 바뀌거나 단어를 누락하며, 화용 기술이 손상될 수도 있다. 구어활동의 범위나 교실에서의 발표에 제한을 받을 수도 있다. 이런 결함은 학생들의 음운 인식이나 문해 발달에 영향을 미치거나, 부적절한 문장 체제를 갖도록 할 수 있다. 그리고 학생들이 문맥을 이해하는 능력에도 영향을 미칠 수 있다.

학생들이 중도의 구어 손상으로 인해 효과적인 질문하기가 어려울 경우 문식기술은 더욱 심한 영향을 받게 된다. 비록 학생들이 AAC를 충분히 사용하고 있다고 하더라도 한정된 상징이나 그림의 사용, 의사교환의 속도 저하, 대체의사소통 방식의 사용 등에 의해 의사소통의 경험이 제한받을 수밖에 없기 때문이다(Fried-Olen, 1988). 따라서 교사들은 이 장의 후반부에서 논의하고자 하는 읽기 기술 증진 전략을 사용할 필요가 있다.

3) 읽기 수행의 심리사회적 및 환경적 요인

지체 및 건강장애 수행모델(Heller, 2009)은 이 영역에서 일곱 가지 요인, 즉 ① 동기, ② 자아개념, ③ 자기옹호, ④ 행동-정서적 기능하기, ⑤ 사회적 환경 및 사회적 능력, ⑥ 물질과 기술적인 환경, ⑦ 학습 및 사고방식을 포함하고 있다. 이 모든 요인들이 읽기를 방해할 수 있지만 특히 더 중요한 것은 학습 환경 문제와 교수의 부적절성이다. 문헌을 고찰한 결과, 지체장애 학생들의 읽기 수행은 그들의 읽기 및 쓰기 능력이 낮을 것이라는 생각과 문식 외적 영역을 강조하는 일에 영향을 받는 것으로 나타났다(Browning, 2002). 이들 학생은 비장애학생들에 비해 문식 수업을 받는 기회가 부족하였고, 문식 수업을 받는 동안에 잦은 방해를 받았으며, 수업 중 또래들과 상호작용이 부족하였다. 또한 그들은 수동적인 방법으로 수업에 응하였다(Koppehaver, Evans, & Yoder, 1991; Koppenhaver & Yoder, 1993). 교사들은 문해능력 향상을 위하여 이런 과제들을 인식하고, 학생들이 인쇄물을 사용할 수 있도록 하는 적절한 수정방법에 대하여 알고 있어야 하며, 수업에서는 적절하게 반응할 수 있어야 한다.

2. 인쇄물에의 접근 및 대응

1) 읽기를 위한 인쇄자료에의 접근

읽기를 위해서는 학생과 자료 모두 적절한 위치를 잡는 것이 중요하다. 컴퓨터 모니터나 다른 읽기 매개체들과 관련하여 학생의 자세와 위치는 읽기 자료를 보고, 읽기 자료를 조작하며, 입력하는 능력에 영향을 미치게 된다(Browning, 2002; Heller, 출판 중). 읽기 자료들 역시 적절한 위치에 놓여야만 한다. 탁자의 밝기 역시 중요하게 고려되어야 할 점이다. 그리고 보다 더 보기 용이하게 하기 위해서 읽기 자료를 사(斜)면 보드나 이젤에 두는 것도 고려할 필요가 있을 수 있다. 책이나 키보드 혹은 다른 자료들은 비접착 물건(예를 들면, Dycem)으로 고정시켜야 할 필요가 있다.

지체장애 학생들이 이용하기 용이하도록 도서를 수정할 필요가 있을 수도 있다. 학생들이 책장 사이에 손가락을 넣고 넘기기 용이하게 하기 위한 공간을 만들어 주기 위해서는 스펀지, 테이프, 클립 등의 물건을 사용할 수 있다(책장 넘기기). 학생이 스위치를 사용하여 책장을 넘길 수 있도록 책을 스캔한 후 컴퓨터에 입력하는 것도 한 가지 수정방법이 될 수 있다. 학생들의 인쇄물 이용이 용이하도록 하기 위해서는 인쇄물의 크기를 변경하거나 상징을 추가하는 것도 한 방법이 될 수 있다.

보통 어린 아동들은 자신들이 읽고 있는 위치를 잃어버리지 않도록 손가락으로 단어를 짚어 가며 글을 읽는다. 지체장애를 가진 초보 독자들은 읽는 동안 자신이 읽고 있는 단어를 짚을 수 없어 읽고 있는 위치를 잃어버릴 수 있다. 이럴 경우 교사들은 읽고 있는 각 단어를 짚어 줄 수 있다. 그렇지만 이런 방법은 학생들의 독립성 향상과 교사들의 이동이 자유롭도록 대체되어야 할 필요가 있다. 이를 위하여 색–선 촉진전략과 컴퓨터 강조전략이라는 두 가지 전략을 사용할 수 있다.

색–선 촉진전략은 인쇄된 단어와 그 하단의 색선이 쌍으로 구성됨을 전제로 한다. 학생들은 색선과 같이 읽음으로써 자신들이 읽고 있는 단어나 행의 위치를 유지할 수 있다. 학생들이 읽고 있는 행을 잃어버리는 경우 (OHP 필름과 같은) 투명 비닐종이 위에 다양한 색선을 준비할 수 있는데, 이것은 [그림 13–1]에서 보는 바와 같이 1인치 간격의 색선으로 이루어져 있다. 각 단어별로 고유한 색을 요구하지는 않으므로 이 색선이 그어진 종이는 페이지를 옮겨 가며 사용할 수 있다. 다만 각 행의 하단에 충분한 여유 공간만 있으면 된다. 학생은 다른 사람이 단어를 지적해 주는 일에서 단어 하단의 색선을 사용

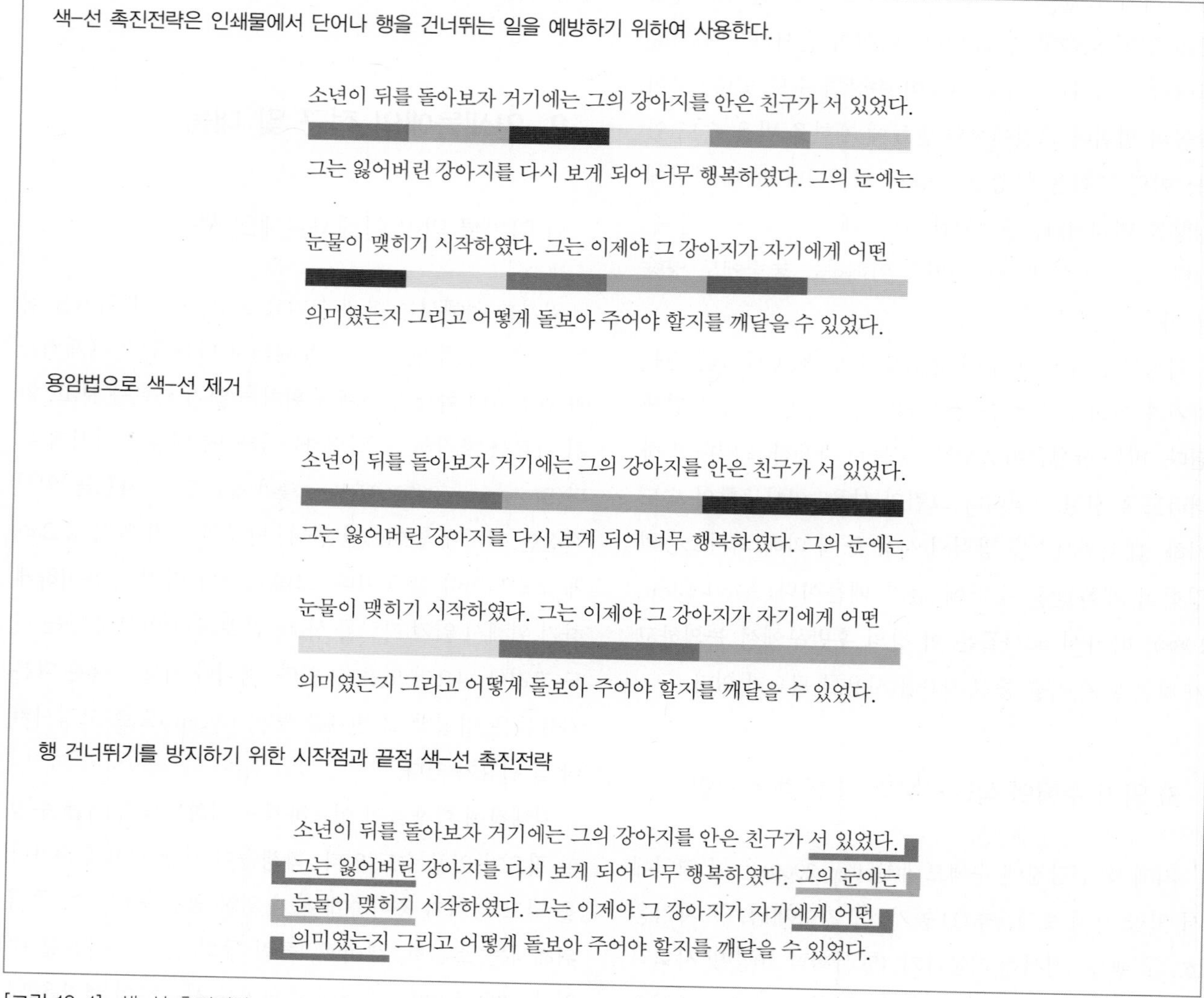

[그림 13–1] 색–선 촉진전략

하는 일로 쉽게 전환할 수 있다. 시간이 지나면 색선은 제거할 수 있다(결국 완전히 제거한다). 독자들이 보다 능숙하게 되면 더 이상 한 행에서 위치를 유지하는 일에는 어려움이 없어지게 되지만 바른 행을 찾는 일은 여전히 어려울 수 있다. 따라서 1인치 색선을 한 행의 끝에 배치한다(점진적으로 바깥으로 연장한다). 그리고 같은 색의 1인치 긴 선을 다음 행의 첫머리에 놓는다(Heller, Coleman-Martin, & Swinehart-Jones, 2006).

색-선 촉진전략의 대안 전략으로는 컴퓨터 소프트웨어의 사용을 들 수 있다. 이 전략에서는 이야기를 스캔하여 컴퓨터 프로그램으로 내장한 후 소프트웨어를 사용하여 각 문장이나 단어를 강조해 준다(예를 들면, Arkenstone이 개발한 WYNN, Lernout & Hauspie가 개발한 Kurzweil 3000). 이런 프로그램은 대부분 음성 출력이 가능하며 출력을 원하지 않을 경우 꺼버릴 수도 있다. 이 프로그램은 단어, 글자 간의 공간을 변경하거나 각 페이지의 일부분에만 표시를 할 수도 있다.

2) AAC를 활용한 읽기 촉진

AAC 도구는 읽기 촉진을 위한 중요한 도구이다. 이것은 문자-소리 대응하기, 어휘 또는 다른 문식 활동과 같은 가르쳐야 할 내용들을 포함하여 프로그램이 가능하기 때문이다. 또한 이 도구는 가르쳐야 하는 읽기 수업의 내용 외에도 일반적인 읽기 페이지를 포함할 수 있다([그림 13-2] 참조). 초보 독자들을 위해서는 AAC 도구에 "내가 읽을 차례이다" "이것 좀 읽어 주세요" "네가 읽을 차례야" "이 단어를 잘 모르겠어요" "키보드를 사용하고 싶어요"와 같은 말이나 학생의 문식 활동 참여를 위하여 재빨리 사용할 수 있어야 하는 말, 필요할 때 도움을 청하는 말 등을 입력해 둘 수 있을 것이다. 그럼에도 불구하고 AAC 도구들은 학생들이 모든 문식 과정에서 도움이 되고, 참여도 증진시킬 수 있는 일반적인 읽기 디스플레이뿐만 아니라 특정한 책의 내용도 이용할 수 있도록 하여야 한다(Musselwhite & King-DeBaun, 1997).

학생이 쉽게 익히고, 더 많은 어휘를 포함하도록 AAC

[그림 13-2] 사용하기 위한 일반적인 읽기 디스플레이 예시

체계를 배치하는 일은 중요하다. 현재 AAC 체계가 문해 능력을 지원할 수 있는지를 결정하기 위하여 다음과 같은 몇 가지 기본적인 질문을 해 볼 필요가 있다.

1. 학생은 현재 AAC 체계를 사용하여 읽기와 쓰기 관련 질문과 답을 할 수 있는가?
2. 현재 AAC 체계에서 단어 교수를 지원할 수 있는 읽기 페이지, 그림 페이지를 구성할 수 있는가?
3. 현재 AAC 체계에서 쓰기나 철자하기가 가능한가?
4. 현재 AAC 체계는 컴퓨터와 연동하여 사용할 수 있는가?
5. 현재 AAC 체계는 읽기나 쓰기 활동을 위한 읽기 페이지 구성을 통하여 학생이 읽을 수 있게 하는가?

AAC 체계에서는 그래픽 상징체계도 검토해 보아야 한다. 왜냐하면 이것이 학생의 문식을 촉진할 수도 있고 방해할 수도 있기 때문이다(McNaughton, 1993). AAC 체계를 사용하는 목적이 인쇄된 단어를 읽는 것이라면 AAC 도구의 상징 위에 학생이 쉽게 보고 읽을 수 있을 만큼 크게 인쇄된 단어를 배치하면 된다. 보다 발전된 AAC 체계에서는 ① 제시하고자 하는 개념과 관련된 문장 정보를 제공하는 상징, ② 언어 특성(동사 시제, 소유격, 복수형)의 표시, ③ 구어와 문어의 상징 표현 방법이 동일할 것, ④ 잘 조직된 단어 분류, ⑤ 음성–문자 대응 기능 제공, ⑥ 유용한 어휘 및 학생이 새로운 어휘를 산출할 수 있는 능력을 가질 수 있는 어휘의 선택 그리고 ⑦ 다중언어 인식을 증진시킬 수 있는 체계가 무엇인지를 결정하여야 한다(McNaughton, 1993).

3) 신뢰할 만한 반응 수단의 촉진

구어의 어려움으로 인한 제한된 참여는 문식 기술의 습득을 방해하는 중요한 요인이다. 중도의 구어 및 지체장애 학생들도 토의와 문식 활동에 참여할 수 있도록 격려하여야 한다. 이것은 선다형 질문을 제공하는 것으로 가능할 수 있다(예를 들면, 그 소녀는 어디로 가고 있었는가? 해안, 산, 숲? 또는 '고양이'라는 단어는 무엇을 가리키는가? 잡다, 고양이, 개, 우리?). 교사가 구어로 답안을 제시할 때는 먼저 학생에게 답안을 말해 주고, 선택할 수 있도록 그것을 다시 한 번 반복해서 말해 주어야 한다. 선다형 질문은 문자(예를 들면, 'C'를 가리켜 보시오. 그리고 학생은 문자로 제시된 세 가지 답안에서 정답을 고른다) 혹은 그림(예를 들면, Sandy는 무엇인가요? 라는 물음과 함께 물고기, 배의 그림을 제시하고 답을 선택하게 한다)형식으로 제시할 수도 있다. 선다형 질문을 할 경우, 면밀한 분석을 통하여 학생이 다룰 수 있는 보기의 수(예를 들면, 3개로 할 것인지, 4개로 할 것인지)를 결정하는 일도 중요하다.

학생은 가장 신뢰할 만한 반응 수단(reliable means of response: RMR)을 사용하여 선다형 질문에 응답할 필요가 있다. 최선의 RMR은 가장 신뢰할 만하고 정확하며, 일관성 있는 반응 방법이라고 할 수 있다. 예를 들

• 응시판의 사용

응시판은 투명 재질을 사용하여 만들어야 한다. 보통 눈부심을 감소시키고, (투명판이 아동의 얼굴 안에 들어오는 사이즈가 아니므로) 보다 개인에게 알맞는 크기로 만들기 위하여 판의 중간에는 구멍을 내어 준다. 의사소통을 할 내용들은 벨크로 테이프를 이용하여 응시판의 끝 부분에 붙여서 배치한다.

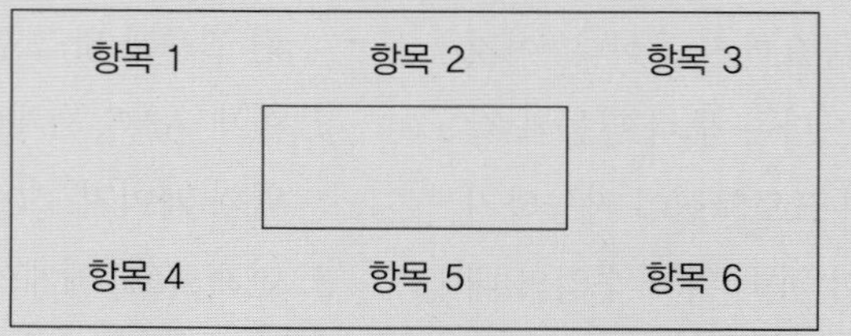

응시판의 크기와 포함될 항목, 항목의 수나 그 배열은 학생에 따라 달라지며, 문자, 어휘, 가르치고자 하는 내용들로 구성할 수 있다. 응시판은 학생의 앞에 세워 두고 교사와 학생이 가운데 구멍을 통하여 서로 마주볼 수 있도록 한다. 학생에게는 다음과 같은 것들을 지도하여야 한다.

1. 항목들을 쳐다보는 방법(한 번에 하나씩 쳐다보도록)
2. 원하는 항목을 쳐다보는 방법
3. 교사를 쳐다보는 방법

교사는 학생이 자신을 다시 쳐다보기 직전에 바라보았던 항목이 학생이 선택하고자 하였던 것이라는 사실을 알아야 한다. 학생이 교사를 다시 쳐다보는 일은 중요하다. 왜냐하면 그렇게 하지 않으면 교사는 학생이 무엇을 선택하였는지 알아보기 어렵기 때문이다. 교사는 학생의 선택에 대하여 다시 한 번 확인할 수도 있다(예를 들어, 교사가 목록을 가리키며 "이게 네가 원하는 것이니?" 하고 되묻는 방법).

[그림 13-3] 응시판 사용법

출처: *Promoting Literacy in Students with Physical Disabilities*, by K. W. Heller and D. Swinehart-Jones, 2003.

면, 학생이 어떤 단어를 말할 수 있고 고개를 끄덕이며 "예"라고 말할 수 있으며, AAC 도구를 사용할 수도 있고, E-Tran 보드를 사용하여 아이게이징을 할 수도 있다고 하자([그림 13-3] 참조). 학생이 네 가지 의사소통 양식을 모두 사용할 수 있다고 파악하였을 때는 그중에서 무엇이 최선의 RMR인지를 파악하는 일이 중요하다. 이 일은 학생이 질문에 다양한 방식으로 대답할 수 있게 한 후 가장 정확도가 높은 방법을 기록해 봄으로써 파악할 수 있다. 어떤 방법이든 가장 정확도가 높은 대답이 최선의 RMR이다. 학생이 여러 가지 방법에서 일관된 정확도를 보일 경우 노력 정도, 피로도, 대답 속도, 친숙하지 않은 사람들이 대답을 파악하는 정도 등의 다양한 요인을 고려해 보아야 한다. 선택된 대답은 가장 신뢰할 만해야 한다. 이 말은 학생의 응답 오류가 부적절한 운동 반응이나 의사소통 도구의 미숙련 때문이 아니라 질문 자체에 대한 오답이어야 한다는 말이다. "네가 하고 싶은 것이 무엇이지?"라는 질문에 대한 학생의 반응을 살펴보면 학생의 응답 오류가 반응 오류인지 내용 오류인지 알 수 있다.

학생이 (마우스 스틱이나 손을 사용하여) 답을 짚을 수 있도록 하기 위해서는 그것이 학생의 가동 범위 안에 위치하여야 한다. 가동 범위는 다양한 방법으로 알아볼 수 있다. 그중 하나는 (종이 위에 가로선과 세로선을 그은 것과 같은) 격자를 만들어 학생 앞에 직접 놓아 보는 방법이다. 학생이 격자의 어느 위치까지 닿을 수 있는 지를 격자 위에 펜으로 표시를 한다. 학생의 정중앙으로부터 왼쪽과 오른쪽으로 격자를 놓아두고 실시해 보고, 경사를 달리해서 실시해 볼 수도 있다. 격자를 통한 평가를 마치게 되면 학생에게 제공할 수 있는 가장 적절한 범위의 위치와 경사를 결정한다. 격자에 나타난 결과는 자료들을 놓는 방법에 관한 종합적인 정보를 제공한다(예를 들면, 책을 학생의 중앙에서 왼쪽으로 3인치 떨어진 곳에 30도 각도로 두며, 아래로부터는 4인치 위치에 둔다). 한편 학생의 근긴장이 바뀌거나 책의 규격이 다양하기 때문에 책을 읽기 전에 책의 위, 아래, 오른쪽, 왼쪽을 짚을 수 있도록 재평가가 필요할 수 있다.

글자나 그림으로 된 선택지의 배치를 결정하고자 할 때는 학생이 손이나 혹은 다른 수단(예를 들어, 마우스 스틱과 같은)으로 손쉽게 사용할 수 있는 가동 범위 안에서 선택할 수 있도록 하여야 한다. 신체적 접근성을 고려하여 선택지의 크기나 공간 배치 등도 검토되어야 한다. 선택지들이 너무 가까이 붙게 되면 의도하지 않게 틀린 답을 가리키게 될 수도 있다. 모든 노력을 통하여 선택지를 적절하게 수정하고 배치함으로써 가동 오류를 제거해야 한다. 이런 오류가 학생의 학습 오류로 이어지기 때문이다.

4) 문해능력 평가의 수정

학생의 RMR이 결정되면 그것을 사용하여 문해능력 평가를 하는 수정이 필요하다. 이런 수정은 여러 가지 서로 다른 문해능력 과제에 걸쳐 이루어질 수 있다. 예를 들어, Clay(1993)가 개발한 것에는 정확한 읽기, 문자 인식, 인쇄 개념, 단어 검사, 쓰기, 받아쓰기 등이 포함되었다. 〈표 13-1〉은 이들 각각의 영역에 대해 수정할 수 있는 예를 보여 준다. 여기서는 학생들이 사용하는 응답 방법의 예로 '지적하기'를 사용하였지만 다른 RMR을 사용할 수도 있다.

3. 발현적 문해능력

발현적 문해능력은 형식적 문해능력이 발달하지 않은 아동들의 읽기 능력이라고 정의할 수 있다(Justice & Kaderavek, 2002). 문해능력은 출생에서 시작되어 형식적 문해능력 기술을 습득하는 시기까지 지속된다(Sulzby & Teale, 1996). 발현적 문해능력 기술은 종종 책에 대한 인식, 인쇄물 인식, 음운 인식, 알파벳 인식 등을 포함한다(Hawken, Johnston, & McDonnell, 2005).

발현적 문해능력 기술을 평가할 수 있는 형식적 평가도구는 없다. 그렇지만 학생이 발현적 문해능력을 갖고 있는지 여부를 평가할 수 있는 체크리스트는 개발되어

〈표 13-1〉 Clay의 평가 과정의 여섯 가지 요소와 가능한 수정방법

수정 전	수정 후
• 정확한 읽기 아동이 짧은 글을 소리 내어 읽으면 교사는 그 단어들을 정확하게 읽었는지 여부를 기록한다.	이해력을 관찰할 수 있는 구어 읽기와 더불어 비형식적 읽기자료의 단계별 지문을 사용한다. 심각한 의사소통 손상 아동에게는 현재 실행 가능한 대안이 없다.
• 문자 인식 아동에게 무작위로 대문자를 보여 주면, 아동은 그 문자가 무엇인지 말한다. 이후 같은 방법으로 소문자를 읽어 보게 한다.	세 가지 혹은 그 이상의 대문자 혹은 소문자를 무작위로 한꺼번에 보여 주고, 교사가 학생에게 한 글자를 지적해 보도록 한다.
• 인쇄 개념 책, 그림, 인쇄기반, 사전 혹은 다른 인쇄물들에 대한 아동의 이해 정도를 측정하기 위하여 인위적으로 만들어진 자료(모래나 돌)를 읽게 한다.	아동에게 흥미 있고 의미 있는 주제가 담긴 기존의 아동도서를 사용하여 자신만의 교재를 제작한다. 제작 방식은 기존의 도서 형식을 따른다.
• 단어검사 학생에게 교육과정 기반 예시에서 단어를 골라 읽게 한다. 이 단어들은 학생들에게 직접 가르쳤던 것은 아니다(학생들은 수업 시간을 통하여 그 단어들을 본 적은 있을 수 있다).	한번에 3개 혹은 그 이상의 단어를 보여 준 후 교사가 말해 주는 단어를 한 개 지적하게 한다. 그림으로 제시된 목록에서 명사를 찾는다. 3개 이상의 표적단어와 그림이 제시된 색인카드를 보여 준다. 학생에게 답이 되는 그림을 찾아보라고 한다.
• 쓰기 학생에게 자신이 알고 있는 모든 단어를 10분 동안 쓸 수 있도록 한다. 교사는 학생이 도움을 요청할 때 가능한 단어를 제공할 수 있다(예를 들면, 아동의 이름, 동물들, 짧은 단어 등). 단어 생성 과제에 더하여 학생들에게 혼자서 기존의 쓰기 예시 자료를 모아 보도록 한다.	두 과제를 완성하기 위하여 워드프로세서나 키보드, 대체 키보드, 스캔 도구 또는 의사소통 도구를 사용한다. 단어생성 과제에서는 문자들을 차례로 철자하게 하며 단어 예측이나 다른 방법들을 사용할 수 없게 하여 문자와 문자를 철자하도록 한다.
• 받아쓰기 학생은 교사가 부르는 단어와 단어를 이은 문장을 받아쓴다. 교사는 임의로 음소를 길게 늘여 말하지 않는다.	쓰기에서 사용하였던 공학기기를 사용하여 받아쓰기를 완성한다. 여러 개의 전략을 동시에 사용한 경우와 하나만 사용한 경우, 두 가지 모두를 사용하는 경우에서 문자와 문자를 이어 써 과제를 완성한 수행을 비교한다.

출처: *Augmentative and Alternative Communication: Supporting Children and Adults with Complex Communication Needs* (3rd ed., p. 363), by D. R. Beukleman and P. Mirenda, 2001, Baltimore, MD: Paul H. Brookes Publishing Co., Inc. Reprinted by permission.

있다. [그림 13-4]에서 보는 바와 같이 발현적 문해능력 기술은 7단계로 나눌 수 있다. 이 기술은 그림을 통하여 참여하는 시기부터 단어와 단어의 부분을 인식하는 시기까지로 구분되어 있다. 구어를 사용하지 않는 아동이나 AAC 도구에 익숙하지 않은 학생에게 이 체크리스트를 사용하고자 할 경우 어른이 읽어 주는 단어나 그림을 보고 지적할 수 있는지 여부를 결정하기 위한 수정이 필요할 수 있다. 학생이 이야기에 얼마나 잘 참여하고 있는지를 밝히기 위하여 예/아니요 질문이나 선다형 질문을 해 볼 수 있다.

발현적 문해능력을 향상시키기 위해서는 이야기, 생각, 정보를 전달하는 매개물인 인쇄물에 대한 인식이나 책을 통한 상호작용을 증진시킬 수 있는 조기 환경을 제공하여야 한다. 발현적 문해능력을 촉진하기 위한 활동은 가정과 학교에서 미리 계획되어야 한다. 또한 어린 아동들이 책이나 인쇄물에 대한 친밀감을 향상하는 구조화된 활동에 참여할 수 있게 하여야 한다. 이와 관련한 전략과 수정들은 뒤에서 음운인식 촉진에 관한 정보와 함께 논의하고자 한다. 그리고 알파벳 지식은 이 장의 후반부에서 제공할 것이다.

1단계: 읽기에의 조기 연결-그림 묘사하기
_____ 책 속의 그림에 주의를 기울이고 묘사한다.
_____ 이야기의 제한된 느낌을 갖는다.
_____ 이 활동을 위한 언어적 지시에 따른다.
_____ 연령/학년 수준에 적절한 주의장(span)을 활용한다.
_____ 적절한 방법으로 질문에 응답한다.
_____ 상관이 있는 것으로 보이는 그림끼리 연결 짓는다.
2단계: 그림을 연결하여 이야기 만들기
_____ 책의 각 장에 있는 그림에 주의를 기울이고 이야기를 만들어 말한다.
_____ 이야기를 할 때 책 속의 언어보다는 서술적 언어 혹은 아동이 좋아하는 언어(예를 들면, 옛날 옛날 한 옛날에, 옛날 어느 곳에 한 아이가 있었단다와 같은)를 사용한다.
3단계: 전환적 그림 읽기
_____ 연결된 이야기로서 그림에 관심을 갖는다.
_____ 책 속의 언어와 이야기해 주는 사람의 말을 연관 짓는다.
4단계: 발전적 그림 읽기
_____ 책의 각 장에 있는 그림에 주의를 기울이고 이야기를 만들어 말한다.
_____ 이야기를 읽는 것처럼(책 속의 언어를 사용하여) 말한다.
5단계: 보기 인쇄물 읽기
_____ 그림을 활용하여 이야기를 한다.
_____ 인쇄물이 좌에서 우로, 위에서 아래로 인쇄되어 있음을 안다.
_____ 책의 용어로 텍스트의 일부를 창작하고 몇몇 일견단어를 안다.
6단계: 조기 전략적 읽기
_____ 알지 못하는 단어들을 추측하여 내용을 만든다.
_____ 인쇄물에 포함된 단어를 파악하기 위하여 문장을 사용하는 것 같다.
_____ 어원과 어근과 같은 몇 가지 소리 부분을 인식한다.
7단계: 중급 전략적 읽기
_____ 단어를 해호화하기 위하여 내용이나 단어의 일부를 가끔 사용한다.
_____ 소리 내어 읽기 오류가 발생할 때 자기교정을 한다.
_____ 몇 가지 모음의 소리 인식을 나타낸다.

[그림 13-4] 발현적 문해능력 발달 체크리스트

출처: *Reading Inventory for the Classroom 3*/e by Flynt/Cooper, © 1998. Adapted by permission of Prentice-Hall, Inc., Upper Saddle River, NJ.

1) 책과 활자 인식

지체장애가 없는 아동은 아주 어려서부터 책을 들고 책장을 넘기며, 그 책의 단어나 그림을 가리킨다. 중증 지체장애가 있는 아동들은 이런 기회를 가질 수 없기 때문에 교사들은 책을 가까이 할 수 있는 방법과 책을 펴는 방법, 1쪽의 위치, 제일 처음 읽기 시작해야 하는 위치, 책장을 넘기는 방법 등을 보여 주어야 할 필요가 있다. 교사들은 선다형 질문이나 예/아니요 질문(예를 들어, 여기 또는 여기 혹은 여기에서부터 읽어야 하니?)을 통하여 학생들이 기초적인 책 인식을 하고 있는지 여부를 평가할 수 있다.

활자 인식은 그림이 아닌 활자가 의미를 전달하고, 쪽별로 나열된 문자들이 의미를 갖고 있으며, 교사가 말하는 단어와 대응한다는 것을 이해하는 아동의 능력이라고 정의할 수 있다(IRA & NAEYC, 1998). 아동들은 책이나 인쇄자료에 노출되면서 활자에 노출된다. 결국 아동은 책장의 어디에 활자가 있는지를 알게 되고 이어 무엇을 단어로 인식해야 하는지(각각의 단어들이 여백으로 나뉘어 있음)를 알게 된다. 그리고 결국에는 문자와 알고 있는 단어들을 분간할 수 있게 된다. 이것은 소리 내어 읽기, 번갈아가며 이야기 읽기, 양질의 책에 매일 노출하기, 이야기 다시 읽기, 일상적인 학급 활동에 포함되어 있는 활자들과 함께 활자가 풍부한 환경에 노출될 때 촉진되는 활동을 통해서 촉진될 수 있다(Justice & Kaderavek, 2002; Justice & Pullen, 2003; Hawkens et al., 2005). 철자인식도 이 시기에 강화된다. 철자인식이란 같은 글자와 다른 글자를 구분하는 능력(예를 들면, 'b'와 'l'의 차이)이라고 할 수 있다.

2) 수정을 통한 이야기책 읽기

유아는 이야기책 읽기를 통하여 읽기에 최초로 노출되는 경우가 많다. 또한 이러한 읽기 경험은 학교에서의 문식 기술과 언어의 발달에 중요하다(Liboiron & Soto, 2006). 아동과 책, 이야기를 읽어 주는 사람 간의 상호작용은 발현적 문해능력을 발달시키는 데 도움을 준다. 그러나 Light와 Smith(1993)의 연구에 의하면 장애가 없는 아동의 부모 중 80%가 이야기를 읽는 동안에 자녀에게 질문을 한 것으로 보고된 반면, 구어 및 지체장애 아동의 부모 중 단지 1%만이 자녀를 참여시키는 것으로 보고되었다.

이야기책을 읽는 동안 참여하는 일은 그들이 책을 볼 수 있는 자세를 취할 수 있을 때 더욱 촉진되는 것으로 나타났다. AAC 도구나 말하기 스위치(예를 들면, BIG mack swich)와 같이 사전에 익숙한 구절이나 물음을 입력해 둔 경우 이야기책을 통한 경험에서 상호작용이 증가할 수 있었다(Strum, 2005). 이야기에 해당되는 페이지를 옮겨 가며 부착할 수 있는 그림이나 상징을 벨크로를 이용하여 수정할 수도 있다. 아동들은 (예 혹은 아니요, 눈 깜빡임, 지적하기 등을 통하여) 적절한 그림을 선택할 수 있으며 해당되는 페이지에 직접 옮겨 붙일 수도 있다. 상호작용이 가능한 이런 종류의 이야기책은 상업적으로 만들어져서 판매되기도 한다.

발현적 문해능력을 촉진시키기 위하여 예상할 수 있는 책 혹은 규격화된 책을 사용하는 경우도 많다. 예상가능한 책 혹은 규격화된 책은 예상할 수 있는 단어를 사용하는 책이다. 예를 들어, 『Goodnight Moon』(Brown, 2002)을 보면 책 곳곳의 예상할 수 있는 자리마다 'Goodnight'이라는 단어가 사용되고 있다. 책에 있는 예상가능하고 규칙적인 구절을 통하여 아동들의 접근을 가능하게 하면 구어 및 지체장애 학생들의 문식 활동 참여가 증가할 수 있다. 이것들은 책이나 AAC 도구뿐만 아니라 누를 수 있는 상징들로 만들 수 있다. 또래들이 이야기 읽기 상황에서 규칙적인 단어나 구를 말하거나 반복할 때 AAC를 사용하는 학생도 도구 속에 미리 내장된 단어나 구를 사용하여 급우들과 같이 말할 수 있다.

책은 그림과 단어를 연합하는 방법으로 수정할 수도 있다. 상징은 아동이 선택한 AAC 도구나 책장 위에 부착해서 사용할 수도 있다. 이렇게 상징을 선택할 수 있도록 하는 방법을 통해서 학생의 적극적인 참여를 유도할 수도 있다. 아동은 상징과 짝을 이루는 단어를 인식하기 위한 학습도 시작할 수 있다. 어떤 책은 각 페이지마다 이미 상징을 포함하고 있다. 책 속에 상징을 포함하고 있는 예를 [그림 13-5]에서 볼 수 있다(『Quick Tech: Readable, Repeatable Stories and Actives』; McNairn & Shioleno, 1994). 한편 읽는 이야기의 내용과 관련된 상징을 AAC 도구에 내포하고 있는 이야기책도 있다. 상징을 지원하는 주간 신문([그림 13-6] 참조)과 같은 다른 자료들도 활용할 수 있다. 상징을 이용한 읽기 자료를 제작하고 싶어 하는 교사나 상징을 포함하는 문장으로 재작성하기를 원하는 교사들이 고려할 수 있는 또 다른 방법으로는 책에다 상징을 붙이는 방법이다. Writing with Symbols와 같은 소프트웨어 프로그램은 활자로 된 단어의 상징을 제공한다(단어별로 각각 다른 상징을 선택할 수도 있다).

단어와 상징의 짝을 사용하던 학생들은 점점 단어만을 학습할 수 있게 된다. 그러나 대부분 단어는 체계적으로 지도되어야 할 필요가 있다. 이런 일은 최종적으로 상

① 읽기 촉진을 위해 상징과 단어가 짝을 이루고 있음

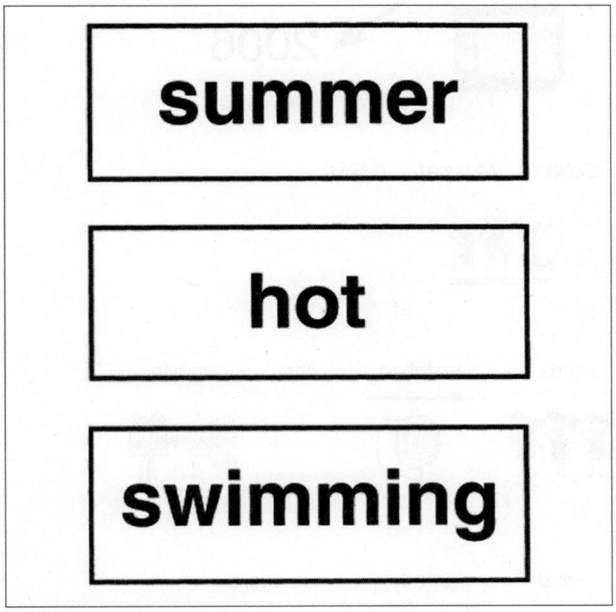

② 단어를 강화하기 위해 플래시 카드를 사용함

[그림 13-5] 상징을 포함하고 있는 이야기책의 예시

출처: *Quick Tech Magic: Magic-Based Literacy Activities* by K. Coleman, P. McNairn, and C. Shioleno. © 1995, Mayer-Johnson, Inc., P.O. Box 1579, Solana Beach, CA 92075.

징이 제거될 때까지 점차 상징의 크기를 적게 함으로써 가능해진다.

3) 반복해서 읽기와 선택 촉진

어린 아동들은 자신들이 내용을 예상할 수 있는 이야기를 반복해서 읽음으로써 도움을 얻을 수 있으며, 읽기 과정에 보다 직접적으로 참여할 수도 있다. Light와 Smith(1993)에 따르면, 비장애아동의 부모는 같은 이야기를 반복적으로 읽어 주는 데 반해 장애아동의 부모는 새 책을 읽어 주는 경향이 있었다. 장애가 없는 아동은 이야기 읽기에 주도성을 갖고 보다 편안한 마음으로 자신들이 좋아하는 책을 선택하는 데 반해 장애가 있는 아동은 부모가 읽기의 주도권을 갖고 자신들이 지겹지 않은 책을 고르는 것이다. 그렇기 때문에 학생들이 책의 선택권을 갖고 반복해서 읽는 일은 문해능력의 향상에 중요하다고 말할 수 있다.

4) 전자저작물 형태의 상호작용 책

상호작용이 많은 프로그램은 발현적 문해능력 기술을 향상시킬 수 있다. 컴퓨터상의 책은 보다 적은 움직임만으로도 학생들이 책을 선택할 수 있는 대체접근 방식을 채택하고 있는 장점이 있다. 많은 문해능력 소프트웨어 프로그램은 단어들을 강조하면서 학생이 이야기를 들을 수 있도록 해 준다. 이런 프로그램에서 학생들은 자신들이 읽고 있는 단어를 클릭해 볼 수 있다. 예를 들어, 볼 수 있는 프로그램으로는 'Just Grandma and Me'(Riverdeep-The Learning Company 제작)가 있다. 이 상호작용적 프로그램은 아동에게 이야기를 읽어 주며, 읽어 주는 단어를 클릭하거나 그림으로 된 장면을 클릭할 수 있도록 해 준다. 그림을 선택할 경우 만화로 된 사물들의 활동 장면들을 순차적으로 보여준다. 'UkanDu Little Book 시리즈'(Don Johnston Co 제작)에서는 아동들이 활동하고 있는 사물이나 인물들 중 하나를 선택할 수 있도록 하고 있다. 이 프로그램은 이들을 배경으로 하여 이야기를 읽어 주는 한편 읽고 있는 단어를 강조해 준다. Balanced Literacy와 같은 보충적 성격의 읽기 프로그램을 사용할 수도 있다. 이 프로그램은 발현적 문해능력 활동과 형식적 문해능력 활동(특히 발음을 중요시하는)을 포함하며, 다양한 접근 방법을 선택할 수 있도록 하고 있다.

4. 형식적 문해능력의 기초적 접근 및 요소

읽기를 향상시키기 위한 전략들은 매우 다양하다. 이들 전략은 네 가지, 즉 비계교수, 자기조절교수, 직접교수, 균형교수로 범주화할 수 있다(Ryder, Burton, & Silberg, 2006; Stahl, Duffy-Hester, & Stahl, 1998). 비계

[그림 13-6] News-2-You 주간 온라인 신문(http//www.news-2-you.com/sampleReg.pdf) 예시

출처: News-2-You weekly online newspaper, edition 41, August 2007. News-2-You, Inc. Reprinted with permission.

교수법(scaffolding instructional approaches)은 새로운 기술과 개념의 습득을 촉진하기 위한 학생의 학습범위 확장을 지원하며, 학생이 숙달되게 되면 점진적으로 제거한다. 비계교수법의 지원 방법으로는 시범보이기, 확장시키기, 단서주기, 질문하기, 빈칸 메우기(어른들이 첫 소리를 말해 주면, 아동들은 그 말을 완성하는 것과 같이)와 같은 기법들이 주어질 수 있다. 이 방법은 Bruner(1984)가 제안하였으며 Vygotsky의 사회문화적 학습이론에 기반을 두고 있다. 이 이론에 따르면 학생들을 위한 적절한 교수 수준은 학생들이 독립적으로 과제를 수행할 수 있는 수준(예를 들면, 혼자서 간단한 낱말 읽기)인 현재의 발달 수준과 교사나 또래 도움(예를 들면, 복합어를 읽을 수 있도록 도움을 되는 단서나 안내의 제공)을 받아 문제를 해결할 수 있을 것으로 보이는 잠재적 발달 수준 간의 간격인 근접발달지대에 토대를 두어야 한다(Vygotsky, 1978). 교사는 AAC 기기를 사용하는 학생들이 참여하는 이야기책 읽기와 같은 활동에서 능동적인 참여와 자료 이해하기와 같은 특정한 읽기 기술을 표적으로 하여 비계적 기법을 적용할 수 있다(Liboiron & Soto, 2006). 교사는 비계적 기법에 토대를 둔 읽기 프로그램을 적용할 수도 있다(예를 들면, Reading Recovery, Reciprocal Teaching).

자기조절(self-regulated)학습은 학생들이 목표달성을 위하여 자신의 생각과 행동을 지시하는 하나의 과정이다(Schunk & Zimmerman, 1994, 1998). 이 방법은 다양한 이론적 전통으로부터 만들어진 자기조절학습 전략들을 통하여 성취될 수 있다. 행동연구에서는 자기교수(예를 들면, 읽기 독해 구절을 학습하기 위하여 음성화된 단계를 사용하는 것)와 자기점검(예를 들면, 읽기의 단계마다 읽기에 능동적으로 참여하는지 여부를 확인하는 것), 자기강화와 같은 방법을 사용한다. 자기조절 전략들은 정보처리 전략을 포함하기도 하는데 정보처리 전략은 새로운 정보를 장기기억 속에 통합하는 것에 초점을 두고, 시연(예를 들면, 정보를 반복하기, 요약하기), 정교화(예를 들면, 표상, 연상, 질문하기), 조직화(예를 들면, 대응하기, 범주화하기) 및 이해 정도를 모니터하기(예를 들면, 재읽기, 자기질문하기, 바꾸어 쓰기) 등의 전략을 사용한다(Shunk, 2000).

자기조절 전략들을 사용한 읽기교수를 할 때는 일반적으로 학생들이 목표를 설정하고, 교사들은 교수의 이유와 그 전략들을 사용할 때 얻을 수 있는 목표를 획득하기 위한 전략을 사용하여 교수한다. 예를 들어, 자기조절 학습 전략에서는 읽기 이해를 촉진시키기 위해 조직화 전략과 정교화 전략들을 사용하여 학생들을 지도한다(Souvignier & Mokhlesgerami, 2006).

직접교수(direct instruction: DI)에서는 기술들을 보다 작은 단위로 나누며, 나뉜 각각의 표적기술들은 체계적인 교수를 통해 지도하게 된다. 교수는 교사 주도로 이루어지며, 오류를 최소화하기 위하여 소규모 집단 학생들을 대상으로 모델–촉진–점검방식(model-prompt-check format)으로 지도한다. 교사는 학생들을 주의 깊게 관찰하고, 구어반응을 들으며 진단하고 오류를 교정한다(Ryder et al., 2006). 직접교수법은 예를 들면 AAC를 사용하는 아동들의 일견단어(sight-word) 읽기 기술과 같은 읽기의 특정 요소들을 지도하는 데 사용될 수 있다(Fallon, Light, McNaughton, Drager, & Hammer, 2004). 다양한 영역의 읽기 수업에서 여러 가지 직접교수 읽기 프로그램이 제공된다(예를 들면, Reading Mastery, Corrective Reading). 이것들은 단계적으로 구성되어 있으며, 명시적 교수를 제공한다([그림 13–7] 참조).

균형교수는 문해능력에 대한 포괄적인 접근 방법을 사용한다. 따라서 이 방법은 문해능력의 모든 측면을 강조한다. 또한 개별 학생들의 요구에 대응하는 수정을 통한 교수를 실시한다. 균형교수의 목표는 학생들이 보다 유능한 독자이자 작가 그리고 맞춤법 사용자가 될 수 있도록 하는 데 있다. 교사들은 읽기와 쓰기 간의 연관성을 강조하고, 균형적인 접근방법을 통한 문해능력 교수를 할 수 있을 것이다. 교사들은 The Four-Blocks Literacy Model(Cunningham, Hall, & Sigmon, 2000)과 같은 보완적 문해능력 교육과정을 사용할 수도 있다. 이것은 안내된 읽기, 자기선택적 읽기, 단어 익히기, 쓰기와 같은 네 가지 영역을 강조하는 문해능력 프로그램이다.

읽기 프로그램과 전략들은 대부분 이들 네 가지 일반적인 방법 속에 포함된다. 그러나 이들 네 가지 중 몇 가

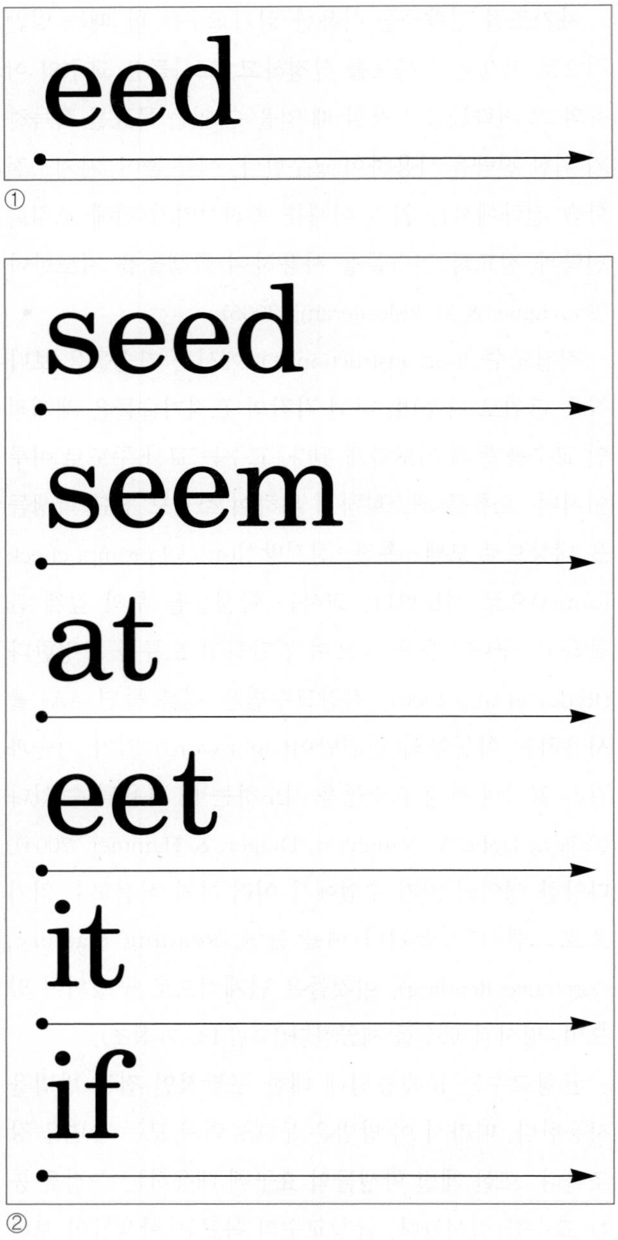

[그림 13-7] Corrective Reading 프로그램의 직접교수 교육과정 예시

출처: Engleman, S., Carnine, L., & Johnson, G. (2002). *SRA Corrective Reading, Word Attack Basics*, p. 42. Columbus, OH: SRA McGraw-Hill. ©2002 The MacGraw-Hill Companies, Inc. Reprinted with permission.

지를 혼합해서 사용하는 경우도 많이 있다. 읽기의 다섯 가지 핵심 요소인 음소인식 교수, 발음 교수, 유창성 교수, 어휘 교수 및 자료(text) 이해 교수를 위해서 각각의 방법을 사용하기도 한다(Center for the Improvement of Early Reading Achievement, 2000). 지체 · 중복장애가 있을 경우에는 각 영역의 수정이 필요할 수도 있다.

5. 음소인식과 교수

1) 음소인식

아동의 문해능력 발달을 위해서는 음소인식 교수를 제안할 수 있다(Armbruster, Lehr, & Osborn, 2001). 음소인식은 말해진 단어(spoken word)의 개별 소리(음소)를 구별하고, 파악하며, 다루는 능력이라고 할 수 있다. 음소인식은 나중에 단어를 소리 내어 말하거나 철자를 하는 데 도움이 된다. 음소인식은 소리와 관계된 것일 뿐 문자와 대응되는 소리(발음이라고 하는)는 아니다.

음소인식을 위해서는 여러 가지 활동을 사용할 수 있다. 활동의 예는 다음을 포함한다.

- 음소분리: 단어에서 소리를 인지하기(예를 들면, man의 첫 번째 음소는 무엇인가?)
- 음소확인: 서로 다른 단어에서 같은 음소 확인하기(예를 들면, man, mat, rag, more에서 같은 소리는 무엇인가?)
- 음소범주화: 속하지 않는 소리를 가진 단어를 파악하기(예를 들면, man, mat, rag 중에 어떤 단어가 속하지 않는가?)
- 음소혼합: 음소로 단어를 만들기(예를 들면, mmm, aaa, nnn은 어떤 단어인가?)
- 음소구별: 한 단어에서 다른 소리 파악하기(예를 들면, man이라는 단어에는 몇 가지 소리가 나는가? 그리고 그 소리들은 무엇인가?)
- 음소제거: 한 음소가 제거되고 난 후 만들어지는 단어 파악하기(예를 들면, smile에서 sss가 없어지면 어떤 단어가 되는가?)
- 음소추가: 음소를 추가하여 새로운 단어를 만드는 능력(예를 들면, mile에 sss를 추가했을 때 어떤 단어가 만들어지는가?)

• 음소대치: 새로운 단어를 만들기 위해 한 음소를 다른 음소로 대치하는 능력(예를 들면, man이라는 단어가 있고 거기서 m을 t로 변경한다)(Armbruster et al., 2001).

보통 이들 중 몇 가지 음소활동이 동시에 선택된다. 음소혼합과 음소분리는 단어를 소리 내어 말할 때(혼합의 사용)와 철자할 때(분리의 사용) 그 중요성이 더해진다. 음운인식과 음소인식은 동시 표적이 되기도 한다. 음운인식은 음소 구분뿐만 아니라 언어라는 것은 문장에서의 단어, 음절에 포함된 단어, 두운에 포함되는 단어, 음소에 포함되는 단어와 같은 여러 가지 요소로 구분됨을 이해하는 일도 표적으로 삼는 경우가 많다(Archer, 2001).

말을 할 수 없는 학생에게 음소인식을 지도하고자 할 때는 수정이 필요하다. 그 전략들 중에는 ① 표적 음소에 대해 구어로 선택할 수 있는 보기를 제공하고 학생에게 고르게 하기, ② 공유된 초성, 중성, 종성에 따라 그림을 범주화하기(Bradley & Bryant, 1983), ③ 교사가 천천히 발음하면 각 단어의 음소별로 몸짓(또는 다른 반응) 나타내기(Foley, 1993), ④ 단어의 소리 음소와 일치하는 AAC 도구의 상징 사용하기(예를 들어, s-u-n과 AAC 도구의 태양 그림 보여 주기; Ball & Blachman, 1991) 등이 있다. 음소변별을 지도하는 경우 학생은 서로 다른 환경이나 소리-단어 간의 차이가 큰 것을 먼저 지도하는 것이 보통이다. 끝으로는 가장 구별하기 어려운 단어인 단모음간의 구별과 같은 세밀한 변별을 가르친다. 지체장애가 있는 학생은 AAC 도구 속에 내장된 다른 소리를 통한 활동을 통해 참여할 수도 있다.

6. 단어 읽기 및 발음 교수

단어 읽기의 지도방법으로는 자동화된 단어 인지(automatic word recognition), 유추하기(logizing), 예측(prediction), 부호화(decoding) 등 네 가지를 들 수 있다(Ehri, 2005). 읽기 지도를 위해서 이 네 가지 방법을 모두 사용하는 일은 드물다. 그러나 학생 발달의 특정 시점에서 한 가지 다음에 다른 한 가지를 강조할 수는 있을 것이다.

자동화된 단어 인지는 특별한 노력 없이도 단어를 빠르고 정확하게 발음할 수 있는 능력을 말한다(Cunningham, Koppenhaver, Erickson, & Spadorcia, 2004). 경험이 많은 독자는 단어들을 대부분 자동적으로 인지한다(Strum et al., 2006). 그리고 자동적인 단어 인지는 모든 단어 읽기 전략의 목표라고 할 수 있다. 학생이 읽기 학습을 시작하는 단계에 있거나 단어를 모르는 경우 다음과 같이 세 가지 다른 방법을 적용할 수 있다.

유추하기는 모르는 단어를 부호화하기 위하여 알고 있는 단어를 사용하는 것이라고 할 수 있으며, 유사성 기반 발음, 발음 분석, 두운 교수 등에서 사용한다. 모르는 단어를 알아보기 위하여 사용하는 알고 있는 단어는 단어군(유사 발음)과 문자-소리 대응관계를 알고 있는 단어들(발음 분석), 두운(두운 발음) 등을 통하여 선택할 수 있다(Mercer & Mercer, 2005). 이런 방법들은 학생들이 자동적으로 읽을 수 있거나 빈도가 매우 높은 철자 형태들(예를 들어, 두운이나 표음문자들)의 견본이 될 수 있는 핵심 단어들이 포함된 단어 목록이나 단어벽(word-wall)의 사용을 포함할 수 있다. 학생들이 모르는 단어를 알아낼 수 있도록 단어벽에서 단어를 찾아내는 방법을 지도할 수 있다. 모르는 단어를 부호화하기 위하여 알고 있는 단어를 사용하는 방법은 출판되어 있는 문식 프로그램(예를 들면, Benchmark Word Identification Program, The Four-Blocks Literacy program)의 한 부분으로서 정식으로 지도할 수 있다.

예측방법에서는 단어를 추측하기 위해 구절의 내용이나 문자 단서를 사용한다(Tunmer & Chapman, 1998). 이때 보통 세 가지 단서 체계가 사용된다. 첫째로는 보통 음운적 단서 체계를 사용하는데 이것은 알고 있는 문자-소리 대응으로 모르는 단어를 추측하게 된다. 다음으로는 구문론적 단서 체계(단어 순서)와 의미론적 단서 체계(단어의 의미)를 사용하여 단어를 찾을 수 있다. 단어 읽기에서 예측법은 지체장애가 있거나 AAC를 사용하는 학생에게 적용하기에 어려움이 있을 수 있다. 왜냐하면 이들의 경우 의미론적 단서 체계를 사용할 수 있는 경험이 부족하거나 단어의 순서를 정확히 사용하여야 하는 구문론적 단서 체계의 적용을 방해하는 정확한 순서의 단어 사용에 어려움이 있을 수 있기 때문이다.

해호화에서는 문자들(혹은 문자 덩어리)을 소리로 표현하는 방법과 그것들을 하나의 단어로 표현하기 위해 연합하는 방법을 명확히 지도해야 한다. 명료한 해호화 기술의 지도는 읽기 성취에 긍정적인 효과가 있으며 이것은 발음 기반 프로그램으로 지도할 수 있다(Mercer & Mercer, 2005; Armbruster, Lehr, & Osborn, 2001). 단어의 해호화 교수는 보통 음소 인식(앞서 논의된), 알파벳 원리, 해호화 전략과 관련 자료에서의 단어 읽기 등을 포함한다.

1) 알파벳 원리

알파벳 원리는 단어를 구성하는 글자들이 특정한 소리를 가질 수 있다는 생각이라고 할 수 있다. 아동들은 가장 먼저 단어에 초성이 있다는 것을 배우고, 나중에서 종성과 중성이 있음을 인식할 수 있게 된다. 시간이 경과함에 따라 아동은 bl, st와 같은 복합자음과 th, sh와 같은 이중자음, ea, oa와 같은 이중모음, aw, ou와 같은 복모음, ight, ough와 같은 축음을 학습하게 된다(Stahl et al., 1998).

글자–소리 대응을 지도하는 방법에는 여러 가지가 있다. 어떤 학생은 직접교수를 통해 학습한다. 이 방법은 교사가 먼저 읽고, 학생은 문자를 보면서 그 소리를 반복하는 방법이다. 일부 학생은 추가적인 시각적 선행 촉진자를 필요로 할 수 있다. 예를 들면, 글자를 그들이 표상하는 사물 모양으로 만들어서 제시하는 것이다. 그리고 점차 그 그림들은 제거하고, 마지막에는 글자만 남긴다. 예를 들면 "a"는 apple(사과) 모양으로, "s"는 snake(뱀)과 같은 모양으로 만들 수 있으며, "z"는 그 글자 위에다 "zzz"소리를 내는 벌을 그려 넣을 수도 있다([그림 13–8] 참조). Reading by the Rules(Kapps & Kravitz-Zodda, 1997)는 글자에 대응하는 소리의 학습을 촉진하는 시각적 단서 제공 프로그램의 예이다.

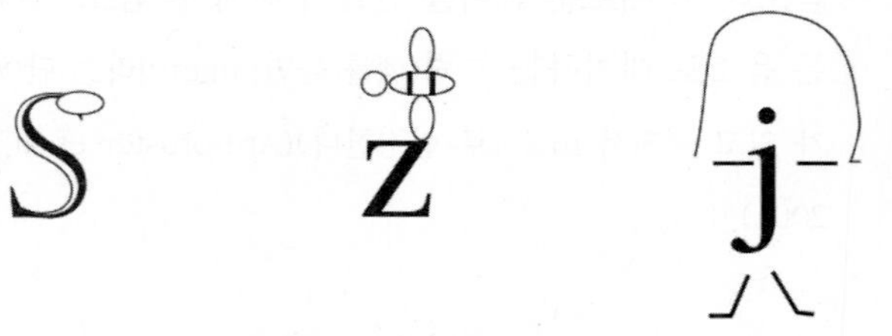

[그림 13–8] 글자–소리 대응을 지도하기 위한 시각 이미지의 사용

소리를 학습할 때는 교사가 각 문자에 대응하는 정확한 발음을 해 주는 일이 중요하다. 어떤 소리들은 장음이지만 어떤 소리들은 단음이다. 소리가 끊어짐 없이 계속되는 음을 장음이라고 한다(예를 들면, "mmm" "sss" "lll"). 반면 단음은 소리가 지속되지 않고 분절되는 음을 말한다(예를 들면, "c" "b" "t").

2) 기초적인 해호화 전략

해호화를 위한 발음 교수법에는 여러 가지가 있다. 기본적인 해호화 전략에는 세 가지가 포함되는데 단어에 들어 있는 각각의 소리를 따로따로 말하기, 각각의 소리들 간에 간격을 두지 않고 이어서 말하기, 각각의 소리를 빠르게 이어 단어를 말하기가 그것들이다. 발음 교수는 종종 지속되는 소리를 유지하는 일과 그것들을 단어로 만들 수 있도록 다음 소리와 혼합하는 일에 초점을 둔다. 단음인 경우, 대부분의 방법에서는 단음을 말한 후 단어를 구성하는 다음 소리를 재빨리 말하는 것을 강조한다.

기초적인 해호화 기술을 지도하는 지침에는 여러 가지가 있다. 보통 소문자를 먼저 알려 준다. 처음 알려 주는 소리는 가장 빈번한 것, 쉽게 발음할 수 있는 것, 단어를 구성하기 위해 사용되는 것, 단음(예를 들면, /m/, 다음 /s/, 다음 /t/, 다음 /a/, 다음 /i/)보다는 장음이다. 소리 혼합하기는 조기에 지도하여야 하는데 이때 비규칙적인 단어보다 규칙적인 단어들을 먼저 지도한다. 해호화 기술을 강화하기 위해서는 맥락이 있는 자료(문장)를 읽는 것도 중요하다(Mercer & Mercer, 2005).

학생들이 읽기 능력을 갖추고, 어휘들이 점차 어려워짐에 따라 긴 단어를 해호화하는 데 어려움을 겪는 경우가 많다. 이 문제의 해결을 위하여 Archer, Gleason과 Vachon(2000)이 개발한 전략을 살펴보면 다음과 같다.

1. 단어의 시작 부분에 있는 접두사에 동그라미 표시를 한다.
2. 단어의 끝부분에 있는 접미사에 동그라미 표시를 한다.
3. 단어의 나머지 부분에 있는 모음 글자에 밑줄을 친다.
4. 단어의 각 부분을 말한다.
5. 각 부분을 빠르게 말한다.
6. 각 부분을 빠르게 말한 것을 이어 실제 단어를 말한다.

단어의 어원 및 접두사와 접미사의 학습은 긴 단어를 이해하는 데 도움이 된다. Archer 등의 특화된 읽기 프로그램 'REWARDS: Reading Excellence: Word Attack and Rate Development Strategies'(2000)는 긴 단어의 해호화를 목표로 하는 프로그램의 예시이다.

3) 발음 프로그램 지침

많은 읽기 프로그램이 발음에 초점을 두고 있다. 그러나 모든 발음 프로그램들이 우수한 것은 아니다. 발음에 초점을 두고 있는 효과적인 읽기 프로그램은 다음과 같은 특성이 있다.

- 학생들에게 글자와 소리의 관계를 명료하고, 체계적으로 지도할 수 있다.
- 학생들에게 글자와 소리의 관계를 학습하는 이유를 이해시키는 데 도움이 된다.
- 학생들이 단어나 문장, 교재를 읽을 때 발음에 관한 지식을 적용할 수 있도록 한다.
- 학생들이 학습한 글자-소리들을 쓰기에 응용할 수 있도록 한다.
- 학생들의 요구에 맞게 수정이 가능하다.
- 체계적인 발음 교수는 물론 알파벳에 관한 지식, 음운 인식, 어휘 발달, 교재 읽기 등의 다양하고 폭넓은 기술을 포함하고 있다(Armbruster et al., 2001).

4) 발음 수업의 수정: 비구어적 읽기방법

중도의 지체장애 및 구어장애를 가진 학생들의 발음 교수를 위해 수정된 읽기 전략들은 그리 다양하지 않다. 그중 하나로 비구어적 읽기 방법(Nonverbal Reading Approach: NRA)을 들 수 있다. 이 방법은 중도의 구어장애(뿐만 아니라 뇌성마비와 같은 장애에 수반되어 나타나는 중도의 구어장애) 학생들의 해호화 기술을 향상시키기 위하여 특별히 고안된 체계적인 교수 전략이다. 이 방법은 모든 발음 기반 읽기 교육과정과 함께 사용할 수 있다. 이 방법은 중도의 지체장애 및 구어장애와 그 외의 장애(예를 들면, 자폐, 외상성뇌손상과 같은) 학생들을 위한 직접교수 교육과정(Heller, Fredrick, & Diggs, 1999)과 함께 단어 인지와 읽기 수준의 향상 및 비슷한 음소계열을 가진 모르는 단어의 보다 빠른 습득과 일반화를 촉진(Heller, Fredrick, Tumlin, & Brineman, 2000)하기 위하여 사용한다. 한편 NRA를 컴퓨터 기반 프로그램과 연계하면 해호화를 촉진한다(Coleman-Martin, Heller, Cihak, & Irvine, 2005). 그리고 교재에서 모르는 단어는 움직이는 지시기의 사용 등 자기조절 방법으로서 해호화를 촉진할 수도 있다(Swinehart-Jones & Heller, 2008). NRA는 안내된 연습과 평가요소들로 구성되어 있다.

(1) NRA의 안내된 연습

안내된 연습에서는 기초적인 해호화 전략과 표적 단어들을 가르친다. 그러나 NRA의 안내된 연습에서는 해호화 단계를 소리 내어 말하게 하는 대신 학생들이 내적 언어로 말하도록 가르치고 있다. 내적 언어는 일반적으로 숙련된 독자들에게 나타나며, 보통 초보 독자들은 큰 소리로 해호화한다. 그러나 구어가 부정확하거나 구어를 할 수 없는 경우 내적 언어를 사용할 수 있다. 이때 내적 언어의 소리는 마음속에서 정확하게 발음된다. NRA의 안내된 연습은 선택적 구어 참여, 내적 언어, 운동 지시자 그리고 추가 지도의 네 가지 부분으로 나뉜다(〈표 13-2〉 참조).

① 선택적 구어 참여

중도의 지체장애 및 구어장애 학생들은 글자의 소리들을 소음 또는 비슷한 소리로 산출할 수 있다. 교사들은 NRA의 첫 부분에서 능동적인 참여를 촉진하기 위하여 학생들이 큰 소리로 웅얼거리거나 단어와 유사한 소리를 내도록 할 수 있다(〈표 13-2〉 참조). 그럼에도 불구하고 학생들이 전혀 소리를 낼 수 없거나, 소리를 내기 위해서 너무 많은 노력을 필요로 하는 경우 혹은 큰 소리를 내보라고 말할 경우 혼란스러워하면서 결국에는 내적 언어를 사용하여 말하도록 요구해야 할 경우에는 이 부분은 생략된다.

② 내적 언어

학생이 신체적으로 단어의 정확한 음소를 발음하기 어려운 경우 내적 언어를 사용하여 지도할 수 있다. 내적 언어는 소리 없이 말하거나 '마음속으로' 무엇인가 소리를 내는 과정을 말한다. 구어 산출 능력이 없는 사람의 소리 연결 기술의 개발을 설명하는 연구들에 의하면 (Smith, 1989), 내적 언어는 학생들이 '마음속으로' '자기 자신에게' 단어를 말하도록 지도하는 데 유용한 전략이다. 학생이 내적 언어를 사용하여 단어를 읽을 때 소리를 산출하지 않는 대신 내적 방법으로 발음하여야 할 글자의 소리를 들을 수 있도록 마음속으로 그것을 발음하는 데 집중하는 일이 중요하다.

학생은 각각의 문자들(혹은 문자군)을 소리내기, 각각의 문자들(혹은 문자군)을 천천히 연결하여 소리내기, 이것들을 빠르게 단어로 말하기와 같은 3단계로 나누어 내적 언어 사용의 과정을 안내받는다(〈표 13-2〉 참조). 학생에게는 단어에서 첫 번째 글자를 제외한 나머지 부분을 가려 주거나 혹은 첫 번째 글자를 가리켜 주면서 "머릿속에서 이 소리를 생각해 봅시다"라고 안내한다. 학생을 안내할 때는 학생들이 혼자서 그것을 말하는 동안 교사가 큰 소리로 단어를 말한다. 이 단계는 단어의 소리를 완전히 말할 수 있을 때까지 계속한다. 다음 단계에서는 그 단어를 천천히 연결하여 말해 준다. 교사는 학생에게 "단어들의 소리를 각각 멈추지 말고 연결하여 봅시다"라고 말해 준 후 단어들의 소리를 천천히 연결하여 말해 준다. 끝으로 소리들을 빠르게 연결할 수 있게 되면 교사는 학생들에게 "이 단어를 머릿속으로 빠르게 말해 봅시다"라고 말하며 그 단어를 말해 준다.

학생들은 처음에는 '머릿속으로' 혹은 소리 없이 말하는 것에 대한 개념을 이해하는 데 어려움을 느낄 수 있다. 교사는 학생들이 잘 알고 있는 물건을 보여 주면서 "이것이 무엇인지 생각해 보자. 소리 내서 말하지 마. 그렇게 할 수 있겠지? 너는 머릿속으로 그 말을 해 보는 거야"와 같이 말해 줌으로써 내적 언어 활동을 촉진할 수 있다. 'Bingo'와 같은 노래 역시 도움이 될 수 있다.

③ 운동 지시자

학생들이 실제로 내적 언어를 사용하여 소리를 말하는지 분명히 알아보기는 어렵다. 학생이 단어를 바라보는 행동이나 단어를 훑어 나가는 눈의 움직임과 같은 행동은 학생들이 참여하고 있는지 여부를 알 수 있는 표시가 된다. 많은 학생의 경우에 운동 지시자가 단어를 소리로 산출하는 일에 참여할 수 있도록 해 준다. 운동 지시자는 해호화 전략의 각 단계마다 학생의 참여를 쉽게 만들어 주는 움직임 전체라고 할 수 있다. 운동 지시자는 학생이 해호화 단계를 기억할 수 있도록 지원하는 한편, 교사가 관찰 가능한 행동을 제공한다(Swinehart-Jones & Heller, 2008). 한 연구(Swinehart-Jones & Heller, 출판 중)에서는 오른손 집게손가락을 단어의 오른쪽부터 왼쪽으로 움직이는 운동 지시자를 사용하여 3단계 해호화 과정을 증진시켜 주었다. 어떤 학생들의 경우, 처음 두 단계는 머리를 앞으로 움직이고, 단어를 빨리 말할 때는

〈표 13-2〉 비구어적 읽기 방법의 안내된 연습

과정	내용
선택적 구어	1. 교사는 학생들에게 "자, 이 단어를 보고 우리 함께 소리 내어 읽어 보자"라고 말한다. 교사는 그 단어를 소리 내어 천천히 읽어 주며, 학생은 그와 유사하거나 웅얼거리는 소리로 단어를 읽는다. 예: 교사가 "man"이라는 단어를 보여 주고 함께 소리 내어 읽어 본다.
내적 언어: 글자 소리(단위)	2. "자, 이제 함께 읽어 보자. 나는 이 단어를 천천히 말해 볼 테니 너는 머릿속으로 말해 보자" 3. 교사는 단어의 첫째 문자만 보여 주며(종이로 다른 문자들은 모두 가린다) "머릿속으로 이 단어(소리 단위)를 읽어 보자"라고 말한다. 교사는 시범적으로 소리 내어 단어를 읽어 준다. 학생은 마음속으로 소리를 낸다. 교사는 단어를 소리 내어 읽고 학생은 단어 카드를 보면서 소리(단어 단위)는 내면서 운동적 지시자를 나타낸다. 교사는 다음 글자(혹은 단위)를 보여 주며 이 과정을 반복한다. 이 과정은 모든 소리(단어 단위)에 대해 시범을 보일 때까지 계속한다. 예: 교사는 "mmm"이라고 말하고 학생은 마음속으로 "mmm"이라고 말한다. 교사는 "aaa"라고 말하고 학생은 마음속으로 "aaa"라고 말한다. 교사는 "nnn"을 소리 내어 말하고 학생은 마음속으로 "nnn"이라고 말한다.
내적 언어: 느리게 혼합하기	4. 교사는 "이제 머릿속으로 이것들을 모두 함께 읽어 보자. 소리 내는 중간에는 쉬어서는 안 된다"라고 말하며 천천히 시범을 보이고 학생들은 소리 내지 않고 읽으면서 운동 지시자를 표현한다. 예: 교사는 글자의 소리들을 지적해 가며 "mmmaaannn"이라고 읽고 학생들은 소리를 내지 않고 "mmmaaannn"이라고 읽는다.
내적 언어: 빠르게 혼합하기	5. 교사는 "이제 머릿속으로 빨리 읽어 보자"라고 말하면서 자료를 읽을 때 발음하는 것과 같이 소리 내어 단어를 빠르게 읽는다. 학생은 그것을 소리 내지 않고 읽으면서 운동적 지시자로 표현한다. 예: 교사는 소리를 내서 "man" 이라고 읽고, 학생은 소리를 내지 않고 "man"을 읽는다.
추가 지도	6. 교사는 이 시점에서 추가 지도를 할 수 있다. 추가 지도에는 이미 학습한 다른 단어와 비교하기, 특정 소리를 지적하기, 이해를 돕기 위해 'man'의 그림 보여 주기, 단어 쓰기 등이 있다.

눈을 깜빡였다. 운동 지시자는 3단계 해호화 과정에 집중하는 일을 방해하지 않으면서 학생들의 학습과 참여를 증진시켰다. 어떤 학생들의 경우는 3단계 해호화 과정을 학습한 이후에 운동 지시자를 안내하는 편이 더 효과적인 것으로도 나타났다.

④ 추가 지도

학생이 내적 언어 방법을 사용하여 소리를 산출할 수 있게 되면 추가 지도를 할 수 있다. 추가 지도는 이전에 학습한 단어와 비교하기, 접두어나 접미어 찾기, 단어를 생각하는 방법이나 규칙을 설명하기, 정의를 제공하기, 문장 속에서 단어 활용하기, 쓰기 및 철자하기 등이 포함된다. 읽기에서는 개별 단어 수준 이상의 읽기를 강조하기 때문에 문장 속에서 단어를 활용하는 일을 더 중요하게 여긴다. 교사는 NRA를 활용하는 '선택된 읽기 교육과정(selected reading curriculum)'을 따라 할 수 있다.

(2) NRA의 평가 요소

안내된 연습을 통하여 새로운 단어를 지도한 후에는 학생이 NRA의 해호화 전략을 사용하여 정확한 단어를 말할 수 있는지 여부를 평가할 필요가 있다. 이 평가를 위한 요소에는 ① 학생에게 단어를 소리 내도록 지도하기 또는 3단계 해호화 과정을 통하여 학생을 안내하기, ② 진단 목적의 선다형 보기 제공하기, ③ 학생의 반응 기록하기, ④ 학생의 반응에 칭찬이나 교정하기로 대응하기, ⑤ 학생이 오류를 분석하기 등 다섯 가지가 있다.

제1단계로서 교사는 학생에게 3단계 해호화 과정을 사용하여 단어를 들려준다. 만약 학생이 3단계 해호화 과정을 학습하였다면 교사는 안내된 연습 요소들이 포함된 동일한 자료로 학생을 안내하고, 학생의 내적 언어 사용을 격려하지만 어떤 소리도 제공하지 않는다. 이런 과정을 반복함으로써 단어를 소리 내는 전략에 대한 지도와 강화가 계속 반복된다(〈표 13-3〉 참조).

① 진단 목적의 선다형 문항 제공

이 단계에서 교사는 학생들이 단어를 학습하고 있는지 여부를 알 수가 없다. 학생이 단어를 학습하고 있는지 알아보기 위하여 교사는 진단 목적의 선다형 문항을 사용할 수 있다. 학생은 구어로 대답할 수 없기 때문에 대답하기 위한 선다형 문제가 필요하다. 진단 목적의 선다형 문제는 학생의 표적 자료(또는 표적 단어) 습득을 평가하기 위하여 고안된 대안적인 선택 문항들로서 구어 또는 인쇄물로 제시할 수 있다. 학생이 선다형에서 선택한 보기는 학생이 답을 알고 있는지 모르고 있는지를 파악할 수 있게 한다. 또한 학생이 선택한 진단 목적의 선다형 문항은 학생의 오류 양식을 파악할 수 있게 한다.

진단 목적의 선다형 문항은 보통 학생이 표적 단어를 알고 있는지를 파악할 수 있는 정답 한 개와 2개 혹은 그 이상의 추가 보기들로 구성된다. 예를 들면, 학생이 'ball'을 학습하고 있는 경우, 선택할 수 있는 보기로 cat, ball, dog, tree 등을 주고 학생이 ball을 선택하는 경우 첫째 음절인 'b'를 정확하게 알고 있다는 점만을 알 수 있다. 이렇게 되면 학생이 ball과 big을 구분할 수 있는지 알 수가 없다. 만약 선다형 보기가 bill, ball, bell, bail인 경우 우리에게 학생이 단어의 모음을 바르게 선택할 수 있는지만 알 수 있게 한다.

진단 목적의 선다형 문항은 학생이 그 단어를 알고 있는지 교사가 확신할 수 있도록 주의 깊게 선정되어야 한다. 우선 진단 목적의 선다형 문항은 처음에는 매우 비슷한 단어, 끝부분만 다른 단어, 모음의 소리만 다른 단어 등을 포함하여 구성한다. 예를 들면, 표적 단어가 'ball'인 경우, 보기는 bill, ball, doll, bat 등으로 구성할 수 있다. 나중에는 학생이 나타내는 오류 유형에 따라 보기를 수정할 수 있다. 한 연구(Heller, Fredrick, & Diggs, 1999)는 학생이 차이가 없는 보기, 차이가 매우 큰 보기, 진단 목적의 선다형 보기에서 선택의 놀라운 차이를 나타냄을 보고하였다. 이 연구는 부적절한 선다형 보기들은 학생이 단지 첫째 글자 혹은 단어의 일부분에 해당되는 소리만을 알고 있음에도 불구하고 학생이 그 단어를 알고 있다는 부정적인 인상을 남길 수 있음을 보여 준다. 그럼에도 불구하고 이 연구에서는 좋은 보기가 주어졌을 경우 학생들이 그 단어를 정말 모르는지를 알 수 있도록 해 주었고, 그에 따라 필요한 교수가 무엇인지 알려 주었다고 한다. 또한 어떤 교사들은 학생들이 내적 언어와 일치하지 않는 보기를 선택하도록 강요받지 않도록 하기 위하여 '보기 중에는 답이 없음'이라는 보기 항목을 추가

〈표 13-3〉 평가를 위한 비구어적 읽기 방법

과정	평가 방법
도입	1. 교사는 학생에게 표적 단어를 보여 주며 "이 단어를 소리 내어 읽어 보세요"라고 한다(또는 소리를 내지 않고 소리를 내는 순서를 말해 주어 단어를 소리 낼 수 있도록 안내한다).
진단적 목적의 선다형 보기	2. 교사는 학생의 행동을 관찰하면서 학생이 단어를 소리 내어 읽도록 기다린다. 3. 교사는 "선생님이 보기를 네 개 주겠어요. 보기를 잘 들어보세요. (1번), (2번), (3번), (4번). 1번일까요? 2번일까요?"와 같이 말한다(학생의 반응을 3초간 기다린다). 교사는 어떤 단서도 제공하지 않고 보기만 제공한다.
반응	4. 학생은 자신의 답을 지적하고, 교사는 학생이 선택한 답안과 행동을 답지에 옮겨 적는다.
오류 분석 및 교정	5. 학생이 정답을 한 경우 정답임을 확인해 준다. 학생이 오답을 한 경우, 교사는 안내된 연습의 절차를 통해 다시 한 번 지도한다. 6. 회기가 끝나면 교사는 선다형 보기의 변경 여부나 추가적인 교수의 필요 여부를 결정하기 위하여 자료를 분석한다.

하였다.

학생들이 단어를 읽고 난 후에는 자신이 생각한 내용을 기억하며, 보기를 들으면서 자신의 해호화 과정을 통하여 얻게 된 답을 보기에서 선택할 수 있도록 격려해 주어야 한다. 보기를 제공할 때 교사는 먼저 학생들이 들을 수 있게 보기 네 가지를 모두 말해 준 후 다시 천천히 반복해 준다. 교사가 보기를 먼저 제공하는 방법과 학생이 들려주는 단어를 처음 듣고, 정답이라고 생각되는 것을 지적하게 하는 방법은 하나의 대안적인 방법이 될 수 있다. 어떤 방법을 사용하건 그것은 학생의 기술과 단어들의 소리가 어느 정도 유사한가 하는 점에 달려 있다. 어떤 교사들의 경우에는 '보기에는 답이 없음'이라는 항목을 포함한다.

② 학생의 반응과 결과

교사는 표적 단어를 포함한 선다형 보기의 기록지를 갖고 있어야 한다. 만약 학생이 보기 중 하나를 선택한 경우, 교사는 그 학생이 정답을 맞혔는지를 자세히 기록하고, 칭찬(혹은 다른 강화)을 제공하여야 한다. 만약 학생이 오답을 선택한 경우, 교사는 학생이 오답으로 어떤 보기를 선택하였는지를 기록한 후 NRA의 안내된 연습과 필요한 추가 지도를 통하여 정답을 알려 주도록 한다.

③ 오류 분석

오류 분석은 학생이 산출하는 오류의 유형뿐만 아니라 시간 경과에 따른 오류 형태의 출현에 대한 주의 깊은 평가를 말한다. 오류 파악과 오류 패턴은 교사가 교정 전략을 선택하는 데 도움을 준다. 그리고 진단 목적의 선다형 보기를 변경하여 학생을 재평가할 수 있도록 한다. 예를 들면, 학생이 'bat' 대신에 'bad'를 선택하였다고 가정해 보자. 학생은 't'와 'd'를 혼동하고 있으며, 그것들을 연결하여 전체 단어를 발음하지 못하고, 전체 단어에 주의를 기울이지 못함을 보여 준다. 학생이 't'와 'd'를 혼동하고 있다면 't'와 'd'의 소리에 관해 더 많은 교수를 실시하고, 반드시 이 소리들을 선다형 보기 속에 포함시켜야만 한다. 다른 단어들의 경우에도 't'와 'd'로 끝나는 보기를 포함하도록 변경할 수 있다(예를 들어, 'sat'이라는 단어를 지도하고자 할 때 보기 중 하나를 'sad'로 하는 것). 이런 일은 학생들이 교수 후에 두 가지 소리의 차이를 학습하였는지 여부나 학생이 다른 단어들을 해호화하는 과정에서도 동일한 오류를 보이는지를 판단할 수 있도록 도와준다.

학생들이 모음을 혼동하는 경우도 종종 발생한다. 자음에 비해 모음이 더 학습하기 어렵기 때문에 학생에게는 추가적인 촉진이 필요할 수 있다. 특히 단모음을 포함하는 단어나 차이를 발견하기 어렵게 만드는 사투리를 사용하는 경우 특히 모음의 혼동을 일으킬 경우가 많다. 교사는 보다 집중적인 지도나 모음 구조도(모음의 소리를 표현한 그림)의 사용, 청각 모음 구조도(AAC 도구 위에 모음을 나타내고 그것을 누르면 바른 소리가 산출됨)의 사용 등을 통하여 지도할 수 있다. 단어를 재평가할 경우, 보기는 학생이 그 단어를 정말 알고 있는지 파악할 수 있는 여러 가지 모음을 포함하고 있는 단어로 변경하여야 한다.

학생은 방향 오류를 나타낼 수도 있다. 예를 들면, 학생이 'ma'와 'am' 'ton' 'not'을 혼동할 수 있다. 이 경우 학생은 왼쪽에서 오른쪽으로 읽는 대신 오른쪽에서 왼쪽으로 읽고 있음을 알 수 있다. 이런 어려움을 해결하기 위해서 학생이 보다 많은 읽기 연습을 할 때까지 첫 글자 아래에 붉은 점을 표시해 둘 수 있다.

(3) NRA의 확장 전략 및 고려할 사항

NRA와 관련된 추가적인 전략들과 고려할 사항들은 여러 가지이다. 그중 하나가 보조공학과 맞춤형 수정이다. 이것은 적절한 평가, 수업, 이해, 표적 읽기 자료의 읽기 연습에 사용될 수 있다. 읽기를 촉진하기 위한 보조공학은 대체의사소통 도구, 선택을 위한 도구, 응답을 촉진시킬 수 있는 컴퓨터 프로그램의 사용을 포함한다. 읽기 과정을 촉진하기 위한 보조공학의 정확성과 효과성은 개별화된 선택과 평가 결과에 따라 결정한다. 이에 더하여 NRA에서 사용하는 해호화 전략의 독립적 사용과 추가적인 읽기 요소의 교수도 고려하여야 할 사항이라고 할 수 있다.

① NRA의 해호화를 위한 기억술

학생들은 모르는 단어를 만났을 때 혼자서 3단계 해호화 과정을 사용할 수 있는 학습을 하여야만 한다. 이 단계들을 촉진하기 위하여 교사는 'Think SAM' 또는 'Think of what SAM Says'로 학생들에게 지도할 수 있다. SAM은 Say the sounds(소리 내어 보고), All together(한 번에 다 읽어 보며), Make it fast(빠르게 읽어 본다)의 첫 글자를 딴 기억술이다. 이것은 3단계 해호화 과정에 각각 대응한다. 학생이 문장을 읽을 수 있게 되면 교사는 학생들에게 'Think of what SAM Says'를 지도할 수 있는데, SAM Says는 Say the sounds(소리 내어 보고), All together(한 번에 다 읽어 보며), Make it fast(빠르게 읽어 본다)와 check it make Sense(뜻이 통하는지 알아본다)의 첫 글자를 나타내는 것이다. 마지막 단계에서 학생은 그들이 해호화한 단어가 자신이 읽고 있는 문장에 적합한지 여부를 판단하게 된다. 학생은 AAC 도구에 SAM 기억술을 포함하도록 설계할 수도 있고, 그들이 하고 있는 일과 각 단계의 학습을 도울 수 있는 것을 다른 사람들에게 말해 주도록 단계별 촉진카드(prompt card)를 만들 수도 있다.

② 추가적인 읽기 요소

학생은 NRA를 사용한 단어읽기 과정을 학습하기 시작하여 시간이 경과하면 몇 가지 단어를 읽을 수 있게 되고 점차 단어가 아닌 문장도 읽을 수 있게 된다. 학생의 읽기 기술을 향상시키기 위한 과정으로서 안내되어야 할 여섯 가지의 역량 과정이 있다. 첫째, NRA를 사용한 단어 읽기에 대한 안내, 둘째, 혼자서 NRA를 적용하여 단어 읽기, 셋째, 자동화(단어들을 해호화하지 않고 인지하기), 넷째, 인쇄물을 행 단위로 읽고 모르는 단어 앞에서 멈추기, 다섯째, 정확성과 이해력 점검하기, 여섯째, 표적 단어를 철자하고 쓰기가 그것이다.

학생이 이전에 학습하였던 단어를 자동적으로 읽을 수 있게 되면 교사는 학생에게 "이 단어가 무엇인지 알고 있니?"라고 물어보아야 한다. 만약 학생이 모른다고 답할 경우, 교사는 "이 단어를 모르면 어떻게 해야 할까?"와 같이 물어볼 수 있다. 그리고 학생이 "머릿속으로 그 단어를 읽어 보자" 또는 SAM에 대해 자신의 AAC 도구로 응답할 때까지 기다린다. 만약 학생이 그 단어를 알고 있다고 표시하면 교사는 학생이 실제로 알고 있는지를 평가할 수 있다. 이때 진단 목적의 선다형 보기 사용 방법을 학생들의 지식을 평가하기 위한 절차로 활용할 수 있다(〈표 13-4〉 참조).

학습한 단어를 활용하여 문장을 만드는 것은 중요하다(특히 학생이 자동성을 획득한 단어들의 경우). 만약 학생이 자신이 읽고 있는 것을 가리킬 수 있다면 이것은 교사가 학생이 문장의 어디쯤을 읽고 있는지를 파악하는 데 도움이 될 수 있다. 또한 학생이 자신이 읽고 있는 위치를 파악하는 데도 도움이 될 수 있다. 학생이 위치를 가리킬 수 없을 경우, 교사는 학생이 고개를 끄덕이거나 다음 단어로 이행하려는 움직임을 보고 단어를 지적할 수 있다. 이것은 교사에게 학생이 단어와 단어 간의 이동 속도를 파악할 수 있게 해 준다. 여러 문장이 한꺼번에 주어지는 경우, 학생은 자신이 읽고 있는 행을 잃어버릴 수 있다. 교사는 학생들이 행을 잃어버리지 않고 읽을 수 있도록 하기 위하여 앞에서 논의한 바 있는 밑줄 긋기 전략을 사용할 수 있다.

학생이 문장을 이동하면서 읽거나 이후 문단으로 이행하는 경우에도 교사는 학생이 모르는 단어 앞에서 멈추고, NRA의 3단계 해호화 과정을 사용하여 소리 내어 읽도록 한다. 학생이 문해를 위해 운동 지시자를 사용하는 방법을 익힌 경우, 교사는 학생이 모르는 단어를 발견했을 때 운동 지시자가 나타나는지를 관찰할 수 있을 것이다. 만약 학생이 그 단어를 잘 모를 경우, 교사에게 그 내용을 알리는 방법을 학습하여야만 한다. 만약 학생이 교사에게 도움을 받아야 하는 단어가 어디에 있는지를 가리키기 어려운 경우 교사가 학생에게 모르는 단어가 어느 행에 들어 있는지 각각의 행별로 물어볼 수 있다. 학생이 모르는 단어가 있는 행을 가리키면 교사는 학생이 문제 단어를 지적할 때까지 행 속의 각 단어를 가리키며

〈표 13-4〉 비구어적 읽기 방법과 자동성 점검

학생의 지식 평가하기: 자동성	
과정	순서(예시)
단어를 알고 있는지, 모르는지 확인하기	1. 교사: "이 단어를 보렴" 2. 교사: "이 단어가 무엇인지 알겠니?" 3. 교사 • 학생이 '예' 라고 할 경우 "좋아. 훌륭해. 지금부터 내가 몇 가지 보기를 말해 줄 거야. 그러면 너는 정답이라고 생각되는 것을 내게 말해 줘, 알겠지? (보기 1), (보기 2), (보기 3)" • 학생이 '아니요' 라고 할 경우 "이 단어를 모르면 어떻게 해야 할까? 이 단어를 네 머릿속에서 말해 볼까? 그리고 SAM을 생각해 보자." "Say the sounds, All together, Make it fast!" 또는 단어가 자료와 연결되어 있는 경우, 교사는 "Think of what SAM Says."라고 말할 수 있다. "Say the sounds, All together, Make it fast, check it make Sense!" 교사는 학생이 NRA를 사용하여 단어를 말하는 학습을 하였는지 여부에 따라 학생이 그 단어를 스스로 말해 보도록 하거나 NRA를 사용하여 단어를 학습하는 방법을 안내하여 줄 수 있다. "지금부터 내가 몇 가지 보기를 줄 거야. 그러면 너는 어느 것이 정답인지 내게 말해 주면 된단다. 알겠지? 보기를 보자. (보기 1), (보기 2), (보기 3)"

물어볼 수 있다. 교사는 학생이 스스로 해호화하거나 혹은 도움을 요청하는 일을 가르치기 위하여 읽기 자료 속에 학생에게 익숙하지 않은 단어들을 첨가한다.

읽기 지도에서는 정확성과 이해력을 점검해야 한다. 학생이 내적 언어를 사용하여 문장을 읽고 있을 때는 그 단어를 정확하게 읽고 있는지 평가하여야 한다. 학생이 구어를 사용할 수 없는 경우, 여러 가지 다른 방법으로 평가할 수 있을 것이다. 그 방법 중에는 다음과 같은 형태의 질문을 포함한다.

- ____________(그 단어)를 가리킨다.
- 이것은 어떤 단어지?(진단 목적의 선다형 보기를 적용한다. 예를 들면, cat, can, con, kit)
- 소년이 가는 곳은 어디지?(이해력을 알아보기 위한 질문)
- 이것이 의미하는 바를 나타낸 그림을 가리킨다.

7. 어휘학습

어휘는 말하기, 듣기, 읽기, 쓰기를 통하여 습득된다. 학생은 대부분 일상생활 속의 구어 활동에 참여하고, 성인들이 자신을 위하여 책을 읽어 주거나 스스로 읽는 일 등을 통하여 어휘를 학습한다. 학생이 대부분의 어휘를 간접적으로 학습하지만 직접적인 어휘 지도도 필요하다(Armbruster et al., 2001). 중도의 지체장애 및 구어장애 학생들에게는 직접적이고 체계적인 어휘 수업이 중요하다. 그들은 구어를 통한 참여가 곤란하고 단어의 의미를 물어볼 수 있는 능력이 부족하여 어휘를 신속하게 받아들이기 어렵기 때문이다.

교사는 특정 어휘와 단어의 의미를 학습할 수 있는 방법을 체계적으로 지도하여야 한다. 단어 지도는 매주(또는 적절한 시기별로) 새로운 어휘를 소개하거나 학생이 이야기, 책, 수업에서 마주친 새로운 어휘를 포함한다. 여러 상황이나 활동에서 표적 어휘를 제시하는 일은 학생의 단어 학습을 도와준다. 또한 어떤 경우에는 학생이 알지 못하는 단어의 의미를 찾을 수 있는 사전(책 혹은 컴퓨터 프로그램) 사용법을 지도하여야 한다. 상황 단서나 접두어, 접미어로부터 단어의 의미를 파악하는 방법의 지도도 학생의 단어 학습에 도움이 된다.

1) 상징사전

상징사전은 상징과 문자를 동시에 제시하기 때문에 단어 학습의 참고자료로 사용할 수 있다. 또한 이것은 단어를 재인하지 못하는 학생들을 위한 사전으로도 사용할 수 있다. 이 상징사전은 학생들이 단어를 파악하고(학생들이 그 상징을 참고할 수 있을 때), 그 단어의 의미를 학습하며 철자를 익히는 데 도움이 된다. 이것들은 상징과 짝을 이루고 있기 때문에 단어를 처음 학습하는 학생들에게 특히 많은 도움이 된다. 또한 이것은 문자로 된 뜻(과 정의를 읽어주는 음성 출력이 되는 소프트웨어가 부족한)을 읽기 어려운 학생들에게 도움이 된다. 상징사전은 적절한 소프트웨어나 사진, 그림, 화보 등으로 손쉽게 만들 수 있다.

2) 단어 및 문장 페이지

한 단어 혹은 한 문장 구성 페이지는 어휘 학습과 어휘 사용을 촉진시키기 위하여 사용할 수 있다. 이 페이지나 오버레이는 단어, 구, 문장을 읽고 구성하기 위하여 사용할 수 있다. 이런 오버레이는 단어나 문장을 만들기 위해 집단으로 사용할 수 있는 단어 혹은 단어의 부분으로 구성할 수 있다. AAC 도구나 컴퓨터를 사용하는 경우 새로운 단어나 문장의 구성을 확인하기 위한 음성출력을 사용할 수 있다. 예를 들면, [그림 13-9]에서 보듯 학생에게 hat의 단어 압운인 'at'가 들어가는 단어군에서 단어를 구성하고 읽어 보라고 할 수 있다. 학생에게는 이 단어군에서 hat, cat, sat과 같은 다른 단어를 만들고 읽어 보기를 권장한다. 이 특별한 구성은 Dr. Seuss(Musselwhite & King-DeBaun, 1997)의 『The Cat in the Hat』의 읽기에서 사용되었다. 음성 출력이 가능한 AAC 도구에서 학생은 선택된 단어가 원하던 것인지를 즉각적으로 피드백할 수 있다.

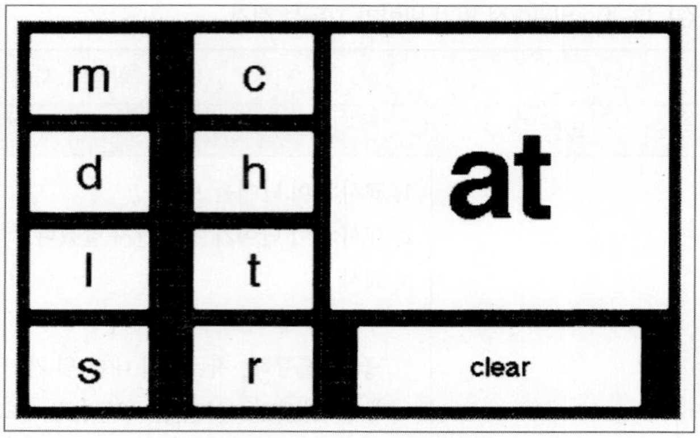

[그림 13-9] 『The Cat in the Hat』에서 사용한 단어 제시 예

출처: *Emergent Literary Success: Merging Technology and Whole Language for Students with Disabilities* by C. Musselwhite and P. King-DeBaun, 1997, Park City, UT: Creative Communicating. Reprinted with permission.

8. 읽기 유창성 교수

유창성이란 학생이 단어, 문장, 교재를 빠르고 정확하게 읽는 능력을 말한다. 유창하게 읽는 학생은 단어를 인식하고 자동적으로 읽을 수 있다. 학생이 빠르고 쉽게 읽으며 의미를 파악할 수 있다면 유창하게 읽는다고 할 수 있다. 자료를 유창하게 읽지 못하는 학생은 단어를 단어로만 읽으며, 단어의 해호화에 많은 시간을 소비하여 글을 이해하는 데 어려움이 있는 경우가 많다.

읽기 유창성은 부정확한 수준, 정확한 수준, 자동화 등 3수준으로 구분할 수 있다(Samuals, 2002). 부정확한 수준에 있는 학생은 구절 속의 단어 대부분을 이해하는 데 어려움이 있다. 정확히 문해할 수는 있지만 많은 노력이 필요한 학생의 경우에는 정확한 수준에 있다고 할 수 있다. 이와 같은 두 가지 수준의 학생들은 문해하는 데에 많은 노력을 기울여야 하기 때문에 글의 이해에 초점을 두기 어렵다. 유창성 교수의 목표는 학생이 읽고 있는 단어를 즉각적으로 인지하고, 자료의 이해력에 초점을 둘 수 있는 자동화 수준으로 이행할 수 있도록 돕는 데 있다.

1) 읽기 자료의 선택과 가독성 결정하기

읽기 유창성 비율은 각 학생별로 판단하여야 한다. 첫 번째 단계는 학생의 수준에 알맞은 읽기 자료를 선택하는 일이다. 독립적인 수준은 학생이 읽기 자료의 100단어 중 1단어 이하에서 오류를 보이거나 혹은 90% 이상을 이해할 수 있을 때를 말한다. 교수적 읽기 수준은 100단어 중 5단어 이하에서 오류를 보이거나 혹은 최소한 75%를 이해할 수 있는 수준이다. 혼란 수준은 100단어 중 10단어보다 많은 오류를 보이거나 혹은 50% 이하를 이해할 수 있는 수준이다(Spache, 1976). 현재 읽기 자료가 너무 어렵지 않은지 혹은 유창성 훈련을 위한 적절한 자료인지를 판단하고자 할 때는 이 방법을 사용하여 평가할 수 있다. 읽기 유창성 비율을 평가하고자 할 때는 교수적 혹은 독립적 수준의 자료를 선택한다.

일단 자료가 선택되면 교사는 학생이 읽고 있는 내용을 표시할 수 있도록 읽기 자료의 사본을 만든다. 학생은 1분에서 3분까지 읽는다. 분당 읽은 정확한 단어 수는 다음과 같이 계산한다. 읽기 비율은 일반적인 읽기 비율에 관한 지침을 제공하는 [그림 13-10]에 제시되어 있다.

$$\frac{\text{전체 읽은 단어 수}-\text{틀리게 읽은 단어 수}}{\text{읽은 시간(분)}} = \text{분당 바르게 읽은 단어 수}$$

2) 유창성 증진 전략

유창성 증진을 위한 활동은 여러 가지가 있다. 학생들에게 쉽게 문해할 수 있는 교재를 읽을 수 있는 기회를 확대하거나 예측 가능한 책이나 규칙이 있는 책 읽기, 반복 읽기 및 오류 교정, 유창성을 갖춘 사람이 시범 보이기가 포함된다(Chard, Vaughn, & Tyler, 2002; Samuels,

구어 읽기 속도-분당 단어 수(Guszak, 1985)

1수준=60단어 이상
2수준=70단어 이상
3수준=80단어 이상
4, 5, 6수준=90단어 이상

소리 내지 않고 읽기-분당 단어 수(Carver, 1989)

3수준=109~130단어
4수준=131~147단어
5수준=148~161단어
6수준=162~174단어
7수준= 175~185단어
8수준-=186~197단어
9수준=198~209단어
10수준=210~224단어
11수준=225~240단어
12수준=241~256단어

[그림 13-10] 구어 및 소리 내지 않고 읽기 비율

1979, 2002).

같은 교재를 반복해서 읽는 일은 자동화된 문해능력을 향상시키는 좋은 방법이다(Archer et al., 2003). 반복 읽기는 일반적으로 오류 교정을 해 가면서 반복하여 읽는 방법과 읽기 시범을 보면서 반복하여 읽는 방법이 있다.

(1) 오류 교정을 해 가면서 반복 읽기

이 방법에서는 학생이 정해진 횟수만큼 구절을 반복해서 읽으며(예를 들어, 3회), 학생이 글의 일부를 빠뜨리고 읽거나 단어를 틀리게 발음할 경우, 교사가 즉시 오류를 교정하거나 해당 구절의 마지막 단계에서 교정해 준다. 몇몇 연구자에 따르면 교정적 피드백과 함께 읽기 반복을 실시하는 것은 읽기 유창성의 향상에 중요한 요소로 나타났다(Therrien, 2004). 한편 반복된 읽기 없이 교정적 피드백만 제공할 경우 분당 발생하는 오류의 수는 줄일 수 있지만 유창성은 높아지지 않는다(Nelson, Alber, & Gordy, 2004).

(2) 시범을 통한 반복 읽기

이 형태는 시범을 보이는 사람이 먼저 읽은 후 학생이 그 구절을 반복하여 읽거나 시범을 보이는 사람과 같이 읽는다. 반복 읽기에서 모델은 교사(Rose & Beattie, 1986), 또래(Vaughn et al., 2000), 녹음 자료(Daly & Martens, 1994; Gilbert, Williams, & McLaughlin, 1996) 또는 컴퓨터(Patillo, Heller, & Smith, 2004)가 될 수 있다. 이 방법은 학생들의 읽기 유창성 향상을 위한 운율적 단서(예를 들면, 소리, 지속 기간, 강세, 음색 등)와 자연스러운 띄어 읽기, 읽기 비율, 자동화된 단어 인지 등을 제공한다(Richards, 2000).

9. 교재 이해력 교수

1) 이해력을 위해 고려할 사항

(1) 경험, 설명, 자료 제공하기

지체 · 중복장애 및 건강장애 학생이 일반학생과 같은 문해능력 발달 경험을 가질 수 있다는 장담은 결코 할 수 없다. 그들은 단어를 쉽게 해호화할 수 있지만 그 의미를 알지 못할 수 있다. 단어와 상징을 일치시킬 수는 있지만 그 실제적 의미가 무엇인지는 여전히 모르는 경우도 있다. 따라서 제시된 단어, 문장, 개념에 관한 자료와 정보를 제공하는 일이 중요하다. 학생의 이해 정도를 지속적으로 점검하는 일은 내용의 이해에 매우 중요하다.

(2) 문식 이해 확인하기

학생이 문장이나 문단을 읽을 수 있게 되면 읽은 문장이나 사건을 이해할 수 있는지를 알아보기 위하여 이야기의 사실 정보에 관한 질문을 통하여 평가할 수 있다. 이때 비구어 학생과 AAC 도구를 사용하는 데 많은 시간을 요구하는 학생의 경우 이야기 속의 단어에 번호를 붙임으로써 대답 시간을 줄여 줄 수 있다. 예를 들면, 누가 바닷가에 다녀왔는지를 묻는 경우, 학생은 자신의 AAC 도구나 숫자판의 숫자 1을 지시함으로써 빠르게 대답할 수 있다. 그녀가 거기에서 무엇을 했느냐는 물음에 대하여 학생은 "7" 또는 "10"으로 응답할 수 있다. Mary가 바닷가에서 행복하였는가 하는 질문에 대하여 학생은 예, 아니요로 대답할 수 있다. Mary가 행복하지 않았다는 사실을 어떻게 알게 되었는지를 물으면 학생은 "19" 때문이라고 말할 수 있다.

1	2	3	4	5	6	7	8	9	10
Mary	went	to	the	beach	to	find	her	lost	dog
11	12	13	14	15	16	17	18	19	
She	couldn't	find	him,	so	she	started	to	cry.	

문식 이해는 다른 평가 도구로도 쉽게 확인할 수 있다. 사건 발생 순서의 이해를 확인하기 위해서는 번호나 기호를 붙인 일련의 문장을 제시한다. 학생은 지시하기, 스캔하기 등을 통하여 문장의 차례를 번호로 제시할 수 있다(예를 들어, 3, 4, 1, 5, 2와 같이). 주제를 확인하기 위해서는 학생에게 여러 문장을 제시하고 그중에서 주제 문장을 선택하라고 할 수도 있다.

은유적인 글의 내용을 이해(추론) 하고 있는지 확인하고자 할 때는 보기를 반복하여 제공할 수 있다. 문식기술이 있는(AAC 도구가 아닌 곳에 단어를 철자할 수 있는) 학생은 확대 AAC 도구를 사용하는 경우, 자신의 생각을 AAC 도구에 표현하며 응답하는 것을 선호하는 경우가 많다. 그렇지만 전달 내용을 구성하는 데 시간이 걸린다. 학생이 전달 내용을 구성하도록 기다리는 일은 다른 사람들이 응답을 기다리며 그 학생을 빤히 쳐다보는 것으로 인해 학생에게 과도한 압력이 될 수 있다. 이럴 경우 교사는 이해에 관한 질문을 하고 학생이 AAC 도구로 대답을 준비하는 동안 다른 학생들에게는 몇 가지 질문을 추가로 할 수 있다. 학생이 이 방법으로 전달 내용을 구성하는 경우, 교사의 추가 질문은 매우 쉽고 중요하지 않은 것이어야만 한다. 왜냐하면 학생이 교사의 질문에 대한 답을 구성하는 동안 교사의 말이나 토의 내용을 완전히 듣기 어렵기 때문이다. 다른 방법으로는 학생에게 사전 질문을 하고, 학생이 사용하고 있는 AAC 도구에 대답을 프로그램화 하여 내장할 수 있는 시간을 주는 것이다.

일반적인 경험이 부족한 학생에게는 추론이 가장 어려운 분야이다. 학생이 이 같은 이해의 문제 유형에서 오류를 보일 때 교사는 배경지식의 부족 때문이 아닌지를 확인할 필요가 있다. 모르고 있는 지식은 가르쳐야만 하며, 오답으로 인해 학생이 불이익을 받아서는 안 된다. 필요한 배경 정보를 가르치기 위하여 질문을 다시 할 수도 있다.

학생이 글을 이해할 수 있는 능동적인 독자가 되도록 지도하여야 한다. 학생의 이해를 지도하기 위하여 읽기 전, 읽기 중, 읽은 후에 사용할 수 있는 전략들은 많다.

2) 이해 전략

(1) 읽기 전의 이해 전략

읽기에 앞서 자료를 검토하고 학생의 배경지식을 확인해야 한다. 주제에 관해 논의하고 학생의 배경을 풍부하게 하는 경험과 정보도 제공하여야 한다. 주제에 다가가기 위한 브레인스토밍 활동을 실시할 수도 있다. 학생이 AAC 도구에 입력할 수 있는 시간도 주어야만 한다.

학생에게는 읽기에 도움이 되는 선행 조직자를 제공할 수 있다. 교사는 "Mary가 바닷가에서 한 일이 무엇인지 잘 살펴가며 읽어 봅시다" "나중에 이 이야기의 주인공이 누구인지 물어보겠어요"와 같이 학생들이 주의해서 읽을 내용을 말해 준다. 학생들에게는 읽기 전에 주의를 기울여야 추가 정보가 담긴 시각적 조직자나 문서를 제공하여 줄 수도 있다.

마지막으로 학생에게는 교재를 스스로 읽을 수 있도록 하기 위한 자기조절학습을 지도하여야 한다. 이 방법은 학생들이 내용 영역의 읽기 이해 학습을 할 경우 더욱 중요하다. 예를 들면, ① 이 책을 읽는 이유가 뭐지? ② 중심 생각은 무엇인가? 그것들은 어떻게 조직되어 있는가?(학생들은 그 교재의 제목을 보면서) ③ 이 교재의 내용과 관련해서 내가 이미 알고 있는 내용은 무엇인가? ④ 이 교재에서 미리 예상할 수 있는 내용은 무엇인가?와 같은 일련의 질문을 학생 스스로 할 수 있도록 지도하여야 한다(Neufeld, 2005).

교재의 일부분에 참여하기 어려운 경우, 교사는 약간의 선수 지도를 할 수 있다. 교사는 학생이 알지 못하거나 어려움이 있을 것으로 예상되는 어휘를 파악하여야만 한다. 그 단어와 의미에 대해서는 별도의 수업 자료와 참고자료를 제공할 수 있다. 어떤 교재든 어려움이 있다면 이후 전개될 내용을 요약하고, 이전의 읽기 자료와 관련지어 주는 선행 조직자를 제공할 수도 있다. AAC 도구를 사용하는 학생의 경우 그들이 읽게 될 교재와 그들이 이해하기 어려운 문제에 대해 질문할 수 있도록 어휘나 상징을 사용하도록 하는 것이 중요하다.

(2) 읽기 중 그리고 읽은 후의 이해 전략

읽기 중 혹은 읽은 후에 사용할 수 있는 이해 전략에는 여러 가지가 있다. 그중에는 질문하기, 시각적 조직자, 기억 전략 등이 포함된다.

① 질문하기 전략

학생은 읽기를 하는 동안 교재의 이해에 관한 자기질문과 점검 학습을 하여야 한다. 자기점검 전략 중 하나로 자기질문하기가 있다. 이 일련의 질문으로 이루어진 전략은 Alvermann 등(1999)이 제안하였다. 학생에게는 앞으로 해야 할 일에 관해 생각하기("내가 이 주제에 관하여 미리 알고 있는 것은 무엇인가?" "내가 이 글에서 찾아야 하는 것은 무엇인가?"와 같은 질문)와 읽는 동안 생각하기("나는 얼마나 읽었는가?" "나는 이것을 이해하고 있는가?" 그리고 "만약 이해하지 못하고 있다면 어떻게 해야 하지?"와 같은 질문) 그리고 되돌아보며 생각하기("나는 알고 싶었던 것을 알게 되었는가?" "내가 읽은 것을 어떻게 사용할 것인가?"와 같은 질문)를 지도한다. 이런 질문들은 학생이 사용할 수 있는 카드 위에 기록하여 둘 수 있다. AAC를 사용하는 학생은 각 단계별 청각적 회상인자(reminder)로서 AAC 도구에 그것들을 내장해 둘 수 있다.

학생들이 이야기 읽기에서 wh와 how 질문을 생각할 수 있도록 지도하는 전략도 있다(Clark, Deshler, Schumaker, Alley, & Warner, 1984; Nolan, Alley, &

Clark, 1980). wh와 how 질문에는 누가, 무엇을, 어디서, 언제, 어떻게의 질문을 포함한다. 자료를 다 읽은 후에는 각 질문에 대하여 답하도록 한다. 어린 학생들의 경우에는 wh와 how 질문과 그에 대응하는 그림으로 이루어진 답지를 사용할 수도 있다.

자기점검 교수와 요약하기 전략을 결합하여 이해하기를 위한 wh와 how 질문의 확장 형태도 있다(Jitendra, Hoppes, & Xin, 2000). 이 전략에서 학생은 가장 먼저 이야기에 등장하는 사람의 이름을 익히고 활동을 범주화한다(그들이 행한 가장 중요한 일에 대한 이야기하기를 통해서). 그다음으로 집단의 이름 붙이기와 그 집단이 행한 핵심적인 일(이야기에서 일련의 행한 내용들을 망라하여)을 말함으로써 주제 생성 규칙을 익힌다. 다음에 학생들은 wh와 how 질문을 활용하여 이야기를 검토한다. 학생들은 집단의 인물들과 집단의 행동뿐만 아니라 wh와 how 질문을 살펴봄에 있어 이야기를 회상할 수 있는 촉진카드를 사용할 수 있다. 학생들이 그 절차를 성공적으로 수행할 수 있도록 하기 위하여 구절을 읽고 난 후, 촉진카드를 사용한 후, 전략을 적용할 때 그리고 중심 생각을 기록할 때 자기점검 체크리스트를 사용하여 점검 결과를 표시하게 할 수도 있다.

② 시각적 조직자

시각적 조직자 중 하나는 이해를 촉진할 수 있는 이야기 지도의 사용이다(Baumann & Bergeron, 1993; Emery, 1996; [그림 13-11] 참조). 이야기 지도는 학생이 읽고 있는 동안 정보를 시각적으로 요약하여 제공한다. 이것은 이야기의 배경(인물, 사건, 장소), 사건, 목적, 행동, 결과를 파악할 수 있는 하나의 집합체로 구성되어 있다.

내용 영역의 교재를 읽고 있는 학생을 위해서는 그들이 읽고 있는 교재의 구조를 시각적으로 요약하여 구성하도록 하는 일(또는 교사가 그 구조에 대해 시작적 시연을 보이는 일)이 도움이 된다. 이런 유형의 시각적 조직자는 교재의 구조를 보여 주고, 중요한 점을 채워 넣도록 한다. 〈표 13-5〉는 다섯 가지 공통 교재 구조와 시각적 조직자의 예를 보여 준다(설명식 교재 구조를 시각적 조직자로 구성한 예는 제15장 참조).

③ 기억 전략

기억 전략은 이해 능력을 향상시키기 위해서 사용되어 왔다. 예를 들면, STORE는 이야기 다시 말하기와 그 속에서 적절한 정보를 파악할 수 있도록 도와주는 기억술이다. STORE의 약자가 의미하는 것은 다음과 같다.

배경(Setting, 누가, 무엇을, 언제, 어디서)
사건(Trouble, 해결된 문제는 무엇인가)
사건의 순서(Order of action, 언제 어떤 사건이 일어났는가)
해결(Resolution or outcome) 그리고 결말(End, 이야기의 결말은 무엇인가)(Bos & Vaughn, 2002).

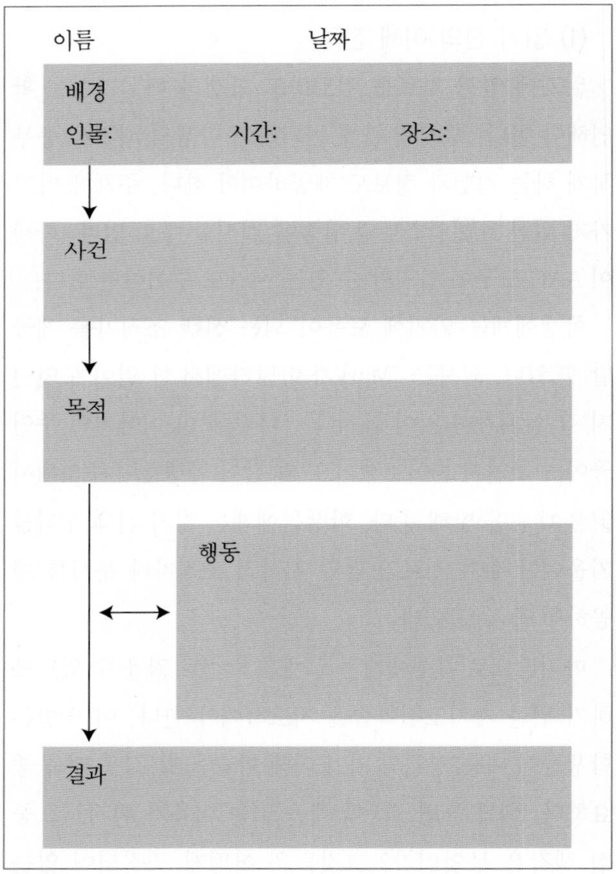

[그림 13-11] 이야기 지도에서는 읽기 이해를 돕기 위한 시각적 정보 개요를 제공하기 위하여 빈칸을 채워 넣어 사용할 수 있다.

출처: "Group Story Mapping: A Comprehension Strategy for Both Skilled and Unskilled Readers" by L. Idol, 1987, *Journal of Learning Disabilities,* 20, pp. 196-205. Copyright 1987 by PRO-ED, Inc. Reprinted with permission.

교사와 학생들은 글을 읽고 이해하는 데 도움이 되는 기억 전략이나 다른 전략들을 사용하였는지를 파악하여야 한다. 이것을 위해 교사는 다양한 질문을 할 수 있으며, 기억 전략이나 그 밖의 전략들이 이야기의 중요한 정보를 파악하는 데 어떤 도움이 되었는지 시범을 보일 수 있다. 교사들은 학생들이 보다 많은 질문과 생각을 도출하도록 학생을 동기화하기 위하여 읽은 내용에 대해 토론을 할 수도 있다. 학생에게 이야기를 요약하거나 재진술하기를 권장할 수도 있다. 응답 시간이 많이 필요한 AAC 사용 학생의 경우에는 주제나 특정 사건, 사건의 순서를 확인할 수 있도록 선다형 질문을 할 수도 있다.

10. 중도 지적장애 학생을 위한 읽기

중도 지적장애 학생들을 위한 문식 교수는 그들이 생활하고 일하며, 통합된 지역사회에 참여할 수 있도록 하기 위한 교육 목적과 연관되어야 한다. 능동적인 통합은 재화와 용역에 접근하는 능력과 지역사회에서 안전하게 돌아다닐 수 있는 능력을 필요로 한다. 이런 참여는 다양

〈표 13-5〉 연합된 시각적 조직자의 다섯 가지 공통된 텍스트 구조와 예시

글의 구조	구조에 대한 설명	시각적 조직자의 예
열거	항목들을 하나씩 순서대로 나열	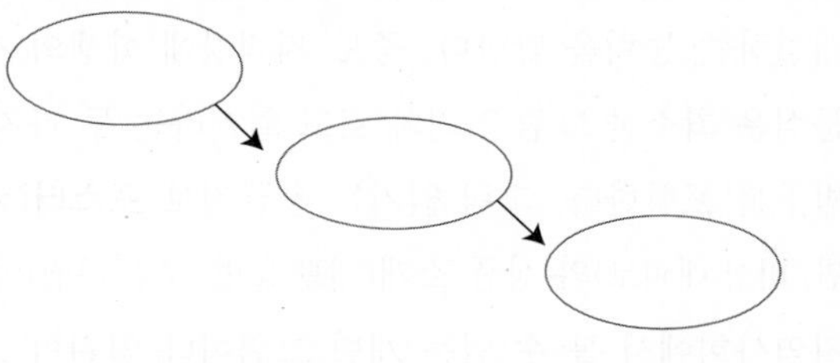
시간 순서	사건을 순서대로 나열	
비교와 대조	두 가지 혹은 그 이상의 항목이나 사건 간의 공통점과 차이점을 기술	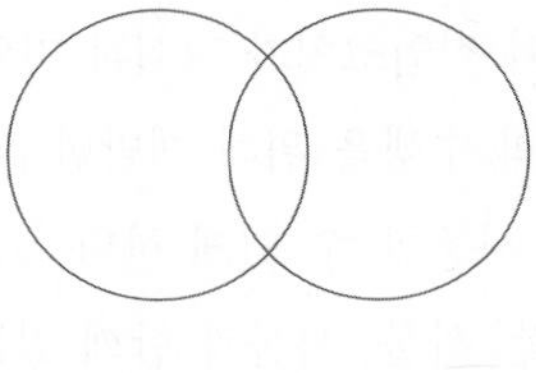
원인(들)과 결과(들)	한 사건이 다른 사건에 미치는 영향(효과)을 설명	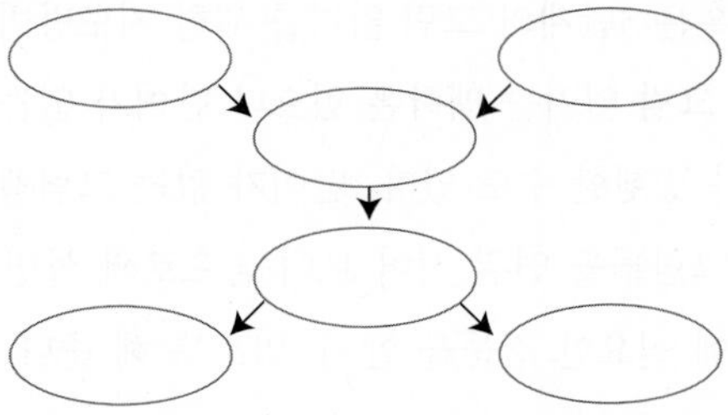
문제(들)/해결(들)	하나의 문제를 제시하고, 그에 따른 해결책을 하나 혹은 그 이상 제시	
서술	경험하였던 광경이나 인물, 물체나 사건 등의 심상에 관한 구체적인 특징이나 사건 묘사	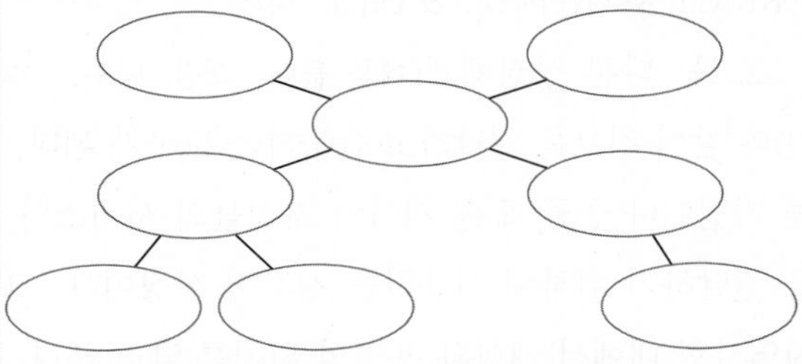

출처: Neufeld, P. (2005). Comprehension instruction in content area classes. *The Reading Teacher, 59*(4), 302-312. © 2005 by the International Reading Association. Reprinted with permission.

한 방법으로 정보를 수집할 수 있는 능력을 필요로 한다. 그러므로 문식을 광의로 정의하면 환경으로부터 필요한 선택과 결정을 하고, 환경을 수정하며, 즐거움을 얻기 위해 다양한 방식으로 정보를 습득하는 능력이라고 할 수 있다(Alberto, Fredrick, Huges, McIntosh, & Cihak, 2007). 그런 관점의 중도 지적장애 학생을 위한 문식교수와 관련된 문헌들은 시각적 문식, 일견단어 읽기, 발음 기술에 기반을 둔 읽기 교수 등 세 가지로 구분할 수 있다.

1) 시각적 문식

시각적 문식은 사진이나 그림 혹은 간단한 그래픽 상징, 사인이나 비디오와 같은 이미지에 담겨 있는 의미를 식별하는 능력을 말한다. 중도 지적장애 학생의 시각적 문식은 최소한 그림 읽기와 로고 읽기라는 두 가지 문식 범주를 포함한다. 그림 읽기는 응급정보 포스터(예를 들면, 비상 대피로)와 상품 소개(예를 들면, 포장 라벨)와 같이 지역사회에서 볼 수 있는 개별 그림이나 일련의 그림으로부터 정보를 획득할 수 있도록 해 준다. 그림을 읽는 능력은 교사와 직업코치가 교실과 지역사회 또는 직업과 관련된 과제의 수행을 위해 개발한 각각의 그림이나 일련의 그림을 사용할 수 있게 한다. Alberto와 Fredrick(2000)은 사람, 사물, 사물과 함께 있는 사람, 사건 사진과 2 혹은 3단계의 그림 읽기를 위한 지도방법을 강조하였다. 그림 읽기는 맥락은 있으나 단어가 없는 그림책의 읽기와 병행할 수도 있다. 단어가 없는 그림책은 맥락이 있는 그림들을 연결 지어 보여 줌으로써 설명, 예측, 해석 등에 필요한 질문을 할 수 있도록 해 준다(D'Angelo, 1981; van Kraayenoord & Paris, 1996).

로고는 다른 상징체계(예를 들어, 그림, 단어, 숫자, 언어)와 같이 정보를 전달하고 습득하는 도구가 된다. 로고는 기업이나 공공 혹은 개인이 자신들의 서비스나 내용을 전달하기 위하여 사용하는 시각적 상징이다. 그것은 지역사회 내에서 재화와 용역의 위치를 알려 준다. 그리고 안전, 이동, 교통수단 등에 관련된 정보도 알려 준다. 로고는 색과 모양, 그래픽 디자인, 그림, 때로는 글자 등의 요소가 결합된 것이다. 일반적인 로고는 식료품점의 것과 같이 단어를 포함하고 있는 것도 있지만 맥도날드의 아치와 같이 단어를 포함하지 않은 것들도 있다. 로고 읽기를 학습할 때, 학생은 그 의미를 확인할 수 있는 하나 혹은 두 가지 요소만 학습할 필요가 있을 수 있다(Alberto et al., 207; McGee, Lomax, & Head, 1988).

2) 일견단어 교수

일견단어 교수는 중도 지적장애 학생들의 단어 읽기를 지도할 때 사용되어 온 전략이다. 일견단어는 다양한 자료에서 추출할 수 있다. 예를 들면, 일반적인 사물이나 식료품 관련 단어, 요리 관련 단어, 상품의 이름, 날씨 관련 단어, 화장실, 열다, 닫다, 밀다, 경고하다, 안전 관련 표시 등의 주위 환경과 관련된 단어들이 있을 수 있다(Browder & Lalli, 1991; Browder, Wakeman, Spooner, Ahlgrim-Delzell, & Algozzine, 2006; Browder & Xin, 1998). 어떤 교사들은 Edmark([그림 13-12] 참조)나 Dolch list of high-frequency words와 같은 시판 중인 자료에서 제공하는 단어 목록을 사용하기도 한다. 이런 제품들은 이해한 내용을 설명하거나 문장을 만들기에 충분한 정도의 다양한 단어를 포함하고 있지 않아 사용이 제한될 수 있다.

일견단어 교수에서 가장 꾸준히 그리고 빈번하게 사용되어 온 방법은 시간 지연법(Browder & Lalli, 1991; Browder et al., 2006; Browder & Xin, 1998)이다. 시간 지연은 교사가 지원 촉진(assistance prompt)을 제공하기 전에 시간 지연의 양을 체계적으로 조작하는 방법을 통한 무오류 학습 전략이다. 이 방법의 예를 들어 보면, 교사가 "이 단어를 읽어 보자"라고 말한 후 3초간 기다린다. 학생이 그 단어를 바르게 읽지 못할 경우, 교사는 "이것은 컵이라고 읽는단다"라고 말한다(교사는 보다 완전한 설명을 해 준다; Heller, Forney, Alberto, Schwartzman, & Goeckel, 2000). 즉각적인 촉진은 연구에 기초하여 개발된 시간 지연 유형이다. 이 방법은 항상 즉각적으로 촉진을 실시하면서 반복하여 같은 단어를 읽는 방법으로서 시간 지연 없이 즉각적으로 촉진을 제공한다. 이 방법을 사용할 경우 교사는 "이 단어를 읽어 보자-컵"과 같이 실시한다. 시간 지연과 더불어 두 번째로 가장 자주 사용되는 전략인 그림 전략이 더욱 효과적이라는 보고자료들도 있다(Browder et al., 2006). 이 전략의 가장 보편적인 전략은 쌍연합 방법으로서 단어와 그림을 함께 제시한 후 교수 과정을 통하여 그림을 제거해 나간다. 또한 읽기 교수는 알고 있는 사물의 체계적인 배치(Browder & Shear, 1996), 집단지도(Gast, Wolery, Morris, Doyle, & Meyer, 1990), 함께 대답하기(Kamps, Dugan, & Leonard, 1994; Wolrry, Ault, Doyle, Gast, & Griffen, 1992) 등을 통해서도 성취를 촉진할 수 있다.

3) 발음 교수

중도 지적장애 학생의 문식 프로그램은 발음 방법의 요소들을 포함한 교수로부터 도움을 얻을 수 있다. 일견 단어법의 문제점은 이전에 학습하지 않은 단어를 학습하는 데 필요한 기술을 제공하지 않기 때문에 학생들의 독립성이 제한된다는 점이었다. 이 방법은 그러한 한계 때문에 학생들의 기억에 크게 의존하게 되므로 제한된 읽기 어휘들만 생산한다. 음성적 해호화는 문자-소리 대응, 혼합, 혼성에 기반한 단어 읽기를 시도하는 것을 허용하는 일반화할 수 있는 전략이다(Carnine, Silbert, Tarver, & Kame'enui, 2003).

중도 지적장애 학생이 명시적 발음 기술 교수로부터 도움을 얻을 수 있다는 점은 연구에서 입증되었다(Conner, 1992; Hoogeven, Smeets, & Lancioni, 1989; Joseph & Seery, 2004; Katims, 2000). 직접교수 프로그램(Direct Instruction Program), 교정적 읽기: 단어 공략의 기초, 해호화 A(Corrective Reading: Word-Attack Basics, Decoding A; Engelmann, Carnine, & Johnson, 1998)와 같은 프로그램을 수정하여 사용한 초·중등학생들은 문자-소리 대응, 중음혼합(contious sound blending), 발음하기, 일부 문자에 대한 해호화하기 등을 성공적으로 학습하였다(Bradford, Shippen, Alberto, Houchins, & Flores, 2006; Flores, Shippen, Alberto, & Crowe, 2004). 문자-소리 대응과 지속적인 시간 지연을 통하여 여러 단계에 걸친 혼합하기와 같은 발음 기반 기술들을 지도하는 것도 하나의 대안이 될 수 있다(Cohen, Heller, Alberto, & Fredrick, 2008).

1. ___	milk	___
2. milk	___	___
3. km	___	milk
4. milk	xid	mli
5. klm	il	milk
6. mk	milk	mlk
7. milk	ilk	mil
8. mill	milk	mark

[그림 13-12] 무오류를 위한 제거 전략

최근 들어 이런 학생들의 유창성 향상에 관한 연구들은 이루어지지 않고 있으며, 단지 한 연구 팀에서만 그것에 관해 언급하고 있다. Bradford 등(2006)은 그들 연구의 참여자들이 교정적 읽기 프로그램(Corrective Reading program)의 요건과 맞지 않는다고 보고하였다. 그렇지만 일반 학습자의 유창성과 이해력의 입증된 관련성(Torgesen & Hudson, 2006)이 중도 지적장애 학생들에게도 나타나는지 입증할 필요가 있다고 제안하였다.

요약 및 결론

지체·중복장애 학생들은 일반학생에 비해 문식 기술이 뒤떨어지는 경우가 많아 맞춤형의 체계적인 교수를 필요로 한다. 교사는 맞춤형 교수를 위한 수정과 특별한 전략의 사용, 교수의 표적을 정하기 위한 평가를 실시할 필요가 있다. 발현적 문해능력을 증진하기 위한 학생들의 적극적인 참여를 유도하기 위하여 수정된 책이나 AAC의 사용과 같은 교수적 수정을 필요로 할 경우가 많다. 음운 인식, 발음, 유창성, 어휘, 이해와 같은 여러 가지 읽기 요소들은 체계적인 지도가 필요하다. 비구어적 읽기 방법과 같은 맞춤형 지도법이 필요할 수도 있는데 이것은 비구어(그리고 지체)장애 학생의 발음 교육과정에 추가하여 사용할 수 있다. 학생의 단어 문해학습을 지원하는 방법으로는 안내된 연습이나 평가 요소가 있으며, 이 방법은 교사가 그들의 지식을 평가하는 데도 도움을 줄 수 있다.

토의 문제

1. 일반적인 읽기 방법들 간의 차이와 지체·중복장애 학생의 읽기 지도를 할 때 이 방법들을 어떻게 사용할 수 있는지를 논의해 보자.
2. 다양한 읽기 교육과정을 비교해 보자. 그리고 지체장애 및 구어장애 학생들을 지도하고자 할 때 이 교육과정과 구어적 읽기 방법을 함께 사용할 수 있는 방법을 논의해 보자.
3. 한 학생을 선택하여 읽기 유창성 비율을 평가해 보자. 그리고 이 학생의 읽기 비율을 향상시킬 수 있는 방법을 논의해 보자.
4. 이해력 점검을 위해 중요한 질문을 구성하고, 이야기나 교재를 면밀하게 평가해 보자. 지체·중복장애 학생을 위해 맞춤형 수정이 필요한 내용이 무엇인지, 그 학생이 구체적인 읽기 자료에서 보다 높은 이해력을 갖도록 하는 방법이 무엇인지 논의해 보자.

유용한 사이트

• ABLEDATA
http://www.abledata.com
이 사이트는 National Institute on Disability and Rehabilitation research의 지원을 받아 국내외의 다양한 자료원으로부터 보조공학이나 재활기구 등에 관한 정보를 제공한다. 핵심어, 자료 유형, 회사, 제품명 등으로 탐색이 가능하다. 이 사이트는 컴퓨터 사용자를 위한 맞춤형 키보드와 입력 장치, 쓰기 도구들을 찾을 수 있을 뿐만 아니라 많은 종류의 보조공학 기기들을 찾아볼 수 있다. 이 사이트는 자료실, 소비자 포럼, 읽기자료실 및 각종 링크를 제공한다.

• Carol Hurst's Children's Literature
http://carolhurst.com
이 사이트는 학생들을 위해 많은 서평과 교실에서 그것들을 어떻게 사용할 수 있는지에 관한 아이디어들을 제공한다. 그리고 특정 교과목이나 교육과정, 전문성 있는 주제별 도서나 활동도 제공한다. 이들 서평은 논의하기와 쓰기를 위한 질문들을 포함한다. 책들은 제목이나 교육과정 영역(예를 들어, 미국사, 세계사, 수학, 지리, 문화, 과학, 문학, 예술, 읽기, 쓰기 등)에 따라 찾을 수 있다.

• Closing the Gap
http://closingthegap.com
이 사이트는 소프트웨어와 하드웨어를 포함하여 수천여 가지의 보조공학 기기에 관한 최신 정보를 제공한다. 각 상품에 대한 설명은 물론 생산자와 연락하는 방법도 제공하고 있다.

• Education World
http://www.education-world.com
이 사이트는 교육자들을 위하여 구축되었다. 이것은 학교 일보와 월별 사이트의 리뷰, 교사일람표 등을 제공한다. 학교 신문에서는 쓰기 과제 및 프로젝트들과 함께 다양한 주제에 대한 학습 계획을 제공한다. 이 사이트는 예술, 외국어, 역사, 언어 및 문학, 수학, 체육, 보건, 과학, 사회 및 기술 등 다양한 교과목을 망라한 내용과 학습 계획을 다루고 있다. 각 학습 계획은 미국 교육과정 표준에 따라 구체화하였다. 이 사이트는 사용자가 제목이나 교과별로 연결된 12만 개 이상의 웹사이트를 찾아볼 수 있도록 하고 있다.

• Library of Congress National Library Service for the Blind and Physically Handicapped
http://lcweb.loc.gov/nls/
이 사이트에서는 녹음도서를 제공한다. 이야기를 듣고 난 후 학생에게 쓰기 과제를 줄 수도 있다.

• News-2-You
http://www.news-2-you.com
교사는(혹은 누구든) 상징을 지원하는 이 주간지를 구독할 수 있다. 신문은 약 15쪽 내외로 구성되며 시사들을 이해하기 쉬운 이야기로 제공한다. 간편한 형태와 의사소통판도 신청할 수 있다.

• Project Gutenberg Index
http://promo.net/pg/
이 사이트는 스크린으로 볼 수 있는 다양한 책을 제공하며 읽기 프로그램을 활용하여 읽을 수도 있다. 모든 자료는 무료로 활용할 수 있으며, 복사도 가능하다. 비록 최신 자료는 아니지만 유용하고 즐겁게 활용할 수 있을 것이다.

참고문헌

Alberto, P., & Fredrick, L. (2000). Teaching picture reading as an enabling skill. *Teaching Exceptional Children, 33*, 60-64.

Alberto, P., Fredrick, L., Hughes, L., McIntosh, L., & Cihak, D. (2007). Components of visual literacy: Teaching logos. *Focus on Autism and Other Developmental Disabilities, 22*, 232-241.

Alvermann, D., Bridge, C., Schmidt, R., Seafoss, L., Winograd, P., Paris, S., et al. (1989). *Heath reading.* Lexington, MA: Heath.

Archer, A. (2001). *Beginning reading instruction.* Conference proceedings, Council for Exceptional Children 2001 Annual Convention and Expo, Kansas City, Missouri.

Archer, A., Gleason, M., & Vachon, V. (2000). *Rewards.* Longman, CO: Sopris West.

Archer, A., Gleason, M., & Vachon, V. (2003). Decoding and fluency: Foundation skills for struggling older readers. *Learning Disability Quarterly, 26*(2), 89-116.

Armbruster, B., Lehr, F., & Osborn, J. (2001). *Put reading first: The research building blocks for teaching children to read.* Jessup, MD: National Institute for Literacy.

Ball, E. W., & Blachman, B. A. (1991). Does phoneme awareness training make a difference in early word recognition and developmental spelling? *Reading Research Quarterly, 26*, 49-66.

Baumann, J. F., & Bergeron, B. S. (1993). Story map instruction using children's literature: Effects on first graders' comprehension of central elements. *Journal of Reading Behavior, 25*, 407-437.

Berninger, V. W., & Gans, B. M. (1986). Language profiles in nonspeaking individuals of normal intelligence with severe cerebral palsy. *Augmentative and Alternative Communication, 2*, 45-50.

Bos, C. S., & Vaughn, S. (2002). *Strategies for teaching students with learning and behavior problems* (5th ed.). Boston: Allyn & Bacon.

Boyer, K. M., Yeates, K. O., & Enrile, B. G. (2006). Working memory and information processing speed in children with myelomeningocele and shunted hydrocephalus: Analysis of the Children's Paced Auditory Serial Addition Test. *Journal of the International Neuropsychological Society, 12*, 306-313.

Bradford, S., Shippen, M., Alberto, P., Houchins, D., & Flores, M. (2006). Using systematic instruction to teach decoding skills to middle school students with moderate intellectual disabilities. *Education and Training in Developmental Disabilities, 41*, 333-343.

Bradley, L., & Bryant, P. (1983). Categorizing sounds and learning to read: A causal connection. *Nature, 301*, 419-421.

Browder, D., & Lalli, J. (1991). Review of research on sight word instruction. *Research in Developmental Disabilities, 12*, 203-228.

Browder, D., & Shear, S. (1996). Interspersal of known items in a treatment package to teach sight words to students with behavior disorders. *Journal of Special Education, 29*, 400-413.

Browder, D., Wakeman, S., Spooner, F., Ahlgrim-Delzell, L., & Algozzine, B. (2006). Research on reading instruction for individuals with significant cognitive disabilities. *Exceptional Children, 72*, 392-408.

Browder, D., & Xin, Y. (1998). A meta-analysis and review of sight word research and its implications for teaching functional reading to individuals with moderate and severe disabilities. *Journal of Special Education, 32*, 130-153.

Brown, M. W. (2002). *Goodnight moon.* New York: Harper Festival.

Browning, N. (2002). Literacy of children with physical disabilities: A literature review. *Canadian Journal of Occupational Therapy, 69*, 176-182.

Bruner, J. S. (1984). Vygotsky's zone of proximal development: The hidden agenda. In B. Rogoff & J.V. Werstsch (Eds.), *Children's learning in the zone of proximal development* (pp. 93-97). San Francisco: Jossey-Bass.

Carnine, D., Silbert, J., Tarver, S., & Kame'enui, E. (2003).

Direct instruction reading (4th ed.). Columbus, OH: Prentice Hall.

Carver, R. P. (1989). Silent reading rates in grade equivalents. *Journal of Reading Behavior, 21*(2), 115-166.

Center for the Improvement of Early Reading Achievement. (2000). *Put reading first: The research building blocks for teaching children to read.* Washington, DC: Partnership for Reading.

Chard, D., Vaughn, S., & Tyler, B. J. (2002). A synthesis of research on effective interventions for building reading fluency with elementary students with learning disabilities. *Journal of Learning Disabilities, 35*(5), 386-406.

Clark, F. L., Deshler, D. D., Schumaker, J. B., Alley, G. R., & Warner, M. M. (1984). Visual imagery and self-questioning: Strategies to improve comprehension of written materials. *Journal of Learning Disabilities, 17,* 145-149.

Clay, M. M. (1993). *An observational survey of literacy achievement.* Portsmouth, NH: Heinemann.

Cohen, E., Heller, K., Alberto, P., & Fredrick, L. (2008). Teaching decoding for generalization to students with mental retardation. *Focus on Autism and Other Developmental Disabilities, 23*(2), 67-68.

Coleman-Martin, M., Heller, K. W., Cihak, D., & Irvine, K. (2005). Using computer-assisted instruction and the nonverbal reading approach to teach word identification. *Focus on Autism and Other Developmental Disabilities, 20,* 80-90.

Conner, F. (1992). Reading instruction for students with moderate mental retardation: Review and analysis of research. *American Journal on Mental Retardation, 96,* 577-597.

Cunningham, J., Koppenhaver, D., Erickson, K., & Spadorcia, S. (2004). Word identification and text characteristics. In J. Hoffman (Ed.), *The text in primary grade classrooms.* Mahway, NJ: Erlbaum.

Cunningham, P., Hall, D. P., & Sigmon, C. M. (2000). *The teachers' guide to the four blocks: A multimethod, multilevel framework for grades 1-3.* Greensboro, NC: Carson-Dellosa.

Daly, E., & Martens, B. (1994). A comparison of three interventions for increasing oral reading performance: Application of the instructional hierarchy. *Journal of Applied Behavior Analysis, 27,* 459-469.

D'Angelo, K. (1981). Wordless picture books and the young language-disabled child. *Teaching Exceptional Children, 22,* 34-37.

Dennis, M., Landry, S. H., Barnes, M., & Fletcher, J. M. (2006). A model of neurocognitive function in spina bifida over the life span. *Journal of the International Neuropsychological Society, 12,* 285-296.

Ehri, L. (2005). Learning to read words: theory, finding, and issues. *Scientific Studies of Reading, 9,* 167-188.

Emery, D. W. (1996). Helping readers comprehend stories from the characters' perspectives. *Reading Teacher, 49,* 534-541.

Engelmann, S., Carnine, L., & Johnson, G. (1988). *Corrective reading: Word-attack basics, Level A.* Columbus, OH: Macmillan/McGraw-Hill.

Fallon, K., Light, J., McNaughton, D., Drager, K., & Hammer, C. (2004). The effects of direct instruction on the single-word reading skills of children who require augmentative and alternative communication. *Journal of Speech, Language, and Hearing Research, 47,* 1424-1439.

Flores, M., Shippen, M., Alberto, P., & Crowe, L. (2004). Teaching letter-sound correspondence to students with moderate intellectual disabilities. *Journal of Direct Instruction, 4,* 173-188.

Foley, B. E. (1993). The development of literacy in individuals with severe congenital speech and motor impairments. *Topics in Language Disorders, 13,* 16-32.

Fried-Oken, M. (1988). The auditory scanner for visually impaired, non-speaking persons. In L. E. Bernstein (Ed.), *The vocally impaired: Clinical practice and research* (pp. 249-264). Philadelphia: Grune & Stratton.

Gast, D., Wolery, M., Morris, L., Doyle, P., & Meyer, S. (1990). Teaching sight word reading in a group instructional arrangement using constant time delay. *Exceptionality, 1,* 81-96.

Gilbert, L., Williams, R., & McLaughlin, T. (1996). Use of assisted reading to increase correct reading rates and decrease error rates of students with learning disabilities. *Journal of Applied Behavior Analysis, 29*, 255-257.

Guszak, F. J. (1985). *Diagnostic reading instruction in the elementary school* (3rd ed.). New York: Harper & Row.

Heller, K. W. (2009). Learning and behavioral characteristics of students with physical, health, or multiple disabilities. In K. W. Heller, P. E. Forney, P. A. Alberto, S. Best, & M. N. Schwartzman (Eds.), *Understanding physical, health, and multiple disabilities* (2nd ed.). Upper Saddle River, NJ: Merrill/ Pearson Education.

Heller, K. W., Alberto, P. A., Forney, P. E., & Schwartzman, M. N. (1996). *Understanding physical, sensory, and health impairments: Characteristics and educational implications.* Pacific Grove, CA: Brooks/ Cole.

Heller, K.W., Coleman-Martin, M., & Swinehart-Jones, D. (2006). *Strategies for promoting literacy with students who have physical disabilities.* Atlanta: Georgia Bureau for Students with Physical & Health Impairments.

Heller, K. W., Forney, P. E., Alberto, P. A., Schwartzman, M. N., & Goeckel, T. (2000). *Meeting physical and health needs of children with disabilities: Teaching student participation and management.* Belmont, CA: Wadsworth.

Heller, K. W., Fredrick, L. D., & Diggs, C. A. (1999). Teaching reading to students with severe speech and physical impairments using the Nonverbal Reading Approach. *Physical Disabilities: Education and Related Services, 18*, 3-34.

Heller, K. W., Fredrick, L. D., Tumlin, J., & Brineman, D. G. (2002). Teaching decoding for generalization using the Nonverbal Reading Approach. *Journal of Physical and Developmental Disabilities, 14*, 19-35.

Heller, K. W., & Swinehart-Jones, D. (2003b). Supporting the educational needs of students with orthopedic impairments. *Physical Disabilities: Education and Related Services, 22*, 3-24.

Hoogeven, F., Smeets, P., & Lancioni, G. (1989). Teaching moderately mentally retarded children basic reading skills. *Research in Developmental Disabilities, 10*, 1-18.

Iizuka, T., & Sakai, F. (2005). Pathogenesis of stroke-like episodes in MELAS: Analysis of neurovascular cellular mechanisms. *Current Neurovascular Research, 2*, 29-45.

International Reading Association [IRA] and the National Association of the Education of Young Children [NAEYC]. (1998). Learning to read and write: Developmentally appropriate practices for young children. *Young Children, 53*(4), 30-46.

Jitendra, A. K., Hoppes, M. K., & Xin, Y. P. (2000). Enhancing main idea comprehension for students with learning problems: The role of a summarization strategy and self-monitoring instruction. *Journal of Special Education, 34*, 127-139.

Joseph, L., & Seery, M. (2004). Where is the phonics? A review of the literature on the use of phonetic analysis with students with mental retardation. *Remedial and Special Education, 25*, 88-94.

Justice, L. M., & Kaderavek, J. (2002). Using shared story book reading to promote emergent literacy. *Teaching Exceptional Children, 34*, 8-13.

Justice, L. M., & Pullen, P. C. (2003). Promising interventions for promoting emergent literacy skills: Three evidence-based approaches. *Topics in Early Childhood Special Education, 23*, 99-113.

Kamps, D., Dugan, E., & Leonard, B. (1994). Enhanced small group instruction using choral responding and student interaction for children with autism and developmental disabilities. *American Journal on Mental Retardation, 99*, 60-73.

Kapp, S., & Kravitz-Zodda, J. (1997). *Reading by the rules.* Burlington, MA: Wisnia-Kapp Reading Programs.

Katims, D. (2000). Literacy instruction for people with mental retardation: Historical highlights and contemporary analysis. *Education and Training in Mental Retardation and Developmental Disabilities, 35*, 3-15.

Koppenhaver, D. A., Evans, D. A., & Yoder, D. E. (1991). Childhood reading and writing experiences of literate adults with severe speech and motor impairments. *Augmentative and Alternative Communication, 7,* 20-33.

Koppenhaver, D., & Yoder, D. (1992). Literacy issues in persons with severe physical and speech impairments. In R. Gaylord-Ross (Ed.), *Issues and research in special education* (pp. 156-201). New York: Teacher College Press.

Koppenhaver, D. A., & Yoder, D. E. (1993). Classroom literacy instruction for children with severe speech and physical impairments (SSPI): What is and what might be. *Topics of Language Disorders, 13,* 1-15.

LaBerge, D., & Samuels, S. (1974). Toward a theory of automatic information processing in reading. *Cognitive Psychology, 6,* 293-323.

Liboiron, N., & Soto, G. (2006). Shared storybook reading with a student who uses alternative and augmentative communication: A description of scaffolding practices. *Child Language Teaching and Theory, 22,* 69-95.

Light, J., & Smith, A. K. (1993). Home literacy experiences of preschoolers who use AAC systems and of their nondisabled peers. *Augmentative and Alternative Communication, 9,* 10-25.

McGee, L., Lomax, R., & Head, M. (1988). Young children's written language knowledge: What environmental and functional print reading reveals. *Journal of Reading Behavior, 20,* 99-118.

McNairn, P., & Shioleno, C. (1994). *Quick tech: Readable, repeatable stories and activities.* Solana Beach, CA: Mayer-Johnson.

McNaughton, S. (1993). Graphic representational systems and literacy learning. *Topics in Language Disorders, 12,* 58-75.

Mercer, C. D., & Mercer, A. R. (2005). Teaching students with learning problems (7th ed.). Upper Saddle River, NJ: Merrill/Pearson Education.

Musselwhite, C., & King-DeBaun, P. (1997). *Emergent literacy success: Merging technology and whole language for students with disabilities.* Park City, UT: Creative Communicating.

Nelson, J., Alber, S., & Gordy, A. (2004). Effects of systematic error correction and repeated readings on the reading accuracy and proficiency of second graders with disabilities. *Education and Treatment of Children, 27*(3), 186-198.

Neufeld, P. (2005). Comprehension instruction in content area classes. *Reading Teacher, 59,* 302-312.

Nolan, S., Alley, G. R., & Clark, F. L. (1980). *Self-questioning strategy.* Lawrence: University of Kansas, Institute of Research in Learning Disabilities.

Patel, I., B., Sidani, M., & Zoorob, R. (2007). Mitochondrial encephalopathy, lactic acidosis, and stroke-like syndrome (MELAS): A case report, presentation, and management. *Southern Medical Association, 100,* 70-72.

Patillo, S. T., Heller, K. W., & Smith, M. (2004). The impact of a modified repeated-reading strategy paired with optical character recognition on the reading rates of students with visual impairments. *Journal of Visual Impairments and Blindness, 98*(1), 28-46.

Richards, M. (2000). Be a good detective: Solve the case of oral reading fluency. *The Reading Teacher, 53*(7), 534-539.

Rose, T., & Beattie, J. (1986). Relative effects of teacherdirected and taped previewing on oral reading. *Learning Disability Quarterly, 9,* 193-199.

Ryder, R. J., Burton, J. L., & Silberg, A. (2006). Longitudinal study of direct instruction effects from first through third grades. *Journal of Educational Research, 99,* 179-191.

Samuels, S. J. (1979). The method of repeated reading. *The Reading Teacher, 32*(4), 403-408.

Samuels, S. J. (2002). Reading fluency: Its development and assessment. In A. E. Farstrup & S. J. Samuels (Eds.), *What research has to say about reading instruction* (3rd ed., pp. 166-183). Newark, DE: International Reading Association.

Schunk, D. H. (2000). *Learning theories: An educational*

perspective. Upper Saddle River, NJ: Merrill/Pearson Education.

Schunk, D. H., & Zimmerman, B. J. (1994). *Self-regulation of learning and performance: Issues and educational applications.* Hillsdale, NJ: Erlbaum.

Schunk, D. H., & Zimmerman, B.J. (1998). *Self-regulated learning: From teaching to self-reflective practice.* New York: Guilford Press.

Smith, M. (1989). Reading without speech: A study of children with cerebral palsy. *Irish Journal of Psychology, 10,* 601-614.

Souvignier, E., & Mokhlesgerami, J. (2006). Using self-regulation as a framework for implementing strategy instruction to foster reading comprehension. *Learning and Instruction, 16,* 57-71.

Spache, G. D. (1976). *Investigating the issue of reading disabilities.* Boston: Allyn & Bacon.

Stahl, S. A., Duffy-Hester, A. M., & Stahl, K. (1998). Theory and research into practice: Everything you wanted to know about phonics (but were afraid to ask). *Reading Research Quarterly, 33,* 338-355.

Strum, J. (2005). Literacy development of children who use AAC. In D. R. Beukelman & P. Mirenda (Eds.), *Augmentative & alternative communication: Supporting children and adults with complex communication needs* (pp. 351-389). Baltimore, MD: Paul H. Brookes.

Strum, J. M., & Clendon, S. A. (2004). Augmentative and alternative communication, language, and literacy. *Topics in Language Disorders, 24,* 76-91.

Strum, J., Spadorcia, S. A., Cunningham, J.W., Cali, K. W., Staples, A., Erickson, K., et al. (2006). What happens to reading between first and third grade? Implications for students who use AAC. *Augmentative and Alternative Communication, 22,* 21-36.

Sulzby, E., & Teale, W. (1996). Emergent literacy. In R. Barr, M. L. Kamil, P. Mosenthal, & P. Pearson (Eds.), *Handbook of reading research* (pp. 727-757). Mahway, NJ: Erlbaum.

Swinehart-Jones, D., & Heller, K.W. (in press). Teaching students with severe speech and physical impairments: A decoding strategy using internal speech and motoric indicators. *Journal of Special Education.*

Therrien, W. (2004). Fluency and comprehension gains as a result of repeated reading. *Remedial & Special Education, 25*(4), 252-261.

Torgesen, J., & Hudson, R. (2006). Reading fluency: Critical issues for struggling readers. In S. Samuels & A. Farstrup (Eds.), *What research has to say about fluency instruction* (pp. 130-158). Newark, DE: International Reading Association.

Tunmer, W., & Chapman, J. (1998). Language prediction skill, phonological recoding ability, and beginning reading. In C. Hulme & R. Joshi (Eds.), *Reading and spelling: Development and disorders* (pp. 33-67). Mahway, NJ: Erlbaum.

Vachha, B., & Adams, R. C. (2005). Memory and selective learning in children with spina bifida, myelomeningocele and shunted hydrocephalus: A preliminary study. *Cerebrospinal Fluid Research, 2,* 10.

Van Kraayenoord, C., & Paris, S. (1996). Story construction from a picture book. *Early Childhood Research Quarterly, 11,* 41-61.

Vaughn, S., Chard, D. J., Bryant, D. P., Coleman, M., Tyler, B. J., Thompson, S., et al. (2000). Fluency and comprehension interventions for third-grade students. *Remedial and Special Education, 21,* 325-335.

Vygotsky, L. (1978). *Mind in society: The development of higher psychological processes.* Cambridge, MA: Harvard University Press.

Wolery, M., Ault, M., Doyle, P., Gast, D., & Griffen, A. (1992). Choral and individual responding during small group instruction: Identification of interactional effects. *Education and Treatment of Children, 15,* 289-309.

CHAPTER

14 쓰기 교수 및 수정

Kathryn Wolff Heller

이 장을 읽고 나면 여러분은

1. 지체 · 중복장애 학생의 쓰기 장애물을 파악할 수 있다.
2. 필기 기술의 향상을 위한 지도방법과 맞춤형 수정에 대해 설명할 수 있다.
3. 키보드의 수정, 키보드 자판의 수정, 대체 키보드, 대체 입출력도구와 같은 컴퓨터 맞춤형 수정에 관해 설명할 수 있다.
4. 자판 입력 기술과 컴퓨터 기기들의 사용 방법 교수 시 고려할 점을 설명할 수 있다.
5. 철자의 정확성을 향상시킬 수 있는 철자교수 방법과 철자 기기들을 설명할 수 있다.
6. 쓰기 표현을 위한 지도 전략과 고려할 점을 설명할 수 있다.
7. 기능적 쓰기 기술 향상을 위한 전략을 토의할 수 있다.

문헌에 따르면 쓰기는 읽기나 의사소통에 비해 중요도가 뒤로 밀려나는 경우가 많다. 특히 보완대체의사소통(AAC)을 사용하는 학생들에게서는 이런 일이 더욱 빈번히 발생한다(Foley, 1993; Glennen & DeCoste, 1997; Millar, Light, & McNaughton, 2004). 이것은 운동장애가 있는 사람들의 느린 쓰기 속도와 쓰기가 읽기와 의사소통에 비해 보다 도전적인 과제라고 생각하는 인식에서 기인된 것이라 할 수 있다. 쓰기는 글을 구성하기 위한 생각의 맥락을 유지하면서 글자와 단어의 부호화에 필요한 부가적인 기억이 요구되기 때문에 더 어렵게 보일 수 있다(Ehri, 2000; Millar et al., 2004). 정확한 신체운동을 하기 위해 집중하거나 글을 입력하기 위해 대체 입력도구를 사용하는 학습을 하고 있는 지체장애인들에게는 쓰기가 더욱 복잡한 문제로 보일 수 있다. 그러나 이것들이 쓰기를 다른 문식 영역에 비해 덜 강조하게 되는 타당한 이유라고 보기는 어렵다. 쓰기는 학문과 기능적 과제의 수행을 위해 매우 중요하다. 올바르게 철자할 수 있는 학생만이 효과적인 의사소통을 할 수 있는 것은 아니다. 의사소통 도구에 내재된 프로그램으로 인해 한계가 생기는 것도 아니다. 그러므로 쓰기 능력은 "독립적 의사소통과 보다 완전하고 폭넓은 자기주도형 상호작용을 위한 빗장을 풀어 준다"(Koppenhaner, Evans, & Yoder, 1991, p. 20). 알파벳이 표시되는 AAC 도구를 사용하는 사람의 경우 자신들의 AAC 도구상의 어휘에 의해 제한받는 일 없이 생각을 표현할 수 있도록 해 준다. 쓰기 능력은 학생들이 학업과 지역사회, 직업 환경에서 기회를 얻고 성공할 수 있도록 도와준다.

1. 지체장애 학생의 쓰기

앞 장에서 다룬 읽기에서와 같이 지체 · 중복장애 학생들의 문식 기술은 비장애학생에 비해 열악하다. 읽기에 영향을 미치는 이유가 쓰기에도 영향을 미친다. 특히 장애학생에게 영향을 미치는 몇 가지 특별한 문제에는 쓰기 도구 이용의 곤란, 선행 경험의 부족, AAC와 구문론, 느린 쓰기 유창성 및 교수 문제 등이 포함된다.

1) 쓰기 도구 이용의 어려움

지체 · 중복장애 학생들 중에는 전통적인 쓰기 도구의 사용이나 컴퓨터에 접근하는 일이 어려운 학생들이 많다. 이런 문제를 해결하기 위해서는 적절한 맞춤형 수정이나 보조공학을 활용할 필요가 있다. 그러나 적절한 보조공학이 그것들을 대체하였다고 하더라도, 학생들은 쓰는 속도가 느리거나 쓰는 일에 어려움을 느낄 수 있다. 따라서 교사는 적절한 맞춤형 수정이나 보조공학을 결정하고, 이를 활용한 충분한 쓰기 연습을 실시하며, 쓰기를 하는 데 있어 효과적인 방법들이 사용되는지를 지속적으로 평가할 필요가 있다.

2) 경험의 부족

장애가 없는 3세 아동의 50%는 낙서를 하거나 문자와 비슷한 형태를 나타내고, 쓰기의 목적에 관한 대화를 할 수 있다(DeCoste, 1997). 유아 시기의 낙서나 유사 쓰기 경험은 점차 정교한 쓰기로 대체되며, 시간이 지날수록 쓰기 규칙이나 구조로 통합된다. 지체 · 중복장애 아동들은 대부분 운동장애로 인하여 이런 쓰기 경험을 얻지 못하게 되며, 이것은 아동에게 불리하게 작용한다.

지체 · 중복장애 학생들은 대부분 또래 아동들보다 부족한 경험이나 배경지식을 갖는다. 이것은 쓰기의 주제를 찾거나 주제에 따른 글을 정교하게 다듬는 일을 어렵게 한다. 교사는 학생이 쓰고자 하는 것에 관한 충분한 내용을 가질 수 있도록 경험이나 촉진자(예를 들면, 그림)를 제공할 필요가 있다.

3) AAC와 구문론

AAC를 사용하는 아동들은 완전한 문장으로 대화를 하거나 말하도록 학습하는 학생들과는 달리 AAC 체계를 통한 표현 의사소통을 사용한다. AAC를 사용하는 학생들의 경우 불완전한 구문, 부적절한 단어 순서, 전치사나 단어의 누락, 동사의 시제 및 복수형의 누락과 같은 구문론상의 어려움을 겪는다(Kelford, Smith, Thurston, Light, Parnes, & O'Keefe, 1989; Lund & Light, 2003). 의사소통을 할 때 왜 전보문(예를 들면, I go lunchroom)을 사용하는지 그 이유는 분명하게 밝혀지지 않았지만 AAC 체계를 구성하는 방법이나 문장 구조를 생각하지 않고 빠르게 의사소통할 필요로 인해 그런 현상이 일어날 수 있을 것이다(Lund & Light, 2003; Sutton, 1999). 적절한 문장 구성을 지도하고, 쓰기 기술을 향상시키기 위해서는 체계적인 교수가 제공되어야 한다.

4) 느린 쓰기 유창성

학생이 적절하게 수정된 읽기 도구에 접근하게 된 시점에서도 자신들의 운동 능력이나 쓰기 과제를 해결하기 위한 수단(예를 들면, 스캐닝이 가능한 온스크린 키보드) 때문에 쓰는 속도가 더 느려질 수 있다. 느린 쓰기 속도는 쓰기 기술을 향상시키기 위한 원고 작성이나 다시 쓰기 과제를 수행하는 횟수를 감소시킬 수 있다. 학생들은 불충분한 연습 기회로 인해 쓰기 기술 발달이 불가능할 수 있다. 교사는 중도 지체장애 학생이 원고를 쓰고 자신의 산출물을 다시 쓰는 과정에서 충분한 시간과 연습기회를 확보해 주어야 한다. 이렇게 하기 위해서는 학생들이 지면상의 원고를 완전하게 작성할 수 있도록 보다 긴 시간 구조를 제공하고, 원고를 잘 작성할 수 있도록 쓰기 과제의 수를 줄여 줄 필요가 있다. 쓰기 과제의 수를 줄일 경우, 표적 목표는 같지만 산출방법이 다른 대안적 과제를 통하여 동일한 결과를 가져올 수 있을 것이다. 유창성을 향상시키기 위한 시도로서 보조공학을 사용할 수도 있을 것이다.

5) 교수적 문제

지체 · 중복장애 학생들은 쓰기를 중시하지 않거나 쓰기를 하는 데 시간이 부족하고, 쓰기 과제와 관련된 경험이 부족한 문제에 직면한다. 게다가 많은 지체 · 중복장애학생의 경우 비형식적인 방법보다는 체계적인 쓰기 교수를 필요로 한다. 교사는 쓰기의 투입 시간과 학생들의 요구에 맞는 교수 방법에 대해 주의 깊게 평가할 필요가 있다.

읽기와 쓰기 간의 낮은 연계성은 쓰기 교수에서 실패할 가능성을 높인다. 읽기와 쓰기 기술은 서로 밀접하게 관련되어 있으므로 상보적이고 통합적인 방식으로 지도하여야 한다. 예를 들면 읽기와 쓰기는 문자-소리 관계 및 단어 분석에 관한 연습을 제공하고, 쓰기는 문자의 시각적 형태에 대하여 아동이 주의를 기울일 수 있도록 하여야 한다(Chomsky, 1970; Clay, 1975). 지체 · 중복장애 학생들에게 읽기와 쓰기를 통합하는 방법으로 지도한다고 해도 학생들의 접근 문제는 해결되지 않을 수 있다. 이런 문제에 대처하기 위해서는 맞춤형 수정과 보조공학을 사용할 수 있다.

2. 쓰기 도구의 이용과 필기

아동은 보통 어린 나이에 색연필로 그리기, 색칠하기, 낙서하기 등을 통하여 쓰기에 노출된다. 아동은 자신이 전달하고 싶은 내용을 종이 위에 낙서로 표현할 것이다. 이것은 그 부모나 나이 든 형제들도 그래왔던 일이다. 어떤 아동들은 어린 나이에 문자를 몇 개 혹은 몇몇 단어를 완전히 쓸 수 있게 된다. 그들 중에는 자판을 누르거나 마우스를 사용하는 등, 조기에 컴퓨터를 사용함으로써 필기를 흉내 내는 놀이를 즐길 수도 있다. 필기도구를 갖고 노는 일은 ① 쓰기 또는 그림 그리기, ② 지면 위의 정보를 조직화하기, ③ 소리-상징 관계 강화하기 등의 의미 있는 과제를 촉진시킬 수 있다. 학령기 이전에 쓰기 자료를 사용하는 일은 문식 발달에 매우 중요하다(Chomsky, 1981; Ferreiro, 1986).

지체장애 학생들은 일반적인 필기도구를 사용하기 어렵다. Light와 Smith(1993)의 연구에 의하면 구어 및 지체장애가 있는 아동들은 쓰기와 그리기에 흥미를 가지나 이런 활동들에 참여하는 데는 많은 어려움이 있는 것으로 나타났다. 뇌성마비가 있는 학생들은 일반적인 필기도구를 잡는 일이 어렵고 제한된 소근육 운동으로 인하여 그것들을 조작하는 데도 어려움이 있다. 이분척추 학생들은 시지각장애와 소근육 협응 곤란으로 인하여 필기가 어렵다. 어떤 학생들은 쓰기를 방해하는 진전, 근위축 등을 수반하는 경우도 있다. 이런 아동들은 비장애학생들에 비해 문식 활동의 제한이 큰 상황에서 학교로 입학하게 된다.

쓰기 도구를 이용하거나 쓰기 기술을 향상시키기 위해서 많은 학생이 맞춤형 수정이나 보조공학을 사용할 필요가 있다. 쓰기 도구의 두 가지 큰 범주는 지체장애 학생들이 사용하기 위해 맞춤형 수정을 필요로 한다. 두 가지 범주에는 수기(手記)에 사용하는 도구(예를 들면, 연필, 크레용, 팬, 그림붓, 마커, 이하 손잡이 필기도구)와 타이핑을 통한 전자 쓰기도구(예를 들면, 컴퓨터, 전자 필기도구, AAC 도구, 문자전송 전화기)가 있다.

1) 수기 도구와 종이의 맞춤형 수정

수기 도구(연필과 같은)는 손으로 도구를 바르게 잡을 수 있는 적절한 자세와 소근육 능력을 필요로 한다. 지체장애가 있는 학생들 중 일부는 연필을 사용하여 글을 쓸 수 있다. 그 외 학생들은 맞춤형 수정이나 컴퓨터를 사용할 필요가 있다. 일반적으로 학생들은 자신들의 검지 윗부분에 연필이나 기타 필기도구를 두고 중지는 그 아래에 두며, 엄지와 검지를 서로 마주보게 하여 엄지와 검지를 구부려 잡는다. 그리고 나머지 두 손가락은 종이에 닿는다. 연필은 손목 관절 가까이에 위치하며 연필의 끝은 어깨를 향하게 한다(Milone & Wasylyk, 1981).

지체장애 학생들은 전통적인 방법으로 연필을 잡을 수 없거나 그것을 잡는 데(예를 들면, 검지와 중지 사이에) 어려움이 있을 수 있다. 어떤 경우에는 다른 신체 부분을 사용하는 경우(예를 들면, 발로 연필을 잡기, 마우스 스틱으로 쓰기)도 있을 수 있다. 게다가 쓰기 도구는 그것을 사용할 수 있도록 하기 위하여 맞춤형으로 개조할 필요가 있을 수도 있다. 연필은 표면에 점토, 쐐기 고무, 스펀지 등을 이용한 손잡이나 둥근 손잡이 등을 만들어 보다 크고 잡기 편하게 만들어 줄 수 있다([그림 14-1] ① 참조). 또한 완전히 다른 손잡이를 달아 사용할 수도 있다([그림 14-1] ② 참조). 그리고 필기도구의 적절한 각도를 잡아주기 위한 적절한 부착물과 함께 사용할 수도 있다([그림 14-1] ③ 참조). 어떤 도구는 사용과 안정성 향상을 위한 위치에 필기도구를 놓을 수 있도록 하기 위하여 사용되기도 한다([그림 14-1] ④ 참조). 불수의운동형 뇌성마비가 있는 학생 중에는 불수의운동으로 쓰기가 어려울 수 있다. 이런 과도한 비협조적 운동을 억제하기 위해서는 무거운 필기도구를 사용하거나 손목에 무게를 줄여 주는 일이 도움이 된다. 교사와 작업치료사는 최적의 맞춤형 수정을 결정하기 위하여 이런 학생들과 함께 작업할 필요가 있다.

지체 · 중복장애 학생들이 사용할 수 있도록 만들기 위하여 여러 가지 방법으로 종이에 맞춤형 수정을 하거나 고정된 형태로 제공하여야 할 필요가 있다. 종이가 움직이지 않도록 하기 위해 한 손을 사용할 수 없을 경우 책상위에 종이를 부착하거나 클립보드를 사용할 수 있다. 그리고 Dycem([그림 14-2] 참조)과 같은 미끄럼 방지물을 사용하여 움직이지 않게 할 수도 있다. 어떤 경우에는 글자의 획을 보다 크게 할 수 있도록 행간을 넓혀 주는 수정을 할 수 있다. 어떤 학생에게는 종이 위에 진하게 줄을 그어 주거나 줄을 도드라지게 하는 수정이 필요할 수 있다. 그리고 촉각적 피드백을 제공하기 위하여 처음에는 점토 위에 쓰도록 지도할 수 있다. 색상 체계(color-coding)를 사용할 수도 있다. 이 방법은 줄의 가장자리를 보다 명확히 구분하도록 하는 것이다. 시각장애로 인해 자신들의 필기 내용을 볼 수 없는 학생들의 경우 자신들이 쓴 글자를 확대하여 볼 수 있는 확대 독서기를 사용할 수도 있다([그림 14-3] 참조).

수기를 위한 중요한 유의사항 중 하나가 종이의 위치이다. 오른손잡이가 인쇄체를 쓰고자 할 때 종이 위치는 쓰기를 하는 손의 팔뚝과 평행하여야 한다. 오른손잡이

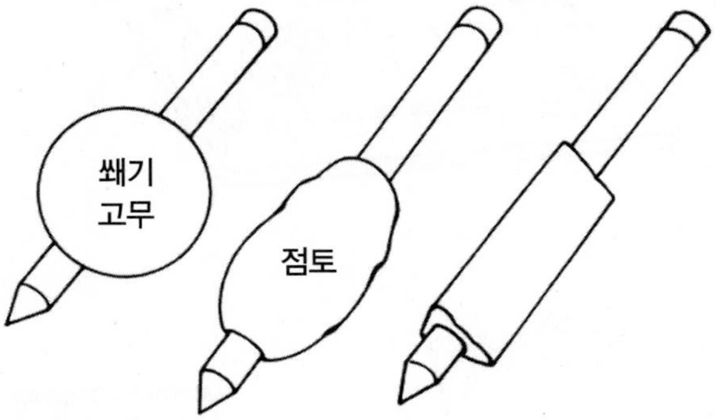

① 잡기 도구의 부착

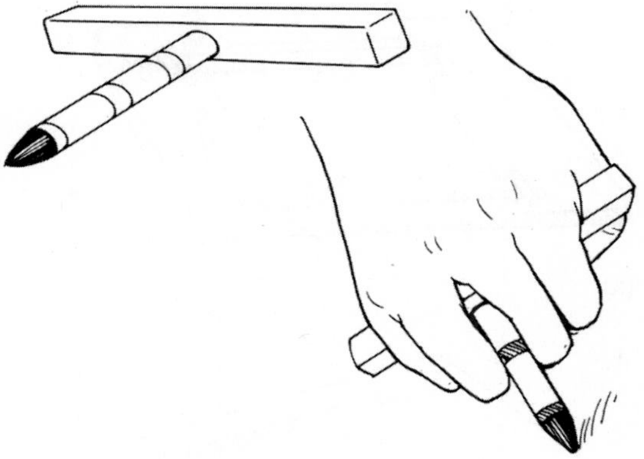

② 잡기 도구의 변경

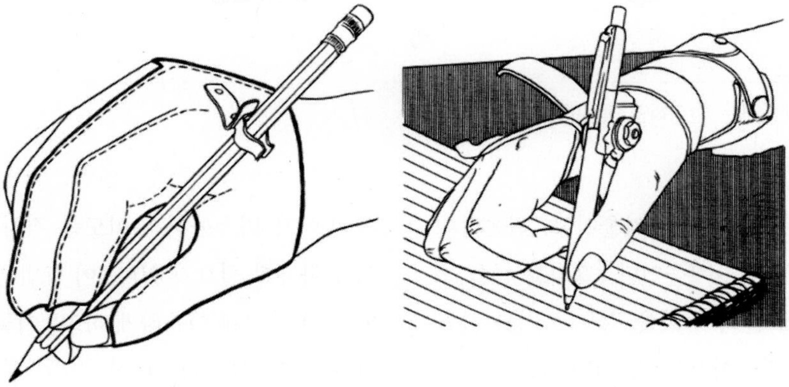

③ 부착물의 사용(오른쪽 팔꿈치로 도구를 잡기 위한 지원)

④ 부착물의 사용(오른쪽 팔꿈치로 도구를 잡기 위한 지원)

[그림 14-1] 필기도구의 조정

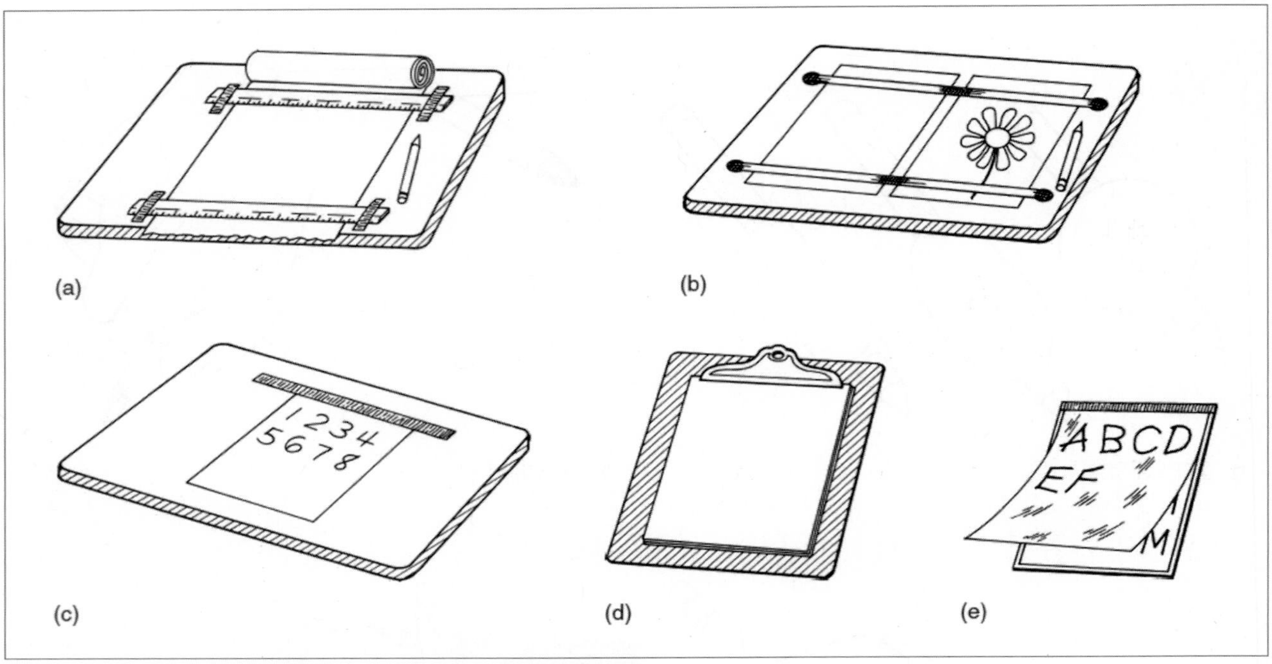

[그림 14-2] 보조적인 종이 집게는 안정적인 작업면을 만들어 준다.

학생은 종이를 왼쪽으로 25~30도 기울이고, 왼손잡이 학생은 오른쪽으로 30~35도 기울인다. 그리고 글을 쓰지 않고 팔을 책상 위에 올려 두었을 경우 쓰기를 하는 손의 팔뚝과 종이는 일직선이 되어야 한다(Case-Smith, 2005). 필기체를 쓸 때도 종이의 위치가 각이 지게 배치하여야 한다. 그러나 지체장애 학생들은 비장애학생들과 다른 각도가 필요할 수 있다. 어떤 경우에는 책상 위의 종이가 비스듬히 놓이도록 경사면 보드나 경사면 책상을 사용할 필요가 있다. 이 방법은 수기를 하는 학생들이 종이를 쉽게 사용하게 하고, 이들의 시효율성도 향상시킬 수 있다([그림 14-4] 참조). 연필이 책상 밖으로 떨어지지 않도록 하기 위하여 책상의 가장자리를 어떻게 할 것인가 하는 점도 고려해야 한다.

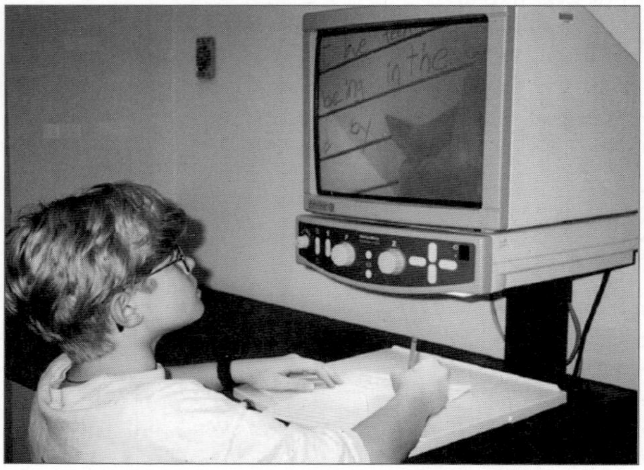

[그림 14-3] 자신이 쓴 자료를 확대하기 위하여 확대 독서기를 사용하는 학생

[그림 14-4] 쓰기를 위한 면에 보다 쉽게 접근할 수 있도록 책상을 경사지게 하거나 높혀 줄 수 있다.

2) 수기 전략

수기를 위한 교수는 일반적으로 교사의 설명과 교수적 촉진자, 반복 연습으로 구성된다. 자세, 연필잡기, 수업 준비, 직접교수, 운동감각 연습, 문자의 움직임에 대한 지적 관여(brain-engaging)와 기억단서 등도 중요한 요소로 포함된다. 문자의 획을 지도할 때는 보다 간단한 것에서 복잡한 것으로 이행하는 경우가 많다. 실제 문자의 형태를 지도할 때는 다양한 프로그램으로 알파벳순이나 획의 복잡함, 문자의 형태 간 유사성 혹은 그것들의 조합 등의 쓰기를 지도한다. 예를 들면, 'c'와 'o'는 같은 시기에 지도한다(〈표 14-1〉 참조).

수기 지도 프로그램은 다양하다. 가장 많은 학생들에게 사용되는 두 가지 프로그램은 Handwriting Without Tears(Handwriting Without Tears 제작; http://www.hwtears.com/index.html)와 Living Letters Handwriting Program(EduCLIME 제작, ILC; http//www.educlime.com)이다. Handwriting Without Tears는 다감각 교수 전략과 아동친화적 언어를 사용한 발달기반 프로그램이다. 이 프로그램은 아동의 준비도에 초점을 두고 문자의 복잡함, 생김새의 유사성, 사용 빈도 등에 기초한 고유한 지도 순서로 문자를 도입한다. 교사는 학생이 모방할 수 있도록 문자의 형태를 설명하고, 문자, 숫자, 단어, 문장의 모델을 제시한다. 그리고 최종적으로 학생이 독립적인 쓰기로 이행하게 한다. Handwriting Without Tears의 핵심 요소 중 하나는 이중선으로 이루어진 독특한 종이이다. 이것은 학생들에게 문자를 쓰는 위치를 빠르게 보여 줄 뿐만 아니라 모든 유형의 종이에 활용할 수도 있게 한다([그림 14-5A] 참조).

〈표 14-1〉 유사 구조를 사용한 쓰기 지도

형태	재미있는 이름	문자
직선	나무	l, t, i
사선	미끄럼틀	y, v, w, x, z, k
원	공	o, c, a, e
선과 원	막대와 공	d, b, p, q
둥근 선	언덕	m, n, u, r, h, f
끝이 둥근 선	갈고리	g, h
굽은 선	뱀	s

Living Letters Handwriting Program은 쓰기에서 빠른 지도와 학생의 동기 유발을 위해 연합학습을 통한 지적 관여기법을 구체화하였다. 도입은 재미있는 이야기(Living Letters 또는 Living Letters in Cursive Park)로 이루어진다. 이 이야기에서는 하늘과 잔디, 지구 등의 개념을 사용하여 선 위에 배치된 문자를 기억할 수 있는 연합학습을 실시할 수 있도록 한다. 학생이 글자의 형태를 배우고 난 후에는, 포괄적이며 다감각적 방법과 운동감각을 활용한 쓰기 연습을 한다. 특별한 색상 체계법은 시각적 기억을 돕고 적절한 쓰기를 강화하는 데 사용할 수 있다([그림 14-5B] 참조). 뇌기반 교수는 학습에서의 색상 사용 효과와 시각적 기억, 운동 기억을 지원한다. Living Letters는 학생의 성취를 향상시키기 위하여 준비 학습을 강화하고, 안내된 연습과 반복을 포함한다. 또한 교사를 위한 평가 도구도 포함되어 있다. 인쇄체와 필기체 프로그램 및 두 가지를 모두 포함하는 프로그램들은 학생과 교사 모두에게 친화적이다.

효과적인 수기 지도를 위해서는 몇 가지 원리를 혼합해서 사용하여야 한다. 첫째, 교사는 직접교수를 사용하면서 이 기술을 위한 개별화된 교수를 실시한다. 둘째, 학생의 개인적 요구에 대응하는 다양한 기법과 방법을 사용하여야 한다. 셋째, 수기는 자주, 즉 매주 수차례에 걸쳐 지도하여야 한다. 넷째, 수기 수업은 쓰기 과제를 수행하는 상황에서 이루어져야 한다. 다섯째, 수기기술의 과잉학습은 문맥에 적용하기 전에 이루어져야 한다. 여섯째, 수기는 주기적으로 평가되어야 하며, 학생은 자

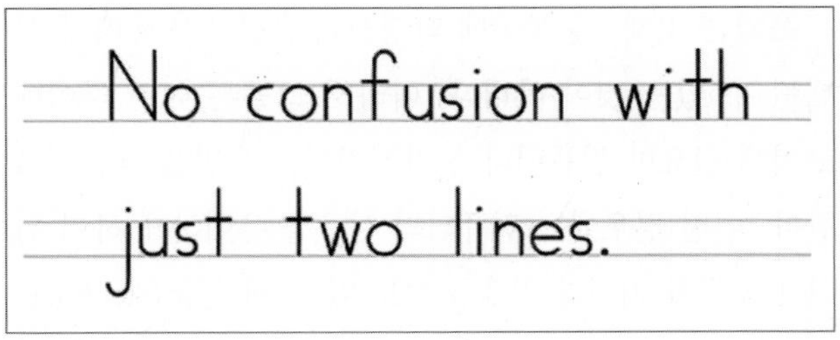

[그림 14-5A] Handwriting Without Tears의 이중선

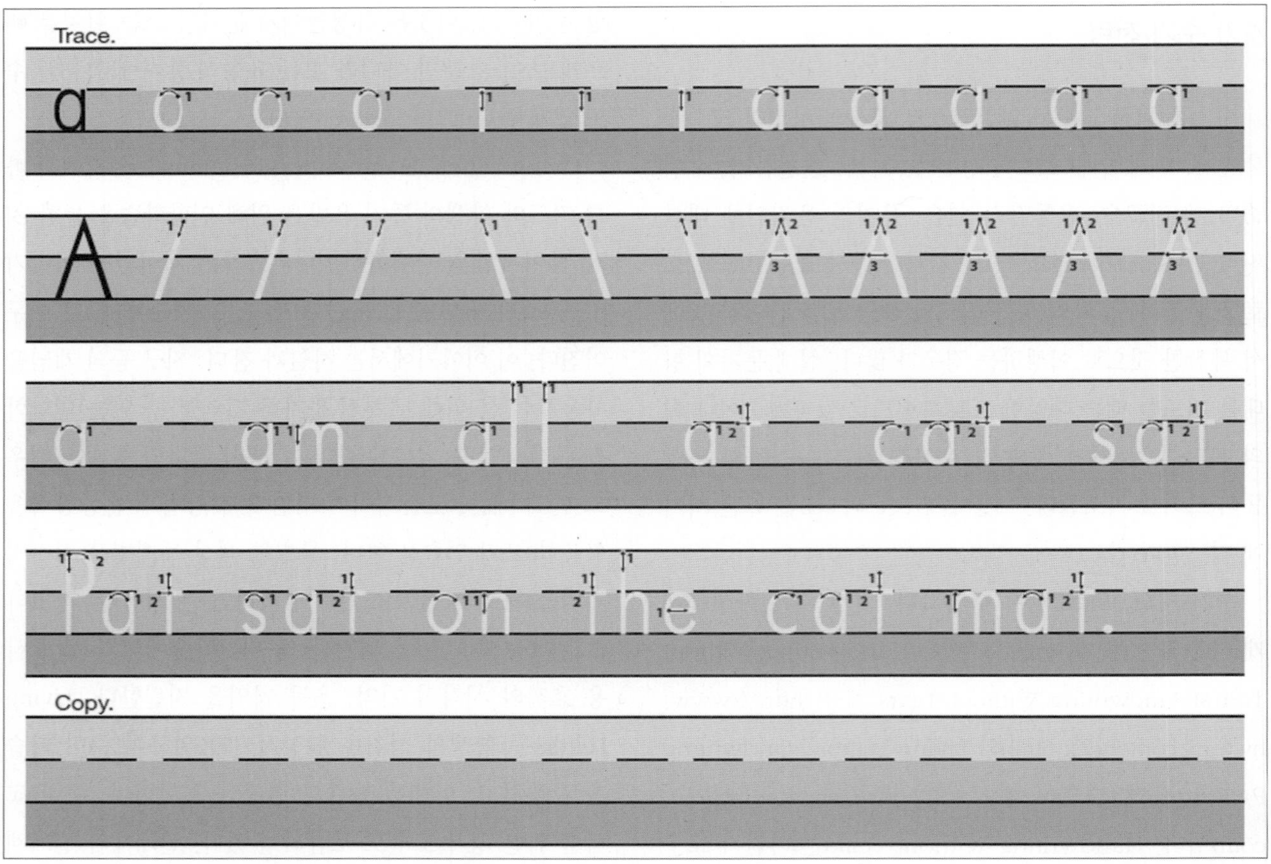

[그림 14-5B] Living Letters Handwriting Program

출처: (A) Handwriting Without Tears®. © Jan Z. Olsen. Reprinted with permission. (B) Living Letters Handwriting Program. A tracing page. © C. Roth Pahr (2007). Reprinted with permission. © EduClime.

신이 수기한 것을 스스로 평가한다. 이것은 지체장애 학생에게 특별히 중요할 수 있다. 왜냐하면 그들의 운동 능력이 수시로 변할 수 있기 때문이다. 일곱째, 수기는 시각 및 운동과제로서 지도되어야 할 것이다(Bos & Vaughn, 2002; Hagin, 1983).

3) 전자 쓰기 도구

쓰기는 지체·중복장애 학생들의 운동제약에 따라 선택될 수 있는 것이 아니다. 따라서 그들은 어린 나이에 쓰기에 필요한 컴퓨터나 전자기기의 사용법을 학습해야 한다. 어떤 경우에는 컴퓨터의 사용을 용이하게 하기 위한 보조공학 기기가 필요할 수도 있다. 한 연구(Steelman, Pierce, & Kopenhaver, 1993)에 따르면 두 학생이 컴퓨터를 사용하여 매주 2번씩 쓰기 연습을 한 결과 쓰기 능력이 향상되었다. 그들은 소형 키보드와 키가드, 전용 의사소통 도구와 별도의 소프트웨어(단어 예측 소프트웨어)와 같은 맞춤형 도구를 사용하였다. 이렇게 컴퓨터 이용을 용이하게 해 주는 맞춤형 수정 기기나 보조공학 기기는 접근사양(accessibility options)과 키보드 조정, 키보드 자판의 배치 조정, 대체 키보드, 대체 마우스, 대체 입력 기구와 여러 가지 출력 형태를 포함한다(Heller & Swinehart-Jones, 2003).

(1) 접근사양

접근사양은 특히 지체장애 학생들에게 도움이 될 수 있다. 표준 사양의 컴퓨터에서는 키보드가 작동하는 방법을 수정할 수 있다(컴퓨터의 접근사양은 '내컴퓨터'와

'제어판' 하단에서 찾아볼 수 있다). 거기에는 필터키와 같은 다양한 접근사양이 있는데 필터키는 컴퓨터에서 자판이 반복되어 눌릴 때 그것을 무시할 수 있도록 함으로써 반복입력의 비율을 낮추어 준다(예를 들면, 학생이 어떤 자판을 너무 오랫동안 눌렀다고 할지라도 이 사양을 선택하였다면 'sssssssssss' 대신 's'만 입력될 것이다). 다른 사양으로는 고정키 켜기라고 알려진 것이 있다. 이 기능은 'Ctrl' 'Shift' 또는 'Alt'를 사용하고자 할 때 한 번에 두 개가 아닌 하나씩 자판을 누를 수 있도록 해 준다. 다른 접근사양('마우스'를 쓸 때 주로 사용할 수 있는)에서는 마우스의 속도를 느리게 해 주거나 마우스가 지나간 자리에 대한 가시성을 높여 준다. 컴퓨터에 사양이나 다른 접근사양이 내장되어 있지 않을 경우 무료로 다운로드하거나 구입할 수 있는 것이 일반적이다.

[그림 14-6] 대체 키보드의 2개 예(표준 키보드보다 큰 Intellitool사의 IntelliKey 키보드, 표준 키보드보다 작은 TASH International사의 소형 키보드)

(2) 키보드 조정

표준 키보드는 여러 가지 맞춤형 수정을 통하여 사용할 수 있다. 어떤 학생들은 컴퓨터 책상 위에 부착된 조정식 팔 지지대나 움직일 수 있는 전완받침을 사용하는 일이 도움이 된다. 다른 학생은 표준 겔(gel)받침 사용이 도움이 된다. 이것은 자판 입력 시 그들의 팔목을 편안하게 해 주며 안정성을 향상시킨다.

표준형 키보드를 맞춤형으로 조정하는 일은 하드웨어와 소프트웨어 양측에서 이루어질 수 있다. 침을 흘리는 학생의 경우에는 수분 방지대를 사용할 수 있다. 수분으로부터 키보드를 보호할 수 있도록 투명한 보호용 덮개를 자판 위에 덮을 수 있다. 키가드는 키보드의 크기에 맞는 딱딱한 플라스틱 격자로서 개별 자판에 맞게 구멍이 뚫려 있다. 이것은 학생들이 다른 자판을 건드리지 않고도 자판 위에서 손을 이동할 수 있게 한다. 학생의 손이 원하는 문자 사이를 이동할 수 있을 경우, 학생은 원하는 자판 위에 난 구멍에 손가락을 넣어 누른다. 표준 키보드에 대한 또 다른 조정으로는 가시성이 높도록 글자를 확대하는 것과 같이 자판 위의 문자를 바꾸는 일을 들 수 있다.

(3) 대체 키보드

키보드를 사용하기 어려운 학생들에게는 대체 키보드가 도움이 될 수 있다. [그림 14-6]에서 볼 수 있듯이 대체 키보드는 큰 자판이 필요한 학생에게는 표준형보다 크게 만들어 주고, 운동 범위가 제한되거나 마우스 스틱 혹은 헤드 포인터를 사용하는 학생을 위해서는 보다 작게 만든다. 키보드는 다른 모양이나 형태로 만들 수도 있다. 학생이 크기나 형태 때문에 표준 키보드를 사용할 수 없을 경우 대체 키보드를 사용하도록 할 수 있다.

(4) 대체 마우스

지체장애 학생들 중 일부는 표준 마우스를 조작하는 일이 어렵다. 이것은 컴퓨터의 편의 사양(예를 들면, 마우스의 속도를 느리게 하기, 마우스 자국 남기기 등)을 조정하였을 때도 나타날 수 있다. 마우스에 대한 대체물로는 조이스틱이나 터치패드, 트랙볼이 있다. 학생에게 적절한 대체물이 무엇인지 세밀한 평가를 통하여 결정하여야 할 것이다.

(5) 대체 입력도구

키보드나 대체 키보드(대체 마우스) 등이 학생의 선택

사항으로 적절하지 않을 때는 대체 입력도구를 고려하여야 한다. 대체 입력도구는 컴퓨터의 표준입력 도구의 대안으로 사용할 수 있다. 대체 입력도구는 스위치, 지시 도구, 음성인식의 세 가지 범주로 구분할 수 있다(Lewis, 1993). 스위치는 키보드를 대신해서 컴퓨터에 연결하여 사용할 수 있다. 스위치는 그 모양과 크기가 다양하며([그림 14-7] 참조), 신체의 여러 부분을 사용하여 이용할 수 있도록 만들어졌다. 대체 입력도구를 사용할 경우 반드시 학생의 위치, 스위치의 배치, 스위치의 형태를 고려하여야 한다. 컴퓨터를 통한 문식활동을 하기 위하여 스위치는 보통 그림, 문자, 단어, 구절, 이야기, 문서의 스캔을 가능하게 하는 소프트웨어와 함께 사용한다. 그림이나 문자 등의 원하는 항목이 나타나는 순간 학생이 스위치를 누르면 선택이 된다.

스위치는 보통 온스크린 키보드와 함께 사용한다. 온스크린 키보드는 컴퓨터 모니터에 직접적으로 자판이 배열될 수 있고 학생은 활동(누르기, 만지기, 밀기 등)을 통하여 자판을 선택할 수 있다. 온스크린 키보드 중 많은 종류가 표준형 키보드, 마우스, 트랙볼, 스위치, 모스 부호 등의 도구를 통하여 접근할 수 있다. 어떤 프로그램들은 단어 예측과 축약형 확장 기능을 가진 경우가 있다(즉, 약자를 치면 전체 단어 또는 구절로 자동 대체된다).

포인터의 종류는 다양하다. 스위치와는 달리 포인터는 학생이 자신의 선택 내용을 특정 방법으로 직접 지시하는 도구다. 예를 들면, 머리 제어 마우스 장치는 학생

[그림 14-7] 컴퓨터에 접근하기 위한 키보드를 대신할 수 있는 다양한 종류의 스위치

의 머리 움직임이 마우스의 움직임을 제어할 수 있게 한다. 이 장치에서는 보통 학생의 머리 앞쪽에 반응점을 둔다. 학생의 머리 움직임은 반응기가 인식하는데 이것은 컴퓨터 스크린의 상단에 위치하는 것이 일반적이다. 어떤 대체 입력도구는 눈 응시(eye gaze)를 통하여 완전히 컴퓨터를 통제할 수 있게 한다. 이런 시스템들은 컴퓨터 스크린을 보고 있는 학생의 눈의 움직임을 추적한다. 눈의 움직임은 컴퓨터의 입력으로 전환된다.

포인터와 함께 사용되는 다른 도구로는 Edmark에 의한 TouchWindow가 있다. TouchWindow는 컴퓨터 모니터 위에 놓을 수 있는 투명한 플라스틱 스크린이다. 적합한 프로그램을 사용하는 소프트웨어는 학생이 선택한 내용을 손가락, 마우스 포인터, 헤드 포인터 등을 사용하여 컴퓨터에 입력할 수 있는 스크린 터치 기능을 제공한다.

대체 입력도구의 마지막 범주에는 음성인식 소프트웨어가 있다. 이 소프트웨어는 학생이 말을 할 때 대체 입력 기구 대신 그 말을 컴퓨터 스크린 위에 표시한다. 이 소프트웨어가 학생의 목소리를 인식하게 하기 위해서는 각 학생별로 소프트웨어에 따른 '훈련'이 필요하다. 이것은 지체장애 학생의 타자 속도를 향상시키기 위한 목적으로 사용할 수도 있다(Garrett, 2007). 그러나 조음장애가 있는 지체장애 학생들의 경우 음성인식을 하는 데 어려움이 있을 수 있으며 특히 단어를 발음하는 방법에서 차이가 클 경우(예를 들면, 오후에 평소보다 피곤한 상태이기 때문에 힘없이 말하거나 음성의 긴장으로 인해 높은 톤으로 말하는 경우), 그 어려움이 가중될 수 있다. 한편, 공학이 과거에 비해 보다 편리하게 개선되었음에도 불구하고 그 효과를 검증하기 위해서는 음성인식 소프트웨어와 학생에 대한 주의 깊은 평가도 필요할 것이다.

(6) 키보드의 자판배열 사양

일부 학생에게는 표준 QWERTY형 키보드와는 다른 배열의 키보드가 도움이 될 수 있다. 자판배열 사양이란 키보드의 키가 정렬된 방법을 말한다. 자판배열 사양은 컴퓨터의 소프트웨어에 의하여 결정되는데 자판은 소

프트웨어에 대응하여 배열되기 때문이다. 일반적인 QWERTY형은 가장 윗줄의 문자가 'Q' 'W' 'E' 'R' 'T' 'Y'로 시작되는 데 따른 것이다. 그렇지만 다른 키보드 배열을 따르는 많은 컴퓨터 프로그램 및 필기도구(예를 들면, AlphaSmart)도 많다. 예를 들면, Dvorak 박사가 개발한 Dvorak 자판 배열은 가장 자주 사용되는 문자 배열을 따름으로써 피로를 감소시키고 타이핑의 속도를 높여 준다. 마우스 스틱이나 헤드 포인터를 사용하는 사람, 한 손만으로 타이핑을 하는 사람을 위한 키보드 자판 배열 역시 Dvorak이 고안하였다. 이런 키보드의 자판 배열은 한 손 타이핑의 피로는 경감시키면서도 타이핑의 속도는 증가시킬 수 있다. 컴퓨터 사용자는 자신의 컴퓨터 위에 Dvorak 자판 배열 소프트웨어를 다운받을 수 있다. 이것을 사용하기 위하여 컴퓨터의 하드웨어를 변경할 필요는 없다. 왜냐하면 키보드의 자판 배열 사양을 선택한 후 각 문자에 대응하도록 자판에 이름을 붙일 수 있기 때문이다.

① 스캐닝을 위한 고빈도의 키보드 자판 배열 온스크린

키보드와 스캐닝을 사용하는 학생들의 경우 가장 많이 사용하는 자판을 빠르게 찾을 수 있는 형태로 문자를 배열할 필요가 있다. 행간 스캐닝을 사용하는 온스크린 키보드의 경우 가장 많이 사용하는 문자를 왼쪽 상단에 배치하고, 가장 적게 사용하는 문자는 왼쪽 하단에 배치한다(행-열 스캐닝에 대한 더 많은 정보는 제8장에서 얻을 수 있다). [그림 14-8]은 철자 초보자를 위하여 첫 번째 줄에 모음을 배치한 EZKeys를 수정한 고빈도 키보드를 보여 준다(Heller, 2005).

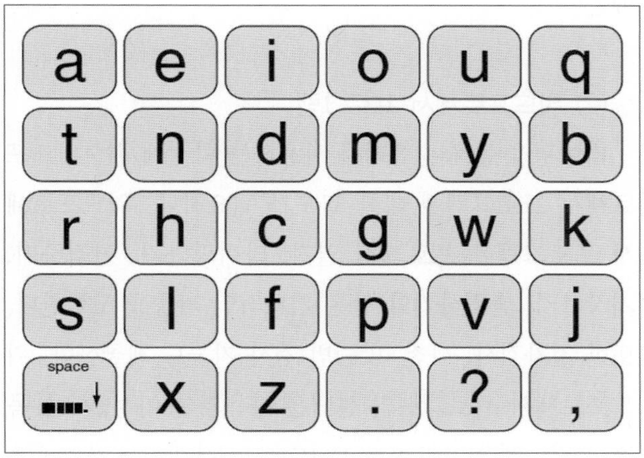

[그림 14-8] 스캐닝을 사용하는 학생을 위하여 고빈도 순으로 글자를 표시한 온스크린 키보드. 철자를 학습하는 학생에게 도움이 되도록 모음을 상단에 배치하였다.

② 분할 스크린

일부 학생은 몸이 떨리거나 신체 운동을 조절하기 어렵기 때문에 온스크린 키보드의 문자를 선택하는 일이 어려울 수 있다. 이런 문제는 알파벳 전체를 스크린에 배열함으로써 글자가 작아지고, 글자 간 간격이 좁아질 때 더욱 심해진다. 그 대안은 문자의 크기를 키우고, 중복 선택이 가능하도록 키보드를 분할하는 것이다. [그림 14-9]에 제시된 사례에서는 세 가지 분리된 판(알파벳의 반, 나머지 알파벳의 반, 구두점과 커맨드1)으로 키보드를 나누기 위하여 Speaking Dynamically Pro를 사용하였다.

[그림 14-9]에서 볼 수 있듯이 첫 번째 키보드에서 선택할 수 있는 알파벳의 반은 A부터 M까지이며, 선택된 문자는 자판의 상단에 있는 메시지 영역에 표시된다. M 다음에는 보다 큰 자판 위에 'nopwrstuvwxyz'가 표시되어 있다. 이 자판을 선택하게 되면 알파벳의 나머지 반이 나타난다. 이 자판은 숫자와 기능키(예를 들면, space나 shift)를 제시하기 위하여 별도의 팝업창을 포함하고 있다(Coleman-Martin & Heller, 2005).

(7) 출력 형태의 조정

감각장애를 수반한 학생들을 위해서는 여러 가지 출력 형태의 조정이 필요하다. 대부분의 컴퓨터는 컬러 출력이 가능하며, 시각장애 학생이 보다 쉽게 볼 수 있도록 고대비를 위한 배경색과 화면을 보기 쉽도록 표시하거나 선호하는 화면을 만들 수 있도록 하고 있다. 화면 확대 프로그램은 보기 쉽도록 화면을 확대할 수 있다. 보다 큰 스크린 모니터를 선택할 수도 있다. 음성출력 소프트웨어는 시각장애나 학습장애 학생들에게 스크린에 있는 내용을 소리 내어 읽어 줄 수 있다. 프린터도 좀 더 큰 사이즈로 출력할 수 있다. 그리고 점자양각 기기를 사용하

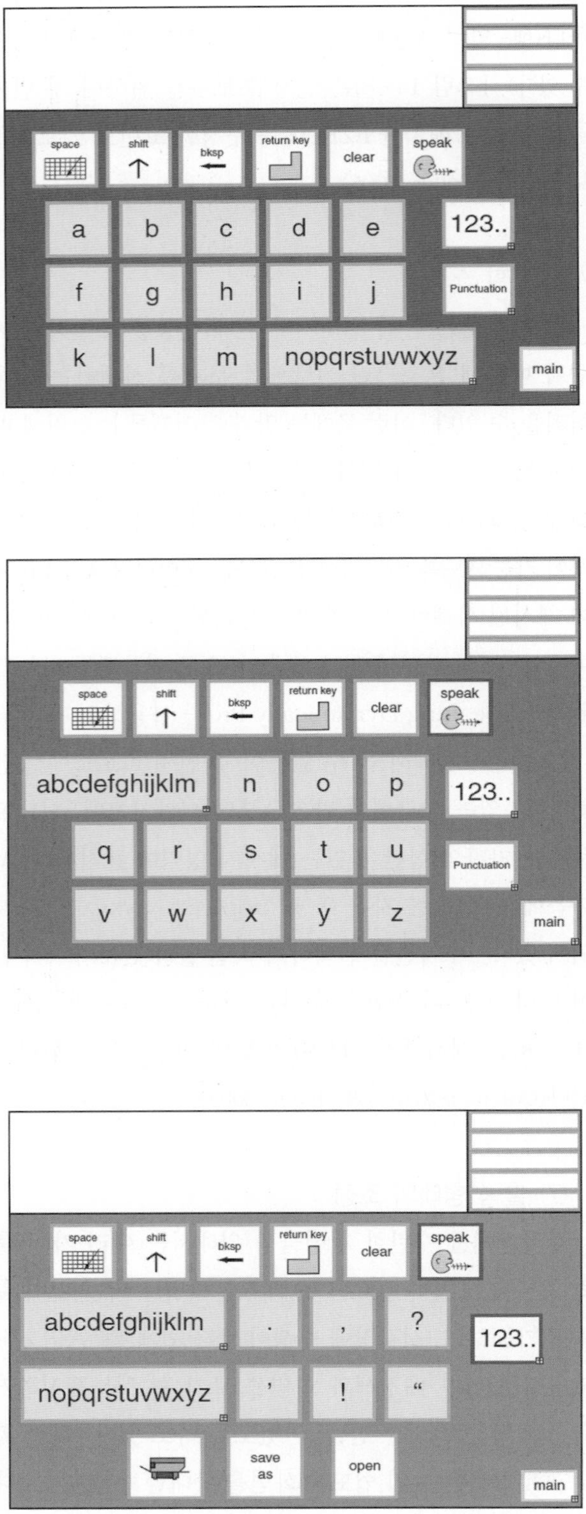

[그림 14-9] 분할 스크린 키보드의 예. 첫 번째는 알파벳의 앞쪽 반, 두 번째는 알파벳의 뒤쪽 반, 세 번째는 구두점을 나타내고 있다.

출처: Picture Communication Symbols © 1981-2008 by Mayer-Johnson LLC. All Rights Reserved Worldwide. Used with permission.

여 자료를 점자로도 출력할 수 있다.

4) 자판입력

(1) 자판입력 기술과 대체 입력도구의 학습

표준형이나 대체접근을 사용하여 컴퓨터를 사용하는 학생은 그 사용법에 관한 교수가 필요하다. 표준 키보드를 사용하는 학생은 다양한 키보드 인식 기술 및 타이핑 기술 지도 프로그램 중 하나를 선택하여 지도할 수 있다. 한 손으로만 컴퓨터에 접근할 수 있는 학생은 키보드의 가운데 손을 올리는 것과 같은 대안적인 손의 위치를 학습하여야 하므로, 이 기술의 습득을 지원하는 소프트웨어 프로그램(예를 들면, Mayer-Johnson사가 제작한 5 Finger Typist)의 사용법을 익혀야 한다. 대안적 접근이나 대체 키보드를 사용하는 학생은 자판의 위치를 체계적으로 학습하여야 한다. 이것은 한 번에 몇 개의 자판을 선택하는 일과 학생이 그 문자들을 쉽게 찾고, 점진적으로 더 많은 문자를 찾을 때까지 그 문자들이나 그것으로 이루어진 단어를 타이핑하는 일과 관계된다. 학생들은 자판의 위치와 타이핑의 기술에 숙달될 때까지 과제를 타이핑하는 일에 쉽게 좌절할 수 있다. 왜냐하면 그들은 원하는 문자의 위치를 찾기 위해 키보드를 스캔하고, 자신들이 타이핑을 하고 있는 문장이나 철자하고 있는 단어를 기억하여야만 원하는 문자를 신체적으로 선택할 수 있기 때문이다.

(2) 워드프로세서 프로그램

타이핑을 통해 컴퓨터를 사용하는 학생에게는 워드프로세서 프로그램에 대한 교수가 필요하다. 워드프로세서 프로그램은 프로그램 열기, 타이핑하기, 편집하기, 저장하기, 출력하기와 같은 기초적인 기술을 포함한다. 또한 철자검사, 사전, 맞춤법 검사 기능도 제공한다. 워드프로세서 프로그램의 선택은 사용의 용이성, 사용 목적의 명확성(이것은 학생이 워드프로세서가 아닌 쓰기에 초점을 둘 수 있도록 한다), 쓰기의 효율성과 같은 변인에 기반을 두어야 한다. 많은 워드프로세서 프로그램은 학생이 입력한 자료를 음성으로도 출력할 수 있다. 중도의 지체장애 및 구어장애 학생들은 음성적 피드백과 함께 워드프로세서를 사용할 경우 오류는 적으면서도 보다 많은 자기교정이 가능한 것으로 나타났다(Koke & Neilson, 1987; Koppenhaver & Yoder, 1993).

3. 쓰기 표현 교수

1) 발현적 문해능력: 조기 쓰기 기술

아동은 유아기에 필기도구(또는 수정된 필기도구)를 조작할 수 있도록 격려하여야 한다. 아동이 컴퓨터나 연필을 사용하여 낙서를 함으로써 쓰기에 관하여 이야기할 수 있도록 격려하여야 한다. 이런 일은 낙서(대안적 쓰기)와 의미 사이의 연결을 강화한다. 학생들의 쓰기 기술은 일반적으로 낙서하기는 친숙한 단어에서 쓰인 문자 따라 쓰기로 발달한다. 지체장애 학생은 쓰기를 대신 해 주거나 표준적인 쓰기 도구에 접근할 수 있도록 하는 보조공학(예를 들면, 맞춤형 연필, 대체 키보드)을 필요로 할 수 있다.

발현적 쓰기 시기에서는 일반적으로 아이디어와 글의 산출에 초점을 둔다. 따라서 학생이 정확한 철자나 문법적으로 완전한 문장, 깔끔한 필기 등에 대한 압박을 받지 않는 가운데 자신의 생각을 표현할 수 있도록 해야 한다. 글을 쓸 때 그림을 함께 그릴 수 있도록 하는 경우도 많다. 이것은 아동이 주제에 초점을 두거나, 다른 사람들이 무엇에 대해 쓴 글인지 해독하는 데 도움을 준다. 일기 쓰기는 중요하다. 일기에는 그림과 글이 동시에 포함될 수 있다. 운동장애가 있는 AAC 사용 아동은 그림을 그릴 수 없다. 그리고 그들이 흥미를 느끼지 못하는 주제가 선정될 수도 있다. 학생이 선택된 주제에 대해 관심을 갖도록 다양한 사진이나 관련 어휘들을 제시하는 것이 이런 문제를 해결하는 방법이 될 수 있다(Sturm, 2005).

어린 나이의 아동이 쓰기 기술을 향상시킬 수 있도록 하는 방법은 다양하다. 그것들 중에는 글자와 단어 작성 시범보이기, 창조적인(비전통적인) 철자 사용 격려하기, "보다 더(더 쓰기)"와 같은 말로 격려하기, 다양한 쓰기 도구(예를 들면, 연필, 컴퓨터) 사용 기회 제공하기도 포함된다(Aram & Biron, 2004; Linn, 2002; Strum, 2005). 이야기, 상표, 색인과 같은 다양한 쓰기 형태에 학생을 노출시키는 일도 중요하다(Strum, 2005). 읽기 교수에서 학습한 기술은 쓰기 과정(예를 들면, 음운인식, 음소인식, 알파벳 지식, 문자-소리 대응, 분절)에도 도움이 될 수 있다. 쓰기를 시작할 때 사용할 수 있는 소프트웨어 프로그램은 다양하다. 이 프로그램들은 그림과 단어, 구절 등을 컴퓨터상에 격자 형태로 제시함으로써 학생들이 선택할 수 있도록(예를 들면, Mayer-Johnson사가 제작한 Writing with Symbols) 한다. 쓰기 기술이 향상되면 학생은 격자를 사용하지 않고서도 문장을 쓸 수 있게 된다. 교사는 학생이 문장 속의 1~2단어를 쓰도록 함으로써 어휘 익히기와 철자하기를 지원할 수 있다.

2) 쓰기 절차 접근

학생의 쓰기 경험이 쌓여 감에 따라 그림은 많이 사용하지 않게 되고, 철자하기, 문법, 구두점에 관한 경험 비율이 늘어난다. 학생의 쓰기 기술이 발전함에 따라 쓰기 절차를 지도하는 일도 자주 일어난다. 쓰기 절차 접근에 있어 다섯 가지 주요 단계는 ① 쓰기 전 단계(주제 선택, 브레인스토밍하기, 아이디어 찾기, 아이디어 조직하기), ② 원고작성 단계, ③ 원고검토 단계, ④ 원고편집 단계, ⑤ 출판(최종 산물)이다(Mercer & Mercer, 2005; Tompkins, 2002). 쓰기 절차를 지도할 때는 각 단계별 학습을 방해하는 교정적 피드백을 강조할 것이 아니라 쓰기 절차의 학습에 중점을 두어야 한다(Isaacson, 1988).

지체·중복장애 학생에게는 쓰기 전 단계가 어려울 수 있다. 학생들은 주제에 대해 브레인스토밍하거나 선정하는 일에 어려움을 겪을 수 있다. 왜냐하면 운동 문제로 인해 주제와 관련된 경험이나 배경 정보가 부족할 수 있기 때문이다. 교사들은 그 차이를 보완할 수 있는 경험을 제공할 필요가 있다. 조사를 필요로 하는 주제의 경우 학생들이 컴퓨터를 대체 수단으로 사용할 수 있도록 해주어야 한다. 학생들은 인터넷 사용을 통해 책이나 사전, 잡지 등을 조작해야 하는 불편함 없이 정보를 습득할 수 있을 것이다. 인터넷을 통한 정보 습득 방법의 지도는 최우선 과제이며, 지체장애 학생들의 경우, 인터넷을 탐색할 수 있는 적절한 보조공학을 함께 제공하여야 한다.

접근 문제를 가진 지체장애 학생에게는 쓰기를 위한 아이디어와 그것들을 조직하는 일이 어려울 수 있다. 일반적으로 학생들은 개요 형태나 그래픽 조직자를 사용하여 자신들의 아이디어를 조직하고, 쓰기 학습을 한다. 학생들이 쓰기 도구를 조작하는 데 어려움이 있을 경우 아이디어의 조직을 지원하는 소프트웨어나 개요 작성 소프트웨어 프로그램을 활용하면 도움을 얻을 수 있다. 개요 작성 소프트웨어는 학생들이 쓰고자 하는 것에 대한 계획 수립을 지원하기 위한 문자 혹은 그림 개요를 지원하는 소프트웨어이다. 개요 작성 프로그램의 예로서는 Inspiration Software사가 제작한 'Kidspiration and Inspiration'과 Don Johnson사가 제작한 'Draft: Builder'를 들 수 있다. 이런 프로그램은 대부분 초고를 쓰는 데 필요한 개요나 그림을 사용할 수 있다(제15장의 [그림 15-3] 참조).

지체장애 학생들은 편집 단계와 검토 단계에서 또 다른 어려움에 봉착한다. 검토하기는 작성된 구조와 내용을 변경하여 글을 수정하는 일이다. 편집하기는 문장, 구두점 그리고 철자를 포함한 문법적 오류를 교정하는 일이다(Mercer & Mercer, 2005). 운동장애가 있는 학생이 신체운동 문제나 대체 입력도구(예를 들면, 스캐닝)로 인해 매우 느린 속도로 글을 써야 하는 경우 이 단계의 어려움이 가중된다. 이 학생은 다른 급우들이 전체 지면에다 초고를 완성할 때 겨우 두 문장을 쓰고 있을 수 있다. 지체장애 학생의 경우 시간 문제로 인해 검토 단계를 생략하는 경향이 있다. 이렇게 단계를 생략하게 되면 글을 쓰는 연습기회가 부족하게 되고, 그에 따라 쓰기 기술도 제한된다. 교육 팀은 학생에게 보다 많은 검토 기회를 제공하기 위해 충분한 연습 기회와 다양한 보조공학을 사용할 수 있게 해야 한다.

쓰기 절차와 관련된 소프트웨어와 편집 도구는 검토와 편집 단계를 도와줄 수 있다. 쓰기 절차 소프트웨어 프로그램은 이야기의 시작 단계에서도 학생을 도울 수 있으며, 쓰고자 하는 것을 평가할 수 있는 질문을 제공하고 편집도 지원한다. 일부 소프트웨어는 Writing Process Workshop(Educational Activities Software 제작) 또는 Writing Workshop(Milliken Publishing Co. 제작)을 포함한다. 소프트웨어 프로그램들은 편집 도구(예를 들어, 철자 검사, 유사어, 문법 검사 등)를 포함하는 경우가 많다. 스타일 지원 소프트웨어는 학생들에게 쓰기 형태별 학습을 할 수 있게 한다.

마지막으로 살펴볼 프로그램은 컴퓨터를 통한 출판 프로그램과 멀티미디어 프로그램이다. 컴퓨터용 출판 프로그램은 여러 가지 출판 형태, 특히 신문, 보고서, 전단지 등을 제작할 수 있도록 그래픽과 글을 조합할 수 있다. 멀티미디어 프로그램은 그래픽과 글은 물론 소리와 동영상까지 조합할 수 있다.

AAC 사용자들은 쓰기 절차에서 필요한 지원을 얻기 위한 의사소통이 필요하다. 또한 학생이 집단 활동에 참여하거나 다른 학생들이 쓴 글을 들어야 할 경우, 그 글을 쓴 학생에게 무엇을 썼는지에 대해 코멘트를 할 수 있는 능력이 있어야만 한다. AAC 도구는 쓰기를 도와줄 수 있는 요구사항들을 제공하고, 쓰기에 대한 코멘트를 달아 주며, 다른 학생들의 쓰기에 대한 피드백을 제공할 수 있는 총괄적인 쓰기 페이지를 가져야 한다([그림 14-10] 참조). 쓰기 페이지는 특정 주제가 목표로 정해지면 쓸 내용을 구성할 수 있도록 보다 구체적인 어휘를 제시하여야 한다.

학생들은 쓰기 절차 접근을 통하여 쓰기 기술의 향상에 성공할 수 있지만 모든 경우에 그렇게 되는 것은 아니다. 접근 모형은 쓰기 수업의 비형식적 방법으로 사용되는 경우가 많고 학생에게 많은 과제를 부여한다. 학생이 학습에서 추가적인 어려움이 있을 경우, 그들은 쓰기 절차의 모든 부분에 참여할 수 있는 전략이 부족할 수 있다. 이럴 경우 학생은 쓰기 절차의 명시적 접근뿐만

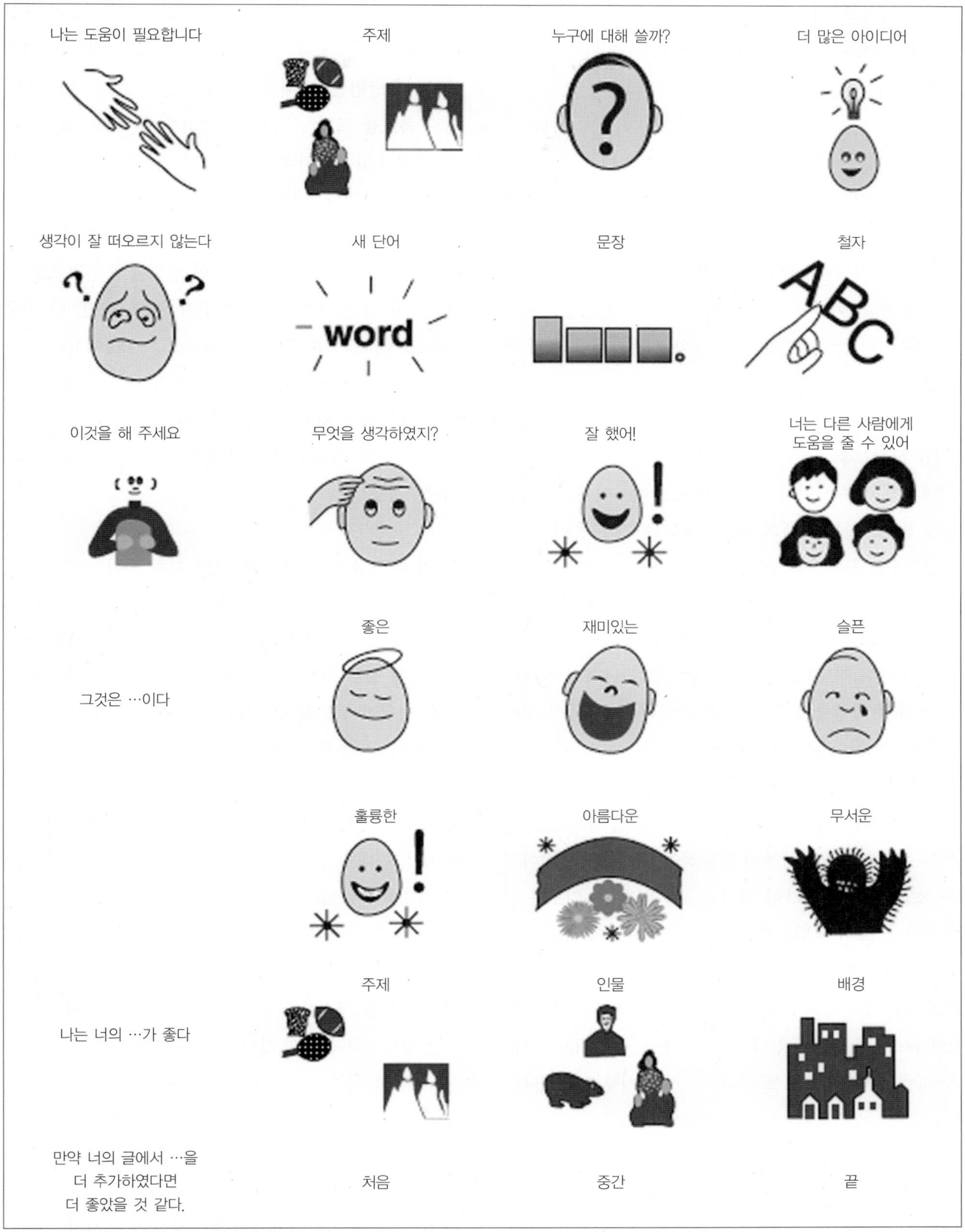

[그림 14-10] 쓰기 활동을 위해 사용할 수 있는 AAC 페이지 예시

출처: *Augmentative and Alternative Communication: Supporting Children and Adults with Complex Communication Needs* (3rd ed., p. 387), by D. R. Beukleman and P. Mirenda, 2005, Baltimore, MD: Paul H. Brookes Publishing Co., Inc. Used with permission.

아니라 기초적인 쓰기 기술의 교수를 필요로 할 수 있다(Graham, Harris, & Mason, 2005; Strum, 2005).

3) 쓰기방법

앞 장의 읽기에서 논의한 바와 같이 읽기와 쓰기 지도를 위해서는 여러 가지 문식 지도 방법이 필요하다. 여기서는 그중 두 가지로서 직접교수와 자기조절법을 살펴보고자 한다. 여기서는 이 두 가지 방법의 촉진뿐만 아니라 기본적인 쓰기방법들 중 일부와 개별화된 교수의 필요성에 대하여 논의해 보고자 한다.

(1) 직접교수

명시적 교수는 여러 가지 방법으로 이루어질 수 있다. 예를 들면, 일부 학생의 경우 직접교수가 도움이 된다. 직접교수는 특정 기술을 목표로 하여 지도한다. 그리고 교사는 학습 집단을 소규모로 조직한다. 또한 교사는 이들의 오류를 최소화할 수 있는 시범-촉진-점검 방법을 사용하여 지도한다. 교사는 오류를 진단하고 정정하기 위하여 학생들을 주의 깊게 관찰하며, 그들의 구어 반응을 잘 들어 본다(Ryder, Burton, & Silbert, 2006). 교사가 쓰기 지도에서 사용할 수 있는 직접교수 프로그램은 여러 가지가 있다. 예를 들면, SRA를 통한 표현적 쓰기 프로그램은 학생들이 기본적인 문장, 문단, 이야기를 쓰고, 편집하게 하여 명시적 교수를 할 수 있도록 고안되었다. 보다 광범위한 형태의 쓰기 지도에 적용할 수 있는 프로그램으로는 'SRA 추론하기와 쓰기: 직접교수 프로그램(SRA Reasoning and Writing: A Direct Instruction Program)'을 들 수 있다(http://www.sraonline.com. products에서 직접교수 프로그램의 지도 예시를 볼 수 있다).

(2) 자기조절법

쓰기 교수는 자기조절전략 개발 모델(self-regulated stragety development model: SRSD)과 같은 자기조절법으로 이루어질 수 있다(Graham et al., 2005; Harris & Graham, 1996). SRSD는 학생들에게 특정 기술의 지도를 위한 명시적 교수를 할 때 사용된다. 그리고 이 방법에서는 학생들이 자기 스스로 그것을 적용하도록 지도한다. 이 방법은 ① 배경지식을 개발하기, ② 새로운 방법과 목표를 토의하기, ③ (교수자가 자기평가, 자기교수, 자기강화와 같은 전략과 조절 기법의 사용 방법을 시연해 보임으로써) 방법을 시범 보이기, ④ 이 방법의 각 단계를 기억하기, ⑤ 교사와 학생이 함께 연습하기(교사의 지원을 점진적으로 제거해 가며), ⑥ 이 방법을 독립적으로 수행하기와 같은 단계로 이루어진다. 예를 들면, 한 연구(Garcia-Sanchez & Fidalgo-Redondo, 2006)에서는 교사가 학생들이 자신의 글을 검토할 수 있도록 수업의 일부로 학생들에게 RED(read, evaluate, do)라는 약자와 그래픽을 함께 사용하여 자기평가를 하도록 하였다(〈표 14-2〉 참조).

(3) 문장과 문단 쓰기를 위한 기초 전략

쓰기는 보통 간단한 문장에서 문단으로 이행하며, 최종적으로는 하나의 문서로 이행하도록 지도한다. 문장을 쓸 때 일부 학생은 적절한 구문과 내용을 개발할 수 있는 지원이 필요할 수 있다. 구문과 내용의 도입 전략 중 하나는 기초문장 완성전략이다. 이 전략에서 교사는 학생이 기초적인 문장을 완성할 수 있도록 체계적 교수를 실시한다. 이 방법은 문장의 각 부분에 집중하여 시범 보이기, 안내된 연습하기, 문장 완성하기와 같은 방법으로 지도한다. 예를 들어, 문장의 주어를 지도할 경우 교사는 "…은 공놀이를 하고 있다"와 같은 문장을 제시한다. 그러면 학생은 … 부분을 완성한다. 다음으로는 문장에서 동사를 제거한다(예를 들면, "Tommy는 사탕을 …"). 같은 방법으로 문장의 보다 어려운 부분도 지도할 수 있다. 시간이 경과할수록 문장에서 제시되는 부분을 점차 줄여 감으로써(예를 들면, "그 새는 …") 독립적인 쓰기 기술을 강화해 나갈 수 있다. 마지막에는 주제만 제시하여 주거나 스스로 글을 쓰도록 한다.

지체·중복장애 학생들에게 기초문장 완성전략을 교수할 때면 학생은 타이핑을 하거나 필기를 통하여 쓸 수 있을 것이다. 학생의 키보드 사용 여부가 확실하지 않거

〈표 14-2〉 자신의 글을 검토할 때 사용할 수 있는 자기조절법 예시

R (READ)	E (EVALUATE)			D (DO)
전체적인 글 읽기, …에 주의를 기울이기	문장 구조	도입이 있는가?	예 아니요	계속한다 바꾼다
		조직적인 체계로 구성되었는가?	예 아니요	계속한다 바꾼다
		결론이 있는가?	예 아니요	계속한다 바꾼다
	문단	도입문단과 결론문단이 있는가?	예 아니요	계속한다 바꾼다
		문단들은 조직적으로 연계되어 있는가?	예 아니요	계속한다 바꾼다
		문단별 주제는 조직화되어 있는가?	예 아니요	계속한다 바꾼다
	연결	각각의 문단별 주제들 간에는 연결되어 있는가?	예 아니요	계속한다 바꾼다
		문단 내적 연결이 이루어지고 있는가?	예 아니요	계속한다 바꾼다
빠르게 읽기, …에 주의를 기울이기	문장	문장들은 바르게 쓰였는가?	예 아니요	계속한다 바꾼다
		단어는 바르게 쓰였는가?	예 아니요	계속한다 바꾼다
		구두점은 바르게 사용되었는가?	예 아니요	계속한다 바꾼다
		글은 깔끔하고 명료한가?	예 아니요	잘했습니다 더 깔끔하게 복사한다

출처: Garcia-Sanchez, J., & Fidalgo-Redondo, R. (2006). Effects of two types of self-regulatory instruction programs on students with learning disabilities in writing products, processes, and self-efficacy. *Learning Disability Quarterly, 29,* 189. Used with permission.

나 쓰는 속도가 매우 느린 경우 단어 목록을 제공할 수도 있다(어떤 것은 정확하고 어떤 것은 정확하지 않게 쓰인). 학생이 원하는 단어를 지적하지 못할 경우, 교사는 학생이 원하는 단어를 지시하기 위하여 몸짓으로 표현하거나 소리를 낼 때까지 각 단어를 지적해 줄 수 있다(제13장의 신뢰할 만한 반응 수단 부분을 참조).

학생이 정확한 구문이나 문장들을 작성할 수 있게 되면 문장의 복잡성을 평가하여야 한다. 일부 학생은 문장에서 부사나 형용사를 사용하는 빈도가 매우 적을 수 있다. 보다 복잡한 문장의 작성을 격려할 수 있는 방법 중 한 가지로는 먼저 학생이 문장을 쓰도록 한다. 다음으로 그 문장에 대하여 교사가 '크기, 형태, 종류, 색상, 양, 시기, 장소, 방법, 질' 등이 포함된 단어를 제시한다. 학생은 이것들 중 무엇을 포함하여 문장을 확장할 수 있는지를 시험해 본다. 그리고 이것들을 포함하여 보다 많은 정보를 가진 문장으로 다시 쓴다. 이 방법은 학생이 문장 속에 사용할 수 있는 서술자를 확인하고, 추가된 단어의 수에 따라 점수를 주는 게임방식으로 진행할 수도 있다.

문단 쓰기는 기억 전략, 시각화 전략, 개요 작성 등을

사용하여 지도한다. 문단 쓰기를 위해 사용할 수 있는 기억술로는 Welch(1992)가 제안한 PLEASE를 수정한 전략을 들 수 있다. PLEASE는 주제나 형식을 정한다(Pick a topic or format), 정보를 정리한다(List information), 정리된 정보가 완전하고 정보를 조직화할 수 있는지를 평가한다(Evaluate if list is complete and organize the list), 항상 중심문장으로 문단을 시작한다(Always start your paragraph with topic sentence), 보조 문장을 작성한다(Supply the supporting sentence), 주제를 부연하는 결론 문장으로 끝을 맺으며 오류가 없는지 확인한다(End with concluding sentences that rephrases the topic sentence, and Evaluate for errors)를 나타낸다. [그림 14-11]에서 보는 바와 같이 기본 문단 쓰기를 지도하기 위한 시각화 전략은 빈칸 메우기 형태나 문단의 기본 형태에 관한 학습을 도울 수 있는 시각적 전략을 사용할 수 있다. 주제가 점점 커지게 되면 교사는 여러 개의 문단을 쓰고, 각 문단들을 어떻게 하나의 문서로 연결 지을 것인지를 교수할 수 있다.

1. 안내된 문단 쓰기

이 이야기는 ________에 관한 것이다(누구). 이 이야기 속에서 두 소녀는 ________에 관하여 다투고 있다. 그 일이 있은 후 ________________. 그래서 ________________.
두 소녀는 ________________________할 때까지 계속해서 다투고 있었다. 이 이야기는 ________________으로 끝난다.

2. 초기 문단 계획표

반짝이는 생각으로 다음 문단 등잔을 채워 보자.

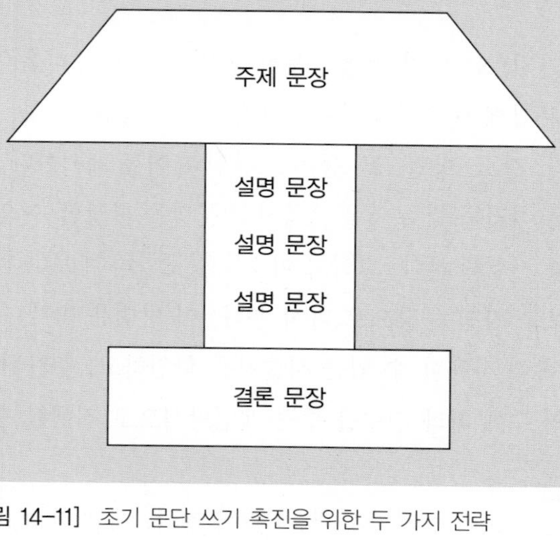

[그림 14-11] 초기 문단 쓰기 촉진을 위한 두 가지 전략

(4) 개별화된 교수

학생들의 쓰기 표현을 평가한 후 심각한 문제점이 발견될 경우 개별화된 교수를 실시한다. 학생들이 쓴 글은 문법뿐만 아니라 쓰기 표현도 평가하여야 한다. 문법은 대문자 사용, 구두법, 어휘를 포함한다. 쓰기 표현 능력에서 평가되어야 할 가장 첫 번째 영역은 학생이 간단한 문장 구조를 알고 있는지 여부와 완전한 문장을 쓸 수 있는가이다. AAC 도구를 사용함에 따라 전보문을 사용하는 일이 습관화되어 있는 학생은 완전한 문장구조에 대한 추가적인 교수가 필요할 수 있다. 문장의 평가에서는 사용된 문장의 다양성(서술문, 의문문)과 길이, 정확성, 내용을 포함하여야 한다. 한 개의 문단 혹은 여러 개의 문단을 작성할 경우 효과적인 의사소통이 가능한지 여부와 논리적인 순서가 맞는지를 따져 보아야 한다. 글의 양이 적절한지, 학생의 나이와 기능적 수준에 맞는지도 따져 보아야 한다. 대체방법을 사용하거나 쓰기 도구를 사용하는 속도가 느린 일부 학생은 이 영역에서 어려움을 나타낼 수 있다. 〈표 14-3〉은 학생의 쓰기 문제를 분석하는 데 도움을 줄 수 있는 상세한 쓰기 표현 체크리스트이다.

이 체크리스트의 결과뿐만 아니라 다른 형태의 평가도 추가적인 교수가 필요한지를 결정하는 데 사용할 수 있다. 교사들은 이들 영역에서 개별화된 교수를 제공할 수 있다. 교사의 개별화된 교수와 더불어 소프트웨어를 활용한 지원도 이루어질 수 있다. 문법 기술(예를 들면, 적절한 명사, 시제 등)의 도입에서부터 보다 고차적인 기술(예를 들면, 단어의 순서, 구두점)에 이르기까지 이용할 수 있는 소프트웨어는 여러 가지가 있다.

〈표 14-3〉 쓰기 표현 체크리스트

학생명	학년	검사자	날짜

I. 습자 (1= 매우 부족함, 5= 완벽함)	II. 철자 ________% 오류(학생이 문제가 있는 영역을 표시함)
A. 여백 ______ B. 문장 간격 ______ C. 단어 간격 ______ D. 글자 간격 ______ E. 경사 ______ G. 글자 모양 ______ H. 종이 누름 ______ I. 연필 잡기 ______	A. 규칙 오류 ______ B. 문자 첨가 ______ C. 문자 누락 ______ D. 문자 대치 ______ E. 음소 철자 ______ F. 방향 혼동 ______ G. 모호한 발음기호 또는 r−통제 모음 ______ H. 문자 방향 ______ I. 순서 ______ J. 기타 ______

III. 문법
(TA= 매우 우수함, A= 보통임, I= 조금 부족함, R= 중재 또는 재검토 필요)

구분	TA	A	I	R	주
A. 대소문자의 구별					
1. 적절한 명사					
2. 적절한 형용사					
3. 문장의 첫 단어					
4. 행간의 첫 단어					
5. 인용어의 첫 단어					
6. 주제의 중요 단어					
7. 개인의 직함					
8. 'I' 또는 'O' 의 사용					
9. 편지의 인사말					
10 편지의 끝인사말					
11. 기타					
B. 구두점					
1. 마침표					
2. 쉼표					
3. 아포스트로피					
4. 느낌표					
5. 물음표					
6. 세미콜론					
7. 설명부호					
8. 콜론					
9. 대시					
10. 괄호					
11. 묶음표					
12. 빗금					
C. 문법					
1. 대화 구성요소					
a. 동사					
b. 명사					
c. 대명사					
d. 형용사					
e. 부사					
f. 전치사					
g. 접속사					
h. 감탄사					

구분	TA	A	I	R	주
2. 일치					
3. 소유격					
4. 대명사 참조					
5. 순서/단어의 위치					
6. 댓구					
7. 생략/수사					
8. 문단					
9.시제					
IV. 표상 작용					

A. 글의 종류
  1. 이야기 2. 시 3. 편지 4. 보고서 5. 서평
B. 세부사항
  1. 이름 2. 묘사 3. 배경 4. 문제
C. 생산성
  1. 단어 수
    a. 수용할 수 있는 수 b. 너무 적음
D. 이해 가능성
  1. 이해하기 쉬움 2. 이해하기 어려움 3. 이해할 수 없음
    a. 단어 반복 b. 사고의 반복 c. 논리적임 d. 비조직적임
E. 현실성
  1. 과제나 자극의 정확한 지각 2. 과제나 자극의 부정확한 지각
F. 형태
  1. 문장 감각
    a. 완전성
      (1) 완전한 문장
      (2) 다음 행에 계속되는 문장
      (3) 단편적 문장
    b. 구조
      (1) 간단함
      (2) 복합적임
      (3) 복잡함
      (4) 복합적이고 복잡함
    c. 형태
      (1) 평서문
      (2) 의문문
      (c) 명령문
      (d) 감탄문
  2. 톤
    a. 친밀함 b. 우호적임 c. 감정이 없음
  3. 단어 선택(N= 없음, S= 약간 M= 자주)
    a. 형식
      (1) 문어체 (2) 비문어체 (3) 구어체
    b. 복잡성
      (1) 단순함 (2) 복합 음절 (3) 생략
    c. 서술 정도
      (1) 모호함 (2) 생생함 (3) 매우 자세함
    d. 타당성
      (1) 부정확함 (2) 불필요한 낱말/반복 (3) 누락

출처: Reprinted, with changes in notation, with permission of the publisher and author from J. A. Poteet, "Informal Assessment of Written Expressions," *Learning Disability Quarterly*, 1980, *3*(4), pp. 90-92. © Council for Learning Disabilities.

4. 철자 교수

1) 철자하기의 발달

철자하기는 정확한 순서로 문자를 배치하여 단어를 만드는 일이다. 그리고 형식적 철자하기에 도달하기 위해서는 그 이전에 여러 단계를 거쳐야 한다. 철자하기는 의사소통 이전 단계, 준발음 단계, 발음 단계, 전이 단계, 정확한 단계의 5단계로 이루어진다(Genry, 1982; Moats, 1995). 의사소통 이전 단계는 학령기 이전 아동들에게서 주로 나타나는데 낙서하기, 글자 쓰기, 글자와 비슷한 형태로 쓰기 등으로 철자를 한다. 5~6세 아동은 일반적으로 준발음 단계를 나타낸다. 이들은 전체 단어를 2~3개의 문자를 사용하여 철자한다(예를 들면, Finger을 FG로). 6세 아동들은 일반적으로 발음 단계의 철자를 하는데 소리 나는 대로 철자를 한다(예를 들면, peeked를 PEAK로). 7~8세 아동들은 전이 단계의 철자를 한다. 이들은 많은 단어를 정확하게 철자하며, 각 음절의 모음을 사용할 수 있다. 그러나 불규칙 단어는 정확하게 철자하지 못한다. 8~9세가 되면 대부분의 아동이 철자하기의 마지막 단계에 도달한다. 이들은 영어의 기본적인 철자 규칙을 응용하여 많은 단어를 정확하게 철자한다(Mercer & Mercer, 2005).

2) 철자하기의 평가

중도의 지체장애 및 구어장애 학생들은 컴퓨터(필요한 경우 보조공학 사용)의 사용, 형식적 및 비형식적 철자검사, 교육과정중심평가 등을 통하여 철자하기 능력을 평가할 수 있다. 예를 들어, 교사가 철자 받아쓰기 검사를 실시하고자 할 때는 ① 단모음과 선택된 자음(예를 들면, man, dug), ② 자음이 혼합된 단어(예를 들면, mask, drum), ③ "e"가 묵음인 단어(예를 들면, line, cake), ④ 두 개의 모음이 함께 있는 단어(예를 들면, coat, rain), ⑤ 이중모음(예를 들면, mouth, boy), ⑥ 복수형(예를 들면, biles), ⑦ r-통제 모음(예를 들면, war, dirt), o가 2개 있는("oo") 소리(예를 들면, foot, moon), 묵음이 들어간 단어(예를 들면, light, knife), ⑧ 접미사를 붙이기 이전에 e가 탈락된 단어(예를 들면, taking), ⑨ 비표음식 철자(예를 들면, any), ⑩ 동음이의어(예를 들면, ate, eight), ⑪ 복합단어(예를 들면, football)들을 포함하여야 한다(Mercer & Mercer, 2005).

오류에 대한 철저한 평가는 학생들이 누락하는 철자나 추가 교수가 필요한 것이 무엇인지를 결정하는 데 도움이 된다. 예를 들어, 단모음 "i"와 "a"를 누락해 버리는 학생의 경우 문자-소리 대응에 관한 지식이 부족하므로 이에 대한 추가 교수가 필요하다. 다른 예로는 blend의 bl과 같이 다른 소리를 가진 두 개의 글자가 함께 있는 경우, lead의 ea, shape의 sh와 같이 두 개의 글자(한 쌍)가 하나의 소리를 내는 경우, boil과 같이 동일한 음절에서 다른 소리로 변하는 복모음과 같은 것에서 어려움을 갖는다. 오류가 발견될 경우 표적이 되는 오류에 대하여 추가적으로 철자하기 교수를 실시한다.

3) 철자하기 교수

(1) 발음 기반법

철자하기를 지도하는 방법에는 여러 가지가 있다. 그 중에서도 발음에 기반한 철자하기 방법들이 많다. 1944년 Stephens는 학생의 바른 철자를 위한 아홉 가지 발음기반 철자 능력을 파악하였다. 여기에는 청각적 변별, 조음 지식, 음량, 복수, 분철법, 체계적 요소, 종결의 변화, 이중모음, 복모음, 묵음 "e"가 포함된다. 오늘날 이런 철자 능력은 철자뿐만 아니라 쓰기 상황에서 흔히 접하게 되는 음소 규칙을 따르지 않는 단어의 지도에서 중요하게 여겨진다(Ekwall & Shanker, 1993). 일반적으로 중도의 지체장애 및 구어장애 학생들이 철자 프로그램 사용을 위해서는 약간의 수정이 필요하다. 학생에게는 마음속으로 단어를 소리 내어 읽으며 컴퓨터, AAC 도구, 알파벳 보드 등에 철자하는 일을 권장한다. 어려움이 있는 영역을 표적으로 하는 교수를 위하여 세밀한 오류 분석이 수행되어야 한다.

(2) 다감각적 방법

철자 지도의 다른 전략으로는 다감각적 방법이 있다(Fernald, 1943). 다감각적 방법에서는 단어의 철자를 시각, 청각, 운동각, 촉각 양식의 조합을 통하여 지도한다. 촉각과 운동각을 이용하는 다감각적 방법은 장애로 인하여 촉각이나 운동각을 이용하여 문자에 접근하기 어려운 지체장애 학생들에게 제한된 도움을 줄 수 있다. 또한 단어 따라 쓰기 방법은 중도 지체장애 학생들에게는 부적절할 것이다.

(3) 시각적 기억술 및 단어 연합

철자 지도는 시각적 기억술과 단어의 연합 지도로 이루어질 수 있다. 시각적 기억술은 단어에 상징이나 그림을 연결 짓는 방법이다(예를 들어, 눈으로 "look"이라는 단어를 보는 모습 그림, 익히고자 하는 단어의 "ch"에 색칠하기, 묵음자에 표시하기 등). 일반적으로 시각적 기억술은 철자를 학습하려는 학생에게 변화되지 않는 단어와 더불어 사용될 수 있다. 철자하기를 촉진시키는 단어 연합은 "The principal은 pal이다"와 같이 사용될 수도 있다(Mercer & Mercer, 2005).

(4) 철자하기 학습 전략

철자하기 학습 전략들은 대부분 작은 수정만으로도 지도할 수 있다. 철자하기는 SPELLER 기억술을 사용하여 지도할 수 있다. SPELLER 기억술은 다음과 같은 단계로 이루어져 있다.

- S(Spot the word and say it): 단어를 주의 깊게 보고 난 후 본 것을 말한다(구어장애가 있는 학생은 내적 언어를 사용하여 마음속으로 말한다).
- P(Picture it): 그림을 그려 본다. 학생은 그 단어를 시각적인 그림으로 그려 본다.
- E(Eyes): 눈을 감고 단어를 상상하여 쓴다.
- L(Look to see if it's right): 자신이 쓴 단어가 맞는지 눈을 뜨고 다시 한 번 확인한다.
- L(Look away and write it): 단어를 보지 않고 다시 쓴다. 여기서 학생은 시각화한 것이 맞는지 확인하기 위하여 다시 한 번 단어를 본다.
- E(Examine it): 맞게 썼는지 확인한다. 학생은 쓰인 단어를 비교한다.
- R(Repeat or Reward): 보상을 하거나 앞의 과정을 반복한다. 학생이 정확하게 철자하지 못한 경우 위의 단계를 반복한다. 만약 정확하게 철자하였다면 보상(예를 들면, 칭찬)을 준다.

학생이 단어를 소리 내어 말하며 쓰도록 하는 방법은 학생의 능동적 참여를 제한한다. 쓰기와 단어의 시각화는 보다 집중적인 연습을 제공한다. 이 방법에는 다양한 변형이 있는데, 단어를 보는 시간, 말하는 시간, 쓰는 시간과 같은 것들이 포함된다.

철자능력 향상을 위한 다른 전략으로는 철자된 단어를 보여 주고 빠진 글자를 찾아보게 하는 방법이 있다. 이 방법은 학생들이 단어의 적절한 형태에 주의를 기울이게 한다. 한 가지 예를 들어 보면, 폐쇄 철자법에서는 단어를 학습한 후 모음들이 빠진 단어들을 보여 주고, 빠진 모음을 포함한 전체 단어를 쓰도록 한다(예를 들면, cat는 c_t와 같이). 그다음으로 단어의 자음을 누락하여 보여 준 후 학생에게 자음을 포함한 전체 단어를 쓰도록 한다(예를 들면, cat의 _a_와 같이). 끝으로 학생에게 전체 단어를 쓰게 한다(Mercer & Mercer, 2001). 다른 방법으로는 글자의 누락과 여백을 주는 것으로 일반적으로 누락시킨 글자 수를 점차 늘려 간다(예를 들면, cat, c_t, ca_, _at, ___).

철자하기에서는 어떤 철자법이나 교육과정, 프로그램을 사용하건 학생이 능동적으로 참여하고, 충분한 연습과 피드백을 주는 것이 중요하다. 오류 분석과 직접교수는 발생한 오류를 중재하는 데 도움을 줄 수 있을 것이다.

(5) 철자 도구

철자를 하기 위해서는 여러 가지 도구가 사용된다. 사전 사용법의 학습은 철자를 촉진하는 기본적인 도구다.

또한 음성 출력이 되건 안 되건 휴대용 철자 검색기 역시 매우 유용한 도구라고 할 수 있다. 워드프로세서 프로그램은 일반적으로 철자 점검기능를 포함하고 있다. 어떤 프로그램은 실시간으로 철자를 검사한 후 오류가 난 단어에 밑줄을 그어 주거나 강조하여 나타내어 준다. 워드프로세서 프로그램은 보통 학생이 정확한 단어를 선택할 수 있도록 하기 위하여 바르게 철자된 단어들을 보여준다. 음성 출력기능을 갖춘 단어 프로그램은 단어가 쓰이면 음성 피드백을 제공한다. 잘못 철자된 단어는 바르게 읽어 주지 않으므로 학생이 잘못 입력하였다는 신호가 될 수 있다.

5. 쓰기 교수

1) 쓰기 속도 평가하기

교사들은 학생들이 얼마나 빨리 쓸 수 있는지 평가하여야 한다. 이것은 학생들이 단어를 쓰기 위한 소요 시간(분)과 쓴 단어의 수를 세어서 시간(분)을 쓴 단어로 나누어서 결정한다. 보다 정확한 측정은 부정확하게 쓰인 단어를 제외하고 분당 정확하게 쓴 단어(correct words per minutes: cwpm 또는 wcpm)만을 세어서 계산할 수 있다. 그 공식은 다음과 같다.

$$\frac{\text{전체 읽은 단어 수} - \text{틀리게 읽은 단어 수}}{\text{읽은 시간(분)}} = \text{분당 바르게 읽은 단어 수}$$

일부 연구자는 보다 정밀한 방법을 사용하는데 이것은 각 단어별로 다섯 가지 글자로 구성된다(Feng, Karat, & Sears, 2005; Kotler & Tam, 2002). 어떤 쓰기 공식을 사용하든 관계없이 쓰기 속도를 추적하는 일은 쓰기 속도가 향상되고 있는지를 결정하는 데 도움이 된다. 또한 어떤 쓰기 방법이 더 유용한가를 비교하는 일도 중요하다(예를 들면, 학생이 손으로 쓸 때와 키보드를 사용할 때 어느 경우가 더 빠른가 여부와 워드프로세서를 사용할 때와 단어예측 프로그램을 사용할 때 어느 쪽이 더 빠른가).

쓰기 유창성은 학생의 쓰기 연습 참여뿐만 아니라 다른 기술(예를 들면, 쓰기 과제에 사용되는 단어의 철자법에 관해 알고 있는 일, 주제를 알고 있는 일, 쓰기 전 활동에 참여하는 일)의 향상에 따라서도 향상되는 것이 일반적이다. 그러나 중도 지체장애 학생들은 일반적으로 쓰기 속도가 낮다. 이들의 평균 쓰기 속도는 분당 1.5단어가 보통이다(Koke & Neilson, 1987; Smith, Thurston, Light, Parnes, O'Keefe, 1989). 이런 학생들은 읽기 속도 향상에도 어려움이 있다. 불수의운동 및 운동장애, 피로, 혹은 대체 접근 도구(예를 들면, 읽기를 위해 문자를 스캐닝하는)들은 쓰기나 타이핑의 평균 속도에 도달하는 일을 어렵게 한다. 이런 학생들에게는 단어 예측 프로그램이나 축약된 확장, 구어 인식 프로그램을 사용하여 쓰기 유창성을 향상시켜 줄 수 있다.

2) 쓰기 유창성을 향상시키는 소프트웨어

(1) 단어 예측 프로그램

단어 예측 프로그램은 원래 지체장애 학생의 타이핑 비율을 증가시키기 위하여 고안되었다. 단어 예측 프로그램은 학생이 타이핑을 할 때 학생이 타이핑을 하고 있는 글자에 따라 타이핑을 할 단어목록을 제공한다. 학생이 단어의 첫 글자를 타이핑하면 여러 가지 단어가 스크린 위에 나타난다. 단어에 대응되는 번호를 타이핑하면 원하는 단어가 선택된다. 첫 글자에 대응하는 단어가 없는 경우 두 번째 단어를 타이핑하게 된다. 그러면 앞의 문자와 두 번째 문자가 동시에 같은 단어들이 배열되고, 학생은 단어의 나머지 글자들을 입력하는 대신 단어를 선택하기 때문에 자판을 두드리는 횟수가 감소한다(이것은 입력 속도를 높여 주고 어떤 학생들에게는 피로를 줄여 줄 수 있을 것이다). 단어 예측 프로그램에는 Co:Writer(Don Johnston사 제작), EZ Keys (Words+사 제작), Key Rep(Prenke Romich사 제작) 등이 포함된다.

어떤 연구(Tumlin & Heller, 출판 중)에서는 지체장애로 인하여 입력 속도가 매우 느린 학생들이 단어 예측 프로그램을 사용할 때 입력 속도가 증가하는 것으로 나타났다. 그러나 입력 속도가 빠른 지체장애 학생들의 경우에는 단어 예측 프로그램의 효과가 없으며 오히려 입력 비율을 낮추는 것으로 나타났다. 그 이유는 단어 예측 프로그램은 단어 예측 목록을 훑어보는 시간을 요하기 때문이다. 이분척추 학생들을 대상으로 한 다른 연구에서는 단어 예측 프로그램이 입력 정확성을 증가시키는 데 사용되었다(Tam, Reid, Naumann, & O'Keefe, 2002). Mirenda와 Turoldo(2006)에 따르면 지체장애 학생들이 단어 예측 프로그램을 사용하는 경우 혹은 사용하지 않고 손으로 쓰거나 워드프로세서를 사용하는 경우에 단어의 생산에서 유의미한 차이가 없었다. 단어 예측 프로그램 및 워드프로세서는 읽을 수 있는 단어와 정확하게 철자된 단어, (문장 속에서) 정확하게 배열된 단어의 비율을 증가시켜 주었다. 단어 예측 프로그램은 단어를 정확하게 철자하는 데 긍정적인 영향을 나타내는 것으로 보인다. 그러나 일부 교사들은 철자 기술을 향상시키기 위하여 3학년이 될 때까지 단어 예측 프로그램의 사용을 도입하지 않는 것으로 나타났다.

(2) 축약 확대

단어 예측 프로그램의 대안으로 컴퓨터에 내장하는 단어 축약 프로그램이 있다. 예를 들면, 고빈도 단어를 축약 프로그램을 사용하여 축약어로 추가 수정할 수 있다. 가령, 학생이 'sw'를 입력한 후 스페이스바를 누르면 'Stephen Williamson'이라는 그의 이름으로 재빨리 자동 대체된다. 다른 예로는 학생이 자유의 여신에 대하여 학습하기 위하여 'sl'을 입력하면 자동으로 'Statue of Liberty'가 출력된다. 이 프로그램은 시간을 절약하고 불필요한 신체적 노력을 감소시킨다. 쓰기 소프트웨어 프로그램 중 대부분은 이와 같은 축약기능이 있다.

(3) 구어 인식 프로그램

많은 사람은 쓰기보다 말을 더 빨리 할 수 있다. 따라서 구어 인식 프로그램은 쓰기 유창성을 향상시키는 데 효과적인 도구가 될 수 있다. 이것은 특별히 쓰기를 할 수 있는 운동기능이 부족한 지체장애인들(구어는 사용할 수 있는)에게 가능성을 열어 줄 수 있다.

한 연구(Garrett, 2007)에서는 구어 인식 프로그램을 사용한 지체장애 학생들을 포함한 모든 학생이 워드프로세서를 사용할 때보다 높은 쓰기 유창성을 나타내었다. 이것은 구어 인식 소프트웨어(특정 단어만을 인식하기 위한 프로그램이 아니기 때문에)가 보다 높은 오류 비율을 나타낼 때도 비슷하게 나타났다. 그러나 이 연구는 원고를 쓰는 일에만 초점을 둔 것으로, 정확하게 수정하는 데 걸리는 시간은 포함하지 않았다. 그러므로 유창성 결과는 매우 주의 깊게 사용되어야 하며, 구어 인식 프로그램을 사용할 때 매우 낮은 정확성을 나타내는 참여자가 있는 경우와 같이 개별화된 기반에 따라 사용되어야 한다.

6. 중도 지적장애 학생을 위한 쓰기 교수

중도 지적장애 학생들은 보통 기능적 쓰기를 학습한다. 이것들은 학문적인 영역에서 사용되는 형식적인 쓰기표현이 아닌 보다 자연적인 환경 속에서의 기술에 초점을 둔 것이다(Westling & Fox, 2004). 기능적 쓰기는 식료품 목록과 전화 메시지부터 이력서 작성과 같은 보다 복잡한 쓰기 기술까지 그 적용 범위가 넓다. 각 활동의 필요성은 평가를 통하여 결정되고, 필요하다고 결정된 쓰기 기술은 교수의 목표가 된다. 한편, 중등도 지적장애 학생에게 편지 쓰기를 실시하였다는 보고가 있다(Collins, Branson, Hall, & Rankin, 2001). 사회화, 여가 및 재미를 위한 쓰기 형태들도 지체 및 인지장애를 가진 학생들에게는 강조되어야 한다.

1) 쓰기 도구

기능적 쓰기에서도 형식적 쓰기 지도에서와 마찬가지로 쓰기도구를 가장 우선적으로 고려하여야 한다. 이 내용은 형식적 쓰기에서 이미 다루었다. 그리고 추가적으로 학생이 자신의 이름을 쓰지 않고 도장을 사용하는 일이 도움이 되는지를 확인할 필요가 있다. 도장은 다양한 쓰기 목록, 주소, 그리고 그 밖의 아이디어를 위한 그림이나 단어로 구성할 수 있다. 이것은 컴퓨터를 학습하기 어려운 학생들을 위한 좋은 대안이 될 수 있다. 서명 도장은 특히 쉽게 피로를 느끼는 학생들의 불필요한 쓰기 과제를 줄여 줄 수 있다.

2) 쓰기를 위한 그림

기능적 쓰기에서는 쓰여진 단어(written words) 대신 그림을 사용하거나 단어와 함께 그림을 사용하기도 한다. 잡화 목록, 조리법, 전달 내용, 그 밖의 기능적 쓰기 내용은 상징으로 대체하거나 보완할 수 있다. 일부 맞춤형 요리책에는 식사 준비를 위한 물건 구입 장면 그림을 포함한다. 이 그림들은 적절한 소프트웨어 프로그램으로도 만들 수 있다. 전통적인 방법으로 쓰기가 어려운 학생에게는 그림과 상징을 사용하는 것이 적절한 대안이 될 것이다.

3) 원본 따라 쓰기

수기, 컴퓨터, AAC 도구 등을 사용하여 원본을 따라 쓰는 일은 쓰기 기술을 향상시킬 수 있다. 원본 따라 쓰기에서는 먼저 학생이 점선을 따라 단어나 문장을 따라 쓰도록 권장할 수 있다. 또한 원본을 따라 쓰는 일을 돕기 위하여 키보드 위의 문자를 강조하거나 해당 없는 자판을 사용하지 못하게 할 수 있다. 특히 이것은 키보드 자판 배열을 학습하는 학생에게 유용하다. 최종적으로 학생들은 촉진자가 없이도 쓰인 자료를 따라 쓸 수 있게 된다. 시간이 경과하면 학생들은 따라 쓰기를 할 수 있도록 하는 일(직업 기회를 줄 수도 있는)이나 기능적 쓰기 과제를 독립적으로 참여하는 학습을 통하여 쓰기 기술을 습득할 수 있을 것이다. 단어를 그림으로 정의하여 제시한 사전도 학생들에게 도움이 되는 자료라고 할 수 있다.

4) 각종 서식

지원서나 서식과 관련된 기능적 쓰기는 체계적인 지도가 필요하다. 이때는 실제 서식을 사용하는 일이 중요하다. 컴퓨터를 사용할 수 없는 학생의 경우 이런 서식을 사용하기 어렵다. 서식의 형태를 살펴보고, 무엇을 질문하고 있는지에 관한 교수뿐만 아니라 그 서식을 완성하는 데 필요한 쓰기 기술에 대한 훈련도 중요하다. 교사는 이런 형태의 쓰기 지도에 대처할 수 있는 교육과정의 사용과 서식에 익숙하여야 한다.

요약 및 결론

쓰기는 지체 · 중복장애 학생이 직면하는 도전거리를 없애 주는 중요한 기술이다. 학생들이 필기도구에 접근하기 위해서는 여러 가지 조정과 맞춤형 수정이 이루어져야 한다. 여기에는 맞춤형 수기 도구, 맞춤형 컴퓨터와 같은 전자 쓰기 도구가 포함된다. 워드프로세서 프로그램과 단어 예측 프로그램은 쓰기 절차에 도움이 될 수 있으며, 철자점검 도구는 철자의 정확성을 향상시킬 수 있다. 위와 같은 방법으로 쓰기를 할 수 있도록 해주면 아동들은 어린 나이부터 낙서를 하거나 맞춤형 연필이나 컴퓨터를 사용하여 쓰기에 참여하고 쓰기와 의미 간의 관계를 학습하기 위하여 자신들이 쓴 글에 대하여 이야기를 나누는 것을 강화하게 된다.

쓰기가 점차 향상됨에 따라 쓰기 표현은 문장이나 문단, 최종적으로는 문서를 쓰는 여러 가지 방법의 사용을 통해 체계적으로 지도된다. 기능적 쓰기 전략은 그림을 사용한 쓰기 또는 원본 따라 쓰기 기법의 사용을 포함한다.

토의 문제

1. 여러분은 중도 경직형 뇌성마비 학생을 지도하고 있다. 이 학생이 쓰기를 할 수 있는 방법에 관하여 토의해 보자.
2. 다음의 학생이 쓴 문장을 검토해 보고 문제를 찾아보자. 그리고 그에 대한 중재 방법도 토의해 보자.
   "I swim. the pool cold. I fun. Go tommoro."
3. 스캐닝 프로그램을 통해 알파벳을 사용하는 학생이 있다

고 가정해 보자. 이 학생은 1분에 3단어를 쓸 수 있다. 이 학생을 도울 수 있는 방법을 몇 가지만 말해 보자.

4. 절차쓰기 방법이란 무엇인가? 이 방법을 학생에게 가르칠 수 있는 방법은 무엇인가? 학생이 지체장애가 있을 경우 그것을 수정해야 할 필요가 있는가?
5. 여러분은 철자하기에 어려움이 있는 학생을 지도하고 있다. 여러분이 사용할 수 있는 철자하기 방법에는 어떤 것이 있는가? 그 학생에게 철자검사 도구와 철자를 도울 수 있는 다른 도구들을 사용할 시기는 언제인가?

유용한 사이트

• ABLEDATA
http://www.abledata.com
ABLEDATA는 미국 내외의 유용한 보조공학 및 재활 기구에 관한 정보를 제공하는 사이트로서 국가가 예산을 지원한다. 주제어, 상품 종류, 회사, 상품명으로 검색이 가능하다. 개조 키보드, 컴퓨터 입력 도구, 필기도구뿐만 아니라 다양한 보조공학도 찾아볼 수 있다. 이 사이트에서는 자료실, 소비자 포럼, 읽기 자료실, 링크를 제공한다.

• Carol Hurst's Children's Literature Site
http://www.carolhurst.com
이 사이트는 학생을 위해 많은 책의 서평을 제공한다. 서평은 교실에서 책을 활용하는 방법, 교과별 활동과 책의 수집, 교과목, 주제, 전문 주제별로 구성된다. 이 서평은 책에 관한 논의와 쓰기를 위한 질문을 포함하는 것이 보통이다. 책들은 주제나 교과목별(예를 들어, 미국사, 세계사, 수학, 지리, 문화, 과학, 문학, 예술, 읽기, 쓰기)로 검색할 수 있다.

• Closing the Gap
http://closingthegap.com
Closing the Gap은 하드웨어와 소프트웨어를 망라하여 수천여 종의 보조공학 기기에 관한 최신 정보를 제공한다. 제품 설명서와 생산자 연결 정보를 함께 제공한다.

• Education World
http://www.education-world.com
Education World는 교육자를 위한 사이트다. 여기서는 일일 학교 뉴스, 월간 사이트평, 고용 목록을 제공한다. 일일 학교 뉴스는 쓰기 과제와 프로젝트를 포함한 다양한 주제의 수업 계획을 포함한다. 이 사이트는 예술, 외국어, 역사, 언어 및 문학, 수학, PE와 건강, 과학, 사회, 공학과 같은 다양한 교과목별 내용과 수업 계획을 제공하고 있다. 각 수업 계획은 국가 교육기준과 관련을 맺고 있는 방법에 대해서도 밝히고 있다. 이 사이트는 제목과 교과별로 12만 개 이상의 사이트를 검색할 수 있게 해 준다.

• Knowledge Network Explorer
http://www.kn.pacbell.com/wired
이 사이트는 웹기반 수업 및 활동을 포함한다. 예를 들면 예술을 보는 시각(예술의 소개, 예술사, 유치원부터 대학까지의 비판적 사고), 중국 탐색(다양한 웹기반 활동을 통한) 그리고 Look Who's Footing the Bill(상호작용적 예산 시뮬레이션, 국가 부채 시계, 온라인 기사를 사용한) 등이 있다. 또한 학생이 참여하거나 학습할 수 있는 다양한 프로젝트(예를 들면, Rainforest Action Network, 54 Ways You Can Help the Homeless)를 안내하고 있다. 여러 가지 자료, 링크, 탐색 가능한 도서 등이 이 사이트를 통해 제공되고 있다.

• Trace Research and Development Center
http://www.trace.wisc.edu
이 사이트는 접근성을 향상시키는 상품에 관한 정보를 제공한다. 지체 · 중복장애 및 감각장애인의 컴퓨터 접근이 가능하도록 하기 위해서는 컴퓨터 범주를 보면 된다. 정보는 컴퓨터의 하위 범주들인 소프트웨어, 개발자, Trace의 컴퓨터 접근, 소프트웨어 도구, 기타 컴퓨터 접근 자료들을 제공한다.

참고문헌

Aram, D., & Biron, D. (2004). Joint storybook reading and joint writing interventions among low SES preschoolers. Differential contributions to early literacy. *Early Childhood Research Quarterly, 19*, 588-610.

Bos, C. S., & Vaughn, S. (2002). *Strategies for teaching students with learning and behavior problems* (5th ed.). Boston: Allyn & Bacon.

Case-Smith, J. (2005). Efficacy of interventions to promote hand skills. In C. Pehoski & A. Henderson (Eds.), *Development of hand skills in the child* (2nd ed.).

St Louis: Mosby/Elsevier.

Chomsky, C. (1970). Reading, writing, and phonology. *Harvard Educational Review, 40,* 284-309.

Chomsky, C. (1981). Write now, read later. In C. B. Cazden (Ed.), *Language in early childhood education* (pp. 141-149). Washington, DC: National Association for the Education of Young Children.

Clay, M. M. (1975). *What did I write?* Auckland, NZ: Heinemann.

Coleman-Martin, M., & Heller, K.W. (2005). Use of a split onscreen keyboard. Retrieved December 25, 2007, from http://education.gsu.edu/physicaldis/use_of_a_split_onscreen_keyboard.htm

Collins, B. C., Branson, T. A., Hall, M., & Rankin, S. W. (2001). Teaching secondary students with moderate disabilities in an inclusive academic classroom setting. *Journal of Developmental and Physical Disabilities, 13,* 41-59.

DeCoste, D. (1997). The role of literacy in augmentative and alternative communication. In S. Glennen & D. DeCoste (Eds.), *Handbook of augmentative and alternative communication* (pp. 283-333). San Diego, CA: Singular.

Ehri, L. C. (2000). Learning to read and learning to spell: Two sides of a coin. *Topics in Language Disorders, 20,* 19-36.

Ekwall, E. & Shanker, J. (1993). *Locating and correcting reading difficulties.* Upper Saddle River, NJ: Merrill/Prentice Hall.

Feng, J., Karat, C-M, & Sears, A. (2005). How productivity improves in hands-free continuous dictation tasks: Lessons learned from a longitudinal study. *Interacting with Computers, 17,* 265-289.

Fernald, G. (1943). *Remedial techniques in basic school subjects.* New York: McGraw-Hill.

Ferreiro, E. (1986). The interplay between information and assimilation in beginning literacy. In W. H. Teale & E. Sulzby (Eds.), *Emergent literacy* (pp. 15-49). Norwood, NJ: Ablex.

Foley, B. E. (1993). The development of literacy in individuals with severe congenital speech and motor impairments. *Topics in Language Disorders, 13,* 16-32.

Garcia-Sanchez, J., & Fidalgo-Redondo, R. (2006). Effects of two types of self-regulatory instruction programs on students with learning disabilities in writing products, processes, and self-efficacy. *Learning Disability Quarterly, 29,* 181-211.

Garrett, J. T. (2007). *Using speech recognition software to increase writing fluency and accuracy for individuals with physical disabilities.* Unpublished doctoral dissertation, Georgia State University, Atlanta.

Gentry, J. R. (1982). An analysis of developmental spellings in *Gnys at wrk. The Reading Teacher, 36,* 192-200.

Glennen, S. L., & DeCoste, D.C. (1997). *The handbook of augmentative and alternative communication.* San Diego, CA: Singular.

Graham, S., Harris, K. R., & Mason, L. (2005). Improving the writing performance, knowledge and self-efficacy of struggling young writers; The effects of self-regulated strategy development. *Learning and Instruction, 30,* 207-241.

Hagin, R. A. (1983). Write right or left: A practical approach to handwriting. *Journal of Learning Disabilities, 16*(5), 266-271.

Harris, K. R., & Graham, S. (1996). *Making the writing process work: Strategies for composing and self-regulation.* Cambridge, MA: Brookline.

Heller, K. W. (2005). High frequency alphabet layout for on-screen scanning. Retrieved December 25, 2007, from http://education.gsu.edu/physicaldis/high_frequency_alphabet_layout_f.htm

Heller, K. W., & Swinehart-Jones, D. (2003). *Promoting literacy in students with physical disabilities.* Atlanta: Georgia Bureau for Students with Physical and Health Impairments.

Isaacson, S. (1988). Teaching written expression. *Teaching Exceptional Children, 20*(2), 21-39.

Kelford Smith, A., Thurston, S., Light, J., Parnes, P., & O'Keefe, B. (1989). The form and use of written communication produced by physically disabled individuals using microcomputers. *Augmentative and Alternative Communication*, 5, 115-124.

Keller, C. (2002). A new twist on spelling instruction for elementary school teachers. *Intervention in School and Clinic, 38,* 3-7.

Koester, H. (2001). User performance with speech recognition: A literature review. *Assistive Technology, 13,* 116-130.

Koke, S., & Neilson, J. (1987). *The effect of auditory feedback on the spelling of nonspeaking physically disabled individuals.* Unpublished master's thesis, University of Toronto, Toronto, Ontario, Canada.

Koppenhaver, D. A., Evans, D. A., & Yoder, D. E. (1991). Childhood reading and writing experiences of literate adults with severe speech and motor impairments. *Augmentative and Alternative Communication, 7,* 20-33.

Koppenhaver, D. A., & Yoder, D. E. (1993). Classroom literacy instruction for children with severe speech and physical impairments (SSPI): What is and what might be. *Topics of Language Disorders, 13,* 1-15.

Kotler, A. L., & Tam, C. (2002). Effectiveness of using discrete utterance speech recognition software. *AAC Augmentative and Alternative Communication, 18,* 137-146.

Lewis, R. (1993). *Special education technology: Classroom application.* Pacific Grove, CA: Brooks/Cole.

Light, J., & Smith, A. K. (1993). Home literacy experiences of preschoolers who use AAC systems and of their nondisabled peers. *Augmentative and Alternative Communication, 9,* 10-25.

Linn, C. J. (2002). Early literacy instruction research applications in the classroom. *Eric Digest, 166,* 1-5.

Lund, S. K., & Light, J. (2003).The effectiveness of grammar instruction for individuals who use augmentative and alternative communication systems: A preliminary study. *Journal of Speech, Language, and Hearing Research, 46,* 1110-1123.

Mercer, C. D., & Mercer, A. R. (2005). *Teaching students with learning problems,* (7th ed.). New York: Merrill.

Millar, D. C., Light, J. C., & McNaughton, D. B. (2004). The effect of direct instruction and writer's workshop on the early writing skills of children who use augmentative and alternative communication. *Augmentative and Alternative Communication, 20,* 164-178.

Milone, M. N., & Wasylyk, T. M. (1981). Handwriting in special education. *Teaching Exceptional Children, 58*(2), 58-61.

Mirenda, P., & Turoldo, K. (2006). The impact of word prediction software on the written output of students with physical disabilities, *Journal of Special Education Technology, 21,* 5-12.

Moats, L. C. (1995). *Spelling: Development, disabilities, and instruction.* Timonium, MD: New York Press.

Rosen, K., & Yampolsky, S. (2000). Automatic speech recognition and a review of its functioning with dysarthric speech. *Augmentative and Alternative Communication, 16,* 48-60.

Ryder, R. J., Burton, J. L., & Silberg, A. (2006). Longitudinal study of direct instruction effects from first through third grades. *Journal of Educational Research, 99,* 179-191.

Smith, A., Thurston, S., Light, J., Parnes, P., & O'Keefe, B. (1989). The form and use of written communication produced by physically disabled individuals using microcomputers. *Augmentative and Alternative Communication,* 5, 115-124.

Steelman, J. D., Pierce, P., & Koppenhaver, D. (1993). The role of computers in promoting literacy in children with severe speech and physical impairments (SSPI). *Topics in Language Disorders, 13,* 76-88.

Strum, J. (2005). Literacy development of children who use AAC. In D. R. Beukelman & P. Mirenda (Eds.), *Augmentative and alternative communication: Supporting children and adults with complex communication needs* (3rd ed., pp. 351-389). Baltimore, MD: Paul H. Brookes.

Sutton, A. (1999). Linking language learning experiences and grammatical acquisition. In F. T. Loncki, J. Clibbens, H. Arvidson, & L. L. Lloyd (Eds.), *Augmentative and alternative communication: New directions in research and practice* (pp. 49-61). London: Whurr.

Tam, C., Reid, D., Naumann, S., & O'Keefe, B. (2002). Effects of word prediction and location of word prediction list on text entry with children with spina bifida and hydrocephalus. *Augmentative and Alternative Communication, 18,* 147-162.

Tompkins, G. E. (2002). *Language arts: Content and teaching strategies* (5th ed.). Upper Saddle River, NJ: Merrill/Pearson Education.

Tumlin, J., & Heller, K. (2004). Using word prediction software to increase typing fluency with students with physical disabilities. *Journal of Special Education Technology, 19*(3), 5-14.

Welch, M. (1992). The PLEASE strategy: A metacognitive learning strategy for improving the paragraph writing of students with mild learning disabilities. *Learning Disability Quarterly, 15,* 119-128.

Westling, D. L., & Fox, L. (2004). *Teaching students with severe disabilities* (3rd ed.). Upper Saddle River, NJ: Merrill/Pearson Education.

Zaner-Bloser Evaluation Scales. (1984). Columbus, OH: Autnor.

CHAPTER

15 과학과와 사회과의 교수 및 수정

Leah Melber
Kathryn Wolff Heller

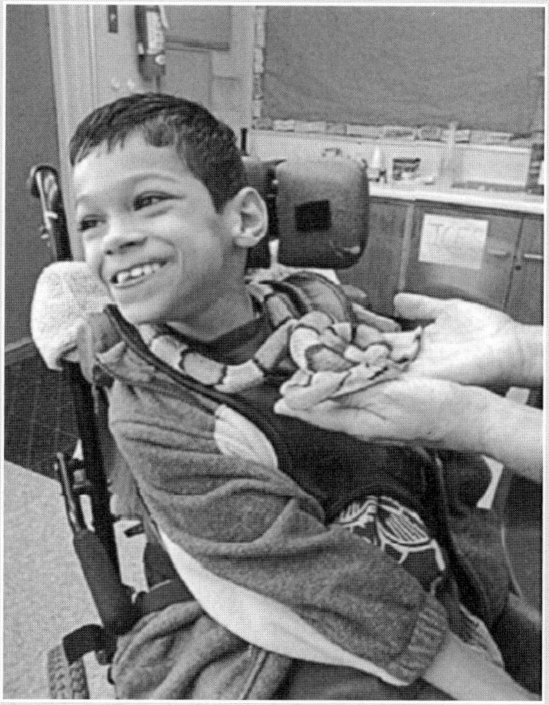

이 장을 읽고 나면 여러분은

1. 적절한 수업 전략을 사용하여 과학과와 사회과 수업을 준비하는 방법에 대해 논의할 수 있다.
2. 지체 · 중복장애 학생의 과학과와 사회과 교수에서 필요한 교수적합화의 범위를 논할 수 있다.
3. 과학적 탐구 및 협력집단의 절차를 사용하여 과학 수업을 설계할 수 있다.
4. 비판적 사고의 중요성과 사회과의 참된 내용에 대해 논의할 수 있다.
5. 학생들의 학습을 평가하는 데 필요한 교수적합화에 대하여 논의할 수 있다.
6. 과학과와 사회과의 기준을 선택하고, 중도 지적장애 학생이 그것을 사용할 수 있도록 하는 방법에 대해 논의할 수 있다.
7. 과학과와 사회과 수업을 위하여 지역사회와 연계하는 방법을 논의할 수 있다.

지체 · 중복장애 학생이 사회과나 과학과 혹은 다른 내용 교과 수업에 참여하기 위해서는 학습을 촉진시킬 수 있는 적절한 교수적합화와 전략이 필요하다. 지체 · 중복장애 학생들은 경험의 부족, 읽기 결함, 혹은 일부 자료나 활동에 대한 접근의 어려움(Heller, Forney, Alberto, Best, & Schwartzman, 2009) 때문에 교과 내용에서 불이익이 있을 수 있다. 교사는 학생들의 이런 문제를 최소화하기 위하여 교수적합화 방법을 알아둘 필요가 있다.

이 장은 장애인에게 있어 과학과와 사회과의 중요성에 관한 정보를 제공하는 일로 시작하고자 한다. 그리고 사회과와 과학과에 모두 적용할 수 있는 수업준비 및 교수적합화의 일반 지침을 제공하고자 한다. 여기에는 자료 선택, 연구기반 교수 전략의 사용을 통한 효과적인 수업 계획 수립하기, 수업방법에 관한 정보, 참여 촉진하기에 관한 일반 지침이 포함된다. 그리고 평가에 대한 정보가 뒤따른다. 일반적인 전략에서는 과학과를 위해 제공되는 특별한 정보에 이어 사회과의 특별한 정보를 제공한다. 이 장에서는 이들 내용 교과에 있어 지역사회 자원의 중요성을 논의하면서 결론을 맺고자 한다.

1. 과학과와 사회과의 중요성

이전의 여러 장에서는 단일 교과를 다루다 과학과와 사회과를 한 장으로 묶어서 다루는 일이 독자들에게 매우 이상하게 여겨질 수 있다. 그 답은 이 두 학문 영역이 생각하는 것보다 공통적인 부분이 많다는 데 있다. 그리고 이 두 교과의 주제는 문학과 수학의 기초기술 교수에 비해 서로 독립적이지 않은 경우가 많다. 오히려 두 교과의 주제들은 능동적인 과정을 통하여 탐구되며, 내용 영역 학습에 알맞은 유사한 수업 전략을 사용하는 것이 일반적이다. 탐구기반 방법 사용은 질문, 해석, 문제해결에 있어 기술을 향상시키는 부가적인 이익도 얻을 수 있다.

과학과와 사회과는 다양한 의견과 발견에 있어 기본적인 생각을 공유한다. 역사적 사건과 현재의 과제는 다양한 진실의 해석을 공유한다(Steeves, 2005). 따라서 한 국가의 선도적 과학자들 사이에서도 관점의 차이에 따른 반대와 알력이 나타나는 사례들을 찾을 수 있다(McComas, 1998). 특정 주제에 대한 다양한 의견에 대처하고 이해를 증진시키기 위해서 학생들은 문제 인식하기, 명료한 질문하기, 가설의 설정과 검사하기, 결론에 도달하기, 발견한 것에 대하여 표현하기와 같은 기본적인 절차를 학습하여야 한다(Spooner, Biase, & Courtade-Little, 2006). 이런 과정은 결론에 도달하기까지 학생의 능력에 따라 보다 작은 단위로 나뉘거나 혹은 간소화될 수 있다.

일반적으로 학생들은 그들이 구성한 선행 지식과 이해, 의미를 기반으로 학습한다. 선행 지식은 학생들이 직면하였거나 학습한 경험에서 생긴다. 의미와 이해는 학생 경험 발달의 적절성 및 발달 능력과 같은 영역과 연관된다. 이에 따라 학습자는 각각 넓이와 깊이가 다른 이해 수준을 획득한다(Spooner et al., 2006). 고기능 지체장애 학생은 일반교육 교육과정의 내용을 학습할 수 있을 것이다. 그들은 대학에서 성공할 수도 있을 것이다. 그러나 그들에게는 접근성 향상을 위한 교수적합화가 필요할 수 있을 것이다. 중도 지적장애를 포함한 중복장애 학생들은 과학과와 사회과에서 자신들의 일상생활에 도움이 되는 보다 선택적인 내용을 학습할 수 있을 것이다. 모든 학생을 과학과 사회과 수업에 포함한다는 말이 모든 학생에게 동일한 활동을 제공한다는 의미는 아니다. 표준기반 접근법에서 교수적합화와 조정의 제공은 의미 있는 개별화된 맞춤형 활동 또는 대안적 활동이라고 할 수 있다(Bennington, 2004; Jones, 1988).

1) 과학과와 사회과: 생애 연계

미국과학교사협회(National Science Teachers Association: NSTA)는 장애학생들의 과학 교수에서 도전이 존재한다고 하더라도 모든 학생을 위한 과학교육에 도움이 되고, 과학적 문해능력을 성취할 수 있도록 "장애를 극복하기 위한 전략의 개발(2004, p.1)" 노력이 필요함을 역설하였다. 미국사회과학위원회(National Council for the Social Studies, 1994)는 사회과 교수의 질적 향상을 위하여 이 주장과 맥을 같이 하는 주장을 하였다.

과학과와 사회과 통합교수 프로그램은 학생이 과학과와 사회과에서 학과 공부 이상의 것을 할 수 있도록 해준다. 또한 이것은 과학과 사회과가 장애학생들의 성인기 삶과 더 많은 연관성을 갖도록 해 준다. 두 교과의 통합교수 프로그램은 그들이 매일 만나게 될 사람들과 그들을 둘러싼 세상에 대한 보다 많은 학습을 포함한다.

성인생활에서 충만함을 느끼고, 자극을 수용하기 위해서는 과학과와 사회과의 개념 이해가 필요하다. 미국사회과학위원회(1994)는 사회과가 "젊은이가 공공의 선을 위해 정보에 근거한 합리적인 의사결정을 할 수 있는 능력을 길러 주는(p. 3)" 데 초점을 둔다는 자신들의 관점을 재인식시켰다. 과학적 문식(literacy)은 어려운 건강문제에 대한 의사결정이나 애완동물을 적절히 돌보는 법, 잘 익은 열매를 선택하는 방법을 아는 것 등을 지원한다. 역사적 문식은 단일 투표의 중요성을 알 수 있게 하거나 공동체 유지 노력에 대해 이해할 수 있게 한다.

교사들은 대학에 재학 중인 학생들이 과학과와 사회과 분야의 진로를 탐색할 수 있도록 기회를 장려하여야 한다. 조기에 양질의 수업에 참여하는 일은 학생의 관심에 초점을 맞추고, 그 관심을 강화할 수 있다. 최근 높은 학위를 가진 장애인들 중 몇 사람만이 자연과학 분야에 남아 있다(National Science Foundation, 2004). 그중 특히 유명한 사람이 Stephen Hawking 박사([그림 15-1] 참조)이다. 교사가 학생의 장애로 인한 신체적 문제를 극복할 수 있을 때 그들에 대해 고착된 생각을 경감시키며 이런 불균형도 감소시킬 수 있을 것이다.

[그림 15-1] AAC 도구를 사용하는 Stephen Hawking

2) 과학과와 사회과의 탐구 경험

Marlowe와 Page(2005)는 질문하기, 능동적으로 참여하기, 내용에 대한 탐구 안내하기 등 탐구에 주안점을 둔 교수개선 모형이 장애학생들의 동기부여와 학습자로서의 발달을 지원하는 데 중요한 역할을 할 수 있다고 주장하였다. 그리고 그들은 장애학생들이 이런 형태의 양질의 교수를 받을 수 있는 기회가 최소화되는 일이 많다고 주장하였다(Marlowe & Page, 2005). 과학과와 사회과는 단순한 내용 습득보다는 과정도 중요시되는 분야이다. 탐구기반 학습 환경의 조성을 통하여 학생들은 학교생활과 일상생활에서 이후에 사용될 절차 기술을 개발할 수 있는 비계를 제공받을 수 있다(Steeves, 2005).

많은 학생은 과학과와 사회과의 중요한 발견들이 대부분 이루어져 버렸다는 그릇된 믿음을 갖고 있다. 이것은 절차를 강조하기보다 핵심 수치나 날짜, 단순한 사건이나 발견 등을 강조하는 교수방법에서 기인되는 경우가 많다. 학생들이 능동적으로 탐구할 수 있는 질문을 구성하고, 스스로 결론을 도출하게 하는 탐구 방법은 사회과와 과학과 개념에 대한 탐구기반 연구가 아직도 진행 중이며, 발전되고 있음을 알려 준다. 이런 개인적 관련성을 더하는 일은 학생의 능동적 참여를 촉진하고 흥미를 자극하는 열쇠가 된다(Covington, 1998). 장애학생들에게 다른 학생과 같은 기회를 제공하는 일은 학습 영역에서 자기효능감을 개발하고 강화할 수 있는 좋은 기회가 된다(Marlowe & Page, 2005). 질문 개발하기, 조사 실시하기, 결과 공표하기와 같은 탐구의 절차들은 자기효능감의 강화에 직접적인 도움을 준다([그림 15-2] 참조). 발달 수준이 다양한 학생들은 보통 적절한 개별화를 통하여

[그림 15-2] 학생은 과학탐구 활동에 참여하였다.

이러한 탐구 방법을 적용할 수 있다.

2. 수업준비 및 교수적합화

1) 내용의 선택과 조직

교사는 교수에 앞서 그 단원에서 학습해야만 할 중요한 개념을 결정할 필요가 있다. 이런 선행 계획 수립은 교사가 교수에서 강조하여야 할 사항이 무엇인지를 알게 한다. 강조할 사항의 결정은 일반교육과정과 각 주별 표준에 기반을 두는 경우가 많다.

사회과나 과학과 수업에서 지체장애 학생을 위해 추가 교수와 통합교육을 지원하는 특수교사는 표적 개념뿐만 아니라 학생의 학년에서 요구되는 기술의 수준과 단계를 알아야 할 필요가 있다. 일반교사와 특수교사 간의 긴밀한 협력도 중요한데, 학생의 지구력이나 피로, 건강 혹은 학습문제로 인하여 수준을 낮추거나 학습할 자료의 양을 축소하여야 할 필요가 있을 경우에는 더욱더 그러하다.

교과의 표적 내용은 학생이 원하는 졸업장의 종류에 따라 결정될 수 있다. 지체 · 중복장애 학생들 중에는 같은 장애를 가진 다른 학생과는 다른 졸업장(특수교육 졸업장)인 학문적 졸업장을 원하는 경우가 있을 것이다. 학문적 졸업장을 원하는 학생은 주 혹은 국가 수준 평가에 통과하기를 원하기 때문에 교사는 가르쳐야 할 모든 기술과 정보를 찾는 데 노력하여야 할 것이다. 그래서 특정한 교수적합화 형태만이 이들 학생에게 적절할 것이다.

중도 지적장애 학생들의 과학과와 사회과의 내용은 각 주별 내용 표준 및 대안적 평가와 연관지어 줄 필요가 있다. 각 주는 대부분 대안적 평가에서 내용 기준과 요소가 연결된 확대 기준이나 수행지표(PIs)가 있다(Spooner et al., 2006). 예를 들면, 영양가를 고려한 과자 선택하기는 수행지표로서 적합할 수 있다. 이 예들은 과학과 교육과정의 고려사항과 사회과 교육과정의 고려사항에서 좀 더 알아보도록 하겠다.

2) 과학과 사회과의 수업 자료

(1) 실물: 표본, 물체, 유물

학생에게 개인적 연관성과 참된 학습경험을 제공하기 위해서는 표본, 물체, 유물의 사용이 필요하다. 과학과와 사회과의 수업에서 사물을 사용하면 학생들의 동기와 주의 및 내용습득 목표들을 지원하는 데 크게 기여한다(Alvarado & Herr, 2003). 또한 장애학생이 사물을 직접 만져 보면 내용 습득에 도움이 된다(Mastropieri, Scruggs, & Norland, 2006).

교사들은 예산이 부족하여 손으로 조작할 수 있는 자료 제공이 힘들다고 느낄 수 있다. 학교에서는 수업 예산이 한정되어 있으며, 상업적으로 판매되는 교구들은 대부분 전통적인 교수 예산의 범위에서 벗어난다. 그러나 찾아보면 무료이거나 저가의 조작 자료들도 많이 있다. 재고 판매, 아울렛, 혹은 가족들의 물건 중에도 낮은 가격으로 구입할 수 있는 자료가 풍부하다. 산책하면서 주운 솔방울이나 개인적으로 수집한 조가비를 활용하면 별도로 자료 구입 예산이 필요하지 않다. 역사적 물건들을 얻는 데는 친척들이 도움이 될 수 있다. 조부모님의 옷장 뒤에 버려진 깃발이나 낡은 옷들은 학생들에게 큰 인기를 끌 수도 있다. 친숙하기 때문에 당연한 것으로 여기거나 염가 판매를 통해 구입한 몇 페니짜리 물건들이 다른 학생들에 비해 제한된 삶을 살아가는 학생들에게는 큰 흥미를 불러일으킬 수 있다. 아이폰과 휴대전화를 사용하는 현대에 얼마나 많은 청소년에게 다이얼식 전화기나 8개 트랙으로 구성된 카트리지가 친숙하겠는가?

지체장애 학생들을 위해서는 사물에 대한 접근성을 강화하고 중복 지적장애 학생을 위해서는 보다 일반적인 사물로의 수정이 필요하다. 물체와 표본을 선택할 때는 제한된 소운동 조절능력을 가진 학생이 조작할 수 있을 만큼 튼튼하고 견고한지가 중요하다. 학생들이 두려움 없이 조작할 수 있도록 하기 위해서는 익숙한 물체들이 좋다. 왜냐하면 교사의 시범보다는 탐구의 과정이 중요하기 때문이다. 교사나 다른 학생들은 지체장애 학생들이 물체를 조작하는 일에 도움을 주어야 할 필요가 있을 수 있다. 시각장애 학생이 있을 경우 물체를 확대할 수 있도록 확대경이나 CCTV(제14장의 [그림 14-3] 참조) 아래에 놓아둘 필요가 있을 수 있다. 저시력 학생의 경우 배경과 대비가 도움이 될 수 있다. 전맹이면서 중복장애 학생들은 신체적 지원과 함께 적절한 언어적 설명을 필요로 할 것이다.

(2) 환경 배치 및 자료의 접근

교사들은 학생이 자료에 접근할 수 있도록 하기 위해 적절한 맞춤형 환경 수정 계획을 수립할 필요가 있다. 첫째, 교실은 학생이 자료를 갖고 올 수 있도록 접근성이 있어야 한다. 여기에는 휠체어를 사용하는 학생을 위해 통로 폭을 넓히는 것, 지체장애 학생을 위해 손이 닿을 수 있는 곳에 물체를 두는 것 그리고/또는 별도의 좌식 교구(특별한 의자나 책상)를 사용하는 것 등이 포함된다. 또 다른 사항으로는 앉는 위치가 있다. 지체·중복장애 학생들 일부는 그들이 원하는 자리에 앉을 수 있다. 그러나 어떤 경우에는 학생의 앉는 위치를 별도로 결정하여야 한다. 이때는 교사와 물체가 잘 보이고, 교실에서 학생이 사용해야 하는 여분의 기기들(예를 들면, CCTV, 노트북)의 형태나 양 그리고 수업에서 참여를 최대한 확대할 수 있는 최적의 위치를 찾는다. 자료는 특별히 고정시키거나 안정된 위치에 두어야 할 필요가 있으며 작업면에 교수적합화가 필요할 수도 있다(예를 들면, 낮은 책상, 경사면 보드). 학생의 능력을 주의 깊게 관찰하고, 다양한 교수적합화(여러 가지 형태의 보조공학을 포함)를 체계적으로 시도해 보는 일은 자료의 이용을 촉진할 수 있는 최적의 환경적 배치와 교수적합화를 결정하는 데 도움이 될 것이다. 과학과와 사회과의 특별한 교수적합화는 각각의 교육과정 고려사항 부분에서 더 논의하고자 한다.

(3) 교과서에 대한 고려사항

많은 교육청에서는 과학과와 사회과 영역에서 교사가 사용하기를 요구하는 주 지정 교과서가 있을 수 있다. 그러나 참된 과학과와 사회과 교수에서는 교훈적인 읽기 경험을 최소화하고 학생의 능동적인 탐구에 초점을 두어야 한다. 교과서가 정보 습득의 유일한 도구가 되면 학생은 사회과의 중요한 이슈에 대해 생각하고 일상의 과학적 개념을 일반화하는 일에 의욕이 상실될 수 있다(Allen & Stevens, 1998).

교과서는 가독성, 사용의 용이성, 접근성 등을 평가하여야 한다. 교과서의 일반적 평가 기준에는 다음과 같은 것들이 포함된다.

- 장르(교재의 유형뿐만 아니라 언어적 특성, 교과서의 구조, 아이디어를 그래픽으로 제시한 방법 등을 포함)
- 내용(정확성, 복잡성, 논리적 순서 등을 포함)
- 시각적 특성(화보, 도표 그리고 글을 포함)
- 적절한 읽기 수준
- 충분한 설명 정보
- 조직(머리글과 제2단계 머리글의 형태, 핵심 용어 강조, 선행 조직자, 특별한 흥미를 제공하는 항목, 그림이나 박스 형태의 핵심 개념 강조, 요약을 포함)(Donoban & Smolkin, 2002).

교과서를 학습하기 어렵거나 장애로 인해 교과서의 사용이 곤란한 경우 교수적합화가 이루어져야만 한다. 교수적합화에는 교과서 내용의 단순화, 교과서의 대체, 교과서 접근법의 제공, 보완자료의 사용 등이 포함된다.

① 교과서를 단순화하기

교과서를 맞춤형으로 수정하는 방법 중 하나로 내용의 단순화가 있다. 관련된 내용은 강조하고 그렇지 않은 부분은 뛰어넘기, 학습안내 사용하기 등이 그 예이다(Bean, Zigmond, & Hartman, 1994). 교과서의 핵심 개념이 파악되면 그 부분을 강조하여 표시할 수 있다. 교과서 내의 정보를 강조하여 표시하면 학생이 관련된 정보에 주의를 집중하게 될 것이다. 신체, 건강 혹은 학습문제로 인하여 정보를 모두 읽기 어려운 학생들의 경우 관련된 정보를 강조하여 전달할 수 있다. 강조 표시하기는 형광펜을 사용하거나 관련된 글의 하단에 펜으로 선 긋기, 그 장을 컴퓨터로 스캔하여 입력한 후 관련된 글을 진하게 표시하기 또는 진하게 표시하기나 북마크를 할 수 있는 소프트웨어 사용하기(예를 들면, Kurzweil Educational System사가 제작한 'Kurzweil 3000', Learning System 그룹의 Freedom Scientific사가 제작한 'WYNN') 등으로 할 수 있다. 교재의 양을 줄여야 할 필요가 있을 때는 교사가 교과서의 관련 없는 부분에 표시를 할 수도 있다.

지체 · 중복장애 학생들은 읽을 수 있는 어휘나 이해력이 부족하여 자료를 이용하는 데 어려움이 있을 수 있다. 과학과와 사회과 교과서는 추상적이거나 공학과 관련된 어휘뿐만 아니라 어려운 과제(예를 들면, 법원의 결정이 사회에 미치는 영향 분석)를 포함한다. 이런 문제들은 교과서를 단순화하고 보다 쉬운 교과서를 사용하며, 선행 조직자를 사용하고, 학습 안내를 실시하는 일로 대체할 수 있다(Steele, 2007). 학생이 글을 읽지 못할 경우, 교과서는 표적이 되는 중심 개념을 묘사한 물체나 그림을 기반으로 제작할 수 있다. 간단한 '휴대용 도감(field guide)'은 학습하고 있는 내용(암석, 건전지, 조개껍데기)의 그림을 포함한 한 단어수준 혹은 한 문장 정도를 포함할 수 있다. 이것은 과학자가 사용하는 것과 같은 내용 자료를 사용하지만 방법 면에서는 특정 학생들을 배려하는 적절한 모델이라고 할 수 있다. 중도 지적장애 학생들은 교과서를 사용하지 못할 수 있다. 그래서 이들에게는 주로 실물 자료를 사용하거나 일상 속에서 일어나는 조작활동을 기반으로 교수할 수 있다.

② 교과서에 접근하기

중도 지체장애 학생은 교과서에 접근하기 어려울 수 있다. 또한 지체장애 학생은 책을 잡거나 책장을 넘기지 못할 수 있다. 이럴 경우 책장을 쉽게 넘길 수 있도록 하는 책장 집게나 책장 플러퍼(fluffer)를 사용하여 보다 쉽게 책장을 다룰 수 있도록 수정할 수 있다. 손에 착용하여 교과서의 책장을 넘길 수 있는 단순한 책장 넘기기 기구를 사용할 수도 있을 것이다. 어떤 경우에는 기계적인 책장 넘기기 도구를 사용할 수도 있다. 또한 컴퓨터 속에 교과서(또는 자료)를 스캔하여 입력한 후 마우스나 트랙볼 또는 다른 대체 입력기기를 사용하여 접근할 수 있다.

피로와 기력에 따른 접근성도 고려하여야 한다. 학생들은 자료의 무게와 부피 때문에 필요한 교과서를 학교와 가정으로 갖고 다니기 어려울 수 있다. 이런 문제를 해결하기 위해서는 교과서를 한 부 더 마련하여 가정에 두거나 가정에서 교과서의 내용을 컴퓨터로 접근할 수 있도록 하는 방법이 있다. 또 다르게 고려해 볼 수 있는 사항으로는 교과 수업 시간별로 교과서를 들고 다니는 것이다. 어떤 학생들은 그것들을 들고 다닐 능력이 없거나 수업 시간별로 교과서를 들고 다닐 수 없을 정도로 피로하기 때문에 교과서를 관리하는 데 어려움이 있을 수 있다. 이런 상황에서는 학생에게 필요한 교과서를 사용하는 교실별로 비치하고, 가정에도 한 부를 별도로 비치하여 숙제를 할 수 있게 할 수 있다.

③ 보충 활동과 자료 사용하기

학습을 촉진하기 위해서는 보다 폭넓고 통합된 경험이 필요하다(Fernstorm & Goodnite, 2000). 따라서 많은 보충 활동과 자료가 사용될 수 있다. 예를 들면, 인터넷은 과학과와 사회과에 모두 좋은 학습 경험을 제공할 수 있다. 그러나 학생이 인터넷 자료를 평가함에 있어 저작권을 고려하도록 가르칠 필요가 있다(Clark & Slotta, 2002). 신문은 일상생활과 과학과 또는 사회과를 연관짓기 위해 사용할 수 있다. 그러나 교사들은 신문에서 과학을 표현하는 방법에 대해 학생들이 비판적으로 대응하도록 지도할 필요가 있다(Jarman & McClune, 2002). 척도나 자료의 신뢰성 평가에 있어 중요한 기술은 재미있고 흥미로우며 유사한 방법의 보충 활동과 자료를 사용하여 개발할 수 있다. 또한 역사적 사건에 관해 나이 든 친척의 인터뷰나 과학과 관련된 경력이 있는 지역사회 구성원의 인터뷰와 같은 추가적인 자료 준비는 보다 많은 참여와 내용 정보를 제공할 수 있다.

3) 효과적인 교수 계획 수립

교수를 촉진하기 위해서는 교수가 명료하게 조직되어야 한다. 따라서 교수는 명시적인 목표에 기초를 두고 체계적인 교수와 지속적인 피드백에 의해 지원되어야 한다(Grumbine & Alden, 2006). 교사는 학생의 요구에 기반을 둔 가장 효과적인 전략을 선택할 필요가 있다. 여기에는 ① 선행지식의 평가와 활성화, ② 동기 강화, ③ 지속적인 격려, ④ 학습 전략, ⑤ 촉진자를 사용한 체계적인 교수, ⑥ 교수 형태 및 참여 촉진이 포함된다.

(1) 선행지식의 평가 및 활성화

지체·중복장애 학생들의 배경지식은 오개념이나 결함이 있는 경우가 많다. 이것은 학생들의 내용 학습을 방해한다. 학생들이 새로운 내용에 노출되면 그들은 새로운 정보와 이미 사실이라고 알고 있는 정보를 연계하려는 시도를 한다. 만약 새로운 정보가 선행지식과 적절히 연계되지 않을 경우, 이 새 정보는 완전히 폐기하거나 부정확하게 동화된다. 따라서 학생이 선행 오개념을 가질 경우 새로운 내용에 적절히 대처하거나 조절할 수 없기 때문에 내용 학습이 어렵게 된다(Swell, 2002).

교수에서 오개념의 대처는 부정확한 정보를 극복하는 데 중요하다는 조사 결과가 있다. 그리고 이 조사에서는 역동적이고 능동적인 조사 경험이 학생들의 오개념을 줄여 주는 비판적 사고 기술의 토대를 구축하는 것으로 나타났다(Hardy, Jonen, Moller, & Stern, 2006). 과거의 오개념을 떨쳐 내고 새로운 내용의 습득을 지원하기 위해서 교사는 선행지식에 대하여 토의할 기회를 제공함으로써 그들의 사고과정을 밝힐 수 있는 질문을 하여야 한다(Crokett, 2004). 학생들은 자신의 지식과 조사 수단의 탐색에 주도권을 잡을 때 오개념을 바로잡고 정확한 내용 지식의 동화를 촉진하는 절차기술을 개발한다.

학생의 선행지식을 평가하는 공통적인 방법은 의미망으로 알려진 기법을 통하여 주제와 관련 있는 자신의 생각을 글로 집약하여 써 보는 것이다(Johnson, Pittelman, & Heimlich, 1986). 의미망은 표적 주제를 중심으로 한 생각의 그림 집합이다. 이것은 현재의 지식을 평가하는 것과 선행 지식을 활성화하는 것의 두 가지를 지원한다. 의미망은 내용 강화 또는 평가의 목적으로 사용할 수 있다(Mercer & Mercer, 2005).

의미망은 종이 위나 컴퓨터의 소프트웨어(예를 들면, Inspiration Software사가 개발한 'Inspiration')를 사용하여 만들 수 있다. 학생들은 주제와 관련된 내용을 연합한다. 그리고 이것들은 논리적 묶음으로 배치된다. 예를 들면, [그림 15-3]은 바다라는 주제에 대한 의미망이다. 이 의미망에서는 바다의 물리적 특성, 바다에 사는 생물과 함께 대양의 예에 관한 정보를 제공한다. 이 의미망은 단순화된 언어뿐만 아니라 대양의 예 및 대양의 생명체에 대해 보충 지도가 필요한 영역을 알려 준다. 또한 이 의미망에는 말미잘(sea anemone)과 같은 내용 오류가 있다. 사실 말미잘은 식물이 아니라 동물이다. 교사는 의미망으로부터 정의, 공학적 어휘, 대양의 생명체에 관한 더 많은 정보가 학생의 지식을 강화시킴을 짐작할 수 있다.

학생의 배경지식을 평가하고 활성화하기 위하여 사용하는 또 다른 전략으로는 K-W-L 전략이 있다(Ogle, 1986). 이 전략에서 학생은 3개의 칸을 만든 후, 첫 번째 칸에는 주제에 관해 우리가 '알고 있는 것'을 쓴다. 아이디어는 간략하게 기록한다. 두 번째 칸에는 '우리가 배우고 싶은 것'을 기록한다. 마지막 칸에는 '우리가 배운 것'을 기록한다. 이 전략은 종종 마지막에 'H'를 포함하여 작성한다(즉, K-W-L-H 전략). 이때 'H'는 (우리가 답을 할 수 없어 학습하기를 원하는 것에 대해) 해답을 찾을 수 있는 방법은 무엇인가(How are we going to find out

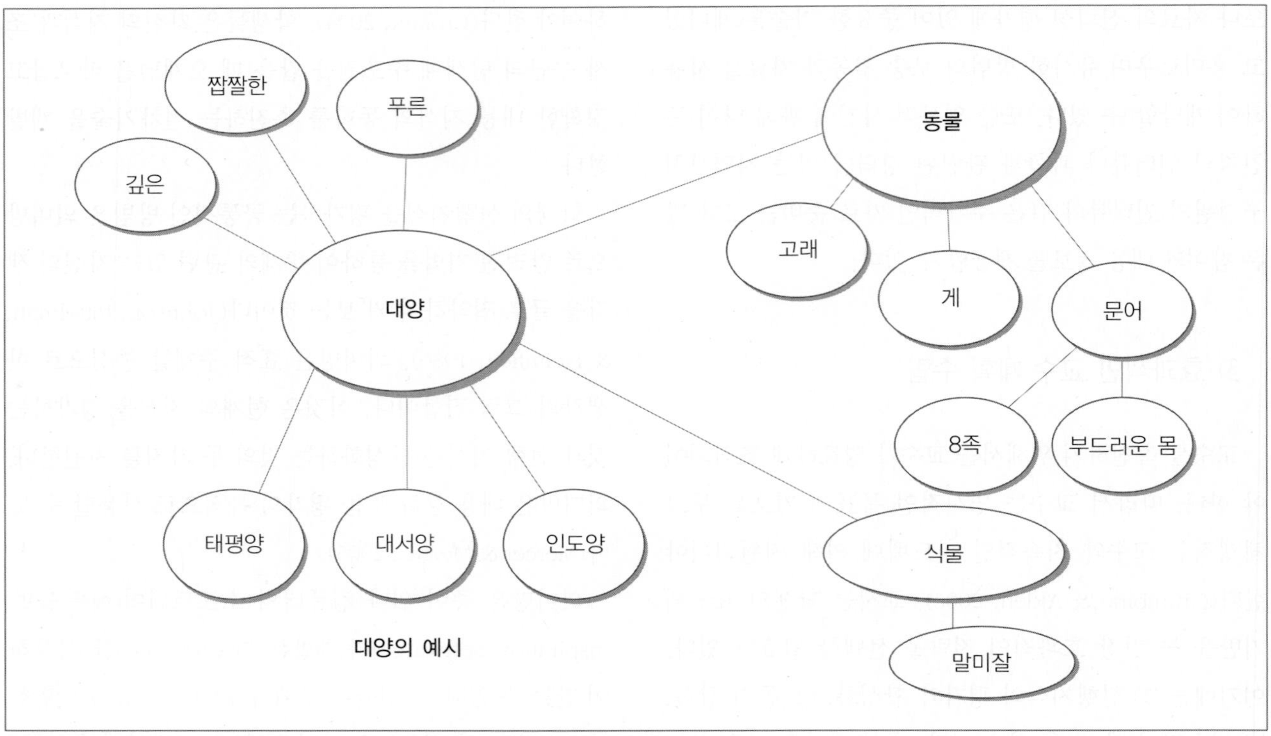

[그림 15-3] 바다에 관해 학생들이 만든 의미망
이 의미망은 바다에 관한 학생의 지식을 요약하였다. 말미잘을 식물의 한 종류로 분류한 학생의 오류는 교사가 보충수업이 필요한 영역을 파악할 수 있게 한다.

the answers)의 첫 글자인 H를 상징한다. K-W-L(혹은 K-W-L-H) 전략은 학생들이 선행지식을 활성화하고, 두 번째 칸에서 구성한 질문에 토대를 둔 수단으로서의 읽기와 이미 배운 것에 대한 정보를 요약할 수 있도록 한다. 그리고 놓친 정보를 위하여 다음에 해야 할 일을 파악할 수 있도록 한다.

선행지식에 대하여 개별화된 평가를 실시하는 것도 중요하다. 예를 들면, 휠체어를 타는 학생들은 다양한 지형을 다녀 본 경험이 부족하여 바위가 많은 땅이라는 말의 실제 의미를 모를 수 있다. 또한 구어가 제한된 학생은 의미망에 포함시킬 아이디어가 내장한 AAC 도구를 필요로 할 수 있다. 학생이 내장된 아이디어를 선택하는 데 많이 기여할수록 더 좋을 것이다. 수업을 시작하기 전, 학생은 주제에 관하여 AAC 도구에 내장된 아이디어를 몇 가지 제시할 수 있을 것이다. 교사는 학생이 선택할 수 있도록 내장된 것 중에서 관련 있는 항목과 관련 없는 항목을 말해 줄 수 있다.

교사는 다양한 문화적 · 언어적 요구를 가진 지체장애 학생에 대해서는 더 많은 교수적합화 요구를 고려할 필요가 있다. 학생의 지식과 어휘, 인지 전략의 사용, 사회문화적 영향 등도 고려하여야 한다(Waston & Houtz, 2002). 예를 들면, 기계적으로 암기하는 일에 익숙한 학생에게 무엇을 할지 말해 주고, 혼자서 실습 과제를 수행하라고 하는 것은 불일치를 야기한다. 교사는 학생의 요구에 맞는 적절한 수업전략의 사용과 수업의 변형을 통하여 이러한 불일치를 파악하고 대처할 필요가 있다.

(2) 동기 강화

교사는 과학과와 사회과의 수업을 준비할 때 학생들의 능동적 수업 참여 및 학습 동기를 강화하는 방안을 고려하여야만 한다. 비록 교과의 내용과 능동적인 탐구 절차가 학생들의 동기를 강화시켜 주기는 하지만, 여전히 일부 학생에게는 추가적인 동기 강화 방안이 필요하다. 동기의 강화를 위해 사용하는 긍정적인 강화에는 여러 가지가 있다. 동기 강화를 위해 사용하는 가장 유용한 기법은 구어적 피드백과 유관계약, 토큰경제 등이다(Mercer & Mercer, 2005).

(3) 내용 강화

내용 강화는 학생들이 정보를 분석하고 조직하며, 이해하고 재생하는 데 도움을 주는 학습 친화적 방식으로 내용을 제시하도록 도와주는 기법들이다(Mercer & Mercer, 2005). 내용 강화는 유사한 자료 제공하기, 모델이나 구체물 제공하기, 정보 유목화하기, 개요나 흐름도 만들기, 역할놀이, 시연하기, 시각적 이미지와 비디오 사용하기, CAI 등이 포함될 수 있다. 가장 많이 사용되는 내용 강화 방법에는 선행 조직자와 시각적 디스플레이, 학습 안내가 포함된다.

① 선행 조직자

이 형태의 내용 강화는 새로운 정보를 익히기 위한 읽기나 수업의 도입에 앞서 제공된다. 선행 조직자는 학생이 새로운 정보에 효과적으로 동화될 수 있도록 자료를 구조화한 것이다. 선행 조직자는 학급의 모든 학생에게 유용하지만 특히 배경지식이 부족하거나 낮은 능력을 가진 학생에게 유용하다(Bos & Vaughn, 2005). 선행 조직자는 개요, 다이어그램, 차트, 표 혹은 의미망(앞에서 논의한) 등으로 구성할 수 있다.

② 시각적 디스플레이

시각적 디스플레이(혹은 시각적 공간 디스플레이)는 일부 학생들의 자료 이해력을 증진하는 데 도움이 된다. 이것은 그래픽 조직자들과 토의망(Alvermann, 1991), 의미망(Pearson & Johnson, 1978)의 형태를 취할 수 있다. 이 모든 것은 학생들이 중요한 정보를 파악하고 범주화하기 위하여 몇 가지 시각적 디스플레이를 사용한다는 점에서 비슷하다. 시각적 공간 디스플레이는 모든 내용을 완성하여 제시하거나, 학생들이 마무리 지을 수 있도록 일부만 완성하여 제시하거나 완전히 구성된 형태로 제시하는 방법 등이 있다. 시각적 공간 디스플레이의 예는 [그림 15-4]에서 볼 수 있다.

③ 학습 안내

학습 안내는 교재의 복잡성을 줄이고, 이해를 향상시키는 데 도움이 된다. 학습 안내는 여러 가지 형태로 이루어진다. 이것들은 개요 형태나 교사가 개발한 일련의 질문과 같은 형태로 제시될 수 있다. 개요는 교사가 만들 수도 있지만 학생들이 스스로 만드는 것을 학습하게 할 수도 있다. 새로운 내용이 소개될 때마다 교사는 학생들이 개요의 일부분을 완성하는 것을 촉진한다. 그리고 그 해가 끝날 무렵이면 학생들이 스스로 학습 안내를 작성할 수 있는 능력을 기를 수 있도록 점점 많은 머리글과 세부사항을 제시하도록 요구할 수 있다. 학생들이 용이하게 학습 안내를 구성 및 사용하도록 이 절차를 컴퓨터에 내장해 줄 수도 있다.

(4) 학습 전략

학습 전략이란 학생들이 과제를 독립적으로 학습하고 완성하는 일을 도와주는 기법이나 원리이다(Mercer & Mercer, 2005). 학생과 학생의 수행에 관한 교사의 지식에 토대를 두고 교사들은 학생이 어떤 학습 전략들을 사용한 학습으로부터 도움을 얻을 수 있는지를 결정할 수 있다. 교사들은 전략의 체계적인 지도뿐만 아니라 전략의 사용 시기도 지도해야 할 필요가 있을 것이다. 학습전략은 종류가 다양하다. 그중 몇 가지 예를 들면 다음과 같다.

① 독해력 증진 전략

학생들의 독해력 증진에 도움을 줄 수 있는 학습 전략은 여러 가지가 있다. 바꾸어 말하기 전략은 학생들이 자료에서 짧은 부분(예를 들면, 한 문단 혹은 한 장의 일부분)을 읽고 그 부분의 중심 생각과 보조 생각을 자신의 말로 바꾸어 말해 보도록 가르친다. 이 방법은 학생들의 이해를 점검하는 데 도움을 준다. 자기질문 전략에서는 학생들이 참여하는 활동이나 읽고 있는 자료들에 대해 스스로 질문하도록 지도한다. 이런 질문에는 "중심 생각이

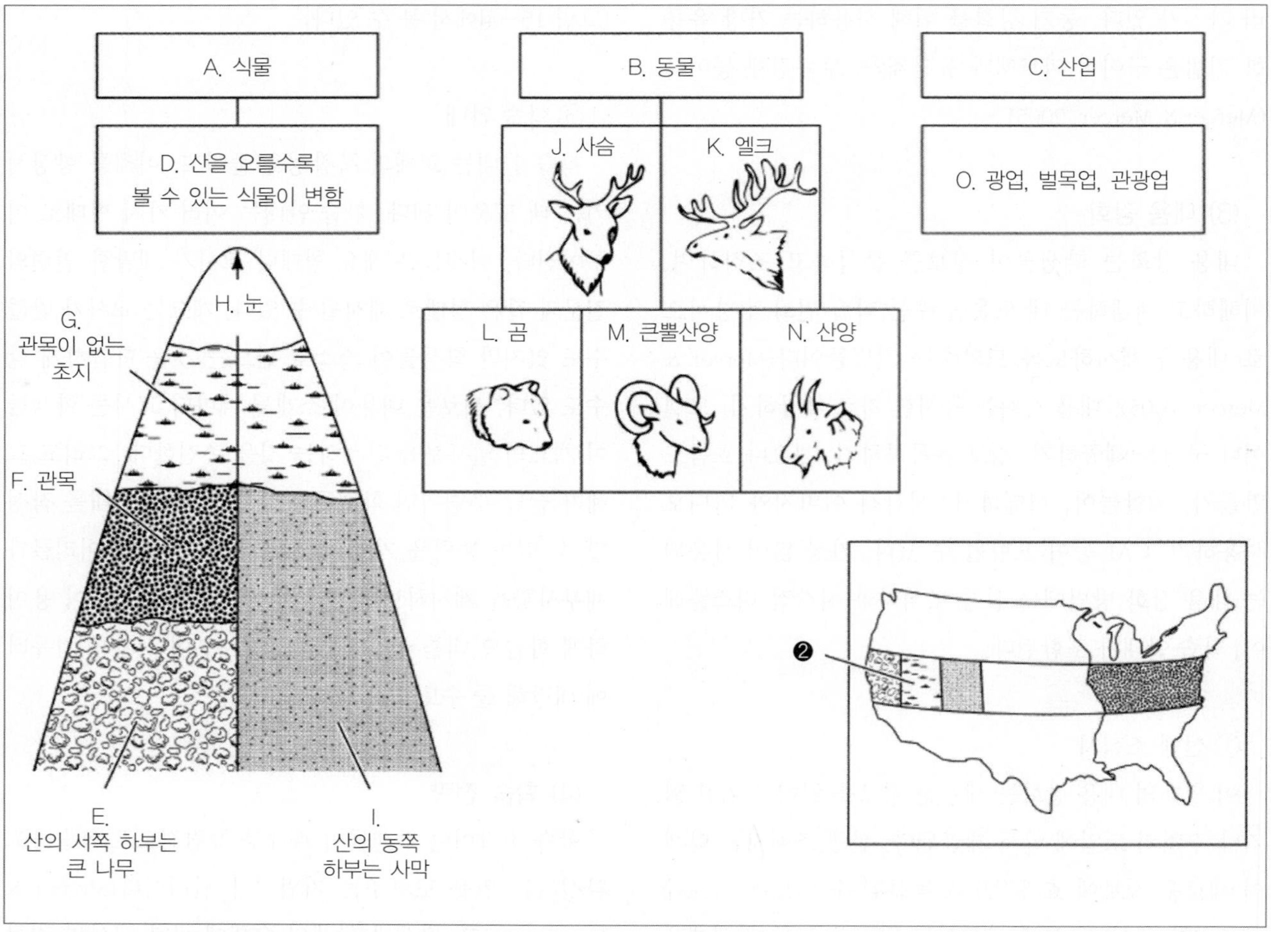

① 그래픽 조직자: 정보와 토의망을 조직하는 일을 돕는다.

출처: "Teaching Content Area Material to Learning Disabled Students," by C. Darch and D. Carmine. *Exceptional Children, 53,* 1986, p. 243. Copyright 1986 by The Council for Exceptional Children. Reprinted with permission.

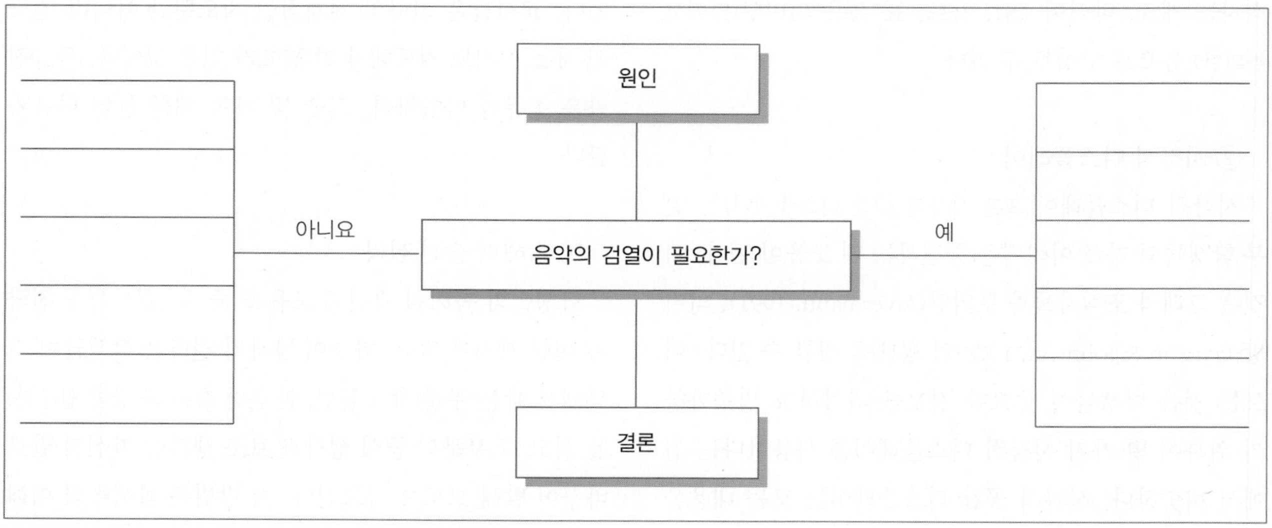

② 아이디어와 토의를 촉진한다.

출처: "The Web: A Powerful Tool for Teaching and Evaluation of the Expository Essay" by J. Duthie, *The History and Social Science Teacher, 21,* 232-236.

[그림 15-4] 이해력 증진을 위한 시각적 공간 디스플레이의 두 가지 예

무엇인가?" "이때 무슨 일이 일어났는가?" 혹은 육하 원칙에 따른 질문(예를 들면, 누가, 언제, 어디서, 무엇을, 어떻게, 왜)과 같은 것들이 있다. 만약 질문에 답을 하지 못할 경우 학생이 그 질문에 답을 할 수 있도록 교사에게 안내(그 활동이 일어난 때)를 요청하거나 읽었던 부분을 반복해서 읽을 수 있도록 해야 한다.

② 기억 전략

목록을 학습할 때 교사는 학생들에게 기억능력을 지도할 수 있다. 이것은 보통 학생들이 새로운 정보와 이미 알고 있었거나 쉽게 기억할 수 있는 정보를 연결 지을 수 있도록 한다. 이것은 과학 어휘의 정의를 비롯한 내용교과의 효과적인 어휘 학습 전략임이 확인되었다(King-Sears, rcer. & Sindelar, 1992). 기억능력에는 운율법, 노래하기, 쌍연합하기, 시각화하기, 단어의 부호 목록(coding list), 첫문자 어법 등 다양한 전략이 있다. 기억능력에서 가장 많이 사용되는 전략은 문자전략과 핵심단어 전략이다.

문자전략 기억능력 중에는 첫문자 어법과 첫문자 문장법이 있다. 첫문자 어법은 기억이 필요한 각 단어의 첫 글자를 묶어서 제시한다(예를 들면, Huron, Ontario, Michigan, Erie, Superior를 기억하기 위하여 HOMES라는 약자를 사용). 첫문자 문장법에서는 학습할 각 단어의 첫 글자를 사용하여 문장을 만든다. 예를 들면, On Old Olympus Towering Top. A Finn And German Viewed Some Hops에서 문장을 만들고 있는 첫 글자들은 뇌신경인 olfactory, optic, ocolomotor, trochlear의 첫 글자이다.

핵심단어 전략은 학생이 이미 알고 있었던 핵심단어에 새로운 정보를 연결 짓도록 지도한다(Mastropieri, Sweda, & Scruggs, 2000). 이 방법은 학생들이 핵심단어를 시각화하고, 그것에 새로운 정보를 연결 짓도록 지도한다. 예를 들어, 학생이 'lips'라는 단어를 'eclipse'라는 단어에 연결 지으려고 할 경우, 입술이 달의 그림자를 보며 "eeekk"라는 소리를 내는 그림으로 시각화한다.

③ 과제관리 전략

과제의 완성을 어려워하는 학생들에게는 과제관리를 표적으로 하는 학습 전략을 지도할 수 있다. 이런 학생들에게는 과제 받아쓰기, 과제를 작은 부분으로 나누기, 각 부분의 완성 시기를 달력에 표시하기, 작은 부분으로 완성된 과제를 하나로 합치고 완성하기와 같은 일련의 단계를 지도한다. 지체장애 학생이라면 과제를 스캐닝하여 컴퓨터에 입력하고 출력하는 일 등을 수행하기 위하여 추가적인 시간이 필요할 수도 있다.

④ 시험치기 전략

교사는 시험치기에서 어려움을 겪는 학생들을 위하여 직접 교수를 실시하고, 시험치기 전략을 시행할 수 있다. 이 기술은 수많은 지도 방법이 있다. 그중 하나는 학생이 어려워하는 문제는 뛰어넘고, 나중에 그것을 해결하도록 하는 방법이다. 학생이 자신 없어 하는 문제에 대해서 선다형 보기를 제공할 때, 먼저 학생들이 알고 있는 오답을 제거한 후 남아 있는 보기 중에 정답이라고 생각하는 것을 택하게 한다. 문제지와 답지가 분리되어 있을 경우에는 옮기는 과정에서의 오류를 줄이기 위해 자를 사용하게 한다. 끝으로 학생들은 시간 제한이 있는 상황뿐만 아니라 시간 제한이 없는 상황에서도 시험을 치는 연습이 필요하다.

(5) 촉진자를 사용한 체계적 교수

체계적 교수란 연구결과와 학생의 개인적 요구를 기반으로 하여 잘 계획되고 효과적인 교수 전략을 사용한 교수를 말한다. 체계적 교수는 자료의 습득과 유창성, 파지 및 일반화를 촉진하는 데 목적이 있다.

중복장애 학생들의 교수에서 설명, 토의, 안내된 발견, 실험 그리고 학습 전략들과 같은 일반적인 방법에 반응할 수 없을 때는 보다 특별한 방법을 사용할 필요가 있다. 체계적 교수는 과제를 작은 단계로 나누고(과제분석), 선행 촉진자와 반응 촉진자의 사용을 목표로 할 수 있다(Alberto & Troutman, 2005). 선행 촉진자는 학생의 긍정적 반응을 유도하기 위해 자연적 단서에 대한 학생의 주의에 초점을 두고 교수 자료를 추가하거나 대체한다(예를 들면, 색상 추가하기, 자료의 크기를 확대하기, 그림을 추가하기 등). 예를 들면, 학생이 손잡이를 돌려야만 하는 곳에 선을 그어 주는 일은 선행 촉진자다. 반응 촉진자는 학생이 운동이나 시각적 반응을 유도하기 위한 안내나 지원을 제공한다. 반응 촉진자는 언어적 촉진자, 그림 촉진자, 몸짓, 모델, 부분적 신체 촉진, 신체 전체를 사용한 촉진 등을 포함한다. 제6장에서는 과제분석과 촉진의 수준에 대해 자세하게 기술해 두었다.

여러 가지 촉진 전략이 반응 촉진자로 사용된다. 예를 들면, 시간지연, 최소촉진 체계, 최대촉진 체계, 점진적 안내 등이 있다. 여기서는 독자들에게 촉진 전략에 관한 아이디어를 주고자 최소촉진 전략을 살펴보고자 한다(Doyle, Wolery, Ault, & Gast, 1988). 먼저 학생에게 가장 적합한 촉진자를 선택한다. 둘째, 교사는 교수의 단서를 제공하기 시작하며, 만약 학생이 반응을 하지 않으면 교사는 최소한의 개입 촉진자를 제공한다. 그리고 학생이 올바른 반응을 할 수 있을 때까지(혹은 교사가 정답을 알려 줄 때까지) 점점 더 많은 개입 촉진자를 제공한다.

최소촉진 체계를 사용한 과학 수업을 예로 들어 보자. 이 학급에는 중도 지적장애 학생인 Josh가 식물의 삶에서 물의 중요성을 학습하고 있다. 그는 특별히 물주전자를 채우고 식물에 물을 주는 학습을 하고 있다. 교사는 다음과 같은 방법으로 교수할 수 있다.

1. 교사는 식물에 물주기에 대한 과제분석을 실시한다(예를 들면, 제1단계에서는 물통을 든다. 제2단계에서는 물을 튼다).
2. 교사는 사용할 촉진자를 결정한다(예를 들면, 구어적 촉진자, 몸짓, 부분적 신체 촉진자 그리고 전체적인 신체적 도움).
3. 교사는 "식물에 물을 주자"와 같은 교수 단서를 제공한다.
4. 학생의 반응이 없을 경우 교사는 첫 단계인 "물통을 들어라"라고 첫 번째 구어적 촉진자를 제공한다.
5. 그래도 반응이 없을 경우 교사는 구어적 촉진자와 함께 물통을 향해 몸짓을 한다.
6. 그래도 반응이 없을 경우 교사는 구어적 촉진자와 함께 물통을 향해 학생이 손을 내밀도록 부분적 신체 촉진을 실시한다.
7. 그래도 반응이 없을 경우 교사는 구어적 촉진자와 함께 완전한 신체적 안내를 실시한다. 이때 교사는 학생의 손을 잡고 물통의 손잡이를 잡도록 한 후 학생이 그것을 들어 올리도록 지도한다.

만약 Josh가 한 부분에서 정확하게 반응하지 않을 경우 교사는 즉각적인 교정을 실시하여야 한다. Josh가 정확하게 반응한 경우에는 긍정적 강화(예를 들면, 언어적 칭찬)를 실시한다. 첫 단계를 마치면 교사는 과제분석의 두 번째 단계로 이행하며, 다시 최소개입 촉진을 반복하여 시작한다.

4) 교수 양식 및 참여 촉진

교사들은 최상의 교수 형태에 대해서 고민할 필요가 있다. 교수 형태는 대규모 교수, 소규모 교수 혹은 개별지도를 포함한다. 교사가 학습을 촉진하는지 혹은 또래가 촉진하는지(예를 들면, 또래교수, 관찰학습, 집단 발견)는 교수 형태에 따라 결정된다. 과학과와 사회과의 수업에서 일반적으로 사용되는 교수 형태 중 하나는 협력집단 활동이다.

(1) 협력집단 활동 조직하기

많은 실천과학자와 사회학자들은 동료 지원이나 협력적인 방법으로 자신들의 연구를 수행한다(McComas, 1998). 그래서 학생들에게 과학자나 역사가가 하는 일에 관해 효과적인 시범 보이기를 목표로 할 경우, 협력적 집단에 기반한 경험의 구성은 분명 유용한 방법이 된다. 효과적인 협력 경험은 학생들이 사회적 기술과 함께 부차적으로 대인관계적 성장을 개발하도록 한다(Schell & Fisher, 2007). 그러나 효과적인 협력학습은 단순히 집단 속에 학생을 배치하여 성공하기를 기대하는 것 이상의 것이다(Zarrillo, 2008).

성공적인 교수를 위한 협력적 경험을 디자인할 때 가장 중요한 일은 정말 학생 간의 협력이 필요하고, 협력해야만 하는 활동으로 디자인하는 일이다. 여러 가지 관점과 참된 역할 분담, 여러 단계를 거쳐 완성된 과제는 사례가 그리 많지 않다. 진정한 협력 지원 프로젝트는 모든 개인들의 고유한 관점과 기여로 이루어진 것이다(Gallavan & Juliano, 2007). 지체장애 학생들은 자신들이 수행하기 어려운 과제에 참여하고 있는 비장애학생들이 자발성이 결여된 참여를 하고 있을 때 토의를 안내하거나 개요를 작성하는 일에 도움을 주는 경우가 많다.

세심하게 설계된 과제라 할지라도 학생들에게는 협력학습을 하는 방법을 배우는 것에 대한 지원이 필요하다. 이것에는 긍정적이고 건설적인 입장에서 자신들의 생각을 공유하는 방법, 타협하는 방법과 의견의 통일하는 방법의 학습이 포함된다. 많은 교사는 한 협력집단에서 어떤 학생이 엄청난 과제량을 수행하는 동안 다른 학생들은 매우 적은 양만을 수행하는 협력 상황을 경험한다. 이 문제의 가장 좋은 해결책은 협력집단 내의 역할 분담을 해 주는 것으로서 여기에는 개인의 책무는 물론 집단의 책무도 포함된다(Zarrillo, 2008).

협력집단 활동을 위해 이질적인 학습집단을 새로운 그룹으로 편성하는 것이 일반적이다. 이 집단의 학생들은 여러 가지 방법으로 구성된다. 예를 들면 협력학습과 직소방법 등이다. 학생들은 협력학습에서 공통의 목표를 성취하기 위해 소집단으로 활동한다. 교사는 촉진자이며 학생들은 서로에게 자원(resources)으로서 각각 담당한 역할을 수행한다. 직소방법에서는 각 집단이 전체 프로젝트의 한 부분을 담당하며, 모든 집단이 각각 자신들의 과제를 완성하면 각 집단의 과제들은 최종 산물로서 합쳐진다(McCoy, 2005).

(2) 참여 촉진을 위한 교수적합화

지체 · 중복장애 학생들의 수업참여를 촉진하기 위해서는 몇 가지 교수적합화가 필요할 수 있다. 학생이 AAC 사용자일 경우 AAC에 내용을 입력해 줄 필요가 있을 수 있다. 특수교사는 이것을 하기 위한 최적의 방법을 평가할 필요가 있다. 학생들이 AAC 도구에 답을 내장해 둘 수 있도록 질문할 내용을 먼저 알려 주는 경우도 자주 있다. 일부 학생은 사용할 수 있는 일반적 메시지를 더 많이 내장하고 있을 수 있다. 그러나 자신들의 도구를 쉽게 사용하기 어려운 학생이나 사용할 수 있으나 답을 말하는데 시간이 너무 오래 걸리는 학생들을 위해 교사는 선다형 양식의 질문을 할 필요가 있다. 예를 들어, 교사가 오대호(Great Lakes)를 지도하고 있다고 하자. 교사는 그중 가장 큰 호수가 어느 것인지 한 학생에게 물어볼 수 있다. 만약 교사가 AAC를 사용하는 학생을 지명하였을 때 교사는 빠르게 "그것은 미시건(Michigan), 온타리오(Ontario), 슈페리어(Superior), 에리어(Erie) 중 어느 것일까요?" 라고 빠르게 물어보고 학생은 정답이 들렸을 때 "예"라고 지적할 수 있다. 학생의 참여를 촉진하기 위해서는 추가적인 수정이 필요할 수도 있다. 답을 할 수 있는 시간을 연장하거나 참여를 격려하기, 수정된 응답체계의 발견 등이 그 예들이다. 학생이 교사의 주의를 끌게 하는 방법도 중요한 결정 사항이다. 왜냐하면 일부 학생들은 자신의 손을 들 수 없기 때문이다.

3. 평가상의 유의점

지체 · 중복장애 학생들은 과학과와 사회과에서 자신들이 얼마나 향상되었는지 평가받을 필요가 있다. 이 영역에 대한 IEP 목표는 학생의 향상 정도를 보여 줄 수 있도록 문서화되어야 한다. 이것은 평가, 데이터 시트, 과제와 같은 여러 가지 방법으로 이루어질 수 있다. 평가체계는 적절한 교수적합화가 이루어져야 한다. 교수적합화에는 평가 조정, 과제분석, 시간 연장, 읽기 수준 조정, 대안 평가 및 과제 형태의 사용 등이 포함될 수 있다.

1) 참평가

많은 교사가 전통적인 평가 방법 대신 참평가 방법을

사용한다. 전통적인 평가가 기계적 학습에 초점을 두고 있다면 참평가는 실제 상황에서의 학생 능력을 평가하는 데 초점을 두고 있다. 예를 들면, 참평가는 과학과의 실험하기나 사회과의 현재 사건 조사하기 같은 문제를 포함할 수 있다.

학생의 목표를 향한 향상 정도를 정확하게 측정하기 위해서는 진행형 평가가 중요하다. 준비도 평가는 교육적 중재가 시작되기 전에 실시된다. 이 평가는 학생의 선행 지식은 물론 교수에서 보다 강조되어야 할 주제를 알려 준다(Diamond, 1999). 형성평가는 단원학습 내에 실시하며 사용된 학습 전략의 효과와 학생의 향상을 동시에 측정한다(Nitko & Brookhart, 2007). 총괄평가는 누가적이며, 단원학습의 말미에 실시한다. 이 평가는 학생이 교수 목표와 목적에 어느 정도 도달하였는지를 측정하기 위하여 설계된다(Nitko & Brookhart, 2007).

참평가에서 가장 중요한 요소는 학생의 향상을 측정하는 데 사용할 수 있는 평가형태이다. 과학과와 사회과의 개념은 글쓰기, 삽화 그리기, 질문하기, 포스터 전시하기, 지역사회 프로젝트, 보고서, 데이터 시트 수집하기, 예술 작업, 과제나 기술 수행하기, 다이어그램, 프로젝트 및 시연하기와 같은 다양한 평가방법을 통하여 최상의 측정을 할 수 있다(Cox-Peterson & Olson, 2003; Rezba, Sprague, & Fiel, 2003; Zarrillo, 2008).

2) 포트폴리오 평가

중복장애 학생들에게 가장 널리 사용되는 평가 형태 중 하나는 포트폴리오 평가이다. 포트폴리오는 학생들의 향상과 성취를 나타내는 학생 작업의 모음이다. 포트폴리오는 전통적 평가와 대안적 평가, 참평가를 모두 포함할 수 있다. 그것들은 평가하고자 하는 최종 성과와 관련된 자료는 물론 향상의 과정을 보여 주는 문서를 포함하고 있어야 한다. 학생들은 자신들의 포트폴리오에 포함되어야 할 내용을 결정하는 데 있어 적극적인 역할을 하는 경우가 많다.

4. 과학과 교육과정의 고려사항

1) 과학과 정의

국가 과학교육 표준(National Science Education Standards: NSES)은 과학적 문식을 "개인적 의사결정과 시민적 · 문화적 행사의 참여, 경제적 생산성을 위해 요구되는 과학적 개념과 절차에 대한 지식과 이해"라고 정의한다(National Research Council, 1996, p. 22). 과학적 문식은 단 일 년간의 교육만으로는 완성할 수 없다. 그보다는 시간이 경과함에 따라 자연 현상에 대한 참된 과학적 조사와 상호작용의 다양성에 노출되고 경험한 것에 기반하여 완성된다. 과학적 문식을 습득한 학생은 자신을 둘러싼 세상을 이해하는 데 중요한 기본 내용을 알고, 연구자들이 이런 지식을 습득하고자 사용하는 기본적인 절차를 이해한다. 그들은 혼자서 간단한 탐구의 구조를 마련하고, 과학적 이해가 자신들의 삶을 풍요롭게 하는 여러 가지 방법을 파악한다. 일부 학생들은 이런 이해를 후속 연구나 과학과 관련된 진로로 전환하기도 한다. 다른 학생들은 과학적 문식을 자신들의 보다 나은 삶을 위해 사용한다. 가령, 의료공학과 관계가 많은 이슈에 대해 보다 많은 지식을 갖고 투표를 하거나, 자신들의 가정에다 기후에 적합한 정원을 만들고, 건강을 위한 식이요법에 적합한 식재료를 선택하는 일 등이 그 예라고 할 수 있다.

2) 과학의 내용과 절차의 역할

최근의 과학 교과서를 본 사람이면 누구나 학생들이 익혀야 할 내용량에 놀랐을 것이다. 과학 교과에서 과학적 탐구 과정이나 과학자가 결론을 도출하는 방법에 강조점을 둘 경우, 그에 대한 이해는 후속적인 내용 습득에 도움을 줄 수 있다. 예를 들면, 사람이 이 세상의 모든 포유류의 이름을 기억하는 것은 보통 불가능하다. 그러나 만약 한 사람이 포유류가 공유하는 특성을 학습하여 모르는 동물이 포유류인지 포유류가 아닌지를 구분할 수 있게 되었다면, 그 사람은 이전 수업에서 학습한 중요한 특성에 초점을 맞춤으로써 쉽게 정확한 결론에 도달할 수 있다.

학생들이 과학의 절차를 이해하면 자신이 읽은 과학 정보를 비판적으로 볼 수 있게 된다. 탐구를 진정으로 이해하는 학생은 지구가 평평하다거나 현재 외딴 지역에 공룡이 살고 있다는 주장에 대해 다른 사람들보다 회의적일 것이다. 그리고 보다 중요한 것은 그들의 가족들이 좋아하는 물의 상표보다 가정의 실내화분에서 가장 큰 꽃을 피우기 위해 필요한 빛의 양에 더 많은 관심을 갖게 되는 것과 같은 개인적인 의문을 탐색할 수 있는 준비를 잘 할 수 있다는 것이라고 할 수 있다. 이것은 과학적 문식이 구체적 형태를 취하는 사례로 볼 수 있다.

(1) 과학적 탐구

국가 과학교육 표준(NSES)은 탐구를 연구자와 학생들이 그들을 둘러싼 세상을 탐색하고 그들의 발견물을 증거에 기반하여 설명하는 다양한 방법이라고 정의하였다(National Research Council, 1996). 탐구는 여러 가지 명확한 절차를 포함하고 있지만 특히 중요한 것은 학생들이 지켜야 할 단 한 가지 '과학적 방법'만이 존재하는 것이 아님을 인식하는 것이다(예를 들면, Bybee et al., 2002; McComas, 1998). 이것은 우리 대부분이 과학 탐구를 위해 학습한 방법과 정반대이므로, 우리의 과학에 대한 이해를 재구성하여야 할 것이다.

탐구 절차에는 ① 관찰하기, ② 의문 제기하기, ③ 정보 자료를 평가하기, ④ 조사 계획하기, ⑤ 수집도구의 사용과 자료 분석하기, ⑥ 답과 설명을 제시하기, ⑦ 결과를 전달하기(National Research Council, 1996, p. 23) 등 여러 가지 요소가 있다. 여기서 주의할 사항은 하나의 탐구기반 활동에서 반드시 이 모든 요소가 제시될 필요가 없으며, 여러 절차를 사용할 때에도 일정한 순서를 지켜야 하는 것이 아니라는 점이다. [그림 15-5]는 탐구기

학생들이 교실에 들어왔다. 학생들의 책상 위에는 그들이 한 번도 본 적이 없는 이상한 물체들이 놓여 있다. 쉬는 시간 동안 교사가 여러 가지 과학 주제와 관계있는 교실 주위의 물건들을 가져와 놓아둔 것이다. 암석들과 깃털들, 알 수 없는 씨앗 꼬투리, 큰 조개껍질은 학생들이 탐색해 보도록 할 수 있는 물건들 중 겨우 몇 가지에 지나지 않았다. 이 모든 것은 교사가 별도의 비용을 들이지 않고 얻은 것들이다.

일부 학생은 다른 학생들이 만지거나 굴려 보거나 독특한 표본들을 탐색하는 동안 교사에게 어떻게 해야 할지를 물어본다. 표본은 학생이 안심하고 탐색하는 일을 권장할 수 있도록 하기 위하여 소근육운동 기술이 제한된 학생이 바닥에 떨어뜨리거나 마음대로 굴려도 괜찮은 것으로 선택하였다. 교사는 학생들이 주어진 물체를 자유롭게 조사할 수 있도록 함으로써 수줍음이 많은 학생이 그들의 급우와 더불어 탐색할 수 있도록 격려하였다.

자유로운 탐색을 몇 분 실시한 후, 학생은 다음 진행방법에 관한 추가 교수를 받고자 교사를 쳐다보았다. 교사는 학생들에게 각각 학습지를 나누어 주었다. 각 학습지는 ① 표본을 그려 보시오, ② 표본에 대해 간략히 논해 보시오, ③ 표본에 대한 세 가지 질문을 해 보시오, ④ 표본에 관하여 더 많이 알아보고자 할 때 사용할 수 있는 자료에는 무엇이 있는지 써 보시오와 같은 추가적인 정보를 포함하고 있다. 학생은 자신의 IEP 목적과 목표에 맞게 그림, 구절, 단어, 문장을 사용하여 학습지를 완성할 수 있었다. 활동에서는 단순히 새로운 표본을 파악하는 것이 아닌 조사의 절차에 강조점을 두었다.

학생들은 열심히 학습하기 시작하였다. 그리고 각 항목에 대한 자신들의 생각을 정확히 기록하였다. 한 학생이 학습지 뒷면을 사용하여 그 표본을 여러 각도로 스케치해도 되는지 질문하였다. 다른 학생은 자신이 갖고 있던 도서관의 책을 조용히 읽어 본 후 책 속의 그림과 자기 책상 위의 암석을 매치시키려고 하고 있었다. 세 번째 학생은 자신이 표본에 대하여 하고 싶은 질문을 쓰기에 자리가 부족하다고 하며, 컴퓨터를 사용해도 되냐고 물었다. 보조교사는 통로를 돌며 종이를 나누어 주고 특수교사에게 물어볼 것이 있다는 듯 바라보았다. "그는 바로 두 시간 전에 한 문장을 쓰는 일에 관하여 불평을 하지 않았나요?" 그녀는 살짝 미소 지으며 학생들이 독립적으로 조사를 할 수 있도록 지원하고자 교실을 계속해서 순회하였다.

[그림 15-5] 활동 시나리오를 통한 탐구기반 과학

반 활동과 데이터 시트의 예를 보여 준다.

장애학생에게도 과학적 탐구를 지도할 수 있다. 경도 장애(특히 학습장애) 학생에게는 처음 연습할 때 안내를 제공하고 성공적인 연습의 수준을 높이는 것과 함께 작은 단계로 나누어 지도할 수 있는 명시적 규칙-기반의 교수를 사용하여 과학 절차기술을 지도할 수 있었다(McCleery & Tindal, 1999). 중도의 인지장애를 가진 지체장애 학생들은 자신들의 환경 속에 있는 사건이나 사물에 관하여 질문하는 법을 지도하고, 간단한 조사 계획을 수립하며, 시행하고, 정보를 수집할 수 있는 간단한 도구를 사용하고, 합리적인 설명을 위한 데이터를 사용하고, 결과를 발표할 수 있도록 지도할 수 있다.

(2) 5E 모델

5E 모델(Bybee, 1997, 2002)은 탐구의 절차에 기원을 둔 교수모델 중 하나로서 오개념을 파악하고, 대응하는데 효과적이다. 5E 모델은 학생이 고급 탐구 기술 발달을 위해 자연스런 호기심과 질문하기를 활용할 수 있게 하는 가장 좋은 방법이다(Yoon & Onchwari, 2006). 5E 모델을 구성하는 조사의 5단계는 참여하기(engage), 탐색하기(explore), 설명하기(explain), 정교화하기(elaborate), 평가하기(evaluate)이다(Bybee, 2002). 단순한 참여를 시작으로 탐색하기, 새롭게 습득한 정보의 적용과 더불어 결론짓기, 학습을 평가하기와 같은 과학학습의 과정을 별개의 단위로 분석하는 것은 학생과 교사 모두에게 도움이 된다.

(3) 교육과정 전반에 걸친 과학 통합

모든 교과의 통합은 교육자가 학생에게 일상적 상황에서 새로운 개념의 적용을 준비하도록 하는 데 보다 효과적인 방법 중 하나이다. 특수교사들은 수학이나 문학 영역을 지원하는 데 더 많은 시간을 할애하며, 과학이나 사회과와 같은 다른 학문적 교과에 대해서는 시간을 적게 할애하는 일이 자주 발생한다. 그러나 하나의 상황에서 문학과 수학의 계산하기가 자연스럽게 통합되는 과학의 만들기 활동은 학생들에게 관련성과 접근성을 모두 증명할 수 있다(Irvin, 2007).

과학적 작업의 본질은 많은 문학기술을 포함한다. 과학자들은 자신의 발견물을 일기에 기록하고, 구어로 시연하며, 논문이나 발표물로 요약하기도 한다. 많은 아동문학에서는 과학적 작업에 관한 정보와 과학적 현상에 관한 실제적 정보, 어린 학습자들의 삶으로 핵심 개념을 전달해 주는 현실적 허구들을 제공한다. 수학도 탐구기반 탐색이 자연스럽게 이루어지는 측면이 있다. 표본 세기, 소요 시간 측정, 평균 성장률 등은 과학적 조사의 맥락에서 기본적인 계산 기술을 적용한 예가 된다. 끝으로 공학에서는 모든 과학적 과제가 통합된다. 과학자들은 그들의 동료와 메일로 소통하며 인터넷을 통해 선행 연구를 검색한다. 또한 멀티미디어를 통해 제시하고자 발견물을 요약하고, 자신의 발견물들을 완전히 조합하기 위하여 워드프로세서를 사용한다. 학생들에게 통합적 체계로서 과학을 지도하게 되면 참된 과학적 조사뿐만 아니라 다른 학문 영역에서 개발하여야 할 학문적 강점을 기를 수 있는 기회도 제공할 수 있다.

3) 중도 인지장애 학생과 과학 기준

국가연구위원회(National Research Council, 1996)는 과학의 일곱 가지 주제 영역의 내용 표준을 개발하였다. 일곱 가지 주제 영역은 탐구, 물리학, 생명과학, 지구 및 우주과학, 과학과 공학, 과학의 개인적 · 사회적 관점, 과학의 본질과 역사다. 이들 각 주제들은 보통 일반교육 교육과정에도 있는 것이다(Spooner et al., 2006).

중도의 인지장애를 수반한 중복장애 학생에 대한 과학 계획 수립 시 일반교육의 과학교육과정과 주의 표준은 표적 교수 영역을 결정하는 좋은 근거이다. 교사들은 과학 표준을 망라하여 생각하기를 원할 수 있다. 예를 들면, 생명과학 영역에서 6세 중복장애 학생은 식물의 종류를 알아보고 그 식물이 생존하는 데 필요한 것이 무엇인지 알아보기 위하여 사진을 사용할 수 있다. 교사는 관련된 활동으로서 식물을 보살피는 방법에 관하여 시연을 해 줄 수도 있다. 〈표 15-1〉은 일부 중복장애 학

〈표 15-1〉 중도 장애학생을 위한 과학의 내용 표준 관련 활동 예

내용 기준	초등학교	중학교	고등학교
탐구로서의 과학	Branna는 사람과 동물의 같은 점과 다른 점을 지적할 것이다.	Nina는 실험을 하는 동안 AAC를 사용하여 관찰한 내용을 기록할 것이다.	Alex는 과학 실험 수업의 결과를 제시하기 위하여 스프레드 시트 프로그램을 사용할 것이다.
물리학	Eddie는 자기 몸무게를 측정하는 데 적합한 도구를 선택할 것이다.	Wendy는 AAC 도구를 사용하여 상태 변화(얼음 녹기)에 대한 정보를 관찰하고 기록할 것이다.	Rick은 부정확한 세탁에서 어떤 일이 발생하는지를 알아보기 위하여 의류와 표백제를 사용한 실험을 수행할 것이다.
생명과학	Leslie는 동물과 식물의 그림(상징)에 그들의 생존에 필요한 것(공기, 물, 햇빛 등)을 대응시킬 것이다.	Seth는 만지거나 먹으면 위험한 식물을 파악할 것이다.	Karan은 식품의 영양 수준에 따라 음식을 분류하고(예를 들면, 탄수화물, 지방, 단백질) 균형 잡힌 식이요법을 위한 식단을 개발할 것이다.
지구 및 우주과학	Jason은 물리적 특성(예를 들면, 크기, 모양, 질감)에 따라 암석을 분류할 것이다.	Brad는 차갑거나 뜨겁다는 말과 물체의 그림(예를 들면, 난로 얼음, 수증기)을 연관 지을 것이다.	Jenny는 악천후(예를 들면, 허리케인, 토네이도)에 대비한 안전 대책에 관하여 그림으로 된 상징을 제작할 것이다.
과학과 공학	Brian은 간단한 도구(예를 들면, 가위, 자, 시계, 빨대)의 기능을 알 것이다.	Sonja는 간단한 기계의 원인과 결과 그림을 대응시킬 것이다(예를 들면, 깡통따개, 연필깎기).	Joyce는 컴퓨터 프로그램을 사용하여 가정과 학교의 지도를 만들 것이다.
과학에 대한 개인적, 사회적 관점	Brett는 알루미늄 캔과 신문을 재활용할 것이다.	Robin은 전염병과 자신의 건강을 지키는 방법을 파악할 것이다(예를 들면, 손 씻기, 음식 씻기, 음식을 철저하게 조리하기).	Mike는 오염을 멈추기 위한 방법들을 파악할 수 있을 것이다(예를 들면, 쓰레기 줄이기, 쓰레기를 함부로 버리지 않기).
과학의 본질과 역사	Laura는 과학과 관련된 직업을 파악할 것이다.	Don은 최근의 과학적 사건과 연관된 신문 기사를 스캔할 것이다(과학과 공학과 같은 핵심 단어를 사용).	Diane는 과학과 관련된 직업을 체험하고, 그 경험을 그림일기에 기록할 것이다.

출처: "Science Standards and Functional Skills," by F. Spooner, W. Biase, and G. Courtade-Little, 2006. In D. M. Browder and F. Spooner (Eds.), *Teaching Language Arts, Math, and Science to Students with Significant Intellectual Disabilities* (p. 234). Baltimore, MD: Paul H. Brookes Publishing Co., Inc. Adapted by permission.

생에게 적절한 학급별 과학 표준을 연계한 활동의 예시이다.

4) 과학 교수의 교수적합화

과학은 학생들이 매우 광범위한 자료를 통해 실험하고 조작하는 체험적 교육과정이다. 과학이 자료의 조작이나 실험에 강조점을 두는 까닭에 지체장애 학생들을 위한 세심한 교수적합화가 필요하다. 게다가 일반적인 접근성 문제를 해결할 수 있는 환경 배치(예를 들면, 통로 폭을 넓히는 것)에 더하여 안전을 생각한 물리적 환경도 고려하여야 한다. 예를 들면, 실험대는 휠체어가 바로 자리 잡을 수 있도록 개조되어야 하며, 그 높이는 자료를 안전하게 이용할 수 있을 만큼 낮추어야 한다(예를 들면, 분젠 버너를 휠체어를 탄 학생의 눈높이에 두어서는 안 된다). 가스, 물, 공기, 빈 집기들은 손쉽게 조작할 수 있도록 설치하고 모든 학생이 쉽게 접근할 수 있는 위치에 두어야 한다. 또한 눈 세척기나 샤워기도 접근이 가능할 뿐만 아니라 적절한

높이에 두어야 한다(Bazler & Roberts, 1993).

과학 교수에서는 특정 기구들의 조정이 필요할 수도 있다. 예를 들면, 학생들이 볼 수 있도록 하기 위하여 현미경에 비스듬한 접안경을 장착할 필요가 있을 수 있다. Ken-a-Vision이 제작한 Video Flex와 같은 기기는 현미경의 접안렌즈와 TV 모니터를 연결하는 어댑터를 사용한다. 현미경에서의 이미지는 모니터에서 쉽게 볼 수 있도록 제시된다. 일부 학생은 해부 내용을 시각적으로 볼 수 있는 적절한 자세를 취할 수 없거나 그것을 가까이서 보기 어려울 수 있다. 이럴 경우 Video Flex나 CCTV는 그것들을 쉽게 볼 수 있도록 크게 확대하여 모니터에 제시하여 준다.

실험활동에서 짝을 맺어 주는 것은 과학 활동에 있어 고전적인 집단화 전략이다. 이 짝은 지체장애 학생을 위한 지원을 잘 해 줄 수 있는 친구이다. 이 짝짓기는 비장애학생이 과학 영역을 수행할 수 없는 지체장애 학생을 도울 수 있게 한다. 지체장애 학생이 가능한 한 많은 과학 활동에서 직접적인 신체경험을 하게 하는 일은 여전히 중요하다. 예를 들면, 중도의 지체장애로 인해 신체적으로 자료에 접근할 수 없는 학생(예를 들어, 해부를 할 수 없는 학생)은 짝에게 해부를 하게 하고, 자신은 랩톱 컴퓨터에 관찰한 것을 기록하거나 여러 가지 다른 방법으로 협력할 수 있다. 어떤 경우에는 학생이 교실에서 학습한 것에 더하여 생물과 관련한 컴퓨터 프로그램이나 해부 모형에 접근하게 할 수도 있다.

과학과 교육과정의 교수적 수정은 쉽게 이루어질 수 있다. 예를 들면, 지체 및 건강장애 학생이 있는 유치원 학급의 교사는 성공적인 과학 교수를 위해 ① 구체적인 교수 목표, ② 정확한 표적행동, ③ 교수의 정확한 상황과 사용 가능한 자료나 촉진자, ④ 성취의 준거, ⑤ 보상체계, ⑥ 필요할 구체적인 지원(예를 들면, 언어적 교수, 신체적 촉진자들)을 포함하는 것으로 수업 계획의 작성 방법을 수정하였다. 이 연구에서는 많은 신체적 · 구어적 지원을 통하여 모든 지체장애학생이 성공적으로 과학 활동에 참여할 수 있었다(예를 들면, 색깔 맞추기, 신체 인식, 장난감 끌어당기기). 예상되는 바와 같이 손과 손가락의 사용이 어려운 학생들의 경우 일부 실험에서는 더 많은 지원을 필요로 할 수 있다(Bennington, 2004).

5. 사회과 교육과정의 고려사항

1) 사회과 정의

사회과는 인간 존재, 즉 그들의 상호작용, 그들의 문화, 그들의 공헌에 관한 연구이다. 미국사회과학위원회는 사회과를 공공의 선을 증진시키기 위한 사회과학과 인문학이 통합된 학문이라고 정의하였다. 여기서는 사회과를 젊은이들이 공공의 선을 위해 현명한 결정을 할 수 있는 능력 개발에 도움을 주는 교과로 보고 있는 듯하다. 비록 사회과를 시민성의 전달로 보는 이 관점은 가장 오래되고 가장 보편적으로 수용되는 관점이기는 하지만 다른 관점들도 있다. 그 중에는 사회과학으로서 사회과를 지도하는 것을 포함한다. 이 관점은 사회과를 반성적 탐구 혹은 개인적 발달에 강조점을 두어 지도하여야 한다고 보고 있다(Allen & Stevens, 1998).

사회과에서 양질의 개념을 만들어 내는 가장 중요한 발걸음 중의 하나는 많은 원리를 이해하는 것이다. 사회과는 심리학적 연구에서부터 고고학자의 작업 영역에 이르기까지 다양한 영역을 포함한다. 보통 학생들은 이름과 날짜, 장소 등을 기억하는 일을 짜증스럽게 생각하고, 이 때문에 사회과를 싫어하게 된다. 학생이 사회과학 분야를 구성하는 영역의 생생하고 풍부한 주제들을 모두 학습할 수 있을 때, 비로소 사회과가 많은 학생이 선호하는 교과가 되는 것을 발견할 수 있다. 교사가 학생에게 제공할 수 있는 이 영역에 대한 관점이 확대될수록 학생들은 교육과정과 자신과의 연관성을 발견하는 일이 용이해진다.

2) 사회과의 내용과 절차의 역할

(1) 현실 세계: 참경험과 사회과학자

미국사회과학위원회(1994)는 학생들이 현대사회의 복잡함에 대응할 수 있도록 준비하기 위한 양질의 교육과정과 비판적 사고가 중요하다고 생각한다. 학생들은 역사를 '행함'으로써 상세하고 복잡한 개념의 이해를 촉진한다. 이것은 학생들이 현재의 지식을 보완하고 깊이를 더할 수 있도록 개인적인 이해를 향상시키는 방법이다(Steeve, 2005). [그림 15-6]은 학생들의 흥미를 끌 수 있도록 일차적 자료를 사용한 설명식 수업 사례를 기술한 것이다.

(2) 비판적 사고와 사회과

사회과의 수업 목표 중 하나는 학생의 역사적 문식을 개발하는 데 있다. 역사적 문식은 미국 대통령의 이름이나 베트남전쟁이 일어난 날짜를 정확히 외우는 것 이상을 말한다. 역사적 문식은 자료의 해석을 통한 정보 분석 및 결론을 도출하는 능력을 포함한다. 미국사회과학위원회는 양질의 사회과 프로그램은 학생들에게 역사적 자료를 조작해 보고, 기정 사실과 문서들로부터 창의적인 결론과 의견을 도출하게 하는 것이라고 제안하였다. 여기에는 자료 탐색하기, 정보 수집하기, 분류하기, 분석하기, 자료 해석하기, 새로운 지식 구축하기, 논거를 개발하고 제시하기와 같은 기술들을 포함한다(National Council for Social Studies, 1994).

학생들은 역사적 사고뿐만 아니라 자료의 출처에 대해서도 고려할 수 있는 비판적 사고기술을 개발할 필요가 있다. 역사적 사고란 다른 시기에 다른 문화 속에 살았던 사람들에 대한 이해이다. 학생들이 자신들의 경험과 현재의 기준으로 역사를 보게 되면 해석의 오류를 나타내기 쉽다. 학생들은 자신들의 시간적 맥락 내에서 여러 집단의 관점을 이해하는 학습이 필요하다. 또한 역사적 사고는 글의 저자나 글을 쓴 목적, 보일 수 있는 편향, 사용된 정보의 원자료 등에 대한 평가를 포함한다(La Paz & MacArthur, 2003). 교사들은 정보의 배경을 알려주고, 여러 가지 자료들을 사용하며, 일차적인 자료를 선택하도록 하여 이런 이해의 향상에 도움을 줄 수 있다.

일차적인 자료를 사용한 사회과 수업 사례

Hanson선생님은 10개의 역사적 사건이 담긴 우편엽서 꾸러미를 집단별로 나누어 주었다. 그는 다양한 장소와 날짜, 주제들이 제시된 우편엽서를 각각의 집단에게 나누어 줄 수 있도록 유의하였다. 학생들은 각각 다른 엽서를 받아 읽은 후 다른 학생들과 교환하였다. 이 일은 모든 학생이 10개 카드를 다 읽을 때까지 계속되었다.

Hanson선생님은 거의 100년 전에 손으로 쓴 엽서를 나눠 주도록 결심한 이유를 설명하였다. 그는 그 카드들이 미국 전역에 살고 있던 여러 사람이 쓴 것임을 설명하였다. 가장 중요한 점은 그가 그 카드들을 벼룩시장에서 몇 달러밖에 주지 않고 산 것이라는 점도 덧붙여 말하였다. 그 카드들은 조심스럽게 취급되어야 할 역사적 문서이긴 하지만 조사를 하는 동안 그것들을 다루는 데 있어 두려워할 필요는 없었다.

각 집단들은 탐구과정을 안내하는 학습지를 받았다. 학생들은 개인적으로 연관성이 있는 정보를 찾고자 엽서를 조사하였다. 그리고 그 정보들이 시간이 지나면서 바뀐 생활양식과 바뀌지 않은 생활 양식를 제시하는지를 결정하였다. 현재와 같은 생활 양식은 결혼을 축하하거나 여행을 가는 것 등이었다. 현재와 달랐던 정보는 점심을 위해 직접 식량을 채집하는 일이나 소수의 학생만이 학교에 재학하였던 일이었다.

그 활동은 학급 내 각 집단이 조사한 것으로부터 수집된 자료를 공유하는 일로 끝이 났다. Hanson선생님은 엽서로부터 정보를 수집하는 일과 교과서 속에 나타난 과거에 대한 글을 읽는 것과 차이점이 무엇인지 토의하게 하였다. 그는 많은 학생이 엽서가 그 사건이 일어날 당시에 살았던 사람들이 쓴 것이라고 확인하였다는 말을 듣고 기뻤다. 그 엽서들은 50년이 지난 후 교과서 집필자가 요약한 내용이 아니라 직접 기록한 것들이다. 학생들에게 있어 오래전에 살았던 누군가가 쓴 그 엽서를 읽는다는 것은 흥미로운 일이었다.

[그림 15-6] 사회과에서 일차/참자료 사용하기

사회과 교육에서는 현재 사회과학의 중요한 이슈에 대한 이해를 도출하고 관련성을 구축함에 있어 다양한 목소리의 중요성을 크게 강조하고 있다. 여기에는 중요한 사건에 대한 다양한 의견과 해석을 유도할 수 있는 여러 시각을 통하여 역사적 사건을 보는 다원론자적 관점에서의 아이디어를 포함한다(National Council for Social Studies, 1994). 또한 여기에는 세계화의 입장에 따른 아이디어도 포함되는데, 이는 세계 속의 또는 복합 문화적인 입장에서 사건을 해석하는 일이 중요함을 인식할 수 있도록 하기 위함이다. 실제 적절한 사회과 교육과정은 모든 학습자에게 개인적으로 의미 있는 경험이 창출될 수 있도록 다양한 목소리 위에 구축된다. 장애학생들은 이런 교육과정에서 자신의 경험에 대한 목소리를 내기 어렵거나 혹은 그들의 생각이 소홀히 다루어질 수도 있으므로 전통적 관점의 지도가 오히려 적합할 수도 있다.

일차적인 자료에는 일기, 문서의 원본, 지도, 특정 시대나 사건에 관한 정보를 줄 수 있는 음반 등의 항목이 포함된다. 다른 자료들이 아닌 일차적인 자료만이 제공할 수 있는 것은 단일한 시각을 바탕으로 특정 사건이나 시간에 대한 통찰을 제시할 수 있다. 이 시각에 담긴 풍부한 감성은 학습자가 자료를 통해 마주하는 사건에 생기를 불어넣는다(Fuhler, Farris, & Nelson, 2006). 일차적 자료에서 편견이 있을 수 있는 부분은 개인적 관련성을 보완한다. 서부 개척과 관련한 상세한 자료가 지루하고 재미없다고 여기는 학생들의 경우 어린 아동들이 서부 개척을 위한 여정에서 쓴 일기의 발췌본 읽기를 통해 참여할 수 있다. 더불어 학생에게 일차적 자료와 상호작용할 수 있는 기회를 제공하고, 스스로 결론을 도출할 수 있도록 하면 학생은 적절한 역사적 해석에 필요한 비판적 사고와 탐구 기술을 개발하게 된다(Mayer, 2006). 많은 일차적 자료는 인터넷을 통하여 복사할 수 있다. 비록 세심한 검토를 통하여 학생의 능력에 맞는 문서인지 확인할 필요는 있다 하더라도, 일부 사본은 읽기 어려울 정도로 낮은 대비와 지나친 장식체로 쓰여 있을 수 있다. 또한 어떤 것들은 익숙하지 않은 옛날 어휘를 사용하였을 수도 있다. 그럼에도 불구하고 최소한의 비계설정(scaffolding)을 통해 학생이 조사할 수 있도록 선택된 효과적인 일차적 자료는 판독이 아닌 해석에 중점을 둘 수 있게 한다.

(3) 내용의 대체 경험

한 가지 교과서나 문헌 외의 대체 경험은 학생이 복잡한 개념을 심도 있게 이해하고, 내용에 관해 즐거운 경험을 할 수 있도록 하는 데 중요하다. 창의적인 수업은 모든 학생에게 도움이 된다. 특히 전통적인 방법에 비해 대안적 형태(예를 들면, 보고서를 대신하는 예술 활동, 시험을 대신하는 구술 보고)가 매우 효과적이라는 것을 발견할 수 있는 장애학생들에게는 더욱 중요하다. 여기서는 교과서 중심의 경험을 탈피하여 전문적 영역의 작업과 보다 유사한 사회과 수업이 될 수 있게 하는 몇 가지 제안을 하고자 한다.

① 역사의 구술

교과서는 역사 속 특별한 사건의 특성을 적절히 포함할 수 있다. 그러나 교과서는 학생이 최고의 연결을 발견한 개인 일기의 발췌본이나 그 사건의 직접적인 정보에 부수적인 정보를 포함하는 것이 보통이다. 개인적 이야기와 역사는 사회과학 탐색에서 관련성을 가져다주는 가장 강력한 방법이자 학생에게 날짜나 위치가 아닌 역사적인 사건을 볼 수 있게 해 준다.

② 물건 조사하기

우리는 앞에서 물건 조사하기가 실제 상황의 제공과 동기 향상을 위해 중요함을 논의하였다. 게다가 학생이 물건에 접근할 수 있도록 하는 일은 탐구기술의 발달에 필수적이다. 우리는 여러 가지 역사적·문화적 중요성이 있는 물건들과 인공물에 둘러싸여 있다. 여러 나라의 돈은 국가의 자랑과 상징적 표현에 대해 토론할 수 있는 기회를 제공한다. 역사적인 자동차들의 사진이나 무너져 버린 지역사회의 건물은 비용을 들이지 않고도 실제적인 조사를 할 수 있게 한다. 자선바자회나 연로한 친척의 다락방은 조사할 물건들의 보고가 될 수 있다. 조사의 절차는 미국사회과학위원회(1994)가 역사적 문식의 발달에 중요하다고 강조한 비판적 사고기술을 활용한다.

③ 미디어 혼합 프로젝트

사회과학 분야의 전문가들은 다양한 미디어를 활용하여 자신들의 조사와 작업을 공유한다. 일부 전문가는 영화를 통해 자기 관점을 표출하기도 한다. 일부 전문가들은 웹 기반에 중점을 준다. 아동 도서는 전문가들이 어린 아동들에게 복잡한 이론을 공유할 수 있게 한다. 그리고 연극이나 시연은 교육과 오락이 함께하는 창의적인 표출 수단이다. 학생이 다양한 방식과 창의적인 표출 수단으로 자신이 이해한 것을 표현하도록 하는 일은 학생에게 전문가와 유사한 작업을 하도록 할 뿐만 아니라 장애학생이 자신만의 강점을 사용할 수 있도록 한다. 서부 개척에 관한 개념 학습을 마치고 난 후 학생들은 특정 가족의 경험에 관한 책의 개요를 작성할 수도 있다. 지역사회에 초점을 둔 단원을 마칠 때 학생은 지역사회 상공회의소에 관한 모의 웹사이트를 디자인할 수도 있다. 학생은 학급 규칙에 따른 조직 체계를 설계할 수도 있다. 표현의 기회는 끝이 없다. 그리고 학생이 자신의 특기나 적성에 적합한 추가적인 프로젝트를 디자인해 볼 수 있도록 하는 일은 가장 큰 동기 요인이 될 것이다.

④ 지역사회 서비스 프로젝트

사회교육의 일차적인 목적은 학생이 능동적이고 책임감 있는 시민 준비를 하는 데 있다(National Council for Social Studies, 1994). K-12 교육과정에서 지역사회 서비스와 시민으로서의 경험을 제공하는 일은 자연스럽다. 이후 삶에서 시민으로서의 참여 활동을 위해 지역사회 기반 프로젝트에 참여하는 일은 학생의 개인적 삶에 적절한 이슈를 마련할 수 있도록 회의를 개최하고, 보다 다양한 사회과학 연구가 개인적 관련성이 있다고 보는 관점을 개발하도록 지원한다. 프로젝트의 형태는 지역사회의 공원을 옹호하는 것부터 접근성 문제를 토론하는 것까지 다양할 수 있다. 장애학생들은 이런 방법으로 사회과학적 역량을 강화하고, 특정 장애와 관련되거나 혹은 장애인 지역사회 내에서 필요한 지역사회 이슈를 다루는 일을 선택할 수 있다.

3) 중도 인지장애 학생과 사회과 기준

미국사회과학위원회는 사회수업의 핵심이 되는 열 가지 주제를 제시하였다. 그것은 ① 문화, ② 시간과 지속 및 변화, ③ 사람, 장소 그리고 환경, ④ 개인적 발달과 정체성, ⑤ 개인, 집단 및 기관, ⑥ 권력, 권한, 통치, ⑦ 생산, 분배, 소비, ⑧ 과학, 공학 및 사회, ⑨ 세계적 관계, ⑩ 시민적 사고와 실천이다(National Council for Social Studies, 1994). 학생들은 역사적 · 개인적 맥락에서 이 주제들을 탐색할 필요가 있다.

중도 지적장애를 수반한 중복장애 학생들의 사회과 지도 계획을 수립할 때는 일반 사회과 교육과정과 주의 표준을 사용한다. 교사들은 과학과의 표준과 비슷한 방법으로 사회과 표준을 사용한다. 예를 들면, 초등학교 중복장애 학생의 경우 시간과 지속, 변화의 영역에서 일일 계획과 시간이 변함에 따른 일과의 변화에 관한 학습에 초점을 둘 수 있다. 사회과의 활동과 내용이 중복장애 학생들의 일상생활을 지원하도록 하기 위해서는 특히 중복장애 학생들에게 유용한 내용의 범위에서 제시하여야 한다.

4) 사회과의 교수적합화

사회과 교육과정은 횡적 확장과 나선형 교육과정이라는 두 가지 개념적 구조에 기반을 두고 있다. 횡적 확장은 자료의 지도에 있어 친숙한 것에서 낯선 것으로, 알고 있던 것에서 모르는 것으로, 단순한 것에서 복잡한 것으로 이행하는 개념으로 설명한다. 유치원과 초등학교 1학년 학생에게는 가족이나 자기인식에 관한 지도를 하지만 이는 점차 이웃, 지역사회, 도시, 지역, 국가 그리고 세계로 이행하여 나간다.

나선형 교육과정은 학생이 초등학교에서 중학교와 고등학교로 진급하면서 하나의 주제에 대해 더 깊게 공부하는 것이라고 할 수 있다. 예를 들면, 1학년 때는 '이웃'에 대해 토론만 했지만 중학교 6학년에서는 '이웃'에 관한 정교한 연구 수행으로 다시 한 번 학습하게 된다(Ellis, 1998). 나선형 교육과정은 새로운 개념과 기술의 발달을 돕고 선행 학습으로부터 도출된 지식과 생각을 강화한다.

횡적 확장과 나선형 교육과정 체제는 중도·중복장애 학생들에게도 일어날 수 있다. 구어 및 지체장애 학생들은 일반학생들과 동일한 경험적 배경의 부족으로 인해 출발선에서 알고 있는 것이 일반학생들과 매우 다를 수 있다. 따라서 사회과의 선행 지식을 점검하여 학생들이 놓쳐 버린 정보를 지도하는 일이 중요하다.

나선형 교육과정에서 고려할 사항으로는 다른 것들도 있다. 만약 학생이 건강 문제로 잦은 결석을 할 경우 보다 정교한 수준으로 그 내용을 다시 검토할 수 있을 정도로 토대가 강하지 않을 수 있다. 이럴 경우 학생이 이전에 내용을 학습한 적이 있을 것이라는 가정을 해서는 안 된다. 특히 학생이 유의미하게 많은 결석을 한 경우에는 더욱 그러하다. 익히지 못한 정보가 새로운 정보의 토대가 되거나 핵심 개념을 포함하고 있을 경우에는 다시 지도해야 할 필요가 있다. 어떤 경우에서는 영역별로 내용의 양을 축소하거나 뛰어넘는 결정이 필요하기도 하다. 이런 누락은 주 수준의 기준 평가, 고등학교 능력시험 및 대학수학능력시험(SAT)과 같은 국가 시험의 통과 가능성과 미래 상황에 미치는 영향에 따라 고려하는 것이 중요해질 것이다. 지체·중복장애 학생들은 문식의 문제, 수업과 읽기의 핵심 요소 결정능력 부족, 너무 많은 내용의 양 등으로 인해 자료에서 어려움을 가질 수 있다. 따라서 학생의 문식기술과 이해기술, 많은 양의 자료를 다루는 능력을 파악하는 일이 중요하다. 이 영역의 문제점은 앞에서 논의한 전략들을 통하여 대처할 수 있을 것이다.

사회과는 사람들에 대한 연구와 관련되므로 사회과 교육과정에서는 장애인에 관한 토의를 포함할 수 있는 특별한 기회도 주어질 수 있다. 사람들 간의 유사성에 대해 토의할 때 장애인이 비장애인과 똑같아질 수 있는 방법에 대한 토의도 할 수 있다. 장애인들의 공헌이 거론되어질 수도 있다. 이런 토의는 '장애 인식 주간 혹은 장애 인식의 달'과 같이 계획된 시간에만 한정되어서는 안 된다. 장애인의 자연스러운 통합은 다양성의 측면에서 고려되어야 할 것이다.

6. 지역사회 연계

국가 과학교육 표준(National Research Council, 1996)과 국가 사회 교육과정 표준(National Council for the Social Studies, 1994)은 모두 과학과와 사회과 영역의 질 높은 교과교육과정을 개발하기 위한 지역사회 지원과의 연계를 중요하게 여긴다. 여기에는 그 영역의 전문과와 연계하기, 박물관 관람하기, 지역의 문화적 사건과 볼거리에 참여하기 등이 포함된다. 이 자원들은 교과교육과정의 풍부함을 더하는 한편, 현실 세계 내부의 것으로 바라볼 수 있는 기회를 제공한다. 지역사회 경험 계획을 수립할 때에는 주차장부터 빌딩이나 구역까지의 거리, 횡단거리, 접근이 가능한 화장실 등을 포함하여 접근할 수 있도록 하는 것이 중요하다.

1) 자유선택 학습환경: 박물관, 동물원, 역사적 주택

박물관, 동물원, 수족관이나 다른 비공식적 학습 장소에서의 학습은 중요한 내용의 학습은 물론 정의적이며 정서적인 성과를 가져온다. 특히 이런 장소의 견학은 제시된 주제에 대한 새로운 이해와 강한 인상을 불러일으킨다. 그리고 이런 정서적 성과는 현재와 미래 모두에서 높은 학업성취로 연결된다. 특히 Gardner(2001)는 학습자의 다양한 요구에 대응하기 위하여 학교에서 박물관 견학과 같은 경험을 체계화하는 것을 지지하였다.

연구에 의하면 박물관의 방문은 성인기까지 잘 기억되는 것으로 나타났다(Falk & Dierking, 1997). 그리고 이후 진로 선택에까지 영향을 줄 수 있었다(Cosmos

Corporation, 1998). 그러나 많은 장애학생의 경우 이런 경험에 접근하는 일이 일반학생과 같지 않다. 가족 중에는 문화기관까지 학생을 수송할 수단이 부족한 경우가 많다. 게다가 특별한 교육 요구가 있는 학생은 필요한 중재나 치료 예약으로 바쁜 일정 때문에 박물관을 방문할 시간을 내는 것이 어려울 수 있다. 따라서 많은 경우 학교가 이런 풍부한 경험의 유일한 제공자가 되고 있다.

학생들은 어린 시기에 질 높은 박물관 관람 경험을 갖게 되면 성인이 되어서도 계속 박물관을 찾게 된다. 전통적인 학교교육을 마친 많은 성인에게는 박물관 관람이나 다른 비형식적 학습이 유일한 교육 경험의 공급원이 될 수 있다(National Science Teachers Association, 1998). 이들 장소는 장애 성인의 여가 경험과 내용을 풍부하게 하며, 지역사회 전반에 대한 연계를 강화할 수 있게 한다. 어린 아동에게 이런 장소를 이용할 수 있는 방법과 개인적으로 적합하게 관계를 지을 수 있는 방법에 관해 안내해 주면 장애학생은 성인이 되어서도 이런 기관과 관계를 형성하는 데 자신감을 가질 수 있게 된다.

박물관의 전시품을 통하여 양질의 학습 경험을 창조하는 것은 학습에서 양질의 경험을 창조하는 것과 비슷하다. 세밀한 계획 수립은 화장실의 위치나 식사할 수 있는 공간 관리를 넘어 방문할 기관의 전시품이나 내용에 초점을 둔 보다 조직화된 관람을 할 수 있게 한다. 학생들은 명패 읽기나 집중적인 조사보다는 자신들이 선택한 몇 가지 핵심 전시물과 상호작용을 할 수 있는 자유로운 보물찾기를 선호한다. 학생에게 자신들이 본 것과 친구들과 토론한 것을 그림으로 그리게 하면 효과적인 박물관 견학을 통한 조사학습에서 사회적 접근을 향상시킨다(Melber, 2007).

모든 사람은 새로운 장소를 처음 방문할 때 느끼는 흥분이나 긴장감과 특정 학습 과제에 집중할 때의 단순한 호기심을 구분하기 어렵다. 이런 신기 효과(novelty effect; Kubota & Olstad, 1991)는 방문에 앞서 직면하게 될 것들에 대해 학생들을 준비시킴으로써 대처하거나 감소시킬 수 있다. 인터넷에서 팸플릿을 받아 보거나 교사가 방문에 앞선 사전 답사에서 촬영한 사진을 선행 조직자로 제공할 수 있다. 이런 준비는 점심이나 화장실 가기 같은 휴식 계획에서도 반복할 수 있다. 또한 이런 준비는 열정을 강화하고, 방문의 즐거움을 높여 주며, 학생이 방문 목적에 따른 참여를 가능하게 한다.

많은 견학지에서는 이 같은 준비를 지원할 수 있도록 계획 수립에 도움이 되는 교육과정 자료들을 보유하고 있다. 여기에는 상호작용이 가능한 웹사이트와 자유 교육과정 안내 또는 활동 안내지 등이 포함된다. 어떤 견학지는 실물 도서관을 운영하기도 한다. 여기서는 교사나 박물관 관계자가 수업에 사용할 수 있도록 공예품이나 견본들을 빌려 준다. 어떤 견학지에서는 장애학생을 위하여 마련된 좋은 프로그램들이 있다. 방문에 앞서 이 기관들과 접촉하면 이용할 수 있는 특별한 서비스를 파악할 수 있고, 그것들을 교수 계획 내에 포함하여 시간을 제공할 수 있도록 도와준다.

2) 야외 경험

야외 경험은 학생의 학문적 내용과 절차적 지식의 개발뿐만 아니라 과학과와 사회과의 학습 동기를 향상시키는 면에서 매우 중요할 수 있다(Irvin, 2007; Barnett et al., 2006). 교육과정과 실제적으로 관련된 야외 경험을 만들기 위해서는 환경과 의미 있는 상호작용을 강화할 수 있는 프로젝트를 고려하여야 한다(Melber, 2007). 사회과에서는 역사적인 가게 앞 스케치나 지역의 문화 거리 사진 찍기 프로젝트가 될 수 있다. 과학에서는 지역 공원에 있는 생물의 종류나 암석 수집하기도 야외 경험이 될 수 있다. 장애인이 점점 야외 공간에 접근하는 것이 용이하게 바뀌어 가는 중이기는 하지만 사전에 전화 또는 사전 방문을 통해 학생의 접근성을 알아보는 일은 학생들이 최고로 우수한 경험을 할 수 있게 한다.

3) 지역사회 전문가

현장 답사나 야외 소풍을 계획하는 일이 어려울 때가 있다. 과학과와 사회과의 전문가를 교실로 초청하는 일은 교실에서 학습한 내용을 실제 상황에서 응용할 수 있도록 하는 관점을 제시하는 가장 좋은 방법이다. 더구나 다양한 방문자는 여러 가지 진로 방향에서 과학과와 사회과의 중요성을 강화한다. 제빵사는 주방에서의 화학을 설명할 수 있다. 새의 관찰 또는 자원봉사하는 것과 같은 사회과나 과학과와 연관된 취미를 가진 지역사회 인사까지 초청 범위를 확대하면 강연자의 범위가 확대된다. 방문자에 대한 사전교육은 중요하다. 왜냐하면 그들 중 일부는 장애인과 함께 일해 본 경험이 없어 바람직한 방문 준비에 대한 지침이 필요할 수 있기 때문이다.

요약 및 결론

지체 · 중복장애 학생은 적절한 교수적합화와 수정이 이루어진 교수가 제공될 때 도움을 얻을 수 있다. 수업 준비 과정에서는 적절한 교수적합화와 학생의 성공적인 경험을 준비할 필요가 있다. 탐구기반 접근은 단일한 접근 혹은 전통적인 교수에 수반하는 접근으로서 유용하거나 이용될 수 있다. 과학과와 사회과의 교수적합화는 경험과 체험 학습 그리고/또는 실험 참여를 어렵게 하는 운동 제한을 해결하기 위한 수정을 포함한다. 수정은 AAC 도구에 특정 어휘를 내장하거나 로우테크 공학 그림판을 만드는 것을 포함할 수 있다. 낮은 읽기 수준을 가진 학생을 위한 자료의 수정과 적절한 실험 배경 정보를 포함하는 일도 교수적합화가 될 수 있다. 중도 지적장애를 수반한 중복장애 학생은 그들의 일상적인 삶과 연관된 활동이나 목표들을 필요로 할 수 있다. 과학과와 사회과의 수업은 지체 · 중복장애 학생들의 개인적 요구에 대응하여 세밀하게 선택되고, 수정되며, 평가되어야 할 필요가 있다.

토의 문제

1. 지체 · 중복장애 학생이 과학과와 사회과의 수업 설계에 미치는 영향을 논의해 보자.
2. 과학 실험을 하나 기술하고, 운동 범위가 제한되었거나 소운동 기술이 부족한 학생이 가질 수 있는 어려움이 무엇인지 논의해 보자. 성공적인 상호작용을 촉진하기 위한 신체적 수정에 대하여 논의해 보자.
3. 사회과나 과학과의 수업을 선택한 후 학습 촉진을 위한 탐구기반 방법의 사용법을 토의해 보자.
4. 과학과와 사회과 수업을 선택하고, 동학년 수준의 중도 뇌성마비 학생 1명, 중도 지적장애를 수반한 중복장애 학생 1명, 비장애학생 3명을 위한 협력 학습 집단의 구성 방법을 논의해 보자.
5. 학생의 과학과나 사회과 학습을 촉진시키기 위해 산업 전문가, 박물관, 지역사회 행사와 같은 외부 자원 연계로부터 얻을 수 있는 혜택을 기술해 보자.

유용한 사이트

• C-span
http://www.c-span.org
이 사이트는 정치 영역의 정보를 제공한다. 특별한 프로그램을 제공하며, 대법원의 사례나 하원 관찰 같은 실제 정치적인 절차를 볼 수 있다. 교사는 토론과 투표의 과정이 포함된 민주적 절차를 한 단원으로 묶을 수 있다.

• Educatonal Resources
http://www.edresources.com
이 특별한 사이트는 과학과와 사회학을 포함한 여러 가지 학문 분야를 망라한 교육자료 정보를 제공한다. 이 사이트는 제목, 주제, 연령에 따라 쉽게 검색할 수 있다. 또한 학급 활동과 수업 계획 수립 자원을 포함하는 교사용 도구 항목도 있다.

• Globe Program
http://www.Globe.gov
GLOBE(Global Learning and Obserbations to Benefit the Environment)는 초 · 중등학교 학생들의 과학과 교육 프로그램이다. 이 사이트는 사회, 과학 그리고 기타 영역을 통합한 세계적 환경 문제에 관한 정보를 제공한다. 조사과학자들은 학생 자료를 사용한 후 피드백을 제공한다.

• National Science Teachers Association
http://www.nsta.org/
이 단체는 유치원부터 대학교까지 자료를 제공하는 회원제 과학교사 단체다. 이 협회에서는 과학교사 간의 상호작용 촉진을 위하여 여러 지역별 회의와 연차 회의를 개최한다.

• NCSSonline

http://www.socialstudies.org/

이것은 사회 교과교육에 관심을 갖는 미국 내 최대 협회인 미국사회과학위원회의 공식 사이트이다. 이 조직은 초등학교에서 대학교까지 역사, 지리, 경제, 정치과학, 사회학, 심리학, 고고학, 법률 관련 교육 교사들에게 서비스를 지원한다. 여기서는 자료와 교육 기회를 제공한다.

• Teacher Network

http://www.teachnet.org

Teacher Network는 전문성 발달에 초점을 둔 교사 주도의 조직이다. 이 사이트에서는 수백여 가지의 학급 프로젝트와 수업 계획들을 사용할 수 있다. 비디오와 온라인 과정, 교사 안내, 아이디어 공유 게시판, 교사 가게 등 몇몇 다른 기능도 제공하고 있다.

참고문헌

Abraham, L. M. (2001). *Assessing the impact of field-based research projects on high school students.* St. Louis, MO: National Association for Research in Science Teaching Conference.

Alberto, P., & Troutman, A. (2005). *Applied behavior analysis for teacher.* Upper Saddle River, NJ: Merrill/Pearson Education.

Allen, M. G., & Stevens, R. L. (1998). *Middle grades social studies.* Boston: Allyn & Bacon.

Alvarado, A. E., & Herr, P. R. (2003). *Inquiry-based learning using everyday objects: Hands-on instructional strategies that promote active learning in grades 3-8.* Thousand Oaks, CA: Corwin Press.

Alvermann, D. E. (1991). The discussion web: A graphic aid for learning across the curriculum. *Reading Teacher, 45,* 92-99.

Barnett, M., Lord, C., Strauss, E., Rosca, C., Langford, H., Chavez, D., et al. (2006). Using the urban environment to engage youths in urban ecology field studies. *Journal of Environmental Education, 37,* 3-11.

Bazler, J. A., & Roberts, R. (1993). Safe science classrooms for students with disabilities. *American Biology Teacher, 55,* 302-303.

Bean, R. M., Zigmond, N., & Hartman, D. K. (1994). Adapted use of social studies textbooks in elementary classrooms. *Remedial and Special Education, 15,* 216-226.

Bennington, A. (2004). Science and pre-school children with special needs: aspects of home-based teaching sessions. *British Journal of Special Education, 31,* 191-198.

Bos, C. S., & Vaughn, S. (2005). *Strategies for teaching students with learning and behavior problems.* Boston: Allyn & Bacon.

Bybee, R. W. (1997). *Achieving scientific literacy: From purposes to practices.* Portsmouth, NH: Heinemann.

Bybee, R. W. (2002). Scientific inquiry, student learning, and the science curriculum. In R. W. Bybee (Ed.), *Learning science and the science of learning.* (pp. 25-35). Arlington, VA: NSTA Press.

Clark, D. B., & Slotta, J. D. (2002). Evaluating mediaenhancement and source authority on the Internet: The knowledge integration environment. *International Journal of Science Education, 22,* 859-871.

Cosmos Corporation. (1998). *A report on the evaluation of the national science foundation's informal science education program.* Arlington, VA: National Science Foundation.

Covington, M. V. (1998). *The will to learn: A guide for motivating young people.* Cambridge: Cambridge University Press.

Cox-Petersen, A., & Olson, J. K. (2002). Assessing student learning. In R. W. Bybee (Ed.), *Learning science and the science of learning.* (pp. 105-120). Arlington, VA: NSTA Press.

Crockett, C. (2004). What do kids know-and misunderstand-about science. *Educational Leadership, 61,* 34-38.

Diamond, J. (1999). *Practical evaluation guide.* Walnut Creek, CA: AltaMira Press.

Donovan, C. A., & Smolkin, L. B. (2002). Considering genre, content, and visual features in the selection of trade books for science instruction. *Reading*

Teacher, 55, 502-520.

Doyle, P., Wolery, M., Ault, M., & Gast, D. (1988). System of least prompts: A literature review of procedural parameters. *Journal of the Association for Persons with Severe Handicaps, 13,* 28-40.

Ellis, A. K. (1998). *Teaching and learning elementary social studies* (6th ed.). Boston: Allyn & Bacon.

Falk, J., & Dierking, L. (1997). School field trips: Assessing their long-term impact. *Curator, 40,* 211-218.

Fernstrom, P., & Goodnite, B. (2000). Accommodate student diversity in the general education social studies classroom. *Intervention in School and Clinic, 35,* 244-245.

Fuhler, C. J., Farris, P. J., & Nelson, P. A. (2006). Building literacy skills across the curriculum: Forging connections with the past through artifacts. *The Reading Teacher, 59,* 646-659.

Gallavan, N. P., & Juliano, C. M. (2007). Collaborating to create future societies with young learners. *Social Studies and the Young Learner, 19,* 13-16.

Gardner, H. (2001). *The unschooled mind: How children think and how schools should teach.* New York: Basic Books.

Grumbine, G., & Alden, P. B. (2006). Teaching science to students with learning disabilities. *Science Teacher, 73*(3), 26-31.

Hardy, I., Jonen, A., Moller, K. & Stern, E. (2006). Effectives of instructional support within constructivist learning environments for elementary school students' understanding of "floating and sinking." *Journal of Educational Psychology, 98,* 307-326.

Heller, K. W., Forney, P. E., Alberto, P. A., Best, S., & Schwartzman, M. N. (2009). *Understanding physical, health, and multiple disabilities.* Upper Saddle River, NJ: Merrill/Pearson Education.

Irvin, T. M. (2007). Nature lessons. *Educational Leadership, 64,* 54-56.

Jarman, R., & McClune, B. (2002). A survey of the use of newspapers in science instruction by secondary teachers in Northern Ireland. *International Journal of Science Education, 24,* 997-1020.

Johnson, D. D., Pittelman, S. D., & Heimlich, J. E. (1986). Semantic mapping. *Reading Teacher, 39,* 778-783.

Jones, A.V. (1988). *Things for children to make and do: Science and technology activities.* London: Souvenir Press.

King-Sears, M. E., Mercer, C. D., & Sindelar, P. T. (1992). Toward independence with keyword mnemonics: A strategy for science vocabulary instruction. *RASE: Remedial & Special Education, 13*(5), 22-33.

Kubota, C. A., & Olstad, R. G. (1991). Effects of novelty-reducing preparation on exploratory behavior and cognitive learning in a science museum setting. *Journal of Research in Science Teaching, 28*(3), 225-234.

La Paz, S., & MacArthur, C. (2003). Knowing the how and why of history: Expectations for secondary students with and without learning disabilities. *Learning Disability Quarterly, 26,* 142-154.

Marlowe, B., & Page, M. (2005). Inquiry learning and special education students: Rejecting instruction that disables. In R. H. Audet and L. K. Jordan (Eds.), *Integrating inquiry across the curriculum* (pp. 175-199). Thousand Oaks, CA: Corwin Press.

Mastropieri, M. A., Scruggs, T. E., & Norland, J. J. (2006). Differentiated curriculum enhancement in inclusive middle school science: Effects on classroom and high stakes tests. *Journal of Special Education, 40,* 130-137.

Mastropieri, M. A., Sweda, J., & Scruggs, T. E. (2000). Teacher use of mnemonic strategy instruction. *Learning Disabilities Research and Practice, 15,* 69-74.

Mayer, R. H. (2006). Learning to teach young people how to think historically: A case study of one student teacher's experience. *Social Studies, 97,* 69-76.

McCleery, J. A., & Tindal, G. (1999). Teaching the scientific method to at-risk students and students with learning disabilities through concept anchoring and explicit instruction. *Remedial and Special Education, 20,* 7-18.

McComas, W. F. (1998). The principal elements of the

nature of science: Dispelling the myths. In W. F. McComas (Ed.), *The nature of science in science education* (pp. 53-70). Netherlands: Kluwer Academic Publishers.

McCoy, K. (2005). Strategies for teaching social studies. *Focus on Exceptional Children, 38*(3), 1-16.

Melber, L. M. (2007). *Informal learning and field trips: Engaging students in standards-based experiences across the K-5 curriculum.* Thousand Oaks, CA: Corwin Press.

Mercer, C. D., & Mercer, A. R. (2005). *Teaching students with learning problems* (7th ed.). Upper Saddle River, NJ: Merrill/Pearson Education.

Mercer, C. D., & Mercer, A. R. (2007). *Teaching students with learning problems* (8th ed.). Upper Saddle River, NJ: Pearson Education.

National Council for the Social Studies. (1994). *Expectations of excellence: Curriculum standards for social studies.* Silver Springs, MD: National Council for the Social Studies.

National Research Council. (1996). *National science education standards.* Washington, DC: National Academy Press.

National Science Foundation. (2004). *Women, minorities, and persons with disabilities in science and engineering.* Washington, DC: National Science Foundation. Retrieved June 28, 2007, from http://www.nsf.gov/statistics/wmpd/pdf/nsf04317.pdf

National Science Teachers Association. (1998). An NSTA position statement: Informal science education. *Journal of College Science Teaching, 28,* 17-18.

National Science Teachers Association. (2004). *NSTA position statement: Students with disabilities.* Retrieved July 28, 2006, from http://www.nsta.org/positionstatement&psid=41

Nitko, A. J., & Brookhart, S. M. (2007). *Educational assessment of students* (5th ed.). Upper Saddle River, NJ: Pearson Education.

Ogle, D. M. (1986). K-W-L: A teaching model that develops active reading of expository text. *Reading Teacher, 39,* 564-570.

Pearson, P. D., & Johnson, D. D. (1978). *Teaching reading comprehension.* New York: Holt, Rinehart & Winston.

Rezba, R. J., Sprague, C., & Fiel, R. L. (2003). *Learning and assessing science process skills* (4th ed.). Dubuque IA: Kendall/Hunt.

Schell, E., & Fisher, D. (2007). *Teaching social studies: A literacy-based approach.* Upper Saddle River, NJ: Merrill/Pearson Education.

Sewell, A. (2002). Constructivism and student misconceptions: Why every teacher needs to know about them. *Australian Science Teachers' Journal, 48,* 24-28.

Spooner, F., Biase W., & Courtade-Little, G. (2006). Science standards and functional skills. In D. M. Browder & F. Spooner (Eds.), *Teaching language arts, math, & science to students with significant intellectual disabilities* (pp. 229-243), Baltimore, MD: Paul H. Brookes.

Steele, M. (2007). Teaching social studies to high school students with learning problems. *Social Studies, 98,* 59-63.

Steeves, K. A. (2005). History: Uncovering the past through inquiry. In R. H. Audet & L. K. Jordan (Eds.), *Integrating inquiry across the curriculum* (pp. 65-83). Thousand Oaks, CA: Corwin Press.

Watson, S. M., & Houtz, L. E. (2002). Teaching science: Meeting the academic needs of culturally and linguistically diverse students. *Intervention in School and Clinic, 37,* 267-278.

Yoon, J., & Onchwari, J. A. (2006). Teaching young children science: Three key points. *Early Childhood Education Journal, 33,* 419-423.

Zarrillo, J. J. (2008). *Teaching elementary social studies: Principles and application* (3rd ed.). Upper Saddle River, NJ: Merrill/Pearson Education.

CHAPTER

16 수학과의 교수 및 수정

Kathryn Wolff Heller

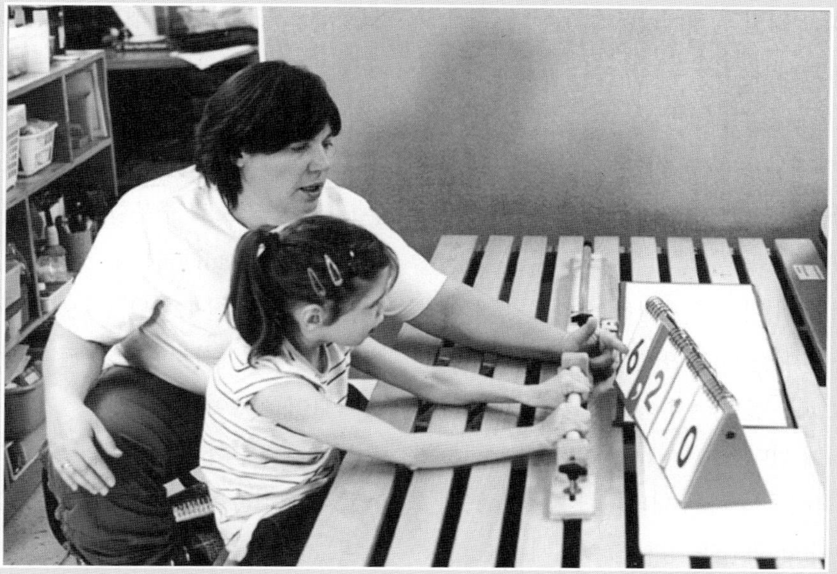

이 장을 읽고 나면 여러분은

1. 수학과 국가 성취기준을 설명하고, 중도 지적장애를 수반한 중복장애 학생을 위한 교수적합화의 예를 제시할 수 있다.
2. 지체 · 중복장애 학생들을 위한 다양한 수학과 교수적합화 교수 유형을 논할 수 있다.
3. 효과적인 학습 촉진을 위한 수학 교수의 일반적인 방법과 여섯 가지 원리를 기술할 수 있다.
4. 기초 수학 기술 지도의 교수법을 기술하고 시범을 보일 수 있다.
5. 수학적 사실, 계산 절차, 계열화된 교수, 교수적합화를 포함하는 계산 기술의 체계적인 교수 방법을 기술하고 시범을 보일 수 있다.
6. 기능적 수학 기술을 위한 교수 전략과 돈, 시간, 달력의 사용에 관한 교수적합화 방법을 기술할 수 있다.

수학 응용 기술은 일상생활에서 가장 널리 사용되는 공통된 기술 중의 하나이다. 수학은 돈 다루기, 요리하기, 시간 말하기, 오락 게임에서의 점수 기록하기, 물건 세기 등에 사용되고 있다. 그것은 자료 분석하기, 예산 수립하기, 세금 계산하기, 건축물 디자인하기와 같은 보다 고급 활동에도 사용된다. 수학은 가정, 지역사회, 여가 그리고 직업 영역에서도 사용된다. 학생들은 학교생활을 하는 내내 일련의 수학적 개념과 기술을 학습하도록 요구받고 있다.

지체·중복장애 학생들은 학습과 수학 기술의 수행에 부정적 영향을 미치는 여러 가지 어려움에 직면한다. 첫째, 지체·중복장애 학생들은 취약한 운동기술을 가진 경우가 많기 때문에 세기 자료를 조작하거나, 숫자를 바르고 정확하게 쓰는 일이 어렵다. 또한 수들을 바르게 나열하거나 수학 자료(예를 들면, 수학책, 각도기)를 사용하는 데도 어려움을 겪게 된다.

지체·중복장애 학생들이 흔히 나타내는 제한된 문해능력과 언어능력도 수학 학습과 성취를 어렵게 하는 장애물이 된다. 이런 현상은 의사소통 장애가 있는 지체장애 학생에게서 자주 발견되며(Strum & Clendon, 2004), 문장제와 같은 특정한 형태의 수학 문제해결을 어렵게 한다. 수학은 이전의 정보를 기반으로 하는 위계적인 기술이므로 결석이나 피로가 중요한 정보를 놓치게 되는 결과를 가져올 수 있다. 게다가 인지적 문제나 지각 문제가 수학의 성취를 방해하기도 한다(Barnes, Wilkinson, Khemani, Boudesquie, Dennis, & Fletcher, 2006). 이런 문제의 해결을 위해서는 적절한 교수학습 전략이 필요하다.

1. 수학과 성취기준

효과적인 교육과정은 학생의 학교, 가정, 직업 활동 참여 시 문제를 해결할 수 있게 한다. 학생은 공부나 일상생활의 향상을 위하여 보다 어려운 개념과 기술의 학습에 도전한다. 수학은 주제 항목별로 교육과정 속에 조직화되는데 보통 이것들 간에는 강한 연관이 있다(National Council of Teachers of Mathematics, 2000).

주제 항목의 구분은 일반적으로 미국수학교사협회(National Council of Teachers of Mathematics: NCTM)가 제안한 수학교육의 성취기준과 같이 선정된 성취기준들의 집합으로부터 분기된 내용과 과정으로 이루어진다. NCTM에서 제안한 성취기준 다섯 가지 주제 항목은 수와 연산, 기하, 대수, 측정, 자료 분석 및 가능성으로 수학과의 내용 목표를 결정한다. 나머지 다섯 가지 주제항목은 문제해결, 추리와 증명, 의사소통, 상관, 증명과 같은 과정 영역으로 구분할 수 있다(National Council of Teachers of Mathematics, 2000). 〈표 16-1〉은 4개 학년군(유치원 이전~2학년, 3~5학년, 6~8학년, 9~12학년)별 수학과 교육과정에 보급된 성취기준과 그것의 핵심 아이디어를 보여 준다.

성취기준은 학생이 교수와 평가 그리고 교육과정의 결과로서 성취하여야 할 것과 알아야만 할 것을 나타낸 것이다. 성취기준은 대부분의 학생에게 있어 중요한 교육과정 내용이나 과정을 알려 준다. 또한 성취기준은 개별적인 특성이나 요구를 가진 학생들이 자신들에게 중요성이 있는 교육과정 내용이나 과정을 학습할 수 있는 기회를 제공한다. 교육과정상의 기술이나 개념은 독립된 주제가 아니라 가치 있고 학생의 경험과 연관된 유용한 부분으로서 지도되어야 한다(National Council of Teachers of Mathematics, 2000, p. 46).

1) 수학과 성취기준과 중등도 지적장애 학생

중등도 지적장애를 가진 지체·중복장애 학생들에게는 주의 내용 성취기준과 대안적 평가 간의 연계를 통하여 만들어지는 확대 내용 성취기준이 적합할 수 있다. NCTM 성취기준과 학생들의 학년수준 목표를 평가하고자 할 때의 기준은 중도 지적장애 학생을 위한 몇 가지 교수적합화를 거쳐 적용할 수 있다. 예를 들면, 수와 연산이라는 내용 영역에서 중도 지적장애 학생은 간식시간에 급

〈표 16-1〉 유치원 이전부터 12학년까지 교수 프로그램(2000년 성취기준)

내용 성취기준	과정 성취기준
1. 수와 연산 • 수와 수의 표현방법, 수의 관계, 수의 체계를 이해한다. • 연산의 의미와 다른 것들을 연결 짓는 방법을 이해한다. • 적절한 시간 이내에 계산을 유창하게 한다.	6. 문제해결 • 수학 문제해결을 통하여 새로운 수학 지식을 구축한다. • 수학이나 다른 상황에서 발생한 문제를 해결한다. • 문제를 해결하기 위하여 적절한 방법을 다양하게 적용하고 수정한다. • 수학 문제해결 과정을 관리하고 반영한다.
2. 대수 • 형태, 관계, 기능을 이해한다. • 대수적 상징이 사용된 수학적 상황과 구조를 표현하고 분석한다. • 양적 관계를 표현하기 위하여 수학적 모형을 사용하고 이해한다.	7. 추론과 증명 • 추론과 증명이 수학의 기본 영역임을 인식한다. • 수학적 가설을 만들고 증명한다. • 수학적 논의와 증명을 개발하고 평가한다. • 다양한 추론 유형과 증명하는 방법을 선택하고 사용한다.
3. 기하 • 2차원 혹은 3차원적 도형의 특성과 성질을 분석한다. • 위치를 파악한 후 좌표나 다른 표현 체계를 사용하여 공간 관계를 묘사할 수 있다. • 수학적 상황을 분석하기 위하여 변환을 적용하고 비례를 사용한다. • 문제를 해결하기 위하여 시각화, 공간 추론, 기하학적 모형을 사용한다.	8. 의사소통 • 의사소통을 통하여 학생들의 수학적 사고를 조직하고 강화한다. • 수학적 사고에 관하여 또래, 교사, 혹은 다른 사람들과 논리적이고 명료하게 의사소통을 한다. • 수학적 사고와 다른 방법들을 분석하고 평가한다. • 수학적 사고를 명확하게 표현할 수 있는 수학적 언어를 사용한다.
4. 측정 • 측정할 사물의 성질, 단위, 체계 및 측정의 과정을 이해한다. • 측정을 결정하는 적절한 기술, 도구, 공식을 적용한다.	9. 상관 • 수학적 아이디어 간의 관계를 재인식하고 사용한다. • 통합된 전체를 산출하기 위하여 수학적 아이디어들을 상호연결하고 구축할 수 있는 방법을 이해한다. • 수학 외적 상황에서 수학을 재인식하고 응용한다.
5. 자료 분석 및 가능성 • 자료를 사용하여 풀 수 있는 문제를 만들고 그 문제에 답하기 위한 적절한 자료를 모으고 조직하고 기술한다. • 자료 분석에 필요한 적절한 통계방법을 선택하여 사용한다. • 자료에 근거를 두고 추론과 예상을 한다. • 기본적인 확률 개념을 이해하고 적용한다.	10. 표현 • 수학적 아이디어를 조직하고 기록하고 의사소통하기 위하여 수학적 표현을 창조하여 사용한다. • 문제를 해결하기 위하여 수학적 표현을 선택하고 적용하며, 전달할 수 있다. • 물리적, 사회적, 수학적 현상의 모형을 수립하고 해석하기 위하여 수학적 표현을 사용한다.

출처: National Council of Teachers of Mathematics. (2000, April). *Electronic Edition of Principles and Standards for School Mathematics*. Reston, VA: National Council of Teachers of Mathematics. All rights reserved. For Internet: http://standards.nctm.org/document. Adapted with permission.

우들에게 나누어 줄 쿠키를 세어 보는 일로써 1부터 10까지의 집합 수 세기를 지도할 수 있다. 이 방법은 수의 이해, 수의 설명, 수의 관계, 수 체계에 관한 NCTM의 성취기준에 적합하다. 〈표 16-2〉는 중도 장애학생과 비장애학생을 위한 NCTM의 다섯 가지 주요 내용 영역에 관한 연령별 예시이다.

〈표 16-2〉 중도 장애학생에게 적용하기 위한 NCTM 성취기준의 예

내용 영역	연령 수준	NCTM 성취기준	성취기준에 따른 학년별 목표	중도 장애학생에게 적용하는 방법
수와 연산	유치원 이전 ~2학년	수와 수의 표현 방법, 수의 관계, 수의 체계를 이해한다.	집합 속의 물체가 몇 개인지 이해하고, 인식하며 센다.	1부터 10까지 물건들의 집합(예를 들면, 과자 나누어 주기, 게임자료 세기, 조작을 통한 한 자릿수 덧셈 문제 풀이하기)
측정	3~5학년	측정을 결정하는 적절한 기술, 도구, 공식을 적용한다.	길이, 면적, 부피, 무게, 시간, 온도, 각도를 측정하기 위한 도구와 적절한 성취기준 단위를 선택하고 적용한다.	과학실험 시간에 자를 사용하여 여러 가지 물체의 길이 잰다. 한 달 동안 매일 온도를 측정표에 기록한다.
자료 분석 및 확률	3~5학년	자료를 사용하여 풀 수 있는 문제를 만들고, 그 문제에 답하기 위한 적절한 자료를 모으고 조직하고 기술한다.	관찰, 조사, 실험을 통하여 자료를 수집한다.	급우들이 좋아하는 음악을 조사한다(예를 들면, 록, 컨트리, 팝, 클래식 등). 결과를 표로 나타내고, 수업시간에 파워포인트를 사용하여 발표한다.
기하	6~8학년	문제를 해결하기 위하여 시각화, 공간 추론, 기하학적 모형을 사용한다.	수학시간 이외에도 예술, 과학, 일상생활과 같은 영역에서 기하학적 아이디어와 관계를 인식하고 적용한다.	미술시간에 디자인 인쇄물을 보며 기하학적 문양을 찾는다. 3개 이상의 기하학적 모양을 사용하여 기초적인 인쇄자료를 만들어 낸다.
대수	9~12학년	대수적 상징이 사용된 수학적 상황과 구조를 표현하고 분석한다.	수학적 관계를 설명하고 제시하기 위하여 상징적 대수를 사용한다.	학생이 2주간 일한 소득이 얼마인지 알아볼 수 있는 일차방정식을 만든다.

출처: "Addressing Math Standards and Functional Math," by B. C. Collins, H. L. Kleinert, and L. Land, 2006. In D. Browder and F. Spooner (Eds.), *Teaching Language Arts, Math, and Science to Students with Significant Cognitive Disabilities* (p. 200). Baltimore, MD: Paul H. Brookes Publishing Co., Inc. Adapted by permission.

2. 수학 교수의 일반적 원리와 방법

교사는 수학의 학습 촉진을 위해 적절한 교수 원리와 방법을 적용할 필요가 있다. 수학 학습을 촉진할 수 있는 일반적 방법으로는 ① 선행학습의 토대 위에 새로운 학습 구축하기, ② 학생의 능동적 참여, ③ 규칙과 개념의 지도, ④ 완전교수, 문제해결 그리고 일반화의 적용, ⑤ 교수 전략의 사용, ⑥ 교수적합화와 능동적 태도의 강화, ⑦ 향상도 점검과 오류 분석 등이 있다.

1) 선행학습의 토대 위에 새로운 학습 구축하기

수학은 학생들의 선행지식 구축을 가장 많이 요구하는 교과 중의 하나이다. 그 이유는 수학의 위계적 본질과 다양한 수학 유형 간의 추론적 이해가 필요하기 때문이다. 그래서 교사가 학생의 선행학습과 지도할 새로운 정보를 연결 지어 주는 일이 중요하다.

선행학습 정보를 새로운 정보에 효과적으로 연결하기 위해서는 학습할 자료를 논리적이고 조직적인 방법으로 제시하는 일이 우선되어야 한다. 선행 조직자는 수업 시작 전에 교사가 이전에 학습하였던 내용을 그날 새롭게 제시될 새로운 정보와 어떻게 관련지을 수 있는지를 토의하는 방식으로 제시할 수 있다(Bos & Vaughn, 2005).

선행 조직자는 글로 써서 제시할 수도 있다. 교사는 선행 조직자를 제시하면서 새로운 자료가 학생의 일상생활 속 경험이나 지식과 어떤 관계를 갖는지 논의하여야만 한다. 이 과정은 새로운 학습을 생활과 연관 짓는 한편 일반화를 촉진시킬 수 있을 것이다.

2) 학생의 능동적 참여

학습의 성공은 학생이 학습자료에 능동적인 참여를 하는 일과 관련이 있다(Dow, 2006). 능동적 참여는 협력 학습 집단의 다른 학생과의 상호작용, 직접 경험, 자료의 조작, 능동적 참여를 나타내는 다른 활동들에 참여하는 일 등을 포함할 수 있다. 지체장애 학생들의 경우 다른 학생들에 비해 능동적 참여를 촉진하는 일이 어려울 수 있다. 능동적인 참여와 학습을 촉진하기 위해서는 교수적합화가 필요하다. 예를 들면, 학생들이 자료를 조작하기 위해서는 보다 큰 자료가 필요할 수도 있고, 수학 소프트웨어 프로그램을 사용하기 위한 대체 입력기기가 필요할 수도 있다. 또한 상호작용을 강화하기 위한 보완대체의사소통이 필요할 수도 있다. 어떤 경우에는 학생이 자료를 사용하거나 응답하기 위하여 더 많은 시간을 필요로 할 수도 있다. 교사는 이 모든 것이 가능한 교수적합화를 면밀하게 검토한 후 학생과 그 활동에 적절한 방법을 선택하여야 할 필요가 있다.

3) 규칙과 개념의 지도

학생들이 수학 기술의 목표를 효과적으로 익히기 위해서는 학습해야 할 특정 수학 성취기준이 포함하고 있는 규칙과 개념을 파악하여야 한다. 예를 들어, 세기 규칙 중 하나는 한 번에 각 사물을 하나씩 세어 나간다는 것이다. 덧셈의 규칙 중 하나로는 0에 어떤 수를 더하여도 그 결과는 결국 그 수와 같다는 것이다. 규칙을 알면 비슷한 문제를 푸는 데 도움이 된다. 한편 학생이 규칙과 개념의 이면에 있는 이유를 이해하는 일도 중요하다. 이것은 학생이 새로운 문제에 대하여 이미 배운 것의 응용 방법을 이해할 수 있게 도와준다. 많은 개념들은 단계적 교수 절차를 사용하여 지도할 필요가 있다.

(1) 단계적 교수 절차

기초적 수학 기술들을 지도할 때 교사는 구체적 교수(예를 들면, 조작물의 사용), 반구체적 표상적 교수(예를 들면, 사물을 제시할 때 그림이나 사진을 사용), 추상적 교수(예를 들면, 수나 상징의 사용)라는 3단계 교수 과정을 사용함으로써 학생들의 능동적 참여를 강화할 수 있다. 이런 단계적 교수 절차는 구체적–반구체적–추상적(CSA)으로 이루어지는 절차 또는 구체적–표상적–추상적(CRA) 절차를 거친다(Maccini, Mulcahy, & Wilson, 2007). 이런 절차는 수, 분수, 계산 기술, 대수의 학습 등 많은 수학 기술 지도에서 사용할 수 있다. 예를 들면, 덧셈 문제를 풀고자 할 때 먼저 구체적 수준에서 학생에게 입체를 조작해 보게 할 수 있다. 반구체적(혹은 표상 단계) 수준에서는 그림으로 된 물체를 더하게 하거나 이해를 촉진할 수 있는 물건들을 더하여 그리는 방법으로 지도할 수 있다. 추상적 수준에서는 물체나 그림 없이 문제를 해결하게 할 수 있다. 이런 절차들은 새로운 개념을 지도할 때마다 반복되는 일이 많다. 예를 들면, 학생이 CSA를 통해 가감산을 학습하여 현재 추상적 수준에 이르렀다고 하더라도 다시 곱셈을 학습하려고 할 때에는 구체적 수준에서 학습을 하는 경우가 종종 발생한다. CSA 절차는 학생들이 수학 개념의 이해를 촉진할 수 있도록 능동적인 사물 조작에서 시작하여 새롭게 도입되는 각각의 수와 수학적 개념의 추상적 사용이 이루어지는 단계로의 점진적인 이행을 가능하게 한다.

4) 완전교수, 문제해결 및 일반화

수학교수에서 중요한 세 가지 원리는 완전학습 지도, 문제해결의 촉진, 일반화의 교수다. 완전학습은 교수와 학습이 이루어진 기술에 대한 자동화 수준이라고 할 수 있다. 다른 말로 하면 이 학습이 이루어진 학생은 주저 없이 답하는 것이 가능하다(Mercer & Mercer, 2005). 표적 기술에 대해 자동성을 획득하게 되면 보다 높은 수준의 문제 풀이를 위한 토대가 형성됨은 물론 시간이 제한된 평가에도 참여할 수 있게 된다. 교사는 학생이 완전학습에 도달할 수 있도록 노력하여야 한다.

학생이 완전학습에 도달하는 것도 중요하지만 각각의 수학 성취기준에 포함된 모든 형태의 수학 문제에 노출될 수 있도록 하는 것도 중요하다. 이를 통하여 학생들은 알지 못했던 문제나 상황에 숙달될 수 있도록 그 기술들을 적용하는 방법에 관하여 학습하여야만 한다. 수학적 문제 해결은 학생이 새로운 문제에 자신의 수학 기술을 적용할 수 있도록 지도하는 일이라고 할 수 있다(Fuchs et al., 2006). 문제해결 촉진 전략은 학생이 문제를 인지하고, 전략을 수립하며, 그 문제 속의 수학적 관계를 파악하고, 그 문제를 해결하는 데 필요한 수학 지식을 결정하는 일을 포함한다(Mercer & Mercer, 2005). 개념기반 교수(개념확장 교수)는 개념 속에 포함된 문제를 해결하는 첫 단계의 지도나 그 개념에 속하는 매우 피상적인 수준의 문제를 다양화해 보고자 할 때 사용할 수 있다(예를 들면, 쿠키 10개 중 3개를 먹은 것과 같은 단순한 문제는 사탕 5개를 갖고 있다가 2개를 먹은 것과 같이 변형할 수 있다). 다음으로 교사는 개념을 정의할 수 있는 문제의 구조적 특성을 계속 강조하면서 보다 도전적인 피상적 특성을 다양화하여 제시한다(Fuchs et al., 2006).

일반화는 학생이 처음 지도한 것과는 다른 상황에서도 표적행동을 수행하는 능력이라고 할 수 있다. 바꾸어 말하면, 다양한 자료나 사람, 배치, 수업에서 표적행동을 수행할 수 있을 때 그 학생은 표적행동을 일반화할 수 있다고 말할 수 있다(Alberto & Troutman, 2006). 학생은 자신이 학습하였던 수학적 개념을 실제 생활이나 다른 상황에서 응용하는 데 어려움을 겪는 경우가 많다. 일반화를 촉진하는 방법에는 다양한 상황(예를 들면, 다른 자료)에서 표적 개념 지도하기, 일상생활과 수학을 연관 짓기, 문제해결 기술을 강화하기 등이 포함된다.

5) 교수 전략

지체 · 중복장애 학생들의 경우 지적 능력과 운동능력에서 매우 다양한 차이를 나타낸다. 따라서 교사는 학생들의 개인적 차이를 인식하고 각각의 학생에게 효과적인 교수적 실천사항을 사용한 교수를 제공하여야 한다. 여기에는 명시적 수학 교수, 학습 전략, 촉진자를 활용한 체계적 교수 등이 포함될 수 있다.

(1) 명시적 수학 교수

명시적 수학 교수는 교사가 주도하는 교수법으로 여러 가지 요소로 구성되는 체계적인 교수법이라고 할 수 있다. 이 요소에는 ① 시범-안내된 연습-독립된 연습 모형, ② 고도로 조직화된 단계의 제시, ③ 이해 점검하기, ④ 긍정적인 학생 성과 강조하기 등이 있다(Christenson, Yesseldyke, & Thurlow, 1989; Mercer & Miller, 1992).

시범-안내된 연습-독립적 연습 모형은 3단계로 구성되는데 이 단계들이 모여 명시적 교수라는 전체가 된다(Dimino, 2007). 이 방법에서는 교사가 그날 수업의 표적이 무엇인지 시범을 보인 후, 안내된 연습을 하는 동안 학습할 개념에 대하여 학생을 지원하고 세심하게 도와준다. 안내된 연습에서는 교사가 정확한 모델 또는 단계별 절차 제시와 같은 다양한 촉진자들을 사용할 수 있다. 이런 수업 형태는 일반적으로 능동적인 참여를 촉진시킬 수 있는 상호작용, 교사에 의한 면밀한 관찰, 즉각적인 교정 피드백 형태를 띤다. 마지막 단계인 독립적 연습에서는 학생이 교사의 지원이나 안내가 없이 기술을 연습하지만 필요할 때마다 교사로부터 피드백을 제공받을 수 있다.

두 번째 요소는 고도로 조직화된 단계의 제시다. 이것은 학생에게 가르치기 위하여 사용할 방법과 정보의 제시가 논리적이고 지속적인 위계를 가질 수 있도록 확실한 계획을 수립하여야 한다. 이 제시 방법에서는 표적 기술을 확인하고 그 기술의 중요성과 유용성을 강조한다. 이 기술의 적용 방법도 토의한다. 또한 고도로 조직화되어야 할 부분에는 수학적 용어에 대한 고려를 포함한다.

수학에는 같은 의미를 가진 다양한 용어가 사용되는 경우가 많다(예를 들면, 감하다, 빼다, 덜어 내다). 그러므로 교사가 앞에서 쓴 용어와 뒤에서 쓴 용어를 바꿀 경우 학생들은 혼란에 빠지게 될 수 있다. 교사들은 사용하기로 계획한 용어를 선택한 후 그것만을 계속해서 사용하여야 할 필요가 있다(Miller & Hudson, 2006).

이해 점검하기는 체계적이고 명료한 교수의 세 번째 요소이다. 교사는 학생이 지시와 과제를 이해하고 있다고 가정해서는 안 된다. 학생의 이해를 정확하게 파악하기 위하여 정기적인 점검을 실시한다(Good, 1983). 잦은 질문은 이해의 점검에서 중요한 부분이다. 학생이 질문에 정확하게 답하지 못하면 교사는 즉각 피드백을 제공하고 개념을 다시 지도한다.

마지막 요소는 학생의 긍정적인 성과 강조하기이다. 교사는 학생이 높은 동기를 유지하도록 노력한다. 긍정적 강화는 칭찬, 스티커, 활동 혹은 다른 형태의 강화물로 제공하는 경우가 많다. 학생의 이해를 돕고 동기를 강화하기 위해서 현실에서 적용할 수 있는 사항을 교수 속에 포함시키는 일도 중요하다(Miller & Hudson, 2006).

(2) 학습 전략

학습 전략들은 학생의 학습과 문제해결, 독립적인 과제해결을 도와주는 모든 기법을 말한다(Mercer & Mercer, 2005). 이것들은 일반적으로 교사가 가르치는 특정 교수기법으로서 보다 잠재적인 교수의 형태들로 구성된다. 이들 학습 전략으로는 운율법, 기억전략, 자기교수, 자기점검(초인지를 포함) 등의 사용을 들 수 있다.

수학 교수에서 아주 일반적으로 사용되는 학습 전략 중 하나는 노래나 운율을 사용하여 수학의 개념을 학습하도록 지도하는 것이다. 어린 학생들은 "1-2-3-4-5, I caught a bee alive, 6-7-8-9-10, I let it go again!"와 같은 노래를 가르칠 수 있다. 보다 높은 학년 학생들의 경우 "1-2-3-4, Who are we rooting for? 5-6-7-8, Who do we appreciate(가장 선호하는 팀 이름 말하기), 9-10, Do it over again" (Horstmeier, 2004)과 같은 노래로 가르칠 수 있다. 비구어 학생이나 보완의사소통 기기를 사용하는 학생의 경우에는 도구 속에 미리 세기 노래(counting songs)의 다양한 구절을 입력해 둘 수 있다.

다른 학습 전략으로는 기억전략의 사용이 있다. 기억전략은 이미 알고 있는 정보나 쉽게 기억할 수 있는 정보에 새로운 정보를 연결하는 일이 일반적이다. 여기에는 운율법, 쌍연합법, 시각화 방법, 첫 음절법, 단어 간의 규칙활용법 등 여러 가지 방법이 포함된다. 예를 들면, 첫 글자 기억법은 각각의 단어에서 첫 글자를 따서 하나의 단어를 만든다. 기억전략에서 'LAP' 이라는 약자는 '분모와 연산 부호를 보자(Look at denominator and sign)' '가장 큰 분모는 가장 작은 분모로 몇 번 나눌 수 있는지 스스로 물어 보자(Ask your self if the smallest denominator will divide into the largest denominator an even number of times)' '분모가 똑같은 연산 형태, 분모끼리 나누어 떨어지는 형태, 분모끼리 나누어 떨어지지 않는 형태 중 어느 것인지 말해 보자(Pick your fraction type)'로 풀이된다(Test & Ellis, 2005). 또 다른 첫 글자 기억법으로는 'Please Excuse My Dear Aunt Sally'와 같은 구절을 사용하는 방법이 있다. 이 방법은 연산의 순서(괄호, 지수, 곱셈, 나눗셈, 덧셈, 뺄셈의 순)를 제시하여 준다.

효과적인 기억전략 교수법에는 기억전략의 각 단계를 세밀하게 시범을 보인 후, 토론하고, 그것을 사용한 충분한 연습을 하도록 하는 방법을 포함한다(Miller & Mercer, 1993a). 학생이 기억전략을 기억하는 데 혼란을 피하기 위하여 전략의 각 단계를 자동화된 수준으로 수행하도록 충분한 연습 기회를 제공하여야 한다. 또한 기억전략을 활용하도록 학생을 지도하는 것도 중요하다. 여러 가지 문제를 통하여 기억전략을 사용하는 충분한 연습을 하게 하는 방법은 기억전략의 응용을 지도하는 데 도움을 준다.

수학 학습을 촉진하기 위하여 사용되는 다른 학습 전략에는 자기교수가 있다. 이 전략의 목적은 내적 언어의 개발을 통하여 사고와 행동을 개선하는 데 있다. 자기교수에는 여러 가지 방법이 있기는 하지만 보통은 네 단계로 구성된다. 첫째, 교사가 과제를 단계별로 소리를 내어 가며 수행한다. 둘째, 학생이 교사가 소리 낸 것을 따라 하며 과제를 수행한다. 셋째, 학생이 작은 소리로 자기교수를 하면서 과제를 수행한다. 넷째, 학생은 내적 언어를 사용한 자기교수로 과제를 수행한다(Fulk, 1992; Meichenbaum, 1997).

학습 전략은 자기점검과 초인지와 같은 광범위한 기법을 포함한다. 자기기록하기, 자기평가하기, 자기강화하기는 수학의 수행을 촉진하는 데 사용할 수 있는 자기점검하기의 세 가지 형태다. 한 연구(Uberti, Mastropieri, & Scruggs, 2004)에서는 교사가 각 학생별 어려움에 따른 오류 분석에 기반한 자기점검표를 사용하였다. 이 연구에서는 학생들이 수학과제를 성공적으로 완성하기 위하여 학습 집단을 재편성하고, 수학문제와 관련한 교수에서 이 자기점검표를 사용하게 하였다. 그리고 이 전략은 성취 수준의 향상이라는 결과를 보였다.

자기점검은 초인지 전략과 혼합할 수 있다. 초인지란 자신의 사고과정에 대한 인식과 조절을 말한다. 초인지는 두 가지 영역으로 구성되는데 초인지적 지식과 자기조절이다. 초인지적 지식은 필요한 전략을 알고 사용할 수 있는 능력이다. 초인지적 지식은 세 가지 형태의 지식으로 나눌 수 있으며, 선언적 지식(사실, 규칙, 개념, 전략들에 대한 지식), 절차적 지식(선언적 지식의 사용법에 관한 지식), 상황적 지식(언제, 왜 전략을 사용해야 하는지에 대한 지식)이 그것이다(Dimino, 2007). 예를 들면, 초인지 전략에서는 자신에게 "나는 무엇을 하고 있지?" "나는 왜 이 일을 하고 있지?" "이것은 내게 어떤 도움이 되지?"와 같은 질문을 끊임없이 계속한다. 초인지 전략은 단어 문제나 복잡한 수학 문제를 푸는 데 도움이 된다. 학생이 자신이 생각하고 있는 것을 생각하게 하는 일, 그들이 하고 있는 것과 그 전략을 사용하는 이유를 생각하게 하는 일은 보다 효과적으로 수학 학습을 도와줄 수 있을 것이다.

(3) 촉진자를 사용한 체계적 교수

어떤 학생들에게는 촉진자를 사용한 체계적인 교수가 도움이 된다. 이는 과제를 각 단계별로 나누고(과제분석), 선행 촉진자나 반응 촉진자를 사용한다(Alberto & Troutman, 2006). 선행 촉진자는 학생의 올바른 반응을 유도하기 위하여 원래의 단서 위에 주의를 집중할 수 있는 자료를 추가하거나 대체(예를 들면, 색상 추가, 크기 확대, 그림 추가)하는 것이다. 예를 들면, 받아올림이 있는 두 자릿수와 두 자릿수 덧셈을 학습할 때 교사는 수의 자리(받아올리는 수를 포함하여)를 나타낼 수 있는 세로선을 그어 줄 수 있다. 시간이 경과하여 그 선이 필요없어질 경우 제거한다. 또 다른 예로 동일한 연산 문제를 모두 완성해야 하는 학생(예를 들면, 모든 뺄셈 문제나 혹은 모든 덧셈 문제)에게는 교사가 모든 뺄셈 부호에 동그라미를 그려 주는 선행 촉진자가 필요할 수 있다(혹은 학생들에게 그것을 하도록 지도할 필요가 있을 수 있다; Fahsl, 2007).

반응 촉진자는 학생이 운동 혹은 언어적 반응을 하도록 안내나 지원을 제공한다. 반응 촉진자에는 구어적 촉진자, 그림 촉진자, 몸짓, 시범, 부분적인 신체적 촉진자 그리고 전체적인 신체적 촉진자 등으로 구분할 수 있다. 예를 들면, 교사는 최소 촉진자 체계라고 알려진 촉진체계의 사용을 결정할 수 있다. 이 반응 촉진자 전략은 원하는 행동이 성취될 때까지 점차 보다 개입적인(intrusive) 촉진자들을 사용한다. 예를 들면, 교사가 은식기를 분류하는 일을 통하여 조기 수학 기술을 지도하고자 할 때 학생에게 적용할 수 있는 가장 적절한 촉진자를 선정하기 시작한다. 교수는 "은식기(silverware)"라는 교수 단서를 제공하면서 시작한다. 만약 학생이 반응을 보이지 않을 경우 교사는 "숟가락에 이 숟가락을 놓아 보자"와 같은 구어적 단서를 제공한다. 그럼에도 학생이 반응을 보이지 않으면 교사는 구어적 단서와 더불어 몸짓과 같은 다음 촉진자를 제공한다. 그리고 학생이 표적행동을 성취할 때까지 계속해서 보다 개입적인 촉진자들을 계속해서 제공한다. 학생의 부정확한 반응에 대해서는 오류 교정 절차를 시행한다(예를 들면, 올바른 숟가락 묶음 속에 숟가락을 놓도록 학생에게 안내하는 일). 학생이 정확한 반응을 할 경우 강화(예를 들면, 칭찬)를 제공한다. 이 책의 제6장에서는 촉진을 비롯한 다른 형태의 지원에 대한 추가 정보를 제공하고 있다.

6) 교수적합화 및 태도

지체 · 중복장애 학생들은 대부분 수학 교수에서의 교수적합화가 필요하다. 〈표 16-3〉은 지체장애 학생들을 위한 여덟 가지 교수적합화의 범주를 나타낸다. 〈표 16-3〉에서 여덟 가지 범주는 ① 물리적 환경의 교수적합화, ② 맞춤형 도구/보조공학의 사용, ③ 학생의 반응 방법 변경, ④ 대체 자료 및 활동, ⑤ 팀워크, ⑥ 교수적 조정, ⑦ 행동관리, ⑧ 대체 교육과정이다(Heller, Dangel, & Sweatman, 1995). 특정 수학과제의 해결을 위하여 어떤 학생들은 단지 한 가지 범주의 교수적합화가 필요하지만, 어떤 학생들은 여러 가지 범주에서 교수적합화를 필요로 할 수도 있다. 교수적합화에 대한 학생의 개인적 요구는 적용 효과를 평가하여 결정하여야 한다.

교사들의 태도는 적절한 교수적합화를 사용하는 것만큼 중요하다. 교사들은 학급 내 모든 학생들이 긍정적인 태도를 향상할 수 있도록 주의를 기울여야 한다. 학급에서는 성(性), 문화 혹은 장애에 대한 편향이 발생하지 않도록 해야 한다. 교사가 적절한 교수적합화를 실시하고 편향에 주의를 기울이려는 의지는 지체 · 중복장애 학생을 위한 효과적인 수학 교수를 강화한다.

7) 향상도 점검 및 오류 분석

학생에게 필요한 적절한 중재가 제공되는지, 학생이 표적 자료를 학습하고 있는지 여부를 결정하기 위해서는 교수효과를 지속적으로 평가하는 일이 중요하다. 교수효과의 평가는 일반적으로 향상도 점검과 오류 분석을 통하여 이루어진다. '향상도 점검'이라는 용어는 교사가 학생의 학업적 성취에 관한 형식적 척도(regular bias)로서 자료를 수집하고, 이 자료를 교수적 결정을 위해 사용하는 형성평가 방법이라고 할 수 있다(Foegen, 2006). 이 점검 방법은 교육과정 기반 평가, 교육과정 기반 측정, 특정 기술 측정, 정확한 교수 등 다양한 형태로 이루어질 수 있다. 어떤 형태의 향상도 점검을 사용하건 상관없이 학생을 자주 평가하여야 하며, 자료는 학생이 나타

〈표 16-3〉 지체 · 중복장애 학생들의 수학 교수를 위한 교수적합화

수정 범주	지체 · 중복장애 학생을 위한 교수적 수정	수학 수업에서의 예
물리적 환경	접근이 가능한 환경으로 수정한다.	학생이 보기 편하게 칠판 가까이 앉게 하거나 통로의 폭을 넓혀준다.
맞춤형 도구/보조공학(AT)	지체 · 중복장애를 보상할 수 있는 보조공학 또는 도구를 사용한다.	학생이 덧셈의 받아올림을 하게 위하여 소프트웨어 프로그램을 사용한다.
학생 반응	대체 반응 또는 시간을 더 주는 것과 조정된 반응을 사용한다.	학생이 선다형 문항에 눈 응시로 반응하거나 답을 적는다.
대체 자료/활동	학생이 접근할 수 있거나 학습을 촉진할 수 있는 자료나 활동으로 변경한다.	신체적 조작이 가능하도록 자료를 크게 만든다.
팀워크	과제의 신체적인 면을 지원할 수 있는 팀으로 지도한다.	지체장애 학생은 급우와 함께 기하학적 도형을 그린다.
교수적 조정	교사는 학생의 요구에 맞게 수업을 조정한다.	교사는 학생이 수학 기술을 완전히 익힐 수 있도록 보다 많은 반복과 안내된 연습을 제공한다.
행동관리	학습된 무기력을 제거하고 학습을 촉진하기 위하여 독립심을 향상시키고 동기 전략을 제공한다.	교사와 학생은 목표를 수립하고, 학생은 곱셈표의 학습을 위한 강화물을 제공받는다.
대체 교육과정	교육과정을 학생의 요구에 맞게 변경한다.	교육과정을 기능적 수학 교육과정으로 변경한다. 학생이 특수 수학 보조공학을 사용하는 방법에 관한 학습을 할 수 있도록 교육과정을 수정한다.

내는 명확한 오류를 판단하기 위하여 면밀하게 조사하여야 한다. 이런 폐쇄적 평가를 오류 분석이라고 한다.

교사는 보통 학생의 오개념을 교정하고, 교수를 향상시키고자 학생이 나타낸 수학적 오류를 분석한다(Mastropiere & Scruggs, 2002). 교사는 오류 분석을 통해 오류의 원인과 중재적 혹은 교정적 교수가 필요한지를 결정할 수 있다(예를 들면, 보충 교수, 전략, 교수적합화, 혹은 지원의 제공). 학생들의 오류 중 대부분은 '더 큰 수에서 더 작은 수(smaller from larger: SFL)'를 빼는 오류나 '0에서 빌려오는(borrow across zero: BAZ)' 오류와 같은 뺄셈 오류와 같이 지속적이고 체계적인 것이다(Riccomini, 2005). 따라서 교사들은 학생이 수행한 내용을 면밀히 살펴보고, 교정이 요구되는 형태를 조사한다. 학생이 지체장애가 있을 경우, 교사는 오류의 원인이 학생의 학습 문제보다는 운동과 연관된 것이 아닌지 알아보기 위하여 어떻게 문제를 풀고 있는지를 살펴볼 필요가 있다. 예를 들면, 지체장애 학생은 소근육운동의 비정상으로 인하여 올바른 행에 글을 쓰기 어렵기 때문에 오류를 나타낼 수 있다. 따라서 이런 학생의 경우 소근육운동 문제를 보상할 수 있도록 문제 풀이를 위한 공간을 보다 넓게 해 주거나 컴퓨터 프로그램을 사용하게 할 수 있다.

3. 기초 수학 기술

학생에게 계산 기술과 같은 보다 난이도 높은 기술을 가르치기 위한 강력한 토대가 되는 기초 수학 기술에는 여러 가지가 있다. 이런 기술들은 수 이전 기술, 수 세기, 수와 자리값의 세 가지 범주로 구분할 수 있다.

1) 수 이전 기술

지체 · 중복장애 학생들은 수 이전 기술이 부족한 상태에서 학교에 입학하는 경우가 많다. 특히 학생이 소근육운동 능력이 부족하거나 비구어를 사용할 경우에는 더욱더 그러하다. 따라서 교사는 학생이 능동적으로 참여할 수 있는 적절한 수정을 통하여 이런 기술을 지도하는 것이 중요하다.

(1) 일대일 대응

일대일 대응은 하나의 세트에 있는 하나의 수가 두 번째 세트의 하나의 수와 정확히 대응하는 관계라고 정의할 수 있다(Harris & Hodges, 1995). 일대일 대응은 발에다 양말을 신는 일, 테이블 위에 한 사람당 접시를 한 개씩 배분하는 일, 학생에게 각각 한 권씩 책을 분배하는 일, 탄산음료를 사기 위해 각각 25센트씩 올려 주는 일, 수 세기에서 한 물건에 하나의 숫자만 지정하는 일, 인쇄된 단어 하나에 하나의 구어를 대응시키는 일과 같은 광범위한 과제에 사용된다. 이런 중요한 개념을 습득하지 못한 학생은 보다 고차적인 수학 기술을 개발하기 어려울 것이다.

교사는 학생이 한 사람 또는 물건 한 개당 다른 하나를 짝짓는 활동에 참여할 수 있도록 함으로써 이런 개념을 가르칠 수 있다. 각각의 학생에게 수업자료를 한 세트식 나누어 주거나 간식 시간에 학생별로 주스를 하나씩 나누어 주는 등의 일상적인 활동을 포함할 수도 있다. 원이나 정사각형 속에 하나의 물건을 넣어 보게 하거나 물건과 짝을 지어 보게 하는 일도 포함된다. 부족한 운동 조절 능력을 가진 학생들은 바르게 놓기 위하여(예를 들어, 이것은 여기로 가야 할까?, 다른 것을 하나 여기에다 둘까?, 이것을 여기 아니면 여기에 둘까?) '예, 아니요'로 응답하거나 혹은 각 물건을 놓아야 할 곳을 눈 깜빡임으로 표현할 수 있다.

(2) 물체의 변별과 분류

학생의 물체 인식 촉진과 물체 분류 학습의 토대를 마련하기 위해서는 물체의 변별(이것은 나중에 수의 변별로 이어진다)이 이루어져야 한다. 중도의 지적장애 학생들의 경우 제시된 사물에 주의를 기울이지 않을 수 있다. 그들은 일대일 대응을 학습할 수는 있으나 사용된 사물에 대해 실제적인 주의를 기울이지 않을 수 있다. 교사들은 주어진 사물의 특성에 대해 학생의 주의를 끌 수 있도록 할 필요가 있다. 이것은 사물 인식(예를 들면, 숟가락, 컵)에 대한 교수, '같음과 다름'의 개념에 대한 교수(예를 들면, 이 두 개는 같은 것인가?) 또는 간단한 대응하기(예를 들면, 같은 것끼리 놓아 보자 혹은 이 컵과 같은 컵을 찾아 놓아 보자)를 통해 가능하게 된다.

교사는 보통 한 곳에서 볼 수 있지만 매우 다른 2개 혹은 3개의 물체를 제시함으로써 물체 인식을 지도하기 시작한다. 그 물체들은 보통 크기나 모양, 색상 등이 매우 다르다. 예를 들면, 컵과 숟가락은 보통 한 곳에서 발견할 수 있다. 교사는 컵을 찾아보라고 하면서 물체 인식을 지도하기 시작한다. 교사는 포크와 숟가락의 차이점을 찾아보는 것으로 교수를 시작하지는 않는다. 왜냐하면 그것들은 매우 비슷하게 생겼기 때문이다.

'같다와 다르다'라는 개념을 지도할 때는 각 물체를 쌍으로 제시하며 시작하는 것이 일반적이다. 몇 가지 쌍은 똑같은 물체지만 다른 쌍들은 모양이나 색상, 크기 등을 매우 다르게 한다. 교사는 같다와 다르다는 개념을 체계적으로 지도하여야 한다. 예를 들면, 교사는 학생의 주의를 유도한 후 첫 번째 물체를 제시하고 "이건 공이야"와 같이 말한다. 그리고 두 번째도 똑같은 물체를 제시하며 "이것은 공이야. 이것과 저것은 서로 같은 물건이야"와 같이 말해 준다. 서로 같은 물체뿐만 아니라 서로 다른 물체들에 대한 예시도 여러 가지 보여 준다. 교사가 각 물체의 쌍을 보여 주며 "이것들은 서로 같은 것인가?" 하고 물어보면 학생은 "예 혹은 아니요"라고 대답한다. 교사는 학생에게 같은 물체를 지적해 보라고도 할 수도 있다.

대응하기는 같음과 다름의 지도를 확장한 것이다. 대응하기는 학생에게 2~4개의 물체를 나열한 후 그 물체 중 하나와 같은 물체를 제시해 준다. 그리고 학생에게 나열된 물체 3개 중 하나와 제시된 물체를 대응시키는 방법을 지도한다. 학생에게는 "대응하다" 혹은 "같은 물체에 놓는다"와 같은 용어를 지도한다.

학생이 물체들을 변별하고, 그것들을 대응시킬 수 있게 되면 교사는 분류를 지도할 수 있다. 분류란 물체를 한 가지 혹은 그 이상의 속성에 따라 무리 짓고 변별하는 일이다. 학생이 색상이나 모양, 크기와 같은 속성으로 무리 짓는 일을 익히는 것은 수 이전 기술에서 매우 중요하다. 그 이유는 그것이 공통된 속성에 초점을 맞추고 있으며 학생에게 보다 큰 수의 무리에서 물체를 덜어 내서 보다 작은 수의 무리에 포함시키는 일을 가르치기 때문이다(Bos & Vaughn, 2005). 처음에는 크고 둥근 공과 작고 푸른 블록과 같이 변별 속성의 차이가 큰 것으로 지도한다. 학생이 다양한 성질에 따라 분류할 수 있게 될 때까지 점점 변별 속성의 차이를 작게 한다. 학생이 신체적 운동능력이 부족하여 물건을 분류하기 어려운 경우 질문에 대하여 눈 응시, AAC 혹은 '예, 아니요'로 대답하게 할 수 있을 것이다.

(3) 서술적 비교

양을 비교하는 능력의 지도는 수 인식과 수 세기를 위하여 중요한 단계이다. 비교는 크기, 수와 같은 광범위한 속성에서 이루어질 수 있다. 아동에게는 누가 더 많이 혹은 더 적게 또는 같이 가졌는지를 알아볼 수 있도록 물건의 비교 방법을 지도할 수 있다. 또한 어느 것이 더 크고 작은지, 더 길고 짧은지, 더 키가 크고 작은지, 더 두껍고 얇은지 혹은 더 밝고 어두운지, 더 넓고 좁은지를 알아볼 수 있도록 비교하여 볼 수도 있다. 비교를 하기 위하여 학생은 '더 큰'과 같은 용어를 이해할 필요가 있다. 경험적 배경의 차이 때문에 많은 학생, 특히 장애가 있는 학생들은 이들 용어들이나 기본 개념의 학습이 어려울 수 있다. 따라서 이런 학생들이 중요한 특성을 사용하는 방법과 부적절한 성질을 무시하는 방법을 학습할 수 있도록 각각의 개념을 포함하는 보기들이 많이 제공되어야 한다.

어떤 학생들은 수학 개념의 학습을 위해 AAC 도구에서 자신이 사용하던 상징을 사용할 수 있을 것이다. 수학 수업에서 이런 상징의 교수는 수업 목표의 성취를 높일 수 있다. 예를 들면, [그림 16-1]과 같이 질문을 상징 형태로 인쇄하여 제시할 수 있다. 이 자료는 AAC 상징의 학습과 '보다 많은'이라는 개념을 혼합한 것이다.

[그림 16-1] 수학 지도를 위하여 사용할 수 있는 상징

교사 유의사항: 그림과 단어를 지적하며 학생과 함께 문제를 읽는다. 가능하면 실물과 실제 상황을 사용한다. 필요할 경우 시범을 보이거나 물건의 방향을 바꾸어서도 해 본다.

© 1994 by the Mayer-Johnson Co. This page may be copied for instructional use.

출처: *Math Exercises for Non-Readers* by A. M. Johnson. © 1994, Mayer-Johnson, Inc., P.O. Box 1579, Solana Beach, CA 92075. Reprinted with permission.

(4) 순서

순서는 물건들의 특성에 따른 배열이다. 순서는 크기, 높이, 길이, 무게, 색, 수를 망라하여 이루어질 수 있다. 예를 들면, 물건은 큰 것에서 작은 것, 긴 것에서 짧은 것, 가벼운 것에서 무거운 것, 어두운 것에서 밝은 것, 가장 적은 수에서 가장 많은 수로 배열할 수 있다. 학생이 표적개념(예를 들어, 크기, 높이, 길이, 무게, 색, 수)을 이해하게 되면 교사는 그것들과 크기만 다른 물건을 몇 개 준 후 가장 작은 것을 책상 제일 위쪽에 놓아 보라고 하고, 두 번째로 작은 것을 그 옆에 놓으라고 한다. 그리고 가장 큰 것은 마지막에 놓도록 한다. 교사는 물체의 수와 다양한 속성으로 지도를 확장할 수 있다. 지체장애 학생들은 다음 차례에 놓아야 할 물건을 지적하고 다른 사람이 그것을 그 자리로 옮겨 줄 수 있을 것이다. 무게와 같은 특성은 학생이 들어 보거나 무게의 차이를 느끼게 지도하는 일이 중요하다. 만약 학생이 물건을 들 수 없다면 무게의 차이가 큰 물건을 팔 위나 다리 위에 올려 차이를 느낄 수 있게 한다(이 때 구축된 부분에 긴장이 일어나지 않도록 주의한다).

2) 수 세기

(1) 무의미 수 세기(기계적인 세기)

무의미 수 세기의 학습은 아동들이 수의 이름과 수의 순서를 알게 한다. 구어를 사용하는 아동은 대부분 모델이 되는 사람이 수를 세는 것을 듣고 그 방법을 반복하여 연습한다. 학생에게 "어디까지 셀 수 있니?" 라고 물어보면 학생이 이 기술의 어느 범위까지 알고 있는지를 확인할 수 있다. 숫자를 기억하기 어려운 학생들에게는 기억을 촉진할 수 있는 징글이나 찬트를 만들어 줄 수 있다(알파벳 문자를 기억하기 위한 알파벳 노래와 비슷한). 비구어를 사용하는 학생의 경우 마음속으로 수를 소리 내어 세어 보라고 함으로써 무의미 수 세기를 평가할 수 있다(즉, 내적 언어를 사용하여). 교사는 어느 정도까지 학생과 함께 세다가 "다음 수가 무엇이지?" 라고 물어본다. 교사는 학생이 선택할 수 있는 보기를 구어로 제시한다. 학생이 AAC 도구 위의 숫자나 숫자표 위의 숫자를 선택하는 일은 무의미 수 세기와는 다른 기술로서 말해진 숫자와 그에 대응하는 숫자를 일치시킬 수 있어야 한다. 숫자 인식은 반드시 가르쳐야 할 중요한 과제이지만 무의미 수 세기와는 다른 과제이다.

(2) 합리적 수 세기

합리적 수 세기는 숫자의 이름을 바르게 대면서 물건을 세는 기술이다. 학생에게 물건을 세는 방법을 지도하면 학생들은 자신들이 세고 있는 물건의 순서에 따라 수의 이름을 일대일 대응하는 학습을 한다. 중도의 구어손상 학생들은 내적 언어를 사용한다. 교사는 학생들의 기억을 강화할 수 있도록 자신에게 말하기 위한 찬트나 징글을 사용해서 가르칠 수 있다. 비구어를 사용하는 학생이나 아직 숫자를 익히지 않은 학생에게는 구어로 된 선다형 보기를 제공한 후 정답을 선택하도록 할 수 있다.

보통 어린 유아들이 세기를 하고 있을 때는 물체를 만지거나 지적할 수 있도록 해 준다. 그리고 그들이 보다 능숙하게 셀 수 있게 되었을 때는 시선고정 전략(eye fixation strategy)을 사용한다. 어떤 학생들은 시선고정 전략을 사용하기에 너무 일러 물체를 건너뛰어 버리거나 하나의 물체를 두 번 세는 등의 세기 오류를 나타낸다. 이렇게 되면 다시 지적하기 전략을 사용함으로써 오류를 방지할 수 있다(Bashash, Outhred, & Bouchner, 2003). 지체장애 학생들에게는 물건을 조작할 수 있는 기회를 제공하는 일이 중요하다. 학생들이 시각고정 전략을 습득할 때까지 물건들을 조작할 수 있도록 물건을 수정하는 방법을 발견하는 일은 중요하다. 교수적합화에는 쉽게 잡을 수 있도록 손잡이가 달린 큰 물건으로 변경하는 일, 물건을 연속적으로 내려놓도록 하는 일, 혹은 컴퓨터 스크린상에서 물건을 이동하는 일 등이 포함될 수 있다. 반구체물을 사용할 경우에는 지체장애 학생들이 지적하거나 지울 수 있는 정도의 적절한 공간을 두고 사물을 재배치하여 그려 줄 필요가 있다. 중도 지체장애 학생의 경우 학생이 세는 것을 교사가 대신 지적해 줄 필요가 있을 수 있다. 학생의 신체 증상이 음성화를 방해할 경우 학생은 자신이 각 물건을 세고 있는 동안 지적하기 위한 운동 형태를 나타내는 것이 중요하다. 예를 들면, 자신의 혀를 제외한 신체운동의 조절이 어렵고 말을 할 수 없는 학생이 각 물건을 셀 때는 혀를 가볍게 앞으로 내밀게 할 수 있다.

교사는 학생의 합리적인 수 세기에 더하여 수 감각을 강화시킬 필요가 있다. 한 연구(Okamoto & Case, 1996)에 따르면 오류 없이 5까지 셀 수 있는 학생도 더 큰 수에 대해서는 알지 못하는 것으로 나타났다. 셀 수 있게 된다는 것이 반드시 학생이 양의 변별 개념(예를 들어, 어느 것이 더 많지? 어느 것이 더 큰 수일까?)을 이해한다는 의미는 아니다. 교사는 양에 대한 핵심 개념과 수들의 의미를 지도할 필요가 있다(Gersten, Jordan, & Flojo, 2005).

(3) 패턴을 통한 세기

학생은 특정한 수를 나타내는 점의 패턴에 관하여 학습하여야 할 경우가 많다. 예를 들어, 주사위를 활용하는 게임을 많이 해 본 학생은 시간이 지날수록 주사위 위의 각 점의 패턴이 하나의 수를 나타낸다는 사실을 학습하는 경우가 많다. 그리고 학생은 시간이 경과하면서 패턴이 보여 주는 수의 순간적 인식에 반복 노출됨으로써 학습할 수 있는 경우가 많다. [그림 16-2]는 가르쳐야 할 여러 가지 패턴을 보여 준다. 지체장애 학생의 경우 패턴 학습은 후속적인 셈하기 기술에 도움을 줄 수 있을 것이다.

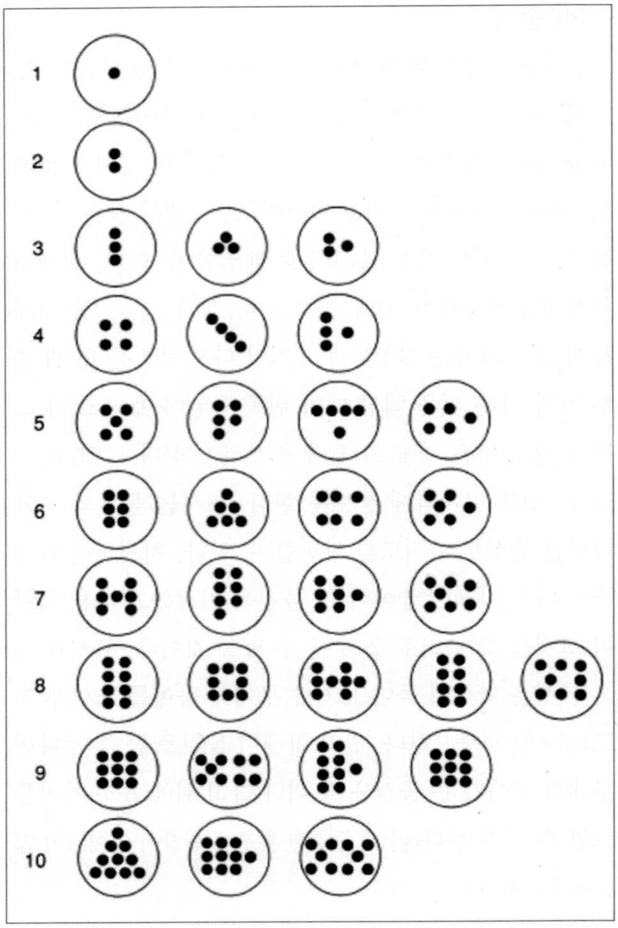

[그림 16-2] 세기에 도움을 줄 수 있도록 수를 제시한 점의 패턴

출처: John A. Van De Walle, *Elementary and Middle School Mathematics: Teaching Developmentally*, 3e. Published by Allyn & Bacon, Boston, MA. Copyright © 1998 by Pearson Education. Reprinted by permission of the publisher.

(4) 이어 세기

학생이 하나(1)에서부터 원하는 수까지 셀 수 있게 되면 하나(1)가 아닌 다른 어떤 수에서 이어 세는 일을 학습하는 일이 중요하다. 예를 들면, 3에서 시작하여 4, 5등으로 이어서 세는 일을 학습할 필요가 있다. 이 기술을 습득하기 위해서는 연습이 필요하겠지만 다음에 덧셈을 학습하는 일에 도움이 될 것이다. 비구어를 사용하는 학생에게도 이 수 다음의 수가 무엇인지를 물어볼 수 있다. 예를 들어, 교사는 "5 다음 수가 무엇이지?" 라고 물어볼 수 있다. 학생은 구어로 제시된 네 가지 수 중에 하나를 고를 수 있다(혹은 학생이 숫자를 알고 있는 경우 숫자를 써서 보여 줄 수도 있다). 학생이 다음 수를 알고 있는지를 평가하려고 할 때 학생이 순차적 형식의 숫자 인쇄물을 갖고 있지 않도록 하는 것이 중요하다. 만약 학생이 순차적인 숫자 인쇄물을 가지고 있는 경우 주어진 수 다음의 수를 지적하는 일이 너무 쉬울 수 있기 때문이다. 이런 유형의 반응은 학생이 다음 수를 정말 알고 있는지를 파악하기 어렵게 한다.

(5) 띄어 세기

띄어 세기는 10씩, 5씩, 2씩 세기와 같이 기본 단위수의 반복적인 세기다. 띄어 세기는 큰 수를 빠르게 셀 수 있도록 할 것이다. 이것은 곱셈의 기초가 되며 거스름돈 세기, 큰 수로 이동하였을 때 10의 자리, 100의 자리 세기 등에 도움을 줄 것이다. 거스름돈 세기에서 나타나는 어려움 중 대부분은 이런 형태의 세기 문제에서 비롯된다.

(6) 세기 교수의 원리

학생들이 효과적으로 수를 셀 수 있는 사람이 되기 위해서는 네 가지 중요한 원리를 학습할 필요가 있다. ① 수별로 일대일 대응, ② 수의 순서, ③ 세기의 순서, ④ 세어진 마지막 수가 총계임을 아는 것이 그것들이다. 첫째, 학생들은 세어야 할 항목에 각각 하나의 수 이름을 붙여야 한다는 사실을 학습해야만 한다. 여기서는 일대일 개념을 사용한다. 둘째, 학생은 수 이름이 항상 고정된 순서로 사용됨을 학습하여야 한다. 즉, 수를 세고자 할 때는 먼저 1에서 시작하여 2로 이행하고, 다시 다음의 수로 이행하여야 한다. 순서를 뛰어넘어 수를 세어서는 안된다. 셋째, 학생은 세어야 할 물건을 어떤 순서로 세어도 된다는 사실을 학습하여야 한다. 학생은 물건을 세는 방법에 정해진 규칙이 없다는 사실을 학습할 필요가 있다. 그들은 위에서부터 물건을 셀 수도 있고, 아래, 오른쪽, 왼쪽, 혹은 자신들 마음대로 골라서 세기를 시작할 수도 있다. 그러나 물건을 빠뜨리고 세는 일을 방지하기 위한 체계적인 세기 방법을 학습해야 하는 학생들도 있다. 넷째, 학생은 사용한 마지막 수가 전체 물건의 개수임을 학습하여야 한다(Reys, Lindquist, Lambdin, & Smith, 2006). 학생들은 이 개념에서 쉽게 혼란을 겪을 수 있다. 예를 들면, 공 4개가 있는 하나의 묶음을 준 후 비구어를 사용하는 학생이 대답할 수 있는 선다형 보기를 주었다고 하자. 교사가 여기에 공이 3개 있는지를 물어보면 학생은 그렇다고 말할 수 있다. 왜냐하면 거기에는 공 3개가 있으며, 단지 공을 모두 세었을 때 4개가 되기 때문이다. 이 개념은 맨 처음에 명확히 하는 일이 중요하다.

효과적인 세기를 위해서는 여러 가지 다른 핵심 개념들도 중요하다. 학생들은 물건을 재배열하여도 그 수가 동일하다는 것을 학습하여야만 한다. 예를 들면, 연필 5자루를 나란히 배열하여 세었을 때나 그것들을 재배열하여 세었을 때도 5자루임을 학습하여야만 한다. 물건의 배열 방법에 상관없이 수가 동일하다는 것을 인식하는 것은 Piaget가 가장 먼저 기술한 보존성의 원리다.

한편 학생들은 0의 개념도 학습하여야만 한다. 그러나 많은 학생은 0의 개념을 학습하는 데 어려움을 나타낸다. 0을 지도하는 한 가지 방법은 다음과 같다. 먼저 교사는 학생들에게 음식 2조각을 나누어 주고 2개를 가졌다고 말해 준다. 그다음에 교사가 그중 하나를 가져가면서 몇 개가 남았는지 학생에게 물어본다. 한 개가 남았다고 학생이 답을 하면, 교사는 학생에게 마지막 남은 한 조각을 먹을 수 있게 한다(혹은 교사가 가져간다). 그리고 몇 개가 남았는지 물어본다. 만약 학생이 하나도 남지 않았다고 하면 교사는 아무것도 없는 것의 이름이 0이라고 알려 주며 0이 어떻게 생겼는지 보여 준다. 이것은 여러 가지 다른 물건이나 활동으로 반복할 수 있다(Horstmeier, 2004).

세기와 관련하여 지도해야 할 핵심 개념으로는 '하나 더' 혹은 '하나 적은'의 원리가 있다. 학생들이 물건 세기에서 높은 정확도를 나타내게 되면(수 1에서 수 5까지), 교사는 물건이 '하나 더' 적은 것과 '하나 더' 많은 것을 안내하여야 한다. 예를 들면, 간식 시간에 각 학생들에게 쿠키 2개씩을 나누어 준 후 John에게는 쿠키를 하나 더 준다고 알려 준다. 이 문제에 관하여 토의한 후 모든 학생에게 쿠키를 '하나 더' 준다. 구체물을 활용하여 이런 원리를 지도하는 일은 이해를 촉진한다. 그리고 이 개념의 학습은 앞으로의 덧셈과 뺄셈의 학습에 도움을 줄 것이다.

3) 숫자 및 자릿값

(1) 숫자 대응하기

학생이 세기를 학습할 때는 구어로 말해진 수를 기록한 숫자를 학습하는 것이 일반적이다. 수 인식의 지도는 일반적으로 ① 학생에게 숫자를 대응시키는 교수, ② 숫자의 이름 교수, ③ 세고 있는 물건의 수에 숫자를 대응시키는 교수의 순으로 이루어진다. 학생이 자신 있게 숫자 대응을 시작할 때는 숫자의 외적 특성에 주의를 기울이고 있어야 한다. 지체·중복장애 학생에게는 이 일은 매우 중요하다. 왜냐하면 그들은 시각장애를 중복으로 가진 경우가 많기 때문이다. 성공적으로 숫자를 대응하는 일은 학생이 주어진 크기의 숫자를 시각적으로 볼 수 있는지에 따라서 결정될 수 있다. 시각장애는 학생이 수와 숫자를 일치시키지 못하는 하나의 원인이 될 수 있을 것이다.

다른 수학자료들과 함께 AAC 상징도 숫자를 읽지 못하는 학생을 위해 사용할 수 있다. 즉, 인쇄물에 더하여 AAC 상징을 사용하는 것이다. [그림 16-3]에서 볼 수 있는 것과 같이 사물함의 수와 사물함의 번호를 대응시키는 것과 같은 유용한 활동을 사용할 수 있다.

(2) 숫자 인식

학생은 무의미 세기로 8까지 셀 수 있을 때 숫자와 그 이름에 노출되어야 한다(Stein, Silbert, & Carnine, 1997). 많은 아동은 유치원 시기에 8까지 무의미 세기를 할 수 있게 된다. 그러면 숫자의 인식을 위한 지도를 시작할 수 있다. 학생에게는 숫자 보여 주기, 이름 읽어 주기, 학생이 따라 하기와 같은 체계적인 방법으로 숫자의 이름을 지도할 필요가 있다. 이미 학습한 숫자를 상기시키는 것도 수업 속에 포함하며, 새로운 숫자는 수업 중 여러 번 사용하여야 한다. 학생에게 혼자서 숫자 이름을 말해 보도록 함으로써 숫자 인식을 평가할 수 있다. 비구어를 사용하는 학생에게는 숫자를 보여 준 후 학생이 선택할 수 있는 구어 형태의 보기를 제시해 줄 수 있다. 학생이 바른 답을 하는 경우 즉각적인 강화를 제공하여야 한다. 만약 학생이 오답을 한 경우 즉각적인 교정 피드백을 제공하고, 보충 지도와 평가를 하기 위하여 올바르게 인식하지 못한 숫자를 기록해 두어야 한다.

숫자는 순서대로 지도하지 않는 경우가 많다. 모양과 소리가 비슷한 숫자를 분리하여 각각 지도할 수 있다. 예를 들면, 6과 9는 그 모양이 비슷하므로 구분하여 지도할 수 있다. 숫자 4와 5는 소리가 비슷하므로(영어의 경우) 동시에 지도하지 않는다. 이런 쌍들은 여러 수업 시간에 걸쳐 구분하여 지도하는 것이 최상의 방법이다. 숫자 인식을 위하여 사용할 수 있는 순서로는 4, 2, 6, 1, 7, 3, 0, 8, 5, 9, 10이 있다. 이 순서는 6과 9, 4와 5, 1과 0 그리고 10이 각각 구분되어 있다(Stein et al., 1997).

숫자를 글이나 자료에서 제시하는 방법은 여러 가지이다. 그러나 숫자 4를 두 가지 방법으로 제시하는 것과 같이 숫자의 여러 가지 다른 형태를 보여 줄 때는 혼란을 피하는 방법을 논의해야 한다. 그렇지만 이 점은 학생이 숫자 인식에 대한 확실한 학습이 이루어지기 전에는 너무 많은 주의를 필요로 하지 않는다. 학생은 전통적인 형태로 숫자 쓰기를 연습하여야 한다. 학생이 소근육운동이 어려운 경우 컴퓨터를 사용하여 숫자를 쓰거나 AAC 도구상의 숫자면 위에 스캐닝하기 혹은 지시하기로 접근할 수 있을 것이다.

학생이 10이 넘는 수를 세고, 숫자를 사용하기 위해서는 수 순서표를 사용할 수 있다. 수 순서표에서는 한 행의 처음 수를 0으로, 마지막 수는 9로 제시하는 것이 마지막 수를 10으로 제시하는 것에 비해 후속적인 개념의 학습을 쉽게 할 수 있다. 이런 방법으로 10단위의 모든 수는 한 행에, 20단위의 수는 다음 행에 적는 식으로 열거한다. 다음의 예를 살펴 보자.

0	1	2	3	4	5	6	7	8	9
10	11	12	13	14	15	16	17	18	19
20	21	22	23	24	25	26	27	28	29
30	31	32	33	34	35	36	37	38	39
40	41	42	43	44	45	46	47	48	49
50	51	52	53	54	55	56	57	58	59
60	61	62	63	64	65	66	67	68	69
70	71	72	73	74	75	76	77	78	79
80	81	82	83	84	85	86	87	88	89
90	91	92	93	94	95	96	97	98	99
100	101	102	103	104	105	106	107	108	109

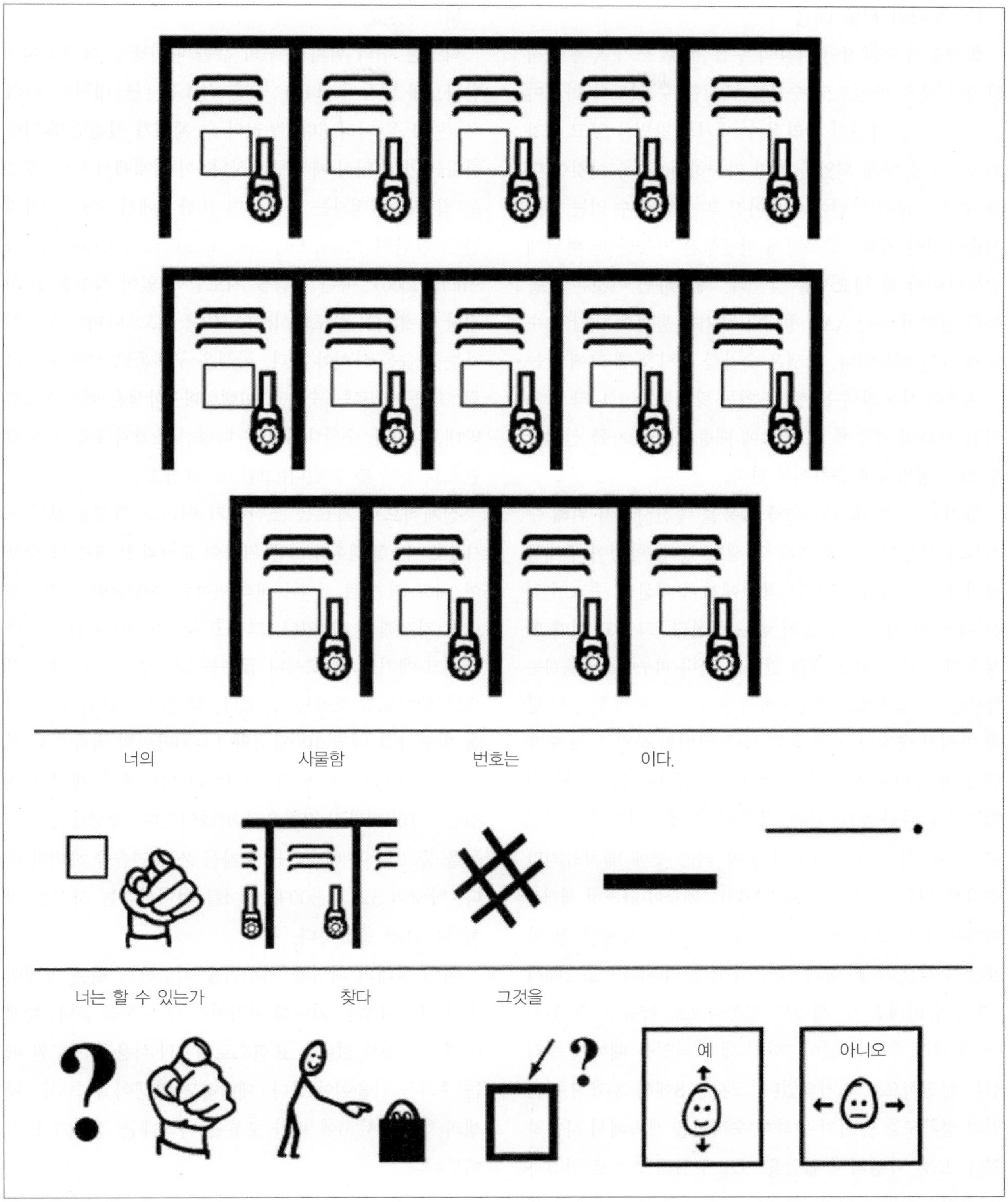

[그림 16-3] 상징을 사용한 기능적 수학활동

교사의 지시: 선 위에 자신의 사물함 번호를 써라. 사물함에 번호를 써라. 학생에게 선 위의 번호와 사물함 위의 번호를 일치시키게 하라. 필요할 경우 학생에게 지시를 읽어 주고 일치 모형을 제공하라.

© 1994 by the Mayer-Johnson Co. This page may be copied for instructional use.

출처: *Math Exercises for Non-Readers* (p. 16) by A. M. Johnson. © 1994, Mayer-Johnson, Inc., P.O. Box 1579, Solana Beach, CA 92075. Reprinted with permission.

(3) 숫자와 사물 대응

학생들이 구체적인 사물의 수를 센 후 쓰기 혹은 지적하기와 같은 방법으로 숫자를 표시할 수 있도록 하여야 한다. 이것은 학생이 합리적 수 세기의 방법을 알고 숫자 인식이 가능하게 되었을 때만 가능하다. 비록 이것이 다른 수학 기술의 확립이 이루어진 후 성취될 수 있는 기초 기술이지만 지체 · 중복장애 학생들은 가능한 한 빠르게 습득하여야 할 필요성을 갖는다. 왜냐하면 이것은 말을 통한 선택이 아닌 AAC 형태나 쓰기를 통하여 대답할 수 있게 하기 때문이다. 학생은 숫자를 제시할 때 그에 맞는 구체적인 사물의 수를 셀 수 있는 방법뿐만 아니라 구체적인 사물의 개수를 세고 그에 대응하는 숫자를 선택할 수 있는 방법도 학습하여야 한다.

합리적인 수 세기와 숫자 사용을 촉진시키기 위해 수직선의 사용이 도움이 되는 학생도 있다. 학생이 구체물 세기를 하는 동안 교사는 학생에게 수직선을 주고 수직선 위에 각 사물들을 올려 놓도록 한다. 그리고 이때 학생들에게 큰 소리로 수를 말하게 한다(비구어를 사용하는 학생들은 마음속으로 수를 말하게 한다). 그 후에 학생이 말한 마지막 숫자나 구어 선택 혹은 일련의 문자로 된 수계열 중의 하나를 선택하는 방법으로 얼마나 많은 사물이 있는지를 나타낼 수 있다. 학생이 수 세기에 익숙해지면 수직선은 참고하기 위하여 눈에 띄는 곳에 배치하지만 수직선 위의 사물들은 제거한다(그것들이 완전히 제거될 때까지 점진적으로 제거한다). 이런 기술을 사용한 한 학생은 수직선 기술, 내적 언어, 수 징글의 사용으로 1에서 7까지 합리적인 수 세기를 성공적으로 학습할 수 있었다. 학생이 수직선 없이 7까지 세게 되었을 때까지 수직선은 점진적으로 제거되었다. 교사는 8에서 20까지 세는 일의 정확도를 높이기 위하여 수직선을 계속해서 사용하였다. 또한 학생의 독립심을 기르기 위해 스스로 점검하는 절차도 지도하였다. 학생은 구체적인 물건의 수를 셀 수 있게 되었을 때 자신이 생각한 수를 기록하고, 그것을 수직선 위에 사물을 옮겨 가면서 스스로 확인하였다. 많은 경우 학생은 교사가 확인하기 이전에 스스로 자신의 오류를 찾아낼 수 있었다.

(4) 자릿값

학생은 수의 위치가 수의 값을 나타냄을 학습하여야 한다. 예를 들어, 14의 '1'은 '10'을 나타내지만 41의 '1'은 '1'을 나타낸다. 우리의 수 체계가 십진법에 기반한다는 개념 역시 매우 중요하다. 이 체계에서 10은 새로운 집단을 결정하는 가치이며 10단위에서 0에서 9까지를 포함한다(Reys, Suydam, Lindquist, Lambdin, & Smith, 2006). 이런 개념을 지도함에 있어 학생은 10의 집단 속에 사물을 포함시키며, 10을 세고, 나머지를 제시하는 연습을 하여야 한다. 학생은 구체물로 시작하여 그림, 최종적으로는 숫자로 이행한다. 학생은 아이스크림 막대, 지우개, 수막대와 같은 다양한 조작자료를 10의 집단으로 묶어 볼 수 있다([그림 16-4] 참조).

신체적으로 자료를 조작하기 어려운 학생들(보다 큰 사물로 시도할 경우라도)을 위하여 교사와 또래는 그 학생이 세고 있는(큰 소리나 내적 언어를 사용하여) 물건들을 대신 지적해 줄 수 있다. 그리고 학생이 10개 집단을 만들라고 얘기할 때 교사나 급우는 그것들이 하나의 집단으로 묶이도록 조작할 수 있다. 학생이 10단위와 1단위를 학습하고 나면 100단위와 1,000단위의 학습으로 확장할 필요가 있다. 낱개 10개짜리 막대를 10개씩 묶은 집단은 100개짜리 집합으로 만들어진다. 학생들은 물건들을 묶고 난 후 대응하는 숫자를 쓰는 연습을 하여야 한다. 학생이 324가 300+20+4를 의미한다는 사실을 이해하는 일은 중요하다.

이런 형태의 확장된 기수법을 지도하는 것은 학생이 숫자 이면에 있는 의미를 파악하는 데 도움을 준다. 학생에게 아무것도 없다는 표현으로서 0의 사용을 지도할 때는 주의를 기울여야 한다. 왜냐하면 학생이 후속되는 덧셈의 학습에서 0에 관한 오류를 나타내는 경우가 많기 때문이다.

4. 셈하기 기술의 일반적 방법

초등학교 저학년 학생 중 대부분은 덧셈과 뺄셈 같은

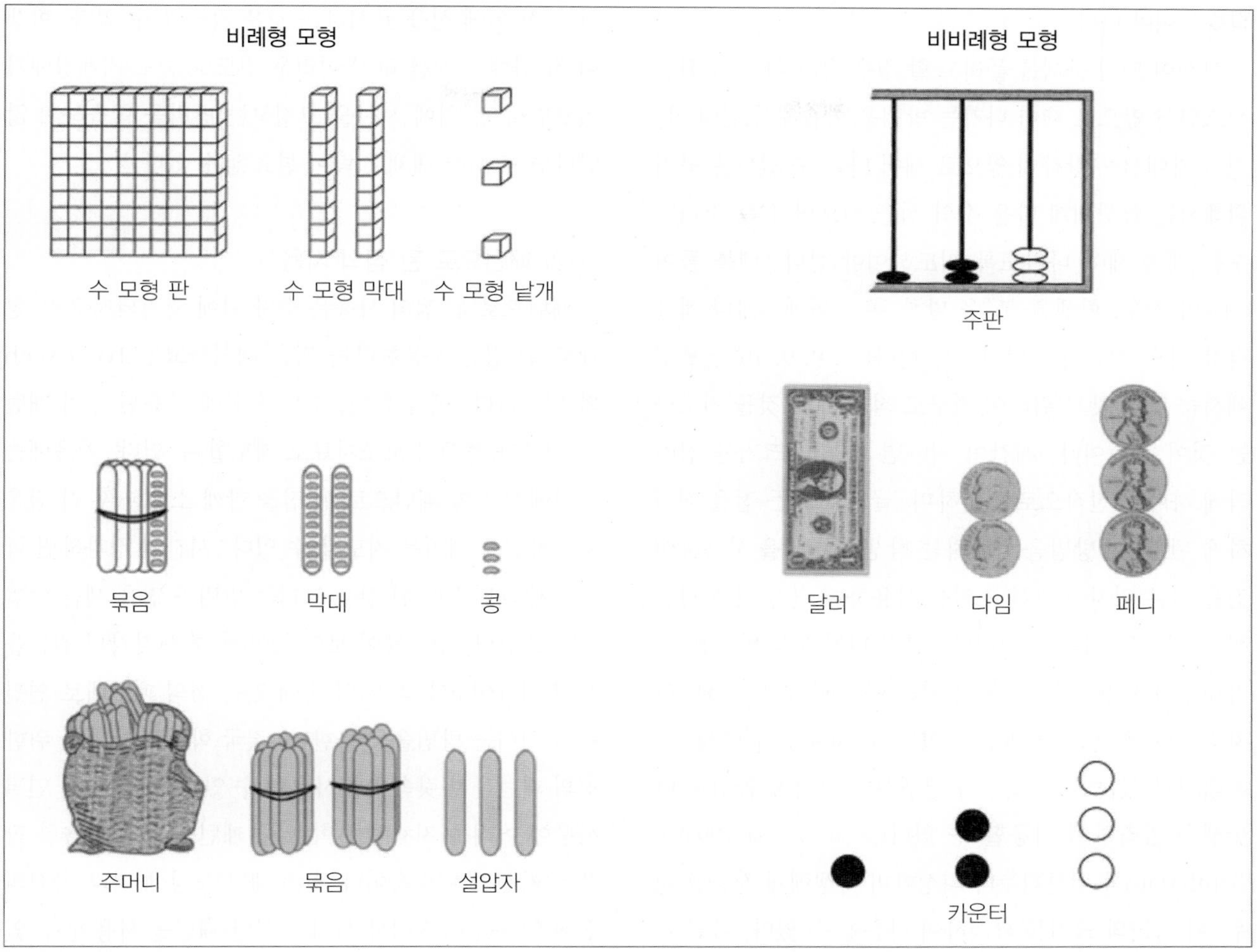

[그림 16-4] 자릿값 모형

출처: Proportional and nonproportional place value models. In R. E. Reys, M. M. Lindquist, D. V. Lambdin, & N. Smith. (1998). *Helping children learn mathematics* (8th ed.). New York: John Wiley and Sons. Used by permission.

셈하기 기술의 학습에 많은 시간을 보내게 될 것이다. 수 세기 기술의 지도에서와 같이 덧셈과 뺄셈의 초기 지도는 구체물을 사용하며, 점차 반구체물로 이행한다. 중도·중복장애 학생이 구체물에서 반구체물로 이행하려고 할 때는 덧셈, 뺄셈, 곱셈, 나눗셈을 학습하는 일을 도와줄 수 있는 여러 가지 시각적 방법을 통해 도움을 받을 수 있다. 이런 방법에는 TouchMath, 패턴 사용, 수학적 기호 그리고 수직선 등이 포함된다. 지체장애 학생들의 경우 이런 방법들을 전자 학습지 혹은 대체 접근 방법으로 수정할 필요가 있다.

1) 수학적 기술 교수 방법과 교수적합화

(1) TouchMath

TouchMath 프로그램(Innovative Learning Concepts, Inc. 제작)은 여러 개의 점을 숫자 위에 직접 배치하는 방법을 사용한다. [그림 16-5]를 보면 각 숫자 위에는 한 개 또는 여러 개의 점이 있다. 이 점들은 수의 값과 같이 숫자 위에 자리 잡고 있다. 어떤 숫자에는 점만 표시되어 있고 어떤 숫자에는 원에 둘러싸인 점들이 표시되어 있다. 이것들은 그 자리에 두 개의 점이 있음을 나타낸다. TouchMath를 사용할 경우, 학생들은 숫자를 보고 세어 가며 연필로 점(접촉 지점이라고 부르는)을 찍는 방법을 학습하여야 한다.

학생이 덧셈 문제를 풀려고 할 경우 숫자 위의 각 점을 찍으면서 앞으로 세어 나가는 방법을 학습해야 한다. 특정 숫자에서 시작하여 앞으로 세어 나갈 수 있도록 하기 위해서는 학생에게 다음 수의 점을 찍으면서 큰 소리로 수를 계속 세어 나가도록 지도하여야 한다. 예를 들어 6+4의 경우, 학생은 "6"을 말한 후 4 위에 4개의 점을 각각 찍으면서 세어 나가도록 한다("7, 8, 9, 10"). 뺄셈에서는 답을 찾기 위하여 거꾸로 점을 세는 것을 지도하는 것이 보통이다. 시간이 지나면 점들의 크기를 점차 작게 하여 점진적으로 제거하며, 끝으로 모든 점을 제거하게 된다. 이 방법을 학습하는 학생은 연필을 사용하여 점을 찍은 위치에 관한 기억을 사용하여 숫자 위에 점을 찍는 연습을 계속할 것이다. 이런 다감각적 방법은 한 자릿수의 덧셈, 받아올림이 있는 두 자릿수의 덧셈, 한 자릿수의 뺄셈, 받아내림이 있는 두 자릿수의 뺄셈, 받아내림이 있는 세 자릿수의 뺄셈뿐만 아니라 곱셈과 나눗셈을 망라하여 사용할 수 있다(Scott, 1993a 1993b). TouthMath를 이분척추나 뇌성마비 학생에게 적용할 경우, 이 점들의 크기를 확대하여 사용할 수 있다. 한편 이 학생들이 덧셈 문제를 해결하기 위하여 일반교육에서 사용하는 학습지 위에 점을 표시하기는 어렵다고 할지라도 점 위에 선을 표시하는 것은 가능할 수 있다. 학생이 점 위에 표시를 하기 어려운 정도로 중도 지체장애가 있으면서 점 위에 시선을 고정하는 방법을 학습하지 않았다면 또 다른 대체 전략이 필요할 수 있다.

(2) 패턴으로 된 점의 사용

패턴으로 된 점의 사용은 숫자 위에 배치되지 않은 형태로 된 점을 사용한다는 점을 제외하고는 TouthMath와 비슷하다. 예를 들어, 주사위 위에 사용된 점의 패턴은 덧셈과 뺄셈의 보조자료로 지도할 수 있다. 처음에는 학생에게 수와 패턴으로 된 점을 함께 소개한 후 각 점을 지적하면서 세기를 지도할 수 있다. 시간이 경과하면 학생에게 패턴으로 된 점을 그리는 방법과 점을 세는 방법을 지도한다. 성공률이 보다 높아질 경우 각각의 점들을 세기 위하여 그들의 기억 속에 있는 점의 패턴대로 연필을 움직이는 방법을 지도한다. 결국 학생은 세기를 위한 점의 패턴을 머릿속에서 사용할 수 있게 될 것이다. 연필 사용이 어려운 지체장애 학생 중 패턴을 쉽게 학습한 학생은 자신의 머릿속이나 혹은 패턴 모양에 따라 자신의 신체 일부를 움직여서 세기를 위한 패턴을 사용할 수 있을 것이다.

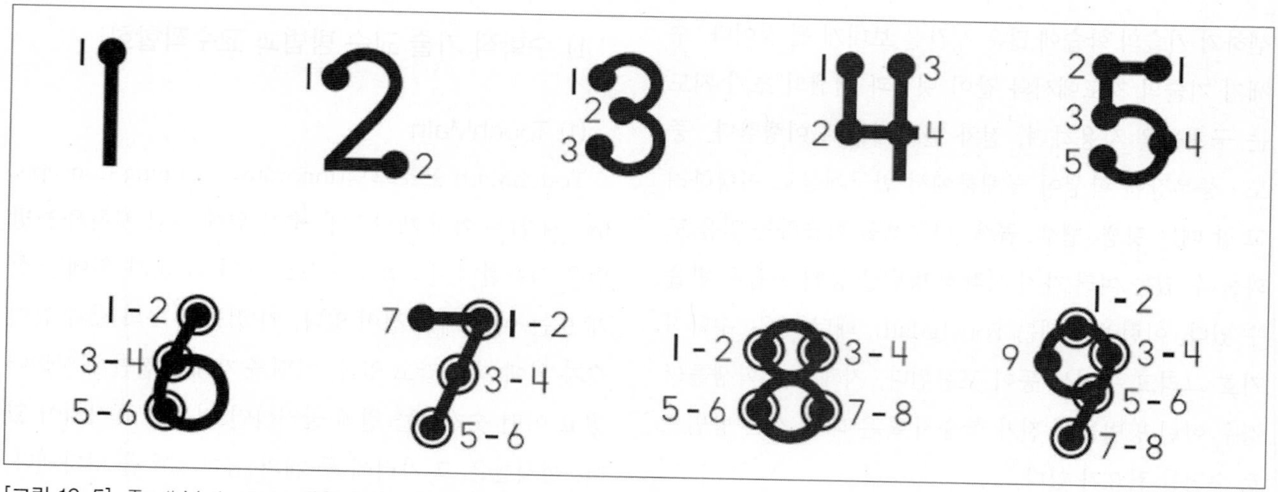

[그림 16-5] TouthMath 프로그램은 숫자 위에 점을 찍으면서 학생들이 숫자, 덧셈, 뺄셈을 배울 수 있도록 도와준다.

출처: *TouchMath: The Touchpoint Approach for Teaching Basic Math Computation* (4th ed.), by J. Bullock, Colorado Springs, CO: Innovative Learning Concepts. Reprinted with permission.

(3) 수학적 부호

수학적 부호는 특별히 소근육운동 기술이 부족한 학생들을 위한 교수적합화지만 보다 큰 쓰기 운동을 통하여 연필을 사용할 수도 있다. 학생이 덧셈 문제를 해결하고자 할 경우 두 수 중 작은 수를 찾은 후 그 수에 대응하는 표시를 한다(수 4에 해당되는 4개의 표를 한다). 그 후에 학생은 큰 수를 말한 후 더 작은 수를 표시하기 위해 나타낸 부호를 지적해 가며 큰 수의 다음 수로 나아간다. 어떤 형태의 부호든 만들 수 있지만 빗금 부호가 일반적으로 사용된다. 왜냐하면 그것이 지체장애 학생이 가장 손쉽게 할 수 있기 때문이다.

덧셈

8
+ 4 \\\\

1. 학생은 보다 적은 수 옆에 부호를 넣는다(4옆에 4개를 표시한다).
2. 학생은 보다 큰 수인 8을 말한다.
3. 학생은 각 부호를 지적하며 9, 10, 11, 12를 센다.
4. 학생은 정답인 12를 쓴다(지적한다).

학생이 수학적 부호를 사용할 경우 작은 수에서 더해가는 방법으로 뺄셈을 지도한다. 이 방법을 사용하는 학생은 보다 적은 수를 찾고 큰 수까지 부호를 표시하면서 세어 나간다. 정답을 맞출 때까지 계속해서 부호를 만들어야 하는데 이것은 다음에 제시한 것과 같다.

뺄셈

9
− 5
\\\\

1. 학생은 보다 적은 수인 5를 말한다.
2. 학생은 6을 말하며 선 아래에 부호를 표시하고 7, 8, 9를 말하며 계속해서 부호를 표시한다.
3. 학생은 부호의 숫자를 센 후 답인 4를 기록(지적)한다.

(4) 수직선

어떤 학생들에게는 수직선의 사용이 도움이 된다. 앞의 수 세기에서 수직선을 사용하는 학생들에게 특히 유용하다. 학생이 덧셈에서 수직선을 사용하는 경우 보다 큰 수를 먼저 표시한 다음 보다 작은 수를 세어 나간다.

다음과 같은 덧셈에서는

6
+ 3

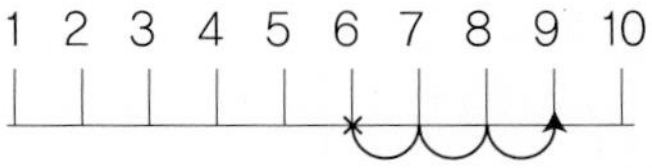

학생은 6 위에 부호로 표시한 다음 수직선 위에서 각 수를 표시해 가며 오른쪽으로 3번을 세어 간다. 학생은 보기와 같이 답이 되는 9까지 계속 나아간다.

뺄셈 문제에서는

9
− 4

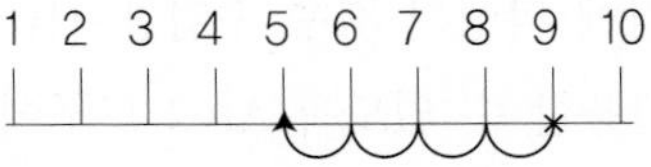

학생은 9 위에 표시를 한다. 그리고 각 수를 지적해 가며 9에서부터 1 쪽으로 4번을 세어 내려간다. 보기에서 학생은 5의 자리에 대응하는 화살표를 표시하며 5는 답이 된다.

지체·중복장애 학생의 경우, 세는 동안 각 수를 지적할 수 있도록 보다 큰 수직선이 필요할 수 있다. 팔의 능력이 매우 제한된 학생의 경우에는 부호가 어느 방향으로 이행하여야 하는지 그리고 얼마나 많은 수만큼 세어 올라가거나 세어 내려가야 하는지에 관한 지원을 제공할 수 있다. 수직선이 덧셈이나 뺄셈을 하는 데 매우 효과적인 방법이기는 하지만 이후 그것이 없이도 덧셈과 뺄셈이 가능하게 하는 것이 필수적이다.

(5) 기억전략

기억전략은 학생이 기억을 통해 수학적 사실에 대한 응답하거나 이전에 학습한 전략을 사용하도록 하는데 유용한 도구일 수 있다. 기억전략은 기억을 돕기 위한 모든 형태의 구절, 공식, 축약을 포함한다. 예를 들면, 기억전략인 'DRAW'는 다음을 나타낸 것이다.

1. Discover the sign(부호를 찾는다).

2. Read the problem(문제를 읽는다).
3. Answer or draw counting marks and check(답을 하거나 세기 부호를 표시하고 확인한다).
4. Write the answer(답을 적는다)(Miller & Mercer, 1993a, p. 79).

기억전략을 사용하는 학생은 먼저 수행할 연산을 결정하기 위하여 부호를 살펴본다. 다음 단계에서는 문제를 읽는다(소리 내어 읽을 수도 있고 마음속으로 읽을 수도 있다). 3단계에서는 문제에 답을 하거나 부호를 표시하고 그 부호를 다시 확인한다. 마지막 단계에서는 답을 적는다.

중도 구어장애 학생의 경우 수업참여를 촉진하고 참고자료로도 활용할 수 있도록 AAC 도구에 기억전략을 내장해 둘 수 있다. 학생의 책상 위나 휠체어 위에 카드로 기억전략을 적어 두는 것 역시 바람직한 생각이다. 특히 칠판이나 교실의 다른 부분에 부착해 둔 기억전략을 보기 어려운 경우에는 더욱 필요하다.

(6) 선행 촉진자

어떤 학생들은 수학 문제를 계산하는 위치를 기억하거나 10의 자리 위에 수를 배치하는 자리, 각 단위별로 자리를 배치하는 방법 등에 어려움을 가질 수 있다. 이럴 경우 학생은 선행 촉진자 사용을 통해 도움을 받을 수 있다. [그림 16-6]을 보면 선행 촉진자는 자리 정렬을 돕거나 1의 자리와 10의 자리의 위치를 알 수 있도록 도와주기 위하여 제시되었다. 다른 형태의 시각적 촉진자를 사용할 수도 있다. 시각적 촉진자로는 부호에 동그라미 표시를 하는 일, 덧셈을 시작하는 자리에 색이 있는 점을 찍어 두는 일 등을 들 수 있다. 촉진자들은 최소한으로 사용되어야 한다. 그리고 학생들의 의존성을 없애기 위해 가능한 한 빨리 제거되어야 한다. [그림 16-6]에서는 특정 촉진자를 제거하는 한 가지 방법을 제시하고 있다. 이런 형태의 촉진자들은 다른 계산 문제에서도 사용할 수 있다.

① 계산을 시작해야 하는 위치(*), 받아올리는 위치(0표), 자리 정렬을 위한 점선을 사용하여 학생에게 도움을 주는 선행 촉진자

받아올림이 있는 두 자릿수 덧셈 교수에서 시각적 촉진자 제거하기

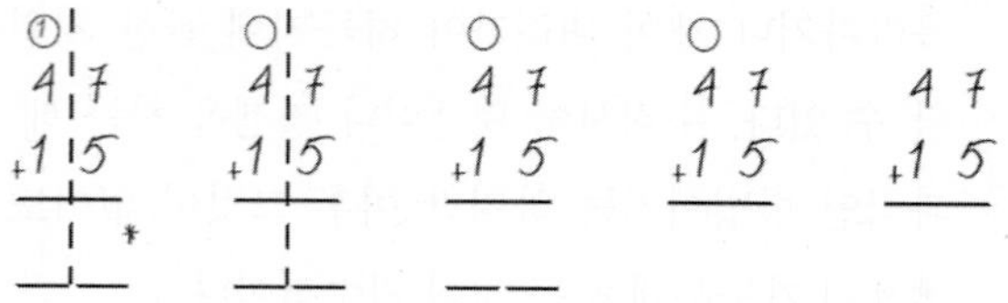

② 어느 수를 곱해야 하는지를 알려 주는 화살표와 자리 정렬을 위한 점선을 사용하여 학생에게 도움을 주는 선행 촉진자

(한 자릿수)×(두 자릿수) 교수에서 사용한 시각적 촉진자 제거하기

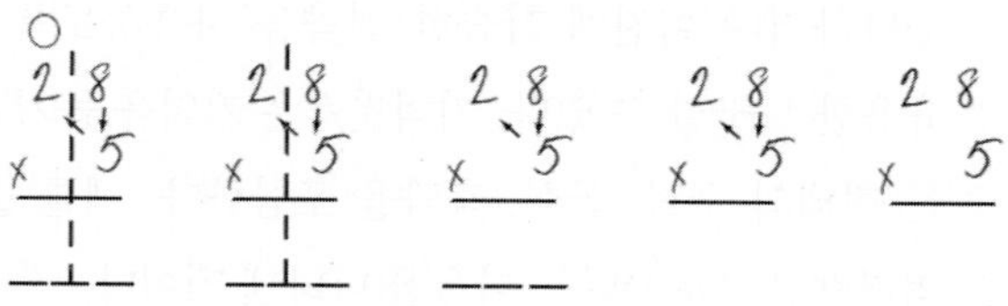

[그림 16-6] 학습 촉진을 위해 선행 촉진자를 사용한 수학 문제와 촉진자를 사용하는 방법을 보여 주는 예

(7) 발견법

학생들이 연산기술에서 다양한 발견법을 자주 사용함에 유의하라. 발견법은 학생이 발견한 대안적 기법으로서 산수에서 사용되는 성취기준 절차를 단순화하거나 확대하는 방법이다. 이런 방법들은 덧셈 요소나 구구단을 잘 외우지 못하는 학생들에게 특히 유용하다. 몇 가지 발견법을 살펴보면 뛰어 세기, 동수 누가, 한 번 더 하기, 알려진 사실만큼 두 번 계산하기, 패턴 사용하기, 조작 자료 사용하기(손가락으로 세기를 포함하여) 등이 있다. 계산의 어려움을 겪고 있는 학생들에게는 발견 절차를 지도할 것을 권장한다. 그들은 기초 연산기술을 적용하고 성취를 강화할 수 있는 충분한 연습 및 일반화의 기회가 필요하다(Erenberg, 1995).

(8) 전자 학습지

지필 과제의 수행이 어려운 학생들의 수학 교수를 지원하기 위하여 여러 가지 형태의 교수적합화와 보조공학이 사용될 수 있다. 전자 학습지 프로그램은 컴퓨터를 활용하여 계산을 할 수 있도록 고안되었다. 이것들은 문제를 청각적으로 나타내거나, 시각적(크기, 색상, 제시하는 문제의 수) 수정, 온스크린 키보드, 프린터 출력 등으로 나타낸다. Access to Math(Don Johnston Inc. 제작)는 덧셈과 뺄셈, 곱셈과 나눗셈에 대한 맞춤형 학습지를 생산할 수 있도록 해 준다. 이 프로그램은 종이 위에서 하는 것처럼 받아올리는 수와 받아내리는 수를 보여 주며, 단계별로 학생에게 수를 말해 주거나 음성 피드백을 사용한 안내를 한다. 또한 이 프로그램은 학생이 오류를 나타낸 사항이 무엇인지 보여 준다. 다른 전자 학습지 프로그램으로는 MathPad(IntelliTools, Inc. 제작)가 있다. MathPad는 다양한 접근성 사양(빌트인 스캐닝, 음성 출력, 자료 크기 조정)을 포함하고 있다. 그리고 Intellikeys와 같은 보조공학이나 다른 대체 입력도구들도 사용할 수 있도록 설계되었다.

MathPad by Voice(Metroplex Voice Computing사 제작) 프로그램은 소리를 통해서만 컴퓨터에 접근할 수 있는 학생들을 위해서 소리로서 덧셈과 뺄셈, 곱셈과 나눗셈을 할 수 있게 해 준다. 이 프로그램은 말로 접근할 수 있는 계산기도 포함하고 있다. IntelliMathics(IntelliTolls, Inc. 제작)는 계산 기술은 물론 다른 수학 영역의 이해를 강화할 수 있는 온스크린 조작 자료들을 포함하고 있다.

5. 덧셈과 뺄셈 계산 기술

수 세기 기술을 지도하는 것처럼 덧셈과 뺄셈에 관한 최초의 교수도 구체물을 사용한 다양한 경험과 토의를 통해 시작된다. 교사는 덧셈을 교수할 때 다양한 사물의 집단을 제시하고 학생들에게 "그것들이 모두 몇 개인가?" 물어본다. 그리고 그들이 해야 할 일을 설명한다. 이 기술을 숙달하게 되면 학생에게 덧셈이라는 용어와 덧셈 기호의 정의를 차례대로 도입한다. 무엇을 하고 있는지를 큰 소리로 말하는 것처럼 수행하고 있는 연산에 대해서도 큰 소리로 대화하는 일은 상징학습을 강화한다.

뺄셈도 덧셈과 마찬가지로 구체물을 사용하여 지도를 시작한다. 뺄셈은 '덜어 내다' 혹은 '가르다'를 사용하여 가르치는 것이 일반적이다. 처음에는 어떤 사물의 집합(또는 양)을 갖고 있었는데 그중 얼마를 덜어 내고 그 나머지(또는 양)를 파악하도록 하는 것이 가장 좋은 지도 방법이다(Reys et al., 2006). 뺄셈이라는 용어와 뺄셈 부호는 보통 학생이 '덜어 내다'라는 개념을 학습한 후에 도입한다. 학생들이 뺄셈 방법을 익히는 동안 덧셈과 뺄셈의 개념이 각각 반대가 된다(예를 들면, 하나는 다른 하나를 원상태로 하는 것이다)는 사실을 도입한다. 5+3=8과 8−3=5와 같은 예는 덧셈과 뺄셈의 관계를 지도하기 위하여 자주 사용된다. 학생이 구체물 수준에서 학습을 마치면, 반구체물과 추상적인 자료를 통하여 설명할 수 있는 덧셈과 뺄셈 규칙들을 도입하여야 한다.

1) 덧셈과 뺄셈의 규칙

학생이 수학에 유능해지도록 하기 위하여 지도해야 하는 기초적 수학 규칙에는 여러 가지가 있다. 교사는 학생들이 이런 규칙을 학습하고 응용할 수 있도록 하여야만 한다. 학생이 나타내는 오류 유형을 분석할 때에는 이런 규칙 중의 하나가 부족하여 발생한 오류가 아닌지를 확인하고, 규칙적 오류가 발생하였을 경우에는 다시 지도한다. 덧셈 관련 규칙에는 다음과 같은 것들이 있다.

1. 순서 규칙: 제시된 수를 어떤 순서로 더하건 답은 동일하다(예: 3+2=2+3).
2. 0의 규칙: 어떤 수에 0을 더하면 처음의 수와 같다(예: 6+0=6).
3. 1의 규칙: 어떤 수에 1을 더하면 그 수보다 1 큰 수가 된다(예: 4+1=5). 학생은 하나를 더함으로써 답을 구할 수 있다.
4. 9의 규칙: 9를 10으로 생각한 후 답에서 1을 뺀다.

$$\begin{array}{r} 9 \\ +5 \\ \hline \end{array} \text{ 는 } \begin{array}{r} 10 \\ +\ 5 \\ \hline 15-1=14 \end{array} \text{ 와 같다.}$$

또 다른 9의 규칙으로는 1의 자리는 항상 9를 더하기 전의 숫자보다 1이 적은 수가 된다는 것이다.

$$\begin{array}{r} 9 \\ +5 \\ \hline 14 \end{array} \quad \begin{array}{r} 9 \\ +8 \\ \hline 17 \end{array}$$

5. 10의 규칙: 10에다 어떤 일의 자릿수를 더하면 10에 있는 0이 더하고자 하는 수로 바뀌게 된다.

$$\begin{array}{r} 10 \\ +3 \\ \hline 13 \end{array}$$

6. 배의 규칙: 학생이 배를 배웠을 때(예: 6+6=12, 7+7=14) 배에 가까운 수의 덧셈의 답을 구하는 데 배의 지식을 사용할 수 있다.

$$\begin{array}{r} 6 \\ +7 \\ \hline \end{array} \text{ 은 } \begin{array}{r} 6 \\ +6 \\ \hline 12+1=13 \end{array} \text{ 과 같다.}$$

뺄셈도 여러 가지 기초 규칙이 있다.

1. 순서 규칙: 뺄셈 문제를 할 때는 빼는 순서를 바꿀 수 없다(예: 3−2≠2−3).
2. 0의 규칙: 어떤 수에서 0을 빼면 빼기 전의 수와 같아진다(예: 5−0=5).
3. 1의 규칙: 어떤 수에서 1을 빼면 그 수보다 1이 적어진다(예: 6−1=5). 학생은 답을 구하기 위해 하나를 거꾸로 셀 수 있다.
4. BBB 규칙: 세로셈에서 아래의 수가 위의 수보다 클 때는 10단위에서 그 수를 빌려 오기 위하여 위의 수를 가른 후 뺄셈을 한다(Mercer & Mercer, 2001).

$$\begin{array}{r} 24 \\ -\ 6 \\ \hline \end{array} \quad \begin{array}{r} \overset{1}{\not{2}}\,\overset{1}{\not{4}} \\ -\ 6 \\ \hline \end{array}$$

5. 덧셈과 뺄셈의 관계 규칙: 뺄셈 문제의 답에 뺀(감한) 수를 더하면 위의 수(피감수)와 같아진다.

$$\begin{array}{r} 9 \\ -4 \\ \hline 5 \end{array} \text{ 는 } 5+4=9 \text{ 와 같다.}$$

학생은 답을 계산하기 위해 4에서 9까지 더해 감으로써 이 규칙을 사용할 수 있다. 학생은 답이 맞는 지를 확인하기 위하여 이 방법을 사용할 수도 있다(Mercer & Mercer, 2005).

2) 덧셈과 뺄셈의 알고리즘

덧셈과 뺄셈에서 사용할 수 있는 알고리즘에는 여러 가지가 있다. 학생이 일반학급에서 수학 수업을 받고 있을 경우, 특수교사는 어떤 알고리즘를 사용하였는지를 확인하여야 한다. 특수교사는 그 알고리즘에 관한 보충 훈련을 시키거나 일반교사의 협조하에 학생에게 가장 적절한 계산 순서를 하나만 선택할 수도 있을 것이다. 또한 학생의 수학 오류를 분석할 때는 학생이 알고리즘 오류를 보이는지를 판단하여야 한다. 이 절에서는 위 칸에 숫자를 기입하기 어렵거나 컴퓨터에서 받아올림을 위한 수를 표시하기 어려운 지체장애 학생들을 돕고, 재편성을 촉진할 수 있는 알고리즘을 몇 가지 선택하여 제시한다.

(1) 확장 기수법

이 알고리즘에서는 실제 자릿값을 설명할 수 있도록 문제를 다시 한 번 기록한다. 이 알고리즘은 10이나 100 등의 자릿값 이해를 촉진하는 데 목적이 있다. 예를 들어, 100자리에서 4와 2를 더할 경우 400과 200이 더해짐을 강조한다. 어떤 교사는 이 알고리즘에서 시작하여 점차 표준화된 방법으로 이행한다. 예를 들어 보면 다음과 같다.

$$\begin{array}{r} 436 \\ +\ 248 \\ \hline \end{array} \text{ 은 } \begin{array}{r} 400 + 30 + 6 \\ 200 + 40 + 8 \\ \hline 600 + 70 + 14 = 684 \end{array} \text{ 와 같다.}$$

(2) 덧셈의 표준화된 방법

표준화된 방법은 확장된 기수법을 사용하지 않고 수를 더하는 지도를 한다. 수가 칸을 초과하면 적절한 칸 위에 수를 기입하도록 지도한다(사용하는 방법에 따라 이것을 재편성하기, 이름 바꾸기, 빌려 주기 혹은 옮기기와 같이 부른다). Stein 등(2005)이 직접교수를 통해 두 자릿수와 두 자릿수의 덧셈을 위한 표준화된 알고리즘을 사용한 예를 아래 제시하였다.

(3) 덧셈의 부분 합계

부분 합계 알고리즘은 10의 자리, 100의 자리 혹은 다른 칸의 위에 숫자를 배치하지 않는다. 그 대신 숫자가 동일하거나 10보다 클 경우 10의 자리와 1의 자리 아래에 두 자릿수를 기록한다. 예를 들어, 56+37을 할 경우 6+7을 더한 13을 세로줄에 쓰는데 3은 1의 자리 아래에, 1은 10의 자리 아래에 쓴다. 10의 자리의 5와 10의 자리의 3을 더할 때 답은 10이 8개이고 80이다. 이것은 그 아래 자리에 쓴다. 그리고 이 두 부분의 합을 더하도록 한다(Mercer & Mercer, 2001).

	교사	학생
1 37	1. 문제를 읽어 보자.	37 + 25는 얼마인가?
+ 25	2. 우리가 어디서 시작해야 할까?	1의 자리에서요.
	3. 우리가 제일 먼저 더해야 할 두 수는 어느 것이지?	7 + 5
	4. 7+5는 무엇과 같지?	12
1 37 + 25	5. 12는 10이 1개 있고, 1이 2개 있다. 2는 1의 자리 아래에 써 넣도록 하자. 우리는 1의 자리에 10을 쓸 수는 없단다. 그래서 우리는 10의 자리 위에 1을 쓴단다. 우리가 10을 써야 하는 자리는 어디라고 했지?	10의 자리 위예요.
2	6. 우리가 처음 더해야만 하는 10의 자릿수는 무엇과 무엇일까?	1 + 3
	7. 1+3은 무엇과 같지?	4
1	8. 이제 우리가 더해야 하는 두 수는 무엇일까?	4 + 2
37	9. 4+2는 무엇과 같지?	6
+ 25	10. 우리가 맨 마지막으로 구한 10은 몇 개이니? 6을 1의 자리 아래에 적어 보자.	6
62	11. 이제 마치도록 하자. 37+25는 무엇과 같을까? 문제를 읽고 답을 말해 보자.	37 + 25 = 62

```
   56
 + 37
 ----
   13
   80
 ----
   93
```

컴퓨터상에서 계산을 하는 지체장애 학생들에게는 부분 합계 알고리즘이 더 빠르고 쉬울 수 있다. 왜냐하면 학생은 10의 자리 위에다 1을 쓰기 위하여 커서를 놓을 필요가 없기 때문이다

(4) 암산을 위한 우향 덧셈

왼쪽에서 오른쪽으로 이루어지는 우향 덧셈 알고리즘은 학생이 답에서 재편성을 할 수 있도록 하는 알고리즘 중의 하나이다(Pearson, 1986). 이 알고리즘은 왼쪽에서 오른쪽으로 더해 간다는 매우 독특한 특성이 있으며 종이를 사용하지 않고 암산을 할 수 있도록 만들어진 알고리즘이다. 다음의 보기에서 알 수 있듯이 학생은 가장 먼저 100의 자리에서 200+100=300을 한다. 다음으로 학생은 그다음 가장 큰 10의 자릿수인 80을 더하여 380을 만든다. 그리고 두 번째 10의 자릿수인 50을 더하여 430을 얻는다. 그 후에 가장 큰 1의 자릿수를 더하여 437을 얻으며 끝으로 1의 자리의 또 다른 수를 더하여 답

```
  285
+ 157
-----
  300   100의 자릿수를 먼저 더한다(200+100).
  380   가장 큰 10의 자릿수를 더한다(300+80).
  430   다른 10의 자릿수를 더한다(380+50).
  437   가장 큰 1의 자릿수를 더한다(430+7).
  442   나머지 1의 자릿수를 더한다(437+5).
```

을 구한다.

(5) 뺄셈의 표준화된 알고리즘

뺄셈 문제를 계산하기 위하여 사용할 수 있는 알고리즘에는 여러 종류가 있다. 가장 보편적으로 지도하고 있는 뺄셈 알고리즘은 오른쪽에서 왼쪽으로의 지도이다. 위에 있는 수가 아래에 있는 수보다 작을 경우에는 윗자리에서부터 빌려 오기, 내려받기 등을 통한 받아내림을 지도한다. 아래 예는 Stein 등(1997)이 직접교수법을 사용하여 뺄셈의 표준화된 알고리즘을 제시하는 방법을 제안한 것이다.

(6) 수 변경 뺄셈 알고리즘

재편성하기(빌려 오기라고 알려진)를 피하기 위하여 학생에게 하나의 상수를 더하거나 빼서 수를 변경하는 법을 지도하여야 한다. 다음 예에서 보듯 학생이 정답에 도달

	교사	학생
42 − 16	1. 문제를 읽어 보자.	42−16=
	2. 우리는 어디에서 시작해야 하지?	1의 자리요.
	3. 우리가 제일 먼저 할 일은 무엇이지?	2에서 시작해서 6을 빼는 것이요.
	4. 이름 바꾸기(rename; 빌려 주기, 재편성하기, 내려받기)가 필요할까?	예.
	5. 우리는 무엇을 제일 먼저 받아 내려야 하지?	10의 자리의 4에서 10을 하나 빌려 와요.
3 1 ~~4~~2 − 16	6. 그래서 나는 4에 줄을 긋고 10이 3개 남았다는 것을 볼 수 있도록 3을 썼어.	
	7. 우리는 10을 빌려 왔어. 그다음에는 무엇을 해야 하지?	1의 자리의 2와 함께 10을 적어요.
	8. 좋아. 그래서 내가 2 옆에 1을 조그맣게 적어 볼게. 우리는 1의 자리에 12개가 있어.	
	9. 이제 12−6을 해 보자. 그것은 얼마지?	6
	10. 1의 자리에 6을 적어 보자.	
	11. 이제 10의 자리의 3에서 1을 빼 보자. 10의 자리의 3에서 1을 빼면 얼마가 남지?	2
	12. 그러면 10의 자리 아래에 2를 적어 보자.	
	13. 42에서 16을 빼면 얼마가 남을까?	26

하기 위하여 문제의 각 수에 같은 수를 더하거나 빼는 방법을 지도한다. 첫 번째 문제에서 학생은 각 수에 3을 더한다. 그리고 두 번째 문제에서는 각 수에서 1을 뺀다.

53 + 3	=	56		300 −1	=	299
− 27 + 3	=	− 30		− 158 −1	=	− 157
		26				142

지체장애로 인하여 지필을 마음대로 사용하기 어려운 학생은 컴퓨터상의 적절한 세로줄의 수를 더하거나 지우는 방법에 문제가 있는 경우가 많다. 구체적인 소프트웨어 없이는 학생이 수에 선을 긋는 일이 불가능할 수도 있다. 수 변경 알고리즘은 재편성하기를 위한 신체적 문제를 피할 수 있게 한다. 우향 뺄셈하기와 같은 다른 알고리즘은 많은 지체장애 학생에게는 적합하지 않다. 왜냐하면 이런 알고리즘들은 일반적으로 숫자를 지우거나 여러 줄에 작은 글자들을 배치해야 하는 등, 지체장애 학생들 대부분이 일반적으로 어려움을 겪는 신체적인 과제를 요구하기 때문이다.

3) 덧셈과 뺄셈의 순서

학생에게는 기초에서부터 고차적인 덧셈과 뺄셈의 기술까지 논리적 순서를 지도하여야 한다. 지도 순서를 한 가지 살펴보면 다음과 같다.

1. 계산 이전 기술(앞의 절 참조)
2. 합이 10보다 적은 수의 덧셈
3. 합이 18보다 적은 수의 덧셈(더하는 각 수가 10보다 적을 것)
4. 받아올림이 없는 (두 자릿수)+(한 자릿수)
5. 받아올림이 없는 (두 자릿수)+(두 자릿수)
6. 받아올림이 있는 (두 자릿수)+(한 자릿수)
7. 받아올림이 있는 (두 자릿수)+(두 자릿수)
8. 묶음이 있는 {(두 자릿수)+(두 자릿수)}+(두 자릿수)
9. 받아올림이 있는 (세 자릿수)+(세 자릿수)
10. 큰 수로 발전시키기

뺄셈은 덧셈과 동시에 가르칠 수도 있고 덧셈에 이어 순차적으로 가르칠 수도 있다. 뺄셈은 덧셈과 비슷한 방법으로 순서를 정할 수 있다. 계산 이전 기술을 학습한 후에 학생은 다음의 기술을 순서대로 익히게 될 것이다.

1. 0에서 9까지의 (한 자릿수)−(한 자릿수)
2. 18−(받아내림이 필요없는 두 자릿수 또는 한 자릿수)
3. 받아내림이 필요 없는 (두 자릿수)−(한 자릿수)
4. 받아내림이 필요 없는 (두 자릿수)−(두 자릿수)
5. 받아내림이 필요 없는 (세 자릿수)−(두 자릿수)
6. 받아내림이 필요 없는 (세 자릿수)−(세 자릿수)
7. 받아내림이 필요한 (두 자릿수)−(한 자릿수)
8. 받아내림이 필요한 (두 자릿수)−(두 자릿수)
9. 100의 자리에서 받아내림이 필요한 (세 자릿수)−(두 자릿수)
10. 두 번 받아내림이 있는 (세 자릿수)−(두 자릿수)
11. 받아내림이 필요한 (세 자릿수)−(세 자릿수) (처음에는 10의 자리에서 시작한 후 10의 자리와 100의 자리 두 곳에서 받아내림을 지도한다)
12. 위의 수 혹은 피감수에 0이 있는 수를 사용한 뺄셈(처음에는 1의 자리에 0을 배치하다 점차 10의 자리와 1의 자리에 0을 포함한다)
13. 보다 큰 수의 뺄셈

6. 곱셈과 나눗셈 계산 기술

덧셈과 곱셈처럼 학생에게 곱셈과 나눗셈의 의미를 지도하는 일도 중요하다. 곱셈과 나눗셈을 연습방식으로만 지도하게 되면 학생은 문제해결이나 실제 상황에서 이들 연산을 응용할 수 없게 될 것이다. 덧셈과 뺄셈처럼 곱셈과 나눗셈도 구체적, 반구체적, 추상적 상징으로 지도하여야 한다. 교사들은 곱셈을 동수 누가(4×5는 5+5+5+5로)로, 나눗셈은 동수 누감(12÷3은 12−3−3−3−3으로)으로 지도하기도 한다(이것은 12에서 0이 될 때까지 3을 4번 덜어 내기 때문에 답이 4가 된다). 반구체적 전략을 사용하는 방법의 예는 다음과 같다.

yyyyy
3*5 = yyyyy = 15
yyyyy

1) 곱셈과 나눗셈의 규칙

덧셈과 뺄셈처럼 정확한 계산을 하기 위하여 학생들이 학습할 필요가 있는 여러 가지 규칙이 있다. 곱셈의 규칙에는 다음과 같은 것들이 있다.

1. 순서 규칙: 곱하는 수의 순서는 바꿀 수 있다.
2. 0의 규칙: 어떤 수에 0을 곱하면 그 답은 항상 0이 된다.
3. 1의 규칙: 어떤 수에 1을 곱하면 답은 항상 그 수 자신이 된다.
4. 2의 규칙: 어떤 수를 2배하면 그 답은 그 수의 배가 된다(예를 들면, 6×2는 6+6과 같다).
5. 5의 규칙: 어떤 수에 5을 곱할 때 학생은 답에 도달할 때까지 5번을 세면 된다. 예를 들어, 5×6의 문제에서 학생은 다음과 같이 5씩 6번을 센다. "5, 10, 15, 20, 25, 30."
6. 9의 규칙: 9를 곱할 경우 9에 곱한 수에서 1을 빼서 10의 자리에 적으면 된다. 그리고 그 수에 얼마를 더하면 9가 되는지를 찾아 1의 자리에 적는다. 예를 들어 이 방법을 사용하여 9×6을 계산할 때 학생은 6−1=5를 한다. 그리고 5를 10의 자리에 적는다. 9−5=4이기 때문에 4를 1의 자리에 적는다. 그러면 답은 54가 된다(Mercer & Mercer, 2005).

이것을 계산하는 다른 방법으로는 손가락 10개를 펴고 각 손가락을 1부터 10까지라고 둔다. 만약 9×4와 같은 문제가 있으면 왼손의 네 번째 손가락을 접는다. 그러면 접은 손가락의 왼쪽에는 손가락이 3개 있고(그것은 10의 자릿수이다), 오른쪽에는 손가락이 6개 있다(이것은 1의 자릿수이다). 따라서 답은 36이다. 이 방법은 어떤 수에 9를 곱하든 적용할 수 있다. 지체장애 학생들에게는 손가락 접기 전략을 사용하기 어렵다. 왜냐하면 그들의 소근육 운동이 약하기 때문이다. 어떤 학생들은 종이 위에 10개의 손가락 선(線)화를 그리고 접어야 할 손가락에 표시를 하게 함으로써 다른 학생들이 자신의 손가락을 사용하는 것과 같이 답을 도출하게끔 하는 수정을 제공할 수 있다.

나눗셈의 지도에서도 가르쳐야 할 여러 가지 규칙이 있다.

1. 순서 규칙: 나눗셈에서 수의 순서는 중요하며 변경할 수 없다.
2. 0의 규칙: 어떤 수를 0으로 나눌 수 없다.
3. 1의 규칙: 어떤 수를 1로 나누면 답은 그 수 자신이 된다.
4. 2의 규칙: 어떤 수를 2로 나누면 그 수의 반이 된다.
5. 곱셈과 나눗셈의 관계: 나눗셈 문제의 답(몫)에 제수를 곱하면 피제수가 된다. 예를 들어, 21(피제수)÷3(제수)=7(몫)은 7×3=21과 같다.

이것은 답을 계산하거나 답이 정확한지 확인하는 데 도움을 줄 수 있다.

2) 곱셈과 나눗셈의 알고리즘

지체·중복장애 학생을 지도할 수 있는 알고리즘은 다양하다. 일반적으로 표준화된 알고리즘을 지도하지만 이해와 신체적 수행을 보다 쉽게 하는 대체 알고리즘을 지도할 수도 있다. 표준화된 알고리즘과 대체 알고리즘은 다음과 같다.

(1) 곱셈의 표준화된 알고리즘

곱셈의 표준화된 알고리즘은 오른쪽에서 왼쪽으로 곱하고, 필요할 경우 받아올리기를 한다. Stein 등(2005)이 제안한 직접교수법을 사용한 곱셈의 표준화된 알고리즘은 다음과 같다.

	교사	학생
36	1. 문제를 읽어 보자.	24 곱하기 36
× 24	2. 우리는 가장 먼저 4×6를 한단다.	
	3. 우리가 가장 먼저 곱할 것은 무엇이라고 했지?	4 곱하기 6
	4. 그다음으로 4×3을 할 거야. 우리가 해야 할 일은 무엇이라고 했지?	4 곱하기 3
	5. 다음으로 2×6을 하고.	
	6. 다음으로 2×3을 할 거야.	
	5. 4×6은 얼마지? 우리는 24를 1의 자리 위에 쓸 수가 없단다. 그래서 10의 자리로 받아 올려야 해.	24
	6. 거기에는 10의 자리가 모두 몇 개 있지?	2개
	7. 우리는 2을 10의 자리 위에 쓸 거야. 그리고 우리가 더해야 한다는 것을 잊지 않도록 앞에 +도 붙여 놓자.	
+2	8. 24는 10의 자리가 2개이고 1의 자리는 모두 몇 개가 있는 거야?	4
36	9. 우리는 4를 1의 자리 아래에 쓸 거야.	
× 24	10. 다음으로 4×3을 한단다. 4×3은 모두 얼마가 되지?	12
144	11. 우리는 이제 2를 더할 거야. 12+2는 모두 얼마지?	14
	12. 이 앞에는 더 이상 곱할 수가 없지? 그래서 14를 아래쪽 4 옆에 쓰는 거야.	
	13. 우리는 4×36을 했단다. 4×36은 모두 얼마였지? 이제 그 숫자가 끝났다는 사실을 볼 수 있도록 2를 지우자.	144
	14. 그 다음 우리는 10의 자릿수 2와 36을 곱할 거야. 10의 자리에는 0이 있지? 그래서 0을 1의 자리에 적어 두도록 하자. 이것은 우리가 20으로 곱한다는 것을 볼 수 있게 한단다. 우리가 10으로 곱한다는 것을 알 수 있는 방법은 무엇이라고 했지?	1의 자리에 0을 붙이는 것이요.
+1 +~~2~~	15. 그다음 우리는 2×6을 한 후에 2×3을 하자. 우리가 먼저 곱할 수는 무엇이지?	2×6
36	16. 2×6은 얼마지?	12
× 24	17. 1을 10의 자리 위에 쓰고 2는 0 옆에 적어 보자. 어디에 적는다고 했지?	(학생도 복창)
144	18. 이제 2×3을 해 보자. 2×3은 얼마지?	6
720	19. 무엇을 한다고 했지?	1을 10의 자리에 더해요.
864	20. 6+1은 얼마지?	7
	21. 2 옆에 7을 써 보자.	
	22. 우리는 처음 4×36을 해서 144를 만들었어. 그리고 20×36을 했더니 답이 720이 나왔지.	
	23. 이 수들을 모두 더해 보자.	
	4+0은 얼마지?	4
	4+2는 얼마지?	6
	1+7은 얼마지?	8
	24. 36×24는 얼마일까?(무엇과 같을까?)	864

(2) 부분 계산 알고리즘

부분 계산 알고리즘은 받아올림의 필요성을 감소시키고 수를 받아올리는 데 필요한 인지적 · 신체적 도전을 경감시키므로 학생들이 보다 쉽게 곱셈을 하도록 해 줄 수 있다. 표준화된 알고리즘은 아랫수에 윗수를 곱하는 반면, 이 알고리즘은 윗수에 아랫수를 곱한다는 것에 유의할 필요가 있다. 교사는 이 방법을 처음 지도할 때 혼란을 피하기 위하여 알고리즘의 전체에서 일관성을 유지하여야 한다. 이 알고리즘을 사용한 예는 다음과 같다.

$$\begin{array}{rl} 49 & \\ \times\ 6 & \\ \hline 54 & (9\times6)\ \text{부분 계산} \\ +\ 240 & \\ \hline 294 & (40\times6)\ \text{부분 계산} \end{array}$$

(3) 표준화된 나눗셈 알고리즘

표준화된 나눗셈 알고리즘을 사용하는 학생은 왼쪽에서 오른쪽으로 나눈다. Stein 등(2005)이 제안한 직접교수를 사용한 표준화된 나눗셈 알고리즘의 예는 아래와 같다.

(4) 수정형 나눗셈 알고리즘

어떤 수가 다른 수에 몇 번 들어가는지 결정하는 방법을 몰라 너무 적은 수로 계산하는 오류를 범하는 학생들이 있다. 이것을 쉽게 해결하는 방법으로는 학생들에게 수정형 계산 알고리즘을 사용하게 하는 것이다. 이 알고리즘은 연필을 지우기 어렵거나 컴퓨터상의 계산 내용을 삭제 또는 다시 하기가 힘든 지체장애 학생들에게 유

	교사	학생
$7\overline{)224}$	1. 나눗셈 문제에서 여러 자릿수가 있으면 한 번에 한 부분씩 풀어 가야 한단다. 우리가 처음 풀어야 할 부분에 밑줄을 쳐 보자. 어떤 때는 첫 번째 자리에만 밑줄을 칠 수 있지만 어떤 때는 두 자리에 밑줄을 쳐야 할 때도 있어.	
	2. 문제를 읽어 보자.	224에는 7이 몇 번 들어가는가?
$7\overline{)\underline{22}4}$	3. 우리는 7로 나누기를 할 거야. 첫 번째 자리가 7과 같거나 7보다 클 경우 224의 첫 번째 자리에만 밑줄을 그으면 된단다. 만약 그것이 7보다 적으면 7이 그 속에 들어갈 수가 없어. 그래서 처음 두 자리까지 밑줄을 그어야 해. 우리가 첫 번째로 나눌 수는 2인데 그것은 7보다 크거나 같을까? 그래서 우리는 처음 두 자리에 밑줄을 그어야 해.	아니요.
	4. 밑줄 친 문제를 7은 22에 들어간다라고 말한단다. 밑줄 친 문제를 무엇이라고 말한다고 그랬지?	7은 22에 들어간다.
	5. 7은 22에 몇 번 들어가지?	3
3	6. 우리는 밑줄 그은 수의 마지막 자리 위에 3을 적는단다.	
$7\overline{)224}$	7. 이제 3×7을 해 보자. 3×7은 얼마지?	21
21	8. 이제 21을 밑줄 친 아래에 적어 보자.	
1	9. 그리고 22에서 21을 빼 보자. 22에서 21을 빼면 얼마가 남지?	1
	10. 다음에 받아내릴 숫자는 얼마지?	4
	11. 4를 받아내려서 1옆에 쓴단다.	
32	12. 이제 어느 수에 밑줄을 그어야 할까?	14
$7\overline{)224}$	13. 다음 문제는 14에 7이 몇 번 들어가는가라고 말한단다. 무엇이라고 말해야 하지?	14에는 7이 몇 번 들어가는가?
21	14. 14에는 7이 몇 번 들어가지?	2
14	15. 받아내린 수의 자리 위에 2를 적어 보자.	
14	16. 이제 우리가 곱해야 할 수는 무엇이지?	2×7
	17. 2×7은 얼마지?	14
	18. 14 아래에 14를 쓰고 빼 보자.	
	19. 14에서 14를 빼면 얼마가 남지?	0
	20. 나머지가 있었니?	아니요.
	21. 더 받아내려야 할 수가 있니?	아니요.
	22. 이제 이 문제는 다 풀었어. 줄친 부분 다음의 모든 수 위에는 하나의 수가 있어. 224에는 7이 몇 번 들어가지?	32

용한 방법이다. 예를 들면 다음과 같다.

$$\begin{array}{r} 1 \\ 22 = 32 \\ 7\sqrt{224} \\ \underline{14} \\ 8 \\ \underline{7} \\ 14 \\ 14 \end{array}$$

1. 7은 22에 몇 번 들어가는가? 학생이 2를 선택하였다.
2. 22 위에 2를 쓴다. 2×7=14, 22−14=8
3. 7은 8에 1번 들어갈 수 있다. 2 위에 1을 쓴다. 1×7=7
4. 4을 받아내린다. 7은 14에 두 번 들어간다.
5. 답인 32를 구하기 위하여 각 열을 더한다.

3) 곱셈과 나눗셈의 순서

곱셈과 나눗셈의 지도는 간단한 것에서 복잡한 것으로 이행하고 이미 학습한 개념을 기초로 하여 이루어진다. 곱셈 순서의 예는 다음과 같다.

1. 곱셈의 의미, 부호, 기초적이 곱셈을 지도한다.
2. 5보다 적은 수의 (한 자릿수)×(한 자릿수)를 한다.
3. 곱하는 두 수 중 하나가 5보다 크고 10보다 작은 수와 한 자릿수를 곱한다.
4. 받아올림이 없는 (두 자릿수)×(한 자릿수)를 한다.
5. 받아올림이 있고 곱의 값이 100보다 적은 (두 자릿수)×(한 자릿수)를 한다.
6. 곱의 값이 100보다 큰 곱셈을 한다.
7. 받아올림이 없는 (두 자릿수)×(두 자릿수)를 한다.
8. 받아올림이 있는 (세 자릿수)×(한 자릿수)를 한다.
9. 받아올림이 있는 (두 자릿수)×(두 자릿수)를 한다.
10. 보다 복잡한 문제를 한다.

나눗셈의 순서도 곱셈과 비슷하다. 예를 들면 다음과 같다.

1. 나눗셈의 의미, 부호, 기초적인 나눗셈을 지도한다.
2. 나머지가 없는 나눗셈 문제를 사용하여 기본적인 나눗셈의 몫을 구한다.
3. 나머지가 있는 (한 자릿수)÷(한 자릿수)를 한다.
4. 나머지가 없는 (두 자릿수)÷(한 자릿수)를 한다.
5. 나머지가 있는 (두 자릿수)÷(한 자릿수)를 한다.
6. (세 자릿수)÷(한 자릿수)를 하고 추정을 한다.
7. (여러 자릿수)÷(한 자릿수)를 한다.
8. (세 자릿수)÷(두 자릿수)를 한다.
9. 보다 복잡한 나눗셈 문제를 한다(예를 들면, 소수).

7. 계산 기술의 오류 분석

앞에서도 논의한 바와 같이, 교사는 학생에게 보충수업을 제공하기 위한 결정을 하기 위해 정확한 오류 분석을 실시하여야 한다. 계산 오류는 다음과 같은 일곱 가지 범주로 구분할 수 있다.

1. 낮은 반응을 보이는지
2. 계산 오류를 보이는지(예: 6+8=13)
3. 수학의 기본적인 규칙을 빠뜨리는지(예: 0의 규칙 6×0 =6)
4. 부정확하거나 순서가 맞지 않은 알고리즘(계산순서)을 사용하는지[예: 6(2+2)=14]
5. 묶음 만들기의 오류를 보이는지(예: 28+4=68)
6. 부정확한 연산 방법을 사용하는지(예: 6−2=8)
7. 부정확한 문제를 만드는지(예: 문장제에서 부정확한 정보의 사용)

교사가 오류의 범주를 결정하는 일뿐만 아니라 그 범주에서 오류가 발생하는 특정 문제들을 파악하는 일이 중요하다. 학생의 문제 풀이 내용을 간단히 살펴보는 것을 통하여 학생이 나타내는 오류 유형을 결정하기에는 어려움이 많다.

이럴 경우에는 보다 정확하게 오류를 파악하기 위하여 학생이 답을 구한 방법에 대한 질문을 할 수 있을 것이다. 비구어 학생은 AAC를 통하여 답을 해 줄 수 있을 것이다. 만약 학생이 그 도구를 다룰 수 있는 능력이 부족한 경우, 교사는 학생의 오류를 발견하기 위하여 학생의 수행 모습을 면밀히 관찰할 필요가 있다. 학생이 오류를 나타내면 기초적인 수학적 사실, 알고리즘, 계산에서 나타낼 수 있는 유형을 밝히기 위하여 '예, 아니요' 질문이나 선다형 질문을 할 수 있다. 어떤 경우에는 비형식적 보충 검사가 오류를 정확하게 찾는 데 도움이 될 수 있다.

8. 계산기의 사용

계산기의 사용은 계산 기술이 수업의 중심이 아니지만 계산이 필요한 경우 권장할 수 있다(Reys et al., 2006). 계산기는 수학 개념(예를 들면, 소수, 자릿값)의 지도와 수학적 사실의 학습에 도움을 주는 보조자료로서 사용할 수 있다. 또한 보다 상위 개념의 수학 기술의 학습 의미와 과정에 초점을 두도록 하기 위한 보조자료로 활용 가능한 경우도 있다(예를 들면, 대수). 그리고 기능적 교육과정에서 학생을 위한 기능적 응용 기술을 촉진시키기 위해서도 사용할 수 있다(예를 들면, 잡화점에서 물건을 구입하거나 또는 수표 장부의 균형을 맞추려고 할 때).

초등학교에서는 항상 기초적인 수학적 사실의 학습과 숙련이 중요한 목표로 여겨지고 있다. 그럼에도 불구하고 계산기가 이런 사실의 학습을 지원하고 수 감각의 발달을 돕기 위하여 사용되고 있다. 계산기가 학생의 수학적 기술의 발달을 저해한다는 근거는 발견할 수 없었으나 오히려 계산기는 학생들의 연산 능력과 문제해결 기술을 향상시킨다(Ellighton, 2003). 계산기가 학생들의 수학 성취에 불이익을 주거나 혹은 학생의 사고를 대신한다는 이야기는 신화는 불과하다. NCTM의 성취기준은 수학에서의 계산기 사용과 쓰기에서의 문자 입력기 사용 사이의 유사성을 제시하였다. 즉, 두 가지 모두 일을 간단하게 하게는 하지만 그것만으로 일을 수행할 수는 없다는 것이다. NCTM의 성명에서는 계산기의 적절한 사용이 모든 학생에게 도움이 된다고 권고하고 있다. 계산기의 사용을 강조하는 것뿐만 아니라 학생의 성장하는 지식과 일치되는 계산기의 필요성 역시 강조되어야 한다. 학생이 다양한 수학 기술에 능숙하게 되면 계산기를 벗어나거나 더 수준 높은 계산기가 필요할 수도 있다(NCTM, 1989).

초기 계산기 사용의 지도 지침은 몇 가지로 나눌 수 있다. 첫째, 학생이 계산기에 새로운 문제를 입력하기 전에 초기화 키를 두 번 누르는 것을 권장하여야 한다. 둘째, 계산기상의 수의 연속적인 순서를 파악하여야 한다. OHP에서 설명할 수 있도록 고안된 계산기의 사용은 계산기의 특성을 지도하는 데 유용할 수 있다. 셋째, 학생은 수 하나하나의 입력이 끝날 때마다 화면을 확인함으로써 자신들의 입력 내용을 확인하여야 한다. 넷째, 학생은 전지가 약해졌거나 고장 난 계산기가 오답을 할 수 있음을 알아야 한다. 끝으로 학생은 안 쓰는 손(필기할 때 사용하지 않는 손)으로 계산기를 사용할 때 도움을 얻을 수 있다. 왜냐하면 그들이 연산을 하는 동안 그 결과를 기록할 수 있기 때문이다(Heddens & Speer, 1997; Mercer & Mercer, 2005).

계산기 사용 소프트웨어 프로그램이나 맞춤형 계산기의 종류는 다양하다. 어떤 계산기들은 소근육 운동 문제나 시각장애 학생을 지원하기 위한 대형 버튼을 장착하고 있다. 대형 출력 계산기나 음성 출력 계산기는 시각이나 지각 문제의 조정을 위하여 선택할 수 있다. 그중에는 MaxiAids, LS&S, Taxas Instruments와 같은 회사에서 제공하는 것들도 있다. 시각화가 가능한 계산기 역시 사용할 수 있으며 중고등학교의 준비물이 되는 경우도 자주 있다. 어떤 계산기들은 수를 LED 타이틀로 제시함으로써 보다 나은 시각적 디스플레이와 눈부심을 방지할 수 있도록 했다. 온스크린 계산기를 제공하는 컴퓨터 소프트웨어는 보조도구로 사용할 수도 있고 독립적으로 사용할 수도 있다. 이것들은 대부분 시효율성과 대비를 증가시킬 수 있도록 글자 크기 및 색상, 배경을 변경할 수 있다. 온스크린 키보드는 마우스나 키보드, 대체 접근 방법을 사용하여 접근이 가능하며 어떤 것들은 음성으로 이용할 수도 있다.

9. 문장제

특수교육 자료에서는 학생들에게 계산과 문제해결 기술의 지도를 강조하여 오고 있다(Butler, Miller, Lee, & Pierce, 2001). 문제해결 기술은 문장제 형태로 제시되는 경우가 많다. 그렇지만 많은 학생은 문장제를 수행하는 과정에서 정확한 수학 연산과 적용에 어려움이 있다. 특히 읽기능력이 동학년 수준보다 낮거나 사용되고 있는 어휘에 혼란을 느끼는 지체·중복장애 학생의 경우에는 이런 어려움이 더할 것이다. 또한 지체·중복장애 학생은 경험이 부족하여 학업 수행에 부정적인 영향을 미치는 오류나 불완전한 개념을 불러일으킬 수 있다(Heller et al., 1996). 여기에는 문장제의 수행도 포함된다. 그래서 학생이 문장제가 무엇에 관한 것인지를 이해하고 있는가를 확인하는 것이 중요하다. 이것은 토의, 실제 사물, 실생활 응용 예 등을 통하여 확인할 수 있을 것이다. 어떤 외적 정보가 없이 문장제를 시작하는 것 역시 도움이 될 것이다.

문장제의 답을 구하는 학습을 돕기 위해서는 체계적인 전략의 사용이 중요하다. 문장제의 지도는 조작 자료의 사용(Marsh & Cooke, 1996), 도표 전략(Walker & Poteet, 1990), 기억전략(Mercer & Miller, 1994; Miller & Mercer, 1993a), 직접교수(Wilson & Sindelar, 1991), 진단적 교수(Parmar & Crawley, 1994), 인지와 초인지 전략(소리 내어 읽기, 바꾸어 쓰기, 시각화하기, 문제 진술하기, 가설 설정하기, 추정하기, 계산하기, 자기확인하기; Montague & Bos, 1986), 자기조절 인지 전략(Case, Harris, & Graham, 1992), 순차적 문장제 전략(Stein et al., 1977), 비디오 기반 및 처방적 교수(Bottge, Heinrichs, Chan, Mehta, & Watson, 2003), 문장제 상황 전략(Bottge & Hasselbring, 1993), 개념기반 교수(Jitendra, Griffin, Deatline-Buchman, & Sczesniak, 2007) 등의 다양한 전략이 사용되어 왔다. 학생에게 다양한 전략의 사용을 지도하는 일은 답을 찾아낼 수 있는 보다 많은 방법을 제공하는 데 도움이 된다.

10. 일반적이고 고차적인 수학 기술

학생들은 능력에 따라 계산 기술을 익히면서 백분율, 비율, 분수, 소수 등을 학습한다. 지체·중복장애 학생들 중 일부는 기하학, 대수, 삼각법, 통계, 확률, 계산 등에 대한 수학 교수를 통해 향상을 보인다. 학생이 상위개념의 수학 기술을 학습할 때면, AAC 사용과 기초적인 수학 자료의 접근과 같은 문제들은 이미 경험하였다. 기하학에서 사용되는 새로운 수학 자료와 같은 새로운 문제는 논의될 필요가 있다. 교수적합화에는 중도 지체장애 학생이 각도기, 컴퍼스, 소프트웨어를 사용하면서 또래들에게 지시하도록 하거나 자료의 교수적합화를 포함한다. 가장 적절한 교수적합화에 관한 해답은 각 학생들의 개별적인 요구에 달려 있다.

11. 기능적 수학 기술

기능적 수학 기술 지도에서는 가정과 지역사회, 직업, 학교 환경에서 학생의 기능을 돕기 위한 수학의 일상적 적용을 강조한다. 〈표 16-4〉를 보면 금전, 시간, 양/부피, 길이, 무게/질량, 온도의 기능적 수학 기술은 다양한 기능적 성인 기술을 망라하여 요구된다. 지체·중복장애 학생은 능력과 요구에 따라 이 기술들 중 일부 혹은 다수의 학습이 필요할 수 있다. 기능적 수학 기술 지도를 위한 설계 단위 중 일부는 시간, 금전, 달력 사용이다. 이 절은 정상적인 인지능력을 가진 학생들도 사용할 수 있을 뿐만 아니라 중도 지적장애 학생들을 위한 대안적 전략에 대해 논의하고자 한다.

1) 화폐

(1) 전통적인 화폐 교수

학생들이 배워야 할 가장 중요한 기술 중의 하나가 화폐의 사용이다. 화폐의 사용은 화폐 인식과 화폐 세기로

〈표 16-4〉 성인기에 필요한 수학 기술

생애 요구	응용 수학 기술					
	금전	시간	양/부피	길이	무게/질량	온도
• 고용						
−이동	×	×				
−임금						
총액	×	×				
공제액	×					
세금	×					
연금	×	×				
투자	×	×				
저축	×					
−수수료						
직접 혹은 간접	×					
−작업 시간		×				
−시간 외	×	×				
−휴식/점심	×	×				
−마감일		×				
• 추가 교육						
−예산	×	×				
−비용	×					
−대출	×					
−시간관리						
과정요구 시간		×				
시간 운영 계획		×				
별도 교육과정		×				
회의		×				
• 가정/가족						
−예산	×	×				
−계산서						
지불방법	×	×				
일일 사용 금액	×					
장기적 구입 물품	×					
−집						
임대 혹은 구입	×	×	×	×	×	×
이사	×	×	×			
보험	×	×				
계약	×	×				
구입능력	×	×				
설비	×					
−장기 융자	×	×			×	
−보수 및 유지	×	×	×	×		
−금전관리						
예금 찾기/예금하기	×					
ATM	×			×		
신용카드	×	×				
보험	×	×				
세금	×	×				
투자	×	×				
−개인/가족 계획 수립		×				
−자동차						
지불방법	×	×	×	×	×	×
유지	×	×				
감가상각	×		×	×		

연료비	×		×	×		
–온도조절 장치		×				×
–요리하기	×	×	×	×	×	×
–정원관리	×	×	×	×	×	×
• 집 리모델링	×	×	×	×	×	×
–장식하기	×	×	×	×	×	×
–물건 구입하기						
가격 비교하기	×	×	×	×	×	
–세탁	×	×	×	×		×
• 여가생활						
–여행	×	×			×	×
–회비	×	×				
–계약금	×	×				
–신문 읽기	×	×	×	×	×	×
–장비 구입비						
임대 혹은 구입	×	×				
–스포츠 활동	×	×			×	×
–오락(영화, 비디오, 행사, 스포츠 행사, 카드, 보드게임, 전자게임)	×	×				×
–복권						
–취미	×	×				
• 개인적 의무 및 관계	×	×	×	×	×	×
–데이트하기						
–계획 수립하기	×	×				
–연중 기념일/생일 등		×				
–서신 왕래	×	×				
–선물	×	×	×	×	×	
• 건강	×	×				
–신체적 발달						
몸무게					×	
키				×		
열량 섭취				×		
영양	×	×			×	
–신체 단련 프로그램	×	×		×	×	
–의사 방문	×	×		×	×	×
–약물	×	×				
–의학적 관련 절차(예를 들면, 혈압)		×	×	×		×
• 지역사회 관련						
–계획 수립하기						
–투표하기		×		×		
–방향		×		×		
–대중교통	×			×		
–메뉴 사용	×	×		×		
–팁 주기	×	×				
–금전적 처리						
거스름돈 주고받기	×					
벌금/과태료	×	×				
–전화 사용	×	×				
–구체적인 지역사회 서비스 사용하기	×	×				
–응급 서비스	×	×				
–시민적 의무	×					
투표		×				
배심 의무		×				

출처: "A Life Skills Approach to Mathematics Instruction: Preparing Students with Learning Disabilities for the Real-Life Demands of Adulthood" by J. R. Patton, M. E. Cronin, D. S. Bassett, and A. Koppel, 1997, *Journal of Learning Disabilities, 30,* 178-187. Copyright 1997 by the Hammill Institute on Disabilities. Reprinted by permission.

부터 화폐를 사용하는 소비 기술에 이르기까지 매우 폭넓은 기술을 포함한다. 비지적장애 학생들은 화폐 지도의 일반적인 범위와 순서를 따르게 될 것이다.

① 같은 동전끼리 모으기

학생에게 여러 가지 동전을 보여 주고 같은 동전을 한 집단으로 묶어 보라고 지도한다. 이것은 동전의 앞면으로 할 수도 있고 뒷면으로 할 수도 있다. 비구어를 사용하는 학생은 AAC 도구를 사용하여 동전 대응을 위한 동전 뒤집기를 부탁할 수 있다. 학생이 눈에 보이는 면에 관계없이 동전을 대응시킬 수 있도록 학습하는 일은 매우 중요하다. 대응의 지도와 지속적인 인식을 위하여 실제 동전을 사용하는 일이 중요하다. 비인지장애 학생은 나중에 학습지에 제시된 동전이나 동전 모형으로 이행할 것이다.

② 동전의 이름과 값 익히기

많은 교사는 페니와 니클 동전으로 동전 지도를 시작한다. 왜냐하면 그것들이 시각적으로 쉽게 구별되기 때문이다. 학생에게는 일반적으로 동전의 가치와 이름을 동시에 지도한다. 예를 들면, 교사가 페니를 보여 주며 "이것은 페니란다. 그리고 이것은 1센트 가치가 있어"라고 말해 준다. 동전의 이름이나 값을 기억하기 어려운 학생은 "너클니클(Knuckle nickel)"과 같은 소리를 작게 말하면서 지도한다. 이때 학생은 자신의 한 손 관절을 보면서 손가락을 보기 위하여 손을 펴는 일과 같이 실시한다(이것은 니클이 5센트의 가치가 있음을 나타낸다).

③ 다임의 이름과 가치를 인식하기

일반적으로 다임은 니클 다음에 지도한다. 다임을 지도한 후 교사는 페니, 니클, 다임의 크기, 가장자리의 모양(거친지 혹은 부드러운지)을 지적하고 그림을 그린다. 학생은 이 세 가지가 동시에 제시되었을 때 어느 것이 페니인지, 어느 것이 니클인지, 다임인지를 인식할 수 있도록 학습하여야 한다. 다임의 기억전략으로는 열 손가락을 하늘을 향해 펼치며 "어지러운 다임(dizzy dime)"이라고 말한다. 이것은 어지러운 다임이 공기 중의 열 손가락을 향해 떨어지는 것에 아이디어를 얻은 것이다(그리고 다임은 10센트의 가치가 있다). 교사 중에는 이에 좀 더 더하여 "어지러운 다임이 딱딱한 수풀 속으로 떨어지는 바람에 작은 상처가 났어요"라고 말하게 한다(이것은 다임의 가장자리에 표시가 있음을 나타낸다).

④ 쿼터의 이름과 가치를 인식하기

쿼터는 보통 가장 나중에 지도한다. 비록 쿼터가 가장 큰 동전이기는 하지만(1달러와 50센트를 제외하고), 니클이나 다임과 함께 제시하면 학생이 혼란을 느끼는 경우가 많다. 쿼터의 두드러진 특성을 지적해 주는 것이 도움이 될 수 있다. 또한 자신의 손가락으로 쿼터의 크기를 재어 보게 하는 것 역시 도움이 될 것이다(쿼터는 새끼손가락과 약지손가락 전체를 덮을 수 있다). 그러나 지체장애로 인하여 동전을 조작할 수 없는 학생을 위해서는 크기보다 다른 것들을 강조할 필요가 있다.

⑤ 달러 지폐를 인식하고 세기

학생들은 다양한 지폐 인식 방법(예를 들어, 1달러, 5달러, 10달러, 20달러)과 그것들을 더하는 방법을 알아야 할 필요가 있다. 학생들은 신권과 구권 모두에 익숙해져야만 한다. 그 이유는 지금도 구권이 통용되고 있기 때문이다.

⑥ 같은 동전끼리 세기

학생은 먼저 비슷한 동전끼리 세는 학습을 한다. 학생이 페니는 1로, 니클은 5로, 다임은 10으로, 그리고 쿼터는 25로 세도록 지도한다. 학생이 선수학습으로 5씩, 10씩 세는 방법을 알고 있다면 같은 동전을 세는 방법의 학습에 도움이 될 것이다.

⑦ 다른 동전을 세기

일반적으로 처음에는 학생들이 두 가지 다른 동전을 세게 한 후 이어서 세 가지나 네 가지 다른 동전 세기를 지도한다. 학생이 비슷한 동전끼리 모으고 가장 큰 값을 가진 동전을 첫째로 세고 그다음으로 두 번째 큰 값을 가진 동전을 세는 것과 같이 동전의 값이 큰 것부터 작은 것으로 세는 것이 하나의 전략이다(Stein et al., 2005). 예를 들어, 어떤 학생에게 니클 1개, 쿼터 2개, 다임 3개를 주었을 경우 학생은 가장 먼저 쿼터 2개를 세고 그다음에 다임과 니클의 순으로 센다.

⑧ 적절한 거스름돈 만들기

적절한 거스름돈을 만들기 위하여 학생은 먼저 값이 적은 동전으로 값이 큰 동전을 만드는 학습을 한다. 예를 들어, 학생은 다임 2개와 니클 1개가 쿼터와 같음을 학습한다. 이것을 성취하고 나면 학생은 원하는 만큼 거스름돈을 만들기 위하여 다양한 동전 세트를 세는 방법을 학습한다. 2쿼터는 다임 4개와 니클 2개로 가능한지를 결정하는 것도 한 예다.

⑨ 거스름돈 확인하기

거스름돈을 확인하기 위하여 먼저 학생이 거스름돈으로 받은 동전의 값을 지도한 후 동전을 센다. 이때는 가장 값이 적은 동전부터 시작한다. 동전을 더하여 나온 수를 물건을 사기 위해 지출한 돈과 비교를 한다. 예를 들면, 학생이 26센트짜리 물건을 사기 위하여 50센트를 지불하였는데 4페니와 4다임을 받았다면 학생은 26이라고 말하고 4페니를 이어서 센다(27, 28, 29, 30). 그리고 2다임을 이어서 센다(40, 50). 학생은 처음 물건을 사기 위해 자신이 지불한 돈과 같아지므로 이 거스름돈이 맞다는 것을 알게 된다. 학생이 교내 모의매점에서 물건을 구입하거나 지역사회 기반 교수를 하는 동안 거스름돈을 확인할 필요가 있는 상황을 만들어 주는 일은 이 기술의 강화에 도움이 될 것이다.

⑩ 소수 기수법

학생은 35센트(¢35)와 5달러($5)와 같은 것에서 처음 센트 기호와 달러 기호를 학습한다. 소수 기수법을 지도할 경우에는 소수의 오른쪽에 있는 두 수는 센트이며 소수의 왼쪽에 있는 수는 달러라는 것을 지도한다. 이것을 연습한 후에는 학생에게 달러가 없는 경우($.45) 혹은 센트가 없는 경우($6.00)를 보여 주어야 한다. 일반적으로 1과 9 사이의 센트를 보여 주는 일은 나중까지 하지 않는다. 왜냐하면 소수의 다음에 0을 넣어야 할 필요가 있기 때문이다($1.09). 많은 학생은 이것을 혼란스러워하기 때문에 학생의 기술이 능숙하게 된 다음에 비로소 그것을 도입하여야 한다(Stein et al., 2005). 가격표, 메뉴, 옷의 가격표와 같은 읽을 수 있는 보기를 많이 주는 일은 학생이 이 기술을 응용하도록 도울 수 있을 것이다. 학생이 읽기를 학습할 경우 이야기 속에서 이 기술을 강화할 수 있도록 화폐에 관하여 표현하는 일이 중요하다.

⑪ 돈으로 물건 구입하기

소수점을 읽는 일뿐만 아니라 지불할 돈의 액수를 읽은 후 얼마나 많은 돈을 지불해야 하는가를 이해하는 일도 중요하다. 예를 들어, 어떤 물건이 $1.42일 경우 학생은 자신이 가지고 있는 동전에 따라 적절한 돈을 지불할 수 있어야 할 것이다(이것이 $1.50인지 아니면 혹은 1달러짜리 2개인지, 정확한 잔돈을 가지고 있는지 여부에 따라). 학생에게 얼마간의 돈을 준 후 물건 구입을 위해 얼마를 지불해야 하는지 말해 보는 연습은 이 기술의 강화를 돕는다. 그 후 학생이 거스름돈을 확인하도록 하는 일은 학생의 선수기술에 도움을 줄 것이다.

⑫ 문장제

마지막으로 학생이 화폐와 관련된 문장제에 답을 하도록 지도한다. 학생이 1단위 혹은 10단위를 다루는 기초적인 문장제를 경험한 이후에 화폐를 다루는 문장제를 다루도록 하여야 한다.

⑬ 금전관리 및 관련 기술

학생에게는 가능한 한 많은 금전관리 및 수표관리 기술을 지도하여야 한다. 이것은 수기 또는 금전관리 지도 소프트웨어를 사용하여 지도할 수 있다.

(2) 화폐 지도를 위한 대안적 전략

학생이 지체장애나 중등도 인지장애가 있을 경우 동전을 세기 위해 많은 시간을 보내게 해서는 안 된다. 학생들은 지폐로 된 달러로 지불하는 것은 가능하지만 거스름돈을 계산하지는 못한다. 또한 대부분의 자동화 기기는 입력한 돈이 얼마인지를 보여 주므로 굳이 돈을 세어야 할 필요도 없어졌다(Horstmeier, 2004). 따라서 화폐 기술은 달러 지폐를 세고(1달러, 5달러, 10달러, 20달러 지폐를 포함), 돈을 사용하며, 돈의 양(달러와 센트를 포함)을 읽고, 돈을 다루는 능력의 습득을 돕는 전략에 집중한다. 학생들은 금전관리를 위한 수표나 예산 수립을 위한 계산기 사용법을 익힐 수 있다. 적절한 금액을 지불할 수 있도록 하기 위하여 학생들에게 1달러 더 주기 전략(Next-Dollar Strategy)과 화폐카드 전략(Money Card Strategy), 사전결정 금액 전략(Predetermined-Amount Strategy) 등을 지도할 수 있다.

① 1달러 더 주기 전략

1달러 더 주기 전략은 거스름돈을 계산할 수 없거나 계산기를 사용할 수 없는 학생을 위하여 고안되었다. 학생에게는 달러 지폐를 세는 방법을 지도하고 자신이 지불하여야 한다고 들은 액수보다 1달러를 더 주도록 지도한다. 예를 들어 계산원이 4.32달러라고 말한 경우, 학생은 4달러를 먼저 세고 그다음에 1달러를 더 센다($5.00을 만든다). 이 전략은 달러 지폐를 셀 수 있는 능력을 요구한다(어떤 학생들은 5달러와 10달러 지폐를 사용하여 학습할 수도 있을 것이다).

② 화폐카드 전략

거스름돈이나 달러를 셀 수는 없지만 동일한 동전이나 달러 지폐를 대응시킬 수 있는 학생들이 있다. 이럴 경우 구입하고자 하는 물건의 상징과 그 물건에 표시된 가격이 표시된 화폐카드를 만들 수 있다. 예를 들면, 지역사회 중심 직업 환경에서 학생이 사용하는 자판기의 음료수는 55센트이지만 그것이 자판기 위에 표시되어 있지 않다. 학생은 소다의 상징과 2쿼터와 1니콜이 표시된 카드를 가질 수 있다. 화폐카드 전략을 사용할 때 학생은 카드 위의 금액과 자신이 가진 동전을 대응시킨다. 화폐 카드는 버스, 동전으로 작동되는 세척기, 간식 자판기, 공중전화 그리고 기타 품목들에 대해서도 만들 수 있을 것이다. 청량음료나 과자 자판기를 위한 대안적 전략으로는 자판기에서 음료수나 간식이 나올 때까지 계속해서 동전을 넣고 원하는 물건의 버튼을 누른 후 원하는 물건이 나오게 되면 거스름돈을 확인하게 하는 것이 있다.

③ 사전 결정 금액 전략

어떤 학생들에게는 사전 결정 금액 전략의 사용이 필요하다. 이 전략에서는 계산원에게 지불하거나 자판기에 투입해야 하는 구체적인 금액을 학생에게 준다. 잡화점에서 물건을 살 경우, 학생은 금액에 관계없이 계산원에게 줄 수 있는 20달러를 갖고 있다. 학생은 그림으로 제시되는 쇼핑 목록 사진이 20달러를 초과하지 않을 것이라는 확신이 필요하다. 음료수 자판기를 사용할 경우 학생에게 자판기에 넣을 1달러를 준다. 이것은 가장 간단한 전략이며, 다른 전략을 숙달할 수 없는 학생을 위하여 사용되는 것이 일반적이다.

2) 시간

(1) 전통적인 시간 지도

전통적 교육과정과 기능적 수학 교육과정의 일부분으로 학생에게 시간 말하기가 지도되었다. 학생은 디지털 시계와 아날로그 시계 모두를 학습할 필요가 있다. 왜냐하면 이 두 가지 모두 다양한 환경에서 볼 수 있기 때문이다. 시간 말하기의 일반적인 학습 범위와 위계는 다음과 같다.

① 기초적인 시계 인식

기초적인 시계 인식에는 시침과 분침 구별하기(어느 것이 짧고 어느 것이 긴가를 살펴봄으로써), 시침이 움직이는 방향 알기, 시계가 가리키는 시간 알기 등이 포함된다. 분을 나타내는 작은 눈금이 있는 시계를 사용하는 경우가 많다. 시계 인식에서는 시계의 침이 움직이는 시계를 사용한다. 특히 시침이 움직일 때 분침이 자동으로 움직이는 것은 학생들에게 움직이는 시계침을 실제 볼 수 있도록 해 주기 때문에 매우 유용하다.

② 시간 읽기

시침이 어느 숫자를 가리키고 분침이 12에 있을 때 그것이 몇 시라는 것을 학생에게 지도한다. 어떤 교사는 분침에 대한 언급 없이 시침만 지도할 것이다. 시간이 변할 때마다 언급하거나 한 시간이 흐를 때마다 시간을 알려주는 일은 한 시간의 길이를 이해하는 데 도움을 줄 수 있다. 많은 교사는 디지털 시계에서 시간의 표시 방법을 먼저 지도하는 반면 어떤 교사들은 아날로그 시계로 학습을 마친 다음에 디지털 시계로 이행할 것이다. 어떤 순서로 지도하건 학생이 두 종류의 시계를 모두 읽을 수 있고 정확한 시간과 대응시키며(시계의 시간을 기록된 시간과 대응하는 것) 시간을 기록하는 방법을 익히게 하는 일이 중요하다.

③ 30분 읽기

대부분의 학생이 분침이 6을 가리키면 30분이라는 의미를 쉽게 학습하지만 어떤 학생들은 어려워 한다. 시침이 5와 6 사이에 있을 때는 5시는 넘었지만 6시는 되지 않았기 때문에 5시 30분이라는 것을 이해하는 일을 도와줄 것이다.

④ 15분 읽기

그다음으로 학생은 일반적으로 15분 읽기를 학습한다. 예를 들어, 5시 15분, 5시 30분 그리고 5시 45분 등이다. 어떤 학생들에게는 혼란을 피하기 위하여 몇 시 몇 분으로 표현하는 학습을 한 후에 6시 15분 전(또는 구체적인 시간에서 몇 분 전)을 지도한다(5시 15분, 30분, 45분을 지도한 후에 6시 15분 전을 지도한다는 것). 예를 들면, 교사는 분침이 3을 가리킬 때 15분을 나타낸다는 점을 보여 주기 위하여 1분, 2분, 3분 …… 15분의 순으로 눈금을 읽어 보여 준다. 어떤 교사들은 이 시기에 5분씩 세는 방법을 안내한다(만약 그들이 30분을 읽을 때 이 방법을 사용하지 않았을 경우).

⑤ 5분 단위로 시간 읽기

5씩 세는 일은 시간의 인식에 도움을 준다. 학생들이 시계의 꼭대기를 0으로 말하도록 지도한 후 분침이 도달한 점까지 5씩 세도록 지도하는 일이 일반적이다. 이후 학생이 자동적으로 할 수 있도록 지도한다.

⑥ 분침 읽기

학생에게 분 단위의 시간을 지도할 때는 분침 앞의 숫자까지는 5씩 세도록 지도한 후 정확한 분의 파악을 위하여 분 단위로 세는 방법을 사용한다.

⑦ 대안적 방법의 시간 읽기

만약 학생이 아날로그 시계의 시간 읽기와 더불어 디지털 시계의 시간 읽기를 지도하지 않았다면 이 시기에 알려 주도록 한다. 학생에게 3:18을 "3시에서 18분 후"와 같은 방법으로 지도한다.

⑧ 몇 시 몇 분 전

Stein 등(2005)은 혼란을 피할 수 있는 몇 시 몇 분 전의 지도 범위와 계열을 제안하였다. 예를 들면, 몇 시 10분 전 혹은 15분 전은 시계 반대방향으로 읽어 나가도록 한다(예를 들면, 12에서 시작하지만 반대방향으로 세는 일). 많은 사람이 몇 시 몇 분 전과 같은 말을 하므로 이런 기술의 습득은 중요할 것이다.

(2) 시간 지도의 대안적 전략

인지장애 학생들은 디지털 시계를 읽는 일에 어려움을 가질 수 있다. 왜냐하면 시간이 디지털화되어 표현되므로 주어진 시간에서 표적 시간까지 얼마나 걸리는지를 파악하기 어렵기 때문이다(Browder, Ahlgrim-Delzell, Courtade-Little, & Snell, 2006). 시침과 분침이 있는 아날로그 시계의 경우에는 이 일이 좀 더 쉬울 수 있다. 그렇지만 아날로그 시계의 경우에도 시각장애가 있는 학생들을 위한 시침과 분침 등과 배경 간에 좋은 대비가 이루어질 수 있도록 교수적합화가 이루어져야 한다.

① 선행 촉진자

아날로그 시계의 몇 분 읽기 학습에 어려움이 있는 학생이 있을 수 있다. 이런 학생들을 도울 수 있는 하나의 전략은 학생에게 몇 분인지 그 숫자를 보여 주기 위해 시계 표면을 둘러쌀 수 있는 둥근 수직선을 사용하는 일이다([그림 16-7] 참조). 이것은 시간 읽기의 초기 지도 시간에 사용한 후 제거하거나 그대로 둘 수 있다.

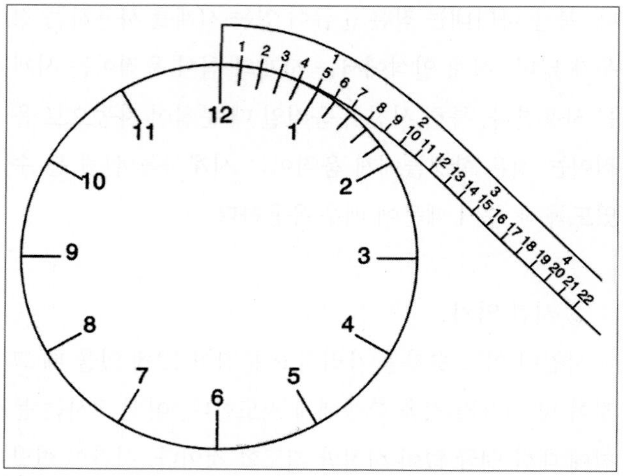

[그림 16-7] 가장자리에 둥근 수직선을 활용한 시간 지도

출처: *Teaching Students with Learning Problems* (5th ed., p. 510), by Cecil D. Mercer and Ann R. Mercer, © 1998. Reprinted by permission of Pearson Education, Inc., Upper Saddle River, NJ.

② 시간 읽기가 불가능한 학생의 구체적인 시간 파악하기

학생들 중에는 시간 읽기 학습이 곤란한 이들도 있다. 그럼에도 불구하고 직업이나 학교에서의 휴식, 점심시간 혹은 다른 행사 시간이 언제인지를 말할 수 있는 일은 중요하다. 이런 학생을 위한 시간 읽기 방법으로는 학생이 디지털 시계를 착용한 후 점심시간임을 나타내는 카드를 갖고 있도록 하는 방법이 있다(예를 들어, 점심 시간의 상징과 12:00). 이 전략이 가진 문제점은 학생이 12:00를 놓쳐 버리고 12:01이 되었을 때도 점심을 먹으러 갈 수 있다는 사실을 모를 수 있다는 점이다. 만약 점심시간이 12:00부터 12:30까지임을 제시해 준다고 할지라도 학생이 셀 수 없다면 12:01이 되었을 때 무엇을 해야 할지 알기 어려운 문제가 여전히 남을 수밖에 없다. 디지털 시계를 사용할 때 발생할 수 있는 이런 문제를 해결하기 위한 방법으로는 점심 시간이나 휴식 시간에 포함되는 모든 시간을 카드에 나타내는 것이다. 어떤 경우에는 학생이 정해진 시간이 되면 알람이 울리도록 하는 시계를 사용할 수 있다. 그리고 학생은 시계가 울리면 점심 시간이나 휴식 시간을 나타내는 카드와 시계를 맞추어 볼 수 있다.

다른 방법으로는 아날로그 시계를 사용하는 것이다. 시간을 읽을 수 없는 사람이 휴식 시간, 점심 시간 혹은 다른 구체적인 시간을 결정하기 위한 학습은 개조된 아날로그 시계를 사용할 경우 보다 쉽게 수행될 수 있다. 아날로그 시계는 시침이 구체적인 시간을 나타내는 특정 구간에 색칠을 하는 방법으로 개조할 수 있다. 예를 들면, 학생이 지역사회 기반 작업장에서 12:00부터 12:30까지 점심을 먹어야만 할 경우 색칠한 카드(예를 들면, 파랑) 위에 점심 시간의 상징을 제시하고 시계 위의 숫자 12부터 1까지의 중간 부분을 파랑색으로 표시해 둘 수 있을 것이다(시침이 12:00에서 12:30까지 위치하는 부분과 일치되게). 어떤 교사들은 숫자 사이에만 색을 주지만 어떤 교사들은 시계의 중앙에서 해당되는 시간 부분까지의 호 전체에 색을 칠해 줄 수도 있다. 색칠은 시계 바깥의 호 부분에만 할 수도 있고, 시계 덮개나 시계 덮개를 덜어내고 아예 그 시침이 들어 있는 판 위에 할 수도 있다. 이런 종류의 개조는 일반 시계에 할 수도 있지만 플라스틱 덮개를 벗기면 시침을 만질 수 있도록 되어 있는 시각장애인을 위한 시계에도 할 수 있다.

하이테크 도구들도 학생들의 시간관리 기술을 지원하기 위하여 사용될 수 있다. 예를 들면, Davis, Stock과 Wehmeyer(2002)는 지적장애 학생들의 일상생활 과제 수행의 독립성을 향상시키기 위하여 자동화된 계획 촉진(automated schedule-prompting) 소프트웨어를 손바닥 전산기(palmtop computer) 위에 장착하였다. 교사가

시계 지도를 위한 모든 종류의 공학과 더불어 지체장애 학생이 접근 가능한 공학을 조사하는 일이 중요하다.

3) 달력 사용

(1) 전통적인 달력 교수

하루의 시간에 관한 학습뿐만 아니라 달력의 사용과 일정을 지키는 방법에 대한 학습 역시 중요하다. 학생들은 보통 일주일의 요일 이름을 학습한 후 월별 이름 및 연도에 관하여 학습한다. 다음으로 학생에게 일주일이 며칠이며, 일 년이 몇 달인지를 지도한다. 그리고 끝으로 학생이 날짜, 요일, 달과 관련된 질문에 답하기 위하여 달력을 활용하는 방법을 지도한다(Bos & Vaughn, 2005). 달력 위에 표시된 약속과 행사들을 놓치지 않게 하는 방법은 실생활 적용을 통하여 지도한다.

(2) 수정된 달력을 사용한 대안적 달력 교수

학생들 중에는 전통적인 방식의 달력에서 요일이나 달의 이름을 학습하는 일이 불가능한 사람들도 있다. 그럼에도 불구하고 학생은 여전히 시간의 진행에 관한 학습을 할 수 있다. 이 학습은 집단 활동으로서 수행될 수도 있지만 개인적인 달력 관리 지도가 오히려 각종 행사에 참여하는 일에 도움을 줄 수 있을 것이다. 수정된 달력은 요일, 주, 월 등의 요소를 포함하고 있어야 한다.

어떤 학생들은 자신들만의 달력이나 일정표를 가짐으로써 도움을 받을 수 있을 것이다. 여기에는 사물 제시형 달력, 예상되는 행사가 수록된 달력, 그림 달력 등이 있다(Rowland, Schweigert, & Prickett, 1995). 이런 유형의 달력은 일과 중에 발생할 수 있는 중요한 활동들을 나타내는 그림, 상징, 낱말, 사물을 포함하며, 아침 회의, 기능적 읽기 기술, 휴식 시간 등과 관련된 사물이나 그림으로 제시한다. 일상 사물 달력을 사용하기 위한 지도는 학생들이 일상적인 활동과 관계된 사물이나 그림을 선택할 수 있도록 지도하고, 활동하는 위치에 그것을 붙이도록 한 후 활동을 수행하도록 한다. 활동이 끝나면 그 사물 혹은 그림을 '종료' 박스 속에 넣고 사물 달력에서 다음 활동을 고르도록 한다. 이런 형태의 수정된 일과 달력은 학생의 활동 간 전이와 계획 수행을 도와준다.

학생이나 성인들 중에는 자신만의 달력을 가지고 있는 사람들이 많으며, 많은 학생은 자신만의 주간 계획표를 가짐으로써 도움을 얻을 수 있다. 주간 계획표는 일주일 동안 일어날 수 있는 각종 일정을 나타내는 상징들로 표현되어 있다. 예를 들면, 주간 계획표는 그림, 상징, 작은 사물들로 제시된 학교 활동(회의, 대회, 고장 여행), 가족 활동(영화, 친구 방문), 혹은 기타 행사가 포함된다. 부모 역시 이 주간 계획표에 항목을 포함시키는 일을 권장하여야 한다. 학생이 지난 일을 × 또는 /로 표시하도록 지도하여야 한다(달력 위의 활동들은 학생이 참조하기 위하여 볼 수 있도록 남겨 둔다). 중요한 행사는 원을 그려 강조하며, 다가오는 행사, 당일 진행되고 있는 행사, 지나간 행사를 파악하도록 지도하여야 한다. 이런 활동은 학생에게 시간 경과 학습뿐만 아니라 대화의 주제도 제공한다. 학생은 이 달력을 사용하여 다른 사람들에게 "그들이 무엇을 했는가?" "무엇을 할 것인가?"를 보여 줄 수 있을 뿐만 아니라 AAC 도구로 "오늘 무엇을 했어요?" "다음 주에는 무슨 일을 할 거예요?"와 같은 질문을 할 수도 있다(이 영역의 대화 기술에 관한 정보를 더 알고자 할 경우 제8장 AAC 참조). 주간 계획표에 능숙해진 학생들은 2주간의 계획표로 이행한다. 그리고 3주, 1개월간 계획표로 이행한다. 학생들 중 일부는 연간 달력을 사용할 수 있을 것이다.

요약 및 결론

학교에서 지도하는 여러 가지 수학 성취기준은 종종 지체·중복장애 학생들의 요구에 맞게 수정될 수 있다. 교사는 이들 학생의 수학 기술을 지도하기 위한 일반적인 원리와 방법들을 사용할 수 있다. 여기에는 학생들의 선행 학습 위에 새로운 학습 구축하기, 학생의 능동적 참여, 규칙과 개념의 지도, 완전학습과 문제해결, 일반화의 촉진, 교수 전략의 사용, 적절한 교수적합화와 태도, 향상도 점검 및 오류 분석의 수행 등이 포함된다.

계산 이전 기술, 계산 기술, 문장제, 고차적 수학 기술, 기능적 수학 기술을 포함하는 다양한 수학 기술들이 지도되고 있다. 이런 기술들은 자료의 이용과 학습에 도움을 줄 수 있는 다양한 교수적합화와 대안적 교수 전략을 필요로 할 수 있다. 지체 · 중복장애 학생들에게 이런 서비스를 제공하는 교사는 각 학생들에게 최상의 접근이 무엇인지를 조심스럽게 결정하여야만 하며, 추가적인 수정이나 수업이 필요할 경우가 있는지를 결정하기 위해 학생의 향상 여부를 가까이서 관찰하여야만 한다.

토의 문제

1. 여러분의 학급에 실습 교사가 있다. 여러분이 수학교수의 일반적 원리와 방법으로 제시할 수 있는 것은 무엇인가? 그리고 실습 교사가 그것들을 응용하는 방법을 이해한다고 확신할 수 있는 방법은 무엇인가?
2. 학급 학생 중 여러 명이 다음과 같은 덧셈 오류를 나타낸다고 하자. 어떤 오류 분석을 사용할 것이며 여기서 나타나는 오류의 형태는 무엇인지 말해 보자. 다음을 교정하기 위하여 여러분이 할 할 일은 무엇인가?

58	43	12	6	4
+ 34	+ 20	+ 6	+ 7	+ 3
812	80	6	12	6

3. 여러분은 물건의 개수에 맞는 숫자를 대응하지 못하는(예를 들면, 지우개 5개와 숫자 5) 뇌성마비 학생을 지도하고 있다. 이 학생이 물건의 개수에 맞는 숫자를 대응시킬 수 있도록 하기 위하여 필요한 기술은 무엇인가? 그리고 교사로서 점검하여야 할 이 학생의 기술은 무엇인가?
4. 한 학생이 소근육 운동이 취약하다. 이 학생이 받아올림이 있는 덧셈 문제를 계산할 수 있도록 돕는 방법에는 어떤 것들이 있는가? 곱셈 문제와 관련된 방법에는 어떤 것이 있는가?
5. 화폐 지도 전략은 다양하다. 인지장애를 수반한 중복장애 학생에게 사용할 수 있는 화폐 지도 전략에는 어떤 것들이 있는가? 그중 하나를 선택한다면 그 기준은 무엇인가?

유용한 사이트

• Closing the Gap
http://closingthegap.com
이 사이트에서는 특수교육의 문해능력과 다른 영역들, 그리고 재활 지원 소프트웨어나 보조공학 자료를 검색할 수 있다.

• Educational Resources
http://www.edresources.com
이 특별한 사이트는 교과, 주제, 제목, 연령별 소프트웨어 검색과 각 소프트웨어별 설명을 제공한다. 이 사이트에서는 수학뿐만 아니라 다른 교과의 자료 검색도 가능하다.

• goENC.com
http://www.go.enc.org
이 사이트는 유치원에서 12학년까지의 수학 및 과학 교육과정에 관한 자료를 제공한다. 사용자는 수학과와 과학과의 수업 계획과 활동들, 전문성 발달 기회, 참고자료와의 링크를 사용할 수 있다. 다양한 수학 주제가 수학과의 교과 영역에 범주화되어 있다(예를 들면, 고급수학, 자료 분석 및 확률, 대수, 기하, 응용수학, 확률대수, 연산 그리고 문제 해결). 이 사이트에서는 교육 게시판도 사용할 수 있다.

• The Math Forum
http://www.forum.swarthmore.edu
이 사이트는 교사와 학생들을 위한 정보를 제공한다. 유치원에서 12학년까지 학생들은 Dr. Math에게 수학과 관련된 질문을 할 수 있으며, 매주 제시되는 수학문제에 대한 답을 할 수도 있다. 그리고 Internet math hunt 혹은 수학 마술에도 참여할 수 있다. 수학과 관련된 활동, 소프트웨어, 단체, 참고자료들도 활용할 수 있다. 교사들은 집단 토의 참여, 사용자 중심 웹 기반 수업 자료들의 구입, 다양한 자료에 링크를 할 수도 있다. 이 사이트는 연구 영역과 보호자 영역, 일반인 영역도 포함한다.

• The National Council of Teachers of Mathematics
http://standards.nctm.org/document
미국수학교사협회(NCTM)는 전 세계에서 가장 큰 비영리 수학 전문가협회이다. NCTM은 초 · 중 · 고 · 대학(교) 수준별로 수학교육자들을 위한 비전, 리더십, 의사소통 방법을 제공한다.

• NCTM:Illuminations

http://illuminations.nctm.org

Illuminations는 미국수학교사협회와 MacroPolo의 협약기관이다. 이 사이트는 1,100개가 넘는 수학 관련 사이트의 웹 자료와 수업들, 툴들을 포함하고 있다. 교사들은 수업의 개발을 위하여 학년군(유치원~2학년, 3~5학년, 6~8학년, 9~12학년)이나 주제 영역(수와 연산, 대수, 기하, 측정, 자료 분석 및 확률, 문제해결, 추론과 증명 등)별 검색을 할 수 있다. 이 사이트는 각종 상품이나 출판물에 대한 안내자료도 제공하고 있다.

• National Library of Vitual Manipulatives for Interactive Mathematics

http://matti.usu.eda/nlvm/nav/index.htm

이 사이트는 유치원부터 12학년까지의 수학적 조작자료를 제공하는 온라인 도서관이다. 이 사이트에서는 유치원 이전~2학년, 3~5학년, 6~8학년, 9~12학년군별로 수와 연산, 대수, 기하, 측정, 자료 분석과 확률 영역의 조작 자료를 제공한다.

• PlaneMath

http://www.planemath.com

이 사이트는 수학과 항공학에 적합한 활동을 제공하며, 본래 구체물의 조작이 어려운 지체장애 학생을 위하여 고안되었고, 직업 가능성으로서의 항공학을 고려하지는 않았다. 이 사이트는 멀티미디어의 사용과 제안된 활동에 참여하게 함으로써 장애가 있는 아동이건 없는 아동이건 간에 수학과 항공학의 개념을 학습하게 한다. 부모나 교사에 대한 정보의 제공뿐만 아니라 다른 사이트와 링크도 가능하다. 최근 들어 PlaneMath는 NASA의 예산 지원을 받게 되었다.

참고문헌

Alberto, P. A., & Troutman, A. (2006). *Applied behavior analysis for teachers* (7th ed.). Upper Saddle River, NJ: Merrill/Pearson Education.

Avant, M. J., & Heller, K. W. (2009). Examining the effectiveness of TouchMath with students with physical disabilities. Submitted for publication.

Barnes, M., Wilkinson, M., Khemani, E., Boudesquie, A., Dennis, M., & Fletcher, J. (2006). Arithmetic processing in children with spina bifida: Calculation accuracy, strategy use, and fact retrieval fluency. *Journal of Learning Disabilities, 36,* 174-187.

Bashash, L., Outhred, L., & Bochner, S. (2003). Counting skills and number concepts of students with moderate intellectual disabilities. *International Journal of Disability, Development and Education, 50,* 325-345.

Bos, C. S., & Vaughn, S. (2005). *Teaching students with learning and behavior problems* (6th ed.). Boston: Allyn & Bacon.

Bottge, B. A., & Hasselbring, T. S. (1993). A comparison of two approaches for teaching complex, authentic mathematics problems to adolescents in remedial math classes. *Exceptional Children, 59,* 556-566.

Bottge, B. A., Heinrichs, M., Chan, S., Mehta, Z. D., & Watson, E. (2003). Effects of video-based and applied problems on the procedural math skills of average- and low-achieving adolescents. *Journal of Special Education Technology, 18,* 5-22.

Browder, D. M., Ahlgrim-Delzell, L., Courtade-Little, G., & Snell, M. E. (2006). General curriculum access. In M. E. Snell & F. Brown (Eds.), *Instruction of students with severe disabilities,* (6th ed., pp. 489-525). Upper Saddle River, NJ: Merrill/Pearson Education.

Butler, F. M., Miller, S. P., Lee, K., & Pierce, T. (2001). Teaching mathematics to students with mild-to-moderate mental retardation: A review of the literature. *Mental Retardation, 39,* 20-31.

Case, L. P., Harris, K. R., & Graham, S. (1992). Improving the mathematical problem-solving skills of students with learning disabilities: Self-regulated strategy development. *Journal of Special Education, 26,* 1-19.

Christenson, S. L., Ysseldyke, J. E., & Thurlow, M. L. (1989). Critical instructional factors for students with mild handicaps: An integrative review. *Remedial and Special Education, 10*(5), 21-31.

Davies, D. K., Stock, S. E., & Wehmeyer, M. L. (2002). Enhancing independent time-management skills of individuals with mental retardation using a palmtop personal computer. *Mental Retardation, 40,* 358-365.

Dimino, J. A. (2007). Bridging the gap between research and practice. *Journal of Learning Disabilities, 40,*

183-189.

Dow, W. (2006). The need to change pedagogies in science and technology subjects: A European perspective. *International Journal of Technology and Design Education, 16*, 307-321.

Ellington, A. J. (2003). A meta-analysis of the effects of calculators on students' achievement and attitude levels in precollege mathematics classes. *Journal for Research in Mathematics Education, 34*, 433-464.

Erenberg, S. R. (1995). An investigation of the heuristic strategies used by students with and without learning disabilities in their acquisition of the basic facts of multiplication. *Learning Disabilities, 6*, 9-12.

Fahsl, A. (2007). Mathematics accommodations for all students. *Intervention in School and Clinic, 42*, 198-203.

Foegen, A. (2006). Evaluating instructional effectiveness. In M. Montague & A. K. Jitendra (Eds.), *Teaching mathematics to middle school students with learning difficulties* (pp. 108-132). New York: Guilford Press.

Fuchs, L. S., et al. (2006). Teaching third graders about real-life mathematical problem solving: A randomized controlled study. *Elementary School Journal, 106*, 293-313.

Fulk, B. M. (1992). Math: Individualized instruction for students with mild handicaps. *Intervention in School and Clinic, 27*, 236-240.

Gersten, R., Jordan, N. C., & Flojo, J. R. (2005). Early identification and interventions for students with mathematics difficulties. *Journal of Learning Disabilities, 38*, 293-304.

Harris, T. L., & Hodges, R. (1995). *The literacy dictionary: The vocabulary of reading and writing.* Newark, DE: International Reading Association.

Heddens, J. W., & Speer, W. R. (1997). *Today's mathematics. Part II: Activities and instructional ideas* (9th ed.). Upper Saddle River, NJ: Merrill/Pearson Education.

Heller, K. W. (2009). Learning and behavioral characteristics of students with physical, health, or multiple disabilities. In K. W. Heller, P. E. Forney, P. A. Alberto, S. Best, & M. N. Schwartzman (Eds.), *Understanding physical, health, and multiple disabilities* (2nd ed.). Upper Saddle River, NJ: Merrill/Pearson Education.

Heller, K. W., Dangel, H., & Sweatman, L. (1995). Systematic selection of adaptations for students with muscular dystrophy. *Journal of Physical and Developmental Disabilities, 7*, 253-265.

Horstmeier, D. (2004). *Teaching math to people with Down syndrome and other hands-on learners.* Bethesda, MD: Woodbine House.

Jitendra, A. K., Griffin, C. C., Deatline-Buchman, A., & Sczesniak, E. (2007). Mathematical word problem solvingin third-grade classrooms. *Journal of Educational Research, 100*, 283-302.

Maccini, P., Mulcahy, C. A., & Wilson, M. G. (2007). A follow-up of mathematics interventions for secondary students with learning disabilities. *Learning Disabilities Research and Practice, 22*, 58-74.

Marsh, L. G., & Cooke, N. L. (1996). The effects of using manipulatives in teaching math problem solving to students with learning disabilities. *Learning Disabilities Research and Practice, 11*, 58-65.

Mastropieri, M. A., & Scruggs, T. E. (2002). *Effective instruction for special education* (3rd ed.). Austin, TX: PRO-ED.

Meichenbaum, D. (1977). *Cognitive-behavior modification: An integrative approach.* New York: Plenum.

Mercer, C. D., & Mercer, A. R. (2005). *Teaching students with learning problems* (7th ed.). Upper Saddle River, NJ: Merrill/Pearson Education.

Mercer, C. D., & Miller, S. P. (1992). Teaching students with learning problems in math to acquire, understand, and apply basic math facts. *Remedial and Special Education, 13*(3), 19-35, 61.

Mercer, C. D., & Miller, S. P. (1994). Implications of constructivism for teaching math to students with moderate to mild disabilities. *Journal of Special Education, 28*, 290-306.

Miller, S. P., & Hudson, P. J. (2006). Helping students with disabilities understand what mathematics means. *Teaching Exceptional Children, 39*, 29-35.

Miller, S. P., & Mercer, C. D. (1993a). Mnemonics: Enhancing the math performance of students with learning difficulties. *Intervention in School and Clinic, 29,* 78-82.

Montague, M., & Bos, C. S. (1986). The effect of cognitive strategy training on verbal math problem solving performance of learning disabled adolescents. *Journal of Learning Disabilities, 19,* 26-33.

National Council of Teachers of Mathematics (NCTM). (1989). *Curriculum and evaluation standards for school mathematics.* Reston, VA: Author.

National Council of Teachers of Mathematics (NCTM). (2000). *Electronic edition of principles and standards for school mathematics.* Reston, VA: Author. Available at http://standards.nctm.org

Okamoto, Y., & Case, R. (1996). Exploring the microstructure of children's central conceptual structures in the domain of number. *Monographs of the Society for Research in Child Development, 61,* 27-59.

Parmar, R. S., & Crawley, J. F. (1994). Structuring word problems for diagnostic teaching: Helping teachers meet the needs of children with mild disabilities. *Teaching Exceptional Children, 26,* 16-21.

Pearson, E. S. (1986). Summing it all up: Pre-1900 algorithms. *The Arithmetic Teacher, 33,* 38-41.

Reys, R. E., Lindquist, M. M., Lambdin, D. V., & Smith, N. L. (2006). *Helping children learn mathematics* (8th ed.). Boston: Allyn & Bacon.

Riccomini, P. J. (2005). Identification and remediation of systematic error patterns in subtraction. *Learning Disability Quarterly, 38,* 233-243.

Rowland, C., Schweigert, P. D., & Prickett, J. G. (1995). Communication systems, devices, and modes. In K. M. Heubner, J. G. Prickett, T. R. Welch, & E. Joffee (Eds.), *Hand in hand: Essentials of communication and orientation and mobility for your students who are deaf-blind* (pp. 219-259). New York: AFB Press.

Scott, K. S. (1993a). Multisensory mathematics for children with mild disabilities. *Exceptionality, 4,* 97-111.

Scott, K. S. (1993b). Reflections on "Multisensory mathematics for children with mild disabilities," *Exceptionality, 4,* 125-139.

Stein, M., Kinder, D., Silbert, J., & Carnine, D. (2005). *Designing effective mathematics instruction: A direct instruction approach* (4th ed.). Upper Saddle River, NJ: Merrill/Pearson Education.

Strum, J. M., & Clendon, S. (2004). Augmentative and alternative communication, language, and literacy: Fostering the relationship. *Topics in Language Disorders, 24,* 76-91.

Test, D. W., & Ellis, M. F. (2005). The effects of LAP fractions on addition and subtraction of fractions with students with mild disabilities. *Education and Treatment of Children, 28*(1), 11-24.

Uberti, H. Z., Mastropieri, M. A., & Scruggs, T. (2004). Check it off: Individualizing a math algorithm for students with disabilities via self-monitoring checklists. *Intervention in School and Clinic, 39,* 269-275.

Walker, D. W., & Poteet, J. A. (1990). A comparison of two methods of teaching mathematics story problemsolving with learning disabled students. *National Forum of Special Education Journal, 1,* 44-51.

Wilson, C., & Sindelar, P. T. (1991). Direct instruction in math word problems: Students with learning disabilities. *Exceptional Children, 57,* 512-519.

찾아보기

인명

내용

저자 소개

Sherwood J. Best

California State University, Los Angeles

Kathryn Wolff Heller

Georgia State University

June L. Bigge

San Francisco State University

역자 소개

박재국(Park, Jae-Kook)

일본 츠쿠바대학교 교육학 박사

현 부산대학교 특수교육과 교수

박순길(Park, Soon-Gil)

대구대학교 특수교육전공 박사

현 남부대학교 초등특수교육과 교수

이미숙(Lee, Misuk)

미국 오클라호마대학교 특수교육전공 박사

현 공주대학교 특수교육과 교수

임혜경(Lim, Hye-Gyeoung)

부산대학교 특수교육학 박사

현 부산대학교 특수교육과 BK21 플러스 사업단 연구교수

한경임(Han, Kyung-Im)

대구대학교 특수교육전공 박사

현 창원대학교 특수교육과 교수

노선옥(Roh, Seon-Ok)

대구대학교 특수교육전공 박사

현 국립특수교육원 정보지원과장

지체 · 중복장애 및 건강장애 학생 교육

Teaching Individuals with Physical or Multiple Disabilities (6th ed.)

2018년 3월 20일 1판 1쇄 인쇄
2018년 3월 30일 1판 1쇄 발행

지은이 • Sherwood J. Best · Kathryn Wolff Heller · June L. Bigge
옮긴이 • 박재국 · 박순길 · 이미숙 · 임혜경 · 한경임 · 노선옥
펴낸이 • 김진환
펴낸곳 • (주) 학지사
04031 서울특별시 마포구 양화로 15길 20 마인드월드빌딩
대표전화 • 02-330-5114 팩스 • 02-324-2345
등록번호 • 제313-2006-000265호

홈페이지 • http://www.hakjisa.co.kr
페이스북 • https://www.facebook.com/hakjisa

ISBN 978-89-997-1391-0 93370
정가 26,000원

역자와의 협약으로 인지는 생략합니다.
파본은 구입처에서 교환해 드립니다.

이 책을 무단으로 전재하거나 복제할 경우 저작권법에 따라 처벌을 받게 됩니다.

이 도서의 국립중앙도서관 출판시도서목록(CIP)은 서지정보유통지원시스템 홈페이지(http://seoji.nl.go.kr)와 국가자료공동목록시스템(http://www.nl.go.kr/kolisnet)에서 이용하실 수 있습니다.
(CIP 제어번호: CIP2018006107)

교육문화출판미디어그룹 학지사

심리검사연구소 **인싸이트** www.inpsyt.co.kr
원격교육연수원 **카운피아** www.counpia.com
학술논문서비스 **뉴논문** www.newnonmun.com
간호보건의학출판 **정담미디어** www.jdmpub.com